Droemer
Knaur

Gerhard J. Bellinger

KNAURS GROSSER RELIGIONS FÜHRER

670 Religionen, Kirchen und Kulte,
weltanschaulich-religiöse Bewegungen und Gesellschaften sowie
religionsphilosophische Schulen

Droemer Knaur

Seite 2:
Megalithischer Steinkreis *in Stonehenge bei Salisbury/England, Architravbau mit einem Durchmesser von 88 m (→Megalith-Religion), Ende der Jung-Steinzeit und Anfang des 2. Jtd. v. Chr.*

Neuauflage 1992

Umschlaggestaltung: Graupner + Partner, München
Umschlagfoto: Felsendom, Jerusalem (Norbert Dallinger)
Gestaltung und Herstellung: von Delbrück, München
Zeichnungen: Karl Schneider, Solms
Reproduktion: Fotolitho Longo, Bozen
Printed in Germany
ISBN 3-426-26221-5

5 4 3

Vorwort zur dritten Auflage

Am Anfang steht die Frage: *Wer bin ich?* Die Frage des Menschen nach sich selbst stellt sich für jeden immer wieder aufs neue und immer wieder anders. Menschsein ist und bleibt eine Frage: *Was ist der Mensch?* Besonders intensiv stellt sich die Frage nach Sinn und Ziel des Lebens in der Erfahrung von Leid und (sinnlosem?) Tod. Warum Not und Hunger, warum soviel Haß und Gewalt, welchen Sinn haben sie? *Woher komme ich, wohin gehe ich? Was ist der Weg zum wahren Glück?*

Das Leben des Menschen ist ein Weg. Über die Orientierung dieses Lebensweges mit seinen Fragen und Problemen haben Menschen seit dem Beginn ihrer Geschichte nachgedacht, nach Antworten gestellt – und auch gefunden. Zwar stellen die Menschen der Gegenwart die Fragen anders als die in frühgeschichtlicher Zeit, aber im Grunde genommen sind es die gleichen Rätsel des menschlichen Daseins, die immer wieder die Herzen der Menschen bewegen.

Die Art, wie der Mensch seine Umwelt, die Welt insgesamt und ihren Sinn sowie sein Dasein in ihr betrachtet und beurteilt, nennt man *Weltanschauung*. Diese sucht den umfassenden Sinnzusammenhang aller Dinge in der Welt, eine Gesamtschau und Deutung der Wirklichkeit aus einem einheitlichen Prinzip.

In dem Augenblick, wo Menschen aus einer Weltanschauung die Konsequenzen für ihre Lebensführung ziehen, wo sie aus gemeinsamen Wert- und Zielvorstellungen, die für sie sinnstiftenden Charakter haben, ihr Leben normativ gestalten, beginnt *Religion*.

Die verschiedenen Bezeichnungen für das Phänomen Religion lassen die unterschiedlichen Aspekte dieses komplexen Begriffs erkennen. Das lateinische Wort *religio*, das die Römer gebildet haben und das in fast alle neueren europäischen Sprachen eingegangen ist, versteht Cicero als sorgfältiges Achthaben auf eine wichtige Sache, als gewissenhafte Pflichterfüllung gegenüber den Göttern. Im Griechischen wird vor allem der Ausdruck *eusebeia* (»Gottesfurcht, Frömmigkeit«) benutzt. Das arabische und neupersische *din* betont den rechtlichen Aspekt. Das indische *dharma* (Sanskrit) bzw. *dhamma* (Pali) meint »das, woran man sich zu halten hat«, das Gesetz. Das chinesische *chiao*, das japanische *kyō* und das koreanische *hak* bedeuten: »die Lehre«.

Ganz allgemein könnte man Religion nach H. R. Schlette definieren als »eine Weise menschlichen Existierens aus der Relation zu einem Sinn-Grund«, wobei dieser Sinn gewährende Grund in den verschiedenen Religionen entweder überweltlich oder innerweltlich verstanden wird. In der westlichen Hemisphäre wird die Subjekt-Objekt-Beziehung der Religion weithin als Verhältnisbeziehung zu einer transzendenten, »ganz anderen« Macht in der personalen Gestalt einer oder mehrerer Gottheiten gesehen. Vor allem in der östlichen Hemisphäre gibt es außer diesen theistischen Religionen auch atheistische Religionen (z. B. Hinayāna-Buddhismus und älterer Taoismus).

Je nachdem, wie eine Religionsgemeinschaft sozial und struktural verfaßt ist, bezeichnet man sie allgemein als Stammes-, Volks- oder Welt-*Religion* bzw. als *Bewegung, Gesellschaft, Schule, Kult* oder *Kirche*. Die Bezeichnung *Sekte* (lat. »befolgte [Lehre]«) wird meist abwertend für eine kleinere Gemeinschaft gebraucht, die sich in Gegensatz zu einer größeren und herrschenden stellt und sich unabhängig von dieser betätigt.

In der Tatsache, daß für viele Menschen die Frage: *Was ist der Mensch?* immer größer bleibt, als die Antworten sind, die sie bei den traditionellen Religionen gefunden haben, ist der Grund zu sehen, daß im Laufe der Menschheitsgeschichte immer wieder neue Religionen entstanden sind und weiterhin entstehen.

Hinweise zur Benutzung

Dieser Führer durch die Religionen der Welt verbindet die Vorteile eines Lexikons mit denen einer geschichtlichen und systematischen Darstellung.

In *alphabetischer* Reihenfolge sind 170 Religionen verschiedener Kulturen, Rassen und Völker aus Vergangenheit und Gegenwart aufgeführt. Weitere 500 Kirchen und Konfessionen, Richtungen und Schulen, die keinen eigenen Artikel haben, können über das Register im Anhang ermittelt werden.

Will man die Religionen in der Reihenfolge ihrer *geschichtlichen* Entstehung verfolgen, so beginnt man mit dem Artikel »urgeschichtliche Religionen« und beschäftigt sich dann mit den Religionen in der Abfolge, wie diese in der Zeittafel der beiden Artikel »alte Religionen« und »neue Religionen« ersichtlich ist. Im letzteren Fall führt die Zeittafel bis zu den »Jugendreligionen« der Gegenwart.

Will man eine *systematische* Information über die Religionen erhalten, so kann dies unter geographischem Gesichtspunkt von Kontinenten und Ländern (z. B. »europäische Religionen«) oder ausgehend von Volksreligionen und dem Artikel »Stammesreligionen« einerseits sowie dem Artikel »Weltreligionen« andererseits geschehen.

Da *allen 170 Artikeln* – soweit wie möglich – der *gleiche Aufbau* zugrunde liegt, wird ein synoptischer Vergleich aller Religionen ermöglicht. Diese Gliederung für alle längeren Artikel – für die kürzeren ist sie entsprechend gerafft – umfaßt zu Anfang jeweils eine *Definition* der betreffenden Religion sowie aktuelle statistische Angaben über Anhängerzahlen und Verbreitungsgebiete der gegenwärtigen Religionen. In einem ersten *geschichtlichen* Teil wird der Lebensweg des Stifters (bei Stifterreligionen) beschrieben. Es folgt eine Darstellung der verschiedenen Schulen und Richtungen mit ihren Gründern und bedeutenden Persönlichkeiten. Im zweiten *systematischen* Teil wird die Gottes- bzw. Götterlehre (bei theistischen Religionen) gebracht. Es folgen Angaben über das Weltbild und über den Erlösungsweg der Menschen (bei Erlösungsreligionen). Ferner sind die ethischen Werte und Normen behandelt. In einem dritten, *praktischen* Teil werden die Rituale des Lebens-, Jahres- und Tageskreises mit Initiationsriten, Festen und Feiern, mit Bräuchen und Opfern, mit Gebet und Meditation beschrieben. Die religiösen Ausdrucksformen von Kunst und Literatur finden ihre Darstellung in den verschiedenen Kultbauformen (mit Grund- und Aufrissen) sowie in den heiligen Schriften der Buchreligionen. Bei den lebenden Religionen werden gegenwärtige Hauptströmungen (z.B. Neoislam) und bei vergangenen Religionen ihre Nachwirkungen bis in die Gegenwart aufgezeigt. Den Abschluß bilden jeweils eine *Zeittafel* mit den wichtigsten historischen Daten und Ereignissen sowie eine weiterführende *Literaturauswahl*.

Der 1986 erstmals erschienene und jetzt in dritter Auflage vorliegende Religionsführer aus dem Droemer Knaur Verlag hat eine breite, ja internationale Aufnahme gefunden, was nicht nur seine Lizenzvergabe an vier weitere deutsche und schweizerische Verlage, sondern auch seine bereits vorliegenden bzw. in Vorbereitung befindlichen Übersetzungen ins Italienische (Mailand ²1991), ins Polnische, Serbokroatische und Russische sowie ins Ungarische bestätigen. Die jetzige Neuauflage gab Gelegenheit, die Zahlenangaben für die Anhänger der gegenwärtigen Religionen und Kirchen aufgrund von »1992, Britannica, Book of the Year (Chicago: Encyclopaedia Britannica 1992)« und von »World Population Prospects 1990 (New York: UN 1991)« auf den neuesten Stand (1991) zu bringen.

Dortmund, im Juni 1992

Afrikan. »Weiße« Göttin *des Bapuna-Stammes, Maske, aus dem Kongo/Zaïre*

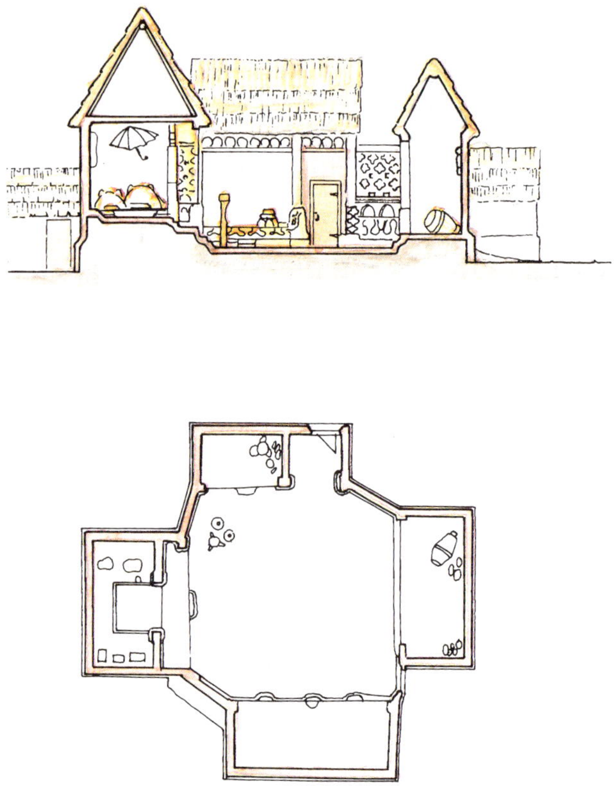

Afrikanischer Kultbau *(abosomfie) der Sudanneger in Aschanti (Ghana)*

ADONIS-MYSTERIENKULT

Zur Zeit des Hellenismus steht *Adonis* (semit. *adon* = »Herr«), ein sterbender und auferstehender Gott, im Mittelpunkt des nach ihm benannten →Mysterienkultes. Der Kult des Adonis kommt aus Syrien und breitet sich von Byblos und Aphaca nach Süden und Norden aus. Nach seiner Übernahme in den griechischen Mythos ist Adonis der Sohn des Kinyras und dessen Tochter Smyrna (Myrrha), die von Aphrodite mit Liebe zum eigenen Vater geschlagen ist. Für diesen Frevel wird sie in den gleichnamigen Myrrhenbaum verwandelt, aus dem Adonis, ein schöner Jüngling, hervorgeht, den Aphrodite liebt. Da Persephone den Adonis, der ihr als Kind zur Erziehung überlassen war, nicht mehr freiwillig hergeben will, trifft Zeus eine Entscheidung, nach der Adonis ein Drittel des Jahres bei seiner Ziehmutter Persephone in der Unterwelt und ein Drittel des Jahres bei seiner Geliebten Aphrodite auf der Erde verbringt. Über den Aufenthalt während des letzten Drittels kann Adonis selbst verfügen, und er entscheidet sich für Aphrodite. Da Adonis noch als Jüngling auf der Jagd durch einen von Ares ausgesandten Eber zerrissen wird, läßt Aphrodite aus seinem Blut *Adonisröschen* aufsprießen. Der Mythos dieses Vegetationsgottes gründet in dem Aufblühen und dem nach kurzer Blüte immer wiederkehrenden Dahinwelken der Frühlingsvegetation.

Symbolisch für die jährlich sterbende und wieder auflebende Vegetation werden der Tod und die Auferstehung dieses Mysteriengottes alljährlich bei den Adonisfesten kultisch begangen: mit Trauerriten sein Sterben im Herbst und mit Freudenfeiern seine Rückkehr ins Leben im Frühjahr. Als Sinnbilder für Werden und Vergehen in der Natur dienen dabei die *Adonisgärtlein,* wobei man zwischen in Tonscherben gebettete, schnellblühende Pflanzen, die rasch aufkeimen und ebenso schnell wieder verwelken (vgl. Bibel: Jes 17,10), kleine Bildwerke des Adonis stellt. Der A.-M. findet sich häufig als Thema von Vasenbildern. Auf etruskischen Spiegeln ist der schöne Jüngling Adonis zusammen mit der ebenso schönen Jungfrau Aphrodite abgebildet, auf römischen Sarkophagen sein Tod durch den Eber dargestellt.

Literaturauswahl

Atallah, W.: Adonis dans la littérature et l'art grecs. Paris 1966

Frazer, J. G.: Adonis, Attis, Osiris, Studies in the history of oriental religions. New Hyde Park (NY) [3]1961

AFRIKANISCHE STAMMESRELIGIONEN

»A. S.« ist eine zusammenfassende Bezeichnung für die traditionellen Religionen der dunkelhäutigen, mehreren Rassen angehörenden Bevölkerung auf dem afrikanischen Kontinent, deren Entstehung bis in die urgeschichtliche Zeit (→urgeschichtliche Religionen) zurückreicht.

In Afrika, dem zweitgrößten Kontinent, leben heute ca. 68 Millionen Anhänger von *Stammesreligionen,* d. h. ca. 73% aller Stammesreligionsanhänger der Erde, davon 45% in Ostafrika, 34% in Westafrika, 15% in Südafrika und 6% in Mittelafrika. Jedoch bilden sie in ganz Afrika nur eine Minderheit von 12,3% unter 45,4% Christen und 41,5% Muslimen.

Stammesreligionen gibt es in 43 Ländern Afrikas.

Mit der Eroberung Nord- und Ostafrikas durch die islamischen Araber beginnt seit 642 n. Chr. deren Vorherrschaft, die bis ins 19. Jh. dauert.

Die europäische Kolonisation und christliche Mission beginnen im 15. Jh. An den Küsten Afrikas bilden besonders die Portugiesen, Holländer und Engländer Handelsstützpunkte und betreiben seit 1619 vor allem Handel mit Negersklaven und deren Deportation nach Amerika. Nach 1850 teilen die europäischen Kolonialmächte Frankreich, England, Portugal, Deutschland und Italien den Großteil Afrikas unter sich auf, wobei die natürlichen Stammes- und Völkergrenzen oft mißachtet werden. Eine zunehmende weiße Einwanderung verschärft die Spannungen zwischen Schwarzen und Weißen und findet heute noch ihren Ausdruck in der Apartheid der Republik Südafrika.

Im 20. Jh. treten gegen die europäische

AFRIKANISCHE STAMMESRELIGIONEN			
43 Länder	Anhänger	Mehrheit d. Landes	% aller a. S.-Anhänger
1. Tansania (Ostafr.)	8 050 000	–	11,8
2. Mozambique (Ostafr.)	7 500 000	–	10,9
3. Madagaskar (Ostafr.)	6 710 000	–	9,8
4. Nigeria (Westafr.)	6 710 000	–	9,8
5. Südafrika (Südafr.)	1 820 000	–	2,7
6.–43. Land	37 694 000	Mehrh. (3 ×)	55,0
	68 484 000	Mehrh. (3 ×)	100

Vorherrschaft und Überfremdung immer stärker national-religiöse und auch sozialreligiöse Bewegungen in Erscheinung, wie z.B. in Ghana der →Nkrumahismus, in Kenia die →Mau-Mau und im Kongo der →Amicalismus.

Unter Anknüpfung an altafrikanische Traditionen und Rituale beginnt auch eine Auseinandersetzung mit dem allochthonen Christentum, und zwar entweder als Afrikanisierung des Christentums, bei der Einflüsse der alten Stammesreligionen wirksam sind – vornehmlich in den afrikanischen unabhängigen Kirchen, die oft von Propheten geleitet werden –, oder als Bildung selbständiger, neuer messianischer Bewegungen in Afrika, wie z.B. im Kongo der →Kimbanguismus, in Liberia die →Harris-Bewegung und in Südafrika die →Nazaretha Church.

Nicht zu vergessen sind an dieser Stelle die bei den Nachkommen der aus Afrika deportierten Negersklaven in Amerika entstandenen Kulte, wie z.B. →Voodoo auf Haiti und →Umbanda in Brasilien.

Das religiöse Bild des afrikanischen Kontinents ist heute im Hinblick auf die unterschiedlichen Wirtschafts- und Gesellschaftsstrukturen und wegen der verwikkelten historischen Vorgänge (Völkerwanderungen und Überschichtung von Bodenbauern durch Hirten u.a.) äußerst vielfältig, und die Bevölkerung Afrikas stellt ein komplexes Gebilde von Stämmen, Völkern und Rassen dar. Als Urbevölkerung gelten die zur Wirtschaftsstufe der Jäger und Pflanzensammler gehörenden Pygmäen und Buschmänner.

Die **Pygmäen** (griech.: »Däumling, Zwerg«) sind nomadisierende Zwergvölker von Sammlern und Jägern, die zwischen Kamerun und Zaïre in den äquatorialen Urwäldern leben. Die Männer jagen mit Pfeil und Bogen, und die Frauen sammeln Insekten- und Pflanzenkost. Sie glauben an den Schöpfergott *Chorum,* den Urheber der sichtbaren Welt und Lenker der Himmelserscheinungen. Als Jägergott manifestiert er sich im Regenbogen, seinem Jagdbogen. Dem Herrn des Waldes und der Tiere wird das Primitialopfer der Jagdbeute dargebracht. Die Gatten sind rechtlich einander gleichgestellt und leben in monogamer Ehe.

Die **Sān** oder **Buschmänner** (von den Portugiesen so genannt) sind ein Jäger- und Sammlervolk in Botswana, Namibia und Angola, das einst über den ganzen Süden Afrikas verbreitet war. Ihr Jagdgott heißt *Huwe,* und sie reden ihn mit »Vater« an. Hingegen ist *Gauna* der Schadenbringer. Berühmt ist ihr Tanz beim Säen der Wassermelone, und noch berühmter ist die hochentwickelte Buschmannkunst (Höhlenmalerei und Ritzzeichnungen), die im Sinn des Jagdzaubers magisch-rituell zu deuten ist. Heilbringer ist *Cagn,* der Züge einer Trickster-Gestalt aufweist.

Hottentotten (holländ. *hotentots* = »Stotterer«) ist der Spottname eines sich selbst *Khoi-Khoi* (»Menschen«) nennenden nomadischen Jäger- und Hirtenvolkes in Namibia. Sie verehren den Himmels- und Schöpfergott *Tsui-Goab* (= »Wund[e am] Knie«). Als Donner- und Regengott fördert er das Wachstum. Nach dem Mythos hat ihm sein älterer Bruder und Widersacher *Gaunab,* der Herr der Toten, eine Wunde am Knie beigebracht, was seinen Namen erklärt.

Den größten Anteil der einheimischen Bevölkerung stellen die Neger, nach denen Afrika als »Schwarzer Erdteil« benannt ist. Die Negerrasse wird sprachlich in die Bantu- und Sudanneger gegliedert. Die negriden Mittel-Bantu sind mehr mutterrechtlich orientiert, wohingegen die vaterrechtliche altnigritische Kultur besonders gut in den Binnenländern des Sudan und im Innern Ostafrikas erhalten ist.

Die **Bantu** (»Menschen, Leute«) bilden eine Völkergruppe um den Äquator und in Südafrika, deren Stämme meist Ackerbauer (Hackbau) und Viehzüchter sind. Bei ihnen spielen Männerbünde mit Initiationsriten eine große Rolle.

Bei den **Herero** in Angola und Namibia ist *Ndjambi-Karunga* ein Himmels- und zugleich Unterweltsgott. Sein Doppelname weist auf die »wirkende Kraft« des Himmels und auf das Geheimnisvoll-Schreckliche in den Tiefen des Meeres und im Reich der Unterwelt hin.

Der höchste Gott der **Kaffern** (arab. *kāfirun* = »Ungläubige«) ist *Unkulunkulu.* Daneben gibt es einen namenlosen »König im Himmel«, der als Weltschöpfer gilt, aber nicht verehrt wird.

Die **Zulu** (»Himmel«) an der äußersten Südostspitze Südafrikas glauben ebenfalls an *Unkulunkulu* (der »Groß-Große«). Er ist für sie der Schöpfer aller Dinge und Herr über Leben und Tod. Er schickt die Krankheiten, um Menschen zu prüfen und auf die Übernahme eines Amtes vorzubereiten.

Bei den **Djaga** in Tansania am Kilimandscharo wird *Ruwa* (»Himmel, Sonne«) verehrt, manchmal auch *Mungu.*

Bei den **Bantustämmen** Ostafrikas heißt die Schöpfergottheit *Mulungu* (Bantu: »der da oben, der im Himmel ist«). Der Donner ist seine Stimme und der Blitz seine Kraft. Für die Bantustämme im Kongo ist *Nzambi* (»Lichtverbreiter«) der Schöpfer der Welt und der Menschen. Da er für die Menschen unerreichbar ist, wird er auch nicht verehrt.

Die **Sudanneger** bilden eine Völkergruppe im Gebiet der Großlandschaft Sudan zwischen Kongobecken und Sahara. Bei den staatenbildenden Völkern, die quer durch den Sudan über den Osten bis Südafrika verbreitet sind, finden sich fast ausschließlich Vielgöttersysteme.

Bei den **Aschanti** in Oberguinea und in Ghana ist oberster Himmelsgott *Nyama* (»der Glänzende«) oder *Yankompon* (»großer Freund«). In der Sonne erscheint sein männlicher und im Mond sein weiblicher Aspekt. Wenn die Aschanti von Gott reden, blicken sie zum Himmel auf, denn sie sagen: »Wenn der Säugling zum ersten Mal die Augen aufschlägt, schaut er zum Himmelsgott auf. Wenn die Henne Wasser trinkt, schaut sie zum Himmel auf. Der Himmel ist Gottes Antlitz, die Sterne bilden seinen Schmuck und die Wolken seinen Schleier.«

Bei den **Ewe** in Dahomey, Ghana, Togo und Nigeria heißt Gott *Mawu* (»alles Übertreffender«). Seine beiden Nachkommen sind die Vertreter des Guten und des Bösen. *So* ist Gewittergott mit den zwei Aspekten des männlichen *Sogbla* bzw. *Mawu Sogbla* und der weiblichen *Sodza* bzw. *Mawu Sodza*. Beide halten im Donner Zwiesprache.

Bei den **Yoruba** in Nigeria und Dahomey steht an der Spitze aller Gottheiten (Himmelsgott, Weltenurmutter und Sippengötter) ein oberster Gott, »der Selbstseiende« *Olorun*.

Er ist Schöpfer der Erde, der anderen Götter und der ersten Menschen.

Für die **hamitischen Rinderhirtenvölker** in Nordost- und Ostafrika, die z.T. in sehr früher Zeit aus Asien eingewandert sind, steht ein Himmelsgott mit atmosphärischen Erscheinungen im Vordergrund. Die **Massai** in Tansania und Kenia haben eine Götterdreiheit aus dem obersten Himmelsgott *Ngai,* einem guten schwarzen Regengott und einem bösen roten Gott. Ersterer sieht alles und weiß alles.

Bei den **Kafa** bzw. **Kaffitscho** in Südwestäthiopien heißt der gute Sonnengott *Heqo* (= »Zauber«).

Charakteristisch für die a.S. ist der Glaube an eine allumfassende *Lebenskraft,* die Götter und Ahnen, Häuptlinge und Priester, Menschen und Welt miteinander verbindet. Diese Lebenskraft äußert sich in Fruchtbarkeit und Fortpflanzung, in der Vermehrung des Lebens bei Menschen, Tieren und Pflanzen. Gut ist, was Fruchtbarkeit fördert, und schlecht ist, was sie behindert. Kult und Ritual stehen im Dienst der Vermehrung dieser Lebenskraft und zugleich der Bannung böser Gewalten, die diese Kraft zu verringern trachten.

Alle Vorstellungen bewegen sich zwischen den beiden Brennpunkten von Leben und Tod. Für die Vermehrung der Lebenskraft ist entscheidend das ständige Zurückgehen zum Anfang, zum mythischen Ursprung, so daß ein Verstoß gegen das Ur-Alte, gegen die Ordnung der Väter, eine Verringerung der Lebenskraft, evtl. deren Auslöschung bedeutet. Afrikanische Religiosität ist also mehr auf die Vergangenheit gerichtet und weniger zukunftsorientiert.

Die Heilbringer, Kultbringer und Heroen sind entweder die Urahnen oder Götterboten. Sie haben die Afrikaner die Bereitung des Feuers, die Kenntnis der Zeugung, die Züchtung von Nutzpflanzen und die Ausübung verschiedener Handwerke gelehrt. Die (verstorbenen) Ahnen bleiben in die Gemeinschaft der Lebenden einbezogen, da Lebende und Tote einander brauchen.

Hauptintention des Kultus ist die Erneuerung der Lebenskraft, insbesondere Gesundheit, Kindersegen, gute Ernte, erfolgreiche Jagd, reicher Fischfang.

Gebet, Opfer und Sakraltanz sind die wichtigsten Kultformen. Der kultische Tanz ist vornehmlich der Maskentanz. Die Maske wird durch die Verbindung von Bemalung und Kostüm, Musik und Rhythmik zum dramatischen Moment im Kult. Die Maske will einerseits verhüllen und andererseits ein vom Träger verschiedenes »anderes Wesen« darstellen. Dieses Wesen kann bald eine Gottheit, bald ein Heilbringer oder Dämon, bald ein segnender oder strafender Ahn, bald Todes- oder Buschgeist sein. Der Gebrauch der Masken beim Kult ist kultisches Drama, in dem sich Kult und Spiel, mythische Zeit und Gegenwart, überirdische und irdische Welt begegnen.

Die Stammesreligionen sind durch die auch die soziale Struktur bestimmenden Sippen geprägt, an deren Spitze Häuptlinge oder Könige stehen. Für Stämme mit einem Sakralkönigtum ist der König meist zugleich der oberste Priester. Neben dem Priester spielt der *Medizinmann* als Regenzauberer und Heiler eine beachtliche Rolle. Bei dieser Funktion bedient er sich oft des *Fetisches*.

Einerseits weisen die *Kultplätze* manchmal keine besondere Abgrenzung zu nichtkultischen Bereichen auf, andererseits werden Kulte in heiligen Hainen vollzogen.

Es gibt auch besondere Hütten, in denen die Ahnen verehrt werden. Die Wohnhütte des Priesters kann als Kultraum dienen.

Ahnensteine als Regensteine stellen über den Regenmacher die Verbindung zu den Ahnen und über diese zu den Regengöttern her.

Literaturauswahl

Baumann, H.: Schöpfung und Urzeit des Menschen im Mythos der afrikanischen Völker. Berlin 1936

Dammann, E.: Die Religionen Afrikas. Stuttgart 1963

Deschamps, H.: Les religions de l'Afrique noire. Paris 1954

Hohn, E.: Tier und Gott. Mythik, Mantik und Magie der südafrikanischen Urjäger. Basel u. Stuttgart 1965

Mbiti, J.S.: Afrikanische Religion und Weltanschauung. Berlin 1974

Miller, P.: Myths and Legends of Southern Africa. Kapstadt 1979

Parrinder, G.: African Traditional Religion. London 1954

Parrinder, G.: African Mythology. London 1967

Smith, E. (Hrsg.): African Ideas of God. London 1950

Shorter, A.: Prayer in the Religious Traditions of Africa. Nairobi 1975

ÄGYPTISCHE RELIGION

Mit »ä.R.« bezeichnet man die Religion des Volkes der alten Ägypter vom Beginn der Vereinigung der beiden Reiche von Oberägypten (Niltal) und Unterägypten (Nildelta) um das Jahr 2955 v.Chr. bis zum Ende der Römerherrschaft (395

1

2

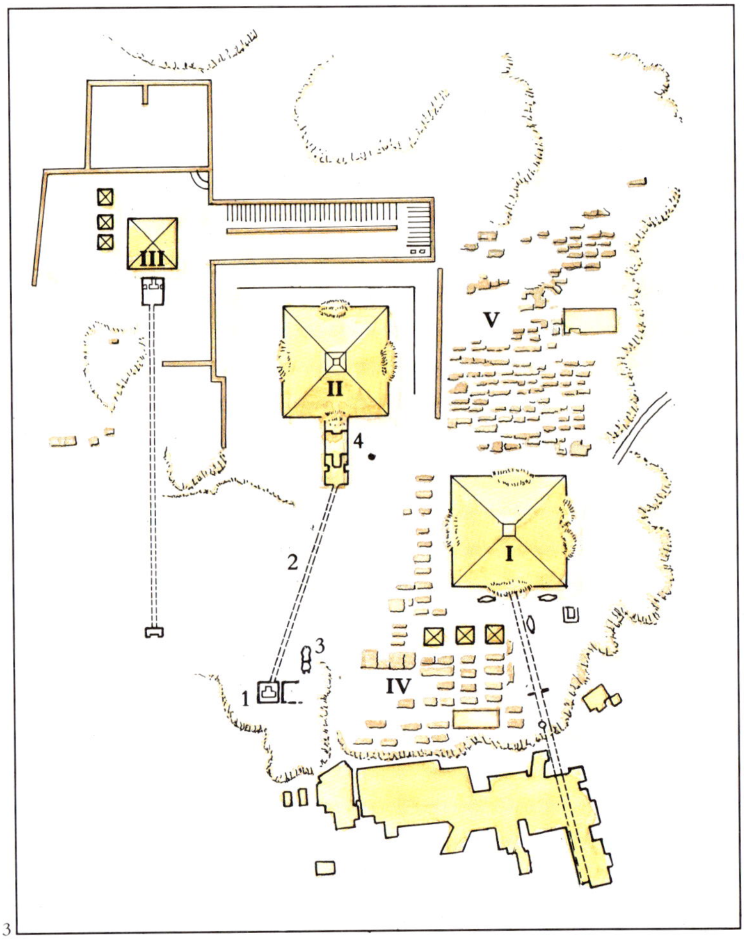

3

n. Chr.). Das Wort »Ägypten« (griech.; nach Herodot »das Geschenk des Nils«) wird in alter Zeit zunächst – zusammen mit dem männlichen Artikel – für den Nil gebraucht.

Kosmische Götter und Göttinnen sowie Lokalgottheiten

Die Welt der Götter und Göttinnen ist sehr kompliziert und eine geordnete Einheit zugleich. Neben zahlreichen kleinen Ortsgottheiten stehen die im ganzen Land verehrten kosmischen Götter und Göttinnen, aber auch die Gottheiten mit bestimmten Funktionen wie z.B. die göttlichen Beschützer der Toten. Über allen aber steht oft ein oberster Reichsgott. Mit Vorliebe werden drei Gottheiten – oft Vater, Mutter und Sohn – an einem Kultort verehrt. Von den zahlreichen Göttern und Göttinnen sollen hier die bedeutendsten genannt werden.

In der alten Königsstadt Memphis verehrt man den *Ptah* als Stadtgott und Patron der Künstler und Handwerker. Im Neuen Reich gilt er als universaler Schöpfergott, der nach der memphitischen Theologie an der Spitze eines Urgöttersystems steht, weil er durch sein Wort alle Götter und die ganze Welt geschaffen hat. Ptah hat in seinem Herzen eine Gestalt erkannt und deren Namen mit seiner Zunge ausgesprochen. Herz und Zunge als Organe der

1 Sphinx *vor der Chephrenpyramide in Giseh, Kalkstein, 2510–2485 v. Chr. (4. Dyn.)*

2 Cheops-, Chephren- *und* Mykerinos-Pyramiden *in Giseh, Kalkstein, 2570–2450 v. Chr. (4. Dyn.)*

***3* Gräberstadtplan** *(Giseh/Ägypten)*
I. *Cheopspyramide*
II. *Chephrenpyramide*
1. Taltempel
2. Aufweg
3. Sphinx
4. Grabtempel
III. *Mykerinospyramide*
IV. *und* **V.** *Mastabafelder*

ersten Erkenntnis und des schöpferischen Wortes sind auch die Organe aller Götter, Menschen und Tiere, in denen Ptah weiterlebt. So wird in Memphis z.B. als die Verkörperung des Ptah der Stier Apis verehrt. In der Trinität von Ptah, Re und Amun (→S. 13) sieht die Ramessidenzeit die Gesamtheit der Götter verkörpert. In der bildenden Kunst versinnbilden die beiden aus dem Leib des Ptah hervorwachsenden, Zepter tragenden Hände seine schöpferische und bildnerische Tätigkeit.

Der falkenköpfige bzw. falkengestaltige *Sokar* ist als Toten- und Grabgott der Gott der weit ausgedehnten Totenstadt von Memphis, zu der die Pyramidenfelder von Giseh gehören. Sein Hauptheiligtum Ro-Setau (ägypt. »Pforten der Gänge«) führt in die Unterwelt. In späterer Zeit wächst Sokar mit Ptah und dann auch mit Osiris (→S. 12) zu »Ptah-Sokar-Osiris« zusammen.

Apis (ägypt. *Hapi* = »der Eilende«), ein heiliger Stier, gilt als Erscheinungsform des in Memphis verehrten Stadtgottes Ptah. Später wächst Apis u.a. mit Osiris zusammen, und der zum Osiris erhobene Apis wird nach seinem Tod einbalsamiert und als Osiris-Apis (Osorapis) im Serapeum beigesetzt, wobei die Granitsarkophage für den Apis-Stier 65 bis 70 Tonnen schwer sind. Der Kult des in Memphis hochverehrten Apis verschmilzt in der Ptolemäerzeit mit dem des Serapis (→S. 14). Beim »Auslauf des Apis« – einem Fruchtbarkeitsritus – wird ein Bulle über die Felder getrieben. Der Apis-Stier ist schwarz, hat einen viereckigen Fleck auf der Stirn und das Bild eines Adlers auf dem Rücken. In der bildenden Kunst ist er mit Sonnenscheibe und Uräus zwischen den Hörnern dargestellt.

Die heilige Stadt Heliopolis (griech. »Sonnenstadt«; ägypt. Junu; hebr. On) in Unterägypten ist seit der 5. Dynastie Zentrum der Verehrung des Gottes *Re* bzw. *Ra*. Dieser Name ist die allgemeinste Bezeichnung des kosmischen Sonnengottes, ursprünglich einer Naturerscheinung ohne festen Kultort. Des Sonnengottes Re hervorragendste Schöpferkräfte sind *sia* (»Erkenntnis, Allwissen«) und *hu* (»Schöpferwort, Willensanspruch«). Der Schöpfergott und Weltbeherrscher Re beginnt am Morgen seine Fahrt über den Himmelshorizont mit einem goldenen, 770 Ellen langen Sonnenschiff. Der Sonnengott ist Herr des Himmels und zeitweise der Gott schlechthin. Seine Fürsorge für alle Lebewesen wird hymnisch gepriesen:

> Preis dir, der du im Horizont aufgehst …
> Wenn du aufgehst, leben die Menschen
> und die Leute jauchzen über ihn.
> Die Götter von Heliopolis jubeln ihm zu
> und die Götter der beiden Hauptstädte
> [Memphis und Theben] erheben ihn …
> ›Preis dir‹, sagen alle Tiere zusammen …
> Du freust dich, Herr der Götter, über das,
> was du geschaffen hast. Sie freuen sich.
> (Aus dem Totenbuch)

Wenn der Sonnengott abends im Westen angekommen ist, seine Morgenbarke verläßt und in die Abendbarke umsteigt, mit der er seine nächtliche Fahrt durch die Unterwelt fortsetzt, preisen ihn die Toten:

> Die Bewohner der Höhlen heben ihre
> Arme und preisen ihn …
> Ihre Augen öffnen sich wieder bei seinem
> Anblick, und ihr Herz ist voll Freude,
> wenn sie ihn sehen.
> Er hört die Gebete derer, die in den Särgen
> liegen, und vertreibt ihr Leid und
> verjagt ihr Böses.
> Er gibt ihren Nasen wieder Atem.
> (Aus dem Totenbuch)

Seit der 5. Dynastie rückt Re an die Spitze aller Götter, wird zum Reichsgott Ägyptens und zum Vater der Könige, die fortan den Titel »Sohn des Re« führen. Seit dem Neuen Reich gilt der König als »Bild des Re«. Von verschiedenen Priesterschaften wird Re seit dem Mittleren Reich mit dem Hauptgott ihres Tempels gleichgesetzt. Identifiziert mit einem Aspekt des Horus (→S. 13), wird er zu *Re-Harachte* (»Re-Horus vom östlichen Horizont«) und, verschmolzen mit Atum, wird er zu *Re-Atum,* dem Urvater der Familie der »Götterneunheit von Heliopolis«, und schließlich wächst er mit Amun zu *Amun-Re* zusammen, zum Reichsgott des Neuen Reiches in Theben, und verschafft der Amun-Priesterschaft eine mächtige Stellung im Reich, gegen die sich vor allem die religiöse Reform Amenophis' IV. richtet.

Das Hauptheiligtum des Re ist in Heliopolis der Sonnentempel, der »Haus der Sonne« heißt und der der Stadt ihren Namen gibt. In den reichgeschmückten Sonnenheiligtümern des Reiches steht inmitten eines weiten Hofes ein großer Obelisk auf einem Unterbau, vor dem sich ein Altar befindet. Diese zum Himmel aufragende Steinsäule ist das Symbol des Sonnengottes. In römischer Zeit sind mehrere Obelisken von Heliopolis nach Rom gebracht worden. Im ehemaligen Heliopolis steht heute nur noch der große Obelisk Sesostris' I. In islamischer Zeit sind die großen Tempelanlagen als Steinbruch ausgebeutet worden.

Atum, das »All«, ist die alte Sonnengottheit von Heliopolis. Seit der 4. Dynastie wird Atum mit dem Sonnengott Re verbunden und als dessen Erscheinungsform in der Gestalt der untergehenden Abendsonne – als Pendant zu Horus, der aufgehenden Morgensonne – angesehen. Seine Symbole sind Löwe und Schlange.

Als Mittler zum Gott Atum gilt der in Heliopolis verehrte *Mnevis-Stier.* Dieser stets schwarze Stier wird als heiliges Tier feierlich inthronisiert, nach seinem Tod einbalsamiert und rituell bestattet.

In Heliopolis wird das theologische System einer »Götterneunheit« entwickelt. Die Priester dieser Stadt sind führend in der ägyptischen Theologie. Sie haben die älteste Weltschöpfungslehre entwickelt und die Vielzahl der Götter systematisch zusammengefaßt. Übrigens wird der israelitische Patriarch Joseph in Ägypten vom Pharao mit einer Tochter des Oberpriesters von Heliopolis vermählt (Gen 41,45).

Gemäß der Götterneunheit von Heliopolis steht der selbstentstandene *Atum* an der Spitze der Götter. Er zeugt die Zwillinge Schu, den Luftgott, und Tefnut, die Feuchtigkeitsgöttin. Dieses erste Götterpaar zeugt das Kinderpaar, Geb, den Gott der Erde, und Nut, die Göttin des Himmels. Sie zeugen wiederum zwei Kinderpaare: einerseits Osiris, den Gott des Fruchtbarkeit bringenden Überschwemmungswassers, und Isis, die Göttin des Königsthrons, sowie andererseits Seth, den Gott der Wüste, der Stürme und Beben, und Nephthys, die Göttin des Hauses.

Schu (ägypt. »Luft, Leere«), zusammen mit seiner Schwester und Gattin Tefnut von Atum erschaffen, hat als Luftgott die Aufgabe, den Himmel und die Erde durch Luft auseinanderzuhalten.

Aus *Tefnut* (ägypt. »Feuchtigkeit«), der Göttin der Feuchtigkeit, und ihrem Bruder und Gemahl Schu gehen der Himmel und die Erde (Nut und Geb) hervor.

Indem zwischen *Geb* (= Keb), den Erdgott, und die von ihm umschlungene Schwester und Gattin Nut die Luftschicht des Schu eindringt, entsteht die Welt.

Nut, die Himmelsgöttin, stellt als Schwester und Gattin des Erdgottes Geb die zweite Göttergeneration dar. Sie ist die Mutter von Osiris und Seth, Isis und Nephthys. Gelegentlich wird sie als »Himmelskuh«, oft aber als Frau dargestellt, die mit ihren Händen und Füßen den Erdboden berührt und sich in hohem Bogen über den auf der Erde liegenden Geb beugt. Ihr Bild ist seit dem Neuen Reich im Inneren vieler Sargdeckel zu finden. Der Verstorbene erhofft sich von ihr die Wiedergeburt, da Nut jeden Abend die Sonne verschlingt, die nachts durch ihren Leib wandert, um diese jeden Morgen wieder zu gebären.

Osiris (»Sitz des Auges«) ist ein Fruchtbarkeits- und Königsgott. Während der 5. Dynastie tritt Osiris in den Vordergrund des Totenglaubens. Als Totengott ist er Richter beim Totengericht und Herrscher im Totenreich. Im Neuen Reich gilt er als Mondgott und als nächtliche Gestalt des Sonnengottes. Nach der Götterneunheit von Heliopolis ist er der älteste Sohn des Erdgottes Geb und der Himmelsgöttin Nut sowie Bruder und Gatte der Isis. Die Verschmelzung von Vegetations- und Königsgott hat wahrscheinlich zur Ausbildung des Osiris-Mythos geführt, in dem sein Todesschicksal im Vordergrund steht. Nach der älteren Fassung des Mythos ertrinkt Osiris im Wasser, und seine Leiche wird von seiner Schwester und Gattin Isis und der Schwester Nephthys an Land gebracht. Während Osiris die Herrschaft im Reich der Toten antritt, besteigt Horus, der gemeinsame Sohn von Osiris und Isis, den Königsthron der Lebenden. Nach der jüngeren Fassung des Mythos wird Osiris von seinem feindlich gesinnten Bruder Seth ermordet, seine zerstückelte Leiche über das Land verstreut und ins Meer geworfen. Seine Gattin Isis findet nach langem Suchen zusammen mit ihrer Schwester Nephthys die Teile des Körpers, fügt sie wieder zusammen und wiederbelebt sie, so daß Osiris ein zweites Leben als König der Toten beginnt. Ihrer beider Sohn Horus rächt an Seth den Mord.

Mit der mythologischen Gestalt des Osiris verbinden sich seit dem Mittleren Reich die Jenseitshoffnungen (→Isis-und-Osiris-Mysterienkult).

In der bedeutendsten Nekropole, Abydos in Oberägypten, mit den Gräbern der Könige aus den ersten beiden Dynastien wird eines der Gräber, das des Königs Djer, das die Leiche des Osiris enthalten soll, zum Zentrum des Osiris-Kultes. An diesem Wallfahrtsort lassen sich viele Ägypter bestatten. Bei den jährlichen Mysterienspielen werden der Tod und die Auferstehung des Osiris dramatisch und kultisch gefeiert. Das Osireion – ein Leergrab – folgt in seiner Anlage der Art des Osiris-Grabes. Ein zweites großes Heiligtum des Osiris-Kultes liegt in Busiris (ägypt. »Haus des Osiris«) im Nildelta, der Heimat des Gottes. Aus der Kunstgeschichte sind die *Osirispfeiler* von Bedeutung, an deren Stirnseite Osiris plastisch dargestellt ist. Diese Pfeiler stehen seit dem Neuen Reich meist an der dem Königspalast gegenüberliegenden Seite des ersten Tempelhofes. Beispiele dafür sind der Totentempel Ramses' II., das »Ramasseum«, und der Totentempel Ramses' III. in Theben-Medinet Habu.

Eine der volkstümlichsten Gottheiten Ägyptens ist *Isis* (ägypt. Ese), die Himmelsgöttin, Mutter- und Herrschergöttin. Nach der Götterneunheit von Heliopolis ist sie Schwester und Gattin des Königsgottes Osiris und Mutter des Horus, den sie empfängt, als sie sich in Gestalt eines Sperbers auf die Leiche ihres Gatten Osiris setzt. In der Einsamkeit der Sümpfe des Nildeltas gebiert sie – versteckt vor den Nachstellungen des Seth – ihr Kind. Zusammen mit ihrer Schwester Nephthys hat sie den Leichnam des Osiris bewacht und ihn zu neuem Leben erweckt. In der Spätantike findet der Isis-und-Osiris-Mysterienkult eine große Verbreitung. Durch die spätere Verschmelzung mit der Göttin Hathor erhält Isis als Kopfschmuck ein Kuhgehörn und die Sonnenscheibe. Die Göttin wird oft dargestellt, wie sie das Horuskind auf dem Schoß trägt und säugt. Ikonographisch erscheint sie als eine der Vorgestalten der christlichen Maria mit dem Jesuskind. Isis-Tempel gibt es in fast allen Provinzen des Römischen Reiches. Der letzte von ihnen, das Isis-Hauptheiligtum auf der Insel Philae, wird 560 n. Chr. auf Befehl Kaiser Justinians (527–65) geschlossen.

Seth (Setech oder Sutech) ist der Gott der Wüste, der Dürre, der Stürme und der Unwetter. Er herrscht über die Randgebiete der geordneten Welt und ist der Schutzgott der Fremden. Der Osiris-Mythos, nach dem der in Oberägypten verehrte Seth (Hauptkultort: Ombos) im Gegensatz zu dem in Unterägypten verehrten Osiris steht, erinnert an die Zeiten, als sich Ober- und Unterägypten befehden. Im mythologischen »Bruderstreit« zwischen Seth und Osiris (und Horus) symbolisieren sich die ständigen Auseinandersetzungen in der Welt. Weil Seth im Mythos der Mörder seines Bruders Osiris ist, gilt er in der Spätzeit als eine Verkörperung des Bösen schlechthin.

Nephthys (ägypt. *Nebet-hut* = »Herrin des Hauses«) ist eine Toten- und Grabgöttin. In der Götterneunheit von Heliopolis gilt sie als Schwester von Osiris und Isis sowie als Schwester und Gattin des Seth.

Der falkengestaltige *Horus* (ägypt. *Hor* = »der Ferne«) ist der Beschützer der Könige und teils Himmelsgott mit Sonne und Mond als »Horus-Augen« und teils Sonnengott mit Falkenkopf und geflügelter Sonnenscheibe. Mit der Zeit wird er in verschiedene Horus-Götter ausdifferenziert: Horus, der Ältere (Haroëris), der in Ombos verehrt wird, Horus, der Sohn von Osiris und Isis, und Horus, das Kind (Harpokrates). Seine ursprüngliche Mutter ist Hathor. In der Theologie von Heliopolis wird er zum Sohn von Isis und Osiris und rächt als Jüngling seinen ermordeten Vater. Dabei kommt es zu einem furchtbaren Kampf, bei dem Horus ein Auge verliert, aber auch der Mörder Seth verstümmelt wird. Als Sieger tritt Horus die Herrschaft über Ober- und Unterägypten an. Auf seinem Thron sitzen die Könige von Ägypten als seine Nachfolger. Da er selbst einst als letzter der Götterkönige der Urzeit über Ägypten geherrscht hat, offenbart er sich seitdem in der Person des Königs. Horus ist der im jeweils regierenden König, dem »Horus der Lebenden«, sich inkarnierende Gott, und jeder König führt deshalb den Titel Horus. Den toten Pharao inthronisiert er als »Osiris« im Bestattungsakt für die Ewigkeit. Als Lichtgott, dessen Augen Sonne und Mond bilden, verschmilzt er später mit dem Sonnengott Re zu *Har-achte* (»horizontaler Horus«) und wird als dessen Erscheinungsform in der Gestalt der aufgehenden Morgensonne – als Pendant zu Atum, der untergehenden Abendsonne – angesehen. Als falkengestaltiger Weltgott überspannt er mit seinen Flügeln den Himmel und das Reich von Ober- und Unterägypten und umfängt auch den König. Berühmt ist der Horus-Tempel von Edfu (3./1. Jh. v. Chr.).

Die kuhköpfige bzw. mit Kuhhörnern dargestellte *Hathor* (ägypt. »Haus des Horus«) ist die Göttin der Frauen, der Freude, aber auch Herrin der Liebe und des Tanzes. Nach ihr ist der dritte Monat des ägyptischen Jahres benannt. Heilig ist ihr die Sykomore. Den mit ihr vermählten Horus besucht sie einmal jährlich in Edfu von ihrem Haupttempel in Dendera aus. Sie besitzt zahlreiche Heiligtümer, aber vor allem wird sie in Dendera/Oberägypten verehrt. Im großen Tempelbezirk liegt der Haupttempel der Hathor (1. Jh. v. Chr.) mit den beiden Tierkreisen unter seinen Deckenbildern. Es ist der besterhaltene Tempel Ägyptens. Aus Augusteischer Zeit stammt das am Eingang des Tempelbezirks gelegene »Geburtshaus« *(mammisi)*, in dem das göttliche Kind der Hathor geboren wird.

Die geiergestaltige *Mut* (»Mutter«) ist eine in Theben verehrte Himmelsgöttin. Als Theben Hauptstadt des Reiches ist, wird sie zur hochverehrten Gattin des Reichsgottes Amun.

Die *Neith* (ägypt. *Neret* = »die Furchtbare«) ist Kriegs- und Grabgöttin, eine der vier Schutzgöttinnen der Toten. Sie wird als Gottesmutter verehrt, »die den Re gebar«, als »Mutter, welche die Sonne geboren, die zuerst geboren, ehe denn geboren ward«. In späterer Zeit ist sie die »große Weberin« von Sais (Unterägypten). Sie wird mit Isis verschmolzen und mit Hathor zusammen genannt. Ihrem Kultzentrum in Sais ist eine Ärzteschule angeschlossen.

Die seit der 18. Dynastie katzenförmig bzw. katzengestaltig dargestellte *Bastet* ist Göttin der Freude und Herrin von Bubastis in Unterägypten. Das große Jahresfest zu Ehren der Bastet hat Herodot beschrieben.

Die löwenköpfige bzw. löwengestaltige *Sachmet* (= Sechmet; ägypt. »die Mächtigste«) ist Unheils- und Heilsgöttin zugleich. Sie stellt das gefährliche Gegenbild zur milderen Bastet dar und gilt als Gattin des Gottes Ptah und Mutter des Imhotep. Ihr Hauptkultort ist Memphis. Ärzte sind häufig ihre Priester. Ihr zu Ehren läßt der kranke König Amenophis III. Hunderte von Sachmet-Statuen im Tempelbezirk von Karnak aufstellen.

Der Erdgott *Min* ist ein Gott der Zeugungskraft und Fruchtbarkeit, ehemals ein ithyphallischer Karawanengott. Seine Hauptkultorte sind Koptos und Achmim. Da die Griechen ihn mit Pan gleichsetzen, nennen sie den Kultort Achmim auch Panopolis.

Ein Schöpfungs- und Fruchtbarkeitsgott, der den Lebenshauch bringt und dessen Wesen für Götter und Menschen unerforschlich und unbegreiflich bleibt, ist *Amun* (= Amon; ägypt. »der Verborgene«). Mit Beginn des Mittleren Reiches wird dieser Hauptgott von Theben ein Universalgott. Als dann mit Beginn des Neuen Reiches Theben zur Hauptstadt eines Weltreiches emporsteigt, wird der Amun von Theben zum Reichsgott und Schutzherrn des Neuen Reiches. Vereinigt mit dem Sonnengott Re, wird Amun jetzt zum *Amon-Re* und, als Sonnen- und Reichsgott zugleich, als »König der Götter« verehrt. Poetischen Ausdruck für diese Hochgottverehrung bieten die Amonshymnen:

> Geneigt vor dir stehen die Götter
> und verherrlichen die Macht des Schöpfers...
> Du König und Haupt der Götter,
> wir preisen deine Macht, da du uns geschaffen,
> verehren dich, da du uns gebildet hast,
> wir lobsingen dir, weil du dich um uns mühtest.

Der mit dem Fruchtbarkeitsgott Min von Koptos verschmolzene ursprüngliche Windgott Amun tritt als Lokalform des Min ithyphallisch mit Doppelfederkrone auf. In seinem Haupttempel in *Karnak* bildet Amun mit der Himmelsgöttin Mut und dem Mondgott Chons als Kind eine Familientrias. Zur Urgötter-Achtheit von Hermopolis (Mittelägypten) gehörend, vertritt Amun mit seiner Partnerin Amaunet die Unsichtbarkeit. Mit Amun synkretistisch verbunden ist Gott Ammon der Oase Siwa in der Libyschen Wüste, von dessen Tempel Alexander d. Gr. (336–323 v. Chr.) sein berühmt gewordenes Orakel holt.

Der Haupttempel des Reichsgottes Amun liegt in Karnak, einem heutigen Dorf bei Luxor in Oberägypten, an der Stelle des alten Theben, an dem Generationen von Pharaonen gebaut haben. Seine Säulenhalle mißt 5000 m^2 und hat 134 Säulen, von denen sich die 12 des Mittelschiffs (3,37 m im Durchmesser) 21 m hoch erheben. Symboltier des Amun ist der Widder.

Der vorwiegend ibisköpfig dargestellte *Thot* (ägypt. Djehuti) ist ein Mondgott. Weil nach dem Mond die Zeiten berechnet werden, wird er zum Gott des Rechnens und des Schreibens, der Weisheit und der Wissenschaften. Nach ihm ist der 1. Monat des ägyptischen Jahres benannt. Im Mythos schlichtet er den Streit zwischen Horus und Seth und heilt das verletzte Horus-Auge. Seine bedeutendsten Kultorte sind Hermopolis parva im Nildelta und Hermopolis magna in Oberägypten.

Der falkenköpfige *Chons* (ägypt. Chonsu = »der Durchwandler [des Himmels]«) ist ebenfalls ein Mondgott, der in Theben als Kind verehrt und mit seiner Mutter, der Himmelsgöttin Mut, und seinem Vater, dem Sonnengott Amun, zu einer Dreiheit zusammengefaßt wird. Nach ihm ist der 9. Monat des ägyptischen Kalenders benannt. Später verschmilzt Chons mit Thot. Menschengestaltig wird er mit Sonnenscheibe und Mondsichel auf dem Kopf dargestellt. Sein Haupttempel in Karnak (1180–1060 v. Chr.) ist fast vollständig erhalten.

Der schakalköpfige *Anubis* ist ein Toten- und Friedhofsgott. Da sich die Schakale an der Wüstengrenze zeigen, wo man die Toten bestattet, ist sein Symbol der Schakal. Anubis ist auch der sakrale Herr der Balsamierungshalle, und der die Leiche umsorgende Priester trägt eine tönerne Hundekopfmaske. Beim Totengericht hat Anubis zusammen mit Horus die Seelen der Verstorbenen zu wägen. Der in Kynopolis verehrte Gott gilt später als Sohn des Osiris und der Nephthys.

Der widderköpfige *Chnum* ist Herr des kühlen Wassers und Schutzherr des Kataraktgebietes von Assuan, der die fruchtbaren Nilüberschwemmungen bewirkt. Er ist auch der Schöpfer und Gestalter der Menschen, deren menschlichen Leib er auf der Töpferscheibe formt, bevor dieser aus dem Mutterleib geboren wird. Der berühmteste Tempel des Chnum liegt auf der Nilinsel Elephantine.

Aton (ägypt. »Sonnenscheibe«) ist zunächst die Bezeichnung der Sonnenscheibe, dann aber der von Amenophis IV. monotheistisch verehrte Sonnengott, der im großen Aton-Hymnus (→S. 20) besungen wird. Der Gott Aton wird dargestellt als eine Sonnenscheibe, deren Strahlen in Hände auslaufen, die dem König und seiner Familie das Schleifenkreuz, das hieroglyphische Zeichen für Leben *(anch)* darreichen.

Serapis (= Sarapis), ein Fruchtbarkeitsgott, dessen Kult Ptolemäus I. begründet, wird zu Osiris-Apis, d. h. zum gestorbenen heiligen Stier Apis, in Beziehung gesetzt und der Isis als Gefährte beigegeben. Sein Hauptheiligtum ist das Serapeum (= Serapeon) von Alexandrien, von wo aus sich seine Verehrung über das ganze Römische Reich (u. a. Puteoli) ausbreitet. Bekannt ist noch das Serapeum in Sakkara bei Memphis mit den Gräbern der Apis-Stiere.

Vor der Entstehung des Bauerntums mit seinen kosmischen Gottheiten wie Himmel, Erde, Sonne und Mond liegt die Welt des Nomaden- und Jägertums mit ihren zahlreichen *Tiergottheiten*, die vor allem unter den Symbolen von Tieren, Haustieren (Stier, Kuh, Katze, Widder) und Wildtieren (Löwe, Krokodil, Schakal, Falke, Schlange), verehrt werden. Die zahlreichen, meist tiergestaltig bzw. tierköpfig bleibenden Lokalgötter werden bei der späteren politischen Einigung übernommen. Wo ein Ort oder Gau politisch den Vorrang gewinnt und nach der Reichsgründung wird die Lokalgottheit entweder mit dem Reichsgott identifiziert, oder es wird eine genealogische Beziehung zu den anderen Göttern hergestellt. In der Spätzeit nimmt die Verehrung heiliger Tiere zu, wofür Ausgrabungen von Tiersarkophagen und einbalsamierte Tiermumien Zeugnis ablegen.

Welt und Mensch

Im Grab Ramses' IV. ist das Himmelsgewölbe durch den Körper einer Frau dargestellt, deren lange Hände und Füße die Erde berühren. Es handelt sich um die Göttin Nut, über deren Rücken das Sonnenschiff mit dem Sonnengott dahinfährt und deren Leib von der atmosphärischen Luft, dem Gott Schu, gestützt wird. Unten liegt der Erdgott Keb. Eine andere bildliche Darstellung der Welt befindet sich im Grab Sethos' I.; sie zeigt den Himmel als große Kuh, an deren Bauch sich die Sterne und das Sonnenschiff mit dem Sonnengott befinden. Ihr Bauch wird von dem Gott Schu gehalten, und ihre Füße werden von verschiedenen Göttern berührt.

Ägyptische Gottheiten:

1 Amun, *aus Theben, Gold, 950–730 v. Chr. (22. Dyn.). New York, Metropol. Mus.*

2 Osiris *mit Zepter und Geißel, aus einem Grab, 1305–1196 v. Chr. (19. Dyn.)*

3 Isis, Nephthys *und* Chnum-Re, *aus dem Grab der Königin Nefertari in Theben, Tal der Könige, 1305–1196 v. Chr. (19. Dyn.)*

4 Seth *tötet die Schlangengottheit Apophis, aus einem Totenbuch, Papyrus, 1080–950 v. Chr. (21. Dyn.)*

5 Horus *als Falke vor dem Horus-Tempel in Edfu, Zeit des Ptolemaios III. Euergetes I. (247–222 v. Chr.)*

6 Sechmet, *aus Luxor, vergoldetes Holz, 1554–1305 v. Chr. (18. Dyn.). Kairo, Ägypt. Mus.*

7 *Der* Horusfalke *beschützt König Chephren, aus Giseh, Diorit, 2510–2485 v. Chr. (4. Dyn.). Kairo, Ägypt. Mus.*

8 Aton *über König Echnaton und seiner Familie, Hausaltar-Studie, 1365–1349 v. Chr. (18. Dyn.). Berlin, Staatl. Mus.*

1

2

3

4

5

6

7

8

Der in der Welt lebende Mensch besteht aus dem Leib und drei geistigen Kräften: *ka, ba* und *ach*. Zentraler Begriff ist der *ka* (ägypt. »Lebenskraft«), der die lebenden Wesen von den unbelebten unterscheidet. Er ist die schöpferische Kraft der Götter und für die Menschen der wichtigste Seelenbegriff. Der *ka* ist die dem Menschen innewohnende Kraft, die ihn am Leben erhält, und eine Lebenskraft, die von den Ahnen übernommen ist und sich in den Nachkommen fortpflanzt. Der *ka* prägt den Charakter und die Persönlichkeit, er überlebt den Menschen. Vom Verstorbenen sagt man, daß er »zu seinem *ka* geht«, d.h. daß er sich im Jenseits wieder mit ihm vereinigt. Der *ka* lebt – als zweites Ich (»alter ego«) verstanden – in den Statuen und Bildern der Toten weiter (*ka*-Statuen in den Gräbern; →S. 20), und dem *ka* gelten die Speisen, die auf dem Grab als dem »Haus des *ka*« gespendet werden.

Der *ba* ist die meist vogelgestaltig mit Menschenkopf dargestellte Geistseele und der Urgrund der eigenen »Seele«. Er ist das Element der Einmaligkeit und Einzigartigkeit eines Gottes und eines Königs, ja eines jeden Menschen. Nach dem Tod eines Menschen verläßt er zeitweilig dessen Leichnam und kehrt wieder zurück.

Der meist als Vogel dargestellte *ach* ist der dritte wichtige Seelenbegriff. Dieser geistigste Teil des Menschen kommt erst nach dessen Tod zur rechten Entfaltung. Er ist so sehr mit dem Jenseits verbunden, daß *ach* zur Bezeichnung des Verstorbenen selbst wird.

Die Todesmysterien, die in frühester Zeit nur dem göttlichen König vorbehalten bleiben, werden später der Oberschicht und dann prinzipiell allen Menschen zuteil. Die entsprechenden Texte dazu – früher nur Pyramidentexte (→S. 24) für die Könige – stehen jetzt auf den Sargwänden der Vornehmen und schließlich in den Totenbüchern (→S. 25) auf Papyrusrollen, die den Verstorbenen auf den Sarg gelegt oder sogar in die Mumienbinden eingewickelt werden. Danach wird jeder Sterbliche nach seinem Tod mit Osiris eins, steigt zum Himmel auf, vereinigt sich hier mit dem Sonnengott zum Allgott und Urgott, zum universalen *ba*, so daß der Verstorbene sprechen kann:

> Ich bin der Älteste der Urgötter.
> Mein ba: das sind die Götter,
> die ba's der Ewigkeit.

Die Todesmysterien sind dem gewöhnlichen Menschen aber erst möglich, wenn er sich einem Totengericht unterzogen hat, in dem geprüft wird, ob das Leben des Verstorbenen immer der *maat* entsprochen hat. Das Totengericht findet vor einem Totenrichter, früher vor dem Hochgott, dann vor dem mit ihm identifizierten Sonnengott und später (seit der 11. Dynastie) vor Osiris statt. Wie Osiris sich einst rechtfertigen mußte, so muß es jetzt auch jeder Tote vor Osiris tun. Letzterer hat entsprechend den 42 Gauen Ägyptens 42 Richter als Beisitzer. Wie das 125. Kapitel des Totenbuches ausführt, muß der Tote sich in einer Art Unschuldsbeichte rechtfertigen und darlegen, daß er keine der 42 Verfehlungen begangen hat. Die Vignetten des Totenbuches illustrieren, wie der Mondgott Thot als Großwesir des Sonnengottes eine große Standwaage aufstellt, auf der eine Figur der göttlichen *maat* gegen das Herz des Toten aufgewogen wird. Während Thot mit einem Griffel das Ergebnis des Abwägens notiert, hockt daneben ein Ungeheuer, die »Fresserin«, die den evtl. schuldig Befundenen auffressen wird.

Nach dem Gericht finden die Guten Einlaß in das Reich des Osiris. Das lichte Totenreich im Himmel stellt sich als Fortsetzung des Diesseits dar. Weil die dortigen Gefilde *(Earu)*, wo auch ein Nil die fruchtbaren Felder bewässert, zu bearbeiten sind, gibt man dem Toten stellvertretende Helfer mit ins Grab, die *uschebtis* (ägypt. »Antwortende«; →S. 17). Die Bösen sind von dem lichten Totenreich ausgeschlossen. Sie liegen hungernd und dürstend im dunklen Totenreich der Unterwelt *(duat)*, das nur in der einen Stunde erhellt wird, da die Sonne auf ihrer nächtlichen Fahrt den unterirdischen Raum durchmißt.

Die sorgfältige Einbalsamierung des Leichnams und die Anlage des Grabes, das den Leichnam vor Schädigung schützen soll, sowie die Totenbeigaben sind Ausdruck einer starken Jenseitshoffnung.

Der Fundamentalbegriff der Ethik ist die *maat*, die die kosmische, ethische und rituelle Ordnung der Welt umfaßt. Die *maat* ist die Weltordnung (des Re) und gilt als verbindliche Norm für alle Wesen. Sie ist das Kult- und Staatsrecht des Königs und die gesetzliche Moral des gewöhnlichen Menschen. Diese *maat* als Staats- und Lebensnorm vor Re zu verantworten, ist das moralische Gesetz für König und Volk. Die *maat* als Weltordnung wandelt sich bis zum Neuen Reich allmählich zur *maat* als Wahrheit, d.h. zur wahrhaften Selbsterkenntnis. Ein der *maat* gemäßes Verhalten ist das Ideal ägyptischer Religiosität. Die *maat* wird in späterer Zeit personifiziert, als Tochter des Sonnengottes Re und als Göttin mit einer Straußenfeder auf dem Kopf dargestellt. Zahlreiche Tempelreliefs zeigen, wie der König die *maat* den Göttern darbringt und damit unterstreicht, daß die Weltordnung unverletzlich ist.

Der Grundsatz altägyptischer Ethik ist das Axiom: »Gut ist, was Gott liebt. Schlecht ist, was Gott haßt.« Er ist in den drei Hauptpflichten zusammengefaßt: Gott verehren, recht handeln und den Mitmenschen Gutes erweisen.

Das 125. Kapitel des Totenbuches, das die Beichte des Verstorbenen vor dem Totenrichter enthält, hat die Überschrift »Was man spricht, wenn man zur Halle der beiden Wahrheiten [= Recht, Gerechtigkeit] gelangt, wenn man gereinigt wird von allem Bösen, das man getan hat, um das Antlitz der Götter, die in ihr sind, zu schauen.« Dann folgt eine »negative Beichte«, in der eine ethische Ordnung zum Ausdruck kommt, die den gesamten Bereich der Verpflichtungen des Menschen umspannt und insbesondere bei den

Pflichten gegenüber den Mitmenschen eine große Differenzierung und Nuancierung der Vergehen aufweist:

> Ich habe nicht Unrecht getan gegen die Menschen…
> Ich habe nicht getan, was der Gott verabscheut.
> Ich habe keinen Diener bei seinem Vorgesetzten schlechtgemacht.
> Ich habe nicht hungern lassen.
> Ich habe nicht weinen gemacht.
> Ich habe nicht getötet.
> Ich habe nicht zu töten befohlen.
> Ich habe gegen niemanden schlecht gehandelt.
> Ich habe die Opferspeisen in den Tempeln nicht verringert.
> Ich habe die Opferkuchen der Götter nicht vermindert.
> Ich habe die Opferbrote der Toten nicht weggenommen.
> Ich habe nicht Ehebruch begangen und nicht Unzucht getrieben.
> Ich habe das Kornmaß weder vergrößert noch verkleinert…
> Ich habe nicht die Milch vom Munde eines Säuglings weggenommen.

Der Tote bekennt, daß er »sich gerichtet habe nach den Gesetzen der Halle der beiden Wahrheiten«, d.h. die Sätze der »negativen Beichte« haben für das praktische Leben die Bedeutung von Geboten. Die Beteuerung des Verstorbenen »Ich habe nicht getötet« hat den Wert eines befehlenden Gebots für den Lebenden »Du sollst nicht töten!« Es ist wahrscheinlich, daß diese ethischen Maximen, die dem Ethos des hebräischen Dekalogs nahestehen, dem Mose aus Ägypten bekannt waren (→israelitische Religion).

Das bedeutendste Dokument für die der ägyptischen Religion zugrunde liegende hohe Ethik ist ein Traktat der memphitischen Theologie – vermutlich aus der Zeit des Alten Reiches –, den König Schabaka (716–701 v.Chr.) als Papyrustext im Tempel des Ptah in Memphis fand, auf einen Stein einmeißeln ließ und der seitdem als *Schabakastein* bzw. *-text* bezeichnet wird. Dieser Text bietet neben einer Götterlehre eine politische Lehre.

Fürsorge für die Toten

Keine andere Religion hat so sehr den Tod in Lehre und Kult einbezogen wie die der alten Ägypter. Ausdruck dafür sind u.a. Totengötter, Totengericht, Totenrituale mit Einbalsamierung und Grabbeigaben, Totenopfer, Totenstädte mit Pyramiden, Totentempel und Totenbücher. Weil das Schicksal nach dem Tode aufs engste mit dem Körper des Verstorbenen verbunden bleibt, verwendet man auf dessen Erhaltung und Bestattung die größte Sorgfalt. Ähnlich wie Osiris, das Urbild des Fortlebens, hat auch der Verstorbene eine Auferstehung zu erwarten. Insbesondere gilt dies seit ältester Zeit für den König, dessen Bestattung gleichzeitig seine Inthronisation für das Jenseits ist.

Da der Lebenshauch *ka* dem Menschen auch nach seinem Tod erhalten bleibt, sofern die körperliche Substanz nicht vergeht, legt man größten Wert auf die möglichst vollständige Erhaltung des Leichnams. Unter genau festgelegten Zeremonien hat man bei der *Einbalsamierung* das Gehirn, das Herz und die Eingeweide herausgenommen und den Körper in mehrere Lagen kunstvoll gelegter Leinenbinden eingehüllt, so daß die *Mumien* bis heute erhalten sind. Die Mumie ist in einen Holz- oder Steinsarg verschlossen. Auf den Sarg sind Tür und Augen gemalt, damit der Tote hinausgehen und die Sonne schauen kann. Ins Grab, die »Wohnung für die Ewigkeit«, gibt man dem Toten alles mit, was zur weiteren Existenz im »Westland« notwendig ist. Der Leiche wird – zur Hilfe beim Totengericht – an die Stelle des menschlichen bösen Herzens ein steinerner *Skarabäus* (ägypt. *chepre* = »der Große«) gelegt. Manchmal trägt er die Aufschrift: »O Herz, das zu meinem Wesen gehört, tritt nicht gegen mich auf.« Dieser Blatthornkäfer wird wegen seiner geheimnisvollen (Selbst-)Entstehung aus der Mistkugel, die das Weibchen drehend vor sich herschiebt und in die es seine Eier legt, als ein Urwesen – dem Sonnenball und dem Sonnengott vergleichbar – angesehen und verehrt. Der Skarabäus als Amulett, in Stein, Ton, Glasfluß oder Metall plastisch nachgebildet, ist später als Siegel und Gewicht weit verbreitet.

Kanopen heißen die vier kugelförmigen Steingefäße, in denen die der Leiche entnommenen Eingeweide des Verstorbenen – getrennt vom einbalsamierten Leichnam – beigesetzt sind. Da die Gestalt der Krüge an das Osirisbild der Stadt Kanopos bei Alexandria erinnert, nennt man diese Gefäße seit griechischer Zeit Kanopen. Die Deckel der vier Krüge sind seit dem Neuen Reich als Köpfe der vier Schutzgötter gestaltet: *Amset* (Symbol: Mensch), *Hapi* (Symbol: Pavian), *Kebehsenut* (Symbol: Falke), *Duamutet* (Symbol: Hund). Die Schutzgötter gelten als Söhne des Horus.

Seit dem Mittleren Reich gibt es als Grabbeigaben die *uschebtis* (ägypt. »Antwortende«) in Gestalt von kleinen Dienerfiguren, die oft in großer Zahl (bis zu 400) für den vornehmen Ägypter, wenn er im Jenseits zur Arbeit aufgerufen wird, stellvertretend antworten und arbeiten sollen. Meistens sind die Dienerfiguren beschriftet mit dem 6. Spruch aus dem Totenbuch sowie dem Namen und Titel des Verstorbenen.

Zu den Grabbeigaben gehört auch eine Statue des Verstorbenen, damit dieser dem Totenopfer beiwohnen kann.

Die Toten sind oft in *Gräberstädten* bzw. Totenstädten beigesetzt. Zur Stadt Memphis gehört z.B. eine weit ausgedehnte Totenstadt mit den Pyramidenfeldern von Giseh.

Kalender und Festtage

Der über Julius Caesar im Abendland eingeführte ägyptische Kalender hat 12 Monate, die nach einer Gottheit benannt werden, deren Fest in ihm gefeiert wird. Das Jahr umfaßt 365 Tage (12 Monate zu 30 Tagen), wovon 5 als Schalttage gelten. Letztere werden in Heliopolis nach den 5 Göttern des Osiris-Mythos benannt. Das ägyptische Jahr beginnt mit dem Monat Thot zur Zeit der Nilflut. Die jährliche Überschwemmung ist von größter Bedeutung für die Bewässerung des ungefähr

Ägyptisches Weltbild *mit Nut, Geb und Duat (Osiris)*

1000 km langen und 10–20 km breiten Niltals. Das im Juni/Juli beginnende und im September/Oktober seinen Höhepunkt erreichende, heranflutende und fruchtbaren Schlamm mit sich führende Hochwasser der Nilflut ist Grundlage für die Fruchtbarkeit der ägyptischen Stromoase. Der Rhythmus des Steigens und Fallens des Nilwassers bestimmt seit der Pharaonenzeit das landwirtschaftliche Jahr mit seiner Einteilung in die drei bäuerlichen Jahreszeiten von Anbau *(sa)*, Ernte *(per)* und Brachzeit *(semu)*. Zu hohe oder zu niedrige Überschwemmung hat Hungersnöte zur Folge (vgl. Genesis 41), und Versiegen oder Verderben des Nilwassers gilt als das größte Übel (Exodus 7, 17 ff.). Da die Fluthöhe für den Ernteerfolg entscheidend ist, wird das Einsetzen der Hochflut alljährlich mit einem großen Fest gefeiert. Die um 4–7 m ansteigende lebenspendende Nilflut wird mythisch auf die Tränen der um Osiris, den Gott der Vegetation und des Lebenskreislaufs, klagenden Isis zurückgeführt. In der Spätzeit bewirkt das Ertrinken eines Menschen im Nil dessen Vergottung (Antinous). Außer dem Fest der beginnenden Nilflut gibt es noch andere *Kalenderfeste*, wie den Beginn des Jahres, der Jahreszeiten, der Monate und der Mondphasen sowie die Feiertage um Saat und Ernte.

Bei der engen Beziehung des Königs zu den Göttern berühren sich manchmal die *Königsfeste* mit den Götterfesten. So vor allem das bekannteste aller Feste, das *heb-sed* (»Jubiläum«), der Jubiläumstag des Königs, an dem dieser vor 30 Jahren den Thron bestiegen oder zum Thronerben erklärt worden ist. Die Krönungszeremonie eines neuen Königs gilt als erneute göttliche Inkarnation im Diesseits.

Es gibt ferner zahlreiche *Götterfeste*, die an keinem Tempel fehlen. Sie sind die großen Hauptfeste für jede Stadt, an denen Ereignisse aus den Göttermythen gefeiert werden, so z. B. der Geburtstag eines Gottes oder das Osirisfest in Abydos. An einem Götterfest wird das sonst verborgen gehaltene Götterbild öffentlich gezeigt. Die Statue des Gottes wird auf einer schiffartigen Trage, der Barke, aus dem Allerheiligsten des Tempels geholt und in einer Prozession mitgeführt. Zuweilen besucht ein Gott den anderen per Schiff. Vielfach werden an den Festtagen Szenen aus der Göttermythologie dargestellt.

Kult und Gebet

Der tägliche Kult im Allerheiligsten des Tempels wird nach einer genau vorgeschriebenen Anzahl von Riten (36 Zeremonien in Abydos und 60 in Theben) vollzogen. Der Oberpriester – nur er hat als Vertreter des Königs Zutritt zum Allerheiligsten – beräuchert frühmorgens die Kapelle, öffnet sie und begrüßt die Gottheit durch wiederholtes Niederwerfen und mit Gesang und Gebet. Wie bei einem lebenden Herrscher wird an dem Bild der Gottheit der Dienst vollzogen. Unter Gebeten und Hymnen wird das Götterbild am Morgen gewaschen, mit neuen weißen, grünen, roten und rötlichen Leinenbinden bekleidet – die abgelegten alten Binden der Gottheit sind als Totenkleider sehr begehrt –, mit Öl gesalbt und mit grüner und schwarzer Schminke geschminkt. Zuletzt wird noch ein Speiseopfer dargebracht, das u. a. aus Brot, Wein und Wasser besteht. Die Morgentoilette der Götterstatue geschieht in der Absicht, die Statue aktuell zu beseelen und das göttliche Wesen in das Bild zu bannen. Für die großen Opfer an den Festtagen bestehen eigene Stiftungen.

Die Lieder zum Preise der Götter entsprechen alle dem gleichen Schema. Sie zählen den Namen des Gottes auf, seine Kronen und seine Tempel, erinnern an sein Wesen und an seinen Mythos.

Ganz im Gegensatz dazu steht der *Aton-Hymnus*, der nichts von der herkömmlichen Vorstellungswelt der Ägypter enthält, sondern ein Preislied auf die Sonnenscheibe Aton ist, das von jedem Menschen angestimmt werden könnte. Aus der neugegründeten Residenz Amarna des Amenophis IV. ist in den Gräbern der hohen Beamten dieser »Sonnengesang« in mehreren Fassungen erhalten. Er ist das Kultlied der neuen Gemeinde des Königs Achenaten (ägypt.; fälschlich: Echnaton) und vermutlich von ihm selbst verfaßt. In diesem Sonnenhymnus findet seine reformierte Lehre ihren klassischen Ausdruck.

Dieser Hymnus, der den Sonnengott Aton als freundlichen Schöpfer und Erhalter allen Lebens auf Erden preist, zeigt bis in Einzelheiten hinein eine nahe Verwandtschaft mit dem biblischen Lob-Psalm 104 (103), der die unendlichen Herrlichkeiten der Schöpfung Jahwes

1

2

3

4

1 *König* Mykerinos *zwischen der Göttin* Hathor *und der Göttin des »Schakal«-Gaues, Schiefer, 2485–2457 v. Chr. (4. Dyn.). Kairo, Ägypt. Mus.*

2 *Königin* Nofretete, *Gemahlin Echnatons, Kalkstein, 1360 v. Chr. Berlin, Staatl. Mus.*

3 *Königin* Nefertari, *Gemahlin Ramses' II., von* Isis-Hathor *geführt, Grab der Königin, 1290–1224 v. Chr., Theben, Tal der Könige*

4 Totengericht *mit Abwägung eines Menschenherzens durch Anubis und Thot, Papyrus, 1250 v. Chr. London, Brit. Mus.*

> Wie schön erscheinst Du im Horizont des Himmels.
> Du lebender Aton, der zuerst gelebt hat.
> Du gehst auf im östlichen Horizont
> und erleuchtest jedes Land mit Deiner Schönheit …
> Deine Strahlen umarmen die Länder,
> so viel Du ihrer gemacht hast …
> Du bist fern und Deine Strahlen (aber) sind auf Erden.
> Du bist im Antlitz der Menschen, aber man sieht Deinen Weg nicht.
> Gehst Du unter im westlichen Horizont,
> so ist die Erde im Dunkel, als wäre sie tot …
> Die Erde liegt im Schweigen, denn der sie geschaffen hat, ruht in seinem Horizont.
> Wenn es tagt und Du wieder aufgehst im Horizont
> und als Aton am Tag leuchtest,
> so vertreibst Du das Dunkel und schenkst Deine Strahlen …
> Der Du Atem gibst, um jedes Deiner Geschöpfe zu beleben …
> Du setzest jeden an seine Stelle
> und gibst ihnen, wessen sie bedürfen.

hymnisch beschreibt (→israelitische Religion).

Der Vollzug des Kultes – ursprünglich nur eine Sache des Königs selbst – liegt in den Händen des *Oberpriesters* eines jeden Tempels als eines Beauftragten des Königs. Da bestimmte Priestertümer mit bestimmten Ämtern verbunden werden, sind die Ärzte zugleich die Priester der Sachmet, und die höchsten Künstler sind die Priester des Ptah. Der erbliche Priesterstand bildet eine streng abgeschlossene Klasse, an deren Spitze der *Hohepriester* als höchster Kultusbeamter für einen größeren Bezirk steht. Derjenige von Theben hat fast königlichen Rang und ist sehr angesehen. Die eigentlichen Träger des Kultus und zugleich die Herren der einzelnen Tempel sind jedoch die *Diener des Gottes,* auch »Propheten« genannt. Für die Kleidung des Gottes und andere äußere Dinge haben die *Stolisten* zu sorgen. Die *Cherheb* sind die Gelehrten, die Schreiber des Gottesbuches und die Lektoren, die bei den Zeremonien die alten Sprüche rezitieren, wohingegen die *We'b* (= *Uab,* d.h. »rein«) als Opferpriester die geschlachteten Tiere begutachten, ihr Blut prüfen und erklären: »Es ist rein.« Als Hilfspriester fungieren die *Pastophoren* (griech. »Hausträger«), deren Raum das Pastophorium ist.

Die Vielgestaltigkeit priesterlicher Funktionen erfordert verschiedene Priesterklassen, z.B. kennt der Amun-Kult deren fünf. Die Tempelpriester lösen sich als *Stundenpriester* im Dienst ab, von denen es vier Klassen gibt und von denen eine jede den Tempel während eines Vierteljahres verwaltet. Auch *Frauen* haben in alter Zeit Priesterämter inne; in späterer Zeit jedoch nehmen sie dann nur noch als »Sängerinnen« am Kult teil, bei dem sie mit ihrem *Sistrum,* einem Musikinstrument, musizieren.

Mastabas, Pyramiden und Tempel

Die Gräber bestehen aus 2 Teilen, der eigentlichen unterirdischen Grabkammer, in der die Mumie ruht, und dem Oberbau als Kultplatz für den Verstorbenen. Der Oberbau nimmt bald die Form der *Mastaba* (arab. »Bank«) an, die aus dem Hügelgrab der Nomaden entstanden ist. Sie ist ein frei stehender, rechteckiger, schrägwandiger und oben flacher Grabbau. Der Oberbau ist innen meist zweiteilig, bestehend aus einer größeren Opferkammer und einem kleineren Raum. An der Westseite der Opferkammer befindet sich die »Scheintür«, die es dem Toten ermöglichen soll, den Kultraum zu betreten, das Totenopfer in Empfang zu nehmen und die Bilder an den Wänden zu betrachten, denn hinter dieser Tür liegt der andere, kleinere Raum, der *serdāb,* in dem sich die *ka*-Statue, das Bild des Grabinhabers, befindet. Von hier aus führt ein verschlossener Schacht in die unterirdische Grabkammer. Da man sich das Reich der Toten als im Westen gelegen denkt, wendet man sich bei allem, was für die Toten gedacht ist, nach dieser Himmelsrichtung. Die Opferstätte für den Verstorbenen befindet sich daher immer an der Ostseite der Mastaba, so daß der opfernde Sohn, später der Priester, wenn er das »Opfer« als Nahrung für den Toten niederlegt, nach Westen gewendet ist. Die meisten Mastabas liegen in den Nekropolen zu Giseh und Sakkara.

Aus der stufenmäßig angelegten Mastaba hat sich über die Zwischenform der Stufenmastaba bzw. Stufenpyramide die *Pyramide* (griech. »Spitzbrot«; ägypt. *mer*) entwickelt, der Grab-Oberbau für die Könige des Alten und Mittleren Reiches.

König Djoser aus der 3. Dynastie läßt sich durch seinen Baumeister Imhotep (→S. 25) bei Sakkara die 60 m hohe Stufenpyramide bzw. Stufenmastaba als sein Grabmal erbauen. Sie hat einen rechteckigen Grundriß, besteht aus 6 aufeinandergetürmten Mastabas und liegt inmitten eines von einer 10 m hohen Mauer eingefaßten rechteckigen Bezirks von 545 × 278 m Seitenlänge.

Die Grabbauten für die Könige seit der 4. Dynastie sind auf einer quadratischen Grundfläche aufgebaut und mit allseitig geböschten Oberflächen unter einem Neigungswinkel von ca. 50° spitz zulaufend. Ihre Gestalt erinnert an die Spitze des Obelisken (→S. 21), des Urhügels und der »Sonnenstätte auf Erden«. Eine Sonderform der Pyramide bildet die Knickpyramide mit gebrochenem Neigungswinkel (Beispiel: Daschur).

Zu den Grabräumen führt ein Gang vom Norden her in das Innere. Die Grabkammer liegt anfangs noch unterirdisch, später im Mauerwerk. Ihr Verschluß wird nach dem Begräbnis unsichtbar gemacht. Seit dem letzten Pharao der 5. Dynastie finden sich in den Gängen und Räumen der Pyramiden die Pyramidentexte (→S. 24).

Die Pyramide ist kein isoliert stehendes Grabmonument, sondern der Höhepunkt einer ganzen Folge von Anlagen. Während der Zugang zu der nach den vier Himmelsrichtungen genau ausgerichteten Pyramide auf der Nordseite liegt, befindet sich im Osten (nahe dem Nil) der *Tal-* bzw. *Portal-Tempel,* in dem die Zeremonien der Einbalsamierung vorgenommen werden. Vom Taltempel führt ein von Sphinxen gesäumter Aufweg – ein Prozessionsweg für den Totenzug – zu einem Vortempel des dann folgenden *Totentempels* des Königs. Im Hof dieses Verehrungstempels steht ein überlebensgroßes Standbild des Königs. Hinter dem Totentempel liegt der nicht öffentliche *Totenopfertempel* mit der »Scheintür« der Pyramide.

Die gewaltigen Steinpyramiden über den Gräbern der Könige sollen deren irdischen Leib für alle Zeiten unzerstört erhalten und der in unzugänglichen Grabkammern ruhenden Mumie die Gewähr unbedingter Unantastbarkeit schaffen. Niemand soll die Grabesruhe der Toten stören, weshalb man die Zugänge zu den geheimen Grabkammern des Königs und der Königin durch verwickelte Steinkorridore und falsche Türen vor Eindringlingen zu verbergen sucht. Jedoch haben die selbst durch Granitblöcke mehrfach versperrten Gänge Grabräuber nicht daran hindern können, bis zu der Sargkammer vorzudringen und die Gräber der Könige und Königinnen mit den kostbaren Schätzen als Grabbeigaben auszuplündern, so daß sämtliche Pyramiden bereits zur Zeit der Antike ausgeraubt sind.

Von den ca. 40 Pyramiden(-resten) in Ägypten sind die bekanntesten die von Giseh. Unter ihnen ist die des Königs Cheops (2545–2520 v. Chr.) die größte mit einer Seitenlänge von 230 m und einer Höhe von 146 m (heute nur noch 136 m). Sie hat einen Gesamtinhalt von mehr als 2 Millionen m^3. Ihre Errichtung soll 20 Jahre lang 100 000 Arbeiter beschäftigt haben. Die diese Pyramide einst bis zur Spitze verkleidenden polierten Kalksteinblöcke haben ein Durchschnittsgewicht von 50 Zentnern.

Die bei den Pyramiden herrschende abstrakte, mathematische Gesetzmäßigkeit ist ein Ausdruck für das zeitlose Sein und unterstreicht die Bedeutung dieser Gräber für die Könige als deren bleibende Residenzen über den Tod hinaus.

Während die Könige zur Zeit des Alten und Mittleren Reiches in Pyramiden beigesetzt sind, lassen sich die Könige mit Beginn des Neuen Reiches in *Felsengräbern* bestatten. Diese *Ganggräber* sind als Stollenbauten in den Felsen getrieben. Die oft über 100 m in das Gestein hineinführenden Gänge sind von saal- und zimmerartigen Erweiterungen für die Grabbeigaben gesäumt und führen zum Hauptsaal, wo in einer Vertiefung der Sarkophag des Königs steht. Auf den Wänden der Kammern, Korridore und Säle sind die einzelnen Phasen der Todesmysterien dargestellt, die der Gottkönig »Osiris [Name des betreffenden Herrschers]« in und mit dem bei der Nacht durch die Unterwelt fahrenden Sonnengott durchmacht, um schließlich im Hauptsaal während der aufgehenden Sonne am Morgen wiedergeboren zu werden. Der Totenkult findet in den vom Grabbau getrennten Totentempeln statt, die vor dem Gebirge am Westufer des Nils liegen.

Die bedeutendsten Ganggräber befinden sich im »Tal der Könige«, in der westlichen Wüste gegenüber von Theben, der Residenz des Neuen Reiches. Hier sind zu nennen: das 80 m lange Grab Ramses' II. (1290–1224 v. Chr.) und das 110 m lange Grab Merenptahs (1224–1214 v. Chr.).

Zu Beginn des Alten Reiches stehen die *Pyramidentempel* oder *Grabtempel* bzw. *Totentempel* im Vordergrund. Sie dienen dem Totenopferkult des Königs und bestehen aus einem Taltempel und dem eigentlichen Grabtempel vor der Pyramide. Beide sind durch einen vom Taltempel zum Grabtempel führenden Aufweg verbunden. Ein Beispiel dafür bietet der Grabtempel des Königs Chephren in Giseh. In den Totentempeln der 5. Dynastie kommen unter dem Einfluß der Sonnenreligion die Pflanzensäulen auf, die einen vom Kultdrama geforderten Palmenhain oder ein Papyrusdickicht darstellen. Die Pyramidentempel des Mittleren Reiches schließen sich an die des Alten Reiches an. Im Neuen Reich wird der Grabtempel in seinem Grundriß dem Göttertempel (Prozessionstempel →S. 24) angeglichen. Beispiele dafür bieten in Theben das »Ramasseum« und Medinet Habu.

Sonderformen des Grabtempels sind der *Terrassentempel* und der Felsen- bzw. Höhlentempel. Ersterer ist ein Tempel, der in mehreren Terrassen, die durch Rampen miteinander verbunden sind, ansteigt, wie z. B. der Tempel der Königin Hatschepsut in Theben Dēr el-Bahari. Die zweite Sonderform bildet der *Felsen-* bzw. *Höhlentempel,* der seit etwa 1800 v. Chr. in die steilen Felswände des Nilgebirges gemeißelt wird, wie der Felsentempel Ramses' II. in Abu Simbel.

Die *Sonnentempel* der 5. Dynastie bilden offene große Höfe für den Gottesdienst unter freiem Himmel. Im Hintergrund des großen Hofes erhebt sich auf einem pyramidenartigen Unterbau ein gewaltiger *Obelisk* (griech. »Bratspießchen«), der als Symbol des Sonnengottes gilt. Diese viereckige, hohe und schmale, sich nach oben verjüngende und in einer pyramidenförmigen Spitze endende Säule besteht aus einem einzigen Stein (Monolith). Die Inschriften auf den Obelisken nennen Erbauer und Anlaß ihrer Errichtung – meist das 30jährige Regierungsjubiläum eines Königs. Während die Obelisken seit der 5. Dynastie meist frei stehend als Mittelpunkt in Sonnenheiligtümern errichtet werden, stehen sie im Neuen Reich (18. und 19. Dynastie) meist paarweise vor den Eingangstoren (Pylonen) der Tempel, wie in Karnak und Luxor. In Luxor steht der höchste (28 m) in Ägypten erhaltene Obelisk der Königin Hatschepsut. Viele der ägyptischen Obelisken sind von römischen Kaisern nach Rom gebracht worden. Der heute vor dem Lateranpalast befindliche, höchste (47 m) und älteste Obelisk in Rom stand einmal im Osten des Tempelkomplexes von Karnak (Theben), und zwar als Mittelpunkt eines Sonnenheiligtums. Einer der beiden von Ramses II. in Luxor errichteten Obelisken (24 m), der 1829 vom Vizekönig von Ägypten, Mehemet Ali, dem französischen Volk geschenkt wurde, befindet sich heute auf der Place de la Concorde in Paris. Die in den Sonnenheiligtümern stehenden Obelisken reflektieren von ihrer mit Edelmetal-

1

2

3

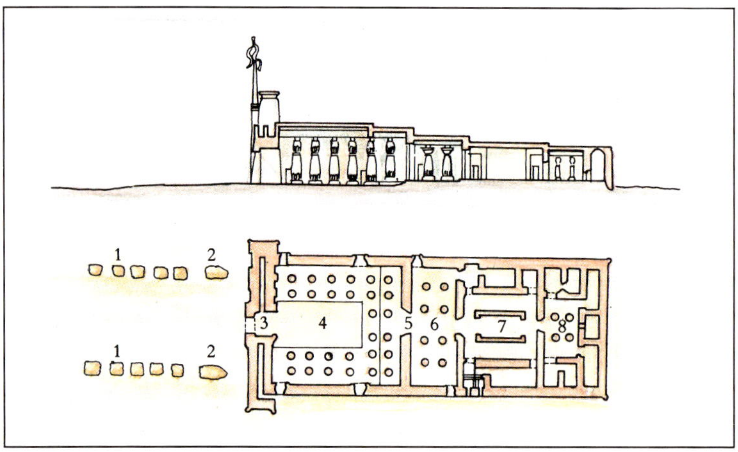

4

(1) Musikantinnen *mit Harfe, Laute und Flöte, Grab des Nacht, 1450 v. Chr. Theben.* **(2)** Terrassentempel *der Königin Hatschepsut, 1488–1470 v. Chr. Dēr el-Bahari.* **(3)** *Eingangsfassade des* Felsentempels *Ramses' II. mit dessen Kolossalstatuen, 1290–1224 v. Chr. Abu Simbel/Nubien*

4 Ägyptisches Tempelbau-Grundschema *(Karnak: Chons-Tempel)*

1. Sphinx-Allee
2. Obelisken
3. Eingangstor (Pylon)
4. Hof (Peristyl)
5. Vorhalle
6. Säulensaal (Hypostyl)
7. Barkenzimmer (Sekor)
8. Saal von Kapellen umrahmt

5 Ägyptische Tempelbauformen:

A. Grabtempel *(Theben: Ramesseum)*
1. erster Hof
2. zweiter Hof mit Osirispfeiler
3. Großer Säulensaal
4. Palast mit Erscheinungsfenster

B. Terrassentempel *(Theben-Dēr el Bahari: Tempel der Hatschepsut)*
1. Vorhof
2. mittlerer Hof
3. oberer geschlossener Haupthof

C. Höhlentempel *(Abu Simbel: Tempel Ramses' II.)*

D. Sonnentempel *(Abu-Gurab-Abusir)*
1. Taltempel
2. Aufweg
3. Hof mit Opferaltar
4. Große Opferhalle
5. Magazine
6. Kapelle
7. Kleine Opferhalle
8. Obelisk
9. Sonnenbarke

E. Doppeltempel *(Kom-Ombo: Suchos- und Haroëris-Tempel)*
1. Vorhof
2. Vorhalle
3. Säulensaal
4. Vorsäle
5. Allerheiligstes
6. Allerheiligstes

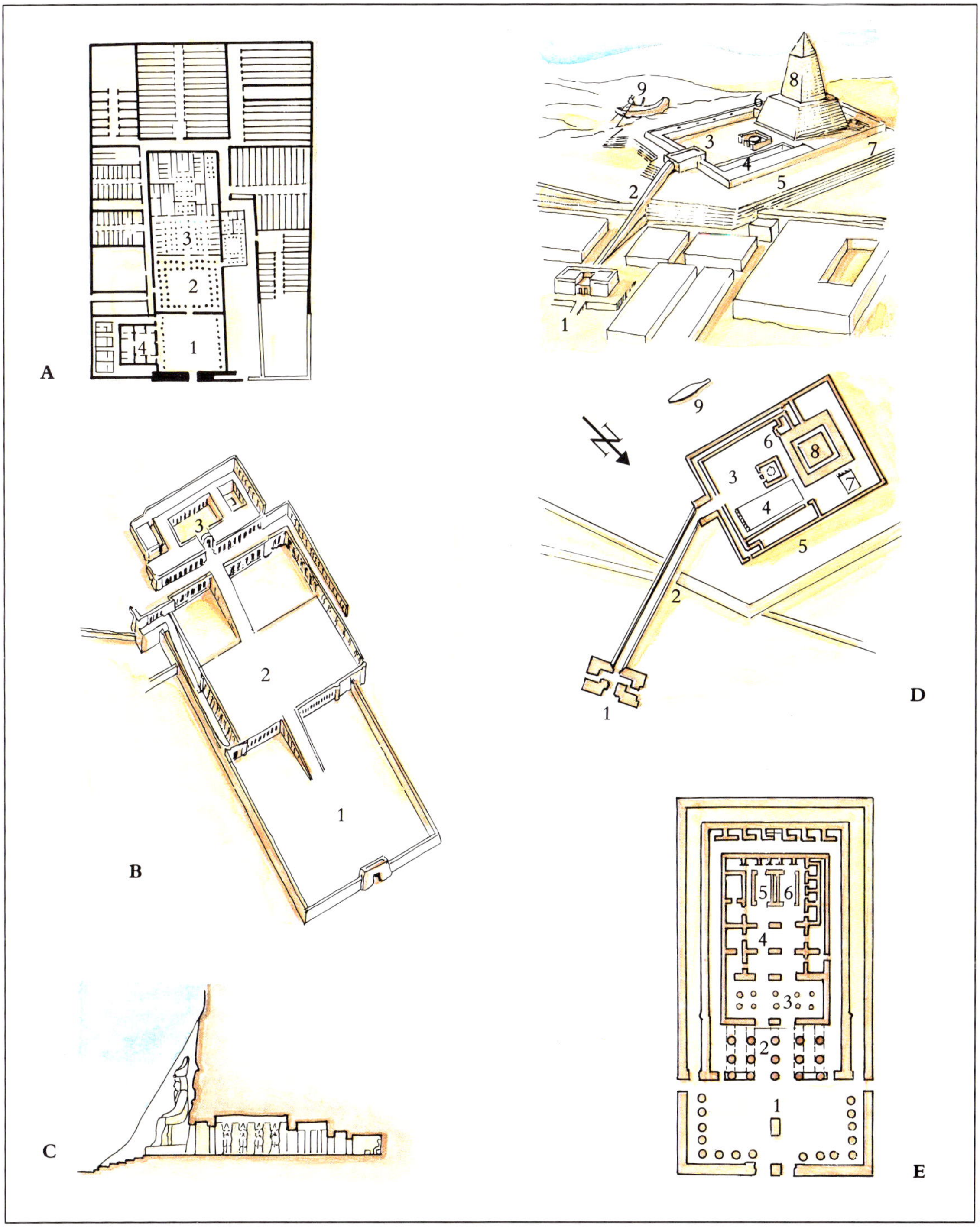

5

len verkleideten Spitze das Sonnenlicht. Wenn am frühen Morgen die ersten Sonnenstrahlen die vergoldete Spitze des Obelisken treffen, begrüßt der König im Hof des Sonnenheiligtums den Sonnengott.

Im Sonnentempel befindet sich vor dem Obelisken der große *Altar* mit einer Opferplatte. Zu dem Sakralbau führt ein langer Aufweg, wie die Beispiele von Abusir bzw. Abu Gurab belegen. Im Neuen Reich ist der *Prozessionstempel* vorherrschend, dessen Grundform eine strenge Ausrichtung auf eine Achse zeigt und der sich wie eine auf das Allerheiligste ausgerichtete Prozessionsstraße darstellt. Dieser Göttertempel gilt als »das Haus Gottes«, und sein Gott ist der »Herr« des Tempels. Eine heilige Straße, der »Gottesweg«, führt zum Heiligtum – meist breit angelegt zur Entfaltung der Prozession – und ist gesäumt von einer Doppelreihe einander zugewandter heiliger Tiere, daher auch *Widderallee* oder *Sphinxallee* genannt. Ein bekanntes Beispiel ist die Widderallee zum Amun-Tempel in Theben-Karnak. Das Eingangstor *Pylon* (griech. »Tor«) mit zwei turmartig und schräg zulaufenden Gebäuden, deren Front oft mit Reliefs versehen ist (Edfu), wird manchmal von zwei Obelisken oder Kolossalstatuen flankiert. Als Kolossalstatuen sind die Memnonskolosse von Theben bekannt. Vor den ägyptischen Tempeln der Spätzeit ist am Eingang des Tempelbezirks ein »Geburtshaus« *(mammisi)* errichtet, das der Muttergottheit als Frauenhaus dient und in dem sie das göttliche Kind gebiert. Es besteht meistens aus mehreren Räumen und einer Vorhalle mit seitlicher Treppe. Dendera und Edfu bieten dafür Beispiele.

Hinter dem Pylon liegt ein von einer doppelten Säulenreihe umschlossener offener (Vor-)Hof, *Peristyl,* wo meistens in der Mitte ein großer Altar zur Aufnahme der Opferspeise steht. Aus diesem Hof tritt man in einen großen Säulensaal *(Hypostyl),* einen Quersaal, dessen Halle oft von Säulenreihen in drei und mehr Schiffe gegliedert ist und dessen Decke von einem Säulendickicht getragen wird und mit Sternen versehen ist. Diese Säulenhalle symbolisiert Ägypten bzw. die Welt, die mit Sternen bemalte Decke den Himmel und der mit pflanzenschaftartig aufstrebenden Säulen bestandene Boden die Erde. Der große Amun-Tempel, die sog. »Basilika«, in Theben-Karnak ist dafür ein Beispiel.

Der Abschluß und das Zentrum des Tempels ist *Sekor,* die Kapelle, die »große Stätte«, ein kleiner dunkler Raum, der durch zwei Flügeltüren verschlossen ist. Zu diesem Raum haben nur der König und die Priester Zutritt. In ihm wird das Bild der Hauptgottheit – meist bis zu einem halben Meter hoch – aufbewahrt. Das Götterbild, Sitz der Seele des Gottes, gilt als das Allerheiligste des Tempels. Anstelle der Kapelle haben die Sonnentempel den Obelisken. Die Kapelle ist von zahlreichen Gängen und kleinen Räumen für Nebengottheiten und Kultgerät umgeben. Im äußeren Tempelbezirk, der den Tempel umschließt, befinden sich die Wohnungen der Priester und Tempeldiener sowie Magazine für die Opfergaben. Ein Beispiel bieten Karnak mit dem Tempel Thutmosis' III. und Medinet Habu.

Als eine Sonderform des Göttertempels gilt der *Doppeltempel,* der zwei verschiedenen Gottheiten, die unmittelbar nebeneinandergereiht sind, geweiht ist, wie z.B. in Kom-Ombo der Tempel des Suchos und Haroëris.

Das Bild vom Menschen

Das Bild vom Menschen will seinen bleibenden Wesenskern darstellen und frei von Zeichen der vergänglichen und zufälligen Erscheinung sein. Deshalb wird mehr die Beharrung als die Bewegung betont. Die in den Tempeln und Gräbern aufgestellten *Rundbilder* haben die Funktion, den Toten zu vertreten und ihm bleibende Existenz zu sichern. Da der *ka* des Dahingegangenen nur dann ein ewiges Leben behält, wenn er in dem erhaltenen Leib oder in einem verewigten Bildwerk eine bleibende Heimstatt findet, lassen die Könige aus Sorge, daß einmal ihr einbalsamierter Leib zerfällt, ihr steinernes Abbild in einem geheimen Raum der Pyramide aufstellen. Ein zweites Standbild von ihnen steht im Totentempel, damit der Abgebildete dem Opferkult beiwohnen kann.

Auch die in Totentempeln und Mastabas befindlichen *Wandbilder* stellen die Wirklichkeit des Lebens in ihrem Wesen, das unveränderliche Sein, dar ohne jede Individualität und Zufälligkeit. Sie wollen wie die Zeilen eines Buches gelesen werden und sind weniger »Seh-Bilder« als vielmehr »Denk-Bilder«.

In den Grabbildern werden die Lebensgewohnheiten der Toten und ihre häusliche Umgebung mit Familie, Freunden, Freundinnen, Dienern, Dienerinnen, Musikanten und Tänzerinnen dargestellt, auf die die Toten auch im Jenseits nicht verzichten sollen. Andererseits werden auch Geschehnisse im Totenreich dargestellt, so z.B. auf dem lebensgroßen Wandbild aus dem Grab der Königin Nefertari, der Gemahlin Ramses' II., wie diese von der Göttin Isis zu Osiris geleitet wird.

Toten- und Weisheitsliteratur

Die Schrift, in der die heiligen Texte tradiert werden, sind die *Hieroglyphen* (griech. »heilige Kerben«), eingemeißelte Bildzeichen. Diese um 3000 v.Chr. entstandene und bis in die römische Zeit verwendete altägyptische Bilderschrift kann 1822 n. Chr. von dem Franzosen J.F.Champollion aufgrund des von Napoleons Soldaten gefundenen dreisprachigen Steins von Rosette entziffert werden.

Die *Totenliteratur* gibt Zeugnis von einem ausgeprägten Totenglauben. Bei diesen Texten, die für die Toten im Jenseits bestimmt sind, kann man drei Gruppen unterscheiden.

Die königlichen *Pyramidentexte* sind Ritualtexte für die Bestattung und den Totenkult der Könige. Im Alten Reich lassen zuerst König Unas von der 5.Dynastie und nach ihm die Könige der 6.Dynastie diese

Texte in den Pyramiden an den Wänden der Sargkammern und der zu ihnen führenden Gänge und Räume in Hieroglyphen einmeißeln. Einer der Texte lautet: »Die Lebenszeit des Königs Unas wird die Ewigkeit sein, seine Grenze die Unendlichkeit.« Die Pyramidentexte zeigen den König, der zu seinen Lebzeiten Horus, Sohn des Osiris, war und im Tode zu Osiris geworden ist, während sein Nachfolger wieder Horus ist. Ihre Verlesung begleitet das Begräbnisritual; sie dienen der Sicherung des unsterblichen Lebens der Sakralkönige und ihrer Aufnahme in die Gesellschaft der Götter. Fast die Hälfte der Pyramidentexte sind Sprüche und Gebete für die Verstorbenen. Diese Sammlung von über 700 Sprüchen (u.a. über die Himmelfahrt des Königs, seinen Verkehr mit den Göttern und seine Herrschaft im Jenseits) bildet die älteste religiöse Spruchsammlung Ägyptens, und sie bietet zugleich die ältesten Auferstehungstexte der Religionsgeschichte. Die späteren Sargtexte und das Totenbuch haben viele Sprüche übernommen.

Die *Sargtexte* werden im Mittleren Reich auf die Wände der Särge geschrieben. Sie sollen den in der Unterwelt weilenden Toten eine Hilfe gegen Hunger und Durst sowie sonstige Nöte bieten.

Das ägyptische *Totenbuch* (ägypt. *pert em heru* = »Ausgang aus dem Tage«) enthält eine lose Sammlung altägyptischer ritueller Sprüche, die seit Beginn des Neuen Reiches auf Papyrusrollen geschrieben und den Toten mit in den Sarg gelegt werden, damit sie im Jenseits zur Verfügung stehen. Um allen Toten den Text mit ins Grab geben zu können, werden serienmäßig Abschriften hergestellt, oft auf Rollen von 20 m Länge. Die verschiedenen Papyrusrollen enthalten nicht immer dieselben Texte, so daß die einheitliche Bezeichnung als Totenbuch irreführend ist. In der saitischen Zeit (663–525 v. Chr.) scheinen die Sprüche zu einem Kodex von 165 Kapiteln zusammengestellt zu sein, deren bedeutendstes das 125. Kapitel vom Totengericht des Osiris ist. Als Verfasser des Totenbuches, von dem zur Zeit 193 verschiedene Totensprüche bekannt sind, gilt der Gott Thot, der Schreiber der Götter und Gott der Schreiber zugleich.

Dem Inhalt nach sind die Sprüche sehr verschiedenartig. Sie sollen dem Verstorbenen nach Bestehen des Totengerichts vor Osiris ein glückliches Fortleben sichern und den Weg ins Jenseits bahnen. Einige Texte sollen ihm helfen, den Gefahren der Unterwelt zu entgehen, nicht ein zweites Mal sterben zu müssen, und sich mit seiner Familie im Jenseits wieder zu vereinen. Viele Totensprüche sind mit Illustrationen versehen, die das Gericht und das Jenseits darstellen.

Zur *Weisheitsliteratur* gehört die *Lehre des Ptah-hotep,* eines Wesirs unter König Asosi zur Zeit der 5. Dynastie. Er ist der Verfasser einer Weisheitsschrift (um 2400 v. Chr.) mit Lebensregeln, die zu den ältesten Urkunden der ägyptischen Religion gehört. In ihr kommt neben der abstrakten Bezeichnung »Gott« (*nutar* = »Kraft«) der Name Osiris als einziger Gottesname vor. Vermutlich will der alte Ägypter sagen »Osiris ist nutar«, so wie der alte Hebräer sagt »Jahwe ist El« (→israelitische Religion).

Ani ist der Verfasser einer nach ihm benannten altägyptischen Lehre. Seine Spruchsammlung (945–745 v. Chr.) in Form eines Zwiegesprächs zwischen Vater und Sohn findet sich in einem Papyrus aus der Zeit der 22. Dynastie und zählt zur Weisheitsliteratur des Neuen Reiches.

Der hohe ägyptische Beamte in Panopolis/Oberägypten namens *Amenope* (= *Amen-em-ope*) ist Verfasser einer zwischen 900 und 600 v. Chr. entstandenen Weisheitslehre für seinen jüngsten Sohn, der Priester am Tempel des Min in Panopolis ist. Der Text, von einfacher Frömmigkeit und als Schulbuch benutzt, gliedert sich in 30 numerierte Kapitel, von denen jedes einen bestimmten Gedanken verfolgt. Jeweils 4 gereimte Zeilen bilden eine Strophe. In die biblischen »Sprüche Salomos« (22,17–23,11) sind einige dieser Texte z. T. wörtlich oder etwas umgewandelt aufgenommen worden (→israelitische Religion).

Zu erwähnen ist noch *Imhotep,* ein altägyptischer Weiser. Dieser Verfasser von Weisheitssprüchen, Arzt und Erbauer der Stufenpyramide für König Djoser – als kahlköpfiger Priester mit einer Papyrusrolle dargestellt –, wird seit der Spätzeit in Memphis und Theben als Heilgott verehrt und gilt als Sohn des Ptah und der Sachmet.

Zeittafel

Vor der christlichen Zeitrechnung

2955–2665 *Frühzeit* und Reichseinigungszeit: 1. und 2. Dynastie

2760–2665 Djet: Grabstein mit Horusfalken

2665–2155 *Altes Reich:* 3.–6. Dynastie

2665–2570 3. Dynastie; Djoser: erste Stufenmastaba von Sakkara durch den Weisheitslehrer Imhotep erbaut

2545–2520 Cheops: Pyramide von Giseh

2510–2485 Chephren: Pyramide mit Sphinx von Giseh; Chephren mit Horusfalken

2485–2457 Mykerinos: Pyramide in Giseh

2450–2442 Userkaf: Die Sonnenreligion (Re von Heliopolis) wird Staatsreligion; Bau des Sonnentempels in Abusir. Von jetzt an ist der Titel des Königs »Sohn des Re«

ca. 2400 Ptah-hoteps Weisheitslehre und Mastaba in Sakkara

2310–2290 Unas: Pyramidentexte in Sakkara

2155–2040 *Erste Zwischenzeit:* 7.–10. Dynastie

2040–1785 *Mittleres Reich:* 11.–12. Dynastie; Entstehung der Sargtexte

1971–1929 Sesostris I.: Heiligtum in Heliopolis mit Obelisk

1842–1789 Amenemhēt III.: Grabanlage »Labyrinth« bei Hawāra

1785–1554 *Zweite Zwischenzeit:* 13.–17. Dynastie

1554–1080 *Neues Reich:* 18.–20. Dynastie; seit der 18. Dynastie Bezeichnung des

Königs als *Pharao;* Entstehung der Totenbuch-Texte

1529–1508 Amenophis I.: Tempelkomplex des Amun-Re mit großem Säulensaal in Karnak (Luxor)

1488–1470 Hatschepsut: Terrassentempel in Dēr el-Bahari

1470–1439 Ägypten wird Weltmacht unter Thutmosis III.

1403–1365 Amenophis III.: Totentempel mit Memnonskolossen in Theben-West und Amun-Tempel in Luxor mit Obelisken

1365–1349 »Ketzerkönig« Amenophis IV. (später Achenaten [Echnaton] genannt) verlegt 1360 die Residenz nach Amarna und erbaut den Aton-Tempel; Aton-Hymnus

1349 Tutanchamun stellt die alte Religion wieder her und verlegt die Hauptstadt wieder nach Theben

1303–1290 Sethos I.: großer Säulensaal in Karnak

1290–1224 Ramses II.: Ramesseum in Theben-West, Felsentempel in Abu Simbel, Säulensaal in Karnak vollendet

1224–1214 Merenptah: Tempel des Ptah in Memphis

1193–1156 Ramses III.: Totentempel in Medinet Habu

1080–712 *Dritte Zwischenzeit:* 21.–24. Dynastie

1080–945 Hohepriester des Amun regieren den Gottesstaat in Theben

945/745 Weisheits-Spruchsammlung des Ani

900/600 Weisheitslehre des Amenope

713–332 *Spätzeit:* 25.–30. Dynastie

525–332 Ägypten persische Provinz

380–342 30. und letzte einheimische Dynastie

332 Alexander d. Gr. gliedert Ägypten in sein Weltreich ein; Gründung von Alexandria

330–304 Ptolemäer-Dynastie

283–247 Ptolemaios II. Philadelphos: Isis-Tempel in Philae

247–222 Ptolemaios III. Euergetes I.: Horus-Tempel in Edfu

145–116 Ptolemaios VIII. Euergetes II.: Hathor-Tempel in Dendera

51–30 Kleopatra VII.

30 v.–395 n. Chr. Ägypten römische Provinz

Nach der christlichen Zeitrechnung

395–639 Ägypten zum Byzantinischen Reich gehörig

560 Kaiser Justinian II. (527–65) schließt den Isis-Tempel auf Philae

639 Islamische Araber erobern Ägypten

Literaturauswahl

Anthes, R.: Die Maat des Echnaton von Amarna. Baltimore 1952

Beltz, W.: Die Mythen der Ägypter. München 1984 (Knaur TB)

Bonnet, H.: Reallexikon der ägyptischen Religionsgeschichte. Berlin ^{2}1971

Champdor, A.: Das Ägyptische Totenbuch in Bild und Deutung. München 1980 (Knaur TB)

Erman, A.: Die Religion der Ägypter. Ihr Werden und Vergehen in vier Jahrtausenden. Nachdruck, Berlin 1978

1

Hornung, E.: Der Eine und die Vielen. Ägyptische Gottesvorstellungen. Darmstadt ^{2}1977

Jacobsohn, H.: Die dogmatische Stellung des Königs in der Theologie der alten Ägypter. Glückstadt 1939

Kees, H.: Totenglaube und Jenseitsvorstellungen der alten Ägypter. Berlin ^{2}1956

Kees, H.: Das Priestertum im ägyptischen Staat vom Neuen Reich bis zur Spätzeit. Leiden 1953

Lange, K./Hirmer, M.: Ägypten, Architektur, Plastik, Malerei. München ^{3}1961

Lurker, M.: Götter und Symbole der alten Ägypter. Einführung und kleines Lexikon. München ^{3}1978

Morenz, M.: Ä. R. Stuttgart ^{2}1977

Roeder, G. (Hrsg.): Die ä. R. in Texten und Bildern. Eine Dokumentation, 4 Bde. Zürich 1959/61

Schweitzer, U.: Das Wesen des Ka im Diesseits und Jenseits der alten Ägypter. Glückstadt 1956

Wildung, D.: Imhotep und Amenhotep. Berlin 1977

AINU-RELIGION

Die ca. 20 000 Angehörigen des ostasiatischen Volkes der *Ainu* (»Menschen«) gehören zu der auf die japanische Insel Hokkaidō, auf den Kurilen-Archipel und auf das südliche Sachalin zurückgedrängten Urbevölkerung Japans. Von den Japanern werden sie *Ebisu* (»Wilde«) genannt.

Die Religion der Ainu – ein Volk von Fischern, Jägern und Sammlern, heute auch Ackerbau treibend – gehört zu den →arktischen Religionen, den →asiatischen Stammesreligionen und den →japanischen Religionen.

Die Ainu glauben an ein höchstes Schöpferwesen und an Schutzgottheiten. *Pase Kamui* ist Schöpfer und Erhalter der Welt, ein Hochgott mit uranischem Charakter. Als ehrwürdiger Greis wohnt er in einem von gleißendem Licht umgebenen Haus des obersten Himmels. *Abe Kamui* (»göttliches Feuer«) ist die Feuergöttin, die ihren Palast unter dem häuslichen Herd hat, während ihr Gatte, der »göttliche Hausherr«, seinen Platz in der Nordostecke des

2

3

1 König Narām-Sin, *»Gott von Akkad«, Bronze, Ninive, 2250 v. Chr. Bagdad, Irak-Mus.*

2 Siegesstele *des Narām-Sin, Susa, Kalkstein, 2250 v. Chr. Paris, Louvre.*

3 Rollsiegel: *Gott Ea mit anderen Gottheiten, 2250 v. Chr. London, Brit. Mus.*

Hauses einnimmt. Diese Göttin bringt die Gebete der Menschen zum Himmelsgott, sie spendet Wärme und stiftet Frieden unter den Menschen. Sie gilt als Richterin im Totengericht. *Kamui* (»Überschattender, Höchster«) ist der ainuische Appellativ für »Gott«. Dabei wird ein Unterschied gemacht zwischen dem *Pase Kamui,* dem Himmelsgott, und den *Yaiyen Kamui,* den gewöhnlichen Gottheiten, die im Vergleich zur Hauptstütze des Hausdaches nur Stützpfeiler sind. Für alle Übel und den Tod sind *Dämonen* verantwortlich.
Hauptzeremonie ist das *Bärenfest,* das nach einer erfolgreichen Jagd gefeiert wird. Dabei wird ein zwei- bis dreijähriges, besonders genährtes Tier mit Pfeilen getötet und bei einem fröhlichen Mahl verzehrt,

Gebet
zum heiligen Bären bei seiner Opferung

Fürchte dich nicht, wir werden dir nichts Übles antun:
Wir werden dich nur töten, um dich zum Gott des Waldes, der dich liebt, zurückzuschicken.
Wir werden dir ein gutes Fressen bereiten, das beste, das du je bei uns gehabt hast.
Wir werden dich alle gemeinsam beklagen.
Aino, der dich töten wird, ist unser bester Jäger.
Sieh ihn nur, wie er weint und dich um Verzeihung bittet ...
Du begreifst, daß wir dich nicht für immer halten können.
Wir haben genug für dich getan,
nun bist du an der Reihe, dich für uns zu opfern ...
Wir lieben dich sehr, und unsere Söhne werden dich nie vergessen.

wohingegen Haut und Schädel aufgehängt werden. Diese Tötung des »göttlichen« Bären wird als heilige Handlung angesehen, da die Seele des Tieres zum *Kamui der Wälder und Berge,* in seine eigentliche göttliche Welt zurückkehrt.
Vor jeder Mahlzeit wird dem Gott *Shinda* (»Wiege«) als »unserem Ernährer« und dem, »welcher uns speist«, gedankt.
Im *Ahnenkult* verehren die Männer die männlichen und die Frauen die weiblichen Ahnen. Unter den Schamanen gibt es Männer und Frauen.
Einige der Besonderheiten der A.-R. sind in den →Shintoismus übernommen worden. So geht z. B. sein *gohei* auf die bei den Ainu als Fetisch verwendeten, halb entrindeten Holzpflöcke zurück.

Literaturauswahl

Kremp, W.: Beiträge zur Religion der Ainus. Diss. Bonn u. Freiburg i. Br. 1928
Munro, N. G.: Ainu Creed and Cult. New York 1963

AKKADISCHE RELIGION

Die a. R. ist die Religion des akkadischen Reiches (2350–1955 v. Chr.), das nach seiner am Euphrat gelegenen Hauptstadt Akkad benannt ist. Nach dieser Stadt Akkad werden die semitische Sprache des alten Babyloniens als das Akkadische und die diese Sprache sprechende Bevölkerung als Akkader bezeichnet.
Die Akkader sind die älteste semitische Bevölkerung Untermesopotamiens, die sich dort nördlich von den Sumerern (→sumerische Religion) niedergelassen

hat. Die Religion der Akkader gehört zu den →semitischen und →vorderasiatischen Religionen.
Begründer des Reiches von Akkad ist *Sargon I. von Akkad* (2350–2300 v. Chr.). Der als Gottkönig geltende »Herrscher der 4 Weltreiche« erobert Mesopotamien, Teile Syriens und Kleinasiens sowie Elam. Er begründet das erste semitische Großreich der Geschichte, einen zentralisierten Großstaat mit der Hauptstadt Akkad am Euphrat.
Sargons I. Enkel und dritter Nachfolger Narām-Sin (2270–30) wird als »Gott von Akkad« bezeichnet. Ab 2150 v. Chr. beginnt für das akkadische Reich die Fremdherrschaft der westiranischen Gutäer (2150–2050). Jedoch bleibt nach dem Untergang des Reiches das Akkadische als Schrift-, Amts- und – neben dem älteren Sumerischen – auch als Kultsprache herrschend.
Unter den akkadischen Gottheiten ragt hervor die Göttin *Inanna,* die mit *Ishtar* (Anunitu) gleichgesetzt wird. Sie ist die Göttin der Erde und der Fruchtbarkeit, der Liebe und des Krieges sowie die Göttin des Abendsterns. Die mythologische Erzählung von Ishtars Abstieg in die Unterwelt, in das Land ohne Wiederkehr, ist uns in vielen Varianten überliefert.

Literaturauswahl

Pettinato, C.: Das altorientalische Menschenbild und die sumerischen und akkadischen Schöpfungsmythen. Heidelberg 1971

AKSUMITISCHE RELIGION

Die a. R. ist die Religion des altäthiopischen (altabessinischen) Reiches, das nach dessen politischer Hauptstadt *Aksum* (1.–5. Jh. n. Chr.) – in der heutigen Provinz Tigre – benannt ist. Sie gehört zu den →alten Religionen Afrikas. Dieser seit dem 1. Jh. n. Chr. historisch nachweisbare und älteste Staat Äthiopiens wird in der Mitte des 4. Jh., als das Reich von Aksum seine Blütezeit erlebt, vom König Esana (= Ezānā) christianisiert.
Der bedeutendste unter den aksumitischen Göttern ist *Machrem,* der Stammesgott der aksumitischen Könige und zugleich Kriegsgott. Der König selbst bezeichnet sich als »Sohn des Machrem, der nicht besiegt wird vom Feind«. Nach einem errungenen Heeressieg werden dem Machrem blutige Opfer von 100 Rindern und 50 Gefangenen dargebracht.
Andere Götter sind *Astar* (»Himmel«), der Himmelsgott, *Medr* (»Erde«), eine Gottheit der Erde, und *Becher̄* (äthiop. *bachr* = »Meer«), der Gott des Meeres.
Die Verhältnisse im Jenseits entsprechen voll und ganz denen im diesseitigen Leben. Über den Grabanlagen sind Stelen errichtet. Noch heute erinnern große Stelen, darunter die Stockwerkstele als größter Monolith der Welt, Grabbauten und der königliche Palast daran, daß Aksum einmal Zentrum des aksumitischen Reiches und der aksumitischen Religion war.

Literaturauswahl

Littmann, E. – u. a.: Deutsche Aksum-Expedition, 4. Bde. Berlin 1913
Monneret de Villard, U.: Aksum. Ricerche di topografia generale. Roma 1938

ALTE RELIGIONEN

»A. R.« ist eine zusammenfassende Bezeichnung für die vom Beginn der frühgeschichtlichen Zeit (ca. 3000 v. Chr.) im Anschluß an die →urgeschichtlichen Religionen bis zum Ende des Mittelalters (ca. 1500 n. Chr.) vor den →neuen Religionen entstandenen Religionen.
Die meisten der a. R. sind in **Alt-Asien** entstanden. In **Ostasien** sind es der →Universismus, →Taoismus und →Konfuzianismus, die →mongolische Religion, von den →tibetischen Religionen die →Bon-Religion, von den →japanischen Religionen der →Shintoismus, ferner die →koreanischen Religionen.
In **Südasien** sind es von den →indischen Religionen der →Vedismus und →Brahmanismus sowie die →Weltreligionen des →Buddhismus, →Jainismus, →Hinduismus und →Sikhismus, ferner der →Tantrismus. Fast alle **→vorderasiatischen Religionen** gehören hierher, wie die →sumerische, →hethitische, →Churriter-, →elamische und →phrygische Religion, von den →iranischen Religionen der →Zoroastrismus, →Parsismus, →Manichäismus, →Mazdakismus und die →skythische Religion, ferner der →Gnostizismus. Von den →semitischen Religionen sind zu nennen die →akkadische Religion und als →mesopotamische Religionen die →assyrische und →babylonische Religion, ferner die →Aramäer-, →israelitische, →syrische und →Mandäer-Religion, von den →Kanaanäer-Religionen, die →ugaritische, →phönikische und →moabitische Religion, ferner die →arabischen Religionen, die →Nabatäer- und →palmyrenische Religion. Unter den →Mysterienkulten sind es der →Attis-und- Kybele-, der →Adonis- und der →Mithras-Mysterienkult. Nicht zuletzt gehören hierher als →Weltreligionen das →Judentum, das →Christentum und der →Islam.
Von den insgesamt 9 gegenwärtigen

Weltreligionen haben 8 bis zum Ende des Mittelalters in Asien bzw. Vorderasien ihren Entstehungsraum.

In **Alt-Europa** sind die folgenden →europäischen Religionen in dem vorgenannten Zeitraum entstanden: die →kretisch-mykenische Religion und von den →indogermanischen Religionen die →griechische, →römische, →keltische, →germanische und →slawische Religion sowie als →baltische Religionen die →litauische, →lettische und →preußische Religion. Hinzu kommen als →finno-ugrische Religionen die →finnische, →Lappen- und →ungarische Religion. Hierher gehören die →baskische, →etruskische und →homerische Religion und von den →Mysterienreligionen der →Eleusinische-, →Samothrakische-, →Orphische- und →Dionysische Mysterienkult.

Von den Religionen **Alt-Amerikas** (→amerikanische Religionen) sind zu nennen die →Eskimo-Religion und die →indianischen Religionen. Zu den letzteren gehören in Mittelamerika die →Maya-Religion und von den →mexikanischen Religionen die →aztekische Religion sowie in Südamerika die →Inka-Religion.

In **Alt-Afrika** sind die →ägyptische Religion, der →Isis-und-Osiris-Mysterienkult, die →nubische und →punische Religion sowie die →aksumitische Religion zu nennen.

Von **Alt-Ozeanien** (→ozeanische Religionen) gehören hierher die →melanesischen und →polynesischen Religionen mit der →Maori-Religion.

Zeittafel

Vor der christlichen Zeitrechnung

3000 *Sumerische Religion* der sumerischen Reiche (bis 1950)
2955 *Ägyptische Religion* der ägyptischen Reiche (bis 395 n. Chr.)
2350 *Akkadische Religion* des akkadischen Reiches (bis 1955)
2000 *Kretisch-mykenische Religion (bis 1100)*
2000 *Nubische Religion*
2. Jtd. *Eleusinischer Mysterienkult*
1894 *Babylonische Religion* der babylonischen Reiche (bis 539)
1800 *Assyrische Religion* der assyrischen Reiche (bis 612)
1640 *Hethitische Religion* der hethitischen Reiche (bis 1200)
1500 *Vedismus* (bis 900)
1500 *Ugaritische Religion* (bis 1000)
1500 *Churriter-Religion* des Mitannireiches (bis 1370)
1250 *Israelitische Religion* (bis 597/587)
1207 *Elamische Religion* des Reiches von Elam (bis 640)
12. Jh. *Phönikische Religion* (bis 63)
1200 *Griechische Religion* (bis 529 n. Chr.)
1000 *Aramäer-Religion* (bis 8. Jh.)
900 *Brahmanismus* (bis 400)
900 *Etruskische Religion* (bis zum 1. Jh.)
814 *Punische Religion* (bis 146)
800 *Phrygische Religion* des phrygischen Reiches (bis 129)
753 *Römische Religion* (bis 476 n. Chr.)
Ende 8. Jh. *Homerische Religion* des Homer
700 *Samothrakischer Mysterienkult*
660 *Shintoismus*
6. Jh. *Zoroastrismus* des Zoroaster (630–553)
600 *Skythische Religion* (bis 300)
597/587 *Judentum*
6. Jh. *Taoismus* des Lao-tse (604–517)
Buddhismus des Siddhārta Gautama (563–483)
Konfuzianismus des K'ung-tse (551–479)
Universismus
Jainismus des Vardhamāna Mahāvīra (ca. 539–467)
5./4. Jh. *Orphischer Mysterienkult*
400 *Hinduismus*
304–30 *Hellenistische Religionen*
4./3. Jh. *Attis-und-Kybele-Mysterienkult*
200 *Nabatäer-Religion* (bis 106 n. Chr.)
2. Jh. *Dionysischer Mysterienkult*
1. Jh. *Palmyrenische Religion* (bis 3. Jh. n. Chr.)

Nach der christlichen Zeitrechnung

1. Jh. *Mandäer-Religion*
Christentum des Jesus von Nazaret (7/4 v.–30 n. Chr.)
Aksumitische Religion (bis 5. Jh.)
240 *Manichäismus* des Mani (216–277)
317 *Maya-Religion* (bis 1441)
500 *Tantrismus*
Mazdakismus des Mazdak (†529)
7. Jh. *Islam* des Muhammad (570–632)
Parsismus
896–997 *Ungarische Religion*
1200 *Inka-Religion* (bis 1532)
13. Jh. *Aztekische Religion* (bis 1525)
1500 *Sikhismus* des Nanāk (1469–1538)

Literaturauswahl

Asmussen, J. P. u. a. (Hrsg.): Handbuch der Religionsgeschichte. 3 Bde. Göttingen 1971/75
Cancik, H. u. a. (Hrsg.): Die Religionen der Menschheit. Ca. 50 Bde. Stuttgart 1961 ff.
Clemen, C. (Hrsg.): Die Religionen der Erde. 4 Bde. München [2]1966
Heiler, F. (Hrsg.): Die Religionen der Menschheit. Neu hrsg. von K. Goldammer. Stuttgart [4]1982
Herrmann, F. (Hrsg.): Symbolik der Religionen. Stuttgart 1958 ff.
König, F. (Hrsg.): Christus und die Religionen der Erde. 3 Bde. Wien und Freiburg [2]1956
Ringgren, H., Ström, Å. von: Die Religionen der Völker. Stuttgart 1959

AMERIKANISCHE RELIGIONEN

»A. R.« ist eine zusammenfassende Bezeichnung für die auf dem amerikanischen Kontinent entstandenen Religionen. Dieser von dem deutschen Geographen Martin Waldseemüller in Saint-Dié im Jahre 1507 nach dem Florentiner Amerigo Vespucci (1451–1512) – dem vermeintlichen Entdecker – benannte Doppelkontinent umfaßt Nord- und Südamerika, die durch die schmale Land- und Inselbrücke Mittelamerika verbunden sind. Süd- und Mittelamerika zusammen werden Lateinamerika bzw. Iberoamerika genannt, weil sie von den romanischen Völkern (den Spaniern und den Portugiesen) der iberischen Halbinsel kolonisiert sind. Die ursprünglichen Bewohner Amerikas sind die zur Rasse der Mongoliden gehörenden Indianer (→indianische Religionen) und die Eskimos in Nordamerika (→Eskimo-Religion).

Nach der Entdeckung Amerikas (1492) durch den Genuesen Christoph Kolumbus (1451–1506) drängen nach **Nordamerika** Franzosen, Engländer und Niederländer. Im 17. Jh. bilden sich durch die Auswanderung religiös verfolgter Christen aus Europa in Nordamerika die Neuengland-Staaten. 1620 findet die Überfahrt der Pilgerväter (Puritaner) mit der »Mayflower« nach Massachusetts statt. 1632 gründen Katholiken Maryland, und 1683 gründet William Penn Philadelphia und die Quäkerkolonie Pennsylvania. Das heute zu ca. 90% christliche Amerika hat zahlreiche →neue Religionen hervorgebracht, insbesondere sind die USA ein für Neustiftungen besonders fruchtbares Land. Zu nennen sind →Mormonentum, →Spiritismus, →Theosophische Gesellschaft, →Christian Science, →Peace Mission, →Black Muslims, →Church of God und →Way International. Auch drei →Jugendreligionen haben in den USA ihren Anfang genommen: →Eckankar →Scientology Church und →Kinder Gottes.

In Auseinandersetzung mit dem →Christentum und im Rahmen der Erweckung altindianischer Religiosität und Unabhängigkeit – heute sind die Indianer in Kanada und in den USA auf ganz wenige Gebiete zurückgedrängt – entstehen der →Peyote-Kult und die →Ghost Dance Religion.

Zu dem zwischen Nord- und Südamerika gelegenen **Mittelamerika** gehören das mittelamerikanische Festland (Zentralamerika) und die Inseln des amerikanischen Mittelmeeres (Westindien). Die Antillen haben deshalb den Namen Westindien erhalten, weil Kolumbus auf seiner vermeintlichen Westfahrt nach Indien (1492) diese Inseln für die gesuchte Region hält.

Zu den in Mittelamerika entstandenen Religionen gehören insbesondere die →mexikanischen Religionen, die →aztekische Religion, die →Maya-Religion und der von den Nachkommen der nach Mittelamerika deportierten Negersklaven praktizierte →Voodoo auf Haiti.

Zu den in **Südamerika** entstandenen Religionen zählen vor allem die →Inka-Religion und der in Verbindung mit indianischen und christlichen Vorstellungen entstandene und ebenfalls von Nachkommen der nach Südamerika deportierten Negersklaven praktizierte →Umbanda in Brasilien.

Auf dem amerikanischen Kontinent leben heute noch 1242000 Anhänger von **Amerikanischen → Stammesreligionen.** Sie stellen jedoch eine Minderheit von 0,2% der amerikanischen Bevölkerung dar, die zu 91,1% dem Christentum angehört, und zwar zu ca. 87% in Nordamerika und zu ca. 94% in Südamerika.

Literaturauswahl

Fichte, H./Mau, L.: Xango. Die afro-amerikanischen Religionen. Bahia – Tahiti – Trinidad. Frankfurt a. M. 1976

Fichte, H./Mau, L.: Petersilie. Die afro-amerikanischen Religionen. IV: Santo Domingo – Venezuela – Miami – Grenada. 2 Bde. Frankfurt a. M. 1980

Haebler, K.: Die Religion des mittleren Amerika. Münster 1899

Höffner, J.: Christentum und Menschenwürde. Das Anliegen der spanischen Kolonialethik im goldenen Zeitalter. Trier 1947

Krickeberg, W./Trimborn, H./Müller, W./Zerries, O.: Die Religionen des alten Amerika. Stuttgart 1961

AMERIKANISCHE STAMMESRELIGIONEN			
21 Länder	Anhänger	Mehrheit des Landes	% aller am S.-Anhänger
1. Kolumbien	256000	–	26,7
2. Venezuela	164000	–	17,1
3. Peru	137000	–	14,3
4. Chile	78000	–	8,1
5. Bolivien	53000	–	5,5
6. Brasilien	46000	–	4,8
7. USA	45000	–	4,8
8. Mexiko	40000	–	4,2
9.–21. Land	139000	–	14,5
	958000	–	100

AMICALISMUS

Der A. ist eine auf den Kongolesen *André Matswa* (1899–1942) zurückgehende sozial-religiöse Bewegung, deren Bezeichnung von ihrem französischen Namen *Société amicale des originaires de l'Afrique Équatoriale* (franz.: »Solidaritätsgesellschaft der Eingeborenen Äquatorialafrikas«) abgeleitet ist.

Diese Bewegung ist eine in Auseinandersetzung mit dem katholischen Christentum entstandene →neue Religion in Äquatorialafrika.

André Matswa wird 1899 in der Nähe von Brazzaville im ehemaligen Französisch-Kongo (heute: Volksrepublik Kongo) geboren. Er erhält eine katholische Erziehung und wird zum Katecheten ausgebildet. Matswa wird Soldat und kämpft im 1. Weltkrieg auf französischer Seite. Dann geht er als einfacher Arbeiter nach Paris und gründet hier die *Société amicale* als eine Hilfsorganisation für in Not geratene afrikanische Arbeiter. In seinem Heimatland Kongo (seit 1910 Französisch-Äquatorialafrika), wo diese soziale Vereinigung bald bekannt wird, entwickelt sie sich zu einer politischen Bewegung, die die völlige Gleichstellung der Schwarzen mit den Weißen zum Ziel hat. So kommt es, daß Matswa aus politischen Gründen mehrfach verhaftet, verurteilt und dann deportiert wird. 1942 stirbt er auf der Regierungsstation Mayama, nördlich von Brazzaville. Das einstige Gebiet von Französisch-Äquatorialafrika wird dann 1958 autonome Republik innerhalb der französischen Gemeinschaft und erlangt 1960 die völlige Unabhängigkeit.

Nach dem Tod von André Matswa kommen in der Bewegung der *Société amicale* zu den sozialen und politischen Motiven noch religiöse Aspekte hinzu, und die Person des Gründers rückt in den Mittelpunkt kultischer Verehrung. Seine Anhänger nennen ihn *Jesus Matswa,* und sein Sterbeort Mayama wird als sein *Golgatha* bezeichnet.

Man betet zu ihm und erwartet seine Wiederkunft, bei der er als messianischer König ein Reich der Schwarzen errichten wird.

ANANAIKYŌ

Die A. ist eine im Jahr 1934 von *Nakano Yonosuke* in Japan gestiftete Religion, deren gegenwärtige Organisation allerdings erst seit 1949 besteht. Diese aus der →Ōmotokyō hervorgegangene Bewegung gehört zu den →neuen Religionen Japans. Ihr Stifter versteht sich als Nachfolger von *Wanisaburo Deguchi,* und als Anhänger des Spiritismus erhält er Botschaften aus der Geisterwelt.

Der Name *ananai* (jap. »drei, fünf, Hanfseil«) weist auf den vom Gründer vertretenen Universalismus und die Vereinheitlichung aller Religionen hin, wobei das Wort mit Zahlzeichen »drei« für die drei Religionen →Ōmotokyō, Huang-wantsu-hui und →Baha'ismus steht, wohingegen die Zahl »fünf« die Weltreligionen →Buddhismus, →Christentum, →Islam, →Konfuzianismus und →Taoismus repräsentiert. Mit Hilfe des »Hanfseils«, das vom Gong vor dem Shinto-Schrein hängt, soll der Anhänger der A. an die Wirklichkeit der jenseitigen Welt gebunden werden.

In der Errichtung von Observatorien, deren Standorte über das ganze Land verteilt sind, sehen die Anhänger dieser Religion die Möglichkeit, mit dem Weltall zu kommunizieren.

ANANDA MARGA

Die Bewegung A.M. (sanskr. »Weg der Glückseligkeit«) wird 1955 von dem Inder *Prabhat Ranjan Sarkar* (1921–90) in Bihar (Indien) ins Leben gerufen und seitdem von ihm geleitet. Die vollständige Bezeichnung ist *Ananda Marga Pracharaka Samgha / AMPS* (sanskr. »Gesellschaft zur Verbreitung des Weges der Glückseligkeit«). Die Frauengruppe innerhalb von A.M. heißt *Women's Welfare Department / WWD* (engl. »Frauen-Wohlfahrtsabteilung«).

Für die ca. 2 Millionen *Margiis,* wie die Anhänger dieser Bewegung genannt werden, liegt das Welthauptquartier in Kalkutta (Indien). Während sich die europäische Zentrale in Berlin befindet, haben die ca. 3000 Anhänger in der BRD seit 1974 ihr Zentrum in Mainz. Die A.-M.-Bewegung wird den aus dem →Hinduismus hervorgegangenen →Jugendreligionen zugerechnet.

Der Stifter *Sarkar,* den seine Anhänger *Shri Shri Anandamurti* (sanskr. »verehrungswürdiges Abbild der Glückseligkeit«) nennen, wird am 13. April 1921 in Yamalpur/Bihar (Indien) geboren. Dem bereits Vierjährigen prägt Gott Shiva ganze Kapitel aus den Veden (→Hinduismus) ein, um seine spätere Erwählung anzuzeigen. Dies wird zeichenhaft dadurch bestätigt, daß der Fünfjährige eine wilde Kuh, die ein ganzes Dorf in Aufregung versetzt, schon durch Berührung mit seinem Zeigefinger am Kopf zähmen kann, so daß sie auf die Knie fällt und *»baba«* (»geliebter Vater«) lallt, wie die Anhänger ihren Stifter heute noch nennen. Zeitweilig lebt Sarkar in Kalkutta bei seinem Onkel, dem indischen Freiheitskämpfer und Politiker Subhas Chandra Bose (1897–1945), der ihn mit der Tantra-Yoga-Meditation vertraut macht. Ende der 40er Jahre kehrt Sarkar in seinen Heimatort Yamalpur zurück, wo er als Hilfsbuchhalter arbeitet. Hier gründet er 1955 seine Bewegung, deren Hauptzentrum (mit Wohnkommunen, Schule, Klinik, Druckerei u.a.) unter dem Namen »Ananda Nagar« (sanskr. »Stadt der Glückseligkeit«) der Ort Baglata im Perulia-Distrikt/Westbengalen wird.

Nach Jahren auch politischer Aktivitäten kommt es zu kritischen Situationen, als das Hauptzentrum 1967 von einer großen Menschenmenge angegriffen wird. Als die Zusammenstöße sich häufen, verbietet die indische Regierung 1969 ihren Staatsbeamten die Mitgliedschaft bei A.M. Im Dezember 1971 wird der Stifter unter Anklage des Mordes in Patna/Bihar inhaftiert. Sein Prozeß (1972–76) endet mit einem Schuldspruch: lebenslange Haft für Sarkar und vier Mitangeklagte wegen Mordes an sechs ehemaligen »abtrünnigen« Sektenmitgliedern. Es folgen Pressionen und weitere Verhaftungen von Anhängern, A.-M.-Schulen und andere Einrichtungen werden durchsucht und geschlossen. Als die Auseinandersetzungen im Jahr 1975 ihren Höhepunkt erreichen und Indira Gandhi zur selben Zeit das Land mit Hilfe von Notstandsgesetzen regiert, wird neben anderen auch A.M. als »rechtsradikale religiöse Organisation« verboten. Die Berufungsverhandlung vor dem Obersten Gerichtshof in Patna endet 1978 positiv für Sarkar mit einer befristeten Freilassung gegen Kaution. Als Sarkar am 2. August 1978 das Gefängnis verläßt, wird er von Tausenden seiner Anhänger begeistert gefeiert.

A.M. ist eine sozio-spirituelle Bewegung, die zwei Hauptziele verfolgt, einmal die Erneuerung des einzelnen durch spirituelle Praxis *(sadhana)* und zum anderen die Befreiung der Gesellschaft durch Sozialreformen (PROUT). Die Praxis des *sadhana* (sanskr. »sich mit Erfolg bemühen«) umfaßt verschiedene körperliche, geistige und spirituelle Übungen mit dem Ziel, das »unendliche Selbst« in sich zu erkennen und das »kosmische Bewußtsein« zu erlangen. Jemand, der *sadhana* übt, ist ein *sadhaka,* und wer täglich zweimal *sadhana* ausübt, in dem wird zur Todesstunde die Vorstellung von *parama parusa* (»höchstes Bewußtsein«) aufsteigen, seine Erlösung ist sicher gewährleistet. Jedoch ist sadhana ohne *yama, niyama* und die *16 Punkte* nicht möglich.

Auf spirituellen Werten basiert die *Progressive Utilization Theory/PROUT* (engl. »fortschrittliche Nutzungstheorie«), das 1967 von Sarkar entwickelte Wirtschafts- und Sozialsystem mit fünf Prinzipien für eine neue menschliche Gesellschaft. Sarkar ist der Überzeugung, daß die bisherigen gesellschaftlichen Kräfte in vier Klassen gegliedert sind (*shudra-, ksatriya-, vipra-, vaeshya*-Klasse) und daß diese im Kreislauf der Geschichte einander ablösen. Demgegenüber will er Wegbereiter einer neuen menschlichen Gesellschaft sein, in der die *sadvipras* herrschen, d.h. die »wahren Intellektuellen oder Moralisten«, die nicht in diesem gesellschaftlichen Kreislauf stehen und »klassenlos« sind. *Sadvipras* beachten die Prinzipien des *yama* und *niyama* und üben *sadhana* aus.

Die wichtigsten Punkte zur spirituellen Ausrichtung und äußeren Lebensgestaltung sind in der Abkürzung *C.S.D.K.* zusammengefaßt: Der Buchstabe *C* steht für *conduct rules* (engl. »Verhaltensweisen«). Zu ihnen zählen u.a. die Beachtung der *15 shiilas* und der *16 Punkte.* Die *15 shiilas* (sanskr. »Gewohnheiten«) stellen Hilfen zur Orientierung des Verhaltens, Denkens und Fühlens dar. Zu ihnen zählen als 10. Punkt die »strenge Einhaltung von *yama* und *niyama*«. Die 5 Prinzipien des *yama* (sanskr. »Selbstbezwingung«), die gleichzeitig die erste der 8 Stufen des klassischen Yoga bilden, lauten:

1. *ahimsa* (= Nicht-Gewaltsamkeit)
2. *satya* (= Wahrheit)
3. *asteya* (= Nicht-Stehlen)
4. *aparigraha* (= Begierdelosigkeit)
5. *brahmacarya* (= Brahma-Schülerschaft)

Die 5 Prinzipien des *niyama* (sanskr. »Zügelung«), die die 2. der 8 Stufen des klassischen Yoga bilden, sind:

1. *shaoca* (= Reinheit)
2. *santosa* (= Zufriedenheit)
3. *tapeh* (= Eifer, Strenge)
4. *svadhaya* (= Erforschung, Verständnis)
5. *ishvara pranidhana* (= Hingabe an den Guru, an die Gottheit)

Auch die *16 Punkte* entstammen der Praxis des Yoga. Sie umfassen Lebensregeln und Verhaltensvorschriften, zu deren Einhaltung eine »16-Punkte-Kartei« monatlich ausgefüllt und kontrolliert wird.

Der Buchstabe *S* der Abkürzung C.S.D.K. steht für *Seminar,* das zweimal jährlich für alle Margiis Pflicht ist, und der Buchstabe *D* steht für *duties* (engl. »Pflichten«), die Kinderbetreuung, Altenarbeit, Drogenberatung und Gefängnisbetreuung beinhalten. Kennzeichnend für die Anhänger ist die religiös »alternativ« engagierte soziale Randgruppenarbeit. Da sie an die Machbarkeit der idealen Gesellschaft glauben, sind sie bereit, dafür mit allen Mitteln – selbst unter Hingabe ihres eigenen Lebens – zu kämpfen, was im Jahr 1978 jüngere Mitglieder durch Selbstverbrennung unterstreichen; so z.B. im Februar zwei Deutsche vor der Gedächtniskirche in Berlin, im Juni eine Schweizerin in Manila und im Oktober eine Australierin in Genf.

Der letzte Buchstabe *K* der Abkürzung C.S.D.K. steht für *kiirtan* (→S. 33).

Die Margiis beachten besondere *Ernährungsvorschriften* und unterscheiden dabei drei Arten von Nahrungsmitteln: 1. *sattvische* (= empfindende), die für Meditierende geeignet sind, da sie das Nervensystem für spirituelle Schwingungen aufnahmefähig machen, wie z.B. Obst, Milchprodukte, Gemüse, Getreide und Kräutertees, 2. *rajasische* (= verändernde), die eine spirituelle Entwicklung nicht fördern, wie z.B. Kaffee, Tee oder Kakao, und 3. *tamasische* (= statische), die zu stumpfer Gesinnung führen, wie z.B. Fleisch, Fisch, Eier, Tabak, Alkohol und Drogen.

An zwei Tagen im Monat, dem 11. Tag, *ekadashi* (sanskr. »elfte«), nach Vollmond und Neumond wird ganztägig gefastet und nur am Abend ein Glas verdünnten Zitronensaftes getrunken.

Männlichen Margiis wird das Tragen einer *langota,* einer Art gebundener Unterhose, empfohlen, die den Penis nach oben und die Hoden eng an den Körper halten soll, damit überflüssige sexuelle Erregungen

verringert und eine Kontrolle der Sexualenergie erreicht wird.
Wer ein Margii, ein aktives Mitglied von Ananda Marga, werden will, wird in eine besondere Meditationstechnik eingewiesen und erhält dabei ein zweisilbiges, geheimzuhaltendes *mantra,* das mindestens zweimal täglich je 20 Minuten meditiert werden soll. Das Mitglied, das sich als Mönch versteht, wird *dadaji* bzw. *dada* genannt, die Nonne heißt *didiji* bzw. *didi.* In regelmäßigen Abständen finden besondere Treffen *(retreats)* der Anhänger statt, die nach den drei feststehenden Programm-Teilen *U.K.K.* genannt werden. Der Buchstabe *U* steht für *utilization* (engl. »Nutzung«), *K* für *katha* (»Geschichten des Herrn [Sarkar]«) und *K* für *kiirtan.* Die Basis für alles Handeln bildet die Meditation als »die ständig zu erlebende Realität des göttlichen Seins in uns selbst«. Die gemeinsame Meditation einer Gruppe von mindestens 5 Mitgliedern, bei denen Männer und Frauen getrennt sitzen, heißt *dharmacakra.* Wenn der Stifter Sarkar persönlich daran teilnimmt, wird sie *dharma maha cakra* genannt. Eingeleitet wird die Gruppenmeditation stets mit dem *kiirtan* und einem Gesang aus den Veden (→Hinduismus). *Kiirtan* ist ein rhythmisch schreitender und kniebeugender Tanz, der immer der Meditation vorausgeht, da er alle üblen Gedanken verbannt, alle Zweifel und Verwirrungen beseitigt und den rechten Geisteszustand für die Meditation schafft. Beim *kiirtan* wie bei allen Meditationen wird *baba-nam-kevalam* (= »geliebter Vater – Name – einzig/allein«) als besonderes *mantra,* das der Stifter selbst mit spiritueller Macht belegt hat, benutzt, »da überall, wohin die Margiis sehen, in allem, was sie fühlen, hören, schmecken und riechen, sie das eine kosmische Bewußtsein empfangen, das alle Dinge durchdringt: ihren ›geliebten Vater‹«. In jedem Ding und jeder Handlung sehen sie nur eines: seinen »Namen«. Den Abschluß einer Gruppenmeditation bildet das gemeinsame Rezitieren des »Höchsten Gebotes«.
Speziell für die weiblichen Mitglieder hat der Stifter Sarkar *kaoshikii nritya,* einen Tanz (sanskr. *nritya*), geschaffen, der den Beinamen der Göttin Durga (→Hinduismus) trägt. Dabei werden alle 18 Bewegungen, Beugungen und Drehungen während eines Durchgangs auf das *mantra: baba-nam-kevalam* getanzt. Der Tanz der männlichen Mitglieder, der zweimal täglich getanzt wird, heißt *tandava.*
Die Margiis leben in »spirituellen Wohngemeinschaften«, den sogenannten *jagritis.* Unter der Leitung eines Yogi-Meisters führen sie ihre *mantra*-Meditationen und Yoga-Übungen durch.
Neulinge in die Meditationstechniken von A.M. einzuführen, ist Aufgabe des *ācārya,* eines älteren Mitglieds. Jene Mitglieder, die vollzeitlich für ihre Religionsgemeinschaft tätig sind, werden *local full timer* (LFT) genannt. *Avadhutas* (»Weltentrückte«) sind die ranghöchsten Funktionäre, die weltweit für die Organisation und Verwaltung von A.M. zuständig sind. Als unverheiratete Mitglieder tragen sie eine orangefarbene Amtskleidung, bestehend aus Turban und Obergewand mit Gürtel.
Die deutsche Zentrale in Mainz gibt in einem eigenen »Dharma-Verlag« die Schriften ihrer Bewegung heraus. *Sadvipra* ist der Titel eines Magazins für den deutschsprachigen Raum.

Literaturauswahl

Einführung in Ananda Marga. Mainz 1980
PROUT-Progressive Utilization Theory. Eine Einführung in die progressive Nutzungstheorie. Kopenhagen 1975
Shri Shri Anandamurti: Philosophie zur Befreiung. Idee und Ideologie. Mainz 1977

ARABISCHE RELIGIONEN

»A.R.« ist eine Sammelbezeichnung für die *altarabische (vorislamische) Religion* der Bewohner des alten Arabien (arab. *Dschesiret el-Arab* = »Insel der Araber«) und für die islamische →Weltreligion (→Islam), die auf dieser Halbinsel, der »Wiege des Islam«, entstanden ist.
Beide a.R. zusammen zählen zu den →vorderasiatischen Religionen, die *altarabische Religion* gehört zu den →semitischen Religionen.

Altarabische Religion

Für das Leben der alten Stämme und Völker Südarabiens hat die *altarabische Religion* eine zentrale Bedeutung. Während z.Zt. des Altertums die Bewohner des mittleren und nördlichen Arabien noch als Wanderhirten leben, bilden sich im südlichen Teil eigene Staaten. Die bedeutendsten unter ihnen sind Saba, Ma'in (Minäer), Hadramaut und Qatabān. Das Reich von Saba ist das älteste und seit dem 10.Jh. v.Chr. nachweisbar. Die südarabischen Staaten sind zunächst Theokratien mit einem *mukarrib* (»Opferfürst«) an der Spitze und werden von der Mitte des 5.Jh. v.Chr. an in Königreiche umgewandelt. Berühmt ist die Königin von Saba, die nach Jerusalem geht, um die Weisheit des israelitischen Königs Salomo zu testen (1 Kön 10). Im Jahre 525 n.Chr. kommen diese Reiche unter äthiopische Herrschaft, und 568 wird Südarabien persische Satrapie. Als im 7.Jh. der Islam in Südarabien seinen Einzug hält, wird Arabien geeinigt.
An der Spitze der *altsüdarabischen Götter* steht *'Athtar* bzw. *Athar,* der Mondgott, Beschützer der Menschen und Spender des Regenwassers. In den Stadtstaaten Südarabiens trägt er als Reichsgott verschiedene Namen. In Saba – sein Zentralheiligtum in Marīb ist der Tempel 'Awwān mit dem berühmten Orakel – heißt

er *'Almaqah,* in Hadramaut *Sin* (»Mond«), in Qatabān *'Amm* (»väterlicher Oheim«) und in Ma'īn *Wadd* (»Liebe, Freundschaft«). Andere Gottheiten Südarabiens sind die Sonnengöttin *Shamash* (= »Sonne«) und der Gott *Īl* (ein Appellativ für Gott schlechthin), der dem gemeinsemitischen Gott *El* entspricht.

Zu den wichtigsten Göttern *Nordarabiens* gehört *Hobal* bzw. *Hubal,* der Hauptgott des Schreins der Ka'ba in Mekka, in dem sein Bild steht. Aus den zahlreichen Göttern beginnt sich schon im Jahrhundert Muhammads als Größter der Weltgott Allāh (= »der Gott«) hervorzuheben. Als Töchter Allāhs werden noch im Koran (53, 19) die in vorislamischer Zeit hochverehrten Göttinnen, die der Venus gleiche *al-'Uzzā* (= »die Mächtige«), die Schicksalsgöttin *Manāt,* deren Schreinheiligtum in Ukaz steht, und die Sonnengöttin *al-Lāt* (= »die Göttin«), der ein vierkantiger Felsblock in Taif geweiht ist, genannt. Neben den Gottheiten stehen in Nordarabien die *Djinn Dschinnen,* halb Mensch, halb Dämon, die sich fortpflanzen und sterblich sind. Von ihnen ist das Wüsten- und Steppenland Nordarabiens voll.

Zu den heiligen Stätten der Gottheiten werden von den altarabischen Stämmen im Frühjahr und Herbst Wallfahrten *(hadjdj)* veranstaltet. Während dieser heiligen Zeiten müssen alle Fehden, Feindseligkeiten und Kriege unterbleiben. Nachdem die Teilnehmer am Beginn dieser Wallfahrten durch rituelle Enthaltungen und Reinigungen in einen Weihestand *(haram)* getreten sind, bringen sie Opfer dar und verzehren beim Opfermahl das Fleisch der Opfertiere. Am Schluß der Wallfahrt treten sie in den Profanzustand *(hill)* zurück. Der vorislamische *hadjdj* ist ein Prozessionsfest, bei dem verschiedene Stationen in der Nähe von Mekka aufgesucht werden.

In Nordarabien verehrt man natürliche (Meteorsteine) und künstliche Steine, indem man sie mit dem Blut tierischer Opfer bestreicht, küßt und feierlich umschreitet. Die bekanntesten dieser heiligen Steine sind der »schwarze« und der »weiße Stein« der Ka'ba in Mekka und der »weiße Stein« in Du l-Halasa in Tabāla. Nachdem die Kuraishiten die Stadt Mekka in Besitz genommen haben, stellt jede Sippe in den heiligen Bezirk des Schreins von Mekka an einem von ihr beanspruchten Platz die eigene Gottheit auf. In der Entfernung dieser Götterbilder aus der Ka'ba sieht später Muhammad eine seiner wichtigsten prophetischen Aufgaben, nachdem er Mekka erobert hat.

Die Altäre in Bereichen südarabischer Heiligtümer sind für verschiedene Opferformen gedacht. Sie haben entweder an der Oberseite eine Vertiefung mit Abflußrinne für die Darbringung der Libationsopfer, oder sie dienen als würfelförmige Altäre dem Weihrauchopfer. Auf den Schlachtopferaltären werden die Tieropfer (Schafe, Ziegen, Stiere) dargebracht.

An der Spitze der Heiligtümer stehen der *kāhin* oder die *kāhina,* Seher und Seherin, die den Gotteswillen erkunden und Lospfeilorakel geben.

In den von einem heiligen Bezirk *(haram* bzw. *hima)* umgebenen Heiligtümern Nordarabiens sind alle Lebewesen, ob Menschen, Tiere oder Bäume, gegen Zugriffe jeder Art geschützt.

Literaturauswahl

Gese, H./Höfner, M./Rudolph, K.: Die Religionen Altsyriens, Altarabiens und der Mandäer. Stuttgart u.a. 1970

Jamme, A.: Le panthéon sud-arabe préislamique. Louvain 1947

Ryckmans, G.: Les religions arabes préislamiques. Louvain ²1951

Zbinden, E.: Die Djinn des Islam und der altarabische Geisterglaube. Bern 1953

ARAMÄER-RELIGION

Die A.-R. ist die Religion der nordwestsemitischen Nomadenstämme der Aramäer, die im 2. Jtd. v. Chr. von Süden her (aus der arabischen Wüste) nach Syrien und Mesopotamien einwandern und in *Aramäa* (= »Hochland«) mehrere Staaten u.a. auch in Syrien (→syrische Religion) begründen. Die Religion der Aramäer gehört zu den →semitischen und zu den →vorderasiatischen Religionen.

Um 1000 v. Chr. existiert ein mächtiges Aramäerreich mit der Hauptstadt Damaskus. Die Assyrer erobern die Reiche der Aramäer in Nordsyrien im 9. und 8. Jh. v. Chr.

Die Sprache der Aramäer verdrängt als Verkehrssprache des Vorderen Orients eine Reihe anderer Sprachen, u.a. das Hebräische. Das Aramäische ist noch Jesu und seiner Jünger Muttersprache, deren Spuren im Neuen Testament (→Christentum) zu finden sind (u.a. Abba, Hephata, Maranatha).

Die frühesten religiösen Angaben über die A.-R. sind die über den Haushalt Labans, des Aramäers (Gen 31), in dem Hausgötter (Gen 31,34) verehrt werden. Beim Vertragsabschluß rufen Laban und Jakob die Götter ihrer beiden Ahnen Nachor (Nahor) und Abraham an (Gen 31,53).

Nach dem Babylonischen Exil entwickeln sich die Juden (→Judentum) zu einer aramäischen Gemeinschaft. In Aramäisch sind kleinere Teile der jüdischen Bibel und größere Teile der nachbiblischen jüdischen Literatur abgefaßt.

Literaturauswahl

Dupont-Sommer, A.: Les Araméens. Paris 1949

ARKTISCHE RELIGIONEN

»A. R.« ist die zusammenfassende Bezeichnung für die Religionen derjenigen Völker, die in der *Arktis* (von griech. *arktos* = »Bär«), im Nordpolargebiet, am Nordrand der Kontinente Nordamerikas und Eurasiens, leben. Zum Nordpolargebiet gehören die nördlichen Teile Alaskas und Kanadas sowie Randgebiete Nordskandinaviens und der Sowjetunion.

Die arktische Bevölkerung, die *Arktiker,* setzt sich aus nordeuropäischen und nordasiatischen Polarvölkern zusammen.

Zu den a.R. zählen →Ainu-Religion, →Eskimo-Religion, →Sibirier-Religion und →Lappen-Religion. Die Religionen der Arktis sind →Stammesreligionen.

Literaturauswahl

Paulson, J./Hultkranz, A./Jettmar, K.: Die Religionen Nordeurasiens und der amerikanischen Arktis. Stuttgart 1962

ASIATISCHE STAMMESRELIGIONEN

»A. S.« ist eine zusammenfassende Bezeichnung für die traditionellen Religionen unter den Bewohnern des asiatischen Kontinents, deren Entstehung bis in die urgeschichtliche Zeit (→urgeschichtliche Religionen) zurückreicht. Zu den a. S. gehören u. a. auch die →Ainu-Religion und die →Sibirier-Religion.

In Asien, dem größten Kontinent der Erde, leben heute ca. 24 Millionen Anhänger von Stammesreligionen, d. h. ca. 26% aller Stammesreligions-Anhänger der Welt, davon 97% in Südasien und 3% in Ostasien. Jedoch unter der Gesamtbevölkerung Asiens bilden sie eine Minderheit von 1,6 bzw. 0,1%. Stammesreligionen gibt es in 17 Ländern Asiens.

Relativ zahlreich finden sich Anhänger von Stammesreligionen in Indien, und hier u. a. bei den Gond-Völkern und den Chenchu, aber auch auf den Andamanen-Inseln. Ferner sind zu nennen Indonesien mit Ostsumatra, Celebes und Borneo, Indochina mit Vietnam, Laos, Burma und Thailand, die Dschungelberge Nord- und Zentralmalaysias und die Philippinen mit Luzon, Mindanao und Mindoro.

In (Vorder-)Asien, wo sich in der Jungsteinzeit erstmals der Übergang von der mittelsteinzeitlichen Jägerkultur zum seßhaften Bauerntum mit Ackerbau und Viehzucht vollzogen hat, gibt es heute noch Stämme und Völker unterschiedlicher Wirtschafts- und Gesellschaftsstrukturen.

Zur Wirtschaftsstufe der *Jäger und Pflanzensammler,* die ohne feste Wohnsitze vom Jagen und Sammeln wild vorkommender Nahrungsmittel leben, gehören die **Chenchu,** ein Stamm von Dschungelnomaden im indischen Bundesstaat Andhra Pradesh. An der Spitze ihrer Gottheiten steht die Waldgöttin *Garelamaisama* als Herrin des Jagdglücks, die ursprünglich streng darauf sah, daß nur männliche Tiere gejagt wurden. Der Herr über Donner und Regen ist der Himmelsgott *Bhagavantara.*

Für die **Semang** im Innern der Halbinsel Malakka heißt der oberste Donnergott *Kari.* Als Weltschöpfer richtet er auch die Seelen.

Noch in unseren Tagen werden bisher unbekannte Stämme entdeckt, so 1972 die *Tasaday* auf Mindanao (Philippinen) und im Jahr 1982 die nomadisierenden *Penan* im dichten Gebirgsdschungel im Norden Borneos im ostmalaysischen Bundesstaat Sarawak.

Zu der Wirtschaftsstufe der *Pflanzer und Bauern* gehören in Indien die **Gond-Stämme** bzw. **Kui,** wie sie sich selbst nennen. Der oberste Gott dieser in den Bergregionen von Madhya Pradesh und im nördlichen Andhra Pradesh verbreiteten Stämme heißt *Bhagavan;* bei ihm suchen die anderen Sippengottheiten, Regional- und Lokalgottheiten und auch Menschen Rat und Hilfe. Die Seele des Menschen besteht einerseits aus der unpersönlichen, von Bhagavan ausgehenden »Lebenssubstanz« *jiv,* die dem Menschen von seiner Geburt bis zum Tode zugehört, um dann zu Bhagavan zurückzukehren, und andererseits aus der von *jiv* verschiedenen Persönlichkeit, die nach dem Tod in Form des Geistes *Sanal* (Gondi: »Abgeschiedener«) weiterbesteht und im Reich der Toten mit Ahnen und Ahnengotthei-

ASIATISCHE STAMMESRELIGIONEN			
17 Länder	Anhänger	Mehrheit d. Landes	% aller as. S.-Anhänger
1. Indien 2. Indonesien 3.–17. Land	3 600 000 1 020 000 19 867 000	– – Mehrh. (1 ×)	14,7 4,2 81,1
	24 487 000	Mehrh. (1 ×)	100

ten zusammenlebt. Dem *Sanal* gelten die meisten Riten und Opfer beim Begräbnis- und Gedenkritual.

Für die ursprünglichen Jäger und Sammler, aber heute Ackerbau betreibenden **Bhil-Stämme** in Nordwestindien ist *Bhagwān* der Schöpfer der Welt, der Götter und der Menschenseelen.

Als allwissender Gott mit ethischen Zügen richtet er die Menschen, und die Guten gelangen zu ihm und können bei ihm glücklich sein.

Die **Khasi,** ein mutterrechtlich organisiertes Volk von Bergbauern im indischen Assam, zwischen Brahmaputra und Surma, verehren eine zweigeschlechtliche oberste Gottheit und dazu im Ahnenkult eine Ahnfrau des jeweiligen Clans.

Für die Reisbau betreibenden **Batak** im Inneren Sumatras ist die oberste Gottheit *(debata)* der Schöpfergott *Mula Djadi na Bolon* (»der Ursprung des Werdens, der Große«), der die Herrschaft über die Welt seinen drei Söhnen übergeben hat, von denen je einer für den Himmel, die Erde und die Unterwelt zuständig ist. Ein Großteil der Batak ist christianisiert und bildet heute die ev.-luth. »Batakkirche«.

Die **Toradja** auf Celebes (Sulawesi) nennen ihren Himmelsgott *Alatala.*

Die **Dajak** im Innern Borneos sind heute ein Bauernvolk. Der Himmelsgott *Tingang* (»Nashornvogel«) der *Ngadju-Dajak,* der später den Namen *Mahatala* und *Bahatara Guru* erhält, bewohnt die Oberwelt, während seine Gattin *Tambon* (»Wasserschlange«), die später *Djata* heißt, in der Unterwelt lebt.

Die Dajak glauben an *mana,* eine Macht im Blut und in bestimmten Körperteilen, die *petara* genannt wird. Daraus erklärt sich ihre Sitte der Kopfjagd im Sinn der Gewinnung fremder Macht.

Die 1. Seele bei Menschen und Tieren, Pflanzen und Steinen ist eine Art Kraftstoff, *tondi.* Der Mensch hat diesen Seelenstoff in Kopf, Leber, Blut, Haaren, Nägeln und Zähnen, selbst in seinen Exkrementen. Die 2. Seele des Menschen verläßt ihn beim Tod, um Geist, *begu,* zu werden.

Während seines diesseitigen Lebens hat der Mensch eine Lebensseele, *hambaruan.* Im jenseitigen Leben hingegen besitzt er die Totenseele *liau,* die in einem Seelenboot, dessen Steuermann *Tempon Telon* ist, ins Land der Toten, eine paradiesische Insel, reist. Für ihre zahlreichen Tabu-Vorschriften, Speise- und Tätigkeitsverbote, haben die Dajak die Bezeichnung *pali.* Die Priester der Dajak heißen *basir,* die Priesterinnen *balian.*

Zu den auf der Wirtschaftsstufe der *Hirtenvölker* stehenden Stämmen gehört u.a. das in den Nilgiribergen Südindiens lebende Volk der Büffelzüchter, die **Toda.** Sie leben in Polyandrie und verehren eine weibliche Gottheit als ihr höchstes Wesen.

Für die zentralasiatischen Hirtenvölker der **Altaier, Tataren, Burjäten** und **Jakuten** gliedert sich das Universum meist in die drei Sphären der Oberwelt (Himmel), Mittelwelt (Erde) und Unterwelt (Hölle). Dem Himmel ist ein höchstes Wesen zugeordnet, das meist den Menschen wohlwollend gesinnt ist und dem eine die Unterwelt bestimmende feindliche Macht gegenübersteht. Charakteristisch ist hier das schamanistische Priestertum (→Schamanismus).

Literaturauswahl

Hermanns, M.: Die religiös-magische Weltanschauung der Primitivstämme Indiens. 3 Bde. Stuttgart 1964/73

Paulson, J./Hultkrantz, A./Jettmar, K.: Die Religionen Nordeurasiens und der amerikanischen Arktis. Stuttgart 1962

Schärer, H.: Die Gottesidee der Nadju-Dajak in Süd-Borneo. Leiden 1946

Stöhr, W.: Das Totenritual der Dajak. Köln 1959

Stöhr, W./Zoetmulder, P.: Die Religionen Indonesiens. Stuttgart u.a. 1965

Warneck, J.: Die Religion der Batak. Leipzig 1909

ASSYRISCHE RELIGION

Die a.R. ist die Religion des semitischen Volkes der *Assyrer* zur Zeit der assyrischen Reiche (ca. 1800–612 v. Chr.), deren Stammland – eine fruchtbare Hochfläche am Mittellauf des Tigris – *Assyrien* ist, das nach seiner ältesten Hauptstadt und deren Stadtgott *Assur* benannt ist.

Die a.R. gehört zu den →semitischen-, den →mesopotamischen- und den →vorderasiatischen Religionen. Die Assyrer, eine Mischbevölkerung aus nichtsumerischen Urbewohnern und semitischen Einwanderern siedeln nach 2500 v. Chr. im Norden Mesopotamiens, am oberen Tigris und Großen Zab. Ihre Geschichte verläuft in einem ständigen Auf und Ab mit wechselnden Perioden von Stärke und Schwäche.

Nach dem Untergang der 3. Dynastie von Ur (→sumerische Religion) steigen die Assyrer um 1800 v. Chr. auf. *Shamshi-Adad I.* (assyr. »[Gott] Adad ist meine Sonne«; 1815–1782 v. Chr.) erobert Assur und errichtet das 1. assyrische Großreich. *Shamshi-Adad II.* nennt sich »König der Gesamtheit«. Mit diesem Titel, den die Herrscher Assyriens bis zum Untergang ihres Reiches beibehalten, wird für den Gott Assur der Anspruch auf Beherrschung ganz Vorderasiens erhoben und jeder kriegerische Angriff gerechtfertigt. Im Dienst des Gottes Assur betreibt *Salmanassar I.* (1274–45) seine Eroberungskriege, verbunden mit der Politik, durch Massendeportationen die Substanz und das Nationalgefühl der unterworfenen Völker zu zerstören, und er erhebt den Krieg zu einer Art nationaler Dauereinrichtung, um dem assyrischen Reich Steuereinkünfte zu sichern. Unter *Tukulti-Ninurta I.* (1244–1208) wird Babylon erobert und die Statue des babylonischen Nationalgottes Marduk nach Assur entführt. *Assurnasirpal II.* (884–858) begründet das assyrische Weltherrschaftsdenken, nach dem die unterworfenen Völker systematisch ausgeplündert werden. Die Tributzahlung König Jehus von Israel (845–818) und seine Huldigung vor *Salmanassar III.* (858–824) ist auf dem »Schwarzen Obelisken« dargestellt.

Salmanassar V. (726–722) erobert 722 Samaria und bereitet damit dem Nordreich Israel (→israelitische Religion) ein Ende. Da Salmanassar V. bei den Kämpfen um Samaria fällt, beansprucht sein Nachfolger *Sargon II.* (722–704) den Ruhm der Eroberung Samarias für seine Person. Den Verlauf seines 8. Feldzuges vom Jahr 714 stellt Sargon II. in einem »Gottesbrief« an den Gott Assur dar. *Sanherib* (704–681) unterwirft 701 Juda, belagert Jerusalem und zerstört 689 Babylon. Durch den Einsatz von Heeren an Zwangsarbeitern läßt er Ninive zur ersten Stadt des assyrischen Reiches ausbauen. Sein Nachfolger *Asarhaddon* (680–669) läßt Babylon wiederaufbauen, und – erschreckt durch 2 Mondfinsternisse – läßt er einmal für 100 Tage einen jungen Mann zum »Ersatzkönig« einsetzen, der vorübergehend den Zorn der assyrischen Götter auf sich lenken soll, und diesen später töten und in einem Mausoleum feierlich beisetzen.

Der größte assyrische Herrscher ist *Assurbanipal* (669–629), der um 650 alle erreichbaren Literaturwerke und Inschriften seiner Zeit auf Keilschrifttafeln abschreiben und in seiner großen Bibliothek im Palast von Ninive zusammentragen läßt. Dieses Tontafelarchiv ist 1845/54 von Engländern gefunden und ausgegraben worden.

Nachdem 614 die Stadt Assur von dem Babylonier Nabopolassar (625–605) erobert und 612 die Stadt Ninive im Bunde mit Kyaxares, dem König der Meder, zerstört ist, werden die Assyrer ausgerottet, und ihr Land wird vollends verwüstet, womit das assyrische Weltreich sein Ende findet.

Nationalgott der Assyrer ist *Assur,* Stadtgott der gleichnamigen Hauptstadt des assyrischen Reiches und vor allem Kriegsgott der Assyrer. Er gilt als Gatte der Ninlil (= Bēlit, Ishtar ashshuritu) und Vater des Ninurta und der Sherua. In seinem Hauptheiligtum Ehursaggalkurkurra (»Haus des Länderberges«) in Assur wird ihm als Schöpfergott die Herrschaft über den Kosmos zugeschrieben. Während der Regierungszeit des Sanherib (704–681) soll der assyrische Gott Assur die Stelle des babylonischen Hauptgottes Marduk übernehmen. Sein ursprüngliches Attribut ist das Schwert. In neuassyrischer Zeit wird er als Mensch, auf einem geflügelten Löwen stehend, oder mit menschlichem Oberkörper in der geflügelten Sonnenscheibe dargestellt. Die Namen vieler assyrischer Könige sind oft in Verbindung mit dem Namen des Gottes Assur gebildet (Assur-Uballit, Salmanassar, Assurnasirpal, Assurdan, Assurbanipal).

Kriegs- und Jagdgott ist *Ninurta.* Da der Krieg den Frieden zum Ziel haben soll, wird Ninurta auch als Shulmānu (»Friedensgott«) verehrt. Dieser Sohn Assurs ist Bruder der Sherua und Gatte der Gula bzw. der Shulmanītu.

Als »Herrin des Kampfes und der Feldschlacht« gilt die Göttin des Venussterns *Ishtar* (Ischtar). Bei den Assyrern ist sie Kriegs- und Siegesgöttin. Ersteres entspricht wohl mehr dem Abend- und letzteres mehr dem Morgenstern. Ihre Hauptkultstätten in Assyrien sind Assur, Ninive und Arbela (Erbil). In der Kunst wird sie bewaffnet dargestellt, gelegentlich geflügelt und mit dem Löwen als ihrem Emblemtier.

Ein Wettergott ist *Adad* bzw. *Rammān* (biblisch: Rimmon = »Donnerer«) oder auch *Hadad* bzw. *Addu.* Als Sturm-, Blitz-, Donner- und Regengott bringt er Fruchtbarkeit aber auch Vernichtung. Sein symbolisches Reittier ist der Stier. Dargestellt wird Adad mit dem gegabelten Blitz in der Hand. In Assur steht ein als Doppelheiligtum ausgebildeter Anu- und Adad-Tempel (um 1000 v. Chr.), der für jeden der beiden Götter einen besonderen Tempelturm hat.

Als Gott des Feuers und des Lichtes, aber auch als Erreger des Steppenbrandes gilt *Nusku.* Als Götterbote bringt er Verheißung und Gnade. Kein Tempelfestmahl gibt es ohne ihn. Sein Attribut ist die Lampe.

Ein anderer bedeutender Gott ist *Nabū,* dessen Gattin Tashmētum heißt. Bekannt sind seine Tempel in Assur, Ninive und Nimrud-Kalhu. Ferner sind zu nennen der Gott *Amurru,* ein Wettergott wie Adad, und der Schutzdämon *Pazuzu,* der die Krankheitsdämonen, z. B. die Dämonin des Kindbettfiebers *Lamashtu,* vertreibt.

Im Mittelpunkt der religiösen Darstellung steht das Symbol des heiligen Baumes. Im übrigen haben die Assyrer ihre religiösen Vorstellungen weithin von den Babyloniern übernommen (→babylonische Religion), so daß oft von der »babylonisch-assyrischen« Religion in einem Atemzug die Rede ist.

Zeittafel

Vor der christlichen Zeitrechnung

1800–1375 Altassyrisches Reich

18. Jh. Assur: Assur-Tempel des Shamshi-Adad I. (1815–1782)

1375–1047 Mittelassyrisches Reich

13. Jh. Assur: Ishtar-Tempel des Tukulti-Ninurta I. (1244–1208)

11. Jh. Assur: Anu-Adad-Doppeltempel des Tiglat-Pileser I. (1117–1077)

883–612 Neuassyrisches Reich

880 Statue Assurnasirpals II. (884–858) als Priesterfürst

713 Khorsabad: Palast und Zikkurat Sargons II. (722–705)

650 Ninive: Tontafelarchiv und Nabū-Tempel des Assurbanipal (669–629)

Literaturauswahl

Dhorme, P.: Les religions de Babylonie et d'Assyrie. Paris ²1949

Driel, G. van: The Cult of Assur. Assen 1969

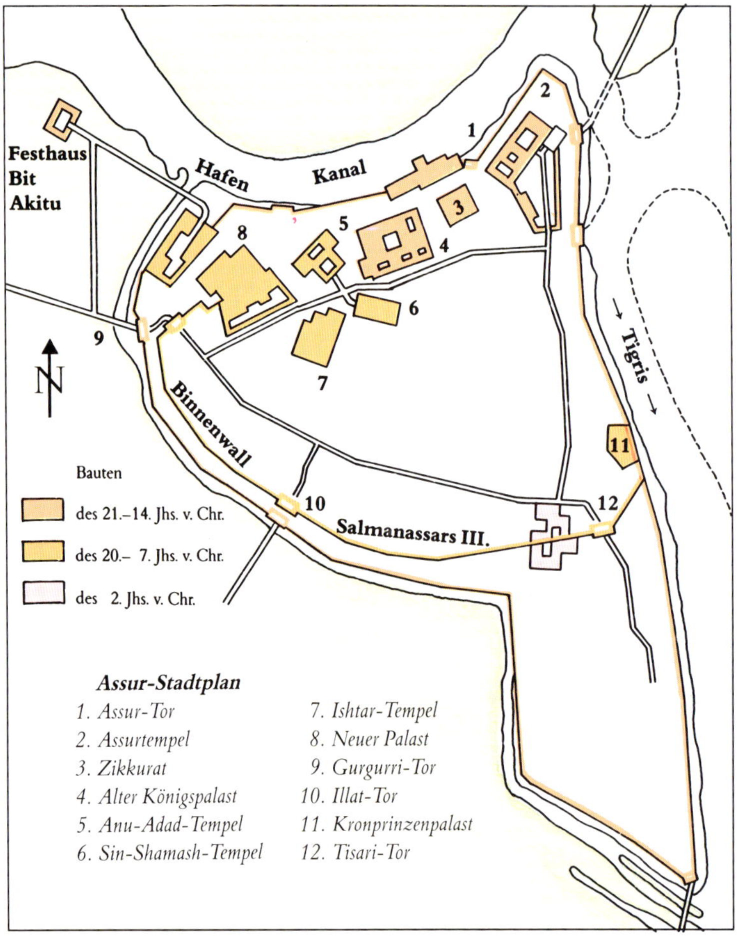

1

2

1 *König* Assurnasirpal II. *als »Priesterfürst«, 880 v. Chr. London, Brit. Mus.*

2 *Vogelköpfiger* Genius mit Lebensbaum, *aus dem Palast Assurnasirpals II., ca. 870 v. Chr. Paris, Louvre*

Hirsch, H.: Untersuchungen zur altassyrischen Religion. Graz 1961

Hooke, S.H.: Babylonian and Assyrian Religion. London 1953

Jastrow, M.: Die Religionen Babyloniens und Assyriens. 2 Bde. Gießen 1905/12

Martiny, G.: Die Gegensätze im babylonischen und assyrischen Tempelbau. Leipzig 1936

Tallqvist, K.: Der assyrische Gott. Helsinki 1932

Ungnad, A.: Die Religion der Babylonier und Assyrer. Jena 1921

ATHEISTEN

Als A. (von griech. *atheos* = »ohne Gott, gottlos«) werden die Anhänger solcher Weltanschauungen bezeichnet, deren Lehren expressis verbis oder konsequenterweise in direktem Gegensatz zu denen der Religionszugehörigen stehen, wie z. B. die *Materialisten,* und die sich aufgrund dieser Gegenposition von den →Religions- und Konfessionslosen unterscheiden.

Die Gesamtzahl der A. beträgt heute ca. 237 Millionen, das sind 4,4 % der Weltbevölkerung. Von ihnen leben 66,9 % in Asien und 23,5 % in der GUS.

A. gibt es in 130 Ländern. In China leben 56,8 % und in der GUS 23,4 % aller Atheisten. Albanien, wo 610 000 d. h. nur 0,26 % aller Atheisten leben, hatte sich als bisher einziger Staat der Erde im Jahr 1967 zum »atheistischen Staat« erlärt.

Die meisten A. Europas gibt es in Bulgarien, gefolgt von denen in der CSFR, in Deutschland, Frankreich, Rumänien und Italien.

Literaturauswahl

Barret, D. B. (Hrsg.): World Christian Encyclopaedia. New York 1982

Heer, F./Kahl, J./Deschner, K. H.: Warum ich Christ/Atheist/Agnostiker bin. Köln 1977

Molnar, T.: Theists and Atheists. A Typology of Non-Belief. Berlin 1980

Thrower, J.: Marxist-Leninist ›Scientific Atheism‹ and the Study of Religion and Atheism in the UdSSR. Berlin 1983

Tönnes, B.: Albanien. Der erste atheistische Staat der Welt. Zollikon o. J.

ATHEISTEN		
Erdteile	Anzahl	% aller A.
1. Asien	158 429 000	66,9
2. GUS	55 511 000	23,5
3. Europa	17 563 000	7,4
4. Lateinamerika	3 162 000	1,3
5. Nordamerika	1 310 000	0,6
6. Ozeanien	527 000	0,2
7. Afrika	307 000	0,1
	236 809 000	100

ATHEISTEN			
130 Länder	Anzahl	Mehrheit d. Landes	% aller A.
1. China	134 500 000	–	56,8
2. GUS	55 511 000	–	23,4
3. Bulgarien	5 800 000	–	2,5
4. Nordkorea	3 624 000	–	1,5
5. CSFR	3 150 000	–	1,3
6. Vietnam	2 978 000	–	1,3
7. Japan	2 430 000	–	1,0
8. Deutschland	2 050 000	–	0,9
9. Frankreich	1 930 000	–	0,8
10. Rumänien	1 630 000	–	0,7
11. Italien	1 500 000	–	0,6
12. Polen	1 210 000	–	0,5
13.–130. Land	20 496 000	–	8,7*
	236 809 000	–	100

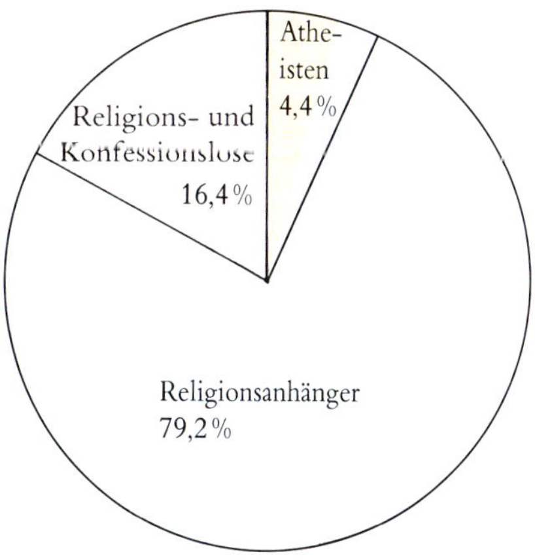

Diagramm der Weltbevölkerung		
	Anzahl	%
Atheisten	236 809 000	4,4
Religions- und Konfessionslose	884 468 000	16,4
Religionsanhänger	4 264 053 000	79,2
Weltbevölkerung	5 385 330 000	100

ATTIS-UND-KYBELE-MYSTERIENKULT

Die Attis-und-Kybele-Mysterien sind ein Vegetationskult, der benannt ist nach der phrygischen, als Erd- und Naturherrin verehrten Muttergöttin *Kybele* und dem männlichen Gegenpart *Attis,* ihrem Geliebten bzw. Sohn. Dieser →Mysterienkult, der zu der →phrygischen Religion gehört, ist in Athen für das 4./3. Jh. v. Chr. bezeugt. Von den Römern wird der Kybele-Kult übernommen und 204 v. Chr. als Kult der *Magna Mater* (lat. »Große Mutter«) in Rom eingeführt, nachdem ein schwarzer Stein während des 2. Punischen Krieges (218–201 v. Chr.) auf Weisung der Sibyllinischen Bücher nach Rom gebracht worden war. Im Jahre 191 v. Chr. wird der Magna Mater auf dem Palatin ein Tempel geweiht, dessen Jahresfest man am 10. April feiert. Unter den Severus-Kaisern (193–235) wird der Kult der phrygischen Magna Mater in Rom heimisch und hält sich hier bis ins 4. Jh.

Der ursprüngliche Name der Kybele ist *Agdistis,* wie auch der ihres androgynen, später entmannten Kindes Attis. Der griechische Mythos erzählt: Während Kybele schläft, versucht Zeus sie zu vergewaltigen. Da sie sich widersetzt, ergießt sich sein Samen auf die Erde. Da Kybele aber die Erde verkörpert, wird sie gleichwohl schwanger und gebiert das Ungeheuer Agdistis. Dionysos betäubt das Zwitterwesen und bindet sein männliches Glied an einen Baum, so daß sich das Ungeheuer, sobald es aus seiner Betäubung erwacht und aufspringt, selbst entmannt. Aus dem Blut des Zwitters entsteht ein Baum, durch dessen Früchte die Tochter des Flußgottes Sangarios, als sie diese in ihren Schoß legt, schwanger wird. Als ihr Kind namens Attis zu einem Mann herangewachsen ist, verliebt sich Kybele, seine (Urgroß-)Mutter, in ihn. Als aber Kybele die Untreue des Attis bemerkt, schlägt sie ihn mit Wahnsinn, so daß dieser sich selbst entmannt und dabei verblutet. Der dem Kult zugrunde liegende Mythos von der Liebe der Kybele symbolisiert den Wechsel der Jahreszeiten mit dem Erblühen und Absterben der Vegetation, mit dem Sterben des alten Jahres und seiner Wiedergeburt als göttliches Kind. Danach ist Attis ein sterbender und auferstehender Gott. Zur Initiationsweihe empfangen die Verehrer der Kybele und des Attis die Stierbluttaufe *(taurobolium)* oder die Widdertaufe *(criobolium).* Der Weihekandidat nimmt in einer Grube Platz, und auf einem Holzrost, mit dem die Grube überdeckt ist, wird das Opfertier geschlachtet, dessen Blut in die Grube mit dem Initianden fließt. Der so vom Blut übergossene Myste wird von der Gemeinde als »in aeternum renatus« (»in Ewigkeit wiedergeboren«) angebetet, da das Opferblut ihn vergottet hat.

Das römische Fest der Magna Mater umfaßt Tage der Trauer und eine Zeit der Freude. Von Kaiser Claudius (41–54) wird das große Frühlingsfest zu Ehren des Attis (15.–27. März) unter die staatlichen Feste aufgenommen. Es besteht aus der Begehung des Todes von Attis und einer prunkvollen Prozession zum Almo-Bach, wo das Kultbild gewaschen wird. Am 15. März feiern die Schilfträger *(cannophori),* da Attis als Sechsjähriger im Röhricht des Flusses Gallos ausgesetzt wurde, und am 22. März die Baumträger *(dendrophori),* da Attis sich unter einer Pinie entmannt hatte. Aus diesem Anlaß wird beim Frühlings-Äquinoktium (Frühlings-Tagundnachtgleiche) eine Pinie gefällt, die den verstorbenen Attis symbolisiert.

Die Priester der Göttin Kybele, die zu lärmender Musik orgiastische Waffentänze aufführen, heißen *Korybanten.* Von daher meint »Korybantismus« eine wilde Begeisterung und ausgelassenes Toben. Die kastrierten Priester des Attis-Mysterienkultes sind die *Galli.* In Anlehnung an den Tod des Heros durch Selbstentmannung vollziehen auch seine Kultdiener bei öffentlichen Aufzügen den Ritus der Selbstentmannung zu Ehren ihres Gottes. Dieses Ritual gilt als Zeichen dafür, daß die Eunuchen dem Gott und der Göttin ihre ganze Manneskraft zum Opfer dargebracht haben. Später wird aus dem Ritus der Entmannung eine einfache Selbstverwundung der Priester.

Zeittafel

Vor der christlichen Zeitrechnung

204 Einführung des Magna-Mater-(Kybele-)Kultes in Rom

191 Errichtung des Magna-Mater-Tempels auf dem Palatin

Nach der christlichen Zeitrechnung

193–235 Die Severus-Kaiser fördern den Magna-Mater-Kult

Literaturauswahl

Graillot, H.: Le Culte de Cybèle Mère des Dieux. Paris 1912

AUSTRALISCHE STAMMESRELIGIONEN

Die a. S. umfassen die Religionen der Ureinwohner Australiens (von lat. *australis* = »südlich«), des kleinsten Erdteils der Südhalbkugel. Sie werden zu den →ozeanischen und den →urgeschichtlichen Religionen gerechnet.

Von den zur Rasse der Australiden gehörenden Eingeborenen Australiens gibt es heute nur noch ca. 4500 Anhänger der Stammesreligionen unter ca. 15 Millionen Australiern, die zu 84% dem →Christentum angehören.

Die Geschichte der Entdeckung Australiens durch die Europäer beginnt 1605 mit der Landung des Holländers W. Janszoon. 1788 nimmt England Besitz von »Neu-Holland« und benutzt es bis 1867 zusammen mit Tasmanien und Westaustralien als Strafkolonie für ca. 130000 Schwer- und Leichtverbrecher sowie für irische Freiheitskämpfer. Die europäischen Kontakte zu den Ureinwohnern Australiens sind z.T. gekennzeichnet durch eingeschleppte Infektionskrankheiten, erbarmungslose Ausrottungspolitik (Erschießen, Vergiften von Speisen), Ausbeutung und Zerstörung sowohl der eingeborenen Lebensweisen wie auch ihrer heiligen Orte und Kultobjekte. Nur wenige Stämme haben überleben können. Die Urbevölkerung Australiens ist von schätzungsweise 300000 im Jahre 1788 auf heute ca. 47000 zurückgegangen.

Nach dem Schöpfungsmythos ist die Erde zunächst eine nackte Ebene. Als die »Traumzeit« anbricht, erwachen die (Totem-)Ahnen aus ihrem ewigen Schlaf unter der Erdoberfläche und geben den Dingen auf der Erde ihre Formen. Sie schaffen die heutige Landschaft mit ihren Bergketten, Hügeln, Felsen und Flüssen. Dann schlüpfen die Ahnen in gewisse Tiere und Pflanzen als ihr *Totem*. Totems gelten als Nachfahren der Ahnen in Gestalt von Tieren und Pflanzen, aus denen der Mensch in einem Stamm oder in einer Region hervorgeht. So teilt der Mensch sein Leben mit seinem Tier- oder Pflanzentotem.

Jede Sippe hat ein bestimmtes Tier bzw. eine bestimmte Pflanze als Totemtier bzw. Totempflanze, wovon sie ihre Abstammung herleitet und mit dem sie sich verwandt weiß. So hat z.B. ein Känguruh-Vorfahre die Känguruhs und die menschlichen Lebewesen, die in seinem heiligen Bezirk geboren werden, ins Leben gebracht. Aus diesem Grund wird niemand, der z.B. zum Känguruh-Totem gehört, ein Känguruh töten oder dessen Fleisch essen.

Jeder Mensch weiß sich mit dem Tier oder der Pflanze seines Totems durch ein gemeinsames Lebensband verbunden. Diese persönliche Verbundenheit des einzelnen oder kleiner Gruppen mit Naturwesen und Naturerscheinungen und mit bestimmten heiligen Stätten ist charakteristisch für die a.S.

Alle Kultriten sind von dem Totem-Ahnen gestiftet, wobei die Initiationsriten besonders ausgebildet sind. Z.B. werden bei den *bora*-Zeremonien die Jungen nach Fasten, Feuerproben und Beschneidung in die Mythen und Bräuche der Stammesüberlieferung eingeführt. Durch die Initiation wird der Junge ein *mirano* (»Wissender«), und er darf von jetzt ab am Kult teilnehmen.

Bei den *intichiuma*-Zeremonien wird das Abbild des Totemtiers auf die mit dem Blut des Totemgenossen getränkte Erde gezeichnet und bildet den Mittelpunkt für pantomimische Tänze, die die Vermehrung des Totems zum Ziel haben.

Das Schwirrholz *tjurunga* (= »dem Geist zugehörig«) gilt als verwandelter Leib des Totem-Ahnen. Diese »Seelensteine« bzw. »Seelenhölzer« sind schmale, lanzettförmige Holzscheiben, die – wenn sie durch die Luft geworfen werden – ein Surren verursachen. Dieses Gerät wird als heiligster Kultgegenstand angesehen, weil sein Surren für die Stimmen der Ahnen und Geister gehalten wird.

Literaturauswahl

Allen, L.A.: Time before Morning. Art and Myths of the Australian Aborigines. New York 1975

Haeckel, J.: Zum Individual- und Geschlechtstotemismus in Australien. Wien 1950

Hiatt, L.R. (Hrsg.): Australian aboriginal Mythology. Canberra 1975

Nevermann, H./Worms, E.A./Petri, H.: Die Religionen der Südsee und Australiens. Stuttgart 1968

AZTEKISCHE RELIGION

Die a.R. ist die Religion des mittelamerikanischen Indianervolkes der *Azteken*, der letzten und bekanntesten indianischen Beherrscher des Hochlandes von Mexiko bis zu ihrer Unterwerfung durch die spanischen Eroberer im Jahr 1525. Die a.R. gehört zu den →mexikanischen und zu den →indianischen Religionen.

Die ursprünglich nomadisierenden Jägerstämme der Azteken wandern im 13. Jh. n. Chr. mit anderen Nahua-Stämmen vom nordwestlichen Aztlan ins mexikanische Hochland ein und errichten hier im 14. und 15. Jh. ein mächtiges Reich mit der im See von Mexiko (1370) gegründeten Hauptstadt Tenochtitlán, dem heutigen Mexico City. Um 1430 macht der Hauptstamm unter Führung von Itzcoatl (1428–40) andere Stämme tributpflichtig und bildet den Dreistädtebund Tenochtitlán-Tezcoco-Tlacopan. Montezuma II. (Moctezuma; 1502–20) kann das Aztekenreich noch erweitern. Als der Spanier Cortés (= Cortez) im Jahr 1519 die Eroberung Mexikos beginnt, sehen die Azteken in ihm zunächst die Wiederkehr des einstigen Priesterfürsten Quetzalcoatl. Den Glauben an letzteren haben die Azteken von den Tolteken übernommen (→mexikanische Religionen) und Quetzalcoatl als Gott und Kulturheros verehrt.

Das Wort *teotl* (azt. »steinig, dauerhaft, mächtig«), bei dem *teo* der Wortstamm und *tl* das substantivbildende Suffix ist, bezeichnet im allgemeinen eine Gottheit. In der Gottesverehrung stehen die Götter der Sonne, des Regens und des Windes an erster Stelle.

Huitzilopochtli (azt. »Kolibri zur Linken« [des Südens]) ist Sonnengott, Kriegs- und Stammesgott zugleich. Die Azteken sind

1

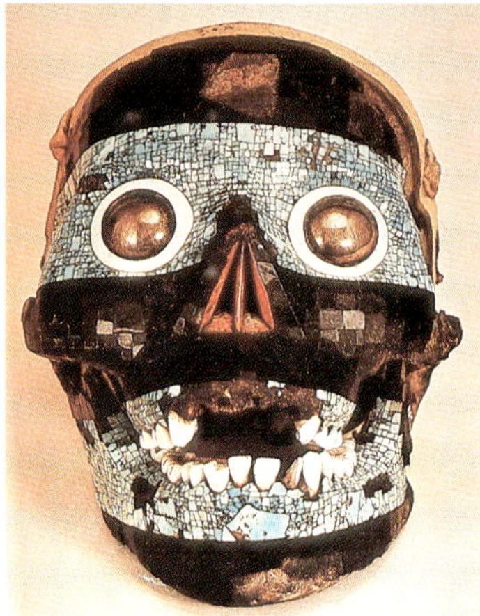
2

3

4

5

6

7

8

9

Aztekisch-mexikanische Gottheiten

1 Huitzilopochtli

2 Tezcatlipoca *als Menschenschädel, 1325–1521. London, Brit. Mus.*

3 Tlazolteotl *mit Cinteotl niederkommend, Stein, 1325–1521. Washington*

4 Xipetotec *als Graburne, Monte Albán, Terrakotta, zapotekisch, 200–900*

5 Xochipilli *der »Blumenprinz«, Andesit, 1325–1521. México, Anthropol. Mus.*

6 Erdgöttin Coatlicue, *Basalt, 1325–1521. México, Anthropol. Mus.*

7 Huehueteotl *mit Brasero auf dem Kopf, Basalt, 300–700. México, Anthropol. Mus.*

8 Tlaloc, *als Gefäß, Keramik, toltekisch, 900–1200. México, Anthropol. Mus.*

9 Mictlantecutli, *Holzkette, mixtekisch, 600–1000. México, Anthropol. Mus.*

10 Sitzender Priester, *olmekisch, 1500–800 v. Chr. La Venta, Tabasco*

11 Quetzalcoatl *der »Priesterfürst«, Stein, 1300–1500. México, Anthropol. Mus.*

12 Fünf Weltgegenden, *Codex, mixtekisch, 1200–1521. Liverpool, Free Public Mus.*

der Überzeugung, daß dieser Gott sie auf ihrer Wanderung von Aztlan nach Mexiko durch seine Priester geführt hat. Seitdem ist er Schutzherr des aztekischen Reiches. Bei der Weihe seines Haupttempels im Jahr 1486 werden ihm 70000 Kriegsgefangene geopfert.

Ein Sonnen- und Kriegsgott ist auch *Tezcatlipoca* (azt. »rauchender Spiegel«). Er gilt als Herr des Nachthimmels, des Winters, der Kälte des Nordens und des Todes. Er trägt den Beinamen *Titlacahuan* (azt. »wir sind seine Sklaven«), weil er vor al-

10

11

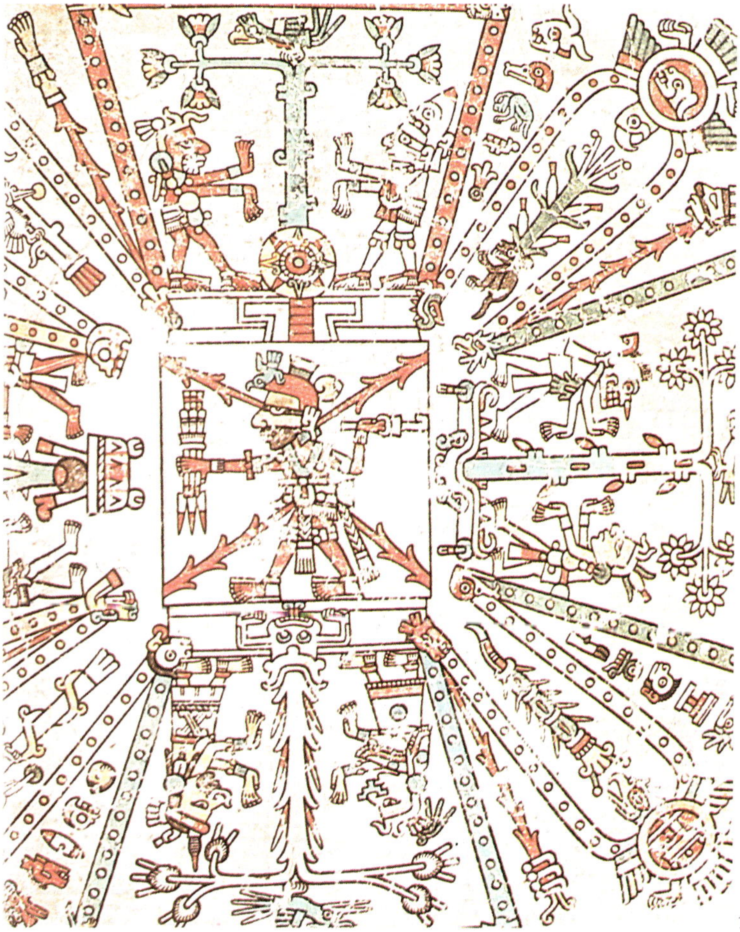

12

lem von den Sklaven verehrt wird, die allein von seiner Allmacht eine rasche Änderung ihrer Lage erwarten. In den Bilderhandschriften ist er einbeinig dargestellt. Seinem Patronat untersteht die kriegerische Ausbildung der männlichen Jugend in den *telpochcalli* (azt. »Jünglingshäuser«), und ihm zu Ehren wird das *Toxcatl-Fest* gefeiert.

Zu den Gestirnsgöttern gehören der Sonnengott *Tonatiuh* (azt. »er geht, um zu leuchten, um zu wärmen«), auch als *Piltzintecutli* bekannt, und die Sterngottheiten des Südhimmels, *Centzon Huitznauna* (azt. die »vierhundert Südlichen«), die die Feinde des Huitzilopochtli sind. Als Himmelsgottheit wird häufig auch das göttliche Elternpaar angesprochen: *Tota* (azt. »unser Vater«) und *Totan* (azt. »unsere Mutter«) bzw. *Ometecutli* (azt. »Herr der Zweiheit«) und *Omecihuatl* (azt. »Herrin der Zweiheit«), auch *Tonacatecutli* (azt. »Herr unseres Fleisches«) und *Tonacacihuatli* (azt. »Herrin unseres Fleisches«) genannt.

Göttermutter ist *Teteo innan* (azt. »Mutter der Götter«), die auch *Tonantzin* (azt. »unser Mütterchen«) genannt wird. An der Stelle ihres Hauptheiligtums in Tepeyacac (azt. »an der Bergspitze«) steht heute die christliche Wallfahrtskirche der Madonna von Guadalupe.

Eine Göttin der Fruchtbarkeit ist *Tlazolteotl* (azt. »Göttin des Unrats«), auch *Tlaelquani* (azt. »Dreckfresserin«) genannt, weil man bei ihren Priestern die Sünden des Ehebruchs beichten kann, die von ihr gleichsam verzehrt werden.

Eine andere Gottheit der Fruchtbarkeit ist *Xipe Totec* (azt. »unser Herr der Geschundene«). Im Kult dieses Gottes des Frühlings und der keimenden Saat werden sakrale Menschenopfer in der Form dargebracht, daß den zu Opfernden bei lebendigem Leibe – nach Herausreißen des Herzens – die Haut abgezogen wird.

Da Mais die Hauptnahrungspflanze Mittelamerikas ist, werden der Maisgott *Cinteotl* (azt. »Mais-Gott«) und die Maisgöttin *Chicomecoatl* (azt. »Sieben Schlange«) verehrt. Göttin der Blumen, der Spiele und der Liebe ist *Xochiquetzal* (azt. »aufrechtstehende Blume«), und Gott der Blumen, der Feste, der Freude und der Musik ist *Xochipilli* (azt. »Blumenprinz«).

Coatlicue (azt. »die mit dem Schlangenhüftrock Gegürtete«) ist eine Erdgöttin. Diese Mutter des Huitzilopochtli wird als Mutter mit einem Kind auf dem Arm dargestellt. Eine Erdgöttin und Göttin der Geburt ist *Chihucoatl* (azt. »Frau Schlange«), während *Xolotl* (azt. »Zwilling, Mißgeburt«) ein Gott der mißgestalteten Neugeborenen ist. Dieser Zwillingsbruder des Quetzalcoatl wird hundsköpfig dargestellt.

Zu den Regengöttern gehört *Tlaloc* (azt. »er, der sprießen macht«), der zugleich Herr des Jenseitsreiches *tlalocan* ist. Symbol des Regengottes ist der »Lebensbaum« in Form eines gleichschenkligen Kreuzes.

Als Schwester des Tlaloc gilt die Göttin der fließenden Wasser, der Flüsse und der Seen *Chalchihuitlicue* (azt. »die mit dem grünen Edelsteinhüfttuch«). Sie ist auch die Gattin des *Xiuhtecutli* (azt. »Herr des Feuers«), der nicht nur Feuer- und Regengott, sondern auch der wichtigste Ritual- und Kalendergott ist. Sein Beiname ist *Huehueteotl* (azt. »alter Gott«), und seine zwerghaft kleinen Gehilfen sind die *Tlaloque*.

Über die Unterwelt herrschen *Mictlantecutli* (azt. »Herr der Totenstätte«) und seine Gattin *Mictlancihuatl* (azt. »Herrin der Totenstätte«).

Beschützer der weitreisenden Kaufleute und Diplomaten ist *Yacatecutli* (azt. »Herr an der Spitze«), der ihnen auf den Reisen beschützend vorangeht.

Der Himmel ist in 13 Teile und die Unterwelt in 9 Teile gegliedert, wobei der oberste Himmel *omeyocan* (azt. »Ort der Zweiheit«) von der Elterngottheit Ometecutli und Omecihuatl bewohnt wird. Nach diesem räumlichen Weltbild stellen Himmel und Unterwelt zwei riesengroße Stufenpyramiden dar – der Himmel eine aufrecht gestellte und die Unterwelt eine auf die Spitze gestellte –, wobei die Grundflächen der beiden sich berühren und mit der Erdoberfläche zusammenfallen.

Es gibt 3 unterschiedliche Jenseitsreiche, in die die Verstorbenen je nach ihrer Todesart eingehen: Ins 1., *ichan tonatiuh ilhuicac* (azt. »Haus der Sonne am Himmel«), gelangen alle Geopferten, Gefallenen und im Kindbett Gestorbenen. Ins 2., *tlalocan,* ins Reich des Regengottes Tlaloc, kommen alle Ertrunkenen, vom Blitz Erschlagenen, die Aussätzigen und Gichtbrüchigen. In das 3., *mictlan* (azt. »Stätte der Toten«), ins Unterweltreich des Gottes Mictlantecutli, gehen alle übrigen ein.

Die Ethik stellt als vorrangige Werte heraus: Wahrheitsliebe, Ehrlichkeit und sexuelle Moral bei Einehe und Gleichberechtigung der Geschlechter. Die Übertretung der Gebote wird bei den Adligen härter bestraft als bei den Angehörigen sozial niederer Schichten. Auf Hochverrat, Hehlerei, Diebstahl, Marktfrevel und Ehebruch steht die Todesstrafe. Charakteristisch für die Azteken sind strenge Kasteiungen, wie z.B. das Durchstechen von Ohren und Zunge.

Die bei den Azteken praktizierten Rituale der Wassertaufe für Kinder, der Lebensbeichte, der sakramentalen Mahlzeiten und die Verwendung des Kreuzes als Symbol lassen die christlichen Entdecker und Eroberer vermuten, daß dies nur teuflische Nachahmung des Christlichen sein könne.

Es gibt einen Ritualkalender, *tonalpoalli,* mit einer *260*-Tage-Zählung (d.h. $13 \times 20 = 260$) und den Sonnenkalender *xiupoalli* mit einer *365*-Tage-Zählung. Dieses Sonnenjahr ist in 18 Monate von je 20 Tagen (genannt *metztli* = »Mond«) und einen Rest von 5 »namenlosen« Schalttagen, den *nemontemi* eingeteilt. An jedem 20. Tag, also 18mal im Jahr, werden große Hauptfeste gefeiert. 52 Jahre ergeben eine Zeitperiode.

Um den Kreislauf der Sonne auf ihrer täglichen Bahn zu gewährleisten, muß den Sonnengöttern täglich Menschenblut gespendet werden. Ohne diese Menschenopfer würde das Leben auf der Erde ersterben. Das sakrale Menschenopfer wird vor allem an Kriegsgefangenen vollzogen. Verschiedene Formen sind das am häufigsten dargebrachte *Herzopfer,* wobei dem zu Opfernden bei lebendigem Leib das Herz herausgeschnitten wird, das *Brandopfer,* das Kampf- und Pfeilopfer sowie das *Menschenschinden,* wobei dem zu Opfernden die Haut bei lebendigem Leib abgezogen wird.

Regelmäßig stattfindende und vertraglich unter den Stämmen vereinbarte *xochiyaoyotl* (azt. »Blumenkriege«) dienen allein dem Zweck, Kriegsgefangene zu machen, die dann als sakrale Menschenopfer dargebracht werden. Als unblutige Opfergaben gelten Blumen und Weihrauch sowie Früchte.

Das kultische Ballspiel *ollama* wird auf besonderen Plätzen im Tempelbezirk ausgetragen. Es hat astral-symbolische Bedeutung im Hinblick auf den Kreislauf der Sonne.

In der in Priester, Adlige, Freie, Hörige und Sklaven gegliederten Gesellschaft steht das Doppelpriestertum der beiden höchsten Geistlichen, die dem Tempel des Huitzilopochtli und dem des Tlaloc vorstehen, an der Spitze. Beide führen den Titel *Quetzalcoatl.*

Zentrum der Kultstätten ist der *teocalli* (»göttliches Haus«), der den ganzen Tempelbezirk umfaßt mit Pyramide, *calmecatl* (»Priesterhaus«), Wohnungen und Schule für junge Adlige und Plätzen für das sakrale Ballspiel.

Die durchweg abgestufte *Pyramide* erhebt sich über einem hohen Sockel. Auf ihrer Plattform stehen meist 2 Sakrarien (Tempel, deren Fronten häufig nach Westen orientiert sind). Auf die Plattform der Pyramiden führen sehr oft zwei parallel verlaufende und sehr steile Treppen. Im Sakrarium gibt es einen vorderen Raum für die Priester und einen hinteren Raum für das Götterbild.

Zeittafel

1430–1521 Großreich der Azteken in Mexiko
1440–69 Montezuma I.
1476–1520 Tempel von Malinalco
1486–1502 Ahuizotl
1502–20 Montezuma II.
1521 Eroberung Tenochtitláns durch die Spanier und Gefangennahme des letzten Herrschers

Literaturauswahl

Brundaya, B.C.: The fifth Sun. Aztec Gods. Aztec World. Austin u. London 1979
Eschmann, A.: Das religiöse Geschichtsbild der Azteken. Berlin 1976
Krickeberg, W., u.a.: Die Religionen des alten Amerika. Stuttgart 1961
Vaillant, G.C.: The Aztecs of Mexico. Origin, Rise and Fall of the Aztec Nation. London 1965

BABISMUS

Der B. ist eine religiöse Bewegung, die auf den Perser *Mīrzā 'Alī Muhammad* (1820–50) zurückgeht, der sich seit 1844 als den *Bāb* (arab. »Tor, Pforte«) bezeichnet. Nach der Selbstbezeichnung des Stifters wird diese Religion B., und seine Anhänger werden *Bābi* (»Anhänger des Bab«) bzw. *Babisten* genannt. Der B., der aus dem shi'itischen →Islam hervorgegangen ist, und dessen Anhängerschaft und Bedeutung heute gering ist, hat im →Baha'ismus eine Weiterentwicklung erfahren.

Der Stifter *Mīrzā 'Alī Muhammad* wird am 26. März 1820 in Schiras (Iran) als Sohn eines Kaufmanns geboren. Schon früh verwaist, wächst er unter der Vormundschaft eines Onkels mütterlicherseits auf und führt unter dessen Aufsicht das Geschäft seines Vaters weiter. Er gehört der Shaykhi-Bewegung an, einer von dem Araber Scheich Ahmad al-Ahsā'ī (1752–1826) um 1800 in Persien gestifteten Sekte des shi'itischen Islam, in der die 12 Imāme geradezu als göttliche Hypostasen verehrt werden und deren 12. und letzter als Mahdi bzw. Ka'im wiederkommen soll.

In seinem 25. Lebensjahr hat 'Ali Muhammad am 23. Mai 1844 während der Auslegung der 12. Sure des Korans, der »Josef-Sure«, ein entscheidendes Erlebnis, so daß er sich von jetzt an *Bāb* nennt, durch den sich der Wille des verborgenen Imāms der Welt kundtut. Mit diesem Tag beginnt für den B. und für die aus ihm hervorgegangene Baha'i-Religion die Zeitrechnung. Hat sich 'Ali Muhammad zunächst nur als *Bāb* (= »das Tor« [zum Verborgenen]), d.h. als Vorläufer des noch verborgenen Mahdi bezeichnet, so versteht er sich später als den Imām Mahdi selbst, als den jetzt nach 1000 Jahren Verborgenheit (1000 Hedschra-Jahre von 260 bis 1260, d.h. von 874 bis 1844 n. Chr.) wiedergekommenen 12. Imām Mahdi. Schließlich sieht er sich als *nuqtiyíulá* (»erster Punkt«) unter dem 1. Buchstaben des Korans, unter dem »b« der *basmala,* in dem der gesamte Sinn des Korans eingeschlossen liegt. Er fühlt sich damit als letzter in der Reihe der Propheten. 'Ali Muhammad sammelt eine Schar von Anhängern um sich und sendet 18 Jünger aus, deren reformerische Predigten und Kritik an der persischen Staatsreligion den shi'itischen Islam und die Mullahs auf den Plan rufen. Als der Bab 1848 seine vollständige Lösung vom Islam verkündet, wird der Stifter von der persischen Regierung revolutionärer Umtriebe beschuldigt, mehrfach in die Verbannung geschickt, schließlich in den Festungen Máh-kú und Chihriq eingekerkert und am 9. Juli 1850 auf dem Kasernenhof in Täbris durch Erschießen hingerichtet. Ein Attentat auf den Schah von Persien (1852) führt zu blutigen Verfol-

Babylon-Stadtplan

1. Tempel des Neujahrsfestes
2. Prozessionsstraße
3. Ishtar-Tor
4. Ishtar-Tempel
5. Tempelturm: »Turm zu Babel«
6. Heiliges Haus
7. Marduk-Tempel
8. Ninur-Tempel
9. Guta-Tempel
10. Shamash-Tempel
11. Belit-Nina-Tempel
12. Lugalgirra-Pforte
13. Südpalast mit »Hängenden Gärten«
14. Hauptpalast (und Museum)
15. Marduk-Tor
16. Sommerpalast Nebukadnezars II.
17. Äußere Stadtmauer

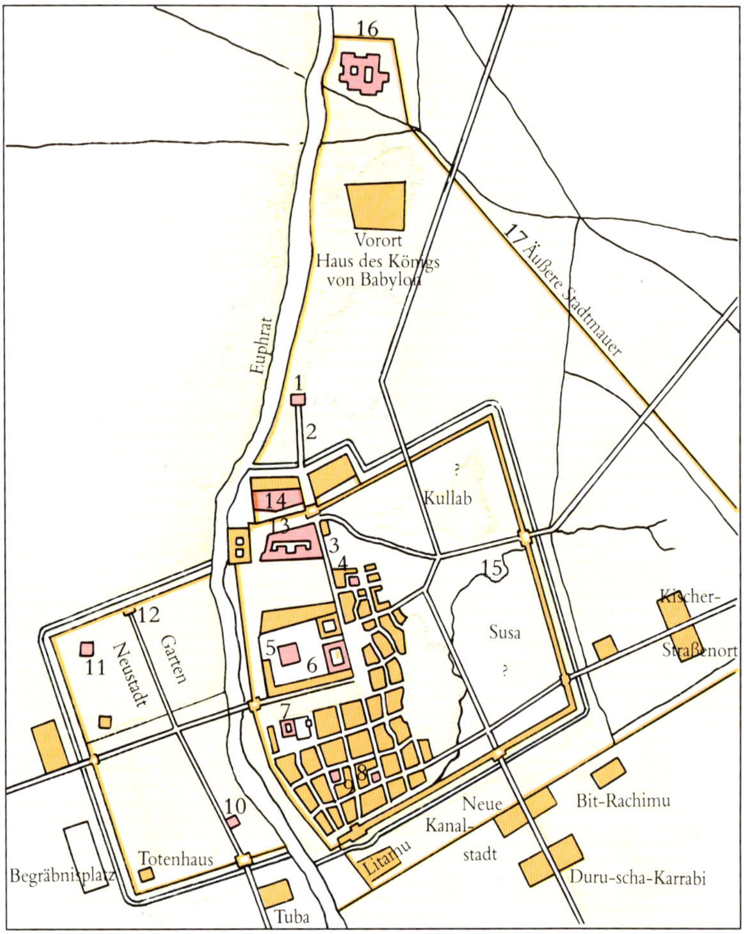

gungen, in deren Verlauf 20000 Babisten mit barbarischer Grausamkeit ermordet werden, darunter die berühmte Dichterin *Tāhira Kurrat al' Ain*. Dieser Massenmord wird von der Weltöffentlichkeit als Skandal empfunden. Den Leichnam des Bāb bergen seine Anhänger aus einem Festungsgraben außerhalb der Stadtmauer von Täbris und setzen diesen, der jahrelang verborgen gehalten wird, 1909 bei Haifa (Israel) in den persischen Gärten am Fuße des Karmels in einem Mausoleum bei, wo sich das religiöse Zentrum des →Baha'ismus befindet. Die Anhänger des Bāb, die sich schon 1848 während seiner Gefangenschaft in Badascht zusammengeschlossen haben, spalten sich in der Türkei in die Gruppe der von Mīrzā Jahyā Nūrī (1830–1912) mit dem Beinamen Subh-i-Azal geführten Gruppe in Famagusta (Cypern) und in die seines Halbbruders Mīrzā Husain 'Alī Nūrī (1817–1892) mit dem Beinamen Bahā'u'llāh, der später zum Stifter des →Baha'ismus wird.

Gemäß der Lehre des B. erfolgt die Entwicklung der Menschheit in »Offenbarungszyklen«, und in jedem von ihnen manifestiert sich Gott neu. Manifestationen des absoluten Geistes sind die bisherigen Propheten (Adam, Mose, Buddha, Zoroaster, Jesus, Muhammad). Im Bāb ist die Erwartung der Propheten aller Zeiten zusammengefaßt. Mit der Lehre von der fortschreitenden Offenbarung, von dem eigenen Prophetenamt und von der eigenen Offenbarungsschrift *Bayān* setzt sich der Bāb in Widerspruch zur islamischen Grundauffassung, nach der Muhammad das »Siegel der Propheten« und der Koran die abschließende Offenbarungsurkunde ist.

Aufgrund einer spiritualisierenden Koranexegese kommt der Bāb zu sozial-ethischen Forderungen wie Menschheitsverbrüderung und Toleranz. Gewaltanwendung ist verboten. Die Ehe ist – bei Gleichberechtigung der Geschlechter – eine unabdingbare Pflicht.

Selbst Verwitwete beiderlei Geschlechts sind unter Strafandrohung zur Wiederverheiratung verpflichtet.

Verboten ist der Genuß von Morphium, Tabak und Wein.

Im Mittelpunkt der Zahlen- und Buchstabenmystik steht die als heilig angesehene Zahl 19, weil die Einleitungsformel jeder Sure des Korans, der *basmala*, aus 19 arabischen Buchstaben besteht und der Zahlenwert der Gottesnamen *vāhid* (»einer«) und *mavǧud* (»vorhanden«) 19 beträgt. Das Jahr ist in 19 Monate mit je 19 Tagen eingeteilt, was die Trennung vom islamischen

Kalender zur Folge hat. Der 19. und letzte Monat ist ein Fastenmonat. Der Beginn des Jahres ist der 21. März. Jeder Babist soll täglich 19 Verse aus dem heiligen Buch *Bayān* lesen, und alle 19 Tage soll er 19 Gäste bewirten.

Der Bāb hat eine große Anzahl von Schriften verfaßt, darunter befindet sich seine Offenbarungsschrift *Bayān* (pers. »Erklärung, Auslegung«) mit nahezu 8000 Versen. Dazu kommt der Kommentar zur Yūsuf-(Josef-)Sure mit 111 Kapiteln allegorischer Erklärung. Nach der Offenbarungsschrift *Bayān* werden die Babisten als das »Volk des Bayān« von den Muslimen als dem »Volk des Korans« unterschieden.

Literaturauswahl

Balyuzi, H.M.: The Bāb: The Herald of the Day of Days. Oxford ^{2}1974

Materials for the study of the Bābi religion, hrsg. von E.G. Browne, Cambridge 1918

Roemer, H.: Die Bābī-Beha'i. Potsdam 1911

Ishtar-Tor, *aus Babylon, glasierte Ziegel, 14,30 m hoch, Prozessionsstraße Nebukadnezars II. (605–562 v. Chr.), Rekonstruktion mit originalen Teilen. Berlin/DDR, Staatliche Museen (Vorderasiatisches Museum)*

BABYLONISCHE RELIGION

Die b. R. ist die Religion des semitischen Volkes der *Babylonier* zur Zeit der babylonischen Reiche (1894–539 v. Chr.), die das nach der Hauptstadt *Babylon* (Babilu = »Tor Gottes«) benannte *Babylonien,* ein wegen seiner Fruchtbarkeit berühmtes Tiefland am unteren Euphrat und Tigris (Mesopotamien), bewohnen.

Die b. R. gehört zu den →semitischen, den →mesopotamischen und den →vorderasiatischen Religionen.

Als sich über das von den Sumerern und Akkadern beherrschte Mesopotamien seit 2000 v. Chr. die Völkerwanderung der semitischen Amoriter ergießt, kommt die 1. Dynastie von Babylon zur Herrschaft, deren 6. und bedeutendster Herrscher der Amoriter *Hammurabi* (1728–1686) ist. Bei seinem Regierungsantritt rivalisieren 6 Mächte um die Vorherrschaft: Larsa, Eschnunna, Babylon, Qatna, Jamschad (Aleppo) und Assur, aus denen Babylon als Sieger hervorgeht. Hammurabi, der das benachbarte Kulturzentrum Mari am Euphrat mit seinem berühmten Tontafelarchiv verwüstet, begründet ein unter der Vormachtstellung der Stadt Babylon geeintes Reich. Er stellt die in den Kriegen zerstörten Heiligtümer wieder her und erhebt Marduk, den Stadtgott von Babylon, zum Reichsgott. Als Gesetzgeber schafft er ein einheitliches, in zur Staatssprache erhobenem Akkadisch formuliertes Reichsrecht durch den »Codex Hammurabi« (→S. 49). Diese »Gesetzesstele« ist 1901/02 in Susa bei Ausgrabungen gefunden worden.

Der Chaldäerfürst *Nabopolassar* (625–605) begründet das neubabylonische Reich, das unter *Nebukadnezar II.* (605–562) die gesamte Ebene des »Fruchtbaren Halbmondes« umfaßt und seine große und letzte Blüte erlebt. Er baut Babylon zur Weltstadt aus. Während seiner Regierungszeit werden in Babylon das Ishtartor und die zu ihm führende Prozessionsstraße (einst 16 m breit und 200 m lang und von je 120 schreitenden Löwen auf blauem Grund flankiert) sowie das Zentralheiligtum Esangila (»Haus der Haupterhebung«) mit dem Stufenturm Etemenanki (»Haus der Gründung des Himmels und der Erde«) errichtet. Letzterer mit 91 m Höhe ist das Urbild zum biblischen »Turmbau zu Babel«. Als Reaktion auf das Bündnis zwischen dem Südstaat Juda und Ägypten besetzt Nebukadnezar II. 598 Jerusalem, und es folgt die 1. Deportation der Juden nach Babylon; 587 zerstört er Jerusalem und den Tempel, und es folgt die 2. Deportation der Juden nach Babylon. Mit diesen Deportationen beginnt die »Babylonische Gefangenschaft« (Exil) der Juden (→israelitische Religion, →Judentum). Letzter König von Babylon ist *Nabonid* (556–539), der Sohn einer Priesterin des Mondgottes von Harrān (Syrien). Da er ein glühender Verehrer dieses Gottes ist, kommt es mit der Priesterschaft des Marduk, des Stadtgottes von Babylon, zu schweren Zerwürfnissen, so daß Nabonid gezwungen wird, die Regierungsgeschäfte seinem Sohn *Balsazar* (Belsazar, Belschazzar; 549–539) zu übergeben. Letzterer ist Regent, als die Perser 539 Babylon erobern und damit das neubabylonische Reich sein Ende findet, die letzte semitische Staatsbildung Mesopotamiens im Altertum.

Die Babylonier haben von den im Land ansässigen Sumerern (→sumerische Religion) und von den eingewanderten Akkadern (→akkadische Religion) religiöse Vorstellungen übernommen, assimiliert und verbreitet. Die Mehrzahl der in Babylon verehrten Götter ist von den Sumerern übernommen (→mesopotamische Religionen) und läßt sich auf 2 ältere Triaden zurückführen, um die sich die übrigen Gottheiten der Ober- und Unterwelt gruppieren.

Die »kosmische« Trinität umfaßt die drei großen Beherrscher des dreigeteilten Weltalls von Himmelsbereich, Luftraum (mit der Erde) und Gewässerbereich mit den heiligen Zahlen 60, 50 und 40. Himmelsgott ist *Anu*, der Vater und König der Götter. Er ist Gatte der Antu und Vater der Ishtar.

Herr des Luftraums und der Erde, die wie ein Berg über dem Wasserkreis in den Luftraum hineinragt, ist *Ellil* (»Herr Windhauch«). Sein hauptsächlicher Titel bei den Semiten ist *Bēl* (»Herr«) schlechthin. Er ist Gatte der Ninlil. Sein Symbol ist die Hörnerkrone.

Gott des Gewässerbereichs, des Grundwassers und der diesem entströmenden Quellen ist *Ea*, ein Gott der Weisheit und Künste sowie ein Heilgott. Er gilt als Gatte der Damkina bzw. Damgalnunna und Vater des Marduk.

Die »astrale« Trinität umfaßt die Beherrscher(innen) der drei großen Gestirne wie Mond, Sonne und Venusstern mit den heiligen Zahlen 30, 20 und 15.

Oberster Astralgott ist der Mondgott *Sin*, zugleich Orakelgott. Er gilt als Sohn Ellils und Vater des Shamash. Nach dem Mondgott Sin sollen die Wüste südlich von Palästina (Ex 16,1) und der Berg Sinai benannt sein. In Hymnen wird Sin überschwenglich gepriesen als »sich von selbst erneuernde Frucht« und als »alles gebärender Schoß«. Dargestellt ist er in Gestalt eines jungen Stieres, der die kuhgestaltige Ishtar begattet. Sein Symbol ist die Mondsichel.

Sonnengott ist *Shamash*, der auf seinem täglichen Lauf über das Himmelsgewölbe alles sieht und deshalb auch als allwissender Gott und Hüter von Wahrheit, Recht und Gerechtigkeit gilt. Die Gesetzesübertreter straft er mit Blindheit. Er ist Spender von Leben, Gesundheit und Glück. Er gilt als Sohn des Sin und Bruder der Ishtar. Aus seiner Hand nimmt König Hammurabi sein Gesetzbuch entgegen (»Hammurabi-Stele«). Sein Symbol ist das gebrochene, vierspeichige Sonnenrad. Im 7. Jh. dringt der Shamash-Kult in den Tempel von Jerusalem, wo im Vorhof die Rosse und der Wagen dieses Gottes stehen (2 Kön 23, 11).

Gegenüber männlichen Gottheiten treten die weiblichen stark zurück. Letztere verschmelzen zu der einen Hauptgöttin *Ishtar* (Ischtar), der Göttin des Morgen- und Abendsterns (Planet Venus). Diesem Planeten entspricht der Doppelcharakter der Himmels- und Unterweltgöttin als Muttergöttin und Göttin der Liebe, als Göttin der Fruchtbarkeit und der Wollust. Sie gilt als Tochter des Sin und Schwester des Shamash sowie als Magd des Anu, der sie zu seiner Gattin nimmt. Das in Babylon ihr zu Ehren errichtete Ishtartor steht am Beginn der Prozessionsstraße. Im Mythos wird ihre Niederfahrt in die Unterwelt, in das »Land ohne Wiederkehr«, erzählt (→mesopotamische Religionen). Ihr Symbol ist der Löwe bzw. die Kuh.

Stadtgott von Babylon ist *Marduk* (sumer. *Amár-utú-ke* = »Sonnenstier, Sonnenkind«), der mit dem Aufstieg der Stadt Babylon zur Metropole seit Hammurabi zum Reichsgott wird, was im *Enuma elisch* (→S. 51) begründet wird. Der ursprüngliche Ackerbaugott des Frühlings und der Frühlingssonne steigt zum Weltschöpfer und Weltregierer sowie Herrn der Schicksalsbestimmung auf. Marduk ist Sohn des Ea und Gatte der Sarpanit(um) (»diejenige, die den Samen schafft; diejenige, die wie das Silber glänzt«) und Vater des Nabū. Die doppelte Funktion des Marduk als Weltenherr und Lebenspender wird in seiner Darstellung als Janusfigur mit Doppelantlitz ausgedrückt. Sein Emblemtier ist der gehörnte Schlangendrache, sein Attribut der zugespitzte Spaten *marrū* und sein Planet der Jupiter. Sein Zentralheiligtum in Babylon ist der Tempel Esagila (»das hochragende Haus«), neben dem sich der gewaltige Stufenturm Etemenanki erhebt. Ihm zu Ehren wird das Neujahrsfest gefeiert (→S. 49).

Gott der Weisheit und Schreibkunst ist *Nabū* (»Berufener, Verkünder, Herold«), in der Bibel *Nebo* genannt. Er trägt die »Schicksalstafeln« und gilt als Sohn des Marduk und Gatte der Tashmet. Sein Planet ist der Merkur und sein Attribut das Schreibrohr. Sein Hauptkultort ist in Borsippa der Ezida-Tempel (»rechtmäßiges Haus«). Der Berg Nebo, auf dem Mose stirbt, ist eine nach diesem Gott benannte Kultstätte. Nabūs Name ist enthalten in einer Reihe von babylonischen Königsnamen (Nabupolassar, Nebukadnezar, Nabonid).

Unterweltgott ist *Nergal,* der Gott der sengenden Mittagssonne und auch der »Mitternachtssonne«. Letzteres wird im Mythos als des Gottes Unterweltsfahrt dargestellt. Dort besiegt er die Unterweltgöttin Ereshkigal und wird ihr Gatte. Sein Hauptkultort ist Kutha bei Kish, wo sein Heiligtum Emeslam liegt.

Über die rechtlichen und sittlichen Anschauungen geben die 282 Paragraphen des *Codex Hammurabi* Aufschluß. Dieses Gesetz straft Frevel gegen die Götter, ungerechtfertigte Schädigung anderer an Leben und Eigentum sowie Vergehen in der eigenen Familie, und es bietet ein nach gesellschaftlichen Gruppen gestaffeltes Vergeltungsrecht nach dem Grundgesetz des »Talion« (Auge um Auge, Zahn um Zahn).

> Wenn ein *Patrizier* einem anderen ein Auge ausreißt, so wird ihm ein Auge ausgerissen werden.
> Wenn er einem anderen einen Knochen zerbricht, so wird ihm ein Knochen zerbrochen werden.
> Wenn er einem *Plebejer* ein Auge ausreißt oder einen Knochen zerbricht, so wird er eine Silbermine bezahlen.

Das Gesetz des Hammurabi aus dem 18. Jh. v. Chr. zeigt weitgehende Parallelen zu dem juristischen (straf- und zivilrechtlichen) Teil des biblischen Bundesbuches (Ex 20,22–23,33) aus dem 11./9. Jh. v. Chr.

Die ethischen Gebote, die sich auf die Ehrfurcht vor Gott, den Schutz der Schwachen, das Meiden moralischer Verfehlung, die Befolgung der Rechtsordnung und auch ritueller Vorschriften beziehen, werden als Verpflichtungen gegenüber dem Sonnengott Shamash angesehen.

Sogenannte »babylonische Beichtspiegel« werden besonders den Kranken zur Gewissenserforschung vorgelegt. In einem von ihnen fragt der Priester die Gottheit über den Sünder:

> Hat er gesündigt gegen Gott?
> Hat er Vater oder Mutter verachtet?
> Hat er das Haus seines Nachbarn in Besitz genommen?
> Hat er mit der Frau seines Nächsten Umgang gehabt?
> Hat er das Blut seines Nächsten vergossen?
> Hat er des Nächsten Kleid gestohlen?
> Hieß es »ja« auf seinen Lippen?
> Aber »nein« in seinem Herzen?

Der offizielle Kult erreicht am Neujahrsfest *akītu* zur Frühjahrs-Tagundnachtgleiche im Monat Nisan seinen prunkvollen Höhepunkt.

Die 1. Woche des 12tägigen Festes steht ganz unter dem Gedanken der Buße und Sühne für die Verfehlungen des voraufgegangenen Jahres. Dabei wird ein »Sündenbock« geopfert, mit dessen Blut der Tempel bespritzt, dessen Kadaver in den Fluß geworfen und dessen Kopf in die Wüste gebracht wird (vgl. Lev 16). Darauf folgt die Selbsterniedrigung des Königs – stellvertretend für das ganze Volk – in Form einer Beichte, auf die hin er die Absolution erhält. Der 8. bis 10. Tag steht unter dem Gedanken von Marduks Leiden und Sieg, die szenisch dargestellt werden. So wird am 8. Tag die Statue des Marduk in feierlicher Götterprozession vom König in das »Festhaus« außerhalb der Stadt gebracht, wo Götterbild und König 3 Tage lang in einem unterirdischen Gemach verbringen, wo sie symbolisch in der Nacht des Totenreiches bleiben und die Mächte des Todes bekämpfen. Am 11. Tag kehrt dann der auferstandene Marduk als Sieger an der Spitze einer Prozession auf der 16 m breiten Prozessionsstraße in seine Stadt Babylon zurück. Darauf folgt die »Himmelfahrt« des Gottes, d. h. der Aufstieg mit dem Götterbild auf den 91 m hohen Tempelturm, wo auf dessen oberster Plattform im kleinen Tempel die Thronbesteigung, die Götterhochzeit und die Schicksalsbestimmung durch das Los symbolisch vollzogen werden, womit Glück und Heil für das neue Jahr als gesichert gelten.

Die Priesterschaft ist in 30 verschiedene Klassen von Priestern und 20 von Tempelfrauen eingeteilt. Der Oberpriester heißt *urigallu* und die Oberhierodule bzw. Götterbraut *entu*. Außer den zur Keuschheit verpflichteten Tempelfrauen gibt es in Uruk zahlreiche Tempeldirnen. Neben dem Priestertum steht in Babylon das Prophetentum.

Die Stadt Babylon ist nach der Nordost-Kultachse ihres Hauptgottes Marduk angelegt. An ihrer Nordostecke liegen über 14 gewölbten Kammern die »hängenden Gärten der Semiramis«, die wahrscheinlich Nebukadnezar II. als künstlich bewässerte Dachgärten angelegt hat und die zu den Sieben Weltwundern gerechnet werden.

Die *Prozessionsstraße* beginnt am »Festhaus« außerhalb der Stadt und mündet beim *Ishtartor* in die Innenstadt. Von hier führt die Straße zum *Tempelbezirk,* dessen Zugang ein zweitürmiger Torbau bildet. Durch ein Vestibül gelangt man in einen langgestreckten *Tempelhof,* der gepflastert ist und einen Brunnen (*apsu*) besitzt. Der Hof ist allseitig umgeben von Räumen mit Wohnungen für Priester und mit Vorratsräumen für die Opfergaben.

Dem Vestibül gegenüber liegt die *Cella,* deren Eingangstür durch 2 turmartig gegliederte Vorsprünge hervortritt und als Breitraum gestaltet ist, an dessen Schmalseite – gegenüber der Eingangstür – meist das Götterbild steht.

Die Symbolik des Tempelbaus entspricht dem dreigeteilten Weltbild: Der äußere Tempelvorhof mit dem Wasserbecken entspricht dem Gewässerbereich, das Tempelgebäude (der Erde mit) dem Luft-

1

2

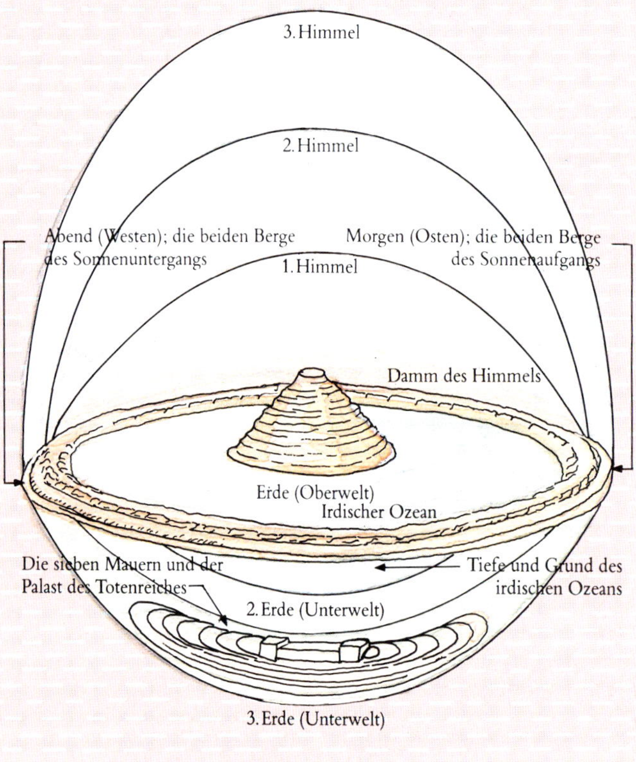

Babylonisches Weltbild

1 Codex Hammurabi, *Gesetzesstele, aus Susa, 1728–1686 v. Chr. Paris, Louvre*

2 Gehörnter Schlangendrache, *Emblemtier Marduks, vom Ishtar-Tor aus Babylon, glasierte Ziegel, Anf. 6. Jh. v. Chr. Bagdad, Irak-Mus.*

raum und die Cella mit dem Götterbild dem Himmelsbereich.

Das mächtigste Bauwerk des Tempelbezirks ist die *zikkurat* (»Tempelturm«), von der es 2 Arten gibt, den *Treppenturm* (zwei-, drei- oder meist siebengeschossig), bei dem eine einseitig vorspringende Treppenrampe zur obersten Plattform führt, und den *Rampenturm,* bei dem sich der Aufstieg spiralenförmig um den Turm herumzieht. Auf der obersten Plattform der *zikkurat* steht ein kleinerer sogenannter *Hochtempel*. Die *zikkurat* ist ein Abbild des kosmischen Welten- bzw. Götterberges und gilt als »Nabelband«, das das Himmlische mit dem Irdischen verknüpft. Die berühmteste *zikkurat* ist die beim Marduk-Tempel *Esagila* (»erhobenes Haupt«) gelegene *Etemenanki* (»Haus der Grundfeste des Himmels und der Erde«) in Babylon. Breite, Länge und Höhe dieses Stufenturms betragen je 91 m. An diesen Stufenturm von Babylon knüpft wahrscheinlich die biblische Erzählung (Gen 11) vom Babylonischen Turm und von der babylonischen Sprachenverwirrung an. Das Fundament dieses Babylonischen Turms ist zwischen 1899 und 1917 von der Deutschen Orient-Expedition ausgegraben worden. Heute ist nur noch die Basis des Baus erhalten.

Als Textbuch für das Neujahrsfest gilt das *Enuma elish* (akkad. »als droben«), ein nach seinen Anfangsworten benanntes Epos von der Weltschöpfung und der Weltordnung. Das auf 7 Keilschrifttafeln – von denen jede einen Gesang mit je ca. 160 Versen enthält – erhaltene Werk stammt von einem unbekannten Verfasser und verherrlicht Thronbesteigung und Sieg des jungen Schöpfergottes Marduk. Kosmologisch ist es der Kampf und der Sieg der jüngeren Himmelsgötter über die älteren Götter der Erde und des Wassers. Im Anfang der Weltschöpfung sind die Allmutter *Tiāmat* (akkad. »Meer«) als weibliches Prinzip – das Salzwasser des Meeres, das die Erde umgibt – und als männliches Prinzip *Apsū,* das für das Süßwasser unter der Erde steht. Als die Götter geschaffen werden, entsteht ein Kampf zwischen Licht und Finsternis, in dem Apsū und *Kingu,* der Sohn Tiāmats, getötet werden. Dann wird das »Sonnenkind« Marduk von den Göttern beauftragt, gegen Tiāmat zu kämpfen. Marduk tötet Tiāmat und spaltet ihren Leib – einer Muschel gleich – in zwei Hälften. Aus der einen formt er das Himmelsgewölbe mit den Gestirnen und aus der anderen die Erde mit der Unterwelt. Aus dem Blut des Kingu werden die Menschen geschaffen zum Zweck der (kultischen) Sorge für die Götter.

Tiāmat erscheint im biblischen Schöpfungslied (Gen 1, 2) als teōm (»Tiefe«).

Zeittafel

Vor der christlichen Zeitrechnung

1894–1594 Altbabylonisches Reich

18. Jh. Gesetzesstele des Hammurabi (1728–1686)

625–539 Neubabylonisches Reich

605–562 Nebukadnezar II. baut Babylon zur Weltstadt aus: Prozessionsstraße, Ishtartor, Marduk-Tempel und Stufenturm Etemenanki (»Turm zu Babel«)

539 Eroberung Babylons durch den Perser Kyros II. und Ende des babylonischen Reiches.

Literaturauswahl

Bottéro, J.: La religion babylonienne. Paris 1952

Dhorme, E.: Les religions de Babylone et d'Assyrie. Paris ²1949

Heidel, A.: The Babylonian Genesis. Chicago 1951

Hooke, S.H.: Babylonian and Assyrian Religion. London 1953

Parrot, A.: Ziggurats et Tour de Babel. Paris 1949

Wetzel, F. / Weissbach, F.H.: Das Hauptheiligtum des Marduk in Babylon. Esagila und Etemenanki. (Leipzig 1938) Nachdruck Osnabrück 1967

Zimmern, H.: Das babylonische Neujahrsfest. Leipzig 1926

1

2

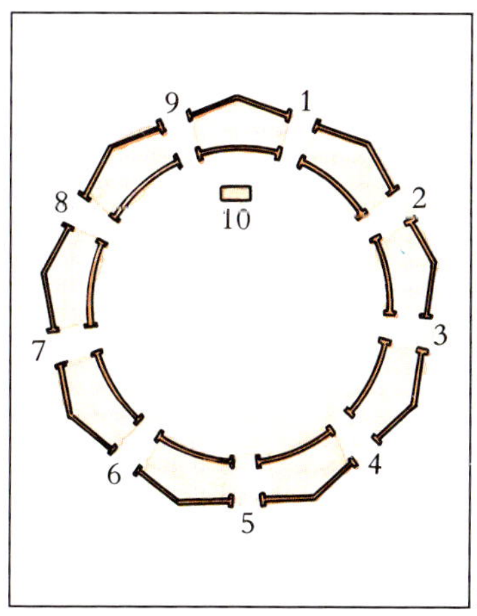

3

1 Grabmonument des Bāb *(→ Babismus) und Zentralheiligtum des Baha'ismus. Haifa/Israel, am Berg Karmel*

2 'Abbās Effendi (1844–1921) mit dem Ehrentitel 'Abdu' l-Bahā', *ältester Sohn des Stifters Mīrzā Husain 'Alī Nūrī mit dem Ehrentitel Bahā' u'llāh*

3 Baha'istisches Tempelbau-Grundschema

1.–9. Eingangstor, 10. Vorlesepult

BAHA'ISMUS

Die unter den Bezeichnungen *Baha'ismus* und *Beha'ismus* bekannte *Baha'i-Religion* ist eine Stiftung des Persers Mīrzā Husain 'Alī Nūrī (1817–92) aus dem Jahr 1863, die nach dem Ehrentitel ihres Gründers Bahā' [Behā] u'llāh (pers. »Glanz Gottes«) benannt ist. Die *Baha'i,* wie die Anhänger des Bahā' u'llāh genannt werden, besitzen heute über 61 000 Zentren in allen Erdteilen und publizieren ihre Literatur in ca. 685 Sprachen.

Diese aus dem →Babismus hervorgegangene →neue Religion, die ihren Zentralsitz in Haifa (Israel) hat, zählt zu den →Weltreligionen. Die Zahl der Anhänger beträgt heute 5 402 000, d.h. 0,1 % der Weltbevölkerung. Von ihnen leben 48,7 % in Asien und 26,9 % in Afrika.

Verbreitet ist die Baha'i-Religion in 205 Ländern, und zwar immer als Religion der Minderheit. Fast ¼ aller Baha'i lebt in Indien, wo sie mit 1 275 000 jedoch nur 0,2 % der Bevölkerung des Landes stellen. Die nächst größere Gruppe befindet sich im Iran und bildet hier mit 416 000 Anhängern 0,9 % der Bevölkerung.

In Europa lebt die größte Gruppe mit ca. 15 000 Baha'i in Großbritannien, gefolgt von der in der Bundesrepublik Deutschland mit ca. 11 000 Anhängern, deren Zentrum seit 1970 in Langenhain/Hofheim am Taunus liegt. In Israel, mit dem Weltzentrum in Haifa, leben ca. 600 Baha'i.

BAHA'I		
Erdteile	Anhänger	% aller Baha'i
1. Asien	2 630 000	48,7
2. Afrika	1 451 000	26,9
3. Lateinamerika	785 000	14,5
4. Nordamerika	363 000	6,7
5. Europa	90 000	1,7
6. Ozeanien	76 000	1,4
7. GUS	7 000	0,1
	5 402 000	100

BAHA'I			
205 Länder	Anhänger	Mehrheit d. Landes	% aller Baha'i
1. Indien	1 275 000	–	23,6
2. Iran	416 000	–	7,7
3. Uganda	399 000	–	7,4
4. Vietnam	265 000	–	4,9
5. USA	254 000	–	4,7
6. Kenia	222 000	–	4,1
7. Zaïre	222 000	–	4,1
8. Bolivien	194 000	–	3,6
9. Philippinen	140 000	–	2,6
10.–205. Land	2 015 000	–	37,3
	5 402 000	–	100

Mīrzā Husain 'Alī Nūrī ist am 12. November 1817 zu Nūr in Māzenderān (Iran) geboren. Er ist als 30jähriger zunächst ein Anhänger des →Babismus und wird nach dem Attentat auf den Schah 1852 in Teheran verhaftet und aus Persien nach Bagdad ausgewiesen. Hier erklärt er am 21. 4. 1863 seinen Anhängern, daß er der vom Bāb (= Mīrzā 'Alī Muhammad, Stifter des Babismus) prophezeite Bahā' u'llāh sei. Er beginnt Anhänger, die Baha'i, um sich zu sammeln, und er will eine Weltreligion begründen, die die »Krone aller bisherigen Religionen« darstellt, durch die ein Reich des Friedens und der Gerechtigkeit, der Freiheit und Menschlichkeit in dieser Welt errichtet werden soll. Von Bagdad wird er nach Konstantinopel und von dort 1864 nach Adrianopel ausgewiesen. Der Stifter, der ein stark ausgeprägtes Sendungsbewußtsein hat, versteht sich als *Bahā' u'llāh* (»Glanz Gottes«), *Mazhar* (»Offenbarwerdung« [Gottes]) und *Dschemāl* (»Schönheit« [Gottes]). Sein Sendungsbewußtsein kommt vor allem in seinen seit 1868 von Adrianopel und später von 'Akkā aus verschickten Sendschreiben an bedeutende Persönlichkeiten seiner Zeit (u.a. an den Schah von Persien, Zar Alexander II. von Rußland, Kaiser Napoleon III. von Frankreich, Königin Viktoria von Großbritannien und Kaiser Wilhelm I.) zum Ausdruck. Er ruft diese zur Verwirklichung eines gemeinsamen Glaubens und eines dauerhaften Weltfriedens auf. Auch an Papst Pius IX. appelliert er: »O Papst! Zerreiße den Schleier!... Verkaufe den reichverzierten Kirchenschmuck, den du besitzest, und opfere ihn auf dem Pfade Gottes... Übergib dein Königreich den Königen und tritt hervor aus deiner Wohnung, dein Angesicht zum Reiche Gottes erhoben, dann verkünde, losgelöst von der Welt, das Lob deines Herrn zwischen Himmel und Erde.« Viele Jahre seines Lebens verbringt der Stifter im Exil oder im Gefängnis. Seit August 1868 ist er in türkischer Internierung in der Nähe von 'Akkā bei Haifa, wo er nach 24jähriger Haft am 29. Mai 1892 stirbt.

Dem Stifter Bahā' u'llāh folgt in der Leitung der Religionsgemeinschaft sein ältester, am 23. März 1844 in Teheran geborener Sohn *'Abbās Effendi* (1844–1921), der sich 'Abdu'l-Bahā' (»Diener der Herrlichkeit« [Gottes]) nennt.

Mit seinem Vater hat er Verbannung und Kerkerhaft geteilt und bleibt noch über dessen Tod hinaus ein Gefangener, bis er im Jahr 1908 im Gefolge der jungtürkischen Revolution freigelassen wird. 'Abdu'l-Bahā', der bei den Baha'i als »Mittelpunkt des Bundes« bezeichnet wird, verlegt das Zentrum der Religionsgemeinschaft nach Haifa (Israel). Trotz angegriffener Gesundheit unternimmt er in den Jahren 1911–13 ausgedehnte Missionsreisen nach Nordamerika und Europa, und unter ihm verzeichnet der B. große Missionserfolge in Indien, in den USA und in Europa. In Bad Mergentheim errichten ihm seine Anhänger im Jahr 1915 ein Denkmal.

Für 'Abdu'l-Bahā' gilt:

> Die Religion ist eine Sache der Liebe und der Eintracht der Menschen;
> eine Religion, die nicht zu Liebe und Einigkeit führt, kann nicht als solche bezeichnet werden.

Den von der Baha'i-Religion vertretenen Grundsatz von der Erhaltung des Weltfriedens sieht 'Abdu'l-Bahā' in der Gründung des *Völkerbundes* (1919) verwirklicht, wie schon vorher die Baha'i-Forderung nach der Einrichtung eines Weltschiedsgerichtshofs in der Errichtung des *Ständigen Internationalen Schiedsgerichtshofs* in Den Haag (1899) realisiert worden ist.

Als 'Abdu'l-Bahā' am 18. November 1921 im Alter von 78 Jahren stirbt, wird er in dem Baha'i-Schrein bei Haifa beigesetzt, in dem schon der Bāb und Bahā' u'llāh ruhen.

Sein Nachfolger als Oberhaupt der Baha'i-Religion wird sein ältester Enkel *Shoghi Effendi* (1897–1957) im Alter von 24 Jahren. Im Unterschied zu seinem Vorgänger, dem »Mittelpunkt des Bundes«, wird er als »Hüter des Bundes« bezeichnet. Zusätzlich zu den schon bestehenden 2 nationalen »geistigen Räten« in Persien und in den USA begründet er 6 neue. Seit dem Tod des Shoghi Effendi, dem »Hüter und autorisierten Ausleger der heiligen Schriften des Baha'i-Glaubens«, am 4. November 1957 liegt die oberste Verwaltung und Führung der Baha'i-Religion bei einem Direktorium aus 9 Personen, dem *Universalen Haus der Gerechtigkeit* mit Sitz in Haifa (Israel). Um die Missions- und Organisationsaufgaben in bestimmten Ländern und Kontinenten zu erfüllen, werden von Zeit zu Zeit Fünfjahres-, Sechsjahres-, Siebenjahres-, Neunjahres- und Zehnjahres-Pläne aufgestellt.

Die Baha'i sind in ihrer bisherigen Geschichte als vom schi'itischen Islam »Abtrünnige« schweren Verfolgungen im Nahen Osten ausgesetzt und werden als Angehörige einer religiösen Minderheit diskriminiert. Besonders schwer haben sie es seit 1921 in ihrem Ursprungsland Iran. So erhalten z. B. Baha'i-Kinder keinen Geburtsschein, obwohl dieser im Iran das einzige Personaldokument ist, mit dem die Identität nachgewiesen werden muß.

Die Baha'i-Religion will das Beste der vor ihr entstandenen 9 lebenden Religionen in sich vereinen und beansprucht die Fülle der Wahrheit. Für die sich als Offenbarungsreligion verstehende Baha'i-Religion ist Gott der Eine, der Allgewaltige, der Allmächtige, der Unbeschränkte, Unendliche und Allweise. Der Einheit Gottes entspricht die Einheit der Menschheit, die keine Unterschiede oder Vorurteile gegenüber Rasse und Geschlecht duldet. In allen Religionen wird eine gemeinsame Grundlage gesehen, die als Fundament für die Einheit der Menschheit gesehen wird. So ist Bahā' u'llāh, der Stifter des B., zugleich der Messias für die Juden, der wiedergeborene Krishna für die Hindus, der Buddha Maitreya für die Buddhisten, der Shah-Bohram für die Zoroastrier, der wiedergekommene Christus für die Christen und der Imām Mahdi für die shi'itischen Muslime.

Die moralischen und sozialethischen Forderungen nach Gleichheit aller Menschen und nach Weltfrieden sind zusammengefaßt in den *12 Grundsätzen:*

> 1. Die ganze Menschheit ist als Einheit zu betrachten.
> 2. Alle Menschen müssen die Wahrheit selbständig erforschen.
> 3. Alle Religionen haben eine gemeinsame Grundlage.
> 4. Die Religion muß die Ursache der Einigkeit und Eintracht unter den Menschen sein.
> 5. Die Religion muß mit Wissenschaft und Vernunft übereinstimmen.
> 6. Mann und Frau haben gleiche Rechte.
> 7. Vorurteile jeglicher Art müssen abgelegt werden.
> 8. Der Weltfriede muß verwirklicht werden.
> 9. Beide Geschlechter müssen die beste geistige und sittliche Bildung und Erziehung erfahren.
> 10. Die sozialen Fragen müssen gelöst werden.
> 11. Es müssen eine Welthilfssprache und eine Einheitsschrift eingeführt werden.
> 12. Es muß ein Weltschiedsgerichtshof eingesetzt werden.

Die islamische Idee eines »Heiligen Krieges« wird von den Baha'i umgeformt in die Aufgabe, allen Völkern universalen Frieden und umfassende Gerechtigkeit zu bringen. »Vergießt kein Blut, zieht vielmehr das Schwert des Wortes aus der Scheide des Bayān.« (Bayān: die Offenbarungsschrift des Babismus.) Die Gleichheit der Geschlechter wird gefordert, da Mann und Frau die »beiden Flügel« der Menschheit darstellen: »Nur wenn beide Flügel stark und von einer gemeinsamen Kraft getrieben sind, kann der Vogel himmelwärts fliegen.«

Für die Baha'i besteht das rechte Leben darin, niemandem Unrecht zu tun, Ungerechtigkeit ohne Empörung zu ertragen, einander zu lieben, nur das Gute im Auge

zu haben, demütig zu sein und sich um die Heilung der Kranken zu bemühen.
Für die Baha'i beginnt die Zeitrechnung mit dem 21. März 1844 – wie für den Babismus –, und der Jahreskalender besteht aus 19 Monaten zu je 19 Tagen plus 4 Schalttagen. Das Jahr beginnt mit dem 21. März, dem Tag der Frühlings-Tagundnachtgleiche. Die Woche beginnt mit dem Samstag, der Tag mit dem Sonnenuntergang.
Da die Quersumme der Zahlenwerte der Buchstaben des Wortes *bahā* (pers. »Glanz, Herrlichkeit«) die Zahl 9 ergibt, hat diese Zahl für die Baha'i einen besonderen Symbolwert. Es werden 9 heilige Tage gefeiert, für die Arbeitsruhe geboten ist, u.a. der 1. Tag der Ridvān-Zeit. Ridvān ist das »größte Fest«, der »König der Feste«, das »Fest Gottes« zur Erinnerung an die Zeit zwischen dem 21. April und 3. Mai 1863, als sich der Stifter in einem Garten gleichen Namens in der Nähe von Bagdad aufgehalten und den »Gefährten seine hohe Sendung offenbart« hat.
Die am Ridvān-Fest gewählte örtliche und auch nationale Gemeindeleitung besteht aus 9 Personen. In der ganzen Welt gibt es 130 *Nationale Geistige Räte*. An Orten mit 9 Mitgliedern werden *Örtliche Geistige Räte* gebildet, und weniger als 9 Mitglieder können sich nur zu einer »Gruppe« zusammenschließen. Die »Geistigen Räte« sind jetzt in eine Institution der »Häuser der Gerechtigkeit« umgewandelt. Die oberste Leitung der Baha'i, das »Universale Haus der Gerechtigkeit«, besteht aus 9 Personen und hat seinen Sitz in Haifa (Israel).
Für den B., der sich als 9. und bisher letzte Offenbarungsreligion – nach der sabäischen (→arabische Religion) und israelitischen Religion, nach Hinduismus, Zoroastrismus und Buddhismus, nach Christentum, Islam und Babismus – versteht, ist Haifa das Zentralheiligtum. Für die Tempel, die als *Haus der Andacht* bezeichnet werden, gibt es bestimmte Bauformen, die von der Zahl 9 bestimmt sind. Die Zahl 9 soll »offen für alle« symbolisieren. Alle Muttertempel haben 9 Eingänge. Von 'Abdu'l-Bahā' selbst stammt die Bauvorschrift: »Der Muttertempel muß 9 Seiten und Tore, dazu Brunnen, Wege, Pforten, Säulen und Gärten haben, mit Erdgeschoß, Galerien und Kuppel, und in Entwurf und Ausführung muß er herrlich sein.« Sowohl das Zentralheiligtum in Haifa wie die anderen Tempel sind monumentale Kuppelbauten. Bekannte Beispiele bieten das »Haus der Andacht« in Wilmette bei Chicago (USA) aus dem Jahr 1931, das in Sydney (Australien) und das in Kampala (Uganda), beide aus dem Jahr 1961, sowie der Muttertempel für die Bundesrepublik Deutschland in Langenhain, ein 28 m hoher Kuppelbau, der, am 4. Juli 1964 eingeweiht, ca. 500 Personen Platz bietet.
Die Andacht in den Tempeln wird von Lesungen aus den heiligen Schriften der verschiedenen großen Religionen begleitet. Diese heiligen Bücher sollen die fortlaufende göttliche Offenbarung in immer größere Vollkommenheit bezeugen, so der Pentateuch der Juden, das Neue Testament der Christen, der Koran der Muslime und der Bayān der Babisten. Das letzte, alle bisherigen Offenbarungsschriften aber überragende heilige Buch ist das *Kitāb al-akdas* (»Buch der Gewißheit«), das, von Bahā'u'llāh im Jahre 1873 in 2 Tagen und Nächten verfaßt, als das heilige Buch schlechthin gilt. Neben diesem Hauptwerk des B. stehen die »Verborgenen Worte«, eine Sammlung von Trostworten, die »Sieben Täler« und die »Vier Täler«, die in Versform den Weg bis zur Einigung mit dem Göttlichen beschreiben.
Die Bahā'i-Religion hat wegen ihrer Vereinigung von verschiedenen Elementen aus unterschiedlichen Religionstypen bei den Menschen der Gegenwart eine starke Resonanz gefunden. Der russische Schriftsteller Leo Tolstoi (1828–1910) bezeichnet den B. als die »höchste und reinste Form der Religion«, und der englische Historiker Arnold J. Toynbee (1889–1975) nennt ihn »die Weltreligion der Zukunft«.

Zeittafel

1844 Beginn der Zeitrechnung für den B. mit dem 21.3.
1863–92 Wirken von Bahā'u'llāh (1817–92), dem »Urheber des Bundes«
1873 Entstehung des *Kitāb al-akdas*
1892–1921 Wirken von 'Abdu'l-Bahā' (1844–1921), dem »Mittelpunkt des Bundes«
1921–57 Wirken des Shoghi Effendi (1897–1957), dem »Hüter des Bundes«
seit 1921 Bahā'i-Verfolgungen durch Muslime im Nahen Osten
1931 Einweihung des »Hauses der Andacht« in Wilmette bei Chicago
1937 Verbot der Bahā'i-Religion in Deutschland durch den Nationalsozialismus
seit 1957 Leitung der Bahā'i durch das »Universale Haus der Gerechtigkeit«
1964 Einweihung des Muttertempels für die BRD in Langenhain
1983 Verbot der Baha'i im Iran
1985 (ab 21.3.) Das Jahr 142 baha'istischer Zeitrechnung

Literaturauswahl

Der Bahā'i und die Bahā'i-Gemeinschaft. Hrsg. v. H. Grossmann. Hofheim ²1973
Das Buch der Gewißheit (Kitāb-i-Iqān), geoffenbart von Bahā-Ullāh. Frankfurt/M. ²1969
Ficicchia, F.: Der B. – Weltreligion der Zukunft? Geschichte, Lehre und Organisation in kritischer Anfrage. Stuttgart 1981
Grossmann, H.: Was ist Bahā-i-Religion. Hofheim ³1967
Rosenkranz, G.: Die Bahā'i. Ein Kapitel neuzeitlicher Religionsgeschichte. Stuttgart 1949
Schaefer, U.: Der Bahā'i in der modernen Welt. Strukturen eines neuen Glaubens. Hofheim ²1981
Shogi Effendi: Die Sendung Bahā'u'llāhs. Oxford 1950

BALTISCHE RELIGIONEN

»B. R.« ist eine zusammenfassende Bezeichnung für die Religionen der baltischen Völker, die die Länder Altpreußen, Lettland und Litauen bewohnen. Zu den b. R., die der ursprünglichen →indogermanischen Religion in Persien und Indien sehr nahestehen, rechnet man die →lettische Religion, die →litauische Religion und die →preußische Religion.

Die Christianisierung der Balten, die zum Ende des 12. Jh. – vor allem gegen den Widerstand der baltischen Frauen – beginnt, endet formell im 14. Jh. Vorstellungen des alten Glaubens sind jedoch bis in die Gegenwart lebendig geblieben.

Allen Balten gemeinsam ist die Verehrung des Himmelsgottes *Dievs* (lett.), *Diēvas* (lit.), *Deiws* (altpreuß.), des »Leuchtenden« und »Glänzenden«. Dieser baltische Himmelsgott, der sein Gegenstück im indischen *Dyaus* hat, ist Schöpfer der Welt und der Menschen, deren Geschick er bestimmt. Er wird als himmlischer Gutsbesitzer und Viehzüchter vorgestellt, dessen Landgut auf dem Himmelsberg liegt. Manchmal tritt er eine Reise zur Erde an, um dort die Fruchtbarkeit der Felder und des Viehs zu steigern.

Ein anderer Himmelsgott und Gott des Gewitters ist *Pērkons* (lett.), *Perkúnas* (lit.), *Percunis* (altpreuß.). Dieser baltische Donnergott, der die Fruchtbarkeit fördert und die Gesetze des Lebens bestimmt, ist identisch mit dem indischen *Parjanya.*

Kennzeichnend für die b. R. sind die vielen weiblichen Gottheiten, unter ihnen vor allem die nach der Sonne benannte Sonnengöttin *Saule* (lett. und altpreuß.) bzw. *Sáule* (lit.) und die Schicksals- und Glücksmutter *Laima,* auch *Laimes māte* genannt. Sie ist Förderin der Fruchtbarkeit, Beschützerin des Viehs, insbesondere der Kühe, weshalb sie auch *Govu Laima* (»Kühe-Laima«) genannt wird. Die Schicksalsgöttin und zugleich Hüterin der Moral bestimmt das unabänderliche Geschick der Menschen.

> Ich floh am Tage, ich floh in der Nacht,
> der Bestimmung Laimas entkam ich nicht;
> was für ein Leben Laima bestimmte,
> so eines mußte ich leben.

Die Erde gilt als von einer Gottheit numinos belebt, bei den Letten durch die Erdmutter *Zemes māte,* bei den Litauern durch die Erdgöttin *Zemina* und bei den Altpreußen durch *Curche,* den Gott der Ernte.

Familiäre Ereignisse wie Geburt, Heirat und Tod sind mit kultischen Feiern verbunden, in deren Mittelpunkt ein Festmahl steht. Der für die bäuerlichen Balten wichtige Jahreszyklus wird in den Festen der Frühlingsfeier (Aussaat) und Herbstfeier (Ernte) festlich begangen. Verbunden mit dem Frühling ist Gott *Usinsch* und mit dem Erntefest im Herbst Gott *Jumis,* der als Doppelähre dargestellt wird.

Priesterliche Funktionen werden weitgehend von den Familienvätern vorgenommen.

Literaturauswahl

Biezais, H.: Die Religionsquellen der baltischen Völker und die Ergebnisse der bisherigen Forschungen. Uppsala 1954

Ström, Å. / Biezais, H.: Germanische und baltische Religion. Stuttgart 1973

BASKISCHE RELIGION

Die b. R. ist die vorchristliche Religion der alten Basken (eigener Name: *euskaldunak*; span. *vascos*), eines vorindogermanischen Volksstammes im Baskenland (*Euskalerri*). Die Religion der Basken gehört zu den →europäischen Religionen.

Am Ende des 6. Jh. weichen die Basken vor den Westgoten nach Norden aus und besiedeln die heutigen baskischen Wohngebiete, die von den Westpyrenäen bis hin zum Ebro (Golf von Biskaya) reichen. Im 7. Jh. nehmen sie dort das →Christentum an.

Die baskische Sprache (= *euskara, euskera*) ist die einzige noch lebende nichtindogermanische Sprache Westeuropas, die von den ca. 955 000 spanischen und französischen Basken gesprochen wird.

Bei den Basken spielen weibliche Gottheiten eine bedeutende Rolle. Höchste Göttin ist *Mari* (»Herrin«), die reiche Ernten bewirkt und ihren Gläubigen Rat und Hilfe erteilt. Die in der Unterwelt wohnende Göttin, deren Gatte der Gott *Maju* ist, gelangt durch Höhlen und Schluchten in die Oberwelt der Erde und fährt mit einem vierspännigen, von Pferden gezogenen Wagen durch die Lüfte. *Maju,* auch *Sugaar* genannt, wird als »männliche Schlange« verehrt. Wenn er sich mit seiner Gattin Mari an den Freitagen um 14.00 Uhr trifft, gibt es Hagelschauer.

Die wohltätige Göttin *Lur* (»Erde«) schützt Tiere und Pflanzen für die Opfer darbringenden Menschen. Ihr zu Ehren werden Goldstücke in Höhlen niedergelegt. Ihre Töchter sind die Sonnengöttin *Ekhi* und die Mondgöttin *Illargui.*

Wenn die Sonnengöttin *Ekhi* bei Sonnenuntergang hinter dem Erdhorizont verschwindet, geht sie zu ihrer Mutter Lur (»Erde«) zurück. Durch Libationsopfer wird Ekhi vor allem zur Zeit der Sonnenwende verehrt. Ihre Schwester *Illargui* (aus *il* = »Toter« und *argui* = »Licht«) ist eine Mondgöttin, die als »Licht der Toten« den verstorbenen Seelen leuchtet. Auf Grabstelen ist oft der Mond abgebildet, da ein

Sterben zur Zeit des zunehmenden Mondes ein Weiterleben der Seele nach dem Tod begünstigt.

Geister werden oft in tierischer Gestalt dargestellt, z.B. von den bösen Geistern der einäugige *Torto* und die siebenköpfige Schlange *Herensugue*. Gute Geister sind der kleine *Galtxagorri* und die dienstbereiten *Etxajaunak*.

Die Seele der Verstorbenen heißt *guerixeti* (aus *gueriza* = »Schatten«) bzw. *argui* (»Licht«). Da die Seelen der Verstorbenen in ihrem irdischen Wirkungsbereich verweilen, werden die Toten manchmal in ihren ehemaligen Wohnhäusern beigesetzt.

Als ethische Verbote gelten Diebstahl, Lüge, Wortbruch, Prahlsucht und Stolz.

Die *aztikeri* (»Zauberkunst«) wird von den *azti* (»Zauberern«) ausgeübt, die bei Mondschein an den Freitagen ihre Zusammenkünfte abhalten.

Literaturauswahl

Barandiarán, J.M. de: Mitologia vasca, Madrid 1960

Karst, J.: Die vorgeschichtlichen Mittelmeervölker. Heidelberg 1931

BHAGWAN-SHREE-RAJNEESH-BEWEGUNG

Diese nach ihrem Gründer und Leiter, dem Inder *Bhagwan Shree Rajneesh* (1931–90), benannte Bewegung geht in ihren Anfängen auf das Jahr 1966 zurück. *Bhagwan* (sanskr. »Erhabener, Meister«) ist Titel des Stifters, der mit bürgerlichem Namen *Rajneesh Chandra Mohan* heißt. Die Anhänger und Jünger dieses Meisters nennen sich *Neo-Sannyasins* (sanskr. »neue Entsager«), so daß die gesamte Anhängerschaft auch als *Neo-Sannyas-Bewegung* bezeichnet wird. Eine andere Bezeichnung ist *Rajneeshismus,* dessen Anhänger sich *Rajneeshees* nennen. Namen der »Filialorganisationen« sind die *Rajneesh Foundation International* (engl. »Internationale Rajneesh-Stiftung«) und die *Rajneesh International University/RTU* (engl. »Rajneesh Internationale Universität«).

Heute gibt es ca. 500 Rajneesh-Meditations- und Therapie-Zentren u.a. in Nord- und Südamerika, Australien, Japan, in der Schweiz, in Frankreich, Großbritannien, in den Niederlanden, in der Bundesrepublik Deutschland und in Dänemark. Die Bewegung zählt ca. 250000 Neo-Sannyasins und hat von 1981 bis 1985 ihr Zentrum in Antelope/OR (USA), zeitweilig *Rajneeshpuram* genannt. Für die ca. 30000 Mitglieder in Deutschland ist die Kommune in Köln eines der bedeutendsten Zentren.

Diese neue indische, aus dem →Buddhismus, →Hinduismus und →Jainismus hervorgegangene Bewegung wird häufig den →Jugendreligionen zugerechnet. Demgegenüber hat das Kölner Verwaltungsgericht der zu weltanschaulich-religiöser Neutralität verpflichteten deutschen Bundesregierung verboten, in ihren amtlichen Verlautbarungen die Bhagwan-Bewegung als »Jugendreligion, destruktiven Kult oder Psychosekte« zu bezeichnen (Az. 10 K 5029/84).

Rajneesh Chandra Mohan, der Gründer der B.-S.-R.-B., wird am 11. Dezember 1931 in dem Dorf Kuchwada/Madhya Pradesh (Indien) als Sohn des Kaufmanns Shree Babulall geboren. Die Religion seiner Familie ist der Jainismus, der das Denken des Chandra Mohan stark geprägt hat. Als 21jähriger Student hat Mohan in der Nacht des 21. März 1953 ein Erleuchtungserlebnis, bei dem sich ihm »eine neue Dimension auftut … Plötzlich ist sie da – eine andere, wirkliche Realität oder wie immer du es nennen willst. Nenne sie Gott, nenne sie Wahrheit, nenne sie *dhamma,* nenne sie *tao* oder wie auch immer du willst. Es ist namenlos, aber es ist da.« Aufgrund dieser spirituellen Erleuchtung nimmt Mohan später den Titel *Bhagwan* (sanskr. »Erhabener«) und den neuen Namen *Shree Rajneesh* an. Bhagwan ist der Titel für einen Menschen, der die Stufe der Erleuchtung erreicht hat und der mit der »göttlichen Substanz«, dem *brahman,* in sich vereint ist (→Hinduismus). Der Bhagwan sagt von dieser Erleuchtung: »An jenem 21. März ist die Person, die viele, viele Leben lang, tausend, gelebt hat, einfach gestorben. Ein anderes Sein, absolut neu, in keinem Fall mit dem anderen verbunden, begann zu existieren.«

Nach Abschluß seines Studiums im Jahr 1957 lehrt Bhagwan Mohan als Professor für Philosophie zunächst am Sanskrit-College in Rajpur und später an der Universität von Jabalpur, hält auf Reisen durch Indien Vorträge über sein Erleuchtungserlebnis und experimentiert mit neuen Meditationstechniken. Im Sommer 1964 veranstaltet er sein erstes, 10 Tage dauerndes »Meditationscamp« in Rajasthan. Als der Bhagwan 1966 wegen Schwierigkeiten mit der Universitätsleitung seine Tätigkeit als Philosophieprofessor aufgeben muß, reist er in den folgenden zwei Jahren durchs Land, hält Vorträge und beginnt mit dem Aufbau der heute als B.-S.-R.-B. bekannten Organisation. 1969 gründet er mit einigen Anhängern einen *ashram* in Bombay und verlegt diesen am 21. März 1974, dem 21. Jahrestag seiner Erleuchtung, nach Poona/Maharachta. Dieser im Villenviertel der Stadt gelegene Gebäudekomplex aus 6 Häusern, die nach verschiedenen Religionsstiftern und Mystikern benannt sind, ist von 1974 bis 1981 der Zentral-*ashram* der inzwischen weltweiten Bhagwan-Bewegung und Anziehungspunkt für Jugendliche und Intellektuelle aus der westlichen Welt. Im Juni 1981 übersiedelt der Stifter von Poona (Indien) in den Landkreis Wasco County/OR (USA), wo er auf 26000 Hektar unbebauten Berglandes die Stadt *Rajneeshpuram* gründet, die bis November 1985 das Zentrum seiner Bewegung ist. Am 28. Oktober 1985 wird der Bhagwan mit einigen seiner Anhänger bei einer Zwischenlandung in Charlotte/NC von Beamten der Einwanderungsbehörde festgenommen und in Oregon inhaftiert, wo er nach zweiwöchiger Haft gegen Zahlung einer Kaution in Höhe von 500 000 Dollar freigelassen wird. Bereits am 15. November 1985 verurteilt ein Gericht in Portland/OR den Bhagwan wegen Verletzung der amerikanischen Einwanderungsbestimmungen zu 10 Jahren Haft und 400 000 Dollar Geldstrafe. Der Haftbefehl wird gegen das Versprechen des Bhagwan, innerhalb von 5 Tagen die USA zu verlassen, auf Bewährung ausgesetzt. Daraufhin fliegt der Bhagwan in sein Heimatland Indien zurück.

Gegen 7 seiner ehemaligen und gegenwärtigen Anhänger laufen noch Prozeßverfahren, u.a. gegen die 35jährige Ma Anand Sheela, die frühere Chefin der Rajneesh Foundation International, die aufgrund eines Auslieferungsbegehrens von US-Behörden in der Bundesrepublik Deutschland festgenommen und an die USA ausgeliefert wird.

Der Bhagwan sagt von seiner Bewegung: »Der Rajneeshismus ist eine religionslose Religion. Anders gesagt: Er ist eine Art Religiosität; kein Dogma, kein Kult oder Glaubensbekenntnis, sondern nur eine Lebensqualität, ein Lebensklima der Liebe, Stille, Meditation und Andacht. Darum kann er nie zu Ende gehen.«

In seinen (täglichen) *lectures* (engl. »Lesungen«), Vorlesungen, vermittelt der Bhagwan seinen Schülern und Hörern den philosophischen und religiösen Hintergrund der von ihm initiierten Bewegung. Danach lebt der Mensch in der heutigen Welt fern von seinem »wahren Selbst« und ist seinem ursprünglichen Wesen entfremdet. Dieser Selbstentfremdung entspricht eine Gefangenschaft im *Ego* (lat. »Ich«). Ego ist das »falsche Selbst« eines Menschen, seine »materialistische Persönlichkeit«, die durch zwei Dinge bestimmt wird: zum einen durch die Rückbindung an seine Vergangenheit mit ihren »negativen Konditionen«, wie z.B. falsche Erziehung und falsche Einflüsse, und zum anderen durch sein auf die Zukunft ausgerichtetes »Haben-Wollen« und »Sein-Wollen«. Wer sein »wahres Selbst« finden will, muß sich vom Ego, dem »falschen Selbst« frei machen, indem er sich von seiner Vergangenheit löst und seine Wünsche und Planungen für die Zukunft aufgibt. »Wenn ihr den Horizont zu erreichen sucht, wird er euch immer davonlaufen.« Entscheidend ist allein die Existenz im »Hier und Jetzt«. Bedeutung für das allgemeine Bewußtsein hat allein der Augenblick, die Gegenwart, nicht aber die Beschäftigung mit der Vergangenheit oder der Zukunft. »Selbstwerdung« lautet seine Devise:

> Seid
> wie kleine Kinder,
> die in der Sonne im Wind tanzen.
> Vergeßt euer Ego.
> Seid!

Seine Erleuchtung deutet der Bhagwan in der Weise, daß er in jener Nacht des 21. März 1953 sein Ego, sein »falsches Selbst« losgeworden sei und sein »wahres Selbst« gefunden habe. Diese »Selbstwerdung« des Bhagwan ist auch für seine Anhänger möglich, wenn sie an seinen Meditations- und Therapieprogrammen (→S. 58), die er als »Psychologie der Buddhas« versteht, teilnehmen und ein besonderes Schüler-Meister-Verhältnis eingehen. Der Stifter, der selbst nie Schüler eines Meisters gewesen ist, verlangt *surrender* (engl. »Auslieferung, Ergebung«) der Neo-Sannyasins an ihren »lebenden Meister«, wofür das Tragen der *mala* mit dem Medaillon des Bhagwan und die Annahme eines neuen, von ihm ausgesuchten Namens symbolhaft sind. Durch das spirituelle Meister-Schüler-Verhältnis zwischen dem Bhagwan und seinen Neo-Sannyasins wird diese Bewegung wesentlich geprägt.

Mit *Neo-Sannyas* umschreiben die Anhänger des Bhagwan ihren neuen Lebensstil. Im Gegensatz zur Askese und Entsagung der *Sannyasins* (sanskr. »Entsager«) genannten Asketen des →Hinduismus führen sie ein fröhliches, der Welt und der Gegenwart zugewandtes Leben und nennen sich deshalb Neo-Sannyasins.

Umstritten in einer breiten deutschen Öffentlichkeit sind die ca. 50 von den Neo-Sannyasins in der BRD betriebenen vegetarischen Restaurants »Zorba the Buddha« und vor allem die Diskotheken, die in der Regel »Far out« heißen. Demgegenüber lautet die Begründung der Neo-Sannyasins für diese »Rajneesh-Discos«: »Tanzen gehört zu unserem Lebensstil.«

Einige äußere Kennzeichen aus der alten Hindu-Sannyasin-Tradition haben die Neo-Sannyasins jedoch übernommen. Die Mitglieder leben im *ashram*. Diese Wohnkommune einer Ortsgruppe heißt *Rajneesh Sannyas Ashram/RSA* und ist Treffpunkt der »Suchenden« mit Meditations- und Therapieprogrammen (→S. 58). Die Neo-Sannyasins erhalten bei der Aufnahme in die Neo-Sannyas-Bewegung einen vom Bhagwan ausgesuchten neuen Namen in Sanskrit, der die Trennung von der Vergangenheit des alten Lebensstils und den »Schlüssel zum besonderen spirituellen Wachstum des ›Suchenden‹« symbolisiert. Weibliche Anhänger stellen ihrem neuen Namen ein *Ma* (von *mata* = »Mutter«) voraus, z.B. Ma Anand Sheela, wie die ehemalige Verwaltungschefin von Rajneeshpuram, und männliche Mitglieder ein *Swami* (»geistlicher Herr«) voraus, z.B. Swami Anand Tirtha, wie der Stellvertreter des Bhagwan heißt. Die Anhänger tragen orangefarbene Gewänder, weshalb ihre Gemeinschaft auch *Orange Family* (engl. »Familie in Orange«) genannt wird. Die *mala* (sanskr. »Kranz, Reihe«) ist ebenfalls ein äußeres Kennzeichen der Neo-Sannyasins. Durch das Überreichen der mala, die aus 108 Holzperlen und dem Medaillon des Stifters besteht, wird die enge Bindung des Jüngers an seinen Meister symbolisiert, wie der Bhagwan selbst sagt: »Ihr könnt nicht immer bei mir sein, ich aber kann immer bei euch sein. So soll euch mein Medaillon daran erinnern.«

In der *Neo-Sannyas-Bewegung* werden religiös-weltanschauliche und psychotherapeutische Elemente zu einer neuen Einheit verbunden. Das auf *Jakob Moreno,* den Vater des Psychodramas und Spontaneitätstheaters, zurückgehende Prinzip des »Hier und Jetzt« wird vom Bhagwan übernommen und zu dem Ziel seiner Meditations- und Therapieprogramme gemacht, die Meditierenden von ihren angestauten Hemmungen und Blockaden zu befreien und ihre Triebenergien freizusetzen, so daß sie wieder in Einklang mit der Ganzheit ihrer Körperenergie kommen. *Energie* ist hier ein Schlüsselbegriff, mit dem zwischenmenschliche Beziehungen umschrieben werden. Weibliche und männliche Energien werden in der Sexualität ausgetauscht. Als Mittel, das Therapieziel zu erlangen, dienen Meditationstechniken und gruppendynamische Prozesse in genau festgelegten Phasen von ca. 5 bis 45 Minuten Dauer und mit einem Wechsel von Bewegung und Ruhe, von Ekstase und Entspannung, unter Musikbegleitung und in Stille. Grundsätzlich beginnt die Psychotechnik mit einer *katharsis* (griech. »Reinigung«), durch die alles Verdeckte und Unterdrückte herausgelassen wird, unter dem Aspekt: »Akzeptiere, was immer du bist!«

Charakteristisch für diese Bewegung ist das breite Angebot von mehr als 40 Therapie- und Meditationsmethoden, unter denen Bhagwan-Anhänger wählen können und die alle nur dem einen Ziel dienen, das »wahre Selbst« zu finden.

Zu den Meditations- und Therapieprogrammen zählt u.a.: *AUM-Encounter* (engl. »AUM-Zusammentreffen«), wobei in der Abkürzung *AUM* das *A* für awareness (engl. »Bewußtheit«), das *U* für understanding (engl. »Verständnis«) und das *M* für Meditation stehen. Andere Programme sind: *Body Awareness* (engl. »Körperbewußtsein«), *Centering* (amer. »Zentrierung«), *Deeper Hypnotherapy,* ein Aufbaukurs zur Hypnotherapie, *Devavani* (»göttliche Stimmen«), *Dynamische Meditation, Hypnotherapie, Nataraj-Meditation,* (sanskr. »Herr des Tanzes«), dem Beinamen des Gottes Shiva, *Primär-Therapie, Sufi-Whirling* (engl. »Sufi-Drehung«), benannt nach einem Derwischtanz (→Islam) und *Tantra* (sanskr. »Gewebe, Regel, Formel«), eine vom →Tantrismus geprägte Verbindung von Meditation und Sex.

Besonders zu erwähnen sind noch zwei Methoden: Bei *Enlightenment Intensive* (engl. »intensive Aufklärung«) sitzen sich die Teilnehmer an 3 Tagen 18 Stunden pro Tag paarweise gegenüber und beantworten sich wechselseitig die Frage: »Sag mir, wer du bist.« Wenn Schicht um Schicht von oberflächlicher Identifikation abgebaut wird, soll die Frage »Wer bin ich?« in immer tiefere Schichten des Selbst eindringen.

Da das Gebet eine Erscheinungsform von »Energie« ist, »ein Mitschwingen mit der Natur«, gibt der Bhagwan für seine *Gebets-Meditation* folgende Hinweise:

> *1. Phase* (Musik): »Knie dich auf den Boden, den Rücken gerade, schweige einfach und öffne dich. Strecke deine Arme empor, beide Handflächen nach oben zeigend, richte deinen Blick zum Himmel und fühle nichts als das Fluten des Lebens in dir. Fühle dich wie in einem Wasserfall. Sobald die Energie wie das Wasser durch deine Arme nach unten fließt, wirst du ein leichtes Vibrieren verspüren. Sei dann wie ein Blatt, das in einem Windhauch erzittert … laß einfach geschehen, was geschieht.«

> *2. Phase* (Musik): »Dann, wenn du das Gefühl des völligen Erfülltseins hast, neige dich zur Erde nieder und küsse sie. Werde ganz einfach ein Vermittler, der es der göttlichen Energie erlaubt, sich mit der Energie der Erde zu vereinen. Spüre, wie du als Wasser in die Erde sickerst. Als Folge davon fühlst du das Strömen der erdverbundenen Energie. Einmal Erde, einmal Himmel; einmal oben, einmal unten; Yin und Yang; männlich und weiblich. Du fließt, du vermischst dich, du läßt dich selbst vollständig fallen. Du bist nicht mehr; du wirst eins … du verschmilzt.«

Der Bhagwan sagt: »Mit der Energie zu verschmelzen, das ist Gebet. Es verändert den Menschen … Das Gebet ist kein Mittel, mit dem man Gott umstimmen könnte … Es kann einen anderen Menschen aus dir machen … Wenn du dich dabei nicht änderst, dann hör auf damit.«

Rajneesh Meditation Center/RMC (amer. »Rajneesh Meditations-Zentrum«) wird der lokale Stützpunkt genannt, wo sich die Bhagwan-Anhänger zu Meditationen und kleinen Therapieveranstaltungen treffen.

Literaturauswahl

Elton, J.: Ganz entspannt im Hier und Jetzt. Reinbek 1979

Haak, F. W.: Die »Bhagwan«-Rajneesh-Bewegung. München [2]1983

Rajneesh, Bhagwan S.: Ich bin der Weg. Eine Reise in unbekannte Dimensionen des menschlichen Bewußtseins. Antworten eines erleuchteten Meisters auf Fragen seiner Schüler in der Zeit von April–Juni 1971. Neusäß 1979

Rajneesh, Bhagwan S.: Komm und folge mir. Bhagwan Shree Rajneesh spricht über Jesus. München 1984 (Knaur Tb Esoterik 4120)

Rajneesh, Bhagwan S.: Sprengt den Fels der Unbewußtheit. Ein Darshan-Tagebuch. Frankfurt [3]1980 (Fischer Tb 3378)

Sheela, A. (Hrsg.): Rajneeshismus. Bhagwan Shree Rajneesh und seine Religion. Eine Einführung. Köln 1983

BLACK MUSLIMS

Die B. M. (engl. »schwarze Muslime«), deren offizieller Name *Lost-Found Nation of Islam in North America* (engl. »Verlorene und wiedergefundene Nation des Islam in Nordamerika«) ist, werden im Jahr 1932 in Detroit (USA) durch *Elijah Poole*

(1897–1975) alias *Elijah Muhammad* begründet.
Diese religiös-rassische Bürgerrechtsbewegung von Farbigen, deren Anhängerzahl in den USA 1 100 000 beträgt und die ihr Zentrum in Chicago hat, ist zwar aus dem Islam hervorgegangen, gilt aber aufgrund ihrer Zielsetzung und der religiösen Sonderstellung ihres Stifters als eine vom traditionellen →Islam abgesonderte Bewegung und zählt zu den →neuen Religionen Nordamerikas.
Ihren Ausgang nimmt diese Bewegung mit dem Erscheinen eines geheimnisvollen *Mr. W. D. Fard,* der 1931 plötzlich in Detroit auftaucht und ebenso plötzlich im Jahr 1934 wieder verschwindet. Dieser Mr. Fard gibt sich gegenüber Elijah Poole, dem Gründer der B. M., als »Botschafter des allmächtigen Gottes Allāh«, als *messenger,* als »Sendbote Allahs«, ja als dessen Inkarnation aus. Im Jahr 1934 wird Elijah Poole von Allāh in Gestalt dieses gewissen Fard zu seinem irdischen Boten bestellt. Daraufhin legt Elijah Poole, 1897 in Sandersville/GA als Sohn eines Baptistengeistlichen geboren, seinen »Sklavennamen« Poole ab und nimmt statt dessen den islamischen Namen *Muhammad* an. Als »Sendbote Allāhs« übernimmt Elija Muhammad im Jahr 1932 den Auftrag des Mr. Fard, indem er sich auf dessen Offenbarung beruft: »Ich war mehr als 3 Jahre in der Gegenwart Allāhs, und was ich lehre, empfing ich unmittelbar aus seinem Mund. Ich glaube, ich bin der erste Mensch, der beauftragt wurde, persönlich vor Allāhs Angesicht zu treten.«
Zwei Personen, die dem Stifter Elijah Muhammad zur Seite treten, haben für die Bewegung große Bedeutung. Der erste ist *Malcolm Little* (1925–65) alias *Malcolm X,* der Sohn eines Baptistenpfarrers, der nach der Ermordung seines Vaters mit der Unterwelt in Berührung kommt und wegen krimineller Delikte verurteilt wird. Während seiner Gefängnishaft beginnt er eine Korrespondenz mit Elijah Muhammad und wird dessen Anhänger. Er legt seinen bisherigen christlichen Namen ab und nennt sich von nun an *Malcolm X* (X = »ex-slave«; engl. »Ex-Sklave«). Später sagt er: »Die Christen brachten mich ins Gefängnis, die Black Muslims holten mich heraus.« Malcolm X wird der erfolgreichste Prediger der B. M., bis es Ende 1963 wegen Fragen des künftigen Führungsanspruchs zwischen ihm und Elijah Muhammad zum Zerwürfnis kommt, so daß letzterer den ihm geistig überlegenen Malcolm X von seinem Amt suspendiert. Nach diesem Bruch unternimmt Malcolm X eine Pilgerfahrt nach Mekka und gründet als neue Organisation die *Black Nationalists* (engl. »schwarze Nationalisten«). Am 21. Februar 1965 wird er im Alter von 39 Jahren ermordet.
Der zweite bekannte Black Muslim ist der ehemalige Boxer und heutige Prediger *Cassius Clay* (*1942) alias *Muhammad Ali,* der von sich sagt, daß er zu 90% Geistlicher und zu 10% Boxer sei und 180 Stunden im Monat predige. Als er 1964 den B. M. beitritt und seine Frau Sonji Roi sich weigert, den gleichen Schritt zu tun, läßt er sich von ihr scheiden und heiratet die 17jährige, den B. M. bereits angehörende Belinda Lloyd.
Obwohl die B. M. zunächst jede Gewaltanwendung ablehnen, führt ihre Agitation unter Verwendung des Schlagwortes *Black Power* (engl. »schwarze Macht«) in den Gettos der Farbigen seit 1965 zu blutigen Aufständen in amerikanischen Großstädten.
Im Rassenkonflikt der USA beziehen die verschiedenen Gruppierungen der B. M. unterschiedliche Positionen. Der reformerische Flügel des *Schwarzen Nationalismus* fordert unter strengen moralischen Gesichtspunkten die Autonomie der Gettos, einen Separatstaat für Farbige innerhalb der USA und letztlich die Rückkehr nach Afrika. Die militante Elitetruppe *Fruit of Islam/F. O. I.* (engl. »Frucht des Islam«) untersteht dem Kommando von Raymond Sharrieff, dem Schwiegersohn des Stifters.
Das Gesamtziel aller B. M. ist die Regierung der Erde durch die Schwarzen, denn zu Beginn der Welt hat Allāh nur *schwarze* Menschen geschaffen. Als Allāh später dann den »Gelehrten der Hölle« Experimente erlaubte, da hat *Yaqub,* ein Hauptfeind Allāhs, vor 6000 Jahren aus Rebellion gegen Allāh die »*weißen* Teufel« geschaffen, was ihm jedoch nur stufenweise gelang über die Bildung brauner, roter und gelber Menschen. Danach haben die Weißen die Herrschaft über die Welt den Schwarzen entrissen. Ziel des Geschichtsablaufs ist die Wiedereinsetzung der Schwarzen in ihre ursprünglichen Rechte als »ständige Herrscher der Erde«. Malcolm X sieht die Schwarzen in einer Bruderschaft mit allen Farbigen: »Die Roten, die Braunen, die Gelben, alle gehören zur schwarzen Nation. Was bedeutet: Schwarze, Braune, Rote, Gelbe – alle sind Brüder, alle eine Familie. Der Weiße allein ist ein Fremdling. Er ist Außenseiter.« Die Frontstellung gegen die Weißen ist zugleich ein Angriff auf deren Religion, das Christentum. Malcolm X sagt: »Selbst die Religion ist Zeuge weißer Vorherrschaft. Ein weißer Jesus! Eine weiße Jungfrau! Weiße Engel! Alles weiß! Aber: ein schwarzer Teufel!« Und bei anderer Gelegenheit sagt er: »Alles was das Christentum für die Schwarzen getan hat, ist: Es hat sie in Sklaverei gehalten.«
In besonderer Weise richtet sich die Hoffnung der schwarzen Muslime Amerikas auf die schwarzen Brüder in Afrika, mit denen sie sich durch das gleiche Geschick der Sklaverei und Unterdrückung durch die Weißen verbunden fühlen.
Der geheimnisvolle W. D. Fard, der als neuer Prophet die Lehre Allāhs bringt und den Schwarzen die Hoffnung auf eine neue Zukunft eröffnet, wird als eine Inkarnation Allāhs verehrt. Sein lautloser Abgang im Jahr 1934 wird mit der Entrückung des Mose oder der Himmelfahrt des Elija verglichen.
Die Organisation der B. M., die auf die Schwarzen Nordamerikas eine starke Anziehungskraft ausübt, unterhält eigene Schulen, die größere Chancen im beruflichen Aufstieg ermöglichen. Ihr gehören

landwirtschaftliche Betriebe, Warenhäuser und Geschäftsunternehmen, die alle im Dienst eines forcierten schwarzen Rassismus stehen.

Zu ihren besonderen Geboten gehört die Treue in einer monogamen Ehe. Ähnlich wie im Islam ist das Trinken von Alkohol und das Essen von Schweinefleisch verboten. Darüber hinaus besteht ein Verbot des Tabakrauchens.

Vom traditionellen Islam ist das tägliche fünfmalige Gebet übernommen, die Ausrichtung nach Mekka als heiliger Stadt ist allerdings nur für das bei Sonnenaufgang zu sprechende Morgengebet verpflichtend. Der Koran wird als heilige Schrift anerkannt.

Die Mitglieder der B. M., die straff organisiert sind, nennen sich »Brüder« und »Schwestern«. Sie gehören jeweils einer Moschee an, die unter der Leitung eines Imāms (»Führer«) steht.

Literaturauswahl

Brandes, V. / Burke, J.: USA. Vom Rassenkampf zum Klassenkampf. Die Organisierung des schwarzen Widerstandes. München 1970 (dtv 669)

Haley, A. (Hrsg.): Der schwarze Tribun – Malcolm X. Eine Autobiographie. Frankfurt/M. 1966

Lincoln, C.E.: The B.M. in America. Boston 1963

Mühlen, N.: Die schwarzen Amerikaner. Anatomie einer Revolution. Stuttgart 1964

BON-RELIGION

Die B.-R. ist die einheimische und bereits vorbuddhistische Volksreligion der Tibeter, die man ursprünglich als *lha-chos* (»heilige Lehre«) im Gegensatz zu *mi-chos* (»menschliche Lehre«) bezeichnet.

Gegenwärtiges Hauptverbreitungsgebiet der *Bon-po* (= »Anhänger des Bon«) ist der Osten Tibets. Das heutige *Bontum,* das eine Verwandtschaft mit dem →Schamanismus, dem →Taoismus, dem tibetischen →Buddhismus (Lamaismus), aber auch mit dem →Hinduismus und →Manichäismus zeigt, ist die älteste autochthone der →tibetischen Religionen.

Als ihr Stifter gilt *gShen-rab mi-bo* (»der Mensch, der höchste gShen«). Dieser »Lehrer« und »Meister«, der als 82jähriger 10 Frauen mit 8 Söhnen und 2 Töchtern hinterläßt, genießt bei seinen Anhängern göttliche Verehrung.

Im 7. Jh., als der Stamm Bö (Bod) südlich von Lhasa das 1. großtibetische Reich gründet, beginnt die buddhistische Missionierung Tibets und mit ihr eine jahrhundertealte Auseinandersetzung zwischen beiden Religionen. Aus der Beeinflussung beider Religionen entstehen sowohl der eigenständige lamaistische →Buddhismus wie auch die »reformierte« B.-R. Dieser *systematisierte Bon* wirkt bis in die Gegenwart hinein.

Die ersten 7 alttibetischen Könige sind an einem Geisterseil (*dmu-thag*) vom Himmel auf die Erde herabgestiegen, und sie sind nach ihrer Regierungszeit auf dieselbe Weise in ihre himmlische Welt zurückgekehrt.

Von den Gottheiten (*lha*) der B.-R. sind zu nennen: *Yum-chen,* die »große Mutter«, der Weisheitsgott *gShen-lha od-dkar* (= der »gShen-Gott des weißen Lichts«) und der in diesem Zeitalter regierende Weltgott *Sangs-po bum-khri.*

Die in drei Bereiche (Himmel, Luftraum, Erde) aufgegliederte Welt ist von einer großen Anzahl von Geistern (*dmu*) bewohnt. Zu den Himmelsgeistern zählen die *bdud,* die vom Lamaismus zu Teufeln degradiert wurden. Im Luftraum gibt es die *btsan* und in den Gewässern die *klu,* in den Bäumen die *gnyan* und im Erdboden die *sa-bdag* und *sri.*

Als Opfergaben werden Tuchstücke, Fahnen und Steine an gefürchteten Wegstrecken und in Bergpässen hingeworfen. Darüber hinaus sind blutige Tieropfer von Yaks, Pferden, Schafen und Affen bekannt.

Es gibt eigene Bon-Heiligtümer und Bon-Klöster mit einem Priesterstand. Die *Bon-Priester,* die sich durch Musik und Tänze in Trance versetzen, begeben sich auf den *Seelenflug,* bei dem sie Himmel und Unterwelt durchreisen. Sie sagen die Zukunft voraus und beschwören die Geister.

Literaturauswahl

Hermanns, M.: Mythen und Mysterien, Magie und Religion der alten Tibeter. Köln 1956

Hoffmann, H. (Hrsg.): Quellen zur Geschichte der tibetischen B.-R. Wiesbaden 1950

Karmay, S.G.: The Treasury of Good Sayings. A Tibetan History of Bon. Oxford 1972

Snellgrove, D.: Nine Ways of Bon. London 1967

BRAHMANISMUS

Als B. im engeren Sinn bezeichnet man die indische Religion zwischen 900 und 400 v. Chr., in deren kultischem Mittelpunkt das *brahman* (→S. 61) als beherrschendes Weltprinzip steht und in der die Brahmanen (→S. 62) als Angehörige der obersten Kaste eine beherrschende Stellung einnehmen. Die brahmanische Religion stellt die zweite der drei geschichtlichen Entwicklungsstufen in der indischen Religionsgeschichte nach dem →Vedismus und vor dem →Hinduismus dar. Die zweite und dritte Epoche zusammen werden in Indien selbst als B. im weiteren Sinn verstanden.

Die indogermanische Kultur in Indien entwickelt sich seit 900 v.Chr. zu einer blühenden Zivilisation. Das im Vedismus herausgebildete Kastensystem hat sich in vier Großkasten gefestigt. Da die Eroberung der Gangesebene durch die arischen Stämme abgeschlossen ist und die Krieger in Friedenszeiten von geringerer Bedeutung sind, erreichen die Brahmanen als Priester und Lehrer nach und nach die führende geistige Stellung in der arischen Gesellschaftsordnung vor den Kriegern. Das von den Brahmanen zelebrierte Opferritual erhält im B. einen zentralen Stellenwert.

Gegen die mit der Zeit zunehmende Veräußerlichung der Religion und gegen die Vorherrschaft der Priesterkaste wenden sich im 6. Jh. v.Chr. die Erneuerungsbewegungen des →Buddhismus und des →Jainismus.

Die politische Umwelt, in der die Reformatoren Buddha (ca. 563–483 v.Chr.) und Mahāvīra (ca. 539–467 v.Chr.) wirken, ist durch eine Anzahl kleinerer, von Königen regierter Staaten gekennzeichnet – 16 arische Königreiche zwischen Indus und Golf von Bengalen –, die an die Stelle der größeren arischen Lehensstaaten getreten sind.

Götterwelt

Die brahmanische Götterwelt erfährt gegenüber der im Vedismus eine Abwertung zugunsten der Opferpriester, der Brahmanen. Die Abhängigkeit der vedischen *devas* (→Vedismus) vom Opfer und damit von der Priesterklasse wird im B. weitergeführt, so daß die Götter jetzt ohne Hilfe des Rituals machtlos sind. Andererseits werden diejenigen vedischen Götter, die vom Opferritual der Priester bisher unabhängig waren, die *asuras* (→Vedismus), zu gefährlichen Dämonen degradiert.

Unter den *devas,* denen die Rolle gehorsamer Werkzeuge der Priesterklasse zukommt, nimmt *Prajāpati* (sanskr. »Herr der Geschöpfe«) als Personifizierung des Priestertums eine Ehrenstellung ein. Er ist nach den *Brāhmanas* (→S. 64) höchster Priester und Schöpfer des Rituals. Als Universal- und Schöpfergottheit entläßt er aus sich das weibliche Prinzip *vāc* (»Rede, Wort«), paart sich als männliches Prinzip mit diesem und ruft so die empirische Welt ins Leben. Prajāpati ist Vater der Götter und Dämonen sowie Mehrer der arischen Nachkommenschaft und aller Geschöpfe. Dieser Schöpfergott ist das personifizierte Gegenstück und die Manifestation des transzendenten Absoluten und Einen, des *brahman*.

Vom Selbst (atman) zum Absoluten (brahman)

Im ursprünglichen Vedismus ist *brahman* noch ein Zauberspruch beim Opfer, ein magisches Prinzip, das den Worten *(mantra)* der heiligen Hymnen eigen ist und den Göttern, die in diesen Hymnen verehrt werden, mystische Kräfte verleiht. Im B. wandelt sich die Bedeutung des *brahman* vom Gebet zum Objekt des Gebets, zum beherrschenden Prinzip und Urgrund allen Seins, aus dem alles hervorgeht »wie aus der Spinne der Faden und aus dem Feuer der Funke«. Im *brahman* sind die »Weltwesen umschlossen wie in einem Schiff«. Erst im späteren →Hinduismus wird aus dem Neutrum »brahman« der männliche Brahma, ein Gott der Schöpfung.

Die Priestertexte der *Brāhmanas* verstehen das *brahman* als die unpersönliche, weltschöpferische Potenz. Nach den *Upanishaden* (→S. 64) ist *brahman* das durch nichts Bedingte, für sich allein existierende Absolute. Dieses allem Seienden zugrunde liegende absolute kosmische Prinzip ist zugleich das umfassende All-Eine. Es steht hinter der Vielheit der Erscheinungen, hinter Raum und Zeit. Von ihm hat die Welt der Erscheinungen ihre sichtbare Gestalt. Das *brahman* ist formlos und namenlos, unvergänglich und unveränderlich, eigenschaftslos und geschlechtslos, ein Neutrum. Als ungeteiltes Ganzes und All-Eines steht es jenseits der Erscheinungswelt, in der es Teilung, Eigenschaften, Formen, Namen, Vergänglichkeit, Veränderlichkeit, Empfindung und Geschlechtlichkeit gibt. Es liegt auch jenseits von Gut und Böse. Es durchdringt die ganze Welt, wie »Salz das Wasser salzig macht«. Dieses *brahman* ist absolut transzendent und kann in seiner Eigenschaftslosigkeit, Ungeteiltheit und Ganzheit intellektuell nicht erfaßt, begriffen oder formuliert werden. Nur in ekstatischer Schau läßt es sich teilweise erschließen, und hier nur wenigen Mystikern.

Parallel mit der Suche nach dem einen Prinzip der Welt und dessen Formulierung im *brahman* geht die Suche nach einem Einheitsprinzip im menschlichen Dasein, und man findet es im *atman* (sanskr. »Odem, Hauch«) als dem tiefsten Wesen des Menschen. Während das *brahman* das Urprinzip allen Seins und die Grundsubstanz des Makrokosmos ist, wird diese im Mikrokosmos durch den *atman,* das Selbst und das eigentliche Wesen eines Seienden, dargestellt. Der *atman* ist das einzig wahre Sein, das wahre Selbst des Menschen. Er ist Träger des Bewußtseins und Inbegriff der Lebenskräfte, die Seele des Menschen. Nach den *Upanishaden* ist der *atman* der im Menschen verborgen ruhende göttliche Urgrund, gleichsam der im einzelnen Menschen eingeschlossene Funke des absoluten *brahman.* Die ursprüngliche Bedeutung des *atman* von Atem und Lebenshauch wird bald zum Urhauch der Schöpfung überhaupt, ja durch seine Identifizierung mit dem *brahman* zum Weltprinzip.

Die Einheitslehre der *Upanishaden* gipfelt in der Erkenntnis, daß *brahman,* das kosmische Prinzip, und *atman,* das psychische Prinzip, völlig wesensgleich sind. Dieses Wissen um Identität von *brahman* und *atman* kann nicht bewiesen, sondern nur in mystischer Ekstase – da sie an der Schwelle zur Transzendenz steht und sie überschreitet – erlebt und erfahren werden. Mit der Identitätsformel *aham brahma asmi* (sanskr. »ich bin brahman«) bringt der

Mystiker zum Ausdruck, daß er die Einheit der Einzelseele *(atman)* mit der Weltseele *(brahman)* sieht. Die Identität von *atman* und *brahman* ist in den Versen ausgesprochen:

> Was jene Feinheit ist,
> das hat diese ganze Welt zur Seele,
> das ist die Wahrheit,
> das ist atman,
> das bist du selbst *(tat tvam asi)*.

Der letzte Vers wird *mahāvakyam* (sanskr. das »große Wort«) genannt und gilt als die Summe aller *Upanishaden*-Lehren. Mit diesem Vers »das (= *brahman*) bist du (= *atman*)« ist die mystische All-Einheitslehre ausgesprochen, wonach dein *atman* identisch ist mit dem allumfassenden *brahman*.

Zu wissen, daß *brahman* und *atman* eins sind, ist das »höhere Wissen« *(parā vidyā)* der *Upanishaden* im Unterschied zum »niederen Wissen« *(aparā vidyā)* der *Veden*. Wer dies weiß, daß der *atman*, die (individuelle) Seele mit dem *brahman*, der Weltseele, identisch ist, der hat die *moksha* (sanskr. »Erlösung«) gefunden. Denn durch die Erkenntnis „Ich bin brahman« ist man befreit von jedwedem Verlangen, und was kann man noch begehren, wenn man schon alles hat?

Da es kein Werden gibt, nur ein Sein, sind die Seelen schon von Ewigkeit her erlöst, nur sind wir uns dessen nicht bewußt. »Aber gleichwie einen verborgenen Goldschatz jemand, der die Stelle nicht weiß, nicht findet, obwohl er immer wieder darüber hinweggeht, ebenso finden alle diese Kreaturen diese Brahmanwelt nicht, obwohl sie tagtäglich (im tiefen Schlaf) in sie eingehen; denn durch die Unwahrheit werden sie abgedrängt.« Doch der Weg hin zu dieser Erkenntnis der bereits erfolgten Erlösung, d.h. zum Wissen um die Identität von *atman* und *brahman*, führt über zahllose irdische Existenzen, die der Mensch in einem ruhelosen Kreislauf der Wiedergeburten durchläuft. »Wie Schöpfeimer am Wasserrad umlaufen, so kommt der Mensch stets wieder im Mutterschoß zur Geburt.«

In der Fünffeuerlehre der *Upanishaden* ist die Lehre von der Seelenwanderung (*samsāra* = »zurückkehrender Lauf«) eingeschlossen. Sie beginnt mit der Erschaffung des Menschen durch ein fünffaches Opferfeuer der Götter und endet mit dem Tod des Menschen, dessen Leichnam im Feuer verbrannt wird. Die Verbrennung der Toten wird mit einer Opferung des Leichnams verglichen. Wie die Opferspende ins Feuer geworfen wird, um aus ihm in vergeistigter Form zu den Göttern emporzusteigen, so ist auch das Feuer, in welchem der Leichnam verbrannt wird, ein Opferfeuer. »In diesem Feuer opfern die Götter den Menschen, und aus dieser Opferung geht der Mensch in lichtfarbener Gestalt hervor.« Analog dazu erscheint die Rückkehr des Menschen aus dem Jenseits als ein Durchgang desselben durch fünf Opferfeuer, in dem der Mensch geopfert wird, um als Mensch wieder zu erstehen. Der große *Guru Yājñavalkya* (630–583 v.Chr.), ein Schüler des Uddālaka Aruni, lehrt, daß sich der Mensch bei seinem Tod zwar auflöst, der Körper zur Erde, das Blut zum Wasser, der Atem zum Wind, das Sehvermögen zur Sonne, der Verstand zum Mond zurückkehrt, aber sich die nicht vergoltenen Taten sammeln und sich aufs neue in einem Lebewesen inkarnieren. Auf diese Weise wird die Vorstellung von der Seelenwanderung und Wiedergeburt in den *Upanishaden* mit dem *karman* (sanskr. »Tat, Werk«), dem Gesetz der wirkenden Tat, verbunden. Das *karman*, ursprünglich das rituelle Werk, ist jetzt jede Tat eines lebenden Wesens und wirkt automatisch auf die Zukunft, indem es nicht nur nach dem Tod die Wiedergeburt, sondern auch die Art dieser Wiedergeburt bestimmt (→Kastenordnung). Der Mensch wird das, was er tut. Gute Taten im vorausgegangenen Leben bewirken bessere Lebensverhältnisse in einer künftigen Existenz, schlechte Taten schaffen schlechtere Verhältnisse bei der Wiedergeburt. So bestimmt der Mensch selbst durch seine guten oder schlechten Taten sein eigenes Schicksal in der Welt, die Schauplatz der Vergeltung ist. Das *karman* ist also die Summe aller nicht vergoltenen Taten, die zu einer Wiedergeburt drängen. Dieses Gesetz des Handelns bindet den Menschen so lange an die Kette von Geburt und Tod *(samsāra)*, bis alle seine Taten vergolten sind und ein neues karman nicht mehr entstehen kann. Da der *atman* als das eigentliche Wesen der Dinge in allem Wechsel des Daseins stets unveränderlich bleibt, stellt er bei der Seelenwanderung die Kontinuität des Selbst dar.

Kastenordnung

Die Kasten bleiben wie im Vedismus Grundlage der Gesellschaftsordnung. An ihrer Spitze steht jetzt der höheres Ansehen genießende Stand der Priester und Lehrer (Brahmanen) vor dem Kriegeradel *(kshatriyas)*, da die Eroberung der Gangesebene (Hindustan) abgeschlossen ist und die Krieger in Friedenszeiten von geringerer Bedeutung sind. Zudem haben die Priester wegen der nun höheren Wertschätzung der Opferrituale an Bedeutung gewonnen, da sie – wenn das Opfer die Götter zu Gegenleistungen verpflichtet – die heiligen Opferformeln kennen. Ein Sprichwort sagt von ihnen: »Das ganze Weltall ist den Göttern untertan, die Götter sind den Beschwörungen untertan und die Beschwörungen den Brahmanen. Daher sind die Brahmanen unsere Götter.«

Die Krieger- und Adelsklasse *(kshatriyas)* bildet die zweite Kaste. Sie repräsentiert die weltliche Macht. Ihre Funktion ist, zu herrschen und das Land vor Feinden zu schützen. Die dritte Kaste bilden die reinrassig gebliebenen Siedler *(vaishyas)*. Als Bauern, Händler, Handwerker und Viehzüchter versorgen sie die anderen Klassen mit dem Lebensnotwendigen.

Diesen drei oberen und den Ariern zugehörigen Kastenmitgliedern steht die vierte Kaste der Nichtarier *(shudras)* gegenüber. Sie besteht aus den sozial abgestiegenen Ariern, die sich mit der unterworfenen Urbevölkerung vermischt haben und des-

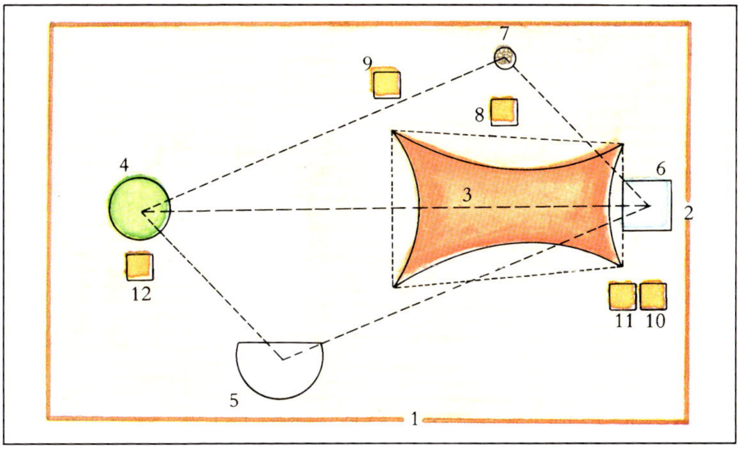

Kultbezirk-Grundschema *im Brahmanismus/Vedismus*
1. *Südeingang*
2. *Osteingang*
3. *Opfergrube (vedi) in Form einer weiblichen Taille*
4. *runder Herd (Gārhapatya-Feuer)*
5. *halbmondförmiger Herd (Ānvāhāryapacana-Feuer)*
6. *quadratischer Herd (Ahavanīya-Feuer)*
7. *Abfallhaufen (utkara)*
8. *Sitz des Feueranzünders (agnidhra)*
9. *Sitz des Rufers (hotar)*
10. *Sitz des Opferpriesters (brahman)*
11. *Sitz des Opferherrn (yajamāna)*
12. *Sitz der Frau des Opferers (patnī)*

halb auch die »Unreinen« genannt werden. Als besitzlose Tagelöhner sind sie die Diener und Knechte der drei oberen Stände.

Diese soziale Einteilung der Gesellschaft in vier Hauptklassen ist ein religiöses Dogma, da die Zugehörigkeit zu einer bestimmten sozialen Klasse mit der Lehre von *samsāra* (→S. 62) und *karman* (→S. 62) begründet wird. Die *Upanishaden* lehren: »Welche hier einen erfreulichen Wandel haben, für die ist Aussicht, daß sie in einen erfreulichen Mutterschoß eingehen, einen Brahmanenschoß oder Kshatriyaschoß oder Vaishyaschoß; – die aber hier einen stinkenden Wandel haben, für die ist Aussicht, daß sie in einen stinkenden Mutterschoß eingehen, etwa in einen Candālaschoß.« Ein *candāla* gehört zu der verachteten vierten Klasse, da er ein rassischer Mischling von einem nichtarischen Shudramann und einer arischen Brahmanenfrau ist.

Vier ideale Lebensstadien

Der Werdegang eines Brahmanen verläuft in vier Lebensstadien *(āshramas)*. Nachdem er im Jugendalter seine Lehrzeit als *brahmacārin* (sanskr. »Brahmanenschüler«) im Haus seines Lehrers mit dem Vedastudium verbracht hat, soll er in der nächsten Periode seines Lebens, im Mannesalter, als *grihastha* (sanskr. »Hausvater«) eine Familie gründen und den Opferkult vollziehen. Wenn ein Brahmane diese häuslichen Pflichten (Sohnzeugung und Opferdarbringung) erfüllt hat, dann muß er mit beginnendem Greisenalter Haus und Familie verlassen und in die Waldeinsamkeit ziehen – manchmal begleitet von seiner Ehefrau –, um als *vānaprastha* (sanskr. »Waldeinsiedler«) nur der Askese und Meditation zu leben. Im vierten und letzten Lebensabschnitt soll er im höchsten Alter als *sannyāsin* (sanskr. »heimatloser Bettler«) besitzlos umherpilgern. Gemäß dem Ideal der brahmanischen Religion sollte das Leben eines jeden Angehörigen der drei obersten Kasten in diesen vier Lebensstadien verlaufen.

Rituale

Kennzeichnend für den B. ist das überaus umfangreiche und komplizierte Ritual, mit dessen Hilfe man über die Kräfte der Natur und sogar über die Götter verfügen kann. Auf das Opfer (sanskr. *yajña*) wird dabei besonderer Wert gelegt, da es von kosmischer Bedeutung ist und die Welt in Ordnung hält. Selbst der Ablauf des Kosmos kann durch das Ritual gelenkt werden, demzufolge sogar die Sonne am Morgen nicht mehr aufgeht, wenn nicht allmorgendlich das Opfer durch den Brahmanen als Opferpriester dargebracht wird. Durch das Opfer sind die Götter zum Himmel gelangt, durch das Opfer werden die Dämonen gebannt, und im Opfer ruht das All.

Am Neumond- und Vollmondtag spendet man den Göttern Opferkuchen. Zu Frühlingsanfang bringt man das Erstlingsopfer dar, das aus Gerstenkörnern besteht. Reiskörner opfert man zu Herbstanfang, und mit Beginn der Regenzeit wird das Tertialopfer dargebracht, um einen guten Viehbestand zu erhalten.

Im Opferfeuer werden den Göttern die Opfergaben übergeben. Das *Gārhapatya-Feuer* ist das erste von drei Opferfeuern. Der Erde und dem *rigveda* entsprechend, brennt es in einer runden Herdeinfassung und dient zum Kochen der Opfergaben. Das *Anvāhāryapacana-Feuer* ist das zweite bzw. mittlere Opferfeuer, das dem Luftraum und dem *yagurveda* entspricht, auf halbmondförmigem Herd brennt und die Dämonen abwehren soll. Das dritte Opferfeuer ist das *Āhavanīya-Feuer,* das mit dem Himmel und dem *samaveda* in Parallele gesetzt ist. Es wird dem ersten *Gārhapatya-Feuer* entnommen, und in ihm, dessen Herd viereckig ist, werden die Opfergaben brennend den Göttern dargebracht.

Die Gebete, unter denen die Opfergaben ins Feuer gegeben werden, heißen *yājyās* (sanskr. »Begleitverse«). Die Wirksamkeit der Opfer hängt von einer möglichst genauen Beachtung des Opferrituals und aller dazu notwendigen Zeremonien ab, die von einem Opferspruch (sanskr. *yajus*) begleitet sind. Den Opfersprüchen gehen Gebete voraus, die die Götter einladen, an der Opferstätte zu erscheinen, und die mit der mystischen Silbe »om« enden. Diese aus den drei Lauten a-u-m (aus der Dreiheit zu einer Einheit) zusammengefügte Silbe bedeutet etwa: »was war, ist, sein wird«, und sie hat für den Meditierenden eine magische Kraft: »Gleichwie eine Spinne aus Fäden emporklimmend (aus dem Verlies, in welches sie hinabgestiegen, wieder) ins Freie gelangt, so, fürwahr, gelangt der Meditierende, durch den Laut *om* emporsteigend, zur Freiheit.«

Literatur des Brahmanismus

Literarisch wird der B. – außer in den *Veden* (→Vedismus) durch die *Brāhmanas, Āranyakas* und *Upanishaden* bezeugt. Die *Brāhmanas* (sanskr. »Priestertexte«) schließen sich unmittelbar an die vier *Samhitas* der *Veden* an und bilden Kommentare dazu. Zwischen 900 und 700 v. Chr. entstanden, sind sie das Werk einiger Generationen von Brahmanen der verschiedenen vedischen Schulen. Diese älteste Dogmatik der Brahmanen ist in umständlich trokkener Sanskrit-Prosa abgefaßt. Sie enthält sehr ins Detail gehende Vorschriften *(vidhi)* für die Ausführung der Opfer, deren symbolische Erklärung *(arthavāda)* und Begründung der Vorschriften aus alten Legenden und Sagen. »Die Seele aller Wesen, aller Götter ist dies, das Opfer.« Enthalten sind ferner Spekulationen über die Entstehung der Welt.

Den *Brāhmanas* eingefügt oder angehängt sind die *Āranyakas* (sanskr. »Waldtexte, zum Walde gehörend«) mit ihren ritualistisch-mystischen Traktaten priesterlicher Eremiten. Sie enthalten in der Hauptsache Darlegungen bestimmter und besonders heiliger Riten, die mystische Kräfte hervorbringen, sowie deren Symbolik. Bestimmt sind diese Schriften für Einsiedler, die sich der Askese und Meditation widmen, und nur der Berufene in der Einsamkeit des Waldes *(aranya)* – wie z. B. der *vānaprastha* (»Waldeinsiedler«; →S. 63) – soll sich mit diesen »Wald«-Texten beschäftigen.

Den *Āranyakas* eingefügt oder angehängt sind die *Upanishaden* (sanskr. »Geheimlehren«, das »Sich-daneben-Setzen« [des Schülers beim Lehrer]), die in ihrer Gesamtheit auch als »Vedanta« (sanskr. »am Ende des Veda stehend«) bezeichnet werden, da sie allgemein die Schlußkapitel der einzelnen *Brāhmanas* bilden. Sie sind ab 800 v. Chr. entstanden und von Autoren verschiedener Zeiten und unterschiedlichem Rang verfaßt. Es handelt sich um philosophisch-mystische Traktate mit esoterischen Lehren, welche die Schüler von ihren Lehrern, mit denen sie in Meditationsgemeinschaft *(ashram)* leben, in »geheimen Sitzungen« ins Ohr gesagt bekamen, wenn sie ganz in ihrer Nähe saßen *(upa-ni-shad)*. Diese *Upanishaden* geben individuelle Erfahrungen von Mystikern über ihre Meditationen und Visionen wieder. Sie beschäftigen sich mit den Problemen um Geburt und Tod, Schicksal nach dem Tod und Seelenwanderung. Sie bieten zugleich eine Antwort auf die Fragen nach dem Sinn von Leben und Tod und offenbaren eine tiefsinnige Erlösungsmystik.

In den *Upanishaden* vollzieht sich allmählich der Übergang von der reinen Opfermystik der *Brāhmanas* (der »niederen Wissenschaft«) zu der Erkenntnis der Identität von Einzelseele *(atman)* und Allseele *(brahman)* (der »höheren Wissenschaft«). Ihre Anzahl ist unbestimmt, da frühere Texte nicht allgemein als authentisch gelten, und neuere Texte bis in die jüngste Zeit hinzugefügt sind. Gewöhnlich wird die Zahl von 108 *Upanishaden* genannt.

Die ältesten *Upanishaden (Brihadāranyaka-, Chāndogya-, Taittirīya-, Aitareya-, Kaushītaki-, Kena-Upanishad)* sind in Prosa mit nur wenigen Versen verfaßt. In Sprache und Stil, nicht jedoch im Inhalt, gleichen sie den *Brāhmanas*.

Eine zweite Gruppe von *Upanishaden (Kāthaka-, Ishāvasya-, Shvetāshvatara-, Mundaka-, Mahānārāyana-Upanishad)* ist gänzlich in Versen abgefaßt und in Form und Inhalt losgelöst von den *Brāhmanas*.

Die dritte Gruppe *(Prashna-, Maitrāyana-, Māndūkya-Upanishad)* ist wieder in Prosa verfaßt und zeigt eine inhaltliche Angleichung an Richtungen der nachvedischen Zeit.

Alle übrigen *Upanishaden (Sannyāsa-, Yoga-, Sāmānya-Vedanta-, Vaishnava-, Shaiva-, Shakta-Upanishad)* werden zum *Atharvaveda* gerechnet.

Zeittafel

Vor der christlichen Zeitrechnung

ab 900 Übergang von der vedischen zur brahmanischen Epoche

900–700 *Brāhmanas* (Priestertexte)

ab 800 *Upanishaden/Vedanta*

7. Jh. Guru Uddālaka (Aruni)

630–583 Guru Yājñavalkya Vājasaneya

513 Darius I. (521-485) erobert einen Teil des Indusgebietes, Gandhara und Sind gehören zum persischen Weltreich

ca. 500 16 arische Königreiche zwischen Indus und Golf von Bengalen

ca. 563–483 Reformator Gautama Buddha, Stifter des Buddhismus

ca. 539–467 Reformator Mahāvīra, Stifter des Jainismus

Literaturauswahl

Deussen, P.: Sechzig Upanishad's des Veda. Darmstadt ⁴1963

Gonda, J.: Vedic Literature (Samhitas and Brahmanes). Wiesbaden 1975

Keith, A.B.: The Religion and Philosophy of the Veda and Upanishads. Cambridge (MA) 1925

Rau, W.: Staat und Gesellschaft im Alten Indien, nach den Brahmana-Texten dargestellt. Wiesbaden 1957

Der B. ist die auf Siddhārta Gautama (ca. 563–483 v.Chr.) aus Kapilawastu am Himalaja (heute Nepal) als Stifter zurückgeführte und nach dessen Ehrentitel Buddha (sanskr. »Erleuchteter«) benannte Religion, deren Anhänger in ihrer Gesamtheit als Buddhisten bezeichnet werden.
Der in Auseinandersetzung mit dem →Brahmanismus entstandene B. gehört gemäß seiner Herkunft zu den →indischen Religionen und ist eine →Weltreligion.

Heutige Verbreitung

Die Buddhisten bilden die viertgrößte Religionsgemeinschaft der Welt nach →Christentum, →Islam und →Hinduismus. Ihre Zahl beträgt heute 309 127 000, d.h. 5,7% der Weltbevölkerung. Von ihnen leben 99,4% in Asien.
Ostasien.
Verbreitet ist die buddhistische Weltreligion heute in 86 Ländern, darunter als Religion der Mehrheit in Japan, Thailand, Burma, Vietnam, Sri Lanka, Kambodscha, Laos und Bhutan.
Für Thailand und Kambodscha ist der B. in der Form des Hinayāna (→ S. 69) Staatsreligion und für Bhutan in der des Lamaismus (→ S. 74) der Rotmützen.
Aber auch als Minderheit, u.a. in China, Taiwan, Südkorea und Indien, übt der B. einen starken geistigen Einfluß aus. Selbst in Sikkim, wo nur 27% der Bevölkerung dem lamaistischen B. der Rotmützen angehören gegenüber 65% Hindus – ist dieser Staatsreligion.
In Europa leben u.a. in Großbritannien 121 000 und in Frankreich 29 300 Buddhisten.
Die buddhistischen Gemeinden in Deutschland sind im Dachverband der »Deutschen Buddhistischen Union« mit Sitz in Hamburg zusammengeschlossen, die selbst Mitglied der »World Fellowship of Buddhists« (→S. 94) mit Zentrum in Bangkok ist.

BUDDHISTEN		
Erdteile	Anhänger	% aller Buddh.
1. Asien	307 323 000	99,4
2. Nordamerika	554 000	0,2
3. Lateinamerika	530 000	0,2
4. GUS	404 000	0,1
5. Europa	271 000	0,1
6. Ozeanien	25 000	–
7. Afrika	20 000	–
	309 127 000	100

BUDDHISTEN			
86 Länder	Anhänger	Mehrheit d. Landes/ Staatsreligion	% aller Buddh.
1. Japan	74 490 000	Mehrh.	24,1
2. China	57 200 000	–	18,5
3. Thailand	53 420 000	Mehrh./Staats-R.	17,3
4. Burma	37 580 000	Mehrh.	12,2
5. Vietnam	36 570 000	Mehrh.	11,8
6. Sri Lanka	11 850 000	Mehrh.	3,8
7. Taiwan	8 700 000	–	2,8
8. Kambodscha	7 600 000	Mehrh./Staats-R.	2,5
9. Indien	5 900 000	–	1,9
10. Südkorea	5 540 000	–	1,8
11. Laos	2 330 000	Mehrh.	0,7
12. Indonesien	1 770 000	–	0,6
13. Bhutan	1 000 000	Mehrh./Staats-R.	0,3
14.–86. Land	5 177 000	Mehrh. (–) Staats-R. (1 ×)	1,7
	309 127 000	Mehrh. (8 ×) Staats-R. (4 ×)	100

LEBENSWEG DES SIDDHĀRTA GAUTAMA, EINES BUDDHA

Die Geschichte vom Leben des Siddhārta Gautama Buddha trägt historische, legendäre und dogmatische Züge. Sie verläuft in vier großen Zyklen, in deren Mittelpunkt vier Hauptereignisse stehen: Geburt und Kindheit, Weg zur Erleuchtung, Lehr- und Wanderjahre, Lebensende und nirvāna.

Geburt und Kindheit

Siddhārta Gautama (sanskr.; Pali *Siddhattha Gotama*) wird um das Jahr 563 v.Chr. in Kapilawastu (sanskr.; Pali *Kapilawatthu*) am Fuße des Himalaja, unweit des heutigen Paderia in Nepal, geboren. Zu seinem Familiennamen Gautama erhält er den Prinzennamen Siddharta (»einer, der das Ziel erreicht hat«). Sein Vater Shuddhodana (sanskr.; Pali *Suddhōdana*) führt den Titel König *(rājan),* ist aber kein Monarch im heutigen Sinne, sondern reicher Großgrundbesitzer und – als primus inter pares – Vorsitzender eines aristokratisch regierten Gemeinwesens der *shākyas* (»Gewaltigen«). Nach diesem Adelsgeschlecht wird Siddhārta auch als Shākyamuni (»Weltflüchtiger aus der Shākya-Sippe«) bezeichnet. Die *shākyas* sind ein Stamm der arischen *kshatriyas,* der Kriegerkaste. Siddhārtas Mutter, die sieben Tage nach seiner Geburt stirbt, heißt Māyā (»Illusion«). Ihre Schwester Mahāpajāpati, die der Vater später heiratet, wird Siddhārtas Pflegemutter. Der Prinz Siddhārta erhält in dem Adelsfreistaat eine seinem Rang entsprechende Erziehung. Hier, wo die Vertreter der führenden Adelsschichten über Fragen der Gesetzgebung und Verwaltung öffentlich beraten und entscheiden, kann er Erfahrungen über parlamentarische Verwaltungsmethoden sammeln, die später für den Aufbau seiner Ordensgemeinde wichtig sind. Mit 16 Jahren wird der Prinz Siddhārta standesgemäß mit einer *shākya*-Prinzessin, seiner Kusine Yashodharā, vermählt. Der aus dieser Ehe entsprossene Sohn erhält den Namen Rāhula (»Hindernis«). Das am elterlichen Fürstenhof geführte sorgenfreie, ja luxuriöse Leben führt der Prinz nach seiner Heirat weiter, wobei dem tiefsinnigen Siddhārta jedoch die Sinnlosigkeit solchen Lebens immer deutlicher bewußt wird. Diese Überlegungen verstärken sich, als er bei drei Ausfahrten aus dem väterlichen Schloß menschlichem Leid in Gestalt eines Greises, eines Kranken und eines Verstorbenen begegnet. Ihm wird auf diese Weise eindrucksvoll bewußt, daß alle Wesen dem Alter, der Krankheit und schließlich dem Tod preisgegeben sind. Eine vierte Ausfahrt, bei der er einem Einsiedler begegnet, gibt ihm den letzten Anstoß, sein Leben in Überfluß aufzugeben und als wandernder Asket eine Antwort auf die ihn tief bewegenden Fragen menschlicher Existenz zu suchen. So verläßt er in der »Nacht der großen Entsagung« heimlich seinen Palast, seine Eltern, die Ehefrau und das Kind – er ist im Alter von 29 Jahren –, schert sein Haupthaar, legt das gelbe Gewand des Asketen an und geht »aus dem Haus in die Hauslosigkeit«.

Weg zur Erleuchtung

Siddhārtas Weg führt zunächst zu zwei berühmten Brahmanen und Yoga-Lehrern, Arāda Kalama und Udraka Ramaputra. Da er aber nach einem Jahr nicht den erhofften Frieden bei ihnen findet, geht er in die Waldeinsamkeit zu fünf Asketen (Hindu-Heiligen), wo er sich sechs Jahre lang bis zur Abmagerung und physischen Erschöpfung in strengster Askese übt und täglich kaum mehr als ein Reis- oder Sesamkorn ißt. Aber auch hierbei kommt er seinem erstrebten Ziel nicht näher. Wegen der Nutzlosigkeit seiner bisherigen Bemühungen beschließt Siddhārta Gautama, einen grundsätzlich anderen Weg einzuschlagen, und wählt jetzt als dritte Möglichkeit den »mittleren« Weg zwischen den zwei Extremen Überfluß und Askese: die Versenkung als innere Betrachtung und Lösung von der Welt.

Eines Abends gelangt er – inzwischen 35 Jahre alt – nach Uruvelā, nahe dem heutigen Urel, unweit von Patna, und läßt sich am Flüßchen Nērajarā unter einem Pipal-Baum nieder, entschlossen, nicht eher aufzustehen, bis ihm die Erleuchtung zuteil geworden ist. Mit gekreuzten Beinen, im Lotossitz, nach Osten gewandt und im Anblick der gleichmäßig dahinfließenden Wellen des Flüßchens kommt Siddhārta zur Ruhe und gerät in tiefe Versenkung. Dabei steigt er Schritt für Schritt vier Stufen der Versenkung hinab: von der ersten Stufe der meditativen Reflexion zur zweiten, der tiefen Lust der Seele, von dort zur dritten, der matten Lust der Seele, und schließlich zur vierten, des vollkommen leid- und freudfreien Gleichmuts.

Auf dieser vierten und letzten Stufe wird während der Nacht dem Siddhārta eine dreifache Erkenntnis zuteil: In der *ersten* Nachtwache erinnert er sich an die eigenen, vorausgegangenen Geburten, an die Wanderungen von Dasein zu Dasein durch zahllose Weltzeitalter, an die vielfachen leidvollen Erfahrungen in hohen und niederen Lebensumständen, und er durchläuft noch einmal die Wege seiner früheren Existenzen von Geburt zu Tod und zur Wiedergeburt. Es ist ein nicht endender Kreislauf der Wiedergeburten. In der *zweiten,* mittleren Nachtwache sieht

1 Geburt des Siddhārta, *Schiefer, Gandhara, Karatschi, National-Mus.*

2 Buddha unter dem Baum der Erleuchtung, *Schiefer, Gandhara. Karatschi, National-Mus.*

3 Lehrender Buddha, *2./3. Jh. Kalkutta, Indisches Mus.*

4 Buddhas Parinirvāna, *Palmblatthandschrift, 12. Jh. Neu Delhi, Ind. Nat.-Mus.*

5 Großer Buddha *(daibutsu), Bronze (95 000 kg), 12,75 m hoch, 1252. Kamakura, Kōtoku-in*

Siddhārta den gegenwärtigen Zustand der Welt, wie die anderen Wesen auf ihren verschlungenen Wanderungen – entsprechend ihren Taten – im Kreislauf der Wiedergeburten entweder in lichte Welten emporsteigen oder in dunkle Tiefen hinabsinken. Er erkennt, daß die Menschen der Gegenwart – gemäß dem sittlichen Wiedervergeltungsgesetz – heute das sind, was sie im vorangegangenen Leben getan haben. In der *dritten* Nachtwache, beim Dämmern der Morgenröte, gelangt Siddhārta zu der letzten, entscheidenden Erkenntnis, daß nämlich das Grundübel in der Welt verkettet ist wie Ursache und Wirkung. Er erkennt »in Wahrheit«: 1. »Dies ist das Leiden.« 2. »Dies ist die Ursache des Leidens.« 3. »Dies ist die Aufhebung des Leidens.« Und wie bei einem logischen Schluß zieht er aus diesen drei Vordersätzen die Folgerung: 4. »Dies ist der Weg, der zur Aufhebung des Leidens führt.« – Diese sogenannten »vier heiligen Wahrheiten« sind Gegenstand der »Predigt von Benares« (→S. 68), seiner ersten Predigt. Mit dieser dreifachen Erkenntnis, *bodhi* (sanskr. »Erleuchtung«), unter dem Feigenbaum, jetzt *Bodhi-Baum* (»Baum der Erkenntnis«), an dem Ort, der heute *Bodh-Gaya* genannt wird, gelangt der Prinz Siddhārta zur höchsten, vollkommenen Erleuchtung *(samma-sambodhi).* Und mit dieser Erleuchtung hat er Erlö-

3

4

2

1

5

sung, *nirvāna* erlangt, ein Erlöschen, auf das keine Wiedergeburt mehr folgen kann. Seit jener »heiligen« Nacht, in der Siddhārta das Weltgesetz, das alle Wesen im Geburtenkreislauf gefangen hält, durchschaut und besiegt, ist er aus einem *Bodhisattva* (→S. 83) zu einem *Buddha* (»Erleuchteter«) geworden, und seitdem trägt er den Ehrentitel »Buddha« (sanskr.; chines. *fo*; tib. *sansrpyas;* jap. *butsu*).

Buddhas Lehr- und Wanderjahre

Nach anfänglichem Zaudern – Buddha fragt sich, ob die im irdischen Treiben befangenen Menschen überhaupt fähig seien, die tiefe Wahrheit vom Ursachenzusammenhang zu erkennen (die Legende läßt an dieser Stelle den Versucher Marā auftreten, der dem Buddha rät, durch Selbstmord sofort ins *parinirvāna* einzugehen) – entschließt sich Buddha, die von ihm gewonnene erlösende Erkenntnis der ganzen Welt mitzuteilen. Am siebten Tag macht er sich auf den Weg nach Benares zum Wildpark von Isipatana – beim heutigen Sarnath –, wo er die fünf ihm schon von früher bekannten Asketen trifft. Vor ihnen hält er im Meditationssitz seinen ersten Lehrvortrag, die »Predigt von Benares«, die als buddhistische Bergpredigt bezeichnet wird. Gegenstand dieses *sūtra von der Festlegung der Herrschaft des Gesetzes (dhamma-cakka-ppavattna-sutta)* sind die »vier edlen Wahrheiten«, die Buddha in der dritten Nachtwache unter dem Bodhi-Baum erkannt hat. Buddha empfiehlt darin den mittleren, dritten Weg, der zwischen einem Leben in Lust und sinnlichem Vergnügen einerseits sowie dem in strengster leiblicher Abtötung und Selbstquälerei andererseits verläuft. Nur dieser mittlere Weg führt zum Frieden, zur Erleuchtung und Erlösung.

Mit dieser Predigt (oben Mitte) setzt Buddha das »Rad der Heilslehre« *(dharmacakrapravartana)* in Bewegung. Die fünf Asketen erbitten daraufhin von ihm die Mönchsweihe, und er entspricht ihrem Wunsch. Damit tritt neben den Buddha und die Heilslehre (sanskr. *dharma;* Pali *dhamma* = »Lehre, Gesetz, Wahrheit«) auch die Ordensgemeinschaft *(sangha)* als »drittes Kleinod« des Buddhismus. Diese drei Hauptstücke des Buddhismus heißen auch die drei Juwelen *(triratna)*. Der Bekehrung der fünf Asketen folgen andere; schon bald umfaßt die neue religiöse Gemeinschaft neben dem festgefügten Orden zahlreiche gläubige Laienanhänger (Frauen und Männer), darunter auch Könige wie Prasenajit von Kosala und Bimbisāra von Magadha. Als nach drei Monaten die Jüngerzahl 60 Personen beträgt, gibt Buddha ihnen vollständige Anweisungen und sendet sie, um überall seine Lehre zu predigen, nach allen Richtungen aus mit den Worten: »Geht hin, ihr Mönche, und predigt der Welt das Gesetz. Wirket für das Beste der anderen wie für euer eigenes … Bringet die freudige Botschaft zu jedermann. Es sollen nicht zwei von euch denselben Weg einschlagen.«

> Dies, ihr Mönche, ist die edle Wahrheit vom *Leiden:* Geburt ist Leiden, Alter ist Leiden, Krankheit ist Leiden, Sterben ist Leiden; mit Unlieben vereint sein ist Leiden. Von Lieben getrennt sein ist Leiden. Nicht erlangen, was man begehrt, ist Leiden. Kurz, das Verbundensein an die fünf Objekte des Ergreifens (skandhas) ist Leiden.
> Dies, ihr Mönche, ist die edle Wahrheit von der *Entstehung des Leidens:* es ist der die Wiedergeburt erzeugende Durst, begleitet von Wohlgefallen und Begier, der hier und dort seine Freude findet: nämlich der Durst nach Lust, der Durst nach Werden und Dasein, der Durst nach Vergänglichkeit.
> Dies, ihr Mönche, ist die edle Wahrheit von der *Aufhebung des Leidens:* Die Aufhebung dieses Durstes durch restlose Vernichtung des Begehrens, ihn fahren lassen, sich seiner entäußern, sich von ihm lösen, ihm keine Stätte gewähren.
> Dies, ihr Mönche, ist die edle Wahrheit von dem *Weg, der hinführt zur Aufhebung des Leidens:* Es ist dies der edle »achtfache Pfad«, der da heißt: rechtes Glauben, rechtes Denken, rechtes Sprechen, rechtes Tun, rechtes Leben, rechtes Streben, rechte Konzentration, rechtes Sichversenken.

Unter den Jüngern (Pali *sāvaka;* sanskr. *srāvaka*) sind u.a. zu nennen: Sāriputra, Buddhas Hauptjünger und von großer Gelehrsamkeit, Ananda, sein Lieblingsjünger und Halbbruder, Upāli, der erste Lehrer der Ordensregel, Rāhula, Buddhas eigener Sohn, und Dēvadatta, sein Vetter und Schwager. Zu den Laienjüngerinnen Buddhas zählen die Frau des Yasa, eines reichen jungen Laienanhängers, sowie die Mutter des Yasa und Frau eines wohlhabenden Kaufmanns.

Buddha hat auch Gegner, zu denen Brahmanen und Asketen gehören und mit denen er Streitgespräche führt. Sein größter Gegner aber ist sein eigener Vetter und Jünger Dēvadatta, der verschiedene Möglichkeiten und Wege ersinnt, um Buddha zu töten. Zuletzt treibt er einen wilden Elefanten in einer engen Gasse auf Buddha zu. Als Buddha die ganze Kraft seiner barmherzigen Liebe auf das Tier richtet, geht der Elefant – gemäß der »Wunder«-Legende – in die Knie. Insgesamt wird in den Schriften von 77 Wundern Buddhas berichtet, so auch davon, daß einmal sieben Häretiker von Shavastri alle Mangobäume der Gegend vernichtet hatten. Als Buddha dann eine Mangofrucht ißt und deren Samen aussät, entsteht sogleich aus dem Samen ein neuer Mangobaum, der auch erblüht.

Als geistlicher Lehrer, der es versteht, seinen Hörern in Bildern und Gleichnissen eindrucksvoll die Wahrheiten zu verkünden, erwirbt sich Buddha höchste Achtung.

Während seiner 45jährigen Lehrtätigkeit pflegt Buddha in den acht regenlosen Monaten des Jahres das nordöstliche Indien – manchmal begleitet von 500 Schülern – zu durchwandern und zu predigen, dagegen die viermonatige Regenzeit von Juli bis November in *pansālas* (= Hütten, Unterkünften) des Bambushains bei Rājagriha zu verbringen, den ihm der König Bimbisāra geschenkt hatte.

Lebensende und nirvāna

Die letzten Jahre seines Lebens verbringt Buddha in einem Kloster in Sravasti. Als der 80jährige einmal von heftigen Schmerzen befallen wird und sein nahes

Erlöschen voraussieht, läßt er die Mönche aus sämtlichen Klöstern zu einem drei Monate späteren Zeitpunkt – nach der Regenzeit – in Kūsinägāra, heute Kasiā, zusammenrufen. Auf dem Wege dorthin macht er in einem Mangohain bei Pāvā Station. Hier erkrankt er von neuem, nachdem er beim Goldschmied Cunda eingekehrt ist und ein Gericht aus »Eberweich« genossen hat (Fleisch- oder Pilzvergiftung?). Trotzdem setzt er seinen Weg fort bis zum Shāla-Hain der Mallas bei Kūsinägāra, wo er sich von seinen Getreuen verabschiedet und sie auffordert: »Nach meinem Tod lehrt das Gute, tut das Gute, handelt gut. Wo auch immer so getan wird, werde ich zugegen sein.« Dann läßt er sich am Flüßchen Hiranyanvati zwischen zwei blühenden Shāla-Bäumen von seinem Lieblingsjünger Ananda das letzte Lager herrichten mit dem Kopfende nach Norden und legt sich auf die rechte Seite. Seine letzten Worte zu seinen Jüngern sind: »Wohlan, ihr Mönche, ich sage euch: Alles geht dahin und stirbt. Aber die Wahrheit bleibt. Strebt nach eurem Heil!« Dann tritt er in die Versenkung ein und steigt nacheinander die vier Stufen der Meditation und weitere fünf Sphärenstufen hinab, die durch fortschreitende Abstraktion gekennzeichnet sind – bis zur letzten Stufe, wo jedes Vorstellen und Empfinden ganz und gar aufhört. Von hier steigt er alle neun Stufen wieder hinauf, die jetzt in umgekehrter Reihenfolge durch fortschreitende Konkretion bestimmt sind, bis zurück zur ersten Stufe der Meditation. Danach steigt er wiederum nacheinander die vier Stufen der Meditation hinab, und nachdem er sich aus dieser vierten Stufe erhoben hat, erreicht der Tathagātha unmittelbar *mahā parinibbāna* (sanskr. »große, völlige Auslöschung«; Pali *mahā parinirvāna*). Mit dem endgültigen Eingehen des Buddha in das völlige *nirvāna* – im Augenblick seines Todes – erbebt die Erde, und Donner rollt, wie die Legende erzählt.

Die Vornehmen von Kūsinägāra veranstalten eine sechstägige Leichenfeier. Am siebten und letzten Tag wird der Leichnam Buddhas in Tücher gehüllt, die mit Öl getränkt und auf einem Scheiterhaufen verbrannt werden.

Um einen Streit unter den Königen, Fürsten und Anhängern Buddhas zu schlichten, von denen jeder den ausschließlichen Anspruch auf die Reliquien erhebt, verteilt man die Aschenreste seiner Gebeine auf die neun Königreiche, in denen er seine Lehre verkündet hat. Von ihnen erhalten u.a. die *shākyas* aus Kapilavastu einen Teil.

Über den in Gold- und Bergkristallgefäßen aufbewahrten Reliquien errichtet man zunächst 10 Grabhügelbauten in Halbkugelform (sanskr. *stūpa;* Pali *thūpa*). Im Laufe der Zeit entwickelt sich dann ein Reliquienkult, der zur Errichtung immer neuer Stupas (→S. 90) – auch ohne Reliquien – an den heiligen Stätten des B. führt.

SCHULEN UND RICHTUNGEN

Buddha hat vor seinem Tode keine Nachfolger eingesetzt, sondern seinen Jüngern gesagt, fortan solle die Lehre ihr Meister sein. Da die Mönche aber über die Auslegung der Lehre und die Vorschriften des Meisters bald uneins werden, bilden sich verschiedene Schulen des B.

Am Anfang steht der *Urbuddhismus,* die älteste Form des B. zur Zeit Buddhas und seines ersten Jüngerkreises, bevor es wegen unterschiedlicher Lehr- und Lebensauffassungen im 4. Jh. v. Chr. (auf dem Konzil zu Pataliputra) zur ersten großen Spaltung zwischen den Vertretern des mönchischen Rigorismus *(Sthavira, Thera)* und den Gliedern der großen Gemeinde *(Mahāsanghika),* die hauptsächlich die Laien vertreten, kommt.

Heute unterscheidet man drei große Hauptrichtungen, »Fahrzeuge« *(yāna),* im B.: Mahāyāna-, Hinayāna- und Vajrayāna-B.

Hinayāna

Der *Hinayāna-B.,* auch »kleines Fahrzeug« genannt, ist heute nach dem Mahāyāna-B. und vor dem Vajrayāna-B. die zweitgrößte Schulrichtung des Buddhismus. Ursprünglich als Spottname verwendet für den Theravada-B., nach dessen Lehre nur wenige (Mönche und Nonnen) in einem kleinen Fahrzeug den Ozean des Kreislaufs des leidvollen Daseins *(samsara)* überqueren und ans jenseitige Ufer, *nirvāna,* gelangen – im Gegensatz zum *Mahayāna,* das als »großes Fahrzeug« bezeichnet wird. Der Hinayāna-B. wird auch *südlicher B.* genannt, weil sein geographisches Verbreitungsgebiet vor allem in Süd- und Südostasien liegt (Birma, Sri Lanka, Kambodscha, Thailand), im Unterschied zum nördlichen B., dem Mahāyāna-B. Eine andere Bezeichnung ist auch *Pali-B.,* weil dessen heilige Schriften, *Tripitaka* (→S. 92), in der Pali-Sprache verfaßt sind.

Der Hinayāna-B. stellt den streng mönchischen B. dar. Als die ursprünglich umherwandernden Mönche anstelle der zunächst nur vorübergehenden Unterkünfte während der Regenzeit feste Klöster *(viharas)* errichten, entwickeln sich die seßhaft werdenden Mönche *(bhiksus)* mit einer festen Organisation ihres mönchischen Lebens zu einer abgesonderten Elite. Aufgrund der strengen Beobachtung der mönchischen Disziplin und der orthodoxen Lehre werden sie allmählich zum

Hauptschulen	Anhänger	% aller Buddhisten
Mahāyāna-B. Hinayāna-B. Vajrayāna-B.	173 111 000 117 468 000 18 548 000	56 38 6
	309 127 000	100

Eckpfeiler buddhistischer Richtung, was tiefgreifende Konsequenzen hat. Im Laufe der Zeit kommt es zur Bildung zahlreicher Richtungen/Schulen. Die wichtigsten sind: Die *Theravadins,* »Schule der alten« Mönche (sanskr. *theravada*), ist jene konservative Schulrichtung des B., die aus den *Sthaviravadins* hervorgegangen ist und den Pali-Kanon kompiliert hat. Sie ist eine ursprünglich weniger wichtige Richtung, die seit dem letzten vorchristlichen Jahrhundert hauptsächlich auf Ceylon wirkt und sich zwischen dem 11. und 14. Jh. in Hinterindien ausbreitet, gewinnt die Oberhand und ist heute in Südostasien die wichtigste Vertreterin des Hinayāna-B.

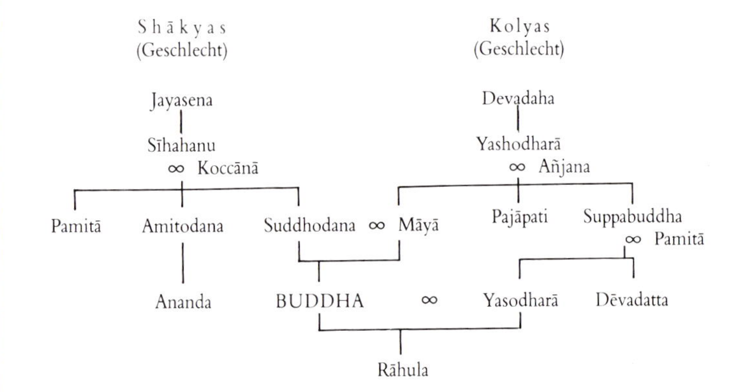

Stammtafel des Siddhārta Gautama Buddha

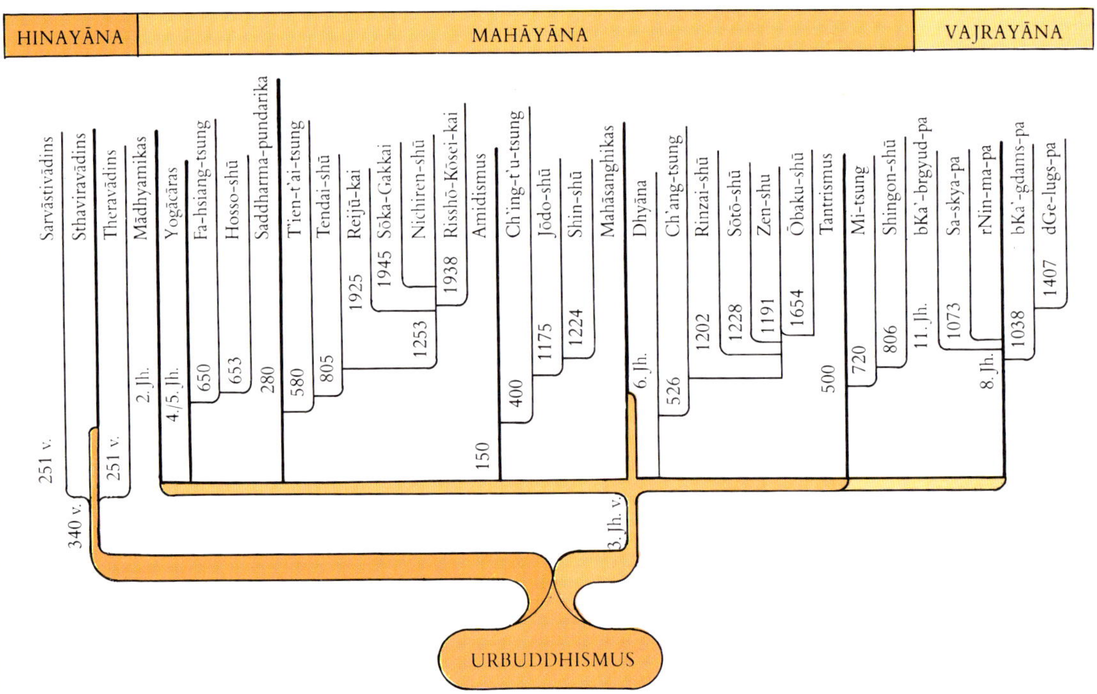

Stammbaum der Schulen und Richtungen

1 Frauen in Verehrung *vor den Fußabdrükken Buddhas, Marmor, Mitte 2. Jh. Madras, Regierungs-Mus.*

2 Tausend Buddhas *als gemalte »Litanei«, 6./7. Jh. Ajanta, Höhle 17*

Das Wort *thera* gilt heute als Ehrentitel für die Mönche auf Ceylon und in Hinterindien.

Hauptvertreter dieser Theravada-Schule sind *Buddhaghosa* (5. Jh. n. Chr.), ein buddhistischer Mönch und Verfasser des »Visuddhimagga«, eines umfangreichen systematischen Werkes über die Buddha-Lehre, und *Anuruddha* (12. Jh. n. Chr.) in Birma.

Gegner der orthodoxen Sthaviravada-Schule sind die *Sarvastivadins*, die wichtigste der philosophischen Schulen im Hinayāna-B. Sie bezeugen, daß alle Ereignisse – vergangen, gegenwärtig oder künftig – gleichermaßen wirklich seien, daher ihr Name (sanskr. *sarva* [= »alles«], *asti* [= »existiert«] und *vadins* [= »Bezeugende«]).

Hauptquelle zur Kenntnis ihrer Lehre bildet das Werk von Vasubhandhu (4.–5. Jh. n. Chr.): »Abhidharmakośa«. Die ganze Wirklichkeit ist für sie zerlegbar in psychische und physische Elemente *(dharmas)*. Diese vereinigen sich in stets sich verändernden Strömen *(santana)*. Aus dem ununterbrochenen Fließen dieser sich gegenseitig bedingenden Elemente besteht die ganze erfahrbare Wirklichkeit. Die Erlösung davon tritt ein, wenn das Fließen eines *santana* aufgehalten wird und die Erscheinungselemente *(dharmas)* sich nicht mehr vereinigen können.

Mahāyāna

Der *Mahāyāna-B.* ist heute mit 165 520 000 Anhängern die größte buddhistische Schulrichtung vor Hinayāna- und Vajrayāna-B. *Mahāyāna* (»großes Fahrzeug«) wird diese Richtung genannt, weil alle Menschen, Mönche und Laien, die dem Weltheiland vertrauen, in einem großen Fahrzeug das *nirvāna* erlangen – im Gegensatz zum *Hinayāna*, das als »kleines Fahrzeug« nur für die Mönche bezeichnet wird. Sie wird auch *nördlicher B.* genannt, weil die Verbreitungsgebiete im Gegensatz zum südlichen B. vor allem im Norden liegen: China, Japan, Korea, Mongolei, Nepal, Nordindien, Tibet.

Diese Richtung entsteht um die Zeitenwende, im 1. Jh. n. Chr. nach dem 4. Konzil. Die im 5. Jh. gegründete und im Jahr 1197 durch die Muslime zerstörte Universität Nalanda beim heutigen Baragoon im Patnadistrikt (Indien) war einst Hauptpflegestätte des Mahāyāna-B., dessen religiöses Ideal das Erbarmen *(mahā-karunā)* ist, das in vorbildlicher Weise die Bodhisattvas verwirklichen. Gemäß dieser Bodhisattva-Religion verzichtet ein zur Erleuchtung Befähigter (Bodhisattva) auf die eigene Erlösung so lange ausdrücklich, bis durch ihn auf dem »großen Fahrzeug« alle Wesen den Heilsweg zum Ufer des Jenseits *(paramita)* gefunden haben. Die Lehre über die heilsvermittelnde Gnade von überirdischen Buddhas und Bodhisattvas, eine aktivistische Ethik und ein ausgeprägter Kult unterscheiden diese Schulrichtung grundsätzlich vom Hinayāna-B. In dieser Form des Mahāyāna entwickelt sich seit dem 1. Jh. n. Chr. der B. zur Weltreligion. In den z. Zt. der ersten nachchristlichen Jahrhunderte verfaßten Texten der *Mahāyāna-Sutras* kommt diese Schulrichtung zum Vorschein.

Mahāsanghika (sanskr. »große Gemeinde«) ist eine Schulrichtung des indischen Mahāyāna-B., die aufgrund von fünf Forderungen des Mönches Mahādeva im 3. Jh. v. Chr. entsteht und sich auf dem 3. Konzil von der zahlenmäßig kleineren Gruppe der *Sthaviras* absetzt und bis zum 12. Jh. n. Chr. existiert. Diese fünf Forderungen betreffen in jedem Punkt eine Ausweitung des strengen mönchischen Ideals ins Allgemein-Menschliche.

Die *Mādhyamika-Schule* (sanskr. »Lehre vom mittleren Weg«) ist die älteste und eine der wichtigsten Schulen des indischen Mahāyāna-B. Sie geht aus den *Mahāsanghikas* hervor und wird im 2. Jh.

n. Chr. von dem vielleicht bedeutendsten Denker des Mahāyāna-B. gegründet, von *Nāgārjuna* (100–165), dem buddhistischen »Kirchenvater«. Bedeutende Vertreter dieser Schulrichtung sind auch *Āryadeva* (2./3. Jh.), *Candrakirti* (6. Jh.) und *Sāntideva* (7. Jh.). Als »Lehre vom mittleren Weg« wird sie deshalb bezeichnet, weil sie in ihrer Erkenntnis und Lehre den »mittleren« Weg zwischen Sein und Nichtsein gehen will. Die begrifflich erfaßte Wirklichkeit ist in sich nicht real, weil alle Begriffe korrelativ sind. Es gibt in Wirklichkeit weder Wahres noch Falsches, weder Sein noch Nichtsein, weil das eine nur der Gegensatz des anderen ist. Das Reale ist absolut undefinierbar, d. h. bar (= leer) jeder Definition und wird mit dem Begriff der »Leerheit« *(sūnyatā)* negativ bezeichnet. Deshalb wird diese Schule auch *Sūnyavāda* genannt. Nach der Formel Nāgārjunas ist die absolute Wirklichkeit weder »a«, noch »nicht a«, noch das »a und nicht a«, noch die Negation von diesen. Die Erlösung besteht – ohne daß man sich dessen bewußt zu sein braucht – in der Erkenntnis, daß man von Anfang an schon im *nirvāna* war.

Die Mādhyamika-Schule hat im chinesischen *Sanlung-tsung* und im japanischen *Sanron-shu* Neugründungen erfahren.

Die *Vijnāna-Vāda-Schule* oder *Cittamātratā* (»Lehre vom Bewußtsein als der alleinigen Realität«) ist die einflußreichste philosophische Schulrichtung im indischen Mahāyāna-B., die auch *Yogācara* (»Wandel im Yoga«) heißt. Die bedeutendsten Vertreter dieser aus dem *Mahāsanghika* hervorgegangenen Richtung sind *Asangha* (4./5. Jh. n. Chr.), der Verfasser des *mahāyāna-sūtra Lankara,* sein Lehrer *Maitreyanātha* (4. Jh. n. Chr.) und der Bruder Asanghas, *Vasubandhu* (4. Jh. n. Chr.).

Diese Richtung bildet eine Reaktion auf die *Mādhyamikas.* Mit diesen teilt sie zwar die Auffassung, daß die empirische Wirklichkeit illusorisch ist, und daß man das Absolute nur auf mystischem Weg erfassen kann. Das Absolute wird mit dem Begriff der »Soheit« *(tathātā)* positiv bezeichnet, der dem reinen, unpersönlichen, undifferenzierten, ewig unwandelbaren, also unbewußten, nicht in Objekt und Subjekt geteilten Bewußtsein der alleinigen absoluten Realität entspricht. Die universelle Täuschung entsteht dadurch, daß in diesem reinen Bewußtsein Prozesse entstehen, die als Trübungen aufgefaßt werden. Charakteristisch ist die Lehre über die drei Aspekte der Realität. Die *tathātā,* das reine Bewußtsein, ist die absolute Wirklichkeit. Die erlebte Welt und das Gefühl des Ich sind eingebildete Wirklichkeit. Die Prozesse, die diese Täuschung hervorrufen, finden wirklich statt, sind aber nur relative Wirklichkeit.

Nach dieser Art »Nur-Bewußtseins-Lehre« ist alles Sein Illusion. Real ist nur das rein potentielle Erkennen. Yoga ist für die Anhänger dieser Schulrichtung eine Möglichkeit, Bodhisattva zu werden.

Die von Dōshō (629–700) um 653/57 gegründete japanische *Hossoshū,* eine der ehemals »sechs Nara-Schulen«, mit ihren ca. 270 000 Anhängern ist über die chinesische *Fa-hsiang-tsung* eine zum *Yogācara* gehörende Schule.

Der Ursprung der japanischen *Tendai-Schule* liegt in China, wo im Jahr 580 der Mönch Tsi-kai (538–597) die nach einem Kloster auf dem T'ien-t'ai-Berg in Tse-Kiang benannte *T'ien-t'ai-Schule* gründet. Die Anhänger vertreten einen Mittelweg zwischen Studium und Meditation, weshalb diese Richtung auch »Schule des Wissens und der Versenkung« genannt wird. Ihre besondere Lehrquelle ist das *Sūtra* »Saddharma-pundarika«. Ihre japanische Entsprechung ist die Tendai-Schule, die von dem Bonzen Saicho (767–822) mit dem Ehrennamen *Dengyo Daishi* (»der die Lehre übermittelnde große Lehrer«) im Jahr 805 in Japan eingeführt wird. Zentrum der heute 2,6 Millionen Anhänger zählenden Tendai-Schule ist das Kloster Enryaku-jii auf dem Hiei-Berg.

Eine größere Bedeutung erlangt die aus dem Tendai hervorgegangene *Nichiren-shū* (jap. »Sonne-Lotos«), der heute als der zweitgrößten buddhistischen Schule in Japan über 12 Millionen Mitglieder angehören. Der Japaner *Nichiren* (1222–82) mit dem Beinamen Risshō Daishi begründet sie im Jahr 1253 und gibt ihr seinen Namen. Nachdem er alle damaligen buddhistischen Schulen studiert und kennengelernt hat, folgert er: Von allen bleibt als die beste die Lotos-Lehre, in der er den Kern des B. sieht. Im Jahr 1253 rezitiert er auf dem Gipfel des Berges Kiyozumi im Anblick der aufgehenden Sonne zehnmal laut und feierlich die *Sūtra*-Formel: »Ehre sei dem Sūtra vom ›Lotos des guten Gesetzes‹« (jap. *namu-myō-hō-renge-kyō*). Darauf beginnt er mit der Predigt der neuen Lehre und der Gründung der nach ihm benannten Schule. Seine Lehre ist in 5 Sätzen zusammengefaßt: 1. *kyo:* Lotos-*Sūtra* ist die absolute Lehre der buddhistischen Endperiode. 2. *ki:* Die Menschen dieser Zeit sind der Lehre angepaßt. 3. *ji:* Das einzig entsprechende Gebet ist die *Sūtra*-Formel. 4. *koku:* Das geeignete Land ist Japan. 5. *jo:* Die Nichiren-shū ist die alleinseligmachende Schule dieser Endphase und löst alle anderen ab. Nichirens kompromißlose Bußpredigt bringt ihm zweimalige Verbannung und sogar ein nicht vollstrecktes Todesurteil ein.

Zu den →neuen Religionen zählen die Reijū-kai, Sōka-gakkai und Risshō-kōsei-kai, die man auch als →Lotos-Sūtra-Religionen bezeichnet, da sie unter besonderer Bezugnahme auf das Lotos-Sūtra die ethischen und sozialen Probleme zu lösen versuchen.

Amida-B. ist eine Sammelbezeichnung für mehrere Schulrichtungen im japanischen B., deren Anhänger den Amida-Buddha mit der Andachtsformel »Anbetung dem Amida-Buddha« (jap. *namu amida butsu*) verehren. Wegen dieser Formel werden die Amida-Buddhisten auch Nembutsu-Schulen genannt.

Der japanische Amida-B. geht zurück auf die chinesische *Ch'ing-t'u-tsung* (chin. »Schule des reinen Landes«), die um 400 von Hui-Yüan (333–416) gegründet wurde. Bedeutende Lehrer dieser Schule sind Tan-lun (476–542) und Shan-Tao

(613–681). Den Mittelpunkt bildet zum einen ein absoluter Vertrauensglaube an den gnädigen Amida-Buddha, der einst vor 10 Weltaltern als Mönch Dharmakāra bei seiner Erleuchtung ein 48faches Gelübde abgelegt hat, dessen 18. und wichtigster Teil beinhaltet, auf das *nirvāna* zu verzichten, bis alle Lebewesen in der sicheren Hoffnung auf die Wiedergeburt im »reinen Lande« leben können – und das schon nach zehnmaliger vertrauensvoller Anrufung seines Namens *(nembutsu).* Zum anderen steht neben dem Vertrauen auf Amida die Gewißheit der eigenen Erlösung, da das Urgelübde Amidas erfüllt ist und Amida in dem von den *mahāyāna-sūtras* am meisten von allen gepriesenen Buddhaland, dem »Paradies des Westens« *(sukhavati)* herrscht. Die Kraft von Amidas Urgelübde durchströmt alle Wesen und bedarf, um wirksam zu werden, nur der Auslösung durch das *nembutsu.* Dieser Ruf »Anbetung dem Amida-Buddha« ist in Wirklichkeit Amidas An-Ruf an die Menschen, seiner Gnade zu vertrauen und der eigenen Erlösung gewiß zu sein. Zum Amida-B. gehören die japanischen Schulen Jōdo-shū, Shin-shū, Ji-shū und Yuzumembutsu-shū.

Die *Jōdo-shū* (jap. »Schule des reinen Landes«) zählt heute 4,5 Millionen Anhänger und wird 1175 von Hōnen-Shōnin (1133–1212), einem buddhistischen Mönch mit dem Klosternamen *Genku,* in Japan organisatorisch eingeführt, wobei ihr erster Prediger der Tendai-Mönch Genschin (912–1017) ist. Hauptsitz ist u.a. Komy-jii (Yamashi). Als Schriftgrundlage werden die den Amitabha verherrlichenden Schriften angesehen, u.a. das *Sukhāvativyūha* (→S. 93). Anstelle des *nirvāna* steht als Zentralbegriff das »reine Land« bzw. das »westliche Paradies«, dessen Herrscher Amitabha ist. Seine Anrufung ist der sicherste Heilsweg zum Paradies. Gut ist es, wenn man wenigstens einmal im Leben den Amida anruft mit der Formel »namu amida butsu« (»Anbetung dem Amida-Buddha«). Besser ist es, wenn man täglich zehnmal diese Formel spricht. Genku selbst soll diese Formel 70000mal täglich gesprochen haben. Dank der Barmherzigkeit Amidas wird man dann ins »reine Land des Westens«, ins Paradies, hineingeboren.

Ein Schüler Genkus, der Mönch *Shinran Shōnin* (1173–1263), gründet später im Jahr 1224 die *Jōdo-Shin-shū* (»Wahre Schule des reinen Landes«), die heute größte buddhistische Schulrichtung in Japan. Ihr Hauptzentrum ist Nishi-Hongang-jii (Kioto), wo sie auch zwei Hochschulen mit Universitätsrang, nämlich die »Otami« und »Ryokoku Daygaku«, unterhält.

Den Gedanken der absoluten Alleinwirksamkeit des Glaubens ohne jedes menschliche Zutun führt Shinran Shōnin mit unerbittlicher Konsequenz weiter. Er hebt die Schranken zwischen Mönchen und Laien auf und führt die religiöse Gleichheit von Mann und Frau ein. Um zu zeigen, daß eine Laienmoral genügt und es nicht auf mönchisches Sonderverhalten (Fasten und Zölibat) für die Rettung durch Amida-Buddha ankommt, heiratet er im Jahr 1203 und führt ein Mönchseheleben, aus dem vier Söhne und drei Töchter hervorgehen. Die von ihm verfaßte »Sammlung von Maximen über Lehre, Glaube und Erleuchtung« hat kanonisches Ansehen. Neben dem Stifter genießt auch der »mittlere Begründer«, *Rennyo Shōnin* (1415–99), der die chinesischen Haupttexte dieser Schule ins Japanische übersetzte, hohe Verehrung.

Der *Zen-B.* (jap. *zen* = »Versenkung«; sanskr. *dhyana;* chin. *ch'an*) zählt heute in Japan uber 9 Millionen Anhänger. Die japanischen Zen-Schulen gehen auf die chin. *Ch'an-tsung* zurück, eine Gründung des 526 n.Chr. von Indien nach China eingewanderten (28.) Patriarchen des indischen B., des Mönchs *Bodhidharma* (498–561). Nach einer Legende sitzt Bodhidharma im Kloster Shaoling 9 Jahre lang schweigend vor einer Wand, bis er die Erleuchtung findet. Aus dem Schweigen ist Zen geboren, und im Schweigen erfüllt es sich. Durch Hui-neng (637) bekommt der Zen-B. Gestalt. Bedeutende Zen-Meister sind der 4. Nachfolger *Dōshin* und der 5. *Kōnin.* Diese buddhistische Meditationsschule wird in Japan zu Beginn der Kamakura-Periode (1185–1333) von den beiden Mönchen *Eisai* (1141–1215) und *Dōgen* (1200–50) mit dem Beinamen Schōyō Daishi, einem Schüler Eisais, eingeführt. Der erstere gründet im Jahre 1202 die *Rinzai-Schule,* die heute über 3 Millionen Anhänger zählt und ihren Hauptsitz in Kioto (Yamashira) hat, der letztere im Jahr 1228 die *Sōtō-Schule,* zu der sich heute 6,8 Millionen Mitglieder bekennen, mit dem Zentrum in Eihei-ji (Echizev). Dōgen hat u.a. in seinem zweibändigen Werk »Eiheidaischingi« die Zen-Philosophie und -Disziplin konsequent durchgeführt.

Eine dritte, erheblich kleinere Schule ist die von *Ingen* (1592–1673) in Japan 1654 gegründete *Ōbaku* mit Zentrum in Mampuku-ji (Yamashi). Der Name »Meditationsschule« weist hin auf die im Mittelpunkt der Praxis stehende »sitzende Versenkung« (sanskr. *padmāsana;* jap. *zazen*), die zur Erkenntnis der Einheit allen Seins, des Höchsten und des Niedrigsten, des Heiligsten und Profansten führt. Wegen ihres allgemein-religiösen, mystischen Grundzuges haben die Zen-Schulen in neuester Zeit in Europa und in den USA eine große Resonanz gefunden.

Vajrayāna

Das *Vajrayāna* (»diamantenes Fahrzeug«), das auch *Mantrayāna* (»Fahrzeug der Sprüche/Formeln«) genannt wird, ist nach Hinayāna- und Mahāyāna-B. die dritte große buddhistische Schulrichtung mit heute ca. 20690000 Anhängern. *Tantrayāna* (sanskr. *tantra* = »Faden, Gewebe, System«) oder »Fahrzeug des gespannten Fadens« – ein symbolisches Wort für die Reihe der Lehrer, die ihre Lehre nur an Eingeweihte weitergegeben haben – ist die Bezeichnung einer Richtung, nach deren (Geheim-)Lehre man mit Hilfe von Riten *(tantras),* heiligen Sprüchen und Formeln *(mantras)* wie mit einem Fahr-

1 

2 

 3

zeug den Ozean des Kreislaufs des leidvollen Daseins überqueren und ans jenseitige Ufer, *nirvāna,* gelangen kann. Seine geographischen Hauptverbreitungsgebiete sind die Länder des Himalaja, vor allem Tibet.

Diese Richtung ist seit dem 6./7. Jh. aus dem Mahāyāna-B. entstanden, als eine besondere Vorliebe für Gebärden der Hand *(tantras),* insbesondere für das Aussprechen magischer Silben *(mantras)* auftritt. Hinzu kommt als drittes Element das geschaute *mandala.*

Die *Shingon-shū* (jap. »Schule des wahren [oder mystischen] Wortes«), auch *Mantra-Schule* genannt, wird von dem japanischen Mönch *Kukai* (774–835), postum *Kōbō Daishi* (»der das Gesetz verbreitende große Lehrer«) genannt, im Jahre 806 in Japan eingeführt. Diese japanische Schule hat ihre chinesische Entsprechung in dem um 720 von Shan-wu-wei (637–735) gegründeten *Mi-tsung* (chin. »Schule des Geheimnisses«). Diese Schule des japanischen B. zählt heute über 10 Millionen Mitglieder. Zentrum der Tätigkeit Kukais, der Dichter, Kalligraph, Maler, Bildhauer und Architekt zugleich ist, wird das von ihm auf dem Berg Kōyasan errichtete Kloster Kongobu-ji (ca. 100 km von Tokio). Das *Dainichi-Kyo* (jap. »Leitfaden des großen Glänzenden«) ist eines ihrer kanonischen Bücher.

Lamaismus

Alle Zweige der in Tibet entwickelten Formen des Vajrayāna-B. haben die Bezeichnung *Lamaismus* erhalten, die von dem Wort »Lama« (tib. *bla-ma* = »Oberer, Lehrer, vornehmer Mönch«) abgeleitet ist. Die Verbreitungsgebiete dieser ausgesprochenen Mönchsreligion sind Bhutan, Ladakh (Kaschmir), Mandschurei, Mongolei, Nepal, Nordchina, Sikkim und Tibet.

Als Gründer des Lamaismus gilt der indische Mönch und Anhänger des Diamantfahrzeugs, *Padmasambhava* (sanskr. »der aus dem Lotos Geborene«), der zur Zeit des Königs Ral-pa-can († 836) Anfang des 8. Jh. nach Tibet kommt. Er wird von den Tibetern gewöhnlich Rinpo-tse, d.h. »herrlicher Lehrer«, genannt und gilt als der Gründer der Schule *rNin-ma-pa* (»alte Schule« oder »alter Orden«), in deren Tempeln sein Bild und die Bilder seiner beiden vornehmsten Frauen einen zentralen Platz einnehmen. Er baut 747 das erste Kloster in Tibet, Lamaserie, und ist auch der Gründer des Klosters bSam-yas (um 770), etwa 80 km südöstlich von Lhasa gelegen. Im Westen ist wohl die *bKa'-brgy-ud-pa* der bekannteste Orden, der im 11. Jh. von dem Asketen Mar-pa (1012–96) gegründet wird. Diesem Orden gehört auch der große Dichter und Heilige *Milarapa* (tib. Mi-la-ras-pa; 1040–1123), ein Schüler Mar-pas, an, von dem ein Teil der später gesammelten, sein Leben beschreibenden »100 000 Gesänge«, des größten Volksepos Tibets, stammt.

Die *Sa-skya-pa* leitet ihren Namen von dem 1073 gegründeten westtibetischen Kloster Sa-skya ab, das ihr Mittelpunkt ist. Da ihre Mitglieder rote Gewänder und rote Mützen tragen, werden sie auch »Rote Kirche« oder »Rotmützen« genannt. Die höchsten Lamas des Klosters Sa-skya bilden vom 11. bis zur Mitte des 14. Jh. eine wahre Dynastie; sie erhalten vom mongolischen Kaiser Kublai-Chan die Oberherrschaft über Tibet. Mit dem Zusammenbruch der Mongolenherrschaft beginnt dann auch der Niedergang der Roten Kirche. Dem drohenden Verfall macht die *dGe-lugs-pa* ein Ende. Diese Schule der Tugend ist auch unter dem Namen »Gelbe Kirche« oder »Schule der Gelbmützen« – nach der Farbe der von ihren Lamas getragenen Kopfbedeckung und Kleidung – bekannt. Die beiden Zentren dieser Schule sind das Kloster in Lhasa mit seinem Oberen, dem Dalai Lama, und das Kloster Taschilumpo bei Schigatse mit seinem Oberen, dem Pantschen Lama. Gegründet wird diese Gelbe Kirche 1407 von *Tson-kha-pa* (1357–1419), dem größten tibetischen buddhistischen Reformator. Er kämpft für die Erneuerung der buddhistischen Lehre und Ethik und führt für die Mönche den Zölibat ein. Diese

4

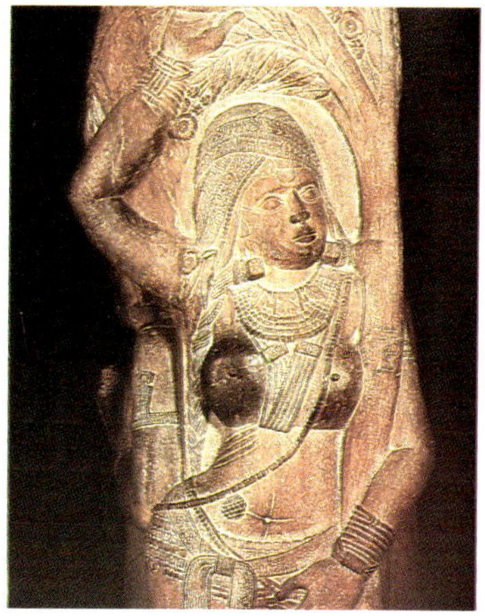

5

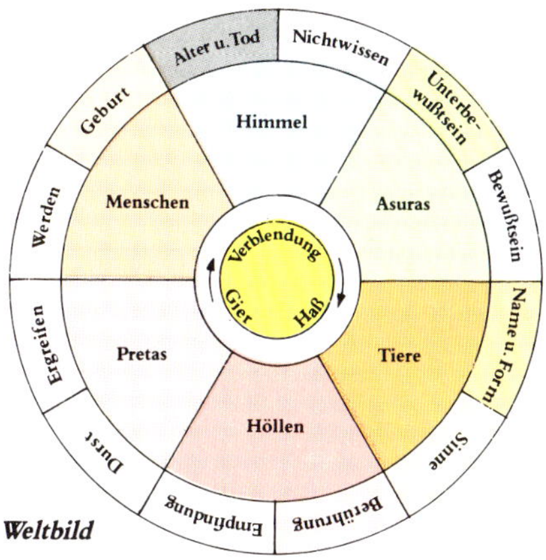

Buddhistisches Weltbild

1 Amida *über die Berge kommend, Hängerolle, Seide, 13. Jh. Kioto, Zenrinji*

2 Bodhisattva Samantabhadra *mit seiner Shakti, umgeben von 5 Buddhas*

3 Padmasambhava *(8. Jh.), Stifter des Lamaismus, Thangka, 18. Jh.*

4 Gegenwärtiger 14. Dalai Lama, *inkarnierter Bodhisattva Avalokitesvara und Oberhaupt der Gelbmützen, bei der Rezitation von Sūtren.*

5 Yakshini Chuda *vom Stupa in Bharhut, 2. Jh. v. Chr. Kalkutta, Ind. Mus.*

Gelbe Kirche hat seit ihrer Gründung die Rote Kirche aus allen einflußreichen Stellungen verdrängt. In den Tempeln dieser Kirche kommen dem Bild und der Statue Tsong-Kha-pas und denen seiner beiden Lieblingsschüler ein Ehrenplatz zu. Der eine, *dGe-'dun-grub* (1391–1475), gilt als der erste Dalai Lama und der andere, *mKhas-grub-rje* (1385–1438) als der erste Pantschen Lama. Tsong-Kha-pa ist vor den Augen seines Volkes in den Himmel aufgefahren. Bei seinen Nachfolgern tritt an die Stelle der Erbfolge vom Vater auf den Sohn die »chubilghanische Sukzession« (mongol. »Verwandlung«). Gemäß dieser Inkarnationserbfolge sind die lebenden Großlamas jeweils irdische Erscheinungsformen von Buddha und Bodhisattva. Nach ihrem Tod inkarniert sich Buddha bzw. Bodhisattva sofort in einem neugeborenen Knaben, der an besonderen Zeichen erkannt und sogleich als Oberhaupt ausgerufen wird.
Innerhalb dieses Sukzessionssystems gipfelt der Priesterstaat der Gelben Kirche in einer doppelten Lama-Hierarchie, der des Dalai Lama und der des Pantschen Lama.
Dalai Lama (mongol. *dalai* = »Ozean des Wissens«; tib. *bla-ma* = »Oberer, Lehrer, vornehmer Mönch«) ist seit 1578 ein (zweisprachiger) Titel (= »ozeangleicher weiser Lehrer«) für den ranghöchsten Lama in der Hierarchie des tibetischen Priesterstaates. Dieser Obere des Klosters in Lhasa ist das Haupt der Gelbmützen, *dGe-lugs-pa,* und gilt als die sich stets erneuernde jeweilige Inkarnation des Bodhisattva Avalokitesvara. Der jetzige 14. Dalai Lama residierte wie seine Vorgänger früher im Potala-Palast in Lhasa und lebt seit 1959 im Exil in Indien. Der Dalai Lama ist mehr politisches Oberhaupt im Gegensatz zum mehr geistlichen höchsten Würdenträger, dem Pantschen Lama. Für den tibetischen Buddhisten ist *Lhasa* (tib. »Ort der Götter«) eine heilige Stadt mit der ehemaligen Palastburg Potala.

Pantschen Lama (tib. *pantschen-rin-po-che* = »Juwel des großen Gelehrten«) ist der Titel des Oberlamas im tibetischen Kloster Taschilumpo bei Schigatse, etwa 200 km westlich von Lhasa. Er bildet wie der Dalai Lama eine »Inkarnationsdynastie« und wird als jeweilige Inkarnation des Buddha Amitabha verehrt. Obgleich der Pantschen Lama – dem Rang des in ihm inkarnierten Buddha Amitabha entsprechend – eigentlich über dem Dalai Lama – dem Rang des in ihm inkarnierten Bodhisattva Avalokitesvara entsprechend – steht, wird der Dalai Lama im Laufe der Geschichte der oberste weltliche Herrscher Tibets, und der Pantschen Lama muß sich mit mehr geistlichen Funktionen begnügen. Dieser in der Sache liegende Gegensatz führt schon seit langer Zeit zu Rivalitäten und steigert sich durch die politische Anlehnung des Pantschen Lama an China und des Dalai Lama an Indien. Diese Rivalität zwingt den 9. Pantschen Lama im Jahre 1923 zur Flucht nach China, wo er 1937 stirbt. Der 10. Pantschen Lama († 1989) wird 1944 von China aus proklamiert und kommt erst 1951/52 nach Tibet. Nach der Besetzung Tibets durch China im Jahr 1959 flieht der gegenwärtige 14. Dalai Lama nach Indien, wo er heute in Dharmsala im Nangra-Distrikt im Asyl lebt. Der Pantschen Lama gehört dem chinesischen Volkskongreß an.

BUDDHA-LEHRE ODER DHARMA

Die für den Ur-B. konstitutiven Größen sind: Buddha, *dharma* und *sangha*. Sie sind in die alte Formel des *triratna* (sanskr. »drei Juwelen«) gefaßt, die Gautama seine ersten Missionare gelehrt hat:

> Ich gehe zu *Buddha* als meinem Führer.
> Ich gehe zu *dharma* (Buddhas Lehre) als meinem Führer.
> Ich gehe zu *sangha* (Gemeinschaft des Ordens) als meinem Führer.

Die dreifache Wiederholung dieses dreifachen Kleinods gilt als Bekenntnis zum B. Bei jeder Versammlung von Laien, Mönchen und Nonnen und an jedem buddhistischen Schrein werden diese drei Führer in der genannten Formel dreimal angerufen.

Buddha und die Götter

Die Frage nach Gott hat Buddha nie beantwortet. Wenn er gefragt wird, ob es einen Gott gibt oder nicht, dann ist seine Antwort ausweichend: Ich will darauf keine Antwort geben, weil ich nichts Sicheres darüber weiß und es auch für den Erlösungsweg des Menschen unbedeutend ist.

In einem alten buddhistischen Gleichnis ist von einem Mann die Rede, der in einem Urwald plötzlich einen überwucherten Pfad entdeckt, der zu einer großen Stadt führt. Da Buddha die vergessene Ursache und einzige Heilungsart des menschlichen Leidens erkennt und allen aufzeigt, wird er der Ratgeber und Führer zum Heil.

Nach dem Hinayāna-B. ist Buddha Gautama zwar das weiseste, edelste und gütigste aller Wesen in dieser Weltperiode – ausgenommen die vorausgegangenen Buddhas –, und Buddha selbst versteht sich nur als »Wegweiser« zum Heil, ohne einen Anspruch auf göttliche Verehrung zu erheben. Entsprechend dem zyklischen Geschichtsverständnis glaubt man, daß vor Buddha Gautama andere Buddhas in gewissen Abständen erschienen sind und daß in Zukunft nochmals ein anderer Buddha auftritt, der den alten Pfad von neuem entdeckt.

Im Mahāyāna-B. ist der Buddha Gautama die irdische Spiegelung eines überirdischen Buddha, der eine Wesensdreiheit (sanskr. *trikāya* = »dreifacher Leib [des Buddha]«) besitzt. In jedem dieser drei Leiber spiegelt sich eine Phase im Prozeß der Vergöttlichung des Buddha wider. Nach dieser Lehre besitzt Buddha drei »Leiber« und Wesenheiten: Mit dem ersten, irdischen Leib der Erscheinungen *(nirmāna-kāya)*, der noch an Raum und Zeit gebunden ist, kommt er vor 2500 Jahren auf die Erde. In diesem Stadium ist Buddhas Lehre über den Weg zur Erlösung noch wichtiger als seine Person. In dem historischen Leib ist der zweite Leib der Verherrlichung und des Genusses *(sambhoga-kāya)* verborgen. Mit diesem Leib, der jetzt nicht mehr gebunden ist an Raum und Zeit, genießt Buddha seine Seligkeit und ist Herr des himmlischen Paradieses. Dieser Leib, der die 32 Merkmale des kosmischen Menschen trägt, wird nur von den Gläubigen erkannt. In diesem Stadium ist bereits die Person des Buddha ebenso wichtig wie der Weg, den er in seiner Lehre gewiesen hat. In dem dritten, eigentlichen *dharma-kāya* (»Leib der Lehre«), ist er mit dem Absoluten identisch. Dieser Leib ist das geistige Prinzip, das in der Erleuchtung sichtbar wird: die Buddha-Natur. Diese Buddha-Natur ist allen Menschen und Dingen als tiefste Dimension zu eigen und wird endgültig freigelegt in der Erleuchtung. In diesem Stadium ist Buddha zum eigentlichen Lebenskern, zur Buddha-Natur aller Menschen und Dinge geworden.

Diese drei Leiber und Wesenheiten werden im Laufe der Geschichte als verschiedene Gottheiten verstanden, die alle Ausstrahlungen eines Ur-Buddhas sind.

Am Anfang steht ein aus der großen »Leere« *(sunyata)* hervorgegangener *Adi-Buddha* (sanskr. »Ur-Buddha«), der sich im *nirvāna* befindet und reines Licht ist. Durch fünf kontemplative Entfaltungen seiner selbst erschafft er fünf *Dhyani-Buddhas* (sanskr. »Buddhas der Meditation«).

Ihre Fünfzahl entspricht der Zahl der fünf Sinne, der fünf Tugenden, der fünf Farben und fünf Weltgegenden, über die sie herrschen. Gleichzeitig symbolisieren sie durch ihre Posituren *(āsanas)* und Handhaltungen *(mūdras)* fünf Ereignisse im Leben des Buddha Gautama, davon vier im Zusammenhang mit seiner Erleuchtung und eine mit der Predigt von Benares. Die Namen der fünf Dhyani-Buddhas sind:

Vairocana, Akshobya, Ratnasambhava, Amitābha und Amogasiddhi. Von ihnen ist *Amitābha* (sanskr. »unermeßliches Licht«; chin. *a-mi-t'o;* jap. *amīda;* tib. *oddpag-med*) der populärste. Er wacht über die Himmelsrichtung des Westens als der thronende Herr des Paradieses der Seligen (*sukhāvati;* →S. 81), in das er alle aufnimmt, die im Vertrauen seinen Namen anrufen. Ikonographisch wird er in roter Farbe dargestellt und symbolisiert mit der Haltung der Hände im Schoß den in der Meditation versunkenen Buddha Gautama.

Da die fünf Dhyani-Buddhas mit ihrem geistigen Leib *(dharma-kāya)* im *nirvāna* unerreichbar für den Menschen sind und auch nicht selbst auf Erden wirken können, erzeugen sie durch Kontemplation fünf *Dhyani-Bodhisattvas* (Bodhisattvas der Meditation), die kraft ihres Glückseligkeitsleibes *(sambhoga-kāya)* in der Welt wirken können. Die Namen der fünf Dhyani-Bodhisattvas sind: Samantabhadra, Vaddsrapane, Ratnapam, Avalokitesvara und Visvapani. Diese Dhyani-Bodhisattvas erschaffen die einander ablösenden Welten, *kalpas,* von denen die ersten drei vergangen sind. In der vierten Schöpfung des Universums, die von Avalokitesvara stammt und unter dem Schutz Amitābhas steht, leben die heutigen Menschen.

Avalokitesvara (sanskr. »imstande, die höchste Erkenntnis zu erreichen«) ist der höchste und volkstümlichste aller Bodhisattvas im Mahāyāna-B. Er gilt als die Emanation des Amitābha, und seine irdische Inkarnation ist der Buddha Gautama. Dem Dhyani-Buddha Amitābha mit dem geistigen Leib *(dharma-kāya)* entspricht also der Glückseligkeitsleib *(sambhoga-kāya)* des Dhyani-Bodhisattva Avalokitesvara, welcher den Manushi-Buddha Gautama mit seinem Transformationsleib *(nirmāna-kāya)* zur Erde gesandt hat. Als Bodhisattva verzichtet er auf die Erreichung der Buddhaschaft, bis er allen Lebewesen zur Erlösung verholfen hat. Um seine Allseitigkeit auszudrücken, wird er mit 10 oder 11 nach allen Richtungen gewandten Gesichtern dargestellt. Avalokitesvara gilt als Inbegriff aller Barmherzigkeit. Eines seiner wichtigsten Attribute ist der Rosenkranz. In China ist der Avalokitesvara in weiblicher Form zur Göttin der Barmherzigkeit, *Kuan-yin* (oder Kuanschiyin), geworden, zu deren Milde alle flehen, die der Hilfe bedürfen. Ihre Darstellung in der Kunst zeigt eine Vielseitigkeit wie sonst bei keiner der Gestalten im chinesischen B. In Japan heißt der weibliche Bodhisattva *Kwannon* (oder Kwanzeon), die hier besonders verehrt wird. Bekannt sind die Wallfahrten zu den 33 Kwannon-Tempeln des westlichen Japan, sowie das volkstümliche Kwannon-Heiligtum im Asakusa-Park in Tokio.

Wegen ihrer vielfältigen Hilfe wird sie in der japanischen Kunst als Tausendhändige, Vielgesichtige usw. dargestellt. Als »Kwannon mit dem Kind« erinnert sie an christliche Madonnendarstellungen. In Tibet gilt der Dalai Lama als Inkarnation des Avalokitesvara (sPyan-rasszips).

Zu den fünf Dhyani-Bodhisattvas gehören fünf *Manushi-Buddhas,* menschliche Buddhas, die den Menschen die Wahrheit verkünden. Es sind dies: Krakuchanda, Kana Kamuni, Kāsyapa, Shākyamuni (Gautama) und Maitreya. Der bekannteste neben dem Buddha Gautama ist der *Buddha Maitreya* (sanskr. »der Gütige«; chin. *mi-lo-fo;* Pali *metteya*), der in der Zukunft auf die Erde kommen soll – wie einst Buddha Gautama –, um den Weg der Erlösung aufzuzeigen, gegenwärtig aber noch als Bodhisattva im Tushita-Himmel weilt. Seine Bilder erfreuen sich besonderer Verehrung, da er in den Gläubigen messianische Hoffnungen nährt.

Da die fünf Bodhisattvas den Menschen nicht direkt helfen können, weil sie ihren Kristallpalast in der fünften Himmelsregion nie verlassen, inkarnieren sie sich in den fünf Manushi-Buddhas.

Der Mahāyāna-B. kennt viele Tausende *Bodhisattvas,* die den ganzen Weg der Erlösung zurückgelegt haben und jeden Augenblick das Buddhatum erreichen könnten, aber vorerst auf die eigene Erleuchtung verzichten, um allen lebenden Wesen ihre Weisheit und ihr Wohlwollen mitzuteilen. Besonders beliebt sind neben Avalokitesvara der *Kshitigarbha* (sanskr.; chin. *titsang;* jap. *dschiso* = »der die Erde als Mutterschoß hat«). Er gilt als Beschützer der Kinder, Schwangeren und Reisenden und wird in Ostasien sehr verehrt. Ferner *Mañjushri* (sanskr. »der, dessen Glanz lieblich ist«). Er gilt als Patron der Weisheit, der in den Menschen die Erkenntnis fördert und deshalb oft mit einem Schwert, das das Nichtwissen vernichtet, bzw. mit einem Buch dargestellt wird. Im chinesischen B. gibt es neben Buddhas und Bodhisattvas noch eine dritte Klasse mit starkem chinesischem Einfluß, die *Lohan* (chin.; jap. *Rakan*). Zu ihnen zählt u. a. Putai, der sogenannte »Dickbauch-Buddha«.

Für den Hinayāna-B. gibt es im allgemeinen nur einen einzigen Bodhisattva: *Maitreya,* der jetzt noch im Tushita-Himmel der Götter weilt – wie ehemals Siddhārta Gautama – und erst nach 30 000 Jahren auf dieser Erde zur Erleuchtung gelangt, d. h. zum neuen Buddha wird.

Im Vajrayāna-B. ist die *Prajnāpāramitā* ein weiblicher Bodhisattva.

Das lamaistische Pantheon ist überaus reich an göttlichen Gestalten, an deren Spitze eine Göttertrinität steht: Avalokitesvara, Mañjushri und Vajrapāni. Unter den weiblichen Gottheiten spielt Bodhisattva Tārā eine besondere Rolle. Der in unendlicher Meditation versunkene, nackte, blaue (männliche) Adi-Buddha umarmt seine nackte, weiße (weibliche) *shakti.* Das Bild der geschlechtlichen Vereinigung symbolisiert die Verbindung des absoluten Bewegers und der bewegten Aktion.

Symbol für *mani* (sanskr. »männliches Glied, Juwel«) ist das *vajra* (sanskr. »Donnerkeil, Diamant«). Im Gegensatz dazu wird *yoni* (sanskr. »weibliche Scham, Mutterschoß«) im *padme* (sanskr. »Lotosblume«) symbolisiert.

Auch die in tiefer Versenkung dargestellten Dhyani-Buddhas und Bodhisattvas werden zusammen mit ihren *shaktis,* Gattinnen, in der aneinandergeschmiegten Haltung, der *Yab-Yum-Haltung* abgebildet. Die Darstellungen der Gottheiten im Kopulationsakt symbolisieren die Identität von *nirvāna* und *samsāra*. Nach Auffassung des Shaktismus können weder die Erkenntnis allein, noch die Intuition für sich genommen das Ganze erreichen. Nur die Vereinigung beider vermag Früchte zu tragen, so wie Mann und Frau nicht jeweils für sich allein, sondern nur in ihrer Vereinigung ein Kind zeugen können. Selbst der Tathāgata sukhakāya hat einen Körper der Wonne, *anandakāya*, so daß er seine *shakti*, die Tārā oder Bhagavat, umarmen kann. Unter den weiblichen Gottheiten spielt Bodhisattva Tārā eine besondere Rolle (Retterin, Stern).

Nach der Legende soll beim Tode der beiden Gattinnen des seinerzeit in Tibet herrschenden Königs Srong-btsan sgampo (7. Jh.) – einer Nepalesin und einer Chinesin, die darin wetteiferten, ihren jeweiligen Glauben, in dem sie aufgewachsen waren, in Tibet zu verbreiten – eine Träne aus dem Stirnauge des Bodhisattva Avalokitesvara zur Erde gefallen sein, um den Menschen zu zeigen, daß beide Frauen Inkarnationen des Bodhisattva seien. Beide Frauen gelten seitdem unter der Bezeichnung »Grüne und Gelbe Tārā« als Schutzgöttinnen Tibets.

Das Vajrayāna nahm in sein Pantheon auch *bdud* (tib. »Teufel«), Dämonen und Schreckensgötter, auf.

Buddhistisches Weltbild

Alles ist aus ewigem *akāsa* (»Raum«) hervorgegangen, und in diesem Bereich materiellen Geschehens schwebt ein Makrokosmos unendlich vieler Weltsysteme *(sakvala)* nebeneinander. Jede von ihnen hat eine Ober-, Mittel- und Unterwelt. In der Unterwelt liegen die heißen und kalten Höllen, in denen Übeltäter schreckliche, zeitlich begrenzte Qualen erleiden. Darüber erhebt sich die von Meeren umflossene Erdscheibe mit dem Berg Meru

1 *Indischer* Bodhisattva, *6./7. Jh. Ajanta, Felsentempel*

2 *Chinesischer* Bodhisattva, *Stein mit Tonauflage. Anf. 6. Jh. Mai-ch'i-shan (Kansu), Höhlentempel*

3 *Bodhisattva* Kuan-yin *aus China, bemaltes Holz, 10./13. Jh. Paris, Musée Guimet*

4 Lohan *aus China, glasierte Keramik, 11./12. Jh. London, Brit. Mus.*

5 Kwannon *mit den tausend Armen, Trokkenlack auf Holz, 8. Jh. Nara, Tōshōdaiji*

6 »Weiße« Tara, *aus Katmandu, Holz, 16./17. Jh. Kopenhagen, National-Mus.*

7 Kichijōten *(Mahāshri), Malerei auf Hanf, 8. Jh. Nara, Yakushiji*

8 *Japanischer* Arhat, *Tusche und Farben auf Seide, Mitte 14. Jh. Washington, Free Gallery of Art*

9 *Chinesischer* Arhat *im Ch'an-(Zen-)Stil*

1

2

als Mittelpunkt, um den sich vier meerumspülte Erdteile legen. Auf der Erde leben Tiere, Menschen, Geister und Dämonen. Um den Meru herum kreisen Sonne, Mond und Sterne, und auf ihm und in den fliegenden Palästen über ihm wohnen Götter. Über der »Region der Begierde«, der alle bisher genannten Stockwerke angehören, erstrecken sich die Regionen der »reinen Formen« und der »Nicht-Formen«, in denen begierdelose Götter leben.

Diese Welten – mit Ausnahme der oberen Himmel – befinden sich in einem ständigen Wechsel von Werden und Vergehen. So werden auch die Welten der Gegen-

5

8

3

6

9

7

wart nach einer Unzahl von Äonen vergehen; andere Welten haben in der unendlichen Vergangenheit bereits bestanden, und neue Welten werden in unendlicher Zukunft neu entstehen. Jede dieser Welten dauert ein *mahākalpa,* d.h. eine Großperiode von 20 *kalpas* (sanskr.; Pali *koppas* = »Perioden«). Ein *kalpa* (»Weltperiode«) umfaßt 1680000 Jahre und ist wieder unterteilt in 8 Kleinperioden. Es gibt zwei Arten von Großperioden, die einander abwechseln: das *mahākalpa* der Leere, in dem kein einziger Buddha auftritt, und das Buddha-mahākalpa von fünffacher Art, je nachdem, ob in ihm ein, zwei, drei, vier oder fünf Buddhas erscheinen. Wir leben in einem *mahākalpa* des letzten Typs, da vier Buddhas auf Erden bereits aufgetreten sind (der vierte war Gautama), und der fünfte, Maitreya, im Himmel der Tushita-Götter auf den Zeitpunkt seiner Buddhaschaft in 30000 Jahren wartet.

Nicht nur die Zeit ist ohne Anfang und Ende. Auch bei allen Lebewesen, gleich ob irdisch, unter- oder überirdisch, herrscht ein dauerndes Geborenwerden und Sterbenmüssen, bei dem sie ihre Existenzweisen ständig ändern. *Samsāra* (»vorüberfließen, weiterfahren, ins Sein kommen«) heißt dieser verhängnisvolle Kreislauf der Welten des Werdens und Vergehens, was im Gegensatz steht zum – *nirvāna.*

Der Grund für diesen beständigen Kreislauf des Werdens liegt im Grundprinzip des *nidāna* (Pali »Kette der Kausalität, Verursachung von Abhängigkeit«). Dieses zwölfgliedrige Kausalitätsgesetz besagt, daß das jeweils nächste Glied als Wirkung aus dem vorausgehenden Glied als aus seiner wirkenden Ursache entsteht. Als erstes Glied dieser Kette hatte sich dem Buddha in der Stunde seiner Erleuchtung die Unwissenheit *(avidya)* als letzte Ursache des leiderfüllten Daseins enthüllt, die eine Kette von Reaktionen bis hin zu Alter und Tod auslöst. Da es nach diesem Kausalgesetz so lange zu einer Wiederverkörperung in den verschiedenen Weltperioden kommt, wie die letzte Ursache noch bestehenbleibt, werden mit der Aufhebung der Unwissenheit als Letztursache alle anderen Kräfte bis hin zum Tod – gemäß der rückläufigen Formel – entwurzelt.

In bezug auf die irdischen, unter- und überirdischen Lebewesen heißt dieses eherne Kausalgesetz *karman* (sanskr.; Pali *kamma* = »Handlung, Tat«), da alle unsere eigenen Handlungen und Taten in der Welt der Gegenwart, ob gut oder böse, in der zukünftigen Welt vergolten werden. Jeder ist also selbst seines Glücks oder Unglücks »Schmied«. Das Schicksal der Menschen und Götter ist vom Saldo, der Gesamtsumme, der guten und bösen Taten aus vorausgegangenen Daseinsperioden und früheren Daseinsformen abhängig. Je nach den Taten ist eine Wiederverkörperung in fünf verschiedenen Lebensformen gegeben: als Höllengeist, Tier, Geist, Mensch oder Gott. Durch seine Wiederverkörperungen ist der Mensch eingebunden in das Leben der gesamten Welt. Die ganze Welt umfaßt einen jeden, und jeder umschließt in sich die gesamte Welt. Die Lehre vom *karman* erklärt die Verschiedenheit menschlicher Anlagen und Schicksale.

Ursache und Wirkung sind so zwingend miteinander verbunden, daß kein Gebet zu Buddha oder einem der Bodhisattvas eine Tat daran hindert, sich aus ihrer Ursache notwendigerweise zu entwickeln.

Diese intellektuelle Erklärung des Ursachenzusammenhangs mit Hilfe der zwölfteiligen Formel ist auf tibetischen Bildern anschaulich im *Bhavatshakra* (sanskr. *bhavacakra;* tib. *soid-pa khar-lo* = »Rad des Werdens«) dargestellt. Ein Riesenungeheuer, das Symbol des allbeherrschenden Karman-Gesetzes, hält in seinen Klauen ein Rad mit zwölf Feldern, in denen die verschiedenen erlösungsbedürftigen Daseinsformen der Götter, Menschen, Geister und Dämonen sowie der Tiere im Kreislauf dargestellt sind.

Der Mensch und seine Erlösung

Samsāra, nidana und *karman* bilden die Voraussetzungen für die buddhistische Erlösungslehre. Das Rad der verschiedenen Daseinsformen, die der Erlösung bedürfen, dreht sich immerfort, solange Menschen (und Götter) in Unwissenheit verharren und nicht erkennen, daß alles vergänglich, ohne beharrende Substanz, und deshalb leidvoll ist. Die Lehre vom Leiden mit den *cattvars ariya-saccani* (»vier edle Wahrheiten«) bildet das buddhistische Credo, das Buddha seinen Schülern erstmalig in der Benares-Predigt auseinandersetzt.

1. Alles Dasein ist leidvoll. Leid (Pali *dukkha;* sanskr. *duhkka*) ist das Unheil, das in der Tatsache der individuellen, vergänglichen Existenz liegt. Wenn ein Einzelwesen oder eine Welt entsteht, ist dies das Ergebnis der Verbindung einer Vielzahl von *dharmas* (Pali *dhammas* = »Daseinsfaktoren«). Diese letzten Elemente der empirischen Wirklichkeit sind nicht mehr reduzierbare, dinglich vorgestellte Kräfte, die aufgrund ihrer jeweiligen Zusammensetzung die Einzelwesen und die von diesen wahrgenommene Welt gesetzmäßig bestimmen. Man unterscheidet fünf Gruppen von *skandhas* (»Ast«, Qualität, Attribut): *rūpa* (»materielle Körperlichkeit, Sinnliches«), *vēdanā* (»Sinnesempfindungen«), *samjña* (»abstrakte Vorstellungen«), *samskāra* (»unterbewußte Bildkräfte«) und *vijñana* (»reine Bewußtseinsakte«), aus denen wir bestehen und durch die wir uns des Daseins bewußt sind. Wenn ein Einzelwesen stirbt oder die von ihm erfahrene Welt vergeht, dann löst sich die Verbindung dieser bestimmten *dharmas* auf, die sie gebildet hatten. Bei jeder neuen »Wiedergeburt« bestimmt eine neue Verbindung von anderen Daseinsfaktoren das Einzelwesen. Diese unpersönlichen Daseinsfaktoren lassen aufgrund ihres Zusammenwirkens das scheinbar beharrende Selbst, das phänomenale Ich und die von diesem Ich erlebte Welt, entstehen. Es wird also kein kontinuierliches Individuum wiedergeboren. Es handelt sich daher nicht um eine »Seelenwanderung« im Sinne der Hinduisten, sondern um die Wiederverkörperung ei-

nes wechselnden Selbst, wobei das neue Wesen sich als ein Produkt aus dem veränderten *karman* des Dahingeschiedenen fortsetzt. Dieses »Entstehen in Abhängigkeit« *(patishtshasamupadda;* sanskr. *pratitja-samutpada)* ist wie die Flamme, die stets neuen Brennstoff verzehrt, und nur scheinbar dieselbe bleibt. Unter diesem ständigen Wechsel, bei dem nicht das Vorhandene im Folgenden weiterlebt, sondern nur die Ursache des Folgenden ist, leidet der Mensch. Will der Mensch das Leid beseitigen, so muß er den ständigen Wandel unterbinden. Um dies zu können, muß er zunächst die Ursache ergründen und wissen, wodurch Wechselhaftigkeit und Unbeständigkeit entstehen. Hierauf gibt ihm der zweite »Glaubenssatz« Antwort:

2. Die Ursache des leidvollen Wandels ist *trishnā* (sanskr.; Pali *tanhā* = »Durst«), Lebensdurst nach materieller Existenz, der Trieb nach Erhaltung des Leibes, nach geschlechtlicher Vereinigung, nach Besitz irdischer Güter, kurz jegliches Begehren, ob es auf das Sein oder Nichtsein zielt. Aus diesem zweiten Leitsatz ergibt sich dann notwendig der dritte:

3. Wer sich vom Leid befreien will, muß dessen Ursache, den Lebenstrieb, auslöschen. Dann ist auch zugleich die Ursache des ständigen Wandels beseitigt. Dann hört das Leid auf. Auf welche Weise die Auslöschung des Lebenstriebes geschieht, lehrt der vierte »Glaubenssatz«:

4. Man löscht die Lebensgier aus und zerbricht damit das Rad der Wiedergeburt, indem man den »Mittleren Weg«, den Weg zwischen dem des Vergnügens und dem der Kasteiung, einschlägt, wie dies im achtfachen Pfad beschrieben wird (→ethische Selbstdisziplin S. 84).

Nirvāna als Erlösungsziel

Wer die »vier edlen Wahrheiten« erkennt, hat das Leid bereits grundsätzlich überwunden. Wenn er dann aus dieser Erkenntnis heraus den »edlen achtfachen Pfad« beschreitet, dann erlangt er das Heilsziel *nirvāna* (sanskr.; Pali *nibbāna* = »Auswehen, Aushauchen, Erlöschen«).

Negativ meint *nirvāna* das Erlöschen des unheilvollen Daseinsdrangs *(tanha),* das Verwehen des individuellen, vergänglichen Seins und damit das Aufhören des zu immer neuen Geburten führenden Kausalgesetzes. Positiv meint *nirvāna* einen Zustand vollkommener Ruhe und absoluten Friedens, die absolute, unpersönliche letzte Wirklichkeit, in die die Erlösten eingehen. Das »*nirvāna* der diesseitigen Ordnung« *(ditta dhamma nirvāna)* meint Auslöschung alles selbstischen, sinnlichen Begehrens. Als Quelle des Leidens ist es deshalb ein schon zu Lebzeiten – während der letzten Lebensperiode – erreichbarer Zustand. Das »vollkommene *nirvāna*« (sanskr. *pari-nirvāna;* Pali *parinibbāna*) meint die völlige Auslöschung und das Aufhören der physischen Existenz zugleich mit dem Eintritt des Todes. Nach dem Hinayāna-B. ist *nirvāna* der diametrale Gegensatz zu *samsāra,* ein Zustand, über den nichts mehr gesagt werden kann. Für das Mahāyāna sind *samsāra* und *nirvāna* nur verschiedene Aspekte des einen Absoluten, der »Leerheit«.

Im Mahāyāna-B. tritt vor dieses letzte Endziel des *nirvāna* die Vorstellung von einem himmlischen Seligkeitsparadies *(sukhāvati),* dem in Japan und China so beliebten »Himmel des reinen Landes«, als höchstes Heilsziel. Das Reich des Buddha Amitābha verheißt den Seligen alle erdenklichen Wonnen.

Der Wege zum Heilsziel sind so viele, wie es Arten des Heiles gibt. Der Weg zum absoluten Heil ist umschrieben im einzigen achtfachen Pfad. Die Wege zu den verschiedenen Himmeln hingegen sind zahlreich. Wer z. B. auf Buddha Amitābha vertraut, braucht nur in tiefem Glauben seinen Namen anzurufen, um in den Himmel des Amitābha zu gelangen. Die Anrufung »Alle Ehre sei Amitābha-Buddha« ist nach Meinung des japanischen Mönchs Honen (1133–1212) wirksamer als das Rezitieren aller sūtras zusammen. Bei den »neuen Religionen« Japans, wie *Sokagakkai* und *Risshokoseikai,* kann durch die Ausrufung des Lotos-*Sūtra* das Reich des Buddha erlangt werden.

Die Frau im Buddhismus

In der umfangreichen Buddha-Legende treten verschiedene Frauen auf. Besonders zu erwähnen sind hier Buddhas Mutter, Māyā, die als Mahā Māyā fast göttliche Verehrung genießt, und Mahā-Prajāpatī-Gotamī, die Schwester seiner Mutter und Buddhas Stiefmutter, die die erste buddhistische Nonne wurde. Von den zehn bekannten Anhängerinnen des Buddha ist Sujātā Senānnidhitā die erste, die sich zu seiner Lehre bekennt.

Obwohl es nach streng buddhistischer Lehre bei Heilsgestalten keinen Geschlechtsunterschied gibt, finden sich im Buddha-Kult madonnenartige, weibliche Bodhisattvas, was sowohl in China (*Kuan-yin* →S. 77) wie in Japan (*Kwannon* →S. 77) der Fall ist.

Sie versinnbilden alles, was gläubige Frömmigkeit ins Weibliche kleidet und im Weiblichen sucht. Als Göttinnen der Gnade, der Barmherzigkeit und des Mitleids sind sie neben dem Buddha Amitābha die volkstümlichsten Gottheiten.

Die in buddhistischen Schriften zu findenden frauenfeindlichen Passagen, die u. a. in dem Ausspruch gipfeln: »Die Ausübung des Geschlechtsaktes und das Gebären! In diesen beiden Dingen unersättlich, ihr Mönche, und ohne Widerwillen davor zu haben, stirbt das Weib«, sind nachträglich Buddha in den Mund gelegte Worte. Auch die Schilderung, wonach sich Buddha lange Zeit geweigert haben soll, Frauen den Eintritt in den Orden zu erlauben, da diese wegen sinnlicher Liebe, Mutterwünschen und dem Hang nach Lebensfreude die strengen Ordensregeln nicht erfüllen könnten, sind spätere mönchische Reaktion aus der Zeit nach Buddhas Tod. Vom Grundkonzept seiner Lehre her kennt Buddha bei denen, die ihm auf dem Weg zur Erleuchtung nachfolgen, keinen Unterschied der Abstammung (Kaste), Herkunft, Rasse oder Reli-

A. Stupa-Grundschema *(Sanchi/Indien: Großer Stupa)*
1. Grabhügel als kuppelförmiger Aufbau (anda) über kreisrundem Grundriß
2. Reliquienkammer
3. würfelförmiger Aufsatz (harmikā)
4. Pfahl (yasti)
5. Sonnenschirm (chattra)
6. Wandelgang
7. Treppen (sopāna)
8. Zaun (vedikā)
9. Torbauten (torana)

B. Stupa als Weltenberg *(Borobodur auf Java/Indonesien)*

C. Pagode, *fünfgeschossig (Nara/Japan: Horyuji)*

gion (Brahmanismus) wie auch des Alters oder gar des Geschlechts. Entscheidend für ihn ist, daß alle (Frauen wie Männer, Mönche wie Nonnen) den achtfachen Pfad gehen, der zum Erlöschen ihres Lebensdurstes, zum *nirvāna* führt.

Erlöste und Erlöser

Im Hinayāna-B., dem des »kleinen Fahrzeugs«, ist das Ziel des nach Erlösung strebenden Mönches, den von Buddha gewiesenen, mühevollen Weg allein zu gehen und ein *arhat* zu werden, der ins *nirvāna* eingehen kann.
Ein *arhat* (sanskr. »Ehrwürdiger, Heiliger, Vollendeter«) ist ein buddhistischer Asket, der durch einen vorgeschriebenen Übungsgang zu einem höheren Zustand geistiger und intellektueller Entwicklung gelangt ist.
Es gibt zwei Hauptgruppen von diesen Heiligen. Der *arhat* »niederer Ordnung« *(sukka vipassaka)* hat seine niederen Leidenschaften zwar besiegt, aber dadurch noch nicht die höheren geistigen Kräfte erlangt und kann deshalb auch noch nicht Wundererscheinungen bewirken wie der *arhat* »höherer Ordnung« *(samāthayānika)*, der seine intellektuellen Fähigkeiten und seine mystische Einsicht voll entwickelt hat.
Während im Hinayāna-B. sich das Heil

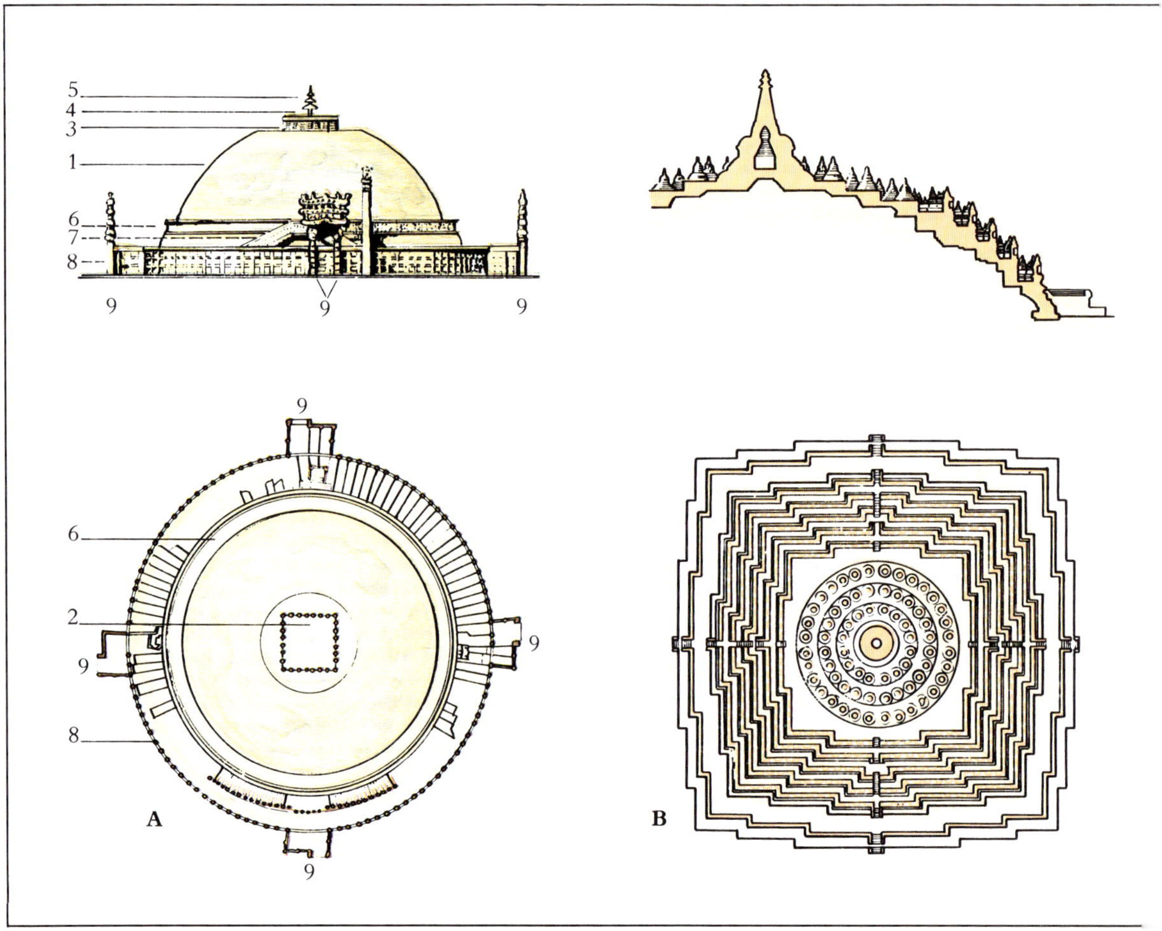

nur den Mönchen und Nonnen erschließt, kann im Mahāyāna-B. jeder dessen teilhaftig werden, der nach Vollkommenheit strebt *(pāramitās)* und sich in gläubiger Hingabe an den Buddha oder *Bodhisattva* wendet.

Ein Bodhisattva (sanskr. *bhodisatto;* Pali *bhōdisat*) ist derjenige, der in Tausenden von Existenzen *bhumi* (sanskr. »10 Stufen«) durchlaufen hat und dessen Wesen *(sattva)* jetzt Erleuchtung *(bōdhi)* ist. Er ist damit ein Anwärter auf die höchste Stufe der vollkommenen Erleuchtung bzw. Erkenntnis, ein zukünftiger Buddha. So war der Prinz Siddhārta Gautama zunächst ein Bodhisattva bis zu dem Zeitpunkt, da er unter dem Feigenbaum ein Buddha wurde.

Im Mahāyāna-B., dem des »großen Fahrzeugs«, besteht für alle das Ziel, ein Bodhisattva zu werden, der bis an die Schwelle des *nirvāna* gelangt ist, aber das Selbstopfer bringt und vorläufig auf die eigene, vollständige Erlösung verzichtet, um für das Heil aller anderen Wesen tätig sein zu können. Solange die anderen Leidenden noch nicht erlöst sind, solange ist auch sein persönliches Heil nicht vollkommen.

Buddha als Erlöster und Erlöser

Im Mahāyāna-B. wird Siddhārta Gautama aus dem Shākya-Geschlecht als Erlöser verehrt. Neben dem Ehrennamen »Buddha« werden für ihn noch andere Hoheitstitel gebraucht wie: Bhagavan, Jina, Samyaksambuddha, Sujata und Tathāgata.

Die große Bedeutung des Buddha wird

Buddhistische Klosteranlage
***Vihāra** (Takht-i Bahi/Pakistan)*
1. Hof mit Kapellen und zentralem Stupa
2. Hof mit Kapellen und Votivstupen
3. Klosterhof
4. Versammlungssaal
5.–18. Zellen

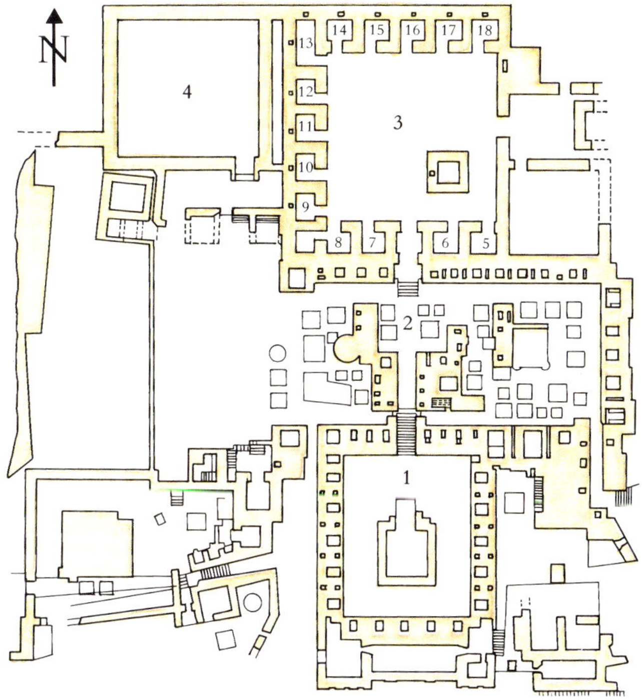

durch zahlreiche legendarische Erzählungen, insbesondere in Vorgeschichten und Kindheitsgeschichten, unterstrichen.

Da Buddha einst wie jedes andere Wesen dem unaufhörlichen Kreislauf des Daseins unterworfen war, hat er viele Male zahlreiche Leben in menschlicher, göttlicher, aber auch tierischer Gestalt gelebt, wovon die Schriften der *Jatakas* (→S. 93) berichten. Vor seiner letzten Geburt lebt der Bodhisattva, der künftige Buddha, als Herr einer Schar von zufriedenen Göttern im Tushita-Himmel der Seligen. Nachdem er auf die Erde herabgestiegen ist, geschieht seine übernatürliche Empfängnis. Er kann jetzt selbst bestimmen, wo er sein letztes Leben beginnen will. Als ein Gott in der Gestalt eines weißen Elefanten geht der Bodhisattva in den jungfräulichen Mutterschoß der schlafenden, von der Empfängnis träumenden Königin Māyā ein. So wunderbar wie seine Empfängnis ist auch seine Geburt im Lumbini-Hain. Zehn Monate nach der Empfängnis gebiert ihn seine Mutter stehend als ein schon mit 32 besonderen Merkmalen ausgezeichnetes Menschenkind. Engel fangen das Kind auf. Ein greiser Seher, Asita, der »buddhistische Simeon«, erkennt, daß der Erlöser geboren ist, und prophezeit dem König Suddhodana, dem Gatten der Königin Māyā, die künftige Größe des Kindes.

Māra, ein Gott des Todes und der Begierde, der »buddhistische Satan«, versucht den Gautama sowohl von seinem Vorhaben, unter dem Feigenbaum die Erleuchtung zu erlangen, abzubringen, wie auch nach der Erleuchtung seine Erkenntnis den Menschen zu predigen. Dabei bedient er sich vergeblich seiner schönen Töchter Rati, Arati und Trishna, um den Buddha zu betören. Als beides nicht gelingt, gibt Māra auf.

Buddhas Lehre heißt »Fahrzeug«. Das Fahrzeug der Lehre – gleich ob großes, kleines oder diamantenes – besteigen heißt, mit dessen Hilfe den Fluß des Lebens überqueren, vom einen Ufer der Unwissenheit, der Begierde und des Leidens zum anderen Ufer der transzendentalen Weisheit, der Befreiung und Erleuchtung übersetzen. Die Lehren – einschließlich der Lehrunterschiede in den verschiedenen Schulen – werden im Sinne Buddhas überflüssig und nutzlos wie Fahrzeuge, wenn einmal das Ziel erreicht ist.

Buddha selbst sagt: »Wäre jemand ein kluger Mann, wenn er, ans andere Ufer gelangt, aus Dankbarkeit für das Floß, das ihn über den Strom zur Sicherheit trug, am Floß haften, es auf seinen Rücken nehmen und mit seinem Gewicht herumwandern würde? In gleicher Weise muß das Fahrzeug der Lehre weggeworfen und verlassen werden, wenn einmal das andere Ufer der Erleuchtung erreicht ist.«

Ethische Selbstdisziplin (vinaya)

Die *sīla* (»Observanz, Sitte, Gebot, Vorschrift«) bildet den ersten Teil des dreifachen buddhistischen Heilsweges, gefolgt von *jnāna* (»Wissen, Erkenntnis«) und *dhyāna* (»Selbstversenkung«).

Der »edle achtfache Pfad« (Pali *ariyo atthangiko maggo*) gehört neben den vier edlen Wahrheiten zum Grundstock der Lehre Buddhas, wie dies in der Predigt von Benares zum Ausdruck kommt. Während drei der »vier edlen Wahrheiten« von Tatbestand und Überwindung des menschlichen Leidens handeln, gibt der Pfad – anknüpfend an die vierte Wahrheit – praktische Anweisungen für die Lebensführung und weist in acht verschiedenen, einander ergänzenden Teilen *(angas)* den Weg zur Überwindung des Leidens:

1. *samya-gdristis* (»rechte Anschauung«): das Wissen um das Leid, seine Entstehung und Aufhebung und um den Weg zu seiner Aufhebung. 2. *samya-ksamkalpa* (»rechte Gesinnung«): frei von Begierde, Gewalttätigkeit und Übelwollen. 3. *samya-gvac* (»rechtes Reden«): Enthalten von Lüge und Verleumdung. 4. *samya-kkarmanta* (»rechtes Handeln«): Unterlassen von Töten, Stehlen und unerlaubtem Geschlechtsverkehr. 5. *samya-gadsiva* (»rechter Lebensunterhalt«): Aufgeben eines unrechten Lebenserwerbs, wie Handel mit Fleisch, berauschenden Getränken, Gift, Lebewesen (Sklaven und Tiere) und Waffen oder als Fischer, Jäger, Schlachter, Vogelsteller, Gefangenenwärter, Henker und Räuber. 6. *samya-gvyayama* (»rechtes Streben«): Anstrengung, sowohl die schlechten, unheilvollen Gemütsregungen *(dharma),* welche noch nicht entstanden sind, gar nicht entstehen zu lassen, und die, die schon entstanden sind, abzutun, als auch die noch nicht entstandenen guten, heilvollen *dharma* zum Entstehen zu bringen, und die, welche schon entstanden sind, zu mehren und zur Vollendung zu bringen. 7. *samya-ksmrite* (»rechtes Überdenken«): Besonnene Betrachtung des Körpers, der Empfindungen, des Denkens und der Denk-Objekte. 8. *samya-ksamadh* (»rechtes Sich-Versenken«): Konzentration und Verweilen in den Versenkungsstufen.

Der dritte bis sechste Abschnitt des achtfachen Pfades ist als Kern der buddhistischen Ethik im Laufe der Jahrhunderte im *vinaya-pitaka* (→S. 92) weitergeführt worden.

Gebote

Für alle Buddhisten gelten die *pantsa-sīla* (»fünf Observanzen, Gebote«), die ungefähr der zweiten Tafel des jüdischen und christlichen Dekalogs entsprechen.

Die Formel der fünf allgemeinen Gebote, die von den Buddhisten in den Tempeln *(vihāras)* öffentlich hergesagt wird, lautet:

1. Ich beobachte das Gebot, mich fernzuhalten von Vernichtung der Lebewesen.
2. Ich beobachte das Gebot, mich fernzuhalten von Diebstahl.
3. Ich beobachte das Gebot, mich zu enthalten unerlaubten geschlechtlichen Verkehrs.
4. Ich beobachte das Gebot, mich fernzuhalten von Lüge und Trug.
5. Ich beobachte das Gebot, mich zu enthalten des Genusses berauschender Mittel.

Diese fünf Vorschriften entsprechen dem dritten bis fünften Teil des achtfältigen

Pfades, wobei das 1. Gebot der Gewaltlosigkeit *ahimsa* (sanskr. »Nichtschädigung«) – ein Grundbegriff buddhistischer Ethik – bedeutet, kein einziges Lebewesen zu töten.

Das *atthanga sīla* (»achtfaches Gebot«) umfaßt die fünf vorher genannten (unter Auslassung des Adjektivs »unerlaubt« beim 3.) nebst »drei Ratschlägen«, die den männlichen und weiblichen Laien zur freiwilligen Beachtung zusätzlich empfohlen werden, für Ordensangehörige aber verpflichtend sind, nämlich:

6. Ich beobachte das Gebot, mich zu enthalten des Essens zu ungehöriger Zeit.
7. Ich beobachte das Gebot, mich zu enthalten des Tanzens, Singens, der Musik und unanständiger Schauspiele, ferner des Gebrauchs der Blumenkränze, Wohlgerüche, Spezereien, Schönheitsmittel, Salben und Schmuckstücke.
8. Ich beobachte das Gebot, mich zu enthalten der Benutzung hoher und breiter Betten.

Die Laien beobachten diese Gebote an den *upāsatha* (Pali; sanskr. *upavasathā* = »Sabbattage«) am 8., 14. und 15. Tag eines jeden Monats.

Das *dasa sīla* (Pali »Zehn Gebote«) umfaßt außer den vorher genannten acht noch zwei zusätzliche Observanzen, die besonders frommen Laien empfohlen, den Mönchen und Nonnen sowie Novizen jedoch vorgeschrieben sind, nämlich:

9. Ich halte das Gebot, mich fernzuhalten vom Tanzen, Singen und unanständigen Aufführungen.
10. Ich halte das Gebot, mich zu enthalten des Annehmens von Gold und Silber.

Abgesehen davon, daß für Mönche und Nonnen alle Verpflichtungen der Laien in verschärfter Form gelten – z. B. kein Besitz außer den 8 Utensilien eines Asketen: 3 Kleidungsstücke, 1 Gürtel, 1 Nadel, 1 Rasiermesser, 1 Almosenschale und 1 Wassersieb, sowie Enthaltung von jedwedem Geschlechtsverkehr –, gibt es weitere Verpflichtungen, wie sie im *pātimokkha* (Pali »Beichtspiegel für Mönche«; →S. 92) stehen und aufgrund dessen die Mönche nach etwaigen Verfehlungen dagegen befragt werden.

Tugenden

Die erste der beiden buddhistischen Haupttugenden ist *maitri* (sanskr.; Pali *mettā* = »Wohlwollen, Brüderlichkeit, Freundschaft, Liebe«). Die Lehre vom *metta* oder *maitrēya* (»Mitgefühl, freundliches Wohlwollen, mitfühlende Güte«) zeichnet den B. unter den anderen Religionen besonders aus, und sie verbindet alles ohne Unterschied von Kaste, Klasse, Konfession, Hautfarbe und Geschlecht. Sie wird dadurch noch besonders unterstrichen, daß man den Namen Maitrēya, Māitri (= »der Mitfühlende, der Liebevolle«) dem nächsten und künftigen Buddha nach Gautama beilegt. Im Hinayāna-B. ist es ein indifferentes Wohlwollen ohne ausdrückliche Zuneigung, im Mahāyāna-B. ist diese Liebe dagegen die Zusammenfassung aller Sittlichkeit. Eine leidenschaftliche, unbegrenzte Liebe zum Nächsten ist typisch für den Mahāyāna-Buddhisten. Es gibt für ihn keinen Unterschied zwischen dem eigenen Leid und dem des Nächsten, es gibt nur ein gemeinsames Leid. Wenn man daher einem anderen Wesen hilft, sei es einem Löwen oder einer Ameise, so hilft man sich selbst.

Die zweite Haupttugend ist *mahā-karunā* (sanskr. »großes Erbarmen, allumfassendes Mitleiden«) und bedeutet Solidarität aller Wesen im Leiden ohne Unterschied. Im Hinayāna-B. meint »Mitleiden« ein Mitempfinden ohne Zuneigung.

Von dem japanischen Mönch Saicho (767–822) stammt das Wort: »In ihrem tiefsten Wesen besitzen alle Menschen die Buddha-Natur, die sie zu einem vollkommenen Buddha heranreifen lassen können.« Der Mahāyāna-Buddhist sieht seine Aufgabe darin, alle Menschen daran zu erinnern und notfalls dafür die eigene Erlösung zurückzustellen.

Diese beiden Haupttugenden »Freundschaft« und »Mitleid« haben den B. chronologisch gesehen zur ersten Weltreligion der Liebe und Brüderlichkeit gemacht. Wer diese beiden Tugenden, »allumfassende Liebe und Mitleid zu allen Lebewesen«, in beispielhafter Weise übt, ist ein *arya*. Wie Siddhārta Gautama in einem seiner früheren Leben als Kaninchen auf einen Stapel brennendes Holz gesprungen ist, damit ein hungriger Brahmane etwas zu essen hatte, so kann ein *arya* beschließen, sich selbst zu opfern, wie die Selbstverbrennungen von Mönchen in Vietnam es gezeigt haben.

ORDEN ODER SANGHA

Der von Buddha gestiftete *sangha* (sanskr.; Pali *samgha* = »Orden«) ist eine Gemeinschaft der Mönche bzw. Nonnen. Die Mitglieder des männlichen Ordens heißen *bhikshu* (sanskr.; Pali: *bhikku* = »Bettelmönch«), die des weiblichen Ordens *bhikshunī* (sanskr.; Pali *bhikkunī* = »Bettelnonne«). Im tibetischen B. werden die Mönche »Lama« (tib. *bla-ma* = »unübertrefflich, Lenker, Lehrer«) genannt, im japanischen B. ist ihr Name »Bonze«.

Im Leben eines jeden Mönchs sind der Eintritt in die Mönchsgemeinschaft und die Mönchsweihe die beiden großen Rituale. Ein Novize (Pali: *samanera*) muß wenigstens 15 Jahre alt sein, wenn er die Tonsur des Haupthaares und des Bartes empfängt und mit dem ockergelben Mönchsgewand *(kāsaya)* bekleidet wird. Dreimal muß er erklären, daß er in Zukunft dem *triratna* (»drei Juwelen«) folgen wird: dem Buddha, der Lehre und dem Orden, und er rezitiert die Zehn Gebote für Mönche. Mit diesen beiden Ritualen ist die Aufnahme ins Noviziat der Mönchsgemeinschaft vollzogen. Für seinen weiteren geistig-geistlichen Fortschritt tragen zwei Helfer die Verantwortung, die ihm bei seinem Eintritt zugewiesen werden: ein Begleiter und ein Lehrmeister (Guru).

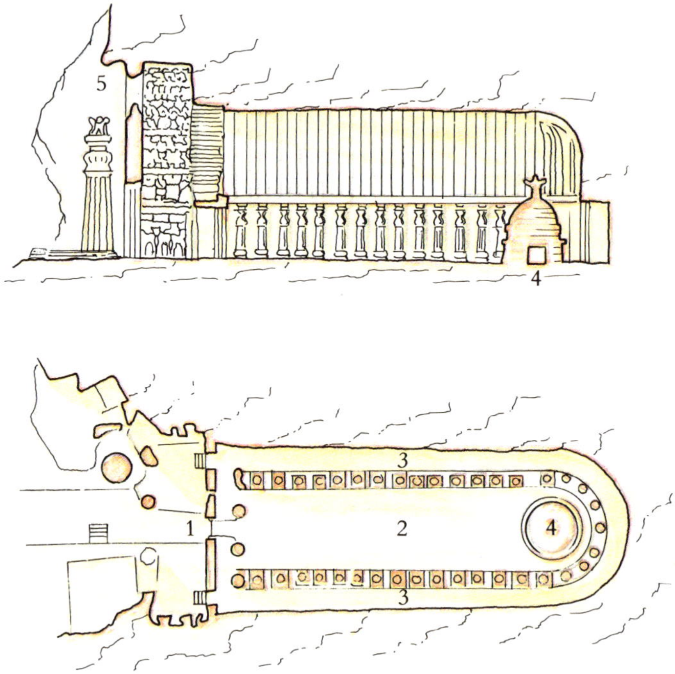

A

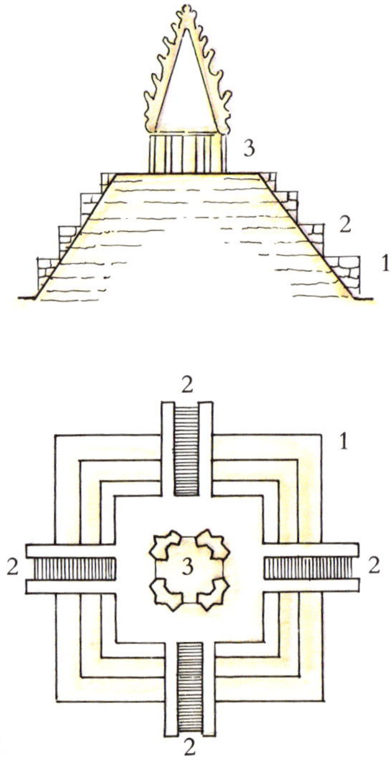

B

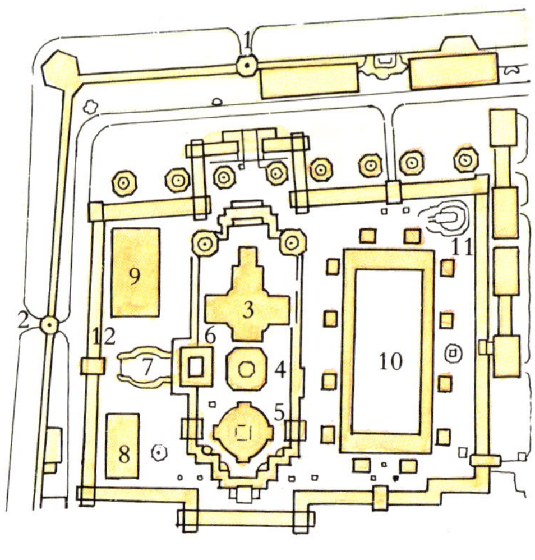

D

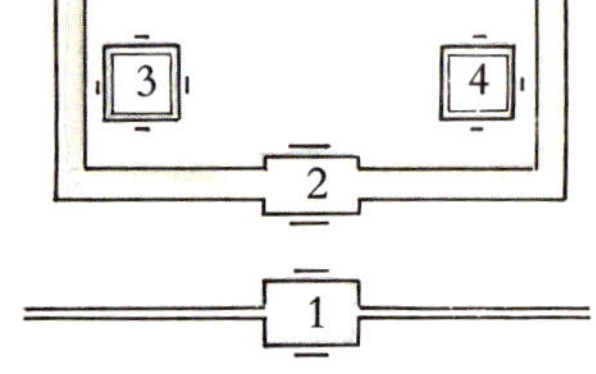

E

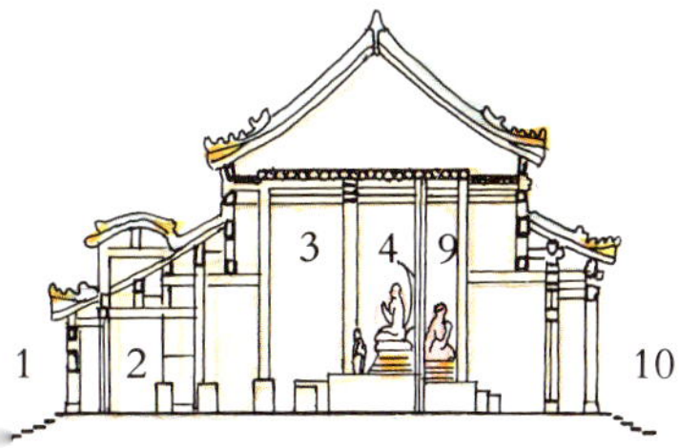

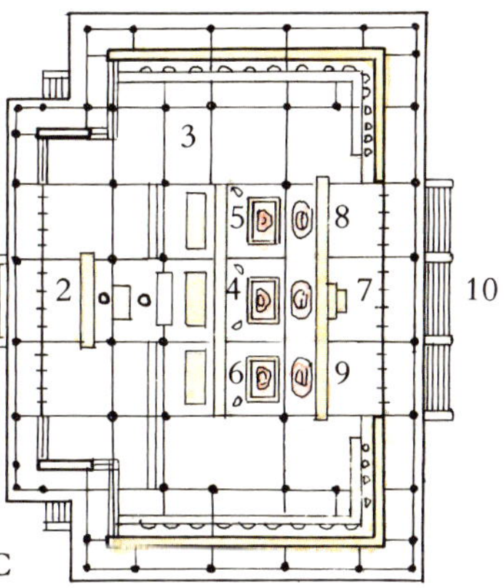

C

Buddhistische Tempelbauformen:

A. Höhlentempel *(Karli/Indien: Tschaitya-Halle)*

1. Vorhalle
2. Hauptschiff
3. Seitenschiffe für Wandelgang
4. Stupamonument mit Kammer für kanonische Texte
5. großes Fenster

B. Prang *(Angkor Thom/Kambodscha: Baksei-Chang-Krang)*

1. Stufenberg als vierstufiger Pyramidenunterbau
2. Treppen
3. Cella mit Turm

C. Goldene Halle *(Wu-T'ai-Shan/China: Halle des Hsien-Tung-sse)*

1. Vordereingang
2. Vorhalle
3. Tempelhalle
4. Buddha-Statue auf einem Sockel
5.–9. weitere Kult-Statuen (Rücken an Rücken)
10. Hintereingang

D. Vat/Klosterbezirk *(Bangkok/Kambodscha: Vat Phra Keo)*

1. Haupteingang
2. Eingang
3. Pantheon (Prasat Phra Thepbidorn)
4. Bibliothek der kanonischen Schriften (mondop)
5. goldener Stupa (chedi)
6. Modell des Vat Angkor
7. Vihan Yot
8. Mausoleum
9. Ho Montien Tham
10. Königliche Halle des Smaragd-Buddha (bot)
11. Glockenturm
12. Wandelgang

E. Heiliger Bezirk *(Nara/Japan: Yakushiji)*

1. Südtor (nandaimon)
2. Mitteltor (chūmon)
3. und 4. Pagoden
5. Haupthalle (kondō)
6. Versammlungshalle (kodo)
7. Überdachter Umgang (kairo bzw. hōrō)

Mit dem Ablauf der Probezeit – nicht vor dem 20. Lebensjahr – kann der Novize die Weihe zum Mönch (*sramana* = »der Energievolle, sich Beherrschende«) empfangen, die von mindestens zehn Mönchen vorgenommen wird. Zu Anfang bittet der Weihekandidat mit einem Bettelnapf in der Hand und drei Kleidungsstücken über dem Arm um die Erteilung der Weihe. Daraufhin vergewissert sich der Klostervorsteher, ob der Kandidat zugelassen werden kann, da Militärs, Deserteure, Mörder, Unzüchtige, Diebe, aber auch Aussätzige und Epileptiker von der Mönchsweihe ausgeschlossen sind. Die eigentliche Mönchsweihe besteht in der Besprengung mit Wasser. Bei den beiden Zeremonien handelt es sich um die Weltentsagung (sanskr. *pravrajyā;* Pali: *pabbajjā*) und die Weihe zum Vollmönch *(upasampadā).* Im Lamaismus sind die Stufen des Mönchseins: Schüler, Kandidat, Jungmönch *(gets'ul),* Vollmönch *(gelong),* graduierter Mönch *(gese)* und leitender Mönch *(khompo* oder Lama).

Im Hinayāna-B. geloben die Mönche, ein Heiliger, ein *arhat,* zu werden, wohingegen, ein Bodhisattva zu sein, das Ideal des Mahāyāna-Mönchs ist. Buddha erwartet von den Mönchen und Nonnen: »Schritt für Schritt und Stunde um Stunde muß der Weise sein eigenes Ich von jeder Unreinheit läutern, wie ein Edelschmied das Silber läutert.«

Vor allem müssen Mönche und Nonnen drei Vorschriften erfüllen: 1. Sie müssen bettelarm sein. 2. Sie dürfen niemandem ein Leid zufügen. 3. Sie sollen sich jedweden Geschlechtsverkehrs enthalten. Der Mönch lebt ein Leben höchster Einfachheit. Er besitzt fast nichts außer den 8 Utensilien eines Asketen: das Mönchsgewand (2 Untergewänder und 1 Obergewand), eine Nadel, ein Schermesser zum Abscheren des Haupthaares, einen Gürtel für seine Lenden bzw. eine Schnur mit 108 Kugeln, die er während der Meditation über Buddhas Eigenschaften durch seine Finger gleiten läßt, ein Wassersieb, mit dem er nötigenfalls Insekten aus seinem Trinkwasser siebt, um keinem Lebewesen ein Leid zuzufügen, und eine Schale für Almosen.

Die Mönche und Nonnen dürfen nur einmal am Tag, zwischen Sonnenaufgang und Mittag, Nahrung zu sich nehmen, und zwar nur das, was ihnen während des Almosengangs von Laien gespendet worden ist. Dabei erweisen die Mönche als Empfänger dem Laien als Spender eine besondere Gunst, weshalb letzterer »Danke schön« sagt, nicht ersterer. Obgleich ihre Nahrung vegetarisch sein soll, müssen sie im Prinzip alles essen, was ihnen gespendet wird, also auch Fleisch, wenn sie selbst weder das Tier getötet haben, noch von der Schlachtung des Tieres vorherige Kenntnis hatten.

Während die Mönche das Jahr hindurch bettelnd ihren Weg gehen und auf diese Weise mit den Mitmenschen und der Natur in regelmäßigem Kontakt bleiben, dürfen sie während der dreimonatigen Regenzeit die Klostergemeinschaft nicht verlassen und keinen Weg betreten, um nicht etwa keimendes Grün zu zertreten oder gerade erst geborene kleine Lebewesen zu töten.

Das wichtigste Ritual in einer Mönchsgemeinschaft ist die gemeinsame 14tägige *pātimokkha* (Pali; sanskr. *prātimōkscha* = »Entlastung, Beichte«). Der Tag der Beichtversammlung an Neu- und Vollmond ist gleichzeitig ein Fasttag (sanskr. *upavasathā;* Pali *upāsatha* = »Sabbattag«), an dessen Abend der Klostervorsteher zunächst eine Einführungspredigt hält. Dann trägt er den Beichtspiegel *(pātimokkha)* vor, in dem für jede Verfehlung ihrer Größe entsprechend eine bestimmte Buße festgelegt ist. Das Bekennen eines der drei Vergehen (Mord, Diebstahl, Unzucht) hat den dauernden Ausschluß aus der Mönchsgemeinschaft zur Folge, während Luxusgegenstände in der Klosterzelle, Onanie u.a. zu zeitlicher Ausstoßung führen. Im übrigen steht dem einzelnen frei, auszutreten, wann immer es ihm beliebt.

Einer, der außerhalb der Ordensgemeinschaft als Eremit oder einzelner die Erleuchtung erstrebt, heißt *Pratyēka Buddha.*

Obgleich die Mehrzahl der Buddhisten Laien sind, gelten die Mönche als die eigentlichen Nachfolger Buddhas und damit als vorbildliche Buddhisten, weil diese den drei Kleinodien *(triratna),* dem Buddha, der Lehre und dem Orden, als ihren Führern strikt folgen. Um den Orden schließt sich in weitem Abstand der Kreis der männlichen buddhistischen Laienanhänger. Sie heißen *upāsaka* (»Verehrer«) und die weiblichen *upāsikās* (»Verehrerinnen«).

Man ist als buddhistischer Laie anerkannt durch das Rezitieren der Zufluchtsformel und der ersten fünf Sittengebote vor einem Mitglied des Ordens. Im Hinayāna-B. besteht für die Laien das Hauptritual in der Verehrung einer Reliquie, die in einer Pagode aufbewahrt wird, wodurch der Laie immer wieder an die Mönchsgemeinschaft verwiesen wird. Die Laien sind nicht den strengen Verpflichtungen des asketischen Mönchtums unterworfen. Jedoch haben sie die Ehre und Pflicht, für den leiblichen Unterhalt der Ordensleute zu sorgen. Vergehen sich Laien gegen das buddhistische Gesetz, so drehen die Mönche und Nonnen »die Almosenschale vor ihnen um«, d.h. sie nehmen von ihnen keine Gaben an. Dem Laien bleibt die Hoffnung, daß es ihm in einem folgenden Leben als Mönch oder Nonne gelingt, dem leidvollen Dasein zu entrinnen.

Andererseits sollen die Ordensangehörigen dem Laien gegenüber ein Beispiel höchster Sittlichkeit geben, ihnen die Buddha-Lehre predigen und den Kranken tröstende Spruchworte sagen. Mönche nehmen fast überall für die Laien rituelle Handlungen vor. Sie halten religiöse Feiern in den Klostertempeln, zelebrieren die Bestattungen und übernehmen die geistliche Erziehung der Jugend. In Thailand und Birma beispielsweise verbringen fast alle jungen Leute einige Wochen oder auch Jahre als Laien im »Kloster auf Zeit«. Diese Zeit wird als Teil buddhistischer Erziehung angesehen, in der Lesen und Schreiben gelehrt und mit buddhistischer Literatur vertraut gemacht wird. Die Laien können dort ihr ganzes Leben bleiben oder aber auch jederzeit das Kloster verlassen und wieder als Laien in ihre Städte und Dörfer zurückkehren.

Festkalender

Als Beginn der buddhistischen Zeitrechnung gilt das Jahr, in dem Buddha ins *nirvāna* eingeht. Im Hinayāna-B. (Ceylon und Hinterindien) wird als sein Todesdatum das Jahr 543/44 vor Beginn der christlichen Zeitrechnung angenommen, nicht jedoch das historisch wahrscheinlichere Datum 483 v.Chr. Die 2500ste Wiederkehr dieses Todesjahres Buddhas, das Jahr 1956 nach christlicher Zeitrechnung, wurde in buddhistischen Ländern als Jubiläumsjahr festlich begangen. Jedoch ist diese Zeitrechnung und damit die Jahreszählung nicht einheitlich. Oft zählt man entsprechend den nationalen Bräuchen nach dem Regierungsjahr des Königs oder des Fürsten.

Der buddhistische Festkalender richtet sich – mit Ausnahme von Japan – nicht nach dem Sonnenjahr, sondern nach dem Mondjahr und enthält daher bewegliche Festtage. Die *Buddha-Feste* (Geburt, Erleuchtung, erste Predigt, Tod und Eingang ins *nirvāna* usw.) werden in den einzelnen Ländern zu verschiedenen Zeiten gefeiert. Da jedes dieser Ereignisse auf einen Vollmondtag fällt, werden in Birma z.B. alle zusammen in dem großen Vollmondfest des »Buddha«-Monats *vesak* (*vaisākha* = 6. Monat) gefeiert, der dem April/Mai entspricht.

Außerdem werden in jedem Land die besonderen *Heiligenfeste,* die Sterbetage großer buddhistischer Heiliger wie der Jünger Buddhas, der Stifter von Schulen, der Missionare u.a., besonders gefeiert; z.T. sind diese Feste nationale Feiertage. *Jährlich wiederkehrende Feste* sind u.a. das Neujahrsfest, das Tempelweihfest, das Weihefest eines Klosters und Feste zu Ehren der Verstorbenen. Von den *Jahreszeiten* ist die Regenzeit die wichtigste als Zeit der Besinnung und Meditation, bei der man nicht umherwandert, um nicht das aufkeimende Leben in der Natur zu zerstören.

Meditation

Im Buddhismus spielt die Meditation (sanskr. *dhyāna;* Pali *jhāna*) als achter und letzter Teil des achtfachen Pfades eine wichtige Rolle und ist Glied des buddhistischen Heilsweges zur Erlösung.

Dieses mystische In-sich-selbst-Versenken, wodurch übersinnliche Kräfte *(iddhi)* erlangt werden können, geht für den *Hinayāna-Buddhisten* in den vier Stufen vor sich, die der Siddhārta Gautama in der Nacht seiner Erleuchtung hinabgestiegen ist. Von der *ersten Stufe* der meditativen Reflexion, die durch verstandes- und phantasiemäßiges Erwägen eines religiösen Gegenstands und Erfassen gekennzeichnet ist, geht er zur *zweiten Stufe* der Kontemplation, der unermeßlichen Gefühle, auf der alle Aktivität schwindet und der sich Versenkende von einem unermeßlichen Gefühl der Freude und des Glücks erfüllt ist, das auf der *dritten Stufe* der abstrakten, formlosen Versenkung zum freudefreien Glücksgefühl abflacht und auf der *vierten Stufe* in einen vollkommen affektlosen (glückfreien und auch leidfreien) Indifferenzzustand des Gleichmuts übergeht. Dieser innere Zustand ist dem mit *samādhi* (Pali; sanskr. *samātha* = »innere Sammlung«) bezeichneten ziemlich gleich.

Der *Mahāyāna-B.* strebt durch die Meditation die vollkommene Einheit mit dem *dharma*-Leib des Buddha an.

Die *Zen-Meditation* ist die abstrakteste aller Methoden buddhistischer Meditation. Die drei Voraussetzungen des Zen sind zugleich sein Wesen, da nichts erstrebt wird, was außerhalb der Meditationsübung liegt. Das *rechte Sitzen:* im Lotossitz mit untergeschlagenen Beinen oder im Fersensitz. Die aufrechte Sitzhaltung ermöglicht eine 30- bis 40minütige Regungslosigkeit, die sich auf den Gemütszustand überträgt. Das *rechte Atmen* als Zwerchfell- oder Bauchatmung. Wer den Atem natürlich strömen läßt, kann sein Ich-Zentrum von der intellektuellen Kopfregion allmählich tiefer sinken lassen über die Herzmitte, wo das persönliche Ich plaziert ist, zur Leibesmitte im Bauch. Dabei tritt das fixierende Bewußtsein zurück und macht einem aufnahmebereiten Fühlen und Erleben Platz. Die *rechte Einstellung* meint, daß das Bewußtsein auf kein Etwas oder Objekt gerichtet ist. Es geht darum, die Bewußtseinsinhalte loszulassen. Zen ist ohne Zweck, um seiner selbst willen. Es gibt kein Ziel, oder: Der Weg ist das Ziel. Zen bedeutet Selbstergründung, Blick in die Innenwelt, es ist die Methode, welche am Ende zum *samādhi* (»ebenmäßig zusammengefügt, ausbalanciert«) führt. Dieses »Ruhen im Denken« meint das Gleichgewicht des Bewußtseins. Es ist der Zustand, in dem der Geist sich selbst mit dem letzten Existenzgrund identifiziert. Eine Besonderheit des Zen ist die *Koan-Übung.* Dieser psychologischen Konzentrationstechnik dienen Anekdoten, vornehmlich aus der T'ang-Zeit (8./9. Jh.), die einen logischen Widersinn enthalten und intellektueller Lösung spotten. Meditation im Hocksitz und Koan-Übung sind ausgerichtet auf *satori* (jap. »Erleuchtung«), die plötzliche, intuitive Erkenntnis der Befreiung des inneren Selbst und des Einsseins mit dem ganzen Kosmos. Die Haltung des Zen strahlt auf das gesamte Kulturleben eines Volkes aus: Blumenstecken, Bogenschießen, Judo, Teezeremonie, Tuschmalerei, Schwertfechten. Dies sind Ausdrucksweisen von Menschen, die sich identisch mit Blumen, Schwert oder Pfeil sehen.

Der *tantrische B.* bevorzugt einen mehr praktischen Heilsweg, der die Befreiung von der Sinnenwelt durch die Sinne zu verwirklichen sucht, indem er sich bei der Meditation symbolisch-magischer Hilfsmittel bedient:

Dazu gehört z.B. das Rezitieren heiliger Silben *(bijas)* oder magischer Formeln (*mantras* oder *dharanis*). Die *mantras* gelten als bedeutende Hilfsmittel. Sie haben dieser Richtung des Buddhismus ihren Namen gegeben: *Mantrayāna* (»Fahrzeug der Formeln«; →S. 73). Man glaubt an die Heilskraft der heiligen Laute. Die immer zu wiederholende Silben-Formel wirkt magisch-mystisch, bringt das Innere zum Schwingen, öffnet es für höheres Erleben und schafft so Kontakt mit dem Überirdischen.

Ein solches *mantra* ist die Silbe *om* mit zwei weiteren Worten, deren drittes »Verehrung« bedeutet, während das dazwischen stehende (im Dativ) den Gott nennt, dem die Verehrung gilt. Eine solche Andachtsformel *(dharani)* ist das japanische *namu amida butsu* (jap. *nembutsu* = »Anbetung dem Amida-Buddha«), mit der die Anhänger des Amida-Buddhismus die Gnade Buddhas erflehen. *Dharani* (sanskr. »Halt, Stütze«) ist eine magische Formel bzw. ein Geheimwort.

Im *tibetischen B.* kann das mündliche Rezitieren heiliger Sprüche und Formeln durch das *tschakra* (sanskr.; tib. *khorlo* = »Gebetsmühle, Gebetsrad«) ersetzt, ja sogar infolge der von selbst wirkenden Macht des Wortes vervielfacht werden. Im Innern enthalten die drehbaren Zylinder der Gebetsmühlen Papierstreifen mit kurzen Texten, vornehmlich mit der heiligen Formel *»om-mani padme-hum«* (sanskr. »om-Juwel Lotos-hum«). Das deutbare »Juwel im Lotos« *(mani padme)* wird von den beiden numinosen Urlauten *om* und *hum* eingeschlossen. Diese Formel stammt aus der sexuellen Vorstellung des →Tantrismus, wobei das Wort *mani* »Juwel« bedeutet und das männliche Glied meint, wohingegen das Wort *padme* »Lotos« meint und ein Symbol für die weibliche Scham ist. Diese Formel besagt also: »Penis in der Vulva«, d.h. die Vereinigung von vereinzelten Zweien zur Einheit eines Ganzen. Siehe dazu das tantrische *puja* (→Tantrismus).

Meistens befinden sich in dem »Juwelenrad«, wie die Gebetsmühlen auch bezeichnet werden, 12 Streifen mit je 41 Zeilen Text, wobei jede Zeile 60 mal die Gebetsformel »om-mani padme-hum« enthält, im ganzen also $12 \times 41 \times 60 = 29520$

Wiederholungen dieser heiligen Formel. Beim Drehen des Gebetsrades mit 120 Umdrehungen pro Minute wird dann 120 × 29 520 = 3 542 400mal diese Formel rezitiert. Bei jeder Lamaserie, einem lamaistischen Kloster, sind diese Gebetsmühlen außen angebracht, und kaum ein Buddhist versäumt es, beim Vorübergehen diese Gebetsräder mit der Hand selbst zu drehen. Auch über dem häuslichen Herd sind sie zu finden, damit der Rauch des Herdfeuers sie dreht, oder auch im Freien werden sie durch Wind oder fließendes Wasser bei Bächen und Wasserfällen in Bewegung gesetzt, damit auf diese Weise die darin enthaltenen heiligen Formeln und Texte ununterbrochen rezitiert werden.

Diese *mantras* oder *dharanis* werden im Tantrismus meistens vor *mandalas* (sanskr. »Kreis, Schaubilder«) rezitiert. *Mandalas* sind eine Art Buddha-Atlanten, kosmische Diagramme, auf denen dargestellt ist, daß das Zentrum und die vier Himmelsrichtungen von einem Buddha und mehreren Bodhisattvas beherrscht werden und Offenbarung des einen *dharma*-Leibes Buddhas sind. Beim *yantra* ist das Zentrum gewöhnlich eine Lotosblüte. Diese Kreisbilder oder Vieleckbilder sind als mystische Diagramme wichtige Hilfsmittel zur Meditation. Die Sokagakkai in Japan rezitieren vor solch einem *mandala* den Spruch: »namun-myohorengkyo« (= »gepriesen sei das wunderbare Lotos-Sūtra).

Die *midras* (sanskr. *mudra*) sind körperliche Gesten der sakralen Verschlingung von Fingern, die eine innere Haltung der Meditation ausdrücken und betonen. Man vergleiche die sechs Handhaltungen des Buddha mit ihrer symbolischen Bedeutung.

Ein besonderes Ritual ist das tantrische *puja*. Gemäß dem Prinzip, daß ein sakrales und rituelles Genießen sonst verbotener Dinge zur Überwindung derselben führt, endet dieses Ritual in einer unter Meditationsvorschriften vollzogenen Geschlechtsvereinigung von Mann und Frau. Zu der geschlechtlichen Vereinigung des Gottes Shiva mit der Göttin Durga werden spekulativ die Mahāyāna-Prinzipien »Leerheit« *(shunjata)* und »Erkenntnis« *(pradshra; prajnā* = »Weisheit«) als männliche und weibliche Elemente in Beziehung gesetzt, so daß die Vereinigung der beiden Elemente ihre Vereinzelung in der Zweiheit aufhebt und zu einer höchsten, beglückenden Einheit führt. Analog zur vorbildhaften göttlichen Vereinigung soll diese erotische Meditationsart die Vereinigung mit dem Absoluten und damit Erlösung bewirken. Ähnliches ist auch in der Formel »om-mani padme-hum« ausgedrückt.

KUNST UND LITERATUR

Die Werke buddhistischer Kunst gehören zum großartigsten Erbe und unvergänglichen Besitz der Menschheit.

Architektur

Die ersten Bauwerke des B. sind die *Stupas*. Der Stupa (ind.; ceylon.: *dagoba* = »Reliquienschrein«) – aus dem indischen, vorbuddhistischen Hügelgrab entstanden – ist zu einem speziell buddhistischen Heiligtum geworden, in dem sich meistens Reliquien Buddhas oder seiner Schüler befinden.

Der Stupa besteht in seinem Hauptteil aus einem halbkugelförmigen Massivbau (sanskr. *anda* = »Ei«), in dem der Reliquienraum liegt. Darauf befindet sich ein würfelförmiger Aufsatz (ind. *harmikā;* singhal. *deva kotova*), aus dem ein Pfahl *(yasti, yupa)* gleichsam als Bekrönung emporragt, an dem sich 3 bis 13 Scheiben bzw. »Schirme« *(chattra)* befinden, eigentlich ein Herrscherzeichen auf dem Grabhügel. Der Massivbau kann als Aufbau auf einem zylindrischen Unterbau *(medhi)* stehen, auf den in späterer Zeit Treppen *(sopāna)* hinaufgeführt werden.

Der Stupa ist wie auch die buddhistische Tempelanlage in einem gewissen Abstand von einem Steinzaun (ind. *vedikā*), der dem Holzzaun nachgebildet ist, umgeben. Die vier Torbauten (ind. *torana*) im Zaun eines Stupa sind ebenfalls meistens aus Stein. Sie bestehen aus senkrechten Pfosten *(stamha),* die durch mehrere obere Querbalken, versehen mit Plastikschmuck, miteinander verbunden sind. Stupas können von unterschiedlicher Größe sein, von kleinen Grabsteinen bis zu bebauten Hügeln (Borobodur).

Aus dem 3. Jh. datieren die Stupas von Sanchi und Sarnath. In Katmandu Boddnath steht einer der beiden unversehrt gebliebenen Stupas, wie Ashoka sie gebaut hat. Sonderformen des Stupa und Tschaitya sind Tschorte in Tibet und Tsedi in Birma. Glockenstupas gibt es in Hinterindien, z. B. die Shwe-Zigon-Pagode in Pagan und Shwe-Dagon-Pagode in Rangun.

Stupas sind Erinnerungsmale vor allem an Gautama Buddha. Als Reliquienbehälter symbolisieren sie seinen Eingang ins *parinirvāna*. Verehrung *(puja)* wird ihm durch die alte rituelle Sitte der Umwandlung *(pradaksina)* dargebracht. Als Pfad zum Umwandeln *(pradaksināpatha)* des Stupa im Uhrzeigersinn dient den Gläubigen der Raum zwischen Stupa und Zaun. Diese Umwandlung wird nach links hin vollzogen, indem der Umschreitende das verehrte Objekt wie einen Mittelpunkt umkreist und ihm dabei die rechte Seite zukehrt. Diese Mittelpunktsfunktion des Stupa wird dadurch unterstrichen, daß der Stupa in das Koordinatensystem Ost–West, Nord–Süd einbezogen ist und die vier Tore sich nach den vier Himmelsrichtungen öffnen. Der Stupa verkörpert für einen Buddhisten das Absolute.

Vor einzelnen Stupas sind *stambhas* (ind. *dhavadsha stambha* = »Gedenksäule«) errichtet zur Erinnerung an Ereignisse aus dem Leben Buddhas. Aus der Zeit Ashokas sind noch 8 monolithische Säulen mit Edikten dieses Kaisers erhalten. In Sarnath, am Ort der ersten Predigt des Buddha, stand die eindrucksvollste, 20 m hohe Säule, die vier Löwen und darüber das Rad der Lehre trug.

Aus dem Stupa der indischen Baukunst entsteht die *Pagode* (Prakrit). Während man den Stupa in Tibet stark erhöht und als geheimnisvolles Symbol des Kosmos auffaßt, wird er in China, wo er mit den vorhandenen Beobachtungstürmen verschmilzt, zur Pagode – in der Zeit der Sechs Dynastien (440–588). Während der Sockel dieses Zentralbaus mehrstufig ausgebaut ist und die sich nach oben verjüngenden Stockwerke durch Gesimse, später durch Dächer, abgetrennt werden, verkümmert die eigentliche Kuppelform immer mehr. In der Vertikalen findet man 3 bis 13 Stockwerke (meist ungerade Zahlen), wohingegen der polygonale Grundriß immer gerade Zahlen (4, 8, 12, 16) aufweist. Dieser Stockwerkbau ist ein umschreitbares Heiligtum und steht entweder allein oder in Verbindung mit anderen Bauten einer buddhistischen Tempelanlage.

Als der B. für seine wachsenden Gemeinden größere Versammlungsräume benötigt, verlegt er sie tief in das Innere der Felsen. So werden buddhistische Tempel mit Stupas anfangs als Höhlenbauten in Fels gehauen. Diese *Tschaitya-Hallen* (»Hügel«-Hallen) sind meist in den Felsen getriebene, dreischiffige Kulthöhlen. Das tonnengewölbte Mittelschiff für die Mönchsgemeinde hat eine halbrunde Ap-

1 Mahā Bodhi-Stupa, *wo Buddha seine Erleuchtung erlebte, Ziegel 55 m hoch, 1./3. Jh., und 19. Jh. Bodh Gaya (Indien)*

2 Dhamek-Stupa, *wo Buddha die »Benares-Rede« hielt, Naturstein und Ziegel, 6. Jh. Sarnath bei Benares (Indien)*

3 Siebenstöckige »Wildgans«-Pagode *64 m hoch, 652. X'ian (Shaanxi)/China*

4 Tschorte *am Weg zum Kloster Tikse-Gompa. Ladakh (Tibet)*

5 Bayon *(Tempelberg), 12./13. Jh. Angkor Thom (Kambodscha)*

2

4

3

5

sis, in deren Mitte der Tschaitya (Stupa, Dagoba) als Reliquiar und Heiligtum steht. Die beiden halbtonnengewölbten Seitenschiffe für die Laiengemeinde sind vom Mittelschiff durch Stützen abgeteilt und um die Apsis herumgeführt, so daß der Stupa umwandelt werden kann. Diese Hallen haben ein riesiges Sonnenfenster als einzige Lichtquelle.

Die größte der frühen und auch die bekannteste der rund 1200 indischen Tschaitya-Hallen ist die von Karli (bei Bombay) aus der Zeit um 50 v. Chr.

Vihāra, auch *sanghārāna,* ist der Ort, an dem man die (Regen-)Zeit verbringt. Die Klöster, die stets zusammen mit einem Tschaitya zu finden sind, bestehen aus einem meist quadratischen Raum mit einem Umgang, an den sich ringsum die Mönchszellen anschließen. Diese oft mehrgeschossigen Anlagen können entweder in den Fels gehauen (Felsen-Vihāras) sein oder auch frei stehen.

Die *Tempelanlagen* in Japan zeigen eine reiche Gruppierung von Einzelgebäuden in gestufter Struktur. Die Hauptachse, an der die Hauptgebäude zentral aufgereiht und von Nebengebäuden symmetrisch umgeben sind, verläuft meist von Norden nach Süden. In der Hauptachse sind in der Regel das große Südtor als Eingangstor, das Mitteltor, die Goldene Halle und die Predigthalle angelegt. Die Pagoden sind unterschiedlich angeordnet.

Besonders zu erwähnen ist die schon in China übliche *Goldene Halle,* deren Eingang stets an der Breitseite liegt. Das Buddha-Bild im Zentrum der Tempelhalle steht zusammen mit anderen Statuen erhöht auf einem Sockel an der Rückwand. Diese Hallen mit reichen Dachformen sind Holzständerbauten mit inneren und äußeren Stützen, so daß das Heiligtum zu umwandeln ist. In Japan werden diese buddhistischen Tempelanlagen zuerst nach chinesischem Vorbild geschaffen, so der Horyuji in Nara (607 geweiht), der die ältesten erhaltenen Holzbauten der Welt besitzt. Der Tempel im japanischen Buddhismus heißt *tera.*

Für den Zen-B. charakteristisch ist eine *Gartenarchitektur,* die von Jahreszeiten unabhängig, gleichsam zeitlos, Steinblöcke, Moose u.a. entsprechend anordnet, um der Meditation zu dienen. Ein bekanntes Beispiel ist der Kinkakuji-Tempel, der „Goldene Pavillon" in Kioto.

Plastik und Malerei

In frühester Zeit gibt es keine Buddha-Darstellungen, da man sich scheut, dem, der das Verlöschen alles Formhaften predigt, durch die Kunst eine neue Gestalt, eine den vergangenen Körper überdauernde Form, zu geben. Die älteste Ikonographie kennt zunächst nur Symbole: einen Lotos (als Glückszeichen für Buddhas Geburt), einen Bodhi-Baum (Sinnbild für Buddhas Erleuchtung), ein Rad (Sinnbild für Buddhas Lehre), einen Stupa (für Buddhas Tod und Eingang ins *parinirvāna*). Erst allmählich werden Ereignisse aus dem Leben Buddhas vor der Erleuchtung oder Episoden aus den legendären früheren Existenzen des Erleuchteten szenisch dargestellt. Erst seit dem Beginn der christlichen Zeitrechnung wird von der hellenistisch-indischen Ghandara-Kunst und in Mathura der Buddha in Menschengestalt dargestellt. Im Mahāyāna-B. tritt dann an die Stelle des Menschen Buddha der himmlische Abgesandte, dem man göttliche Attribute beigibt und der von Bodhisattvas umgeben ist, die nichts Irdisches mehr an sich haben. Seit dem 3., besonders dem 5.–8. Jh. entwickelt sich ein ganzes Pantheon, aus dem transzendenten Ur-Buddha emanierten Dhyani-Buddhas und Dhyani-Bodhisattvas sowie ihre *prajnās* (Pali; sanskr. *prajñā* = »Weisheit«) als weibliche Prinzipien, so vor allem die der Madonna Tārā und der *Prajnāpāramitā,* der Verkörperung der »Heiligen Schrift«. Der Tantrismus fügt seit dem 7. Jh. zum Buddha-Bild Göttinnen von Zauberformeln und magischen Silben hinzu, welche die Urstadien aller Dinge sind.

Allen Buddha-Bildern gemeinsam sind die Merkmale der *urna* (eine kleine Wölbung zwischen den Augenbrauen, eine Locke, später ein leuchtender Punkt). Dieses Merkmal eines weltbeherrschenden Königs bezeichnet das Zusammentreffen der Sinnenwelt mit dem Intellekt. *Überlange Ohrläppchen* stehen als Zeichen für vornehme Herkunft. Eine *ushnisha* ist ein Haarbüschel auf dem Scheitel, später ein lockenbedeckter Kopfauswuchs. In der gräko-buddhistischen Gandhara-Kunst wird sie zum halbkugelförmigen Haarknoten. In Kambodscha läuft er konisch, in Siam spitz, in der Thai-Kunst hat er die Form einer Flamme: Sinnbild der Erleuchtung. Die Haare sind gewöhnlich in einem Wulst zusammengefaßt oder liegen in kleinen Wellen am Kopf an.

Alle Buddhabilder sind vielfältige Variationen über das Thema »Schweigen«. Hinayāna- und Mahāyāna-B. sehen in den Buddha-Darstellungen ein Mittel der Verinnerlichung und Versenkung, das die Außenwelt vergessen läßt. Nach dem →Tantrismus besitzen die Buddha-Bilder, deren Besitzer den Schutz Buddhas oder der Bodhisattvas genießt und deren Verehrer Geborgenheit finden, eine magische Macht.

Pāli-Kanon

Die ungeheuer reichhaltige buddhistische Literatur gliedert sich unter dem Gesichtspunkt der Sprache in die Pāli- bzw. Sanskritliteratur.

Die zu einem Kanon zusammengefaßten Pāli-Texte sind als *Tripitaka* (sanskr.; Pāli *Tipitaka;* jap. *Issai-kio* = »Dreikorb«) bekannt, weil sie aus drei *(tri)* Büchersammlungen oder Körben *(pitaka)* bestehen.

Die *erste Büchergruppe* ist das *Vinaya-pitaka* (»Korb der Ordensdisziplin«). Es handelt vom Ordensleben und enthält Disziplinarregeln für Mönche und Nonnen und andere sittliche Verhaltensregeln. Dieser Korb besteht aus drei Büchern, u.a. mit dem Beichtspiegel *(Pātimokkha),* dem sicher ältesten Teil dieses Korbes, der mit 227 disziplinären Vorschriften alle ernsten und weniger ernsten Vergehen und die dazu entsprechenden Strafen behandelt.

Im *Mahāvagga* und *Cullavagga* stehen die Lebensgeschichte des Buddha mit der Benares-Rede und Feuerpredigt sowie die Geschichte der beiden ersten Konzilien.

Die *zweite Büchergruppe* ist das *Sutta-pitaka* (»Korb der Lehrreden«) und enthält die Lehrvorträge Buddhas mit über 4000 belehrenden Gesprächen zwischen Buddha und seinen Schülern bzw. anderen Partnern in der Form von *Sūtras.* Darin sind fünf Sammlungen *(nikāyas),* die je nach Länge und Bedeutung zusammengefaßt sind: eine Sammlung der langen, der mittelgroßen, der in Gruppen eingeteilten, der nach aufsteigender Zahlenfolge geordneten und der kleinen Lehrvorträge. Dieser Korb der Lehrreden ist der wichtigste der drei Körbe und wird deshalb in den heiligsten Räumen der Klöster mit großer Hochschätzung aufbewahrt; aus ihm wird bei Kultfeiern rezitiert.

Zu der Sammlung der 34 langen Lehrvorträge *(Digha-nikāya)* gehört der »große Vortrag über das völlige nirvāna« des Buddha *(Mahāparinibbāna-Sutta)* Nr. 16 mit dem Bericht von den letzten Lebenstagen und den Abschiedsreden – vielleicht der erste Ansatz zu einer Buddha-Biographie. In der Sammlung der 152 mittelgroßen Lehrvorträge *(Majjhima-nikayā)* wird die Erleuchtung Buddhas erzählt. Im *Samyutta-nikayā* steht in der letzten und 56. Gruppe *(samyutta)* das berühmte 11. *Sutta,* die »Predigt von Benares« *(Dhammacakkappavattana-Sutta).* Zur Sammlung der kleinen Lehrvorträge *(Khudakka-nikayā)* gehört das berühmte *Dhammapada* mit 423 Strophen ethischer Sprüche, ein »Spruchevangelium«, sowie die *Theragāthā* (Pali *thera* = »Mönch«) und *Therīgāthā* (Pali *theri* = »Nonne«), die Lieder der Mönche und Nonnen von teilweise großer lyrischer Schönheit. Die *Jatakas,* 547 Erzählungen über frühere Wiederverkörperungen Buddhas, gründen auf seine 550 früheren Existenzen, in denen er sich durch das Üben einer der zehn buddhistischen Tugenden (Freigebigkeit, Sittenreinheit, Entsagung, Weisheit, Energie, Geduld, Wahrheitsliebe, Entschlossenheit, Freundlichkeit, Gleichmütigkeit) eine jeweils höhere Geburt sicherte. Diese bunte Fülle märchen-, sagen- und novellenhaften Traditionsgutes hat der buddhistischen Kunst die dankbarsten Stoffe geliefert, und viele ihrer Motive sind in die Weltliteratur eingegangen.

Die *dritte Büchergruppe* ist das *Abhidharma-pitaka* (sanskr.; Pāli *abhidhamma* = »Korb der Lehrbegriffe«). Es umfaßt 7 Traktate über Moral und Philosophie. Diese sachlichen Aufzählungen der buddhistischen Lehre sind viel später als die beiden ersten Körbe aufgeschrieben worden. Die in verschiedenen Schulen entstandenen Traktate werden nach diesen benannt. Der gesamte *Pāli-Kanon* aus der Schule der Theravadins gilt heute noch den Hinayāna-Buddhisten in Ceylon und Hinterindien als authentische Wiedergabe der Worte Buddhas.

Sonstige Schriften

An den Pāli-Kanon schließen sich im Laufe der Zeit eine Anzahl von Kommentaren und Erörterungen in Pāli, Singhalesisch und hinterindischen Sprachen an, so z. B. »Die Fragen des Königs Milinda« *(Milindapañha),* eine Art buddhistischer Katechismus in Form von Dialogen zwischen dem indo-griechischen König Milinda (Menandros; ca. 166–145 v. Chr.) und dem Weisen Nagasena, oder aber Buddhagoshas (5. Jh. n. Chr.) »Weg der Reinheit« *(Visuddhi Magga)* für die Theravada-Mönche auf Ceylon.

Während der Pāli-Kanon im ganzen Ausdruck des Hinayāna-B. ist, gehört die Sanskritliteratur zum größten Teil, wenn auch nicht ausschließlich, dem *Mahāyāna-B.* an und ist für ihn bestimmend gewesen. Es sind u. a. zu nennen: Das *Mahāvastu* (sanskr. »Buch der großen Begebenheiten«), in der Hauptsache eine im Stil der Wundergeschichte erzählte Biographie des Buddha. Der *Lalitawistara* (sanskr. *lalitavistara* = »die ausführliche Erzählung vom Spiel«) stellt eine der wichtigsten und vorzüglichsten Quellen für das Leben des Buddha dar, das als Spiel *(lalita)* eines überirdischen Wesens dargestellt wird. Das Buddha-Epos »Buddhas Wandel« *(Buddhacarita)* stammt von dem Verfasser buddhistischer Dramen, *Ashvaghosha* (2. Jh. n. Chr.), einem der Begründer des Mahāyāna-B. Um die verschiedenen *Mahāyāna-Sūtras,* die in den ersten nachchristlichen Jahrhunderten entstehen, sammeln sich ganze Schulen, die ihrerseits Lehrbücher *(shastras)* zur Interpretation verfaßten. Gemäß dem von der Nichiren- (→S. 72) und Tendai-Schule (→S. 72) sowie den neuen →Lotos-Sūtra-Religionen besonders geschätzten *Sūtra* vom »Lotos des guten Gesetzes« *(Saddharma-pundarika)* soll Buddha nur zum Schein ins *nirvāna* eingegangen sein, in Wirklichkeit habe er nie aufgehört zu existieren. In diesem um 280 n. Chr. entstandenen bedeutenden *mahāyāna-sūtra* steht das »Gleichnis vom guten Vater«. Sehr bekannt ist auch die »Beschreibung des Glückslandes« *(Sukhāvativyūha),* ein Text vom Paradies des Westens, des Amitābha-Buddha, in dem der Gläubige die Reife für das endgültige *nirvāna* erlangt. *Prajnāpāramitās* (sanskr. »Vollkommenheit der Erkenntnis«) sind die wichtigsten und angesehensten aller philosophischen *Mahāyāna-Sūtras.* Sie handeln von den sechs Vollkommenheiten *(pāramitās)* eines Bodhisattvas, insbesondere aber von der Weisheit *(prajnā)* als der höchsten Vollkommenheit.

Für die Sarvastivadins kodifiziert *Vasubhandhu* (4. Jh. n. Chr.) in Nordindien das *Abhidharma-kosha,* eine »Schatzkammer der Dogmatik«.

Für den *lamaistischen B.* gelten die aus dem Indischen ins Tibetische übersetzten Texte, die der große tibetische Gelehrte Buston (1289–1364) im Jahre 1325 zu den beiden Sammlungen *Kandschur* und *Tandschur* als kanonische tibetische Schrift systematisiert. Das *Kandschur* (»übersetztes Wort [Buddhas]«) ist eine Sammlung von 689 Einzelwerken in 108 Bänden. Zu den drei bekannten Körben des Pāli-Kanons kommt als vierter Korb das *tantra* (»Zauberliteratur«) hinzu. Der *Tandschur* (»übersetzte Lehre«) umfaßt 225 Bände, die u. a.

religiöse und magische Themen behandeln und von den Tibetern als ein Kommentar zum *Kandschur* betrachtet werden. Bisher sind vier verschiedene tibetische Holzdrucke des *Tandschur* bekannt. Das *Tibetische Totenbuch* dient einem Lama als Ritual, um einem Sterbenden oder Verstorbenen Texte ins Ohr zu flüstern, die für diesen in der jenseitigen Welt von Bedeutung sind.
Für die *Shingon-Schule* ist das *Dainichikyo* (jap. »Leitfaden des großen Glänzenden«) eine ihrer kanonischen Schriften.
Wortlaut und Gestalt der buddhistischen *Sūtras* (sanskr.; Pali *sūtta* = »Faden, Leitfaden«) sind für den Stil buddhistischer Lehrtexte charakteristisch. Wegen ihrer übergroßen Länge werden diese dem Buddha zugeschriebenen Lehrvorträge oft als zu weitschweifig und wegen der Beibehaltung derselben Sprachbewegungen und der Wiederholungen derselben Gedanken und Handlungen in gleichlautenden Sätzen von Nicht-Buddhisten als überaus eintönig mißverstanden. Die monotone, rhythmisch gleichmäßige Wiederholung und Aneinanderreihung fast gleichlautender Sätze mit nur allmählich fortschreitender Variierung der Gedanken, Handlungen, Wörter und Wortgruppen ist dazu angetan, den Lesenden, Vortragenden und Hörenden langsam aber unwiderstehlich die gegenständliche Umwelt um sich, ja sich selbst vergessen zu lassen und in die meditative Versenkung zu versetzen. Dadurch wird ihnen, den Meditierenden, ein Vorgefühl des Erlöschens sprachlich ein-geredet. Diese Stilform ist ein treffendes Abbild buddhistischer Weltanschauung von der ewigen Gleichförmigkeit des Werdens und Vergehens.

NEOBUDDHISMUS

Die Erneuerungsbewegungen im B. der Gegenwart gehen Hand in Hand mit dem erwachenden politischen Selbstbewußtsein vieler asiatischer Länder. Westliche Kolonialmächte entmündigen die buddhistische Gemeinde lange Zeit politisch. Im Widerstand gegen die westlichen Kolonisatoren erstarkt und erneuert sich der B., wobei buddhistische Mönche zu Trägern des nationalen Gedankens werden. Ein Beispiel dafür sind die Mönchsverbrennungen in Vietnam.
Im Zuge der Wiedergewinnung der eigenen Freiheit und der politischen Selbständigkeit vieler asiatischer Länder ist der B. wieder eine tragende geistige Macht im gesellschaftlichen Leben. Für viele Buddhisten heute sind kapitalistische Ausbeutung, kolonialistische Unterdrückung und wirtschaftliche Ungleichheit die Ursachen des Übels und Leidens der Gegenwart. Demgegenüber wird eine neue klassenlose Gesellschaft, die frei ist von Kolonialismus und Kapitalismus, als das schon zu Lebzeiten mögliche *nirvāna* (nicht das endgültige *parinirvāna*) angesehen, das über den Weg eines sozialen und politischen Ethos erreichbar ist.
Charakteristisch für diese zunehmende Aktivität in der Gegenwart – besonders seit dem 2. Weltkrieg – sind einerseits die missionarische Erneuerung in den buddhistischen Ländern und andererseits die Neuinterpretation des buddhistischen Erbes sowie die Mission der westlichen Welt. Die *World Fellowship of Buddhists* (engl. »Weltgemeinschaft der Buddhisten«), die 1950 auf Ceylon von dem ceylonesischen Gelehrten Malalasekera begründet wird, erstrebt den Zusammenschluß aller sich zu Buddha Bekennenden. Sie leitet eine Serie weiterer Treffen (1952, 1954) ein. Hinayāna- und Mahāyāna-Buddhisten schließen sich zusammen, um den B. als aktiven Faktor in das moderne Geistesleben einzuführen. Diese Weltgemeinschaft der Buddhisten verfügt seit 1956 über mehrere Kommissionen, die die Erziehung der buddhistischen Jugend, die soziale Wohlfahrt aller Buddhisten und die buddhistische Missionstätigkeit in Ost und West pflegen. Die zunehmenden Aktivitäten und missionarischen Tendenzen zeigen sich besonders deutlich auf dem großen (6./5.) buddhistischen Konzil (1954) in Rangun. Hier wird u.a. die Veröffentlichung einer englischsprachigen Zusammenfassung des Pāli-Kanons beschlossen. 1956/57 wird die 25. Jahrhundertfeier von Buddhas Tod und Eingang ins parinirvāna in der ganzen buddhistischen Welt festlich begangen. Die 1966 in Colombo errichtete *World Buddhists Sangha Organisation* (nur für Mönche) will u.a. alle Pāli-Texte ins Sanskrit übersetzen und umgekehrt.
Neobuddhismus ist die Bezeichnung für die gegenwärtige Bewegung in Europa und Amerika, die den B. als eine den Menschen von heute gemäße Religion ausweist.
Schon im 19. Jh. beginnen buddhistische Ideen in Europa wirksam zu werden. Der Philosoph *Arthur Schopenhauer* (1788–1860), nach dem die höchste Entfaltung des Willens in dessen Selbstauflösung besteht, ist der Begründer des konsequenten Voluntarismus (»Die Welt als Wille und Vorstellung«, 1818). Wesentlich durch ihn wird buddhistisches Gedankengut weiten Kreisen in Europa vermittelt.
Der Musikdramatiker *Richard Wagner* (1813–83) sieht sein neues Weltbild mit pessimistischem Grundcharakter durch die Lektüre Schopenhauers (seit 1854) philosophisch bestätigt. U.a. aus dieser Schopenhauer-Erschütterung will Wagner 1856 eine Oper aus dem Leben Buddhas mit dem Titel »Der Sieger« komponieren. Es entstehen dann aber die Oper »Tristan und Isolde« (1859) und der Plan zu »Parsi-

1 Shwe-Dagon-Pagode, *107 m hoch, höchste Pagode der Welt, mit ca. 8600 Goldplatten bedeckt, 11. Jh. Rangun/Birma*

2 Fünfstöckige Pagode, *Holz, 951. Kioto, Daigojii*

3 Goldener Pavillon *(Kinkakuji-Tempel), 1394, abgebrannt 1950 und wiedererstellt 1955. Kioto*

4 *Odilon Redon (1840–1916),* Buddha, *Pastel. Paris, Louvre*

1

2

3

fal«. Im Bühnenweihfestspiel »Parsifal« (1882), in dem sich Schopenhauersche Willensverneinung und eigenes Erlösungssehnen verbinden, kulminiert die Lehre von der Erlösung in dem buddhistischen »Mitleiden«. Die Tendenzen des »Parsifal« kommen theoretisch in Wagners Werk »Religion und Kunst« (1881) zur Darstellung.

Fachpublikationen (Bücher und Zeitschriften) wie auch schöngeistige Literatur – den B. betreffend – sind sehr erfolgreich und erlangen, in verschiedene europäische Sprachen übersetzt, hohe Auflagen. Genannt seien hier u.a. der zwischen 1919 und 1922 entstandene und 1922 erschienene indische Roman des *Hermann Hesse* (1877–1962) »Siddharta«, der den Namen als Zeichen der Verehrung, aber auch als Kampfansage trägt, und die Heiligenlegende »Barlaam und Josaphat« (eine abgewandelte Form der Buddha-Legende), die als griechischer Roman um 600 n.Chr. anonym entsteht und bis in die Gegenwart vielfache, epische und dramatische Bearbeitung in allen Sprachen des christlichen Europa findet. Seit den sechziger Jahren besteht eine Art Sympathiewelle – vor allem in der jungen Generation – für den B., die sich nicht nur literarisch, sondern auch in verschiedenen Zusammenschlüssen zeigt.

4

Zeittafel

Vor der christlichen Zeitrechnung

ca. 563–483 Siddhārta Gautama, Stifter des Buddhismus
543/44 Beginn der buddhistischen Zeitrechnung, da nach singhalesischer Überlieferung Buddhas Tod (und Eingang ins nirvāna) in dieser Zeit und nicht im geschichtlich wahrscheinlicheren Jahr 483 v.Chr. erfolgt ist
480 1. Konzil der Buddhisten in Rājagriha
380–370 2. Konzil der Buddhisten in Vaisālī
272–231 Regierungszeit des Königs Ashoka, des Frommen
253 Mahinda bringt den B. nach Ceylon (Sri Lanka)
251 3. Konzil der Buddhisten in Pātaliputra; Schisma zwischen Sarvastivadins und Sthaviravadins
200 Die ältesten *Prajnāpāramitā-sūtras*
2./1. Jh. Stupa in Sanchi (Indien)
ca. 166–145 Menandros (Milinda) fördert den B.; *Milindapañha,* »Die Fragen des Königs Milinda«
ca. 80–35 Pāli-Kanon in Ceylon schriftlich festgelegt; *Mahāyāna-Sūtras,* u.a. Lotos-*Sūtra,* entstehen

Nach der christlichen Zeitrechnung

65 Älteste Anweisung für den B. in China
seit 120 Felsheiligtümer in Karli (Indien)
120–165 Nāgārdjuna (100–165) stiftet die Mādhyamika-Schule; Mönche bringen den B. nach Vietnam
2. Jh. Ashvagoshas *Buddhacarita* (»Buddhas Wandel«)
280 *Saddharma-pundarika-Sūtra* entsteht
372 B. kommt nach Nordkorea
4. Jh. Vasubhandhu verfaßt das *Abhidharma-kosha*
400 Hinayāna-B. kommt nach Thailand
4./5. Jh. Asanga gründet die Yogācāra-Schule
420–424 Gunavarnam verkündet den B. auf Java
420–452 B. verbreitet sich in Burma
5. Jh. Buddhagosas »Weg der Reinheit«
Anfang 6. Jh. Pagode auf dem Berg Sung (China) erbaut
518 Ältester Katalog des chinesischen buddhistischen Kanons
526 Bodhidharma (498–561), Begründer des Zen-Buddhismus, kommt nach China
552 B. breitet sich in Japan aus
6. Jh. Grotten von Yünkang und Lungmen in China; Dhamek-Stupa in Sarnath (Indien)
6./7. Jh. Felsarchitektur und Klostersiedlung in Ajanta (Indien); Vajrayāna-B. entsteht
629–645 Hsüan-tsang, chinesischer Pilger, bereist alle buddhistischen Länder
634 Punhwang-sa-Pagode in Kyong-gju (Korea)
640 Tibetischer König heiratet eine buddhistische Prinzessin und fördert den B. in Tibet
671–695 Pilgerfahrt des I-tsing von China aus (u.a. nach Palembang auf Sumatra)
7. Jh. Hōryūji in der Umgebung von Nara (Japan)
700–800 Mahāyāna-B. verbreitet sich in Hinterindien (Birma, Thailand)
7./8. Jh. Felsenheiligtümer in Ellora (Indien)
747 Der indische Mönch Padmasamhabva kommt nach Tibet und stiftet den Lamaismus
750 Baubeginn des Toshodaiji in Nara (Japan)
Anfang 8. Jh. Todaiji in Nara (Japan)
8./9. Jh. Borobodur-Heiligtum auf Java (Indonesien)
805 Tendai-shū von Dengyo Daishi (767–822) in Japan auf dem Berg Hiei gegründet
806 Shingon-shū von Kōbō Daishi (774–835) in Japan eingeführt
845 Verfolgung des B. in China durch Wu-tsang
Mitte 9. Jh. Fo-kuang-ssu, Hauptpavillon auf dem Berg Wu-t'ai (China)
1000/1200 Der B. verschwindet aus Indien
Anfang 12. Jh. Chusonji, die Goldene Halle, in Kioto (Japan)
1175 Jōdo-shū von Hōnen Shōnin (1133–1212) in Japan eingeführt
1200 Der B. verschwindet in China
1202 Rinzai-shū von Eisai (1141–1215) in Japan eingeführt
1224 Jōdo-Shin-shū von Shinron Shōnin (1173–1263) in Japan gegründet
1228 Sōtō-shū von Dōgen (1200–50) in Japan gegründet
1253 Nichiren-shū von Risshō Daishi (1222–82) in Japan gegründet
1260–94 Kublai-Khan begünstigt den B.
13. Jh. Engakuji in Kamakura (Japan)
1325 Bu-ston (1289–1364) systematisiert *Kandschur* und *Tandschur*
1340–50 B. in Laos eingeführt
Ende 14. Jh. Kinkakuji-Tempel in Kioto (Japan)
1407 dGe-lugs-pa, Gelbmützen, von Tson-kha-pa (1357–1419) in Tibet gegründet
1400/1500 Der B. verschwindet auf Java und Sumatra (Indonesien)
1414–28 Buddhisten-Verfolgung in Vietnam
ab 1545 Bau des Potala in Lhasa (Tibet)
1642 Der 5. Dalai Lama wird als Priesterkönig Herrscher über Tibet
1654 Ōbaku-shū von Ingen (1592–1673) in Japan gegründet
1782 4. Konzil der Theravadins in Thailand
18. Jh. Tempel der Zehntausend Buddhas in Peking (China)
1818 Schopenhauers »Welt als Wille und Vorstellung«
1871 5. Konzil der Hinayāna-Buddhisten in Mandalay (Birma)
1882 Gründung der »Pali-Text-Society« in London
1891 Gründung der »Mahā-Bodhi-Society« auf Ceylon (Zentrum in Kalkutta, Indien) durch Anāgārika Dharmapāla (1864–1933)
1925 Reiyū-kai von Jasukitschi Kotani (1884–1924) und Kakutaro Kubo (1892–1944) in Japan gegründet
1938 Risshō-kōsei-kai von Mioko Naganuma (1889–1957) und Nikkio Niwano (*1906) in Japan gegründet
1945 Sōka-gakkai in Japan gegründet
1950 1. buddhistische Weltkonferenz in Kandy (Sri Lanka); »World Fellowship of

Buddhists« mit Zentrum in Bangkok von G. P. Malalasekera gegründet
1952 2. buddhistische Weltkonferenz in Tokio (Japan)
1954 3. buddhistische Weltkonferenz in Rangun; Hinayāna und Mahāyāna arbeiten in der »World Fellowship of Buddhists« zusammen; 6. (5.) buddhistisches Konzil in Rangun (Birma)
1956/57 2500. Wiederkehr von Buddhas Todesjahr
1959 Der 14. Dalai Lama flieht aus Tibet nach Indien
1966 »World Buddhist Sangha Organisation« in Colombo (Sri Lanka) gegründet
1984/85 Das Jahr 2528 buddhistischer (singhalesischer) Zeitrechnung

Literaturauswahl

Bechert, H.: B., Staat und Gesellschaft in den Ländern des Theravada-B. 3 Bde. Frankfurt 1966/73
Beckh, H.: Buddha und seine Lehre. Stuttgart 1958
Benz, E.: Buddhas Wiederkehr und die Zukunft Asiens. München 1963
Brauen, M.: Feste in Ladakh. Graz 1980
Conze, E.: Der B. Wesen und Entwicklung. Stuttgart [6]1977
Dalai Lama: Das Auge der Weisheit. Grundzüge der buddhistischen Lehre für den westlichen Leser. München 1975
Enomiya-Lasalle, H. M.: Zen. Weg zur Erleuchtung. Wien [5]1976
Frauwallner, E.: Die Philosophie des B. Berlin 1956
Govinda, A.: Grundlagen tibetischer Mystik. München [4]1975
Greschat, H.-J.: Die Religion der Buddhisten. Stuttgart 1980
Hesse, H.: Siddharta. Eine indische Dichtung. Berlin 1950
Hoover, T.: Die Kultur des Zen. Düsseldorf 1978
Ital, G.: Die Meister, die Mönche und ich. München [3]1972
Kapleau, P.: Die drei Pfeiler des Zen. Lehre, Übung, Erleuchtung. München [3]1975
Nyanatiloka: Buddhistisches Wörterbuch. Konstanz 1954
Oldenberg, H.: Buddha. Sein Leben, seine Lehre, seine Gemeinde. München [14]1961
Olschak, B.: Tibet, Erde der Götter. Zürich 1960
Pischel, R.: Leben und Lehre des Buddha. Leipzig [4]1926
Reichelt, K.: Der chinesische B. Basel 1926
Schlingloff, D.: Die Religion des B. 2 Bde. Berlin 1962/63
Schumann, H. W.: B. Stifter, Schulen und Systeme. Olten/Freiburg i. B. 1976
Seckel, D.: Die Kunst des B. Baden-Baden 1962
Söpa, G. L. und Hopkins, J.: Der tibetische B. Düsseldorf 1977
Suzuki, D. T.: Die große Befreiung. Einführung in den Zen-B. München [8]1978
Uhlig, H.: Das Bild des Buddha. Berlin 1979
Wetering, J. van de: Der leere Spiegel. Erfahrungen in einem japanischen Zen-Kloster. Reinbek o. J.

CAODAÏSMUS

Der C. (annamit. *cao-dai* = »großer Palast«) ist die am 7. Oktober 1926 durch den Vietnamesen Lē-Van-Trung (1876–1934) in Vietnam (Indochina) begründete religiöse Gemeinschaft. Die *Cao-Dai-Religion* zählt heute zu den bedeutendsten und einflußreichsten Religionen Vietnams. Das Zentrum für die ca. 2 000 000 Mitglieder in Vietnam, Kambodscha, Frankreich und den USA ist Long-Thanh (Provinz Tay-Ninh).

Die sich als Integration der drei ältesten Religionen Asiens (→Buddhismus, →Taoismus, →Konfuzianismus) und des →Christentums verstehende *Cao-Dai-Religion* wird zu den →neuen Religionen des kontinentalen Ostasien gerechnet.

Der seit 1919 in französischen Diensten stehende taoistische Beamte *Ngo-Van-Chieu,* am 28. Februar 1878 in der Nähe von Saigon als Kind armer Eltern geboren, erhält durch die Fürsorge seiner Tante eine konfuzianische Bildung und erlebt seit 1902 Anrufe der »hohen Geister«; er sammelt einen Kreis gleichgesinnter, jüngerer Regierungsbeamter um sich. Am 25. Dezember 1925 empfängt er die Offenbarung des Gottesnamens Cao-Dai, und derselbe Gott beauftragt ihn, zum Führer einer neu zu gründenden Religion den reichen Mandarin *Lē-Van-Trung* zu wählen, einen Beamten im Dienst der französischen Militärregierung von Indochina.

Die offizielle Gründung durch den damals 50jährigen Lē-Van-Trung erfolgt dann am 7. Oktober 1926. Im Rahmen einer religiösen Feier vom 18. bis 20. November 1926 wird der Sitz von Saigon nach Tay-Ninh verlegt, und Lē-Van-Trung erhält nach dem Vorbild des katholischen Christentums Stellung und Titel des »irdisch-zeitlichen Papstes« (Giao-Tong) im C.

Als der Gründer am 19. Dezember 1934 stirbt, wählt ein Konzil den *Ho-Phap-Pham-Cong-Tac* zu seinem Nachfolger und caodaïstischen Papst. Durch eine umfassende Wirtschaftsorganisation, eine eigene Verwaltung und seit 1943 eine starke Privatarmee wird diese Religion zu einer der wichtigsten politischen Mächte in Vietnam. 1955/56 löst Präsident Ngo Dinh Diem († 1963) die Cao-Dai-Armee auf und schickt den Papst Pham-Cong-Tac ins Exil.

Charakteristisch für die Cao-Dai-Religion sind die drei »Amnestien« (annamit. *tam-ky-pho-do*) des Gottes Cao-Dai, d. h. seine fortschreitenden Offenbarungen und die Kundgebungen seiner göttlichen Barmherzigkeit im Laufe der Geschichte. Gemäß dieser zyklischen Geschichtstheologie beginnen alle bisherigen Epochen der Menschheit mit göttlichen Offenbarungen, die jeweils auf ein durch Verfall gekennzeichnetes Endstadium hin tendieren. Durch die Amnestie wird dann ein neuer Zyklus eröffnet. Als »dritte und letzte Amnestie Gottes« – nach den ersten beiden »östlichen« durch Buddha und Laotse und den zwei »westlichen« in Mose und Christus – versteht sich der C. Dieses heilsgeschichtliche Selbstverständnis bringt Se. Eminenz Cao-Tiep-Dao, Seigneur Zodiacal, in einem Vergleich zum Ausdruck, wenn er sagt:

> Die Lehre des Mose ist die Knospe und
> die Lehre Christi die Blüte.
> Die Lehre Cao-Dais aber ist die Frucht.
> Die Blüte zerstört nicht die Knospe,
> die Frucht nicht die Blüte:
> Sondern jedes folgende Stadium der Entwicklung der Pflanze
> ist die Vervollkommnung des vorhergehenden Zustandes.

Bezüglich des Menschenbildes sagt derselbe Autor: »Früchte eines einzigen Baumes, Blumen eines einzigen Gartens sind die Menschen, die geliebten Kinder eines einzigen Vaters, dessen Name Liebe ist. Daher muß der Mensch das Licht lieben, an welchem Horizont auch immer es erscheint. Er muß die Wahrheit suchen, von welcher Quelle auch immer sie hervorströmt.«

Der C., der sich selbst vor allem als »erneuerten Buddhismus« (franz. Bouddhisme rénové) sieht, will im traditionellen Buddhismus 2 Lücken schließen: zum einen die Mängel einer allein der Selbsterlösung dienenden Ethik ohne karitative Aktivitäten und zum anderen das Fehlen einer Hierarchie. Die Ethik verlangt eine Brüderlichkeit aller Menschen und eine Barmherzigkeit gegen Menschen und Tiere auf der Basis der Lehre von der Seelenwanderung. Vegetarismus ist für die Priester geboten, für die Laienmitglieder empfohlen. Aufgrund der Brüderlichkeit aller Menschen tritt der C. für die Anhebung der Volksbildung und für die Einführung der allgemeinen Schulpflicht ein.

Wesentliche Grundlage des C. bildet der →Spiritismus, der zu einer wahren Spiritualität aller Menschen führen soll, die bisher ausschließlich auf das Zeugnis ihrer Sinne angewiesen sind. Dieser Spiritismus gibt die Gewißheit von der Existenz der Seele und ihrem Überleben nach dem Tode sowie die Möglichkeit, die Verbindung zwischen Lebenden und Toten durch mediumistische Offenbarungen weiterzuführen. Zu den »hohen Geistern« des C. zählen der Geist des chinesischen Dichters Li T'ai-po (701–762), des chinesischen Freiheitshelden Sun Yat-sen (1866–1925), der französischen Nationalheldin Jeanne d'Arc (1412–31) und der des französischen Dichters Victor Hugo (1802–85).

Mittelpunkt des in den Tempeln vollzogenen Kultes bildet das gemeinschaftliche Gebet, das zur Meditation führt. Dieser Kultus kennt auch das Weihrauchopfer.

An der Spitze der hierarchisch straffen Organisation, die nach dem Vorbild des katholischen Christentums aufgebaut ist, steht der *ho-phap* (= Papst), gefolgt von 3 *čuong-phap* (= Kardinäle), 8 *dan-sus* (= Erzbischöfe), 38 *phoi-sus* (Bischöfe), 72 *giao-sus* (höhere Priester) und 3000 einfachen Priestern. Jeder geistliche Rang – mit Ausnahme von dem des Papstes – steht prinzipiell auch den Frauen offen.

In fast allen größeren Orten Vietnams und Kambodschas hat die Cao-Dai-Religion ihre Tempel. In *Long-Thanh* (Provinz Tay-Ninh), dem Zentrum des C., wo der gewaltige Haupttempel mit den Ausmaßen einer Kathedrale steht, befindet sich der caodaïstische »Kirchenstaat« mit Schulen, Büchereien, Handwerksstätten für religiöse Kunst, Druckereien u.a.

In Heiligtümern, auf Altären und Gewändern der Priester findet sich das Symbol für den Gott Cao-Dai, ein »heiliges Auge«, das offen, die Weltkugel überschauend, dargestellt wird.

Literaturauswahl

Gobron, G.: Histoire et Philosophie du Caodaïsme, Bouddhisme rénové, spiritisme vietnamien, religion nouvelle en Eurasie. Paris 1949

Gobron, G.: La Constitution religieuse du Caodaïsme ... expliquées ... par Sa Sainteté Ho-Phap. Paris [3]1953

CARGO-KULTE

Die Bezeichnung »C.-K.« umfaßt eine Reihe neureligiöser Heilsbewegungen, die aus der geistigen Auseinandersetzung von eingeborenen melanesischen Inselbewohnern, insbesondere Neuguineas, mit weißen, europäischen Kolonialherren entstanden sind.

Da deren Zivilisationsgüter als *cargo* (engl. »Frachtgut, Ladung«) sehr begehrenswert erscheinen, sind diese Kulte danach benannt.

Zu den neuzeitlichen religiösen Heils- und Freiheitsbewegungen Melanesiens zählen vor allem die →Tuka-, die →Mambu- und die →Paliau-Bewegung, aber auch der Taro-Kult.

Das Wort *cargo* weist darauf hin, daß diese Bewegungen eng mit der Erwartung von »Ladungen« und »Frachtgütern« verbunden sind, die aus der Sicht der Insulaner auf Schiffen eintreffen oder mit Flugzeugen herbeigeschafft werden. Die C.-K. sind Ausdruck der Hoffnung der Farbigen auf Teilhabe an den Zivilisationsgütern der Weißen, die für Wohlstand, Glück und Freiheit stehen.

Im Mittelpunkt dieser religiösen Prophetie stehen die erhofften säkularen Güter, die mit der traditionellen Ahnenverehrung der Insulaner in einen Zusammenhang gebracht werden. Die zivilisatorischen Güter der westlichen Welt sind demnach in Wirklichkeit von den Ahnen der Melanesier selbst hergestellt worden und nur zur Verwendung für die eigenen Nachfahren bestimmt. Die reichen weißen Kolonialherren jedoch enthalten den armen farbigen Eingeborenen diese Güter vor. Dieser Betrug wird aber eines Tages aufgedeckt werden, und die Zeit ist nicht mehr fern, da die Ahnen die Schiffsladungen voller Güter, die bisher die Weißen reich gemacht haben, in den alleinigen Besitz der Eingeborenen gelangen lassen werden. Angesichts der sicheren Erwartung des nahe bevorstehenden Eintreffens dieser Schiffsladungen müssen jetzt alle vorhandenen Vorräte aufgebraucht werden.

Literaturauswahl

Kiki, A.M.: Ich lebe seit 10000 Jahren. Berlin/Frankfurt/Wien 1969

Lanternari, V.: Religiöse Freiheits- und Heilserwartungen unterdrückter Völker. Neuwied u. Berlin 1968

Steinbauer, F.: Melanesische C.-K. Neureligiöse Heilsbewegungen in der Südsee. München 1971

Worsley, P.: Die Posaune wird erschallen. »C.«-K. in Melanesien. Frankfurt 1973

CHINESISCHE RELIGIONEN

»C.R.« ist eine Sammelbezeichnung für die (autochthonen) in China selbst, dem heute größten Land der Erde, entstandenen und für die (allochthonen) von außen nach China gelangten, jedoch dort im chinesischen Sinn weiterentwickelten Religionen.

Die zum mongolischen Rassenkreis gehörenden Chinesen haben ihr Land China (chines. *ch'ung kuo*=»Reich der Mitte«), wie die Worterklärung unterstreicht, von jeher als Mittelpunkt der Welt empfunden.

Die chinesische Kultur ist nicht nur die älteste der bis in die Gegenwart fortlebenden Kulturen – ihre schöpferischen Leistungen im Bereich der Religionen gehören auch zu den bedeutendsten der Menschheitsgeschichte.

In Chinas dreitausendjähriger Geschichte haben drei Religionen eine beherrschende Rolle gespielt, denen die alte Reichsreligion vorausgegangen ist. Es handelt sich um die beiden in China entstandenen Religionen des →Taoismus und des diesen ergänzenden →Konfuzianismus. Hinzu kommt seit der Han-Zeit (206 v.–220 n.Chr.) der →Buddhismus in der Mahāyāna-Form. Dieser Buddhismus hat in China mehr und mehr chinesische Züge angenommen und eigene chinesische Schulen entwickelt, so die *Sanlung-tsung* (gegr. um 400), *Fa-hsiang-tsung* (gegr. 650), *Hua-yen-tsung* (gegr. 630), *T'ien-t'ai-tsung* (gegr. 580), *Ch'ing-t'u-tsung* (gegr. 400), *Lü-tsung* (gegr. 650), *Ch'an-tsung* (gegr. 526) und *Mi-tsung* (gegr. 720). Alle genannten chinesischen buddhistischen Schulen finden im Buddhismus Japans ihre entsprechenden Neugründungen (→japanische Religionen). Innerhalb der chinesischen →alten Religionen sei auch noch auf die →asiatischen Stammesreligionen verwiesen.

Neureligionsstiftungen, die in China im 19./20. Jh. auftreten, sind u.a.: →*T'ai-p'ing* (gegr. 1847), ferner die 1919/21 entstandene *Tao-yuan* (»Gesellschaft des Weges«), die 1918 in Peking von Wang Ch'ao-tsung begründete *T'ung-shan She* (»Gesellschaft für allgemeines Wohl«) und die 1915 von T'ang Huan-chang gestiftete *Wu-shan She* (»Gesellschaft zur Erwekkung der Rechtschaffenheit«).

Literaturauswahl

Eichhorn, W.: Die Religionen Chinas. Stuttgart 1973

Granet, M.: La religion des Chinois. Paris ²1951

Groot, J.J.M.: The Religious System of China. 6 Bde. Leiden 1892/1910

Hughes, E.R.: Religion in China. London 1950

Pernitzsch, M.G.: Die Religionen Chinas. Berlin 1940

CHRISTENTUM

Das C. ist die auf Jesus (ca. 7/4 v. Chr.–30 n. Chr.) aus Nazaret (Palästina; heute Israel: Nazerat) als Stifter zurückgeführte und nach dessen Ehrentitel *Christus* (griech. der »Gesalbte [Gottes]«) benannte Religion, deren Anhänger in ihrer Gesamtheit als *Christen* bezeichnet werden.

Das aus dem →Judentum hervorgegangene C. gehört gemäß seiner Herkunft zu den →vorderasiatischen Religionen und ist unter den gegenwärtigen neun →Weltreligionen die nach Anhängerschaft und geographischer Verbreitung größte Religionsgemeinschaft.

Heutige Verbreitung

Die Gesamtzahl der Christen beträgt heute 1783660000, d.h. 33,1 % der Weltbevölkerung. Von ihnen leben 24 % in Lateinamerika und 23,1 % in Europa.

Verbreitet ist das C. heute in 254 Ländern, darunter als Religion der Mehrheit in 145 Nationen sowie als Staatsreligion in 18 Staaten, und zwar in der Form des anglikanischen C. in England, in der der Orthodoxie in Griechenland, in der des ev.-luth. Bekenntnisses in 6 Staaten wie in Schweden und Dänemark sowie in der Form des römischen Katholizismus in 9 Staaten, darunter in Argentinien und Peru. In der Vatikanstadt ist der Papst gleichzeitig der Souverän.

Von den 412790000 Christen in Europa leben 66650000 in Deutschland, 49860000 in Großbritannien und 47790000 in Italien.

LEBENSWEG JESU, DES CHRISTUS

Der Name *Jesus* (griech.-lat. Form des hebr. *Je[hō]schūa* = »Jahwe ist Rettung«) ist ein im →Judentum gebräuchlicher Personenname, während *Christus* (griech. Übersetzung des aram. *meschīhā* = »der Gesalbte«) ursprünglich nur als Hoheitstitel verwendet wird. So ist »Jesus Christus« die älteste und zugleich kürzeste Form des christlichen Bekenntnisses: Jesus von Nazaret ist in seiner Person der verheißene Christus, d. h. der *Messias*. Schon sehr bald wird *Jesus Christus* nur noch als Doppelname verstanden.

CHRISTEN		
Erdteile	Anhänger	% aller Christen
1. Lateinamerika	427 416 000	24,0
2. Europa	412 790 000	23,1
3. Afrika	317 453 000	17,8
4. Asien	257 926 000	14,5
5. Nordamerika	237 261 000	13,3
6. GUS	108 498 000	6,1
7. Ozeanien	22 316 000	1,2
	1 783 660 000	100

CHRISTEN			
254 Länder	Anhänger	Mehrheit d. Landes/Staatsreligion	% aller Christen
1. USA	218 510 000	Mehrh.	12,3
2. Brasilien	141 190 000	Mehrh.	7,9
3. GUS	106 360 000	–	6,0
4. Mexiko	78 540 000	Mehrh.	4,4
5. Deutschland	66 650 000	Mehrh.	3,7
6 Philippinen	53 850 000	Mehrh.	3,0
7. Großbritannien	49 860 000	Mehrh./Staats-R.	2,8
8. Italien	47 790 000	Mehrh.	2,7
9. Nigeria	46 010 000	–	2,6
10. Frankreich	43 280 000	Mehrh.	2,4
11. Spanien	37 910 000	Mehrh.	2,1
12. Polen	36 310 000	Mehrh.	2,0
13. Kolumbien	31 330 000	Mehrh.	1,8
14. Argentinien	30 580 000	Mehrh./Staats-R.	1,7
15. Äthiopien	26 430 000	Mehrh.	1,5
16. Zaïre	26 420 000	Mehrh.	1,5
17. Südafrika	24 050 000	Mehrh.	1,4
18. Kanada	23 430 000	Mehrh.	1,3
19. Peru	20 520 000	Mehrh./Staats-R.	1,2
20. Indien	20 100 000	–	1,1
21. Rumänien	18 620 000	Mehrh.	1,0
22.–254. Land	635 920 000	Mehrh. (126 ×) Staats-R. (15 ×)	35,6
	1 783 660 000	Mehrh. (145 ×) Staats-R. (18 ×)	100

Geburt und Kindheit

Aus dieser Glaubensüberzeugung, daß Jesus der verheißene Christus ist, sind die christlichen Quellen über sein Leben und Wirken abgefaßt. Die Paulusbriefe (ab 50/51; →S. 134) und die kanonischen Evangelien (70–100; →S. 133) sind in erster Linie Glaubenszeugnisse, in denen Geschichte und glaubensmäßige Deutung, Leben und Legende miteinander verwoben sind.

Jesus (7/4 v. Chr.–30 n. Chr.) – Urheber und zentrale Gestalt des C. – entstammt einer zu den Nachkommen des Königs David zählenden jüdischen Familie (Stammbaum: Mt 1,6; Lk 3,31). Er gilt als Sohn Josefs des Zimmermanns (Mt 13,55 f.; Joh 1,45 u. 6,42), und seine Mutter heißt Maria. Aufgewachsen ist er in Nazaret (Mk 1,9), weshalb er auch »der (Mann) aus Nazaret« (Mt 21,11) oder »Nazarener« (Mk 14,67) bzw. »Nazoräer« (Mt 2,23; Apg 26,9) genannt wird.

Das bevorstehende Ereignis seiner übernatürlichen Empfängnis, die das göttliche Pneuma bewirkt, wird seiner jungfräulichen Mutter Maria von einem himmlischen Boten angekündigt (Lk 1,26–38). So wird der Engel Gabriel von Gott in die galiläische Stadt Nazaret gesandt, wo das miteinander verlobte Paar Maria und Josef lebt. Maria erfährt vom Engel, daß der Heilige Geist über sie kommen und daß sie einen Sohn gebären wird, den sie Jesus nennen soll, da dieser als Sohn Gottes die Menschheit erlösen wird.

Die Geburt Jesu, die wegen der auf Jesus bezogenen Weissagung (Mi 5,1) in Betlehem, der Stadt Davids, sich ereignen soll, wird in der Weihnachtsgeschichte (Lk 2,1–19) erzählt. Die Eltern Jesu, sein Vater Josef und dessen schwangere Verlobte Maria, ziehen wegen einer angesetzten Volkszählung von ihrem Wohnort Nazaret in Galiläa zu einem vorübergehenden Aufenthalt nach Betlehem in Judäa. Hier, in der Ärmlichkeit eines Stalles, kommt Maria nieder. »Sie gebar ihren erstgebornen Sohn und wickelte ihn in Windeln und legte ihn in eine Krippe, da sie in der Herberge keinen Platz fanden« (Lk 2,7). Gleichzeitig wird durch himmlische Boten armen (verachteten) Hirten, die in derselben Gegend bei ihren Herden Nachtwache halten, dies freudige Ereignis

verkündet, daß jetzt der Heiland, der Messias, geboren sei.
Als die Eltern ihren erstgeborenen Sohn nach jüdischer Sitte im Tempel von Jerusalem darstellen, wird das Kind Jesus von dem frommen Greis Simeon als Heil aller Völker begrüßt und gepriesen (Lk 2,22–33). Der Heilige Geist hatte Simeon auf das Ereignis aufmerksam gemacht, daß der lang erwartete Messias, der Heilskönig der Zukunft, gekommen sei.
Nach Lukas (2,1) ist Jesus zur Zeit der Regierung des römischen Kaisers Augustus (31 v.–14 n. Chr.) und zur Zeit des jüdischen Königs Herodes d. Gr. (40/37–4 v. Chr.) geboren (Lk 1,5; vgl. Mt 2,1). Jesu Geburtsjahr liegt wahrscheinlich bei 7/4 v. Chr., so daß der Beginn der heutigen christlichen Zeitrechnung zu spät angesetzt ist. Die unter dem römischen Konsul Quirinius durchgeführte Volkszählung (Lk 2,1–5) fand wahrscheinlich erst im Jahre 6/7 n. Chr. statt.
Matthäus (2,1–12) hat die Konjunktion der Planeten Jupiter und Saturn im Sternbild der Fische aus dem Jahre 7 v. Chr. mit der Geburt Jesu in Verbindung gebracht, so daß auch die Welt außerhalb Israels von der Geburt des neugeborenen (Messias-) Königs Kenntnis nehmen kann. Magier aus dem Orient, durch geheimnisvolle Sternzeichen auf dieses Geschehen aufmerksam gemacht, kommen über die jüdische Landeshauptstadt Jerusalem nach Betlehem. Sie finden das Kind Jesus unter Wegweisung eines Sterns in einem Stall, huldigen ihm als dem neugeborenen König der Juden und bringen ihm ihre Geschenke dar.
Der in jenen Tagen in Jerusalem regierende König Herodes, der von den Magiern den Hinweis auf die Geburt eines neuen Königs der Juden erhalten hat, sieht in dem neugeborenen Kind einen Konkurrenten für seinen Thron und läßt deshalb in Betlehem alle Kinder bis zu zwei Jahren töten. Josef, durch einen Engel rechtzeitig von diesem Vorhaben des Herodes gewarnt, flieht auf himmlische Weisung mit Mutter und Kind vorübergehend nach Ägypten, um später, als Herodes gestorben war, nach Nazaret (Galiläa) zurückzukehren.

Taufe und Geistbegabung

Mit Johannes dem Täufer verbinden Jesus nicht nur verwandtschaftliche Bande – im Lukasevangelium wird Jesu Kindheitsgeschichte mit der des Johannes in überbietender Parallelität erzählt: Verheißung der Geburt des Täufers und der Jesu, Begegnung der beiden Mütter Elisabet und Maria, Geburt und Beschneidung Johannes' und Jesu –, sondern beide stehen auch initiativ am Anfang messianischer Bewegungen.
Die messianische Taufbewegung, mit der das Auftreten Johannes' d. T. verbunden ist, fällt in die Jahre 27–29. Ihre Lebensmitte ist die Taufe als Weg zur Buße. Auch die Gruppe in der Wüste von Qumrān am Toten Meer (→Judentum), mit der Johannes der Täufer wenigstens anfänglich in Beziehung steht, ist eine messianische Bewegung, die neben dem königlichen auch einen priesterlichen Messias erwartet. In der Wüste (Lk 3,1–18; Mt 3,1–12) ergeht an Johannes das Wort Gottes. Er kommt und fordert in der ganzen Umgebung des Jordan angesichts des bevorstehenden Gerichts Gottes zur Taufe in Form des Tauchbades im Jordan auf. Als die Leute aus der Stadt Jerusalem und Umgebung zu Johannes hinausziehen und sich von ihm im Jordanfluß taufen lassen, indem sie ihre Sünden bekennen und ihn fragen: »Was sollen wir tun?«, rät er ihnen u.a. »Wer zwei Röcke hat, teile mit dem, der keinen hat, und ebenso der, der Speisen hat.« Da kommt auch Jesus von Nazaret, der wahrscheinlich das Handwerk seines Vaters erlernt hat (Mk 6,3), zu Johannes, schließt sich ihm an und läßt sich von ihm im Jordan taufen.
Bei diesem Taufgeschehen erlebt Jesus in Vision und Audition seine Berufung: die Geisterfüllung und Gottes Bekenntnis zu ihm als seinem Sohn. »Als er aus dem Wasser emporstieg, sah er im selben Augenblick den Himmel sich spalten und den Geist wie eine Taube auf sich herabschweben. Und eine Stimme erscholl aus den Himmeln: ›Du bist mein geliebter Sohn‹ (Psalm 2,7), ›an dir habe ich mein Wohlgefallen gefunden‹« (Jes 42,1).
Das Ziel dieser Tauferzählung, die der Erwählung eines Propheten ähnelt, ist Gottes Stimme, die Jesus »Sohn« nennt, wobei die Einzigartigkeit dieser Sohnschaft durch das hinzugefügte Adjektiv »geliebter« Sohn unterstrichen wird. Markus (1,11) und Lukas (3,22) erklären Jesu Sohnschaft Gottes mit der in jener Zeit üblichen Adoptionsformel. Mit der Satzformel »Mein Sohn bist du« ruft Gott jeweils den neugewählten König Israels in sein Amt (Psalm 2,7). So kann man die Taufe Jesu, die am Anfang des (ältesten) Markusevangeliums steht (so daß das Wirken Jesu in Wort und Tat damit beginnt), ähnlich wie die Thronbesteigung des israelitischen Königs als Einsetzung Jesu in das eschatologische Amt des Sohnes Gottes verstehen.
Der im palästinensischen Urchristentum verständliche messianische Würdename »Sohn Gottes« wird später im außerjüdischen Bereich nicht mehr in seinem ursprünglichen Sinn verstanden, sondern durch die in der hellenistischen Welt üblichen Vorstellungen einer Gottessohnschaft interpretiert.
Die Überzeugung Jesu, Sohn Gottes und Sohn des himmlischen Vaters zu sein, bereitet Lukas in der Erzählung vom zwölfjährigen Jesus im Tempel vor, wo Jesus seinen Eltern die für sie unverständliche rhetorische Frage stellt: »Wußtet ihr nicht, daß ich im Eigentum meines Vaters sein muß?« (Lk 2,41–52). Dieses Erlebnis Jesu, daß Gott sein Vater und auch der Vater aller Menschen ist, wird die nachfolgende öffentliche Tätigkeit Jesu entscheidend prägen.
Im Anschluß an das Berufungserlebnis bei der Taufe – das Parallelen bei früheren Propheten hat (Jes 63,19; Ez 1,1; Jes 11,2; 63,14; 63,11; Ez 1,4), wo Himmelsöffnung, Kommen des Geistes und Erschal-

len der Gottesstimme Zeichen der Endzeit sind – verläßt Jesus den taufenden Johannes am Jordan und zieht sich in die Einsamkeit der Wüste zurück, aus der Johannes gekommen war. Als Jesus dort 40 Tage und Nächte gefastet hat, tritt der Versucher an ihn heran, um ihn von dem bevorstehenden messianischen Auftreten abzubringen. Unter zweimaligem Hinweis darauf: »Wenn du Gottes Sohn bist ...« läßt der Versucher die drei Möglichkeiten, Menschen durch Brot, Wunder und Besitz zu gewinnen, vor Jesu Seele treten. Doch Jesus als »Sohn Gottes« weist den Versucher ab (Mt 4,1–12).

Christi öffentliches Wirken für das Reich Gottes

Als Johannes der Täufer verhaftet wird, sieht Jesus – er steht etwa in seinem 30. Lebensjahr – dies offenbar als Zeichen an, nun selbst mit seiner prophetischen Sendung in Galiläa an die Öffentlichkeit zu treten. Wie die jüdischen Rabbinen sammelt er einen Kreis von Jüngern (aber auch Jüngerinnen) um sich, legt in den Synagogen die heiligen Schrifttexte aus und diskutiert in Lehr- und Streitgesprächen über den Geltungsbereich des Gesetzes. Lehrend und predigend zieht er, begleitet von seinen Anhängern, durch Galiläa, insbesondere wirkt er in Kapernaum (Kafarnaum) und in der Gegend um den See Gennesaret (Genezareth), woher auch die meisten seiner Jünger stammen. Den Mittelpunkt seiner prophetischen Verkündigung bildet die frohe Botschaft vom anbrechenden Gottesreich und der damit verbundene Aufruf zum Umdenken, wie dies bei Mk (1,15) zusammengefaßt ist.

> Erfüllt ist die Zeit,
> und nahe gekommen ist die Königsherrschaft Gottes.
> Ändert euren Sinn
> und glaubt an das Evangelium!

Diese Gottesherrschaft steht im Gegensatz zur Herrschaft des Wider-Göttlichen (Beelzebul, Dämonen, Tod, Krankheit, Leid, Haß u.a.). Als frohe Botschaft (griech. *euangelion*) vom Heil für die Menschen ist sie an alle gerichtet, an Juden und Nichtjuden (Heiden), an Erwachsene und Kinder, an Männer und Frauen, an Gerechte und Ungerechte (Sünder, Zöllner, Huren), *auch* an die Armen und Unterdrückten, an die Verachteten und Verfolgten, die Jesus »selig« preist (Mt 5,3–10).

> Selig die Armen dem Geiste (nach),
> denn ihrer ist die Königsherrschaft der Himmel.
> Selig die Trauernden,
> denn sie werden getröstet werden.
> Selig »die Bescheidenen«,
> denn sie »werden erben die Erde« (Psalm 37,11).
> Selig die Hungernden und Dürstenden nach der Gerechtigkeit,
> denn sie werden gesättigt werden.
> Selig die Barmherzigen,
> denn sie werden Erbarmen finden.
> Selig die Reinen dem Herzen (nach),
> denn sie werden Gott schauen.
> Selig die Frieden Schaffenden,
> denn Söhne Gottes werden sie gerufen werden.
> Selig die Verfolgten wegen Gerechtigkeit,
> denn ihrer ist die Königsherrschaft der Himmel.

Das von Jesus angekündigte Heil ist ein Geschenk Gottes, nicht menschliches Verdienst.
Dieses Heil ist mit Jesus angebrochen (Mk 1,15), aber noch nicht endgültig da, es ist deshalb gegenwärtig (Lk 17,21) und zukünftig (Mt 6,10) zugleich. In Wort und Tat zeigt Jesus, daß mit ihm Gottes Reich angebrochen ist, und er läßt die Menschen durch seine eigene Person die Kräfte dieses Reiches verspüren. Was Gottesherrschaft für die Menschen bedeutet und von ihnen fordert, veranschaulichen seine Gleichniserzählungen.
Die adäquate Antwort der Menschen auf die gnadenhafte Zuwendung Gottes ist ein Leben und Handeln im Sinn der Gottesherrschaft. In der *Goldenen Regel* (Mt 7,12) findet der Appell zum initiativen Handeln seinen klassischen Ausdruck:

> Alles, was ihr von den Menschen an Gutem erwartet, das sollt ihr ihnen tun.

Die alles und alle umfassende Liebe des himmlischen Vaters ruft zur Gegenliebe auf, wobei *Gottesliebe* und *Nächstenliebe* unlösbar miteinander verbunden sind (Mk 12,29–31). Die Nächstenliebe schließt jeden ein, der Hilfe braucht. Keiner bleibt von ihr ausgeschlossen, nicht einmal die Feinde (Lk 6,27 f.).

> Liebet eure Feinde,
> tut Gutes euren Hassern.
> Segnet, die euch verfluchen,
> betet für die, die euch verleumden.

Die als Bergpredigt bezeichnete Spruchsammlung enthält gleichsam als Resümee die Lehre Jesu. Sie gilt für alle, die in der Nachfolge Jesu stehen und zeigt an vielen Einzelbeispielen das »Christsein« in der Welt.
Das Lehren (griech. *didaskein*) und Predigen (griech. *keryssein*) Jesu vom Anbruch des Reiches Gottes wird unterstrichen durch seine Wunder. Die beiden im Neuen Testament gebrauchten griechischen Worte für diese Taten (*dynameis* = »Krafttaten«, *semeia* = »Zeichen«) deuten auf die Wirksamkeit der göttlichen Kräfte hin,

1 *Hugo van der Goes (1420–82),* Geburt Jesu, *Retabel. Florenz, Uffizien*

2 Taufe und Geistbegabung Christi, *Mosaik, 5. Jh. Ravenna, Baptisterium der Orthodoxen*

3 Christus predigt den Jüngern, *Perikopenbuch Kaiser Heinrichs II., um 1010. München, Bayer. Staatsbibl.*

4 *Lucas Cranach d. Ä. (1472–1553),* Christus am Kreuz, *1503. München, Alte Pinakothek*

5 *El Greco (1541–1614),* Segnender Christus, *um 1606. Toledo, Kathedrale*

2

1

3

5

4

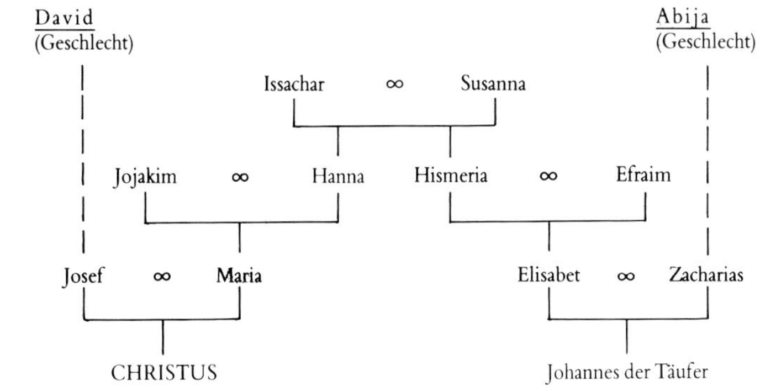

Stammtafel des Jesus Christus

denen man in Jesu Wirken begegnet. Jesus deutet diese geheimnisvollen Kräfte als Zeichen des anbrechenden Gottesreiches, aus dem diese Heilkräfte kommen. Die in Worten und Taten Jesu gegenwärtig werdenden Kräfte des anbrechenden Gottesreiches lösen die eschatologisch-messianische Bewegung um Jesus aus.

Für die Dauer seiner öffentlichen Wirksamkeit setzen die Synoptiker ein Jahr und das Johannesevangelium drei Passahfeste (Joh 2,13/23; 6,4; 11,55; 13,1) voraus. Es könnten ca. zwei Jahre gewesen sein.

Kreuzestod und Auferweckung

Jesu Wirken findet zwar bei den ihm nachfolgenden Jüngern Zustimmung, aber bei seinen Angehörigen (Mk 3,21) und vor allem bei seinen Gegnern (Mk 3,22) ruft es Ablehnung und Widerspruch hervor. Die Gegner fühlen sich als Hüter des Gesetzes durch Jesu souveräne Haltung gegenüber bestimmten Vorschriften des Gesetzes provoziert. Sie beanstanden insbesondere seine Einstellung zu Sabbatgebot und Reinheitsvorschriften und kritisieren seinen freien Umgang mit Leuten, die in ihren Augen notorische Sünder sind. Die im Vergleich zu seinen Gegnern prinzipiell andersgeartete Grundhaltung Jesu führt schließlich zu seiner Verurteilung.

Eine Reise Jesu nach Jerusalem (Judäa) anläßlich des Passahfestes führt dort zwar anfänglich zu seiner Begrüßung als Messias durch jubelnde Menschen, aber schließlich zu seiner Verhaftung und Verurteilung, da er den Römern als gefährlicher, politischer Messiasprätendent verdächtig ist (Lk 23,2; Joh 19,12/15). Das letzte Gemeinschaftsmahl Jesu mit seinen Jüngern am Abend vor seinem Tod (Abendmahl) ist überschattet von den folgenden Ereignissen, die die Evangelisten im wesentlichen übereinstimmend berichten: Gefangennahme in Gethsemane (Getsemani), Verhör vor dem jüdischen Synedrium, Geißelung, Dornenkrönung, Verurteilung zum Kreuzestod durch den Römer Pilatus, Kreuzweg, Kreuzigung, Tod und Begräbnis.

Die Kreuzigung ist die in der Antike übliche Todesstrafe für Schwerverbrecher, Aufständische und Kriegsverbrecher. Jesus wird nach römischer Art als politischer Aufrührer gekreuzigt – dazu zwischen zwei Zeloten (Schächern). Der Kreuzestitel, eine am Kreuz angebrachte Tafel mit der amtlichen Begründung seiner Todesschuld, lautet bei Jesus (Joh 19,19): »**J**esus **N**azarenus **R**ex **J**udaeorum« (lat. »Jesus aus Nazaret, König der Juden«), abgekürzt INRI.

Das Todesjahr Jesu fällt in die Amtszeit des römischen Prokurators von Judäa, Pontius Pilatus (26–36 n.Chr.), und der Tag seiner Hinrichtung ist ein Freitag vor dem Passah (Rüsttag: Mt 27,62; Mk 15,42; Lk 23,54; Joh 19,14/31). Nach dem Johannesevangelium ist dieser Freitag der 14. Nisan (Joh 18,28; 19,14/31/42), während die Synoptiker den 15. Nisan voraussetzen (Mk 14,12 f. par). Gemäß dem Johannesevangelium könnte das Todesdatum Jesu der 7. April des Jahres 30 n.Chr. gewesen sein.

Die Jünger Jesu und auch seine späteren Anhänger (u.a. Paulus) sind der festen Überzeugung, daß Jesus der Christus (Messias) ist, was im *Evangelium Jesu »Christi«* nach Markus (1,1) u.a. durch das Bekenntnis des Petrus zum Messias (Mk 8,27–30) und in der Erzählung vom messianischen Einzug Jesu in Jerusalem (Mk 11,1–10) unterstrichen wird. Diesen Messias hat Gott nach dessen Kreuzestod nicht im Grab gelassen, sondern vom Tod zum Leben auferweckt, was die Jünger und Anhänger Jesu in den Ostererscheinungen bestätigt sehen (1 Kor 15,3–8; Mt 28; Lk 24; Joh 20 f.).

Der am Kreuz Erniedrigte ist von Gott erhöht worden, was in der Erzählung von der Himmelfahrt Christi (Lk 24,51 und Apg 1,9) sichtbaren Ausdruck findet.

Die verschiedenen Hoheitstitel für Jesus, wie Rabbi, Prophet, Messias (Christus), Sohn Davids, Menschensohn, Sohn Gottes, Herr, Heiland (Retter) und Logos sind Bezeichnungen, mit denen die verschiedenen palästinensischen und hellenistischen Gemeinden in der Sprache ihres Glaubens zum Ausdruck bringen, was Jesus aus Nazaret für sie in der Gegenwart und bei der Parusie bedeutet.

KIRCHEN, KONFESSIONEN UND GEMEINSCHAFTEN

Aufgrund der Ostererlebnisse schließen sich die Jünger und Jüngerinnen Jesu im Glauben an den gekreuzigten und auferstandenen Christus in einem *Jüngerkreis* zu Gebet und Mahlfeier zusammen. Als bald darauf der Brauch der Taufspendung und die Erfahrung des Gottesgeistes (Pfingstereignis: Apg 2) hinzukommen, bildet sich eine vom Judentum sich abgrenzende christliche *Urgemeinde* in Jerusalem, die sich mit ihren 12 Aposteln als das neue Gottesvolk der Endzeit versteht und die Wiederkunft ihres Herrn Jesus Christus erwartet.

Als zur Zeit des großen jüdischen Aufstandes gegen die Römer (66–70) die christliche Urgemeinde aus Jerusalem nach Pella ins Ostjordanland auswandert, wo sie z.T. in judenchristlichen Gemeinden (Ebioniten) fortlebt, die Mission unter Nichtjuden zunehmend an Bedeutung gewinnt (Heidenchristen) und die christlichen Gemeinden sich vom Judentum lösen, beginnt das *Urchristentum* bzw. die Urkirche. Die Zeit des Urchristentums dauert von der Loslösung vom Judentum (ca. 70 n.Chr.) bis zum Aussterben der Apostelschüler (ca. 150 n.Chr.). Die apostolische und nachapostolische Zeit wird in der Folgezeit oft als ideale und normative Zeit für das C. insgesamt angesehen.

Die Anhänger des Christentums sind heute in zahlreichen und unterschiedlichen Organisationsformen von *Kirchen* und *Gemeinschaften* zusammengeschlossen. *Konfession* bzw. *Denomination* bezeichnet eine Religionsgemeinschaft, die sich durch ihr formuliertes Bekenntnis von anderen religiösen Gemeinschaften unterscheidet. Die größten organisierten Gemeinschaften bilden die Ostkirchen, die römisch-katholische Kirche, die anglikanische Kirche und die protestantischen Kirchen.

Kirchen und Konfessionen	Anhänger	% aller Christen
I. KATHOLIKEN:	1010352000	56,7
1. Katholiken des röm. Ritus	985093000	55,3
2. Katholiken der östl. Riten	11114000	0,6
3. Sonstige Katholiken	14145000	0,8
II. PROTESTANTEN:	368209000	20,6
1. Vereinigte Kirchen	81742000	4,6
2. Lutheraner	54863000	3,1
3. Reformierte	49340000	2,8
4. Baptisten	44553000	2,5
5. Methodisten	32771000	1,8
6. Pfingstbewegung	31298000	1,7
7. Sonstige Protestanten	73642000	4,1
III. OSTKIRCHEN:	168683000	9,5
1. Slawische (Orthodoxe)	69160000	3,9
2. Rumänische (Orthodoxe)	23110000	1,3
3. Äthiopische (Monophysiten)	22266000	1,2
4. Griechische (Orthodoxe)	17374000	1,0
5. Serbische (Orthodoxe)	10458000	0,6
6. Koptische (Monophysiten)	10290000	0,6
7. Sonstige	16025000	0,9
IV. ANGLIKANER:	73835000	4,1
1. Anglikaner mehrfach. Tradition	39576000	2,2
2. Low Church	5685000	0,3
3. High Church	3396000	0,2
4. Broad Church	517000	–
5. Sonstige Anglikaner	24661000	1,4
V. SONSTIGE CHRISTEN	162581000	9,1
SUMMA	1783660000	100

Ostkirchen

Ostkirchen oder *orientalische Kirchen* ist eine Sammelbezeichnung für alle Kirchen, die im ehemals Byzantinischen (Oströmischen) Reich, in den angrenzenden Gebieten oder durch Missionierung von hier aus entstanden sind und sich auf diese Weise von der Westkirche im ehemals Weströmischen Reich unterscheiden. Zu den Ostkirchen gehören die altorientalischen Nationalkirchen der Nestorianer und Monophysiten, die orthodoxen Kirchen und die mit der römischen Kirche unierten (katholischen) Ostkirchen (→S. 109).

Die zu den **altorientalischen Nationalkirchen** gehörenden *Nestorianer* sind benannt nach *Nestorius* (um 381–451), der von 428 bis 431 Patriarch von Konstantinopel ist und, da er sich im Geist der antiochenischen Exegetenschule, die das Menschsein Christi betont, gegen die Bezeichnung Marias als »Gottesgebärerin« zugunsten des Ausdrucks »Christusgebärerin« wendet, im Jahre 431 auf dem 3. ökumenischen Konzil von Ephesus als Häretiker, »der die Einheit des Gottmenschen zerrissen hat«, verurteilt und abgesetzt wird. Nach der Verurteilung des Nestorius bleiben ihm seine Anhänger treu und bilden außerhalb der Reichsgrenzen, vor allem in Persien, um 500 die *nestorianische Kirche,* die das C. bis nach Indien und China bringt. Die Nestorianer bezeichnen sich selbst als »östlich-orthodoxe«, »syrische«, »assyrische« oder einfach »christliche Kirche«. Die nestorianische Kirche besteht in den beiden Zweigen der »ostsyrischen« (chaldäischen) und der »malabarischen« Kirche. Haupt der ostsyrischen Kirche mit ihren 173000 Mitgliedern ist der »Patriarch des Orients«, der seinen Sitz bis 1940 in Seleukia-Ktesiphon (Irak) hatte und seitdem in Chicago

(USA) residiert. Die malabarische Kirche (seit 1874) zählt ca. 7000 Mitglieder und hat den Metropoliten von Malabar mit Sitz in Trichur (Indien) zum Oberhaupt. Die Nestorianer haben den **chaldäischen Ritus** mit der Liturgiesprache des Syrischen.

Als Reaktion auf den Nestorianismus lehren die *Monophysiten,* daß die menschliche Natur der Person Jesu Christi im Augenblick der hypostatischen Union von der göttlichen Natur derart absorbiert worden sei (wie ein Regentropfen vom Ozean), daß letztere die beherrschende geworden sei.

Der Monophysitismus (von griech. *monos* = »allein, einzig« und *physis* = »Natur«), nach dem die Person Jesu – im Gegensatz zu den Nestorianern – nicht zwei Naturen (eine göttliche und eine menschliche), sondern nur eine, die gottmenschliche Natur hat, ist vom 4. ökumenischen Konzil von Chalkedon (451) als Irrlehre verurteilt worden. Zu den Kirchen, die diese monophysitische Lehre bis heute vertreten, gehören die koptische und die

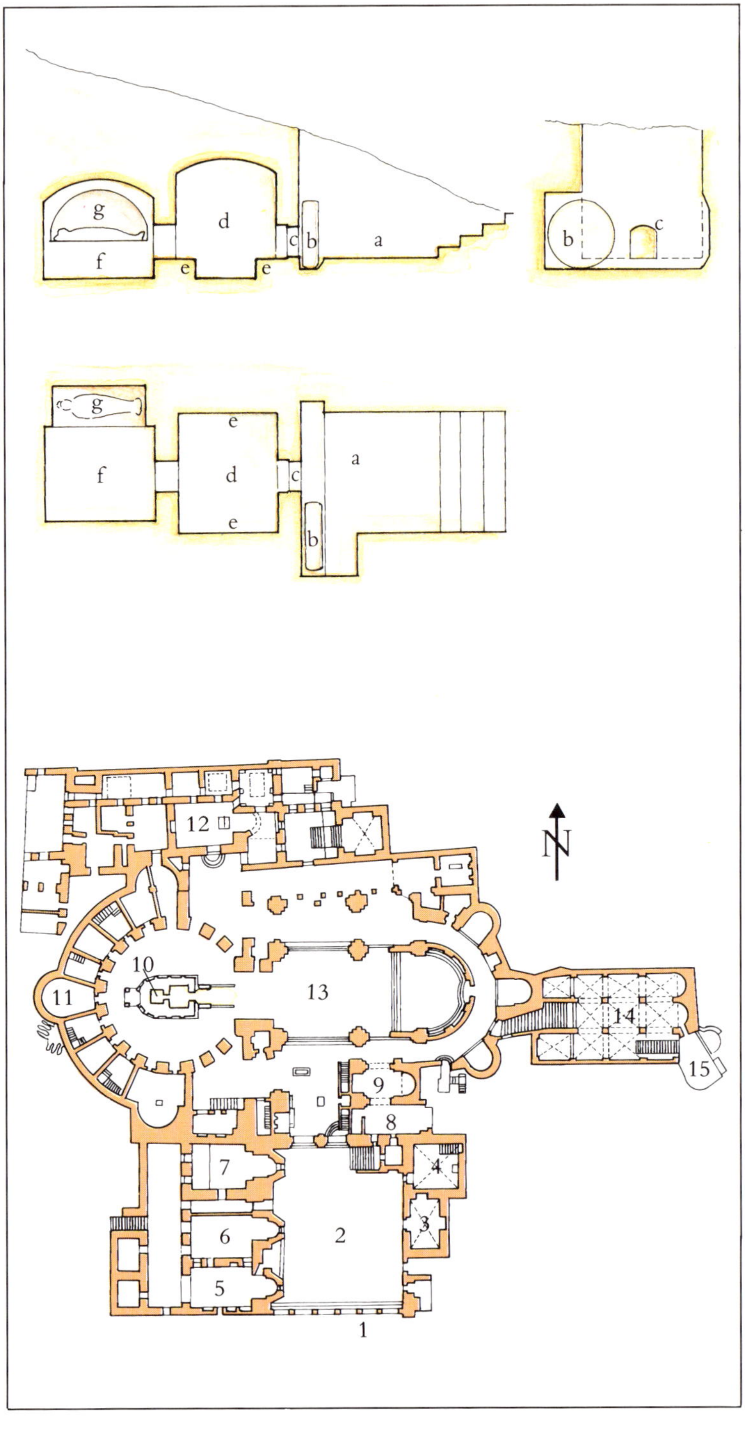

Felsengrabanlage

a. offener Eingang
b. rollbarer Stein zum Verschließen
c. niedrige Öffnung
d. Vorkammer (atrium)
e. Seitenbänke
f. Grabkammer
g. Wandnische für den Leichnam (arcosolium)

Grabeskirche *(Jerusalem/Israel)*

1. Eingang
2. Atrium
3. armenische Kapelle
4. koptische Kapelle
5.–7. griechische Kapellen
8. Kreuzigungskapelle
9. Golgotha-Kirche
10. ***Felsengrabanlage*** *(a–g)*
11. syrisch-orthodoxe Kapelle
12. Erscheinungskapelle
13. Katholikon
14. Kapelle der hl. Helena
15. Kapelle der Kreuzauffindung

1

2

3

1 *Giotto di Bondone,* Franziskus predigt den Vögeln. *Paris, Louvre*

2 *Lucas Cranach d. Ä.,* Martin Luther *predigend, Retabel, 1547. Wittenberg, Stadtkirche*

3 Stadtkirche von Wittenberg, *vom Turm der Schloßkirche aus gesehen*

abessinische, die jakobitische und die armenische Kirche.

Die Kopten und die Abessinier haben den **alexandrinischen Ritus**. Die *koptische Kirche* ist die christliche Kirche Ägyptens, deren Mitglieder die *Kopten* (griech. Aigyptioi) sind. Nach dem Konzil von Chalkedon (451) trennt sich von der den Monophysitismus vertretenden Mehrheit der Kopten eine kleinere Gruppe der zum byzantinischen Kaiser haltenden *Melchiten* (= »Kaiserliche«). An der Spitze der heute 7919000 Mitglieder zählenden Kopten steht der Patriarch von Alexandria mit Sitz (seit dem 11. Jh.) in Kairo. Von den Kopten wird der alexandrinische Ritus, die altchristliche »Markus«-Liturgie, gefeiert mit dem Koptischen als Liturgiesprache.

Die *äthiopische* (= *abessinische*) Kirche ist die älteste (von 451/550 bis 1974 bestehende) christliche Staatskirche und hat viele Merkmale, insbesondere in der Liturgie, aus frühchristlicher Zeit bewahrt. Sie hat einiges aus dem →Judentum übernommen, wie z. B. die Beschneidung (neben der Taufe) und den Sabbat (neben dem Sonntag). Die Klöster spielen eine große Rolle als religiöse Zentren, in denen die Mönche nach der Regel des Pachomius leben. Oberhaupt für die 17333000 Gläubigen ist der *Abuna* (arab. »unser Vater«), der seit 1893 seine Residenz in Addis Abeba (vorher in Gondar) hat und nicht mehr in einem losen Abhängigkeitsverhältnis zur koptischen Kirche steht, sondern seit 1959 als Patriarch und Katholikos einer autokephalen Kirche (seit 1951) vorsteht. Die Liturgiesprache im alexandrinischen Ritus ist *Ge'ez,* das Altäthiopische.

Den **antiochenischen Ritus** mit der Liturgiesprache des Syrischen praktizieren die *Jakobiten,* die einen »westsyrischen« und einen »syro-malabarischen« Zweig bilden. Die Jakobiten sind benannt nach dem syrischen Mönch *Jakob Baradaios* bzw. Burdeana († 578), der diese Kirche im Jahre 543 organisiert. Haupt der 1 666 000 westsyrischen Jakobiten ist der Patriarch von Antiochia mit Sitz in Homs (Syrien).

Die in Vorderindien an der Malabarküste lebenden Jakobiten bilden die malabarisch-jakobitische Kirche. Da die *Malabarchristen* ihre sehr frühe Missionierung auf den Apostel Thomas zurückführen, heißen sie auch *Thomaschristen.* Ihre Vorfahren haben sich seit dem 5. Jh. dem nestorianischen Patriarchen des Orients angeschlossen. Als dann die portugiesischen Kolonialherren sie in eine Union mit der römischen Kirche zwingen, schließt sich die Hälfte der dieser Union Widerstrebenden im Jahre 1653 den Jakobiten an. Die andere Hälfte der Thomaschristen ist heute mit der römischen Kirche uniert (→unierte Kirchen S. 109). Das Haupt der 363 000 jakobitischen Malabarchristen ist der Katholikos von Indien mit Sitz in Kottayam (Kerala/Indien).

Die *armenische Kirche* ist die älteste (seit 374) bis heute bestehende autokephale, d.h. von einem eigenen, unabhängigen Oberhaupt geleitete Nationalkirche des Ostens. Die armenische Kirche, die sich auf die missionierenden Apostel Judas Thaddäus und Bartholomäus beruft und um 300 durch Bischof *Gregor* den Erleuchter († um 320) als armenische Staatskirche gegründet wird, nennt man deshalb auch *gregorianische Kirche.* Oberhaupt für die heute 3 351 000 armenischen Christen ist der Katholikos mit Sitz (seit dem 15. Jh.) in Etschmiadsin (heute UdSSR: Armenische Sozialistische Sowjetrepublik). Die Liturgiesprache in ihrem **armenischen (bzw. gregorianischen) Ritus** ist das Armenische.

Orthodoxe Kirchen ist ursprünglich eine theologische Bezeichnung derjenigen Kirchen, die die Beschlüsse der Konzile von Nizäa (325), Ephesus (431) und Chalkedon (451) angenommen haben und sich aus diesem Grund – im Gegensatz zu den auf den genannten Konzilien verurteilten Arianern, Nestorianern und Monophysiten – als *Orthodoxe* (griech. »Rechtgläubige«) verstehen. Später erhält dieser Begriff zusätzlich eine kirchenrechtliche Bedeutung und umfaßt – mit Ausnahme der Nestorianer und Monophysiten – alle Ostkirchen, die seit 1054 keine Gemeinschaft mit der römischen Westkirche haben. Die Selbstbezeichnung der orthodoxen Kirchen ist *Rechtgläubige allumfassende Kirche des Ostens.*

Die Gesamtzahl der Christen in den Ostkirchen beträgt heute 130 837 000, d.h. 8,4% aller Christen. Die meisten Orthodoxen (48,5%) leben in der UdSSR, in Europa sind es 27,5%. Anhänger der orthodoxen Kirchen gibt es in 96 Ländern der Erde. Die größte orthodoxe Kirche nach der russischen ist die rumänische mit 17 960 000, gefolgt von Griechisch-Orthodoxen mit 13 430 000 Mitgliedern.

Die einzelnen orthodoxen Kirchen heißen – bei vollständiger Selbständigkeit – *autokephale Kirchen* (griech. *autos* = »selbst« und *kephale* = »Haupt«), d.h. Kirchen mit einem selbständigen Oberhaupt und eigener Jurisdiktion im Gegensatz zu den *autonomen Kirchen.*

Trotz ihrer Selbständigkeit und Unabhängigkeit untereinander stimmen alle orthodoxen Kirchen in Lehre und Kult überein. Sie anerkennen die 7 ersten ökumenischen Konzilien und haben den **byzantinischen Ritus**, wobei in der Regel die einzelnen Landessprachen als Liturgiesprache verwendet werden.

Zu den orthodoxen Kirchen gehören die 4 alten *Patriarchate* von *Alexandria* (Sitz: Alexandria bzw. Kairo), von *Antiochia* (Sitz: Damaskus), von *Jerusalem* (Sitz: Jerusalem) und von *Konstantinopel* (Sitz: Istanbul [Phanar]). Letzterer Patriarch führt den Titel »ökumenischer Patriarch« und besitzt eine Art Ehrenprimat in allen orthodoxen Kirchen.

Ferner gehören dazu die Patriarchate der *serbischen Kirche* (Sitz: Belgrad) und der *rumänischen Kirche* (Sitz: Bukarest), das Exarchat von *Bulgarien* (Sitz: Sofia) und das Katholikat von *Georgien* (Sitz: Tbilisi/Tiflis). Es zählen zu den orthodoxen Kirchen die von *Zypern* (Erzbischofssitz: Nikosia), *Sinai* (EB-Sitz: Sinai-Kloster), *Griechenland* (EB-Sitz: Athen), *Finnland* (EB-Sitz: Kuopio) und *Polen* (EB-Sitz: Warschau).

Die größte und bedeutendste unter den orthodoxen Kirchen ist die (seit 1589 autokephale) *russisch-orthodoxe Kirche* mit dem Patriarchat von Moskau und Altrußland (Sitz: Moskau). Nach dem Fall von Konstantinopel (1453) wird sie zur führenden Kirche der Orthodoxie und das »dritte Rom« genannt.

Von dieser Kirche haben sich im Laufe der Jahrhunderte abgezweigt: die *Chlysten* (russ. »Geißler«), eine von dem Bauern Danila Filippow 1645 gegründete asketisch-mystische Bewegung, deren Anhänger sich selbst als *christy* (»Christen«) oder *boschji ljudi* (»Gottesleute«) bezeichnen. Der Mönch Rasputin am Hof des letzten Zaren gehört zu den Chlysten. Die *Altgläubigen* bzw. *Starowerzen* trennen sich 1667 von der russisch-orthodoxen Staatskirche, von der sie *Raskolniki* (russ. »Abtrünnige, Spalter«) genannt werden. Ende des 17. Jh. teilen sich die Altgläubigen in die *Popowzy* (»Priesterliche«) und die *Bespopowzy* (»Priesterlosen«).

Die *Duchoborzen* (russ. »Geisteskämpfer«) sind eine 1755 in Südrußland von S. Kolenikow gegründete Glaubensgemeinschaft, von der mit Unterstützung L. Tolstois ein Teil um 1900 nach Kanada auswandert. Mit den Duchoborzen verwandt sind die *Molokanen* (russ. »Milchesser«).

Die *Skopzen* (russ. »Verschnittene«) sind eine um 1775 von dem Chlysten Kondrati Seliwanow begründete asketische Bewegung, die heute – anstelle der in den Anfängen von den Mitgliedern geforderten Kastration (gemäß Mt 19,12) – die

völlige geschlechtliche Enthaltsamkeit verlangt.
Die *Stundisten* (dt. Stunde = pietistische »Erbauungsstunde«) bilden eine um 1860 in Südrußland entstandene Erweckungsbewegung. Seitdem die Baptisten auf sie Einfluß genommen haben, spricht man vom *Stundo-Baptismus*.

Katholiken

Der erstmals vom Kirchenvater Ignatius von Antiochia († 107/117) auf die von Jesus Christus »für alle« gestiftete Gesamtkirche – im Gegensatz zu ihren einzelnen Teilen – bezogene Begriff *katholisch* (griech. *katholikos* = »alle betreffend, allgemeingültig, allumfassend«) wird im Laufe der Zeit im Sinn von »rechtgläubig« im Unterschied zu schismatischen und häretischen Gruppen gebraucht und dann seit der Reformation vielfach konfessionskundlich verwendet zur Kennzeichnung der mit der Kirche von Rom in Gemeinschaft lebenden Kirchen (Katholizismus) im Unterschied zu den Kirchen der Reformation (Protestantismus). Die *katholischen Kirchen* sehen im Papst als dem Bischof von Rom den Nachfolger des Apostels Petrus und ihr universales Oberhaupt (Petrusamt; →S. 129).
Die Zahl der Katholiken beträgt heute 884 222 000, d.h. sie stellen mit 57,1% über die Hälfte der Christenheit. Die meisten aller Katholiken (41,8%) leben in Lateinamerika, in Europa sind es 28,4%. Katholische Christen gibt es in 218 Ländern der Erde. Das größte katholische Land ist Brasilien mit 110 930 000, d.h. hier leben 12% aller Katholiken. Es folgen die USA mit 67 178 000 und Mexiko mit 66 278 000 katholischen Christen.
Die meisten Katholiken (862 422 000) gehören zur *lateinischen Kirche*. Sie ist derjenige Teil der katholischen Christenheit, der den **römischen Ritus** mit dem Lateinischen als Liturgiesprache pflegt. Die wegen des römischen Ritus auch als *römisch-katholische Kirche* bezeichnete lateinische Kirche ist die unter dem Bischof von Rom als dem Patriarchen des Abendlandes stehende westliche Kirche, die einmal geographisch und politisch die Kirche der weströmischen Reichshälfte gebildet hat.
Die *orientalisch-katholischen Kirchen* bzw. *unierten Kirchen* bilden den anderen, wenn auch kleinen Teil der katholischen Kirchen mit zusammen 9 683 000 Mitgliedern. Sie sind diejenigen Kirchen bzw. Teile von Kirchen innerhalb der Ostkirchen, die unter Beibehaltung ihrer orientalischen Riten mit den jeweils eigenen Liturgiesprachen eine Kirchengemeinschaft mit der römisch-katholischen Kirche eingegangen sind und den Jurisdiktionsprimat des Papstes anerkennen.
Zu den orientalisch-unierten Kirchen gehören mehrere, voneinander unabhängige Einzelkirchen mit verschiedenen Riten:
Den **alexandrinischen Ritus** haben das Patriarchat der *Koptisch-Unierten* (Sitz: Kairo) und die Kirche der *Äthiopisch-Unierten* (EB-Sitz: Asmara). Dem **antiochenischen Ritus** gehören an die Patriarchate der *Syrisch-Unierten* (Sitz: Beirut) und der *Maroniten* (Sitz: Bherke und Deman) sowie die Kirche der *Malankarisch-Unierten* bzw. unierten Thomaschristen (EB-Sitz: Trivandrum). Den **armenischen Ritus** haben das Patriarchat der *Armenisch-Unierten* (Sitz: Beirut), und den **chaldäischen Ritus** praktizieren das Patriarchat der *Chaldäisch-Unierten* (Sitz: Bagdad und Mossul) sowie die Kirche der *Malabarisch-Unierten* (EB-Sitz: Ernakulum).
Zum **byzantinischen Ritus** zählen das Patriarchat der *Melkitisch-Unierten* (Sitz: Damaskus und Kairo) sowie die Kirchen der *Bulgarisch-Unierten* (Sitz: Sofia), *Griechisch-Unierten* (Sitz: Athen und Istanbul), *Ungarisch-Unierten* (Sitz: Nyiregyháza), *Italo-albanisch-Unierten* (Sitz: Lungro), *Rumänisch-Unierten* (EB-Sitz: Blaj), *Russisch-Unierten* (Sitz: Rom), *Ruthenisch-Unierten* (EB-Sitz: u.a. Philadelphia) und *Jugoslawisch-Unierten* (Sitz: Križevci).
Die orientalisch-unierten Kirchen stimmen mit der Glaubens- und Sittenlehre der römisch-katholischen Kirche – im Gegensatz zu den orthodoxen Kirchen – völlig überein. Die Unterschiede beschränken sich auf den Ritus und die Liturgiesprache sowie auf Einzelheiten des kirchlichen Lebens, wie z.B. die Eheschließung von Priestern und Diakonen.
Von der römisch-kath. Kirche getrennt sind die *altkatholischen Kirchen*. Die Altkatholiken sind Mitglieder einer katholischen Reformkirche, die aus der Ablehnung der auf dem 1. Vatikanischen Konzil (1869/70) dogmatisierten Unfehlbarkeit und des Jurisdiktionsprimats des Papstes hervorgegangen sind. Unter Führung des Münchener Kirchenhistorikers Ignaz von Döllinger (1799–1890), der vom Papst gebannt worden war, schließen sie sich 1871 nach dem 1. altkatholischen Kongreß in München zusammen. Die Zahl der Altkatholiken beträgt 443 000, und Bischofssitze befinden sich in Bonn, in Bern für die Christkatholiken sowie für die österreichischen Mitglieder in Wien.
Die deutschen Altkatholiken haben sich in der Utrechter Union (1889) mit verwandten Bewegungen in den Niederlanden (Kirche von Utrecht [seit 1702]), in Österreich und in der Schweiz zusammengeschlossen. Die sich in Fragen des Glaubens und des Kultes »auf den Boden der ungeteilten Kirche der ersten acht Jahrhunderte« gestellt wissende altkatholische Kirche lehnt außer dem Primatanspruch des Papstes die Zölibatspflicht für Priester sowie die Pflicht zur Ohrenbeichte und die Reliquienverehrung ab.

Anglikaner

Die *anglikanische Kirche* (lat. *ecclesia Anglicana* = »englische Kirche«) ist die seit 1534 bestehende (Staats-)*Kirche von England* (engl. *Church of England*), deren Oberhaupt der König bzw. die Königin und deren geistlicher Leiter der Erzbischof von Canterbury mit Amtssitz in London (Lambeth Palace) ist.
Die Zahl der Anglikaner beträgt heute 68 048 000, d.h. 4,4% aller Christen. Die meisten Anglikaner (49,2%) leben in Eu-

ropa, in Afrika sind es 28,8%. Anglikanische Christen gibt es in 144 Ländern. Das größte anglikanische Land ist Großbritannien mit 32 671 000 Anglikanern, d.h. 48% aller Anglikaner leben hier, es folgt Nigeria mit 7 623 000 Anglikanern.

Die aus persönlichen Gründen erfolgte Trennung des englischen Königs Heinrich VIII. (1509–47) von der römisch-katholischen Kirche hat das Parlament 1534 nachvollzogen, indem es in der Suprematsakte den König als »Oberhaupt der Kirche von England auf Erden« (engl. »Supreme Head on Earth of the Church of England«) anerkennt.

Durch Verbindung mit Elementen des Luthertums, des Calvinismus und eines staatskirchlichen Katholizismus entwickelt sich der *Anglikanismus*. In den Fragen von Verfassung und Kult steht der Anglikanismus zwischen Luthertum und Katholizismus, in denen des Bekenntnisses näher zum reformierten C.

Seit dem 19. Jh. gibt es drei Hauptrichtungen im Anglikanismus: 1. *Low Church* (engl. »Niederkirche«) bzw. *Evangelicals*, die soziale Aktivität und werktätiges C. in den Vordergrund stellt. Dogmatische Fragen treten gegenüber individueller Frömmigkeit zurück. 2. *High Church* (engl. »Hochkirche«), eine konservative Richtung mit Betonung der sakramentalen, rituellen und hierarchischen Elemente. 3. *Broad Church* (engl. »Breitkirche«), die eine gemäßigte, liberale, von der historisch-kritischen Theologie bestimmte Richtung darstellt.

Die Zugehörigkeit der in den zahlreichen Ländern selbständigen Kirchen zur »Anglikanischen Kirchengemeinschaft« (engl. »Anglican Communion«) findet ihren sichtbaren Ausdruck in den seit 1867 etwa alle 10 Jahre stattfindenden »Lambeth-Konferenzen«, zu denen seit 1903 anglikanische Weltkongresse getreten sind.

Protestanten

Die Selbstbezeichnung der sich auf das

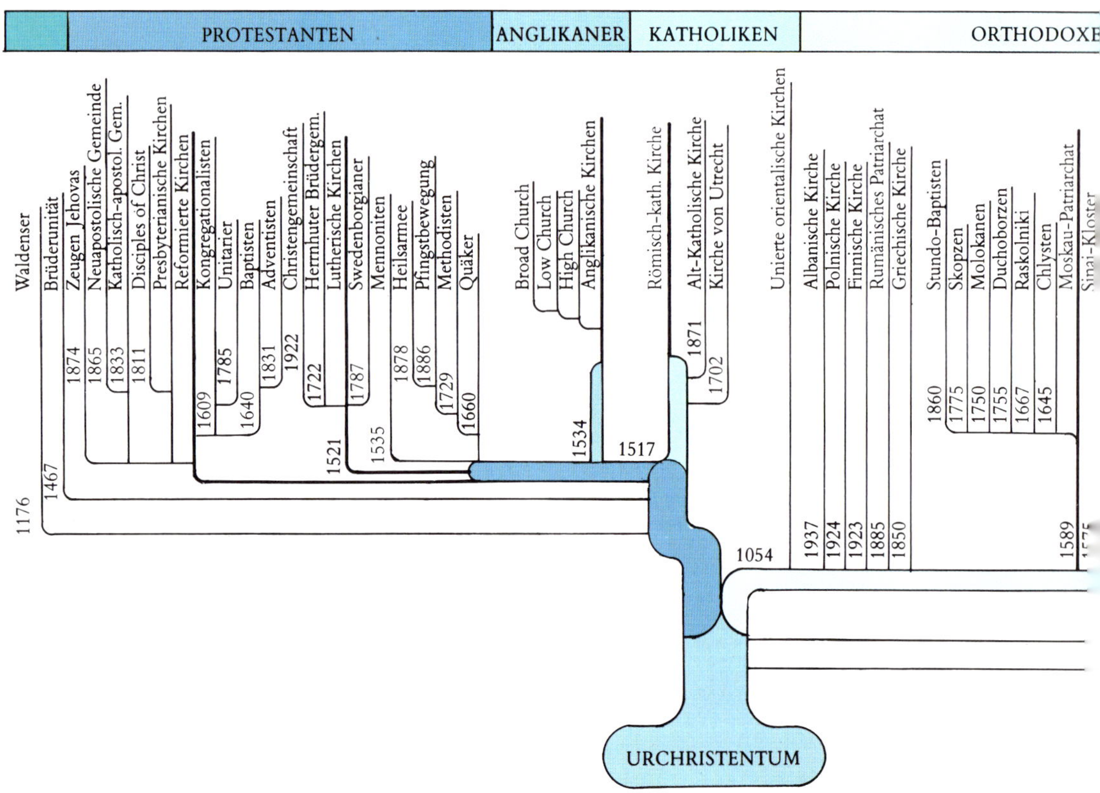

Stammbaum der Kirchen und Konfessionen

Evangelium und Urchristentum beziehenden Kirchen, die aus der Reformation des 16. Jh. hervorgegangen sind, ist *evangelisch.* Dieses Wort, das zunächst (1555) für die Lutheraner und dann (1648) auch für die Reformierten gebraucht wird, bezeichnet heute die (evangelischen) Kirchen des Protestantismus – in Abgrenzung gegenüber denen des Katholizismus und den Gruppen des Linksprotestantismus.

Das Wort *protestantisch* leitet sich her von der feierlichen Protestation (lat. *protestari* = »öffentlich bezeugen«) der evangelischen Reichsstände gegen den alle kirchlichen Reformen verbietenden Mehrheitsbeschluß auf dem 2. Reichstag zu Speyer (1529). In angelsächsischen Ländern wird mehr die Bezeichnung protestantisch und auf dem europäischen Kontinent mehr die des Evangelischen gebraucht. Zum *Protestantismus,* der fast alle auf die Reformation zurückgehenden Richtungen des C. umfaßt (ausgenommen z. B. die Anglikaner), bekennen sich heute 292 734 000 Gläubige, d. h. 18,9% aller Christen. Die meisten protestantischen Christen (32,4%) leben in Nordamerika. In Europa sind es 27%. Protestanten gibt es in 209 Ländern der Erde. Das größte protestantische Land sind die USA mit 89 567 000 Gläubigen, d. h. 30% aller Protestanten leben hier. Es folgt die BR Deutschland mit 28 955 000, wo 10% aller protestantischen Christen leben.

Für die auf den deutschen Reformator *Martin Luther* (1483–1546) – der mit seinem Thesenanschlag am 31. Oktober 1517 die Reformation auslöst – zurückgehenden und auf die lutherischen Bekenntnisschriften (→S. 135) als Lehrgrundlage sich beziehenden Bekenntnisgemeinschaften mit ihren staats-, landes- oder freikirchlichen Organisationsformen ist die zusammenfassende Bezeichnung *lutherische Kirchen.* Die lutherischen Kirchen der Welt sind im Lutherischen Weltbund (seit 1947) zusammengeschlossen. Die von den heute 43 539 000 *Lutheranern* vertretene Glaubens- und Lebenshaltung wird als *Luthertum* bezeichnet.

Reformierte bzw. *presbyterianische Kirchen* ist eine zusammenfassende Bezeichnung für die auf die schweizerischen Reformatoren Ulrich Zwingli (1484–1531) und insbesondere Johannes Calvin (1509–64) zurückgehenden Glaubensgemeinschaften. Die sich auf die reformierten Bekenntnisschriften als Lehrgrundlage beziehenden Landes- und Freikirchen werden auf dem europäischen Kontinent (Schweiz, Deutschland, Niederlande, Frankreich) hauptsächlich reformierte Kirchen und in angelsächsischen Ländern (England, USA) eher *presbyterianische* Kirchen genannt. Ihre Selbstbezeichnung ist *»nach Gottes Wort reformierte Kirchen«.* Die Gesamtzahl der *Reformierten* bzw. *Presbyterianer* beträgt heute 39 284 000. Die auf Calvin zurückgehende Form des reformierten C. *(Calvinismus)* erlangt in dem in England, Schottland und Nordamerika entwickelten *Puritanismus* größte Bedeutung.

Als *unierte Kirchen* bezeichnet man dieje-

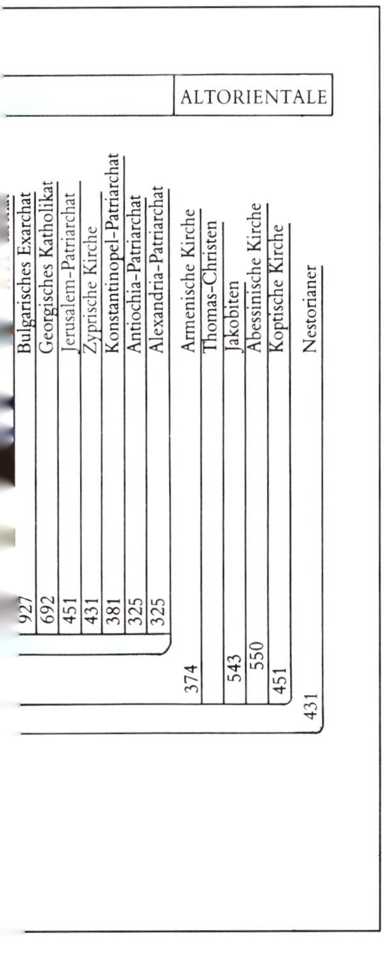

1

2

1 *Unbekannter Meister, Der junge* Calvin, *um 1534. Genf, Musée Historique de la Réformation*

2 Genf *mit der Kathedrale St.-Pierre, Stich, um 1642. London, Brit. Mus.*

nigen lutherischen und reformierten Kirchen, die sich zu einer *Union* (=»Gemeinschaft«) zusammengeschlossen haben, deren Gemeinden sich aber entsprechend ihrer Tradition weiter an die lutherischen oder an die reformierten Bekenntnisse halten. Ihre gemeinsame Grundlage mit Gottesdienst- und Abendmahlsgemeinschaft ist das Evangelium. Heute gibt es 65 164 000 Mitglieder der *unierten Kirchen*.

Zu den **Protestanten englisch-amerikanischen Ursprungs** gehören die *Puritaner* (lat. *purus* = »rein«), eine 1559 in England entstandene Bewegung, die vom Calvinismus geprägt ist und der Kirche ihre evangelische Reinheit wiedergeben will. Im Gegensatz zur Kultusfrömmigkeit der anglikanischen Staatskirche fordern sie eine strenge persönliche Heiligung. Ihre sittlichen Ideale sind eine tugendhafte Lebensführung und verstandesmäßige Beherrschung der Gefühle und des Trieblebens. Aus dem Puritanismus sind die Independenten, Baptisten und Quäker hervorgegangen.

Die *Independenten* (lat. = »Unabhängige«) fordern »unabhängige, der unmittelbaren Leitung Christi unterstellte Einzelgemeinden« und werden deshalb auch *Kongregationalisten* (engl. *congregation* = »Gemeinde«) genannt. Da sie in England zunächst verfolgt werden, gehen sie ins niederländische Exil, wo sie 1609 unter Führung von John Robinson (1575–1625) eine Independentengemeinde in Leiden gründen, und wandern von dort 1620 mit der »Mayflower« als die »Pilgerväter « (engl. *Pilgrim Fathers*) nach Nordamerika aus, wo sie in Massachusetts die Stadt Plymouth gründen. In Neuengland entstehen 1636 das Harvard College (Cambridge) und 1701 das Yale College (New Haven). Die Independenten bzw. Kongregationalisten zählen gegenwärtig 3 965 000 Mitglieder.

Die *Baptisten* (griech. *baptistes* = »Täufer«) mit heute 35 437 000 Mitgliedern sind eine 1640 in England entstandene freikirchliche Bewegung, die die Erwachsenentaufe durch Untertauchen praktiziert. Die *Disciples of Christ* (engl. »Schüler« bzw. »Jünger Christi«), auch *Campbelliten* genannt, sind ein von dem Pfarrer Alexander Thomas Campbell (1788–1866) im Jahre 1811 in den USA gegründete baptistische Gemeinschaft, die sich 1827 von den Baptisten trennt und heute 8 783 000 Mitglieder zählt.

Quäker (engl. *quakers* = »Zitterer«) ist ursprünglich ein Spottname für die Mitglieder der von George Fox (1624–91) in den Jahren 1660/70 gegründeten »Gesellschaft der Freunde« (engl. *Society of Friends*) wegen ihrer ekstatisch-enthusiastischen Erlebnisse. Die wegen der Unterdrückung in England nach Nordamerika ausgewanderten Quäker gründen unter William Penn (1644–1718) den nach ihm benannten (Quäker-)Staat Pennsylvania mit absoluter Religionsfreiheit für jedes Bekenntnis. Heute zählen die Quäker 503 000 Mitglieder.

Eine aus den Quäkern hervorgegangene und von Ann Lee (1736–84), der »Mutter Anna«, im Jahre 1750 in Amerika begründete Gemeinschaft sind die *Shakers* (engl. »Zitterer, Schüttler«). Die Bezeichnung ist ebenfalls zunächst ein Spottname für die beim Gottesdienst tanzenden und in die Hände klatschenden Mitglieder der *United Society of Believers in Christ's Second Appearing* (engl. *Vereinigte Gemeinschaft der an die zweite Wiederkunft Christi Glaubenden*). Der *Methodismus* mit seinen 26 069 000 Mitgliedern gehört heute zu den größten Freikirchen der USA. Die wegen ihrer besonderen Frömmigkeitsmethoden mit dem Spottnamen *Methodisten* Bezeichneten gehören zu einer Erweckungsbewegung, die 1729 aus einem in Oxford konstituierten »heiligen Club« ausgegangen ist und von den anglikanischen Geistlichen und Brüdern John Wesley (1703–91) und Charles Wesley (1707–88) sowie von George Whitefield (1714–70) gegründet ist und sich seit 1891 offiziell als Kirche bezeichnet.

Von dem Methodistenprediger William Booth (1829–1912) ist die *Heilsarmee* (engl. *Salvation Army*), deren Mitglieder auch *Salutisten* genannt werden, 1878 in London gegründet worden. Diese militärähnlich organisierte Gemeinschaft von 4 029 000 Mitgliedern, die sich als »militia Christi« verstehen, hat ihr Zentrum mit dem »Generalstab« in London.

Heiligungsbewegungen ist eine Sammelbezeichnung für Gruppen, die aus der methodistischen Erweckungsbewegung des 19. Jh. in den USA, in Großbritannien und in Deutschland hervorgehen und die wegen der angestrebten »Vollkommenheit« ihrer Mitglieder auch *perfektionistische Kirchen* genannt werden. Die Zahl ihrer Anhänger beträgt 5 767 000.

Aus methodistisch und baptistisch geprägten Heiligungsbewegungen in Nordamerika geht in der 2. Hälfte des 19. Jh. eine größere Zahl verschiedener Gemeinden und Gruppen hervor, die man zusammenfassend als *Pfingstbewegung* bzw. *Pentecostals* bezeichnet und deren Anhänger seit 1906/07 ihre enthusiastisch-emotionale Frömmigkeit mit dem Wirken des Heiligen Geistes am apostolischen Pfingstfest in Verbindung bringen. Die Pfingstbewegung unterscheidet sich von den Heiligungsbewegungen durch die Geisttaufe, durch Zungenreden und Prophetie. Die Zungenreden gelten als Bestätigung der Heiligung. Die Zahl ihrer Mitglieder beträgt 24 785 000.

Zu den **Gemeinschaften, die ein baldiges Weltende erwarten**, gehören die *Adventisten* (lat. *adventus* = »Ankunft [Christi]«), eine 1831/32 von dem Baptisten William Miller (1782–1849) aus Pittsfield/MA (USA) gegründete Religionsgemeinschaft, deren Anhängerzahl 6 178 000 beträgt. Der Stifter errechnet die Wiederkunft Christi, indem er die 2300 Abende und Morgen (Dan 8,14) für Jahre ansieht und den Beginn dieses Zeitraums mit dem Wiederaufbau Jerusalems (Dan 9,24 f.) ansetzt; das Ende der Periode kennzeichnet dann das Jahr 1843. Als die für das Jahr 1843 erwartete Wiederkunft Christi und der Beginn des Tausendjährigen Reiches ausbleiben und sich auch im folgenden Jahr 1844 nichts derartiges ereignet, spalten sich die Adventisten in mehrere Gruppierungen, von denen die von der Adventistin Ellen G. White (1827–1915) begründeten *Siebenten-Tags-Adventisten* (engl. *Seventh-Day-Adventists*) die bekanntesten sind, welche auch *Sabbatisten* genannt werden.

Die *katholisch-apostolische Gemeinde* ist eine Anfang des 19. Jh. entstandene, von dem Erweckungsprediger *Edward Irving* (1792–1834) seit 1833 als Vorsteher geleitete und nach ihm als *Irvingianer* benannte Gemeinschaft, aus der nach 1860 die *Neuapostolische Gemeinde* hervorgeht, die seit 1907 den Namen *Neuapostolische Kirche* führt.

Die *Zeugen Jehovas* sind die Anhänger der von Charles Taze Russel (1852–1916) im Jahre 1874 in Pittsburgh/PA (USA) begründeten Gemeinschaft, die ihren Namen vom Propheten Jesaja (43,10) herleitet und die bis 1931 die Bezeichnung *Ernste Bibelforscher* führt. Das Direktorium und die Zentrale für die 6 268 000 Mitglieder befinden sich in Brooklyn/NY (USA). In der seit 1879 herausgegebenen Zeitschrift »Der Wachtturm« verkündigt der Stifter, daß 1874 die 40jährige Erntezeit begonnen hat, an deren Ende (1914) Jesus Christus wiederkommen und das Gottesreich aufrichten werde. Als dieses Ereignis ausbleibt, errechnen die Ernsten Bibelforscher das Jahr 1918 und dann das Jahr 1928 als Datum der Wiederkunft. Jetzt leben wir in einer Zeit zwischen der 1914 vollzogenen, den Menschen unsichtbaren Thronbesteigung Christi im Himmel und dem bevorstehenden Weltende mit der Gerichtsvernichtungsschlacht Harmagedon (biblisch: Armageddon). In dieser Schlacht werden nur die Zeugen Jehovas gerettet werden, und nur sie erhalten Zutritt zur »Neuen Welt«, wo sie mit Christus 1000 Jahre herrschen werden. Nach 1000 Jahren werden alle Toten auferstehen, und die 144 000 Erwählten werden im Himmel leben.

Zu den dem **festländischen Protestantismus nahestehenden Gruppen** gehören die *Waldenser* bzw. *Waldesier,* die Anhänger einer von dem Lyoner Kaufmann *Peter Waldes* (= Valdes; † um 1217) im Jahre 1176 gegründeten Laienbewegung, die sich zum Ideal der evangelischen Armut (gemäß Mt 10) bekennt. Der Gegensatz zur katholischen Amtskirche bringt den nach den Geboten der Bergpredigt lebenden Waldensern die Verurteilung (Bann) durch Papst Lucius III. auf der Synode von Verona (1184) und die Verfolgung durch die Inquisition. Die mit Unterbrechung sich über Jahrhunderte hinziehende Verfolgung haben nur wenige Waldenser in den Alpentälern Piemonts unter größten Leiden überstehen können. Heute zählt die *Chiesa Evangelica Valdese* (dt.: »Evangelische Waldenserkirche«) ca. 46 000 Mitglieder.

Unitarier ist eine zusammenfassende Bezeichnung für Gemeinden, die aus den nach Amerika eingewanderten *Sozinianern* hervorgegangen sind und zu denen sich erstmals 1785 eine Gemeinde in Boston bekennt. Heute gibt es 616 000 Unitarier, die sich 1963 mit den Universalisten zu der »Unitarian Universalist Association« zusammengeschlossen haben.

Die *Schwenckfelder* sind die Anhänger der von *Kaspar Schwen(c)kfeld* von Ossig (1489–1561) begründeten mystisch-spiritualistischen Bewegung. Als man die Gemeinden in Schlesien 1720 zum Katholizismus überführen will, verlassen sie ihre Heimat. 1734 wandern sie von England nach Amerika aus, wo sie sich 1782 eine Verfassung geben. Noch heute bestehen Gemeinden in Pennsylvania.

Die *Mennoniten* oder *Taufgesinnte* sind die nach dem katholischen Priester *Menno Simons* (1496–1561) benannten Anhänger einer nach 1535 entstandenen Reformbewegung, der heute 1 250 000 Mitglieder angehören. Die von katholischen wie evangelischen Landesherren gleichermaßen verfolgten Mennoniten finden zunächst Zuflucht u.a. in den Niederlanden. Seit 1683 setzt eine starke Auswanderungswelle nach Amerika ein, und im 18. Jh. geht ein Teil nach Rußland.

Die *Remonstranten* gehen auf den Theologieprofessor und reformierten Prediger *Jakob Arminius* (1560–1609) aus Leiden (Niederlande) zurück, nach dem sie auch *Arminianer* genannt werden. Heute bestehen noch ca. 30 Gemeinden in den Niederlanden.

Die *Böhmischen Brüder* bzw. *Mährischen Brüder* sind eine vorreformatorische, aus den Hussiten hervorgegangene Reformbewegung in Böhmen, die in der 2. Hälfte des 15. Jh. auf den Kreis um *Peter Chelcicky* (um 1380 – nach 1452) zurückgeht und sich 1467 unter der Bezeichnung *Unitas Fratrum* (lat. »Brüderunität«) zusammenschließt. Heute lebt ihre im Dreißigjährigen Krieg zunächst untergegangene Tradition in der Brüdergemeine der Herrnhuter fort.

Die *Brüdergemeine* bzw. *Herrnhuter Brüdergemeine* ist eine evangelische Freikirche, die von *Nikolaus Ludwig Graf von Zinzendorf* (1700–60) im Jahre 1722 als Kolonie Herrnhut gestiftet und am 12. Mai 1727 als *Erneuerte Brüder-Unität* gebildet ist, die heute 740 000 Mitglieder zählt. Das Zentrum in der BR Deutschland ist Bad Boll und in der DDR Herrnhut. Die von der Herrnhuter Brüdergemeine seit 1731 jährlich herausgegebenen *Losungen* sind Sammlungen »losartig« gezogener Verse aus dem Alten Testament für jeden Tag des Jahres, denen selbständig ausgewählte Texte des Neuen Testaments und Liedverse beigegeben sind.

Sonstige Christen

Zu nennen ist noch die *Brüderbewegung,* eine 1826 vom anglikanischen Geistlichen *John Nelson Darby* (1800–82) in Plymouth (England) gegründete Heiligungsbewegung, die sich *Plymouth-Brüder* nennt und sich 1848 spaltet in die beim Stifter Darby verbleibenden *Exclusiven* bzw. *Geschlossenen Brüder, Darbysten* genannt, und die *Offenen Brüder* mit Georg Miller als geistigem Führer. Erstere zählen 172 000 und letztere 1 612 000 Mitglieder.

Eine 1708 in Schwarzenau an der Eder

entstandene pietistische Brüdergemeinde wird im Hinblick auf die von ihr praktizierte Tauchtaufe *Tunkers* bzw. *Dunkers* genannt, und seitdem sie um 1730 aus Deutschland über die Niederlande nach Pennsylvania ausgewandert ist, heißt sie dort *German Baptists* (dt.: »Deutsche Baptisten«). Die Brüdergemeinde selbst nennt sich *Church of the Brethren* (»Kirche der Brüder«) und zählt 676 000 Mitglieder.

Die *Swedenborgianer* sind die Anhänger der religiösen Lehre *Emanuel von Swedenborgs* (1688–1772) aus Stockholm, die sich 1787 in England zur Gemeinschaft der *Neuen Kirche* zusammenschließen und 76 000 Mitglieder zählen.

Die *Christadelphianer,* auch *Urchristen* genannt, sind eine von dem englischen Arzt *John Thomas* (1805–71) in den USA im Jahre 1848 gegründete Bewegung, der 91 000 Mitglieder angehören.

GLAUBEN UND HANDELN

Die für Christen verbindlichen Glaubensinhalte sind in einem kirchlichen Bekenntnis formuliert. Ein für das Glaubensbekenntnis gebrauchter Begriff ist das nach dem Anfangswort benannte *Credo* (lat. »ich glaube«).

Den christlichen Kirchen westlicher Tradition ist das *Apostolische Glaubensbekenntnis,* auch *Apostolikum* bzw. *Symbolum Apostolicum* genannt, gemeinsam. Es ist aus einem römischen Taufbekenntnis des

1

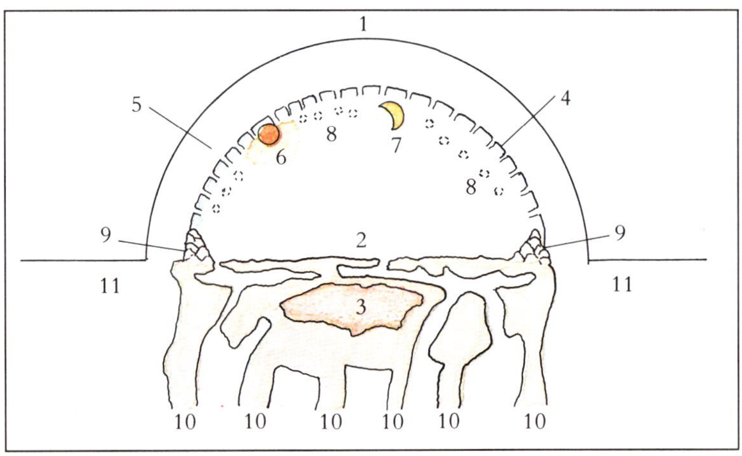

Biblisches Weltbild

1. *Himmel*
2. *Erdscheibe*
3. *Unterwelt*
4. *Firmament mit Öffnungen für das*
5. *Regenwasser oberhalb des Firmaments*
6. *Sonne*
7. *Mond*
8. *Sterne*
9. *Gebirge als Säulen des Firmaments*
10. *Säulen der Erdscheibe zwischen den Grundwassern*
11. *Meerwasser unterhalb des Firmaments*

3./4. Jh. hervorgegangen und bezeugt, wie sein Name besagen will, den Glauben der Apostel. Seit dem Jahre 1971 ist ein – mit Ausnahme des 3. Teils »die heilige ... Kirche« – einheitlicher Text für den deutschen Sprachraum durch die römisch-katholische und die altkatholische Kirche sowie durch die evangelischen Kirchen in Deutschland eingeführt.

ICH GLAUBE AN GOTT,
den Vater, den Allmächtigen,
den Schöpfer des Himmels und der Erde,
UND AN JESUS CHRISTUS,
seinen eingeborenen Sohn, unsern Herrn,
empfangen durch den Heiligen Geist,
geboren von der Jungfrau Maria,
gelitten unter Pontius Pilatus,
gekreuzigt, gestorben und begraben,
hinabgestiegen in das Reich des Todes,
am dritten Tage auferstanden von den Toten,
aufgefahren in den Himmel;
er sitzt zur Rechten Gottes, des allmächtigen Vaters;
von dort wird er kommen,
zu richten die Lebenden und die Toten.
ICH GLAUBE AN DEN HEILIGEN GEIST,
die heilige *katholische/*
christliche/
allgemeine christliche Kirche,
Gemeinschaft der Heiligen,
Vergebung der Sünden,
Auferstehung der Toten
und das ewige Leben.
Amen.

2

3

Es ist eine frühchristliche Gewohnheit, dieses Symbolum dreigeteilt zu sehen, wobei man sich im 1. Teil zur ersten göttlichen Person als Vater und Schöpfer, im 2. Teil zur zweiten Person als Sohn Gottes und Erlöser und im 3. Teil zur dritten Person und ihrem Heilswirken im Glauben bekennt.

Um die Wende des 4. Jh. taucht erstmals die Gewohnheit auf, dieses Symbolum schematisch in 12 Artikel einzuteilen, und seit dem 6. Jh. wird es vereinzelt üblich, einen jeden dieser 12 Artikel einem der 12 Apostel zuzuschreiben und dies mit einer Legende zu begründen.

Im Gegensatz zu diesem nur den westlichen Kirchen gemeinsamen Apostolischen Glaubensbekenntnis anerkennen die orthodoxen Kirchen das *Nicänisch-Konstantinopolitanische Glaubensbekenntnis,* auch *Symbolum Nicaeno-Constantinopolitanum* bzw. kurz *Nicaeno-Constantinopolitanum* genannt. Es ist ein auf die ersten beiden Konzilien von Nizäa (325) und Konstantinopel (381) zurückgehendes und nach diesen benanntes trinitarisches Glaubensbekenntnis. Dieses Bekenntnis, das in den orthodoxen Ostkirchen ausschließlich Geltung erlangt hat, ist auch in der römisch-katholischen Kirche gültig und wird als Großes Glaubensbekenntnis (Credo) in der Meßfeier verwendet.

1 *Andrei Rubljow,* Trinität, *Ikone, 1411. Moskau, Tretjakow-Galerie*

2 *Michelangelo Buonarotti (1475–1564),* Erschaffung *Adams*

3 Sündenfall *Adams und Evas sowie* Vertreibung *aus dem Paradies, Deckenfresko, 1508/12. Vatikan, Sixtinische Kapelle*

Die in den beiden Glaubensbekenntnissen formulierten Grundaussagen des christlichen Glaubens werden von den einzelnen Kirchen z. T. unterschiedlich interpretiert.

Ein Gott in drei Personen

Gott ist der *Schöpfer* aller sichtbaren und unsichtbaren Dinge. Durch seine Allmacht, Weisheit und Güte hat er die Welt, d.h. alles, was außer ihm existiert, »im Anfang der Zeit« aus dem Nichts erschaffen. Die *creatio ex nihilo* (lat. »Schöpfung aus dem Nichts«) meint unter Bezugnahme auf die beiden Schöpfungsgeschichten der Genesis – eine volkstümlich einfache Erzählung (Gen 2,4b–3,24) vom Jahwisten und einen systematisch reflektierten (Gen 1,1–2,4a), zur Priesterschrift gehörenden Hymnus über das Sechstagewerk (→israelitische Religion) – die Erschaffung der Welt aufgrund eines freien göttlichen Willensaktes allein »durch sein Wort«, nicht hingegen aus einem bereits vorhandenen Stoff. Unter dem Ausdruck *Himmel* und *Erde* werden der sichtbare Himmel und die Erde mit Bäumen, Pflanzen und Tieren verstanden. Im unsichtbaren Himmel dienen dem Schöpfergott die von ihm erschaffenen, unzählbaren *Engel* (griech. *angelos* = »Bote«), die auch als Boten Gottes an die Menschen fungieren (Gen 18,2; Lk 2,9ff.). So veranschaulichen sie nicht nur die Heiligkeit und Herrlichkeit Gottes, sondern auch seine offenbarende und helfende Nähe.

Ein Teil der von Gott als gut erschaffenen Engel ist von Gott abgefallen und wegen dieses Abfalls für immer zur *Hölle* verdammt (2 Petr 4; Jud 6). Der *Teufel* (althochdt. »Verleumder«; hebr. *Satan* = »Widersacher«; griech. *diabolos*) ist der Widersacher Gottes schlechthin und der oberste der bösen Geister (Mt 12,22–29).

Gott hat auch das erste *Menschenpaar* erschaffen, das zunächst sehr glücklich im Paradies leben darf, bevor es wegen der Übertretung eines göttlichen Gebotes daraus vertrieben wird. Von diesen Stammeltern *Adam* und *Eva* stammen alle anderen Menschen ab.

Die von Gott erschaffene Welt würde wieder ins Nichts zurücksinken, wenn Gott nicht beständig mit der Schöpfung wäre und sie nicht bis zum »Ende der Zeiten« mit der gleichen Kraft, mit der er sie zu Anfang schuf, dauernd im Dasein erhielte *(creatio continua)*. *Vorsehung* (griech. *pronoia;* lat. *providentia*) heißt die über dem Weltgeschehen und Menschenleben waltende Macht Gottes, die alles »vorsieht«, d.h. die die Weltentwicklung und die menschlichen Schicksale leitet. »In ihm leben wir und bewegen wir uns und sind wir«, sagt Paulus (Apg 17,27f.).

Die Art und Weise göttlicher Weltregierung wird seit Augustinus und vor allem seit Martin Luther nach dem Modell der *Zweireichelehre* erklärt. Im geistlichen Reich regiert Gott durch sein geistliches Regiment (Evangelium, Wort und Sakrament), während im weltlichen Reich Gott durch sein weltliches Regiment (Gesetz) regiert. Jeder Christ gehört beiden Reichen an.

Aufgrund der Schöpfung und Vorsehung wird Gott der *Vater* aller Menschen genannt. Für die Christen besteht wegen ihrer übernatürlichen Annahme an Kindes Statt ein weiterer Grund, Gott als Vater zu bezeichnen, da sie »nicht empfangen haben den Geist der Knechtschaft in Furcht, sondern den Geist der Kindschaft Gottes, in dem sie rufen: Abba, Vater!« (Röm 8,15). *Abba* (aram. »Vater«) ist die Anrede Gottes im Gebet Jesu. Johannes sagt: Das ist »die Liebe, die uns der Vater erwiesen hat, daß wir Kinder Gottes heißen und sind« (1 Joh 3,1).

Von den vielen, Gott zugeschriebenen Eigenschaften wird am häufigsten die *Allmacht* genannt. »Bei Gott ist kein Ding unmöglich« (Lk 1,37). Es gibt nichts, was Gott nicht bewirken könnte, soweit es sich mit seiner Wesensvollkommenheit verträgt. In Gottes Macht steht es, das All ins Nichts zurücksinken und wiederum eine ganze Reihe von Welten mit einem Mal aus dem Nichts erstehen zu lassen.

Die von der →israelitischen Religion übernommenen Gottesvorstellungen (Gott als Schöpfer und Erhalter der Welt sowie als ein Gott der Geschichte) werden im C. trinitarisch entfaltet.

Im universalen Missionsauftrag Jesu, alle Völker zu Jüngern zu machen, ist die Taufformel »indem ihr sie taufet auf den Namen des Vaters und des Sohnes und des Heiligen Geistes« (Mt 28,19) trinitarisch formuliert. Die *Dreieinigkeit* bzw. *Dreifaltigkeit* (*Trinität,* von lat. *trinitas*) ist der auf Texte des Neuen Testaments bezogene Glaube von der Dreiheit der göttlichen Personen, wonach der Vater Gott ist, der Sohn Gott ist und der Heilige Geist Gott ist und doch alle drei göttliche Personen nicht drei Götter (Tritheismus), sondern nur ein einziger Gott (Monotheismus) sind. Ihre Einheit besteht im Wesen, ihre Verschiedenheit in den Personen. In der einen göttlichen Wesenheit sind drei Personen: der *Vater,* der von niemand gezeugt ist; der *Sohn,* der vor aller Zeit aus dem Vater geboren ist; der *Heilige Geist,* der ebenfalls von Ewigkeit her aus dem Vater und dem Sohn hervorgeht. Die auf den Kirchenversammlungen von Nizäa (325) und Konstantinopel (381) formulierte Lehre von der Dreifaltigkeit wird von allen größeren christlichen Kirchengemeinschaften anerkannt. Nur das *filioque* (lat. »und dem Sohne«) ist ein durch die Theologie des lateinischen Kirchenvaters Augustinus (354–430) angeregter und seit 1014 offizieller Zusatz im *Nicänisch-Konstantinopolitanischen Bekenntnis* der westlichen Kirchen, wonach der Heilige Geist aus dem Vater »und dem Sohne« hervorgeht. Dieser Zusatz des *filioque* wird von den Orthodoxen unter Bezugnahme auf die Bibel (Joh 15,26) als unerlaubte Änderung ihres Glaubensbekenntnisses abgelehnt.

Während der Zeit der frühen Christenheit hat es unterschiedliche Auffassungen über den dreieinigen Gott gegeben, der aus drei der Natur und der Würde nach einander völlig gleichen Personen besteht. Da die *Monarchianer* (u.a. Paulus von Samosata) die unverkürzte und uneingeschränkte Monarchie (griech. »Einherrschaft, Alleinherrschaft«) Gottes, seine absolute Einzigkeit gewahrt wissen wollen, sehen sie als *Dynamisten* die Person Jesu Christi als einen Menschen, der mit Gott nur durch Einwohnung der göttlichen Kraft (griech.

dynamis = »Kraft«) verbunden ist. *Adoptianismus* ist eine Sammelbezeichnung für verschiedene Richtungen, die Jesus Christus für einen mit göttlichem Geist ausgestatteten Menschen halten, der von Gott als Sohn adoptiert ist, bzw. wonach Christus seiner Gottheit nach zwar wahrhaftiger, seinem Menschsein nach aber nur »adoptierter« Sohn Gottes ist.

Modalismus (lat. *modus* = »Art, Weise«) ist eine im 2./3. Jh. (u.a. Noëtus von Smyrna) vertretene Auffassung, deren Anhänger, die *Modalisten,* in Christus eine Erscheinungsweise Gottes sehen.

Der *Subordinatianismus* (lat.-mlat. »Unterordnung«), eine Vorstellung von der Unterordnung des Sohnes (Christus) unter den Vater (Gott), wird vor allem von den christlichen Apologeten des 2./3. Jh. vertreten und hat über Origenes bis in den Arianismus nachgewirkt. Der *Arianismus* ist die nach dem alexandrinischen Priester Arius († 336) benannte Christologie, wonach Christus seinem göttlichen Wesen nach dem Vatergott nicht wesensgleich, sondern nur Gottes vornehmstes, aus dem Nichts erschaffenes Geschöpf gewesen und auch als Mensch noch der sittlichen Entwicklung fähig geblieben sei. Obwohl Arius exkommuniziert und seine Lehre auf den Konzilien von Nizäa (325) und Konstantinopel (381) feierlich verurteilt wird, hält sich der Arianismus bei den christianisierten Germanen (Ulfila, Goten, Vandalen, Langobarden) bis ins 7. Jh., am längsten unter den Langobarden.

Die *Macedonianer,* die die Wesensgleichheit von Gottvater und Sohn nicht auf den Heiligen Geist ausgedehnt sehen wollen, werden auf dem 2. allgemeinen Konzil von Konstantinopel (381), auf dem die Gottheit des Heiligen Geistes definiert wird, verurteilt und als *Pneumatomachen* (griech. »Geistbestreiter«) bezeichnet.

Für fast alle christlichen Kirchen der Neuzeit ist Gott ein einziges göttliches Wesen, in dem drei Personen (Hypostasen) unzertrennlich verbunden und an Ewigkeit und Vollkommenheit einander gleich sind. Demgegenüber glauben die *Arminianer,* daß das göttliche Wesen aus drei der Natur nach zwar gleichen, der Würde nach aber einander untergeordneten Personen besteht, weil der Sohn und der Heilige Geist aus dem Vater gezeugt bzw. hervorgegangen seien. Für die *Sozinianer* (und Unitarier) ist Christus ein in der Zeit von Gott zu göttlicher Majestät erhobener Mensch, der nun in Ewigkeit Gott ist und dem eben jetzt ebenfalls göttliche Ehre gebührt wie dem höchsten und einigen Gott, und der Heilige Geist ist eine zur Heiligung der Menschen wirkende Kraft Gottes.

Für die *Zeugen Jehovas* ist der eine Gott Jehova auch nur eine Person, die den Menschen Jesus Christus geschaffen hat.

Erlöser und Erlösung

Das erste Menschenpaar *Adam* und *Eva* ist in seinem von Gott geschaffenen *Urstand* vollkommener, als nach dem im Buch Genesis (3,1–24) erzählten *Sündenfall,* der Folgen für die ganze Menschheit hat. In der Sünde Adams (Röm 5,12–21) ist der letzte Grund zu sehen, warum alle von dem ersten Menschenpaar abstammenden Menschen nicht mehr mit denselben Vorzügen geboren werden, die Adam und Eva vor dem Sündenfall hatten.

In der Bestimmung der Art, wie, und des Grades, inwieweit sich die Sünde Adams auf alle Menschen verderbenbringend ausgewirkt hat, sind die christlichen Kirchen unterschiedlicher Auffassung. Die Ostkirchen und die römische Kirche sehen als Folge des Sündenfalls den Verlust des übernatürlichen Gnadengeschenks aus habitueller Heiligkeit und leiblicher Unsterblichkeit sowie den geschwächten Willen des Menschen. Protestantische Kirchen sehen dagegen als Folge die gänzliche Verschlechterung der menschlichen Natur in geistiger Hinsicht.

Die von Adam her fortgepflanzte Verderbtheit der gegenwärtigen Menschheit wird als *Erbsünde* (lat. *peccatum originale*) oder *Erbschuld* bezeichnet, um derentwillen der natürliche Mensch vor Gott als Sünder dasteht. Mit dieser Verderbtheit, die dem Menschen nicht vom Anfang des Menschengeschlechts an eigen war, wird jeder Mensch geboren. Die *Quäker* und *Mennoniten* wollen erst dann von der vererbten Schuld sprechen, wenn diese sich in aktuellen Sünden konkretisiert. Für die *Sozinianer* und *Arminianer* gibt es keine Erbschuld.

Durch seine aktuellen, persönlichen *Sünden* (→S. 119) vermehrt der mit der Erbsünde geborene Mensch – der bösen Lust folgend – seine ererbte moralische Verschuldung vor Gott.

Protestantische Christen glauben, daß aus der totalen Verderbtheit des natürlichen Menschen im Geistigen der Mensch zum gottwohlgefälligen Guten schlechthin unfähig ist. Im Gegensatz dazu steht der Glaube der orthodoxen und katholischen Christen, wonach nicht alles, was der natürliche Mensch tut, schlechthin Sünde vor Gott ist.

Da sich die Menschen von ihrer Bindung an den ererbten Zustand der Ungnade vor Gott aus eigener Kraft nicht befreien können, sondern dazu der Heilstat der *Erlösung* bedürfen, hat Gott nach einem ewigen Ratschluß seinen Sohn als *Erlöser* auf die Erde gesandt, und so ist der Sohn Gottes Mensch geworden. Die Lehre über die Person Jesu Christi, die *Christologie,* ist z.T. erst nach großen theologischen Auseinandersetzungen in den Ostkirchen im Verlauf des 4. bis 7. Jh. formuliert worden. Das 1. Konzil von Nizäa im Jahre 325 erklärt: Jesus Christus ist wahrer Sohn Gottes, der dasselbe Wesen hat wie der Vater (griech. *homousios* = »wesensgleich«). Diese Wesensgleichheit des Sohnes mit dem Vater steht im Gegensatz zu der arianischen Auffassung von der Wesensähnlichkeit (griech. *homoiusios* = »wesensähnlich«). Erstere ist in das Nicänische Glaubensbekenntnis aufgenommen worden.

Das 4. ökumenische Konzil von Chalkedon im Jahre 451 lehrt, daß der Mensch gewordene, im Fleisch erschienene Sohn Gottes in sich zwei »Naturen« (die göttliche und menschliche) vereinigt. Diese unvermischt und ungetrennt miteinander verbundenen Naturen machen nur die eine Person des Logos aus. Diese Lehre von der *hypostatischen Union* (griech. *hypostase* = »Grundlage«) steht im Gegensatz zur Auffassung der *Monophysiten* (→S. 106). Auf dem 6. ökumenischen Konzil zu Konstantinopel 680/681 wird im Gegensatz zur Lehre des *Monotheletismus* (griech. *monon thelema* = »ein Wille«) definiert: Es gibt in dem einen Christus, dem fleischgewordenen Wort, zwei Willen und zwei Energien, göttlich die eine, menschlich die andere, untrennbar, ohne Vermischung miteinander vereint, zusammenwirkend zum Heil des Menschengeschlechts.

Der als Sohn Gottes vom Himmel herab in die Welt gekommene und Mensch gewordene Jesus Christus hat durch seinen stellvertretenden (Sühne-)Tod am Kreuz Gott für die Sünden der ganzen Menschheit *Genugtuung* geleistet, und diese Wiedergutmachung (Satisfaktion, zu lat. *satisfactio*) gilt vor Gott als zureichend.

Als geistliche *Wiedergeburt* versteht man die Bedingung, unter der die Menschen der durch Christi Tod erlangten Versöhnung mit Gott teilhaftig werden. Nach der Lehre der Ostkirchen und der römischen Kirche werden die Menschen dabei vom Heiligen Geist angeregt und unterstützt. Dagegen können nach dem Glauben der lutherischen und reformierten Kirchen die Menschen in Ermangelung der eigenen Kraft zum Guten diese Wiedergeburt nur durch Einwirkung des Heiligen Geistes beginnen und vollenden.

Der göttliche Beistand bei der geistlichen Wiedergeburt gilt grundsätzlich allen Menschen ohne Unterschied.

Die bei Paulus (Röm 8,29f.; 9,16–24) vorgebildete und durch Augustinus entwickelte *Prädestinationslehre* wird von den Calvinisten so verstanden, daß Gott das Verdienst Christi nur denen appliziert, die er nach ewigem, unabdingbarem Ratschluß zur Seligkeit vorherbestimmt (prädestiniert) hat, ja diese Auserwählten können dem angetragenen göttlichen Beistand selbst nicht widerstehen. Eine besondere Form der calvinistischen Prädestinationslehre ist der *Supralapsarismus* (lat. *supra lapsum*), eine im 17. Jh. von niederländischen Reformierten vertretene Lehre, wonach die Prädestination unabhängig vom Sündenfall sei und Gott bereits vor dem Sündenfall einen Teil der Menschheit zur Verdammnis verurteilt habe. Dagegen knüpft der *Infralapsarismus* (seit Augustinus) die Prädestination an die Voraussetzung des Sündenfalls. Die Anhänger dieser Lehre, die *Infralapsarier,* haben ihre Lehrauffassung auf der Dordrechter Synode durchgesetzt (Arminianer; →S. 113). Jedoch nach Auffassung der Ostkirchen, der römischen und der lutherischen Christen kann der göttliche Beistand von seiten der Menschen zurückgewiesen werden.

Um der ewigen Seligkeit teilhaftig zu werden, muß der Zustand des Menschen, der als »Sünder-Sein vor Gott« umschrieben wird, durch »Rechtfertigung des Sünders vor Gott« verändert werden. Die *Rechtfertigung* – ein Zentralbegriff in der Theologie des Apostels Paulus – bedeutet die Wiederherstellung des durch die Sünde gestörten Verhältnisses zwischen Mensch und Gott. Rechtfertigung, der Hauptartikel, das Materialprinzip, des protestantischen Dogmas seit der Reformation, heißt für evangelische Christen, daß der Mensch um Christi willen aus Gnade für gerecht erklärt wird. Nach der lutherischen Rechtfertigungslehre wendet sich Gott aus Gnade dem Menschen wieder zu, d.h. der Mensch wird *sola gratia* (lat. »allein durch die Gnade«) gerechtfertigt. Und da der Mensch das Verdienst Christi nur im Glauben erfahren kann, erlangt er die göttliche Gnade nach Paulus (Röm 3) *sola fide* (lat. »allein aus dem Glauben«), nicht aber durch Werke. Die »guten Werke« sind nur Früchte des Glaubens.

Demgegenüber lehrt die römische Kirche, daß dem Menschen von Gott die habituelle Gnade eingegeben wird, mit deren Hilfe er »gute Werke« vollbringen und sich dadurch Mehrung der Gnade und der ewigen Seligkeit verdienen kann.

Luther versteht das ganze Leben des Menschen als Rechtfertigung und Neuschöpfung. Die Rechtfertigung ist ein dynamisches Geschehen, und der Mensch, Gerechter und Sünder zugleich (lat. »simul iustus et peccator«), steht zu jeder Zeit seines Lebens in Buße, Vergebung und Wiedergeburt vor Gott. Calvin sieht die Rechtfertigung im Zusammenhang mit der Gnadenwahl der Prädestination, und sie ist im Lebenserfolg erfahrbar.

Die *Gnade* (althochdt. *ganāda* = »Huld, Hilfe«) wird als unverdiente, übernatürliche Hilfe Gottes den Menschen in den *Gnadenmitteln* angeboten, durch die der *Gnadenstand* der Rechtfertigung geschaffen wird. In allen Kirchen sind die wichtigsten Gnadenmittel das verkündigte *Wort Gottes* und die gespendeten *Sakramente*. Im 4. Buch (IV,11) der Nachfolge Christi spricht Thomas von Kempen davon, daß dem Menschen in der Kirche Gottes zwei Tische aufgestellt seien, der des Wortes (Bibel) und der des Brotes (d.h. des Sakramentes des Altares).

Die dem Auge unsichtbare Gnade Gottes wird dem Menschen unter sichtbaren Zeichen durch die *Sakramente* (lat. *sacramentum* = »Eid, Geheimnis, Gnadenmittel«) vermittelt. Die Sakramente bewirken nach katholischer Lehre die Heilsgnade *ex opere operato* (lat. »aus vollzogenem Werk«), d.h. durch den Vollzug des Ritus in der Absicht Christi, unabhängig davon, ob die Sakramente von frommen oder unfrommen Bevollmächtigten gespendet werden, sofern nur der Empfänger kein Hindernis setzt, u.a. kein »Todsünder« ist. Nach dem Verständnis evangelischer Christen ist die Wirkung der Sakramente an den Glauben des Empfängers *ex opere operantis* (lat. »durch das Werk des Handelnden«) gebunden.

In den Ostkirchen und in der römischen Kirche gibt es sieben von Christus eingesetzte Sakramente bzw. Mysterien, die die heiligmachende Gnade verleihen bzw. vermehren. Zu ihnen gehören: Taufe (→S. 123), Firmung (→S. 124), Eucharistie (Altarsakrament), Buße, Krankensalbung, Priesterweihe und Ehe. Die Taufe, Firmung und Weihe sind unwiederholbar.

Demgegenüber kennen die lutherischen und reformierten Kirchen zwei von Christus eingesetzte Sakramente: Taufe und Abendmahl (→S. 127). An der Frage, ob die Sakramente als direkte Heilsvermittlung oder nur als Symbol oder Zeichen zu verstehen sind, entzündet sich in der Vergangenheit die schwerwiegende Auseinandersetzung zwischen Lutheranern und Reformierten.

Für alle großen Kirchen – mit Ausnahme der reformierten Kirchen – kann der Gerechtfertigte seinen einmal erlangten Gnadenstand wieder verlieren. Nach katholischem Glauben sind es die *Todsünden,* die den Verlust des Gnadenstandes nach sich ziehen und die Verbindung mit Gott zerstören. Die Todsünde (lat. *peccatum mortale; peccatum grave*) ist durch drei Merkmale gekennzeichnet: Versündigung in einer wichtigen Sache/Angelegenheit, klare Erkenntnis/Einsicht der Sündhaftigkeit und völlig freie Einwilligung. Wenn eines dieser drei Merkmale fehlt, handelt es sich um eine *läßliche Sünde.* Die Todsünde wird in der Regel nur im Bußsakrament, im Notfall aufgrund der Liebesreue nachgelassen.

Der Zustand der unmittelbaren *Anschauung Gottes* im *Himmel* ist die *ewige Seligkeit,* verbunden mit dem vollkommenen Heil und dem friedvollen Glück der Menschen.

Als Zustand der *Gottferne* (altnord. *hel*) bezeichnet man die auf das Neue Testament (Mt 13,41–42; 2 Thess 1,8–9; Offb 20,15) bezogene Vorstellung von der *Hölle,* wo die von Gott abgefallenen Engel (Teufel) und die als »Todsünder« unbußfertig bzw. mit noch nicht nachgelassener Schuld gestorbenen Menschen die *ewige Verdammnis* (lat. *damnatio aeterne*), die *ewige Strafe,* den *ewigen Tod,* erleiden, was auch als leiblich empfundene Qual gedacht wird.

Die römische Kirche kennt zudem einen dritten Zustand: den des zeitweiligen Läuterungsleidens zwischen Tod und endgültigem Jenseitszustand, das *Fegfeuer* bzw. *Fegefeuer* (lat. *purgatorium* = »Reinigungsort«) für diejenigen Verstorbenen, die im Augenblick des Todes zwar von schwerer

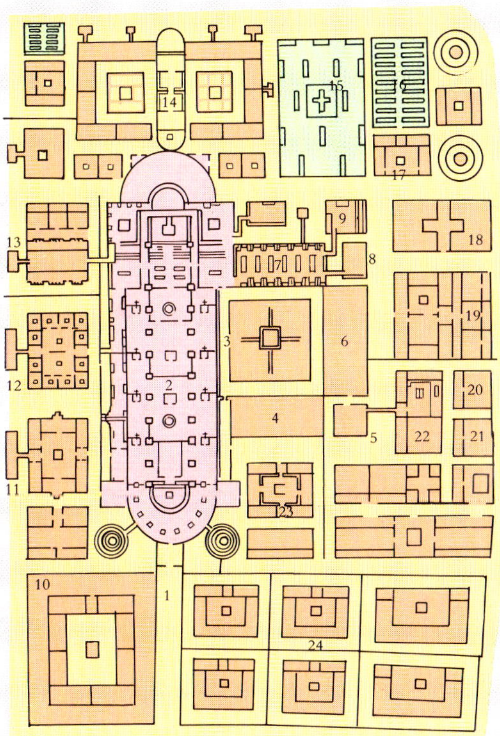

Christliche Klosteranlage
(St. Gallen/Schweiz)

1. *Haupteingang*
2. *Kirche*
3. *Kreuzgang*
4. *Vorratshaus*
5. *Küche*
6. *Speisesaal*
7. *Schlafsaal*
8. *Bade- und Waschraum*
9. *Abtritt*
10. *Haus für des Kaisers Gefolgschaft (?)*
11. *Haus für vornehme Gäste*
12. *Schulhaus*
13. *Abtshaus*
14. *Krankenhaus und Novizenhaus*
15. *Friedhof*
16. *Gärtnerei*
17. *Gärtnerhaus*
18. *Kornscheune*
19. *Haus der Werkleute*
20. *Mühle*
21. *Stampfe*
22. *Bäckerei und Brauerei*
23. *Pilger- und Armenhaus*
24. *Häuser für Schafe, Ziegen, Kühe, Schweine und deren Hirten*

Schuld frei sind (und deshalb nicht in die Hölle kommen), aber noch läßliche Sünden und zeitliche Sündenstrafen abzubüßen haben (und deshalb noch nicht in den Himmel gelangen können). Dieser Verstorbenen, die im Volksmund »arme Seelen« genannt werden, gedenkt die katholische Kirche besonders am Allerseelentag.

Den seit dem Florentiner Konzil (1439) förmlichen Glaubensartikel der katholischen Kirche bezüglich eines Fegefeuers haben die Ostkirchen nicht übernommen, und auch die Reformatoren haben die Lehre vom Fegefeuer nach dem Vorgang von Wiclif und den Waldensern abgelehnt.

Seine bekannteste dichterische Darstellung fand das Fegefeuer im »Purgatorio« von Dantes »Divina Commedia«.

Die Pein des Fegefeuers kann u.a. durch den *Ablaß* abgekürzt werden. Der Ablaß – ein von der kirchlichen Autorität aus dem Kirchenschatz mit dem Genugtuungswerk Christi und den durch ihn ermöglichten Genugtuungswerken der Heiligen gewährter Nachlaß zeitlicher Sündenstrafen – kann den Verstorbenen fürbittweise zugedacht werden. Je nachdem, ob ein vollkommener oder unvollkommener Ablaß gewonnen wird, werden sämtliche oder nur ein Teil der zeitlichen Sündenstrafen nachgelassen. Die Auswüchse einer verflachten Handhabung des Ablasses mit Beichtbriefen u.ä. geben 1517 den Anlaß zur Reformation.

Die Lehre von den *Letzten Dingen,* die sich sowohl mit dem Schicksal des einzelnen (Tod und Jenseits) wie mit der Zukunft der ganzen Welt (Weltende und Anbruch der neuen Welt) befaßt, nennt man *Eschatologie* (griech. *eschata* = »letzte Dinge«). Grundlage bildet die Verheißung von der Wiederkunft Christi auf Erden, der am Jüngsten Tag die Auferstehung der Toten, das Jüngste Gericht über die gesamte Menschheit und die endgültige Aufrichtung des Reiches Gottes folgen werden.

Eine besondere Form dieses Glaubens stellt der *Chiliasmus* (griech. *chilioi* = »tausend«) bzw. der *Millenarismus* (lat. *mille* = »tausend«) dar, eine auf die Johannesapokalypse (Offb 20,2–10) bezogene Vorstellung von einem Zwischenzustand, in dem Christus noch vor dem eigentlichen Weltende mit den bereits zum ewigen Leben Auferweckten ein irdisches *Tausendjähriges Reich (millennium)* des Friedens und der Freude auf Erden errichten wird, nach dessen Ablauf dann der Untergang der Welt, die Auferstehung der Toten, das Weltgericht sowie Himmel und Hölle folgen werden. Der Chiliasmus wird vertreten von den Wiedertäufern, den Böhmischen Brüdern, von Baptisten, Adventisten und Zeugen Jehovas sowie vom →Mormonentum.

Reich-Gottes-Ethik

Zwischen Jesu eschatologischer Verkündigung und seinem ethischen Appell besteht eine enge Verbindung. Es ist ein und derselbe Jesus, der als messianischer Prophet den Menschen die Heilsherrschaft Gottes zusagt und der als Rabbi das Gesetz Gottes verbindlich auslegt. Der indikativische Zuspruch »nahe gekommen ist die Königsherrschaft Gottes« (Mk 1,15 a) setzt aus sich heraus einen Imperativ als Anspruch »ändert euren Sinn« (Mk 1,15 b). Der Aufruf zur Sinnesänderung soll die menschliche Antwort auf die göttliche Heilszusage, soll zukünftige Re-Aktion der Menschen auf die jetzt eingeleitete Heils-Aktion Gottes sein. Aus der Proklamation entspringt der Appell, aus dem Heilshandeln Gottes ergibt sich das sittliche Handeln der Menschen, wobei die Reihenfolge wohl zu beachten ist. Das sittliche Handeln der Menschen ist die Konsequenz, nicht die Voraussetzung des Kommens der Königsherrschaft Gottes.

Das allgemeine Motiv des sittlichen Handelns ist nicht ein Verdienstdenken oder ein Lohnanspruch im Sinne von *erst* Leistung, *dann* Gegenleistung, vielmehr ist das Reich Gottes als Geschenk allen Menschen zugesprochen, ohne dessen Gewährung an bestimmte Gegenleistungen zu binden. Erst nach der erfolgten Zuwendung werden die so Beschenkten aufgefordert, entsprechend zu handeln, so daß sittliches Handeln als dankbare Reaktion der Menschen auf Gottes Geschenk zu verstehen ist.

Angemessenes sittliches Handeln angesichts der zugesprochenen, geschenkten Gottesherrschaft ist ebenfalls die schenkende Weitergabe dessen, was Gott am Beschenkten bereits vollbracht hat, wie das negative Beispiel im Gleichnis vom begnadigten Schuldner, der selbst ein gnadenloser Gläubiger ist, deutlich macht (Mt 18,23–34).

Der grundlegende ethische Appell Jesu ist mit dem griechischen Verb *metanoein* umschrieben. Ihm entspricht im Hebräischen und Aramäischen ein Begriff, der über das griechische Verständnis von »seinen Sinn ändern«, »bereuen« und »Buße tun« hinausgeht. Dem Semiten schwebt dabei das Bild eines Menschen vor Augen, der sich von seiner bisherigen Wegrichtung, die er als falsch erkannt hat, abwendet und eine völlig andere Richtung einschlägt, also »umkehrt«. Was Umkehr als Antwort auf die Heils-Zuwendung im Sinne Jesu meint, erläutert die Erzählung von der Reaktion des Oberzöllners Zachäus auf Jesu Einkehr in dessen Haus (Lk 9,1–10). Die Umkehr im Sittlichen meint eine ganzheitliche Haltung des Menschen. Sie ist als Abwendung von der bisherigen und als Hinwendung zur neuen Wegrichtung das tragende Fundament (nicht Zentrum) in der jesuanischen Ethik.

Das Vernehmen der Proklamation vom Reich Gottes und die Aufforderung zum sittlichen Handeln gehören untrennbar zusammen wie »Hören und Tun« im Gleichnis von den beiden Bauherren (Mt 7,24–27). Ein nicht angemessenes Verhalten gegenüber der Heilszusage Gottes wäre das »Hören und Nicht-Tun« (Mt 11,16 f.; 21,28–31) oder die Reaktion von Gästen, die der Einladung zum königlichen Hochzeitsmahl nicht Folge leisten (Mt 22,2–10).

Wie Jesus seinen sittlichen Appell zur Ummehr als ein dem göttlichen Handeln angemessenes menschliches Handeln versteht, entfaltet und illustriert er in seinen Reden und Handlungen, aber auch im Verhalten. Prinzip des sittlichen Handelns soll die *agape* (griech. »Liebe«) sein. Im Neuen Testament bedeutet *agape* die Liebe Gottes zu den Menschen und die Liebe der Menschen zu Gott. Letztere muß sich in der Liebe der Menschen untereinander (Nächsten- und Feindesliebe) erweisen. Charakteristisch für die christliche Liebe ist ihre trinäre (dreifache) Struktur, weil sie sich zwischen 3 Polen (Gott, Mensch, Mitmensch) bewegt – im Unterschied zur bipolaren, reinen zwischenmenschlichen Liebe. Das Wesen der Liebe ist ein Akt des In-Beziehung-Tretens. Jemanden lieben heißt: mit ihm in Beziehung, in Gemeinschaft treten. Die Liebe ist ein Lebensprinzip des Menschseins, da die Menschen in ihrem Miteinandersein auf ein Füreinander in der Liebe angewiesen sind. Das Gegenteil von Liebe wäre Lieblosigkeit oder gar Haß. Die christliche Liebe soll Lebensprinzip und – nach den Worten Jesu (Joh 13,35) – ein Kennzeichen wahrer Jüngerschaft sein. »Daran werden alle erkennen, daß ihr meine Jünger seid, wenn ihr untereinander Liebe habt.«

Jesu besondere Tat ist die Zurückführung des gesamten Gesetzes auf das Hauptgebot der Liebe als Prinzip des sittlichen Handelns und die unlösliche innere Verknüpfung von Gottes- und Nächstenliebe zu einem Doppelgebot. Auf die Frage eines Schriftgelehrten, welches das erste von allen Geboten sei, antwortete Jesus (Mk 12,28–31):

> Das erste ist (Dtn 6,4–5):
> »Höre, Israel,
> der Herr, unser Gott, ist Herr allein, und lieben sollst du den Herrn, deinen Gott, aus deinem ganzen Herzen und aus deiner ganzen Seele und aus deinem ganzen Denken und aus deiner ganzen Kraft.«
> Das zweite ist dieses (Lev 19,18):
> »Lieben sollst du deinen Nächsten
> wie dich selber.«
> Größer als diese ist kein anderes Gebot.

Die in den beiden Büchern (Deuteronomium und Levitikus) der Tora weit auseinanderliegenden Sätze über die Gottesliebe und Nächstenliebe verknüpft Jesus derart zu einem Doppelgebot, daß Gott nicht ohne den Menschen zu lieben ist und die Liebe zu Gott sich in der Liebe zum Nächsten erweist. Die Nächstenliebe wurzelt nicht in persönlicher Neigung (Eros), sondern in der Liebe zu Gott. Man kann daher die Nächstenliebe mit H. Conzelmann die »Konkretisierung der Liebe zu Gott« bzw. mit G. Bornkamm »die Bewährung der Liebe zu Gott« nennen (vgl. 1 Kor 13). Das Gleichnis vom Weltgericht (Mt 25,31–46) will verdeutlichen, daß der zukünftige Weltenrichter – verborgen unter der gegenwärtigen Gestalt der Notleidenden – den Menschen begegnet. Die eschatologische Scheidung erfolgt aufgrund der gewährten oder versagten (sechs wichtigsten) Liebeswerke am Hungernden und Durstenden, am Fremden und Nackten, am Kranken und Gefangenen. »Was ihr einem von diesen meinen geringsten Brüdern getan habt, das habt ihr mir getan.«

Das Liebesgebot steht unter dem Vorzeichen der anbrechenden Gottesherrschaft, die Gottes Liebe zu allen Menschen manifestiert. Es ist die Aufforderung an die Menschen (in Entsprechung zur göttlichen Herrschaft der Liebe), Gutes zu tun.

Die Art und Weise des sittlichen Handelns steht in genauer Entsprechung zu der Art und Weise des geschenkten Gottesreiches. Beide sind charakterisiert durch Allgemeinheit (lat. Universalität), Ganzheit (lat. Totalität) und Vorrangigkeit (lat. Priorität).

Die *Nächstenliebe* läßt Jesus nicht nur auf den Volksgenossen begrenzt sein, sie soll vielmehr jeden umschließen, der Hilfe und Liebe braucht, wie das klassische Beispiel in der Erzählung vom barmherzigen Samariter (Lk 10,29–37) verdeutlicht. Geht man wie der Gesetzeslehrer von der Frage aus: »Wer ist mein Nächster?«, so ist dies die Frage eines potentiellen Hilfeleistenden nach der Reichweite und Grenze seiner Liebesverpflichtung. Jesus dagegen gibt darauf eine Antwort aus der Perspektive des (unter die Räuber gefallenen) Hilfesuchenden, des auf Hilfe Angewiesenen. Dem entspricht in der Erzählung die Verschiebung der Horizonte vom Fragesteller zum Antwortenden. In der Frage des Gesetzeslehrers ist der Nächste noch das Objekt (»Wen soll ich lieben?«). In der abschließenden Frage Jesu (»Wer hat sich aus der Sicht des Hilfebedürftigen als der Nächste erwiesen?«) ist der Nächste jetzt das Subjekt.

Durch diese Beispielerzählung soll der eingegrenzte Kreis des Nächsten, der nur auf den Volksgenossen beschränkt ist, aufgebrochen werden hin zur Grenzenlosigkeit aller, die Hilfe und Liebe benötigen. Nächstenliebe ist die christlich begründete und geforderte aktive und tatkräftige Zuwendung zum »Nächsten«, d.h. zu denjenigen Menschen, die Hilfe brauchen, die Überfallenen, die Hungernden und Kranken, die Verachteten und Armen. Die Tat der Liebe am Nächsten ist erste Hilfe, Speisung, Heilung, Tröstung und Mahlgemeinschaft.

In der Aufforderung zur *Feindesliebe* »Liebet eure Feinde« (Lk 6,35; Mt 5,44) erfolgt die Ausweitung der Liebe – in Entsprechung zum universalen Zuspruch des Reiches Gottes für alle ohne Ausnahme – zur *Universalität* (lat. »Gesamtheit«), die absolute »Entschränkung des Nächsten« jetzt unter Einschließung der »Feinde«. Damit ist nicht nur der persönliche Feind gemeint, sondern auch der Feind Gottes und der Feind des Volkes Gottes (vgl. Mt 5,44).

Sind in der Nächstenliebe nicht nur die Volksgenossen, sondern auch die Volksfremden eingeschlossen, so umfaßt die Feindesliebe ebenfalls alle, selbst die amoralischen Feinde.

Im Gebot der Gottesliebe wird der ganze Mensch, »aus ganzem Herzen, aus ganzer Seele, ganzer Verstandeskraft und ganzer Stärke« gefordert. Auch das »wie dich selber« der Nächstenliebe unterstreicht die völlige Entschränkung, die *Totalität* (lat.-mlat. = »Ganzheit«) der Liebe. Die Antithesen der Bergpredigt (Mt 5,21–48) zeigen, daß Gott den Menschen nicht nur so weit beansprucht, als das Handeln durch formulierte Gesetze bestimmt, erfaßt und evtl. bestraft werden kann, wie im Recht der Totschlag, Ehebruch und Meineid. Jesu Liebesforderung überbietet jede Rechtsforderung, da sie weder Grenzen noch Beschränkungen kennt, sondern den ganzen Menschen meint. Jesu Aufforderung, auf Wiedervergeltung zu verzichten (Mt 5,38–42), ist in diesem Sinn zu verstehen, das Ganze zu gewähren dem Freund wie dem Feind. Auch die Frage, »Wie oft« man seinem Bruder vergeben soll, erfährt die Antwort »siebzig mal siebenmal«, d.h. immer (Mt 18,21 f.).

Bei den jesuanischen Geboten der Nächsten- und der Feindesliebe geht es nicht um Liebe nach dem Prinzip des *do ut des* (lat. »ich gebe, damit du gibst«), das auch die Zöllner und Heiden praktizieren (Mt 5,46 f.), d.h. um eine Liebe mit der Erwartung von Gegenliebe im Sinne einer Gegenseitigkeit. Die *agape* verlangt vielmehr ein initiatives Handeln, ohne Berechnung auf Wiedererhalt und vorbehaltlos, ja sogar mit dem Risiko, das Gegenteil zurückzuerhalten. Die Notwendigkeit eines initiativen Handelns unterstreichen in negativen wie in positiven Beispielen die Bildworte von »Splitter und Balken« (Mt 7,3–5), vom »Baum und seinen Früchten« (Mt 7,16–18) und auch vom »Blinden als Blindenführer« (Mt 15,14). Diese im Sittlichen geforderte *Priorität* (lat.-mlat. = »Vorrangigkeit«) des eigenen Handelns entspricht genau dem vorbehaltlosen »Zuerst« des von Gott gewährten Geschenks seiner Liebe und seiner Königsherrschaft.

Im gesamten Bereich der vom Menschen geforderten Gottes- und Nächstenliebe wird die Liebe Gottes zu allen Menschen als beispielhaft angesehen.

Einige christliche Kirchen und Gemeinschaften betonen stärker die Ethik als die Dogmatik. Sie wollen ein »Christentum der Tat« leben, in dem insbesondere die ethischen Forderungen der Bergpredigt realisiert werden. So fordern z.B. die *Quäker* unbedingte Wahrhaftigkeit und Ehrlichkeit, so daß die Eidesleistung abgelehnt wird. Die Quäker sind bekannt für ihren aktiven sozialen Einsatz und ihr Eintreten für den Frieden in der Welt. Sie lehnen jede Waffengewalt ab und treten für die Schaffung eines internationalen Zivildienstes für Dienstverweigerer aus Glaubens- und Gewissensgründen ein. Im Jahre 1947 wird der Gemeinschaft der Quäker der Friedensnobelpreis zugesprochen.

Die Mitglieder der *Heilsarmee,* die sich persönlich strenge Selbstzucht auferlegen – Verzicht auf Alkohol und Nikotin, Tragen von schlichter Kleidung –, kümmern sich um die »Ärmsten der Armen« in der Gesellschaft (Alkoholiker, Drogenabhängige, Gefangene, Dirnen). In großer Selbstaufopferung betreuen sie alle in wirtschaftliche Not Geratenen. Nach dem 2. Weltkrieg (1945) hat die Heilsarmee für das besiegte Deutschland großartige Hilfsprogramme organisiert.

Auch die *Waldenser* leben nach den Geboten der Bergpredigt. Sie befolgen ein strenges Armutsideal, lehnen die Eidesleistung, den Kriegsdienst und die Todesstrafe ab.

Für die *Schwenckfeldianer* ist das Christentum praktisch die Nachfolge Christi im Sinn der Bergpredigt. Eidesleistung und Waffendienst werden abgelehnt, Gewissensfreiheit und Toleranz gefordert.

Nachfolge Christi im Sinne der Bergpredigt ist auch die verpflichtende Lebensordnung für die *Mennoniten,* die zu Vorkämpfern der Toleranz werden. Sie fordern völlige Wehrlosigkeit und Zurückgezogenheit von der Welt und lehnen Kriegsdienst und Eidesleistung ab.

Auch für die *Brüdergemeine* gilt die einfache und strenge Lebensweise im Sinn der Bergpredigt, wobei brüderliche Liebe und gegenseitige Unterordnung als »C. der Tat« verstanden werden.

Die von der →israelitischen Religion her bekannten und in dem ethischen *Dekalog* (Ex 20,2–17) zusammengefaßten Einzelvorschriften haben im Neuen Testament (→S. 133) ihre Geltung behalten, und in den großen christlichen Kirchen bilden diese *Zehn Gebote* oft das Einteilungsprinzip für den ethischen Hauptteil ihrer Katechismen.

Im Gegensatz zu der Zählweise im →Judentum und bei den reformierten Christen (Genfer und Heidelberger Katechismus; →S. 136) fassen die lutherischen Katechismen (→S. 136) und der Catechismus Romanus (→S. 136) der römischen Katholiken das (2.) selbständige Bilderverbot mit dem (1.) Verbot der Vielgötterei zu nur einem ersten Gebot zusammen, und sie trennen dementsprechend das eine (10.) Begehrungsverbot in zwei selbständige (9. und 10.) Verbote. So ist z.B. das »Verbot des Mordes« nach jüdischer und reformierter Zählweise das sechste und nach Lutheranern und Katholiken das fünfte Gebot.

Zusätzlich zu den Zehn Geboten sind den Katholiken von ihrer Kirche weitere Gebote und Verbote vorgeschrieben, die im Unterschied zu den göttlichen Geboten als *Kirchengebote* bezeichnet werden. Als die fünf wichtigsten Kirchengebote gelten: 1. Feiertagsheiligung, 2. Gottesdienstteilnahme an Sonn- und Feiertagen, 3. Einhaltung der Fast- und Abstinenztage, 4. Beichte wenigstens einmal im Jahr, 5. Kommunionempfang wenigstens einmal im Jahr zur Osterzeit.

Von den Evangelien angeratene Empfehlungen – Verzicht auf Besitz (Mk 10,17 ff.), Verzicht auf Familie (Mk 10,29 f.), Verzicht auf Macht und Gewalt (Mk 10,42 ff.) – bilden in den Ostkirchen und in der katholischen Kirche als *evangelische Räte* (lat. *consilia evangelica*) den Inhalt der Ordensgelübde bezüglich Armut, Keuschheit und Gehorsam. Als Räte gelten sie für die Ordensangehörigen und sind nicht allgemein verpflichtend wie die Gebote. Der in den Ostkirchen nur für Ordensangehörige und Bischöfe verpflichtende Verzicht auf Ehe und Familie ist in der katholischen Kirche seit 1074 von Papst Gregor VII. (1073–85) als Gebot (Zölibat; lat. »Ehelosigkeit«) auf alle Priester ausgedehnt worden. Dieses päpstliche Verbot der Priesterehe hat das 2. Laterankonzil (1139) sanktioniert und das Trienter Konzil (1545–63) bestätigt. In den Kirchen der Reformation ist der Zölibat von Anfang an aufgegeben worden.

LEBEN UND KULTUR

Rituale

Das von allen Kirchen gespendete Sakrament der Initiation, der Aufnahme in die christliche Gemeinschaft, ist die *Taufe* (german. »untertauchen«). Diese Wassertaufe, durch die der Getaufte Vergebung der Sünden und die Wiedergeburt für ein neues, von Sünden freies Leben mit Christus erlangt, wird auf verschiedene Weise vollzogen: durch *Immersion* (lat. »eintau-

1 Christus Pantokrator, *Kuppelmosaik, um 1100. Daphni/Athen, Klosterkirche*

2 Hauptaltar mit Kruzifixus *von Veit Stoß (um 1445–1533), um 1500. Nürnberg, St. Lorenz*

3 Eucharistiefeier *mit Pfadfindern in einem Ferienzeltlager bei Mittenwald/Oberbayern*

1

3

chen«) in den Ostkirchen, durch *Infusion* (lat. »aufgießen«) in der katholischen Kirche seit dem 15. Jh. und durch *Aspersion* (lat. »besprengen«) in evangelischen Kirchen. Anstelle der seit dem 3. Jh. sich gegenüber der ursprünglich vollzogenen Erwachsenentaufe durchsetzenden Säuglings-(Kinder-)Taufe praktizieren heute die Adventisten, Baptisten, Mennoniten, Wiedertäufer und Zeugen Jehovas wieder nur die Erwachsenentaufe.

Das in den Ostkirchen und in der katholischen Kirche praktizierte 2. Sakrament ist die *Firmung* (lat. *confirmatio* = »Stärkung, Bestätigung«), in der griechischen Kirche als *sphragis* oder *myron* bezeichnet und im unmittelbaren Anschluß an die Taufe, als postbaptismale Salbung, dem Säugling vom taufenden Priester und in der katholischen Kirche jugendlichen Firmlingen ab dem 7. Lebensjahr in der Regel vom Bischof durch Handauflegung und Salbung gespendet. In den evangelischen Kirchen entspricht dem Grundgedanken der Firmung die *Konfirmation*, eine seit 1538 praktizierte *Einsegnung* als feierliche Aufnahme der 13- bis 15jährigen Getauften in die Gemeinde als vollberechtigte Glieder mit erstmaliger Zulassung zur Abendmahlsfeier. In der anglikanischen Kirche wird die Konfirmation als sakramentale Handlung durch den Bischof vollzogen.

Unter *Ordination* (lat. »Anordnung, Weiheerteilung«) verstehen die Ostkirchen und die katholische Kirche die Spendung des Weihesakraments *(ordo)*, das dem Geweihten bestimmte sakramentale Gewalten überträgt (Altarssakrament) und zur Übernahme kirchlicher Jurisdiktionsgewalt befähigt (Bußsakrament). Durch dieses Weihesakrament werden die geistlichen Funktionsträger von den übrigen Getauften ausgesondert, so daß die beiden Stände des *Klerus* (griech. »Anteil, Los«) und der *Laien* entstehen. Die evangelischen Kirchen kennen die Ordination als Übertragung geistlicher Rechte im Sinn von Berufung zum Predigeramt und zur Sakramentsverwaltung.

Orden

Zu den *Orden* (lat. *ordo* = »Ordnung, Stand«) und Kongregationen zählen diejenigen Gemeinschaften, deren Angehörige sich durch feierliche bzw. einfache Gelübde zur Übung der evangelischen Räte (→S. 122) und zu einem Klosterleben nach einer bestimmten Klosterregel verpflichten. Nach ihrem Wesen teilt man die zahlreichen Orden in Mönchsorden, Regularkanoniker, Bettelorden, Regularklerikerorden und geistliche Ritterorden ein.

Bei den *Mönchsorden* oder monastischen Orden leben die Mönche (griech.-lat. »Einsiedler«) entweder als Einsiedler oder in einer Klostergemeinschaft, deren selbständiges Kloster von einem eigenen Oberen (Abt, Prior, Archimandrit) geleitet wird. In der römisch-katholischen Kirche gehören dazu die Benediktiner und Kartäuser, die Trappisten und Zisterzienser. Die Ostkirchen kennen in ihrem Mönchtum die drei Formen der Zönobiten (griech. *koinos* = »gemeinsam« und *bios* = »Leben«) in einer klösterlichen Gemeinschaft, die Einsiedlerkolonisten (Laura, Skete) und die Anachoreten (griech. *anachoresis* = »Zurückgezogenheit«), die als Einsiedler jede menschliche Gemeinschaft meiden. Ein bekannter Mittelpunkt ostkirchlichen Mönchtums ist die orthodoxe Mönchsrepublik *Athos* auf der Chalkidike (Griechenland), die ausschließlich von (ca. 2000) männlichen Ordensangehörigen bewohnt wird. Zu den *Regularkanonikern*, die das Leben von Regularen (Ordensmitgliedern) mit dem von Kanonikern verbinden, zählen u.a. die Prämonstratenser.

Die aus der mittelalterlichen Armutsbewegung hervorgegangenen *Bettelorden* (Mendikantenorden) verpflichten ursprünglich nicht nur die einzelnen Mitglieder, ihren Unterhalt zu erbetteln, sondern auch die Klöster zu völliger Armut. Zu ihnen gehören die Franziskanerminoriten, Franziskanerkonventualen, Kapuziner, Dominikaner, Augustinereremiten und Karmeliter. Als *Regularklerikerorden* gelten die Jesuiten, Kamillianer, Piaristen und Theatiner. Zu den während der Zeit der Kreuzzüge entstandenen geistlichen *Ritterorden*, die Rittertum und Mönchtum miteinander verbinden, gehören der Johanniterorden, der Deutsche Orden und der Templerorden.

Nach der Haupttätigkeit der Ordensmitglieder kann man die männlichen und weiblichen Orden in kontemplative und aktive einteilen oder auch in solche, die Kontemplation und äußere Tätigkeit miteinander verbinden. Nach ihrem Stand unterscheidet man Priester- und Laienorden. Die Männerorden sind fast alle auch Priesterorden, denen meist ein weiblicher Zweig angeschlossen ist. Selbständige Frauenorden gibt es nur wenige. Die bedeutendsten sind: Birgittenorden, Salesianerinnen und Ursulinen.

Die vorläufige Aufnahme in einen Orden – mit der feierlichen Einkleidung verbunden – beginnt mit dem *Noviziat* (lat. *novus* = »neu«), einer mindestens einjährigen Probezeit für die *Novizen* (»Neulinge«). Darauf folgt die *Profeß* (lat. »Bekenntnis«), das Ablegen der Klostergelübde, d.h. das eidesstattlich abgegebene Versprechen durch die *Professen*, den Ordensregeln gemäß leben zu wollen. Die zeitliche Profeß gilt gewöhnlich für 3 Jahre, bevor die ewige Profeß die volle Aufnahme in den Orden bewirkt.

Das *Kloster* (lat. *claustrum* = »das Abgeschlossene«) ist Bezeichnung für das der Gemeinschaft von Mönchen oder Nonnen dienende Gebäude. Dem aus der Zeit um 820 stammenden und nur z.T. ausgeführten Bauplan von St. Gallen entsprechen im wesentlichen die meisten katholischen Klosteranlagen. Eine besondere Form der Klosteranlage bildet die *Kartause*, das Kloster der Kartäuser. Hier wohnen die Mönche jeweils für sich in kleinen Zellenhäusern mit Gärtchen, die nur durch einen Kreuzgang miteinander verbunden sind (z.B. Certosa di Pavia; Grande Chartreuse, Grenoble). Die Klöster des Deutschen Ritterordens sind zugleich Burgen (z.B. Klosterburg Marienburg).

Ordensähnliche Gemeinschaften gibt es seit dem 19. Jh. in der anglikanischen Kirche. Aber auch in lutherischen wie in reformierten Kirchen der Gegenwart schließen sich Männer und Frauen zu *Bruder-* und *Schwesternschaften* mit teils bündischem, teils klösterlichem Charakter zusammen. Zu den bündischen Gruppen gehören u.a. die Ansgar-Bruderschaft (FSA) und die Michaelsbruderschaft. Zu den klösterlichen Gruppen zählen u.a. die Schwesternschaft von Grandchamp und die Bruderschaft (Communauté) von Taizé-les-Cluny. Letztere hat als evangelische Kommunität besondere Bedeutung erlangt.

Feste und Feiertage

Das *Kirchenjahr* ist die aus dem kirchlichen Festkalender sich ergebende Abfolge der christlichen Feiertage – im Unterschied zum bürgerlichen Jahr, so daß die grundlegenden Ereignisse der Heilsgeschichte im Verlauf eines Jahres ihren zusammenhängenden Ausdruck finden. Der kirchliche Festkalender enthält *bewegliche,* d.h. im Datum veränderliche, vom Ostertermin abhängige, und *unbewegliche,* d.h. feststehende Feste (z.B. Heiligenfeste). In den Westkirchen beginnt das Kirchenjahr mit dem 1. Adventssonntag und führt über Weihnachten, Ostern, Pfingsten und Trinitatisfest zum letzten Sonntag nach Pfingsten bzw. Trinitatis. In der griechischen und koptischen Kirche beginnt der Festkalender im September, in der syrischen im Oktober und in der armenischen mit dem Fest Epiphanie.

Der *Advent* (lat. *adventus* = »Ankunft [Christi]«) gilt als Vorbereitungszeit auf das Fest der Geburt Christi an *Weihnachten* (mittelhochdt. »heilige Nächte«). Letzteres ist ein Hauptfest und wird in den Westkirchen am 25. Dezember, z.Zt. der Wintersonnenwende und 9 Monate nach dem Festtag der Verkündigung an Maria (25. März), gefeiert. Das Fest der Geburt Christi wird in den Ostkirchen an *Epiphanias* bzw. *Epiphanie* (griech. »Erscheinung [des Herrn]«), am 6. Januar, begangen. In der katholischen Kirche wird es »Fest der Heiligen Drei Könige« und in den evangelischen Kirchen auch »Hohes Neujahr« genannt.

Das älteste und höchste Fest der Christenheit ist *Ostern* (german.? [die Frühlingsgöttin] Ostara), das Gedenkfest der Auferstehung Christi. Die Festsetzung des astronomisch richtigen Osterdatums – durch das 1. Konzil von Nizäa (325) auf den 1. Sonntag nach dem 1. Frühjahrsvollmond festgesetzt – bleibt bis ins 6. Jh. umstritten (Osterfeststreit).

Eingeleitet wird das Osterfest durch die *Karwoche* (althochdt. *chara* bzw. *kara* = »Trauer, Klage«), eine Trauerwoche zum Andenken an das Leiden und Sterben Christi, die mit dem Palmsonntag beginnt und deren Haupttage die letzten drei Tage: Gründonnerstag, Karfreitag und Karsamstag sind. Der *Palmsonntag* – Gedenktag des Einzugs Jesu in Jerusalem – ist benannt nach dem Palmstreuen während dieses Ereignisses. In der katholischen Kirche wird in Nachahmung des Einzugs Jesu (Mt 21,1–11) eine *Palmprozession* nach vorausgegangener *Palmweihe* veranstaltet. In den evangelischen Kirchen ist der Palmsonntag weithin der Konfirmationstag. Der *Gründonnerstag* ist Gedächtnistag des letzten Abendmahls und der *Karfreitag* Gedächtnistag der Kreuzigung und des Todes Jesu. Letzterer wird in protestantischen Ländern als gesetzlicher Feiertag begangen. Der *Karsamstag* ist Gedächtnistag der Grabesruhe Jesu.

Unter Bezugnahme auf die Apostelgeschichte (1,3) wird der 40. Tag, der Donnerstag der 6. Woche, nach Ostern als Fest der *Himmelfahrt Christi* begangen. *Pfingsten* (griech. *pentekosté* = »fünfzigster [Tag nach Ostern]«), der 7. Sonntag nach Ostern, ist die Gedächtnisfeier der Ausgießung des Heiligen Geistes über die Jünger (Apg 2). Am 1. Sonntag nach Pfingsten wird das evangelische »Fest der heiligen Dreieinigkeit« bzw. das katholische »Fest der allerheiligsten Dreifaltigkeit« begangen. In den evangelischen Kirchen werden alle Sonntage danach als »Trinitatissonntage«, in der katholischen Kirche dagegen alle Sonntage nach dem Pfingstfest als »Pfingstsonntage« gezählt. Am Fest *Fronleichnam* (mittelhochdt. *vrōn lichname* = des »Herrn Leib«), dem 2. Donnerstag nach Pfingsten, wird in der katholischen Kirche die *Fronleichnamsprozession* veranstaltet. Das *Reformationsfest* ist in den evangelischen Kirchen ein Gedenktag an die Einführung der Reformation, festgesetzt auf den 31. Oktober, und erinnert an den Tag von Luthers Thesenanschlag. *Allerheiligen* ist die Gedächtnisfeier aller Heiligen; sie wird in der römischen Kirche am 1. November und in den Ostkirchen am 1. Sonntag nach Pfingsten begangen. *Allerseelen* gilt in der katholischen Kirche als Tag des Gedächtnisses aller verstorbenen Gläubigen mit Fürbitten für die Armen Seelen im Fegefeuer am 2. November. In den evangelischen Kirchen in Deutschland werden der *Buß- und Bettag* (meist am Mittwoch vor dem letzten Sonntag des Kirchenjahrs) und seit 1814 der *Totensonntag* (meist am letzten Sonntag des Kirchenjahres) zum Gedächtnis der Verstorbenen begangen.

Von den in der katholischen Kirche begangenen *Marienfesten* sind u.a. zu nennen: Mariä Reinigung (Lichtmeß; 2. Februar), Mariä Verkündigung (25. März), Mariä Himmelfahrt (15. August), Mariä Geburt (8. September) und Mariä Empfängnis (8. Dezember).

Der *Sonntag* (lat. *dies Solis* = »Tag der Sonne, Tag des Sonnengottes«) ist ein Haupttag der liturgischen Woche im Kirchenjahr. In den germanischen Sprachen (engl. *sunday;* niederl. *Zondag;* dän. *söndag*) bleibt im Namen dieses Tages, der als Sonn(en)tag ursprünglich dem (nichtchristlichen) Planetengott Sol geweiht ist, dieser Bezug erhalten, während die romanischen Sprachen auf den urchristlichen Namen (Apk 1,10) »Herrentag« (ital. *domenica;* franz. *dimanche*) zurückgehen.

Gottesdienst

Der *Gottesdienst* ist die dem Gottesglauben entsprechende und in bestimmten Worten

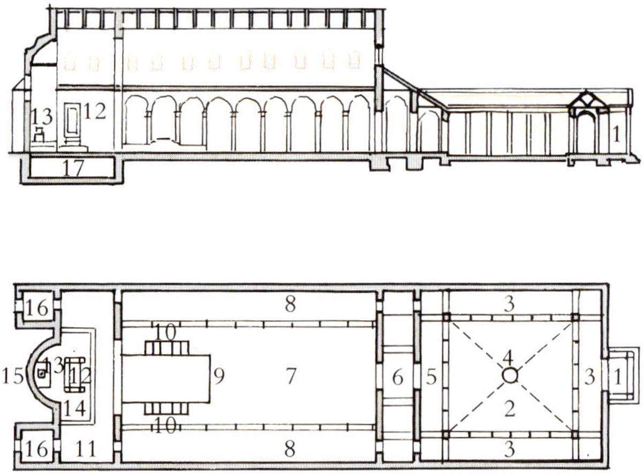

A

B

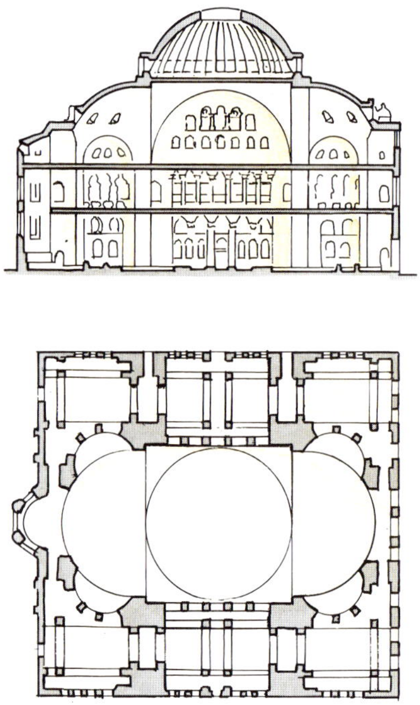

D

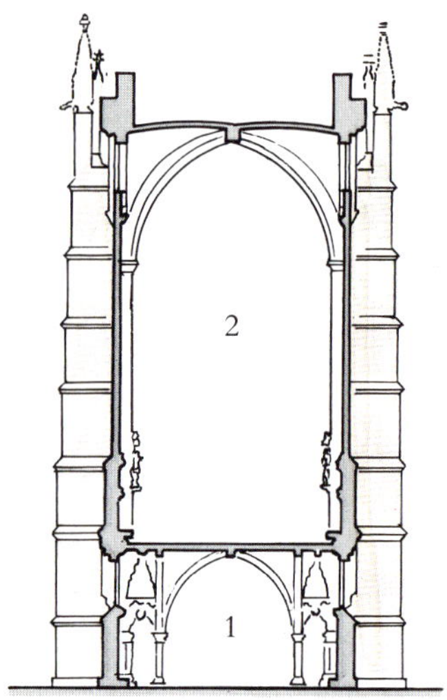

E

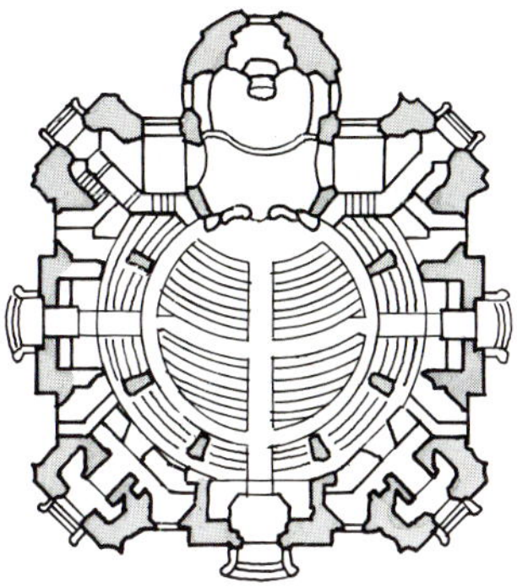

C

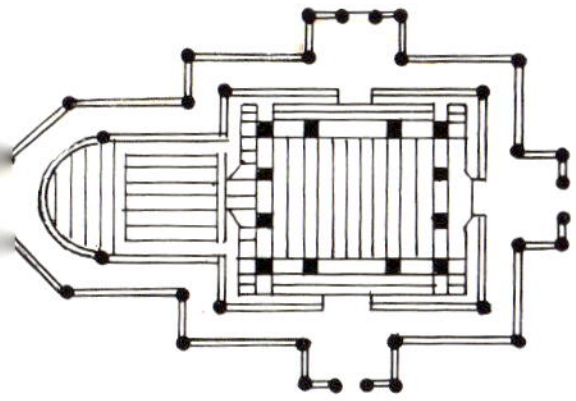

F

und Handlungen zum Ausdruck kommende gemeinschaftliche Verehrung Gottes, so z.B. in Schriftlesung, Predigt, Gebet und Sakrament.

In fast allen christlichen Kirchen wird als ein Höhepunkt des Gottesdienstes die als Gedächtnismahl gefeierte Wiederholung des letzten Mahles Jesu mit seinen Jüngern angesehen, bei dem er ihnen Brot und Wein als Leib und Blut von sich reichte (1 Kor 11,23 ff.). Diese Feier heißt in den Kirchen der Reformation ebenfalls *Abendmahl,* und dieses Abendmahl wird ebenfalls *sub utraque* (lat. »unter beiden [Gestalten]«), d.h. unter den beiden Gestalten von Brot und Wein gereicht. In der römischen Kirche heißt diese rituelle Feier *Eucharistie* (griech. »Danksagung«) bzw. *Messe,* so benannt nach der lateinischen Entlassungsformel: »Ite, missa est« (»Geht, die Entlassung findet statt«), oder auch *Meßopfer.* Liturgisch ist die Messe gegliedert in den Wortgottesdienst und die eigentliche Eucharistiefeier mit Bereitung, Wandlung und Genuß der Gaben von Brot und Wein. Eine feierliche Form der Messe heißt *Hochamt (Missa solemnis)* oder aber *Pontifikalamt,* wenn diese von einem Bischof zelebriert wird. In den Ostkirchen wird die Meßfeier *Liturgie* genannt; sie entspricht in ihren Grundzügen der römischen Meßform. Da die abendländischen Christen bei der Eucharistie ungesäuertes Brot verwenden – im Gegensatz zum ge-

Kirchenbauformen:

A. *Frühchristliche* ***Basilika***
1. *Anteportikus*
2. *Atrium*
3. *Peristyl*
4. *Kantharus*
5. *Pronaos*
6. *Narthex*
7. *Mittelschiff*
8. *Seitenschiffe*
9. *Cancelli*
10. *Ambonen*
11. *Sanctuarium*
12. *Altar*
13. *Kathedra*
14. *Presbyterium*
15. *Apsis*
16. *Pastophorien*
17. *Krypta*

B. Hallenkirche *(Danzig/Polen: St. Marien)*
1. *Mittelschiff*
2. *u. 3. Seitenschiffe*

C. Saalkirche/Predigerkirche *(Dresden/DDR: Frauenkirche)*

D. Zentralbau *mit* **Langbau** *verbunden (Istanbul/Türkei: Hagia Sophia)*

E. Doppelkirche *(Paris/Frankreich: Ste-Chapelle)*
1. *Unterkirche*
2. *Oberkirche*

F. Stabkirche

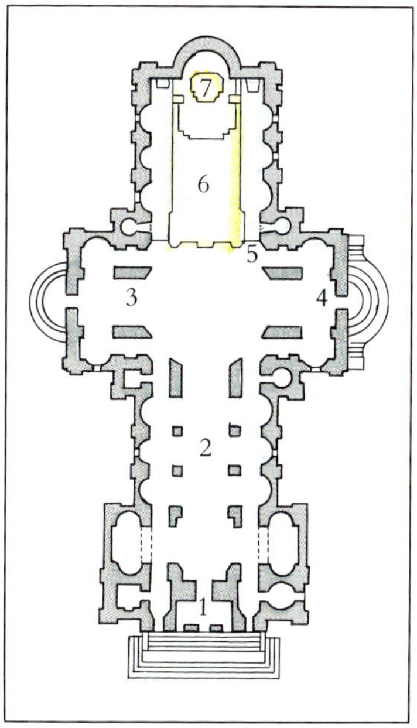

Kirchenbau-Grundschema *(London/England: St. Paul's Cathedral)*
1. *Haupt-(West-)Portal*
2. *Langhaus*
3. *Querhaus*
4. *Taufstein*
5. *Kanzel*
6. *Chor*
7. *Altar*

säuerten Brot der orientalischen Christen –, werden erstere von letzteren seit Mitte des 11. Jh. als *Azymiten* (griech. *azymos* = »ungesäuert«) bezeichnet.

Ein wesentlicher Bestandteil des Gottesdienstes ist die *Predigt* (lat. *praedicare* = »öffentlich bekanntmachen, laut verkünden, bekennen, rühmen«). Diese meist von der *Kanzel* herab gehaltene gottesdienstliche Rede zur Auslegung und Verkündigung des Wortes Gottes hat in evangelischen Kirchen denselben gottesdienstlichen Rang wie das Sakrament.

Ein regelmäßiger Bestandteil des Gottesdienstes ist auch das *Gebet,* und hier vor allem das nach seinen Anfangsworten benannte *Vaterunser* (lat. *Paternoster*):

Váter unser im Hímmel, Dein Reích kómme. wíe im Hímmel	geheíligt werde dein Náme. Dein Wílle geschéhe, só auf Érden.
Unser tấgliches Brót Und vergíb uns unsere Schúld, Und führe uns nicht in Versúchung,	gíb uns heúte. wie auch wir vergében unsern Schúldigern. sondern erlöse uns von dem Bösen.

Diesen mit dem *Schmone esre* (→Judentum) verwandten Gebetstext hat Jesus seine Jünger auf deren Bitte hin gelehrt. Das bei Lukas (11,2–4) aus 5 Bitten und bei Matthäus (6,9–13) aus 7 Bitten bestehende »Gebet des Herrn« enthält die Grundgedanken der Verkündigung Jesu. Bei Rückübersetzung der matthäischen Fassung ins Galiläisch-Aramäische (gemäß C.F. Burney) besteht dieser rhythmische Hymnus aus zwei Dreizeilern, und jede viertaktige Langzeile hat zwei Kurzzeilen mit je zwei Hebungen. Die bei beiden Evangelisten fehlende Schluß-Doxologie (»Denn dein ist das Reich ...«) ist erst in der späteren Didaché bezeugt.

Ein katholischer Gebetstext ist das *Ave Maria* (lat. »Gegrüßet seist du, Maria«), ein nach seinen Anfangsworten benanntes und als »Englischer Gruß« bekanntes Mariengebet, das den Hauptbestandteil des *Rosenkranzgebets* bildet.

In den lutherischen Kirchen wird die *allgemeine Beichte* (althochdt. *bijiht* = »Bekenntnis«) im Gottesdienst und vor der Abendmahlsfeier geübt, bei der die Gemeinde öffentlich und gemeinsam ein Schuldbekenntnis ablegt. In den reformierten Kirchen entspricht dieser Beichte die *Vorbereitung.* In der katholischen Kirche wird in der *Privat- oder Ohrenbeichte* das Sündenbekenntnis vor einem bevollmächtigten Priester als Beichtvater abgelegt, der die Absolution (lat. »Lossprechung, Entlastung«) erteilt. *Schlüsselgewalt* wird diese unter Bezugnahme auf Mt 16,19 bezeichnete Vollmacht, von Sünden freizusprechen oder nicht, genannt. Die seit dem 5. Jh. praktizierte Privatbeichte – im Unterschied zur ursprünglich öffentlichen Beichte – ist ein wesentlicher Bestandteil des Bußsakraments. Der Beichtvater ist zum Stillschweigen (Beichtgeheimnis) über das, was er in der Beichte erfahren hat, streng verpflichtet. Seit dem 17. Jh. gibt es für die Ablegung der Beichte in den katholischen Kirchen den *Beichtstuhl.*

Kirchenverfassungen

Die *Kirchenverfassungen,* die die rechtliche Grundordnung einer Kirchengemeinschaft regeln, sind in den christlichen Kirchen sehr unterschiedlich.

Die Kirchenverfassung der *Ostkirchen* ist *hierarchisch-episkopalistisch* und kennt drei Stufen: Diakone, Priester und Bischöfe. Das in hellenistischen Gemeinden entstandene Amt des *Bischofs* (griech. *episkopos* = »Aufseher«) wird im 2. Jh. monarchisch und gewinnt damit die Vorrangstellung in der Gemeinde als Amt der Leitung und Lehre in *apostolischer Sukzession.* Diese apostolische Nachfolge meint die Amtsnachfolge der Bischöfe in einer auf die Apostel zurückgehenden, ununterbrochenen und direkten Reihenfolge. Das Bischofsamt wird durch Weihe und Handauflegung übertragen, wodurch die Legitimität des Amtsträgers und dessen Lehre als apostolisch sichergestellt werden sollen. Den feierlichen Amtsantritt eines Bischofs in seinem Bistum bzw. in seiner Diözese (griech. *dioikesis* = »Verwaltungs[-Bezirk]«) ist die *Inthronisation* (lat. »Thronbesteigung«) als Besitznahme seines (Lehr-)Stuhls. In der Ostkirche heißt der Bischof *Eparch* und sein Bistum *Eparchie.* Seit dem 4. Jh. werden den einfachen (Suffragan-)Bischöfen die *Erzbischöfe (Metropoliten)* als Aufseher einer Kirchenprovinz (Erzdiözese) übergeordnet.

Der Oberbischof eines Verbandes von Kirchenprovinzen ist seit dem 3./4. Jh. in den Ostkirchen und altorientalischen Kirchen der *Patriarch* (griech. »Erzvater«), dessen Jurisdiktionsbereich das *Patriarchat* ist. Der Patriarch von Konstantinopel ist einer der 4 großen Patriarchen neben dem von Alexandria, Antiochia und Jerusalem. In Chalkedon (451) wird seine Ranggleichheit mit dem Papst festgestellt, und seit dem 6. Jh. beansprucht dieser ökumenische Patriarch in der Gesamtkirche den Vorrang, der seit 1453 in den autokephalen Ostkirchen nur noch ein Ehrenvorrang ist. Der Titel des Oberhaupts der autokephalen Kirchen Georgiens, Armeniens und Äthiopiens sowie der Nestorianer und Thomaschristen ist *Katholikos* (griech: »allgemeiner [Bischof]«).

Eine Kirche mit bischöflicher Verfassung ist seit 1874 auch die *altkatholische Kirche,* deren Bischöfe von einer aus Geistlichen und Laien bestehenden Synode gewählt werden.

In einem gewissen Gegensatz zum Episkopalsystem steht das *Papalsystem* bzw. der *Papalismus* der römisch-katholischen Kirche, wonach der *Papst* (lat. u. ital. *papa* = »Vater«) über allen Bischöfen der Inhaber der höchsten und vollen Kirchengewalt ist. Als Oberhaupt der römisch-katholischen Kirche gilt der jeweilige Bischof (der apostolischen Gemeinde) von Rom, der als solcher apostolischer Nachfolger des Petrus und damit Inhaber des

Petrusamtes ist. Für die apostolische Sukzession, d.h. für die vom Apostel Petrus bis heute reichende ununterbrochene Aufeinanderfolge der Päpste gibt es kein einheitlich anerkanntes Verzeichnis der römischen Bischöfe, das u.a. verbindlich ist hinsichtlich der Frage der Päpste oder Gegenpäpste. Aus diesem Grund ist die Numerierung der Päpste in den verschiedenen Papstlisten uneinheitlich. Nach einer dieser Listen zählt man von Petrus als dem 1. Papst (†64/67) bis zum gegenwärtigen Johannes Paul II. (seit 1978) 269 Päpste.

Die offiziellen Titel des Papstes lauten nach dem päpstlichen Jahrbuch (»Annuario Pontificio«): Bischof von Rom, Stellvertreter Jesu Christi, Nachfolger des Apostelfürsten, Oberhaupt der allgemeinen Kirche, Patriarch des Abendlandes, Primas von Italien, Erzbischof und Metropolit der Kirchenprovinz Rom, Souverän des Staates der Vatikanstadt und Diener der Diener Gottes.

Der *Primat* (lat. »Vorrang«) des Papstes beinhaltet seine höchste *Jurisdiktionsgewalt* (Hirtengewalt) selbst über die Bischöfe (Universalepiskopat). Die oberste Lehrgewalt der *Unfehlbarkeit* (Infallibilität) kommt dem Papst zu, wenn er als Nachfolger des Petrus und Inhaber der apostolischen *cathedra* (»Stuhl«) als oberster Hirt und Lehrer der Gesamtkirche eine Lehrentscheidung über Glauben und Sitte *ex cathedra* (lat. »vom Lehrstuhl [Petri] aus«) fällt. Eine *ex-cathedra*-Entscheidung ist z.B. der von Papst Pius XII. im Jahre 1950 definierte Glaubenssatz, daß Maria nach ihrem Tod »mit Leib und Seele in den Himmel aufgenommen« ist.

Vatikan heißt der in Rom auf dem *mons Vaticanus* (lat. Vatikanhügel) errichtete Papstpalast neben der Peterskirche und ist auch seit 1929 die Bezeichnung für den kleinen, aber souveränen (Kirchen-)Staat Città del Vaticano (ital. »Vatikanstadt«).

Die höchste Leitungsgewalt über die Gesamtkirche haben auch die vom Papst geleiteten allgemeinen *Konzilien* der Bischöfe, von denen das letzte das 2. Vaticanum (1962–65) ist. Alle *Bischöfe* werden heute vom Papst ernannt bzw. bestätigt, und sie haben kirchliche Amtsgewalt nur in Verbindung mit ihm und nur insoweit, als er sie ihnen verleiht und beläßt.

Der *Summepiskopat* ist das oberste Kirchenregiment des *Landesherrn* auf seinem Territorium als des *summus episcopus* (lat. »oberster Bischof«), eine in den deutschen evangelischen Landeskirchen von der Reformation bis 1918 und heute noch in England üblichen Form der Kirchenleitung. Oberster Kirchenherr der anglikanischen Kirche, der englischen Staatskirche, auch Episkopalkirche (bischöfliche Kirche) genannt, ist der König bzw. die Königin; unter ihm (ihr) stehen die Erzbischöfe von Canterbury und York und die anderen Bischöfe, die Mitglieder des Oberhauses sind. Kirchengesetze bedürfen der Genehmigung des Parlaments.

Die *Presbyterialverfassung* als die auf der einzelnen Kirchengemeinde aufbauende Kirchenverfassung ist die klassische Selbstverwaltungsform der reformierten Kirchen, in denen nach dem Vorbild Genfs die *Presbyter* (griech. »Älteste«) unter dem Vorsitz des Pfarrers das *Presbyterium (consistoire)* bilden und die Kirchenzucht ausüben. Das eine presbyteriale Amt umfaßt gewöhnlich 4 gesonderte geistliche Funktionen: den Dienst der Wortverkündigung (Prediger, Pastor) und der Lehre (Doktoren), den der Ordnung in der Gemeinde (Presbyter) und den des Helfers (Diakon). Seit dem 17. Jh. beginnt die Presbyterialverfassung auch in lutherische Gebiete Deutschlands einzudringen. Seit 1918 sind Presbyterien im Sinne von Gemeindevertretung in Deutschland allgemein üblich, und die Presbyterialverfassung ist z.T. mit der *Synodalverfassung* verbunden, bei der die aus Geistlichen und Laien gebildete Synode die oberste Leitung (Gesetzgebung) und Verwaltung der Kirche innehat. An der Spitze der Landeskirche, einer Gliedkirche der EKD, steht seit 1918/33 meist ein *Landesbischof* bzw. *Präses,* und die landeskirchliche Gesetzgebung übt die Landessynode aus.

Die kleinste Verwaltungseinheit und Gottesdienstgemeinde ist die *Parochie* (griech. *paroikia* = »Nachbarngemeinschaft, Anwohnerschaft«) bzw. *Pfarrei* mit eigener Pfarrkirche unter der Leitung eines *Pfarrers* (neulat. *parochus*). In der katholischen Kirche ist es der zum Priester geweihte und vom Bischof für diese Pfarrei beauftragte *(missio canonica)* Geistliche. In den evangelischen Kirchen sind es die durch Ordination und nach Wahl durch die Gemeinde oder Einsetzung durch die Kirchenbehörde mit dem Pfarramt beauftragten Pfarrer oder Pfarrerinnen. Die Amtsbezeichnung und Anrede für den evangelischen wie auch katholischen Pfarrer ist unter Bezugnahme auf Johannes (21,16) *Pastor* (lat. »Hirt«).

Kirchenbauten und Bilderverehrung

Die dem Gottesdienst dienenden **Kirchengebäude** sind in ihren Grundrissen und Aufbauten im Verlauf von fast 2 Jahrtausenden vielfältigen Wandlungen unterworfen gewesen. Diese Wandlungen sind nicht nur geschichtlich (altchristliche, byzantinische und karolingische Epoche, Romanik, Gotik, Renaissance und Barock, 19. und 20. Jh.), sondern auch länderspezifisch (u.a. italienische, französische und deutsche Kunst) bedingt.

Kathedrale (griech. *kathedra* = »Lehrstuhl, Sitz«) ist die Bezeichnung für eine Bischofskirche, die Hauptkirche eines Bistums, in Deutschland und Italien meistens auch *Dom* (lat. *domus* [Dei] = »Haus [Gottes]«) genannt. Dom ist aber auch die volkstümliche Bezeichnung für besonders große Hauptkirchen einer Stadt. Bischofskirchen, die als Hof- und Grabkirchen für Kaiser sowie als Krönungskirchen für deutsche Könige dienten, sind die *Kaiserdome* von Speyer, Worms und Mainz. Der Name *Münster* (lat. *monasterium* = »Kloster«), ursprünglich für eine ganze Klosteranlage, dann für eine Stiftskirche, ist besonders in Süddeutschland die Bezeichnung für einen Dom.

Die ihrem Rang und ihrer besonderen

Funktion nach benannten Kirchen sind – außer der Bischofskirche – die Pfarr-, Filial-, Kloster-, Stifts-, Kollegiat-, Markt-, Wallfahrts-, Memorial-, Coemeterial-, Denkmal- und Spitalkirche.

Jedes Kirchengebäude dient der gottesdienstlichen Versammlung der Gemeinde. In Langbauten bezeichnet man den Innenraum als *Schiff* (griech. *naos;* lat. *navis*). Im Gegensatz zu einem evtl. vorhandenen (Priester-)Chorraum wird es Laienschiff genannt. Bei mehrschiffigen Kirchen heißt der mittlere Raum *Mittelschiff* (Hauptschiff), die seitlichen Raumteile nennt man *Seitenschiffe.* In den oft nach Osten ausgerichteten Kirchen wird das südliche Seitenschiff manchmal Männerschiff, das nördliche Frauenschiff genannt, wenn Männer und Frauen sich getrennt im Kirchenraum zu versammeln pflegen. Viele Langbauten haben außer Mittelschiff und Seitenschiffen an der Ostseite noch ein *Querschiff* und manchmal auch ein zweites Querschiff an der Westseite. Im allgemeinen befindet sich am Ostende des Mittelschiffs der bzw. das *Chor* (griech. *choros* = »Tanzplatz, Chortanz, Chor der Tänzer und Sänger«), ein aus Apsis, Presbyterium, Querschiff und Cancelli der frühchristlichen Basilika entstandener Bauteil für Altar und Kultusdiener.

Der *Altar* (lat. *alta ara* = »erhöhte Opferstätte«) ist eine erhöhte Anlage, auf der das Abendmahl, die Eucharistie, gefeiert, das Meßopfer dargebracht wird und an der Gebete gesprochen werden. Es gibt vier Altartypen: den *Tischaltar,* dessen Altarplatte (lat. *mensa* [Domini] = »Tisch [des Herrn]«) von einer oder mehreren Stützen *(stipes)* getragen wird, den *Blockaltar,* bei dem der *stipes* die Form eines Blocks hat, den *Kastenaltar* mit Hohlraum zur Aufbewahrung von Reliquien und den *Sarkophagaltar* mit einem Sarkophag (seit dem 17. Jh. üblich). In den orthodoxen Kirchen und in der katholischen Kirche bergen die Altäre Reliquien. In den reformierten Kirchen gibt es nur die Form des einfachen Abendmahlstisches. In katholischen Kirchen steht meist auf dem Altartisch der *Tabernakel* (lat. *tabernaculum* = »Zelt«), ein kleiner Schrank zur Aufbewahrung der konsekrierten Hostien. Seit dem Mittelalter ist eine auf der *mensa* oder dahinter angebrachte Schauwand *(Altarretabel)* angebracht (→S. 133).

Unter dem erhöhten Chor eines Kirchengebäudes liegt manchmal eine *Krypta* (griech. »Gewölbe, überdeckter Gang«), eine Unterkirche gewöhnlich als Grabstätte von Heiligen, von Bischöfen oder Fürsten.

Aus den Chorschranken, die in frühchristlicher und frühbyzantinischer Zeit den Chor mit Altar vom Kirchenschiff der Gemeinde trennen, entwickelt sich in mittelalterlichen Kirchen des Abendlandes der *Lettner* und im Morgenland die heute noch in orthodoxen Kirchen übliche *Ikonostase* bzw. *Ikonostasis* (griech. »Bilderaufstellung«), eine zwischen dem Altarraum *abaton* (griech. »das Unbetretbare, Unzugängliche«) und dem Gemeinderaum mit Ikonen ausgestattete Scheidewand.

Eine Weiterentwicklung aus dem Lettner (lat. *lectionarium* = »Lesepult«) stellt die *Kanzel* (lat. *cancelli* = »Chorschranken«) dar. Sie hat ihren Namen von den basilikalen Chorschranken, mit denen meist der *Ambo* (von griech. *anabainein* = »hinaufsteigen«), ein Vorläufer der Kanzel, verbunden war, und ist ein erhöhter, herausragender und abgesonderter Standort für den Prediger.

Der *Taufstein* oder *Taufbrunnen* bzw. das *Taufbecken* in dem Kirchengebäude enthält das Taufwasser für die Taufspendung. Der Taufstein findet seit dem 11. Jh. in den Kirchen Aufstellung, nachdem die Taufe nicht mehr in einem Baptisterium (→S. 132) gespendet wird.

Meist haben die Kirchen einen oder mehrere Türme, die wegen der in ihnen aufgehängten Glocken als *Glockentürme* bezeichnet werden. Seit karolingischer Zeit werden die bisher frei stehenden Türme mit den Kirchengebäuden zu einer Einheit verbunden.

Den Kirchenbauformen nach unterscheidet man Langbauten und Zentralbauten. Die **Langbauten** sind nach einer Hauptachse Portal–Altar ausgerichtet. Zu diesen Richtungsbauten mit dem Altar als Ziel einer aktiven Bewegung gehören die *Basilika* (mit erhöhtem Mittelschiff), die *Hallenkirche* (mit gleich hohen Schiffen) und die *Saalkirche* (mit nur einem Schiff).

Die aus den römischen und hellenistischen Markt- und Gerichtshallen entwickelte *Basilika* (griech. *basilike* [stoa] = »Königliche [Halle]«) ist eine langgestreckte Kirche mit einem *Mittelschiff (navis)* zwischen je einem oder zwei parallel laufenden, schmäleren und niedrigeren *Seitenschiffen,* die durch Säulen oder Pfeiler getrennt sind. Das Mittelschiff mündet auf der Ostseite in die halbrunde *Apsis* (griech. »Rundung, Wölbung«), in der der Bischofsthron (griech. *kathedra* = »Sitz, Sessel«), die umlaufenden Bänke für die Priester (Presbyterium) und der zwischen dem Thron und dem Volk angeordnete *Altar* stehen. Zwischen Langhaus und Apsis wird schon in früher Zeit oft ein *Querschiff* eingefügt. Der Altarraum *(Sanktuarium)* ist

1 Hagia Sophia, *532–537 (ab 1453 Moschee), Inneres. Istanbul/Türkei*

2 Città del Vaticano *(Vatikanstadt), Zentrum der römischen Katholiken mit Petersplatz und Petersdom*

3 Basiliuskathedrale *(Pokrovkathedrale), Denkmalkirche, 1555–1560. Moskau*

4 St. Petersdom, *größte Kirche der Welt (186,3 m lang und 15 142 m² groß), 1492–1612; hier: Blick durch Madernas Langhaus (1607/12) in den Kuppelraum Michelangelos (1547/64). Vatikan*

5 Petersplatz *mit Blick auf die Fassade des Petersdoms. Vatikan*

6 *Kathedrale des Erzbischofs von* Canterbury, *12. Jh. Canterbury/England*

7 *Michelangelo Buonarotti, Pietà, um 1500. Vatikan, St. Peter*

1

2

3

4

5

6

7

gegen das Mittelschiff durch (Chor-) Schranken *(Cancelli)* abgegrenzt, an deren Seite je ein Lesepult *(Ambo)* für Evangelium und Epistel stehen.

Der Westseite der Basilika ist meist ein viereckiger, offener Vorhof (*Atrium* oder Paradies) vorgelagert, der von Säulengängen *(Peristyl)* umgeben ist und in dessen Mitte sich ein Reinigungsbrunnen *(Kantharus)* befindet. Zwischen Atrium und Basilika gibt es eine Vorhalle (griech. *narthex* = »Kapsel«), die sich in eine äußere *(exonarthex)* und eine innere *(esonarthex)* gliedert. Vor dem Atrium liegt die äußere Vorhalle *(Anteportikus)*. Vom 6. Jh. ab wird häufig in der Nähe der Basilika ein frei stehender Glockenturm, *Kampanile* (ital. *campana* = »Glocke«) errichtet.

Die Basilika ist die bevorzugte Bauform bei den ersten christlichen Kultbauten seit dem 4. Jh. Obgleich man dieses basilikale Schema später vielfach abwandelt, wird es bis in die Gegenwart als klassische Grundform des Kirchenbaus im Abendland verwendet.

Sonderformen der Basilika sind die *Kuppelbasilika,* deren Mittelschiff aus einer Folge von Kuppeln besteht, und die *Emporenbasilika,* die zu beiden Seiten des Mittelschiffs über den Seitenschiffen Emporen hat (z.B. Saloniki/Griechenland: Demetrius-Basilika).

Die *Hallenkirche* ist eine mehrschiffige Kirchenanlage, bei der die Seitenschiffe gleich hoch bzw. annähernd gleich hoch sind wie das Mittelschiff. Diese Bauform ist besonders in der deutschen Spätgotik beliebt (z.B. Danzig/Polen: St. Marien).

Die *Saalkirchen* sind meist weiträumige protestantische Predigerkirchen, deren Innenraum nicht durch Stützen unterteilt ist (z.B. Dresden/DDR: Frauenkirche).

Baukörper, bei denen alle Teile um einen Mittelpunkt entwickelt sind, nennt man **Zentralbauten.** Ihr Grundriß kann aus einem Kreis, einem regelmäßigen Vieleck, meist Achteck (Oktogon), aber auch aus einer Ellipse bestehen. Den meist eine Kuppel tragenden Mittelraum umgeben eine Anzahl niedrigerer Nebenräume. Zentralbauten sind vor allem in der ostkirchlichen Baukunst vorherrschend. Das bedeutendste Beispiel, bei dem der Zentralbau mit einem Langbau verbunden ist, bietet die Hagia Sophia (griech. »Heilige Weisheit«), die Krönungskirche der oströmischen Kaiser in Konstantinopel (heute Istanbul/Türkei).

Eine besondere Zentralbauform ist seit dem 7. Jh. die *Kreuzkuppelkirche,* eine kuppelüberdeckte Kirche über dem Grundriß in Form eines griechischen Kreuzes (mit gleich langen Armen) und mit vier kleineren Nebenkuppeln in den Eckrestzwickeln (z.B. Saloniki/Griechenland: Zwölf-Apostel-Kirche). Diese Form ist bis in die Gegenwart für die sakrale Architektur der slawischen und griechischen Christen verbindlich.

Ein für die Taufspendung bestimmter Zentralbau ist das neben der Gemeindekirche errichtete *Baptisterium* (Taufhaus, von griech. *baptisterion* = »Badebassin«) mit einem in der Mitte des Bodens versenkten Wasserbassin *(piscina)*. Hier wird die Taufe – meist nur an Erwachsene – durch völliges Untertauchen des Täuflings in dem Wasserbecken oder durch Eintauchen vollzogen (z.B.: Ravenna/Italien: Baptisterium der Arianer).

Eine Sonderform der Zentralkirchen sind die *Dreifaltigkeitskirchen,* die meist auf einem Dreieck oder einem Dreipaß aufgebaut und der heiligen Trinität geweiht sind (z.B. Kappel bei Waldsassen/BRD; 17. Jh.).

Weitere Kirchenbauformen sind die *Doppelkirchen,* d.h. zwei meist nebeneinander, manchmal auch axial hintereinander liegende Kirchengebäude (z.B. Triest und Assisi/Italien). Übereinander errichtete Kirchenräume findet man bei Doppelkapellen mit jeweils eigenem Eingang, wobei die obere Kapelle meist für die Herrschaft und ihr Gefolge, die untere für das Gesinde bestimmt ist (z.B. Paris/Frankreich: Ste-Chapelle).

Eine konstruktive Sonderform bilden seit dem 11. Jh. die *Stabkirchen* in Norwegen, deren Wände aus senkrecht gestellten Pfosten errichtet sind. Da diese Holzpfosten an Masten (Stabbau) erinnern, werden diese Kirchen auch *Mastenkirchen* genannt. Ihr Inneres zeigt Anklänge an Formen nordischer Königshallen. Die bekanntesten Beispiele der Stabkirchen finden sich in Urness (11. Jh.), Borgund (12. Jh.) und Hitterdal (13. Jh.).

Eine im Mittelalter zu Verteidigungszwecken ausgebaute *Kirchenburg,* die mit einem Wehrgang versehen sein kann, heißt *Wehrkirche;* meist ist sie auch noch unter Einbeziehung des Friedhofs von einem äußeren Mauerring mit Türmen und Toren umgeben (Beispiele in Frankreich, Schweiz, Deutschland und Österreich).

Kleinere Kirchen nennt man *Kapellen.* Sie dienen oft einem Sonderzweck als Haus-, Doppel-, Burg-, Schloß-, Pfalz-, Grab-, Friedhofs- oder Brückenkapellen.

Für die Ostkirchen und die römische Kirche stellen die **Bilder** Christi und der Heiligen ein wesentliches Hilfsmittel des öffentlichen Kultes und der privaten Andacht dar.

Die *Ikonen* (griech. *eikon* = »Bild«) sind als Kultbilder der Ostkirche von großer sakraler Bedeutung. Da die Abbilder am Urbild mit seiner heiligen Kraft und Gnade teilhaben, werden die Ikonen als geoffenbarte Abbilder göttlicher Gestalten und Ereignisse der kultischen Verehrung der Gläubigen empfohlen. Einige Christus- und Marienbilder gelten sogar als *acheiropoieta* (griech. »nicht von Händen gemacht«), d.h. sie sind auf übernatürliche Weise entstanden (z.B. das Schweißtuch der Veronika). An der *Ikonostase (Ikonostasis)* sind die Ikonen in mehreren, oft bis zu sieben, Reihen übereinander angeordnet, deren Mittelpunkt die *Deesis* bildet, eine Darstellung des thronenden Christus zwischen Maria und Johannes.

Über die Erlaubtheit von Bildern im Kult hat es seit 726 einen heftigen Bilderstreit, *Ikonoklasmus* (griech. *eikon* = »Bild« und *klazein* = »lärmen«), gegeben, der erst auf dem 2. nizänischen Konzil (787) zugunsten der Bilderverehrer entschieden wird.

In den katholischen Kirchen ist nicht nur das Bild, sondern auch die Plastik in die Verehrung einbezogen; die *Altarretabel* z.B. – zweiteilig als Diptychon bzw. dreiflügelig als Triptychon – sind gemalte oder auch geschnitzte Altaraufsätze. Zu nennen sind hier auch u.a. die plastischen *Andachtsbilder,* die in Deutschland seit dem 13. Jh. aufkommen und im Zuge der Mystik der Andacht des einzelnen – im Unterschied zur kultischen Kunst der Gemeinde – dienen wollen. Die wichtigsten sind das *Vesperbild* (Pietà; ital. »Erbarmen, Mitleid«) als plastische Gruppe: Maria mit dem toten Sohn auf dem Schoß, die *Johannesminne* als plastische Gruppe: Christus mit dem Jünger Johannes an seiner Brust, das *Erbärmdebild* (der isoliert leidende Christus) und der *Schmerzensmann,* aber auch die *Schutzmantelmadonna.*

In den lutherischen Kirchen können Bilder als Schmuck der Kirchen Verwendung finden. Bei den Reformierten hingegen wird auf die Bilder in Kirchen ganz verzichtet.

Bibel und Bekenntnisschriften

Das Wort **Bibel** (griech. *biblia* = »Bücher«) ist sowohl im →Judentum wie im C. die Bezeichnung für das »Buch der Bücher«, die »Heilige Schrift«, die als Urkunde der göttlichen Offenbarung und als Wort Gottes für Glauben, Handeln und Leben verbindlich ist. Die christliche Bibel umfaßt zwei Sammlungen von Schriften: die hebräische Bibel des Judentums und das in griechischer Sprache verfaßte Neue Testament (lat. *testamentum* = »Bund«).

Die erstere Sammlung wird von den Christen als *Altes Testament* (AT) bezeichnet. Bezüglich des AT gilt für die evangelischen Christen – wie auch für die heutigen Juden – der Kanon der hebräischen Bibel, d.h. der in hebräischer Sprache verfaßten Schriften. Die evangelischen Christen zählen zwar 39 Bücher des AT, während die Juden 24 der in hebräischer Sprache verfaßten Bücher kennen, aber letztere zählen die Doppelbücher von Samuel und Könige, von Esra-Nehemia und Chronik als je ein Buch und auch die 12 kleinen Propheten zusammen als ein Buch. Die katholischen und orthodoxen Christen anerkennen zusätzlich zu diesen 39 hebräischen Büchern 7 griechisch geschriebene Schriften der Septuaginta (→S. 134), so daß ihr Kanon insgesamt 46 Bücher des AT umfaßt. Diese 7 zusätzlichen Bücher sind: Buch Judit, Buch Tobias, 1. und 2. Buch der Makkabäer, Buch der Weisheit Salomos, Buch der Sprüche Jesus Sirach und Buch Baruch. Diese nur in der griechischen Bibelübersetzung erhaltenen und damit außerhalb des Kanons der hebräischen Bibel stehenden 7 Bücher werden von den evangelischen Kirchen als *Apokryphen* des AT und von der katholischen Kirche als *deuterokanonische* (griech. »zweitkanonische«) *Schriften* bezeichnet. Apokryphen (griech. *apokryphos* = »verborgen, unecht«) nennt man diejenige Gattung religiöser Literatur, die nicht in einen Kanon der heiligen Schriften aufgenommen ist, obwohl diese einen Anspruch auf Echtheit erhebt. Es gibt Apokryphen des AT und NT.

Die in der katholischen Kirche als *Apokryphen* des AT bezeichneten Bücher der Bibel heißen in den evangelischen Kirchen *Pseudepigraphen,* d.h. Schriften, die unter einem falschen Verfassernamen erscheinen, z.B. das 3. und 4. Buch Esra und das 3. und 4. Buch der Makkabäer.

Das *Neue Testament* (NT) ist eine Sammlung von 27 verschiedenen Schriften, in denen die Verkündigung Jesu, der Apostel und auch der Apostelschüler enthalten sind. Nach Zweckbestimmung und Inhalt unterscheidet man 3 Schriftgruppen: 5 Schriften mit mehr *geschichtlichem* Inhalt (4 Evangelien und 1 Apostelgeschichte), 21 apostolische *Briefe* als Lehr- und Mahnschreiben sowie 1 *prophetische Schrift* (Apokalypse).

Das *Evangelium* (griech. *euangelion* = »gute Kunde, gute Botschaft«) ist nicht nur die mündliche Heilsbotschaft Jesu vom Kommen des Gottesreiches, sondern auch die schriftliche Überlieferung von dieser Botschaft sowie vom Leben und Wirken Jesu, wie diese in den 4 *Evangelien* festgehalten sind. Zur Veranschaulichung der Botschaft (Sache) Jesu wird das Wirken (der Person) Jesu erzählt. Sache und Person, Botschaft und Erzählung bilden den Doppelcharakter der literarischen Art der Evangelien. Einen allen 4 Evangelien gemeinsamen Aufriß der Darstellung über die Sache und Person Jesu kann man am Beispiel des Evangeliums nach Markus erkennen:

> Der Anfang: Präsentation der Person Jesu (Mk 1,1–13)
> 1. Werk und Botschaft Jesu (Mk 1,14–3,12)
> 2. Jesus und seine Jünger (Mk 3,13–10,52)
> 3. Jesus und seine Gegner (Mk 11,1–12,44)
> 4. Zukunft und Gericht (Mk 13,1–37)
> Das Ende: Erniedrigung und Erhöhung der Person Jesu (Mk 14–16)

Die Verfasser der 4 Evangelien des NT bezeichnet man als *Evangelisten.* Seit dem 4. Jh. werden ihnen aus den Visionen des Propheten Hesekiel (1,4 f.) und aus denen des Evangelisten Johannes (Offb 4,6 f.) hergeleitete Sinnbilder als Evangelistensymbole zugeordnet (Engel = Matthäus, Löwe = Markus, Stier = Lukas und Adler = Johannes).

Das *Evangelium nach Matthäus* (Mt) ist das erste im NT aufgeführte Evangelium. Das von einem Judenchristen für hellenistische Judenchristen um das Jahr 80 in Syrien verfaßte Werk enthält u.a. die berühmte Bergpredigt.

Das *Evangelium nach Markus* (Mk), die zweite Schrift des NT, ist das älteste und mit seinen 678 Versen kürzeste Evangelium. Der Verfasser dieses um das Jahr 70 in Rom für Heidenchristen verfaßten Evangeliums gilt als der Begründer der Kirche in Alexandria (Markusliturgie).

Das *Evangelium nach Lukas* (Lk) ist das dritte und mit seinen 1151 Versen nicht nur längste der Evangelien, sondern auch die umfangreichste Schrift des NT. Als sein Verfasser gilt in der altkirchlichen Überlieferung der Arzt und Begleiter des Paulus. In diesem um das Jahr 90 entstandenen und für Heidenchristen bestimmten Evangelium erscheint Jesus als Freund der Armen und Verachteten.

Die ersten drei Evangelisten (Mt, Mk, Lk) werden *Synoptiker* genannt, weil sie in ihren Evangelien weitgehende Übereinstimmung in der Auswahl und Anordnung des Stoffes – im Gegensatz zum Johannesevangelium – bieten und so eine Synopse (griech. »Zusammenschau«) ermöglichen.

Das vierte *Evangelium* ist das nach *Johannes* (Joh). Dieses um das Jahr 100 entstandene Werk steht gegenüber den Synoptikern in Aufbau, Inhalt und Stil selbständig da. Der Mensch Jesus ist nach ihm der ewige Gottessohn und Offenbarungsbringer.

Die *Apostelgeschichte* (Apg) – die Fortsetzung des Lukasevangeliums, zusammen mit letzterem ein Doppelwerk innerhalb des NT und vom Verfasser des Lukasevangeliums um 95/100 geschrieben – erzählt, wie Jesus Christus nach seiner Himmelfahrt als Erhöhter vom Himmel her kraft des Heiligen Geistes durch die »Taten seiner Apostel« weiterwirkt. Es stellt die Ausbreitung des Evangeliums von der unter Führung des Jakobus und Petrus stehenden Urgemeinde in Jerusalem über die Missionstätigkeit des Paulus bis hin nach Rom dar.

Unter den apostolischen Briefschriften nehmen die 13 bzw. 14 *Paulusbriefe* – in der katholischen Kirche wird der Hebräerbrief zu den *Paulinischen Briefen* gerechnet –, die vom Heidenapostel Paulus (ca. 5/10–64) ab 50/51 selbst verfaßt, bzw. seiner Autorschaft und seinem Schülerkreis zugeschrieben werden, die erste Stelle ein. Obwohl Gelegenheitsschriften, sind sie die ältesten Dokumente der Christenheit. In ihnen versucht Paulus strittige Fragen der Lehre und des Lebens zu klären, Zweifel zu zerstreuen, Streit zu schlichten, Trost zu spenden, aber auch Vorwürfe abzuwehren.

Man unterscheidet 4 Gruppen dieser Briefe: Hauptbriefe, Gefangenschaftsbriefe, Briefe der nachapostolischen Zeit und Pastoralbriefe. Diese Briefe sind jeweils der Länge nach innerhalb ihrer Gruppe im Kanon aufgeführt.

Zu den Paulinischen *Hauptbriefen* zählen der Römerbrief (54/55 n. Chr.), die beiden Korintherbriefe (53/54), der Galaterbrief (52/53) und der erste Thessalonicherbrief (50/51). Der *Römerbrief* ist mit 433 Versen der umfangreichste und zugleich theologisch bedeutsamste Brief des Paulus, den er in den Jahren 54/55 an die ihm noch unbekannte römische Christengemeinde zur Vorbereitung seines Besuchs schreibt. Der *1. Thessalonicherbrief* aus dem Jahre 50/51 ist nicht nur der älteste uns erhaltene Paulusbrief, sondern auch die älteste Schrift des NT.

3 Briefe – Philipperbrief (57/58), Kolosserbrief (60/64) und Philemonbrief (57/58) – bezeichnet man als *Gefangenschaftsbriefe,* weil sie zur Zeit der Gefangenschaft des Paulus in Rom (ab 56) verfaßt sind.

Zu den *Briefen der nachapostolischen Zeit* gehören der 2. Thessalonicherbrief (70/120), der Epheserbrief (80/100) und der Hebräerbrief (90).

Als *Pastoralbriefe* (Hirtenbriefe) bezeichnet man die unter dem Namen des Paulus überlieferten 2 Timotheusbriefe sowie den Titusbrief, die alle drei in den Jahren 100/110 verfaßt sind.

Von den *Katholischen Briefen* bzw. *Kirchenbriefen* gibt es 7, die nach ihren angegebenen Verfassern benannt und nicht an eine Einzelperson oder Einzelgemeinde adressiert, sondern als Sendschreiben für die Gesamtheit der Kirche bestimmt sind. Hier handelt es sich um den *Jakobusbrief* (100), den 1. und 2. *Petrusbrief* (95 und 125), den 1., 2. und 3. *Johannesbrief* (100) und den *Judasbrief* (100). Der 2. Petrusbrief aus dem Jahre 125 ist die jüngste und der 2. Johannesbrief mit seinen nur 13 Versen Umfang die kürzeste aller neutestamentlichen Schriften.

Das letzte Buch des NT und damit der Bibel ist die *Apokalypse* des Johannes (griech. *apokalypsis* = »Enthüllung, Offenbarung«), auch *Johannesapokalypse* oder *Offenbarung des Johannes* genannt. Dieses um 95 entstandene Buch will in der beginnenden Christenverfolgung unter Kaiser Domitian (81–96) die bedrängten Gläubigen durch Ausblick auf die Wiederkunft Christi trösten und zugleich auf die diesem Ereignis vorausgehenden Erscheinungen vorbereiten.

Die Reihenfolge der zwischen 50 und 125 entstandenen Schriften des NT im jetzigen *Kanon* (griech. »Maßstab, Richtschnur«) – dem Verzeichnis der gesamten von der Kirche als Urkunden göttlicher Offenbarung anerkannten Schriften, die für die Gesamtkirche normative Geltung haben – erweckt den Eindruck, daß es inhaltlich um den Ablauf der christlichen Heilsgeschichte geht, d. h. von Jesus (Evangelien) über die Zeit der Kirche (Apostelgeschichte und Briefe) bis zum Ende der Zeiten (Apokalypse). Tatsächlich zeigt die Geschichte des Kanons jedoch, daß das Maß der gesamtkirchlichen Anerkennung als kanonische Schriften auf die heutige Reihenfolge eingewirkt hat. Zu Anfang des 6. Jh. kommt die Entwicklung des Kanons zum Abschluß. In den Westkirchen stehen die Paulusbriefe vor den Katholischen Briefen, in den Ostkirchen finden sich diese z. T. hinter den Katholischen Briefen.

Bibelübersetzungen gibt es in ca. 1100 Sprachen und Dialekten. Die bedeutendste und zugleich älteste ist die *Septuaginta* (→Judentum). Diese Übersetzung des AT ins Griechische enthält eine Reihe von Schriften, die nicht im hebräischen Kanon aufgenommen sind (Apokryphen; →S. 133). In der syrischen Kirche gilt die *Peschittha* (syr. »die Einfache«), eine wahrscheinlich von Bischof Rabula von Edessa (5. Jh.) geschaffene syrische Übersetzung. Von der Bibelübersetzung ins Gotische durch den arianischen Bischof *Ulfila* bzw. *Wulfila* (311–383) aus dem Jahre 370 sind nur Teilstücke erhalten. Die *Vulgata,* eine von Hieronymus (um 345–420) geschaffene lateinische Übersetzung, ist 1546 auf dem Trienter Konzil für die katholische Kirche zum authentischen Bibeltext erklärt worden. Die deutsche Bibelüberset-

1

2

3

5

zung *Martin Luthers* (1521 das NT; Erstausgabe 1522; 1523–34 das AT), die von großer Bedeutung für die Reformation und die Entwicklung der deutschen Sprache wird, ist bis heute für die lutherischen Kirchen maßgebend.

Die heute übliche *Kapiteleinteilung* der Bibel ist zuerst im Jahre 1205 von dem englischen Theologen Stephan Langton (um 1150–1228), Professor in Paris und später Erzbischof und Kardinal von Canterbury, für die Vulgata vorgenommen worden. Die seit 1551 bekannte *Verseinteilung* der Bibel geht auf den Pariser Buchdrucker Robert Estienne – latinisiert Stephanus – (1503–59) zurück.

Während für die reformatorischen Kirchen die Bibel allein *(sola scriptura)* die Norm und die Quelle ist, aus der die Erkenntnis der göttlichen Offenbarungswahrheit geschöpft werden kann, wird für die katholische Kirche und die Ostkirchen die Erkenntnis der göttlichen Offenbarung aus der Bibel und aus der Überlieferung *(Tradition)* geschöpft, deren vornehmste Zeugen die *Kirchenväter* (lat. *patres ecclesiae*) sind.

Bekenntnisschriften oder auch *symbolische Bücher* sind rechtsverbindliche Lehrschriften der evangelischen Kirchen.

In den *lutherischen Kirchen* gilt als wichtigste Bekenntnisschrift das *Augsburgische* bzw. *Augsburger Bekenntnis* (lat. »Confes-

1 *Ältestes Fragment eines Evangelientextes (Joh 18,31–34), Papyrus, ca. 125*

2 *Ältester Bibeldruck von Gutenberg, 42zeilige Bibel, 1452/55, München, Bayer. Staatsbibl.*

3 *Papst Johannes Paul II. – Oberhaupt der röm.-kath. Kirche – beim Weltkirchenrat in Genf*

4 *Rev. Emilio Castro, gegenwärtiger Generalsekretär des Weltkirchenrats*

5 *Königin Elisabeth II., Oberhaupt der anglikanischen Staatskirche*

sio Augustana«), eine von Philipp Melanchthon (1479–1560) im Auftrag des Kurfürsten Johann von Sachsen (1525–32) verfaßte und auf dem Reichstag zu Augsburg am 25. Juni 1530 Kaiser Karl V. (1515–56) überreichte Rechtfertigungsschrift der evangelischen Stände.

Die *Schmalkaldischen Artikel* sind von Martin Luther (1483–1546) im Jahre 1536/37 selbst verfaßt und ursprünglich als Diskussionsgrundlage für das von Papst Paul III. (1534–49) in Mantua geplante Konzil gedacht. Zu den bekanntesten Lehrbüchern des christlichen Glaubens gehören die ebenfalls von Martin Luther im Jahre 1529 veröffentlichten beiden Katechismen: *Großer Katechismus* und *Kleiner Katechismus.*

Mannigfaltig sind Zahl und Geltungsbereich der *reformierten Bekenntnisschriften.* Die *Confessio Helvetica* (neulat. „schweizerisches Bekenntnis«) *posterior,* von Heinrich Bullinger (1504–75) für Friedrich III. von der Pfalz (1559–76) in den Jahren 1562/66 verfaßt, gilt als das Hauptbekenntnis der zwinglianisch-calvinistischen Protestanten und ist das einigende Band der Reformierten in Europa. Der ebenfalls auf Anordnung des Kurfürsten Friedrich III. von der Pfalz von den Theologen Zacharias Ursinus (1534–83) und Kaspar Olevianus (1536–87) im Jahre 1563 verfaßte *Heidelberger Katechismus* ist der bedeutendste der reformierten Kirchen.

Für die *anglikanische Kirche* ist das in den Jahren 1541–49 konzipierte und erstmals 1549 unter König Eduard VI. (1547–53) amtlich eingeführte *Common Prayer Book* (engl. »Buch des gemeinsamen Gebets«) das liturgische und katechetische Handbuch.

Für die schottischen und nordamerikanischen *Presbyterianer* und *Independenten* ist die *Westminster Confession,* das auf der Westminster-Synode (1643–53) im Jahre 1647 beschlossene Bekenntnis, verbindlich.

Verbindlich in der römisch-katholischen Kirche sind die Dekrete der 21 ökumenischen Konzilien und die Lehrentscheidungen der Päpste. Als eine quasi-symbolische Schrift könnte man den *Catechismus Romanus* (lat. »Römischer Katechismus«) bezeichnen, ein für die Hand der katholischen Kleriker aufgrund eines Dekrets des Trienter Konzils (1545–63) verfaßtes und 1566 auf Anordnung des Papstes Pius V. (1566–72) herausgegebenes Handbuch mit einer zusammenfassenden Darstellung der katholischen Glaubens- und Sittenlehre.

NEOCHRISTENTUM

Ein Schlüsselbegriff für zahlreiche christliche Bewegungen der Gegenwart ist die *Befreiung.* Damit ist ganz allgemein der Übergang von einem Zustand der Fremdbestimmung (Unfreiheit) zu dem der Selbstbestimmung (Freiheit) gemeint, und diese Selbstbestimmung soll keinem Menschen vorenthalten werden, sei es wegen seiner Rassen- oder Kultur-, sei es wegen seiner Klassen- oder Geschlechtszugehörigkeit.

Die Weltmissionskonferenz in Bangkok (1973) sieht »das Ringen um wirtschaftliche Gerechtigkeit, politische Freiheit und kulturelle Erneuerung als Elemente der umfassenden Befreiung der Welt im Namen Gottes«, und gemäß der Vollversammlung des Ökumenischen Rates (ÖKR) in Nairobi (1975) soll die Befreiung von der Sünde und vom Bösen einerseits nicht auf ihre sozialen und politischen Dimensionen reduziert werden und andererseits nicht auf die private und ewige Dimension eingeschränkt bleiben.

Der Kampf gegen Rassendiskriminierung und für volle Gleichberechtigung der Schwarzen – seinerzeit während der *Bürgerrechtsbewegung* in den USA durch gewaltlose Massendemonstrationen in Washington (200 000 Neger und Weiße) unter Führung des Friedensnobelpreisträgers *Martin Luther King* (April 1968 ermordet) – geht heute in Südafrika angesichts der Entrechtung der schwarzen Bevölkerungsmehrheit durch ein weißes Apartheidsystem weiter. So wie viele Völker der Dritten Welt wollen auch die südafrikanischen Schwarzen von der Fremdbestimmung durch eine weiße koloniale Vorherrschaft und von der in Europa wurzelnden »weißen« Kultur frei sein. Seit Ende der sechziger Jahre wird diese konfessionsübergreifende Bewegung von der *Schwarzen Theologie (Black Theology)* begleitet, die gegen den Mißbrauch des Evangeliums durch die heutigen Buren-Machthaber und im Gegensatz zum Universalitätsanspruch abendländisch-nordatlantischer »weißer« Theologie die Lebenswirklichkeit des »Schwarzseins« betont. Die *Schwarze Theologie* sucht wie die heutige *Afrikanische Theologie* insgesamt das Evangelium aus afrikanischer Perspektive, aus der eigenen Geschichte und seinen reichen kulturellen und religiösen Traditionen zu verstehen. Für den anglikanischen Bischof und Friedensnobelpreisträger *Desmond Tutu* bleiben Freiheit und Versöhnung unteilbar, und er stellt die rhetorische Frage: »Glauben wir an einen farblosen (oder gar weißen) Gott, oder ist er (sie?) vielleicht schwarz?« Obwohl die Schwarze Theologie und die von ihr getragene Bewegung gegen jede Form von Gewaltanwendung sind, werden ihre maßgebenden Träger von den weißen Machthabern in Südafrika unter Hausarrest gestellt und mit einem in der Regel fünfjährigen Rede-, Versammlungs- und Publikationsverbot belegt.

Seit den sechziger Jahren gibt es in Lateinamerika eine Bewegung engagierter Christen gegen Ausbeutung und Unterdrükkung durch eine privilegierte, z.T. durch Militärdiktaturen geschützte Klasse. Diese gewaltfreie *Menschenrechtsbewegung* ist in einer großen Anzahl von *Basisgemeinden* organisiert, und einer ihrer führenden Repräsentanten ist Erzbischof (a.D.) *Dom Helder Camara.* Den im Prozeß der Befreiung aus der Elendssituation stehenden Christen will die *Theologie der Befreiung* als eine praktische Glaubenswissenschaft helfen, Zielsetzungen, Optionen für die Armen und Aktionen im Lichte des Evangeliums zu vollziehen. »Die Befreiung ist das Zentrum der biblischen Botschaft ... Sie geht durch die ganze Geschichte und erreicht ihre Vollendung in der Offenbarung des Reiches, das von der befreienden Praxis Jesu und der barmherzigen Güte des Vaters gesichert ist.« Die durch Jesus Christus geschenkte Befreiung schließt drei Ebenen ein: die sozialpolitische, die geschichtliche und die eschatologische. Einer der führenden Vertreter der Befreiungstheologie ist *G. Gutiérrez.* Zahlreiche der wegen ihres Einsatzes im Befreiungsprozeß engagierten Christen werden ins Exil geschickt oder kommen ins Gefängnis, ja werden gefoltert und ermordet. Der bekannteste Märtyrer ist *Oscar A. Romero,* ehemals Bischof von San Salvador (†1980).

Mit den Benachteiligten, den Diskriminierten und Unterdrückten verbinden sich heute die Stimmen vieler christlicher Frauen in Nordamerika und Europa, die aus ihrer Glaubensüberzeugung von der Gleichheit aller aufgrund der Taufe gegen alle Formen männlicher Vorherrschaft in den Kirchen und für eine gleichberechtigte Partnerschaft von Frauen und Männern auch bei Funktionen und Ämtern sind, so daß anstelle von einer »Subordination« die Ordination tritt.

Seit 1959 wurden in den verschiedenen Landeskirchen der EKD Frauen sukzessive zur Ordination zugelassen und mit dem Amt einer Pfarrerin beauftragt. Am 4. April 1992 ist mit Maria Jepsen erstmals eine Frau auch in das Amt einer ev.-luth. Bischöfin gewählt worden. Während in den USA bereits 1989 mit Barbara Harris die erste anglikanische Bischöfin ordiniert wurde, diskutiert die Kirche von England noch über die Zulassung von Frauen zum Pfarramt. Die orthodoxen Kirchen wie auch die röm.-kath. Kirche lehnen eine Ordination von Frauen weiterhin kategorisch ab. Die *christliche Frauenbewegung* wird von der *Feministischen Theologie* begleitet, die u.a. eine einseitig männliche Redeweise in Theologie und Gottesdienst ablehnt und die verdrängten Glaubenserfahrungen sowie rein männlichen Gottesbilder in der Bibel reflektiert und thematisiert. Bahnbrechend in der Feministischen Theologie sind in den USA die Theologinnen Mary Daly, Rosemary Ruether und Letty Russel, und in Europa sind es Catharina Halkes und Elisabeth Moltmann-Wendel.

In den zahlreichen, voneinander getrennten Kirchen und kirchlichen Gemeinschaften, die sich im Laufe der Kirchengeschichte nicht selten gegenseitig gebannt und die neuen, aus ihnen entstandenen Gemeinschaften oft als »Sekten« bezeichnet, unterdrückt und verfolgt haben, ist in diesem Jahrhundert ein Bewußtsein der Zusammengehörigkeit zu der einen Kirche Jesu Christi entstanden, aus dem dann die *ökumenische Bewegung* erwachsen ist. Sie wird von der *ökumenischen Theologie* begleitet, und ihrer beider Ziel ist es, die Trennung zwischen den Kirchen dogmatisch und rechtlich zu überwinden und zu einer (Wieder-)Vereinigung aller christlichen Kirchen zu kommen. Mit Ökumene (griech. »die bewohnte [Erde]«) wird die Gesamtheit der christlichen Kirchen bezeichnet. Ihren Anfang nimmt die *ökumenische Bewegung* mit der durch den schwedischen Erzbischof und Religionswissenschaftler Nathan Söderblom (1866–1931) im Jahre 1925 nach Stockholm einberufenen *Weltkirchenkonferenz* für praktisches C., die Wege für ein gemeinsames Handeln der protestantischen Kirchen suchen soll. Aus der ökumenischen Bewegung wird der am 23. August 1948 in Amsterdam als Gemeinschaft christlicher Kirchen entstandene *Weltrat der Kirchen* (engl. »World Council of Churches«), auch *Ökumenischer Rat der Kirchen* (ÖRK) genannt, gebildet. Der Weltrat, dem heute über 300 Mitgliedskirchen – ausgenommen die römisch-katholische Kirche – aus ca. 100 Ländern mit zusammen ca. 400000000 Gläubigen angehören, versteht sich als eine »Gemeinschaft von Kirchen, die Unseren Herrn Jesus Christus als Gott und Heiland anerkennen«. Oberstes Organ des Weltrates ist die aus Vertretern aller Mitgliedskirchen bestehende, ca. alle 7 Jahre einberufene *Vollversammlung,* deren letzte 1983 in Vancouver/Kanada stattfand. Zwischen den lutherischen und reformierten Kirchen in der EKD und zwischen der altkatholischen und anglikanischen Kirche gibt es bereits eine *Kanzel- und Abendmahlsgemeinschaft,* d.h. einen gegenseitigen Austausch von Predigern und eine gegenseitige Zulassung zum Abendmahl.

Die vorgenannten vier unterschiedlichen, Konfessionen und Kontinente übergreifenden *christlichen Bewegungen* der Gegenwart, die sich auf zentrale Werte der jesuanischen Verkündigung von der befreienden Königsherrschaft Gottes für *alle* Menschen, wie *Freiheit* und *Gleichheit* für alle sowie *Einheit* zurückbesinnen, kann man als *neochristliche Bewegungen* bzw. als *Neochristentum* bezeichnen.

Zeittafel

Vor der christlichen Zeitrechnung

ca. 7/4 Jesus von Nazaret zur Zeit des Königs Herodes d. Gr. (40/37–4) in Betlehem geboren

Nach der christlichen Zeitrechnung

1 Beginn der (heute gebräuchlichen) christlichen Zeitrechnung (»nach Christi Geburt«), die auf der fehlerhaften Berechnung des Abtes Dionysius Exiguus (470–550) aus dem Jahre 525 beruht.

ca. 28/33 Jesus von Nazaret zur Zeit des römischen Prokurators Pontius Pilatus (26–36), des Königs Herodes Antipas (4 v.–40 n. Chr.) und des Hohenpriesters Kaiphas (18–36) in Jerusalem gekreuzigt

45–58 Drei Missionsreisen des Apostels Paulus

48 Apostelkonzil in Jerusalem

ab 50/51 Briefe des Apostels Paulus; älteste Schriften des Neuen Testaments (1. Thessalonicher aus dem Jahre 50/51)

ca. 64 Hinrichtung der Apostel Paulus und Petrus zur Zeit der ersten Christenverfolgung in Rom unter Kaiser Nero (54–68)

ca. 70 Redaktion des Markusevangeliums

ca. 80–90 Redaktion der Evangelien nach Matthäus und Lukas

ca. 100 Entstehung des Evangeliums nach Johannes; um 125 Papyrus Rylands (p[52]): ältestes erhaltenes Fragment des Neuen Testaments, 1934 in Fajum/Ägypten aufgefunden

um 150 Erste Christusbildnisse entstehen

1. Hälfte 3. Jh. Katakombenmalerei in Rom

250 Erste allgemeine und bisher größte Christenverfolgung im Römischen Reich unter Kaiser Decius (249–251)

303/304 Christenverfolgung unter Kaiser Diokletian (284–305)

313 Toleranzedikt von Mailand durch Kaiser Konstantin d. Gr. (306/324–337)

325 1. allgemeines Konzil in Nizäa unter Vorsitz Kaiser Konstantins. Arianismus als Häresie verurteilt

ab 326 Helena, die Mutter Konstantins, läßt in Jerusalem die Grabeskirche Jesu erbauen (altchristliche Basilika)

ca. 350 Kaiser Konstantius II., der Sohn Konstantins, erklärt das arianische C. zur Staatsreligion

367 Kanon des Neuen Testaments (Athanasius)

381 Zweites allgemeines Konzil in Konstantinopel; Nicänisch-Konstantinopolitanisches Glaubensbekenntnis

391 Kaiser Theodosius d. Gr. (379–395) erklärt das orthodoxe C. zur Staatsreligion. Alle nichtchristlichen Kulte im Römischen Reich werden verboten

395–430 Kirchenvater Augustinus, Bischof von Hippo

431 3. allgemeines Konzil in Ephesus; Verurteilung des Nestorianismus

440–461 Papst Leo I., d. Gr.

496 Taufe des Frankenkönigs Chlodwig (482–511)

529 Benedikt von Nursia (480–547), der Vater des abendländischen Mönchtums, gründet auf dem Monte Cassino das Mutterkloster des Benediktinerordens

532–537 Bau der Hagia Sophia (byzantinischer Zentralbau) in Konstantinopel unter dem letzten oströmischen Kaiser Justinian (527–565)

547–549 Erbauung der byzantinischen Kirchen San Vitale und San Apollinare in Ravenna

590–604 Papst Gregor I., d. Gr.

725 Bonifatius (672/73–754) fällt bei Geismar in Hessen die dem Germanengott Donar geweihte Eiche

726–843 Streit um die Bilderverehrung in den Ostkirchen

755 Entstehung des Kirchenstaates

800 Kaiserkrönung des Frankenkönigs Karl d. Gr. (800–814) in Rom durch Papst Leo III. (795–816)

805 Einweihung der karolingischen Pfalzkapelle in Aachen

863 In der Frage der geistigen Vorherrschaft über die Christenheit entzweien sich der Papst von Rom und der Patriarch von Konstantinopel, und es zeichnet sich die Teilung der Christenheit in eine katholische Kirche im Westen und eine orthodoxe Kirche im Osten ab

910 Gründung des Klosters Cluny; Zentrum der cluniazensischen Reform

962 Otto I., d. Gr., in Rom von Papst Johannes XII. (955–964) zum Kaiser gekrönt; Beginn des »Heiligen Römischen Reiches Deutscher Nation«

1033–1109 Anselm von Canterbury; Frühscholastik

1054 Der Papst von Rom und der Patriarch von Konstantinopel belegen sich gegenseitig mit dem Kirchenbann, womit der Bruch zwischen der lateinischen West- und der griechischen Ostkirche endgültig ist

1074 Papst Gregor VII. (1073–85) verbietet die bisher übliche Priesterehe und verlangt den Zölibat für alle Priester

1075–1122 Investiturstreit zwischen Papst und Kaiser; Ende im Wormser Konkordat

1088–1220 Bau der romanischen Abteikirche in Cluny/Frankreich

1091–1153 Bernhard von Clairvaux

1095 Aufruf des Papstes Urban II. (1088–99) zum 1. Kreuzzug gegen die Muslime; Beginn des Zeitalters der Kreuzzüge (1096–1270); Judenverfolgungen

nach 1100 Bau des Großmünsters in Zürich

1163–1245 Bau von Notre-Dame in Paris

1176 Begründung der Waldenser-Bewegung in Lyon durch Peter Waldes (†um 1217), der 1184 vom Papst exkommuniziert wird

1181–1234 Bau des Kaiserdoms in Worms

1209–29 Albigenserkriege mit Ausrottung der Katharer (»Ketzer«)

1210 Franz von Assisi (1181/82–1226) gründet den Orden der Franziskaner

1215 4. Laterankonzil unter Papst Innozenz III. (1198–1216) beschließt Kirchenreform und Gesetze über das Vorgehen gegen die Katharer

1219 Baubeginn der gotischen Kathedrale in Genf

1225 Baubeginn des romanischen Stephansdoms in Wien, nach 1450 gotisch vollendet

1231/32 Schaffung der päpstlichen Inquisition durch Gregor IX. (1227–41) und Einführung der Todesstrafe für Häretiker in Frankreich und Deutschland

1248 Baubeginn des gotischen Kölner Doms, erst 1880 vollendet

1274 Tod des Dominikanertheologen Thomas von Aquin (* um 1225), des größten katholischen Theologen des Mittelalters

1309–77 »Babylonische Gefangenschaft« der Päpste in Avignon

1378–1417 Abendländisches Schisma

1384 John Wiclif (um 1324–84) übersetzt die Bibel (Vulgata) ins Englische

1415 Der tschechische Priester und Reformator Jan Hus (1369–1415), ein Schüler Wiclifs, wird am 6. Juli 1415 auf dem Konstanzer Konzil (1414–18) als Ketzer verbrannt

1420–31 Hussitenkriege

1452/55 Druck der Gutenbergbibel (Vulgata)

1453 Osmanische Türken erobern Konstantinopel

1484 Hexenbulle Papst Innozenz' VIII. (1484–92); bis zum 18. Jh. fallen über

1 Million Frauen der Hexenverfolgung zum Opfer
1506 Baubeginn des heutigen Petersdoms (Renaissancestil) in Rom unter Papst Julius II. (1503–13), vollendet 1626
1517 Der Augustinermönch Martin Luther (1483–1546) schlägt am 31. Oktober 1517 an die Schloßkirche von Wittenberg seine 95 Thesen gegen den Ablaßhandel an und löst damit die Reformation aus
1522 Beginn der Reformation in Zürich durch den Geistlichen Ulrich Zwingli (1484–1531)
1531 Heinrich VIII., König von England, sagt sich von der römischen Kirche los und wird 1534 Oberhaupt der anglikanischen Kirche
1534 Gründung des Jesuitenordens durch Ignatius von Loyola (1491–1556)
1541 Johann Calvin (1509–64) führt in Genf die Reformation durch
1545–63 Das Konzil von Trient beschließt Glaubens- und Reformdekrete angesichts der sich ausbreitenden Reformation
1555 Augsburger Religionsfriede
1555–60 Bau der Pokrovkathedrale in Moskau
1562–98 Hugenottenkriege; in der »Bartholomäusnacht« (1572) werden ca. 2000 Hugenotten (Calvinisten) in Paris umgebracht
1598 Toleranzedikt von Nantes durch Heinrich IV. (1589–1610)
1648 Westfälischer Friedensschluß in Münster; Ende des Dreißigjährigen Krieges
1675–1710 Bau der barocken St.-Pauls-Kathedrale in London
1685 Aufhebung des Toleranzedikts von Nantes (1598) durch Ludwig XIV. (1643–1715) und Vertreibung von ½ Million Hugenotten aus Frankreich
1726–38 Bau der barocken Frauenkirche in Dresden
1729 Johann Sebastian Bachs (1685–1750) Matthäuspassion
1803 Aufhebung der geistlichen Fürstentümer in Deutschland
1869/70 1. Vatikanisches Konzil unter Papst Pius IX. (1846–78) definiert Jurisdiktionsprimat und Unfehlbarkeit des Papstes
1870 Besetzung des Kirchenstaates
1874 Entstehung der altkatholischen Kirche
1883–1926 Bau der Kirche Sagrada Familia in Barcelona (Jugendstil)
1929 Lateranverträge; Anerkennung der Città del Vaticano
1948 1. Vollversammlung des Ökumenischen Rates der Kirchen (ÖRK) in Amsterdam
1959 Bau der Kathedrale von Brasilia/Brasilien
1962–65 2. Vatikanisches Konzil – von Papst Johannes XXIII. (1958–63) einberufen und von Papst Paul VI. (1963–78) weitergeführt – beschließt Kirchenreform und Wegbereitung der Einigung der christlichen Kirchen
1965 Aufhebung des gegenseitigen Kirchenbanns (seit 1054) zwischen Katholiken und Orthodoxen
1983 6. Vollversammlung des ÖRK in Vancouver/Kanada
1985 Der Franziskanertheologe Leonardo Boff, führender Vertreter der Befreiungstheologie in Lateinamerika, erhält von der römischen Glaubenskongregation Rede- und Schreibverbot
1985 Bischofskonferenz im Vatikan unter Papst Johannes Paul II. (ab 1978) berät über die Auswirkungen des 2. Vatikanischen Konzils – 20 Jahre nach dessen Abschluß

Literaturauswahl

Andresen, C.: Die Kirchen der alten Christenheit. Stuttgart 1971
Barth, K.: Die kirchliche Dogmatik. 13 Bde. u. 1 Reg.-Bd. Zürich 1939 ff.
Die Bekenntnisschriften der evangelisch-lutherischen Kirche. Göttingen ^{9}1982
Bekenntnisschriften und Kirchenordnungen der nach Gottes Wort reformierten Kirche. Hrsg. v. W. Niesel, 3. Aufl. Zürich o. J.
Bellinger, G.: Der Catechismus Romanus und die Reformation. Paderborn 1970
Die Bibel. Einheitsübersetzung der Heiligen Schrift, Altes und Neues Testament. Stuttgart ^{2}1985
Boff, L.: Kirche. Charisma und Macht. Studien zu einer streitbaren Ekklesiologie. Düsseldorf ^{2}1985
Bornkamm, G.: Jesus von Nazareth. Stuttgart ^{13}1983
Bultmann, R.: Theologie des Neuen Testaments. Tübingen ^{9}1984
Evangelischer Erwachsenenkatechismus. Kursbuch des Glaubens. Im Auftrag der Katechismuskommission der VELKD hrsg. v. H. Echternach u. a. Gütersloh ^{4}1982
Every, G.: Christian Mythology. Feltham 1970
Goldammer, K.: Kultsymbolik des Protestantismus. 2 Bde. Wiesbaden 1960 u. 1967
Guardini, R.: Der Herr. Betrachtungen über die Person und das Leben Jesu Christi. Paderborn ^{14}1980
Hammerschmidt, E.: Symbolik des orientalischen Christentums. Wiesbaden 1966
Häring, B.: Frei in Christus. Moraltheologie für die Praxis des christlichen Lebens. 3 Bde. Freiburg i. B. $^{2-3}$1982
Heussi, K.: Kompendium der Kirchengeschichte. Tübingen ^{16}1981
Jungmann, J. A.: Symbolik der katholischen Kirche. Wiesbaden 1960
Kasper, W.: Jesus der Christus. Mainz ^{9}1984
Katholischer Erwachsenen-Katechismus. Das Glaubensbekenntnis der Kirche. Hrsg. v. der Deutschen Bischofskonferenz. Bonn 1985
Kawerau, P.: Das Christentum des Ostens. Stuttgart 1972
Küng, H.: Christ sein. ^{7}1985 (dtv 1220)
Lexikon für Theologie und Kirche. Hrsg. v. J. Höfer und K. Rahner. 10 Bde. u. 1 Reg.-Bd. Freiburg i. B. ^{2}1957–67
Metz, J. B.: Glaube in Geschichte und Gesellschaft. Mainz ^{4}1984
Neuner, J./Roos, H.: Der Glaube der Kirchen in den Urkunden der Lehrverkündigung. Neubearbeitet v. K. Rahner u. K.-H. Wege. Regensburg ^{11}1983
Rahner, K.: Grundkurs des Glaubens. Freiburg i. B. ^{12}1982
Ratzinger, J.: Einführung in das Christentum. Luzern 1970
Die Religion in Geschichte und Gegenwart. 6 Bde. u. 1 Reg.-Bd. Tübingen ^{3}1957–65
Thielicke, H.: Der Evangelische Glaube. Grundzüge der Dogmatik. 3 Bde. Tübingen 1968–78
Thielicke, H.: Theologische Ethik. 2 Bde. Tübingen $^{2-5}$1968–81
Weltkirchenlexikon. Handbuch der Ökumene. Hrsg. v. F. H. Littel u. H. H. Walz. Stuttgart 1960
Zürcher Bibel. Zürich 1954

CHRISTIAN SCIENCE

Die C.S. (engl. »christliche Wissenschaft«) ist eine von der Amerikanerin *Mary Baker-Eddy* (1821–1910) im Jahr 1879 in den USA begründete Bewegung, die sie 1892 in Boston als *The First Church of Christ, Scientist* (engl. »Die erste Kirche Christi, Wissenschaftler«) neu organisiert. Für die 1800000 *Szientisten*, wie die Anhänger dieser Bewegung genannt werden, die in 3500 Zweigkirchen in 60 Ländern der Welt organisiert sind, bedeutet die Mutterkirche in Boston (USA) die Zentrale.

Diese Glaubensgemeinschaft, deren Lehre als *Szientismus* bezeichnet wird, ist aus dem →Christentum kongregationalistischer Richtung hervorgegangen, und sie gehört zu den →neuen Religionen Nordamerikas.

Die Stifterin *Mary Baker* wird am 16. Juli 1821 als sechstes Kind einer kongregationalistischen Farmerfamilie in Bow bei Concord/NH (USA) geboren. Mit 17 Jahren wird sie in die Gemeinde der Kongregationalisten in Tilton aufgenommen. Ihr erster Ehemann G.W. Glover, den sie 1843 mit 22 Jahren in Südkarolina geheiratet hat, stirbt bereits nach einem Jahr. Von ihrem 1853 geheirateten zweiten Mann, dem Zahnarzt Patterson, läßt sie sich später scheiden, nachdem er sie verlassen hat. Als ein langjähriges Rückgratleiden bei ihr zu Lähmungserscheinungen führt, kommt sie 1862 zu dem Heilpraktiker *Phineas P. Quimby* (1802–66), dem Begründer der Neugeistbewegung, der keine Medikamente verabreicht, weil er davon überzeugt ist, daß es für alle sogenannten Krankheiten ein Heilmittel gibt: das Vertrauen des Patienten in den Heiler (Arzt). Nachdem sich die Stifterin am 1. Februar 1866 bei einem Sturz schwere Verletzungen zugezogen hat und von den Ärzten aufgegeben wird, erlebt sie die Stunde ihrer Erkenntnis. Während sie am dritten Tag nach dem Unfall die Geschichte von der Heilung des Gelähmten (Mt 9,1–8) liest, erhebt sie sich unter dem Befehl Gottes: »Meine Tochter, stehe auf!« gesund von ihrem Krankenlager. In dieser Stunde erkennt sie, daß nicht eine Arznei, sondern nur der Glaube des Kranken seine Gesundung herbeiführt und daß jede Krankheit letztlich im Geist wurzelt und von hier aus – unter Ausschluß aller materiellen Mittel – auch zu beeinflussen ist.

Diese im Jahr 1866 von ihr erkannte und an sich selbst erfahrene C.S. (»christliche Wissenschaft«) versteht sie als göttliche Verpflichtung, die an andere Menschen weiterzugeben ist. So entsteht ihr Hauptwerk »Science and Health« (engl. »Wissenschaft und Gesundheit«), das 1875 publiziert wird. 1876 gründet sie mit 6 Gleichgesinnten die *Christian Science Association*. Nachdem Mary Baker in dritter Ehe Asa Gilbert Eddy (†1882), einen ihrer eifrigsten Schüler, im Jahr 1877 geheiratet hat, nennt sie sich *Baker-Eddy*.

Die Stifterin, die zeit ihres Lebens von einer verzehrenden Sehnsucht nach der »vollkommenen Harmonie« erfüllt ist, gründet 1879 »zur Wiederherstellung der Heilungsgabe der ersten Christenheit« die *Church of Christ, Scientist* und läßt sich 1881 zur Pastorin dieser Kirche ordinieren. Sie führt Seminare durch, behandelt Patienten, verfaßt zahlreiche Schriften und gründet 3 Zeitschriften, dazu die internationale Tageszeitung *Christian Science Monitor*. 1892 organisiert sie ihre seit 1882 nach Boston übergesiedelte Kirche neu als *The First Church of Christ, Scientist*, die Mutterkirche aller Szientisten, und errichtet 1894–95 ein 5000 Personen fassendes Gotteshaus. Am 3. Dezember 1920 stirbt Mary Baker-Eddy im Alter von 89 Jahren auf ihrem Landsitz Chestnut Hill in Newton/MA (USA).

Noch zu Lebzeiten der Stifterin hat sich diese Bewegung von den USA über die westlichen Länder ausgebreitet. Im nationalsozialistischen Deutschland wird die Glaubensgemeinschaft aufgrund des Heilpraktikergesetzes 1941 verboten. In der DDR besteht seit 1951 ein Verbot der C.S.

Grundlage allen szientistischen Denkens ist die Erkenntnis, daß Gott Geist ist und daß die Welt und der Mensch seine Widerspiegelung und die »geistige Erscheinung des unendlichen Bewußtseins« darstellen. Gott ist unendliches Prinzip, Gemüt, Geist und Seele. Leben, Wahrheit und Liebe bilden die Dreieinigkeit, Gott genannt. Gott ist »Alles in allem« (Theopanismus). Er ist das »göttliche Prinzip dessen, was wirklich ist«. Diese Wirklichkeit ist das wesenhaft Harmonische, Vollkommene und Ewige.

Da Gott das einzige Prinzip von allem wirklich Existierenden und die einzige Wirklichkeit ist, kann es etwas Gegenteiliges nicht geben. Deshalb haben die Materie und alles, was mit ihr zusammenhängt, wie Disharmonien, Krankheit, Leid und Tod, das Böse und die Sünde keine Wirklichkeit, sondern sind reine Illusion, die »Nichtsheit des Irrtums«. Sie bestehen nur als Suggestion und sind unwirkliche Produkte unserer falschen Vorstellung, denn der Mensch ist unfähig, krank zu werden und zu sterben.

> Der Körper kann nicht sterben,
> weil Materie kein Leben hat,
> das sie verlieren könnte.

Macht sich der Mensch von den Täuschungen frei, so erlangt er das Heil. »Sind Krankheit und Sünde Illusionen, dann wird uns das Erwachen aus diesem sterblichen Traum … zu Gesundheit, Heiligkeit und Unsterblichkeit führen.« Dann wird der Mensch seine ewige Einheit mit Gott als seiner Widerspiegelung erkennen. Wer Gott als allumfassendes Prinzip richtig denkend bejaht, der durchbricht den Irrtum und vertreibt die Krankheit.

Zweimal im Jahr, im Januar und Februar,

feiern die Szientisten eine meditative Vereinigung mit Gott, *at-onement,* als ein immaterielles Abendmahl ohne Brot und Wein. An den Sonntagen und Mittwochabenden finden Gottesdienste statt. Sonntags hören alle Szientisten dieselbe *Lektionspredigt,* die in der Mutterkirche von Boston verfaßt und an alle Zweigkirchen in der Welt verschickt wird. Zwei *Leser* – nach den Bestimmungen der Stifterin immer ein Mann und eine Frau als 1. und 2. Leser – verlesen die Botschaft, die aus dem »Goldenen Text«, dem *Science and Health,* und aus einem kurzen Abschnitt der Bibel besteht, denn Jesus gilt als erster Lehrer und Praktiker der *Christlichen Wissenschaft,* die er in ihrer reinen Gestalt verkündigt und durch seine Heilungswunder als Wahrheit demonstriert hat. So beweist er, daß Leben todlos und daß Liebe der Meister des Hasses ist. Sein Versprechen, einen »Tröster« (Helfer) zu senden, hat sich in der Gründung der C.S. erfüllt.

In den Mittwochabend-Gottesdiensten werden vor allem Zeugnisse von Glaubensheilungen abgegeben, die denen von Bad Boll und Lourdes nicht nachstehen. Die von den Szientisten betonten psychosomatischen Zusammenhänge und seelisch-geistigen Ursachen vieler Leiden werden heute auch von Außenstehenden deutlicher gesehen als in früheren Zeiten.

Die zentralistische Organisation der Bewegung ist durch das von der Stifterin verfaßte »Kirchenhandbuch« festgelegt. Danach liegt die oberste Leitung bei der Bostoner Mutterkirche und in den Händen eines sich selbst ergänzenden fünfköpfigen Direktoriums, dem *Christian Science Board of Directors.* Nur in Boston, der Zentrale der szientistischen Weltbewegung, werden die *Christian Science Bachelors/CSB* ausgebildet, und nur im Bostoner Verlagshaus erscheint die offizielle Literatur.

Zur Gründung einer *Zweigkirche,* die sich selbst verwaltet, sind mindestens 16 Mitglieder notwendig. Kleinere Gruppen bilden eine *Vereinigung.* Während die Bostoner *Mutterkirche* allein den Artikel *The* (engl. »Die«) trägt, führen in anderen Städten die einzelnen *Zweigkirchen* entsprechend der Gründungsfolge den Titel »Erste« bzw. »Zweite« usw. *Kirche Christi, Wissenschaftler.*

In dieser Bewegung praktizieren 10000 *Praktiker* bzw. *Ausüber* oder *Heiler* die »Wissenschaft des Heilens«.

Das literarische Hauptwerk der Stifterin ist *Science and Health* (engl. »Wissenschaft und Gesundheit«) aus dem Jahr 1875, das von der Autorin immer wieder überarbeitet wurde und seit 1883 mit dem Untertitel *Key to the Scriptures* (engl. »Schlüssel zu den Schriften [der Bibel]«) erscheint. Es hat bei den Szientisten als ein von Gott inspiriertes Buch kanonische Geltung. Die Autorin sagt von sich als Trägerin der Offenbarung und Werkzeug der Gottheit: »Ich war nur der Schreiber, der die himmlischen Harmonien in göttlicher Naturlehre wiedergab.«

Die von der Stifterin im Jahre 1908 gegründete und heute im englischsprachigen Raum weitverbreitete internationale Tageszeitung *Christian Science Monitor* (Auflage: 166000) druckt nur gute Nachrichten ab und hält alles Negative (Verbrechen und Skandalgeschichten) aus ihren Spalten fern. Sie bietet pro Tag nur einen religiösen Beitrag.

Literaturauswahl

Baker-Eddy, M.: Wissenschaft und Gesundheit mit Schlüssel zur Hl. Schrift. Boston 1975

Leishmann, T.L.: Warum ich ein Christlicher Wissenschaftler bin. Rheinfelden 1969

Peel, R.: Mary Baker-Eddy. 3 Bde. New York 1966/72

Weiß, V.: Die Heilslehre der C.S. Gotha 1927

Zweig, S.: Die Heilung durch den Geist. Frankfurt/M. [2]1952

CHURCH OF GOD (Armstrong)

»C. of G.« (engl. »Kirche Gottes«) ist die Bezeichnung für mehr als 200 verschiedenartige religiöse Gemeinschaften in den USA, die seit 1830 entstanden und teilweise der Pfingstbewegung oder der Heiligungsbewegung zuzurechnen sind.

Zu nennen sind u.a. die *C. of G. in North America/General Eldership* (gegr. 1830), die *C. of G./New Dunkers* (gegr. 1848) und die *C. of G., Anderson/Indiana* (gegr. 1880). Adventistische Abzweigungen bilden die *C. of G./Adventists* (gegr. 1865), die *C. of G. in Jesus Christ/Oregon* (gegr. 1888) und die *C. of G./Seventh Day* (gegr. 1933). Den Pfingstbewegungen gehört die *Holiness Church* (gegr. 1892) an, die 1907 in die *C. of G.* umbenannt wird und von der sich die *C. of G./Cleveland* (gegr. 1909), die *C. of G./Original* (gegr. 1917) und die *C. of G., Queens Village* (gegr. 1943) abzweigen.

Besonders erwähnt werden soll hier die 1934 von dem Amerikaner Herbert W. Armstrong zunächst als *Radio C. of G.* (engl. »Radio-Kirche Gottes«) gegründete und dann 1968 in *The Worldwide C. of G.* (engl. »Die weltweite Kirche Gottes«) umbenannte neue religiöse Bewegung Amerikas, die heute 100000 Mitglieder zählt und *Ambassador Colleges* in Pasadena/CA, in Dallas/TX und in London unterhält.

Der 1893 in Des Moines/IA (USA) geborene Stifter *Herbert W. Armstrong* wird zunächst Verkaufs- und Werbefachmann. Durch seine Frau erlebt er 1927 seine Bekehrung, ist Pastor der adventistischen *C. of G./Oregon* und wird bald wegen Streitigkeiten mit seinen Amtsbrüdern entlassen. Mit 41 Jahren gründet er 1934 seine eigene Kirche, die *Radio C. of G.,* und predigt über einen Lokalsender zu seinen

Hörern. Da seit der Zerstörung Jerusalems (70 n.Chr.) ein verfälschtes Evangelium gepredigt worden sei, entstehe jetzt mit dem Jahr 1934 die wahre Kirche wieder. Der Tag der Wiederbegründung der Kirche ist der Tag, an dem das Rundfunkprogramm *The World Tomorrow* (engl. »Die Welt von morgen«) begonnen hat und der Prediger für seine interessierten Hörer erstmals die Zeitschrift *The Plain Truth* (engl. »Die volle Wahrheit«) herausgibt. 1968 wird die *Radio-Kirche Gottes* in *Die weltweite Kirche Gottes* umbenannt, und aus den Hörern und Lesern Armstrongs erwächst eine bedeutende Bewegung. Im Jahre 1973 werden 3,2 Millionen Exemplare seiner Zeitschrift verkauft, und die Sendung »Die Welt von morgen« wird über mehr als 400 Radio- und Fernsehsender verbreitet. Von 1953 bis 1973 werden über Radio Luxemburg und über Monte Carlo auch europäische Länder in die Missionierung einbezogen.

Der Sohn und Erbe des Stifters, *Garner Ted Armstrong* (* 1931), welcher 2. Vorsitzender und Mitleiter der *Weltweiten Kirche Gottes* ist, wird im Jahr 1972 für 4 Monate von seinen Aufgaben in der Radiomission und seinen Pflichten als Vizepräsident der Ambassador Colleges beurlaubt – aus privaten Gründen, wie es heißt.

Kennzeichnend für diese Bewegung ist die Erwartung des baldigen »Endes der Zeiten« mit Kriegen, Hungersnöten und Katastrophen, das der Stifter schon zweimal mit Daten (1972 und 1977) prophezeit hat, die inzwischen vergangen sind. Die anglikanischen Völker sind für sie die Nachkommen der altisraelitischen Stämme Efraim und Manasse.

Die Anhänger der Bewegung praktizieren die Erwachsenentaufe durch Untertauchen. Sie richten sich im Ritus nach dem jüdischen Festkalender, feiern den wöchentlichen Sabbat als Ruhetag und jährlich das Passahfest, und sie beachten auch die jüdischen Speisegesetze.

Literaturauswahl

Klabunde, G.: 50 Jahre Gemeinde Gottes. Essen 1957

CHURRITER-RELIGION

Die C.-R. ist die Religion des churritischen Volkes, das im 16. Jh. v.Chr. aus der Gegend des Wansees (Van Gölü, Türkei) in das nördliche Mesopotamien einwandert.

Die Religion der *Churriter* (=Hurriter), die mit den Urartäern verwandt sind, gehört zu den →mesopotamischen und →vorderasiatischen Religionen.

Die Glanzzeit der politischen Macht der Churriter ist die des *Mitannireiches* (ca. 1500–1370 v.Chr.) am Mitteleuphrat, dem die Assyrer und auch die Hethiter ein Ende bereiten. Die Churriter spielen eine bedeutende Rolle als Vermittler der sumero-akkadischen Kultur für die Westländer.

An der Spitze der churritischen Gottheiten steht der Göttervater *Kumarbi*. Dem Mythos nach lehnt er sich gegen *Anu* auf und reißt die königliche Würde mit Gewalt an sich. Schließlich wird er jedoch vom Wettergott *Teshup* (=Teshub) entthront. Letzterer wird meist über den 2 Bergen *Nanni* (=Namni) und *Hazzi* dargestellt, oder er steht mit einer Keule in der Hand über den beiden Stieren *Sheri* (»Tag«) und *Khurri* (»Nacht«).

Gemahlin Teshups ist die Sonnengöttin *Chepat* (=Khepa), die in der Kunst auf einem Löwen stehend dargestellt wird. Teshups und Chepats gemeinsamer Sohn ist der Gott *Sharruma*.

Zu nennen ist außerdem die Göttin *Shauska*, die beflügelt und auf einem Löwen stehend sowie von den beiden Mägden *Ninatta* und *Kulitta* begleitet dargestellt wird.

Die churritischen Götter nehmen im späteren Pantheon der Hethiter eine bedeutende Stellung ein.

Von der arischen Oberschicht (*marjanni*=»Ritter«) der Churriter werden vor allem vedische Götter wie Indra, Mitra und Varuna (→Vedismus) verehrt.

Literaturauswahl

Dussaud, G.: Les religions des Hittites et des Hourites. Paris 1945

Güterbock, H.G.: Kumarbi, Mythus vom churritischen Kronos ... Zürich u. New York 1946

Haas, V.: Hethitische Berggötter und hurritische Steindämonen. Riten, Kulte und Mythen. Mainz 1982

DEUTSCHRELIGIÖSE BEWEGUNG

Die *Deutschreligiöse* bzw. *Deutschgläubige Bewegung* (d.B.) ist eine Sammelbezeichnung für alle Organisationen und Gruppen, die seit Ende des 19. Jh. im deutschsprachigen Raum auf der Grundlage einer rassischen Weltanschauung eine artgemäße, deutsch-völkische Religion repräsentieren, wobei alle der deutschen Wesensart artfremden Elemente eliminiert werden.

Diese aus Rassismus und Nationalismus erwachsene und in Auseinandersetzung mit andersrassigen »Fremdreligionen« wie z.B. →Christentum und →Judentum, entstandene völkisch-religiöse Bewegung,

die eine Erneuerung des deutsch-germanischen Volkstums in Verbindung mit der Wiederbelebung der (alt-) →germanischen Religion erstrebt, gehört zu den neuen Religionsbildungen Europas.
Aufbauend auf den rassischen Lehren des französischen Grafen J. A. Gobineau (1816–82), der die arisch-männlich bestimmten Rassen von den ihnen unterlegenen nichtarisch-weiblich bestimmten unterscheidet und damit den Grund zu einer rassischen und sexistischen Weltanschauung legt, organisiert sich die D. B. zunächst im 1894 von dem Journalisten F. Lange gegründeten *Deutschbund* und in der 1907 durch den Maler Ludwig Fahrenkrog (1867–1952) in Barmen begründeten *Deutschreligiösen Gemeinde* (später: *Germanische Glaubensgemeinschaft*). Es folgen der durch E. Hunkel 1911 gegründete *Deutsche Orden* und die ebenfalls 1911 von dem Postdirektor O. S. Reuter in Bremen ins Leben gerufene *Deutschreligiöse Gemeinschaft,* seit 1917 unter dem Namen *Deutschgläubige Gemeinschaft* mit Sitz in Herleshausen bei Kassel. In jenen Jahren entstehen noch andere kleine derartige Organisationen.
Besonders nach dem 1. Weltkrieg nimmt die d.B. zu. So entstehen 1924 in Berlin die junggermanische *Volksschaft der Nordungen* und 1928 ebenfalls in Berlin die *Nordische Glaubensgemeinschaft.* Zusammen mit den vorgenannten und der *Germanischen Glaubensgemeinschaft* schließt sich im Jahr 1931 die *Deutschgläubige Gemeinschaft* zur Sammlungsbewegung der *Nordisch-Religiösen Arbeitsgemeinschaft* mit Sitz in Berlin zusammen. Sie glaubt an »die Unsterblichkeit des nordischen Menschen in den Erben seiner Art und an die Ewigkeit der nordischen Seele als Kraft des Göttlichen auf der Erde und im All«, und sie intendiert »den Sturz der christlichen Weltreligionsherrschaft durch den Aufbruch des germanischen Urgeistes«.

Am 29./30. Juli 1933 – nach der Machtübernahme durch die Nationalsozialisten – schließen sich die deutschreligiösen Organisationen in Eisenach zur *Arbeitsgemeinschaft der Deutschen Glaubensbewegung/ADG* mit dem Ziel zusammen, mit Hilfe der nationalsozialistischen Regierung als »dritte Konfession« an die Stelle der beiden christlichen (evangelischen und katholischen) Konfessionen in Deutschland zu treten.
Die größte und einflußreichste Organisation in der ADG ist die *Deutschgläubige Gemeinschaft* von »kirchenfreien, deutschen reinrassigen Männern und Frauen«, die von sich selbst sagt: »Im Dritten Reich treten wir nicht neben andere Konfessionen, sondern an die Stelle der beiden zugrunde liegenden und jeder anderen Religion als einzige, weil allein wahre Glaubensmacht; es geht um Sigfrid oder Christus.«
Zusätzlich zu dieser *ADG,* die 1934 den neuen Namen *Deutsche Glaubensbewegung* annimmt, begründet die NSDAP 1936 in der *Gottgläubigkeit* eine eigene Deutschgläubige Bewegung, und am 26. November 1936 wird durch Erlaß des Reichsinnenministers der Begriff *Gottgläubige* als Bezeichnung für die Mitglieder dieser Bewegung offiziell eingeführt.
Nach dem Zusammenbruch des National-

The First Church of Christ, Mutterkirche der → *Christian Science, 1894/95. Boston/MA, USA*

sozialismus verbietet der Interalliierte Gerichtshof in Nürnberg 1945 die *Deutschgläubige Bewegung* der NSDAP. Die *Germanische Glaubensgemeinschaft* unter Leitung von F. Fahrenkrog kann das Dritte Reich überdauern. Die *Ludendorffbewegung* – hervorgegangen aus dem im Jahre 1925 von General Erich Ludendorff (1865–1937) gegründeten *Tannenbergbund,* 1933 von den Nazis verboten und von Ludendorffs zweiter Frau Mathilde (1877–1966) im *Deutschvolk* neu organisiert und 1937 als *Gemeinschaft deutscher Erkenntnis* begründet – nimmt 1946 die für 1 Jahr unterbrochene Tätigkeit als *Bund für Gotterkenntnis (L)* wieder auf. Diese 1961 vorübergehend in der BR Deutschland verbotene Bewegung nennt sich ab 1970 *Weltanschauungsgemeinschaft Bund für Gotterkenntnis Mathilde Ludendorff.*

In den Nachkriegsjahren entstehen dann vereinzelt neue deutschgläubige Organisationen, so die von Jakob Wilhelm Hauer (1881–1962) geleitete *Arbeitsgemeinschaft für freie Religionsforschung und Philosophie,* die *Deutschen Unitarier/Religionsgemeinschaft,* die *Gemeinschaft der Gottgläubigen/Universal-Unitarier,* der *Klüter-Kreis,* die *Religionsgemeinschaft der Gottgläubigen* im Dithmarschen und der *Riff-Kreis* in Wiesbaden.

Alle genannten Organisationen der d.B. lassen sich in die folgenden beiden Hauptgruppen einteilen:

1. die »Deutschgläubigen« im engeren Sinn, die die rassische Weltanschauung religiös zu vertiefen suchen und
2. die »Gottgläubigen«, die die nationalsozialistische Weltanschauung religiös vertiefen wollen, also eine »politische Religion« schaffen, für die Volksdienst gleich Gottesdienst ist.

Als für die d.B. charakteristisches Glaubensbekenntnis gelten die von Busso Löwe formulierten Richtsätze:

> Unser Glaube ist Gott!
> Unsere Kirche ist die deutsche Heimat!
> Unsere Gemeinde ist das deutsche Volk!
> Unsere Bibel ist die deutsche Seele und ihre Werte!
> Unser Priester ist jeder rassebewußte deutsche Mensch!
> Unsere Sakramente sind Arbeit, Kampf und Liebe!
> Unser Bekenntnis heißt Blut und Boden, Freiheit und Ehre!
> Unser Symbol ist das uralte heidnische Hakenkreuz!
> Unsere Zukunft heißt Deutschland!

Im kosmischen Weltentwicklungsprozeß steht am Ende ein vollkommenes Erdenreich, das von den Deutschgläubigen getragen wird. »Gott in uns – das Gesetz in uns – die Selbsterlösung« lauten *3 Grundsätze* für die *Germanische Glaubensgemeinschaft.*

Als ethische Zentralwerte gelten Arttreue und Ehre. In *12 Deutschen Mahnworten* fordert *Ludendorff* von den Anhängern:

> Hilfe dem Edlen, Vernichtung dem Bösen,
> sei deutsch, wahr und zuverlässig,
> stolz, stark, furchtlos, beherrscht,
> bewußt deines Blutes,
> herzeigen dem Volke, Feind seinen Feinden.

Bei den *Lebenslauffeiern* werden völkische *Lebensweihen* zelebriert. Bei der *Kindesweihe* z.B. wird vom Sippenältesten der Donar-Hammer über das Kind gehalten mit den Worten: »Vom Hammer geheiligt, dem himmlischen Kleinod, von lichten Nornen gelenkt, so wachse und walle und walte, bis Licht und Leben erlischt.«

Als *Jahreslauffeste* gelten u.a. Winterwende und Herbst-Erntedank, dazu »Heiligen Lichtes Geburt« am 25. Dezember, »Stiller Freitag« am Karfreitag (im Gedenken an die Hinrichtung der 4500 sächsischen Blutzeugen bei Verden durch Karl d. Gr.), das »Ostera-Fest« an Ostern, »Heiligen [Donar-] Hammers Heimholung« an Christi Himmelfahrt und »Hohen Maien« an Pfingsten.

Literaturauswahl

Bergmann, E.: Die 25 Thesen der Deutschreligion. Breslau ³1934
Gamm, H. J.: Der braune Kult. Das Dritte Reich und seine Ersatzreligion. Hamburg 1962
Gobineau, J. A. de: Essai sur l'inégalité des races humaines. 4 Bde. Paris 1853/58
Künneth, W.: Die völkische Religiosität der Gegenwart. Berlin ²1932
Schwaner, W.: Germanenbibel. 2 Bde. Berlin ⁵1920/21
Stoevesandt, K.: Bekennende Gemeinden und deutschgläubige Bischofsdiktatur in Bremen 1933–1945. Göttingen 1961
Vondung, K.: Magie und Manipulation. Ideologischer Kult und politische Religion des Nationalsozialismus. Göttingen 1971

DIONYSISCHER MYSTERIENKULT

Die *Dionysischen Mysterien* sind benannt nach Dionysos (griech. auch Bakchos; lat. Bacchus, Liber Pater), dem Gott der Vegetation, insbesondere des Weinlaubs und des Weines. Sie sind der universale und volkstümlichste Kult der Griechen. Während jede Gottheit ihr Heiligtum oder die ihrem Schutz unterstellte Stadt hat, ist Dionysos an keinen besonderen Kultort gebunden, sondern überall zu Hause. Er ist ein Gott des Volkes, dessen Kult allen offensteht, auch den Frauen und Sklaven. Er ist der am meisten dargestellte Gott der Antike.

Der Dionysos-Kult stammt aus Thrakien in Kleinasien. Seit dem 2. Jh. v. Chr. wird er zum →Mysterienkult. Wegen seiner orgiastischen Züge lehnt man ihn zunächst in Rom ab. Der Senat beschließt 186 v. Chr. ein Verbot wegen Staatsgefährdung und verfolgt die Anhänger. Erst in der

Kaiserzeit kann sich der Dionysos-Kult ungehindert im Römischen Reich ausbreiten.

Gemäß dem Mythos ist *Dionysos* Sohn des unsterblichen Zeus und dessen sterblicher Geliebten Semele, einer thebanischen Königstochter. Nachdem die von Zeus schwangere Semele den Gott gebeten hat, sich ihr in seiner göttlichen Erscheinung zu zeigen, fällt sie von seinem Blitz getroffen zu Boden und verbrennt. Zeus errettet aus den Gluten ihrer beider Kind, das Semele sterbend noch gebiert. Als Dionysos herangewachsen ist, schlägt die eifersüchtige Hera, Zeus' rechtmäßige Gattin, ihn mit Wahnsinn, und Dionysos durchstreift als Bakchos (griech. »Schaller, Geschrei«), geschmückt mit Efeu und Lorbeer und begleitet von männlichen (Satyrn, Bacchanten) und weiblichen (Mänaden, Bacchantinnen) Scharen die Länder Afrikas und Asiens, bis ihn in Phrygien die Göttin Kybele in ihre Mysterien eingeweiht und vom Wahnsinn befreit.

Ariadne, Tochter des kretischen Königs Minos und zugleich Halbschwester des Minotaurus, eines Ungeheuers – halb Mensch, halb Stier –, hatte dem athenischen Prinzen Theseus geholfen, das monströse Mischwesen im Labyrinth auf Kreta zu töten. Sie hatte ihm ein Wollknäuel mitgegeben, das er auf dem Weg ins Zentrum des Labyrinths, wo der Minotaurus gefangengehalten wurde, abwikkeln konnte, so daß er nach der Tötung des Ungeheuers am »Ariadnefaden« den Rückweg aus dem Irrgarten wieder finden konnte. Zum Dank für diese Unterstützung hatte Theseus der Ariadne versprochen, sie mit nach Athen zu nehmen und zu heiraten.

Auf der Insel Naxos unterbricht Theseus die Heimfahrt und läßt Ariadne dort allein zurück. Der des Weges kommende Dionysos mit seinem Gefolge findet Ariadne am Strand schlafend, weckt die Alleingelassene mit einem Kuß und befreit sie aus ihrer verzweifelten Lage. Sie wird die Gemahlin des Dionysos.

Eine andere Version des Mythos lautet, daß die rachsüchtige Hera die Titanen beauftragt, Dionysos zu töten. Sie zerreißen ihn, der sich vorher in einen Stier verwandelt hat, und verschlingen sein rohes Fleisch. Apollon gelingt es, einige Stücke von Dionysos' Körper zu retten und in der Nähe des pythischen Dreifußes in Delphi zu bestatten, wo der Sarkophag des Dionysos im Adyton (Allerheiligstes) des Apollo-Tempels gezeigt wird. Die Grabinschrift lautet: »Hier ruht Dionysos, Sohn der Semele.«

Als gestorbener Gott steigt Dionysos in die Unterwelt hinab, um dort seine Mutter Semele zu suchen. Nachdem sie auf die Erde zurückgekehrt ist, wird sie zusammen mit Dionysos in den Olymp aufgenommen. Dionysos, der Gott der Vegetation und der Unterwelt, der zugleich sterbende und auferstehende Gott, wird als Erlösergott verehrt.

Der Dionysos-Kult gibt seinen Anhängern die Hoffnung auf Leben, da Sterblichkeit in Unsterblichkeit verwandelt wird, wie Sarkophage aus dem 2. Jh. n. Chr. bezeugen, auf denen Dionysos als Kind dargestellt wird oder in triumphierender Prozession mit Satyrn und Mänaden, oder wie er die schlafende Ariadne weckt.

Die Initiation besteht aus einem Mahl, einer Taufe und einer Einführung ins Heiligtum und wird durch ein zehntägiges Fasten vorbereitet. Die Wände eines Raums in der Mysterien-Villa bei Pompeji aus dem 1. Jh. v. Chr. zeigen vier Szenen eines Rituals der Initiation in die Dionysos-Mysterien. Zyklische Feste zu dem periodischen Kommen und Verschwinden des Dionysos, wie das Blütenfest *(Anthesterien)* und die *Lenäen* sowie die »kleinen« *Dionysien* (Dezember) und die »großen« *Dionysien* (März), werden in Athen festlich begangen. Dabei wird das Bild des Dionysos durch die Stadt getragen. Typisch für die Dionysos-Feiern sind die *Phallophorien* mit ihrem Bezug zum Gott der Fruchtbarkeit. Symbol der Zeugungskraft, der Fruchtbarkeit und des Lebens, in das man durch den Tod eingeht, ist auch das *liknon,* ein mit Früchten gefüllter Korb, der u.a. einen in Tuch gehüllten Phallos enthält. Ein Bock, *tragos,* wird dem Dionysos geopfert, und aus während der Opferung dieses Bocks vorgetragenen Liedern entwickelt sich die *Tragödie* (griech. »tragos« = »Bock« und »ode« = »Gesang«, also »Bocksgesang«). Als Gott der verwandelnden Maske ist Dionysos der Schutzgott der Tragödie, aber auch der *Komödie* (griech. »komos« = »Festzug« und »ode« = »Gesang«). Das nach dem Gott benannte *Dionysos-Theater* in Athen ist das älteste Theater der Welt und Mittelpunkt der griechischen dramatischen Kunst. Es bietet Sitzplätze für ca. 15 000 Zuschauer.

Im Dionysos-Kult wird das Schicksal des Gottes von seinen Verehrern nachvollzogen. Dionysos – ein Gegengott zu Apollon, dem Gott des Maßhaltens – versetzt als Gott des Orgiasmus seine Verehrerinnen, die *Mänaden* (griech. »Rasende«), in Verzückung und Raserei. Sein Kult trägt ekstatische und orgiastische Züge. Die Mänaden bekränzen sich mit Weinlaub, kleiden sich in Tierfelle und tragen den *Thyrsos,* einen mit Weinblättern oder Efeu umwundenen Stab. In diesen Kostümen – die Männer als Satyrn und Silene, die Frauen als Mänaden – fühlen sich die Verehrer als das göttliche Gefolge des Dionysos, und ihr unterweltlicher Charakter wird durch den Aspekt des Nächtlichen noch verstärkt.

Mit Fackeln durchstreifen sie nächtlich die Wälder, spielen aufreizend Flöte und schlagen dröhnende Becken. Mit dem wildrhythmischen Tanzlied, dem *Dithyrambus,* und dem Ruf »Eueu« (Evoe) folgen sie Dionysos. Man dreht sich wirbelnd im Tanz bis zur Ekstase. Der Thyrsosstab, der am oberen Ende schwerer als am unteren ist, führt zu exzentrischen Bewegungen und verhilft mit zur Ekstase, die als Vorausnahme der Vergottung gilt. Einen weiteren Schritt in der Ekstase stellt die Trunkenheit dar. Die enthusiastischen Gläubigen sind davon überzeugt, daß der Besessene von Gott er-

1

2

1 Dionysos *(Bacchus), Deckengemälde, um 130. Rom. Palatin-Antiquarium*

2 Einweihung in die Dionysischen Mysterien, *Fries, um 60 v. Chr. Pompeji, Villa dei Misteri*

3 Meerfahrt des Dionysos, *Schale, um 535 v. Chr. München, Antikensammlung*

4 Dionysischer Umzug, *Attischer Kleinsarkophag, 260/68. Thessaloniki, Mus.*

5 Bacchustempel, *Innenansicht, Mitte 2. Jh. Baalbek/Syrien*

griffen wird (»enthusiasmos« = »Einwohnung Gottes«). Auf diese Weise ahmen die Mänaden in ihrem »Wahnsinn« ihren Gott Dionysos nach, der im Zustand des Wahnsinns, in den Hera ihn versetzt hatte, seine Streifzüge durch Asien unternahm, bis er im Mysterienkult der Kybele befreit und erlöst wurde. Auf dem Höhepunkt der Ekstase zerreißen die »Rasenden« mit bloßen Händen ein Tier und verzehren dessen rohes Fleisch, so wie auch einige Feste mit dem *Diasparagmos,* dem Zerreißen eines Opfertieres (Rehkitz, Zicke), enden. Der Kultbrauch der *Omophagie* (griech. »roh essen«) wird mit dem Mythos begründet, nach dem das Kind Dio-

4

5

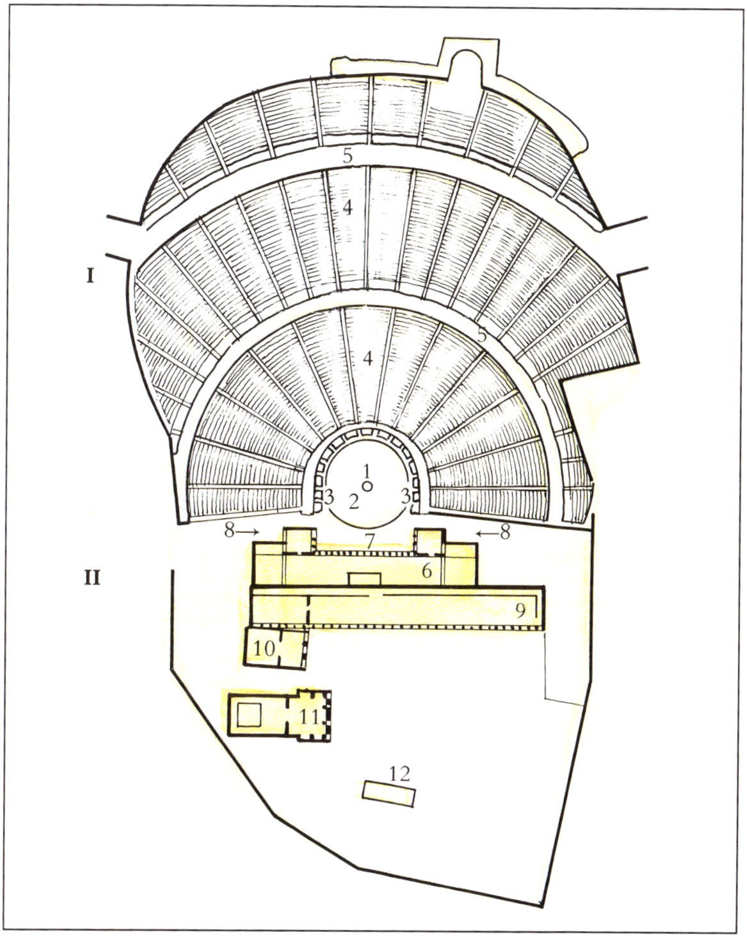

6 Dionysischer Kultbezirk *(Athen/ Griechenland: Akropolis-Südhang)*

I. ***Theater des Dionysos***

1. Orchestra als kreisrunder Tanzplatz mit
2. Altar (thymele) im Zentrum
3. Sessel (subsellien) der Beamten und Würdenträger
4. Sitzreihen (kerkides)
5. Umgänge (diazoma)
6. Bühnenhaus (skene) für Theaterrequisiten
7. proskenion
8. Eingänge (parodoi)

II. ***Heiliger Bezirk des Dionysos***

9. Säulenhalle
10. alter Tempel
11. neuer Tempel
12. Altar

nysos von den Titanen zerrissen wurde. Das Verschlingen des rohen Fleisches eines eben geschlachteten Opfertieres (Bock) geschieht zum Zeichen der mystischen Vereinigung (Kommunion) mit des Gottes Dionysos eigenem Fleisch und Blut.

Als Kultfunktionäre erscheinen der »Oberste Hirte« als Anführer der Mysten, der Phallosträger, der Milchbringer und Fackelträger. Auch Frauen treten in der Gemeinde des Dionysos als Priesterinnen hervor; sie werden *Thyiaden* genannt nach

Thya, der ersten Priesterin des Dionysos.
Neben der Hauptkultstätte des Dionysos auf dem *Parnaß* gibt es auf *Naxos* und *Chios* bekannte Dionysos-Heiligtümer. Euripides (480–406 v. Chr.) hat in seinem Drama »Bakchai« den thrakischen Dionysos-Kult beschrieben.
In der Kunst ist Dionysos entweder als Kind (Hermes des Praxiteles) oder als älterer bärtiger Mann mit langem Gewand dargestellt. Zur Zeit des Hellenismus zeigt sich dieser Gott im Kreis seines Gefolges, und in der römischen Kunst tritt Bacchus als junger Mann an seine Stelle.
In neuester Zeit schrieben Richard Strauss (1864–1949) die Oper »Ariadne auf Naxos« und Hans Werner Henze (* 1926) die Oper »Die Bassariden«.

Zeittafel

Vor der christlichen Zeitrechnung
6. Jh. Peisistratos fördert den Dionysos-Kult
5. Jh. Euripides (480–406) beschreibt den Dionysos-Kult
186 Verbot des Dionysos-Kultes in Rom durch den Senat
1. Jh. Mysterien-Villa (Dionysos) bei Pompeji

Nach der christlichen Zeitrechnung
2. Jh. Sarkophage mit Dionysos-Motiven

Literaturauswahl

Bruhl, A.: Liber Pater. Paris 1953
Kerényi, K.: Dionysius: Archetypical image of indestructible life. Princeton 1976

DIVINE LIGHT MISSION

Die D. L. M. (engl. »Göttliches-Licht-Mission«) wurde 1960 von dem Inder Param Sant Satgurudev *Shri Hans Ji Maharaj Ji* (†1966) gegründet und wird heute von dessen Sohn Guru Maharaj Ji mit bürgerlichem Namen Prempal Singh Rawat (*1957) geleitet. Die Namen der »Filialorganisationen« dieser Bewegung sind u. a. *Divine United Organization/DUO* (engl. »Göttliche vereinigte Organisation«), *DUO GmbH & Co. KG, World Peace Corporation* und *Missionare des göttlichen Lichts.*
Die Bewegung, die ihren Hauptsitz in Denver, CO (USA) hat, zählt ca. 8 Millionen *Premies* (sanskr. [Wahrheits-] »Liebende«), wie die Anhänger sich selbst nennen. In der BRD leben ca. 2000 Anhänger, deren Zentrum in Berlin-West ist.
Diese neue Religion Indiens wird zu den aus dem →Hinduismus hervorgegangenen →Jugendreligionen gerechnet.
Der Stifter Param Sant Satgurudev *Shri Hans Ji Maharaj Ji,* der Vater des Prempal Singh Rawat, stammt aus Badrinath am Himalaja. Mit seiner zweiten Ehefrau – die erste Ehe bleibt kinderlos – hat er 4 Söhne. Von seinem »heiligen Meister« Swami Sarupanand läßt er sich in die 4 Yoga-Techniken einweihen. Nachdem er durch die Meditation des »Wissens« die Erleuchtung erfahren hat, beginnt er nach 1920 seine neue Lehre zu verbreiten. Er wirkt zunächst in der Gegend des heutigen Pakistan und geht dann 1930 nach Delhi. Von Ort zu Ort wandernd, »erleuchtet« er die Herzen der Suchenden durch die »Erfahrung des göttlichen Lichts«. Für seine Anhänger in Indien und Südafrika ist er der *Satguru* und wird als der einzige lebende »perfekte Meister« verehrt.
1960 gibt er seiner Bewegung durch die Gründung des *Divya Samgesh Parishad* (Hindi »Vereinigung der göttlichen Botschaft«) eine organisatorische Form.
Als der Stifter am 19. Juni 1966 stirbt, ist sein jüngster Sohn *Prempal Singh Rawat* (*10. 12. 1957) 8 Jahre alt. Zu den Trauergästen sagt er: »Maharaj Ji ist hier und jetzt unter euch. Erkennt ihn, folgt ihm und verehrt ihn!« Daraufhin wird der Achtjährige als der neue Meister inthronisiert und nimmt den Namen *Guru Maharaj Ji* an. Mit 12 Jahren verkündet er im Jahr 1970 am Indian Gate in Neu-Delhi, daß er dieser Welt Frieden bringen werde, weil er die Quelle des Friedens sei.
Seit 1970 betreibt die *D.L.M.* weltweite Mission, organisiert im November 1973 das »Millennium 73«-Festival im Houston Astrodrome (USA) mit 20 000 Teilnehmern und bezeichnet dies als das »bedeutendste Ereignis in der Geschichte der Menschheit«, das – gemäß dem im Neuen Testament (Offenbarung des Johannes 20, 1–15) beschriebenen Tausendjährigen Reich – den Beginn von 1000 Jahren Frieden markiert. Als der in die USA übergesiedelte Guru Maharaj immer stärker westliche Lebensgewohnheiten annimmt und am 20. Mai 1974 die Kalifornierin Marolyn Lois Johnson (*1949), eine ehemalige Stewardeß, heiratet, ist seine Familie in Indien empört. Seine Mutter Shri Mata Ji setzt Anfang April 1975 den Guru ab, da er die Anhänger durch sein playboyhaftes Beispiel ermuntert, u. a. Fleisch zu essen und Alkohol zu trinken. Als dann sein ältester Bruder *Bal Bhagwan Ji,* mit bürgerlichem Namen Satpal Singh Rawat, zum Führer der D. L. M. eingesetzt wird, ist die Spaltung der Bewegung perfekt. Seit April 1975 leitet den östlichen (indischen) Zweig Bal Bhagwan Ji, während dem westlichen (europäischen, amerikanischen, australischen) Zweig der Guru Maharaj Ji vorsteht. Letzterer lebt bis 1978 mit seiner Frau, die den Namen Durga Ji angenommen hat, und zwei Kindern in Malibu, CA (USA) und siedelt dann nach Florida über, von wo aus er die westlichen Länder bereist.
Der unpersönliche Gott und zugleich göttliche Urgrund ist nach dieser Religion *Energie,* die sich in Inkarnationen den je-

weils vollkommenen Meistern ihres Zeitalters offenbart, wie z. B. Mose, Buddha, Krishna, Jesus und Muhammad. Für das gegenwärtige Zeitalter der Maschinen und der vollkommenen »Dunkelheit« ist Guru Maharaj Ji der Satguru, d. h. der *vollkommene Meister.* Dieser »von Geburt an erleuchtete Yogi« steht im Zentrum der religiösen Botschaft und wird als *Lord of the Universe* (engl. »Herr des Universums«) verehrt. Dieser Guru verkündigt die Botschaft des »göttlichen Lichts« als Botschaft von einem göttlichen Wort, das zur »Kenntnis« genommen werden muß. Erlösung kommt durch das »göttliche Licht«, und der Guru vermittelt dazu ein besonderes *knowledge* (engl. »Wissen«).
Viele Premies leben in einem *ashram* (»Wohngemeinschaft«) oder in Premiehäusern, obwohl dies keine Bedingung für die Mitglieder ist. So gibt es auch andere, die in ihren bisherigen Lebensverhältnissen (Ehe und Familie, Arbeit und Beruf) verbleiben, jedoch 10% ihres Einkommens an die Bewegung abführen. Premies, die im *ashram* leben, verpflichten sich zu Armut, Keuschheit und Gehorsam. Sie geben ihren gesamten Besitz ab, essen nur, was im *ashram* zubereitet wird, verzichten auf Fleischspeisen, auf Alkohol und Tabak. Sie leben sexuell enthaltsam und sind dem Leiter des *ashram* gegenüber zum Gehorsam verpflichtet.
Die Formel *Bholey Shri Satgurudev Maharaj Ki Jai* (»Aller Ruhm und Sieg dem vollkommenen Meister und König«) wird von den Premies als »Ausdruck der Freude« über ihren Guru Maharaj Ji gebraucht. In den Versammlungen der *guru-pujas* bringen sich die Premies durch das Skandieren dieser Formel oft in Ekstase. *Gurupujas* werden von Zeit zu Zeit in verschiedenen Teilen der Welt veranstaltet. Bei diesen dreitägigen Festivals besucht der Guru Maharaj Ji seine Anhänger. Am letzten Tag ziehen die Premies an ihrem auf einem Thron sitzenden Meister vorüber und berühren mit den Händen oder der Stirn seine »Lotos-Füße«. Diese *charanapuja* (»Fuß-Verehrung«) ist eine besondere Form der Guru-Verehrung, bei der seine Schüler ihm die Füße waschen und anschließend dieses Wasser rituell trinken.
Mahatma (sanskr. »große Seele«) ist der Titel für die vom Guru Maharaj Ji ausgewählten Lehrer des besonderen »Wissens«, das nur er und die von ihm beauftragten *mahatmas* weitergeben dürfen. Weibliche *mahatmas* hängen an ihren Namen *Bai Ji* an, z. B. Mahatma Mohani Bai Ji.
Wachsen im »göttlichen Licht« kann ein Premie, nachdem er das »Wissen« empfangen hat, durch *satsang, Meditation* und *service.* Die *satsang*-(sanskr. »guter Umgang«)Veranstaltung ist ein stimmungsvolles Beisammensein, bei dem Geschichten von und Erfahrungen mit Maharaj Ji im Sinn eines Glaubenszeugnisses erzählt werden. Die zweimal täglichen, dem Yoga entlehnten *Meditationsübungen* sollen aufgrund des »Wissens« (knowledge) die Gedanken auf das »göttliche Licht« in uns richten. Jeder Premie übt 4 Arten der Meditation wenigstens 2 Stunden pro Tag: 1. das göttliche »Licht« sehen, 2. die himmlische »Musik« hören, 3. das göttliche »Wort« spüren und 4. den himmlischen »Nektar« kosten. Diese 4 Aspekte der einen Wahrheit lassen den Premie den Frieden, die Ruhe und das Glück erfahren.
Der *service* (engl. »Dienst«) umfaßt Dienstleistungen und Dienste für den Guru, wie missionarischer Einsatz und finanzielle Beiträge.
Die D. L. M. verfügt als Konzern über eine Reihe von Handelsfirmen: u. a. die *Divine Airline* (engl. »Göttliche Fluggesellschaft«), Film- und Schallplattenfirmen, Tee- und Reformkostläden, Restaurants, Autowerkstätten, Wäschereien, ferner einen Verlag, in dem die Zeitung *Divine Times* (engl. »Göttliche Zeiten«) und die Zeitschrift *And it is Divine* (engl. »Und es ist göttlich«) erscheinen.

Literaturauswahl

Maharaj Ji: Botschaft des Friedens. o. J.

ECKANKAR

E. ist die durch den Amerikaner *Paul Twitchell* (1908–71) 1964 in den USA »wiederbelebte« Bewegung, die nach Ansicht des sich als 971. »lebenden ECK-Meisters« verstehenden Gründers die »älteste aller religiösen Offenbarungen« ist. Zentrum für die heute ca. 50 000 *chelas* (»Schüler«), wie die Mitglieder von E. heißen, ist Menlo Park/CA (USA).
Diese aus Vorstellungen des →Hinduismus hervorgegangene Bewegung zählt zu den →Jugendreligionen.
Der Stifter *Paul Twitchell* wird 1908 in Paducah/KY (USA) geboren. Nachdem er in Paris den indischen Guru *Sundar Singh* kennengelernt hat, schließt er sich zusammen mit seiner Frau im Jahr 1950 der *Swami Premanandas Self-Revelation Church of Absolute Monism,* einer fernöstlichen mystischen Bewegung, an. Als ihn 1955 seine Frau verläßt, wird er wegen Ehebruchs aus dieser Kirche ausgeschlossen. Noch im selben Jahr trifft Twitchell den die USA bereisenden Hindu-Mystiker *Kirpal Singh* und schließt sich der von Singh begründeten Bewegung *Ruhani Satsang* (»göttliche Wissenschaft von der Seele«) an. Zu dieser Zeit verfaßt er sein bekanntes Buch »The Tiger's Fang«, in dem er seine Reisen zusammen mit Kirpal Singh durch die Seelenebenen beschreibt. Als dann Meinungsverschiedenheiten zwischen dem Guru Singh und dem Schüler Twitchell auftreten, trennen sich die beiden Mystiker. Von jetzt ab streicht Twitchell alle Hinweise auf seinen frühe-

ren Lehrer Singh und behauptet nun, seine Offenbarungen stammten von dem 500 Jahre alten tibetischen Mönch *Rebazar Tarzs*.

Im Jahr 1964 gründet Twitchell E. als »wiederbelebte Form einer zeitlosen und universalen Wahrheit« und versteht sich selbst als 971. »lebenden ECK-Meister« in einer schon Jahrhunderte währenden Nachfolgekette.

Nachdem Twitchell am 17. September 1971 in Cincinnati/OH (USA) gestorben ist, erhält *Darvin Gross* auf der »Astralebene« am 22. Oktober 1971 das Zepter von dem verstorbenen Twitchell und wird der 972. »lebende ECK-Meister«. Zur Zeit ist Harold Klemp das spirituelle Oberhaupt.

Da E. sich als die »älteste aller religiösen Offenbarungen« versteht, ist auch die Botschaft Jesu, der durch *Fubbi Quanz* – den ECK-Meister des 1. Jh. n. Chr. – initiiert wurde, nur eine vereinfachte Form von E. Mitglied des geheimen Ordens der ECK-Meister ist der Apostel Paulus.

Gott mit dem Namen *Sugmad* ist der ewige ECK, die »kosmische Strömung«. Dieser Gott, der alles und überall ist und den wir nicht kennen können, ist nur über den ECK-Weg zu erleben.

Das Reich der Himmel besteht aus 10 Sphären, von denen die oberen 6 »himmlisch« sind und die unteren 4 vom Teufel *Kal Nirajan* regiert werden. Auch die Erde, eine Vorstufe zu den letzteren 4 Sphären, wird vom Teufel beherrscht.

Die Seele des Menschen, die aufgrund des *karman*-Gesetzes (→Hinduismus) in einen Kreislauf von Wiederverkörperungen eingeschlossen ist, kommt als Mineral ins Universum und steigt über Wiederverkörperungen in Pflanze, Fisch, Reptil und Säugetier bis hin zum Menschen auf. Die 5 Körper des Menschen sind: der *Leib*-Körper, der *Astral*-Körper, der *Kausal*-Körper, der *Geist*-Körper und der *Seelen*-Körper.

Der lange Weg der Befreiung der Seele von dem *karman*-bedingten Kreislauf der Wiederverkörperungen, der normalerweise Millionen von Jahren dauert, wird durch E. abgekürzt. Und dieser verkürzte Weg, der durch die 10 Sphären hin zu Gott führt, ist die *Seelenreise*. Als »Lehre von der Kunst des Seelenreisens« versteht sich E.

Auf dieser Seelenreise, die über verschiedene Stufen führt, reist das Bewußtsein durch die niederen Zustände in die ekstatischen. Das Ziel ist die totale Befreiung und die totale Bewußtheit. Auf diesem Weg wird aus dem Suchenden ein Wissender, der schließlich den Zyklus von immer neuen Wiedergeburten für immer durchbricht und sich mit *sugmad*, der »göttlich-kosmischen Energie«, die als »Klang« und »Licht« vorgestellt wird, vereinigt. E. ist der »Weg zur Gott-Realisation mittels Seelenreise«.

Nur unter Führung eines »lebenden ECK-Meisters«, des *Mahanta*, der als Verkörperung der höchsten »kosmischen Energie« gilt, kann die Seelenreise unternommen werden. Die Gegenwart des »lebenden ECK-Meisters« verbrennt alle Schulden des *karman*.

Nach Auffassung der E.-Anhänger gibt es 10 Initiationen, je eine für den jeweiligen Eintritt in eine der 10 Sphären.

ELAMISCHE RELIGION

Die E. R. ist die Religion des seit Mitte des 3. Jtd. v. Chr. bezeugten Reiches von Elam (»Hochland«) mit der Hauptstadt Susa nordöstlich der Mündung von Euphrat und Tigris in den Persischen Golf. Die *Elamiter* (Elymäer) selbst bezeichnen ihr Land als *haltampt* (»Land des Herrn« [Gottes]).

Die Religion des Reiches Elam, das die Wiege einer der großen Kulturen des alten Vorderasien ist, gehört zu den →vorderasiatischen Religionen.

Die klassische Zeit Elams beginnt mit dem König *Shutruk-Nahhunte* (ca. 1207–1171 v. Chr.), der Babylonien erobert und plündert (1173 v. Chr.). Er verschleppt u. a. die berühmte Siegesstele Naram-Sins und die Gesetzesstele Hammurabis aus Sippar. Der bedeutendste Herrscher Elams ist sein Sohn *Shilhak-Inshushinak* (1165–51). 640 v. Chr. erobert der Assyrerkönig Assurbanipal (668–626) Elam und zerstört Susa.

An der Spitze des über 100 Namen umfassenden Pantheons steht die Göttermutter *Pinenkir* bzw. *Pinikir* (»Herrin des Himmels«), die auch *Kiririsha* (»große Göttin«) genannt wird. Sie hat manchmal 2 Gatten, den dunklen *Humban* (= Huban) und den lichten *Inshushinak*. Ersterer ist der Gott der königlichen Herrschaft. Humban und Pinikir haben den Gott *Hutram* zum Sohn, und alle drei bilden die höchste göttliche Dreiheit.

Inshushinak (»Herr der Akropolis«) ist Stadtgott von Susa und zugleich Herr des Totengerichts.

Als Gestirnsgottheiten gelten der Sonnengott *Nachchunte* (»Tagschaffer«), der zugleich Gott der Rechtsordnung ist, und der Mondgott *Napir* (»Glänzender«).

Das Verhältnis der übermächtigen Götter zu den von ihnen abhängigen Menschen wird als *kiten* bezeichnet, dessen irdischer Repräsentant der König in seiner Machtstellung ist. An der Spitze der Priesterschaft, zu der Priester und Priesterinnen gehören, steht ein Hoherpriester.

Der Kult mit Tieropfern wird in Tempeln vollzogen, die in einem Tempelbezirk mit heiligem Hain liegen. Auf der Akropolis von Susa liegen die Tempel der elamitischen Götter nahe bei denen der Akkader. Zu den Heiligtümern und Tempeln auf einsamen Bergen werden Wallfahrten veranstaltet.

In der elamitischen Kunst sind die plastischen Darstellungen von betenden Menschen bekannt, die entweder beide Hände zur Gottheit emporstrecken oder ihre Hände über dem Gürtel kreuzen.

Literaturauswahl

Hinz, W.: Das Reich Elam. Stuttgart 1964

ELEUSINISCHER MYSTERIENKULT

Die *Eleusinischen Mysterien,* benannt nach der griechischen Stadt Eleusis in Attika, sind die bekanntesten aller →Mysterienkulte. Sie gehen bis auf das 2. Jtd. v. Chr. zurück und sind ursprünglich ein in Eleusis gefeiertes Erntefest, das mit dem Jahreszyklus und der »Bestattung« des Samenkorns in der Erde zu tun hatte, ein Familienfest zu Ehren der »Kornmutter« Demeter und ihrer Tochter »Kore«, dem (Korn-)»Mädchen« Persephone. Durch die Vereinigung von Eleusis (20 km nw von Athen) mit dem athenischen Staatsverband werden die Eleusinischen Mysterienfeiern attischer Staatskult und aufgrund der Vormacht Athens ein gemeingriechischer Kult. Zur Zeit der griechischen Kolonisation verbreitet sich der Kult der Demeter und ihrer Tochter Persephone in Unteritalien und Sizilien (Demeter-Tempel in Selinunt aus dem 6. Jh.

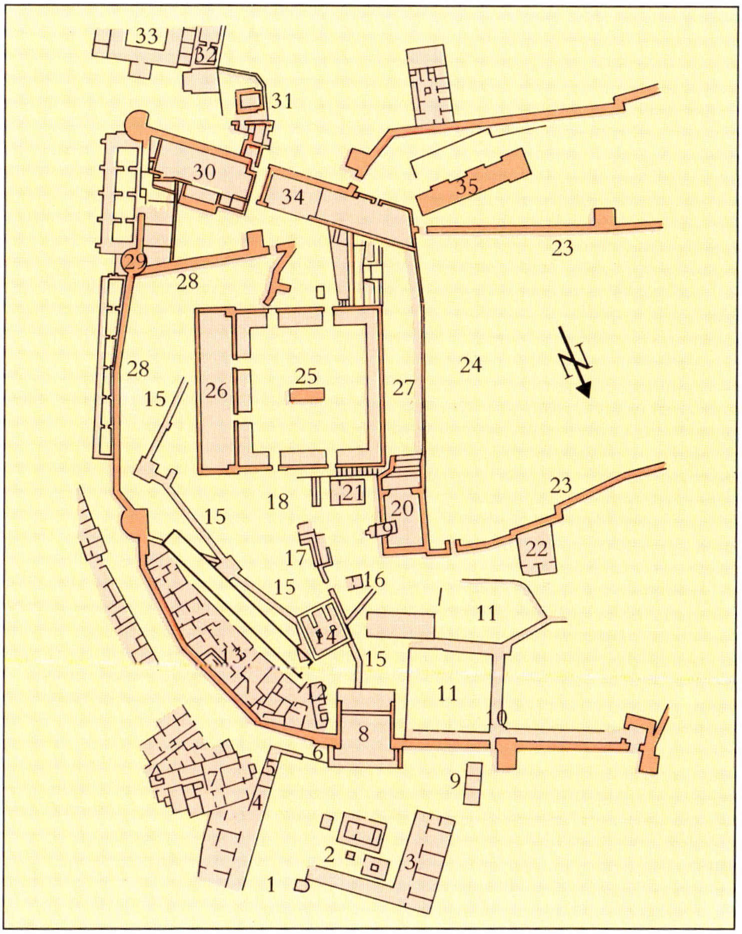

Eleusinischer Kultbezirk *(Eleusis/Griechenland: Demeter-Heiligtum)*

1. *Eingang*
2. *Artemis-Tempel, Altäre und ĕschara*
3. *Portikus*
4. *Quellhaus*
5. *Triumphbogen*
6. *Kallichoros-Brunnen*
7. *römische Bäder*
8. *große Propyläen*
9. *Triumphbogen*
10. *Pforte und antike Straße*
11. *antikes Häuserviertel*
12. *römische Zisterne*
13. *römische Häuser*
14. *innere (kleine) Propyläen*
15. *Peisistratos-Mauer (6. Jh. v. Chr.)*
16. *Heiligtum des Pluton (Plutonium)*
17. *Altar*
18. *Heilige Straße*
19. *Panagia-Kapelle*
20. *römisches Megaron*
21. *Tempel der Kore (Persephone)*
22. *Haus der Herolde*
23. *mittelalterliche Burgmauern*
24. *Akropolis (Burgberg)*
25. *Demeter-Telesterion*
26. *Philon-Halle*
27. *Felsterrasse mit Felsstufen*
28. *Perikles-Mauer*
29. *Rundturm*
30. *Rathaus (bouleuterion)*
31. *»Heiliges Haus«*
32. *Mithräum*
33. *Gymnasion*
34. *Portikus*
35. *Archäologisches Museum*

v.Chr.). Seit dem 3. Jh. v.Chr. kommt dann der Ceres-Proserpina-Kult über Latium nach Rom (Ceres-Liber-Libera-Tempel am Circus maximus). Cicero (106–43 v.Chr.) gehört zu den »Eingeweihten« wie auch Kaiser Gallienus (253–268 n.Chr.), der zum Zeichen seiner mystischen Vereinigung mit Kore Münzen mit der weiblichen Form seines Namens »Galliena Augusta« prägen läßt. Das vielleicht interessanteste religiöse Zentrum der Antike wird durch ein Edikt des Kaisers Theodosius I. (392 n.Chr.) aufgelöst und von Alarich, dem König der Westgoten (395–410), im Jahr 395 geplündert und zerstört.

Die Göttin *Demeter* (lat. Ceres), eine Tochter des Kronos und der Rhea, ist die Schwester des Zeus und von ihm Mutter der *Persephone* (lat. Proserpina). Sie gilt als Göttin der Erdfruchtbarkeit und des vegetativen Lebens, das in jedem Frühjahr wiederkehrt und erblüht, nachdem es im Herbst erstorben ist. Den Eleusinischen Mysterien liegt folgender Mythos zugrunde: Persephone, das Kornmädchen »Kore«, zugleich Tochter der Demeter, Göttin der Fruchtbarkeit, wird von Pluto-Hades, dem Gott der Unterwelt, – mit Wissen des Zeus – geraubt und in sein Reich entführt, wo sie seine Gattin und Herrin der Unterwelt wird. Daraufhin versagt Demeter grollend der Erde jegliche Fruchtbarkeit und begibt sich, als alte Frau verkleidet, verzweifelt auf die Suche nach ihrer Tochter. In Eleusis, wo sie am Kallichoros-Brunnen (»Tanzplatzbrunnen«) traurig rastet, wird sie von den Töchtern des Königs Keleos durch deren Tanz getröstet, in den Palast des Königs gebracht und dort gastfreundlich aufgenommen. Zum Dank dafür schenkt Demeter dem jungen Prinzen *Triptolemos* das erste Weizenkorn, so daß er die Griechen die Kunst der Feldbestellung lehren konnte. Demeter befiehlt die Errichtung eines Tempels in Eleusis und die Feier der Fruchtbarkeitsmysterien zu ihrer und Persephones Ehren. Auf Weisung des Zeus muß Hermes schließlich Persephone zurückbringen, so daß Mutter und Tochter wieder vereinigt werden. Da letztere aber in der Unterwelt vom heiligen Granatapfel gegessen hat, bleibt sie für immer an die Unterwelt gebunden, so daß sie ein Drittel des Jahres dort verweilen muß. Die übrigen zwei Drittel darf sie in der Oberwelt, auf der Erde und im Olymp verbringen. So lebt sie – genau wie das Samenkorn – einen Teil des Jahres unter und die übrige Zeit auf der Erde.

In Analogie zum Saatkorn, das in der Erde »begraben« wird, um schließlich, wenn seine Zeit gekommen ist, wieder als Saatfrucht aus der Erde emporzusprießen, faßt man diesen Mythos als Verheißung eines Lebens nach dem Tod auf. Dem Eingeweihten ist die Hoffnung, daß er – gleich Kore – zwar in das Reich der Toten hinabsteigen, aber zu einem besseren und reicheren Leben wiederkehren wird. In diesem Zusammenhang bekennt Cicero: »Reicher an Hoffnung haben wir zu leben und zu sterben gelernt.« Voraussetzung für eine Wiederkehr ins Leben sind moralische Integrität und kultische Reinheit.

Die eleusinischen Weihen umfassen zwei Stufen, deren erste die *Vorweihe* mit Reinigungszeremonien darstellt. Nach dieser Läuterungsstufe *(Katharsis)* konnte jeder Mitglied der Gemeinde *(Myste)* werden, was in der *Hauptweihe* der Eingeweihten *(Epopten)* geschieht. Die Vorweihe wird anläßlich der *kleinen Mysterien* im Frühling gespendet, während die *großen Mysterien* im Herbst mit der Hauptweihe verbunden sind. Den Feiertagen von Eleusis im Herbst geht eine vorbereitende Woche voraus, während der die heiligen Kultobjekte unter dem Geleit von Epheben von Eleusis nach Athen geholt werden. Am ersten Tag lädt der Herold alle Reinen ein, an den Mysterien teilzunehmen. Am zweiten Tag reinigen sich die Initianden im Meer und bringen ein Schwein als privates Opfer dar. Der dritte Tag sieht öffentliche Opfer vor und der vierte die Reinigung der Nachkömmlinge. Am fünften Tag findet die ganztägige große Festprozession auf der heiligen Straße von Athen nach Eleusis statt, bei der die Kultobjekte zurückgebracht werden. Der Gott *Jakchos* gilt als Personifikation des großen Festzugs. Am sechsten Tag ruht und fastet man in Eleusis, bevor in der folgenden Nacht das Hauptfest gefeiert wird. Zu Anfang steht eine öffentliche Versammlung, bei der die Nichtgeweihten durch Heroldsruf ausgewiesen werden. Während der nächtlichen Feier steht im Mittelpunkt die sinnbildliche Neugeburt der Geweihten, die zur Vergottung führt. In der Kultfeier werden heilige Gegenstände gezeigt; u.a. wird dem heiligen Korb *(kiste)* eine Nachbildung von Demeters Mutterschoß entnommen, die man über den eigenen Leib gleiten läßt. Mysterienformeln werden rezitiert, und der Himmel wird aufgefordert: »hye« (griech. »regne!«) und die Erde: »kye« (griech. »empfange!«). Der Mythos vom Schicksal der Göttinnen, eine heilige Hochzeit und die Geburt eines göttlichen Kindes werden im Kultdrama rituell dargestellt. Zur Kulthandlung selbst gehört auch ein sakramentales Vereinigungsmahl mit Essen von Gerstengetreide und Trinken des *Kykeon,* eines Gerstengebräus. Der Tag nach der nächtlichen Feier, der siebte Tag, ist ein Ruhetag. Am achten Tag gilt das Ritual den Verstorbenen, bevor am neunten und letzten Tag die Pilger in ihre Heimatorte zurückkehren. Der Kult in Eleusis liegt in den Händen zweier Familien, innerhalb deren sich die Priesterwürde vererbt. Sie stellen den *Hierophanten* (griech. »Zeiger des Heiligen«), den höchsten Priester von Eleusis, der die Weihen erteilt. Seine weibliche Entsprechung ist die *Hierophantin,* die als Demeter-Priesterin ihm an die Seite gestellt ist. Auf dem Höhepunkt der Feierlichkeiten zeigen beide den Teilnehmern die heiligen Gegenstände.

Die Mysterienstätte von Eleusis liegt innerhalb eines *Kultbezirks,* dessen Betreten Nichteingeweihten unter Todesstrafe verboten ist. Am Eingang zum äußeren Kultbezirk liegt der Kallichoros-Brunnen. In den Kultbezirk gelangt man durch einen propyläenähnlichen Torbau. Von einem

Vorhof aus passiert man auf der »heiligen Straße« eine Vorhalle, durch die man in den inneren Kultbezirk kommt. Hier befindet sich u.a. das Plutonium, der Eingang zur Unterwelt, von wo aus Pluto-Hades die Kore entführt hat. Die heilige Straße endet am Mysterien-Heiligtum (Telesterion). Dieser fast quadratische Raum (54 × 52 m) aus dem 6. Jh. v. Chr. ist ringsum von acht z.T. in Fels gehauenen, z.T. aus Marmor erbauten Stufenreihen umgeben, auf denen ca. 3000 Eingeweihte Platz finden. In der Mitte dieses 42-Säulen-Saales finden die kultischen Mysterienspiele statt. Im Obergeschoß werden die heiligen Schau-Gegenstände aufbewahrt.

Zeittafel

Vor der christlichen Zeitrechnung

6. Jh. Telesterion in Eleusis und Demeter-Tempel in Selinunt erbaut

Nach der christlichen Zeitrechnung

253–268 Kaiser Gallienus, ein Myste des Eleusis-Kultes

395 Zerstörung des Eleusis-Heiligtums durch Alarich

Literaturauswahl

Kerényi, K.: Die Mysterien von Eleusis. Zürich 1962

Mylonas, G.E.: Eleusis and the Eleusinian mysteries. Princeton 1961

ESKIMO-RELIGION

Die *Religion der Eskimos* (Algonkin »Rohfleischesser«), die sich selbst *inuit* (»Menschen«; Einzahl: *inuk*) nennen, wird zu den →arktischen Religionen gerechnet.

Die Wohngebiete der Eskimos, deren Gesamtzahl heute 69000 beträgt, liegen im asiatischen und amerikanischen Küstengebiet, an der Beringstraße, in Alaska (USA), auf Labrador (Kanada) und Grönland. Die zu den Mongoliden gehörenden *Eskimos* sind Jäger- und Fischervölker, die in der Sommerzeit meistens im Binnenland leben, wo sie u.a. Karibus (Rentiere) jagen, und während des Winters Jäger und Fischer an der See sind.

Für die Eskimos ist das höchste Wesen das Numen *Sila* oder *Silap inua* (»Geist der Luft«), das den gesamten Weltenraum erfüllt. Zweithöchstes Wesen ist der *Mondgott* und Herr über das Wetter. Als Herr der Seetiere bewirkt er Ebbe und Flut. Verglichen mit dem Mondgott spielt die *Sonnengöttin* eine geringere Rolle.

Für die grönländischen Eskimos ist *Arnaquâshâq* (»das majestätische Weib«) die Göttin des Meeres, Herrin der Tiere und Urheberin der Stürme. In der Tiefe des Meeres steht ihr Palast, wo sie zusammen mit Fischen und anderen Seetieren lebt. Seehunde bewachen ihr Haus. Wenn bei den Eskimos Nahrungsmangel herrscht, können nur die Schamanen die Göttin veranlassen, die von ihr zurückgehaltenen Tiere zur Jagd für die Menschen freizugeben.

Alles – jedes Ding, jeder Begriff – ist belebt, d.h. besitzt ein *inua*. Diese Possessivform von *inuk* (»Mensch«) in der 3. Person bedeutet »sein Mensch, sein Besitz«. Dieser Seelenbegriff ist ursprünglich mit seinem Gegenstand eng verbunden gewesen. Der mächtigste *inua* ist *Sila*, der »inua der Luft«.

Menschen und Tiere haben eine oder mehrere Seelen, von denen eine in der Gestalt des betreffenden Wesens das Leben nach dem Tod des Wesens fortsetzt. Für das Weiterleben nach dem Tod gibt es drei mögliche Reiche, zwei glückliche oben im Himmel und tief unten im Meer. Das dritte liegt unmittelbar unter der Erdoberfläche und ist ein unheilvoller Aufenthaltsort.

Im Kult treten *Jagdriten* beherrschend hervor. Sie haben einen doppelten Zweck: Sie sollen sicherstellen, daß die Tiere sich als Nahrung für die Menschen jagen lassen und daß dem gejagten Tier die rechte Behandlung gesichert ist, so daß sich dessen Seele nicht bei den anderen Tieren oder deren Geistern über die jagenden Menschen beschwert.

In den auf monogamen Familien aufgebauten Sippen tritt an die Stelle des Häuptlings der Schamane. Die Schamanen (*angakog* = »Familienoheim«) verfügen mit Hilfe der *tunarak*, der Hilfsgeister, über eine übermenschliche Macht. Sie erforschen das Schicksal und helfen in Krankheitsfällen.

Literaturauswahl

Paulson, J./Hultkrantz, A./Jettmar, K.: Die Religionen Nordeurasiens und der amerikanischen Arktis. Stuttgart 1962

ETRUSKISCHE RELIGION

Die *Religion der Etrusker* (lat. *Tusci*) ist die Religion eines seit 900 v. Chr. in *Etrurien* ansässigen, vorindogermanischen Volkes, nach dem die heutige Landschaft Toskana benannt ist. Für die Etrusker befindet sich das religiöse Zentrum mit Heiligtum in der Gegend von Volsinii. Die e.R. gehört zu den →europäischen Religionen.

Nach dem Vorbild des ionischen Städtebundes schließen sich um 600 v. Chr. etruskische Stadtstaaten zu einem Zwölfstädtebund zusammen. Im 6. Jh. herrschen

1

die Etrusker über Latium und Rom, wo sie die letzten Könige stellen, und im 5. Jh. beherrschen sie Kampanien. Von dieser Zeit an beginnt ihr allmählicher Abstieg, mit dem der Aufstieg der römischen Macht korrespondiert. 396 v. Chr. erobern die Römer die etruskische Stadt Veji, und im 1. Jh. v. Chr. wird die Bürgerschaft der Etrusker durch die römische »Lex Julia de civitate« beendet. Nur die religiösen und kulturellen Überlieferungen können sich noch eine Zeitlang halten.

Die etruskischen Gottheiten bilden 3 Gruppen: Gottheiten mit rein etruskischen Namen, die mit griechischen und römischen gleichgesetzt werden, solche, die von ihren italienischen Nachbarn übernommen werden und Gottheiten, die von den griechischen Kolonisten im Süden stammen. Die Götter werden oft zu einer Dreiheit zusammengefaßt (manchmal zu einer Neunheit oder Zwölfheit), deren bedeutendste *Tinia*, *Uni* und

1 Demeter, Triptolemos, Persephone, *Votivrelief aus Eleusis, Marmor, um 440 v. Chr. Athen, National Mus.*

2 Wölfin, *Bronze, um 470 v. Chr. Rom, Kapitolinisches Mus.*

3 Apollon von Veji, *Terrakotta, um 500 v. Chr. Rom, Villa di Papa Giulio*

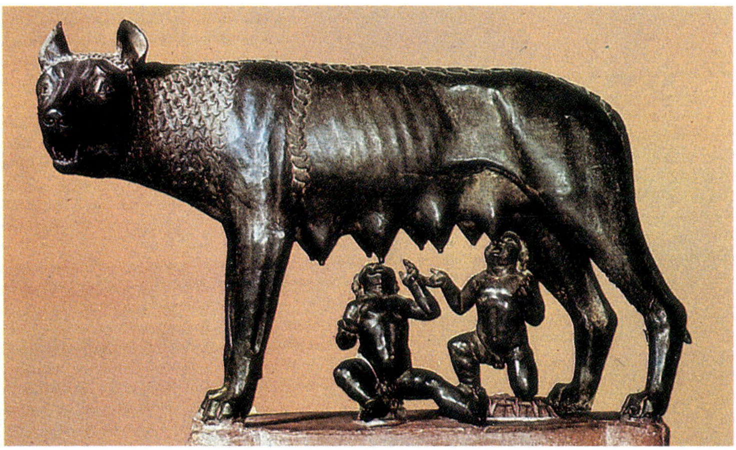

2

Menrva ist, der in jeder Stadt 3 Tempel und 3 Tore geweiht sind.

An der Spitze der Gottheiten steht *Tinia* (röm. = Jupiter). Der Himmelsherr ist der Herr zweier Götterverbände, des Zwölfer- und des Achterrats. Seine Gattin ist *Uni* (röm. = Juno). Die *Menrva* wird später der römischen Minerva gleichgesetzt.

Andere Götter sind *Aplu* (röm. = Apollo), dessen Statue aus Veji eines der Meisterwerke etruskischer Kunst ist, und *Voltumna,* dessen heiliger Hain bei Volsinii den Mittelpunkt des amphiktyonischen Bundes der 12 Städte bildet. Ferner sind zu nennen *Hercle Unial clan* (»Herkules, Sohn der Uni«), *Mari* (röm. = Mars), *Satres* röm. = Saturnius), *Sethlans* (röm. = Vulcanus), *Tecum* und *Turan* (röm. = Venus).

Dem Menschen feindlich gesinnte Götter sind *Vetisl* und *Velkhans*. Der Dämon *Charun* schlägt mit einem Hammer den Verstorbenen die Seele aus dem Leib.

Das gesamte Leben wird von der Religion bestimmt, der *disciplina Etrusca* (lat. »etruskische Lehre«), für die bestimmte Vorstellungen von Raum und Zeit (10 Weltalter) charakteristisch sind.

Der Tod der Menschen und die Vorstellung von einem Leben nach dem Tod – entweder in paradiesischen Freuden oder in höllischen Qualen – stehen im Mittelpunkt. Zu Ehren der Toten, deren Leichname man in festen Gräbern und später unter Grabhügeln in Totenstädten beisetzt, werden Begräbnisspiele (Gladiatoren) abgehalten.

Um den Willen der Götter zu erfahren, werden Zeichen als Vorzeichen ausgelegt, die Blitze beobachtet (ars fulgatoria), der Vogelflug gedeutet (auspicium) und eine Eingeweideschau durchgeführt (haruspicia). Letztere wird an der Leber als dem Sitz des Lebens vorgenommen. Die *Bronzeleber von Piacenza,* die zur Einführung in die Eingeweideschau verwendet wird, ist in 40 Regionen eingeteilt, deren jede mit dem Namen einer bestimmten Gottheit bezeichnet ist.

Die rechteckigen *Tempel* stehen auf einem hohen Podium. Der *Cella* des Tempels ist eine oft gleich tiefe *Halle* vorgelagert. Die Säulenreihen der Vorhalle und die Wände der Cella tragen ein steiles Giebeldach. Manchmal sind unter einem Dach drei nebeneinander liegende Cellaräume vereinigt, in denen die Standbilder der in einer Dreiheit verehrten Gottheiten stehen. Beispiele dafür bieten das Capitolium von Signia und der Tempel von Falerii.

Die Grabkammern mit ihren Totenbetten, Sarkophagen (in der Totenstadt Cervéteri stehen Sarkophage, auf denen die Verstorbenen in lebensgroßen Tonfiguren, meist zusammen mit ihrem Ehepartner, dargestellt sind), Urnen (bekannt sind die in Chiusi gefundenen Aschenurnen [Kanopen] mit Deckeln in Form von Menschenköpfen, oft mit Armen) sowie aus dem Fels gehauenen Möbeln gelten als Wohnungen der Toten.

Die Etrusker, die in einer ständigen Auseinandersetzung mit Rom stehen – übrigens ist die »Kapitolinische Wölfin« (um 500 v. Chr.), das Wahrzeichen Roms, eine etruskische Bronzearbeit –, haben auf die →römische Religion stark eingewirkt. Nach der Eroberung von Veji überführen die Römer das Kultbild der Stadtgöttin *Uni* nach Rom und erbauen ihr dort einen Tempel. Als Kulturmittler zwischen Griechen und Römern haben die Etrusker eine große Bedeutung.

Literaturauswahl

Clemen, C.: Die Religion der Etrusker. Bonn 1936

Grenier, A.: Les religions étrusque et romaine ... Paris 1948

Herbig, G.: Religion und Kultus der Etrusker. Breslau 1922

Pfiffig, A. J.: Religio Etrusca. Graz 1975

EUROPÄISCHE RELIGIONEN

»E. R.« ist eine zusammenfassende Bezeichnung für die (autochthonen) unter den Stämmen und Völkern Europas (griech. Europe) entstandenen wie auch für die (allochthonen) von anderen Erdteilen nach Europa eingedrungenen, jedoch hier im europäischen Geist weiterentwickelten Religionen und Konfessionen. Die Bevölkerung Europas, des heute am dichtesten besiedelten Erdteils, wird zur Rasse der Europiden gerechnet.

Dieser Erdteil, der nach der in der griechischen Mythologie gleichnamigen *Europa* benannt ist, die als Königstochter aus Phönikien vom Göttervater Zeus in Stiergestalt nach Kreta entführt wird – diese Entführung ist in der Kunstgeschichte seit dem 7. Jh. v. Chr. nachweisbar –, ist religionsgeschichtlich seit ur- und frühgeschichtlicher Zeit sehr bedeutsam. Hier entstehen in den westlichen, mittleren, nördlichen und östlichen Regionen die →indogermanischen Religionen, wie die der Kelten, Germanen, Slawen und Balten, und im Süden entwickeln sich die →baskische, →etruskische, →kretisch-mykenische, →homerische Religion, z. T. die

1

1 Entführung der Europa, *um 490 v. Chr. Tarquinia, Mus. Archeologico*

→hellenistischen Religionen, die →Mysterienreligionen des Dionysos und Orpheus, die von Eleusis und Samothrake, aber auch die der indogermanischen Griechen (→griechische Religion) und Römer (→römische Religion). Hierher gehören schließlich auch die Religionen einiger finno-ugrischer Völker, der Finnen, Ungarn und Lappen (→finno-ugrische Religionen).

Seit der Christianisierung Europas zählen alle vorgenannten Religionen zu den →alten Religionen der Vergangenheit. Der Übertritt Jagiellos, des Königs der Litauer, zum Christentum im Jahr 1386 gilt als Schlußpunkt der Christianisierung Europas, auf dessen Boden das →Christentum selbst seine bedeutendsten Konfessionen, die der griechisch-orthodoxen, der russisch-orthodoxen, der römisch-katholischen, der protestantischen und der anglikanischen, herausbildet.

Außer den vorgenannten →alten Religionen der Vergangenheit und der Gegenwart gibt es in Europa einige, wenn auch im Vergleich zu Asien, Afrika, Amerika und Ozeanien relativ wenige →neue Religionen, wie die der →Deutschreligiösen Bewegung, der →Gralsbewegung, der →Lorber-Gesellschaft und der →Lorenzianer.

Literaturauswahl

Clemen, C.: Religionsgeschichte Europas. 2 Bde. Heidelberg 1926/31

Haussig, H.W. (Hrsg.): Götter und Mythen im Alten Europa. Stuttgart 1973 (= Wörterbuch der Mythologie Bd. 2)

Lanczkowski, G.: Religionsgeschichte Europas. Frankfurt-Basel-Wien 1971

FINNISCHE RELIGION

Die f.R. ist die vorchristliche Religion der Finnen, eines Volkes in Finnland (finnisch *Suomi*), im nordwestlichen Rußland und im nördlichen Norwegen und Schweden, das sich selbst *Suomalaiset* bezeichnet.

Die vorchristliche Religion der Finnen gehört zu den →europäischen Religionen und hier speziell zu den →finno-ugrischen Religionen.

Für die Finnen, die in den ersten Jahrhunderten n.Chr. vom Baltikum über den Finnischen Meerbusen in das südwestliche Finnland eingewandert sind und die lappische Urbevölkerung verdrängt haben, beginnt Mitte des 12. Jh. ihre Christianisierung.

Von den Naturgöttern der Vegetation, des Waldes und Getreides sowie des Wassers ist der bedeutendste der Gewitter- und Wassergott *Ukko* (»alter Mann«) bzw. *Ukkonen* (»Großvater«). Diesem Herrn des Himmels und Donnergott, aber auch Nothelfer der Menschen werden Rauschgetränke und Opferfleisch in aus Birkenrinde gefertigten Scheffeln dargebracht, die während der Dauer einer Nacht auf »Ukkos Bergen« *(Ukko vuori)* abgestellt sind, damit der Gott sich davon bedienen kann.

Als Ukkos Gattin gilt *Rauni* (»Eberesche«), die Erdmutter und Göttin des Donners. Herr von Wind und Wetter sowie Beschützer der Reisenden ist *Ilmarinen* (aus *ilma* = »Luft, Wetter, Welt«). Der heutige finnische Name des Gottes der Christen, *Jumala,* ist die ursprüngliche Bezeichnung eines altfinnischen Himmelsgottes.

Verbreitet ist der Glaube an ein Fortleben nach dem Tod. Die Friedhöfe gelten als heilig, weil die Toten in ihren Begräbnisstätten wohnen. Es gibt aber auch ein eigenes Totenland im Erdinnern, das die Verstorbenen erst nach einer langen, mühsamen Reise in nordwestlicher Richtung erreichen und wo man wie im Diesseits lebt, geboren wird, heiratet und auch wieder stirbt.

Das Fest des Bären, der als Verkörperung des Waldgeistes *Tapio* gilt, wird als »Bärenhochzeit« festlich begangen.

Wichtige Quellenschrift für die finnische Mythologie ist das finnische Nationalepos *Kalevala* (finnisch »Land des Kaleva«), 1835–49 durch Elias Lönnrot (1802–84) herausgegeben. In dieser aus 22805 Versen zusammengestellten Sammlung von Helden- und Volksliedern, von Legenden und Zaubersprüchen ist der Kulturheros *Väinämöinen* (»alt und wahrhaft, urzeitalter Zauberwisser«) eine zentrale Gestalt.

Literaturauswahl

Fromm, L. u. H.: Kalevala. 2 Bde. Darmstadt 1967

Karsten, R.: The Religion of the Samek. Ancient Beliefs and Cults of the Scandinavian and Finnish Lapps. Leiden 1955

Krohn, K.: Zur finnischen Mythologie. Helsinki 1932

FINNO-UGRISCHE RELIGIONEN

»F.-u.R.« bzw. »ugro-finnische Religionen« ist eine Sammelbezeichnung für die Religionen der Finno-Ugrier in Osteuropa und Westsibirien (Nordeurasien).

Zu den f.-u.R. gehören die →finnische Religion, die →Lappen-Religion und die →ungarische Religion, aber auch die Religionen der heute in der UdSSR lebenden Esten, Karelier, Komi, Permjaken, Udmurten, Mari, Mordwinen, Chanten, Mansen und Wepsen.

Die Urheimat der Völker finno-ugrischer

Sprachen und Religionen ist das mittlere Nordrußland an der oberen Wolga und der Oka, von wo aus sie sich um 2000 v. Chr. nach Osten und Westen ausbreiten.
Zuerst trennen sich die Ugrier (unter ihnen die Ungarn) und anschließend die Finnen ab.

Literaturauswahl

Harva, U.: Die Religion der Tscheremissen. Helsinki 1926
Harva, U.: Die religiösen Vorstellungen der Mordwinen. Helsinki 1952
Honko, L.: Geisterglaube in Ingermanland. Helsinki 1932
Paulson, I.: Die primitiven Seelenvorstellungen der nordeurasischen Völker. Stockholm 1958
Paulson, J./Hultkrantz, Å./Jettmar, K.: Die Religionen Nordeurasiens und der amerikanischen Arktis. Stuttgart 1962
Schroeder, L. von: Die Hochzeitsbräuche der Esten und einiger anderer finnisch-ugrischer Völkerschaften in Vergleichung mit denen indogermanischer Völker. Nachdruck Hannover 1975

GERMANISCHE RELIGION

Die g. R. ist die Religion der zur indogermanischen Völkergruppe gehörenden *Germanenstämme,* deren älteste Heimat seit ca. 1400 v. Chr. Südschweden, Dänemark, Schleswig-Holstein und Norddeutschland zwischen unterer Weser und unterer Oder ist, von wo aus einzelne Stämme noch in vorchristlicher Zeit schubweise ostwärts, südwärts und westwärts vordringen.
Die g. R. gehört zu den →europäischen und den →indogermanischen Religionen.
Für die spätere Zeit unterscheidet man zwischen Nord-, Ost- und Westgermanen. Zu den Nordgermanen gehören die Normannen bzw. Wikinger, zu den Ostgermanen die Goten, Vandalen, Burgunder, und zu den Westgermanen zählen die Angeln, Cherusker, Franken, Friesen, Sachsen, Sweben, Semnonen, Langobarden und Markomannen u. a.
Die systematische Christianisierung der Germanen beginnt Ende des 4. Jh. bei den Westgoten im heutigen Rumänien und endet im 12. Jh. bei den Normannen in Skandinavien. Die Westgoten werden an der unteren Donau durch den Goten Ulfila (um 310–383), der die Bibel ins Gotische übersetzt (Codex argenteus), für das Christentum in der Form des Arianismus gewonnen. Dann übernehmen Ostgoten, Vandalen, Burgunder, Sweben und Langobarden den Arianismus. Die Ostgermanen werden zu Trägern der Völkerwanderung (375–568), die zeitlich durch den Hunneneinfall bei den Ostgoten (375) und die Landnahme der Langobarden in Italien (568) begrenzt wird. Während der Völkerwanderungszeit gelangen die Vandalen unter Geiserich (428–477) bis nach Nordafrika. Der arianische Ostgotenkönig Theoderich d. Gr. (471–526), der in dem von ihm errichteten Mausoleum zu Ravenna in einem Porphyrsarkophag beigesetzt ist, lebt in der Sage als Dietrich von Bern (= Verona) fort.

Vanen und Asen

Das mittelhochdeutsche maskuline Wort »Gott« (althochdt.: *got,* got.: *guth,* altniederdt. und engl.: *god,* schwed.: *gud*) geht zurück auf das germanische Neutrum *guda,* das sowohl männliche wie weibliche Gottheiten meint. Nicht eindeutig ist die Sacherklärung, wonach mit dem gemeingermanischen Wort *guda* ein Wesen gemeint ist, das (durch Zauberwort an-)gerufen und dem (mit Trankopfer) geopfert wird. Eine Gottheit, zu der die Menschen in einem Freundschaftsverhältnis stehen, (»Freundschaftsgott«) heißt *fulltrui* (altnord.: »Vertrautes«).
In der g. R. sind eine ältere Bauernreligion mit dem Kult der *Vanen* und eine jüngere Kriegerreligion mit dem Asenkult vereinigt, so daß man die Gottheiten in ein älteres Geschlecht der Vanen und ein jüngeres der Asen einteilen kann. Die milden Vanen bzw. Wanen (die »Glänzenden«) sind Gottheiten der Fruchtbarkeit, der Schiffahrt, des Handels und Wohlstandes mit Wohnsitz in Vanaheimr (Vanenheim). Ihre Verehrung ist gekennzeichnet durch Vegetationsriten, Kulttänze und Versenkungsopfer. Bei den Vanen-Gottheiten überwiegt das Frauliche. Gemäß der *Völuspá* (→S. 161) bricht ein Krieg zwischen Vanen und Asen aus, weil letztere sich empören über ein gesteigertes magisches Weiberwesen auf seiten der Vanen. Der Krieg endet mit einem Vergleich, bei dem Geiseln ausgetauscht werden. Seitens der Vanen sind dies Njörd und seine Kinder, Freyr und Freyja, die in der Folgezeit unter die Asen aufgenommen werden, und seitens der Asen sind dies Hönir und Mimir. Der Streit zwischen Vanen und Asen spiegelt den Gegensatz zwischen germanischen Bauern und Kriegern.
Njörd ist ein Gott der Fruchtbarkeit, der Schiffahrt, des Windes und der Meere. Er spendet den Bauern reiche Ernte und den Fischern einen guten Fang.
Nerthus ist Göttin der Fruchtbarkeit. Als »Mutter Erde« ist sie auch Göttin eines Kultverbandes von 7 Stämmen in der Gegend von Schleswig-Holstein. Auf der Insel Alsen bzw. Fünen steht in dem ihr geweihten heiligen Hain ein mit einem Tuch verhüllter Prozessionswagen, mit dem sie an ihren Festtagen durchs Land reist. Wohin der von Kühen gezogene Wagen kommt, dort ruhen die Waffen, und Frieden und Festfreude kehren ein. Nach der Rückkehr in den Hain werden Wagen und Kultbild in einem See gebadet und die dabei fungierenden Sklaven durch Ertränken im See der Göttin geopfert.
Ein Gott des Lichtes und der Sonne sowie des Regens und der Fruchtbarkeit ist *Freyr*

1 Freyr *mit Phallus*

2 Freya, *Gehänge aus der Wikingerzeit. Schweden*

3 Thor *mit seinem Hammer Mjölnar, Bronze, ca. 1000. Reykjavik, National-Mus.*

4 Odin, *aus Limby, Bronze. Schweden*

5 Sonnenwagen *von Trundholm, Bronze, Länge 60 cm, um 1300 v. Chr. Kopenhagen, National-Mus.*

6 *Grabmal Theoderichs d. Gr., Zentralbau, um 520. Ravenna*

1

(altisländ. »Herr«) bzw. *Frö* (altschwed.). Mit seinem Vater Njörd und seiner Schwester Freyja muß er als Friedenspfand bei den Asen leben. Er gilt als Ahnherr des schwedischen Königsgeschlechts der Ynglinge. Sein Zentralheiligtum ist der Tempel in Uppsala, wo sein Bild (neben Odin und Thor) »mit ungeheurem Priap« als Symbol der Fruchtbarkeit steht.

Göttin der Fruchtbarkeit, des Frühlings, des Glücks und der Liebe ist die Ur- und Erdmutter *Freyja* (altnord. »Frau, Herrin«) bzw. *Freya* oder *Fröga* (altschwed.). Obwohl eine Vanin, wird sie durch die Verbindung mit der Göttin Frigg unter die Asen aufgenommen, steigt hier zu einer Hauptgöttin auf und wird Gattin des Odin.

Die *Asen* bilden das jüngere Göttergeschlecht, das in *Asgard* wohnt. Sie sind – im Gegensatz zu den Vanen – kriegerisch (mit Speer, Hammer, Beil) und auch patriarchalisch gezeichnet. Ursprünglich oberster Himmelsgott ist *Tiuz* oder *Tiu* (der »Leuchtende, Glänzende«), *Ziu* (althochdt.), *Tiw* (angelsächsisch) und *Tyr* (altnord.). Später wird er von Odin verdrängt und ist dann nur Wahrer des Rechts und ein Gott des Krieges, des Zweikampfes und des Sieges. Sein Symbol ist das Schwert, und zum Tyr-Kult gehört der Schwerttanz. Eine nach ihm benannte Rune wird in Waffen eingekerbt, um den Sieg zu sichern. Da der Wolf Fenrir (Fenriswolf) ihm den rechten Arm abgerissen hat, wird er als Einarmiger dargestellt, der später den Höllenhund Garm erschlägt. Nach Tyr ist der Wochentag »Dienstag« benannt – Tirsdag (dän.), Tisdag (schwed.), Tuesday (engl.). An Tiuz erinnert auch das Wort »deutsch« (althochdt.: *diutisc*, altniederdt.: *thiudisk*).

An der Spitze des Göttergeschlechts der Asen steht später *Odin* bzw. *Othinu* (altisländ.), *Wuotan* (althochdt.) und *Wodan* (niederdt.). Er ist ein Sturmgott und Anführer der nächtlichen »Wilden Jagd«, ein Kriegsgott und »Vater der Toten« (Walvater), aber auch Gott der Runenweisheit und Dichtkunst, Herr der Skalden und Beschützer der Äcker. Genealogisch gilt er als Sohn des Borr und der Bestla, Gatte der Frigg und Vater des Baldr. Er reitet auf dem achtfüßigen Hengst *Sleipnir* durch die Lüfte und wird von den beiden Raben Hugin und Munin begleitet, die ihm alles ins Ohr sagen, was sie sehen und hören. Sie folgen ihm im Kampf und stürzen sich auf die Leichen der Gefallenen. Odins Wohnung ist *Walhall,* und seine Botinnen sind die *Walküren*. Odins Speer, der immer wieder in seine Hand zurückkehrt, heißt *Gungnir*. Im Tempel von Uppsala steht sein Bild neben dem des Freyr und

5

6

des Thor. Zahlreiche Ortsnamen in Schweden, Dänemark und England erinnern an seinen Kult. Sein englischer Name *Woden* lebt im Wochentag »Wednesday« (= Mittwoch) fort.

Ein (blinder) Sohn Odins ist *Hödr* (altnord. »Streit, Kampf«), der auf Anstiften Lokis mit einem Mistelzweig seinen Zwillingsbruder Baldr ahnungslos tötet.

Eine Gestalt zwischen Göttern, Riesen und Dämonen ist *Loki*, eine Art »Trickster«, verwandlungsfähig in Adler, Stute, Lachs, Robbe und Eisbär. Er ist »Blutsbruder« Odins und als Gatte der Riesin Angrboda Vater der Midgardschlange, der Todesgöttin Hel und des Wolfs Fenrir. Er stiftet Unruhe und Unfrieden unter den Göttern und ist ein Feind Baldrs, dessen Ermordung er veranlaßt.

Der populärste Gott ist *Thor* bzw. *Thorr* (isländ.), *Thunor* (engl.), *Donar* (althochdt.), ein Wettergott, Gott des Donners, der Wolken, der Winde und des Kampfes, aber auch Beschützer der bäuerlichen Scholle und der Familie. Er gilt als Sohn Odins und der »Mutter Erde« Jörd. Mit seinem Riesenhammer *Mjölnir*, der immer wieder in die Hand des Werfenden zurückkehrt, vollbringt er Heldentaten. Maßlos ist er im Essen und Trinken. Von seinem Kult zeugen zahlreiche Orts- und Personennamen. Im Tempel von Uppsala steht sein Bild zwischen denen von Freyr und Odin. Die Eiche ist ihm heilig, und Bonifatius (672/73–754) fällt 723 bei Geismar eine dem Donar geweihte Eiche. Nach Donar ist der Wochentag »Donnerstag« (engl. Thursday) benannt. An einem Donnerstag beginnt stets das isländische Thing.

Eine Himmelskönigin und Königin der Götter und Menschen ist *Frigg* (altnord. »Frau«) bzw. *Frija* (südgerman.) und *Frea*. Sie gilt als Mutter der irdischen Fruchtbarkeit, Göttin der Liebe und der Ehe. Genealogisch ist sie die Gattin Odins und Mutter Baldrs. In Frigg gewinnt das Bild von der Frau und Mutter Gestalt, und Frigg wird zum Urbild weiblicher Pflichterfüllung. Nach ihr ist der Wochentag »Freitag« (= Frija-Tag; engl. Friday) benannt. Eine Schwester der Frigg ist *Fulla* (die »Fülle«), eine Göttin des Reichtums, die im 2. Merseburger Zauberspruch *Volla* genannt wird.

Baldr (altisländ. »Herr«) bzw. *Baldur* (neuisländ.) ist ein Gott des Frühlings, des Lichtes und der Gerechtigkeit. Er gilt als Sohn Odins und der Frigg, als Zwillingsbruder des Hödr, Gatte der Nanna und Vater des Forsetis. Von Alpträumen um ihres Sohnes Baldr Schicksal geplagt, läßt Frigg alles in der Welt – mit Ausnahme des Mistelzweiges – schwören, Baldr kein Leid anzutun. Als bei einer Thingversammlung der Götter Baldrs blinder Zwillingsbruder Hödr auf Anstiften Lokis mit einem Mistelzweig ahnungslos auf Baldr schießt, stirbt dieser, womit die Götterdämmerung beginnt. Aus Gram über den Tod ihres Gatten Baldr stirbt *Nanna,* die Mutter des *Forseti* (altnord. »Vorsitzender«), des Gottes der Winde und des Fischfangs, eines Gerichtsgottes und Schlichters aller Fehden. *Hermod,* ein Bruder Baldrs, reitet nach der Tötung Baldrs als Götterbote zu Hel, um die Möglichkeit von Baldrs Rückkehr aus dem Totenreich zu erkunden.

Zu nennen ist noch *Ran,* die Göttin des Meeres und Mutter von 9 Töchtern als Meereswogen. Sie sammelt die Ertrunkenen in ihrem Netz, zieht sie damit in die Tiefe und bewirtet sie in ihrem Meerespalast mit Hummer.

Mimir ist ein Dämon und Hüter einer Quelle, deren Wasser Erkenntnis und Weisheit verleiht, so daß Odin dafür ein Auge verpfändet, um aus der Quelle trinken zu können.

Mit den Asen oft in einem Atemzug genannt werden die *Elben* bzw. *Alben* oder *Elfen,* die als schöne Lichtelben in Sonnen- und Mondschein zwischen Himmel und Erde oder als häßliche Dunkelelben (Wichte) in Bergen und Höhlen leben. Aus der Schar der elbischen Geister ist die Märchengestalt der Frau Holle hervorgegangen.

Nixen als Wassergeister versuchen die Menschen zu sich in die Tiefe des Wassers zu locken, und *Trolle* (von altnord. *trylla*=»zaubern, Zauberwesen«) sind bald Riesen-, bald Zwerggeister in Wald und Flur.

Kosmologie

Die Welt ist aus dem Körper des Urriesen *Ymir* gebildet. Aus seinem Fleisch schaffen die Götter die Erde, aus seinem Blut das Meer, aus seinen Knochen die Berge, aus seinem Schädel den Himmel, aus seinem Hirn die Wolken und aus seinen Haaren Bäume und Gewächse. Die Lebenswelt des Menschen – zunächst als Erdscheibe, später als Burg gedacht – heißt *Midgard* (germ. »der mittlere Hof«), und ringsherum liegt im Weltenmeer die *Midgardschlange.* Außerhalb der befriedeten Welt Midgard liegt das unbefriedete Reich der Riesen und Dämonen, *Utgard* (altnord. »Draußenwelt«). Oberhalb von Midgard und Utgard erhebt sich *Asgard* (altnord. »Gehöft der Asen«) mit 12 Schlössern für die Asen.

Walhall (altnord. »Halle der Kampftoten«) ist der Aufenthaltsort der auf dem Schlachtfeld Gefallenen, in dessen Mitte sich der Thron Odins und die Sitze der Götter befinden. Die 432 000 Bewohner heißen *Einherier* (altnord. »Einzelkämpfer«) und veranstalten tagsüber Kämpfe, um für den Kampf bei der Götterdämmerung zu trainieren. Abends halten sie mit Odin Gelage, dabei trinken sie das von Frigg und den Walküren servierte Bier und den Met. In *Wingolf,* einem Saal in Walhall, wohnen die *Walküren* (»Totenwählerinnen«), die als Botinnen Odins die in der Schlacht Gefallenen nach Walhall geleiten.

Im Gegensatz zu Walhall befindet sich *Hel* (altnord. »bergen, Hölle«), das Totenreich der nicht im Kampf Gefallenen, unter der Erde unterhalb einer der Wurzeln der Yggdrasil und wird von der gleichnamigen Totengöttin *Hel* beherrscht. Sie ist eine Tochter Lokis und der Riesin Angrboda sowie Schwester des Fenriswolfes und der Midgardschlange. Der Weg ins unterirdische Totenreich führt über den Fluß *Gjöll,* dessen Ende der vieräugige Höllenhund *Garm* bewacht.

Im Zentrum der ganzen Welt steht die immergrüne Esche *Yggdrasil,* deren Äste ins Universum ragen und deren Wurzeln bis in den Brunnen *Hwerjelmir* reichen. Sie hält Himmel und Erde zusammen, und an ihrem Stamm entspringen die Quellen der Weisheit und des Schicksals. Hier halten sich als *Nornen* die Schicksalsschwestern *Urd* (Vergangenheit), *Verdandi* (Gegenwart) und *Skuld* (Zukunft) auf und bestimmen bei der Geburt eines Menschen dessen Geschick.

Am Ende des Weltgeschehens steht *Ragnarök* (altnord. »der Götter letztes Geschick«) bzw. *Ragnarökkr* (»der Götter Dunkel, Götterdämmerung«) als Kampf der Götter und kosmische Katastrophe. Sie wird durch unheilvolle Vorzeichen eingeleitet: Yggdrasil erzittert, die Sonne verfinstert sich, der dreijährige *Fimbulwinter* bricht an, Baldr erliegt dem Loki, der Fenriswolf verschlingt Odin, Thor stirbt am Gifthauch der von ihm noch getöteten Midgardschlange, Heimdall und Loki töten sich gegenseitig, der Fenriswolf verschlingt die Sonne, die Erde versinkt im Weltenmeer, und das Weltall vergeht im Weltenbrand. Aber nach diesem Untergang von Welt und Göttern wird eine neue Erde aus dem Meer emportauchen, und der getötete Gott Baldr wird mit seinem Bruder Hödr vom Tode auferstehen und aus dem Totenreich Hel zurückkehren.

Das Ethos ist geprägt von den Begriffen der Pflicht, der Treue und der Ehre. Die Wiederherstellung der Ehre ist u.a. sakrale Pflicht der Sippe, nicht des einzelnen. Aus der betonten Wertschätzung der Ehre resultiert die Pflicht zur Blutrache, die später durch das Wergeld abgelöst wird.

Die Feste werden im Spätherbst bzw. zu Winteranfang, zur Mittwinterzeit, im Spätfrühling bzw. zu Sommeranfang gefeiert. Das bekannteste Fest zur Mittwinterzeit ist *Jul* bzw. *Jol* (altnord. »Rad«), in dessen Mittelpunkt die Darbringung eines Eberopfers mit anschließendem Ebermahl steht. Bräuche des Julfestes sind in Skandinavien teilweise ins christliche Weihnachtsfest übernommen worden.

Das Opfer *blōth* (altnord.) ist privat oder öffentlich. Die öffentlichen Opfer werden bei der Thingversammlung, nach einem Sieg oder aus anderem Anlaß als Dank- oder Bittopfer dargebracht. Das Opfertier heißt *blotnaut* und ist meistens ein Roß, Rind, Eber, Widder oder Hund. Die Tieropfer werden vorwiegend den Göttern Tyr und Wodan (Odin) dargebracht, wobei Wodan auch Menschenopfer erhält. Für Menschenopfer werden »Rechtlose«

wie Verbrecher, Hörige und Kriegsgefangene, genommen. Aus Dank für einen Sieg tötet man gewöhnlich alle Kriegsgefangenen, und weil diese dabei gewöhnlich aufgehängt werden, wird Wodan auch »Hängegott« genannt.

Im Anschluß an die rituelle Tötung eines Opfertieres wird das Opfermahl gehalten, bei dem Met, ein alkoholhaltiges Getränk aus vergorenem Honigwein, getrunken wird.

Um das Wissen der Geister zu erkunden, werden mit Hilfe von Los und Zeichendeutung die *Orakel* gepflegt. Und um die Macht der Geister den Menschen dienstbar zu machen, bedient man sich des Zaubers. Ein Beispiel dafür bieten die »Merseburger Zaubersprüche« – benannt nach dem Fundort in der Dombibliothek zu Merseburg –, wo auf einen einleitenden Bericht über den Anlaß der eigentliche Spruch des Heilzaubers *(galdr)* folgt:

Phol (= Baldr) und Wodan fuhren in den Wald.
Da ward dem Fohlen Baldrs sein Fuß verrenkt.
Da besprach ihn Sinthgunt, (der) Sonne ihre Schwester,
Da besprach ihn Frija, (der) Volla ihre Schwester,
Da besprach ihn Wodan, so (wie) er wohl konnte:
Sowohl Beinverrenkung, sowohl Blutverrenkung, sowohl Gliederverrenkung:
Bein zu Bein, Blut zu Blut;
Glied zu Gliedern, so als ob sie geleimt sei'n!

Eine der berühmtesten Seherinnen ist *Veleda* bei den Brukterern in Westfalen, wo sie von einem hohen Turm aus ihre im Namen der Götter ergangenen Weisungen dem Volk erteilt. Die wie eine Göttin verehrte Veleda stirbt in römischer Gefangenschaft zur Zeit des Kaisers Vespasian (69–79 n.Chr.). Eine andere Seherin aus der Zeit Veledas ist die von Tacitus erwähnte *Albruna*. Die Seherinnen heißen *Völva* bzw. *Volva* (»Stabträgerin«), weil sie mit dem runden Zauberstab *volr* weissagen.

Die politische Thinggemeinde ist zugleich Kultgemeinde, und jeder Thingbezirk hat seine zentrale Kultstätte. Thingversammlungen schließen sich meistens an Kultveranstaltungen an. Der oberste Verwaltungsbeamte hat zugleich priesterliche Aufgaben. In Island heißt er *Gode*. Das Thing wird vor seiner Eröffnung durch eine feierliche Gelübde- und Opferzeremonie dem Schutz der Götter unterstellt.

Kultstätte ist zunächst der heilige Hain *lundr*, auf den Ortsnamen wie Lund bzw. mit »-Lund« zusammengesetzte geographische Bezeichnungen noch hinweisen. An verschiedenen Mooren in Schweden, Dänemark und Deutschland werden Votivgaben sowie Tier- und Menschenopfer (»Mooropfer«) niedergelegt.

Der zum Sondereigentum gehörende umfriedete Besitz (Haus und Hofstatt) ist als Sitz der Hausgötter und Grabstätte der Ahnen heilig. Der Kult wird in der Wohnstube, im Opferfestsaal oder im Opferhaus *(blothus)* vollzogen. In römischer Zeit kommen die großen Tempel auf. Im Tempel steht der Altar *wigbed*. Es gibt Haupt- und Privattempel. Zur ersteren Kategorie gehört u.a. der *Irminsultempel*, das Stammesheiligtum der Sachsen, das Karl d. Gr. 772 zerstört. Das bekannteste Heiligtum des Nordens ist der Tempel von Alt-Uppsala (Gamla Uppsala).

Das aus Holz geschnitzte Götterbild heißt *skurgod* (german. »Schnitzgott«). Mit den Götterbildern werden Flurgänge veranstaltet, die später von den christlichen Bittprozessionen abgelöst werden.

Die bedeutendste Quelle für die g.R. ist die *Edda*, die 2 altisländische Werke umfaßt. Die »Ältere Edda«, auch »Lieder-Edda« oder »Sämundar-Edda« genannt, ist in der Wikingerzeit zwischen 800 und 1200 in Norwegen und auf Island entstanden und nach 1250 anonym in Island zusammengestellt worden. Sie enthält 30 Lieder und Liedfragmente mit Götter- und Heldensagen sowie Spruchdichtung, darunter die berühmte *Völuspá* (altnord. »der Seherin Gesicht«), eine visionäre Schau von der Urzeit über den Tod Baldrs bis zur Endzeit und der Vision einer neuen besseren Welt.

Die Seherin als Verkünderin des Weltdramas entspricht der religiösen Rolle der Frau als Hauptvermittlerin göttlicher Ratschlüsse. Die »Jüngere Edda«, auch »Prosa-Edda« oder »Snorra-Edda« genannt, ist ein von dem christlichen Isländer Snorri Sturluson (ca. 1178–1241) um 1223 verfaßtes Handbuch und Lehrbuch der nordischen Mythologie für die Skalden in 3 Teilen mit *Gylfaginning* (»Gylfis Verblendung«), *Skaldskaparmál* und *Háttatal*.

Die Religion der Germanen hat schöpferisch auf das →Christentum eingewirkt (u.a. »Heliand«, »Wessobrunner Gebet«), und germanische Denk- und Stilformen haben Theologie und Frömmigkeit geprägt (»Germanisierung des Christentums«). Das Händefalten beim Gebet z.B. ist ein germanischer Gebetsgestus. Tacitus berichtet von den Semnonen, daß sie aus heiliger Scheu vor den Göttern ihre heiligen Haine nur gefesselt betreten dürfen.

Zeittafel

9 Die Cherusker unter Arminius vernichten 3 römische Legionen unter Varus im Teutoburger Wald
Ende 4. Jh. Beginn der systematischen Missionierung der Germanen; Ulfilas (um 310–383) Bibelübersetzung ins Gotische
375–568 Völkerwanderung
410 Eroberung und Plünderung Roms durch die Westgoten (Alarich)
455 Eroberung und Plünderung Roms durch die Vandalen (»Vandalismus«)
493–553 Ostgotenreich in Italien
ca. 520 Grabmal von Theoderich d. Gr. (471–526) in Ravenna
568–774 Langobardenreich in Italien
800–1200 Entstehung der »Älteren Edda«

12. Jh. Abschluß der Christianisierung
um 1223 »Jüngere Edda« von Snorri Sturluson (ca. 1178–1241)

Literaturauswahl

Baetke, W.: Die Götterlehre der Snorra-Edda. Berlin 1952
Derolez, R. L. M.: De godsdienst der Germanen. Roermond 1959
Germanische Götterlehre. Nach den Quellen der Älteren und Jüngeren Edda mit mythologischem Wörterbuch. Hrsg. v. U. Diederichs. Köln 1983
Grönbech, W.: Kultur und Religion der Germanen. 2 Bde. Darmstadt [9]1980
Klingenberg, H.: Edda-Sammlung und Dichtung. Basel 1974
Nebel, G.: Die Not der Götter. Welt und Mythos der Germanen. Hamburg 1957
Peterich, E.: Götter und Helden der Germanen. Olten-Freiburg [5]1955
Simek, R.: Lexikon der germanischen Mythologie. Stuttgart 1984
Ström, Å./Biezais, H.: Germanische und baltische Religion. Stuttgart 1975
Ström, Å.: Die Hauptriten des nordischen Opfers. Uppsala 1966
Vries, J. M. de: Altgermanische Religionsgeschichte. 2 Bde. Berlin [3]1970

GHOST-DANCE-RELIGION

Die G.-D.-R. (engl. »Geistertanz-Religion«) wird von dem Indianer *Jack Wilson* (ca. 1856–1932) alias *Wovoka* 1889 im westlichen Nevada ins Leben gerufen und nach dem im Mittelpunkt des Kultes stehenden »Geistertanz« benannt.

Sie ist die größte und bedeutendste religiöse Neustiftung der Indianer im 19. Jh. und tritt in verschiedenen Abwandlungen bei fast allen indianischen Stämmen Nordamerikas auf. Diese →neue Religion Nordamerikas steht im Rahmen der Erweckung altindianischer Religiosität und will zu den Lebensbedingungen der Ahnen zurückführen.

Der Indianer *Jack Wilson* (*ca. 1856), der von dem presbyterianischen Farmer David Wilson adoptiert wird und daher dessen Familiennamen erhält, heißt mit seinem indianischen Namen *Wovoka* (»Schneider«) und entstammt dem im westlichen Nordamerika beheimateten Stamm der *Paiute*.

Der über besondere Kräfte der Krankenheilung verfügende Wovoka erhält im Januar 1889 seine Berufung, als er eines Tages während einer Sonnenfinsternis in tiefen Schlaf fällt und in die himmlische Welt entrückt wird, wo er Gott und alle verstorbenen Indianer sieht. Gott erteilt ihm den Auftrag, seinem Volk die Heilsbotschaft zu verkünden: »Alle meine Mitbrüder müssen gut sein, dürfen nicht mehr kämpfen, nicht stehlen, nicht lügen.« Und Gott offenbart ihm einen besonderen Tanz, damit er diesen das Volk lehre.

Die *Tanz-Bewegung* ergreift 1890/91 in den USA weite Gebiete des Mittleren Westens bis nach Kalifornien. Nachdem der Stamm der Sioux sich dieser Bewegung angeschlossen hat, verbreitet sich die Auffassung, Wovoka sei als Sohn Gottes auf die Erde gekommen, um die Herrschaft der Indianer über Amerika wiederherzustellen und die weißen Eroberer zu bestrafen. Als die Sioux das inzwischen von der Regierung erlassene Verbot des Geistertanzes unbeachtet lassen, schreiten Regierungstruppen ein, und *Sitting Bull,* einer der Führer der neuen Bewegung und einer der bedeutendsten Häuptlinge der Sioux, wird beim Versuch seiner Festnahme getötet. Sein Tod wird zum Fanal des Aufstandes. Die schlecht ausgerüsteten Indianer werden am 28. Dezember 1890 in der Schlacht von *Wounded Knee* von dem amerikanischen General *Miles* vollständig geschlagen, und am 16. Januar 1891 ergeben sich die letzten Sioux.

Die eschatologische Prophetie der Tanz-Bewegung nährt die Hoffnung auf den Anbruch eines goldenen Zeitalters für alle Indianer, auf die Rückkehr in die alten Stammesgebiete und die Rückerstattung allen Besitzes und aller Güter, die ihnen die weißen Eroberer im Laufe der Geschichte geraubt haben, sowie auf die Wiederkehr aller bisher verstorbenen Indianer. Mit der Zeit tritt an die Stelle der diesseitigen Erwartungen die Hoffnung auf deren Erfüllung im Jenseits.

Die Verwirklichung dieser Prophetie ist jedoch abhängig von der Ausübung eines Ritualtanzes, des *Ghost Dance*. Die Anhänger dieser Bewegung sind verpflichtet, zu Hause einen Tanz von fünf Tagen zu tanzen, d. h. vier aufeinanderfolgende Nächte und in der letzten Nacht bis zum Morgen des folgenden Tages zu tanzen und danach ein Bad im Fluß zu nehmen. Die ekstatischen Tänze leitet ein Zeremonialmeister, der eine Adlerfeder oder ein Tuch in der Hand hält und in der Mitte des Kreises der Tanzenden steht. Wenn die Tänzer, die besondere Gewänder, die »Geisterhemden«, aus weißem Tuch mit Abbildungen von Federn, Knochen, Pfeilen und Vögeln, von Sonne und Sternen tragen, in völliger Erschöpfung zu Boden fallen, können ihre Seelen mit der Welt der Geister und Ahnen in Verbindung treten.

Literaturauswahl

Bailey, P. D.: Ghost Dance Messiah. Los Angeles 1970
Gayton, A. H.: The Ghost Dance of 1870 in South-Central California. Berkeley/CA 1930
Mooney, J.: The Ghost Dance Religion and the Sioux Outbreak of 1891. Chicago [2]1965

GNOSTIZISMUS

Der G. bzw. die *Gnosis* ist eine Sammelbezeichnung für die vor allem im Osten des Römischen Reiches verbreiteten religiösen Bewegungen und verschiedenen Systeme in frühchristlicher Zeit, gemäß denen der Mensch aufgrund von *Gnosis* (griech. »Erkenntnis, Wissen«) zu seinem Wesen, Ursprung und Ziel gelangt.

Nach älteren Ansätzen im Hellenismus (hellenistische Gnosis) und im Judentum (jüdische Gnosis bei den Qumran-Essenern, in der Apokalyptik und bei Philo) gelangt der G. von Syrien aus zuerst nach Ägypten und von dort nach Rom. Er erfaßt im 2. Jh. das Christentum (christliche Gnosis, u.a. bei Marcion) und wird von diesem durch Ausbildung des Katholizismus überwunden. In der Auseinandersetzung mit den *Gnostikern,* den Anhängern und Vertretern der *Gnosis,* werden die trinitarischen und christologischen Dogmen formuliert. Zum späteren G. gehören der →Manichäismus und die →Mandäer-Religion.

Die typische Gemeinschaftsform des G. ist im allgemeinen die »Schule«, d.h. kleine, um einen Lehrer gescharte Gemeinden, in denen Frauen eine große Rolle spielen. Gnostische Schulen des 2. Jh. n.Chr. sind die *Satornilianer, Basilidianer, Karpokratianer* und *Valentinianer.* Weit verbreitet sind die Gemeinschaften der *Ophiten, Kainiten, Sethianer* und *Archontiker* sowie die *Barbelo-Gnostiker* und *Borborianer.*

Charakteristisch für die *Gnosis* sind dualistische Vorstellungen, Sophia- und astrologische Spekulationen sowie allegorische Schriftenauslegung. Ihr *zentrales Thema* ist in den Auszügen aus Theodotos so formuliert:

> Wer wir waren und was wir geworden sind.
> Woher wir stammen und wohin wir geworfen sind.
> Wohin wir eilen und wovon wir erlöst werden.
> Was Geburt ist und was Wiedergeburt meint.

In diesem Grundthema ist die grundsätzliche Erfahrung der radikalen Fremdheit des Menschen in dieser Welt und seine Zugehörigkeit zu einer anderen impliziert. In Ausführung dieses Grundthemas wird zum einen das menschliche Dasein in der Fremde mit kosmologischen und anthropologischen Mythen erklärt und zum anderen der Rettungsweg aus der Fremde durch soteriologische Mythenkreise beschrieben.

Die Kosmogonie, die die Anthropogonie als ihr tragisches Ergebnis einschließt, wird entweder dualistisch oder monistisch erklärt. Nach dem dualistischen Typus (Basilides und Mani) entsteht die Welt aus der Vermischung eines (männlichen) göttlichen Wesens mit einem (weiblichen) Weltprinzip. Das göttliche Prinzip ist dann entweder ein rebellischer Demiurg oder eine Lichtgestalt, die unschuldig in die Gewalt der dunklen Materie geraten ist. Aufgrund dieser tragischen Vermischung sind die Menschen in die Welt »geworfen«, wo sie in Unwissenheit über ihren göttlichen Ursprung gefangengehalten werden.

Im monistischen Typus (Simon Magus und Valentinus) entsteht aus einer Krise der göttlichen Seinsfülle (Pleroma) der Kosmos, in dem die Menschen sich als aus dem Reich des Lichtes ausgeschlossene Produkte dieser Urstörung wiederfinden.

Erlösung aus dieser Gefangenschaft erfolgt dadurch, daß entweder ein himmlischer Erlöser von außen in diese Welt hinabsteigt, eine Botschaft überbringt, die dem Menschen seine göttliche Herkunft bewußt macht und das Heimweh nach der Himmelswelt weckt, und nach der Ausrichtung dieser Botschaft die Welt wieder verläßt, oder aber, daß das Pleroma neu geordnet wird, in das der gefallene Teil nach dem Tod eines Menschen wieder aufgenommen wird.

Alle, die aber nicht die *Gnosis* haben, werden erneut in den Weltprozeß zurückgestoßen (Seelenwanderung), bis auch sie zur Erkenntnis gelangen.

Das Wesen des Menschen wird durch wechselnde Begriffe wiedergegeben, wie *logos, pneuma, sophia, psyche* und bildlich durch *Samen* oder *Lichtfunken.*

Nach Herakleon, einem Schüler Valentinos, sind die Menschen von Natur aus in 3 Klassen eingeteilt: 1. die *Pneumatiker,* die zum *pneuma* (griech. »Hauch, Wehen«), zum Geist und zum Pleroma allein befähigt und dem göttlichen Geist konsubstantial sind. 2. die *Hyliker,* die in der *hyle* (griech. »Materie«) verfallen sind. Andere Bezeichnungen sind auch *Sarkiker,* weil sie in *sarx* (griech. »Fleisch«) oder *Somatiker,* weil sie in *soma* (griech. »Leib, Körper«) befangen bleiben. In diesem Leben können sie keine Erlösung erlangen. 3. die *Psychiker,* die zwischen den beiden genannten Menschenklassen stehen. Weil sie aber nur eine diesseitige *psyche* (griech. »Seele«) besitzen und zur großen Masse der nur »Gläubigen« *(Pistiker)* aber nicht »Erkennenden« gehören, kommen sie lediglich zum Glauben.

In der Ethik wird immer die Entweltlichung des Selbst erstrebt, und zwar entweder durch Askese oder aber durch alle Möglichkeiten des Libertinismus.

Gnostische Lehren sind häufig in Form von Allegorese niedergelegt, die das Auffinden tieferer Offenbarungen gewährleistet. Aber auch Buchstabenrechnungen und Zahlenspekulationen sind üblich. Ein Beispiel dafür ist das *Abraxas,* ein Geheimname, der auf den Gnostiker Basilides zurückgeführt wird. Seine zauberhafte Wirkkraft beruht sowohl auf der Siebenzahl seiner Buchstaben als auch auf deren Zahlenwert: *a* (=1), *b* (=2), *r* (=100), *a* (=1), *x* (=60), *a* (=1), *s* (=200), der die Summe 365 ergibt, die Anzahl der Tage des Jahres, aber auch der Himmelssphären, wovon der Geist, der Logos, und die Engel ausgegangen sind.

Auf *Abraxas* geht vielleicht das in medizinischen Schriften um 200 n. Chr. schon bekannte Zauber- und Beschwörungswort *Abracadabra* zurück, das in Dreiecksform mehrmals auf ein Täfelchen geschrieben ist, das häufig als Amulett gegen Krankheit dient.

```
A B R A C A D A B R A
 A B R A C A D A B R
  A B R A C A D A B
   A B R A C A D A
    A B R A C A D
     A B R A C A
      A B R A C
       A B R A
        A B R
         A B
          A
```

Die nur z.T. erhaltenen gnostischen Schriften populären Charakters sind beträchtlich, wie z.B. *Johannesakten, Thomasakten* und *gnostische Evangelien*. Neue Funde in der ägyptischen Stadt *Nag-Hammadi* in den Jahren 1945/46 haben wichtige koptisch-gnostische Papyri aus dem 4. Jh. zutage gebracht, unter ihnen das *Thomasevangelium,* das *Evangelium der Wahrheit* und das *Philippusevangelium*. Zu nennen ist auch die *Pistis Sophia* (griech. »Glaube [und] Weisheit«), eine christlich-gnostische Schrift, die im 3. Jh. in Ägypten entstanden ist. Sie umfaßt vier Bücher, deren erste drei die Unterredungen des im 12. Jahr nach seiner Auferstehung aus der Äonenwelt auf die Erde zurückgekehrten Christus mit seinem Jünger Johannes und seiner Jüngerin Maria Magdalena enthalten.
Die *Gnosis* hat in verschiedenen spätantiken und mittelalterlichen Bewegungen (Bogomilen und Katharern) weitergewirkt, und sie reicht in ihren Auswirkungen bis in die Neuzeit. Entfernt stehen der deutsche Idealismus (Hegel und Schelling) und die →Theosophie unter ihrem Einfluß sowie u.a. auch die →Christian Science.

Literaturauswahl

Becker, H.: Die Reden des Johannes-Evangeliums und der Stil der gnostischen Offenbarungsrede. Göttingen 1956
Friedländer, M.: Der vorchristliche jüdische G. Göttingen 1898
Gnosis und G., hrsg. von K. Rudolph. Darmstadt 1975
Haack, F.-W.: Geheimreligion der Wissenden. Neugnostische Bewegungen. München ^{5}1982
Jonas, H.: Gnosis und spätantiker Geist. 2 Bde. Göttingen $^{2-3}$1964/66
Leisegang, H.: Die Gnosis. Stuttgart ^{4}1955
Peterson, E.: Frühkirche, Judentum und Gnosis. Freiburg 1959
Quispel, G.: Die Gnosis als Weltreligion. Zürich 1951
Wilson, R. M.: Gnosis und Neues Testament. Stuttgart 1971

GRALSBEWEGUNG

Die G. ist eine von *Oskar Ernst Bernhardt* (1875–1941) im Jahr 1928 auf dem Vomperberg bei Schwaz (Österreich) begründete Glaubensgemeinschaft, die auch der *Heilige Gral,* die *Weiße Loge* oder auch – nach der Selbstbezeichnung des Stifters – die *Loge Abd-ru-shin* genannt wird. Für die Gralsanhänger, die *Bekenner* bzw. *Kreuzträger,* in der Bundesrepublik Deutschland und der Schweiz, in den Niederlanden und den USA, in Österreich und Brasilien liegt das Gralszentrum auf dem Vomperberg bei Schwaz in Tirol.
Diese aus dem →Christentum hervorgegangene Gemeinschaft gehört zu den neuen religiösen Bewegungen Europas. Der Stifter *Oskar Ernst Bernhardt* wird am 18. April 1875 in Bischofswerda bei Dresden als Sohn eines Gaststätten- und Gerbereibesitzers geboren. Er ergreift zunächst den Beruf eines Kaufmanns. In den Jahren 1901, 1902 und 1909 wird er wegen verschiedener Delikte zu Haftstrafen verurteilt. Mehrere Reisen führen ihn ins außereuropäische Ausland. Während des 1. Weltkrieges bleibt er auf der Isle of Man interniert.
Ein Berufungserlebnis gibt den Anstoß zu seinem öffentlichen Auftreten, als »der Herr nach seinem Diener« rief, »der als Fremdling auf der Erde schritt, damit er rede, Botschaft gebe allen darnach Dürstenden«. 1926 erscheint sein religiöses Hauptwerk, die »Gralsbotschaft«, und 1928 errichtet er auf dem Vomperberg eine Gralssiedlung, wo er mit seiner zweiten Frau Maria als der »fleischgewordenen Liebe Gottes« und deren drei Kindern aus erster Ehe seine Residenz hat. Hier fungiert der Meister in der weißen Soutane mit dem Gralskreuz und bekleidet mit einem violettfarbenen Übermantel, und er prophezeit das bevorstehende Weltgericht als Übergang zum Tausendjährigen Reich.
Nach dem Einmarsch der deutschen Truppen in Österreich wird der Stifter am 12. März 1938 in Innsbruck für 6 Monate inhaftiert und anschließend zusammen mit seiner Familie nach Kipsdorf ins Erzgebirge verbannt. Die G. wird verboten, und die Gralsburg wird von 1938 bis 1945 eine Gauschulungsburg des Nationalsozialismus. Als der Stifter am 6. Dezember 1941 in Kipsdorf stirbt, findet er zunächst in Bischofswerda eine Ruhestätte, bis sein Leichnam 1949 auf den Vomperberg überführt und in einer Marmorpyramide beigesetzt wird.
Nachdem am 19. Dezember 1957 auch die Witwe des Stifters stirbt, geht die Leitung der Gemeinschaft auf ihre Kinder Irmingard (die »Verkörperung der Reinheit«), Alexander und Elisabeth sowie deren Ehemann Herbert Vollmann über.
Die Gralsbotschaft ist eine Fackel für alle, »um damit den rechten Weg zu finden, der sie zur ersehnten Höhe führt«. Gott ist »das Licht« und »die Urquelle der Strah-

lungen«. Emanation des »Göttlich-Wesenlosen« ist der gesamte Kosmos, als ein von Stufe zu Stufe bis zur grobstofflichen Erde hinab sich verdichtendes Gewebe von Strahlungen.

Hauptstufen dieser Entwicklung sind das »Göttliche-Wesenlose«, das »Geistig-Wesenhafte«, das »Wesenhafte« und das »Stoffliche«.

Am Rande der göttlichen Strahlungssphäre liegt die *Gralsburg,* wo die göttlichen Strahlen in die Schöpfung hinein umgesetzt werden. Die Gralsburg birgt einen Raum, und in diesem Raum befindet sich als Unterpfand der ewigen Güte Gottvaters und als Symbol seiner reinsten göttlichen Liebe sowie als Ausgangspunkt göttlicher Kraft der *Heilige Gral,* »eine Schale, in der es ununterbrochen wallt und wogt wie rotes Blut, ohne je überzufließen. Vom lichtesten Lichte umstrahlt, ist es nur den Reinsten aller Geistig-Wesenhaften vergönnt, in dieses Licht schauen zu können. Das sind die Hüter des Heiligen Grals!«

Dualistisch ist die Sündenlehre. Das Widerspiel zwischen menschlichem Verstand einerseits und seinem empfindenden Geist andererseits gründet in dem umgreifenden Dualismus von Grobstofflichem und Göttlichem. Der Verstand als Produkt des Gehirns gehört zum grobstofflichen und der Geist zum göttlichen Bereich. Der Sündenfall besteht darin, daß der Verstand über den Geist gesetzt wird.

Zukünftiges Heil wartet auf den Menschen im Jenseits nach einem Aufstieg durch Wiedergeburten, der in verschiedenen Stufen über die feinstoffliche und die wesenhafte Sphäre bis hin zum Reich des Geistes erfolgt.

Der Stifter selbst versteht sich dabei als der von Gott gesandte *Menschensohn Immanuel* in der Gestalt des *Abd-ru-shin,* der als Bote Gottes aus der Gralsburg, als »Licht- und Wahrheitsbringer«, als »Gralsgesandter« der Welt die Gralsbotschaft bringt. Dieser verheißene Menschensohn ist in der Zeit des Mose als arabischer Fürst *Abd-ru-shin,* später als *Parzival* und zuletzt als *Oskar Ernst Bernhardt* in jene Niederungen hinabgestiegen, »wo das Dunkel durch der Menschen Wollen herrscht«.

Im ethischen Bereich wird eine Erneuerung der Lebensweise verlangt (u.a. vegetarische Kost). Grundlegend ist die »Wachsamkeit«.

> Wachet, ruft die Regsamkeit eurer Empfindungen auf und fordert damit die Beweglichkeit des Geistes! Darin allein ruht wahre Wachsamkeit.

Bei der Aufnahme in die Gemeinschaft schließen die Anhänger mit ihrem Stifter bzw. dessen Nachfolger(in) einen Bund, die »Versiegelung«, bei der den Niederknienden mit Wasser ein Kreuz auf die Stirn gezeichnet wird. Von den »Versiegelten« wird kein Wechsel der Konfession verlangt.

Das kultische Leben kennt drei festliche Höhepunkte im Jahr. Das *Fest der heiligen Taube* bzw. *Fest des Heiligen Grals* am 30. Mai erinnert an die Erscheinung der Taube über der Schale des Heiligen Grals, aus der sich alljährlich einmal die Liebe des Schöpfers durch das ganze Weltall ergießt. Das *Fest der Reinen Lilie* am 7. September erinnert an die Aufgabe, die Vergeistigung anzustreben. Beim *Fest des Strahlenden Sterns* am 29. Dezember wird des wiederkehrenden Sterns von Betlehem gedacht, der das Kommen Immanuels anzeigt.

An besonderen Festtagen wird eine Mahlfeier mit Brot und Wein gehalten. Sonntags versammeln sich die Gralsanhänger in Andachtsräumen, den *Lichtstätten,* zu Andachten, bei denen aus der *Gralsbotschaft* vorgelesen wird. Die Gralsbotschaft ist die neue und vollkommene Offenbarungsquelle. Sie ist in dem vom Stifter verfaßten dreibändigen Werk *Im Lichte der Wahrheit* niedergelegt und hat – über der Bibel stehend – kanonische Geltung.

Literaturauswahl

Abd-ru-shin: Im Lichte der Wahrheit. Gralsbotschaft. Vomperberg (1931) [10]1981

Swarovski, D.: Warum so viel Aufhebens um die Gralsbotschaft Abd-ru-shins und um die Grals-Siedlung Vomperberg? Schwäbisch Gmünd 1955

GRIECHISCHE RELIGION

Mit dem Namen »Griechen« (lat. *Graeci*) werden zuerst die Gründer-Kolonisten von Cumae nach ihrer Heimat auf Euböa, der Landschaft der *Graioi* oder *Graikoi,* von den Italikern bezeichnet. In späterer Zeit übertragen die Römer diese Bezeichnung auf alle Einwohner von Hellas, die Hellenen.

Die g.R. ist aus einer Verschmelzung der Religion der vorgriechischen Bevölkerung mit der der eingewanderten griechischen Stämme entstanden.

Zwischen 1850 und 1600 v.Chr. wandern die ersten griechischen Stämme verschiedener Herkunft von Norden her nach Hellas ein. Die Achäer gründen mächtige, stark befestigte Königsburgen (Mykene, Tiryns). Die Dorer erobern auf ihrer Wanderung (1200–1100 v.Chr.) den Peloponnes und den südwestlichen Teil Kleinasiens. Die stammverwandten Ionier siedeln in Attika, auf Euböa und auf zahlreichen Inseln an der Westküste Kleinasiens. Zwischen 750 und 550 v.Chr. gründen die Griechen ihre Kolonien auf Sizilien, in Unteritalien, Südgallien und am Schwarzen Meer. Die Gründung einer Kolonie erfolgt oft auf einen Orakelspruch hin, demzufolge eine Mutterstadt einen Gründer bestimmt. Die Verbindung mit der

Mutterstadt bleibt durch gemeinsame Kulte und Sitten bestehen.
Die politische Lebensform vieler Griechen ist die *polis* (griech. »Stadt«). Dieser Stadt- oder Gemeindestaat ist u.a. gekennzeichnet durch den lokalen Kult einer ihm eigenen Stadtgottheit. Die staatliche und religiöse Gemeinschaft steht unter dem Schutz der Gottheit und unter den von ihr gestifteten Gesetzen. Innerhalb eines Staates gibt es die *Phratrie* (griech. »Bruderschaft«), eine Gemeinschaft, deren Mitglieder einen kultisch-sozialen Verband bilden, der Bürgerrechte und Kultgemeinschaft gewährt. Die *Amphiktyonie* (griech. »Umwohnerschaft«) ist ein religiös-politischer Staatenbund, der sich um ein zentrales Heiligtum bildet, und an dem er gemeinsame Kultfeiern veranstaltet. Bekannt ist die seit dem 7. Jh. v. Chr. bestehende Amphiktyonie um den Apollon-Tempel zu Delphi, die zwei »Heilige Kriege« gegen die Phoker wegen Verletzung des delphischen Heiligtums führt.
Über die *polis* und Amphiktyonie hinausgehende gesamtgriechische Bindungen bestehen in den aus mykenischer Zeit stammenden Mythen (Perseus, Ödipus, Helena, Menelaos), durch die Kultheiligtümer mit gesamtgriechischer Bedeutung (Delphi, Delos, Olympia, Samos) und die aus dem Kult erwachsenen Fest-Spiele als panhellenische Einrichtungen. Das Ideal der Griechen ist die persönliche Freiheit auf allen Lebensgebieten. Wahrheit und Weisheit suchen die griechischen Philosophen nicht – wie im Orient – in Offenbarungen, sondern in sich selbst.
Die g. R. gehört zu den →indogermanischen und →europäischen Religionen.

Die Götterfamilie

Im Unterschied zur Volks-Religion mit ihren Lokalgöttern, Personifizierungen von Naturkräften, Himmelskörpern (Sonne, Mond) und Begriffen (Streit, Hoffnung) sind in der durch Homers »Ilias« bezeugten griechischen Adels-Religion (→homerische Religion) die olympischen Götter von menschlicher Gestalt. Sie beschützen ihre Lieblingshelden und erscheinen den Menschen in Theophanien. Die Göttermythen sind voll entwickelt. Der *Olymp,* ein Gebirgsmassiv an der Nordgrenze zu Thessalien mit seinem schwer ersteigbaren, 2911 m hohen und oft wolkenverhangenen Gipfel, gilt als Sitz der Götter, auf dem sie ihre *Götterversammlung (theon agora)* abhalten. *Ambrosia* und *Nektar* bilden Speise und Trank der Götter, die ihnen ewige Jugend und Unsterblichkeit verleihen.

Olympische Götter

Zwölf Götter werden nach dem klassisch ionisch-attischen Kanon als die olympischen Götter bezeichnet.
Zeus, höchster Gott der Griechen, ist Sohn des Kronos und der Rhea, Bruder und Gemahl der Hera und Vater vieler Götter und Göttinnen (Göttervater). Die Vielheit seiner Frauen, großenteils einstige Lokalgottheiten, erklärt sich aus dem späteren synkretistischen Bemühen, vorhandene lokale Kulte und deren Gottheiten mit Zeus in Verbindung zu bringen und ihn gleichsam zum Allgott zu machen. Zahlreiche Beinamen des Zeus charakterisieren sein Wesen und seine Funktionen. Zeus ist der Gott des Himmels und der Himmelserscheinungen, Schleuderer der Blitze *(Keraunos),* Hüter der staatlichen Ordnung *(Polieus),* Wächter über Eide und Verträge *(Horkios),* Spender von Besitz *(Ktesios),* Beschützer von Haus und Familie *(Herkeios)* und der um Schutz Flehenden *(Hikesios),* Schützer der Fremden und Gäste *(Xenios).*
Als oberster der Götter thront er auf Bergen, vornehmlich auf dem *Olymp.*
Seine Hauptkultstätte ist *Olympia* mit dem Zeus-Tempel aus der Mitte des 5. Jh. v. Chr. Im Innern der dreischiffigen *cella* steht die gewaltige, 13 m hohe Zeus-Plastik des Phidias, die der Stoiker Dio von Prusa in seiner bekannten Rede aus dem Jahr 105 n. Chr. preist. Die Giebel dieses Tempels schmücken Plastiken. Im östlichen Giebelfeld: Darstellung der Vorbereitung zum Wagenrennkampf zwischen Pelops und Önomaos, mit Zeus in der Mitte. Im westlichen Giebelfeld: Kampf der Lapithen gegen die Kentauren bei der Hochzeit des Peirithoos, mit Zeus-Sohn Apollon in der Mitte. Die zwölf Metopentafeln, die im Säulenumgang die beiden Schmalseiten der *cella* schmücken, haben die zwölf Taten des Herakles zum Thema.
Dem Zeus ist in hellenistischer Zeit der Opferaltar in *Pergamon* geweiht, den König Eumenes II. zwischen 180 und 160 v. Chr. errichten läßt. Auf dem Grundriß eines fast quadratischen Unterbaus (36 × 34 m) erhebt sich in 2 Geschossen ein U-förmiger Sockel, an dessen offener Westseite eine 20 m breite Freitreppe zu einer Säulenhalle führt. In ihr stand einst der Altar. Den Sockel umzieht ein 115 m langes Reliefband, auf dem der Kampf der Götter mit den Giganten dargestellt ist (Gigantomachie). Heute steht dieser Altar im Pergamon-Museum in Berlin/DDR.
Das *Ida*-Gebirgsmassiv gilt als Geburtsstätte des Zeus und als Ort seiner Hochzeit mit Hera.
Hera mit dem Beinamen *Boopis* (griech. »Kuhäugige«) ist als Göttin der Erde älteste Tochter des Kronos und der Rhea, Schwester und Gemahlin des Zeus sowie Mutter des Ares und Hephaistos. Das Verhältnis der Hera, der Göttin der Erde, zu Zeus, dem Gott des Himmelslichtes, ist bestimmt von beständigem Schmollen aus Eifersucht wegen dessen Vernachlässigung der ehelichen Treue und von Wiederversöhnung – eine mythologische Erklärung für den Wechsel zwischen Trauer über den Rückgang des Lichtes im Winter und Freude über dessen Wiederkehr im Frühling und im Sommer. Hera gilt als Beschützerin von Ehe, Geburt und Familie. Ihr im 7./6. Jh. v. Chr. erbautes Heiligtum, das Heraion in Olympia, ist der älteste aller bekannten griechischen Tempel. Hier wurde die berühmte Hermes-Statue des Praxiteles ausgegraben. Heute sind von dem Hera-Tempel nur noch die Grundmauern und zwei Säulen mit Kapitell erhalten.

Poseidon mit dem Beinamen *Hippios* (griech. »Herr der Pferde«) ist Gott des Meeres und der Gewässer, Sohn des Kronos und der Rhea, Bruder von Zeus und Hades, mit denen er sich die Welt (Himmel, Unterwelt und Meer) teilt. Er ist der Urheber von Erdbeben und Stürmen und gilt als Patron der Fischer und als Helfer in Seenot. Symbol seiner Herrschaft ist der von den Zyklopen angefertigte Dreizack, mit dem er die Erde erschüttert, Felsen spaltet und Quellen entspringen läßt. Dem Poseidon ist der Tempel (5. Jh. v. Chr.) auf dem Gipfel des Kaps Kolonnas (des alten Kaps Sunion) geweiht.

Demeter ist Göttin der Erdfruchtbarkeit, des Ackerbaus und der Feldfrüchte, Tochter des Kronos und der Rhea, Schwester des Zeus und von ihm Mutter der Persephone. Das Schicksal um ihre geraubte und wiedererlangte Tochter wurde im Mythos des →Eleusinischen Mysterienkultes gefeiert. Hauptkultstätte dieser Schutzgöttin von Familie und Staatswesen ist *Eleusis,* zugleich Ausgangspunkt der berühmten Mysterien. Vom Demeter-Tempel in Selinunt aus der Zeit der griechischen Kolonisation in Sizilien (Ende 6. Jh. v. Chr.) stammen die berühmten Metopen mit Perseus und Medusa, Herakles und die Kerkopen u. a., die sich heute im Mus. Naz. in Palermo befinden.

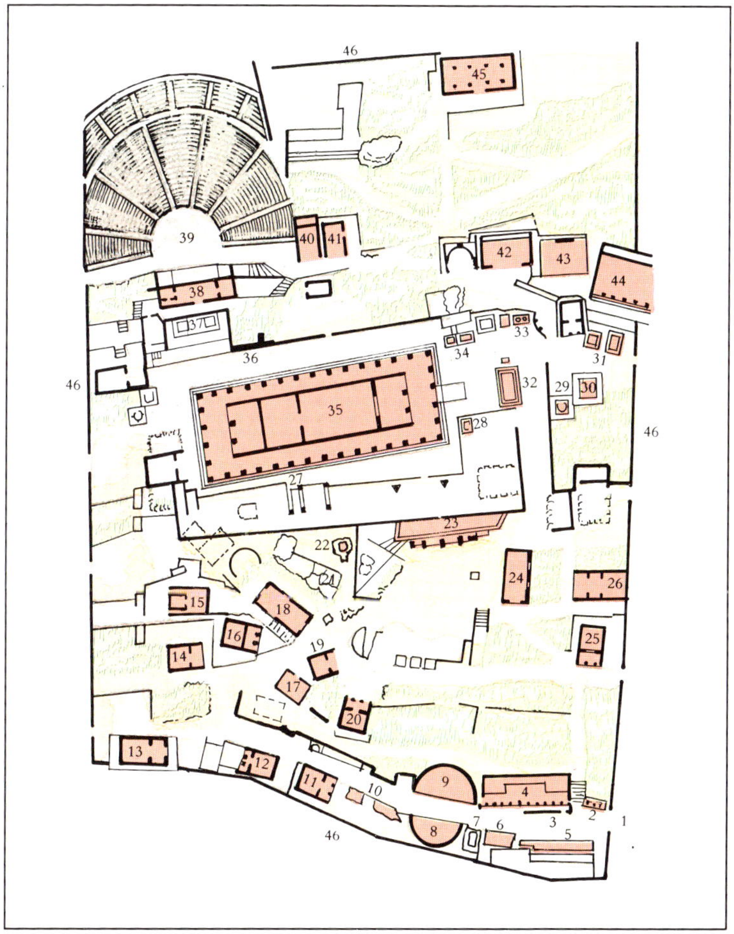

Delphischer Kultbezirk *(Delphi/ Griechenland: Apollon-Heiligtum)*

1. *Haupteingang*
2. *Sockel des Bronzestiers von Korkyra*
3. *Weihegabe der Akkadier (Basis)*
4. *Monument der Lakedämonier*
5. *Weihegabe der Athener*
6. *Weihegabe von Argos*
7. *Pferd von Troja*
8. *Sieben Epigonen*
9. *Könige von Argos*
10. *Weihegeschenk von Tarent*
11. *Schatzhaus von Sikyon*
12. *Schatzhaus von Siphnos*
13. *Schatzhaus von Theben*
14. *Schatzhaus von Poteidäa*
15. *etruskisches Schatzhaus und Asklepieion*
16. *Schatzhaus der Athener*
17. *Schatzhaus von Syrakus*
18. *Rathaus (bouleuterion)*
19. *Schatzhaus von Knidos (?)*
20. *äolisches Schatzhaus*
21. *Fels der Sibylle*
22. *Säule der Naxier*
23. *Säulenhalle der Athener*
24. *Schatzhaus von Korinth*
25. *Schatzhaus von Kyrene*
26. *Prytaneion*
27. *Treppe zur Tempelterrasse*
28. *Aemilius Paulus*
29. *Dreifuß von Platää*
30. *Wagen der Rhodier*
31. *Attalidische Weihebasen*
32. *Großer Altar*
33. *Dreifüße von Syrakus*
34. *Pfeiler des Prusias*
35. *Großer Apollon-Tempel*
36. *Weihegeschenk des Polyzalos (Fundort des Wagenlenkers)*
37. *Alexanderjagd*
38. *Skene des Theaters*
39. *Theater*
40. *und 41. Schatzhäuser des Theaters*
42. *Basis der Thessalier*
43. *Temenos des Neoptolemos*
44. *Attalos-Portikus (Stoa)*
45. *Lesche der Knidier*
46. *Temenos-Mauern*

Apollon mit den Beinamen *Jatros* (griech. »Arzt«) und *Agyieus,* d.h. Schützer von Straßen und Häusern in Gestalt eines Steinpfeilers, ist das griechische Ideal der »apollinischen Schönheit«, Sohn des Zeus und der Leto, Zwillingsbruder der Artemis. Apollon, von dem über 200 Kultnamen bekannt sind, verkörpert gleichsam die griechische Kultur. Er ist Gott des Todes und des Lichtes, der sittlichen Reinheit, Gesetzmäßigkeit und Ordnung, des Rechts und des Friedens. Als Erfinder der Lyra beschützt er die Künste und ist Herr der Musen.

Seine Hauptrolle ist die des Orakelgotts von *Delphi,* wo sich seine berühmteste Kultstätte befindet. Innerhalb des heiligen Kultbezirks von Delphi liegt der im 4. Jh. v. Chr. erbaute Tempel des pythischen Apollon. Im *pronaos* (Vorhalle) sind die Sprüche der »Sieben Weisen« zu lesen, wie »Erkenne dich selbst! Nichts im Übermaß! Wohl erwäget die Zeit!« Die *cella* enthält neben dem Standbild des Apollon einen Altar für Poseidon. Hier brennt das ewige Feuer. In einem unterirdischen Raum *(adyton)* ist über einem Erdspalt die Orakelstätte mit dem Dreifuß der Pythia. Hier befindet sich außerdem ein Symbolstein, der den »Mittelpunkt der Welt« markiert. Heute sind nur noch die Fundamente und einige Säulen erhalten. Bevor Apollon Kultstätte und Orakel in Delphi übernimmt, tötet er *Python,* einen furchterregenden, schlangengestaltigen Drachen, den Hüter des Orakels seiner Mutter Gaia in Delphi, der als Orakelgeist weiterlebt (Apg 16,16).

Neben Delphi ist *Delos* die heiligste Stätte der Griechen, die durch keines Menschen Geburt oder Tod entweiht werden darf, und ein bedeutendes Heiligtum des Apollon-Kultes. Hier werden die *Delien,* die großartigsten Feste Griechenlands, gefeiert.

In Rom wird Apollon (lat. Apollo) Hauptgott des Kaisers Augustus, der ihm (28 v. Chr.) auf dem Palatin einen Tempel errichtet. Dichter des Apollon schlechthin ist der Lyriker *Pindaros* (518–438 v. Chr.).

Artemis mit dem Beinamen *Brauronia* ist die jungfräuliche Göttin der Jagd und Fruchtbarkeit von Mensch und Tier. Als Tochter des Zeus und der Leto ist sie Zwillingsschwester des Apollon. Von Nymphen umgeben, herrscht sie über Wald, Sümpfe und Quellen. Als Göttin der Fruchtbarkeit ist sie Hüterin von Hochzeit, Geburt und Jugend.

Ihr berühmtester Tempel steht in Ephesus und ist mit seinen bedeutenden Abmessungen (55 × 109 m) der größte Tempel der Antike und zugleich eines der Sieben Weltwunder. Mit seinen 100 Säulen der Umgänge und 4 Säulen hinter dem Kultbild, das die Göttin mit vielen Brüsten als Zeichen der Fruchtbarkeit darstellt, sowie 31 weiteren Säulen besitzt der Tempel insgesamt 135 Säulen. Nach der Zerstörung des (4.) Tempels durch den Brandstifter Herostrat (356) wurde der (5.) Tempel in derselben Form wieder aufgebaut. In der Apostelgeschichte (Apg 19,28/34) wird die »große Artemis von Ephesus« erwähnt.

Ares ist Gott des Krieges und des blindwütigen Kampfes, Sohn des Zeus und der Hera, Bruder der Hebe und des Hephaistos, Vater der Söhne Phobos (griech. »Furcht«) und Deimos (griech. »Schrekken«). Aus seiner Verbindung mit Aphrodite geht Eros hervor.

Aphrodite ist Göttin der Liebe und Schönheit. Nach Homer ist sie die Tochter des Zeus und der Titanin Dione, nach Hesiod wird sie bei Zypern aus dem Schaum (griech. »aphres«) des Meeres geboren. Als Gattin des Hephaistos betrügt sie diesen mit Ares; beider Sohn ist Eros. Im Mythos erkennt Paris der Aphrodite den Preis der Schönheit zu, andererseits hilft sie ihm, die Liebe der Helena zu gewinnen. Als Göttin der Hetären wird sie von diesen durch Prostitution – der orientalischen Astarte entsprechend – verehrt. Ihr Kult in Korinth beschäftigt zahlreiche Hierodulen.

Hermes, der Götterbote und Gott des sicheren Weggeleits, ist Sohn des Zeus und der Nymphe Maia. Er trägt den Beinamen *Psychopompos* (griech. »Seelenführer«), weil er die Seelen der Verstorbenen in die Unterwelt begleitet. Er ist zugleich Patron der Wanderer, Hirten, Kaufleute und Redner, aber auch der Schelme und Diebe. Seine Bildsäulen, die *Hermen,* stellt man als Wegweiser an den Straßenkreuzungen auf. Es sind Kultpfeiler mit Phallus und bärtigem Kopf des Wegegottes Hermes. Als Gott des praktischen Verstandes, der Geschicklichkeit und Rhetorik gibt er der Kunst der Auslegung, der *Hermeneutik,* seinen Namen. Mit dem ägyptischen Thot, dem Gott der Schreibkunst, identifiziert, wird er als *Hermes Trismegistos* (griech. »dreimal größter Hermes«) bezeichnet, auf dessen Autorität sich eine ganze Literatur, die *Hermetika* (griech. »hermetische Schriften«), beruft. In der Apostelgeschichte (Apg 14,12) wird im Zusammenhang mit der Heilung eines von Geburt an Lahmen durch Paulus von der Gleichsetzung des Apostels mit dem Gott Hermes (und des Barnabas mit dem Gott Zeus) durch die Einwohner von Lystra berichtet – eine Anlehnung an die Epiphanie von Zeus und Hermes bei dem Ehepaar Philemon und Baucis.

Athene mit dem Beinamen *Glaukopis* (griech. »eulenäugig«), auch Pallas Athena genannt, ist die jungfräuliche Göttin des Friedens, der Weisheit und der Wissenschaft. Als Lieblingstochter des Zeus ist sie mit Helm und Brustpanzer aus dessen Haupt entsprungen. Als jungfräuliche Kriegerin unterstützt sie den besonnenen Kampf. Ihr zu Ehren wird das *Panathenäen*-Fest gefeiert.

Sie ist die Schutzherrin der nach ihr benannten Stadt *Athen* und Burggöttin der *Akropolis,* wo ihr bedeutendster Tempel steht. Das an der höchsten Stelle der Akropolis liegende Athene-Heiligtum *(Parthenon)* der jungfräulichen Göttin *(Parthenos),* in den Jahren 447–432 v. Chr. zur Zeit des Perikles (444–429) aus pentilischem Marmor erbaut, gilt als der schönste Tempel Griechenlands. Vom *pronaos* (Vorhalle) gelangt man in den 100 attische Fuß langen Hekatompedos mit dem 12 m hohen

Kultbild der Göttin, das von Phidias aus Gold und Elfenbein geschaffen wurde. Vom rückwärtigen *opisthodomos* (Rückhalle) ist der zweite Raum zu erreichen, der als Schatzkammer für das Kultgerät, den Staatsschatz und wichtige Dokumente dient. Die Skulpturen der 92 von Phidias und seiner Schule geschaffenen Metopen verherrlichen den Sieg der Griechen über die Perser und zeigen den Kampf der Götter mit den Titanen, der Lapithen mit den Kentauren, der Griechen mit den Amazonen und der Achäer mit den Trojanern. Der Ostgiebel zeigt die Geburt der Göttin Athene und der Westgiebel den Wettstreit der Athene mit Poseidon. Auf dem Fries der *cella*-Außenwand ist die Panathenäen-Prozession (Opferfestzug) dargestellt. Dieses 160 m lange und 1 m hohe Relief gilt als das größte und schönste der Antike. Im Britischen Museum in London sind Teile davon ausgestellt. Im Mittelalter wird der Tempel der Jungfrau Athene als Kirche der Jungfrau Maria geweiht.

Hephaistos (Hephäst), der Gott des Feuers und der Schmiedekunst, ist Sohn des Zeus und der Hera, Bruder des Ares und der Hebe sowie Gemahl der Aphrodite. Das Feuer seines Schmiedeherdes stammt vom Olymp. Aus seiner Werkstatt kommen die Rüstung des Ares, die Pfeile des Eros, der Wagen des Helios und das Zepter des Zeus. Hauptkultstätte ist die Insel Lemnos.

Hestia, die Göttin des Feuers, sowohl des häuslichen Herdfeuers wie auch des Feuers der Städte und Staaten, ist Tochter des Kronos und der Rhea, Schwester der Hera, der Demeter, des Zeus und des Poseidon. Sie gilt als Beschirmerin des häuslichen Friedens und der Schutzflehenden, und das Herdfeuer ist Mittelpunkt ihres häuslichen Kultes.

Nichtolympische Götter

Asklepios, der Gott der Heilkraft, der Gesundheit und Medizin, ist als Sohn des Apollon und der sterblichen lapithischen Königstochter Koronis in Epidauros geboren. Da sich an seinem Geburtsort Wunderheilungen ereignen, werden bald Gasthäuser, Sanatorien und Thermalstationen gebaut. In *Epidauros* steht im Asklepieion der um die Mitte des 4. Jh. v. Chr. errichtete Tholos, ein Rundtempel von 32 m Durchmesser, dessen äußeren Ring 26 dorische Säulen bilden, während 14 korinthische Säulen als Innenring ein labyrinthartiges Gangsystem (Schlangenheiligtum) umschließen. Der Kult des Asklepios, des göttlichen Arztes und Vaters der Hygieia, dessen Attribut der Schlangenstab (der Äskulapstab der Ärzte) ist, besteht in wunderbaren Kuren, verbunden mit Inkubation. Inschriften berichten über wunderbare Heilungen durch Traumorakel in Epidauros, Pergamon und auf der Insel Kos. Der Kult des Asklepios gelangt 291 v. Chr. von Epidauros nach Rom – anläßlich einer Seuche –, wo er in einem Tempel auf der Tiberinsel als Aesculapius verehrt wird. Der »Heiland schlechthin« gilt lange Zeit als größter Konkurrent für Jesus Christus, den »Heiland der Welt« (nach Johannes 4,42).

Dionysos, der Gott des Weines und der Vegetation, ist Sohn des Zeus und der thebanischen Königstochter Semele. Als Bakchos (griech. »Schaller, Geschrei«) durchwandert er – geschmückt mit Efeu und Lorbeer und begleitet von männlichen und weiblichen Scharen (Bacchanten und Bacchantinnen) – die Länder. Als Gott des Orgiasmus ist Dionysos ein Gegengott zu Apollon, dem Gott des Maßhaltens. Als derb-lüsterne Begleiter des Dionysos treten die *Satyrn* kollektiv auf, dem Wein und Tanz ergeben, mit Nymphen sich tollend, Becken schlagend und Flöten blasend. Es sind dämonische Mischwesen aus Mensch und Pferd bzw. Ziegenbock. Zur weiblichen Begleitung des Dionysos gehören die *Mänaden* bzw. *Thyiaden;* mit Thyrsosstab und dem wildrhythmischen Tanzlied, dem Dithyrambus, sowie dem Ruf »Eueu« (Evoe) folgen sie ihm. Zyklische Feste zu seinem Kommen und Verschwinden werden in Athen gefeiert, z. B. die »kleinen« *Dionysien* im Dezember und die »großen« *Dionysien* im März. Letztere sind mit dramatischen Spielen verbunden. Typisch für die Dionysos-Feiern sind die Phallophorien mit ihrem Bezug zum Gott der fruchtbaren Vegetation. Hauptstätte des Kultes ist der *Parnaß.* Seit dem 2. Jh. v. Chr. wird das Schicksal des Dionysos im Mythos des →Dionysischen Mysterienkultes gefeiert. Den thrakischen Dionysos-Kult hat Euripides in seinem Drama »Bakchai« beschrieben. In der Gestalt des Stieres oder Bocks, als Gott der verwandelnden Maske, ist er Schutzgott der dramatischen Spiele, der Tragödie (»Bocksgesang«) mit ihren Satyrspielen und der Komödie (»Festzugsgesang«).

Friedrich Nietzsche hat aus der begrifflichen Gegenüberstellung von Dionysos und Apollon das Wesen des »Dionysischen« und »Apollonischen« entwickelt. Symbole des Dionysos sind Phallus, Rebe, Becher sowie der von Efeu und Weinlaub umrankte Thyrsosstab mit einem Pinienzapfen am oberen Ende.

Eris (griech. »Streit«) ist die vergöttlichte Personifikation von Streit und Zwietracht und Schwester des Ares. Dem Mythos nach wirft sie einen goldenen Apfel mit der Aufschrift »Der Schönsten« unter die Götter. Aufgrund des Urteils des Paris wird Aphrodite zur Siegerin erwählt. Zum Dank verspricht Aphrodite dem Paris die Helena, deren Entführung der Anlaß zum Trojanischen Krieg wird.

Gaia (Gäa) ist die göttliche Urmutter Erde und Ahnfrau aller Götter. Nach Hesiod entsteht Gaia aus dem Chaos. Sie ist Mutter und Gattin des Uranos. Von ihm gebiert sie die Titanen.

Hades, der Gott der Unterwelt, ist ältester Sohn des Kronos und der Rhea, Gemahl der Persephone. Als Polydektes oder Polydegmon (»großer Wirt«) nimmt er die Seelen in sein Reich auf; als Polyartes schließt er das Tor der Unterwelt und versperrt allen die Rückkehr. Sein Attribut ist die Tarnkappe.

Helios (griech. »Sonne«) ist der alles sehende und alles hörende Sonnengott, Sohn der Titanen Hyperion und Theia sowie Bruder von Selene und Eos. Als Gott der

***Griechische Gottheiten** (1–8):*
1 Zeus *mit Ganymedes, Olympia, Terrakotta, um 480 v. Chr. Olympia, Mus.*

2 Hera, *aus dem Heraion, Kalkstein, 580 v. Chr. Olympia, Mus.*

3 Poseidon *von Artemision, Bronze, 2,09 m hoch, 460 v. Chr. Athen, National Mus.*

4 Demeter *von Knidos, Marmor, 1,53 m hoch, um 340 v.Chr. London, Brit. Mus.*

5 *Leochares,* Apollon *von Belvedere, röm. Kopie, ca. 320/300 v. Chr. Vatikan*

6 *Leochares,* Artemis *von Versailles, röm. Kopie, 3./4. Jh. v. Chr. Paris, Louvre*

7 Geburt der Aphrodite, *Ludovisischer Thron (Rückenlehne), ca. 470 v. Chr. Rom, Thermen-Mus*

8 Athene *mit der Lanze, Marmor, 460 v. Chr. Athen, Akropolis-Mus.*

Wahrheit, den man neben Zeus und Gaia zum Schwurzeugen anruft, ist er auch Hüter und Garant der Ordnung. Im Mythos erhebt sich der Sonnengott morgens in seinem Palast am Ostrand der Erde und fährt mit seinem von vier feuerschnaubenden Rossen gezogenen Wagen über den Himmel, ihm voraus Eos, die Göttin der Morgenröte. Später folgt Selene, die Göttin des Mondes. Die um 290 v.Chr. errichtete (und 224 v.Chr. bereits durch ein Erdbeben umgestürzte) 31 m hohe Statue des mit einer Strahlenkrone geschmückten jugendlichen Sonnengottes im Wagenlenkergewand ist als der Koloß von Rhodos bekannt und zugleich eines der Sieben Weltwunder.
Herakles (griech. »der durch Hera Berühmte«; lat. Hercules), der bedeutendste der griechischen Heroen, ist Sohn des Zeus und der Alkmene, der Gemahlin des Amphitryon. Er wird als einziger Heros in den Olymp aufgenommen und erhält die Göttin Hebe, die Tochter des Zeus und der Hera, zur Gemahlin. Als Übermensch und Halbgott ist er die Verkörperung des Wagemuts und der Kraft. Infolge der Eifersucht der Hera muß Herakles viele Mühsale auf sich nehmen, so die *dodekathlos* (»zwölf Arbeiten«) im Dienste des Königs Euristheus, durch die er die göttliche Ordnung auf Erden festigt und den Menschen hilft:

1. Erwürgung des Nemeischen Löwen
2. Tötung der neunköpfigen Hydra von Lerna
3. Einfangen der windschnellen Kerynitischen Hirschkuh
4. Einfangen des Erymanthischen Ebers
5. Tötung der Stymphalischen Raubvögel
6. Ausmistung der Ställe des Königs Augias innerhalb eines Tages
7. Einfangen des kretischen Stiers Minotauros
8. Herbeischaffen der Rosse des thrakischen Königs Diomedes
9. Erbeutung des Gürtels der Amazonenkönigin Hippolyte
10. Erbeutung der Rinder des dreileibigen Riesen Geryoneus
11. Gewinnung der goldenen Äpfel der Hesperiden
12. Eindringen ins Totenreich und Entführung des Unterwelthundes Zerberus als letzte und schwerste Tat

Nach Ausführung dieser zwölf Arbeitsaufgaben, die die zwölf Tierkreiszeichen versinnbilden, wird Herakles von Zeus in den Kreis der unsterblichen Götter aufgenommen.
Vom Herakles-Tempel in Agrigent auf Sizilien (Ende 6. Jh. v.Chr., griechische Kolonialzeit) stehen heute noch 8 der 38 Säulen. Kaiser Commodus (180–192 n.Chr.) läßt sich als erster Kaiser bei Lebzeiten als Herkules göttlich verehren. Der Gnostiker Justin versteht Herkules als Vorläufer Christi.
Kronos, Titan, der dem Uranos als Weltenherrscher folgt, ist jüngster Sohn des Uranos und der Gaia, Gemahl seiner Schwester Rhea, Vater von Hades, Poseidon, Hestia, Demeter, Hera und Zeus. Seine Nachkommen sind die Kroniden. Zeus, der Sohn des Kronos, löst ihn in der Weltherrschaft ab und verbannt ihn mit den anderen Titanen in den Tartarus. Später – mit Zeus versöhnt – herrscht Kronos über die Inseln der Seligen.
Nike (griech. »Sieg«) ist die vergöttlichte Personifikation des Sieges und Tochter des Titanen Pallas und der Styx. Der Göttin des kriegerischen, sportlichen und musischen Sieges ist in Athen der Nike-Tempel aus dem Jahre 435 v.Chr. geweiht. Im Innern steht das hölzerne Kultbild der ungeflügelten Siegesgöttin.
Pan (griech. »all«), Gott des Waldes, des Windes und der Weiden, ist Sohn des Hermes und einer Nymphe. Im Gefolge des Dionysos (→S. 169) führt er die Satyrn an und lauert Nymphen auf. Eine von ihnen, Syrinx (griech. »Flöte«), verwandelt er auf ihrer Flucht vor ihm in ein Schilfrohr, aus dem er die erste Hirtenflöte aus sieben Rohrpfeifen schnitzt. Mit dem Spiel dieser Flöte lockt er die Nymphen und verbreitet in der Mittagsstille den »panischen« Schrecken, die »Panik«, unter den Menschen und dem lagernden Vieh. Dieser Schutzgott der Hirten und Jäger wird halb tiergestaltig dargestellt, mit zottigem Haar, Hörnern, Schwanz und ziegenbockbeinig.
Persephone, Göttin der Unterwelt und später auch des vegetativen Lebens, das im Sommer erblüht und im Winter erstirbt, ist Tochter des Zeus und der Demeter. Im Mythos von ihrem Raub durch den späteren Gatten Hades taucht das Motiv auf, daß sich der Tod sein Opfer als seine Braut holt. Als dann im →Eleusinischen Mysterienkult die Göttin Persephone mit der *Kore,* d.h. der Tochter der »Kornmutter« Demeter, identifiziert wird, verschmelzen Unterwelt- und Vegetationsgöttin miteinander.
Rhea, die Göttermutter, ist Tochter des Uranos und der Gaia, Schwester und Gemahlin des Kronos, Mutter des Zeus und anderer olympischer Götter. Ihre Priester sind die lärmenden *Kureten.*

1

2

3

4

5

6

8

Semele, Tochter des thebanischen Königs Kadmos, wird als Geliebte des Zeus Mutter des Dionysos. In dem Augenblick, da sie Zeus in seiner vollen Herrlichkeit zu sehen begehrt, erscheint ihr der Gott unter Blitz und Donner, und sie verbrennt vor seinem Anblick. Zeus errettet aus den Gluten ihrer beider Kind, das Semele sterbend gebiert: Dionysos (→S. 169).

Uranos, der Himmelsgott, ist Gemahl der Gaia, Vater der Titanen und Zyklopen sowie Ahnherr aller Götter. Uranos wird später von seinem Sohn Kronos entthront und entmannt.

Mythologische Gruppen

Amazonen sind ein unter einer Königin lebendes kriegerisches Volk von Frauen in Kleinasien.

Chariten (griech. *charis* = »Anmut«), Göttinnen der Anmut und Lieblichkeit, sind die drei Töchter des Zeus und der Meeresgöttin Eurynome: Aglaia (»Glanz«), Euphrosyne (»Frohsinn«) und Thalia (»Blühende«). Sie begleiten voll Anmut und segenspendend Aphrodite und Apollon.

Danaiden, Unterweltsbüßerinnen, sind die 50 Töchter des Danaos. Die mit den 50 Söhnen seines Bruders Aigyptos Verlobten ermorden in der Hochzeitsnacht ihre Freier auf Befehl ihres Vaters – mit Ausnahme der Hypermnestra, die ihren Verlobten Lynkeus am Leben läßt. Seitdem müssen alle übrigen 49 Danaiden zur Strafe in der Unterwelt vergeblich ein Faß ohne Boden mit Wasser füllen. Im übertragenen Sinn bedeutet heute das »Danaidenfaß« einen Gegenstand vergeblichen Bemühens.

Dioskuren (griech. »Söhne des Zeus«), die göttlichen Zwillinge Kastor und Polydeukes (lat. Pollux), sind Söhne des Zeus, geboren aus einem Ei des Leda-Schwans. Die Nothelfer der Schiffer in Seenot weisen als Sternbild der Zwillinge den Weg. Als – gemäß dem Mythos – der sterbliche Kastor im Kampf fällt, tritt ihm der unsterbliche Polydeukes die Hälfte seiner Unsterblichkeit ab, so daß die Zwillingsbrüder abwechselnd auf dem Olymp und in der Unterwelt leben. Die Zwillingsbrüder entwickeln sich später von Rettergöttern zu einem göttlichen Ärztepaar und leben fort in dem christlichen Heiligenpaar Kosmas und Damian.

Erinnyen, auch euphemistisch als *Eumeniden* (griech. »Wohlmeinende«) bezeichnet, sind unterirdische Rachegöttinnen, oft in der Dreizahl: Allekto, Teisiphone und Megeira. Sie verfolgen in der Unterwelt diejenigen, die gegen das heilige Recht verstoßen haben (wie Gastrechtverletzer, Meineidige, Verwandtenmörder) und bestrafen die Frevler mit Wahnsinn.

Giganten, erdgeborene Riesen, sind Söhne der Gaia. Im Kampf (Gigantomachie) unterliegen sie Zeus.

Gorgonen, urzeitliche weibliche Ungeheuer, sind meist die drei Töchter des Meergreises Phorkys: Stheno, Euryale und *Medusa.* Nur letztere ist sterblich. Wer sie anblickt, wird versteinert. Perseus enthauptet sie.

Harpyien (griech. »Raffende«), weibliche Sturmdämonen, sind zwei bzw. drei Töchter des Gottes Thaumas. Diese häßlichen Riesenvögel mit Frauenkörpern entführen als Dienerinnen der Gottheit Menschen.

Hekatoncheiren, erdgeborene Riesen, sind drei Söhne des Uranos und der Gaia. Sie unterstützen mit ihren 100 Armen und 50 Köpfen Zeus im Kampf gegen die Titanen.

Heroen sind die zwischen Göttern und Menschen stehenden Helden mit oft einem göttlichen Elternteil. Neben Herakles wären hier zu nennen: Achilleus, Odysseus, Prometheus und Theseus. Die wenigen Metopenbilder des fast unbeschädigt und zugleich am besten erhaltenen griechischen Tempels, das Theseion in Athen aus dem Jahr 437/432 v. Chr., stellen die Heldentaten des Herakles und des Theseus dar.

Hesperiden, die Töchter des Atlas und der Nyx, bewachen mit dem Drachen Ladon die goldenen Äpfel.

Horen, Göttinnen der Ordnung zunächst in der Natur (Jahreszeiten), dann auch der sittlichen Ordnung, sind die Töchter des Zeus und der Titanin Themis. Als Göttinnen der Jahreszeiten sind es *Thallo* (Göttin der Blüte), *Auxo* (Göttin des Wachstums) und *Karpo* (Göttin der reifen Frucht). Als Göttinnen von Recht und Ordnung heißen sie *Dike* (Göttin der Gerechtigkeit), *Eirene* (Göttin des Friedens) und *Eunomia* (Göttin der staatlichen Ordnung).

Kentauren sind Fabelwesen in den Bergwäldern Thessaliens, oft im Gefolge des Dionysos. Sie gelten als heimtückisch und gewalttätig – mit Ausnahme des weisen und gerechten *Cheiron.* Dargestellt sind sie als Mischgestalten mit einem menschlichen Oberkörper auf einem Pferdeleib.

Moiren (griech. *moira* = »Anteil, Los, Geschick«), Schicksalsgöttinnen, sind die drei Töchter des Zeus und der Themis. Nach dem Mythos teilen sie jedem Menschen seinen Lebensanteil zu. *Klotho* spinnt den Lebensfaden an, *Lachesis* spinnt ihn aus und *Atropos* schneidet ihn ab, was das Lebensende des Menschen bedeutet.

Musen, nach ihrem Wohnsitz in Pierien am Nordfuß des Olymp auch *Pieriden* genannt, Schutzgöttinnen der Künste und Wissenschaften, sind die 9 Töchter des Zeus und der Mnemosyne: *Kalliope* (Epos), *Melpomene* (Tragödie), *Thalia* (Komödie), *Euterpe* (Musik), *Terpsichore* (Tanz), *Erato* (Minnelied), *Polyhymnia* (Hymnen), *Klio* (Geschichtsschreibung) und *Urania* (Astronomie). Als Sitz der Musen gilt das *Helikon-Gebirge* in Böotien, ferner der *Parnaß,* ein Gebirge im östlichen Zentralgriechenland, das dem Apollon geweiht war. Im übertragenen Sinn meint »Parnaß« das Reich der Dichtkunst, und »den Parnaß besteigen« bedeutet: dichten.

Nymphen (griech. »Bräute, junge Frauen«), in Gruppen auftretende weibliche Naturgottheiten niedrigen Ranges, sind Töchter des Zeus. Nach ihren Behausungen unterscheidet man: Nymphen des Meeres *(Okeaniden* und *Nereiden),* der Quellen und Flüsse *(Najaden),* der Berge und Grotten *(Oreaden)*, der Bäume und Wälder *(Dryaden, Hamadryaden* und *Alseiden)*. Die Nymphen sind freundlich und hilfreich den Göttern und Menschen.

Pleiaden sind die sieben Töchter des Atlas und der Okeanide Pleione: *Alkyone, Asterope, Elektra, Kelaino, Maia, Merope* und *Taygete*. Nach dem Mythos fliehen die jungfräulichen Pleiaden vor dem ihnen nachstellenden Orion, bis Zeus sie – zusammen mit dem Jäger Orion – an den Himmel versetzt.

Satyrn, oft mit den Silenen gleichgesetzt, sind Fruchtbarkeitsdämonen im Gefolge des Dionysos. Einer von ihnen ist *Silen*, glatzköpfig, dickbäuchig, mit stark behaartem Leib, ewig trunken. Satyrn sind mischgestaltige Wesen mit Ohren, Schwanz und Hufen eines Pferdes.

Sirenen sind den Harpyien ähnliche Fabelwesen, die sich im Hades, auf der Erde oder in himmlischen Gefilden aufhalten und mit ihrem verführerischen Gesang oder Spiel die an ihrer Insel vorbeifahrenden Schiffer ins Verderben zu locken suchen (Odysseus).

Titanen sind je 6 Söhne und Töchter des Uranos und der Gaia: *Okeanos* und *Thetys, Koios* und *Phoibe, Krios* und *Eurybie, Hyperion* und *Theia, Japetos* und *Klymene, Kronos* und *Rhea*.

Zyklopen (Kyklopen; griech. »Rundaugen«), Riesen mit einem Auge auf der Stirn, sind die drei Söhne des Uranos und der Gaia: *Brontes*, der Donnernde, *Steropes*, der Blitzende, und *Arges*, der Schimmernde. Sie hausen im Vulkan, schmieden Zeus die Donnerkeile, sind Schmiedegesellen des Hephaistos und helfen beim Bau der Mauern von Mykene und Tiryns.

Weltbild

Der Kosmos ist in drei Reiche aufgeteilt – Himmel mit Erde, Meer und Unterwelt – und Zeus, Poseidon und Hades zugewiesen.

Der Grieche Hesiod (um 700 v.Chr.) ist der Dichter der »Theogonie«, eines Lehrgedichts über die Abstammung der Götter und die Entstehung der Welt. Den Griechen gilt er mit Homer als Schöpfer ihrer geordneten Götterwelt. Nach Hesiod gibt es fünf Weltalter: das goldene unter Kronos, das silberne, das eherne, das heroische und das eiserne. Urgrund allen Seins ist das *Chaos* (griech. »Kluft, Abgrund«). Dieser ungeordnete Urzustand, dieser noch ungegliederte, mit ungeformter Urmasse gefüllte Raum bildet die Vorstufe zum geordneten *Kosmos*. Zunächst entstehen aus dem Chaos die *Tartara* (griech. »Abgründe«), die Finsternis und die Nacht. Aus der Erde (Gaia) entstehen Himmel (Uranos) und Meer (Pontos). Aus der ehelichen Verbindung der weiblichen Erde, Gaia, mit dem männlichen Himmel, Uranos, entstammt das Göttergeschlecht der zwölf *Titanen*, unter ihnen Kronos, Rhea und die Zyklopen. Auf Anraten Gaias, der Mutter Erde, entmannt Kronos seinen Vater Uranos und entreißt ihm die Weltherrschaft. Aus dem Blute des Uranos, das auf die Erde fließt, entstehen die *Giganten*. Nachdem der sterbende Uranos seinen Sohn Kronos verflucht hat, daß ihn das gleiche Schicksal treffe, verschlingt dieser seine Kinder gleich nach deren Geburt – bis auf Zeus, den seine Mutter auf Kreta heimlich gebärt und erzieht. Bei dem Versuch des Zeus, seinem Vater die Weltherrschaft zu entreißen, kommt es zwischen Zeus und den jüngeren Göttern auf der einen und dem älteren Titanengeschlecht auf der anderen Seite zu einem gewaltigen Kampf *(Titanomachie)*, bei dem die Titanen unterliegen und von Zeus in den Tartaros gestürzt werden. Zeus übernimmt die Weltherrschaft und läßt sich mit den jüngeren Göttern auf dem Olymp nieder. Den Kampf zweier Göttergenerationen oder Göttergeschlechter gegeneinander nennt man auch *Theomachie* (griech. »Götterkampf«). Im späteren Kampf der Giganten mit den olympischen Göttern *(Gigantomachie)* kann Zeus die Giganten mit Hilfe des Herakles besiegen und unter den vulkanischen Inseln begraben.

Den Mittelpunkt der Erde bildet der *Omphalos* (griech. »Nabel«), den eine Marmorkugel im Apollon-Tempel zu Delphi bezeichnet. Die Erde umsäumt kreisförmig der *Okeanos* (griech. »Meer«), dem alle Ströme und Quellen entstammen.

Im Weltstrom Okeanos, im Westen der Erdscheibe, liegt das Schattenreich des *Hades*, in das (nach Homer) die Seelen der Verstorbenen gelangen. Der Hades ist von einer ehernen Mauer mit ehernen Toren umgeben. Hermes mit goldenem Stab geleitet die Seelen der Verstorbenen durch die ehernen Tore ins Totenreich. Nur wenn der Leib des Verstorbenen in der Oberwelt bestattet ist – oder bei Nichtbestattung erst nach 100 Jahren ruhelosen Umherflatterns –, dürfen die Seelen weitergelangen zum Trauerbach *Styx*, der in den Klagefluß *Kokytos* einmündet und den See *Acheron* bildet. Über diesen See fährt *Charon*, der alte Fährmann, die Seelen der bestatteten Toten mit seinem Nachen hinüber, wofür er einen Obolus, das *Charonsgeld*, erhält, das deshalb jedem Verstorbenen in Form einer Münze unter die Zunge gelegt wird. (Im heutigen Griechenland ist Charon zum leibhaftigen Tod selbst geworden.) Am jenseitigen Ufer wacht der Höllenhund *Kerberos*, der jeden ins Totenreich herein-, aber niemanden hinausläßt. Nach den Orphikern gibt es in der Unterwelt ein Totengericht, das jenseits des Acheron unter Vorsitz des Hades unparteiisch abgehalten wird. Die Gerechten dürfen zur Rechten ins *Elysion* eingehen, eine herrliche »Insel der Seligen«, im Westen des Weltstroms Okeanos gelegen und von den silbernen Fluten der *Lethe* umflossen, aus der die Seelen Vergessenheit trinken und so überaus glücklich sind. Die Ungerechten müssen dagegen zur Linken in den *Tartaros*, einen finsteren Abgrund, der von einer dreifachen Mauer umgeben ist und von *Phlegeton*, einem Feuerstrom, umflossen wird. Hier leiden die Seelen der Unseligen entsetzliche Qualen, wie das Beispiel der Danaiden (→S. 172) zeigt. Aber auch Sisyphos, Tantalos und Tityos bieten dafür eindrucksvolle Beispiele.

Sisyphos, sagenhafter Gründer Korinths,

1

2

1 Hades *und* Persephone, *Terrakotta, 25,5 cm hoch, Reggio di Calabria, Mus.*

2 *Geflügelte* Nike, *die Sandalen lösend, um mit bloßen Füßen zum Opferaltar zu schreiten. Athen, Akropolis-Mus.*

3 Venus von Milo *(Melos), Marmor, 2,02 m hoch, Mitte 2. Jh. v. Chr. Paris, Louvre*

4 Omphalos, *Nabel der Welt, Delphi, Mus.*

5 Kuros *(3) vom Apollon-Heiligtum in Theben, 6. Jh. v. Chr. Theben, Mus.*

6 Kore *(674) von der Akropolis, Marmor, um 500 v. Chr. Athen, Akropolis-Mus.*

ist der schlaueste aller Menschen, aber ein Straßenräuber. Zur Strafe für seine Hinterlist und Raubgier ist er dazu verdammt, aus der Unterwelt einen Felsblock auf einen Berg hinaufzuwälzen, der ihm aber immer wieder entgleitet und in die Tiefe zurückrollt. Gemäß dieser Sage wird eine vergebliche Arbeit oder sinnlose Anstrengung als »Sisyphusarbeit« bezeichnet.
Tantalos, sagenhafter kleinasiatischer König, ist Sohn des Zeus und Vater des Pelops und der Niobe. Den Göttern entwendet er Nektar und Ambrosia, um sterbliche Freunde damit zu bewirten, und setzt den Göttern seinen Sohn zur Speise vor, um ihre Allwissenheit zu prüfen. Zur Strafe dafür muß er in der Unterwelt Qualen des Hungers und Durstes erleiden. Er kann weder die über ihm hängenden Früchte essen, da er sie mit seinen Händen nicht erreicht, noch das ihm bis zum Kinn reichende Wasser trinken. Nach dieser Sage wird das quälende Verlangen nach etwas Unerreichbarem als »Tantalusqualen« bezeichnet.
Tityos, sagenhafter Riese, ist neben Sisyphos und Tantalos der dritte »Büßer« in der Unterwelt. Er wollte Leto, die Geliebte des Zeus, vergewaltigen. Zur Strafe dafür wird er von Apollon und Artemis getötet, und seine in der Unterwelt immer wieder nachwachsende Leber wird von zwei Geiern zerhackt.

Sittlichkeit

Die sittlichen Haupttugenden sind *sophrosyne* (griech. »Besonnenheit«) und *eusebeia* (griech. »Frömmigkeit, Gottesfurcht«). Im Gegensatz zum Ideal des rechten Maßhaltens gilt die *hybris* (griech. »Übermut«), Hochmut, Überheblichkeit und frevelhafter Stolz gegenüber Göttern und Gesetzen, als schwerstes ethisches Vergehen. Bei Homer bezieht sich die Hybris nur auf die soziale Stellung, z. B. Herausforderung gegenüber Fürsten, die unter Umständen göttliche Strafe nach sich zieht. Später ist eine Überschreitung der die Menschen von den Göttern trennenden Grenzen in Gedanken, Worten und Werken eine Beleidigung der Götter. Hochmut entsteht aus dem Wohlstand, der zur Übersättigung und schließlich zur *hybris* führt, die selbst wieder Verblendung zur Folge hat. Mit der Vorstellung von der *hybris* eng verbunden ist die Auffassung vom *Neid der Götter* auf die Menschen, da erstere über ihren Vorrang gegenüber den Menschen eifersüchtig wachen. Ein Letztes, das die Götter sich selber vorbehalten und den Menschen nicht gönnen, ist die Unsterblichkeit. Herodot traut den Göttern sogar zu, daß sie selber die Menschen zur *hybris* verleiten, um sie dann dafür bestrafen zu können.
Im Gegensatz zur Gottesfurcht steht die *Asebie* (griech. »Gottlosigkeit«), die als Frevel gegen die Götter seit 432 v. Chr. in Athen durch »Asebieprozesse« geahndet wird. Der bekannteste von ihnen ist der gegen Sokrates, der 399 v. Chr. mit dem Todesurteil endet.

Menschliches Schicksal und Menschenschicksale

Nach Homer wird jedem Menschen durch göttlichen Willen *aisa* (griech. »Anteil, Schicksal«) zuteil. *Aisa dios* ist der »Wille des Zeus«. Hinter den Göttern selbst waltet die Macht der *moira* als unpersönliches Schicksal.
Für die schicksalsträchtigen Beziehungen zwischen Göttern und Menschen sowie die der Menschen untereinander bieten bekannte Namen aus Mythologie und Sage eindrucksvolle Beispiele:
Apollon verleiht der *Kassandra* die Sehergabe und belegt sie dann, als sie seine Liebe zurückweist, aus Zorn mit dem Fluch, niemand solle ihr mehr Glauben schenken. Seitdem bleiben ihre Warnungen vor und während des Trojanischen Krieges unbeachtet. Sie selbst wird Kriegsbeute des Agamemnon und zusammen mit ihm in Mykene von Ägisthus und Klytämne-

3

4

5

6

stra ermordet. Noch heute versteht man unter »Kassandrarufen« unheilvolle Warnungen.

Helferin des Jason bei der Gewinnung des Goldenen Vlieses ist *Medea,* die seine Gemahlin und Mutter von zwei Kindern wird. Als Jason sie verstößt und Kreusa, die Tochter des Königs Kreon, heiratet, tötet Medea diese und ihre eigenen Kinder.

Ein Opfer der *hybris* wird *Niobe.* Sie prahlt vor Leto, der Gemahlin des Zeus, die nur zwei Kinder geboren hat, mit ihren sechs Söhnen und sechs Töchtern. Zur Strafe dafür werden ihre 12 Kinder, die Niobiden, von Apollon und Artemis mit Pfeilen getötet. Niobe selbst wird von Zeus in einen Felsen des Sipylos-Gebirges verwandelt, aus dem seither ihre Tränen fließen.

Eine auf Befehl des Zeus von Hephaistos aus der Erde gebildete erste Frau ist *Pandora* (griech. »Allgeberin«). Weil Zeus die Menschen für den Raub des Feuers durch Prometheus strafen will, versieht er Pandora mit einem Tonkrug, in dem alle Übel verborgen sind, und schickt sie zu dem Bruder des Prometheus, Epimetheus, dessen Frau sie dann wird. Als sie das Gefäß, die »Büchse der Pandora« öffnet, entströmen ihm alle Krankheiten und Übel.

Der sagenhafte *Ödipus* tötet seinen von ihm nicht erkannten Vater Laios und heiratet unwissentlich seine Mutter Iokaste. Ödipus wird König von Theben. Er hat die Stadt von der Sphinx befreit. Diese saß vor Theben und tötete jeden Vorübergehenden, der das von ihr aufgegebene Rätsel nicht lösen konnte, bis Ödipus die Lösung gelang und dadurch die Stadt von dem Ungeheuer befreite. Als dann seine Stadt von einer Seuche heimgesucht wird, verlangt das Delphische Orakel die Bestrafung des Mörders des Laios. Ödipus, der selbst die Untersuchung darüber veranlaßt, muß erkennen, daß er ein Vatermörder ist. Daraufhin erhängt sich Iokaste, seine Frau und Mutter, und Ödipus blendet sich. Von seinen Söhnen aus Theben verstoßen, führt Ödipus, nur von seiner Tochter begleitet, ein unstetes Wanderleben, bis er vom Tod erlöst wird.

Als Agamemnon durch seine Frau Klytämnestra und ihren Geliebten Ägisthus ermordet wird, rächt *Orest* acht Jahre später im Auftrag Apollons seinen Vater Agamemnon und tötet seine Mutter Klytämnestra und Ägisthus. Als Muttermörder wird Orest von den Erinnyen (→S. 172) verfolgt, bis Apollon und Athene ihn entsühnen.

Prometheus (griech. »der Vorausdenkende«) ist Titan der zweiten Generation, Sohn des Titanen Japetos und Vater Deukalions, des »griechischen Noah«. Er raubt den Göttern das Feuer und bringt es als Kulturheros den Menschen, weil es die Götter ihnen vorenthalten haben. Zur Strafe dafür wird der Heros von Zeus an einen Felsen des Kaukasus geschmiedet, wo ihm ein Adler die Leber aushackt, die immer wieder nachwächst, bis Herakles, der andere griechische Heros, den Adler tötet und Prometheus aus dieser Lage befreit. Prometheus wurde zum Prototyp des autonomen Menschen, der sich gegen den Willen der Götter auflehnt.

Feste und Festspiele

Es gibt vier große religiöse Nationalfeste. Das bedeutendste sind die *Olympischen Spiele* in Olympia, ursprünglich nur zu Ehren des olympischen Zeus veranstaltet. Von 776 v. Chr. bis 394 n. Chr. finden alle vier Jahre diese Spiele statt. Sie werden durchgeführt im ca. 190 m langen und in klassischer Zeit erbauten Stadion von Olympia als gymnastische Spiele: Fünfkampf (Weitspringen, Laufen, Diskuswurf, Speerwurf, Ringkampf) und im Hippodrom als ritterliche Spiele: Wettfahrten mit dem Viergespann. Die eigentlichen Spiele umfassen nicht nur sportliche Wettkämpfe, sondern auch Gottesdienste, Opfer, Dichterlesungen und Theateraufführungen. Die Olympiaden, Zeiträume von vier Jahren, liegen der griechischen Zeitrechnung zugrunde, bis im Jahre 394 n. Chr. diese kultischen Spiele durch den christlichen Kaiser Theodosius I. (379–395 n. Chr.) verboten werden.

Das zweite große religiöse Nationalfest sind die *Pythischen Spiele* in Delphi zu Ehren des Apollon, die alle vier Jahre stattfinden. Ort der Austragung ist das im 5. Jh. angelegte, 178 m lange und 25 m breite, mit Hilfe von Stützmauern am steilen Berggelände angelegte Stadion in Delphi.

Die *Isthmischen Spiele* auf dem Isthmos von Korinth zu Ehren des Poseidon sind das dritte große religiöse Nationalfest. Das vierte bilden die *Nemeischen Spiele* in Argos u. a. zu Ehren des Zeus.

An weiteren Festen sind zu nennen: die *Aphroditefeste* in Korinth und die *Hyakinthien* zu Ehren des Apollon auf dem Peloponnes. Ebenfalls zu Ehren des Apollon werden die *Theoxenien* (griech. »Gottesbewirtungen«) in Delphi gefeiert, so benannt, weil einem oder mehreren Göttern Nahrung auf einen Tisch gestellt wird. Priester und geladene Gäste essen Opferfleisch. In Delphi heißt der Monat August *theoxenios*.

Das Hauptfest der Athener sind die *Panathenäen* zu Ehren der Stadtgöttin Athene, die mit größtem »Pomp« gefeiert werden. Das griechische Wort *pompe* bezeichnet die feierliche Prozession, bei der der Göttin Athene das neue, kostbar gestickte Gewand *(peplos)* ins Heiligtum gebracht wird. Die »kleinen« Panathenäen werden jährlich und die »großen« alle vier Jahre – verbunden mit Wettkämpfen – gefeiert. Schauplatz der panathenäischen Spiele ist das um 330 v. Chr. mit einem Fassungsraum für ca. 50 000 Personen erbaute Stadion in Athen.

In Athen werden zu Ehren des Dionysos das Fest der *Lenäen* und *Anthesterien* gefeiert, ferner die *Oschophorien* (griech. »traubentragend«), bei denen zwei Knaben dem Festzug traubentragende Weinreben vorantragen. Es ist ein Fest zu Ehren des Dionysos und der Athene Skiras im Anschluß an Weinlese und Olivenernte. Die *Thargelien* sind ein Vorerntefest, das dem Schutz der kommenden Ernte gilt. Dabei wird ein zum Tode verurteilter Verbrecher durch die Stadt geführt, getötet und die Asche seines verbrannten Körpers ins Meer geworfen.

Kult und Opfer

Der Gottesdienst in heiligen Hainen und Tempeln besteht aus Gebeten, Opfern und Orakeln. Das Gebet, *euchä,* gilt der Gottheit. Mit ihm werden Volksversammlungen und Gerichtsverhandlungen eröffnet. Beim Gebet erhebt man Augen und Hände zum Himmel, die inneren Handflächen sind dabei nach außen gewendet. An einen Heil- und Helfergott, besonders an Apollon, richtet man den *päan* (griech. »Helfer, Retter, Jubelgesang«), einen feierlichen, vielstimmigen Hymnus als Bitt-, Dank- oder Sühnelied, als Schlacht- oder Siegesgesang.

Auch durch Opfer, *thysia,* wird die Gottheit verehrt. Die Bitt- und Dank- sowie Festopfer werden teils privat, teils von Staats wegen dargebracht. Zu den unblutigen Opfern zählen: Backwerk, Brot, Früchte, Honig, Käse, Getränke und Weihrauch. Bei Erntefest und Seelenfeier gibt es die *panspermie* (griech. »Gemisch aus allerlei Samen«), bei der Erstlingsfrüchte aus Getreide und Hülsenfrüchten in einem Krug zusammengekocht und dann zu Brot gebacken werden. Der Genuß dieser Speise verleiht dem Menschen die darin enthaltene Lebenskraft der Erstlingsfrüchte. Als blutige Opfer dienen Gänse, Hühner, Rinder, Schafe, Schweine und Ziegen. Die *Buphonien* (griech. »Stiermord«) sind ein in Athen dem Zeus Polieus (»Stadtschirmer«) dargebrachtes Opfer, bei dem der Priester, nachdem er den Stier mit einem Beil getötet hat, fliehen muß. Die *hekatombe* (griech. »100 Rinder«) ist ein besonders großes Opfer. Eine andere Art ist das *holokautoma* (griech. »ganz verbrannt«), ein Brandopfer.

Um den Willen der Götter zu erkunden, bedient man sich des *Orakels*. Zu den berühmtesten Orakeln zählt man das des Zeus in *Dodona* in Epirus. Hier sucht der

Priester, aus dem Rauschen einer heiligen Eiche, dem Gurren und Flug der Tauben den Willen des Zeus zu deuten.

Das Orakel zu *Delphi* genießt in der Antike größtes Ansehen. Es regelt Kult, Kalender, Politik, Gesetzgebung, Sitte und Kolonisation, aber auch Privatangelegenheiten. Erteilt wird es von der Seherin *Pythia*. Nach einem Trunk aus der heiligen Kassotis-Quelle und dem Kauen von Lorbeerblättern setzt sie sich auf einen vergoldeten Dreifuß über einem Erdspalt, aus dem Dämpfe aufsteigen, die sie in Ekstase versetzen. Ringsherum sitzen Priester und auserwählte Männer aus Delphi. Neben der Pythia steht der Prophet, dem die Fragen vorgetragen werden, die der Pythia gestellt werden sollen. Ihre Eingebungen äußert die Pythia in für die Umgebung unverständlichen Lauten und abgerissenen Sätzen, die von den Priestern des Apollon in Form von metrischen Sprüchen (Hexametern), die meist mehrdeutig sind, verkündet werden.

Außer der Pythia ist die *Sibylle* bekannt, die ihren Sitz in der Sibyllengrotte (ca. 5. Jh. v. Chr.) in Cumae, einer alten griechischen Kolonie in Italien, hat.

Kult- und Tempeldiener

Den Kultus- und Tempeldienst versehen die *hiereus* (griech. »Priester«) und *hiereiai* (griech. »Priesterinnen«). Das Priestertum ist teils erblich, teils werden die Priester und Priesterinnen vom Volk gewählt oder durch Los bestimmt. Gehilfen der Priester sind die *hieropoioi* (griech. »Ofenanrichter«), *naophylakes* (griech. »Tempelwächter«) und Tempelschatzmeister. Die Priester und Priesterinnen haben in der Volksversammlung und bei öffentlichen Festen Ehrenplätze. Entweder auf Lebenszeit oder für die Dauer ihres Amtes oder für eine gewisse Zeit vor Ausübung ihres priesterlichen Dienstes müssen die Priester und Priesterinnen auf geschlechtlichen Verkehr verzichten. Einen geschlossenen Priesterstand gibt es nicht, sondern nur einzelne, für ein Heiligtum bestimmte Beamte. Von den *Archonten* (griech. »Herrscher«), den höchsten Beamten der Athener für jeweils ein Jahr, die 683 v. Chr. das Königtum abgelöst haben, ist der *archon basileus* der oberste Kultbeamte Athens und für den Dionysos-Kult zuständig (→Dionysischer Mysterienkult). *Exegetai* (griech. »Deuter«) heißen die delphischen Priester, die die Orakelworte der Pythia deuten. Außer den Priestern sind noch die *Bakiden* zu nennen, wandernde Seher. Sie sind benannt nach dem sagenhaften ekstatischen böotischen Seher Bakis, der den Griechen über die Perserkriege orakelt hat.

Kultstätten

Die ältesten Kultstätten sind zunächst Berge, dann Haine und Grotten, besonders die »abgegrenzten Orte« *(temenos)* und die Heiligtümer *(hieron)* sowie die Altäre *(bomos)*. In archaischer Zeit kommt der Tempelbau auf. Der *naos* (griech. »Götterwohnung, Tempel«) bezeichnet den griechischen Tempel als Wohnhaus der Gottheit, das meist in einem von Mauern umgebenen *Kultbezirk* steht. Ein bekanntes Beispiel dafür ist die *Altis in Olympia,* Stätte der von 776 v. Chr. bis 394 n. Chr. alle vier Jahre stattfindenden olympischen Festspiele. In klassischer Zeit sind heilige Bezirke: die *Akropolis in Athen* und der *Kultbezirk in Delphi,* wo die Pythischen Festspiele gefeiert werden. Daß die eigentlichen Festspiele nicht nur sportliche Wettkämpfe umfassen, sondern ebenso Gottesdienst, Opfer, Dichterlesungen und Theateraufführungen, verdeutlichen die entsprechenden Grundrisse dieser heiligen Bezirke. In Delphi z. B. befindet sich eine Reihe von heiligen Einrichtungen auf verschiedenen Terrassen. An der Heiligen Straße, die serpentinenförmig zum Haupttempel führt, sind einzelne Gebäude, meist *Schatzhäuser* zur Aufbewahrung von Weihegeschenken, Urkunden usw. aufgereiht. Der *Tempel* des pythischen Apollon ist das Hauptheiligtum. In der Nähe des *bouleuterions* befindet sich die (älteste) *Orakelstätte* der Pythia. Auf der Tempelterrasse steht der große *Altar* für die Opferdarbringungen. Den Abschluß gegen den Berg bildet das *Theater* und westlich vom Theater das 190 m lange *Stadion*.

Nach dem für die Griechen günstigen Ausgang der Perserkriege erfährt die Tempelbaukunst eine großartige Förderung durch die Stadt Athen im Zeitalter des Perikles. Höhepunkte bilden der Tempel des Zeus in Olympia und der Tempel der Athene (Parthenon) auf der Akropolis in Athen. Auch in den griechischen Kolonien werden zu dieser Zeit viele Tempel errichtet. Während der Zeit des Hellenismus aber, als sich die griechische Kunst über weite Teile des ehemaligen Alexanderreiches ausbreitet, tritt der Bau von Tempeln im Vergleich zu den Profanbauten mit ihrem Streben nach Monumentalität und Prunk zurück. Hier wären zu nennen die kleinasiatische Inselwelt mit Samothrake und Rhodos, Pergamon, Ephesus, Priene, Milet und Alexandria.

Aufriß griechischer Tempel

Der griechische Tempel steht meist auf einem massiven Unterbau von drei Stufen *(krepidoma),* wobei die oberste Stufe, auf der die Säulen aufruhen, *Stylobat* genannt wird. Gewöhnlich hat der Tempel die Form eines Rechtecks, das meist von Säulen umstanden ist. Die *dorische* Säulenordnung (u. a. Säulen ohne Basis) hat sich auf dem Festland entwickelt und entspricht als älteste der griechischen Ordnungen den hauptsächlich im Peloponnes siedelnden Dorern. Die *ionische* Säulenordnung (u. a. Säulen mit Basis), die leichter wirkt und variabler als die dorische ist, entspricht der weltaufgeschlossenen Art der in Attika, auf den Ägäischen Inseln und vor allem in Kleinasien siedelnden Ionier. Die *korinthische* Ordnung, die eine Abart der ionischen mit einer neuartigen Kapitellausbildung ist, verleiht den Bauten ein festliches, prächtiges Aussehen und entspricht dem zunehmenden Luxus in hellenistischer Zeit.

Über dem Säulenkopf, dem *Kapitell,* liegt das dreiteilige *Gebälk* (Geison), u. a. mit einem *Fries* als Bildträger (Metopen). Dar-

Griechisches Tempelbau-Grundschema

I. Aufriß

1. *Krepidoma*
2. *Stylobat*
3. *Säulen*
4. *Kapitell*
5. *Gebälk mit Fries und Metopen*
6. *Tympanon*

II. Grundriß

1. *Altar*
2. *Stufen*
3. *Stylobat (Plattform)*
4. *Anten*
5. *Pronaos (Vorhalle)*
6. *Cella (Innenraum)*
7. *Adyton (Allerheiligstes mit Götterbild)*

6. u. 7. bilden den Naos (Schiff)

8. *Opisthodomos (Hinterhalle)*

über erhebt sich ein dreieckiges *tympanon* (Giebelfeld) über den Schmalseiten des Tempels mit z.T. reicher plastischer Ausschmückung. An den Ecken und auf den Spitzen des *Giebeldaches* stehen schmükkende Statuen und Figuren heiliger Tiere oder andere Zeichen der betreffenden Gottheit, die im Tempel verehrt wird.

1

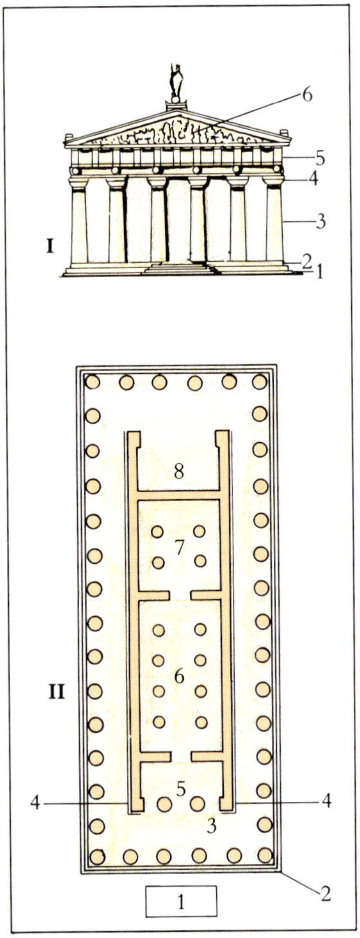

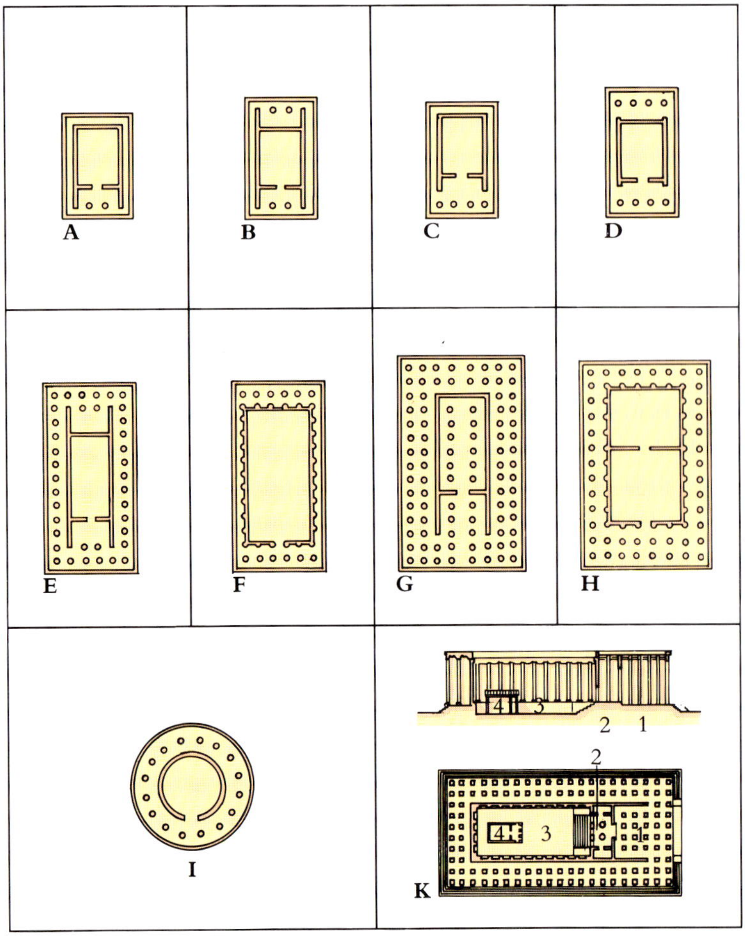

Grundriß griechischer Tempel

Der Grundriß der Tempel weist einen Hauptbau *(naos)* mit *cella* auf. Dieser Innenraum des Tempels, der sich aus dem alten *megaron* der mykenischen Zeit entwickelt hat, ist lediglich ein einfacher Rechteckraum ohne Fenster – Licht fällt lediglich durch die geöffnete Tür – und meist ohne Unterteilung. Bei einigen Bauten ist eine mittlere Stützreihe in die *cella* eingebaut, so daß der Innenraum in zwei Schiffe unterteilt wird (Beispiel: Paestum, Basilika). Später ist auch eine doppelte Säulenreihe üblich, so daß eine dreischiffige *cella* entsteht (Beispiel: Olympia, Heratempel). Vor der Rückwand der *cella* befindet sich meistens das Götterbild. Manche Tempel haben noch ein *adyton* (griech. »das Unbetretbare«), das Allerheiligste des Tempels, das von allen oder einzelnen Menschen bzw. Menschengruppen (Laien) entweder grundsätzlich oder zu gewissen Zeiten nicht betreten werden darf. Dieses Verbot unterstreicht die Heiligkeit des Ortes, die durch menschliche Unreinheit nicht entweiht werden darf, bzw. unterscheidet und untergliedert die Menschen in der Religion. In mykenischer Zeit heißt das Allerheiligste, das nur von Priestern betreten werden darf, *megaron*.

Dem Hauptbau *(naos)* ist eine Vorhalle *(pronaos)* vorgestellt und manchmal auch eine Rückhalle *(opisthodomos)* angefügt. Da der Kult immer außerhalb des Tempels

1 Panathenäischer Festzug, *Parthenon-Nordfries, Marmor, 1,02 m hoch, um 447/432 v. Chr. Athen, Akropolis-Mus.*

2 *Apollon-Tempel, 6. Jh. v. Chr. Korinth*

3 *Parthenon, 1. Hälfte 5. Jh. v. Chr. Athen, Akropolis*

4 *Theodoros aus Phokaia,* Tholos *der Athene, Marmor, ca. 420/405 v. Chr. Delphi*

Griechische Tempelbauformen:

◁ *A. Antentempel*
B. Doppelantentempel
C. Prostylos
D. Amphiprostylos
E. Peripteros
F. Pseudoperipteros
G. Dipteros
H. Pseudodipteros
I. Tholos
K. Hypäthraltempel (Didyma bei Milet/Türkei: Apollon-Tempel)
  1. Vorhalle
  2. Cella
  3. »Hof« unter freiem Himmel mit
  4. kleinerem Tempel als Adyton

2

3

4

stattfindet, steht der *Altar* vor dem Tempelgebäude.

Außer den Tempeln der *polis* (Stadtstaat) gibt es amphiktyonische Heiligtümer, wie das zu Delphi.

Seit der klassischen Zeit haben sich verschiedene *Grundrißformen* des griechischen Tempels herausgebildet.

1. Die einfachste und älteste Form weist der *Antentempel* auf. Er besteht aus der *cella* und einer Vorhalle *(pronaos)*. Zwischen den nach vorn verlängerten Längswänden der *cella*, den »Anten«, stehen an der Eingangsseite zwei Säulen.
   Beispiel: Magnesia (Türkei), Zeus-Tempel; Rhamnus, Themis-Tempel.
2. Der *Doppelantentempel* besteht aus einer *cella* mit Vorhalle und gleichartiger Rückhalle *(opisthodomos)*. An der Eingangs- und Rückseite stehen je zwei Säulen.
   Beispiel: Eleusis, Artemis-Tempel.
3. Der *Prostylos* weist eine *cella* auf mit einer seitlich offenen Vorhalle und einer der Eingangsseite vorgelagerten Säulenreihe.
   Beispiel: Selinos, Empedokles-Tempel.
4. Der *Amphiprostylos* besitzt eine *cella* mit seitlich offener Vor- und Rückhalle, die von je vier Säulen gebildet werden.
   Beispiel: Athen, Nike-Tempel.
5. Der *Peripteros* besteht aus einer Vorhalle *(pronaos)*, der *cella (naos)* mit dem Götterbild und der Rückhalle *(opisthodomos)*. Säulen, die die Höhe der *cella* erreichen, tragen Decke und Dach und bilden eine ringsumlaufende Säulenhalle.
   Der Peripteros ist die häufigste Tempelform und fast zwei Jahrtausende lang nachgeahmt worden.
   Beispiel: Athen, Parthenon.
6. Der *Pseudoperipteros*, falscher Peripteros, zeigt eine *cella* mit angedeutetem Säulenkranz, so daß kein Umgang ausgebildet ist. Halbsäulen (Wandsäulen) sind mit der Mauer verbunden.
   Beispiel: Agrigent, Zeus-Tempel.
7. Der *Dipteros* ist ein Tempel mit zwei ringsumlaufenden Säulenreihen.
   Beispiel: Ephesos, Artemis-Tempel.
8. Der *Pseudodipteros*, falscher Dipteros, ist ein Tempel mit scheinbar doppeltem Säulengang, bei dem lediglich die innere Säulenreihe der Cella vorgeblendet ist.
   Beispiel: Magnesia (Türkei), Artemis-Tempel.
9. Der *Tholos* ist eine Sonderform des griechischen Tempels, die in der Zeit des Frühhellenismus entstanden ist. Hier ist ein Rundbau rings von einem Säulenkranz umgeben.
   Beispiel: Epidauros, Asklepieion.

Altäre als Opferstätten stehen innerhalb des Tempelbezirks, aber auch seit klassischer Zeit im *Theater*, wo sich in der Mitte der *orchestra* der Altar befindet, den der auftretende Chor gemessenen Schrittes umschreitet, während die Zuschauer und Zuhörer auf den Sitzstufen, die den Kreis der *orchestra* im Halbrund umschließen, sitzen. Ein Beispiel bietet das Theater des Dionysos in Athen (6. Jh. v. Chr.), gleichzeitig das älteste Theater der Welt. Seit hellenistischer Zeit stehen Altäre auch im *bouleuterion* (Rathaus), wie das Beispiel von Milet zeigt, wo in der Mitte des Säulenhofs, der dem theaterähnlichen Sitzungssaal vorgelagert ist, ein Altar steht.

Als ein Beispiel griechischer »Grabtempel« ist das *Mausoleum* in Halikarnassos zu erwähnen, das als Grabmal des Königs Mausolos bereits während der Regierung des Herrschers um 350 v. Chr. errichtet wird. Der 66 × 77 m breite Grabtempel mit der Quadriga des Mausolos auf der Spitze ist 46 m hoch und gilt als eines der Sieben Weltwunder.

Plastik

Im Mittelpunkt der archaischen Skulptur (770–480 v. Chr.) steht das Bild des sterblichen Menschen in seiner irdischen Vollkommenheit. So wird das Bild des nackten Jünglings *(Kuros)* das große Thema der griechischen Bildhauerkunst. Der seit dem 6. Jh. v. Chr. als Weihestatue übliche Kuros kann auch göttliches Erscheinungsbild sein. »Im griechischen Kuros hat der europäische Mensch sein erstes Denkmal erhalten.«

Den männlichen, nackt dargestellten Kuroi (»Jünglingen«) entsprechen die weiblichen, bekleideten *Koren* (»Mädchen«). An der Korenhalle, einem der bekannten Anbauten des Erechtheion auf der Akropolis, tragen sechs überlebensgroße Koren auf ihrem Haupt Kapitell und Gebälk.

Zur Zeit des hohen klassischen Stils (5. Jh. v. Chr.) vereinigen die idealistischen Götterbilder (Athene, Zeus) des Phidias göttliche Hoheit mit edlem Menschentum und griechischer Schönheit. Die Gruppen athenischer Männer und Frauen im Panathenäen-Festzug am Fries der *cella* des Parthenon zeigen Würde, Ebenmaß und Harmonie. Die um 460 geschaffenen Giebelfiguren des Zeus-Tempels von Olympia offenbaren heroische Größe der Götter und Helden. Dabei stellen die wilden Kämpfe zwischen Kentauren und Lapithen ein Gleichnis der chaotischen Naturkräfte dar, über die sich die göttliche Ordnung – im Standbild des Gottes (Apollon) – erhebt. Auch die hellenistische Plastik (ca. 330–30 v. Chr.) stellt am Beispiel des Kampfes zwischen Göttern und Giganten (Pergamonaltar) das alte griechische Thema von der Überwindung der rohen chaotischen Gewalten durch die Mächte der Ordnung und Harmonie dar.

Literatur

Um 750 verarbeitet *Homer* die älteren Heldensagen vom Trojanischen Krieg (um 1180) zu den Epen »Ilias« und »Odyssee«, die zu den Schulbüchern der griechischen Jugend werden. Das Leben des Sagenhelden Odysseus, des Königs von Ithaka, Gemahls der Penelope und Vaters des Telemachos, ist Gegenstand der »Odyssee«. Die Heimfahrt des klugen und listigen Teilnehmers am Trojanischen Krieg dauert zehn Jahre, während der er gefährliche Abenteuer zu bestehen hat.

Zu den großen Gestaltern der Tragödie, die aus dem Gottesdienst des Dionysos

hervorgegangen ist, gehört *Aischylos* (525–456 v. Chr.). Von tief religiösem, archaisch-heroischem Inhalt sind die »Perser« (472), »Sieben gegen Theben« (467) und »Orestie« (458). Der größte griechische Chorlyriker, *Pindar* von Theben (518–446 v. Chr.), schreibt Kultlieder (Paiane, Dithyramben, Hymnen).
Die Geschichtsschreibung des *Herodot* von Halikarnassos (484–425 v. Chr.), nach Cicero der Vater der Geschichte, wurzelt im Sittlich-Religiösen, nicht im Nationalen. Er erklärt den historischen Vorgang durch den tiefen Glauben an eine göttliche Prädestination.

Zeittafel

Vor der christlichen Zeitrechnung

1200–1100 Dorische Wanderung
vor 1100 Zerstörung Trojas
um 750 Homers »Ilias« und »Odyssee«
750–550 Griechen kolonisieren Sizilien und Unteritalien
776 Beginn der offiziellen Zählung der Olympischen Spiele
700 Hesiod in Böotien
7./6. Jh. Hera-Tempel in Olympia, ältester griechischer Tempel
600–570 1. Heiliger Krieg der delphischen Amphiktyonie gegen die Phoker
600–500 Weihestatuen von nackten Jünglingen (Kuroi) und bekleideten Mädchen (Koren); Vasenmalerei mit Mythen-Darstellungen
6. Jh. Apollon-Tempel in Korinth; Basilika (Hera-Tempel I) in Paestum; Dionysos-Theater in Athen, ältestes Theater der Welt
580–500 Pythagoras von Samos
500–477 Perserkriege, danach Vorherrschaft Athens
1. Hälfte 5. Jh. Parthenon auf der Akropolis in Athen
5. Jh. Concordia-Tempel in Agrigent
470–399 Sokrates von Athen
462–429 Kulturelle Blüte Athens unter Perikles
460–400 Parthenon-Skulpturen von Phidias (London); Athene von Myron (Frankfurt)
431–404 Peloponnesischer Krieg zwischen Athen und Sparta, danach Vorherrschaft Spartas
427–347 Platon von Athen
4. Jh. Asklepieion in Epidauros
400/320 Hermes des Praxiteles (Olympia); »Aphrodite aus Knidos« des Praxiteles (Rom), erste Darstellung einer völlig nackten Göttin
384–322 Aristoteles aus Stagira
356–346 2. Heiliger Krieg der delphischen Amphiktyonie gegen die Phoker
nach 356 (5.) Artemis-Tempel in Ephesos, eines der Sieben Weltwunder
336–323 Alexander d. Gr., Beginn des hellenistischen Zeitalters
ab 320 Stoizismus, Epikureismus und Skeptizismus
ca. 320 Alexanderschlacht-Mosaik (Neapel)
320/300 Apollon aus dem Belvedere (Rom)
ca. 290 Koloß von Rhodos, eines der Sieben Weltwunder
ca. 190 Nike von Samothrake (Paris)
180/160 Zeus-Altar von Pergamon (Berlin/DDR)
2. Hälfte 1. Jh. Laokoon-Gruppe (Rom)
146 Griechenland wird römische Provinz

Nach der christlichen Zeitrechnung

130 Olympieion in Athen
ab 250 Neuplatonismus
394 Verbot der Olympischen Spiele durch Kaiser Theodosius I.
399 Teilung des Römischen Reiches; Griechenland kommt zum Oströmischen Reich
415 Ermordung der Neuplatonikerin Hypatia von Alexandria
529 Schließung der neuplatonischen Schule von Athen durch den byzantinischen Kaiser Justinian

Literaturauswahl

Berve, H./Gruben, G.: Tempel und Heiligtümer der Griechen. München 1978
Burkert, W.: G. R. der Archaischen und Klassischen Epoche. Stuttgart 1977 (Die Religionen der Menschheit)
Gruben, G.: Die Tempel der Griechen. München ²1976
Jaeger, W.: Die Theologie der frühen griechischen Denker. Stuttgart 1953
Jünger, F. G.: Griechische Mythen. Frankfurt/M. ³1957
Kerényi, K.: Die Mythologie der Griechen. 2 Bde. München 1966
Kern, F.: Die Religion der Griechen. 3 Bde. Berlin 1926–38
Nilsson, M. P.: Geschichte der g. R. 2 Bde. München 1976
Otto, W. F.: Die Götter Griechenlands. Frankfurt/M. ⁵1961
Ranke-Graves, R. v.: Griechische Mythologie. Quellen und Deutung. 2 Bde. Reinbek 1960
Rohde, E.: Psyche. Seelenkult und Unsterblichkeitsglaube der Griechen. Darmstadt 1974
Rose, H. J.: Griechische Mythologie. Ein Handbuch. München ⁵1978
Wilamowitz-Moellendorff, U. v. (Hrsg.): Der Glaube der Hellenen. Darmstadt ⁵1976

HAPU-RELIGION

Die H.-R. ist eine von der hawaiischen Prophetin *Hapu* im Jahr 1825 auf den Hawaii-Inseln ins Leben gerufene und nach ihr benannte religiöse Bewegung, die eine Neuentwicklung aus den polynesischen Stammesreligionen darstellt und zu den →neuen Religionen Ozeaniens gezählt wird.
Die bereits 750 von den Polynesiern besiedelte Hawaii-Inselgruppe im Nordpazifik wird 1778 von Cook entdeckt. Die vielen europäischen und amerikanischen Schiffe, die danach dort häufig Station machen, verursachen einen kulturellen und religiösen Verfall der einheimischen Bevölkerung. Nachdem 1795 die Inseln unter Kamehameha zu einem Königreich vereinigt sind, treffen im Jahr 1819 die

ersten evangelisch-christlichen Missionare ein.

Im Jahr 1825 tritt die Prophetin *Hapu* auf und verkündet den bevorstehenden Untergang der Welt, der für die Fremden und Gegner ihrer Bewegung eine Katastrophe, für die einheimischen Anhänger ihrer Bewegung aber Errettung und Heil in einem Paradies bedeutet. Daraufhin legen viele Anhänger ihre bisherige Arbeit auf den Plantagen der Kolonisatoren nieder, da sie jetzt für überflüssig gehalten wird.

Die Prophetin Hapu verbindet polynesische Rituale mit christlichen Vorstellungen. Als Hochgötter gelten *Jahwe* und *Jesus*.

Als die prophetische Stifterin stirbt, wird sie göttlich verehrt, und über ihrem Grab errichtet man einen Tempel, der jedoch später zerstört wird, als die von ihr angekündigte Endzeit ausbleibt.

HARE-KRISHNA-BEWEGUNG

Die *International Society for Krishna-Consciousness/ISKCON* (engl. »Internationale Gesellschaft für Krishna-Bewußtsein«), nach der Anrufungsformel ihrer Gottheit auch H.-K.-B. genannt, wird von dem Inder »Seiner Göttlichen Gnade« *A. C. Bhaktivedanta Swāmī Prabhupāda* (1896–1977) im Jahre 1966 in New York gegründet. Namen der Filialorganisationen sind: *Bhaktivedanta Book Trust/BBT* (engl. »Bhaktivedanta-Buch-Treuhand«) und *Governing Body Commission/GBC* (engl. »Regierende Körperschafts-Kommission«).

Diese Bewegung mit ihrem Hauptsitz in Vrindavana, Uttar Pradesh (Indien) hat weltweit mehr als 70 Radha-Krishna-Tempel (→S. 183) und zählt ca. 15 000 *Gottgeweihte,* wie sich die Anhänger selbst bezeichnen, davon allein 10 000 in den USA. Die ca. 200 Mitglieder in der BR Deutschland haben seit 1980 ihr Zentrum in Jandelsbrunn bei Passau. Diese neue Religion Indiens wird zu den aus dem →Hinduismus hervorgegangenen →Jugendreligionen gerechnet.

Der Stifter *Bhaktivedanta Swāmī Prabhupāda,* mit bürgerlichem Namen *Abhay Charan De,* wird am 1. September 1896 als Sohn einer Brahmanenfamilie in Kalkutta (Indien) geboren. Er studiert an der dortigen Universität Philosophie, Volkswirtschaft und englische Sprache und leitet als Konzerndirektor bis 1954 ein Industriewerk. Von dem Astronomen und Mathematiker *Guru Shri Shrimad Bhaktisiddhanta Saraswati Goswami* (1874–1937) erhält er die »Gottesweihe« und 1936, kurz vor dessen Tod, den Auftrag, die »Wissenschaft des Krishna-Bewußtseins« auch in der westlichen Welt zu verbreiten.

Um 1950 trennt er sich von seiner Familie und führt ab 1954 in Vrindavana, dem Zentrum der Krishna-Verehrung, das Leben eines »Waldeinsiedlers« (→Hinduismus). Seit 1959 zieht er als bettelnder und lehrender »Heiliger« *(sannyasin)* durchs Land. Im Jahre 1965, Prabhupāda ist 69 Jahre alt, verläßt er Indien, um mit Unterstützung von *Sumati Moraji,* dem Besitzer der größten Reederei Indiens, seine neue Botschaft in den USA zu verbreiten. In New York singt er seine ersten Hare-Krishna-Mantras. Er lebt zunächst in einem Yoga-Zentrum und beginnt zu unterrichten, wobei Hippies und Intellektuelle zu seinen Schülern zählen. Im Juli 1966 gründet er in New York die ISKCON. Von den USA breitet sich die Lehre über die ganze Welt aus. Einer der berühmtesten Anhänger ist der Ex-Beatle *George Harrison,* der noch 1967 die →Transzendentale Meditation erprobt hat und der H.-K.-B. ihr englisches Zentrum bei London (für 1000 Mitglieder) schenkt. Von ihm stammt der Song an Krishna: »My Sweet Lord«.

Am 14. November 1977 stirbt Prabhupāda in seinen privaten Gemächern im Krishna-Balarama-Tempel in Vrindavana. Seit dem Tod des Gründers, der über 60 Bücher verfaßt hat, wird die H.-K.-B. von einem 24köpfigen Leitungsgremium, der *Governing Body Commission,* kollektiv geführt. Dieses Gremium, das für die Weiterführung der Amtsgeschäfte und Missionsaktivitäten verantwortlich ist, wurde schon 1970 vom Stifter persönlich zusammengestellt. Jedes Mitglied dieser Kommission, die jährlich in Vrindavana zusammentritt, trägt den Titel »Seine Heiligkeit« und ist für eine geographische Zone der Welt zuständig.

Im Frühjahr 1974 wird Schloß Rettershof im Taunus das Zentrum der Bewegung für die Mitglieder in der BR Deutschland. Im April 1978 verurteilt das Landgericht Frankfurt die verantwortlichen Krishna-Funktionäre von Schloß Rettershof zu Gefängnis- und hohen Geldstrafen, nachdem im Dezember 1974 bei einer Polizeirazzia im Schloß Rettershof u. a. zahlreiche Waffen mit dazugehöriger Munition gefunden wurden. Im Sommer 1980 wird das Zentrum für die deutschen Mitglieder von Schloß Rettershof nach Jandelsbrunn bei Passau verlegt.

Krishna, der göttliche Offenbarer im großen Lehrgedicht der *Bhagavadgita* (→Hinduismus), nimmt als »höchster persönlicher Gott« eine zentrale Stellung ein. Seine Verehrung soll weltweit verbreitet werden, denn jeder, der auch nur einmal aufrichtig den Namen Krishna sagt, wird von mehr Sünden befreit, als er überhaupt imstande ist, jemals zu begehen. Im *Dienen für Krishna* sehen die Anhänger eine ihrer Hauptpflichten, weshalb sie ihrem neuen indischen Namen, den sie bei der Einweihung erhalten, ein *dāsa* (sanskr. »Diener«) hinzufügen, z. B. Yogeshvara dāsa. Die weibliche Form lautet *dāsi,* z. B. Vimala-devi dāsi.

Das reine, hingebungsvolle Dienen für

Krishna, das im Sinne der *bhakti* die selbstlose Liebe und das Vertrauen zur Gottheit meint, ist transzendental zu jeder materiellen Verunreinigung.

Die Ursache für die heutigen Probleme der Menschheit wie Angst, Krankheit, Gewalt und Krieg ist die Unwissenheit über »Gott Krishna«. Die Menschen ohne »Krishna-Bewußtsein« sind an 5 Ketten im *weltlichen Bewußtsein* gefangen: Anhaftung an den materiellen Körper, an Verwandte, an materiellen Besitz, an die materielle Wissenschaft und an religiöse Formen und Rituale ohne den persönlichen »Gott Krishna«. Dieser Zustand des weltlichen Bewußtseins kann nur durch das im Gegensatz dazu stehende *Krishna-Bewußtsein* geändert werden. Krishna-Bewußtsein ist das »Bewußtsein über Gott Krishna in seiner höchsten Gestalt«. Da nur dieses befreit, ist das Hauptziel der H.-K.-B. die Erreichung des Krishna-Bewußtseins. In diesem Überbewußtsein und Gottesbewußtsein zugleich liegen das Heil und die Rettung für die Welt, die nur »Unpersönlichkeit« und »Leere« kennt.

Da nur ein Leben der dienenden Liebe zu Krishna vom weltlichen Bewußtsein befreit, muß jedes Vollmitglied *4 regulierende Prinzipien* streng befolgen:

1. Kein Fleisch, keinen Fisch, keine Eier, sondern nur Getreide, Früchte, Salate und Milchprodukte und diese nur dann, nachdem sie »Gott Krishna« geopfert wurden (*prasadam*).
2. Keine Rauschmittel wie Zigaretten, Alkohol und Drogen, Tee und Kaffee.
3. Keine unerlaubten sexuellen Beziehungen, sondern nur Sexualität innerhalb der Ehe, und zwar nur einmal im Monat zum Zweck der Kinderzeugung.
4. Keine Glücksspiele wie Toto, Lotto, Roulette oder Kartenspiel und kein Leistungssport.

Die Einhaltung dieser Prinzipien soll »Menschen mit gutem Charakter« hervorbringen.

Die Hare-Krishna-Jünger leben in der Organisationsform von *Tempeln,* deren *Tempelpräsidenten* als Leiter eines Radha-Krishna-Tempels an der Spitze der hierarchischen Autoritätsstruktur stehen und deren Autorität in allen Fragen, die die Gemeinschaften betreffen, unbedingt gilt. Die *Radha-Krishna-Tempel* als lokale Stützpunkte sind nach dem Gott Krishna und seiner Geliebten Radha (→Hinduismus) benannt. Die verheirateten Anhänger werden *adhicari* genannt und tragen ein weißes Gewand, während die zölibatär lebenden Mitglieder *brahamcari* heißen und ein safrangelbes Gewand tragen. Die männlichen »Gottgeweihten« heißen *dhoti* und tragen das *dhoti* (»Lendenschurz«) genannte indische Kleidungsstück, dessen Farbe den jeweiligen Familienstand erkennen läßt. Die weiblichen »Gottgeweihten« tragen den *shari.* Ferner haben die männlichen Mitglieder bis auf den kurzen Zopf *shikha* (sanskr. »Haarsträhne«) den Kopf kahl geschoren.

Für die Kinder der Krishna-Anhänger gibt es eine eigene Schule, *gurukula* (»Haus des Lehrers«), in der sie im Geiste Krishnas erzogen und auf ein »Krishna-bewußtes Leben« vorbereitet werden. Die erste Schule dieser Art hat der Stifter selbst 1972 in Dallas/TX (USA) eingerichtet.

Wer Mitglied werden will, muß sechs Monate lang eine Probezeit absolvieren. Nach erfolgreichem Abschluß bekommt der »Novize« in einer Feuerzeremonie einen neuen, geistlichen Namen und erhält drei Perlenschnüre, die er bis an sein Lebensende um den Hals trägt. Nach sechs Monaten nehmen Mitglieder, die sich bewährt haben, an der Initiation zum *brahmin* teil, bei der der Initiand einen geheimen *mantra* erfährt, den er dreimal täglich »chanten« (singen, sprechen oder murmeln) muß. Männliche Mitglieder erhalten zusätzlich den *heiligen Faden,* den sie über Schulter und Brust tragen. Die höchste Stufe erreichen die *sannyasa* mit dem Gelübde lebenslanger Armut und Ehelosigkeit.

Die Abbildungen der Gottheiten Krishna und Radha, *deities* (engl. »Gottheiten«),

Tageslauf:

3.30 Uhr	Aufstehen und Duschen, Bezeichnung des Körpers an 12 Stellen mit dem Krishna-Zeichen
4.00	gemeinsames Chanten im Gottesdienst
4.30	persönliches Chanten
6.00	Studium der *bhagavadgītā*
7.30	Frühstück
8.00	Reinemachen und Arbeiten im Tempel
10.00–18.00	Sammlung auf den Straßen, mit Unterbrechung für das Mittagsmahl um 12.00 im Tempel
18.00	Abendbrot
18.30	Studium
19.00	Gottesdienst und Chanten
20.15	Einnehmen von heißer Milch
20.30	Arbeiten im Tempel und Studium
22.30–3.30	Nachtruhe

werden in ihren Tempeln aufgestellt und bei besonderen Festen auf Karren durch die Straßen gezogen. Sie erfahren zeremonielle Verehrung *(arati).* Da in diesen Abbildungen die Gottheiten gegenwärtig sind, müssen ihnen auch die aus Reis und verschiedenen Früchten zubereiteten Speisen, *prasadam* (sanskr. »Reinheit, Gunst, Gabe«), zuerst geopfert werden. Erst danach dürfen sie verzehrt werden.

In den Gottesdiensten steht im Mittelpunkt das *samkirtam* (sanskr. »gemeinsames Singen der Gottesnamen«), das *gemeinsame Chanten,* ein Singen, Sprechen oder Murmeln der »heiligen Gottesnamen Krishna und Rama«, da der unaufhörliche *samkirtam-Dienst* zum erstrebten Krishna-Bewußtsein führt. Die Gottgeweihten singen die transzendentalen Lautschwingungen dieses *mahāmantras* (sanskr. »großer Gesang« [zur Befreiung des Geistes]):

Hare Krishna, Hare Krishna,
Krishna, Krishna, Hare, Hare.
Hare Rama, Hare Rama,
Rama, Rama, Hare, Hare.

Die Namen Krishna und Rama umschreiben auf verschiedene Weise den »höchsten persönlichen Gott«, und da man mit dem Wort »Hare« als der Anrufungsform von *hara* (»Kraft Gottes«) zu diesem Gott gelangen kann, wird jeder, der den Namen »Gott Krishna« chantet, durch den spirituellen Klang direkt mit ihm verbunden. Das *Hare-Krishna-mantra* enthält 16 Worte und muß täglich mindestens 1728mal von jedem Mitglied wiederholt werden. Damit die geforderte Anzahl auch erfüllt wird, trägt man stets eine Gebetskette mit 108 Perlen bei sich, die in 16 Runden je einmal abgezählt wird (108 × 16 = 1728). Das Chanten einer Runde (= 108mal) heißt *japa* (sanskr. »Murmeln«).

Beim *Chanten* benutzen die Krishna-Jünger eine Schelle bzw. Zimbel *(kartal)*, einen Tamburin *(tanpura)* und eine Handtrommel *(mridanga)*. Das gemeinsame Chanten auf öffentlichen Straßen und Plätzen ist verbunden mit Betteln und Spendeneintreiben im Zusammenhang mit dem Verschenken von Schallplatten und Krishna-Literatur. Über die dabei erzielten Einnahmen muß eine wöchentliche Aufstellung, der *samkirtan-Report*, angefertigt werden.

Das Wissen über »Gott Krishna« besitzt nur der »geistige Meister«, der in der anerkannten, auf »Gott Krishna« zurückgehenden Nachfolgereihe steht und deshalb das Krishna-Bewußtsein seinen Schülern, den Hare-Krishna-Anhängern, vermitteln kann. So versteht sich die heutige H.-K.-B. als Endpunkt einer Traditionskette von »geistigen Meistern« *(guru parampara)*. Mit *guru parampara* (sanskr. »Guru aufeinanderfolgend«) wird die autorisierte Nachfolge der »geistigen Meister« bezeichnet, die auf »Gott Krishna« zurückgeführt wird, dessen letzte Inkarnation *Shri Krishna Caitanya Mahāprabhu* (1485–1534), der Gründer der nach ihm benannten *Caitanya-Bewegung* (→Hinduismus) und zugleich 22. geistige Meister in der Nachfolge Krishnas ist. Die auf Caitanya folgenden geistigen Meister sind:

23. Rupa Goswami
24. Sanatana Goswami
25. Swarupa Damodar Goswami
26. Raghmatha Goswami
27. Jiva Goswami
28. Krishna dasa Goswami
29. Narottama Das Thakur
30. Vishranatha
31. Baladeva
32. Jagnanatha Bobaji
33. Bhaktivenda Thakur
34. Gaura Kishora Das Babaji
35. Shri Bhaktisiddhanta Saraswati
36. A. C. Bhaktivedanta Goswami Prabhupāda

So steht es in dem von der Krishna-Bewegung herausgegebenen Magazin, betitelt *Back to Godhead/BTG* (engl. »Zurück zur Gottheit«).

Literaturauswahl

Christus, Krischto, Krsna. Gespräche mit A.C.Bhaktivedanta Swami Prabhupada und andere Texte. Frankfurt o. J.

Prabhupada, S.: Bhagavad-gita wie sie ist. 1974

HARRIS-BEWEGUNG

Die H.-B. ist eine von *William Wadé (Waddy) Harris* (ca. 1850–1929) im Jahr 1910 in Liberia (Westafrika) gegründete und nach ihrem prophetischen Stifter benannte Religion, die zu den aus dem methodistischen →Christentum entstandenen neuen messianischen Bewegungen Westafrikas gerechnet wird. 120 000 *Harristen,* so werden die Anhänger dieser Be-

wegung genannt, gibt es in Liberia, Ghana und an der Elfenbeinküste.
Der Stifter *William Wadé Harris* ist ca. 1850 als Angehöriger der Grebo, eines zu den Kru-Völkern in Liberia gehörenden Sudannegerstammes, geboren. Im methodistischen Christentum erzogen und 1885 in der protestantischen Episkopalkirche konfirmiert, predigt er als Lehrer und Katechet dieser Kirche gegen einen Strafvollzug durch Gottesurteil (Gifttrank).
Als er sich 1909 an einem Aufstand seines Grebo-Stammes gegen die liberianischen Behörden beteiligt, kommt er bis 1910 ins Gefängnis. Hier hat er die Erscheinung des Erzengels Gabriel und erlebt seine Berufung zum Propheten, der Westafrika bekehren soll. Wieder in Freiheit, zieht er als prophetischer Wanderprediger, Heiler und Exorzist umher und gründet 1910 die nach ihm benannte H.-B. 1913 wechselt er an die Elfenbeinküste (Französisch-Westafrika, jetzt Republik Elfenbeinküste) über und sucht 1914 vorübergehend die Goldküste (britische Kronkolonie, jetzt Ghana) auf. Seine Botschaft von einem messianischen Reich für die Schwarzen findet ein großes Echo, so daß er Anfang 1915 von französischen Kolonialbeamten von der Elfenbeinküste nach Liberia ausgewiesen wird. In den von ihm aufgesuchten Dörfern setzt er »Apostel« ein und veranlaßt die Errichtung von Gotteshäusern. 1929 stirbt Harris.
Seine ethischen Forderungen sind rigoros, lediglich in Ehefragen duldet er die Polygamie als legitime afrikanische Institution.
Der spirituellen Heilung wird in dieser Bewegung eine große Bedeutung beigemessen. *Taufe* und Beachtung des *Sabbats* sind Elemente des Rituals.

HELLENISTISCHE RELIGIONEN

»H.R.« ist eine Sammelbezeichnung für die Religionen während der durch Alexander d.Gr. (356–323 v.Chr.) eingeleiteten und bis zu Kaiser Augustus (63 v.Chr.–14 n.Chr.) reichenden Kulturperiode (304–30 v.Chr.), in der westlich-griechische mit orientalischen Kulturelementen zusammentreffen und die seit J.G.Droysen als *Hellenismus* bezeichnet wird. Diese Begegnung führt auf religiösem Gebiet zu einem Synkretismus. Die h.R. umfassen die griechischen und orientalischen →Mysterienreligionen, die weite Kreise im Römischen Reich erfassen, und den →Gnostizismus.
Ptolemäus I. (304–283), der durch eine Verbindung des alten Pharaonenglaubens mit griechischen Mysterienreligionen die Ägypter und die Griechen einen will, begründet den Kult des Serapis (= Sarapis), eines hellenistischen Heilandgottes. Der gräzisierte Name *Serapis* geht auf die ägyptische Götterverbindung Osiris-Apis (Apis: der heilige Stier von Memphis) zurück. Dieser Hauptgott der Ptolemäer und höchste Gott der halbgriechischen Bevölkerung Alexandrias, wird als Soter (griech. »Retter, Heiland«) verehrt, und der Heilgott wirkt Wunder der Heilung durch Inkubationen. Seine Tempel, *Serapeen* genannt, sind weit verbreitet, die bedeutendsten stehen in Alexandria und Memphis.
In der Götterlehre wird das Prinzip der *interpretatio graeca* bzw. *romana* (lat. »griechische« bzw. »römische Deutung«) angewendet, d.h. fremde und neu in die griechische und römische Welt einzuführende Gottheiten werden mit den Namen bereits bekannter griechischer und römischer Götter belegt.
Ein Charakteristikum für diese Zeit ist die sakrale Verehrung der Nachfolger Alexanders d.Gr., der *Diadochenkult*. In der Zeit der Spätantike tritt der *Kaiserkult* der vielgestaltigen Religionswelt des Hellenismus als umgreifende, einheitliche Größe gegenüber. Der sakrale Anspruch der Herrscher kommt vor allem in den von ihnen gewählten Titeln zum Ausdruck, u.a.: *Soter* (griech.: »Retter, Heiland«), *Kyrios* (griech. »Herr«) und *Epiphanes* (griech. »Erscheinung« [Gottes]).

Literaturauswahl

Cumont, F.: Die orientalische Religion im römischen Heidentum. Darmstadt 1969
Droysen, J.G.: Geschichte des Hellenismus. 3 Bde. Nachdruck Frankfurt 1980
Grant, F.C.: Hellenistic Religions. The Age of Syncretism. New York 1953
Picard, C.: Les religions préhelléniques. Paris 1948
Reitzenstein, R.: Die hellenistischen Mysterienreligionen nach ihren Grundgedanken und Wirkungen. Nachdruck Stuttgart 1982
Thiemann, E.: Hellenistische Vatergottheiten. Münster 1959
Von den frühen Hochkulturen bis zum Hellenismus. Religionsstifter und Propheten Frankfurt 1985 (Fischer Tb.: Exempla historica 17002)

HETHITISCHE RELIGION

Die h.R. ist die Religion des Volkes der Hethiter (Hetiter) zur Zeit des hethitischen Reiches (1640–1200 v.Chr.) im östlichen Kleinasien (heutige Türkei) und Obersyrien mit der Hauptstadt Hattusa. Die Religion der Hethiter gehört zu den →vorderasiatischen und den →indogermanischen Religionen.
Bereits um 2000 v.Chr. stoßen die indo-

1

2

1 Alexander d. Gr. *in der Schlacht von Issos (333 v. Chr.), Pompeji, Mosaik, um 320 v. Chr. Neapel, National-Mus.*

2 Hagesandros u. a., Laokoon-Gruppe, *um 50 v. Chr. Vatikan*

3 Hethitisches Felsenheiligtum, *14./13. Jh. v. Chr. Yazilikaya bei Boğazkoy*

4 Begegnung hethitischer Götter: Teshup, Chepat *und* Saruma, *14./13. Jh. v. Chr. Yazilikaya bei Boğazkoy*

germanischen Hethiter in das von Protohattiern besiedelte Zentralkleinasien vor. König Labarna I., dessen Name zum Titel der späteren Hethiterkönige wird, begründet das *Alte Hethiterreich* (1640–1380), und unter seinem Nachfolger Hattusilis I. wird das politische Zentrum von Kussar nach Hattusa verlegt. König Suppiluliuma gründet das *Neue Hethiterreich* (1380–1200), das um 1200 unter dem Ansturm der sog. Seevölker zusammenbricht.

Die Religion der Hethiter spiegelt die Symbiose verschiedener Völker im Hethiterreich wider. Die Gottheiten unterworfener Völker, insbesondere die der Churriter (Hurriter) und der Protohethiter, werden übernommen, so daß in hethitischen Verträgen 1000 Gottheiten namentlich genannt werden. Es sind Sonnengottheiten der Tages- und der unterirdischen Nachtsonne, Wettergottheiten und solche einzelner Städte, wobei Göttinnen prinzipiell Vorrang vor den männlichen Gottheiten haben.

Höchste Gottheit des Reiches und Schutzherrin des Königtums ist *Wurusemu*, die Sonnengöttin der Stadt Arinna. Sie wird als »Königin des Landes Chatti, Königin des Himmels und der Erde, Herrin der Könige und Königinnen des chattischen Landes« hymnisch gepriesen.

Unter den »Wettergöttern des Himmels« ragt der (churritische) stiergestaltige *Teshub* hervor, der gegen den Drachen *Illujanka* kämpft und dessen Gattin *Chepat* ist. Zu nennen sind noch der Wettergott *Telepinus* und der (churritische) Göttervater *Kumarbi*.

Die Götter werden gern in Triaden zusammengefaßt, so z. B. die (churritische) Dreiheit des Vaters Teshub, der Mutter Hepat und des Sohnes Saruma.

Hethitische Vasallenverträge des 15./14. Jh. v. Chr. zwischen dem hethitischen König und den von ihm unterworfenen Völkern enthalten immer 3 wesentliche Bestandteile: 1. einen historischen *Prolog* über die Taten des stärkeren Vertragspartners, 2. eine Liste von *Verpflichtungen* für den schwächeren Vertragspartner und 3. eine Liste von *Strafen und Belohnungen* für den schwächeren Partner bei Nichtbefolgung bzw. Befolgung der Vertragspflichten. Dieses Schema hat in der→israelitischen Religion den Bundesschlüssen zwischen dem Gott Jahwe und seinem Volk Israel als Vorlage gedient (z. B. Dekalog).

Den kultischen Dienst für die Staatsgottheiten vollzieht der König (Labarna) als oberster Priester, und er wohnt den Hauptjahresfesten der Gottheiten in deren jeweiliger Stadt bei. Der jedes Mal von dem Vorgänger eingesetzte König erfährt nach seinem Tod die Vergottung. Der Kult wird in offenen Heiligtümern, aber auch in Tempeln vollzogen.

In der Oberstadt von Hattusa gibt es u. a. vier Tempelanlagen, und im Mittelabschnitt der Unterstadt liegt der große Tempel (14. Jh. v. Chr.), dessen um einen Hof gruppierter Kern selbst wieder im Mittelpunkt eines von Magazinräumen umgebenen Hofes steht.

In der Plastik der Hethiter werden Götter und Menschen in schlanker Gestalt und schwungvoller Linienführung dargestellt.

Bei Ausgrabungen in der alten Hauptstadt Hattusa (heute Boğazkale, Türkei; bis 1937 Boğazköy) werden seit 1905/12 nicht nur riesige Tempel, sondern auch das hethitische Staatsarchiv mit über 20 000 Tontafeln in Keilschrift freigelegt. Das Churritische als Kultsprache hat vor

3 

 4

allen anderen Kultsprachen der zum Reich gehörenden Völker vorrangige Bedeutung.

Literaturauswahl

Brandenstein, C.G.: Hethitsche Götter nach Bildbeschreibungen in Keilschrifttexten. Leipzig 1949

Dussaud, R.: Les religions des Hittites ... Paris ^{2}1949

Furlani, G.: La religione degli Hittiti. Bologna 1936

Haas, V.: Magie und Mythen im Reich der Hethiter. Vegetationskulte und Pflanzenmagie. Vastorf 1977

Haas, V.: Hethitische Berggötter und hurritische Steindämonen. Riten, Kulte und Mythen. Mainz 1982

Otten, H.: Hethitische Totenrituale. Berlin 1960

HINDUISMUS

Mit H. bezeichnet man im Abendland die dritte und letzte geschichtliche Entwicklungsphase in der indischen Religionsgeschichte nach →Vedismus (1500–900 v.Chr.) und →Brahmanismus (900–400 v.Chr.), die deren Traditionen fortführt und deren Beginn um 400 v.Chr. anzusetzen ist. Im Gegensatz zu dieser im Abendland üblichen Dreiteilung der indischen Religionsgeschichte wird in Indien selbst die heutige Hauptreligion noch als Brahmanismus (im weiteren Sinn) verstanden. Die Anhänger der hinduistischen Religion werden erstmals von den nach Indien eindringenden Moslems als »Hindus« bezeichnet. Das mittelalterlich persische Wort »Hindu« – abgeleitet vom arabischen »hendava« (sanskr.: *saindhava;* ind.: *sindhu*) – ist eine Bezeichnung für die Landschaft und deren Bewohner am Indus, dem größten Fluß im Nordwesten des indischen Subkontinents.

Heutige Verbreitung

Der H. umfaßt die vielfältigen Glaubens- und Lebensformen der heutigen Inder, die durch das Band einer heiligen Sozial- und Kastenordnung zusammengehalten werden. Die Hindus bilden die drittgrößte →Weltreligion nach →Christentum und →Islam. Ihre *Zahl* beträgt heute 719 269 000, d.h. 13,4 % der Weltbevölkerung. Von den Hindus leben 99,4 % in Asien.

Etwa 88 % aller Hindus leben in der Republik Indien, wo sie mit 82,6 % die Mehrheit der Bevölkerung darstellen und die indische Gesellschaftsstruktur prägen.

HINDUS		
Erdteile	Anhänger	% aller Hindus
1. Asien	714 652 000	99,4
2. Afrika	1 431 000	0,2
3. Nordamerika	1 259 000	0,2
4. Lateinamerika	867 000	0,1
5. Europa	703 000	0,1
6. Ozeanien	355 000	–
7. GUS	2 000	–
	719 269 000	100

HINDUS			
88 Länder	Anhänger	Mehrheit des Landes/ Staatsreligion	% aller Hindus
1. Indien	634 700 000	Mehrh.	88,2
2. Nepal	16 920 000	Mehrh./Staats-R.	2,4
3. Bangladesch	13 710 000	–	1,9
4. Indonesien	3 510 000	–	0,5
5. Sri Lanka	2 650 000	–	
6. Pakistan	1 360 000	–	
7. Malaysia	1 250 000	–	
8. Südafrika	650 000	–	
9. Mauritius	560 000	–	
10. USA	550 000	–	
11. Großbritannien	390 000	–	1,3
12. Bhutan	350 000	–	
13. Birma	330 000	–	
14. Trinidad	300 000	–	
15. Fidschiinseln	282 000	–	
16. Guyana	260 000	–	
17. Sikkim	180 000	Mehrh.	
18.–88. Land	41 317 000	–	5,7
	719 269 000	Mehrh. (3 ×) Staats-R. (1 ×)	100

dern ist der H. heute in 88 Ländern verbreitet, darunter als Religion der Mehrheit noch in Nepal, wo er Staatsreligion ist, und in Sikkim. Starke Hindugruppen gibt es in Asien (Bangladesch, Sri Lanka, Bhutan), in Afrika (Mauritius), in Lateinamerika (Guyana, Trinidad) und in Ozeanien (Fidschiinseln). Auf Bali, östlich von Java, gibt es heute eine bedeutende hindu-balinesische Kultur.

In den USA leben 550 000 und in Großbritannien 380 000 Hindus. In Deutschland ist der H. vor allem in seinen Reform-Bewegungen (Yoga-Schulen, →Ananda Marga, →Transzendentale Meditation, →Divine Light Mission, →Hare-Krishna-Bewegung), die z.T. auch als Jugendreligionen bezeichnet werden, bekannt.

GESCHICHTE DES HINDUISMUS

Da der H. keine gestiftete Religion ist, läßt sich seine Entstehung zeitlich nur annähernd festlegen. Sie liegt in der zweiten Hälfte des 1. Jtd. v. Chr., wo sich seine Besonderheiten z.T. in Auseinandersetzung mit dem →Buddhismus und →Jainismus sowie in Absetzung vom →Brahmanismus herausbilden. Religion und Kultur des H. haben sich auf dem indischen Subkontinent entwickelt und haben nur ausnahmsweise die Grenzen Indiens überschritten.

Religionsphilosophische Systeme

Es gibt sechs vedagläubige Systeme, die in einer langen Entwicklung stehen und von denen jedes eine umfangreiche Literatur hervorgebracht hat.

Das System des **Sāmkhya** (sanskr. »Zahl, Aufzählung«) ist so benannt, weil es zum methodischen Prinzip dieser Richtung gehört, einen Begriff durch »Aufzählung« der ihn bestimmenden zahlreichen Aspekte zu erklären. Diese Schule wird auch *satkāryavāda* (*sat* = »wirklich«; *kārya* = »Ding«; *vāda* = »Aussage«), d.h. Wirklichkeitstheorie genannt. Als Begründer dieses zu den ältesten religionsphilosophischen Schulen des Hinduismus zählenden Systems gilt der Mystiker *Kapila*, den man in späterer Zeit als Inkarnation Agnis, Krishnas (→S. 198) oder Vishnus (→S. 197) ansieht. Seine klassische Ausgestaltung erfährt das Sāmkhya in der »Sāmkhya-Kārikā« mit ihren 72 Lehrstrophen *(Kārikā)* der Zahlenlehre des *Ishvara Krishna* (4./5. Jh. n. Chr.). Neben Kapila und Ishvara Krishna gelten Vācaspatimishva aus dem 9. Jh. und der anonyme Verfasser des »Sāmkhya-Sūtra« (15. Jh.) als Hauptvertreter dieser Schule.

Im Gegensatz zur Einheitslehre der *Upanishaden* (→Brahmanismus) geht das Sāmkhya von dualistischen Weltprinzipien aus, d.h. die Zahl, hier zwei, ist nicht nur in der Lehrmethode, sondern auch für den Lehrinhalt von ganz entscheidender Bedeutung.

Am Anfang jeder Entwicklung stehen die beiden voneinander unabhängigen Prinzipien, die *prakriti,* als die aktive, aber unbewußte, materielle, eine Urnatur, und die *purushas,* als die Vielheit der passiven, aber bewußten geistigen Einzelseelen. Dieser Gegensatz von Aktivität und Passivität, von Veränderung und Ruhe, von Werden und Sein, stellt die Grundlage des ganzen Systems dar. Die Urmaterie oder Kraftsubstanz *(prakriti)* besteht aus drei Teilsubstanzen, den *gunas* (sanskr. »Fäden« bzw. »Faktoren, Eigenschaften«), nämlich *tamas* (»Dunkles, Schweres, Träges, Kraftloses«), *radshas* (»Leidenschaftliches, Aktives, Energisches«) und *sattva* (»Lichtes, Leichtes, Freudiges«), je nachdem sie Gleichgültigkeit, Schmerz oder Frieden hervorrufen. Solange das Weltall ruht, befinden sich diese drei Eigenschaften im Gleichgewicht, wenn aber ein Teil überwiegt, wird ein neuer Weltprozeß eingeleitet, in dem sich Urstoffe auseinander herausbilden, an deren Ende die fünf Elemente (Äther, Luft, Feuer, Wasser, Erde) stehen und zugleich das Ei des *brahman* (→S. 205) bilden. Durch das Spiel der drei Faktoren »verführt« die Materie die Seelen, und aus der Verbindung beider entstehen in einer Kette von Evolutionen alle psycho-physischen Bestandteile der empirischen Welt sowie das *samsāra* (→S. 205). Die geistigen Einzelseelen *(purushas)* sind zwar immateriell, aber in die Materie eingehüllt, und sie nehmen Namen, Körper und Eigenschaften an, so daß sie fälschlicherweise glauben, an die Materie gebunden zu sein. Dieser Irrglauben führt zu der Einbildung, daß die Seelen denken, fühlen und handeln, wie der Vergleich vom Mondschein veranschaulicht: »Wie der Mond keine Verbindung mit dem Wasser hat, in dem er sich spiegelt, so hat auch die geistige Seele nichts mit der Materie und deren Erscheinungen zu tun, sondern bleibt davon unberührt und ewig unverändert.« Erst wenn die Seele erkennt, daß alle genannten Eigenschaften und Vorgänge nur Erscheinungen der Urmaterie *(prakriti)* sind, die dem absoluten Geist *(nirguna)* wesensfremd sind, kann sie sich aus den Verstrickungen der Materie und dem Kreislauf der Wiedergeburten befreien. Erst wenn der *purusha* einsieht, daß nicht er handelt und fühlt, sondern die *prakriti* alle Vorgänge, ob kosmisch, individuell, physisch oder psychisch, bewirkt, kann der *purusha* sich von der *prakriti* endgültig trennen und zu seiner ewigen Passivität zurückkehren, was Erlösung vom Leiden bedeutet. Das allein am Stofflichen haftende Leiden wird mit dem Dickicht verglichen, aus dem der Blinde, aber Handelnde *(prakriti)* den Lahmen, aber Sehenden *(purusha)* auf seinen Schultern herausträgt.

An die Vorstellungen von den Eigenschaften der Urmaterie knüpft die Ethik an. Das kosmische Rad, das sich durch *brahmans* Kraft im ewigen Kreislauf von Frühling, Sommer, Herbst und Winter, von Regen und Sonnenschein, von Tag und Nacht dreht, bestimmt auch das Schicksal der Menschen mit seinem Kreislauf von Geburt und Tod, von Glück und Leid, von Reichtum und Armut. »Wie sich ein Insekt auf dem sich drehenden Rad eines Ochsenkarrens mitdrehen läßt, so läßt sich der Mensch von den Triebkräften der *gunas* mittreiben.« Der Mensch des *tamas* ist kraftlos und wankelmütig, und er läßt sich wie im Schlafzustand von den Ereignissen des Lebens hin und her treiben. Glück berauscht ihn, und Leiden schlägt ihn apathisch zu Boden. Er sieht nur die Vielfalt und strebt nicht nach der Einheit. Der aus *radshas* lebende Mensch ist aktiv und kraftvoll, ehrgeizig und leidenschaftlich. Seinen Fleiß und seine Stärke stellt er in den Dienst seines Ich. *Radsha,* die ichbezogene Aktivität, und sein Gegenteil *tamas,* der Zustand der Kraftlosigkeit, sind *māyā,* d.h. äußere Scheinwelt. Der Mensch, der diese Scheinwelt durchschaut, befindet sich auf dem Weg des *sattva,* auf dem Weg zur Güte und Wahrheit. Wer die lichte Wahrheit erkennt, ist in der Lage, Begierde und Haß, Neid und Trägheit, aber auch Egoismus und Besitzstreben – das Bewußtsein von »Ich« und »Mein«, aus dem alles Böse hervorgeht – hinter sich zu lassen.

Das *Sāmkhya* ist die theoretische Grundlage für den praktischen Heilsweg des Yoga (→S. 212).

Die **Mīmāmsā** (»Erörterung, Exegese«) bedeutet ursprünglich die methodische Auslegung der vedischen Opfertexte und Ritualhandlungen. Auf der Basis bzw. Erörterung des vedischen Opferkultes und den *Sūtras* (»Lehrsprüchen«) des Sehers Jaimini (ca. 200 n.Chr.) wird im 7.Jh. n.Chr. dieses philosophische System durch *Kumarila* (690–750 n.Chr.) ausgebildet. Gegenüber dem →Buddhismus verteidigt Kumarila die Autorität der Veden (→Vedismus) und belebt somit den →Brahmanismus. Der Sage nach soll er die gewaltsame Verdrängung des Buddhismus aus Indien veranlaßt haben. Die *Mīmāmsā* spaltet sich später in zwei Systeme: die *Pūrvamīmāmsā* (»Erörterung des ersten Teils«, d.h. des *Veda*), später nur noch *Mīmāmsā* genannt, und *Uttaramīmāmsā* (»Erörterung des zweiten Teils«, d.h. der Upanishaden). Letztere wird wegen ihrer *brahman*-Lehre auch *Brahamamīmāmsā* oder auch *Shārirakamīmāmsā* (»Erörterung des verkörperten Selbst«) genannt. Hauptvertreter des *Mīmāmsā* sind neben Kumarila der *Sabarasvāmin* (5.Jh. n.Chr.) und *Prabhākara* (7./8.Jh. n.Chr.). Die *Mīmāmsā* nimmt zahllose und ewige Einzelseelen an, die in den Körpern umherirren, bis sie sich aus der Kette der Wiedergeburten befreien und die absolute Geistigkeit *(brahman)* erlangen. Vom Gesetz des *karman* sind auch die Götter nicht ausgenommen.

Unter dem **Vedanta** (»Ende bzw. Vollendung des *Veda*«) verstand man ursprünglich die *Upanishaden,* weil sie den letzten Teil des *Veda* und damit der göttlichen Offenbarung darstellen. Der *Vedanta* ist im weiteren Sinn die Bezeichnung für Lehrsysteme, die sich auf den *Veda* stützen. Im engeren Sinn benennt man damit die bis heute bedeutendste philosophische Schule Indiens, die zudem im H.als orthodox anerkannt ist.

Hauptvertreter des zwischen dem 6. und 8.Jh. n.Chr. entstandenen *Vedanta* ist *Shankara* (788–820 n.Chr.), der einer brahmanischen Familie in Malaban/Südindien entstammt. Der berühmte Philosoph des H.gilt zugleich als dessen Reformer. Nach Shankara ist die höchste Wahrheit die *advaita* (sanskr. »das ohne ein Zweites ist«), die »Nichtzweiheit«. Er lehrt einen strengen Monismus, wonach die Zweiheit oder Vielheit nur die Verhüllung der Wahrheit bzw. Blendwerk *(māyā)* ist. Das absolute und geistige Grundprinzip der Welt *(brahman)* oder das göttliche Selbst *(atman)* ist reine Einheit, und daher sind es nur Wechselbegriffe. Der Universal-*atman* und der Einzel-*atman* verhalten sich zueinander wie der allgemeine Raum zu dem Raum in einzelnen Töpfen. Sie unterscheiden sich nur in der Begrenzung. Wenn die Einheit *(advaita)* das einzig »Reale« ist, dann kann die empirische Welt in ihrer Mannigfaltigkeit nur »Illusion« *(māyā)* sein, ein Produkt des »Nichtwissens« *(avidyā).* Die absolute Wahrheit von der Identität des einzig realen *brahman* (Weltselbst) mit dem *atman* (Individualselbst) erschließt sich nur dem »höheren Wissen« *(parāvidyā).* Diesem höheren Wissen vom Absoluten steht das »niedere Wissen« *(aparāvidyā)* vom Relativen gegenüber. Letzteres erkennt der Welt eine relative Realität zu, es richtet sich auf

Brahma, das, als persönlicher Gott, mit der Seele als seinem Reflex identisch ist. Das niedere Wissen, das die Vorstufe zum höheren Wissen bildet, führt nur zu einer Erlösung, die auf die Dauer der laufenden Weltperiode beschränkt ist. Wahre Erlösung wird jedoch nur dem zuteil, der das höhere Wissen besitzt, das Wissen um die absolute Identität von Einzelseele und Weltseele: *aham brahma asmi* (»ich bin *brahman*«) bzw. von eigenem Selbst und höchstem Selbst *tat tvam asi* (»das bist du«).

Shankara kommentierte viele *Uphanishaden*. Sein Hauptwerk sind die Kommentare zu den Brahma-Sūtras (555 Aphorismen) des Weisen *Bādarāyana.*

Als Vertreter des *Vedanta* gilt auch *Gaudapāda* (um 700 n. Chr.), der Lehrer Shankaras und Verfasser der *Kārikā* zur *Māndūkya-Upanishad.* Auch für ihn ist der *atman* gleich dem *brahman* und alleinige Realität. Es gibt keine Vielheit und kein Werden, so daß die Einzelseelen und die empirische Welt nur Illusionen darstellen, Werke des *māyā,* eine kosmische Täuschung. »Wie ein Strick im Dunkeln als Schlange angesehen wird, so der *atman* im Dunkeln des Nichtwissens als Welt.«

In Gegensatz zu Shankaras streng monistisch-atheistischer Richtung der reinen »Nichtzweiheit« *(kevala advaita)* setzt *Rāmānuja* (um 1050–1137) seinen »qualifizierten Monismus« *(vishishta advaita),* wonach die empirische Welt und die Einzelseelen zwar real, aber Attribute des als persönlicher Gott aufgefaßten Absoluten sind. Die Seelen und Gott sind nicht identisch, aber ähnlich. Sie verhalten sich zueinander wie Körper und Seele. Bei der Erlösung verliert die Einzelseele in der All-Einheit nicht ihre Individualität, sondern bleibt bei ihrem ewigen Umgang mit Gott sie selbst.

Nimbarka (12. Jh.) vertritt den Standpunkt der gleichzeitigen Verschiedenheit *(bheda)* und Nichtverschiedenheit *(abheda)* von Gott und Seelen. »Wie die Wogen im Ozean sind die Seelen weder von Gott verschieden noch mit ihm identisch.«

Nach *Madhva* (1197–1276) sind Gott und Einzelseelen grundverschieden. Alle sind abhängig vom unabhängigen Gott, der die alleinige Wirkursache ist.

Vallabha (1479–1531) vertritt eine reine Nichtzweiheit, wonach die Welt die stückweise Sichtbarkeit der einen absoluten Realität ist.

Als bekannte Vertreter des *Vedanta* in neuerer Zeit sind zu nennen: *Rāmākrishna* (1834–86), *Srī Aurobindo Ghosh* (1872–1950) und *Ramana Maharshi.* (Neohinduismus →S. 218.)

Eine andere orthodoxe philosophische Schule ist das von *Patānjali* (ca. 5. Jh. n. Chr.) im *Yoga-Sūtra* entwickelte klassische **Yoga-System,** wobei Yoga (»Anjochung, Anschirrung«) die Anspannung und Beherrschung aller Geisteskräfte meint, um diese in eine bestimmte Richtung zu lenken. Ziel ist die Erlangung eines ruhigen Gemüts, eine höhere Erkenntnis und letztlich die Befreiung von den Bindungen an die Materie. Patānjali hat für sein System die Yoga-Traditionen gesammelt, systematisiert und dabei die *Sāmkhya*-Philosophie (→S. 188) im allgemeinen übernommen. Der von Patānjali aufgezeigte klassische Yoga-Pfad umfaßt 8 Stufen in 2 Abschnitten.

I. Das *Hatha-Yoga* stellt als Yoga der Anstrengung bzw. grobes Yoga die Übungen des Körpers in den Vordergrund.
   1. *yama* (»Zügelung«) bildet die erste Stufe und erfordert die Beobachtung der fünf Gebote: nicht töten, nicht lügen, nicht stehlen, keine Unkeuschheit, keine Geschenke für den Sinnengenuß annehmen.
   2. *niyama* (»Observanz«) verlangt die Beobachtung der Reinigungsvorschriften, die Askese, das Rezitieren von Sprüchen, insbesondere der Silbe »om«, das Studium der heiligen Texte sowie die vertrauende und bedingungslose Hingabe an den jeweiligen Lehrer *(guru).*
   3. *āsana* (»Sitzart«) meint die rechte Sitz- und Körperhaltung als Voraussetzung für die Meditation. Als Selbstzweck geübt, ist diese Yoga-Stufe entspannend und gesundheitsfördernd.
   4. *prānāyāma* (»Atmungskontrolle«) als Atembeherrschung intendiert Bewußtseinslenkung und rhythmische Lenkung des *prana.*
   5. *pratyāhāra* bewirkt durch Zurücknahme der Sinne von den Sinnesobjekten und Abschalten der äußeren Wahrnehmungen das Unempfindlichwerden der Sinne gegen die Reize von außen.

II. Für das *Rāja-Yoga* (»königlicher Yoga«) bilden die vorausgegangenen 5 Stufen nur die Vorstufe des zweiten Abschnitts, in dem der Nachdruck auf intuitive Einsicht gelegt wird.
   6. *dhāranā* (»Konzentration«) fixiert das Denkorgan auf einen bestimmten Punkt und schaltet unkontrollierte, innere Vorgänge (Gedanken und Vorstellungen) ab.
   7. *dhyāna* (»Meditation«) erhebt das Denken auf das Ideelle.
   8. *samādhi* (»Versenkung«) läßt das Denken mit dem Denkgegenstand eins werden. Die mystische Ekstase auf dieser letzten Stufe ist gleich der Loslösung des Geistes *(purusha)* von der Materie *(prakriti),* die Erlösung im Leben. Auf dieser Stufe öffnet sich der tausendblättrige Lotos des Ver-

1 *Kāngrā-Schule,* Krishna, *die 8. Inkarnation Vishnus,* als Kind *und*

2 Krishna und die Hirtinnen, *denen er die Kleider raubt, 18. Jh. Delhi, National-Mus.*

3 Krishna im Kampf *mit dem Schlangendämon Kaliya, Bronze, 16. Jh. London, Victoria & Albert Mus.*

4 Kuru-Schlacht *nach dem Nationalepos Mahābhārata. London, Brit. Mus.*

5 Krishna *mit seiner Geliebten* Rādhā, *18. Jh. London, Victoria & Albert Mus.*

3

4

2

5

1

zückens. Ein gleichsam paradoxer Zustand des »im Leben Erlösten« *(jivanmukta):* der *purusha,* der Geist, bleibt autonom und frei, der Yoga-Jünger lebt nicht mehr unter dem Zugriff der Zeit, sondern in ewiger Gegenwart.

Hauptquelle der Yoga-Philosophie und des klassischen Yoga-Weges sind die 194 *Yoga-Sūtras* (Yoga-Leitfäden) des Patānjali.

Das **Vaisheshika** ist von *Kanānda,* der um die Zeitenwende lebte, begründet worden. Es befaßt sich hauptsächlich mit den Unterschieden *(vishesha)* der Erscheinungswelt. Die Substanzen der Welt bilden die Atome, die seit Ewigkeit bestehen. Gott als Weltenlenker hält den richtigen Lauf und die Zusammensetzung der Atome und des *karman* in Gang. Hauptvertreter dieser Schule sind außer Kanānda noch *Aksapāda, Prashastapāda* (5. Jh. n. Chr.), *Udayana* (10. Jh.) und *Annambhatta* (16. Jh.).

Die sechste der orthodoxen philosophischen Schulen heißt **Nyāya** (»Regeln«). Ihr Gründer ist der Brahmane *Gotama,* der um die Zeitenwende lebte. Seine Lehre, die fast identisch ist mit der *Vaisheshika,* befaßt sich vor allem mit den Regeln *(nyāya)* des Denkens (Dialektik und Logik), die er in einem Kanon niederlegt. Sein Schlußverfahren ist fünfgliedrig – im Gegensatz zum dreigliedrigen des Aristoteles. Hauptvertreter dieser Schule sind *Paksilasyāmin Vātsyāyana* (4. Jh. n. Chr.), *Uddyotakara* (7. Jh.), *Udayana* (10. Jh.), *Gangesha* (12. Jh.) und *Annambhatta* (16. Jh.).

THEOLOGISCHE SCHULEN UND RICHTUNGEN

Während der schwierige Erkenntnisweg *(jnanamarga)* der religionsphilosophischen Systeme nur einem kleinen Kreis der Bevölkerung offensteht, suchen die theologischen Schulen und Richtungen allen Bevölkerungsschichten entgegenzukom-

Hauptschulen	Anhänger	% aller Hindus
Vishnuismus	503 488 000	70
Shivaismus	179 817 000	25
Shaktismus	21 578 000	3,0
Neohinduismus	10 789 000	1,5
Reformhinduismus	3 597 000	0,5
	719 269 000	100

men. In den theistischen Richtungen haben sich drei Hauptzweige herausgebildet, die nach ihren drei meistverehrten Gottheiten Vishnuismus (Wischnuismus), Shivaismus (Schiwaismus) und Shaktismus (Schaktismus) bezeichnet werden.

Die Vishnuiten leben in Nord-, West- und Ostindien (Assam), während die Shivaiten in Südindien (Kerala, Tamilnadu) und Westbengalen anzutreffen sind.

Innerhalb der drei Hauptrichtungen gibt es zahlreiche Schulen, die sich vor allem in der Auffassung über die Verhältnisse zwischen Gott, Seele und Welt und über die verschiedenen Heilswege unterscheiden. Ferner haben sie neben den allgemein anerkannten Schriften der Offenbarung und Überlieferung jeweils ein eigenes Schrifttum.

Die verschiedenen Richtungen im H. bestehen nebeneinander mit großer gegenseitiger Toleranz, da alle Anschauungen *(dashanas)* über die Möglichkeit, das Heil zu erlangen, als gleichwertig gelten. Die Entscheidung für eine bestimmte Richtung bedeutet nicht gleichzeitig eine Entscheidung gegen die anderen Richtungen.

Vishnuismus

Die Anhänger dieser Richtung werden *Vishnuiten* oder *Vaishnavas* genannt, weil sie Vishnu (Wischnu, →S. 197) bzw. eine seiner Inkarnationen als höchsten Gott, Schöpfer und ewigen Weltenherrn verehren. Ihr Bekenntniszeichen ist das auf die Stirn gemalte *tirunāma,* das auch an Tempelmauern und Geschäften zu sehen ist. Das Stirnmal der Vishnuiten ist durch zwei senkrecht verlaufende weiße Linien, die von der Nasenwurzel in Form eines U (= *urdhvapundra*) zur Stirn aufsteigen und durch einen roten oder schwarzen Strich in der Mitte – symbolische Wiedergabe von Vishnus Fußspuren und Dreischritt – gekennzeichnet. Ein anderes vishnuitisches Stirnmal ist ein Dreieck mit der Spitze nach unten, Symbol für das Wasser und das weibliche Prinzip.

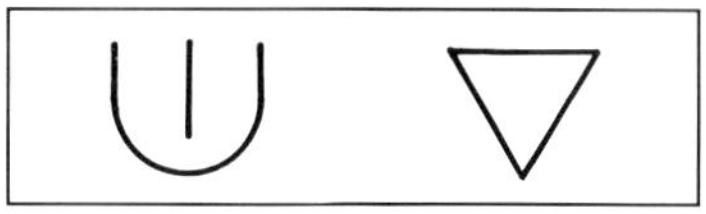

Die theoretischen Grundlagen der vishnuitischen Schulen und Richtungen liegen im religionsphilosophischen System des Vedanta (→S. 189). Ein Charakteristikum des Vishnuismus ist der Heilsweg des *bhakti* (»Gottesliebe«; →S. 206). Vorgeschrieben sind für die Vishnuiten die 5 Sakramente *(samskāra):* Kennzeichnung *(ankana)* mit Vishnus fünf Emblemen – vor allem dem Diskus –, alltägliches Auftragen des U-förmigen Stirnmals *(urdhvapundra),* Verleihung eines Vaishnava-Namens, Einflüstern der beiden für Vishnu und Shri (→S. 200) bestimmten *mantras* (→S. 212) ins rechte Ohr und die Opferung *(pūja,* →S. 212). Literarische Quellen des Vishnu-Glaubens sind vor allem die *Bhagavadgīta* (→S. 217), die vishnuitischen *Agamas* (→S. 217), der *Vishnu-Purāna,* die *Bhakti-Sūtras* und das *Bhagavata-Purāna (Bhagavatam).* Letzteres gilt als die vishnuitische »Bibel« der Krishna-Verehrung, die auch von Angehörigen der niederen Kasten und von Frauen gelesen werden darf.

Die *Bhāgavatas* sind die älteste vishnuitische Schule. Sie entwickelten die Lehre der *Bhagavadgītā* und waren vor allem im Marātha-Land verbreitet. Zu ihnen gehörten die großen Dichter Jnāneshvar (13. Jh.), Nāmdev (1270–1350) und Tukarām (1607–49). Ihr Gott ist der mit Vishnu und Krishna eng verbundene, schon im 2. Jh. v. Chr. bezeugte, Vāsudeva-Krishna.

Die *Pantscharatra* (Pancarātra; sanskr. »zu fünf Nächten gehörig«) bilden eine andere Richtung innerhalb des Vishnuismus. Gemäß ihrer Lehre gehen aus der höchsten Gottheit Vāsudeva (Vishnu) vier oder drei Emanationen hervor, die entweder als unpersönliche Entfaltung der schöpferischen bzw. ethischen göttlichen Kraft oder als persönliche Götter mit weiblichen Gottheiten verstanden werden. Auch die Welt ist als Emanation (*vyūhat* = »Entfaltung, Zerlegung«) Vishnus entstanden, und der transzendente Hochgott wirkt in der Welt durch seine *shakti*. Die Gemeinschaft mit Vishnu bedeutet Erlösung für den Menschen. Charakteristisches Schrifttum für die Pantscharatra ist die *Pancarātra-Samhitā*. Seit dem 7. Jh. werden Pantscharatra und Bhāgavatas als Einheit gesehen und ihre Namen synonym gebraucht.

Zwölf heilige Sänger und Dichter, die zwischen dem 6. und 9. Jh. in Südindien lebten und die Gottesliebe *(bhakti)* in tamilischer Sprache besangen, heißen *Ālvārs* oder *Ārvārs* (»einer, der in tiefer Meditation über die Eigenschaften des höchsten Wesens versunken ist«). Der bedeutendste von ihnen ist Nammalvat. Noch heute genießen sie als *avatāras* (→S. 197) verschiedener Wesen des Vishnu-Himmels große Verehrung.

Rāmānuja (»der Rāma Nachgeborene«; 1050–1137), der einer Brahmanenfamilie aus Kāncī/Südindien entstammt, ist zunächst Schüler eines Anhängers Shankaras, des Gründers des Vedanta (→S. 189). Bald gerät er in Gegensatz zu dessen strengem Monismus und wendet sich unter dem Einfluß der *Ālvārs* der Bhakti-Religion zu. Als Schüler und Nachfolger Yāmunācāryas, eines ihrer Häupter, wird er Leiter des Tempels von Shrirangam. Durch Rāmānuja erhält der Vishnuismus seine qualifiziert monistische Prägung. Seine drei ewigen Prinzipien sind: *ishvara* (»Gott bzw. Allseele«), *acit* (»unbeseelte Welt«) und *cit* (»Einzelseele«). Gott ist der innere Lenker der Welt und der Einzelseelen. Auch wenn Welt und Seelen ohne Gott keine Realität besitzen, so sind sie doch als Körper Gottes mit ihm real. Alle drei erscheinen als Einheit: Gott-Welt-Seele. Rāmānujas Gott heißt Brahman in seiner Offenbarung als Vishnu. Seine besondere Verehrung gilt Rāma als *avatāra* (→S. 197) Vishnus. Zur Erlösung führen der *bhakti-yoga (bhakti-marga,* →S. 206), die liebende Versenkung in Gottes Wesen (kraft der Gnade Gottes), oder aber das *prapatti* (»Sich-Gott-Anheimgeben«). Aus dieser Gemeinschaft der Seele mit Gott gibt es keine Rückkehr zum *samsāra* (→S. 205).

Die Nachfolger Rāmānujas spalten sich in die nördliche Richtung der *Vadakalai*, die zur Erlösung die konkurrierende Aktivität der Gläubigen verlangen – so wie das Affenkind sich fest an seine Affenmutter klammert –, und die südliche der *Tenkalai*, für die das Verhalten der das Katzenkind im Maul haltenden Katzenmutter gleichnishaft für das mehr passive Erlösungsverhalten des Gläubigen ist.

Rāmānuja verfaßte Kommentare zu den Brahmā-Sūtras und zur *Bhagavadgītā* (→S. 217), die zur Weltliteratur gerechnet werden. In dem von ihm stammenden *Shribhasya* vertritt er seine Auffassung vom persönlichen Gott, von der realen Welt als periodische Teilentfaltung Gottes und von der Unsterblichkeit der Einzelseelen.

Die Schule der *Mādhvas* oder *Ānandatīrtha*, benannt nach ihrem Gründer *Mādhva Ānandatīrtha* (1197–1276), einem aus Südindien stammenden Wanderprediger, ist noch heute in der kanaresischen Heimat des Stifters weit verbreitet. Im Gegensatz zur »Alleinheitslehre« (*advaita*, sanskr. »das ohne ein zweites ist«) des Vedanta-Systems (→S. 189) vertritt Mādhva eine »Zweiheitslehre« (*Dvaitamata; dvaita*, sanskr. »Zweiheit«), wonach Gott und Materie-Welt eine Realität besitzen, aber auch Gott und die Geist-Seele eine Zweiheit darstellen, da sie voneinander verschieden sind. Dieser ontologische Pluralismus ist insofern auch monistisch, als Gott als die alleinige Wirkursache gilt. Vishnu ist der allgegenwärtige Gott, und seine Gnade führt zur Erlösung. Es gibt nach Mādhva Seelen, die erlösungsfähig und solche, die erlösungsunfähig sind.

Eine besondere Gruppe unter den Vishnuiten bilden die *Rāmāiten*, so benannt nach dem von ihnen verehrten Gott Rāmā, eine Inkarnation Vishnus.

Zu den Rāmāiten zählen die *Rāmāvants* oder *Rāmānandi*, die von dem aus Allahabad stammenden Brahmanen *Rāmānanda* (ca. 1400–1470) in Benares gegründet wurden. Rāmānanda hat viel zur Verbreitung der Bhakti-Religion beigetragen. Sein Gott, den er mit seiner *bhakti* (Gottesliebe) sucht, ist Vishnu in der Inkarnation als Rāmā (→S. 198), Held des *Rāmāyana*, sowie dessen Gattin Sītā. Der aus der Schule Rāmānujas (→S. 193) hervorgegangene Rāmānanda unterscheidet sich von diesem durch seine freiere Einstellung zu den Kasten- und Zeremonialgesetzen (Kastenordnung →S. 208). Da er alle Kastenunterschiede ablehnt, gehören den Rāmāvants Mitglieder aller Kasten an, ja Fremde und sogar Muslime. Die religiöse und soziale Toleranz ergibt sich aus einer Verbindung von vishnuitischen und islamischen Elementen.

Zu Rāmānandas Schülern und Nachfolgern gehört *Tulsīdās* (1532–1623). Dieser große religiöse Dichter Hindustans und orthodoxe Hindu entstammt einer Kanauji-Brahmanen-Familie. Wegen eines schlechten Horoskops wird er von seinen Eltern ausgesetzt. Ein Asket, der ihn findet, zieht ihn auf. Nach kurzer Ehe lebt Tulsīdās bis zu seinem Tod als Asket in Benares. Er ist der Verfasser des bekannten Werkes *Rām-carit-mānas* (»der See der Taten Rāmās«), einer Bearbeitung von Vālmikis *Rāmāyana* in der Hindi-Sprache. In dieser »Bibel« vieler Hindus, die noch heute die Rāmā-Verehrung prägt, wird Rāmā als Gott der Barmherzigkeit und Liebe verherrlicht.

Zu den Rāmāiten gehören auch die *Kabirpanthis,* gestiftet von dem moslemischen Weber und religiösen Hindi-Dichter *Kabir* aus Benares (1440–1518). Der Gründer, ein Schüler Rāmānandas, verbindet den Vishnuismus mit der mystischen Richtung des Islam, dem Sufismus, und verkündet einen strengen Monotheismus mit dem Gott Ram, der identisch mit Allah ist. Dieser Gott hat die Welt erschaffen. Die hinduistische Vorstellung von einer periodischen Entfaltung der Welt aus Gott sowie Bilderkult und Kastenordnung werden abgelehnt. Dem Schöpfergott soll der Mensch in Liebe und Vertrauen dienen. Kabirs Schüler ist der spätere Guru Nanak (1469–1538), der den →Sikhismus, eine Synthese von Islam und H., begründet.

Die *Krishnaiten* unter den Vishnuiten verehren den Gott Vishnu in seiner Inkarnation als Krishna (→S. 198) und/oder seine Geliebte Rādhā als personifizierte Gottesliebe, als Göttin Bhakti. Zu den Krishnaiten zählen die *Marāthen,* von denen die Monisten Jnānadeva (Ende 13. Jh.) und Tukārām (17. Jh.) besonders bekannte Vertreter sind. Sie verehren den Vitthala oder Vithobā genannten Krishna und seine Gattin Rukminī.

Um 1300 gründet *Nimbārka* (12. Jh.) in der Gegend von Mathurā eine mystisch-erotische Bewegung zur Verehrung Krishnas und seiner Geliebten Rādhā. Er vertritt in seiner Lehre die *Bhedābhedavāda* (sanskr. »Verschiedenheit – Nichtverschiedenheit«), einen dualistischen Monismus (Vedanta-System, →S. 189). Nach Nimbārka bleibt Gott selbst unfaßbar, aber seine Erscheinungsformen sind zugänglich. Mit der Abhängigkeit und Wesensähnlichkeit, nicht Wesensgleichheit, von Einzelseelen und Gott verhält es sich wie mit Meereswellen und Meer bzw. Sonnenstrahlen und Sonne. Die Erlösung ist möglich aufgrund einer auf Krishna und Rādhā gerichteten Hingabe des Menschen.

Die Bewegung des Nimbārka erlebt ihre Fortsetzung in den vom strikten Monisten *Vallabha* (1479–1531) gegründeten *Vallabhācāryas* bzw. *Mahārājas,* von denen die meisten Anhänger in Nordindien leben, wo die Geburts- und Wirkungsstätte des Gründers, Benares, liegt. Vallabha, der einem Telūjū-Brahmanen-Geschlecht entstammt, vertritt einen reinen Monismus (Vedanta-System). Krishna, der mit Brahman identisch ist, hat einen Leib aus Sein, Intelligenz und Wonne, und er genießt in der »Welt der Kühe« *(goloka)* zusammen mit Rādhā ewige Wonnen, gleichsam ein Widerschein des geistigen Liebesverhältnisses zwischen Gott und der Seele. Die Funken der Urseele treten als Welt und Einzelseele in Erscheinung. Zur Erlösung ist Gottes Gnade *(pushti)* erforderlich. Das sexuelle Element hat bei den Vallabhācāryas einen hohen Stellenwert. So fordern die Führer von den Frauen und Töchtern ihrer männlichen Anhänger sexuelle Hingabe, um göttliche Wonnen zu realisieren. Zur *Bhāgavatapurāna* (→S. 217), in der Krishnas Liebe zu Rādhā verherrlicht wird, schrieb Vallabha einen Kommentar.

Die *Caitanya-Bewegung* ist eine Gründung des bengalischen Brahmanen, Asketen und Wanderpredigers *Caitanya* (1485–1534), der als Teilinkarnation Krishnas gesehen wird. Caitanya, der Kastenunterschiede und Werkfrömmigkeit ablehnt, analysiert und systematisiert den erotischen Krishna-Dienst, das *bhakti* (Gottesliebe). Erlösung als Verschmelzung der Seele mit Gott ist nur durch selbstlose Liebe zu Krishna und Rādhā möglich. Dieser erotische Mystizismus betont die inbrünstige Liebe der Einzelseele zu Gott als den einzigen Heilsweg unter dem Symbol der Liebe Rādhās zu Krishna. Die Liebe zu Krishna wird durch gemeinschaftlichen Gesang und Tanz *(samkirtana)* ausgedrückt. Die Caitanya-Bewegung hat die Entwicklung der bengalischen Dichtung und Musik stark beeinflußt.

Im 16. Jh. gründet *Harivans* im Gebiet von Mathura/Nordindien die *Radhavallabhis,* bei denen Rādhā, die Geliebte Krishnas, im Mittelpunkt der Verehrung steht. Auch hier bildet die Erotik Grundlage und Ausgangspunkt für mystische Erlebnisse.

Shivaismus

Die *Shivaiten* oder *Shaivas* sind die Verehrer des Gottes Shiva (Schiwa, →S. 200), der sich als höchster Gott und oberster Weltenherr in zahlreichen Aspekten offenbart.

Ihr Bekenntniszeichen ist ein Stirnmal, das durch drei waagerecht verlaufende Linien *(tripundra)* aus Asche oder weißer Farbe – symbolische Wiedergabe von Shivas Stirnauge – gekennzeichnet ist. Andere shivaitische Stirnmale sind ein Dreieck mit der Spitze nach oben, für das Feuer und das männliche Prinzip, und zwei zu einem Sechseck verbundene Dreiecke als Symbol für die Vereinigung von männlichem und weiblichem Prinzip.

Die theoretischen Grundlagen der shivaitischen Schulen und Richtungen liegen in den religionsphilosophischen Systemen des Yoga (→S. 190), Vaisheshika und Nyāya (→S. 192). Allgemeines Heilsziel ist das Einswerden der Seelen mit Gott. Der Kult ist stark vom tantrischen Ritual geprägt. Gemäß ihrem Vorbild Shiva, dem Asketen und großen Yogin, wird der Heilsweg in Askese, Yoga und Meditation, aber auch im Flüstern heiliger Sprüche (*mantras,* →S. 212) und in vielfältigen Riten, wie im Bestreichen mit Asche und Tragen eines aus 108 *rudrāksha*-Beeren (Elaeocarpus Ganitrus) bestehenden »Rosenkranzes« *(japamālā, akshamāla),* gesehen.

Die *Smartas* sind die Traditionalisten unter den orthodoxen Shivaiten, deren Name von *smrti* (sanskr. »Überlieferung«) abgeleitet ist. Sie sind vor allem im Süden und Westen Indiens verbreitet. Obgleich sie an ein unpersönliches *brahman* glauben, verehren sie in ihren Wohnungen täglich fünf Gottheiten unter Symbolen: außer Vishnu (→S. 197) sind dies Shiva (→S. 200), Durga (→S. 203), Ganesha (→S. 204) und Sūrya. Von diesen fünf kann jeder Anhänger seine persönliche Lieblingsgottheit bevorzugen. Das vedische Ritual befolgen sie, ohne sich verpflichtet zu fühlen, die Tempel aufzusuchen.

Zu den shivaitischen Schulen gehören die *Pashupatas,* die Shiva als *pashupati* (»Herr der Tiere« [Seelen]) verehren. Sie sehen die Einzelseelen gleichsam als Tiere *(pashu),* die Gott Shiva (*pati* = »Herr«) mit dem Strick des *samsāra* in der Welt gefesselt hat und in völliger Abhängigkeit hält. Der Erlösungsweg geht über Yoga, Meditation, *mantras,* Singen und Tanzen und führt zur Befreiung vom »Strick«. Am Ende des Weges steht die Nähe zu Gott. Während bei anderen shivaitischen Richtungen das Ende des Leidens nichts weiter ist, als daß das Leiden eben aufhört, kommt hier noch hinzu, daß man der höchsten Gottherrlichkeit teilhaftig wird. Das Baden und Bestreichen des Körpers mit Asche oder Sand spielt in den Ritualen eine besondere Rolle. In ihren Lebensgewohnheiten ähneln die Pashupatas den Kāpālikas.

Die *Kāpālikas* (»Schädelträger«) und *Kamamukhas* verehren Shiva-Bhairava und Cāmundā (Durgā) als höchste Gottheiten. Zur Erlösung gelangen sie durch eine an das Ende des Lebens stets gemahnende Askese. Aus diesem Grund halten sie sich gern in der Nähe von Plätzen auf, wo die Toten verbrannt werden, und sie schmükken sich mit Knochen und essen und trinken aus Schädeln, die sie immer bei sich tragen.

Shiva-Siddhānta (»shivaitische Lehre«) wird im 13. Jh. als »endgültiges Lehrsystem der Shivaiten« von *Meykanda* be-

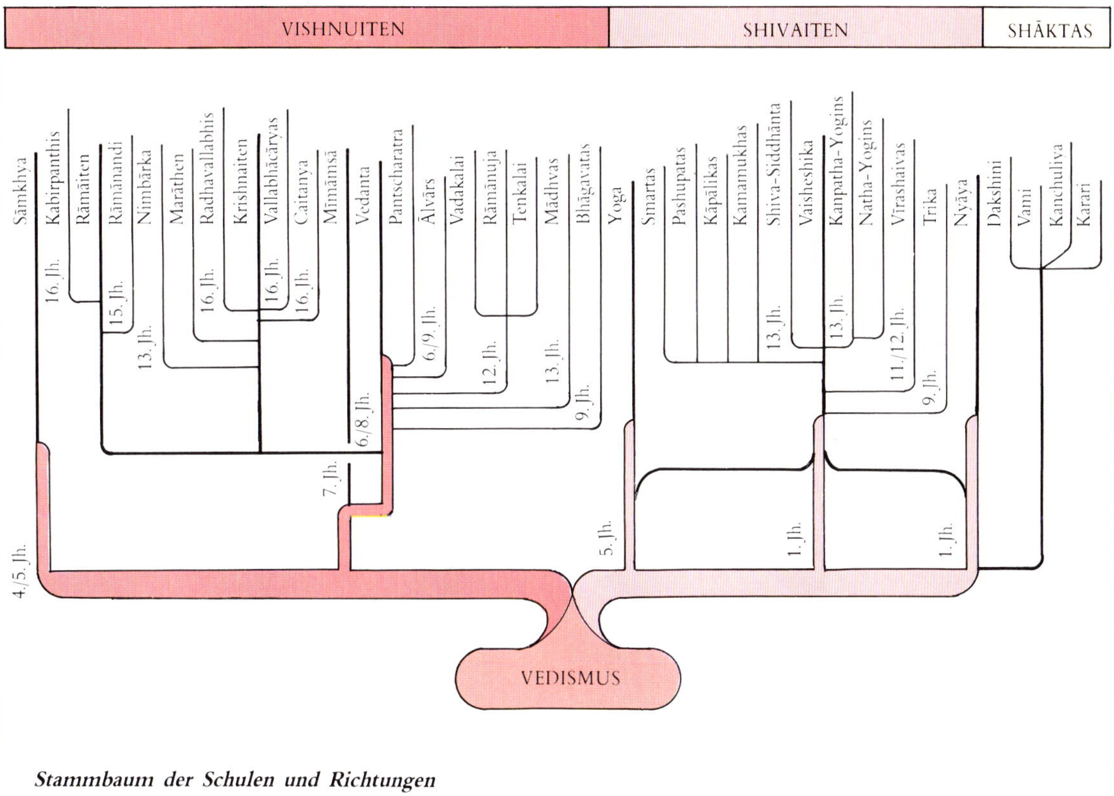

Stammbaum der Schulen und Richtungen

gründet und in Südindien ausgebildet. Es geht von drei ewigen Substanzen aus: Gott (Shiva) als der Herr *(pati)*, die Seelen als das Vieh *(pashu)* und der Strick als Fessel *(pāsha)*. Der ewige Shiva hat aus der *māyā*-Materie die Welt erschaffen, und die unzähligen Seelen sind durch *māyā* und Verblendung an den Kreislauf der Wiedergeburten gefesselt. Erlösung geschieht allein kraft Shivas Gnade *(bhakti)*. Diese Schule hat eine reiche Devotionaldichtung in Tamil hervorgebracht.

Der Shivaismus nimmt aus der »kaschmirischen Wiedererkennungslehre« *(Pratyabhijnāshāstra)*, auch als *Trika* (»Dreiheit« von *pati* = »Herr«, *pāsha* = »Bindung« und *pashu* = »Seele«) bezeichnet, eine hohe Entwicklung. Die *Trika-Schule* wird im 9. Jh. in Kaschmir durch *Vasugupta* gegründet. Für sie ist die Welt eine Emanation des göttlichen Willens, und sie scheint nur von Gott verschieden zu sein. In Wirklichkeit ist sie ein Abglanz und Traum bzw. Gedanke Shivas. Da die Seelen mit Gott identisch sind, besteht die Erlösung in dem Erkennen, d.h. vergessenen Wiedererkennen, der Wesensgleichheit von Gott und Einzelseele. Wenn die Seele sich als Gedanke Gottes wiedererkennt, ist für sie die Erlösung erfolgt. Die Lehre der Trika-Schule gründet in den shivaitischen *Āgamas* (→S. 217). Mit dieser Richtung verwandt sind die Dichtungen der *Lalla*, einer shivaitischen Asketin und Dichterin des 14. Jh.

Die südindischen *Vīrashaivas* (»heldische Shivaiten«) oder auch *Lingāyats* genannt, verehren Shiva unter dem Symbol des *lingam* (sanskr. »Phallus«). Ihr Gründer bzw. Reformator *Basavas* (11./12. Jh.) lehrt, daß Shiva der Urgrund der Welt ist. Sein eigentliches Wesen sei das neutrale *brahman*. In ihm war die aus Materie und Seele geschaffene Welt einst enthalten, und sie wird einst wieder darin zurückkehren. Durch Erschütterung der Schöpfungskraft teilte sich das *brahman* in *lingam*, das Symbol für den persönlichen Gott, und *anga*, die Einzelseele. In der Einzelseele tritt die Shakti als Bhakti auf, was sich u.a. in der Vereinigung mit ihr im Yoga äußert. Die Vereinigung mit Shiva und auch die Erlösung wird erlangt u.a. durch das Tragen des *lingam* als Amulett um den Hals. Die Lingāyats verbieten – im Gegensatz zu anderen Schulen – die Kinderheirat und erlauben die Wiederheirat der Witwen. Als eine Art Orden führen sie ein streng puritanisches Leben. Kastenwesen, Opfer und Pilgerfahrten lehnen sie ab.

Zu nennen sind noch die *Kanpatha-Yogins*, die von dem Heiligen *Goraknath* im 13. Jh. gegründet wurden und große Holzringe in ihren geschlitzten Ohren tragen. Auch die *Natha-Yogins* gehören zu den shivaitischen Schulen.

Shaktismus

Die Anhänger dieser Richtung werden *Shāktas* genannt, weil sie *Shakti* (sanskr. »Energie, Kraft, Macht«) als absolutes Prinzip ansehen und als weibliche Gottheit verehren. Vor allem in Gebieten mit einst mutterrechtlichen Gesellschaftsstrukturen, wie in Assam, Bengalen, Orissa und im dravidischen Süden, ist der Kult der Muttergöttin verbreitet.

Shakti ist zunächst die schöpferische Energie eines Hochgottes, die mit ihm zwar eng verbunden, aber nicht identisch ist. Durch Shakti wird das weltimmanente Wirken eines transzendenten Hochgottes erklärt. Unter dem Einfluß des Shivaismus erhalten im Hinduismus auch andere Hochgötter außer Shiva ihre Shaktis, so Vishnu seine Lakshmi und Brahma seine Sarasvati. Je nach der Erscheinungsform des ihnen zugehörenden Hochgottes haben die als weiblich verstandenen Energien verschiedene Namen und werden mythologisch als deren Gattinnen hypostasiert. Im Kult des Gottes Shiva führt dessen Shakti vor allem die Namen Kali (→S. 203) und Durgā (→S. 203). Durch die Verehrung des auf Muttergottheitskulte zurückgehenden weiblichen Korrelats eines Gottes als seiner »wirkenden Kraft« (Shakti) wird die Kluft zwischen dem transzendenten Hochgott und seinem Wirken in der immanenten Welt überbrückt. Der männliche Gott Shiva wirkt in dieser Welt über seine Frau Durgā bzw. Kali, die die Personifizierung seiner göttlichen Macht darstellt.

Für die Shāktas steht Durgā sogar über ihrem Gatten-Gott, der erst durch sie besteht. Durgā ist gleich *brahman* der tragende Grund der ganzen Wirklichkeit. Das Urprinzip im Kosmos ist weiblich für die Shaktas. Durgā – mit dem Absoluten gleichgesetzt – ist im Gegensatz zu Shiva, dem statischen Aspekt, der kinetische Aspekt des *brahman*. Sie ist die Kraft und weibliche Energie *(shakti)*, die die vielfältige Natur *(prakriti)* als Zauberwerk *(māyā)* periodisch aus sich zeugt und gebiert, nährt und letztlich wieder in ihren Schoß zurücknimmt. Da Durgā bzw. Kali die Verkörperung der großen Muttergottheit ist, steht Durgā-Kali im Mittelpunkt des shaktischen Muttergottheitskultes.

Bei den Shāktas erfährt die Frau eine sehr hohe Wertschätzung, da sie das Ebenbild der *mahādevi* (»große Göttin«) ist. Zu keiner Zeit wurden bei ihnen die Witwen nach dem Tod des Ehegatten verbrannt, vielmehr gestattet man den Witwen eine Wiederheirat.

Die sexuell verstandene Vereinigung der Shakti mit Shiva hat u.a. erotische Kulthandlungen zur Folge. Da in der Vereinigung von Frau und Mann die Einheit des Gottes mit seiner Shakti erfahren werden kann, geschieht die Shakti-Verehrung u.U. im Ritual des sakralen Beischlafs, der aus den vorgenannten Gründen zur Erlösung führt.

Zu den heiligen Schriften des Shaktismus gehören die *Tantras* (→S. 217), die einen komplexen Heilsweg beschreiben, gemäß dem u.a. das öffentliche Benehmen der »rechten Hand« und das geheime der »linken Hand« zu unterscheiden sind.

GÖTTERFAMILIEN UND GÖTTERKLASSEN

Der H. hat das vedische Pantheon übernommen und verändert. Während bedeutende vedische Götter (Indra, Agni und Varuna) zu Hütern der Himmelsrichtungen absteigen, steigen ursprünglich weniger wichtige Gottheiten (Vishnu und Rudra-Shiva) zu Hochgöttern auf, und weibliche Gottheiten, die im →Vedismus von untergeordneter Bedeutung waren, erfuhren im Shaktismus (→S. 196) ihre Aufwertung. So steht im hinduistischen Pantheon mit seinen Göttern, Halbgöttern, personifizierten Naturkräften, Geistern und Dämonen jeweils eine Gottheit (Vishnu, Shiva oder Durgā) als Hochgott bzw. Hochgöttin an der Spitze.

Der Götterhimmel wird vor allem von drei großen Göttern beherrscht: Brahmā als Schöpfer, Vishnu als Erhalter und Shiva als Zerstörer und Erneuerer. Diese Götterdreiheit (*trimūrti;* sanskr. »dreiförmig«) kann auch als Einheit, Zweiheit *(harikara)* oder Vierheit gesehen werden. Im ersten Fall ist Vishnu oder Shiva der höchste Gott, während die beiden anderen seine Ausstrahlung darstellen. Im zweiten Fall ist die Gottheit Vishnu-Shiva oder Shiva-Vishnu, und im dritten Fall kommt zur Götterdreieinigkeit noch Krishna, die Inkarnation Vishnus, hinzu.

Parallel zu dieser männlichen Dreifaltigkeit gibt es eine weibliche *Triade* als Verkörperung der drei Urprinzipien, die das Universum erfüllen: Lakshmi für die Schöpfung, Sarasvati bzw. Gauri für die Erhaltung und Durgā bzw. Kali für die Zerstörung und Erneuerung.

Brahmā-Göttergruppe

Brahmā ist die maskuline Personifizierung des neutralen Begriffs *brahman* (sanskr. »absolutes Selbst, Welt-Seele«). Aus dem Schöpferaspekt des transzendenten Absoluten wurde in der Mythologie ein Schöpfergott, der selbst aus dem Ur-Ei entstand bzw. Sohn der Māyā ist. Seine erste Gemahlin heißt Sāvitrī bzw. Gāyatri, und seine Tochter bzw. zweite Gattin ist die Göttin Sarasvati. Dem Gott Brahmā wachsen ursprünglich fünf Köpfe, als er sein weibliches Prinzip Sarasvati bei einer Umwandlung in sinnlichem Entzücken betrachtet. Das fünfte Haupt wird dem heute nur noch vierköpfigen Brahmā von Shiva (Bhairava) abgeschlagen – als Strafe für den Inzest mit seiner eigenen Tochter. Wo sich Shiva nach der Bluttat wusch, liegt heute Varanasi (Benares). Brahmā *Sahampati* (»Herr der Götterversammlung«) gilt vor allem als Weltenschöpfer. Am Beginn einer neuen Weltepoche wird der Demiurg Brahmā von dem Hochgott Vishnu oder Shiva beauftragt, ein neues Weltall zu erbauen. Die Lebensdauer eines Brahmā beträgt 311 040 Milliarden Menschenjahre (= ein *para*). Mit der Schöpfung einer solchen Weltepoche ist die Funktion des alten Brahmā beendet, und zu Beginn einer neuen Ära schafft ein neuer Brahmā im Auftrag des Hochgottes eine neue Welt. Neben seiner Aufgabe als Schöpfergott reguliert Brahmā das *karman*-Gesetz (→S. 205) und schützt die Dichtkunst.

In der bildenden Kunst wird er als ein Mann mit vier gekrönten Häuptern und vier Händen dargestellt, der auf einer Wildgans oder einem Schwan sitzt. Seine Attribute sind Löffel, Krug, Gebetskranz und Buch *(= Veda)*. Die vier Gesichter Brahmās symbolisieren die vier *Samhitās (Rigveda, Sāmaveda, Yajurveda* und *Atharvaveda)*, da Brahmā als Hüter der göttlichen Offenbarung gilt. Der Kult Brahmās ist heute nur noch von geringer Bedeutung. Nur noch in einem Heiligtum in Puschkar bei Ajmer (Rajasthan) wird er verehrt.

Sāvitrī bzw. *Gāyatri* ist die personifizierte Göttin des vedischen Versmaßes. Sie gilt als Tochter des Sonnengottes Sūrya und erste Gattin des Brahmā. Eine der heiligsten Strophen des *Rigveda* (III, 62, 10) ist die nach ihr benannte Sāvitrī-Strophe:

> Laßt an das liebenswerte Licht
> der Sonnengottheit denken uns.
> Sie möge fördern unsern Geist!

Das Versmaß, aus dreimal acht Silben bestehend, ist die *gāyatri* und gilt als Prototyp aller Metra.

Sarasvati ist die Göttin der Wissenschaft und Kunst, der Beredsamkeit und Literatur. Sie gilt als Mutter der Veden und Erfinderin des Sanskrits. Im Vedismus ist Sarasvati eine Flußgöttin, die Personifizierung des gleichnamigen nordindischen Flusses, und im Brahmanismus wird sie mit Vāc (»Rede, Wort«), dem weiblichen Prinzip des Schöpfergottes Prajapati, identifiziert. In den *Purānas* des H. ist Sarasvati neben Lakshmi und Ganga zuerst Vishnus Gattin. Als dieser das Gezänk seiner Frauen nicht mehr ertragen kann, tritt er Ganga an Shiva und Sarasvati an Brahmā ab. Als Brahmās Tochter und dessen zweite Gattin trägt sie auch den Namen Brahmāni oder Brahmi. In der Kunst wird sie auf einem Schwan oder Pfau reitend dargestellt.

Vishnu-Göttergruppe

Für die Vishnuiten ist *Vishnu* (Wischnu) oberster Gott und Erhalter der Welt. Im →Vedismus spielt er nur eine untergeordnete Rolle. Wichtig werden seine drei Schritte, mit denen er, vom Zwerg ins Riesenhafte wachsend, das Weltall durchmißt. Mit der Zeit werden ihm die Funktionen Indras und Prajupatis übertragen, und seit seiner Verschmelzung mit Krishna-Vasudeva wird er zum Hochgott und ist heute neben Shiva (→S. 200) einer der beiden Hauptgötter im H. Im Gegensatz zu Shiva ist er ein überwiegend freundlicher, gütiger, milder und wohlwollender Gott, der Recht und Wahrheit schützt. Die Züge dieses Gottes haben Liebe und Vertrauen unter seinen Verehrern, den Vishnuiten, geweckt, die sich in liebender Hingabe dem gnadengewährenden Erlösergott Vishnu zuwenden. Dieser Gott der Liebe ist für die nach Erlösung strebenden Vishnuiten Hauptgegenstand in der *bhakti*-Frömmigkeit (→S. 206).

Zur Vishnu-Göttergruppe gehören seine Shakti und Gattin Lakshmi (→S. 200) sowie seine 6 bis 23 Inkarnationen. Jedesmal wenn auf der Erde das Böse überhandgenommen hat, nimmt Gott Vishnu irdische Gestalt in einem »Herabstieg« (sanskr. *avatāra*) an, um in dieser Welt das

Gute zu schützen und Ordnung und Moral wiederherzustellen. Das klassische Schema weist *10 avatāras* des Gottes Vishnu auf. 9 Inkarnationen sind bereits vergangen und fanden in verschiedenen Zeitaltern *(kritayuga, tetrayuga, dvaparayuga)* statt, während die zehnte am Ende unseres Zeitalters *(kaliyuga)* eintreten wird.

1. Im Zeitalter *kritayuga,* da Manu, der Stammvater des Menschengeschlechts, vor einer Sintflut, die die Menschheit vernichten soll, gewarnt wird, besteigt Vishnu mit sieben *rishis,* den Ahnherren der Brahmanengeschlechter, ein Schiff, das ihn in *Gestalt eines Fisches (matsya)* bis zu einem Berg zieht, wo der gerettete Manu das Zurückweichen der Wasser abwartet.
2. Bei ihrem Unternehmen, das Milchmeer zu buttern, um an die in dessen Tiefen verborgenen Schätze heranzukommen, benutzen die Deva-Götter und Asura-Dämonen den Berg Mandara als Quirlstock und die Chaosschlange Vasuki als Seil. Dabei taucht Vishnu in *Gestalt einer Schildkröte (kurma)* auf den Grund des Milchozeans, um auf diese Weise dem Quirlstock einen festen Drehpunkt zu geben, so daß das Meer 14 Schätze freigibt, u.a. den Unsterblichkeitstrank Amritam, Indras Elefanten Airavata und Vishnus Gemahlin Lakshmi.
3. Als der Dämon Hiranyaksha einmal die Erde auf den Grund des Weltozeans versenkt, hebt Vishnu in *Gestalt eines Ebers (varāha)* diese wieder aus den Tiefen des Meeres hervor.
4. Nachdem der maßlose und selbstsüchtige Dämon Hiranyakasipu aufgrund seiner Askese soviel Macht von Brahmā zugesichert bekommt, daß ihm weder Mensch noch Tier etwas anhaben können, inkarniert Vishnu *als Mann-Löwe (marasimha),* und in dieser Gestalt – weder Mensch noch Tier – zerreißt er den dämonischen Weltherrscher.
5. Während des Zeitalters *tretayuga* erbittet sich Vishnu in der *Gestalt eines Zwerges (vāmana)* vom Dämonenkönig Bali so viel Land, wie er mit drei Schritten abschreiten kann. Vishnu, vom Zwerg ins Riesenhafte wachsend, durchschreitet das Universum (Erde, Luftraum und Himmel) mit zwei Schritten. Auf den dritten Schritt verzichtet er aus Rücksicht auf den Dämon Bali, dem er die niedere Region Patala überläßt und dem er erlaubt, einmal im Jahr in sein ursprüngliches Reich mit den drei Welten zurückzukehren. In diesem Mythos, dessen in einem Fest jährlich an der Malabarküste gedacht wird, spiegeln sich die Kämpfe zwischen Ariern und Dravidas wider.
6. In der *Gestalt des Helden Rāmā mit dem Beil (Parashu Rāmā)* befreit Vishnu als Brahmanensohn die von der Kriegerkaste *kshatriya* unterdrückte Welt, indem er mit Hilfe der von Shiva entliehenen Streitaxt 21 mal die männlichen Angehörigen dieser Kaste ausrottet. Dies reflektiert die Kämpfe zwischen Priester- und Kriegerkaste.
7. Die siebte Inkarnation Vishnus in der *Gestalt des Helden Rāmā (Rāmachandar),* wie er im Nationalepos Rāmāyana (→S. 217) beschrieben wird, ereignet sich, als er in der sechsten noch auf Erden weilt. Der Sagenheld Rāmā, Thronerbe des Königreichs von Ayodhya und Ideal der Kriegerkaste, wird von seinem Vater ungerechterweise in einen Wald verbannt, wo er 14 Jahre seines Lebens zusammen mit seiner Gattin Sītā, einer Inkarnation von Vishnus Gattin Lakshmi, verbringt. Als Sītā von dem Dämonenfürsten Rāvana geraubt und auf die Insel Ceylon entführt wird, bilden die Affen des Affenkönigs Hanuman eine Brücke vom Festland Indien über das Meer zur Insel Ceylon, so daß Rāmā auf ihren Rücken mit einem Affenheer auf die Insel gelangen und Sītā in siegreicher Schlacht aus den Klauen Rāvanas befreien kann.
   Rāmā ist der Gott, an den sich die *bhakti*-Verehrung der Rāmāvants (→S. 193) knüpft, und Tulsi-Dās besingt Rāmā: »Die Liebe zu Rāmā ist das Meer, mein Herz ist wie ein Fisch. Wie kann es von ihm getrennt sein?« Der Rāmā-Kult ist nach dem Krishna-Kult der bedeutendste im H. Für Hindus verkörpert Rāmā das Ideal des Mannes, und Sītā ist die ideale Frau. Kein Name wird Hindukindern häufiger gegeben als der Rāmās, und mit diesem Namen auf den Lippen wollen Hindus sterben. Als Mahātmā Gāndhī, von Mörderhand tödlich getroffen, zusammenbricht, flüstert er: »Ai Rāmā, ai Rāmā« (»O Rāmā, o Rāmā«).
8. Im Zeitalter *dvaparayuga* ereignet sich die achte und zugleich populärste Inkarnation Vishnus in der *Gestalt des Helden Krishna* (Krischna, sanskr. »Dunkler, Schwarzer«), der gelegentlich mit dem Beinamen *Acyuta* (sanskr. »Unerschütterlicher«) bezeichnet wird. In dieser vergöttlichten Sagengestalt sind verschiedene Sagen und Mythen zusammengewachsen. Als göttlicher Beschützer der Herden ist Krishna ursprünglich ein Gott der Hirten. Sein Leben, das im Jahre 3102 v. Chr., dem Beginn unseres Zeitalters *kaliyuga,* beendet gewesen ist, gliedert sich in vier Abschnitte:
   Der neugeborene Krishna, als Sohn des Vāsudeva und der Devaki in Mathurā geboren, wird von seinem Onkel, dem grausamen König Kamsa, verfolgt, dem geweissagt worden war, daß er einmal von seinem Neffen ermordet werde. Als der König befiehlt,

Hinduistische Gottheiten *(1–3):*

1 *Musizierende* Sarasvati, *Dilwara, Marmor, 11. Jh.*

2 Lakshmi *unter Lotosblumen, Mathura, 1. Jh. Delhi, National-Mus.*

3 *Vishnus zehn avatāras, Jaipur, 18. Jh. London, Victoria & Albert Mus.*

alle Kinder in seinem Königreich zu töten, wird Krishna von Hirten heimlich aufgezogen. Schon während seiner Kindheit gibt er Proben großer Stärke als Dämonenaustreiber. Dem Bala-Krishna (»Kind Krishna«) gilt die besondere Liebe der Hindus.

Seine Jugend verlebt Krishna in einem idyllischen Rahmen als *gopal* (sanskr. »Hirt, Kuhschützer«) und in tändelnden Liebesspielen mit *gopis* (sanskr. »Hirtinnen«), unter denen die schöne Hirtin Rādhā für ihn die begehrenswerteste ist. So z. B. entwendet Krishna den Hirtinnen beim Baden in der Yamuna ihre Kleider und hängt sie in einen Baum, oder er spielt mit seiner Flöte zum Reigentanz auf. Das Tändeln Krishnas mit den Hirtinnen symbolisiert die Liebe Gottes zu den Menschenseelen, wobei die Hirtin Rādhā als personifizierte Gottesliebe *(bhakti)* gilt. Das Entwenden und Aufhängen der Kleider in einen Baum bedeutet die Enthüllung der »nackten« Wahrheit am »Baum der Erkenntnis«. Die beim Reigentanz von Krishna geblasene Flöte symbolisiert den Menschen, da die an sich tonlose Flöte erst durch den Atem ihres Schöpfers belebt wird und im Rhythmus und in der Harmonie ihres Gottes erklingt.

Im Mannesalter erfüllt Krishna seine eigentliche Inkarnationsaufgabe, besiegt Dämonen und Ungeheuer, tötet den Dämonensohn Kamsa, seinen Onkel und tyrannischen König, und erobert dessen Reich Mathura.

In den späten Mannesjahren wird Krishna der Wagenlenker und Berater des Pandava-Prinzen Arjuna und Schöpfer der Bhagavadgītā (→S. 217), in der er *bhakti-marga* (→S. 206), die Gottesliebe als Erlösungsweg, verkündet. Während seiner Regentschaft hatte er in Dvarka die Fürstin Rukmini geheiratet. Nach seiner Teilnahme an der Kuru-Schlacht *(Mahābhārata,*

1

3

→S. 217) zieht er sich schließlich in den Wald zurück, wo er, von einem Jäger an der Ferse verwundet, stirbt.

9. Zu Beginn des jetzigen Zeitalters *kaliyuga* will Krishna in *Gestalt eines (Anti-)Buddha* die schlechten, von Gautama Buddha verführten Menschen vernichten und die Welt von ihm befreien. Dieser Mythos spiegelt den Versuch der Brahmanen wider, den Buddhismus durch Integration zu eliminieren.
10. Zum Ende des jetzigen Zeitalters *kaliyuga,* in 425 000 Jahren, wird die zehnte und letzte *avatara* Krishnas in *Gestalt eines apokalyptischen Reiters (kalkin)* erfolgen. Auf einem Schimmel reitend und mit flammendem Schwert in der Hand wird Vishnu als Erlöser am Ende der Zeiten kommen, um diese Welt zu vernichten und ein neues, goldenes Zeitalter heraufzuführen.

Durch die Lehre von den 10 oder mehr Inkarnationen Vishnus in tierischer oder menschlicher Gestalt wurden einstmals verschiedenartige lokale Mythen und Kulte dem des Gottes Vishnu angegliedert, und er selbst wird als Hauptgott bestätigt.

In der Kunst wird Vishnu gewöhnlich als junger Mann dargestellt, dessen blauer Körper mit einem gelben Gewand bekleidet ist. Auf seiner Brust hat er einen Edelstein, und auf dem Kopf trägt er eine hohe Mitra. In seinen vier Händen hält er die ihn kennzeichnenden Attribute: Keule, Wurfscheibe (Rad), Muschel und Lotos. Seine Position ist meist liegend auf der Schlange Ananta oder Shesha, bzw. er sitzt auf einem Lotos oder auf dem mythischen Sonnenadler *Garuda,* einem Mischwesen mit Haupt und Flügeln eines Vogels und im übrigen dem Körper eines Menschen. Von Schlangen gebissene Menschen werden im Vishnu-Tempel von Puri zum Pfeiler des Garuda, des Schlangenvernichters, geführt, wovon man sich eine Heilung erhofft.

Lakshmi, auch *Shri* oder *Vaishnavi* genannt, ist die Göttin der Schönheit und Liebe, des Reichtums und Glücks. Im →Vedismus ist ihre Vorläuferin die Lotosgöttin Padma, die Gemahlin Varunas oder Sūryas. Lakshmi ist die Shakti und Gattin Vishnus, dem sie bei seinen Inkarnationen in verschiedenen Wiedergeburten jeweils als seine Gemahlin beisteht: in der (2.) *kurma*-(Schildkröten-)*avatara* als eine der 14 Kostbarkeiten aus dem Milchmeer mit einem Lotos in der Hand, in der (5.) *vamana*-(Zwerg-)*avatara* als *padma* (»Lotos«) oder *kamata,* in der (6.) *Parashu-Rāmā-avatara* als *dharani* (»Erde«), in der (7.) *Rāmā-avatara* als *sītā* (»Furche«) und in der (8.) *Krishna-avatara* zunächst als Hirtin Rādhā und dann als Fürstin Rukmini. Bei der Darstellung Vishnus als Narayana auf der Weltschlange massiert sie ihm die Füße und heißt hier Lokamata (»Mutter der Welt, Lotosgöttin«). Gewöhnlich wird sie als goldfarbene Göttin auf der Lotosblüte stehend oder sitzend dargestellt. Ihr Symbol, der Lotos, versinnbildet die erste Hervorbringung des schöpferischen Prinzips. Da aus dem Blütenstempel des Lotos die geschaffene Welt hervorgeht, symbolisiert der Lotos auch den Mutterschoß *(yoni).* Der Göttin Lakshmi ist die Kuh geweiht.

Der Liebesgott *Kāma* (sanskr. »Begehren, Verlangen«) bzw. *Kandarpa* gilt als Sohn des Vishnu und der Lakshmi (Krishna und Rukmini), dessen Gattin *Rati* (sanskr. »Wollust«) heißt. Als nie alternder schöner Jüngling trägt er einen Bogen aus Zuckerrohr, dessen Sehne aus einer Reihe von Bienen besteht, mit Pfeilen aus verschiedenen Blumen. Sein Reittier ist der Papagei.

Shiva-Göttergruppe

Für die Shivaiten ist *Shiva* (Schiwa, sanskr. »der Freundliche, Gnädige, Huldreiche, Wohlwollende«) die Personifizierung des Absoluten *(brahman),* das zerstörende und zugleich erneuernde Prinzip, das für Verderben, aber auch für Leben steht. Im →Vedismus heißt Shiva noch Rudra (»der Rote«) und gehört zu den Begleitern Indras. Nach dem *Rigveda* ist er der furchterregende, in den Bergen wohnende, aber auch hilfreiche Gott.

In der Erscheinungswelt nimmt die absolute Gottheit verschiedene Formen, Eigenschaften und Namen an. So ist Shiva der Schöpfer, der am Beginn einer Weltperiode alles Leben hervorbringt, und der große Herr der Zeit *(Mahākala),* der an deren Ende das Leben wieder in sich zurücknimmt, also auch zugleich der Zerstörer der Welt, denn Zerstörung des alten ist Voraussetzung für neues Leben. Dieses Spiel *(lilā)* von Leben und Tod, dem Shiva symbolischen Ausdruck verleiht, wiederholt sich im Kreislauf von Werden und Vergehen, bis alle Lebewesen ihre Identität mit Shiva erkannt haben und dadurch in ihm aufgegangen sind.

Die 1008 Namen Shivas zur Benennung seiner Erscheinungen lassen sich auf 4 Gruppen zurückführen.

1. Die erste Gruppe umfaßt den schöpferischen und wohlwollenden Aspekt des großen Gottes und Herrn des Universums. Seine Namen sind *Mahāshiva* (»großer Huldvoller«), *Mahādeva* (»großer Gott«) oder auch *Maheshvara* (»großer Herr«). Maheshamurti, eine Skulptur in Elephanta bei Bombay, zeigt ihn in drei Aspekten (rechts als Schöpfer, links als Zerstörer, in der Mitte als höchsten und erschaffenden Gott des Universums).
2. Eine andere Darstellungsgruppe Shivas ist die des sich selbst kasteienden göttlichen Asketen und vorbildlichen Yogin. Der in tiefer Meditation versunkene Shiva wird als *Mahāyogi* (»großer Yogi«) oder *Yogeshvara* (»Herr der Yogis«) verehrt. Dargestellt wird der große dreiäugige Asket und Yogi fast nackt, mit Asche bestreut und mit einem Gürtel aus Menschenschädeln und einer Halskette aus Schlangen. Zu seinen asketisch-kontemplativen Attributen zählen Glocke und Laute sowie die Sanduhr-Trommel Damaru, aber auch der Gebetskranz.
3. Zur Namensgruppe des zerstörerischen und schrecklichen Aspekts Shivas gehö-

ren seine Beinamen *Kala* (sanskr. »der Schwarze, die Zeit«) bzw. *Mahākala* (»der große Schwarze, die Ewigkeit«) als Ausdruck für die über allen Geschehnissen waltende Macht. Dem furchterregenden Aussehen entsprechen auch die Namen *Ugra* (»der Schreckliche«), *Bhairava* (»der Entsetzliche«), der Menschen tötet, und *Hara* (»der Wegraffende, Fortnehmende«). Shiva als Hara wird manchmal zusammen mit Vishnu als Hari in der einen Gestalt des *Hari-Hara* dargestellt. Ersterer mit Dreizack *(trishula)* und Asketenknoten den asketischen Aspekt symbolisierend, letzterer mit Rad und hoher Krone den königlichen Aspekt Gottes. Den zerstörerisch-extrovertierten Aspekt Shivas unterstreichen auch seine Waffen und die Zeugung seines Sohnes, des Kriegsgottes Karttikeya (→S. 204).

4. In den Tempeln wird Shiva oft als wilder Tänzer dargestellt und dann als *Natarāya* (»König der Tänzer«) bezeichnet. Shivas kosmischer Tanz symbolisiert den Rhythmus einer Welt, die sich ständig neu bildet, auflöst und wieder bildet, um sich aufzulösen usw. Für die Hindus ist der Tanz älter als die Welt. Erst mit dem Tanz Shivas auf dem heiligen Berg Kailasa beginnt unsere Zeit. Mit dem rechten Fuß steht Shiva über dem getöteten Urdämon, der Unwissenheit und Blindheit symbolisiert. Den linken Fuß hebt er empor als Sinnbild für das erlösende und befreiende Wissen. In der oberen rechten Hand hält der vierarmige Shiva die wie ein Stundenglas geformte Sanduhr-Trommel, *Damaru,* mit der er den pulsierenden Rhythmus der Welt schlägt. Aus dem Ton, der ersten zartesten Manifestation des Äthers, entstehen immer gröbere Elemente wie Luft, Feuer, Wasser und letztlich die Erde. Während also Shiva tanzt und nach dem Trommelschlag seinen Körper bewegt, nimmt die Erde Gestalt an und Leben erwacht. Aus Shivas tänzerischer Geste sprüht aber auch der Funke, der als Feuer die Erde durchglüht und sie schließlich vernichtet. Als Symbol dafür trägt er in der oberen linken Hand die Flammenzunge. Trommel und Flamme sind die Kontrapunkte für das Spiel von Schöpfung und Zerstörung. Die beiden Hände, die deren Symbole halten, balancieren das Gleichgewicht zwischen Leben und Tod. Im *Tandava,* dem kosmischen Tanz Shivas – so benannt nach Shivas Schüler Tandu –, werden die fünf Phasen des Kosmos symbolisiert: Schöpfung, Erhaltung, Vernichtung, Verhüllung und Bindung der Seelen sowie deren Befreiung, d.h. Erlösung.

In den Shiva-Tempeln wird die schöpferische Kraft des Gottes gewöhnlich noch sinnfälliger als im Tanz durch sein Reit- und Begleittier Nandi dargestellt oder durch seine Verehrung unter dem phallischen Symbol des *lingam* betont.

Das Standbild des *Nandi* (sanskr. »der Erfreuende«), eines weißen Stiers, Symbol der Fruchtbarkeit, fehlt in einem Shiva-Tempel ebensowenig wie das *lingam* oder *linga* (»Merkmal, Zeichen«), das mehr ist als nur ein Zeichen männlicher Zeugungskraft. Das formlose Absolute manifestiert sich in einer Welt der Formen als männliches Prinzip *lingam* (=Phallus) und als weibliches Prinzip *yoni* (=Mutterschoß). Beide zusammen zeugen in ihrer schöpferischen Vereinigung das Leben. So symbolisiert das *lingam* in der *yoni* den Urzeugungs- und Schöpfungsakt und die Aufhebung der Geschlechterpolarität, die Rückführung des Geteilten und Geformten in den Urzustand des ungeteilten und formlosen Absoluten *(brahman).* Eine Legende erzählt, daß Shiva sich in seinem Liebesspiel mit Parvati nicht einmal durch den Besuch des Weisen Bhrigu stören ließ und seitdem unter dem phallischen Zeichen verehrt wird.

Berühmte Shiva-Tempel befinden sich u.a. in Chidambaram und Srirangam.

Zu nennen ist in der darstellenden Kunst: Shiva als liebender Gatte mit Uma oder Parvati oder sogar in Vereinigung mit seiner Gattin Uma *(Umamaheshvara)* oder bei der Hochzeit beider *(Kalyanasundara).* Da die Hochzeit nach Shivas Meditationszeit in der Bergeinsamkeit des Himalaja stattfand, ist hier Shiva als Asket dargestellt. Die Liebenden sitzen auf einem schwarzen Antilopenfell, oft umgeben von ihren beiden Söhnen, Ganesha (→S. 204) und Karttikeya (→S. 204).

Eine bekannte Darstellung ist auch Shiva als *Ardha-nar-ishvara* (halb Weib – halb Mann) in androgyner (zweigeschlechtlicher) Gestalt, wobei die rechte Seite männlich und Shiva mit Asketenknoten, Mondsichel und Dreizack dargestellt wird, während die linke Seite weiblich ist: Parvati mit Scheitel, Stirnmal, weiblicher Brust, sowie Spiegel und Lotos.

Zur Shiva-Göttergruppe gehören die unter verschiedenen mythologischen Gestalten und Namen verehrte Shakti und Gattin Shivas sowie seine beiden Söhne Ganesha und Karttikeya.

Devi

Während Shakti (sanskr. »Energie, Kraft, Macht«) für die Shaktas die weibliche Personifizierung des absoluten Prinzips und Neutrums überhaupt darstellt (Shaktismus, →S. 196), ist sie für die Shivaiten die schöpferische Energie und Gattin ihres Hochgottes Shiva, die hauptsächlich als *Devi* (»Göttin«) bezeichnet wird. Shivas Gattin ist die einzige Göttin im H., die ihrem Gatten an Rang gleichkommt und ihn z.T. sogar überragt. Ihre zahlreichen Namen zur Benennung ihrer vielfältigen Erscheinungen kann man – ähnlich wie bei den Namen Shivas – unter fünf Aspekten zusammenfassen:

1. Die erste Gruppe betont den gütigen und fruchtbar-mütterlichen Aspekt unter den Namen *Mahādevi* (»große Göttin«) und *Maheshvari* (»große Herrin«). Ein anderer Name ist *Pārvati* (»Bergtochter«), der sie als Tochter des Bergkönigs Himavat (Himalaja) und Schwester der Ganga charakterisiert. Pārvati stellt einen der beiden polaren Aspekte der einen göttlichen und neutralen Weisheit dar, das weibliche Prinzip *yoni*

(»Mutterschoß«), das in der Vereinigung mit dem männlichen Prinzip *lingam* (»Phallus«) nicht nur Leben zeugt, sondern das auch die Rückkehr der beiden getrennten Teile zum ungeteilten Urzustand bewirkt. Nach dem Mythos zeigt Shiva, als er Asket geworden ist, kein Interesse mehr für Parvati, aber mit Nachhilfe des Liebesgottes Kāma (→S. 200) entbrennt er in Leidenschaft für Pārvati, die Mutter von Ganesha (→S. 204) und Karttikeya (→S. 204) wird. In der darstellenden Kunst hält Pārvati in der linken Hand eine Statuette ihres Sohnes Ganesha und in der rechten Hand eine Kombination von *yoni* und *lingam*. Unter dem Beinamen *Umā* (»Gnädige«) wird die Göttin vor allem in Bengalen verehrt. Die Tochter des Weisen Daksha und treue Gattin Shivas wird *Sati* (»hingebende, treue Gattin«) genannt, weil sie sich aus Kummer über den Streit ihres Vaters mit ihrem Gatten zur Verteidigung der Ehre ihres Gatten in den Flammentod stürzt und so zum Vorbild für Gattentreue und zugleich Begründung für eine Witwenverbrennung wird. Daraufhin wird sie unter verschiedenen Namen als Gattin Shivas, u. a. als Pārvati, wiedergeboren. Andere Namen sind: *Kumari* (»Jungfrau«), *Ambikā* (»Mütterchen«), *Amba* (»Mutter«), *Jagadmata* (»Mutter der Welt«), *Annapurna* (»an Nahrung Reiche«), *Bhagavati* (»Erhabene«) und *Gauri* (»Weiße, Blonde, Glänzende«). Unter diesen Namen tritt der milde und schöpferische Charakter der göttlichen Shakti hervor.

2. Der asketische Aspekt sieht die Göttin als *Yogeshvari* (»große Yogini«) und

Hinduistische Gottheiten *(1–7):*

1 Shiva Natarāya, *Madras, Bronze, London, Victoria & Albert Mus.*

2 Hari-Hara *(rechts Shiva, links Vishnu), Sandstein, 6. Jh.*

3 Parvati, *Bronze, 10. Jh. New York, Metropolitan Mus. of Art*

4 *Wiederbelebungs-Tanz der* Kali *auf dem leblosen Körper ihres Gatten Shiva*

5 *Familienbild:* Shiva *und* Parvati *sowie deren Kinder* Karttikeya *und* Ganesha, *1790. London, Victoria & Albert Mus.*

6 Apsara, *Sigiriya/Ceylon, Wandmalerei, 5. Jh.*

7 Yakshi, *9. Jh. Gwalior, Archeological Mus.*

1

4

2

3

Vajrayogini. Letzterer Name meint die Göttin im Yogasitz auf dem liegenden Paar Kāma und Rati (→S. 200), das die Leidenschaft verkörpert.

3. Den Übergang vom gütigen zum grimmigen Aspekt kennzeichnet die Göttin als *Durgā* (sanskr. »die Schwer- bzw. Unzugängliche«). Sie wird bei den Shāktas (→Shaktismus S. 196) als höchste Gottheit insbesondere von den breiten Volksschichten Assams, Bengalens und des Dekhan verehrt. Durgā gilt als Kämpferin gegen die Dämonen und Feinde der Götter. Als die Götter nach einem hundertjährigen Krieg mit den Dämonen unterliegen, kämpft sie allein auf Bitten der Götter mit deren Waffen gegen das Heer der Dämonen weiter. Mit dem Dreizack Shivas, der Wurfscheibe Vishnus, dem Speer Agnis, dem Donnerkeil Indras, mit Schild und Schwert Karttikeyas, dem Streitkolben Kuberas, dem Köcher voll Pfeilen Sūryas, der Schlinge Varunas, dem Bogen Vayus, der Streitaxt Vishvakarmas und dem Stab Yamas besiegt sie den büffelgestaltigen König der Dämonen Mahisha, dessen Namen sie fortan übernimmt als *Durgā Mahishamardini*. Der Durgā-Mythos ist eine Umschreibung von Stierjagden und Stieropfern. Zu Ehren der Göttin werden blutige Tieropfer dargebracht, und ihr Hauptfest Durgapuja wird festlich begangen.
4. Ihren zerstörerischen und schrecklichen Aspekt kennzeichnen die Namen *Bhairavi* (»Schreckliche«), *Candi/Candika* (»Grausame, Wilde«), aber vor allem *Kali* (sanskr. »die Schwarze, Zeit«) als Herrin der Zeit und Göttin des Todes, die alles Leben verschlingt, da der Tod die Voraussetzung für neues Leben und das Funktionieren des durch das *karman* bedingten Kreislaufs ist. Kali ist nach Durgā der Hauptname der Göttin und Gattin Shivas, mit dem sie gewöhnlich auf ihm stehend oder den linken Fuß auf ihn setzend dargestellt wird. Sie hat

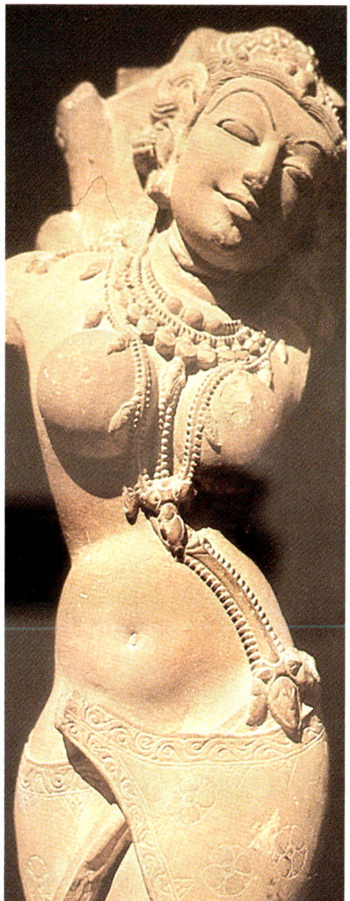

7

eine schwarze Hautfarbe, acht Hände, eine heraushängende Zunge und eine Schädelkette um den Hals und tanzt auf den Leibern gefallener Feinde und Dämonen. Sie gilt als Schutzgöttin von Kali-ghāta/Kalkutta, wo in ihrem Tempel die zweite Zehe ihres linken Fußes als Reliquie verehrt wird und wo ihr zu Ehren täglich Hunderte und an Festtagen Tausende von Ziegen geopfert werden.

Weitere Beinamen der schwarzen Göttin Kali sind *Mahākali* (»große Schwarze, Ewigkeit«) *Kalikamata* (»schwarze Erdenmutter«) und *Kalaratri* (»schwarze Nacht«). Letzterer Name meint die mythologische Verkörperung einer Daseinsnacht, in der zur Zeit der Schöpfung bzw. Zerstörung der Welt der Kosmos verhüllt bleibt.

5. Den fünften, den fleischlos-skelettartigen Aspekt unterstreichen die Namen *Chamunda* (»Herrin des Todes«), bezogen auf die von der Göttin besiegten Dämonen Chanda und Munda, sowie *Shitala* (»Herrin der Epidemie, Pockengöttin«).

Die zahlreichen Namen der Göttin Durgā kennzeichnen den Versuch, die ursprünglich selbständig verehrten älteren weiblichen Muttergottheiten mit der einen komplexen Shakti und Gattin Shivas zu verbinden.

Ganesha oder *Ganapati* (»Herr über Scharen«) ist die beliebteste Gottheit der Hindus und gilt als der ältere der beiden Söhne Shivas und Parvatis. Dieser ursprünglich totemistische Fruchtbarkeitsgott gilt als Patron der Literatur und Wissenschaft, aber vor allem als Beseitiger von Hindernissen, der um Erfolg und Sieg angerufen wird. Gemäß dem Diktat des Weisen Vyāsa soll er das Mahābhārata (→S. 217) geschrieben haben. Dargestellt wird er als dickbäuchiger Zwerg mit einem Elefantenkopf, drei Augen und nur einem Stoßzahn, da er den anderen im Kampf mit Parashurama verloren hat. Er kann alle Hindernisse am Weg der Erlösung beseitigen und durch alle Gefahrenzonen dringen wie ein Elefant durch den Dschungel.

Shivas und Parvatis jüngerer Sohn ist *Skanda* oder *Kārttikeya,* manchmal auch *Kumāra* (»Jüngling«) oder in Südindien *Subrahmanya* genannt. Dieser ursprünglich brahmanische Kriegsgott – ein Symbol für Jugend und Kraft – gilt als Anführer der Götterheere und Schutzgenius des Planeten Mangala (Mars).

Niedere Gottheiten und Dämonen

In der gesamten Natur manifestieren sich göttliche Mächte, so daß die Zahl der niederen Gottheiten, Halbgötter, heiliger Tiere und Pflanzen fast unzählbar ist.

So erklärt es sich, daß im *Mahābhārata* im Unterschied zu den 33 vedischen Göttern insgesamt 33 333 göttliche Wesen gezählt werden. Mit Ausnahme der Hochgötter Vishnu und Shiva beträgt die Lebenserwartung dieser Götter eine Weltperiode (311 040 Milliarden Menschenjahre).

WELT UND ERLÖSUNG

Weltbild und Weltprozeß

Das Weltbild des H. ist durch die Siebenzahl bestimmt. Von Brahmā, dem Demiurgen, ist die Welt in Ei-Form (*Brahmānda* = »Ei Brahmās«) geschaffen worden. Die obere Hälfte des Welteis besteht aus sieben Schichten, von denen die Erde, der Luftraum und der Himmel eine Dreiwelt *(Triloka)* bilden, über der sich vier zunehmend feiner werdende Himmelsregionen erstrecken. Die oberste Schicht heißt *Satya-* oder *Brahmāloka* (»Welt der Wahrheit«, bzw. »Welt Brahmās«). In den über der Erde gelegenen Weltschichten wohnen Götter und Geister. Die untere Hälfte des Welteis besteht aus sieben Unterwelten *(Pātālas),* die stockwerkartig übereinander liegen und von Dämonen und Schlangengeistern *(Nāgas)* bewohnt werden. Unterhalb des kosmischen Eis befindet sich der Weltozean mit den darunter liegenden Höllenregionen.

Auf der Erde gibt es sieben durch sechs Ringmeere getrennte Kontinente, von denen sechs sich ringförmig um den zentralen *Jambūdvīpa* (»Kontinent des Rosenapfelbaums«) legen. In der Mitte erhebt sich der goldene Weltberg *Meru* (Kailash in Tibet), gleichsam die Achse des Alls, um die Gestirne und Planeten kreisen. Den Jambūdvīpa teilen sechs Gebirgszüge in sieben Zonen *(varsha),* von denen im Süden *Bhārata-varsha* (ein den Menschen bekannter Teil der Erde, zu dem Indien gehört) liegt, benannt nach den Nachkommen des Königs Bhārata (Mahābhārata, →S. 217).

Während auf sechs Kontinenten und in sechs Zonen des siebten Kontinents Jambūdvīpa glückliche Verhältnisse herrschen, findet in der siebten Zone, Bhārata-varsha, des siebten Kontinents ein stetiger Wechsel von vier (guten oder schlechten) Zeitaltern *(yugas)* statt, die nach den Würfen eines Würfels als *krita* (»vier Augen«), *treta* (»drei Augen«), *dvapara* (»zwei Augen«) und *kali* (»ein Auge«) benannt sind. Gemäß den Purānas (→S. 217) und dem Mahābhārata gilt das *kritayuga* als goldenes Zeitalter, in dem die Menschen tugendsam und glücklich leben. Im *tretayuga* nehmen die Tugenden ab, und Begierden und Streben nach Besitz treten auf. Im *dvaparayuga* nehmen Gier und Betrug weiter zu. Das *kaliyuga,* in dem die Menschen sich jetzt wieder befinden, ist das schlechteste Zeitalter. Es begann mit dem Tode Krishnas am 17. 2. 3102 v. Chr. Durch eine neue Inkarnation Vishnus in ca. 427 000 Jahren wird das nächste goldene Zeitalter *(kritayuga)* eingeleitet. Die vier Zeitalter *(yugas)* bilden ein Großzeitalter *(mahāyuga),* das sich aufteilen läßt:

kritayuga	=	4 800 Götterjahre
tretayuga	=	3 600 Götterjahre
dvaparayuga	=	2 400 Götterjahre
kaliyuga	=	1 200 Götterjahre
mahāyuga	=	12 000 Götterjahre

Die Spanne zwischen Entstehung und Auflösung einer Welt umfaßt 1 *kalpa* oder 1 Tag Brahmās, d.h. 1000 *mahāyugas* (= 12 Millionen Götterjahre = 4320 Millionen Menschenjahre). Wenn 1 Tag Brahmās bzw. 1 *kalpa* zu Ende geht, setzt die »dazwischenliegende« Auflösung *(avantrapralaya)* der Welt durch Brand und Wasser ein, und das kosmische Ei kehrt zu seinem Ursprung zurück. Auf einen Tag Brahmās folgt eine ebenso lange Nacht Brahmās, während der die Welt im Ruhezustand verharrt. 360 Tage und 360 Nächte Brahmās bilden 1 Jahr Brahmās, und 100 Brahmā-Jahre währt die Lebenszeit eines Brahmās. Dieser Zeitraum ist ein *para* und umfaßt einen Weltzyklus. Nach einem *para* (= 100 Brahmā-Jahre = 72 000 Brahmā-Tage und -Nächte bzw. *kalpas* = 72 Millionen *mahāyugas* = 311 040 Milliarden Menschenjahre), also nach 311 040 Milliarden Menschenjahren, beginnt stets die *große* Auflösung *(mahāpralaya)* der Welt durch einen Weltenbrand, bei dem vom kosmischen Ei, das die Phasen der Geburt, des Alterns und des Todes durchläuft, nichts mehr übrigbleibt. Nach einer Lebensdauer von 100 Brahmā-Jahren endet ein Weltzyklus mit seinem Untergang, dem ein neuer Weltzyklus mit einer neuen Schöpfung durch einen anderen Demiurgen folgt.

Während die Welten für den Hindu in einem ewig wiederkehrenden Prozeß entstehen und vergehen, bleibt nur das schöpferische Urprinzip, das *brahman,* weiter bestehen, das nach einem Ruhezustand einen neuen Zyklus des Werdens und Vergehens entstehen läßt.

Die meisten Richtungen des H. nehmen ein einziges Urprinzip der Welt an. Dieses »Eine« und ungeteilte Ganze ist eigenschaftslos, unveränderlich, formlos, namenlos, zeitlos und ewig. Bei der Hervorbringung der Welten entfaltet sich das »Eine« total oder teilweise zu einer geteilten Vielheit. Die auf diese Weise entfaltete Erscheinungswelt ist ausgestattet mit Eigenschaften, Formen, Namen, Zeit und Vergänglichkeit. Während das *brahman* das absolute Sein ist, erscheint die materielle Welt als *māyā* (sanskr. »Zauber, Schein«). *Māyā* mit ihren vielen Formen erscheint in Menschen-, Tier-, Pflanzen- und Gesteinsgestalten und drückt sich dazu in Gegensätzlichkeiten wie Mann und Frau, gut und böse, Lust und Qual, heiß und kalt aus. Diese Gegensätze der *māyā*-Welt können erst im *moksha* (→S. 206), der Erlösung, aufgelöst werden.

Die aus *brahman* hervorgehende *māyā* gleicht der Hitze des Feuers. Zwar ist die Hitze kein Feuer, doch sie strahlt von ihm aus und besteht nicht ohne das Feuer. Da wir diese materielle Welt undeutlich und nur mit unzulänglichen Sinnen wahrnehmen, gewissermaßen wie durch einen Schleier, täuscht uns *māyā* häufig. Jedoch ist sie keine reine Illusion, da sie einem Traum gleicht, dessen Bilder für den Träumenden wirklich sind, jedoch nur für ihn und nur für die Zeit des Traums.

Nach Ablauf einer Weltperiode kehrt die geschaffene Erscheinungswelt durch Zerstörung wiederum zu ihrem Ursprung, zu *brahman,* zurück, und wenn nicht vergoltenes *karman* zu neuem Werden und Entstehen drängt, beginnt ein neuer Weltzyklus von 311 040 Milliarden Menschenjahren, und alle Lebewesen erscheinen in den ihnen aufgrund ihrer eigenen Taten zustehenden Formen. Dieser Vorgang des Entstehens und Vergehens wiederholt sich immer und immer wieder bis in alle Ewigkeit. Die monistischen Richtungen im H. verstehen das Urprinzip der Welt als Gottheit, die anderen als Weltgeist oder Urmaterie, wobei die Bezeichnungen das »Eine«, Absolute, *brahman,* Gott, Weltgeist oder Urmaterie nur verschiedene Namen für das eine Urprinzip der Welt sind. In der theistischen Mythologie erscheint das *brahman* als Schöpfer der Welt in der Gestalt des Brahmā (→S. 197), als Erhalter in der des Vishnu (→S. 197) und schließlich als Zerstörer in der des Shiva (→S. 200).

Im Unterschied zu den monistischen Richtungen, die die Welt auf ein einziges Urprinzip zurückführen, denkt die *Samkhya*-Philosophie (→S. 188) dualistisch. Nach ihr gibt es zwei wesensverschiedene Urprinzipien, den Urgeist *(purushu)* und die Urmaterie *(prakriti).* Durch das Spiel ihrer drei Eigenschaften *(gunas)* bringen sie zunehmend gröbere Elemente hervor, von denen die letzten fünf gröbsten Elemente (Äther, Luft, Feuer, Wasser, Erde) das »Ei des Brahmā« bilden.

Der Weg zur Erlösung

Die Seele ist einem ewigen Geburtenkreislauf *(samsāra)* unterworfen, durch den der Mensch in die belebte Natur der Tiere und Pflanzen einbezogen ist. Wenn die Seele den Körper eines Sterbenden verläßt, dann muß sie sich mindestens drei Menschenalter im Mond aufhalten und kehrt dann auf ihrem Weg der Seelenwanderung in den Körper eines neu entstehenden Lebewesens auf die Erde zurück – wobei das *karman* (sanskr. »Tat, Werk«) den Rang und die Art der Wiedergeburt bestimmt –, um in dieser neuen Existenz die Frucht der vergangenen guten Taten zu ernten oder die bösen Werke zu büßen. Nach Überzeugung der Hindus wird die Weltordnung von einem sittlichen Prinzip bestimmt, das im *karman,* dem Gesetz der Vergeltungskausalität, seinen Ausdruck findet. Jede ethisch positiv oder negativ zu bewertende Tat trägt von selbst den Keim der Vergeltung entweder zur Belohnung oder zur Bestrafung in sich, der, falls er in diesem Dasein nicht mehr aufgeht, so doch auf jeden Fall in einem künftigen Lebenslauf seine Früchte tragen wird. Dieses *karman* begleitet die Seele selbst über Weltuntergänge hinweg. Da jedes Dasein die Taten eines früheren Lebens zur Voraussetzung hat und jedes Tun wiederum die Grundlage zu einer Wiedergeburt legt, ist der *karman*-Prozeß ohne Anfang und

= 1 728 000 Menschenjahre
= 1 296 000 Menschenjahre
= 864 000 Menschenjahre
= 432 000 Menschenjahre
= 4 320 000 Menschenjahre

ohne Ende, es sei denn, daß kein neues *karman* erzeugt bzw. bestehendes getilgt wird. Diese Lehre von *samsāra* und *karman* bildet die Erklärung für die Kastenordnung (→S. 208).

Für den Hindu gibt es mehrere Ebenen des Unheils und Heils. An erster Stelle steht zwar das Unheil, das im Leben eines jeden täglich auftreten kann, wie Dürre, Mißernte, Krankheit, Unfruchtbarkeit usw., und das Entrinnen aus diesem Unheil hin zum Heil. Aber das eigentliche Heil ist das Entrinnen aus dem Kreislauf der Wiedergeburten nach dem Aufzehren des *karman*. Über die Wege der Erlösung als Befreiung aus der Kette der Wiedergeburten gibt es verschiedene Auffassungen, die vom Gottesbegriff und den Meinungen über den Ursprung der Welt abhängen, zu dem alle Lebewesen zurückkehren. Die Wege zum Heil, die *yoga* oder *marga* (sanskr. »Weg«) heißen, schließen einander nicht aus, sondern sind sogar kombinierbar:

1. *tantra-marga (yoga)*
   = Weg der magischen Riten
2. *yoga-marga*
   = Weg der leiblich-seelischen Übungen
3. *karman-marga (yoga)*
   = Weg der Werke
4. *jñana-marga (yoga)*
   = Weg der Erkenntnis und Einsicht
5. *bhakti-marga (yoga)*
   = Weg der Gottesliebe

Die letzten drei sind die bedeutendsten. *Karman-marga* ruft zum Handeln auf und führt über rituelle oder ethische Werke zur Erlösung. Dieser Weg kann von jedem Hindu begangen werden. In der *Bhagavadgītā* fragt sich der Krieger Arjuna, ob er auf dem Schlachtfeld viele töten müsse. Krishna gibt ihm den Rat, seine Pflicht als Krieger zu tun: »Tu deshalb ohne Hinneigung immer das, was deine Pflicht dir vorschreibt; denn indem der Mensch so handelt, erreicht er das Höchste!« *Jñana-marga,* der in der monistischen Vedanta-Philosophie (→S. 189) empfohlene Weg, wird von Neo-Vedanta, der →Transzendentalen Meditation und anderen als Weg zum Heil empfohlen. Dieser Heilsweg, der nur von philosophisch Geschulten begangen werden kann, führt weg von der Unwissenheit, von der Verstrickung in die Illusion der Erscheinungen hin zum absoluten Wissen, das über alle Religionen hinausgeht. Der dritte für den H. charakteristische Heilsweg geht über die *bhakti* (sanskr. »liebende Hingabe, vertrauende Zuneigung«) und meint die unbegrenzte Hingabe und Liebe, das absolute Vertrauen auf die Güte eines Heilandgottes. *Bhakti* ist ein Hauptbegriff der vishnuitischen Theologie, die die Erlösungshoffnung auf und das Vertrauen in Vishnus rettende Gnade setzt. *Bhakti* ist »die mit Liebe verbundene Überzeugung, daß Gott über allem steht«. Der Gottergebene ist der *bhakla*. Gegensätzlich sind im Vishnuismus nur die Ansichten darüber, ob der Mensch an seinem Heil aktiv mit der göttlichen Gnade mitwirken soll (Synergismus der »Affenschule«, nach der der Mensch sich an Gott anklammern muß nach Äffchenart, gleichsam wie ein Äffchen an seine Mutter), oder ob er – dazu unfähig – passiv abwarten und allein auf die Gnade Gottes vertrauen muß (Monergismus der »Katzenschule«, nach der der Mensch gleichsam wie ein Kätzchen von seiner Mutter am Nackenfell fortgetragen wird). Wer sich in großer Liebe und vollkommenem Gehorsam dem Heilandgott hingibt, verschmilzt mit ihm. Dieses Auf- bzw. Untergehen in der Gottheit ist das Ziel des *bhakti-marga*. Von dem Philosophen Rāmānuja (1050–1137) propagiert, ist *bhakti* insbesondere für vishnuitische und krishnaitische Schulen die Quintessenz ihrer Religion und wird in der religiösen Lyrik unter dem Symbol Rādhās zu Krishna besungen. Hauptschrift ist die *Bhagavadgītā* (→ S. 217).

Gemeinsames Ziel aller Wege *(marga, yoga)* ist *mukti* bzw. *moksha* (sanskr. »Befreiung, Erlösung«), d.h. die Lösung des *atman* (sanskr. »Selbst, Einzelseele«) aus dem Körper und der *māyā*-Welt der Formen sowie die Erreichung des *brahman* (sanskr. »absolutes Selbst, Weltseele«), in dem alle Gegensätze von Gut und Böse, Göttern und Menschen, Lebewesen und Dingen, Mann und Frau aufgelöst sind. Die *Upanishaden* verkünden von diesem *brahman:*

Du bist die Frau. Du bist der Mann.
Du bist die dunkelblaue Biene und der grüne Papagei mit den roten Augen.
Du hast den Blitz zum Kinde.
Du bist die Jahreszeiten und du bist die Meere.
Du bist alles durchdringend, allgegenwärtig.
Alles, was ist, wurde aus dir geboren.

Im Unterschied zum *brahman,* dem absoluten Selbst, ist *atman* das individuelle Selbst. Die individuelle Seele wird während ihrer Seelenwanderung (je nach den verschiedenen Schulen) entweder als eine illusorische Individualisierung des Absoluten gesehen oder als real existent. Und die Erlösung ist danach entweder das Aufgehen des *atman* im *brahman* – unter Verlust der illusorischen Individualität – oder das ewige Weiterleben des *atman* beim *brahman*. Letzteres wird im theistischen Sinn als persönlicher Gott, im philosophischen Sinn als unpersönlicher Weltgeist oder im atheistischen Sinn als Urmaterie gesehen.

Die Vishnuiten (→S. 192) glauben an die Individualität der Einzelseelen und an das Weiterexistieren der aus dem Kreislauf der Seelenwanderung befreiten individuellen Seelen in der Gottesnähe. Die *bhakti*-Richtung sieht die Erlösung in der Verschmelzung der Seele mit dem persönlichen Gott. Für das monistische Vedanta-System (→S. 189) ist *moksha* das Bewußtsein, daß *atman* mit dem *brahman* identisch ist. Nach dem Samkhya-System (→S. 188) geht es bei der Erlösung um die Isolierung des ewigen *purusha* aus dem Griff der *prakriti*-Natur. Für die Shivaiten (→S. 194) heißt das Erlösungsziel *duhkhanta* (sanskr. »Ende des Leidens«) und meint vor allem das Erlangen übernatürlicher Kräfte. Nach den Shāktas (→S. 196), die die Identität von Gott und

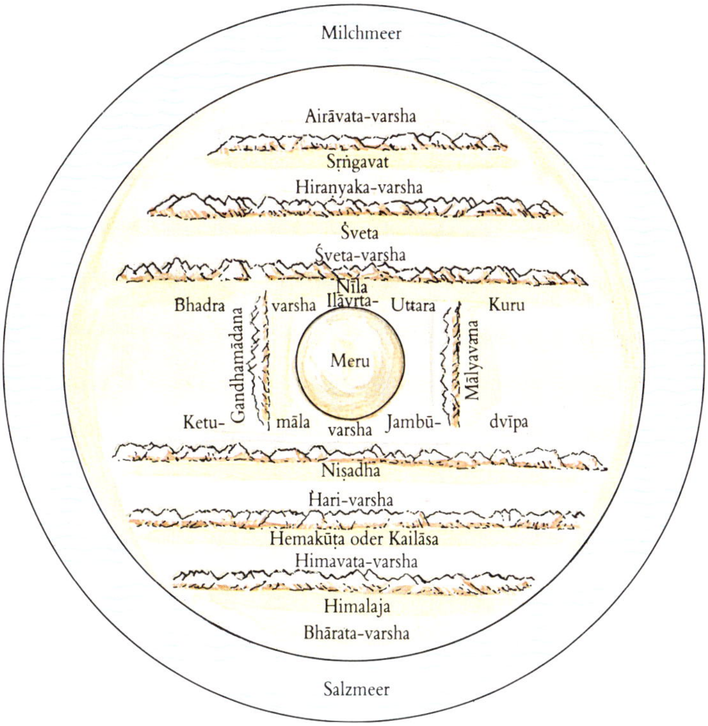

Hinduistisches Weltbild *nach dem Mahābhārata*

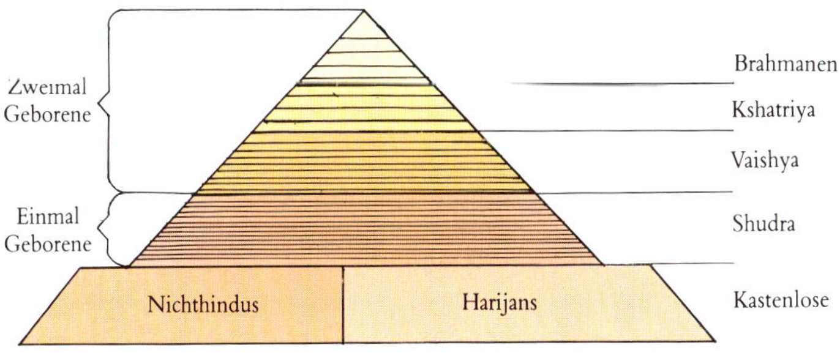

Diagramm der Kastenpyramide

Rad *am Sūrya-Tempel, der die Form eines mit Pferden bespannten und mit Rädern versehenen Wagens hat, 1250. Konārak*

Einzelseele lehren, erreicht ein Shākta, der sich durch entsprechendes Verhalten aus der Finsternis gelöst hat, die höchste Stufe des *kaulācāra* und ist reif für die Erkenntnis der ewigen Shakti.

Terminologisch spricht man anstelle von *brahman – atman* in einigen Richtungen von *paramātman* (sanskr. »höchstes Selbst«), dem Absoluten, und *jivātman* (sanskr. »lebendiges Selbst«), der Einzelseele. Bei den Shivaiten heißt Gott *pati* (»Hausherr«) und die Einzelseele *pashu* (»Haustier«). Diese drei Bezeichnungen *atman, jivātman* oder *pashu* meinen nicht eine aktive, bewußte Seele, sondern das passive, unbewußte Selbst. Eben die Täuschung, daß *atman* handelt, fühlt und denkt, ist die Hauptursache des *samsāra,* und erst die vollständige Trennung des Selbst von allen psycho-physischen Vorgängen bedeutet *moksha*.

Wenn der Zustand der Erlösung, der Ruhe und des Friedens erreicht ist, löst sich die *māyā*-Welt auf, und der Erlöste wird ganz still. Die »Stillen« können nicht über ihre diesbezüglichen Erfahrungen sprechen, denn darüber sprechen hieße, sich in Gegensätzen bewegen. »Wer das *brahman* erkannt hat, schweigt, und wer meint, es zu erkennen, hat es nicht erkannt.« In seinem Zustand der Erlösung mag der Erlöste zwar physisch noch weiter in der Welt leben, aber geistig ist sein *atman* zum *brahman* zurückgekehrt. *Jivan-mukta* (sanskr. »lebendig Erlöster«) heißt ein Heiliger, der schon im irdischen Leben die Erlösung vom Kreislauf der Wiedergeburten erlangt hat, so daß er im Fall des Todes »zu *brahman* wird«.

Aber nicht erst am Ende des Erlösungsweges ist die Seele bei der Gottheit, wie die *avatāras* (sanskr. »Herabstiege«) belehren. Diese Lehre, daß der transzendente Gott in die immanente irdische Welt durch seine periodischen Verkörperungen/Inkarnationen herabsteigt, um in Zeiten der Gesetzlosigkeit einzugreifen und den zu erlösenden Menschen als Erlösergestalt hilfreich beizustehen, ist vor allem bei den Vishnuiten entfaltet und systematisiert worden. Später wurde diese Lehre von den Shivaiten übernommen, erlangte aber keine wesentliche Bedeutung.

Pflichten und verdienstvolle Handlungen

Da die Welt von einem ewigen Weltgesetz *(dharma)* durchwaltet wird, das als Prinzip alles hält und trägt und das sich in allen Bereichen des Lebens – im Kosmos wie in der Gesellschaft – äußert, fordern alle philosophischen und religiösen Schulen eine Verpflichtung zum Handeln in Übereinstimmung mit dieser ewigen Weltordnung. So ist *dharma* (sanskr. »Harmonie, Ordnung, Regelmaß«) der zentrale Begriff der hinduistischen Ethik.

Es gibt einen *dharma* für die Sonne, die täglich auf- und untergeht, einen *dharma* für den Fluß, der dem Meer zufließt, und einen *dharma* für den Menschen, der als Regel für sein Handeln jeden verpflichtet. Jeder Hindu, durch sein *karman* in eine bestimmte Kaste hineingeboren, ist für diese Lebenszeit an den *dharma* seiner Kaste (→Kastenordnung, folgende Spalte), an bestimmte Pflichten, gebunden. Da jede Kaste ihren eigenen *dharma* hat, sagt die *Bhagavadgītā* (→S. 217): »Es ist besser, seine eigene Pflicht zu erfüllen, wenn auch unvollkommen, als die Pflicht eines anderen, wenn auch noch so vollkommen.«

Die jeder Kaste eigenen Tugenden und Pflichten heißen *swadharma*. Untereinander sind die Mitglieder einer Kaste durch strenge Vorschriften bezüglich Beruf und Ehe, Brauch und Sitte, Essen und Trinken verbunden und gegenüber denen anderer Kasten abgegrenzt. Als Hauptgebote gelten: eine Heirat nur innerhalb der eigenen Kaste, die Ausübung eines nur für die eigene Kaste erlaubten Berufes und das Einnehmen der Mahlzeiten nur zusammen mit Angehörigen derselben Kaste. Das *varnadharma* ist die Gesamtheit der Pflichten: eines Kastenmitgliedes.

Je höher ein Hindu aufgrund seiner Kastenzugehörigkeit in der sozialen Rangordnung steht, desto strenger sind die für ihn geltenden Kastenvorschriften. So dürfen z.B. die Angehörigen niederer Kasten teilweise Fleisch essen, was denjenigen höherer Kasten verboten ist, da für diese das Gebot des Nichtverletzens *(ahimsa)* gilt. Welche Pflichten im einzelnen zu erfüllen sind, beschreiben die *dharma*-Bücher, unter denen das →*Gesetzbuch des Manu* (→S. 216) das bekannteste ist. Sie zählen die für alle Kasten, Hauptkasten wie Unterkasten, verbindlichen Normen auf.

Zusätzlich zu den Pflichten werden freiwillige Handlungen empfohlen, durch die man sich Verdienste *(punya)* erwerben kann. Dazu gehören Schenkungen an Brahmanen, Stiftungen von Brunnen und Rasthäusern, Speisungen der Armen und Gelübde *(vrata)* des Verzichts auf bestimmte Sachen oder Gewohnheiten für einen Zeitraum. Zu den erhabensten Idealen gehören Liebestätigkeit, Mitleid und Gewaltlosigkeit. Zu ethischen Lebenszielen gehören aber auch neben *kama* (sanskr. »Genuß«) das Streben nach Nützlichem, *artha* (sanskr. »Wohlfahrt«), d.h. nach Gütern und Gewinn.

Kastenordnung

Die Hindugesellschaft weist eine religiös begründete klare Struktur nach Ständen und Kasten auf. Die auf der Grundlage der vier Kasten (*varna;* sanskr. »Farbe«), wie Priesterstand, Kriegerstand, Bauernstand, Dienerstand, entstandenen 2000 bis 3000 Unterkasten (*jati;* sanskr. »Geburt«) haben sich infolge der weiteren Spezialisierung der Berufe entwickelt.

Die Zugehörigkeit des Hindu zu einer der Unterkasten ist durch seine Herkunft festgelegt. Diese Kastenordnung (portug. *casta* = »Rasse, Stamm, Stand«) ist für einen Hindu heilig und ewig. Sie steht in engem Zusammenhang mit der Vorstellung vom *karman* (→S. 205). Da der Mensch ein Gefangener im *samsāra* (→S. 205), dem Kreislauf der Wiedergeburten, ist, bestimmt das Gesetz des *karman* die Zugehörigkeit zu einer bestimmten Kaste. Zwischen zwei Leben kann ein Mensch als Gott im Himmel oder als Dämon in der Hölle weilen, aber schließlich kehrt er in dieses Erdenleben zurück, indem er in eine höhere oder niedere Kaste (oder aber in eine nichtmenschliche Lebensform) hineingeboren wird. Eine Ablehnung der Kastenordnung käme einer Auflehnung gegen die ewig gültige Weltordnung gleich. Vielmehr sichert die Erfüllung der Kastenvorschriften eine bessere Wiedergeburt und letztlich die Erlösung. In eine Kaste des H. wird man also nicht aufgenommen, sondern – allein aufgrund der eigenen Taten in den vorausgegangenen Leben – hinein(wieder-)geboren. Das Kastensystem bestimmt das Verhältnis der Menschen zueinander. In diesem System kennt jeder von Kindheit an seinen Platz und verhält sich dementsprechend gegenüber Gleichen, Höheren oder Niederen.

An der Spitze der vier großen Kastengruppen stehen die *Brahmanen,* die häufig den Priesterstand bilden. Sie verkörpern die geistliche und geistige Macht, und ihre Aufgabe ist es, die Opferrituale zu zelebrieren und die Lehre zu vermitteln.

Als die Gesellschaftsform der in Indien eingewanderten Arier sich unter der Einwirkung von völkischen und klimatischen

Gegebenheiten aus einem kriegerischen Stammesverband von Eroberern zu einem mehr seßhaften Volk entwickelt, für dessen Schicksal es angesichts eines Monsunklimas von entscheidender Bedeutung ist, daß die für eine Ernte und die Viehbestände notwendigen Regenfälle eintreten, werden die Priester mit ihren Opferritualen wichtiger als die nicht mehr so notwendigen Krieger. So verdrängt der Priesterstand seit dem →Brahmanismus den Kriegerstand von seiner ersten Stelle in der Kastenordnung und wird seitdem als »Kopf des Volkes« bezeichnet.

Die Stellung der anderen Kasten in der Gesellschaft wird letztlich durch deren Beziehung zum Brahmanenstand bestimmt. Eine Kaste, von der ein Brahmane im Wasser gekochte Nahrung annimmt, steht höher in der Gesellschaftsordnung als eine Kaste, von deren Angehörigen er nur ohne Wasser gekochte Nahrung entgegennimmt. Und derjenige, von dem ein Brahmane überhaupt keine Nahrung annimmt, steht noch tiefer.

Wenn die Brahmanen größere Privilegien haben, so sind ihnen auch größere Verpflichtungen auferlegt als den anderen, und ihre Verfehlungen gelten als besonders schwerwiegend. So glaubt man, daß ein geldgieriger Brahmane im nächsten Leben als Schwein wiedergeboren wird. Einem Brahmanen ist das Gebot des Nichttötens *(ahimsa)* und des Nichtverletzens auferlegt, und er darf deshalb z.B. kein Fleisch essen und keine Eier wegen des möglicherweise keimenden Lebens. Den Brahmanen, deren Kaste sich wie andere in viele Unterkasten gliedert, ist wie den Mitgliedern anderer Kasten das Eingehen einer Ehe nur innerhalb ihrer eigenen Kaste erlaubt.

Die vier Lebensstadien im Leben eines Brahmanen, *ashramas,* sind wie seit den Zeiten des →Brahmanismus: das Leben als Schüler, Hausvater, Einsiedler und Wanderasket, für das jeweils bestimmte Regeln bestehen.

Auf die Brahmanen folgen in absteigender Reihenfolge die *kshatriya.* Diese Kaste der Herrschenden, des Adels und der Krieger hat die Aufgabe, für die Ordnung im Volk zu sorgen. Sie werden seit alter Zeit als die »Arme des Volkes« bezeichnet. Ursprünglich stand der Kriegeradel an der Spitze der Kastenordnung vor den Brahmanen. Da aber in friedlichen Zeiten die Kriegerkaste weniger wichtig ist, verlor sie ihre Spitzenstellung.

Die dritte Kaste bilden die *vaishya,* die sich »auf dem Wege zur Selbständigkeit befinden«, und diese, meist Bauern, Handwerker und Händler, werden als die »Schenkel des Volkes« angesehen.

Die unterste der vier Kasten bilden die *shudra,* zu der vor allem die Arbeiter gehören. Gegenüber den drei ersten, arisch reinen Kasten sind sie die sozial abgesunkenen Arier, die sich mit der Urbevölkerung der Dravidas vermischt hatten. Sie werden in den heiligen Schriften als die »Füße des Volkes« bezeichnet.

So tief, daß sie aus dem Rahmen des Kastensystems herausfallen – also *outcasts,* Ausgestoßene, sind –, stehen die »unberührbaren« *Parias* (*paraiyar* = »Trommler«). Die ursprüngliche Bezeichnung von Angehörigen einer südindischen Kaste von Trommlern bei Leichenbegängnissen wird später von den portugiesischen Kolonialherren auf alle »Unberührbaren« übertragen. Die Vorstellung von »Unbe-

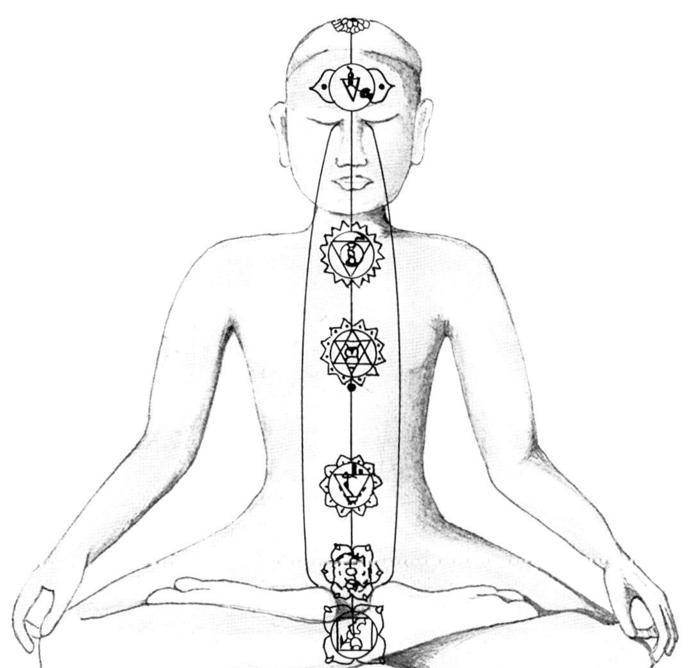

Yogi *(chakras nach der Yoga-Lehre)*

rührbaren« hat sich aus dem Begriff des rituell Unreinen entwickelt. Als rituell unrein galten alle Berufe, die mit Geburt (Ärzte, Hebammen) und Tod (Scharfrichter, Leichenverbrenner, Metzger, Abdekker, Lederverarbeiter) zu tun haben oder mit Verschmutztem in Berührung kommen (Straßenreiniger, Wäscher). Während sich die Kaste der Kastenlosen in eine Hierarchie von vielen Unterkasten gliedert, werden alle ihre Angehörigen von den Angehörigen der vier Kasten als »Unreine« angesehen. Da schon ihr Blick und Schatten unrein machen, gelten für die Kastenlosen besonders strenge Bestimmungen. Sie müssen außerhalb der Gesellschaft einer Stadt und eines Dorfes leben und dürfen keine öffentlichen Wege oder Brunnen benutzen und auch in keinem öffentlichen Geschäft einkaufen. Sie dürfen die heiligen Schriften weder lesen noch hören und auch keinen Tempel betreten.

Mahātmā Gāndhī (1869–1948) hat zwar für die ca. 65 Millionen »Unberührbaren« die Gleichheit vor dem bürgerlichen Gesetz erreicht, aber die religiösen Kastenschranken für die *harijans* (sanskr. »Gotteskinder, Krishnakinder«), wie er die Kastenlosen benannte, nicht abgeschafft. Das Kastensystem als solches hat Gāndhī nicht in Frage gestellt, sondern nur deren Auswüchse bekämpft. Obwohl die Verfassung des indischen Staates die Vorrechte und Benachteiligungen des Kastensystems theoretisch aufgehoben hat, konnten jedoch die weiterhin geltenden Praktiken nicht beseitigt werden.

RITUALE

Feste und Feiern

Der Jahreskreis wird von zahlreichen Festen geprägt. Abgesehen von einigen Festen wie Holi, Dussehra und Divali, die in ganz Indien gefeiert werden, hat die Mehrzahl der Feste nur regionale oder örtliche Bedeutung. Eines der wichtigsten Feste eines jeden Ortes ist sein *Tempelfest.* Dabei wird der riesige, prachtvoll geschmückte Tempelwagen, der mit Bildern und Statuen der Gottheiten geschmückt ist, durch die Ortschaft, die Stadt oder das Dorf gezogen. Eines der bekanntesten Tempelfeste ist das *Wagenfest* von Puri/Orissa zu Ehren Vishnus als des Jagannatha (»Herr der Welt«) sowie seines Bruders Balarama und seiner Schwester Subhadra.

Die großen *Melas,* Jahrmärkte, sind Treffpunkte von Sadhus und Swamis, Theologen und Philosophen, Asketen, Pilgern und Bettlern. Da es den Hindus Segen bringt, wenn sie einen heiligen Mann sehen oder ihn gar berühren, strömen sie zu Tausenden zu den Versammlungsplätzen der Gurus, um *darshan* (»Begegnung mit dem Heiligen«) zu erleben. Unter den Melas gehört der *Kumbha Mela* (»Mela des Gefäßes«), das der Reihe nach alle 12 Jahre in Prayag/Allahabad, Hardwar, Ujjain oder Nasik gefeiert wird, zu den bedeutendsten. Die Legende erzählt von einem Kampf zwischen Göttern und Dämonen um ein heiliges Gefäß mit dem Unsterblichkeitstrank, aus dem 12 Tropfen auf die Erde und 4 davon auf die genannten Orte Indiens fielen. Diese 4 Orte waren zudem Rastplätze eines göttlichen Vogels während seines zwölftägigen Fluges vom Milchozean zum Paradies. Jeder dieser heiligen Tage war ein Erdenjahr lang. Deshalb wird Kumbha Mela alle 12 Jahre einmal in einem dieser Orte gefeiert. In Allahabad gab es bei den Hindu-Festlichkeiten des Kumbha-Mela die bisher größte Pilgerschar der Menschheitsgeschichte. In Prayag/Allahabad, wo die Yamuna und die »unsichtbare« Sarasvati in die Ganga fließen – *Triveni* genannt – und wo ein Bad die Erlösung und die Befreiung aus der Wiedergeburt bringt, versammeln sich am 19. Januar 1977 schätzungsweise 12,7 Millionen Hindu-Pilger.

Im hinduistischen Nepal werden außer dem Holi-Fest, dem größten Hindufest des Jahres, noch *Basanta* (Shri Panchami), ein Frühlingsfest zu Ehren der Göttin Sarasvati, und *Mahāshivarati,* ein Volksfest zur Erinnerung an Shivas Erwachen aus seiner langen Meditation, gefeiert.

Tägliche Rituale

Rituelle Handlungen durchdringen den Alltag und umgekehrt. Sakrales und Profanes werden nicht getrennt. Kulte werden in der freien Natur, in Häusern und Tem-

1

2

1 Erotische Menschenbilder *als Symbol des Ausgleichs kosmischer Gegensätze, 12. Jh. Khajuraho, Kandariya-Mahādeva-Tempel*

2 Pahari-Schule, Holi-Fest, *18. Jh. Neu Delhi, National-Mus.*

peln vollzogen. Das tägliche Ritual wird von Sonnenaufgang bis Sonnenuntergang zelebriert.

Von den täglichen Pflichten *(āhnikas)* für die Brahmanen sind die wichtigsten: die Dämmerungsandacht *(samdhya)* vor Sonnenaufgang, das Feueropfer *(homa)* für die Götter, das Schriftenopfer durch Rezitieren des *Veda,* die Wasserspende für die Ahnen, ein Gottesdienst zu Hause oder im Tempel, ein Allgötteropfer *(vaishvadeva)* und eine Streuspende *(bali)* für Geister und Dämonen, die Mittagsmahlzeit und das Dämmerungsbad mit Andacht am Abend. Ähnliches gilt für den Familienvater, der verpflichtet ist, die häusliche Andacht zu halten und einen Tempelbesuch zu machen, jeweils nach vorheriger Reinigung durch Mundspülen oder Begießen mit Wasser.

Die Morgenandacht *(samdhya)* besteht aus den folgenden Teilen:

1. Rezitieren der Gāyatri- oder Sāvitri-Strophe (*Rigveda* III, 62, 10) an die aufgehende Sonne,
2. Rezitieren des Purusha-Hymnus (*Rigveda* X, 90) und verschiedener *mantras* (→S. 212),
3. Aufbinden der Haarlocke *(shikha)* am Hinterkopf,
4. Auftragen des Stirnmals *(tika tilaka)* in Form eines Punktes an der Stelle, wo das dritte Auge sitzen soll,
5. Rituelle Reinigung des Körpers,
6. Schlürfen einiger Wassertropfen und Atemübungen zwecks Schuldtilgung,
7. Wasseropfer an die Götter,
8. Berühren von Brust, Stirn, Haarlocke, Schultern und Augen zum Zeichen symbolischer Reinigung.

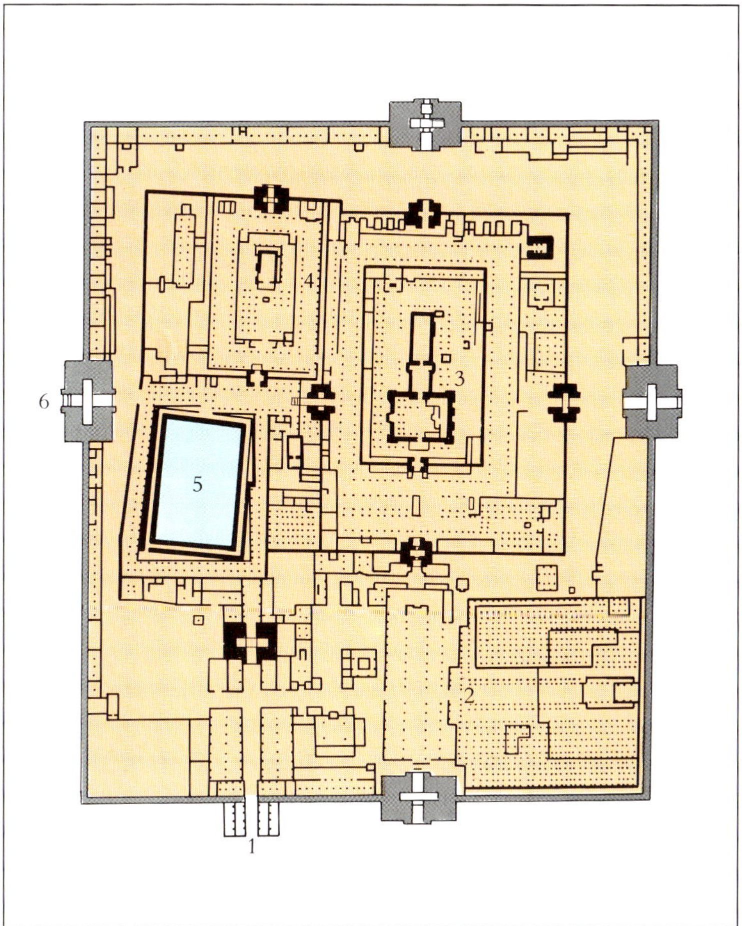

Hinduistischer Kultbezirk *(Madura/Südindien: Minakshi-Sundareshvara-Tempel)*

1. Haupteingang
2. Halle der Tausend Pfeiler
3. Schrein des Sundareshvara
4. Schrein der Minakshi
5. Tempelteich
6. Südeingang

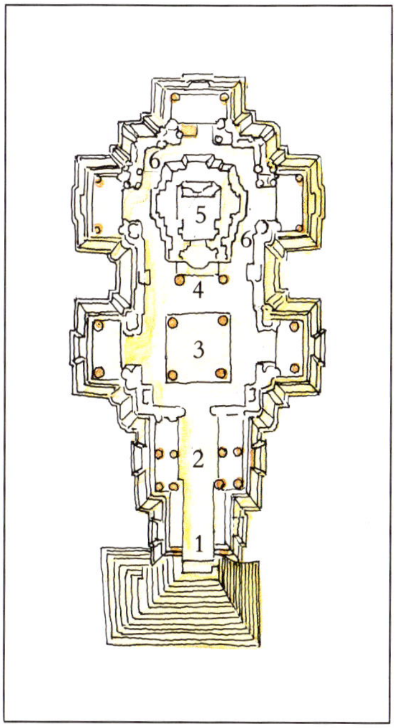

Hinduistisches Tempelbau-Grundschema *(Khajuraho/Indien: Lakshmana-Tempel)*

1. ardha-mandapa
2. mandapa
3. mahā-mandapa
4. antarala
5. garbhagriha (Schoßkammer) mit Götterbild
6. pradakshināpatha (Umwandlungsgang)

Das Allgötteropfer *(vaishvadeva)* zur Hauptmahlzeit besteht aus:

1. Rezitieren von Veda-Versen,
2. Darbringung der Opfergaben an die Götter durch Werfen von Speisen ins Feuer,
3. Niederlegen von gekochtem Reis an verschiedenen Stellen des Hauses zum Zeichen der Sühne für eventuell ungewolltes Töten kleinster Lebewesen während der Zubereitung der Speisen.

In den Tempeln wird *pūjā,* ein täglich wiederkehrender Ritus, vollzogen, wobei das Bild der Gottheit wie die Gottheit selbst verehrt wird. Der im Bildnis anwesende Gott wird symbolisch verehrt durch rituelle Verpflegung und Bedienung. Morgens wird das Götterbild durch Glokkengeläut geweckt, gebadet, gesalbt und mit farbigen Stoffen bekleidet. Es bekommt ein Frühstück und Mittagessen, hält seinen Mittagsschlaf, erhält ein Abendbrot und wird zu Bett gebracht. Die Götternahrung besteht aus Gerste, Reis, Milch und Schmelzbutter. Die mitfeiernden Gläubigen erhalten konsekrierte Speisen *(prasada).* Die Verehrung des Götterbildnisses erfolgt auch durch dessen Umwandlung im Uhrzeigersinn *(pradakshina),* durch Kniefall, Rezitieren von Gebeten und Blumenstreuen. Mit Ausnahme der blutigen Tieropfer beim Kali-Kult werden nur unblutige Gabenopfer dargebracht. Auch Weihrauchopfer sind bekannt, bei denen Weihrauchkörner in ein Becken mit glühender Asche gelegt oder Räucherstäbchen dort hineingesteckt werden. Als Blutopfer dienen beim Kali-Kult Tiere wie Hühner, Schafe, Schweine und vorwiegend Ziegen. Vor allem in Nepal sind Tieropfer noch üblich. Die Witwenverbrennung als Menschenopfer im Sinne eines Totenbegleitopfers ist in Indien zwar offiziell abgeschafft, wird aber immer noch bei einigen Gelegenheiten praktiziert.

Das tägliche Ritual umfaßt auch *mantras* (Formeln), *bija* (Silben), *mudrās* (symbolische Handstellungen), und es benutzt *yantras* und *vajras* (geometrische Diagramme).

Der *mantra* ist eine mit der mystischen Silbe »om« beginnende und mit einem Götternamen verbundene Kurzformel der Verehrung. Er wird bei der Ausübung fast aller religiösen Pflichten angewendet. Das oft 108- oder 1008malige Murmeln *(japa)* der *mantras* wird mit Hilfe des Rosenkranzes *(japa-māla)* aus 108 Perlen kontrolliert. Nur ein Guru, der sich in der Wissenschaft von den *mantras (mantrashāstra)* auskennt, kann die Mantras unter besonderen Zeremonien weitergeben. *Mantras* begleiten auch die *pūjā* vor einem Kultbild mit ihren meist 16 Verrichtungen *(upacāra),* die einen ganzen Tag in Anspruch nehmen. Die *mantras* werden als Gebets-, Gesangs- und Spruchformeln rezitiert, gemurmelt oder schweigend überdacht, und zwar sowohl beim Ein- und Ausatmen wie beim Sprechen. Die heiligste aller Silben *(bija)* ist »om«; sie entsteht beim Ausatmen aus dem Laut »a-u-m«. Wichtig ist die esoterische Bedeutung der Silben und Laute, aus denen ein *mantra* besteht, nicht der Sinn seiner Worte. *Mantras* werden begleitet von zahlreichen *mudrās,* symbolischen Hand- und Fingerstellungen, von *āsanas,* bestimmten Sitzhaltungen, und vom *nyāsa*-Ritus. Bei diesem Ritus der »Niedersetzung« wird mit den Fingerspitzen der rechten Hand nacheinander auf 6 Körperteile *(nyāsa)* hingewiesen zum Zeichen dafür, daß die Gottheit in diese Körperteile eingeht.

Reinigungsriten

Die Gefahr einer rituellen Unreinheit *(āshauca)* besteht für einen Hindu ständig, und Unreinheit kann sich auf jeden, der damit in Berührung kommt, übertragen. Für die Mitglieder höherer Kasten kann sie von Dauer und mit der Person oder Sache (Nicht-Hindu, Hund, Knoblauch) verbunden oder aber nur vorübergehend sein, wenn sie mit Unreinheit in Berührung gekommen sind, wie z.B. durch das Ereignis einer Geburt oder durch einen Todesfall in der Familie. Bei leichten Fällen ritueller Unreinheit wird diese durch selbstbestimmte Reinigungszeremonien getilgt. In schweren Fällen, wie Brahmanenmord oder Tötung einer Kuh, werden die Sühnezeremonien von einem Brahmanenkollegium bestimmt. Bei Reinigungsriten dienen als Reinigungsmittel der Kuhmist, dessen Essen ein Sühneritus, *prāyashitta* (»Gedanke des Todes«), ist. Mit heiliger Asche, die aus verbranntem Kuhmist gewonnen wird, pflegen Shiva-Anhänger sich zu bezeichnen und zu bemalen. Ein Wasserbad ist nicht nur nach jeder Verunreinigung und nach jedem Schlaf, der ja verunreinigt, erforderlich, sondern auch vor jeder Kulthandlung. Ein weiteres Mittel ritueller Reinigung stellt die Enthaltsamkeit bei Speisen dar. Mahātmā Gāndhī hat das Fasten aus Sühne wiederholt praktiziert, und zwar als Sühne für Gewalttätigkeiten seiner Gegner wie Anhänger.

Yoga

Wann, oh Shiva, werd' ich einsam leben,
still und ruhig, ohne alles Streben,
mit nur einem Trinkgefäß, der Hand,
mit der Luft als einzigem Gewand?
Wann, oh Shiva, werd' ich fähig sein,
mich von allem Handeln zu befrein?

Eine Antwort auf diese Fragen gibt *Yoga* (sanskr. »Anspannung, Anschirrung« [unter ein Joch]), die völlige Beherrschung und Zügelung von Körper und Geist, die durch Askese- und Meditationsübungen das Ziel einer Befreiung erstrebt. Es ist ein Heilsweg, der durch Selbstzucht und Versenkung – ohne Hilfe eines Priesters oder Rituals – individuell beschritten wird. *Yogin* oder *Yogi* heißt der Yoga-Praktizierende, der seinen Atem, seine Sinne und Gedanken unters Joch anschirrt, um diese in Richtung auf das Ziel einer mystischen Verbindung mit einer übermenschlichen Macht zu lenken.

Die Praxis des Yoga gliedert sich in acht Teile und stellt eine ausgebaute Systematisierung von Methoden der Versenkung dar:

1. moralische Zucht im Sinne von einwandfreiem sittlichem Verhalten,
2. körperliche und geistige Läuterung im Sinne der Reinigung,
3. Beherrschung von 84 Sitzarten *(āsana)*, die die Versenkung ermöglichen,
4. Regulierung und Beherrschung der Ein- und Ausatmung durch das rechte oder linke Nasenloch,
5. Abwendung der Sinnesorgane von den Sinnesobjekten,
6. Hinlenken und Festlegen des Denkens *(dharana)* auf einen bestimmten Gegenstand,
7. Meditation *(dhyāna)*, in der dieser Gegenstand ausschließlich das Denken erfüllt,
8. Versenkung *(samādhi)*, bei der auch die letzte Vorstellung ausgeschaltet ist und der Meditierende in völlige Bewußtlosigkeit versinkt.

Die drei letzten Teile dieser achtfachen Gliederung heißen *Rāja-Yoga* (»königlicher Yoga«) und umfassen die eigentlichen mystischen Zustände, während die ersten fünf asketischen Teile entweder als Vorbereitung zum Rāja-Yoga verstanden, oder aber auch für sich allein praktiziert werden. Sie werden *Hatha-Yoga* (»Yoga der Anstrengungen«) genannt. Für den Yogin sind im höchsten Zustand der Versenkung *(samādhi)* alle Sinneseindrücke ausgeschaltet, und es gibt kein Glück und kein Leiden, kein Mein und kein Dein mehr. Jetzt steht er jenseits von Familie und Kaste, von Gut und Böse, von Raum und Zeit, ja jenseits seiner selbst, weil er eins ist mit dem absoluten Geist. Die Rückkehr in die Einheit des Ursprungs ist die Befreiung aus der Vielheit der Dinge mit ihrem Streben und Handeln, ist die Erlösung aus der langen Kette der Wiedergeburten. Der sogenannte *Laya-Yoga* (»Yoga der Auflösung«) sieht den Körper des Menschen als Abbild des Makrokosmos. Dieses Mikrokosmos-/Makrokosmos-Denken, in dem die Wirbelsäule des Menschen dem Berg Meru als Achse der Welt entspricht, stellt zwischen Sexualorgan und Scheitel sieben Zentren *(chakras)* fest, die z.T. den kosmischen Elementen entsprechen. Yoga aktiviert die entlang der Wirbelsäule liegenden 7 *chakras* oder Lotosblüten als Zentren übersinnlicher Lebensenergien und Wahrnehmungen. Der Yogi erweckt den Lebensstrom *(kundalini)* im untersten *chakra* und führt die Kraft empor zum obersten *chakra* am Scheitel des Kopfes. In einer vom Shaktismus entwickelten Yogaart wird durch Atemübungen die am Grunde der am Rückenmark verlaufenden *sushumnā-Ader* im untersten Kraftzentrum *mūlādhāva* (»Wurzelstütze«) in Schlangengestalt ruhende Göttin geweckt, damit sie sich allmählich bis zum obersten der 7 Kraftzentren, dem *sahasrāva*, erhebt, was der Vereinigung der Shakti mit Shiva gleichkommt.

Die Yoga-Praxis erweckt wundervolle Kräfte *(siddhi, riddhi, bhūti, vibhūti, aishvarja)*. Zu den 8 großen Kräften *(mahāsiddhi)* zählen: 1. *animan* (sich unendlich klein oder unsichtbar machen), 2. *laghiman* (äußerste Leichtigkeit annehmen), 3. *gariman* (äußerste Schwere annehmen), 4. *mahiman/prāpti* (sich ins Ungeheure vergrößern und an das Entfernteste heranreichen, z.B. mit den Fingerspitzen an den Mond), 5. *prākāmya* (widerstandslose Erfüllung der Wünsche), 6. *īshitva* (vollkommene Beherrschung aller Körperorgane), 7. *vashitva* (den Naturkreislauf ändern), 8. *yatra kāmāvasāyitva* (sich willentlich überallhin versetzen). Durch diese Kräfte wird der Yogin allwissend und allmächtig. Haupt-Yogin ist der Gott Shiva, der als Meister und Vorbild *(guru)*, oder als ishvara (»Herr«) und großer Yogi mit der heiligen Silbe »om«, dem Urlaut beim Ausatmen (a-u-m), angerufen wird. Durch Versenkung kann ein Yogin mit Ishvara eins und selbst Ishvara werden.

Yogins stehen bei Hindus in hohem Ansehen.

KUNST UND LITERATUR

Felsentempel und frei stehende Architektur

Die Kultstätten der niederen Gottheiten bestehen oft nur aus mehreren mit roter Farbe gestrichenen Steinen. Die großen Götter und Göttinnen dagegen werden in Tempeln verehrt, die entweder aus Felsen herausgehauen oder frei stehend sind. Es gibt hinduistische Tempelanlagen, wie z.B. in Mahābalipuram (7. Jh.), wo Felsen zu monolithischen Heiligtümern bearbeitet oder zu Grotten ausgehöhlt wurden. Ihre Grundrisse sind rechteckig oder quadratisch. Der Kailāsanatha-Tempel (8. Jh.) von Ellōra bei Ajanta, in einem Steinbruch angelegt, ist mit seinen zwei Stockwerken durch eine Brücke mit dem Eingangsgebäude verbunden. Die Bauplätze der Tempel werden durch einen rituellen Akt *(jantra)* bestimmt.

Hauptmerkmal der Tempel ist der *Tempelturm*, der als Abbild des mythischen Götterberges Meru, des Mittelpunktes des Universums, gilt. Dieser Turm, für den die beiden Stilformen Nagara (→ S. 214) und Dravida (→S. 214) charakteristisch sind, erhebt sich über der *garbhagriha* (sanskr. »Mutterleib, Schoßraum«), der allerheiligsten Cella. Dieser Innenraum entstand, weil die gesamte Erscheinungswelt aus einem mütterlichen Schoß hervorgeht, als dessen Abbild man sich die Schoßkammer unter dem Stufenberg Meru vorstellt. Die Cella ist ein schlichter, unbeleuchteter Raum, dessen Grundriß in der Regel ein Quadrat ist. Erst in nachklassischer Zeit (nach 800) wird diese Grundform allmählich aufgelöst. In diesem Schoßraum ist das Bild der Hauptgottheit aufgestellt, in den Shiva-Tempeln ist dies oft eine *lingam* (→S. 201), das Symbol Shivas. Äußere Nischen sind oft axial angefügt und bieten Platz für Altäre der Nebengottheiten. Ein Umgang um die Cella ermöglicht den Gläubigen den Vollzug des wichtigen Rituals, *pradakshinā*, bei dem das Kultbild von Ost nach West – gemäß dem Lauf der Sonne – umwandelt wird. Dies ist ein Nachvollzug der dem Göttlichen eigenen kosmisch-ethischen Weltgesetzlichkeit. Auch der Tempel und der heilige Bezirk *(kshetra)* können umschritten werden. Plan und Einrichtung hinduistischer Tempel sind ganz auf die Rituale ausgerichtet.

Am Eingang der Tempelanlage befinden sich, der Cella vorgelagert, Hallen *(mandapa)*, die sich vom Eingang hin zur Cella verjüngen. Sie dienen der Sammlung und Vorbereitung auf den Kultakt in der Cella, und hier werden die rituellen Tänze aufgeführt. Auf die in der Regel offene Vor- und Versammlungshalle *(mandapa)* folgt – zwischen *mandapa* und Cella – die belichtete Torhalle *(antarala)*, so daß sich der Grundriß hinduistischer Tempel im Prinzip dreiteilig darstellt. Die beiden, an die Cella angegliederten Hallen waren notwendig geworden, als die Zeremonien umfangreicher wurden und die Besucherzahlen der Tempel zunahmen.

Durch diese Entwicklung haben sich in der Tempelbaukunst zwei Haupttypen und eine Mischform herausgebildet: Beim nordindischen oder indoarischen *Nagara-Stil* ist der *shikhara*-Tempelturm über der Cella charakteristisch, der in der Regel konvex gekrümmt und vertikal gegliedert ist. Er hat einen runden Stein in Form der Myrobalan-Frucht *(amalaka)* als Abschluß. Als Bekrönung steht darauf eine Amrita- oder Nektar-Vase *(kalasha)*, die Glück verheißt und Unsterblichkeit symbolisiert, d.h. auf die Transzendenz verweist. Ein *shikhara*-Tempel hat den Grundriß eines Quadrats. Vor dem Tempelturm sind auf einer Plattform, meist an der Ostseite, mehrere Hallen *(mandapas)* und ein frei stehender Pavillon gestaffelt vorgelagert. Der Pavillon beherbergt das *vahana*, das Reit- und Symboltier der Hauptgottheit. Im Gegensatz zu den indischen haben die nepalesischen *shikhara*-Tempel keine vorgelagerte Kulthalle *(mandapa)*. Zum nordindischen Tempelbau gehören ferner ein heiliger Teich *(kund)* mit Treppen *(ghats)* für die rituellen Reinigungen. Beispiele für diesen Tempeltyp bieten der Kandariya-Mahādeva-Tempel in Khajuraho (um 1000), der Shiva geweiht ist und den Nandi-Bullen im Pavillon beherbergt, sowie der Tempel in Bhuvaneshvar (um 1000).

Beim südindischen *Dravida-Stil* ist der *vimāna-Tempelturm* (Götterwagen) über der Cella pyramidal gestaffelt und horizontal gegliedert. Bekrönt wird der *vimāna*-Tempelturm, der in der Regel einen quadratischen Grundriß hat, von einem halbkugelförmigen Stein als Abschluß *(stupika)*. Einen sternförmigen Grundriß hat der Tempelturm von Mysore. Beispiele für diesen Dravida-Stil bieten der Dharmaraja Ratha (Tempelwagen) von Mahābalipuram (7. Jh.), der dem Yudhisthira geweiht ist, sowie der Tempel von Thanjāvur (985/97).

Mit der Zeit wurde die Tempelanlage mit monumentalen, mehrstöckigen Tor- und Wachttürmen *(gopura)*, die über dem Eingang zu dem Tempelbezirk stehen und mit zahllosen Figuren verziert sind, ausgestattet. Beispiele dafür bieten Chidambaram (14. Jh.) und der Minakshi-Tempel von Madurai (15. Jh.).

Die frei stehende dravidische Tempelarchitektur fand im Mittelalter in Südindien neue Formen in weitläufigen, befestigten *Tempelstädten*, die durch rechteckige, ummauerte Höfe in zahlreiche Bezirke gegliedert sind. Sie enthalten Schreine für die Hauptgottheit, deren Shakti, sein Vahana usw. Es gibt dort Kulthallen *(mandapas)* zur Aufführung des Tempeltanzes *(nata-* bzw. *natya-mandapa)* und für die »Heilige Hochzeit« *(kalyana-mandapa)* sowie überlange Korridore für Prozessionen. Es gibt dort Wohnviertel für Priester und Tempeltänzerinnen, Ladenstraßen und Schatzhäuser, Abstellräume für Ritualgerät und Prozessionswagen *(rathas)* sowie Ställe für die heiligen Elefanten. Es fehlen nicht Gartenanlagen mit Teichen für rituelle Reinigung und *ghats* in Flußnähe für Reinigungsbäder wie auch solche für Leichenverbrennungen. Ein Beispiel für eine südindische Tempelstadt ist Madurai.

Beim zentralindischen (Dekhan) *Vesara-Stil* sind nord- und südindische Stilelemente gemischt. Der Tempelturm über der Cella hat ein Tonnendach mit Eselsrückenbogen *(kudu)* als Abschluß und mehrere Nektar-Vasen *(kalashas)* als Bekrönung. Als Beispiel dafür gilt der Bhima-Ratha von Mahābalipuram.

Hinduistische Plastik

Skulpturen zieren die Außenwände der Tempel, auf denen von der Sockelzone aufsteigend und gemäß einer Rangordnung der Lebewesen die Welt der Menschen, Tiere, Fabelwesen, Dämonen, Weisen, Halbgötter und Hochgötter in großartiger Dramatik und Dynamik dargestellt ist. Im Unterschied zur buddhistischen Heiterkeit und Sanftheit zeigt die hinduistische Plastik einen mehr dynamisch-rhythmischen Akzent. Ein Beispiel dafür bietet der Minakshi-Sundareshvara-Tempel von Madurai.

Der Höhepunkt des hinduistischen Hochreliefs liegt in der 2. Hälfte der klassischen Periode, als die Werke in Mahābalipuram (7. Jh.) den Pallava-Stil begründen. In Mahābalipuram zeigt das größte Basrelief der Welt (32 m lang) u.a. die Buße des Pandava-Prinzen Arjuna und die Herabkunft der Göttin Ganga. Riesengroße Figuren in Elephantā (7. Jh.) und szenische Darstellungen in Ellōra (8. Jh.) illustrieren die mythologischen Erzählungen aus dem Mahābhārata (→S. 217) und Rāmāyana (→S. 217).

Vollplastische Statuen aus Stein und Bronze werden für den Kult im Innern der

Hinduistische Tempelbauformen:

A. *Shikhara-Tempel* *(Nordindien)*
1. *ardha-mandapa*
2. *mandapa*
3. *mahā-mandapa*
4. *shikhara-Turm über garbhagriha*
5. *amalaka*
6. *kalasha*

B. *Āsana-Tempel*

C. *Ratha* *(Mahallapuram/Indien: Dharmaradsha-Ratha)*

D. *Felsentempel* *(Ellōra/Indien: Kailasanatha-Tempel)*

E. *Doppeltempel* *(Halebid/Indien: Hoyshaleshvara-Tempel)*

F. *Drei-Cella-Tempel* *(Somnathpur/Indien: Keshava-Tempel)*
1. *Vorhalle*
2. *Mittelhalle, umrahmt von*

3.–5. drei Cellae

Tempel geschaffen, von denen die südindischen Bronzen ein besonders großes Empfinden für harmonische Bewegungen – z.B. tanzender Shiva (10./11. Jh.) – zeigen.

Im Südosten ist die Holzkunst für ihre Prozessionswagen bekannt, auf denen in Hochreliefs das Hindu-Pantheon zu sehen ist. Hinduistische Gottheiten werden in Menschen-, Tier- oder Fabelgestalt (z.B. Verbindung von Mensch und Tier, Riesen- oder Zwergengestalt, vielköpfig und vielarmig) oder symbolisch dargestellt. So erscheint z.B. Brahmā als Mann mit vier Köpfen und vier Händen, wobei die vier Köpfe bzw. Gesichter des Gottes die vier *Samhitas* (»Sammlungen«: *Rigveda, Sāmaveda, Yajurveda* und *Atharvaveda*) symbolisieren, da Brahmā als Hüter der göttlichen Offenbarung gilt. Durch Körpersprache werden feinste Schattierungen des seelischen Ausdrucks veranschaulicht. So kennt die indische Kunst neun Grundstimmungen *(rasas):* Erstaunen und Ekel, Furcht und Heroismus, Komik und Mitleid, Ruhe und Wildheit sowie Liebe. Zu den symbolhaften Körperhaltungen gehören Stellungen *(sthanas)* und Sitzposen *(āsanas)*. Symbolhafte Gesten umfassen Armhaltungen *(hastas)* und Handhaltungen *(mudrās)*. Wenn z.B. Krishna in tänzerischer Pose die Flöte blasend *(venugopala)* zusammen mit seiner Geliebten Rādhā bzw. seiner Gemahlin Rukmini dargestellt wird, so symbolisiert die Flöte den Menschen. Die an sich ton- und leblose Flöte wird erst durch den Atem des Gottes belebt, und sie erklingt im Rhythmus und in der Harmonie ihres Schöpfers. Männlichen Gottheiten sind *Shaktis* (→S. 196) zugeordnet. In der Symbolik der Kunst wird die innige Verbindung der Shakti mit ihrem göttlichen Gatten als sexuelle Vereinigung dargestellt. Für jede Gottheit gibt es charakteristische *Embleme* (Attribute). Von Vishnu entstehen z.B. 24 Aspekte und Namen dadurch, daß seine vier Attribute (Lotos, Keule, Rad und Muschel) ab-

wechselnd in verschiedenen Händen gehalten werden. Die einzelnen Gottheiten haben bestimmte *vahanas* (»Fahrzeuge«) als Reit- oder Begleittiere, und sie tragen Schmuck, Gewänder und Kopfbedeckungen, die sie charakterisieren.

Es gibt aber auch rein symbolische Darstellungen der Gottheiten. Dazu gehört *paduka* (»Fußabdruck«), die plastisch erhöhte Darstellung von aufwärts gerichteten Fußsohlen im Boden, die meistens mit Glückszeichen *(sulakshana)* versehen sind wie Lotos, Gerstenkörner, Sonne, Fisch usw. Diese Fußabdrücke stehen vor allem in Verbindung mit dem Kult Vishnus, dessen Symbol die Fußspur ist – in Anlehnung an die drei Vishnu-Schritte, mit denen er das All durchschritt. An *tirthas,* den Steigen zu Badeplätzen und Viehtränken, wo göttliche Wesen Wunder wirkten und ihre Fußabdrücke hinterließen, sind letztere oftmals zu finden.

Ein anderes Symbol ist das *lingam* (sanskr. »phallus«), die Darstellung des männlichen Gliedes. Als Steinmal errichtet, befindet es sich in Tempeln des Shiva-Kults. Von den Lingāyats wird dieses als Amulett in einer kleinen Büchse um den Hals getragen. Das *lingam* wird als Symbol der Zeugungskraft und Fruchtbarkeit verehrt. Neben dem *lingam* darf an keinem Shiva-Tempel die *yoni* (sanskr. »Mutterschoß«) fehlen. Diese symbolische Darstellung des weiblichen Schoßes wird als Kultbild vor allem in Kreisen der Shiva-Verehrer und im bengalischen Durga-Kult verehrt.

Zu erwähnen sind an dieser Stelle die Liebespaare *(mithuna)* und erotischen Gruppen, die in Nordindien mit ausgeprägter Stilisierung der Körper – z.B. in Bhuvaneshvar (11. Jh.), Khajurāho (11. Jh.), Konārak (13. Jh.) – und in Südindien in verhaltenem, aber elegantem Stil – z.B. Thanjāvur (11. Jh.), Gangaikondacolapuram (11. Jh.) – dargestellt sind. Wie ein und derselbe Satz je nach der Abteilung der Wörter eine asketische oder eine erotische Bedeutung haben kann, so sind diese *mithuna*-Bildgruppen mit ihren Darstellungen von Frau und Mann in allen Stadien des erotischen Liebesspiels und der sexuellen Vereinigung Symbole für Askese und Liebesdrang zugleich.

Panchayatana symbolisieren als fünf Steine fünf Gottheiten und Hausidole. Es sind ein schwarzer Shalagrama-Ammonit für Vishnu, ein weißer Stein in *lingam*-Form für Shiva, ein goldgestreiftes Erzstück für Durga, ein Jaspis für Ganesha und ein Kristall für Surya. Als Göttersubstitute verehrt man sie in der Morgendämmerung.

Schriften der Offenbarung und Überlieferung

Die heiligen Schriften der Hindus gliedern sich in zwei große Gruppen, deren älteste zu den Shruti und deren spätere zu den Smriti gehört.

Shruti (sanskr. »das Hören, Gehörte«) bezeichnet diejenigen heiligen Texte, die ursprünglich auswendig gelernt, rezitiert und gehört wurden. Sachlich handelt es sich um Texte der göttlichen Offenbarung, die mit höchster geistlicher Autorität ausgestattet und verbindlich für Fragen der Lehre und Ethik sind. Inhaltlich umfassen sie die vier *Samhitas* der Veden (→Vedismus) sowie die *Brāhmanas, Aranyanikas* und *Upanishaden* des →Brahmanismus. Hindus glauben, daß die *Veden* die ältesten Schriften und das vedische Sanskrit die älteste Sprache der Welt sind. Diese Schriften der göttlichen Offenbarung *(Shruti)* sind nur einem kleinen Teil der Bevölkerung zugänglich und verständlich.

Smriti (sanskr. »Erinnerung«) bezeichnet eine sehr alte heilige Überlieferung. Sachlich handelt es sich – im Gegensatz zur übermenschlichen Offenbarung der Shruti – um Texte menschlicher Überlieferung, die als Werk vieler Generationen heiliger Menschen angesehen werden. Inhaltlich zählen dazu *Sūtras, Shāstras, Vedāngas,* die *Purāna-Literatur,* tantrische Schriften sowie das *Mahābhārata* und das *Rāmāyana.* Diese Schriften sind allen Bevölkerungsschichten – auch den Frauen – zugänglich und erfreuen sich zudem großer Beliebtheit.

Die umfangreiche *Sūtra-Literatur* (*sūtra* = »Leitfaden, kurze Regel«) umfaßt Kompendien von den *Brāhmanas* und *Upanishaden* (→Brahmanismus). Sie reicht in ihrer Entstehung z.T. in die brahmanische Zeit zurück und ist bis in die jüngste Zeit ergänzt worden. Die *Grihya-Sūtras* geben Anweisungen für Hauszeremonien und die *Shrauta-Sūtras* solche für das Priesterritual. Der *Kāma-Sūtra* (Leitfaden der Liebeskunst) ist im 3. Jh. von Mallanāga Vātsyāyana, der aus älteren Werken geschöpft hat, verfaßt worden. Dieses älteste erhaltene und bekannteste Lehrbuch der Liebe und Schönheit behandelt in sieben vorwiegend in Prosa geschriebenen Kapiteln mit wissenschaftlicher Systematik und pedantischerTrockenheit die altindische Erotik. Die *Dharma-Sūtras – Dharmashāstras* genannt – behandeln religiösrechtliche Vorschriften, wie das Rechtswesen, die Staatskunst, soziale Pflichten, Aufgaben des Königs sowie Sitten und Gebräuche.

Die zahlreichen Werke der *Shāstra-Literatur* behandeln alle denkbaren Gebiete von der Astronomie bis zur Unterweisung der Diebe und Hetären. Zu ihr zählt das berühmteste Werk der indischen Literatur überhaupt, das *Gesetzbuch des Manu (Manu-Smriti).* Hindus sehen in diesem auch *Mānava Dharmashāstra* genannten Buch eine Offenbarung des Schöpfergottes Brahmā an den Urvater des Menschengeschlechts, Manu. Gemäß der Sage von der großen Flut erscheint Manu im Waschwasser ein kleiner Fisch, der um Schonung bittet. Manu entspricht der Bitte und setzt den wachsenden Fisch in ein größeres Becken, dann in einen Teich und schließlich ins Meer aus. Der Fisch rät Manu, ein Schiff zu bauen. Als dann die Flut kommt, wird Manu – im Gegensatz zu allen anderen Menschen – gerettet. Dieses zwischen dem 2. Jh. v. und dem 2. Jh. n. Chr. entstandene Werk stellt mit seinen Rechtssatzungen zu Religion und Sitte ein Kompendium des H. dar. Es beginnt mit der Schilderung der Weltschöpfung und endet mit Ausführungen über Seelenwanderung, Belohnung und Bestrafung der Menschen in Himmel oder Hölle, durch gute oder schlechte Wiedergeburten aufgrund der Vergeltungskausalität ihrer Taten. Zwischen dem Anfangs- und dem Endkapitel werden Ausführungen über alles gemacht, was für einen Hindu in diesem Leben von Bedeutung ist: Kastenwesen, Lebensstadien und Pflichten eines Brahmanen, Riten bei Heirat und Leichenverbrennung, Reinigungsriten, Veda-Studium, praktische Lebensregeln und vieles andere mehr.

Die *Vedāngas* (»Glieder des Veda«) sind Erläuterungsschriften der Veden und schließen diese ab (→Vedismus). Sie behandeln die wissenschaftlichen Fächer Phonetik, Grammatik, Etymologie, Metrik und Astronomie und bieten dazu Rituale.

Die *Purānas* (sanskr. »alte Erzählungen«) sind kanonische Lehrbücher der Vishnuiten, Shivaiten und Shaktisten und dienen der Verherrlichung ihrer Hochgottheit. Diese Schriften, die der heilige Vyāsa verfaßt haben soll, sind das anonyme Werk vieler Generationen bis hin zum Jahre 900 n. Chr. In metrischer Form behandeln sie die mythische, legendäre und historische Überlieferung der Frühzeit in fünf Themen (*pañca-lakshana* = »fünf Merkmale«): *sarga,* die Schöpfung, *pratisarga,* die Zerstörung und Neuschöpfung, *vamsha,* die Genealogie der Götter und Weisen, *manvantara,* die Perioden der mythischen Vorväter, *vamshānucarita,* die Geschichte der Königsdynastien. Die Purānas sind in ihrer heutigen Form in drei Gruppen aufgeteilt:

1. *Mahāpurāna,* (»große Purānas«). Zu ihnen gehören die 18 Purānas von: Brahmā, Padma, Vishnu, Shiva, Bhāgavata, Nārada, Mārkandeya, Agni, Bhavishya, Brahmāvaivarta, Linga, Varāha, Skanda, Vāmana, Kūrma, Matsya, Garuda und Brahmānda. Zu den bekannten Purānas gehören das *Vishnu-purāna* mit der Vishnu-Legende und das von allen berühmteste und beliebteste, das *Bhāgavata-purāna* mit der Krishna-Legende. Das *Bhāgavata-purana* (sanskr. »alte Erzählung der Verehrer des Erhabenen«) ist eine der heiligen Schriften der Bhāgavata, der Verehrer des Erhabenen, einer Richtung der Vishnuiten, die Krishna unter dem Namen Bhāgavan verehren und die Gottesliebe *(bhakti)* als Weg der Erlösung empfehlen. Die Mahāpurānas behandeln zusätzlich zu den in allen Purānas gebotenen Themen noch fünf weitere: *samsthā,* die Weltordnung, *rakshā,* die Erhaltung der Welt durch Inkarnationen der Götter, *pralaya,* den Weltuntergang, *hetu,* die mit Nichtwissen behaftete Seele als (Welt-)Ursache, und *apāshraya,* die Allseele.

2. *Upapurāna,* (»Neben-Purānas«) haben mehr lokale Bedeutung. Zu ihnen zählen die 18 Purānas von: Sanatkumāra, Nārasimha, Nandi, Shivadharma, Daurvāsa, Nāradiya, Kāpila, Mānava, Ushara, Brahmānda, Vāruna, Kālikā, Māheshvara, Shāmba, Saura, Pārāshara, Mārīca und Bhārgava. Von diesen Schriften ist das *Saura-purāna* dem Sonnengott Surya gewidmet und dient dessen Anhängern, den Sauras, als kanonisches Lehrbuch.

3. *Sthalapurānas* oder *Māhātmyas* sind einzelnen Kultstätten gewidmet und dienen zu deren Verherrlichung.

Die Purāna-Literatur stellt nicht nur die kanonischen Lehrbücher der Vishnuiten, Shivaiten und Shaktisten dar, sondern ist auch die wichtigste Quelle der hinduistischen Mythologie und Ikonographie.

Eine besondere Gruppe bilden die unter den Bezeichnungen *Āgamas* (»Überlieferung«), *Samhitās* (»Sammlungen«) und *Tantras* (»Gewebe«) umlaufenden Schriften, deren Inhalt theoretischer und praktischer Natur ist. In ihnen geht es vor allem um *jñana* (»Erkenntnis«), *yoga* (»Meditation«), *kriyā* (»Machen« im Sinne der Errichtung von Tempeln und Fertigung von Götterbildern), *caryā* (»Tun« im Sinn des sittlichen Handelns). Zu dieser Schriftengruppe gehören: 108 vishnuitische Samhitās, 28 shivaitische Āgamas und 77 shaktistische Tantras. Die Bezeichnungen (Samhitās, Āgamas, Tantras) werden von verschiedenen Gruppen auch austauschweise gebraucht. Diese Schriften gelten für die jeweilige hinduistische Gemeinschaft der Vishnuiten, Shivaiten und Shaktisten als verbindlich und haben gleichsam Offenbarungsrang, während sie von den anderen Hindus abgelehnt werden.

Das *Rāmāyana* (sanskr. »Rāmās Lebenslauf«) ist das kürzere und vermutlich ältere der beiden großen indischen Nationalepen neben dem *Mahābhārata.* Dieses anonyme Werk ist zwischen dem 4. Jh. v. und dem 2. Jh. n. Chr. entstanden und wird von der Tradition dem Heiligen Vālmiki, dem ersten Kunstdichter Indiens, zugeschrieben. In diesem romantisch-höfischen Epos, das in sieben Büchern rund 24 000 Doppelverse *(sholkas)* umfaßt, geht es vor allem um das Grundmotiv der Gattentreue.

Das *Mahābhārata* (»das große [Epos vom Kampf] der Nachkommen des Bhārata«) ist das längere und vermutlich jüngere der beiden großen indischen Nationalepen neben dem *Rāmāyana.* Dieses anonyme Heldenepos ist im Zeitraum zwischen dem 4. Jh. v. und dem 4. Jh. n. Chr. kompiliert worden und wird von der Tradition dem Sänger und Heiligen Vyāsa zugeschrieben, der auch die Veden und Purānas gesammelt hat. Dieses in seiner vorliegenden Gestalt 18 verschieden umfangreiche Bücher *(parvan)* mit insgesamt 90 000 Versen (meist *shlokas,* d. h. 32silbige Doppelverse, und daneben noch *tristubhs,* d. h. 44silbige Doppelverse) umfassende Werk gilt als das längste Gedicht der Weltliteratur.

Die *Bhagavadgītā* (sanskr. »Gesang des Erhabenen [Krishna]«) ist ein religiös-philosophisches Lehrgedicht und zugleich das heiligste Erbauungsbuch der Hindus. Dieses Gedicht ist eine Episode in 18 Gesängen mit 745 Versen. Es entstand anonym etwa im 2. Jh. n. Chr. und wurde in das (6. Buch des) Mahābhārata unmittelbar vor

der Schilderung des Kampfes zwischen den verfeindeten Pāndavas und Kauravas eingefügt.
Seitdem die *Bhagavadgītā* im Abendland bekannt ist (1785), erfreut sie sich dort großer Wertschätzung, und Wilhelm von Humboldt (1767–1835) nannte sie das schönste, ja vielleicht das einzige wahrhaft philosophische Gedicht der Weltliteratur.

NEOHINDUISMUS

Während der fast zweihundertjährigen britischen Kolonialherrschaft (1758–1947) hat das christliche Europa auf das hinduistische Indien seinen Einfluß ausgeübt und insbesondere in Bengalen eine geistige Erneuerungsbewegung ausgelöst. *Neohinduismus* ist die breit angelegte religiöse Reformbewegung des 19. und 20. Jh., die sich mit der Fremdherrschaft des Kolonialismus und den diesen begleitenden, indisches Bewußtsein überfremdenden geistigen Kräften des Westens auseinandersetzt und durch Rückbesinnung auf das eigene hinduistische Erbe die indische Identität bewahren hilft. Diese Erneuerungsbewegung ist durch einige Persönlichkeiten stark geprägt.
Für *Rabīndranāth Tagore* (1861–1941), den Religionsphilosophen und Nobelpreisträger (1913), ist die tiefste Quelle der Weisheit die unverfälschte Identitätsmystik *(atman/brahman)* der Upanishaden, und er vertritt den universalen Anspruch des »Geistes Asiens« als verbindendes Element aller Rassen und Kulturen der Erde. »Der Westen hat uns zweifellos überwältigt mit seinem Strom von Gebrauchsgütern, Touristen, Maschinengewehren, Schulmeistern und einer Religion, die großartig ist, deren Anhänger aber darauf bedacht sind, die Mitgliedslisten zu verlängern, statt darauf, die Religion in den Details zu befolgen, die keinen Profit bringen, oder die praktischen Anweisungen ernst zu nehmen, die unbequem sind.«
Die im Westen am weitesten verbreitete Zusammenfassung aller Motive eines selbstbewußten Neohinduismus liegt im Werk des *Sarvepalli Radhakrishnan* (1888–1975) vor.
Charakteristische Gesichtspunkte des Neohinduismus sind: 1. die Rückbesinnung auf das eigene Erbe der Religion und Kultur während des Kampfes um die politische Unabhängigkeit vom Westen, 2. das neue indische Selbstbewußtsein von den geistig-religiösen Werten des Ostens im Vergleich zu denen des säkularisierten Westens und 3. die Bestrebung, mit einem neuen missionarischen Elan der Ausbreitung des westlich-christlichen Gedankengutes entgegenzutreten. Aus der religiösen Reformbewegung sind Gesellschaften hervorgegangen, die das Kastenwesen ablehnen und einen über-»konfessionellen« H. anstreben, der die Summe religiöser Erkenntnisse und Erfahrungen von zahlreichen Philosophen und Mystikern interpretiert.
Die *Brahmā-Samaj* (Gottesgesellschaft) wird von dem bengalischen Brahmanen Rām Mohan Roy (1772–1833) 1828 in Kalkutta gegründet.
Die *Rāmākrishna-Mission* geht auf die Ideen des *Gadāhara Chattopādhyāya* (1834–1886) mit dem geistlichen Namen *Rāmākrishna* zurück.
Sein bedeutendster Schüler war *Narendranāth Datta* mit dem Mönchsnamen *Svāmi Vivekānanda* (1862–1902), der 1897 die Anhänger seines inzwischen verstorbenen Meisters zur Organisation der Rāmākrishna-Mission zusammenschließt und dessen Gedankengut in seine neue Bewegung einbringt.
Die *Arya-Samāj* (»Gesellschaft der Arier«) wird von dem Brahmanen *Dayānand Sarasvati* (1824–83) im Jahre 1875 im Bombay gegründet. Diese vom indischen Nationalismus geprägte Reformbewegung, die bis zur Teilung Indiens im Jahre 1947 ihren Sitz in Lahore hat, zählt ca. 500 000 Anhänger.
Dev-Samaj (sanskr. »Gottesgesellschaft«) ist eine im Jahre 1887 von *Shiva Nārāyana Agnihotrī* (1850–1923) in Lahore gegründete Reformbewegung, die mit Brahmā-Samaj verwandt ist und ca. 5000 Anhänger in Panjāb und in anderen Provinzen zählt.
Integraler Yoga ist eine von dem indischen Philosophen und Mystiker *Srī Aurobindo Ghosh* (1872–1950) gegründete Bewegung mit ihrem seit 1910 bestehenden Meditationszentrum in Pondicherry (Südindien).
In der psychosomatischen Medizin des Westens wird neuerdings die Atem- und Entspannungstechnik des Yoga therapeutisch genutzt. In vielen Großstädten Europas sind *Yoga-Schulen* eröffnet worden, die an die klassischen Yoga-Systeme anknüpfen: Rāja-, Hatha-, Mantra- und Laya-Yoga. Der Hatha-Yoga wurde in das *autogene Training* des J. H. Schultz und der Laya-Yoga in die *Tiefenpsychologie* des C. G. Jung (1875–1961) aufgenommen.
Nach dem 2. Weltkrieg entstehen neue religiöse Richtungen, die sowohl im H. verwurzelt, aber auch mehr oder weniger an

1 Kandariya-Mahādeva-Tempel *im nordindischen Nagara-Stil mit* shikhara-Tempelturm, *1125. Khajuraho*

2 Mukteshvara-Tempel *mit kreuzförmigem* mandapa, *975, Bhuvaneshvar*

3 Brihadeshvara-Tempel *im südindischen Dravida-Stil mit* vimāna-Tempelturm, *985/97. Thanjāvur*

4 Minakshi-Sundareshvara-Tempel *mit* gopura *(Tortum), 1623/60. Madurai*

5 *Tempelanlage von* Angkor Vat *(162,6 ha groß), größtes, religiösen Zwecken dienendes Bauwerk, das je geschaffen wurde, 1113/50. Kambodscha*

6 Buße des Arjuna, *größtes Flachrelief der Welt, 7. Jh. Mahābalipuram*

7 Kalpa-sūtra, *Papierhandschrift, 1439. Neu Delhi, National-Mus.*

1

2

3

4

5

6

7

den Westen angepaßt sind, wie →Ananda Marga (1955), →Transzendentale Meditation (1958), →Divine Light Mission (1960), →Eckankar (1964), →Hare-Krishna-Bewegung (1966) und →Bhagwan-Shree-Rajneesh-Bewegung (1966). Diese »neuen Religionen« werden z.T. auch als »Jugendreligionen« bezeichnet.

Zeittafel

Vor der christlichen Zeitrechnung

3102 Tod Krishnas und Beginn des Zeitalters *kaliyuga* der hinduistischen Zeitrechnung
ab 400 Übergang von der brahmanischen zur hinduistischen Epoche
400 v.–200 n. *Rāmāyana*
400 v. – 400 n. *Mahābhārata*
327–325 Alexander d.Gr. in Nordwestindien
185–72 Hinduistische Shunga-Dynastie

Nach der christlichen Zeitrechnung

2. Jh. *Bhagavadgītā* letzte Redaktion des *Gesetzbuches des Manu*
2./6. Jh. Ausbreitung des Hinduismus nach Südostasien und Indonesien
3. Jh. *Kāma-Sūtra* von Mallanāga Vātsyāyana
nach 300 *Sāmkhya-Kārikā* des Ishvara Krishna; Yajnavalkya, bedeutendster Meister der Upanishaden
4. Jh. Beginn des Pashupati-Shivaismus in Nepal
320–510 Gupta-Dynastie fördert den Hinduismus
4./5. Jh. *Raghuvansha* des Kālidāsa
um 400 Größere Verbreitung des Vishnuismus
um 500 Shiva aus Parel; *Yoga-Sūtras* des Patanjali
ab 500 Shaktismus und Tantrismus
600/30 Mahendravarman I., König der Pallava-Dynastie (325–897), tritt zum Shivaismus über
600/800 Blütezeit des Pantscharatra-Vishnuismus
7. Jh. »Buße des Arjuna«, größtes Flachrelief der Welt; Strand-Tempel und 5 *rathas* in Mahābalipuram
690–750 Kumarila begründet Mīmāmsā-Philosophie
7./8. Jh. Kailāsanatha-Tempel in Kanchipuram
8. Jh. Hucchimalligudi-Tempel in Aihole
ab 700 Ältere Samhitā-Literatur (tantrische Schriften);
Ausbreitung des Pantscharatra-Vishnuismus nach Süden
seit 712 Erste Einfälle der Araber und Beginn der Islamisierung Indiens
ab 740 Virūpaksa-Tempel in Pattadakal
780 Kailāsanatha-(Monolith-)Tempel in Ellōra und Trimurti (Brahmā, Vishnu, Shiva)
788–820 Shankara begründet Vedanta-Philosophie
800 Shankaras Kommentar zur *Bhagavadgītā*
9. Jh. Shivaitische Āgamas, Bhakti-Sūtras; kaschmirische Wiedererkennungslehre; shivaitischer Tantrismus in Kambodscha und Java
900 Abschluß der Purānas
10. Jh. Shiva-Tempel in Chandrehe
930/50 Lakshmana-Tempel in Khajuraho
975 Mukteshvara-Tempel in Bhuvaneshvar
985/97 Brihadeshvara-Tempel in Thanjāvur
10./11. Jh. *Bhāgavatapurana* (Krishna-Legende); Shaktismus in Kaschmir; Ausbreitung des Shaktismus nach Süden
1001–26 17 Raubzüge des Sultans von Afghanistan, Mahmud von Ghazna (998–1030), nach Indien
1033 Benares wird von den Moslems erobert, viele Hindu-Tempel werden zerstört
1050 Lingarāja-Tempel in Bhuvaneshvar mit zahlreichen erotischen Skulpturen
1050–1137 Rāmānuja, größter vishnuitischer Theologe in Südindien
12. Jh. Tempelanlage von Angkor Vat (Kambodscha); Vīrashaivas (»heldische Shivaiten«)
1100 Jagannātha-Tempel in Puri
ab 1100 Verbindung von Nyaya- und Vaisheshika-Philosophie
1117 Keshava-Tempel in Belur
1125 Kandarya-Mahādeva-Tempel in Khajuraho
1165 *Prabodhacandrodaya* des Krishnamishra
1170/80 *Gitagovinda* des Jayadeva (Krishna-Dichtung)
1192 Mohammed von Ghōr besiegt in der Schlacht von Taraori (Tarāin) die Radschputen
13. Jh. Tempelanlage (u.a. Hoyshaleshvara-Tempel) von Halebid mit bedeutenden Skulpturen; Keshava-Tempel in Somnathpur; Vishnu-Shiva-Tempel in Ittagi; Theologen Madhva (Vishnuismus) und Meykanda (Shiva-Siddhanta)
1206–1526 Sultanat von Delhi
1250 Sūrya-(Sonnen-)Tempel von Konārak
1296–1316 Aladin Khalji bricht die Macht der Radschputen
um 1300 Nimbārka
1335–1600 Hindu-Reich von Vijayanagara
um 1380 *Sarvadarshena-sangraha* – Zusammenfassung der Lehrsysteme
ab 1398 100jähriger blutiger Krieg zwischen muslimischen und hinduistischen Herrschern
1440–1518 Kabir, erster mystischer Dichter in der Hindi-Sprache und Gründer der Kabirpanthis (Synthese von Islam und Hinduismus)
1485–1534 Caitanya
um 1500 Guru Nanāk (1469–1538) gründet den Sikhismus
1526–1707 (1857) Mogul-Herrschaft in Indien
1532–1623 Tulsīdās, Dichter des *Hindi-Rāmāyana (Rām-carit-mānas)*
1565 Muslime siegen in der Schlacht von Talikotta über die Hindus
1583 Akbar d.Gr. (1556–1605) erläßt Toleranzedikt
1598–1650 Tukaram, mystischer Dichter in der Marathen-Sprache
1623/60 Minakshi-Sundareshvara-Tempel in Madurai
1658–1707 Großmogul Aurangzeb verfolgt die Hindus und zerstört deren Tempel

1758–1947 Britische Kolonialherrschaft in Indien
1828 Gründung des Brahmā-Samaj durch Rām Mohan Roy (1772–1833)
1829 Gesetzliches Verbot der Witwenverbrennung
1834–86 Rāmākrishna
1861–1941 Rabīndranāth Tagore, Nobelpreisträger von 1913
1869–1948 Mahātmā Gāndhī
1875 Gründung des Arya-Samāj durch Dayānand Sarasvati (1824–83)
1887 Gründung des Dev-Samaj durch Shiva Nārāyana Agnihotrī (1850–1923)
ab 1888 Wiederaufleben der religiösen Gegensätze zwischen Hindus und Muslimen
1897 Gründung der Rāmākrishna-Mission durch Swami Vivekānanda (1862–1902)
1905–11 Religiöse Unruhen wegen der Teilung Bengalens
1910 Begründung des Integralen Yoga durch Srī Aurobindo Ghosh (1872–1950)
1919 Blutbad von Amritsar
1920 Gāndhī ruft zum gewaltlosen Widerstand auf
1929 Blutige Zusammenstöße zwischen Muslimen und Hindus
1940 Pakistan-Plan der Moslemliga löst religiöse Unruhen aus
1947 Unabhängigkeitserklärung für Indien und Teilung in die muslimischen Länder Pakistans und die hinduistische Indische Union; Hindu- und Muslim-Massaker
1951 Gründung der Sarvodaya-Samaj durch Vinoba Bhave (*1895)
1964 Religiöse Unruhen in Westbengalen und Ostpakistan
1966 Hindu-Demonstrationen
1969 Blutige Auseinandersetzungen zwischen Muslimen und Hindus in Ahmadabad
1984.Erstürmung des Sikh-Heiligtums in Amritsar durch indische Regierungstruppen; Ermordung der Ministerpräsidentin Indira Gandhi (1917–1984)
1985 Das Jahr 5087 hinduistischer Zeitrechnung

Literaturauswahl

Aurobindo, Sri/Mutter, Die (Mira Alfassa): Handbuch des Integralen Yoga, Planegg 1984
Bhandarkar, R.G.: Vaisnavism, Saivism and other Minor Religious Systems. Straßburg 1913
Chatterjie, S.C.: The Fundamentals of Hinduism. Calcutta 1950
A Dictionary of Hinduism, Its Mythology, Folklore and Development. 1500 B.C.–A.D. 1500. Hrsg. M. and J. Stutley. London 1977
Dowson, J.: Classical Dictionary of Hindu Mythology. London 1961
Fischer, K.: Erotik und Askese in Kult und Kunst der Inder. Köln 1979
Fischer, L.: Mahātmā Gāndhī. Frankfurt 1955
Frauwallner, E.: Geschichte der indischen Philosophie. 2 Bde. Salzburg 1953/56
Gail, A.v.: Bhakti im Bhagavatpurana. Religionsgeschichtliche Studie zur Idee der Gottesliebe in Kult und Mystik des Vishnuismus. Wiesbaden 1969
Gāndhī, M.K.: Autobiography. The Story of my Experiment with Truth. Washington 1948
Gonda, J.: Der jüngere H. Stuttgart 1963
Jacobi, H.: Das Rāmāyana. Geschichte und Inhalt. Bonn 1893
Keilhauer, A.: Hinduismus. Eine Einführung in die Welt des H. Stuttgart [2]1981
Keilhauer A. und P.: Bildsprache des H. Die Götterwelt und ihre Symbolik. Köln 1983
Kirfel, W.: Symbolik des H. und Jainismus. Stuttgart 1959
Klimkeit, H.J.: Der politische H. Indische Denker zwischen religiöser Reform und politischem Erwachen. Wiesbaden 1981
Klostermaier, K.: H. Köln 1966
Michell, G.: Der Hindu-Tempel. Bedeutung und Formen. Köln 1979
Oldenberg, H.: Das Mahābhārata, seine Entstehung, sein Inhalt, seine Formen. Göttingen 1922
Otto, R.: Vishnu-Narayana. Jena 1917
Plaeschke, H. und I.: Hinduistische Kunst. Das indische Mittelalter. Wien 1978
Rieker, H.U.: Das klassische Yoga-Lehrbuch Indiens. Zürich 1957
Rolland, R.: Der Göttermensch Rāmākrishna und das universale Evangelium des Vivekananda. Zürich 1964
Schroeder, L. v.: Bhagavadgītā. Düsseldorf [30]1955
Wolff, O.: Indiens Beitrag zum Menschenbild: Rāmākrishna, Ghāndī, Sri Aurobindo. Reinbek bei Hamburg 1957
Yogananda, P.: Autobiographie eines Yogi. Weilheim 1971

HOMERISCHE RELIGION

Die h.R. ist die in den Großepen der *Ilias* und der *Odyssee* gefaßte Gestalt der →griechischen Religion. Der Überlieferung nach heißt der Verfasser dieser ältesten epischen Dichtung des Abendlandes (vielleicht Ende des 8.Jh. v.Chr.) *Homer;* er stammt aus dem Raum Smyrna. Sein eigentliches Wirkungsfeld scheint Chios im ionischen Kleinasien zu sein, wo noch zur Zeit Platons die Homeriden ihren Sitz haben. Die klassischen und hellenistischen Bildnisse zeigen Homer als »blinden Mann«. Auf Ios wird sein Grab vermutet.

Die homerischen Dichtwerke, in denen eine Religion des Königtums und des Kriegeradels – im Gegensatz zu der des Volkes – zum Ausdruck kommt, bleiben wegen ihres in religiöser Beziehung negativen Einflusses auf die Erziehung der Jugend im Platonischen Idealstaat verboten.

Die anthropomorph gezeichneten Götter des Olymps haben mit den Menschen Geschlecht und Charakter, Gutes und Schlechtes (Streit, Luge, Diebstahl, Ehebruch) gemeinsam. Sie unterscheiden sich von ihnen durch größere Kraft, Ewigkeit und Jugend.

In der *Ilias* spielt die Handlung auf zwei Ebenen. Dem menschlichen Tun steht das Handeln der Götter gegenüber. Der Bereich der Götter ist mit dem der Menschen so eng verknüpft, daß ein Geschehen auf der einen Ebene in der anderen eine Reaktion auslöst.

1

2

1 Homer, *Marmor. Vatikan*

2 Götterversammlung *nach der Ilias: Aphrodite, Artemis, Apollon und Zeus, Schatzhaus von Siphnos, um 525 v. Chr. Delphi, Mus.*

Das Wesen und die Funktionen der homerischen Götter scheinen zerrissen und widersprüchlich zu sein.

Einerseits sind sie unsterblich, strahlend und haben eine Macht, *daimon,* die sie beliebig im Sinn einer Parteinahme für ihre Lieblingsmenschen nutzen. Andererseits steht die *moira* (»Schicksal«) teils über, teils neben den Göttern. Sie sind zwar Hüter des Rechts und der Ordnung, aber ihre zweite Seite, ihr »menschliches Wesen« äußert sich in Streit, Betrug und launischer Willkür.

In der *Odyssee* zeigen die Götter im Vergleich zur *Ilias* eine »fortgeschrittene Moral«. Sie erscheinen als Wahrer eines unbedingten, verbindlichen Rechts. Nach zwei Götterversammlungen, in denen die großen Linien der Handlung festgelegt werden, treten die Götter in ihrer Gesamtheit weniger hervor. Im wesentlichen kümmern sich nur die Göttin *Athene* und der Gott *Poseidon* um die Menschen. Letzterer weiß des Odysseus Heimkehr aus unversöhnlichem Groll immer wieder hinauszuzögern, indem er z.B. dessen Floß im Sturm zerschmettert. Athene hingegen verfolgt mit Beharrlichkeit und auch mit List ihr Ziel, den Heimkehrer Odysseus durch alle Gefahren hindurch nach Ithaka zurückzubringen.

Die eindrucksvolle Größe der Götter bewirkt bei den Menschen Furcht, Scham und Ehrfurcht. Durch Gebet, Libation und Opfer können die Götter zwar angefleht werden, die Last des menschlichen Schicksals zu ändern, aber welche Bitten sie dem Menschen auch gewähren mögen, seinem Tod kann er nicht entrinnen. Nach Homer kommen alle Seelen in das Schattenreich des Hades und der Persephone, wo sie als Schatten weiterleben.

Die großen Helden vergangener Tage werden hymnisch gepriesen, da sie wie auch Odysseus ein Beispiel bieten für Tapferkeit und Klugheit, aber auch List und Verschlagenheit, die als menschliche Tugenden gelten.

Die beiden Großepen bilden die bedeutendste Quelle der griechischen Religionsgeschichte. Die *Ilias,* das Gedicht von Ilion (Ilios, Troja), steht als ältestes, vollständig erhaltenes Großepos am Anfang der europäischen Literatur. Das in 24 Gesängen (Büchern) eingeteilte Werk umfaßt ca. 16 000 Hexameter. Es bietet einen Handlungsausschnitt von 51 Tagen aus dem letzten Kriegsjahr des 10jährigen Krieges der Griechen um Troja, der mit der Eroberung der Stadt endet.

Die *Odyssee,* das Gedicht des Odysseus, des Königs von Ithaka, des Gatten der Penelope und Vaters des Telemachos, ist in 24 Bücher eingeteilt und umfaßt 12 000 Verse. Die 40-Tage-Handlung spielt im 10. Jahr nach dem Fall Trojas, das erobert wurde mit dem auf den Rat des Odysseus gebauten hölzernen Trojanischen Pferd, und sie erzählt die 10jährigen Irrfahrten sowie die Heimkehr des Odysseus.

Durch Jahrhunderte hindurch hat dieses Werk Wirkung gezeigt. Im Mittelalter (Herrad von Landsperg) gilt das Sirenen-Abenteuer als Beispiel der Standhaftigkeit gegen die Lockungen der Welt. In der Schedelschen Weltchronik wird die Moraltendenz durch das Circe-Abenteuer unterstrichen. Die Nausikaa-Episode hat Dichter (u.a. Goethe) beeinflußt, und James Joyce knüpft in seinem Roman »Ulysses« (1922) an die Odyssee an.

Literaturauswahl

Dirlmeir, F.: Die Vogelgestalt homerischer Götter. Heidelberg 1967

Nägelsbach, C.F.v.: Homerische Theologie. Nürnberg ³1884

Otto, W.F.: Die Götter Griechenlands. Frankfurt ⁵1961

Schrade, H.: Götter und Menschen Homers. Stuttgart 1952

INDIANISCHE RELIGIONEN

Die i. R. sind die autochthonen Religionen der altindianischen Völker und Stämme Amerikas. Weil Christoph Kolumbus sich auf seiner Entdeckungsfahrt in Indien wähnt, nennt er die Eingeborenen des entdeckten Amerika *Indianer,* die wegen ihrer vielfach üblichen roten Körperbemalung auch *Rothäute* genannt werden. Die Indianer, die zusammen mit den Eskimos im Norden die Ureinwohner Amerikas sind, gehören als Indianiden zum Rassenkreis der Mongoliden.

In der »Gänsemarschvölkerwanderung« kommen sie (ca. 10000–8000 v. Chr.) von Sibirien nach Alaska und breiten sich von hier über Nord-, Mittel- und Südamerika bis nach Feuerland aus. Zur Zeit der Entdeckung Amerikas (1492) wird ihre Zahl auf ca. 22 Millionen geschätzt. Als der Genuese Christoph Kolumbus (1451–1506) im Dienst Isabellas von Kastilien (1474–1504) den westlichen Seeweg nach Indien sucht, landet er nach 61tägiger Fahrt am 12. Oktober 1492 auf Guanahani (San Salvador) und entdeckt 1498 das Festland (Orinokomündung; später Panama). Danach beginnt die weitere Entdekkung, Eroberung und christliche Missionierung des amerikanischen Kontinents durch die Europäer.

Auf den mit Kreuz und Marienbild geschmückten Segelschiffen der spanisch-portugiesischen Entdecker und Eroberer befinden sich ständig – gemäß königlicher Anweisung – Welt- und Ordensgeistliche für die sofortige Missionierung der eingeborenen Indianer. Kolumbus selbst wird auf seiner 2. Reise (1493) von 12 Missionaren begleitet. Kurz nach der ersten Entdeckung wird im Vertrag von Tordesillas (1494) die »Neue« Welt in ein spanisches und portugiesisches Kolonialreich und eine Patronatsmission aufgeteilt, nachdem vorher (1493) Papst Alexander VI. die Demarkationslinie festgelegt hat. Gemäß dem Grundsatz »Für Gott die Seele, das Land dem König« setzt der Staat eine Kolonialordnung durch. Konquistadoren (span. »Eroberer«), spanische Adlige (Hidalgos) und Abenteurer, von Ehrgeiz, Goldfieber, aber auch christlichem Missionseifer getrieben, entdecken und unterwerfen innerhalb von 40 Jahren Süd- und Mittelamerika. Höhepunkte der Unterwerfung bilden die Eroberung des Aztekenreiches im Hochland von Mexiko (1519–21) durch den Spanier Hernando Cortés (1485–1547) und die des Inkareiches im Hochland von Ecuador, Peru, Bolivien und Nordchile (1531–33) durch den Spanier Francisco Pizarro, der seinen Landsmann und Konkurrenten Almagro 1538 ermorden läßt und dann selbst von dessen Anhängern 1541 getötet wird. Die Eroberer teilen das Land in *encomiendas* (Latifundien) auf und verpflichten die Indianer, soweit diese nicht in Urwälder abgedrängt oder auch z. T. sogar ausgerottet sind, zu hohen Naturalabgaben. Gegen die Zwangsarbeit und Ausbeutung der Indianer Westindiens kämpft u. a. der spanische Dominikaner Bartolomé de Las Casas (1474–1566) – nicht selten gegen seine kirchlichen Mitbrüder.

Da die Indianer sich für die tropische Pflanzungswirtschaft als zu schwach und unfähig erweisen, werden zu ihrer »Entlastung« seit 1510/11 kräftigere und widerstandsfähigere Negersklaven aus Afrika deportiert und in Amerika eingeführt.

Zum Zweck der Missionierung und zum Schutz der nomadisierenden Indianer richten die Jesuiten in Paraguay ab 1607 Indianer-*Reduktionen* ein, d. h. Kollektivsiedlungen ohne Privatbesitz. Als 1767 die Jesuiten ausgewiesen und ihre Güter verschleudert werden, führt dies zu einer schweren wirtschaftlichen und sozialen Krise, die in den Aufstand (1780–83) unter Führung des Indianerhäuptlings Tupac Amaru (1740–81), eines Nachkommen der Inkaherrscher, mündet.

In den USA werden 1837 den aus dem Osten verdrängten Indianern »für immer« *Indianerterritorien* als Wohngebiete zugesichert, die aber unter dem Druck der weißen Siedler ständig verkleinert werden. Heute gibt es in den USA 267 und in Kanada 2279 *Indianerreservate,* umgrenzte Wohngebiete, in denen die Indianer sich selbst verwalten.

Es gibt ca. 370 größere Indianerstämme und -völkerschaften mit ca. 150 völlig verschiedenen Sprachen. Während die

3 Totempfahl *in Kanada*

3

brasilianischen Waldindianer und die Feuerländer zur Wirtschaftsstufe der Wildbeuter gehören, haben hochorganisierte Stämme bedeutende Stadtkulturen entwickelt, die von den Konquistadoren vernichtet sind. Viele Indianerstämme sind entweder von europäischen Kolonisatoren (Spanier, Portugiesen, Niederländer, Franzosen, Engländer) ausgerottet oder durch die in den vergangenen 400 Jahren eingewanderten Europäer und die als Sklaven aus Afrika eingeführten Neger auf wenige Wohngebiete zurückgedrängt.

Zu den wenigen hunderttausend überlebenden nordamerikanischen Indianern gehören u.a. in den USA die *Navaho* und *Sioux* und in den USA/Kanada die *Algonkin* und *Irokesen*. Zu den mittelamerikanischen Stämmen gehören u.a. in Mexiko (→mexikanische Religionen) die *Azteken* (→aztekische Religion), *Chichimeken, Huaxteken, Mixteken, Otomi, Tarasken, Totonaken* und *Zapoteken,* die *Misquito* in Nicaragua und Honduras und die *Maya* (→Maya-Religion) in Guatemala, Mexiko, Honduras und El Salvador. Die ca. 130 indianischen Völker Südamerikas sind weniger bekannt als die nord- und mittelamerikanischen. Zu ihnen gehören u.a. die *Araukaner, Aruak, Chibcha* (Muisca), die *Tupi* und die *Inka* (→Inka-Religion). Die ca. 30 Millionen reinrassigen Indianer in Südamerika sind heute fast alle katholische Christen.

Als eine, wenn auch späte, Reaktion verschiedener Indianerstämme auf die Kolonisation Amerikas und gegen die Verdrängung und Ausrottung vieler Indianer durch weiße Kolonisatoren entstehen in Verbindung mit dem Ahnenkult und unter Leitung prophetischer Gestalten neue Religionen, wie die →Ghost-Dance-Religion und der →Peyote-Kult, in denen die Hoffnung auf eine Wiederinbesitznahme früherer Territorien genährt wird.

Unter den Indianerstämmen **Nordamerikas** ist der Glaube an eine außerordentliche, kosmische und lebenspendende aber unsichtbare Macht, den *Großen Geist,* weit verbreitet. Bei den Algonkin heißt er *Kitschi Manitu* (»Großer Geist«) oder kurz *Manitu* (»Geist«). Die Sioux nennen diese Macht *Wakonda*. Der Jäger hat deshalb Erfolg, weil sein *Wakonda* das des gejagten Wildes übertrifft. Die Huronen nennen sie *Oki*. Bei den Irokesen ist *Orenda* eine außergewöhnliche Macht, die sich mit der gewöhnlichen Lebenskraft des Menschen verbinden und durch Berührung übertragen läßt, so daß außergewöhnliche Leistungen und Erfolge möglich werden. Für die Athapasken ist *Yakista* (*ya* = »Himmel, Licht«) Gott des Himmels. Die Delawaren nennen ihren Gott *Gischelemukaong;* er lenkt von der Spitze des Weltpfahls das irdische Geschehen.

Das Wort *Totem* (»Verwandtschaft, Familienemblem, Schutzgeist«) entstammt dem indianischen Odjibwa, einem Algonkin-Dialekt. Das Stammestotem oder das Individualtotem ist häufig ein Tier. Während des Initiationsritus trennt sich der Initiand nach Fastenübungen von seinem Stamm und wartet in der Einsamkeit auf die visionäre Erscheinung seines Totems, mit dem ihn von jetzt ab eine enge Schicksalsgemeinschaft verbindet.

Tänze spielen im indianischen Kult eine große Rolle, wobei sich die Masken-Tänzer oft mit bestimmten Tieren (Bär, Büffel, Biber) identifizieren. Der *Sonnentanz* bestimmter Prärieindianer (u.a. Arapaho) wird aufgrund eines Gelübdes aufgeführt und dient der Wohlfahrt des Stammes.

Bei Indianerstämmen der Prärie und des Mississippigebiets spielt die Tabakpfeife eine Rolle. Mit ihr werden Rauchopfer dargebracht, Friedensschlüsse und religiöse Sanktionen verbunden.

Unterirdische *Kult-* und *Männerhäuser* mit Altären und symbolischen Sandfiguren haben bei den Puebloindianern eine Bedeutung für Riten der Krankenheilung.

Auch **Mittel- und Südamerika** bietet den Boden, auf dem es zur Neubildung von Religionen aus afro-amerikanischem Geist kommt. Sie sind eine Reaktion der gegenwärtigen Nachkommen der einst aus Afrika nach Amerika deportierten Negersklaven: →Umbanda in Brasilien und →Voodoo auf Haiti.

Für die Chibcha (Muisca = »Menschen«), im engeren Sinn die Muisca-Indianer, ist *Bachúe* die schöpferische Urmutter der Menschheit. Ihr zu Ehren wird der Kazike-Fürst von Guatavita am ganzen Körper mit einem klebrigen Harz bestrichen und darüber mit feinem Goldstaub bestreut. Danach läßt er sich auf den heiligen See hinausrudern, nimmt dort im Wasser ein Bad und bringt auf diese Weise der Göttin ein Goldopfer dar. Die Spanier nennen ihn *el dorado* (span. »der Vergoldete«). Diese Bezeichnung hat zum Begriff und zur Vorstellung von dem sagenhaften Goldland *Eldorado* im Inneren des nördlichen Südamerika geführt.

Bei den Feuerlandindianern heißt das höchste Wesen *Watavinewa* (»Uralter, Ewiger«) bzw. *Hitapúan* (»mein Vater«). Da er im Himmel *(sef)* weilt, wird er auch *Watavinewa-sef* genannt. Er ist Herr über Leben und Tod und belohnt die Guten, während die Bösen bestraft werden.

Die kolumbianischen Uitoto verehren *Moma,* den »Vater«, der durch das »Wort« selbst entstanden ist, dieses »Wort« personifiziert und an die Menschen weitergibt, da er sie die Gebote und die kultischen Pflichten lehrt. Das Pflanzervolk der Cágaba der Sierra Nevada de Santa Marta (Kolumbien) verehrt die Urmutter *Gauteóvan,* die Sonne und Welt erschaffen hat.

Die Tupí-Guaraní sind bekannt für ihre religiösen Wanderungen in den Jahren 1539–1912. Sie erwarten eine Katastrophe des Erdabsturzes und Weltenbrandes. Um diesem Untergang zu entgehen, muß rechtzeitig das rettende »Land ohne Übel« erreicht werden, das zugleich Wohnsitz ihres Gottes *Nanderuvuçu* (»unser großer Vater«) ist. Dem Untergang zu entgehen, ermöglicht der Tanz am Meer, wofür der Medizinmann *Guyraypotu* ein mythisches Vorbild ist. Dieser kann einem sintflutartigen Weltuntergang entgehen, weil er auf Weisung des Gottes Nanderuvuçu zur Meeresküste flieht, dort ein Tanzhaus erbaut und ohne Pause so lange tanzt, bis das Haus so leicht wird, daß es über die Meeresflut hinweg in den Himmel zu Nanderuvuçu gelangt.

Literaturauswahl

Bramly, S.: Im Reiche des Wakan. Das magische Universum der nordamerikanischen Indianer. Basel 1977

Cipolletti, M.S.: Jenseitsvorstellungen bei den Indianern Südamerikas. Berlin 1983

Hargons, S.: Beschwörer der Seelen. Das magische Universum der südamerikanischen Indianer. Berlin 1976

Johnston, B.: Und Manitu erschuf die Welt. Mythen und Visionen der Ojibwa. Düsseldorf u. Köln 1979

Lehmann-Nitsche, R.: Studien zur südamerikanischen Mythologie. Die ätiologischen Motive. Hamburg 1939

Lindig, W./Münzel, H.: Die Indianer. Kulturen und Geschichte der Indianer Nord-, Mittel- und Südamerikas. München 1978

Müller, W.: Die Religionen der Waldlandindianer Nordamerikas. Berlin 1956

Nowotny, K.A.: Der indianische Ritualismus. Bonn 1976

Parsons, E.C.: Pueblo Indian Religion. 2 Bde. Chicago 1963

Tedlock, D. u. B.: Über den Rand des tiefen Canyon. Lehren indianischer Schamanen. Düsseldorf u. Köln [2]1980

Tyler, H.A.: Pueblo Gods and Myths. Norman 1964

INDISCHE RELIGIONEN

»I.R.« ist die zusammenfassende Bezeichnung für die unter den Völkern Vorderindiens entstandenen Religionen. Es gibt kein Land der Erde, das während seiner gesamten Geschichte so stark vom Religiösen durchdrungen und bestimmt ist und aus dessen Völkern so viele, unterschiedliche und religionsgeschichtlich bedeutsame →alte Religionen und →neue Religionen hervorgegangen sind, wie Vorderindien.

Der vorderindische Subkontinent stellt geographisch die Form eines auf die Spitze gestellten Dreiecks dar – die Nordseite bildet die Gebirgskette des Himalaja, und die beiden anderen Seiten begrenzt der Indische Ozean –, das an das weibliche Geschlechtssymbol erinnert und weshalb u.a. die Inder ihr Land »*Mutter* Indien« nennen.

Die Gesamtbevölkerung Indiens setzt sich aus vielen Völkern zusammen, die verschiedenen Rassen, Sprachen und Religionen angehören. Den Hauptbestandteil stellen die *Indiden*, eine den Europiden nahestehende Menschenrasse, vor allem in Nord- und Mittelindien. Zu ihren Völkern, die die östliche Völkergruppe unter den Indogermanen bilden, gehören u.a. die Assamesen, Bengalen, Bhil, Biharen, Gudscharaten, Hindustaner, Marathen, Pandschaben, Sindi und Singhalesen.

Zu den austroasiatischen Rassen zählen die Mundasprachigen in Ostindien mit den Munda, Kurku und Santal sowie die Drawidasprachigen in Mittel- und Südindien mit den Telugu, Tamilen, Malayalen, Kanaresen, Gond, Tulu, Toda, Oraon, Khota und Badaga.

So vielfältig wie die Rassen, Sprachen und Kulturen ist das religiöse Leben der einzelnen Völker. Die älteste der uns bekannten indischen Religionen ist jene, die durch Ausgrabungen der Städte Mohenjodaro im Industal und Harappa in Punjab seit 1922 als *Induskultur* bekannt ist. Diese hochentwickelte städtische Kultur reicht mindestens bis ins 3. Jtd. v. Chr. zurück, also vor die Zeit der indogermanischen Einwanderung.

Die in bald allen Häusern vorgefundene Statuette einer fast nackten Frauengestalt stellt die große Allmutter und Lebensspenderin dar. Diese *Muttergottheit* – entweder als Schwangere oder mit betont großen Brüsten dargestellt – weist auf Ursprung und Erhaltung des Lebens hin. Weibliche und männliche Geschlechtsorgane (*yoni* und *lingam*) gelten als sexuell-religiöse Symbole für Fruchtbarkeit. Die vielen Tiergestalten auf Amuletten und Siegeln (Schlangen und Krokodile) sowie Standbilder von Stieren lassen auf einen verbreiteten *Tierkult*, die Darstellungen von Bäumen auf einen *Pflanzenkult* schließen. Eine von Tieren umgebene und im Strahlenkranz dargestellte männliche Gestalt im Yogasitz, als »Herr der Tiere« bezeichnet, steht für die Hochschätzung asketischer Übungen.

Der →Vedismus (ab 1500 v.Chr.), eine von den arischen Einwanderern mitgebrachte Religion indogermanischen Ursprungs, entwickelt sich um 900 v.Chr. zum →Brahmanismus. In Auseinandersetzung mit letzterem entstehen die beiden Weltreligionen →Buddhismus (seit 6. Jh. v.Chr.) und →Jainismus (seit 6. Jh. v.Chr.), während die Weltreligion des →Hinduismus (ab 400 v.Chr.), dem heute fast 80% aller Inder angehören, die brahmanischen Traditionen fortentwickelt. Als 4. der heute insgesamt 9 →Weltreligionen entsteht in Indien (ca. 1500 n.Chr.) der →Sikhismus. In Indien finden auch die Anhänger des →Parsismus nach ihrer Flucht aus dem Iran (8. Jh. n.Chr.) eine neue Heimat. Der →Tantrismus hat hier seinen Ursprung. Die →asiatischen Stammesreligionen umfassen auch einige Völker Indiens.

Indien ist nicht nur ein fruchtbares Ursprungsland für die →alten Religionen gewesen, sondern hier entstehen auch seit dem 19. Jh. reformhinduistische Bewegungen (→Hinduismus), die zu den →neuen Religionen gerechnet werden können, so der Brāhma-Samaj (gegr. 1828) des Rām Mohan Roy (1772–1833), der Arya-Samaj (gegr. 1875) des Dayānand Sarasvati (1824–83), der Dev-Samaj (gegr. 1887) des Shiva Nārāyana Agnihotri (1850–1923), die Ramakrishna-Mission (gegr. 1897) des Swami Vivekānanda (1862–1902), der Integrale Yoga (gegr. 1910) des Shri Aurobindo Gosh

1

2

3

1 *Zwei Göttinnen, Bronze und Terrakotta, 2. Jh. v. Chr. London, Victoria & Albert Mus.*

2 *Siegel mit* Opferritual, *Steatit, Mohenjo-Daro, um 2500 v. Chr.*

3 Königlicher Priester, *Mohenjo-Daro, um 2500 v. Chr. Karatschi, National-Mus.*

(1872–1950) und schließlich der Sarvodaya-Samaj (gegr. 1951) des Vinoba Bhave (*1895). Zu nennen ist auch →Tana Bhagat (Anfang 20. Jh.).

Allein 5 der bekanntesten 8 →Jugendreligionen, nämlich →Ananda Marga, →Transzendentale Meditation, →Divine Light Mission, →Hare-Krishna-Bewegung und →Bhagwan-Shree-Rajneesh-Bewegung, stammen aus Indien.

Literaturauswahl

Bareau, A., u. a.: Die Religionen Indiens. Bd. III. Buddhismus, Jinismus, Primitivvölker. Stuttgart 1964
Barth, A.: Les religions de l'Inde. Paris 1914
Glasenapp, H. v.: Die Religionen Indiens. Stuttgart ²1956
Gonda, J.: Die Religionen Indiens. Bd. I. Veda und älterer Hinduismus. Stuttgart 1960
Gonda, J.: Die Religionen Indiens. Bd. II. Der jüngere Hinduismus. Stuttgart 1963
Hopkins, E. W.: The Religion of India. Boston 1895
Konow, S./Tuxen, P.: The Religion of India. Kopenhagen 1949

INDOGERMANISCHE RELIGIONEN

Die i. R. umfassen die Religionen einer Völkerfamilie, zu der fast alle Völker Europas – mit Ausnahme der Basken und der Finno-Ugrier – zusammen mit den Indoiraniern (→indoiranische Religion) gehören und deren Heimat wahrscheinlich das Gebiet zwischen Mitteleuropa und Südrußland ist.

Die seit Ende des 3. Jtd. v. Chr. nachweisbare indogermanische Völkergruppe spaltet sich um 2000 v. Chr. in Einzelvölker, und ihre einsetzenden Wanderungen führen zur Bildung der ersten indogermanischen Großreiche in Vorderasien und Indien.

Anstelle der Bezeichnung i. R., die die östliche Gruppe der Inder mit der westlichen Gruppe nur der Germanen verbindet, wird außerhalb Deutschlands die treffendere Bezeichnung *indoeuropäische Religionen* gebraucht.

Zu den *indoeuropäischen (indogermanischen) Religionen* gehören die →indoiranische, die →hethitische und die →phrygische Religion in Asien, die →slawische und →baltische Religion in Osteuropa sowie die →griechische, →römische, →keltische und →germanische Religion in Süd-, Mittel- und Westeuropa sowie die →skythische Religion.

Unter den Göttern der Indogermanen herrscht eine Hierarchie mit einem höchsten Wesen an der Spitze, das teils als unpersönliches »Lichtelement«, teils als »Himmel-Vater« gesehen wird. Der »Licht-Himmel-Vater« heißt *Dyaus-pitā* (altind.), *Zeus-pater* (griech.) und *Diu-piter* bzw. *Ju-piter* (lat.). Das »Leuchtende« und »Lichte« wird zur generellen Bezeichnung aller göttlichen Wesen: *dēva* (altind.), *daēva* (altiran.), *divus* bzw. *deus* (lat.), *dia* (altirisch), *dievas* (litauisch) und *tivar* (altnordisch). Dieses höchste Wesen ist Wächter und Richter über Gut und Böse, Schützer des Eides und der Treue sowie Freund der Bedürftigen. Zu späterer Zeit wird dieses höchste Wesen in verschiedene göttliche Wesen ausdifferenziert, und mit dem Himmelsvater wird die »Mutter Erde« in kosmischer Ehe verbunden: *Pṛthivī mātā* (altind.), *Demeter* (griech.) und *Terra Mater*

(lat.). Hinzu tritt der »Gewittergott« *Parjanya* (altind.), *Perkuns* (litauisch und altpreußisch) und *Fjörgynn* (altgerm.).
Einem männlichen »Sonnengott« *Sūrya* (altind.), *Helios* (griech.), *Sol* (lat.) steht die jungfräuliche »Morgenröte« *Usas* (altind.), *Eos* (griech.), *Aurora* (lat.), *Eostra* (altengl.) und *Ostara* (altgerman.) gegenüber. Die Sonne, die unter dem Bild des Rades, des Wagens, des Schiffs, der Scheibe und des Balls erscheint, wird kultisch verehrt. Jedoch älter als der Sonnenkult ist der Kult des Mondes, des ältesten Zeitmessers.
Anstelle einer *Erdbestattung,* die der Vorstellung des Fortlebens der Toten im Grabhaus entspricht, tritt im 2. Jtd. v. Chr. die *Feuerbestattung* wegen der jetzt vergeistigten Vorstellung vom Weiterleben der Toten in einem jenseitigen Reich. Gleichzeitig tritt an die Stelle der Mittötung und Mitbestattung der Gattin und des Gefolges deren Mitverbrennung.
Das sittliche Weltgesetz, das *rtam* (altind.), *asa* bzw. *arta* (altiran.), *ritus* (lat.) und *urd* (altgerm.) heißt, steht als verpflichtende Forderung hinter allem.
An den großen *Lebensfesten* empfangen Tier- und Pflanzenwelt neue Kraft durch die Begattung der Geschlechter. Dieser Zeugungsritus ist eine Sonderform des »Ähnlichkeitszaubers«, wonach »Ähnliches durch Ähnliches« bewirkt wird. Der an den Lebensfesten getrunkene, heilige Rauschtrank *madhu* (altind.), *madu* (altiran.), *methy* (griech.), *methu* (althochdeutsch) und *madú* (litauisch) ist ursprünglich ein aus Honig gewonnener Met, der den Trinkenden mit göttlichen Kräften erfüllt.
Am Jahresbeginn, Frühlingsanfang und zur Sommersonnenwende wird das Feuer als heilige Ursubstanz entzündet, und der Lauf der Sonne, des Urbilds des Feuers, wird im Rollen der Räder und im Tanz nachgeahmt. Steine, Bäume, Quellen und Flüsse gelten als Sitz heiliger Lebenskräfte.
Der Kult, der ursprünglich in der Hand des Familienvaters und Stammeshäuptlings liegt – die Gesellschaftsordnung beruht auf der vaterrechtlich organisierten Großfamilie und gipfelt im Stamm –, geht später an Einzelpriester und Priesterkollegien über: *flamen* (altlat.) und *brahman* (altind.).

Literaturauswahl

Cornelius, F.: Indogermanische Religionsgeschichte. München 1942
Dumézil, G.: Les dieux des Indoeuropées. Paris 1952
Schroeder, L. v.: Die Hochzeitsbräuche der Esten und einiger finnisch-ugrischer Völkerschaften in Vergleichung mit denen der indogermanischen Völker. Nachdruck. Hannover 1975
Zenker, E. V.: Religion und Kult der Urarier. Berlin 1935

INDOIRANISCHE RELIGION

Die i. R. ist die gemeinsame Religion der Inder und Iranier, bevor sie sich in zwei Gruppen teilen und in Nordindien und in den Iran um die Mitte des 2. Jtd. v. Chr. einwandern. Sie gehören als indoiranischer Zweig zu den indogermanischen Völkern (→indogermanische Religion). Die beiden Völker bezeichnen sich selbst als *arias* (= »Arier«; von sanskr. *arya* = »Edler«), weshalb man auch von der *arischen Religion* spricht.
Nach der Trennung der Indoiranier von den übrigen Indoeuropäern leben die beiden Völker der Iranier, zu denen u. a. Perser, Kurden, Belutschen und Afghanen gehören, und der Indoarier noch eine Zeitlang im Hochland des Irans zusammen, bis letztere im 2. Jtd. v. Chr. auswandern und vom Norden her nach Indien eindringen. So entwickeln sich aus der gemeinsamen i. R. einerseits die frühiranische Religion, die den Hintergrund für den späteren →Zoroastrismus abgibt, und andererseits der →Vedismus in Indien.
Die Gottheiten der Indoiranier symbolisieren Kräfte, die den Menschen umgeben sollen, wie Gastfreundschaft, Bundestreue und Sieghaftigkeit.
Im Gegensatz dazu versinnbildlichen die Dämonen den Zorn, die Gier und die Lüge.
In der Fülle einander entsprechender Götternamen, religiöser Vorstellungen und kultischer Bezeichnungen kommt die indoiranische Verwandtschaft zum Ausdruck.
Das älteste schriftliche Zeugnis für die i. R. ist ein um 1350 v. Chr. zwischen dem Hethiterkönig Suppiluliuma I. und Mattiwaza, dem Thronerben von Mitanni, abgeschlossener Friedensvertrag, der die Schwurgötter Mithra, Waruna und Indra nennt, die über die Einhaltung dieses Vertrages wachen sollen, mit dem der Aufstieg der Hethiter zur Großmacht begann.

altiran.	altind.	Bedeutung
ahura	asura	Gott (allgemein)
daeva	deva	göttliches Wesen
Mithra	Mitra	Gott der Vertragstreue
Verethragna	Vrtrahan	Gewittergott Indra
Yima	Yama	Urmensch
haoma	soma	Opfertrank
yasna	yajña	Opfer
baresman	barhis	Opferstreu
athravan	atharvan	(Zauber-)Priester
haotar	hotar	Hymnenrezitator

Literaturauswahl

Otto, R.: Gottheit und Gottheiten der Arier. Gießen 1932
Schröder, L. v.: Arische Religion. 2 Bde. Leipzig ²1923
Wikander, S.: Voyu. Texte und Untersuchung zur indo-iranischen Religionsgeschichte. Uppsala 1941

INKA-RELIGION

Die I.-R. ist die Religion des südamerikanischen Indianervolkes der Quechua, das zwischen 1200 und 1532 n. Chr. das heutige Peru und Teile von Bolivien, Ecuador, Argentinien, Chile und Kolumbien bewohnt. *Inka* ist ursprünglich nur der Name einer Stammesgruppe, die sprachlich zu den Quechua-Indianern gehört. Er wird später zur Bezeichnung der Adels- und Herrscherklasse im altindianischen Peru verwendet, aus der die Herrscher des Reiches stammen, die dann diesen Namen als Titel erhalten.

Das Großreich der Inka (1438–1532), das zu Anfang des 16. Jh. das Andengebiet von Quito im Norden bis Valparaiso im Süden mit dem vorgelagerten Küstengebiet umfaßt, wird von ihnen selbst *Tahuantinsuyu* (»Gesamtheit der vier Weltgegenden«) genannt, und ihre Hauptstadt ist *Cuzco* (»Nabel«), die sie für den Mittelpunkt der Erde halten.

Die Religion der Inka gehört zu den →indianischen und →amerikanischen Religionen.

Um 1200 n. Chr. siedelt sich eine Gruppe von Inka-Stämmen im peruanischen Hochland, im Tal von Cuzco in den Anden an, womit die Inka-Dynastie ihren Anfang nimmt. Begründer und 1. Herrscher ist der Häuptling *Manco Capac,* zugleich 1. Inka, der am Titicacasee eine Theophanie erlebt, bei der ihm der Sonnengott Inti erscheint und ihn beauftragt, den Indianern der andinen Bergländer eine höhere Kultur zu bringen. Der Sonnengott übergibt ihm einen goldenen Stab, der an der Stelle in die Erde sinken werde, wo das Inka-Reich gegründet werden solle. Dies geschieht dann auf dem peruanischen Hochland von Cuzco. Der 9. Inka, *Cusi Yupanqui* (1438–71), der ebenfalls eine Erscheinung des Sonnengottes hat, nennt sich *Pachacuti* (»Weltwender«) und unterwirft 1470 das Chimu-Reich. Der 10. Inka, *Tupac Yupanqui* (1471–93), erweitert das Inka-Reich nach Süden, und der 11. Inka, *Huayna Capac* (1493–1527), unterwirft 1513 das Quito-Land (Ecuador), und zu seiner Zeit erlebt das Inka-Reich seine höchste Blüte.

Die Kämpfe um den Thron (1527–32) zwischen den Brüdern *Huascar,* dem 12. Inka in Cuzco, und *Atahualpa,* dem 13. Inka in Quito, erleichtern den spanischen Konquistadoren die Eroberung des mächtigen Inka-Reiches, die 1531 mit der Landung des Spaniers Francisco Pizarro an der nordperuanischen Küste beginnt. Atahualpa wird 1532 in Cajamarca von Pizarro aufgrund einer List gefangengenommen und ermordet; die Hauptstadt Cuzco kann 1533 erobert werden. Der Spanier Pizarro, der seinen Landsmann und Konkurrenten Almagro 1538 ermorden läßt, wird dann selbst von dessen Anhängern 1541 getötet.

Wesentlicher Faktor für den Bestand und Zusammenhalt des Inka-Reiches bildet die Religion. Die Theokratie des Inka-Reiches wird mit der Göttlichkeit des *Inka* begründet, der auch *Sapay Inka* (»einziger Inka«) genannt wird.

Kulturheros und Schöpfer der Sonne, des Mondes und der Sterne ist *Viracocha* (Quechua »Schaum des Meeres, Seefett«), der »unfaßbare« Gott, dessen Goldstatue in Cuzco die Größe eines 10jährigen Jungen hat. Seine Gattin ist die Meeresgöttin *Mamacocha* (Quechua »Mutter Meer«).

In der peruanischen Küstenregion wird als Schöpfergott *Pachacamac* (Quechua »Welterschaffer«) verehrt und mit dem Mond identifiziert. Da die Menschen selber seine Tempel bilden, werden für ihn keine eigenen errichtet.

Im andinen Hochland heißt der Schöpfergott *Huiracocha.* Er wird später mit der Sonne identifiziert und dann zum »Vater des Sonnengottes«. Als Schöpfergott läßt er Sonne und Mond aus dem Titicacasee aufsteigen und erschafft die Menschen aus dem Lehm der Erde.

Seit der Regierungszeit des 9. Inka Pachacuti wird der Sonnengott *Inti* (Quechua »Sonne«) als oberster Reichsgott verehrt. In der Göttergenealogie gilt er als ältester Sohn des Schöpfergottes Huiracocha bzw. Pachacamac, und der jeweils regierende Inka versteht sich als *Intip Churin* (»Sohn des Inti«).

Gattin und Schwester des Sonnengottes Inti ist die Mondgöttin *Mama Quilla* (Quechua »Mutter Mond«). Sie ist ursprünglich leuchtender und mächtiger als der Sonnengott, der ihr dann nach dem Mythos Asche ins Gesicht streut, damit sie weniger mächtig und leuchtend ist als er. Irdischer Repräsentant der Mondgöttin ist die Hauptfrau des regierenden Inka.

Als Kinder des Sonnengottes Inti und der Mondgöttin Mama Quilla werden die Sonnenkinder *Manco Capac* (»mächtiger Mann«) und seine Schwester *Mama Oello* (»ehrwürdige Mutter Ei«), die Stammeltern der Inka-Dynastie, angesehen.

Eine Erd- und Fruchtbarkeitsgöttin ist *Pacamama* (Quechua »Mutter Erde«), und *Illapa* (Quechua »Blitz«) ist Gewitter- und Regengott.

Als *huacas* (Quechua »Mächte«) werden alle außerordentlichen Wesen und Kräfte, wie Berge, Bäume, Seen und Flüsse angesehen, denen Steinhaufen als Kultobjekte heilig sind. Jeder Clan und jede Mumie eines Inka hat einen eigenen *huaca.*

Von den beiden Jenseitsreichen wird das eine *hanakpachga* (Quechua »hohe Welt, obere Welt«) genannt und ist eine Art Paradies im Bereich des Sonnengottes, das andere heißt *ukhupacha* (Quechua »niedere Welt, untere Welt«) und ist ein Ort der Kälte und des Hungers im Bereich der Erdgöttin.

Im Inka-Reich, das den bedeutendsten religiös begründeten Kommunismus der Geschichte verwirklicht, ist der gesamte Grundbesitz in drei Teile aufgeteilt. Das »Inkaland« gehört dem König, das »Sonnen-« bzw. »Tempelland« dem Sonnengott und seinen Priestern und das

»Volks-« oder »Gemeindeland« dem Volk der Inka, das aber die ersten beiden Besitztümer mitbearbeiten muß. Die Bewirtschaftung des kollektiven Bodenbesitzes unterliegt gemeinwirtschaftlichen Regeln. Als streng verbotene Handlungen, *hucha,* gelten vor allem Diebstahl, Faulheit und Lügenhaftigkeit.
Ein diesbezügliches Sprichwort charakterisiert die Inkas:

> Ama sua, ama qualla, amallulla
> Keine Diebe, keine Faulenzer,
> keine Lügner

Die Inka kennen 4 Hauptfeste: *Intip Raymi* (Quechua »Tanz der Sonne«), ein im Juni zur Wintersonnenwende gefeiertes »Sonnenfest« zu Ehren des Sonnengottes Inti. Es ist das bedeutendste Fest und wird 9 Tage gefeiert. Dabei wird mit einem Brennspiegel oder durch Reiben von Hölzern das Feuer neu entzündet, dessen Flamme bis zum folgenden Jahr von »Sonnenjungfrauen« gehütet wird. Das *Reinigungsfest* wird zur Frühlingszeit im September, das *Erntefest* zum Dank für die Maisernte und das *Sommerfest* im Dezember gefeiert.
Als Opfergaben sind Speisen und Getränke üblich. Menschenopfer sind selten, und wenn, dann als Opfer von Kindern aus dem eigenen Volk. Für die häufigen Tieropfer werden Lamas bevorzugt.
In der gesellschaftlichen Hierarchie von Adel, Freien und Sklaven nehmen die Priester und Priesterinnen eine Sonderstellung ein, an deren Spitze der *Villak Umu* oder *Huakapuillak* (»der mit Gott Redende«) steht. Die »Sonnenjungfrauen« haben das heilige Feuer des Sonnengottes zu hüten. Sie leben in klosterähnlichen Gemeinschaften und sind zu strenger Keuschheit verpflichtet. Eine zum Gelübdebruch Verführte wird bei lebendigem Leibe begraben, der Verführer erdrosselt. Die »Sonnenbräute« darf der Inka zu seinen Haremsfrauen nehmen oder aber den Adligen als Frauen geben.
Die Heiligtümer sind entweder unterirdisch angelegt oder befinden sich auf Pyramiden, an heiligen Orten im Freien oder in Tempelkomplexen. Zentrale Kultstätte ist der Tempel *Coricancha* (»goldenes Haus«), verbunden mit Opferplätzen und Priesterhäusern.

Zeittafel

um 1200 Beginn der Inka-Kultur
1438–71 Pachacuti gründet als 9. Inka das Großreich
1471–93 10. Inka Tupac Yupanqui
1493–1527 Höchste Blüte des Inka-Reiches z. Zt. des 11. Inka Huayna Capac
1527–32 Bürgerkrieg zwischen den Halbbrüdern Huascar und Atahualpa
1531–33 Eroberung des Inka-Reiches durch die Spanier
1532 Gefangennahme des 13. Inka Atahualpa durch Pizarro
1533 Ermordung des 12. Inka Huascar auf Befehl des 13. Inka Atahualpa und Ermordung Atahualpas durch Pizarro.

Literaturauswahl

Baumann, H.: Gold und Götter von Peru. Ravensburg ²1971
Hagen, V. W. v.: Fábulas y ritos de los Incas. Lima 1943
Huber, S.: Im Reich der Inkas. Geschichte, Götter und Gestalten der peruanischen Indianer. Freiburg ²1956
Mariscotti, A. M.: El culto de Pachamama. Diss. Marburg 1975
Müller, R.: Sonne, Mond und Sterne über dem Reich des Inka. Heidelberg u. a. 1972
Pease, F.: El Dios Creator Andino. Lima 1973
Salentiny, F.: Machu Picchu. Steinerne Rätsel im Lande des Kondor. Frankfurt 1979
Waisbard, S.: Machu Picchu. Felsenfestung und heilige Stadt der Inka. Bergisch-Gladbach 1978
Wedemeyer, J. v.: Sonnengott und Sonnenmenschen. Kunst und Kult, Mythos und Magie im alten Peru. Tübingen 1970

IRANISCHE RELIGIONEN

»I. R.« ist eine zusammenfassende Bezeichnung für die (autochthonen) im religionsgeschichtlich bedeutsamen Hochland des alten Irans (und der »Aryas«) zwischen Kaspischem Meer, Afghanistan, Pakistan, Irak und Türkei – selbst entstandenen und für die (allochthonen) von außen in den Iran eingedrungenen, jedoch dort im iranischen Geist geprägten Religionen. Die Religionen der Iranier werden zur →indoiranischen Religion und zu den →indogermanischen Religionen sowie zu den →vorderasiatischen Religionen gerechnet.
Zu den zur indogermanischen Völkergruppe zählenden Iraniern gehören als Nordiranier die Skythen (→skythische Religion), als Ostiranier die Parther und als Westiranier die Perser, Meder, Kurden, Belutschen und Afghanen. Wegen der geschichtlichen Bedeutung der Perser unter allen übrigen iranischen Völkern werden die i. R. im engeren Sinn auch als *persische Religionen* bezeichnet.
Das indogermanische Volk der Perser wandert nach 690 v. Chr. von seinem Siedlungsgebiet nordwestlich von Medien südostwärts, unterwirft die Elamer und besetzt deren Gebiete, die nach den eingedrungenen Persern jetzt *Persis* genannt werden. Als der Achämenide Kyros II. (559–529 v. Chr.) von der Provinz Persis aus die herrschenden Meder stürzt, begründet er das antike Reich der Perser (ca. 550–330 v. Chr.), das vom Mittelmeer bis zum Indus und vom Schwarzen und Kaspischen Meer bis zum Indischen Ozean reicht. Unter dem letzten Achämeniden Darius III. (336–330 v. Chr.) unterliegt das Perserreich dem Ansturm Alexanders d. Gr. Erst unter den Sassaniden entsteht das 2. große Perserreich (226–642 n. Chr.),

1 

 2

3 

1 Sonnengott *der Inka, Gold. Quito, Archäologisches Mus.*

2 Inka-Stadt Machu Picchu *(Perú), 1911 entdeckt*

3 Opfermesser *der Inka, Kupfer, Gold und Türkis, 40,5 cm lang, 1100/1400, Lima, Goldmuseum von Perú*

das dann im Zuge der Islamisierung unter die Herrschaft der Araber kommt.
Die indogermanischen Iranier sind zunächst Anhänger der altiranischen Religion, die aus der →indoiranischen Religion der Arier hervorgegangen ist. Für sie ist Gott *Mithra* göttlicher Herr der sozialen Ordnung, und als dem Mithra nahestehend gilt der kriegerische *Raschnu*. Besondere Bedeutung hat die Göttin *Anāhita* (altpers. »die Entfesselte, Unbefleckte«), die mit der Fruchtbarkeitsgöttin *Ardvi Sūra* (»die Fließende, Schnelle«) zur *Ardvi Sūra Anāhita* verschmilzt. Als jungfräuliche Göttin der Fruchtbarkeit und Herrin der Gewässer bereitet sie »den Samen der Männer, allen Frauen den Mutterleib zur Geburt und bringt ihnen richtige zeitige Milch«. Auf parthischen Münzen ist das Bildnis dieser Göttin häufig zu finden. In Tempeln außerhalb des Irans wird ihr Kult in späterer Zeit mit sakraler Prostitution verbunden.

Im *altiranischen Kult* gibt es Feuerriten, Stieropfer und den Genuß des *haoma* (Opfergetränk und allheilende Arznei).
Um 600 v.Chr. übernehmen die Iranier die Reform des Zoroaster, dessen →Zoroastrismus von den Achämeniden gefördert und während der Sassanidenzeit (226–642) zur persischen Staatsreligion erhoben wird und aus dem sich der →Parsismus entwickelt. Im Neupersischen Reich wird 1501 die shi'itische Form des →Islam eingeführt, zu der sich heute 88% der Bevölkerung im Iran bekennen.
Im Iran sind außerdem die →alten Religionen des →Mithras-Mysterienkultes, des →Mazdakismus und des →Manichäismus entstanden, und hier ist die →Mandäer-Religion zu Hause. Als →neue Religion ist der →Babismus zu nennen, aus dem der →Baha'ismus entstanden ist.

Literaturauswahl

Bausani, A.: Persia religiosa da Zaratustra a Bahā'ulláh. Milano 1959
Gabriel, A.: Die religiöse Welt des Iran. Entstehung und Schicksal von Glaubensformen auf persischem Boden. Wien 1974
Hinells, J.R.: Persian Mythology. London 1973
Nyberg, H.S.: Die Religionen des alten Iran. Leipzig 1938
Widengren, G.: Die Religionen Irans. Stuttgart 1965

ISIS-UND-OSIRIS-MYSTERIENKULT

Die *Isis-und-Osiris-Mysterien* werden zu Ehren der ägyptischen Göttin Isis und ihres Bruders und Gatten Osiris gefeiert. Zur Zeit der Ptolemäerherrschaft (330–304 v. Chr.) wird Sarapis (im Anschluß an Osiris-Apis von Memphis) zum neuen Gott des Reiches, der als Heiland und Retter verehrt wird. *Isis,* die alte Liebesgöttin, wird zur Himmelskönigin und Allmutter. Die Griechen werden mit ihrer Mythologie, die wir aus der Schrift des Plutarch (um 46–um 120 n. Chr.) »De Iside et Osiride« kennen, in der Ptolemäerzeit bekannt – und bereits im 3. Jh. v. Chr. gibt es im Hafen von Piräus ein Isis-Heiligtum.

In hellenistisch-römischer Zeit verbreitet sich dieser →Mysterienkult im Römischen Reich. Zur Zeit Sullas (82–79 v. Chr.) wird er in Rom eingeführt, und unter Kaiser Caligula (37–41 n. Chr.) wird der Göttin Isis auf dem Marsfeld in Rom ein Tempel gebaut, in dem Vespasian und Titus im Jahre 71 n. Chr. (nach dem Jüdischen Krieg) vor ihrem feierlichen Triumphzug in Rom übernachten. Seine größte Blüte erfährt der Isis-Kult unter den Kaisern Domitian (81–93 n. Chr.) und Trajan (98–117 n. Chr.).

Isis ist die Allgottheit, die Göttin mit den 10 000 Namen, von der alle anderen Gottheiten nur Teilaspekte verkörpern. Sie gilt insbesondere als Beherrscherin der Meere und Beschützerin der Seefahrer. Isis' Verhältnis zu ihrem Gatten Osiris tritt später zurück gegenüber dem mütterlichen Aspekt ihrer Fürsorge für ihr Kind Horus. Isis verkörpert das Land Ägypten, das auf die befruchtende Überschwemmung durch den Nil wartet, dessen Personifikation *Osiris,* der Gatte und Bruder der Isis, ist. Als Seth, die Personifikation der Dürre, den Osiris tötet und zerstückelt, fügt Isis den Körper ihres Gatten wieder zusammen – bis auf den Geschlechtsteil, den sie durch einen Phallus aus Gold ersetzt. Osiris feiert Auferstehung in seinem Sohn *Horus.* Dieser Mythos verheißt, daß auf den Tod das Leben folgt, wie das im Winter »tote« Land im Frühling zu neuem Leben erwacht. Ein verstorbener Myste wird als Osiris angeredet und beschworen, sich selbst zum Leben zu erwecken.

Über die Einweihung in die Isis-und-Osiris-Mysterien erzählt Apuleius aus Madaura (2. Jh. n. Chr.) in seinem Werk »Der goldene Esel«. Dem Initianden werden Bücher mit geheimen Schriftzeichen gezeigt, dann nimmt er ein Bad und wird gereinigt.

1

Zu Ehren der Göttin Isis werden ein Herbst- und ein Frühlingsfest gefeiert, und Prozessionen finden statt.

Im kultischen Mysterienspiel werden der Mythos vom Sterben des Gatten Osiris und von seiner Wiedererweckung, vom Leiden, von Schmerz und Trauer der Isis sowie von der Geburt des Sohnes Horus vergegenwärtigt. Dadurch sollen die Mysten befähigt werden, eigenes Leid zu überwinden und Unsterblichkeit zu erlangen.

In Benevent sind alle Skulpturen eines Isis-Heiligtums erhalten geblieben, und in Pompeji gab es einen Isis-Tempel mit Gemälden, auf denen Kulttänze von Isis-Priesterinnen dargestellt waren. Häufig sind auf Grabreliefs Frauen in der Tracht von Isis-Priesterinnen abgebildet. Sie tragen das typische, vor der Brust verknotete Gewand wie die Göttin selbst.

Zeittafel

Vor der christlichen Zeitrechnung

82/79 Einführung des Isis-Kultes in Rom

Nach der christlichen Zeitrechnung

ca. 38 Errichtung des Isis-Tempels auf dem Marsfeld in Rom

2

81–117 Kaiser Domitian und Kaiser Trajan fördern den Isis-Kult

Literaturauswahl

Witt, R. E.: Isis in the Graeco-Roman world. London 1970

1 Isis, *Marmor, 72 cm hoch, um 130. Rom, Kapitolinisches Mus.*

2 Isiskult, *Herculaneum, Wandmalerei, 1. Jh.*

ISLAM

Die Anhänger des von Muhammad (Mohammed; ca. 570–632) zu Anfang des 7. Jh. in Mekka gestifteten I. (arab. *islām* = »Unterwerfung, Hingabe« [an Gott]) werden als *Islamiten* bzw. *Muslime* (arab. »die sich [Allāh] Hingebenden, Unterwerfenden«) bezeichnet. Sprachlich unkorrekt ist die englische Form *Moslems,* wie auch *Muselmann* eine unkorrekte Eindeutschung des türkischen »Musulman« (aus pers. Musliman) darstellt. Nach dem Stifter des I. nennt man dessen Lehre im Abendland auch *Mohammedanismus* und seine Anhänger *Mohammedaner,* letztere Bezeichnungen lehnen die Muslime wegen sachlicher Unkorrektheit ab. Der Name *Sarazenen* – im Altertum zunächst die Bezeichnung eines arabischen Stammes – wurde von den Byzantinern auf das Volk der Araber und später im christlichen Abendland auf alle Muslime, insbesondere auf die Gegner der Kreuzfahrer, ausgedehnt.

Der zu den →vorderasiatischen Religionen gehörende I. ist eine →Weltreligion.

MUSLIME		
Erdteile	Anhänger	% aller Muslime
1. Asien	625 194 000	65,8
2. Afrika	269 959 000	28,4
3. GUS	38 959 000	4,1
4. Europa	12 545 000	1,3
5. Nordamerika	2 642 000	0,3
6. Lateinamerika	1 326 000	0,1
7. Ozeanien	101 000	–
	950 726 000	100

Heutige Verbreitung

Die Muslime bilden die zweitgrößte Religionsgemeinschaft der Welt nach dem →Christentum. Ihre Gesamtzahl beträgt heute 950 726 000, d. h. 17,7 % der Weltbevölkerung. Von ihnen leben 65,8 % in Asien und 28,4 % in Afrika.

Verbreitet ist die islamische Weltreligion heute in 172 Ländern, darunter als Religion der Mehrheit in 38 Ländern und als Staatsreligion in 24 Staaten, u. a in Pakistan und Bangladesch, in Iran und Ägypten, in Algerien, Marokko, Irak, in Saudi-Arabien, Afghanistan, Malaysia, Nordjemen, Tunesien, Libyen, Mauretanien, Kuwait und Malediven. Aber auch in den Ländern Sudan, Türkei und Syrien stellen die Muslime z. T. über 90 % der Bevölkerung. Obgleich sie in Indonesien nur 16,5 % der Bevölkerung bilden, leben in diesem Land heute die meisten Muslime. Von den 12,5 Millionen Muslimen in Europa leben 2 480 000 in Jugoslawien. 1 700 000 in Frankreich und 1 490 000 in der Bundesrepublik Deutschland.

MUSLIME			
172 Länder	Anhänger	Mehrheit des Landes/ Staatsreligion	% aller Muslime
1. Indonesien	157 120 000	–	16,5
2. Pakistan	118 740 000	Mehrh./Staats-R.	12,5
3. Bangladesch	97 920 000	Mehrh./Staats-R.	10,3
4. Indien	94 000 000	–	9,9
5. Türkei	56 490 000	Mehrh.	5,9
6. Iran	55 620 000	Mehrh./Staats-R.	5,9
7. Nigeria	53 920 000	–	5,7
8. Ägypten	45 800 000	Mehrh./Staats-R.	4,8
9. GUS	34 610 000	–	3,6
10. China	26 900 000	–	2,8
11. Algerien	25 110 000	Mehrh./Staats-R.	2,6
12. Marokko	24 790 000	Mehrh.-Staats-R.	2,6
13. Sudan	20 670 000	Mehrh.	2,2
14. Irak	17 230 000	Mehrh./Staats-R.	1,8
15. Äthiopien	15 810 000	–	1,7
16. Saudi-Arabien	13 960 000	Mehrh./Staats-R.	1,5
17. Afghanistan	13 880 000	Mehrh.-Staats-R.	1,5
18. Syrien	10 860 000	Mehrh.	1,1
19. Malaysia	9 460 000	Mehrh./Staats-R.	1,0
20. Jemen (Sana)	9 060 000	Mehrh./Staats-R.	0,9
21. Tunesien	8 130 000	Mehrh.-Staats-R.	0,9
22.–172. Land	40 646 000	Mehrh. (23 ×) Staats-R. (12 ×)	4,3
	950 726 000	Mehrh. (38 ×) Staats-R. (24 ×)	100

LEBENSWEG DES ABŪL-KĀSIM MUHAMMAD

Die Lebensgeschichte des Abūl-Kāsim Muhammad wird schon früh durch zahlreiche Legenden ausgestaltet, um seine Bedeutung als Stifter des I. zu unterstreichen. Bereits vor seiner Geburt geschehen vielerlei Wunderzeichen. Während der Zeit, als Muhammads Mutter schwanger geht, ruft in jedem Monat eine Stimme im Himmel und auf der Erde: »Heil, denn es naht die Zeit, da Abūl-Kāsim geboren wird, glückselig gesegnet.«

Kindheit und Jugend

Als Sohn des Kaufmanns 'Abd-Allāh und der Āmina – beide aus der Sippe Hāshim, einer geachteten, aber verarmten Nebenlinie der herrschenden Kuraishiten (Koraisch) – wird Abūl-Kāsim ibn 'Abd-Allāh mit dem Beinamen Muhammad (arab. »der Gepriesene«) am 20. April des Jahres 570 bzw. 571 n. Chr. in Mekka geboren. Die Geburt Muhammads fällt in das

»Elefantenjahr«, so benannt, weil der abessinische Vizekönig des Jemen, Abraha, als monophysitischer Christ gegen das »heidnische« Mekka einen mißglückten Kriegszug mit Elefanten unternimmt, bei dem die zur Zerstörung der Ka'ba (Kaaba) vorgeschickten Elefanten vor der Ka'ba in die Knie gehen.

Muhammad, dessen Vater kurz vor oder nach seiner Geburt wahrscheinlich auf einer Handelsreise stirbt, kommt auf Veranlassung seines Großvaters 'Abd al-Muttalib zu einer Amme namens Halīma, so wie alle neugeborenen Mekkaner gewöhnlich Ammen der berberischen Hirtennomaden aus dem Stamm Bakr übergeben werden. Bei seiner Amme verbringt Muhammad seine ersten Lebensjahre und hütet mit seinem Milchbruder die Herden in dem gebirgigen Hinterland Tāif. Da Muhammads Mutter als verarmte Witwe bald die Pflegekosten nicht mehr aufbringen kann, kommt Muhammad wieder zu seiner Mutter zurück.

Als Āmina im Jahre 576 den sechsjährigen Muhammad einmal nach Jathrib zum Besuch ihrer Eltern mitnimmt, stirbt sie unerwartet auf dem Rückweg in Abwa. Das vollverwaiste Kind kommt jetzt in die Obhut seines achtzigjährigen Großvaters 'Abd al-Muttalib. Als dieser dann zwei Jahre später stirbt, findet der achtjährige Muhammad Aufnahme in der Familie seines Onkels Abū Tālib († 620), mit dessen Sohn 'Alī er zeitlebens befreundet bleibt. Als der Oheim einmal den zwölfjährigen Muhammad auf einer Karawanenreise nach Syrien mitnimmt, sagt in Basra ein nestorianischer Mönch namens Bahīrā Muhammads prophetische Sendung voraus, und er rät dem Onkel, das Kind wohl zu behüten. Unter Anleitung seines Oheims wird Muhammad Karawanenführer und lernt, die Karawanen über mühsame und gefahrvolle Wege sicher zum Zielort zu führen. Das Führen einer Karawane ist zu jener Zeit mit größten Gefahren verbunden und erfordert große Verantwortung, Intelligenz und Voraussicht. Für den Karawanenhandel ist die Stadt Mekka ein Umschlagplatz zwischen Südarabien und Syrien, ja zwischen Indien und Ägypten. Hier in Mekka wie auf seinen Karawanenreisen lernt Muhammad Menschen verschiedener Religionen (u. a. Juden, christliche Nestorianer und Jakobiten, Manichäer) kennen, von denen manches in den späteren Koran eingeht.

Muhammad, der als Karawanenführer das Vertrauen der Kaufleute von Mekka gewinnt, erhält von seinen Landsleuten den Beinamen *al-Amin* (»der Getreue«). Als der in wirtschaftlich bescheidenen Verhältnissen lebende 25jährige Muhammad schließlich in die Dienste der reichen, vierzigjährigen Kaufmannswitwe Khadidja (Chadidscha) (ca. 555–620) tritt und für sie Karawanenreisen nach Syrien organisiert und leitet, wird er ihr Vertrauensmann und schließlich im Jahre 595 ihr Gatte. 25 Jahre führen beide eine glückliche Ehe, aus der 2 bzw. 3 früh verstorbene Söhne und vier Töchter – Zainab, Ruqajja, Umm Kulthum und Fātima († 632) – hervorgehen. Dazu wird Zaid ibn Hāritha, ein freigekaufter Sklave, adoptiert.

Offenbarung und Berufung zum Propheten Allāhs

Als Muhammad im Jahre 605 fünfunddreißig Jahre alt ist, wird er dazu ausersehen, den »schwarzen Stein« in der Ecke der Ka'ba wieder einzusetzen, nachdem dieser bei einer Zerstörung der Ka'ba aufgefunden worden war. Schon Abraham soll diesen Meteoriten an dieser Stelle der Ka'ba angebracht haben, um den Ausgangspunkt für die rituellen Umgänge zu kennzeichnen. Von nun an zieht sich Muhammad immer öfter für einige Tage im Jahr in die Einsamkeit der kahlen Berghänge zurück, um zu meditieren. Mehr und mehr beschäftigen ihn jetzt Fragen des göttlichen Gerichts und menschlicher Verfehlungen. Eines Nachts (»Nacht des Schicksals«), es ist die letzte Dekade des Monats Ramadān im Jahre 610, ist der vierzigjährige Muhammad in einer Höhle unterhalb des Berges Hira eingeschlafen, da hat er im Traum eine überwältigende Erscheinung des »Geistes«. Dieser trägt in der Hand eine mit Zeichen bedeckte Stoffrolle und will ihm eine erste Offenbarung Allāhs überbringen. Der Bote reicht ihm die Schriftrolle und fordert ihn auf: »Lies!« Muhammad aber entgegnet: »Ich kann nicht lesen.« »Lies, lies!« ruft der Bote dem Schlafenden zu und preßt ihm die Schriftrolle an die Brust. Als Muhammad fragt: »Was soll ich lesen?«, spricht der Bote:

> Lies! Im Namen deines Herrn, der alles erschaffen hat,
> und der erschuf den Menschen aus geronnenem Blut.
> Lies, denn dein Herr ist der gnädigste,
> der den Gebrauch der Feder gelehrt,
> und den Menschen lehrt, was er nicht gewußt. (Sure 96, 1–5)

So liest denn Muhammad, und der Bote verläßt ihn. Als jener schließlich erwacht, ist ihm, als ob die gelesenen Worte ihm ins Herz geprägt seien. Er verläßt die Höhle und hört – während er noch auf dem Berge verweilt –, wie eine Stimme vom Himmel ihn als Gesandten Allāhs grüßt: »Muhammad, du bist der Erwählte Allāhs, und ich bin Gabriel.« Jetzt sieht Muhammad einen riesengroßen Engel aufrecht am Horizont stehen.

Muhammad, der über Vision und Audition zutiefst erschrocken ist, kehrt voll Angst in sein Haus zurück, wo er seiner Frau Khadidja das Offenbarungserlebnis erzählt. Sie ist die erste, die an seine Sendung glaubt. Sie macht ihm mit ihren Worten Mut.

Der Erwählte selbst aber möchte vor der Welt und sich selbst fliehen, und er sucht jetzt öfter die Bergwelt des Hira auf, findet aber keine Ruhe. Als er schließlich glaubt, Gott habe ihn verlassen, trägt er sich in dieser Niedergeschlagenheit mit Selbstmordgedanken. Da spricht der Engel Gabriel ein zweites Mal zu ihm und erinnert ihn an die Wandlung der traurigen Tage seiner Kindheit und Jugend, die nun vorüber sind.

Dein Herr hat dich nicht verlassen und nicht gehaßt! ...
Fand er dich nicht als Waise und nahm dich auf?
Und fand dich irrend und leitete dich?
Und fand dich arm und machte dich reich?
(Sure 93, 3/6–8)

Während der ersten drei Jahre nach der »Nacht des Schicksals« bleibt die Offenbarung Allāhs das Geheimnis nur weniger Vertrauter Muhammads. Außer seiner Frau *Khadidja* teilt er die Offenbarung nur seinem Vetter und späteren Schwiegersohn sowie 4. Kalifen *'Alī* (602–661, Kalif seit 656), seinem Adoptivsohn *Zaid,* seinem Freund und späteren Schwiegersohn sowie 3. Kalifen *'Uthman* (Othman) und seinem Freund und späteren Schwiegervater sowie 1. Kalifen *Abū Bakr* (Abu Bekr) mit. Nach diesem Zeitraum von drei Jahren *(fatra)* wird Muhammad im Jahre 612/613 eine neue Offenbarung zuteil, bei der er aus Ehrfurcht sein Haupt verhüllt: »O du (mit deinem Mantel) Bedeckter. Steh auf und warne!« (Sure 74, 1 f.). »O Prophet, verbreite, was von deinem Herrn auf dich herabgekommen. Wenn du es nicht verkündest, hast du deine Sendung nicht erfüllt ... Sage, was gut und sage, was schlecht ist, wie dir gesagt wurde, und fürchte die Ungläubigen nicht.« Von jetzt an tritt Muhammad mit seiner prophetischen Botschaft öffentlich in Mekka auf, und er ist der unerschütterlichen Überzeugung, daß er der berufene Gesandte Allāhs für die Araber ist. Sein Sendungsbewußtsein wird in der Selbstcharakterisierung deutlich. »Siehe, mein Gebet, meine Verehrung und mein Leben und mein Tod gehören Allāh, dem Herrn der Welten. Er hat keine Gefährten, und solches ist mir geboten, und ich bin der erste der Muslime.« (Sure 6, 163). Er versteht sich als letzten und größten der vorangegangenen 124 000 Propheten Allāhs, unter denen vor allem Mose und Jesus hervorragen, als einen Freudenboten für die Gläubigen und einen Strafprediger für die Ungläubigen.

Muhammads Wirken als Prophet in Mekka

Die prophetische Verkündigung Muhammads beruht auf den zeit seines Lebens fortgesetzt empfangenen Offenbarungen der Suren des Korans. Wenn er das Kommen einer neuen Offenbarung verspürt, fröstelt und schaudert er, läßt er sich einen Schleier oder Mantel reichen, unter dem man ihn stöhnen, röcheln und schreien hört. Nach jeder Offenbarung ist er in Schweiß gebadet.

Während seines zehnjährigen Wirkens in *Mekka* (612–622) verkündigt der Prophet in glühenden Farben die Endzeit und mahnt zur Buße und Wohltätigkeit angesichts des bevorstehenden Gerichts. Er eifert für die Einzigkeit Allāhs, dem die Gläubigen völlige Unterwerfung *(islām)* schulden. Täglich rezitiert er im Bereich der Ka'ba – den Blick nach Jerusalem gewandt – seine Offenbarungen.

Die ersten Anhänger findet er unter den Armen und Sklaven der Vorstadt von Mekka, während die Haltung der herrschenden Kuraishiten immer abweisender wird, bis ihre Drohungen in Gewalttätigkeiten gegen Muhammads Anhänger umschlagen. Die Kuraishiten sehen durch die neue Predigt ihren bisherigen Glauben, der das einende Band ihres Stammes darstellt, bedroht und betrachten Muhammad als einen Stifter der Zwietracht. Die Mächtigen Mekkas fürchten um ihren Einfluß und lehnen Muhammad als verrückten Poeten ab. Schließlich belegen sie Muhammad mit dem Bann, so daß niemand mehr mit den Mitgliedern des Hauses Hashim reden noch ihnen Lebensmittel verkaufen darf. Muhammad rät seinen bedrängten und verfolgten Anhängern zur Auswanderung nach Abessinien.

Obwohl Muhammad nur die Offenbarung des Korans als (einziges) Wunder gelten läßt, ist sein legendarisches Leben mit zahlreichen Wundertaten erfüllt: Wunder der Speisung und Heilung, Wasserwunder und Wunder mit der Teilung des Mondes in zwei Hälften. Als sein größtes Wunder gilt seine »mystische Entrückung«. Am 27. des Monats Radjab im Jahre 620, in dem Muhammads Gattin Khadidja und sein Onkel Abū Tālib sterben, wird er vom Engel Gabriel auf der weißen Stute namens Burāk von Mekka nach Jerusalem entführt. Während dieser nächtlichen Reise *(isrā)* des Aufstiegs *(mi'radj),* steigt er vom heiligen Felsen, wo sich der Ausgangspunkt zum Himmel befindet, in die 7 Himmel auf, in denen er Adam (1. Himmel), Johannes und Jesus (2. Himmel), Joseph (3. Himmel), Idris (4. Himmel), Aaron (5. Himmel), Mose (6. Himmel) und Abraham (7. Himmel) begegnet und von diesen als rechtschaffener Bruder und Prophet willkommen geheißen wird. Bevor Muhammad auf die Erde zurückkehrt, erreicht er, daß die den muslimischen Gläubigen aufgetragenen ursprünglich 50 Pflichtgebote *(salat)* pro Tag auf 5 reduziert werden.

Noch im selben Jahre 620 heiratet Muhammad die Witwe Sauda und verlobt sich (als Fünfzigjähriger) mit der sechs-/siebenjährigen 'Ā'isha (Aischa; um 613–678), seiner späteren Lieblingsfrau (ab 623), einer Tochter Abū Bakrs.

Staatsmann und Heerführer in Medina

Als im Jahre 622 einerseits 18 von Muhammad bekehrte Männer aus der Oase Jathrib den Propheten in Mekka aufsu-

1 Geburt des Abūl-Kāsim, *seine Mutter stellt auf ihren Armen ihn den Mekkanern vor, 1368.*

2 Muhammads Himmelfahrt, *türkische Miniatur. Paris, Nationalbibliothek*

3 Muhammad predigt seinen Anhängern, *türkische Miniatur, 17. Jh.*

4 Muhammad auf dem Totenbett, *türkische Miniatur. Istanbul, Top-Kapi-Mus.*

5 Muhammad empfängt *in Medina* Abgesandte *benachbarter Staaten, türkische Miniatur*

2

1

3

5

4

chen und ihn bitten, in ihre Stadt überzusiedeln und ihr Ratgeber und Oberhaupt zu werden und andererseits sich der Konflikt Muhammads mit den Herrschenden seiner Vaterstadt Mekka zuspitzt – die Kuraishiten beschließen, den ihnen unbequemen Propheten zu töten –, entschließt sich der Prophet, nach Jathrib auszuwandern. Dort kommt er mit einigen Getreuen (*muhadjirun* = »Emigranten«) nach der verbreitetsten Ansicht am 20. September 622 an. Später wird die Stadt Jathrib in Madīna an-Nabī (»Stadt des Propheten«), kurz Madīna (Medina), umbenannt. Das Jahr der »Auswanderung« (*hidjra,* Hedschra) Muhammads von Mekka nach Medina wird seit dem Kalifen ʻUmar (Omar; um 638) als Beginn der islamischen Zeitrechnung angesetzt. Die Ära beginnt jedoch nicht an dem Tag der *hidjra* selbst, sondern mit dem 1. Muharram des Jahres der *hidjra*. Es ist der 16. Juli (Tammuz) 622 des Julianischen Kalenders.

An dem Ort, wo Muhammad in Medina angekommen ist, läßt er die erste Moschee des I. errichten. Dann erwirbt er ein Stück Land, auf dem sein Wohnhaus und die zweite Moschee erbaut werden. Hier in Medina wird Muhammad Emir, das politische Haupt der Stadt. Zusätzlich zu seinem bisherigen Prophetenamt übernimmt er von jetzt an auch die Rollen des Staatsmanns, Gesetzgebers und Feldherrn. In Medina ändert sich der Inhalt seiner Offenbarungen vom Endzeitlichen (Weltende, Paradiesesfreuden und Höllenstrafen) zum Staatspolitischen, Juristischen und Sozialethischen. Standesgemäß unterhält er wie ein großer Herrscher einen großen Harem, zu dem 9 Frauen gehören (→S. 248).

Zur Bestrafung der Mekkaner für ihren Unglauben und ihre Ablehnung des Propheten werden seit 623 mekkanische Karawanen, die an Medina vorbeiziehen, überfallen und ausgeplündert. Als im Januar 624 Muhammad versucht, der großen Karawane der Kuraishiten den Rückweg aus Syrien abzuschneiden, kommt es zur offenen Feldschlacht bei Badr, in der Muhammad mit nur 300 Gefolgsleuten über 950 Mekkaner siegt. Da Allāh es ist, der die Feinde erschlägt und den Sieg erringt (Sure 8, 17), kommt es mit der Zeit zu der Vorstellung, daß Allāh die Form kriegerischer Ausbreitung der islamischen Herrschaft will. Damit ist die Idee des »Heiligen Krieges« (*djihād,* Dschihad) zwecks Errichtung islamischer Herrschaftsformen und islamischer Staaten geboren.

> Und kämpfet für Allāhs Sache gegen jene, die euch bekämpfen.
> Doch überschreitet das Maß nicht.
> Wahrlich, Allāh liebt nicht die Maßlosen.
> Und erschlagt sie, wo immer ihr auf sie stoßt,
> und vertreibt sie von dort, von wo sie euch vertreiben,
> denn Verfolgung ist ärger als Totschlag.
> (Sure 2, 186 f.)

Da die Juden in Medina sich weigern, die Lehre Muhammads anzunehmen, wird er zum erbittertsten Gegner des Judentums. Er sieht sich als Erneuerer der »Religion Abrahams«, die durch die »Schriftbesitzer« der Juden und Christen verfälscht worden ist und deren Mittelpunkt die Kaʻba in Mekka war. Im Februar 624 bestimmt er, daß von jetzt an statt Jerusalem die Kaʻba in Mekka als *kibla* (»Gebetsrichtung«) gelten soll. Er macht den Freitag zum Wochenfeiertag und ersetzt den nach jüdischem Vorbild eingeführten Fasttag *(ʻāshūrā')* durch den Fastenmonat Ramadān.

Die Kuraishiten, die in der Zwischenzeit zum Vergeltungsschlag gerüstet haben, rücken im Frühjahr 625 mit einem Heer von 3000 Mann gegen Medina und besiegen die Gefolgsleute Muhammads am Berg Uhud. Bei diesem Kampf wird der Prophet verletzt: Ein Stein spaltet seine Lippe, ein Pfeil durchbohrt seine Wange, und er verliert zwei Zähne.

Im März 627 rücken die Mekkaner erneut an und belagern Medina, müssen jedoch nach einigen Wochen wieder abziehen. Jetzt vertreibt Muhammad die in Medina ansässigen und mit den Mekkanern sympathisierenden jüdischen Stämme, läßt 600 Männer töten und ihre Frauen und Kinder als Sklaven verkaufen. Als Bundesgenossen gegen Mekka gewinnt er die Beduinen.

Im April 628 unternimmt Muhammad mit 1500 Anhängern eine Wallfahrt nach Mekka, ohne jedoch ans Ziel gelangen zu können. Er kann jedoch einen auf 10 Jahre befristeten Waffenstillstand mit den Mekkanern abschließen. Schon im März 629 zieht Muhammad mit seinen unbewaffneten Anhängern friedlich in Mekka ein. Nach dem Gebet und dem Umschreiten des Heiligtums der Kaʻba besucht er das Grab der Khadidja und kehrt dann nach Medina zurück. Ein Jahr später rückt der Prophet mit 10 000 Mann gegen Mekka vor und kann ohne Widerstand im Monat Ramadān des Jahres 630 auf einem Kamel sitzend im Triumph in seine Vaterstadt einziehen, umreitet siebenmal die Kaʻba, zerschlägt dann mit einem Stab die altarabischen Götterbilder des heiligen Bezirks, wobei er den »schwarzen Stein« ausnimmt, und erklärt Mekka mit dem Zentralheiligtum der Kaʻba zur „heiligen Stadt" des I. Er organisiert die Neuordnung der Wallfahrt zur Kaʻba, die er selbst vor seinem Tode noch einmal unternehmen wird, und kehrt nach Medina zurück.

Abschiedswallfahrt und Tod

In den Jahren 630–632 widmet sich Muhammad ganz seinen Herrschaftsaufgaben, dann beschließt er, in dem für die Wallfahrt nach Mekka bestimmten heiligen Monat des Jahres 632 seine »Abschiedswallfahrt« zu unternehmen. Mit 90 000 Pilgern wallfahrtet er zur heiligen Stadt gemäß dem von ihm selbst konzipierten Ritual. Im Tal von Arafat spricht er vor einer großen Menschenmenge: »Heute habe ich für euch eure Religion vollendet und meine Gnade an euch erfüllt und euch den Islam zur Religion gegeben« (Sure 5, 5). Nach Medina zurückgekehrt, erkrankt er bald darauf. Trotz seiner Krankheit begibt er sich in die Moschee, um zu beten und zu predigen, empfängt Bittsteller und Gesandtschaften, spricht Recht und erteilt Rat. Am Montag, dem 8. Juni 632, begibt er sich ein letztes Mal in die Moschee und kehrt dann in die Wohnung seiner Lieblingsfrau 'A'isha zurück. Als der Todesengel eintritt und den Propheten um die Erlaubnis bittet, seine Seele von ihm zu nehmen, antwortet ihm Muhammad: »O Tod, tu dein Werk.« Dann legt er seinen Kopf in 'A'ishas Schoß und stirbt. Seine letzten Worte sind: »Der Freund, der Höchste, aus dem Paradies.«

In der dritten Nacht darauf wird der Prophet an der Stelle begraben, wo er gestorben ist. Sein Grab liegt heute innerhalb der durch Anbauten erweiterten Moschee in Medina und ist von einem Gitter aus Schmiedeeisen und Messing umgeben, auf dem das islamische Glaubensbekenntnis in mehrfacher Wiederholung steht. »Es gibt keinen Gott außer Allāh; Muhammad ist der Gesandte Allāhs.«

Bei seinem Tod hinterläßt der Prophet einen Harem von 9 Frauen und 3 Konkubinen. Als »Mütter der Gläubigen« sollen seine Frauen nach seinem Tod nicht wieder heiraten.

SCHULEN UND RICHTUNGEN

Am Anfang steht der *Urislam,* die älteste Form des I. zur Zeit Muhammads und seiner ersten Anhängerschaft, bevor es nach dem Tod des Stifters wegen unterschiedlicher Auffassungen über dessen Nachfolge und die Leitung der Glaubensgemeinde *(umma)* schon im 7. Jh. zur großen Spaltung kommt.

Heute unterscheidet man drei große Hauptrichtungen im I.: Sunniten, Shi'iten (Schiiten) und Schismatiker.

Sunniten

Diejenigen Muslime, die an der *sunna* (arab. »Gewohnheit, Satzung, Tradition«) festhalten, werden als *Sunniten* (*ahl al-sunna wa'l-djamā'a* = »Leute der *sunna* und der Gemeinschaft«) bezeichnet. Die Anhänger der *sunna* zählen heute 680 855 000 und bilden 83,3% aller Muslime. Ehemals wollen sie das Kalifat dem nächsten Verwandten des Prophetenstammes der Kuraishiten in männlicher Linie vorbehalten und innerhalb dieses Kreises auf freie Wahl durch die Gemeinde bestehen. Jedoch ergibt sich dann später unter Umayyaden (Omaijaden), Abbasiden und Osmanen eine verschieden geregelte Erbfolge der Kalifen. Mit dieser Erbfolge stehen die Sunniten in direktem Gegensatz zu den Imāmen der Shi'iten.

Richtungen	Anhänger	% aller Muslime
I. SUNNITEN:	791 955 000	83,3
1. Hanafiten	407 857 000	42,9
2. Shāfi'iten	196 405 000	20,6
3. Mālikiten	186 109 000	19,6
4. Hanbaliten	1 584 000	0,2
II. SHI'ITEN:	147 362 000	15,5
1. Imāmiten	121 426 000	12,8
2. Ismā'īliten	18 126 000	1,9
3. Zaiditen	6 484 000	0,7
4. Alawiten	1 326 000	0,1
III. ANDERE RICHTUNGEN:	11 409 000	1,2
1. Ahmadīya	5 704 000	0,6
2. Khāridjiten	1 380 000	0,1
3. Drusen	685 000	
4. Yaziden	183 000	0,1
5. Sonstige	3 457 000	0,4
SUMMA	950 726 000	100

Die Traditionen der *sunna* über Aussprüche, Wirken und Leben des Muhammad sind im Hadith (→S. 255) gesammelt und bilden in Verbindung mit dem Koran (→S. 254) die Richtschnur des Handelns. Die Sunniten, die sich als die orthodoxen Muslime verstehen, lehnen mit dem Schlüsselbegriff *bid'a* (arab. »Neuerung«) alle Änderungen der Lehre und Lebensführung, die nicht durch die *sunna* gedeckt sind, als Irrtum ab.

Innerhalb der Sunniten gibt es die vier Rechtsschulen *(madhhab)* der Hanafiten, Mālikiten, Shāfi'iten und Hanbaliten, die nur geringfügig voneinander abweichen und gleichberechtigt nebeneinander stehen.

Die *Hanafiten* (Hanefiten) sind die Anhänger der nach dem irakischen Imām *Abū Hanīfa* (699–767) benannten Rechtsschule, die der Vernunft und der Logik größere Bedeutung für eine Rechtsdeduktion zuerkennt. Ihr haben sich die Inder und die Türken sowie die Dynastie der Osmanen angeschlossen. Heute bilden die Hanafiten mit 350 335 000 Anhängern, d. h. mit 42,9% aller Muslime, nicht nur die überwiegende Mehrheit der Sunniten, sondern auch die im I.

Als *Mālikiten* werden die Anhänger der vom Imām *Mālik ibn Anas* (ca. 710–795) begründeten Rechtsschule bezeichnet, die eine streng der Medina-Tradition folgende Richtung vertritt. Sie ist verbreitet in Nordafrika (Algerien, Marokko, Tunesien, Sudan), in Oberägypten und Innerafrika. Heute zählt man 160 026 000 Anhänger, d. h. 19,6% aller Muslime gehören dieser Richtung an.

Die *Shāfi'iten* sind die Anhänger der nach dem Imām *al-Shāfi'i Abu 'Abd Allāh Muhammad ibn Idris* (767–820) benannten Rechtsschule. Al-Shāfi'i, ein Schüler des Imām Mālik ibn Anas, faßt die Lehren der zwei früheren Schulen (Hanafiten, Mālikiten) zusammen und systematisiert erstmals die rechtliche Ordnung und Rechtswissenschaft mit der Festlegung von Koran, *sunna, idjmā'* (→S. 249) und *kiyās* (→S. 249) als den 4 Wurzeln des Rechts. Auf ihn geht die Grundlegung der *shari'a* (»Gesetz«) zurück. Verbreitet ist diese Rechtsschule in Syrien, Unterägypten, West- und Südarabien, Ostafrika, in Indonesien und im Kaukasus. Heute gehören 168 814 000 Anhänger, d. h. 20,6% aller Muslime, zu dieser Rechtsschule.

Als *Hanbaliten* werden die Anhänger der von *Ahmad ibn Hanbal* (780–855) begründeten Rechtsschule bezeichnet, die neben dem Koran nur die *sunna* gelten läßt und die *khiyār* als Rechtsquelle zurückdrängt.

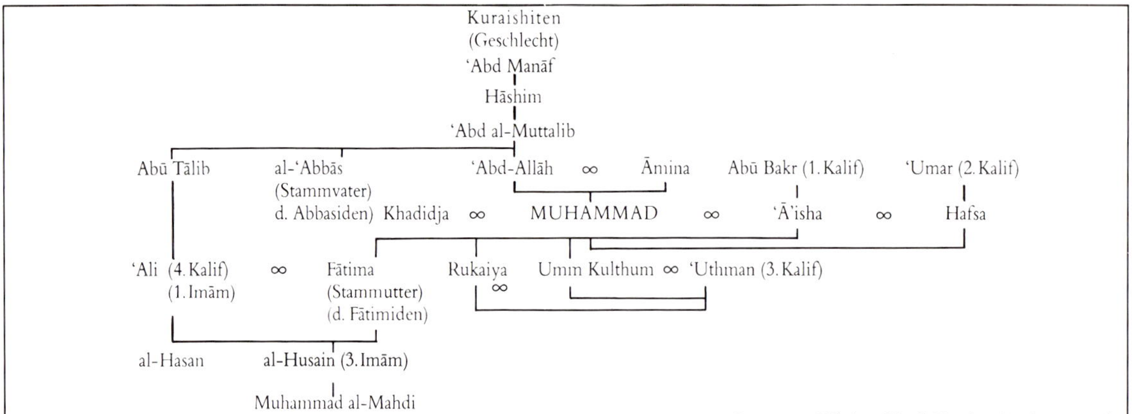

Stammtafel des Abūl-Kāsim Muhammad

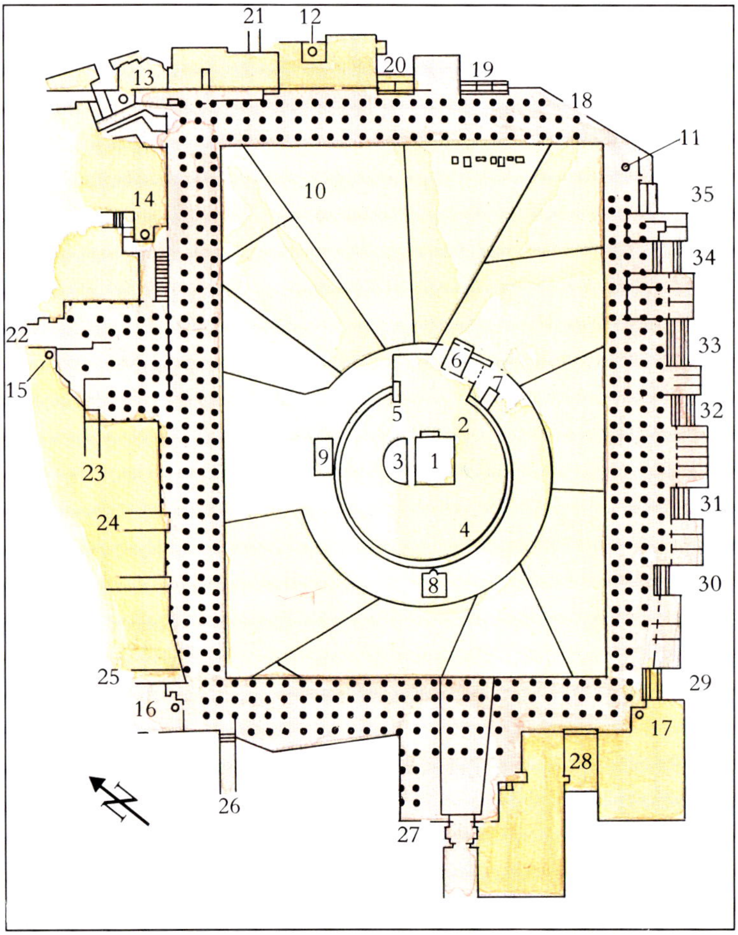

Dieser Schule folgen die Wahhābiten in Zentralarabien, und ihre Anhängerzahl beträgt heute 1 680 000, d. h. 0,2% aller Muslime.

Shi'iten

Shi'iten (Schiiten) werden die Anhänger der *Shī'a* (arab. »Partei ['Alīs]«) genannt. Es ist eine zusammenfassende Bezeichnung für verschiedene Richtungen, die darin übereinstimmen, daß sie allein 'Alī (602–661, Kalif seit 656), den Vetter und Schwiegersohn Muhammads, und dessen leibliche Nachkommen aus der Ehe mit der Prophetentochter Fātima als rechtmäßige Nachfolger des Propheten und Leiter der Gesamtgemeinde anerkennen. Deshalb werden sie auch als *'Aliden* bezeich-

Islamischer Kultbezirk *(harām); (Mekka/Saudi-Arabien: (Ka'ba)*
1. Ka'ba
2. Schwarzer Stein
3. Grab Ismaels und seiner Mutter Hagar
4. erste Umfriedung des haram
5. minbar
6. Zamzam-Brunnen
7. makām bzw. musallā der Hanbaliten
8. makām der Mālikiten
9. makām der Hanafiten
10. Hof
11.–17. Sieben Minarette
18.–35. Eingangstore

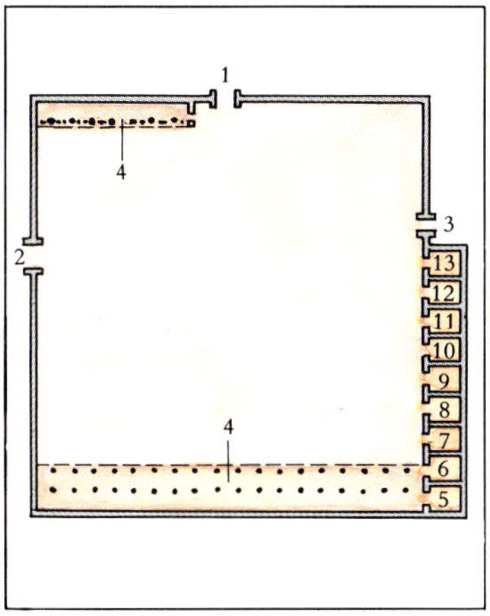

net. Die von den Sunniten anerkannten drei ersten »rechtgeleiteten« Kalifen lehnen sie als *Usurpatoren* ab. Die Shi'iten zählen heute 126 738 000 Anhänger, d. h. 15,5% aller Muslime. Sie leben vor allem im Iran und Irak, in Syrien und Pakistan. Im Iran ist der Shi'ismus seit 1502 Staatsreligion.

***Haus des Propheten Muhammad in Medina** als Moschee*
1. Haupteingang
2. Altes Tor
3. Tor Gabriels
4. überdacht
5.–13. Räume der Prophetenfamilie

'Alī, der bei den Shi'iten unter dem Titel *wali Allāh* (arab. »Freund Gottes«) verehrt wird, und seine beiden Söhne Hasan († 669) und Husain († 680) mit der Prophetentochter stehen in hohem Ansehen. Die Tragödie von Kerbela, bei der Husain und seine Familie umkommen, ist noch heute bei allen Shi'iten lebendig und hat Hunderte von Dichtern zu Elegien und Passionsspielen inspiriert. Hauptwallfahrtsorte sind die Gräber 'Alīs und Husains in Nedjef und Kerbela im Irak.

Nach der Lehre der Shī'a hat Muhammad kurz vor seinem Tode seinen Vetter und Schwiegersohn 'Alī in die letzten Geheimnisse des I. eingeweiht, der dieses

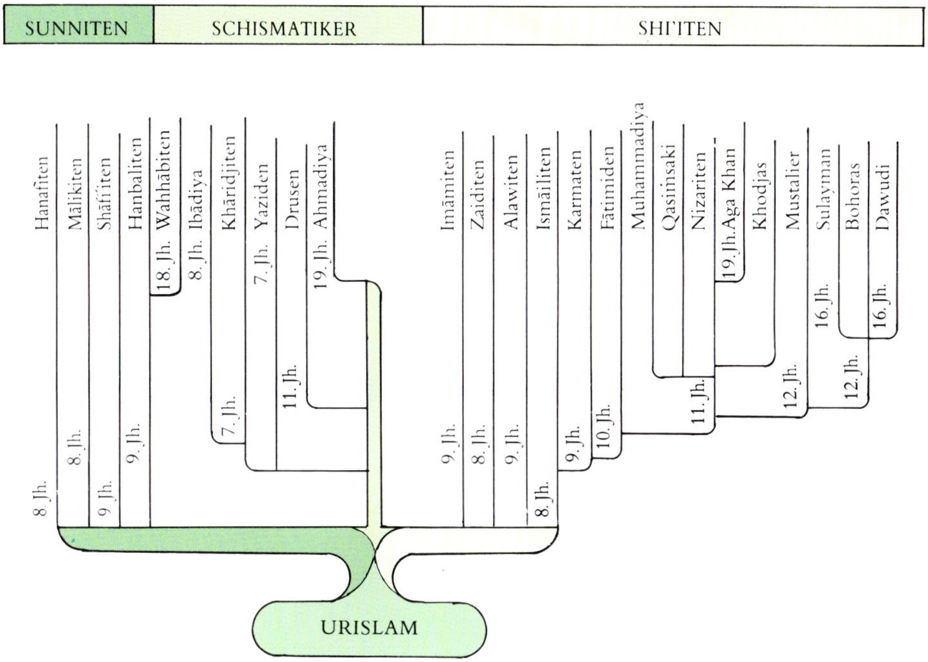

Stammbaum der Schulen und Richtungen

esoterische Wissen in seiner Familie weitergegeben hat. Seine leiblichen Nachkommen gelten deshalb als Imāme, d.h. als Führer und Träger geheimen Wissens. Darin besteht der Grundgegensatz der Shi'iten zu den Sunniten, daß sie zu den 5 »Grundpfeilern« des I. (→S. 246) das *Imāmat* als 6. Pfeiler hinzufügen. Bei den Shi'iten ist der Imām der von Gott inspirierte und wahre Leiter der gesamten Gemeinde, dem unfehlbare Autorität zukommt, sofern er aus der leiblichen Nachkommenschaft des Propheten stammt. In der Frage, wie viele und welche Nachkommen die richtigen sind, scheiden sich die einzelnen Richtungen. Es gibt vor allem 3 Hauptrichtungen, die entweder fünf (Zaiditen), sieben (Ismā'īliten) oder 12 (Imāmiten) »sichtbare« Imāme anerkennen.

Zur Zeit gibt es keinen »offenkundigen«, lebenden Imām. Der letzte Imām ist vielmehr »verborgen« und wird zur vorherbestimmten Zeit als *Imām Mahdī* zurückkehren und ein Friedensreich aufrichten. Während der Zeit der sichtbaren Abwesenheit des Imāms fällen *mullahs* die Entscheidung und üben die *idjtihād* (selbständige Entscheidung einer Rechtsfrage aufgrund der Interpretation der Quellen) aus.

Während die *Sunniten* das Kalifat an Muhammads Stamm Kuraish und die *Khāridjiten* die Leitung der Gemeinde an religiös-sittliche Eigenschaften ohne Rücksicht auf die Herkunft binden, bezeichnen die *Shi'iten* die leiblichen Nachkommen 'Alīs als die einzig berechtigten Nachfolger des Propheten.

Die *Zaidīya* und die *Zaiditen* sind benannt nach *Zaid ibn 'Alī* († 740), einem Enkel von Husain, der im Kampf gegen die Umayyaden gefallen ist und den sie als 5. und letzten Imām ansehen, im Unterschied zu den *Zwölfer-Shi'iten (Ithnā 'Asharīya)* und den *Siebener-Shi'iten (Sab'īya),* die Muhammad al-Bāqir († 731), den Bruder Zaids, als 5. Imām anerkennen. Weil die Zaiditen insgesamt nur 5 Imāme anerkennen, werden sie auch als *Fünfer-Shi'iten* bezeichnet. Seit dem 9./10. Jh. ist diese Richtung Staatsreligion im Jemen. Die Zahl der Anhänger beträgt heute 5 557 000.

Die *Sab'īya* oder *Ismā'īlīya* bzw. *Ismā'īliten* (Ismailiten) sind benannt nach dem von ihnen als 7. und letzten Imām anerkannten *Ismā'īl* († 765), Sohn des Dja'far as-Sādik (um 700–765). Darin unterscheiden sie sich z.B. von den Zwölfer-Shi'iten *(Ithnā 'Asharīya),* die Mūsā al-Kāzim († 799) als 7. Imām ansehen. Weil die Ismā'īliten nur 7 Imāme anerkennen, werden sie auch als *Siebener-Shi'iten* bezeichnet.

Verbreitet ist diese Richtung in Syrien, im Iran, in Afghanistan und Nordindien. Die Gesamtzahl der Anhänger beträgt 15 550 000. Aus den Ismā'īliten sind u.a. hervorgegangen die Karmaten, Fātimiden und Drusen, die Nizariten, Khodjas und die Aga-Khan-Richtung sowie die Bohoras.

Die sozialrevolutionären *Karmaten* treten gegen Ende des 9. Jh. unter Führung des *Hamdān Karmat* zuerst im südlichen Irak auf und später in Syrien, Chorassan, Panjāb und Arabien. Im Jahre 930 erobern sie Mekka und erbeuten den »schwarzen Stein« der Ka'ba, den sie erst 951 auf Drängen der Fātimiden-Kalifen zurückgeben. Sie verhindern damit 21 Jahre lang die Pilgerfahrten nach Mekka. Um 1030 verschwinden ihre Spuren.

Die *Fātimiden* sind eine im 10. Jh. in Nordafrika von 'Ubaidallāh, der seine Abstammung auf 'Alī bzw. *Fātima* zurückführt, begründete und nach der Prophetentochter benannte Richtung, die von 974 bis 1171 in Nordafrika ein Reich mit Zentrum in Ägypten beherrscht.

Von den Herrschern der Fātimiden ist der auf geheimnisvolle Weise im Jahre 1021 verschwundene al-Hākim zu erwähnen, den seine Verehrer als eine weitere Inkarnation Allāhs ansehen und auf dessen Rückkehr die Drusen (→S. 241) noch bis heute warten.

Als die Fātimiden sich 1094 spalten, wird der Sohn des von seinem Bruder ermordeten *Nizār* († 1095) nach Persien gerettet, wo ein neues Imāmat und damit die *Nizariten* entstehen, die heute in Saudi-Arabien, Syrien, Persien und Indien verbreitet sind. Der Imām als erbliches Oberhaupt trägt den Titel Aga Khan. Da die Offenbarung seit Muhammad nicht abgeschlossen ist, sondern der Weltintellekt sich durch Emanation weiter in die Reihe der Imāme ergießt, hat der Aga Khan daran Anteil und genießt deshalb besondere Verehrung.

Die aus den Nizariten hervorgegangenen *Khodjas* haben Anhänger in Indien und Ostafrika. Ihr Imām ist Karim al-Hussain, der 1937 als Sohn des Prinzen Ali Khan in Genf geboren und in Daressalam am 19. Oktober 1957 als 4. Aga Khan offiziell eingesetzt wird.

Die im 12. Jh. entstandenen indischen *Bohoras* bilden eine selbständige, ebenfalls auf die Fātimiden zurückgehende, aber nicht dem Nizariten-, sondern dem Musta'lī-Zweig angehörende shi'itische Richtung.

Die *Imāmiten* bzw. *Imāmīya* sind Shi'iten, die seit dem 9. Jh. eine Reihe von 12 Imāmen annehmen und deshalb auch als *Ithnā 'Asharīya* (arab. »Zwölfer«) bzw. *Zwölfer-Shi'iten* bezeichnet werden. Verbreitet sind die Imāmiten in Persien und Pakistan. Seit den Safawiden (1502) ist diese Glaubensrichtung persische Staatsreligion. Die Zahl der Anhänger beträgt 104 493 000, d.h. 12,8% aller Muslime. Sie bilden damit die größte Gruppe innerhalb der Shi'iten.

Der 12. und letzte Imām, Muhammad al-Mahdī, ist im Jahre 874 in Samarra, der damaligen Hauptstadt des Kalifats, in einem (noch heute gezeigten) Keller als Kind in die Verborgenheit eingegangen, und er residiert seitdem als *sāhib as-saman* (»Herr der Zeit«) in einer Zisterne in der Nähe von Bagdad. Er wird als *Mahdī* (arab. »der [von Allāh] recht Geleitete«) am Ende der Zeiten wiederkommen, um ein Reich der Gerechtigkeit auf Erden zu errichten. Da die Shi'iten an ein partielles Innewohnen *(hulul)* einer Lichtsubstanz im Imām, d.h. an eine Art göttliche Epi-

phanie, glauben, ist der Imām von Irrtum und Sünde frei *(ma'sūm)* und genießt hohes Ansehen und Verehrung bei den Gläubigen.
Die *Nusairier* sind Shi'iten einer extremen Richtung, die sich 872 im Irak von den Ismā'īliten trennen, nach Syrien auswandern und nach ihrem Stifter und großen Theologen *Muhammad ibn Nusair* (9. Jh.) benannt sind. Ihr von der französischen Verwaltung eingeführter Name ist *Alawiten*. Heute leben die 1138000 Anhänger in den Tälern des Libanon und in Syrien. In der Zeit des französischen Mandats in Syrien bilden die Alawiten von 1920 bis 1944 einen autonomen »état des Alaouites« (franz. »Alawitenstaat«) mit der Hauptstadt Latakia.
'Alī, der Vetter und Schwiegersohn Muhammads, genießt bei ihnen göttliche Verehrung. 'Alī, Muhammad und dessen Gefährte Salmān al-Fārisi werden zu einer Mond, Sonne und Himmel gleichgesetzten Dreiheit zusammengefaßt, die als Emanation einer höchsten Gottheit gilt und Mittlerfunktion hat. Charakteristisch für die Alawiten ist ihr Glaube an eine Seelenwanderung.
Weitere shi'itische Richtungen sind: die *'Alī ilāhi* (arab. »'Alī ist Gott«), die sich *Ahl-i-Hakk* (»Leute der Wahrheit«) nennen, die *Assassinen*, die *Bātiniten*, die *Hurūfi*, die *Muhammadiya* und die *Mutawāli*.

Schismatiker

Den Hauptzweig der Schismatiker bilden die Khāridjiten, aus denen die Ibāditen und dann die Wahhābiten hervorgegangen sind. Zu den aus den Shi'iten hervorgegangenen Dissidenten zählen die Drusen, während die Dissidenten der Ahmadīya von den Sunniten herkommen.
Die *Khāridjiten* (Charidschiten; arab. »die [zum Kampf] Ausziehenden«) sind die älteste Glaubensrichtung im I. Die ursprünglichen Anhänger des 4. Kalifen 'Alī trennen sich nach der Schlacht von Siffin (657) enttäuscht von ihm, weil er – statt das Gottesurteil der Waffenentscheidung zu wählen – den menschlichen Schiedsspruch von Adrūh (658) angenommen und sich damit des Kalifats für unwürdig erwiesen hat. Sie nennen sich stolz »die zum Kampf Ausziehenden« (= Khāridjiten) im Gegensatz zu den »zu Hause Bleibenden« *(qā'idūn)*. Die heute 1145000 Anhänger zählenden Khāridjiten leben hauptsächlich in Nordafrika und in Oman, dazu auf einigen Inseln und in Oasen des Maghreb.
Die Khāridjiten vertreten strenge ethische Forderungen. Für sie gibt es keinen Glauben ohne Werke, und sie erklären denjenigen, der eine schwere Sünde begeht, für einen islamischen Apostaten. Nur dem Makellosen kommt die Würde des Imāmats zu. Auch das Kalifat sollte durch freie Wahl der Gemeinde mit dem Würdigsten besetzt werden ohne Rücksicht auf dessen Abstammung, d.h. etwaige Verwandtschaft mit dem Propheten, »und sei er ein abessinischer Sklave«.
Einen gemäßigten Zweig der Khāridjiten bilden die *Ibāditen* (= Ibādīya) bzw. Abāditen (= Abādiya), die nach ihrem Stifter *'Abd Allāh ibn Ibād* benannt sind und heute in Oman, Ostafrika (Sansibar) und in Südalgerien (Berber) verbreitet sind.
Ein großer und bedeutender Zweig im Islam sind die *Wahhābiten* (= Wahhābīya), eine nach ihrem Stifter *Muhammād ibn 'Abd al-Wahhāb* (1703–1787/92) benannte Reformbewegung. Die Wahhābiten betrachten sich selbst als Sunniten, die der Rechtsschule Ibn Hanbals folgen. Der Stifter fordert die Rückkehr zum Urislam des Propheten und die Abschaffung aller seit dem 9. Jh. eingeführten »Neuerungen«, wie die kultische Verehrung der Person Muhammads, der Heiligen, der Reliquien und der Gräber. Er verbietet den Genuß von Wein, Kaffee und Tabak und verschärft die Pflicht zum heiligen Krieg. Die Wahhābiten erobern 1801 Kerbela, wo sie Husains Grab verwüsten, 1804 Medina und 1806 Mekka, wo sie die Ka'ba zerstören, weil sie ein Götzenbild sei.
Als Richtschnur des Glaubens gelten nur Koran und die echte *sunna* (→S. 255), wobei Analogieschluß und Konsens der Gemeinde abgelehnt werden. Der Gründer kann seit 1744 die arabische Herrscherfamilie Ibn Sa'ūd für seine Lehre gewinnen.
Nach dem 1. Weltkrieg und durch den Aufstieg des Hauses Sa'ūd wird diese Glaubensrichtung in Saudi-Arabien die herrschende (Staatsreligion). Mit strengster Treue zu Koran und *shari'a* (→S. 246), auf denen die staatliche Ordnung ruht, verbindet sich bei ihnen Aufgeschlossenheit für das moderne politische und soziale Leben.
Yaziden (= *Yazidīya*) bzw. *Yeziden* sind die Anhänger einer stammesmäßig organisierten Glaubensrichtung von Kurden, die nach dem Umayyaden-Kalifen *Yazid I.* (680–683) benannt sind, dessen Parteigänger sie im Kampf gegen Husain 680 waren. Wegen ihrer Scheu, den Namen Satans oder ähnlich klingende Worte auszusprechen, werden sie von den umwohnenden Muslimen anderer Glaubensrichtungen auch *Teufelsanbeter* genannt. Ihre 155000 Anhänger leben heute in Südkaukasien (Kurdistan) sowie nördlich und östlich von Mossul. Das Heiligtum des Shaikh 'Adi Ibn Musafiv († 1262) in Lalesh, nordöstlich von Mossul, ist ihr religiöser Mittelpunkt.
Grundlage ihres Glaubens bildet der I., der mit altorientalischen, zoroastrischen und christlichen Elementen verbunden ist. Nach ihrer Lehre hat sich der Schöpfergott zurückgezogen und die Regierung der Welt dem gütigen *Melek Tā'ūs* (»Pfauenengel«) überlassen. Mose, Jesus und Muhammad werden als Propheten verehrt. Neben der Beschneidung wird eine Taufe vollzogen. Ihr bedeutendster Heiliger ist Shaikh 'Adi, zu dessen Grab die Yaziden jährlich Ende September pilgern. Sie scheiden sich in Laien *(murīd)* und Geistliche *(rūhān)*, wobei sich die letzteren wiederum in 6 Stände gliedern.
Die *Drusen* sind eine ethnisch-religiöse Gruppe im I., gegründet von Hamza und dem türkischen Neshtegin ad-Darazī zur Zeit des fātimidischen Kalifen al-Hākim

1

2

3

(996–1021) und benannt nach *Darāzī.* Die heute 570 000 Drusen leben im südlichen Libanon und im Haurān-Gebirge, das deshalb auch »Drusengebirge« genannt wird. Muhammad ibn Isma'il ad-Darazī († 1018/19) lebt seit 1017/18 zunächst als ismā'īlitischer Missionar in Ägypten und sieht dann in dem dortigen Kalifen al-Hākim, den er mit 'Alī gleichsetzt, eine Verkörperung Allāhs. Darazī, der nach Syrien fliehen muß, findet dort eine größere Anhängerschaft.

Die Drusen glauben, daß die Gottheit sich stufenweise in Weltperioden in vollkommenen Menschen inkarniert, zuletzt im fātimidischen Kalifen al-Hākim.

Der 1021 auf geheimnisvolle Weise verschwundene al-Hākim wird von den Drusen für das Weltende zurückerwartet, wenn er ein Weltreich aufrichtet, in dem die Drusen das erwählte Volk sein werden. Die Drusen glauben an eine Seelenwanderung. Sie lehnen die Fasten- und *hadjdj*-Pflicht ab. Ihre 7 Gebote umfassen u.a. Wahrhaftigkeit (nur innerhalb der Gruppe), Glauben an die Einheit »Unseres Herrn« zu allen Zeiten und völligen Gehorsam ihm gegenüber. Wein und Tabak sind streng verboten. In ihre Glaubenswahrheiten ist nur ein kleiner Kreis eingeweiht, da sie zwischen Eingeweihten *('ukkal)*, die 15% der männlichen und weiblichen Drusen darstellen, und Unwissenden *(djuhhāl)* unterscheiden. Nur erstere nehmen an den religiösen Versammlungen teil, die in der Nacht von Donnerstag auf Freitag stattfinden. Der Versammlungsort heißt *khalwa* (»Einsamkeit«). An der Spitze der Drusen steht ein *Emir* oder *hakam*. Ein großer Teil der 111 kanonischen Schriften der Drusen ist zwischen dem Auftreten ad-Darazīs (1017) und dem Verschwinden al-Hākims (1021) entstanden und geht auf den Systematiker dieser Richtung, Hamza, zurück, nach dem diese Schriften auch als *Hamzas* bezeichnet werden.

Die *Ahmadīya* ist eine um 1879/80 von dem Inder *Mirzā Ghulām Ahmad* (um 1836–1908) in Panjāb (Indien) gegründete und nach ihm benannte Bewegung, die heute 4 734 000 Anhänger zählt und ihr Zentrum in Rabwah (Pakistan) hat.

Der Stifter versteht sich als *Mahdī* des I., aber zugleich auch als wiedergekommener Jesus und als Inkarnation des Krishna (→Hinduismus). Als der Nachfolger des Stifters, der 1. Kalif »des verheißenen Messias«, Nūr ad-Dīn († 1914), stirbt und der Sohn des Stifters, der 2. Kalif Mirzā Bashir ad-Dīn Mahmūd Ahmad (1889–1969), dessen Nachfolge im Jahre 1914 antritt, kommt es zur Spaltung der Bewegung in die Kādiān Party und die Lahore Party. Erstere, die ihr Zentrum in Rabwah (Pakistan) hat, sieht in dem Stifter einen Propheten, letztere haben ihr Zentrum in Lahore (Pakistan) und verstehen den Stifter nur als einen Reformator des I. In einigen islamischen Staaten sind beide Richtungen als schismatisch verboten.

Die Ahmadīya-Bewegung erstrebt die Ausbreitung des I. mit friedlichen Mitteln und lehnt den Glaubenskrieg ab. Sie erlaubt – im Gegensatz zu den orthodoxen Muslimen – die Übersetzungen des Korans in die jeweiligen Landessprachen. Von Jesus sagen die Ahmadis, daß er zwar wirklich gekreuzigt, aber scheintot ins Grab gelegt worden sei, aus dem er, aus der Bewußtlosigkeit erwacht, dann nach Kaschmir floh, um dort das Evangelium zu predigen. In Kaschmir sei er 120jährig

1 Das Schiff des Shi'ismus *mit Muhammad, 'Ali und 'Alis Söhnen, 1527. New York, Metropolitan Mus.*

2 Ayatollah Ruhollah Khomeini *(† 1989), religiöser Führer der iranischen Shi'iten*

3 Heiliger Krieg *Sulaymāns gegen die Ungarn bei Mohácz (1526), 1588. Istanbul, Top-Kapi-Mus.*

4 Tanz der Derwische, *persische Handschrift, 1490. New York, Metropolitan Mus.*

5 Derwisch-Kloster *in Māhān bei Kirmān*

4

5

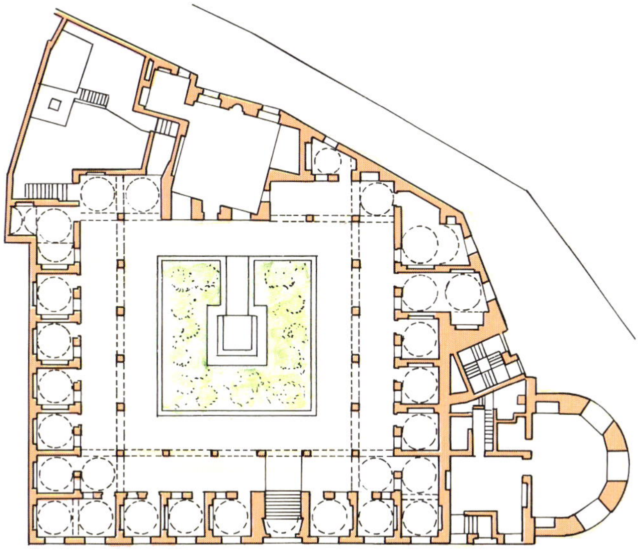

Islamische Klosteranlage *(Kairo/Ägypten: Tekie Habanie)*

gestorben und in Srinagar begraben worden. Sein dort noch heute gezeigtes Grab sei irrtümlicherweise einem anderen Propheten namens Yuz Asaf zugeschrieben worden.

ĪMĀN UND ISLAM

Īmān (arab. »Glaube«) bedeutet zum einen das Vertrauen auf Allāh und den Glauben an Allāh, an seinen Propheten und die Botschaft und meint zum anderen den Inhalt dieser Botschaft. Im Koran heißt es: »Wer nicht glaubt an Allāh und seine Engel und seine Schriften und seinen Ge-

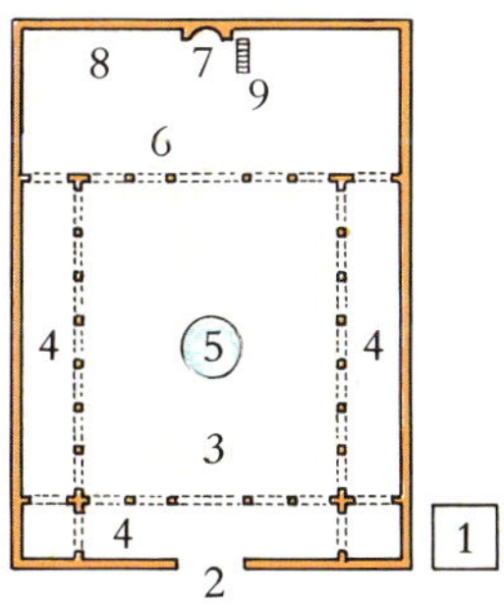

Moscheebau-Grundschema

1. *Minarett bzw. Minār für den Muezzin (Gebetsrufer)*
2. *Eingang*
3. *sahn (offener Vorhof), umgeben von*
4. *riwaqs (Arkaden)*
5. *mida (Brunnen) für zeremonielle Waschungen*
6. *harām (überdachte Bethalle) als Quersaal*
7. *mihrāb (flache Nische), welche die Mekka-Richtung (kibla) anzeigt*
8. *Kibla-Wand gegenüber dem Eingang gelegen*
9. *minbar (Kanzel) für die Freitagspredigt*

sandten und an den Jüngsten Tag, der ist weit abgeirrt.« (Sure 4, 135).
Mit dem Wort *islām* (arab. »Unterwerfung, Hingabe [an Allāh]«), das achtmal im Koran vorkommt, wird nicht nur die von Muhammad gestiftete Religion bezeichnet – »Siehe, die wahre Religion vor Allāh ist der Islam« (Sure 3, 17) –, sondern es werden zugleich auch die religiösen Pflichten eines *Muslims* angesprochen. Die Bezeichnung *Muslim* (arab. »der sich [Allāh] Hingebende, Unterwerfende«) ist Partizip des arabischen Verbums *salima* (»sich unterwerfen«), dessen Infinitiv- bzw. Substantivform *islām* ist. Das Gegenteil von einem *Muslim* ist der *kāfir* (arab. »undankbar, ungläubig«).

Kein Gott außer Allāh

Allāh (aus arab. *al-ilāh* = »der Gott«) ist die Bezeichnung für das höchste Wesen. Mit dem in vorislamischer Zeit bekannten *ilāh* (syr.: *alāhā;* hebr.: *el*) wird jeder Gott benannt, während mit *Allāh* die Hauptgottheit bezeichnet wird: »Gott des Hauses« in Mekka. Aus diesem Hauptgott des vorislamischen, altarabischen Henotheismus, in Mekka unter dem Symbol des »schwarzen Steins« verehrt, wird durch Muhammad der einzige Gott des islamischen Monotheismus, dessen Name im Koran 2685mal vorkommt. Der Monotheismus bildet die Grundlage des I.: »Es gibt keinen Gott außer mir, so dienet mir«, spricht Allāh (Sure 21, 25). Da Allāh der alleinige Gott ist, bleibt jede »Zugesellung« *(shirk)* anderer Götter zu Allāh ausgeschlossen. Muhammad wendet sich damit zugleich gegen die »Zugesellung« altarabischer Gottheiten zu dem Hochgott Allāh, die seine Landsleute u.a. als »Töchter Allāhs« verehren. Hier handelt es sich um *al-Lāt* (arab. aus *al-ilāhat* = »die Göttin«), eine Femininbildung zu Allāh. Neben dieser Sonnen- und Himmelsgöttin al-Lāt, der in Taif ein weißer Granitblock geweiht ist, werden *al-'Uzzā* (arab. »die Starke, Gewaltige«) und *Manāt,* eine Herrin des Glücks und Todesgeschicks, verehrt. Die Verehrung dieser drei Göttinnen als Fürsprecherinnen bei Allāh hat Muhammad zunächst für erlaubt erklärt (Sure 53, 19 f.), dies später jedoch widerrufen (Sure 53, 21–23).
Der Gottesname *Allāh* wird mit zahlreichen Attributen verbunden – z.B. der Große, Erhabene, Allmächtige, Bezwingende, Weise, Allwissende, Gerechte –, die, zusammengestellt als »die schönsten Namen«, die 99 Perlen des islamischen »Rosenkranzes« darstellen. Von den Eigenschaften Allāhs rühmt Muhammad vor allem die *Erhabenheit,* von der der berühmte Thronvers Zeugnis gibt: »Weit reicht sein Thron über die Himmel und die Erde … denn er ist der Hohe, der Erhabene«, und die *Barmherzigkeit.*
Jede Sure des Korans beginnt mit der rituellen Anrufung: »Im Namen Allāhs, des Erbarmers, des Barmherzigen.« Diesen Vers nennt man in Abkürzung seines arabischen Wortlauts die *basmala.*
Die Eigenschaften Gottes werden seit dem 8. Jh. zwischen Mu'taziliten und Orthodoxen systematisch diskutiert, wobei erstere sich gegen einen Anthropomorphismus wenden und die Redeweise von Antlitz, Augen und Händen Allāhs im übertragenen Sinn erklären.
Allāh ist der Schöpfer aller Dinge und Herrscher der Welt. Die Erde hat er in 6 Tagen erschaffen (Sure 11, 9). Er schuf die Menschen und die beiden Geschlechter (Sure 75, 37 ff.). Er, der zuvor die Tora und das Evangelium herabgesandt hat, sendet nun den *furkān* (»Unterscheidung, Offenbarung, Heil«; Sure 3, 1 f.). Am Jüngsten Tag wird er die Welt richten.
Diesem großen, allmächtigen und erhabenen Herrn *(rabb)* gebührt von seiten der Menschen als seiner Knechte *('abd)* Anbetung und Unterwerfung *(islām).* Die den gesamten Koran durchziehende Mahnung: »Fürchtet Allāh« unterstreicht die tiefe Bedeutung der Gottesfurcht als Grundelement des I.
Der Glaube an den alleinigen Gott Allāh findet kurz und bündig seinen Ausdruck in dem Einheitsbekenntnis der 112. Sure, die nach der *Fātiha* (1. Sure) die am häufigsten rezitierte Sure ist:

> Sprich: Er ist der eine Gott,
> der ewige Gott;
> er zeugt nicht und wird nicht gezeugt,
> und keiner ist ihm gleich.

Die schon in frühester Zeit bezeugte, jedoch nicht von Muhammad selbst stammende Bekenntnisformel *(shahāda)* ist Bestandteil des *adhān* (→S. 253) und des täglichen *salāt* (→S. 252). Sie bildet die erste der fünf Hauptpflichten und ist zugleich deren Vorbedingung. *Shahāda* ist im engeren Sinn das Glaubensbekenntnis und im weiteren Sinn das Zeugnis, das ein Muslim dadurch ablegt, daß er für den I. mit den Waffen kämpft und vor allem dadurch, daß er für den I. im Heiligen Krieg stirbt. Derjenige, der im Heiligen Krieg fällt, heißt *shahīd* (»Zeuge, Märtyrer«).

> Ich bezeuge:
> Es gibt keinen Gott außer Allāh;
> Muhammad ist der Gesandte Allāhs.

Die *shahāda* steht am Beginn eines muslimischen Lebens und bewirkt bei dem, der sie erstmalig vor muslimischen Zeugen ausspricht, die Zugehörigkeit zum I.; sie soll auch das letzte Wort auf den Lippen eines sterbenden Muslim sein.
Zu Allāhs Hofstaat gehören die Engel *(malā'ika);* deren bedeutendste sind: *Djabrā'il* (Gabriel), von dem Muhammad die Offenbarung erhalten hat, *Mīkāl* (Michael), der Führer der Menschen, *Isrāfil* (Raphael), der die Trompete bei der Auferstehung bläst, und *'Izrā'il,* der Todesengel. Die Engel sind geschlechtslos und sündenlos, sie essen und trinken nicht. Einige tragen den Thron Allāhs, andere lobpreisen ihn ständig, und wieder andere beobachten die Taten der Menschen und berichten darüber (Schutzengel). Gewöhnlich sind die Engel unsichtbar – außer für die Tiere. Unterhalb der Engel stehen die *Djinn*

(Dschinn), Mischwesen zwischen Engeln und Menschen. Sie sind Geschlechtswesen, essen und trinken und sind entweder gut oder böse, gläubig oder ungläubig. Jeder Mensch hat einen guten und einen schlechten dieser Genien an seiner Seite.

Als Haupt der Teufel gilt *Iblīs* bzw. *Shaitan* (= Satan). Weil er als einziger Engel dem ersten Menschen Adam die von Allāh befohlene Huldigung verweigert, ist er aus dem Paradies verstoßen – bis zur Auferstehung von den Toten (Sure 38, 73 ff.).

Kalām, ein System der islamischen Theologie und Dogmatik, das von al-Ash'arī aus Bagdad († 953) und al-Māturidi aus Sarmakand († 944) geschaffen wurde, umfaßt in 6 Hauptteilen die Glaubenslehre über Allāh und seine Engel, über seinen Gesandten, die Prädestination und das Jenseits sowie die Schriften. Nach *kalām* (arab. »Wort, Rede, Sprache, Dialektik«) wird der Theologe *mutakallim* genannt. Unterschiedliche Schulrichtungen in der Glaubenslehre bilden: Dahrīya, Djabrīya, Hashwīya, Kadarīya, Karrāmīya, Khurramīya, Murdjī'a, Mu'tazila, Sālimīya und Thanawīya.

Propheten und Endgericht

Um den durch *Shaitan* verführten Menschen zu helfen, hat Allāh 124 000 Propheten *(nabī)* gesandt, davon waren 313 höhere Gesandte und Apostel *(rasūl),* von denen 28 im Koran genannt werden, als erster *Ādam,* dann u.a. *Ibrāhim* (Abraham), der »Freund Gottes«, Mūsā (Mose) und 'Īsā (Jesus). Da ein gerechter Prophet nicht unschuldig sterben kann, hat Allāh in letzter Minute den Leib Jesu am Kreuz durch den Leib eines anderen Menschen ersetzt, so daß Jesus, ohne am Kreuz sterben zu müssen, in den Himmel auffahren konnte und einst wiederkommen wird, um das Jüngste Gericht einzuleiten. Der letzte der Propheten jedoch ist Muhammad als »Siegel der Propheten« (Sure 33, 40). Nach ihm wird kein Prophet mehr kommen, da mit ihm die Offenbarung als Vorgang und Lehrinhalt abgeschlossen ist. Der Hoheitstitel *nabī* charakterisiert Muhammad als Empfänger einer göttlichen Offenbarung, während sein Titel *rasūl* auf den Auftrag bezogen ist, eine Botschaft Allāhs an die *umma* (arab. »Volksgemeinschaft [der Araber]«) zu überbringen. Muhammad, der sich zeit seines Lebens nur als (auch kleiner Sünden fähigen) Menschen gesehen hat, ist im späteren I., vor allem durch den Sufismus, mehr und mehr zu einem Übermenschen erhoben worden, indem man seine Sünden- und Irrtumslosigkeit *('isma)* lehrt und ihn zum absolut »vollkommenen Menschen« *(insān al-kāmil)* erklärt. Muhammads Leben in Überlieferungen *(hadith)* und Biographien *(sira)* beschrieben, gilt als Vorbild für die Muslime.

Gemäß orthodoxer sunnitischer Theologie, die nach langen Auseinandersetzungen um 900 feststeht, wird einerseits von Allāh in seiner universalen und uneingeschränkten Allmacht das Schicksal der Menschen ohne deren Zutun bestimmt (*kadar* = »Vorherbestimmung«), andererseits aber werden alle Menschen beim »Weltgericht« für ihre Handlungen mit dem Paradies belohnt oder mit der Hölle bestraft. Der Koranvers »Füllen will ich die Hölle mit Vertretern aller Genien und Menschen« (Sure 32, 13) wird von der Theologie im Sinne des *kismet* (türk.; arab. *kisma* = »Anteil, zugeteiltes Los«) als unabänderliches Schicksal ausgelegt.

Zwischen den beiden extremen theologischen Positionen – die *Djabriten* vertreten die absolute Unfreiheit der Menschen, wohingegen die *Kadariten* (Mu'taziliten) die menschliche Willensfreiheit betonen – steht die orthodoxe Lehre der *Ash'ariten*. Das endzeitliche *Weltgericht,* das Naturkatastrophen, Sonnenfinsternis, Erdbeben und Feuerbrände (Sure 81, 1 ff.) einleiten, wird in apokalyptischen Farben geschildert (Sure 82). Der Antichrist *al-Dadjdjāl* wird auftreten, und er wird von 'Īsā bei dessen Wiederkunft erschlagen werden. Der in Damaskus wieder erscheinende 'Īsā wird dort Gebete nach islamischem Ritus sprechen, eine Zeit des Friedens und Wohlstands heraufführen, danach sterben und in Medina begraben werden. Dann wird der Mahdī (arab. »der [von Allāh] recht Geleitete«), ein für die Endzeit erwarteter Führer der Gemeinde aus der leiblichen Nachkommenschaft des Muhammad, den I. erneuern und zur herrschenden Religion verhelfen. Dieser Mahdī wird von Sunniten und Shi'iten verschieden gesehen. Für die Shi'iten ist der Mahdī der aus der Verborgenheit heraustretende *Imām,* der die jeweilige shi'itische Glaubensrichtung zur endzeitlichen Weltreligion machen wird.

Im Laufe der Geschichte sind verschiedentlich Mahdīs aufgetreten. Der bedeutendste ist *Muhammad Ahmad,* der Mahdī von Khartum/Sudan (1844–85), dessen Anhänger sich 1881 im Mahdī-Aufstand erheben, und zuletzt der *Mahdī von Somaliland* während des 2. Weltkrieges.

Beim Weltgericht werden alle guten und bösen Taten der Menschen, die in einem Buch aufgeschrieben sind, auf einer Waage gewogen und vergolten. Danach müssen die Menschen den Höllengolf über eine Brücke, die feiner als ein einziges Haar und schärfer als ein Schwert ist, überqueren. Während die Hölle dabei ihren Rachen aufsperrt, um alle Menschen in ihren sieben Abteilungen zu verschlingen (Sure 19, 72), werden die Ungläubigen ihr für immer verfallen und im höllischen Feuer brennen (Sure 47, 13 ff.). Die gläubigen Muslime dagegen können ihr entrinnen und ins *Paradies* eingehen. Das Paradies ist ein Bereich, in dem Bäche von Wasser, Milch, Wein und Honig fließen, und ein Ort sinnlicher Genüsse, an dem die Muslime mit schönen Paradiesjungfrauen von unvergänglichen Reizen, *hūris* (arab. »die Weißen«), vermählt werden (Sure 52, 20). Außer Sinnesfreude gibt es im Paradies die Gottesschau, die jedoch von den Mu'taziliten geleugnet wird. Jeder, der vor dem Weltgericht stirbt, muß nach seinem Tod bis zum Tag seiner Auferstehung bewußtlos im Grab ruhen. Nur die im Heiligen Krieg für den I. Gefallenen gehen sofort ins Paradies ein.

Religiöse Pflichten

Entsprechend der überragenden Bedeutung der Ethik gegenüber der Dogmatik steht die *shari'a* (arab. »Gesetz«) im Mittelpunkt, weshalb der I. als Gesetzesreligion bezeichnet wird. Die *shari'a* ist ursprünglich der Weg zum Tränkplatz und meint heute den deutlichen, zu befolgenden Weg überhaupt, das *kanonische Gesetz,* die religiösen Pflichten. Da der I. von der Identität der muslimischen Gemeinde *(umma)* mit dem Staat ausgeht, ist die *shari'a* staatliches und religiöses Recht zugleich, das auf Allāh als obersten Gesetzgeber zurückgeführt wird. Die *shari'a,* die »die Gesamtheit der auf die Handlungen des Menschen bezüglichen Vorschriften Allāhs« ist, umfaßt das gesamte religiöse, soziale, individuelle und politische Leben der Muslime. Sie regelt die Beziehungen der Muslime zu Gott, zum Mitmenschen und zur Gemeinschaft.

Im Hinblick auf ihre religiöse Wertung werden alle Handlungen von der *shari'a* in eine der »fünf Kategorien« eingeordnet:

1. *Pflichten (fard)* oder Notwendiges, eine Handlung, deren Tun belohnt, deren Unterlassen bestraft werden wird.
2. *Empfehlungen (mandūb* = empfohlen; *mustahabb* = erwünscht), eine Handlung, deren Tun zwar belohnt, deren Unterlassen aber nicht bestraft werden wird.
3. *Indifferentes (mubāh),* eine Handlung, deren Tun oder Unterlassen freigestellt ist und die weder belohnt noch bestraft werden wird.
4. *Verwerfliches (makrūh),* eine Handlung, deren Tun nicht bestraft, deren Unterlassen aber belohnt werden wird.
5. *Verbotenes (harām),* eine Handlung, deren Tun bestraft, deren Unterlassen belohnt werden wird. Abarten davon sind die »Sünden«.

Nach den *Sunniten* ruht der I. auf 5 Säulen *(arkān).* Diese in Medina und in der Zeit der frühen Kalifen ausgebildeten Grundpflichten haben für die Rechtgläubigen verbindende Gültigkeit. Es sind:

1 Mihrāb *mit Namen der 12 Imāme, Fliesen, 1226. Berlin, Staatl. Mus.*

2 *Predigt eines Imām vom* minbar *herab, 1237. Paris, Nationalbibliothek*

3 Gebetsruf *des Muezzin, persische Miniatur, 1566. London, Brit. Mus.*

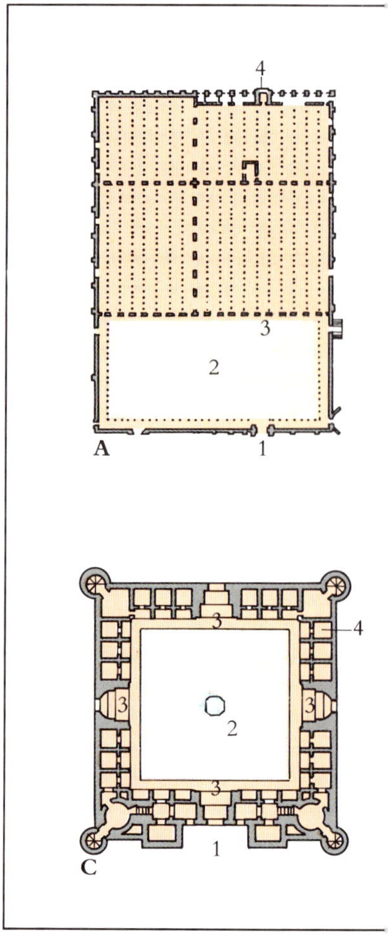

4 Moscheebauformen:

A. ***Säulensaalmoschee*** *(Córdoba/Spanien: Große Moschee)*
- *1. Eingang zum Vorhof*
- *2. Vorhof*
- *3. Eingang zum Säulensaal (harām)*
- *4. kibla*

B. ***Kuppelsaalmoschee*** *(Bursa/Türkei: Ulu Djami)*
- *1. Eingang*
- *2. kuppelüberwölbte, fünfschiffige Pfeilerhalle*
- *3. offenes Mittelfeld mit Brunnen*

C. ***Medrese*** *(Samarkand/UdSSR: Schir Dav Medrese)*
- *1. Eingang*
- *2. Hof mit Brunnen*
- *3. Liwān*
- *4. Schulräume*

D. ***Grabmoschee*** *(Bischapur/Indien: Grabmal des Mahmud Adil Schah)*

E. ***Moscheekomplex*** *(Külliye) mit sozialen Einrichtungen um die Kuppelmoschee Suleimans I. (1550–57) als Mittelpunkt (Istanbul/Türkei)*
- *I. Labhane (kostenlose Unterkunft für Reisende)*
- *II. Imaret (Volksküche)*
- *III. Krankenhaus*
- *IV.–VI. Medrese (Schule)*
- *VII. Sibyan mektebi (Koranschule)*
- *VIII. Moschee-Bezirk*
  - *1. Avlu (Moscheehof)*
  - *2. Suleiman-Moschee*
  - *3. Türbe (Mausoleum) Suleimans I.*
  - *4. Türbe der Haseki Hurrem*
  - *5. Türbe des Grabhüters*
  - *6. Latrinen*
- *IX. –X. Medrese*
- *XI. Darülhadis (Rechtsschule)*
- *XII. Hammam (Badeanlage)*

2

3

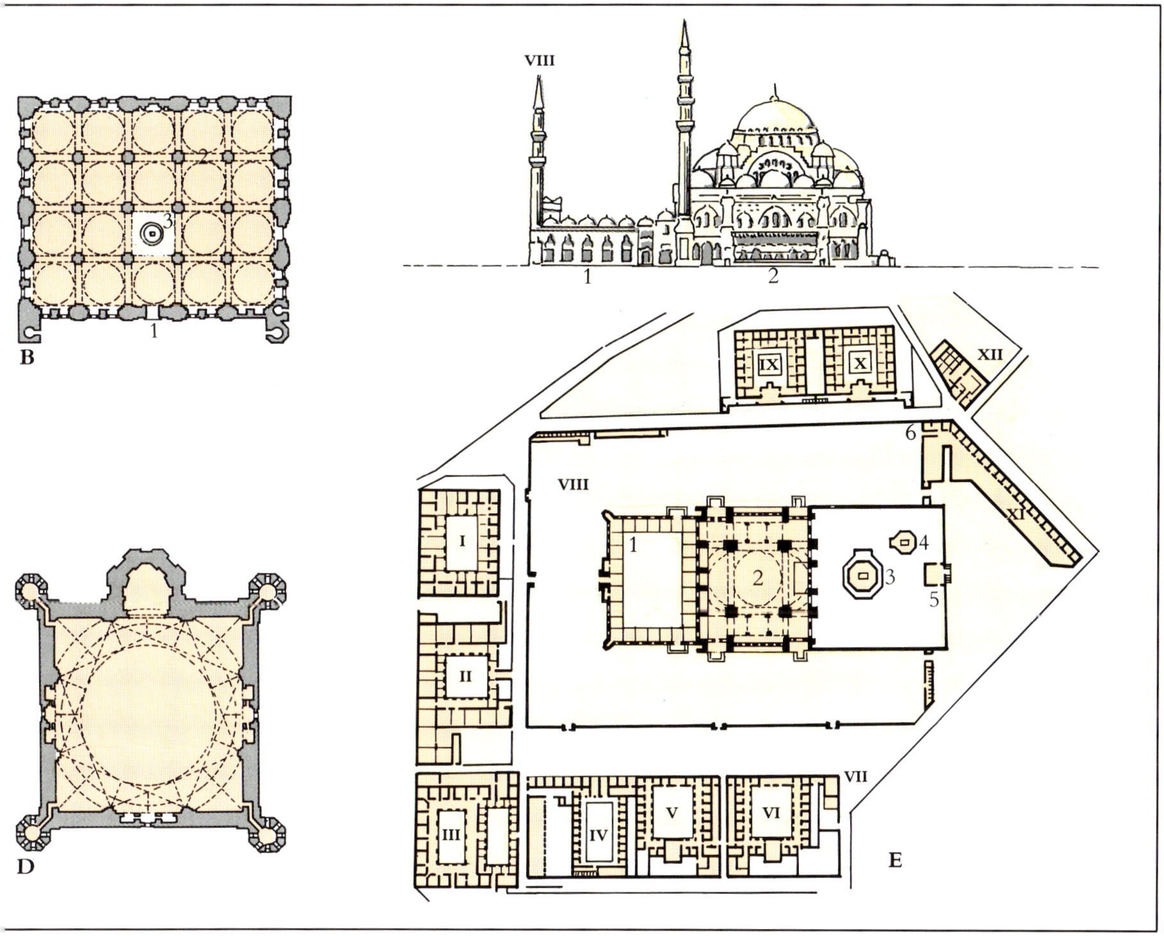

4

1. *shahāda* (Glaubensbekenntnis)
2. *salāt* (Ritualgebet)
3. *zakāt* (Wohltätigkeit, Almosensteuer)
4. *sawm* (Fasten im Monat Ramadān)
5. *hadjdj* (Pilgerfahrt nach Mekka)

Zusätzlich zu *shahāda* (→S.244), *salāt* (→S.252), *zakāt, sawm* und *hadjdj* (→S.251) kommt bei den *Khāridjiten* und *Ismā'īliten* als 6. Säule und Grundpflicht *djihād* (»Glaubenskrieg«) hinzu. Dazu gilt für alle *Shi'iten* der Glaube an das Imāmat und das Vertrauen zu den Imāmen als eine der Hauptpflichten.

Die *zakāt* (arab. »Almosen«; aram.: *zākūt*) ist die nach dem Koran vorgeschriebene Wohltätigkeit in Form des Almosens. Das ursprünglich freie Almosen, das durch die Gemeinde verteilt wird, hat sich im Laufe der Geschichte zur pflichtmäßigen Armensteuer entwickelt, die vom islamischen Staat eingezogen wird und heute meist schon in der Staatssteuer eingeschlossen ist. Diese genau geregelte Steuer soll einen Ausgleich zwischen den besteuerten Reichen und den unterstützten Armen schaffen. Nach dem Koran soll das Almosen für einen bestimmten Personenkreis verwendet werden. Dazu gehören: Arme, freigelassene Sklaven, Verschuldete, Witwen, Waisen, Reisende, Gefangene, Konvertiten, Kranke und die für den Glaubenskrieg zu Entschädigenden.

Die in den Rechtsbüchern des I. im einzelnen festgelegte Armensteuer beträgt pro Jahr ca. 2,5% des Grundbesitzes, des Vermögens und Einkommens, die ein Muslim seit einem Jahr ohne Schulden besitzt. Auf den landwirtschaftlichen Erzeugnissen liegen 10% Steuer für Produkte aus natürlicher Bewässerung und 5% bei solchen aus künstlicher Bewässerung.

Der *djihād* (Schihad; arab. »Anstrengung«) als Glaubenskrieg der Muslime gegen alle Nicht-Muslime wird aus zwei Stellen aus dem Koran abgeleitet:

»So erschlaget die Götzendiener, wo ihr sie findet, und packt sie und belagert sie und lauert ihnen in jedem Hinterhalt auf. So sie jedoch bereuen und das Gebet verrichten und die Armensteuer zahlen, so laßt sie ihres Weges ziehen«. (Sure 9,5; vgl. auch Sure 2, 186–189). Der Glaubenskrieg wird in den medinensischen Suren behandelt, und zwar zunächst als Kampf gegen Angreifer und Abgefallene, dann später gegen die Ungläubigen, wobei die Schriftbesitzer *(ahl al-kitāb* = »Leute des Buches«), wie Juden, Christen, Sabäer und Zoroastrier, bei Zahlung einer Kopfsteuer und Einfügung in die islamische Staatsordnung ausgenommen sind. Der Heilige Krieg dient der Ausbreitung des islamischen Staatsgebietes, nicht unbedingt der gewaltsamen Islamisierung der Ungläubigen. Nach islamischem Staatsrecht wird die ganze Welt mit der Menschheit theoretisch zweigeteilt in *dār al-islām* (»I.-Gebiet«) und *dār al-harb* (»Kriegsgebiet«). Während ersteres die bereits unter muslimischer Herrschaft stehenden Länder umfaßt, meint das letztere alle übrigen noch nicht zum muslimischen Machtbereich gehörenden Länder, die so lange als potentielle Kriegsschauplätze gelten, bis auch diese Länder zu »I.-Gebiet« geworden sind. Demgemäß besteht die Verpflichtung zum Heiligen Krieg so lange, bis die ganze Welt unter muslimischer Herrschaft und damit unter der Ordnung Allāhs steht. Die Verpflichtung zum Heiligen Krieg besteht für die muslimische Gemeinde insgesamt, sobald sie dazu in der Lage ist, nicht jedoch für ein jedes Individuum. Die Höchstdauer für eine Waffenruhe zwischen den Kriegen soll 10 Jahre nicht überschreiten, wobei die jährlichen Vorbereitungen zum Heiligen Krieg als Kriegsjahre zählen. Der *djihād* muß von einem muslimischen Herrscher oder Imām geleitet oder beaufsichtigt werden. Ein Muslim, der kämpfend »auf dem Weg Allāhs« stirbt, ist ein Märtyrer *(shahīd)* und kommt daher direkt ins Paradies.

In der *shari'a* werden ferner geregelt: Erbrecht, Ehe- und Familienrecht, Strafrecht, das Verhalten der Muslime zu den Ungläubigen, Speisegesetze, Opfer- und Schlachtvorschriften, Prozeßrecht sowie das Sklavenrecht.

Das Eingehen der Ehe ist für Muslime heilige Pflicht, dagegen wird die Ehelosigkeit mißbilligt. Das Eherecht gestattet dem freien (männlichen) Muslim bis zu 4 rechtmäßige Ehefrauen, dazu beliebig viele Konkubinen, dem muslimischen Sklaven hingegen nur 2 Ehefrauen. Muhammad hatte sich selbst 9 legitime Ehefrauen, dazu 3 Konkubinen, gestattet, was er durch eine außerordentliche Offenbarung Allāhs als Privileg rechtfertigt (Sure 33,49 ff.).

Da das Gesetz die völlig gleichmäßige Behandlung aller Ehefrauen gebietet, zwingen die ökonomischen Verhältnisse die meisten (männlichen) Muslime zur Monogamie. Der Muslim kann die Ehe ohne Begründung durch einfache Scheidungserklärung (dreimaliges Aussprechen der Trennung) auflösen, dagegen können die weiblichen Muslime die Scheidung nur über einen langwierigen Prozeßweg eventuell erreichen. Jedoch löst der Übertritt einer Ehefrau zum I. ihre nicht-muslimische Ehe sofort auf, da ein Nicht-Muslim keine Muslime zur Ehefrau haben kann.

Unter den Abbasiden ist nach byzantinischer Hofsitte die Absonderung der Ehefrauen eingeführt worden, die sich außerhalb des *Harems* (= *harīm;* arab. »verboten«) nur verschleiert bewegen durften. In der Türkei ist der Harem im Jahre 1926 mit der Einführung der Monogamie verschwunden.

Neben gesetzlich erlaubten Dingen *(halāl)* gibt es gesetzlich verbotene Dinge *(harām)*. Zu letzteren gehören das Essen von Schweinefleisch oder der Genuß von Fleisch, wenn bei der Schlachtung des entsprechenden Tieres Allāhs Name nicht genannt worden ist, sowie Weingenuß. Verboten sind auch Glücksspiele und damit zugleich – in orthodoxen Kreisen – Versicherungen. Ferner besteht ein Zinsverbot.

Die Wissenschaft von der *shari'a* heißt *fikh* (arab. »Einsicht, Vernünftigkeit«). Ein kodifiziertes Gesetzbuch gibt es zwar nicht, jedoch werden die Gesetze oft in drei größere Abschnitte eingeteilt: 1. kultische und rituelle Verpflichtungen *('ibādāt)*, 2. bürgerlich-juristische Verhältnisse *(mu'āmalāt)* und strafrechtliche Bestimmungen *('ukūbāt)*. Letztere sehen für bestimmte Vergehen (Unzucht, Diebstahl, Wegelagerei, Trunksucht) strengste Strafen vor (Steinigung, 1000 Geißelhiebe, Abhacken der rechten Hand u.a.), um dem Gesetzesübertreter Gelegenheit zu geben, noch zu Lebzeiten Buße zu tun.

Das geltende Recht wird aus den vier »Wurzeln der Rechtsordnung« *(usūl al-fikh)* als den methodischen Prinzipien abgeleitet: 1. *Koran* (→S. 254), 2. *sunna* (→S. 255), 3. *kiyās* und 4. *idjmā'*. *Kiyās* ist der in zahlreichen Zweifelsfällen angewandte Analogieschluß, z.B. die Ausdehnung des Weinverbots auf alle alkoholischen Getränke. *Idjmā'* (arab. »Übereinstimmung«) meint den Konsens der islamischen Weltgemeinde in Fragen des Glaubens und Rechtslebens. Maßgebend ist dabei die Übereinstimmung der Gelehrten einer Generation oder der Schulhäupter der vier sunnitischen Rechtsschulen. Die Folge dieser *idjmā'*-Lehre ist die Aufnahme verschiedener, dem Urislam fremder Bräuche, wie der Heiligenkult und die Feier des Geburtstags Muhammads.

Auf dieser Rechtsgrundlage sind die verschiedenen Rechtsschulen der Hanafiten, Mālikiten, Shāfi'iten und Hanbaliten entstanden. Der Rechtsgelehrte heißt *fakih* oder *'alim* (Plural: *'ulamā* = »Gelehrte«). Die staatlich anerkannten Rechtsgelehrten heißen *mufti* (arab. »Entscheider«). Sie entscheiden, ob die ihnen vorgetragenen Streitfragen im Sinne der *shari'a* zu bejahen oder zu verneinen sind. Dem von ihnen nach den Grundsätzen einer anerkannten Rechtsschule angefertigten Gutachten *(fatwā)* kommt unbedingte Gesetzeskraft zu und muß von dem rechtsprechenden islamischen Richter *(kādī)* berücksichtigt werden.

Die in Persien und Indien übliche Bezeichnung der Rechts- und Korangelehrten ist *molla* bzw. *mullah* (pers.; arab.: *mawlā* = »Herr«), was zugleich der Titel islamischer Geistlicher sein kann.

SŪFISMUS

Wie die *shari'a* die medinensische Epoche Muhammads fortzusetzen versucht, so die Mystik die mekkanische Linie. *Tasawwuf* heißt die mystische Richtung, die ihren Namen von *sūf* (arab. »grob wollener Stoff«) hat, aus dem das Gewand derjenigen Mystiker und Asketen, der *Sūfis* (= »mit einem Wollgewand bekleidet«), angefertigt ist, aus deren Kreisen der *Sūfismus* hervorgeht.

Diese mystische Bewegung wird anfänglich sowohl von den orthodoxen wie von den freisinnigen Theologen stark bekämpft, weil sie die Tugend der Liebe an die Stelle des Gehorsams setzt. Sie breitet sich im 9. Jh. im Irak und in Ägypten gewaltig aus. Das klassische Land des Sūfismus ist Persien (Iran).

In der anfänglich streng asketischen Frömmigkeit, die durch Weltflucht und Weltverzicht (bis ins 9. Jh.) gekennzeichnet ist, dringt später das Moment der mystischen Liebe ein, das erstmals durch die Irakerin *Rābi'a 'al-'Adawīya* († 801) ausgesprochen wird.

Den Gipfel erreicht die frühislamische Mystik mit *Husain ibn Mansur al-Hallādj* (857/58–922), für den das Leiden die große Kraft ist, in der sich Gott selbst zeigt. Er hat das Gleichnis vom Falter geprägt, der sich in die Flamme stürzt. Für die späteren Mystiker ist er das Vorbild des leidenden Liebenden geworden. 922 ist al-Hallādj wegen seines Anspruchs auf Einheit mit Gott grausam hingerichtet worden. Erst dem größten Theologen des I., dem Philosophen und Mystiker *Abū Hamid al-Ghazzāli* (1059–1111), gelingt die Versöhnung der Mystik mit der sunnitischen Orthodoxie.

Im 13. Jh. schließen sich die islamischen Mystiker und Ekstatiker zu Bruderschaften mit ordensähnlichem Charakter zusammen, deren Mitglieder seit dem 17. Jh. in Europa als *Derwische* (pers. »Bettler«) bezeichnet werden. Die einzelnen Orden unterscheiden sich voneinander durch die Tracht sowie den Wochentag und die Art ihrer von Musik begleiteten religiösen Übung *(dhikr)*. Von den über 100 Orden seien hier nur einige genannt:

Ahmadīya ist ein von *Ahmad al-Badawi* (um 1200–76) gegründeter ägyptischer Orden, dessen Kennzeichen der rote Turban ist.

Bektāshīya ist von Hādjdji *Bektash Wali* († 1337) gegründeter türkischer Orden in Anatolien und auf dem Balkan, der 1925 in der Türkei vom Staat verboten wird, aber seit 1950 eine neue Blüte erlebt. Seine Mitglieder leben in Klöstern zusammen, praktizieren eine Beichte mit Absolution und ein kultisches Mahl mit Brot, Käse und Wein.

Mawlawīya ist ein vom persischen Dichter und Mystiker Djalāl ad-Dīn Rūmī (1207–73) im kleinasiatischen Konya gegründeter und nach dessen Ehrennamen *Mawlana* (»unser Herr«) benannter Orden. Diese Ordensangehörigen werden auch »tanzende Derwische« genannt, weil sie freitags als Andachtsübung einen Reigen aufführen, durch den sie sich in Ekstase versetzen. Der Stifter besingt in seinem Hauptwerk »Mesnewi« (sechs Bücher mit 40 000 Versen) das Hohelied der Sehnsucht nach der Wiedervereinigung mit Gott.

Rifa'īya ist ein von *Ahmad al-Rifā'i* (1106–83) begründeter südirakischer Orden, der sich von Basra als Zentrum bis nach Damaskus und Istanbul ausgebreitet hat. Seine Ordensmitglieder werden nach ihrem spezifischen *dhikr* als »heulende Derwische« bezeichnet.

Sanūsīya ist ein militärischer Orden, der aus der Khādirīya hervorgegangen ist und 1833 von *Muhammad ibn Ali as-Sanussi* (1787–1859) in Mekka gegründet, dann nach der Oase Djagbūb (Libyen) und 1896 nach Kufra (östliche Sahara) verlegt wird. Heute ist er in ganz Nordafrika verbreitet. Die anfänglich europäer- und christenfeindlich gesinnten Mitglieder betreiben Mission. Des Ordensstifters Enkel und 4. Nachfolger ist *Muhammad Idris as-Sanussi,* der ehemalige König von Libyen (Idris I.; 1950–69).

Kennzeichnend für den Sūfismus sind Askese *(zuhd)* und Meditation *(dhikr;* arab. »Erinnerung, Gedenken«). Letztere intendiert die Verherrlichung Allāhs in gewissen, bestimmten Worten, die in rituell festgelegter Weise laut oder leise wiederholt werden, mit besonderen Atemzügen und unter körperlichen Bewegungen. Die Sūfis haben besondere Systeme *(tarika)* zur stufenweisen Erreichung der Ekstase *(wadj),* die negativ zur Entpersönlichung *(fanā)* und positiv zur mystischen Vereinigung mit Gott *(tauhid)* führen.

Diesem Ziel dienen die entweder allein oder in Gemeinschaft vorgenommenen Andachtsübungen, die in Versenkung *(dhikr),* Musik und Tanz bestehen.

Bei den Derwischtänzen drehen sich die im Doppelkreis aufgestellten Mönche – oft unter instrumentaler Begleitung – und halten dabei die Arme waagerecht ausgebreitet, während ein einzelner Mönch in entgegengesetztem Uhrzeigersinn dazwischen tanzt. In manchen Orden werden die Tänze – neben dem Orchester von Flöten und Trommeln – mit dynamisch gehauchten Hu-Rufen (arab. *hu* = »er« [= Gott]) begleitet.

Die Derwische leben gesellig in Klöstern. Die Klöster, *zāwiya* (pers.: *khanka* bzw. *khānakāh;* türk.: *tekke* bzw. *tekkiye*), bieten den Sūfis Wohnung und Raum für ihr Studium und ihre Frömmigkeitsübungen *(salāt* und *dhikr).* Sie haben deshalb einen Betraum mit einem *mihrāb* und einen Raum für die Koranrezitation. Sie weisen in der Regel das Mausoleum des Stifters oder Gräber frommer Muslime auf, die in den Klöstern gewohnt haben. Ferner bieten sie Zimmer für Gäste, Pilger und Reisende.

Die Derwische unterstehen einem *shaikh* (Scheich; arab. = »Alter, Greis«) als dem Ordensoberen. Sie leben vom Betteln und/oder frommen Stiftungen *(wakf).*

1

Der Sūfismus hat für den I. Großes vollbracht, sowohl in der sozialen Hilfeleistung wie in der Mission unter Christen, Hindus und Parsen. Aber auch die Volksfrömmigkeit ist bis heute weithin vom sūfischen Gedankengut geprägt.

RITUALE

Fasten und Pilgerfahrt

Ramadān ist der Name des 9. Monats im islamischen Kalenderjahr, der im Verlauf der (Mond-)Jahre in alle Jahreszeiten fallen kann. Da für den Monat Ramadān die Pflicht des gesetzlichen Fastens (arab. *sawm*) besteht, wird er auch *Fastenmonat* genannt. Dieser einzige im Koran namentlich erwähnte Monat (Sure 2,185) ist von Muhammad im 2. Jahr der *hidjra* anstelle des bis dahin nach jüdischem Vorbild gefeierten Versöhnungs- und Fasttages *'āshūrā'* eingeführt worden. Im Monat Ramadān gilt die Nacht vom 26. zum 27., *lailat al-kadr* (arab. »Nacht des Ratschlusses [Allāhs]«), als besonders segensreich, da in dieser »heiligen Nacht« der Koran auf die Erde herabgesandt wurde (Sure 97,1). Den Abschluß des Fastenmonats bildet das »Fest des Fastenbrechens« (arab. *'īd al-fitr*), der »Kleine Bairam«. Im Fastenmonat muß sich jeder volljährige und gesunde

2

3

4

5

1 Felsendom, *von dem aus Muhammad seine Himmelfahrt antrat, drittheiligste Stätte des Islām, 691. Jerusalem*

2 Alhambra *mit Löwenhof, ca. 1300. Granada/Spanien*

3 *Kuppel der* Tschahār Bāgh Medrese. *Isfahan/Iran*

4 Qutb Minār, *roter Sandstein, 72 m hoch, 1214/36. Neu Delhi*

5 Tadj Mahal, *1630/48. Agra/Indien*

Muslim täglich in der Zeit von Sonnenaufgang, d.h. von dem Zeitpunkt an, da man einen weißen Faden von einem schwarzen unterscheiden kann, bis Sonnenuntergang nach vorausgegangener Absichtsfassung *(niya)* u.a. der Speisen und Getränke, des Rauchens und des Geschlechtsverkehrs enthalten – im Gegensatz zu den Nächten dieses Monats. Das Fasten (arab. *sawm* = »Stillstehen«) im Monat Ramadān ist die noch heute am strengsten eingehaltene der 5 Grundpflichten des I.

Hadjdj (Hadsch), die Pilgerfahrt nach Mekka, zum Tal ʿArafāt und nach Minā, ist jedem volljährigen Muslim, beiderlei Geschlechts, wenigstens einmal in seinem Leben vorgeschrieben (Sure 3,91), sofern er gesundheitlich und finanziell dazu imstande ist. Während die »kleine Pilgerfahrt« nach Mekka zu jeder Zeit des Jahres unternommen werden kann, findet die »große Pilgerfahrt« im letzten Monat des Mondjahres, *Dhū 'l-hidjdja,* statt. Diese Pilgerfahrt gilt als Erfüllung des religiösen Lebens, und derjenige, der den *hadjdj* unternommen hat, darf sich *hadjdji* (Hadschi; [Mekka-]»Pilger«) nennen. Die Pilgerreise, die ca. 10% aller Muslime machen und muslimische Gläubige aus allen Teilen der Welt, aus unterschiedlichen sozialen Schichten und aus verschiedenen Glaubensrichtungen zusammenführt, stärkt das Gemeinschaftsbewußtsein der Muslime und läßt sie die Einheit der islamischen *umma* erfahren.

Mit der Wallfahrt sind verschiedene Zeremonien verbunden. Zwanzig Kilometer vor Mekka unterzieht sich der Pilger einer rituellen Reinigung und legt das Pilgergewand an, d.h. er bekleidet sich mit zwei ungesäumten, weißen Tüchern. Zwei Tage darauf betritt er in Mekka den heiligen Bezirk *(haram),* einen säulenumgebenen Hof (164 × 108 m), in dem sich u.a. der *Zamzam-Brunnen* (42 m tief) befindet, dem die Gläubigen Wasser entnehmen und in dem sie ihre Kopftücher waschen. In der Mitte des weiten Hofes befindet sich die *Kaʿba* (Kaaba; arab. »Würfel«; 10 m breit, 12 m lang, 15 m hoch), die mit einem schwarzen Brokatteppich überdeckt ist, der nur über der Eingangstür hochgerafft ist. Der Pilger macht um die Kaʿba die sieben rituellen Umgänge – von rechts nach links – und küßt den »schwarzen Stein« (30 cm Durchmesser), einen in einer Höhe von 1,5 m über dem Boden in einer runden, breiten Silbereinfassung in der (süd)*östlichen* Wandseite der Kaʿba eingemauerten Meteoriten. Danach unternimmt der Pilger siebenmal hintereinander einen Gang zu den benachbarten Anhöhen zwischen den Hügeln Marwa und Safā – zur Erinnerung an Hagar, die Mutter Ismaels sowie Magd und Nebenfrau Abrahams. Am folgenden Tag spricht der Pilger sein Mittagsgebet im Tal 'Arafāt, wo sich das große Lager der Pilger befindet. Am dritten Tag suchen die Pilger den Ort Minā auf, wo sie Steine auf drei Steinhaufen werfen (als Steinigung des Teufels).

Am 10. Tag des Wallfahrtsmonats wird das »Opferfest« (→S. 252) gefeiert, an dem von den muslimischen Pilgern – zugleich mit den zu Hause gebliebenen Muslimen in der gesamten islamischen Welt – ein Opfertier geschlachtet wird, dessen Fleisch man unter die Armen verteilt.

Feste und Ritualgebet

Es gibt zwei kanonische Hauptfeste (arab. *'īd*) im I., die beide *Bairam* (türk.) heißen. Der »kleine Bairam« beendet als »Fest des Fastenbrechens« (arab. *'īd al-fitr*) den Ramadān und wird 3 Tage gefeiert. Wegen der Sitte, sich gegenseitig mit Süßigkeiten zu beschenken, wird er auch »Zuckerfest« genannt. Er ist für die Bevölkerung das bedeutendste Fest.

70 Tage später begeht man den »großen Bairam«. Er wird von denjenigen, die nicht an der Pilgerfahrt nach Mekka teilnehmen, zu Hause mit der Opferung eines Schafes gefeiert und deshalb auch »Opferfest« (arab. *'īd al-adhā'*) genannt. Er beginnt am 10. Dhū 'l-hidjdja und dauert 4 Tage.

Ein anderes Fest ist *bārā wafāt*, ein in Indien am 12. Rabī' gefeiertes Erinnerungsfest an den Tod des Propheten und zugleich freudiger Gedenktag an die Geburt Muhammads *(mawlid)*.

Heiliger Wochentag ist der *Freitag (djum'a* = »allgemeine Zusammenkunft«), an dem die Arbeit mittags eingestellt werden soll, so daß man am pflichtmäßigen *Freitagsgottesdienst* teilnehmen kann.

Salāt (aram.: *se-lōthā* = »Handlung des Beugens«) ist die Bezeichnung für das rituelle Gebet, das bei den Sunniten fünfmal und bei den Shi'iten dreimal täglich verrichtet werden muß. Ursprünglich wird es wohl nach jüdischem Vorbild nur zwei- bzw. dreimal täglich verrichtet und später – wohl nach zoroastrischem Vorbild – auf fünfmal festgesetzt, und zwar beim Morgengrauen (zwischen Dämmerung und Sonnenaufgang), am Mittag, nachmittags (drei Stunden nach Mittag), bei Sonnenuntergang und nach Einbruch der Nacht (zwei Stunden nach Sonnenuntergang). Die *salāt* hat das Bild des islamischen Kultus am stärksten geprägt.

Die Verrichtung des rituellen Pflichtgebets erfordert rituelle Reinheit *(tahāra)*. Deshalb wäscht sich der Muslim vorher die Hände, spült den Mund aus, wäscht sich das Gesicht und die Arme bis zum Ellbogen, badet das Haupt und wäscht sich die Füße bis zu den Knöcheln, wozu er auch Sand verwenden kann. Nach dieser Reinigung stellt sich der Muslim – wenn er außerhalb der Moschee oder auf Reisen sein Gebet verrichtet – mit bloßen Füßen und bedecktem Haupt auf den *sadjdjāda* (arab. »Gebetsteppich«), der den reinen heiligen Bezirk inmitten der profanen Umwelt markiert, und wendet sich in Richtung (*kibla*, →S. 254) Mekka.

Das Pflichtgebet besteht aus einer genau festgelegten Reihenfolge von Rezitationen mit bestimmten Körperhaltungen und Bewegungen: 1. Aussprechen der Gebetsabsicht *(niya)*, stehend. 2. Aussprechen der Worte »Allāhu akbar« mit Erhebung der Hände. 3. Rezitation der ersten Sure, der Fātiha, des Hauptgebets der Muslime:

> Lob sei Allāh, dem Weltenherrn,
> dem Erbarmer, dem Barmherzigen,
> dem König am Tag des Gerichts!
> Dir dienen wir und zu dir rufen um Hilfe wir;
> leite uns den rechten Pfad,
> den Pfad derer, denen du gnädig bist,
> nicht derer, denen du zürnst, und nicht der Irrenden.

4. Vornüberbeugung des Rumpfes *(rukū')*. 5. Wiederaufrichtung *(i'tidāl)*. 6. Erste Prosternation *(sudjūd)*. 7. Kniende Haltung *(djulūs)*. 8. Zweite Prosternation *(sudjūd)*.

Die Nummern 3–8 gelten als eine *rak'a*. Die Anzahl der verrichteten *rak'as* ist für die fünf täglichen *salāts* je nach der Tageszeit verschieden (2–4).

9. Nochmalige kniende Haltung mit Aussprechen des Glaubensbekenntnisses *(shahāda)* und der Segensbitte an die Propheten sowie abschließend Verbeugung nach rechts und nach links mit zweimaligem Gruß an die anwesenden Gläubigen *(salām)*.

Für die feierliche Verrichtung des Hauptgebets am Freitagmittag sind im Lauf der Zeit Moscheen (*masdjid* = »Ort der Niederwerfung«), Freitagsmoscheen, erbaut worden. Zur Teilnahme am *Freitagsgottesdienst*, bei dem wenigstens 40 Personen anwesend sein müssen, ist jeder männliche, volljährige Muslim verpflichtet. Der Freitagsgottesdienst besteht aus einer auf der Kanzel *(minbar)* gehaltenen zweifachen Predigt *(khutba)* mit Lobpreisungen Allāhs *(hamdala)*, der *salāt* über seinen Propheten, der Koranrezitation mit Ermahnungen an die Gläubigen und schließlich der allgemeinen Fürbitte *(du'ā)* für die Gläubigen. Daran schließt sich die *salāt* von 2 *rak'as* an.

Das Personal einer Moschee bilden Imām, Khatib, Mu'adhdhin (= Muezzin) und die Dienerschaft.

Der *Imām* (arab. »Muster, Vorbild, Führer«) an einer Moschee fungiert als gottesdienstlicher Vorsteher, der die alltägliche *salāt* leitet. Das Amt eines Imāms, die *imāma*, ist weder ein Beruf noch ein Rang. Jeder Muslim kann diese Funktion des Gebetsleiters übernehmen. Meist ist der Imām das gelehrteste oder angesehenste Mitglied der Gemeindeversammlung, das gegen Entgelt von einer Gemeinde, die eine Moschee besitzt, angestellt ist.

Der *Khatib* (arab. »Wortführer«) ist der Vorbeter und Prediger im Freitags- und Festgottesdienst einer Hauptmoschee. Die dem Gebet vorausgehende Predigt *(khutba)* hält er von der Kanzel *(minbar)* herab. Sein Ehrenattribut ist der Stab, den er gemäß den *fikh*-Büchern während der Predigt in der Hand halten soll. Der Khatib ist oft mit dem Imām identisch. In größeren

Moscheen können mehrere Khatibs angestellt sein.
Von den Minaretts der Moscheen werden Gebetszeiten von dem *Mu'adhdhin* (= Muezzin) ausgerufen. Aufgabe des Gebetsrufers ist es, zum Freitagsgottesdienst und zu den fünf täglichen Gebetszeiten aufzurufen. Der Ruf des Gebetsrufers heißt *adhān* (arab. »Ankündigung«). Bei den *Sunniten* besteht der *adhān* aus 7 Formeln:

1. Allāh ist der Größte. (4mal wiederholt)
2. Ich bezeuge, daß es keinen Gott gibt außer Allāh. (2mal)
3. Ich bezeuge, daß Muhammad der Gesandte Allāhs ist. (2mal)
4. Auf zur salāt! (2mal)
5. Auf zum Heil! (2mal)
6. Allāh ist der Größte. (2mal)
7. Es gibt keinen Gott außer Allāh! (1mal)

Bei den *Shi'iten* wird eine 8. Formel zwischen die 5. und 6. eingefügt:

8. Auf zum besten Werke!

Für den *adhān* ist keine bestimmte Melodie vorgeschrieben. Die Funktion des Gebetsrufers kann jeder Gläubige ausüben. Heute erfolgt der Gebetsruf meist von einem Tonband über Lautsprecher.
Zum Personal einer Moschee gehören oft auch *Diener* für Aufsicht, Reinigung, Bedienung, Wassertragen und Lampenanzünden.

KUNST UND LITERATUR

Kultbauten

Der I. hat das kulturelle Erbe der unterworfenen Völker assimiliert und daraus eine Synthese in Form einer neuen islamischen Kunst geschaffen.
Grundform für die ersten Moscheen (arab. *djāmi'; masdjid* = »Niederwerfungsort, Anbetungsort«) ist der Grundriß des arabischen Hof-Hauses, das – wie das Wohnhaus Muhammads in Medina – aus einem ummauerten Hof mit z.T. überdecktem Umgang und mit ausgebauten Räumen für den Propheten und seine Frauen besteht. Das Wohnhaus Muhammads dient als Stätte des Gebets für die Gemeinde, als Ort politischer Versammlung und als Gerichtsstätte, aber auch als theologische Lehrstätte. Für obdachlose Gläubige bietet es Unterkunft und ist Hospital für Kranke. Nach Muhammads Tod wird dieses Haus auch Stätte seines Grabes und die seiner Frauen. Diese verschiedenen Funktionen von Muhammads Wohnhaus werden in der Folgezeit auf eigene Bauteile übertragen. Aus der Gebetsstätte der Gemeinde wird die große Moschee *djāmi'* (»Versammlungsort«), aus der theologischen Lehrstätte die *madrasa* (Medrese) und aus der Begräbnisstätte das Mausoleum *(kubba)*.
Die *Hofmoschee* mit offenem Hof *(sahn)*, der oft von Arkaden umgeben ist, und breit gerichteter Bethalle *(harām)* für die zum Gebet in Reihen hinter- und nebeneinander geordneten Gläubigen – zugleich Ausdruck für die nivellierende militärische Organisation der Massen – lehnt sich an die Form des befestigten Lagers an. Da die frühen Formen der Moschee zur Zeit der Ausbreitung des I. analog zu den Heerlagern angeordnet sind, werden sie auch als *Lager- bzw. Soldatenmoscheen* bezeichnet. Dieser militärische Charakter hat sich in der strengen Reihenausrichtung während des Gebets bis heute erhalten.
Wenn die als Quersaal gebaute Gebetshalle als Pfeiler- oder Säulenhalle ausgebildet ist, spricht man von einer *Säulensaalmoschee* bzw. *Pfeilermoschee*. Die Säulen bzw. Pfeiler des *harām* sind durch Bogenreihen verbunden, die entweder parallel oder senkrecht zur *kibla*-Wand (→S. 254) verlaufen (z.B. Kairo/Ägypten: Al-Azhar-Moschee; Córdoba/Spanien: Große Moschee; Kairuan/Nordafrika: Sidi-Okba-Moschee; Samarra/Irak: Soldatenmoschee [für 100000 Gläubige]).
Nach ihren Eroberungen haben die islamischen Araber häufig die vorhandenen Kultbauten fremder Religionen übernommen und für ihre Zwecke umgestaltet *(Sonderformen)*. So werden z.B. frühchristliche Basiliken (Jerusalem/Israel: Al-Aksa-Moschee und Damaskus/Syrien: Umayyaden-Moschee) und Zentralbauten (Istanbul/Türkei: Hagia Sophia) sowie hinduistische Säulensäle in islamische Moscheen umgewandelt, oder sie werden als Vorbilder für Neubauten genommen.
Ein anderer Typ der Moschee ist die *Medrese* bzw. *madrasa* (türk. aus aram. *darasa* = »lesen«). Bei dieser islamischen Lehranstalt ist an einem quadratischen Hof in der Mitte einer jeden Hofseite je ein durch eine Bogenöffnung abgeschlossener Großraum (*liwān;* Iwan) angeordnet. In den Winkeln des Hofes befinden sich meist Schulen für die 4 sunnitischen Rechtsschulen und Unterrichtsräume für die Studenten. Die an die *liwān-Moschee* angeschlossenen Herbergen und Spitäler bieten Übernachtungsmöglichkeiten für Fremde. Hier werden auch Beratungen, politische Versammlungen und Gerichtstage abgehalten (Kairo/Ägypten: Sultan-Hassan-Moschee; Isfahan/Iran: Freitagsmoschee).
In der türkisch-osmanischen Baukunst werden in Weiterentwicklung byzantinischer Kuppelkirchen – anstelle der Säulensaalmoscheen – *Kuppelmoscheen* erbaut, bei denen die Felder des Raumes systematisch durch Kuppeln überwölbt sind (Bursa/Türkei: Ulu Djami; Delhi/Indien: Perlenmoschee).
Zur Zeit der Mamlūken (Mamelucken) entwickeln sich in Ägypten aus den Heiligengräbern die *Grabmoscheen*. Sie sind die am Grab eines hohen islamischen Würdenträgers (Kalif, Sultan, Fürst) errichteten Moscheen, wobei das eigentliche Grab sich in der Regel in einem eigenen Mausoleum befindet, das an die Moschee angebaut ist. Die Grabmoschee trägt meist den Namen des Toten (Kairo/Ägypten: Sultan-Hassan-Moschee).
An die türkischen Moscheen sind oft Stiftungen *(wakf)* angeschlossen mit Armen-

küchen, Spitälern, Hospizen u.a., so daß ein großer *Moschee-Bezirk* entsteht (Istanbul/Türkei: Suleiman-Moschee).

Grundbauform und Ausstattung

Manāra (arab. »Leuchtturm«) oder *minār* ist ursprünglich die Bezeichnung für den Leucht- und Signalturm am Meer (Pharos in Alexandria), später für den schlanken Moscheeturm, das *Minarett,* von dem der Muezzin zum Gebet ruft. Dieser Turm, der ursprünglich in der Mitte der dem *harām* gegenüberliegenden Seite des Hofes steht, rückt später an die äußeren Ecken des Gesamtkomplexes und wird hier zu Zweier- oder Vierergruppen zusammengestellt. Seine Grundrißform ist quadratisch, vieleckig oder rund. Diese schlanken Türme steigen in mehreren Stockwerken mit starker Zuspitzung an oder enden in einem birnenförmigen Knauf. Von der obersten Galerie ruft der Muezzin zum Gebet auf. Die Zahl der Minaretts beträgt gewöhnlich 1 bis 4, selten bis 6. Nur der Kultbezirk in Mekka hat 7 Minaretts.

Im Inneren der Gebetshalle *(harām)* befindet sich gegenüber dem Eingang an der *kibla*-Wand der *mihrāb* (arab.), eine Ableitung der Nische, die die Gebetsrichtung nach Mekka *(kibla)* weist. Diese flache, apsisförmige Nische ist von zwei Säulen flankiert und nach oben hin von einem Bogen abgeschlossen. Während der Leitung des Gebetsgottesdienstes steht der Imām vor der Gebetsnische und wendet ihr sein Gesicht zu. Ein Bild des *mihrāb* ist meist auf den Gebetsteppichen dargestellt.

Der Gebetsnische gegenüber liegt an der Rückseite des *harām* oft ein etwas erhöhter, durch Gitter abgeschlossener Raum für die weiblichen Muslimen.

Neben bzw. rechts vom *mihrāb* oder der *musallā* steht der *minbar* (arab. »Sitz, Sessel«), die Kanzel für die Predigt des Khatib am Freitag, die über eine schmale, steil ansteigende Treppe zu erreichen ist und vor der eine brennende Ampel aufgehängt ist. Der *minbar* geht auf den koptischen Bischofsthron zurück.

In größeren Moscheen befindet sich gewöhnlich in der Nähe des *minbar* eine Estrade, zu der eine Treppe hinaufführt *(dakka* bzw. *dikka)* für den Mu'adhdhin, wenn er beim Freitagsgottesdienst den Gebetsruf singt.

Zur Ausstattung der Moscheen gehören u.a. auch ein *kursi,* ein Pult für die Koranrezitation. Der Fußboden ist meist mit Teppichen ausgelegt, da die Muslime ihre Schuhe vor Betreten der Moschee ausziehen.

Vor dem *harām* liegt der *Vorhof,* der oft von Säulenhallen umgeben ist und in dessen Mitte sich ein Brunnen *(sebil)* für rituelle Reinigungen befindet.

Die *musallā* (arab.) ist der in islamischen Ländern offene Platz für das Gebet bei großen Festen.

Abstrakte Dekorationskunst

Das mit Aussprüchen des Propheten (Hadith) begründete Verbot figürlicher Darstellung alles Lebendigen läßt in der islamischen Kunst eine abstrakte Dekorationskunst (Arabesken, Mauresken) entstehen. Die Bauornamentik ist fast ausschließlich geometrischer Natur, selten werden stilisierte Pflanzen und Tiere verwendet. Die Schrift spielt im Ornament eine besondere Rolle und erfährt im sogenannten *Kufi* ihre besondere geometrische Ausgestaltung.

Das nur in der religiösen Kunst strikt eingehaltene Verbot figürlicher Darstellung ist im höfischen und bürgerlichen Bereich Persiens und Indiens durchbrochen worden, so daß im Mittelalter eine religiöse Ikonographie selbst mit Darstellungen des Propheten entsteht (Miniaturmalerei).

Koran

Das höchste Gut eines Muslims ist der *Koran* (arab. *al-kur'ān* = »das zu Rezitierende, Lesende«), dessen Bezeichnung vermutlich ein Lehnwort aus dem Syrischen ist, wo *qeryānā* die gottesdienstliche (Schrift-)Lesung bedeutet. Da der Koran die gesammelte Offenbarung Muhammads in schriftlich fixierter Form enthält, bildet er die heilige Schrift der Muslime. Die Muhammad in den Jahren 610–632 vom Engel Gabriel übermittelten Offenbarungen Allāhs sind die Wiedergabe einer im Himmel befindlichen Urschrift, der auch die Tora des Mose (→Judentum) und die Evangelien Jesu (→Christentum) entstammen. Allāh hat von Zeit zu Zeit durch die Propheten Offenbarungsschriften (Sure 2,130) geschickt, zuletzt durch Muhammad den Koran.

Der Koran besteht aus 114 *Suren* (arab. »Abschnitte, Kapitel«), die wiederum 6236 *ājāt* (arab. »Zeichen, Verse«) umfassen. Die längste Sure enthält 286 Verssätze, die kürzeste nur drei. Die Namen der Suren (u.a.: »Die Kuh«, »Die Weiber«, »Die Beute«) sind Schlagwörter, die entweder auf den Anfang oder auf den behandelten Inhalt Bezug nehmen. Jede Sure, mit Ausnahme der 9., beginnt mit der Formel: »Im Namen Allāhs, des Erbarmers, des Barmherzigen«, wofür *basmala* das Kurzwort ist, das aus den arabischen Wörtern dieser Einleitungsformel zusammengezogen ist.

Abgesehen von der kurzen, nur 7 Verse umfassenden 1. Sure, der *fātiha* (arab. »Eröffnende«), sind alle anderen Suren nach der Länge ihrer Kapitel angeordnet. Nach diesem schematischen Prinzip der abnehmenden Länge stehen in der Regel die längeren und gesetzgeberischen Suren aus der medinensischen Periode Muhammads am Anfang, gefolgt von den kürzeren aus der mekkanischen Zeit. So besteht die 2. Sure aus 287 Versen, wohingegen die letzte Sure nur 6 Verse umfaßt.

Die in die medinensischen und mekkanischen Suren unterschiedenen Offenbarungen Muhammads entsprechen seinen zwei großen Lebensabschnitten, wobei die mekkanischen im aufgeregten, sprunghaften und abgerissenen, aber hinreißenden Stil des Propheten, die medinensischen hingegen im nüchternen Stil des Gesetzgebers und Staatsmannes geschrieben sind.

Thematisch und literarisch enthält der Koran Paränesen *(mawā'iz),* endzeitliche

Zwei Koran-Seiten *(rechts: 1. Sure und links: Anfang der 2. Sure), 16. Jh.*

Warnungen und Schilderungen des Gerichts, Lobpreisungen Allāhs, prophetische Erzählungen *(kisas)* über vorislamische Offenbarungsträger – wie Abraham, Mose und Jesus –, Ermahnungen und Belehrungen. Nach der *hidjra* (622) nehmen gesetzliche Bestimmungen *(ahkām),* rechtliche Weisungen, lehrhafte Stücke und auch Texte der Selbstverteidigung (etwa Muhammads Rechtfertigung seiner Ehen in Sure 33) zu.

Der Koran ist im mekkanischen Dialekt des Arabischen, Muhammads Muttersprache, verfaßt. Der z.T. in gereimter Prosa geschriebene Koran ist das 1. Prosawerk der Araber. Nur rituell Reine dürfen ihn berühren oder ihm lauschen. Zu kultischen Zwecken darf er – im Gegensatz zu Lehrzwecken – nicht übersetzt werden.

Die zunächst auf geäderte Dattelpalmblätter, Knochen und weiße Steintäfelchen geschriebenen und z.T. auch nur mündlich überlieferten Offenbarungsworte sind auf Veranlassung von Muhammads unmittelbarem Nachfolger, dem 1. Kalifen Abū Bakr (632–634), durch den Stiefsohn des Propheten, Zaid ibn Hāritha, um das Jahr 650 gesammelt worden. Diese Sammlung gilt seitdem als Koran (Rezitationsstück). Zur Zeit des 3. Kalifen ʻUthmān (644–656) wird die Redaktion des Korans im Jahre 653 abgeschlossen, so daß sich für die heilige Schrift der Muslime keine textkritischen Probleme, sondern nur solche der Rezitation, Punktation und Vokalisation *(kirāʻa)* sowie der Erklärung und Kommentierung *(tafsir)* ergeben. Derjenige, der den gesamten Koran auswendig rezitieren kann, erhält den Ehrentitel *hafis* (arab. »Bewahrer«).

Die vielfältigen Parallelen des Korans zu Erzählungen und Aussprüchen der jüdischen und christlichen Bibel beruhen darauf, daß Muhammad einiges aus den ihm bekannt gewesenen jüdischen und christlich-nestorianischen Texttraditionen übernommen hat.

Von den zahlreichen arabischen Ausgaben des Korans gilt die ägyptische von 1919 weithin als maßgebende.

Ein auf die wortgetreue Auslegung beruhender Korankommentar heißt *tafsir* (arab. »Erklärung«) im Gegensatz zu *taʻwil,* einer Kommentierung mit mythischer Deutung. Als arabische Hauptkommentatoren gelten al-Baidāwi († 1282 bzw. 1291) und al-Zamakhshari (1075–1144).

Hadith

Da der Koran als Richtschnur für das religiös-soziale Leben nicht ausreicht, entsteht bald die *sunna* (arab. »Gewohnheit«). Darunter versteht man Nachrichten über Aussprüche, Wirken und Leben des Propheten sowie seiner Genossen, die im *Hadith* (arab. »Überlieferung«) gesammelt werden und für den orthodoxen Muslim normative Bedeutung als Leitsätze für Denken, Handeln und Leben haben. Der *Hadith* füllt somit eine Lücke aus, da der Koran viele Gegebenheiten im muslimischen Leben unberücksichtigt läßt.

Als die mündlich überlieferten Nachrichten zu einer gewaltigen Stoffmenge anwachsen, werden diese gesichtet und ausgewählt. So hat die frühzeitig einsetzende Traditionskritik die Kette der überliefernden Gewährsmänner geprüft und deren Überlieferungen in drei Kategorien eingeteilt: *sahih* (»gesund«), *hasan* (»schön«) und *daʻif* (»schwach«). Sechs Traditionssammlungen des *Hadith* haben bei den orthodoxen Muslimen ein fast kanonisches Ansehen erlangt. Es handelt sich um die von *al-Bukhāri* (810–870), Muslim († 875), Abū Dāwūd († 888), al-Tirmidhi († 892), al-Nasāʻi († 915) und Ibn Mādja († 886). Diese sechs Sammlungen werden meistens kurz als »die sechs Bücher« bzw. als »die sechs Gesunden« bezeichnet, d.h. sie gelten als glaubwürdige, kanonische Sammlungen. Diese Traditionen spiegeln die theologischen Diskussionen im I. während der ersten 3 Jahrhunderte (7.–10. Jh.) wider. Jeder *Hadith* besteht aus zwei Teilen, dem Text *(matn)* und der Überlieferungskette (*isnād* = »Stütze«). Die Echtheit einer Überlieferung bedarf der ununterbrochenen Kette von Gewährsleuten, deren erster in die Lebenszeit des Propheten zurückreichen soll.

NEOISLAM

Die Wiedererweckung des I. als religiös-politische Kraft (»Reislamisierung«) hat als geistige Strömung heute weite Teile der islamischen Welt erfaßt.

Die seit dem 16. Jh. in allen islamischen Ländern einsetzende Stagnation des geistigen Lebens und den politischen Verfall (nach den kulturellen, hochbedeutsamen

Leistungen u.a. in Naturwissenschaften, Medizin vorausgegangener Jahrhunderte), suchen islamische Völker seit der Mitte des 18. Jh. und vor allem seit dem 19. Jh. zu überwinden. Die politische Vorherrschaft und zivilisatorische Überlegenheit der christlichen Europäer wird seit dem 18. Jh. für die islamischen Völker zum Hauptproblem und führt bei ihnen zum Ruf nach einer Reform, die vorwiegend als Rückkehr zum Urislam verstanden wird. Religion, Staat und Gesellschaft bilden für die meisten Muslime eine unlösbare Einheit.

Die *panislamische Bewegung* bzw. der *Panislamismus* ist eine abendländische Bezeichnung für dieses Streben der islamischen Völker nach Überwindung der politischen Zersplitterung, um eine Gegenbewegung gegen das für sie erdrückende Übergewicht der europäischen Großmächte und der abendländisch-christlichen Kulturen zu bilden. Einer der Hauptvertreter dieser islamischen Erneuerungsbewegung ist der afghanische Schriftsteller Gemāl ed-Din al-Afghāni (1838/39–97), der für die Befreiung der islamischen Staaten von europäischer Bevormundung und für den Zusammenschluß zu einem einheitlichen islamischen Reich eintritt. Nach dem 2. Weltkrieg erhält der Panislamismus durch die Gründung großer islamischer Staaten wie Indonesien (1945), Pakistan (1947), aber auch Libyen (1951) einen gewissen Auftrieb, wobei Pakistan das Zentrum bildet für gegenseitige Unterstützung unabhängiger islamischer Staaten bei der Lösung ihrer politischen, wirtschaftlichen, sozialen und kulturellen Probleme. Diesbezügliche Konferenzen finden u.a. in Karatschi (1951), Jerusalem (1953), Mekka (1954), Lahore (1957/58) und Rabat (1969) statt. Zu nennen sind in diesem Zusammenhang die *Muslim-Liga,* eine 1906 in Dakka zur Vertretung der Interessen der muslimischen Bevölkerung im damaligen Britisch-Indien gegründete politische Vereinigung indischer Muslime. 1947 kommt diese Bewegung zu ihrem Ziel, als am 15. August 1947 die unabhängigen Staaten Pakistan und Indien gebildet werden.

Die *Muslimbruderschaft* ist eine 1928 in Ismailia (Ägypten) von dem Lehrer Hasan al-Banna (1906–1949) gegründete islamische Bewegung, deren Ziele politischer und sozialer Natur sind: Herstellung einer islamischen Staats- und Gesellschaftsordnung bei gleichzeitiger Befreiung von islamfremden Einflüssen. Diese Bruderschaft erlangt in Ägypten, Syrien, Jordanien und im Sudan Bedeutung. Nach 1945 wird sie in Ägypten eine mächtige und aktive Massenbewegung, deren Verbände sich 1948 am Krieg gegen Israel beteiligen. 1954 wird die Muslimbruderschaft nach einem Attentat auf General Gamal Abd el Nasser verboten. Verwandte Bewegungen sind die *Partisanen des Islam* im Iran und die *Vereinigung des Islam* in Pakistan und Indien.

Die 1945 im Pakt von Kairo gegründete *Arabische Liga* ist eine Vereinigung arabischer Staaten Asiens und Afrikas zur politischen, sozialen und kulturellen Zusammenarbeit, die 1950 auf das wirtschaftliche und militärische Gebiet erweitert wird, wodurch der Kampf der arabischen Staaten gegen Israel eine neue Stoßrichtung erhält.

Im Hinblick auf das Verhältnis von Staat und Religion sind in der Gegenwart vier Geistesrichtungen zu erkennen:

Die unter dem Begriff *Fundamentalismus* verstandene Erneuerung des I. fordert eine Rückbesinnung auf die Fundamente dieser Religion, die eine unlösbare Einheit von Religion und Staat darstellen. Dabei lehnen die *Fundamentalisten* das Gedankengut und die Lebensformen der westlichen Welt radikal ab und versuchen, die Rechtsvorstellungen der *shari'a* mit allen Konsequenzen für das öffentliche Leben als Staatsgesetz durchzusetzen (z.B. in Pakistan und seit der »islamischen Revolution« im Iran).

Mit diesen Vorstellungen stehen die Fundamentalisten im Gegensatz zu den *Säkularisten,* d.h. zu jenen, die für eine »laizistische« Staatsform eintreten (z.B. im Irak, in Syrien und Ägypten sowie in der Türkei).

Zwischen den beiden zuvor genannten Richtungen stehen die *Traditionalisten,* die sich zwar auch auf die Ursprünge der islamischen Religion berufen und die *shari'a* im öffentlichen Leben praktizieren, aber sich im außenpolitischen Bereich nicht gegen die westliche Welt wenden (z.B. in Saudi-Arabien und in den Golfstaaten).

Die vierte Richtung repräsentieren die *Liberalen,* die die Religion des I. ohne islamische Staatsform praktiziert sehen wollen. Sie stellen in der Gegenwart eine Minderheit dar.

Die islamischen Völker – gleich welcher Richtung – verstehen sich heute als dritte Kraft zwischen Christentum und atheistischem Kommunismus.

Zeittafel

ca. 570–632 Muhammad, Stifter des I.

622 Auswanderung *(hidjra)* Muhammads nach Medina; Beginn islamischer Zeitrechnung

nach 632 Die Araber erobern Syrien, Mesopotamien und Nordafrika. Vordringen bis Spanien und Indien

632–634 Abū Bakr, 1. Kalif, veranlaßt die Sammlung der Offenbarungsreden Muhammads

634–644 'Umar, 2. Kalif

644–656 'Uthman, 3. Kalif

653 Redaktion des Korans

656–661 'Alī, 4. Kalif und 1. Imām

657 Schlacht bei Siffin am Euphrat zwischen 'Alī und Mu'awija. Entstehung der Khāridjiten

660–750 Kalifat der Umayyaden mit Sitz in Damaskus

680 Tod des Husain in der Schlacht von Kerbela; endgültige Spaltung zwischen Sunniten und Shi'iten

691 Bau des Felsendomes in Jerusalem durch den Umayyaden-Kalifen 'Abd al-Malik (687–691)

702 Umbau einer byzantinischen Basilika zur Al-Aksa-Moschee (Jerusalem)

705 Umbau der byzantinischen Johannesbasilika zur Umayyaden-Moschee

732 Schlacht bei Tours und Poitiers
750–1258 Kalifat der Abbasiden mit Sitz in Bagdad
756–1031 Herrschaft der Umayyaden in Spanien (Córdoba)
765 Tod Ismāʿīls, des 7. Imāms der Ismāʿīliten
767 Tod des Abū Hanīfa, des Begründers der Hanafiten
785 Baubeginn der Großen Moschee von Córdoba
795 Tod des Mālik ibn Anas, des Begründers der Mālikiten
820 Tod des Al-Shāfiʿi, des Begründers der Shāfiʿiten
855 Tod des Ahmad ibn Hanbal, des Begründers der Hanbaliten
874 Verschwinden des Muhammad al-Mahdī, des 12. Imāms der Zwölfer-Shiʿiten
890–906 Hamdan Karmat begründet die Karmaten
922 Hinrichtung des Mystikers al-Hallādj als Ketzer in Bagdad
971 Vollendung der Al-Azhar-Moschee in Kairo
969–1171 Kalifat der Fātimiden in Ägypten und Syrien (Kairuan)
980–1037 Arzt und Philosoph Avicenna (Ibn Sīnā)
1095 Papst Urban II. (1088–99) ruft die Christen zum 1. Kreuzzug (1099) auf
1110 Tod von al-Ghazzāli (* 1059), dem Philosophen und Mystiker
1126–98 Philosoph Averroës (Ibn Ruschd)
1207–73 Dichter und Mystiker Djalāl ad-Dīn Rūmī (Konya/Anatolien)
1290–1922 Reich der türkischen Osmanen
1356–63 Bau der Sultan-Hassan-Moschee (Medrese) in Kairo
um 1400 Bau der Ulu Djami in Bursa (Türkei)
1453 Mehmed II. erobert Konstantinopel. Ende des Byzantinischen Reiches
1492 Eroberung Granadas durch die Katholischen Könige; Ende der islamischen Herrschaft in Spanien
1526–1806 (1857) Moguldynastie in Indien
1529 Türken vor Wien
1571 Sieg der Venezianer und Spanier über die Türken in der Seeschlacht von Lepanto
1630–48 Mogulkaiser Shah Jahan (1603–52) erbaut das Tadj Mahal bei Agra
1659 Bau der Perlenmoschee in Delhi (Indien)
1780 al-Wahhāb reformiert den I. in Arabien
1880 Gründung der Ahmadīya in Indien
1880–1920 Aufschwung der panislamischen Bewegung
1881–98 Aufstand des Mahdī im Sudan
1906 Gründung der Muslim-Liga in Dakka
1922 Atatürk schafft das Sultanat der Osmanen ab
1924 Abschaffung des türkischen Kalifats
1928 Gründung der Muslimbruderschaft in Ismailia
1945 Gründung der Arabischen Liga in Kairo
1947 Pakistan wird selbständiger islamischer Staat
1948 Gründung des Staates Israel und 1. Israelisch-Arabischer Krieg
1969 Oberst Khadafi putscht gegen den Derwisch-König Idris von Libyen und wird Präsident der Libyschen Republik
ab 1975 Islamische Staaten besinnen sich zunehmend der traditionellen Werte des I. (»Fundamentalismus«)
1979 Sturz des Schahs Muhammad Reza Pahlevi († 1980) und Ausrufung der »Islamischen Republik Iran« durch Ayatollah Khomeini
1980 Ausbruch des Krieges zwischen Persien und Irak
1985 Das Jahr 1406 (ab 16. 9.) islamischer Zeitrechnung

Literaturauswahl

Bianco, M.: Khadafi. Der Sohn der Wüste und seine Botschaft. Hamburg 1974
Büttner, F. (Hrsg.): Reform und Revolution in der islamischen Welt. München 1971
Dermenghem, É.: Mohammed in Selbstzeugnissen und Bilddokumenten. Reinbek 1960
Encyclopaedia of Islam. New Edition. Leiden u. London ²1960 ff.
Ende, W./Steinbach, U. (Hrsg.): Der I. in der Gegenwart. München 1983
Gardet, L.: I. Köln 1968
Goethe, J. W. v.: West-östlicher Divan. Leipzig 1965
Handwörterbuch des I. Hrsg. von A. J. Wensinck und J. H. Kramers. Leiden 1941
Holt – Lambton – Lewis (Hrsg.): The Cambridge History of I. 2 Bde. Cambridge 1970
Jomier, J. Les grandes thèmes du coran. Paris 1978
Khomeini, R. (Ayatollah): Meine Worte. Weisheiten – Warnungen – Weisungen. München 1979
Konzelmann, G.: Die Schiiten und die islamische Republik. München 1979
Kühnel, E.: Die Kunst des I. Stuttgart 1962
Laoust, H.: Les schismes dans l'I. Paris 1965
Paret, R.: Der Koran. Übersetzung. Stuttgart 1979
Paret, R.: Symbolik des I. Wiesbaden 1958
Renz, A.: Geschichte und Städte des I. Von Spanien bis Indien. München 1977
Rice, D. T.: Die Kunst des I. München 1967
Rodinson, M.: Mohammed. Luzern u. Frankfurt/M. 1975
Sezgin, F.: Geschichte des arabischen Schrifttums, 4 Bde. (bisher). Leiden 1967–71
Stieglecker, H.: Die Glaubenslehren des I. Paderborn, München u. Wien ²1983

ISRAELITISCHE RELIGION

Als i. R. bezeichnet man die auf Mose (ca. 1250 v. Chr.) zurückgeführte Religion der *Israeliten,* eines sakralen Stämmeverbandes, der in den 12 Söhnen eines Stammvaters Jakob mit dem Bei- und Ehrennamen *Israel* (hebr. »Gott möge sich als Herrscher erweisen«) personifiziert und nach letzterem benannt ist. Die Religion der Nachkommen Israels stellt die erste

Entwicklungsphase in der israelitisch-jüdischen Religionsgeschichte bis zum Ende des Reiches Juda und dem Beginn des Babylonischen Exils (586–538 v.Chr.) dar, mit dem das →Judentum im engeren Sinne als deren zweite Phase beginnt. Die Anhänger der israelitisch-jüdischen Religion werden zur Zeit der 1. Phase vorwiegend *Israeliten* und die zur Zeit der nachfolgenden Phase *Juden* genannt. *Hebräer* (Ebräer, Iwrim) ist ein in der Diaspora aufgekommener häufiger Name der Israeliten als der Nachkommen eines Stammvaters Eber (Ewer), der ein Urenkel Sems (Gen 10,21 ff.) ist.

Die i.R. gehört zu den →semitischen und den →vorderasiatischen Religionen.

Mose, der Stifter der i.R., die nach ihm auch als *mosaische* Religion bezeichnet wird, ist die erste, historisch wenigstens in Umrissen faßbare Gestalt eines Religionsstifters – trotz vieler legendarischer und sagenhafter Züge. Zu der Zeit, als Ramses II. (1290–1224) Pharao in Ägypten ist und semitische Nomaden aus dem Stamme Josefs neben anderen Stämmen Frondienste für die Ägypter leisten müssen, wird Mose als Sohn semitischer Eltern (aus dem Stamm Levi) geboren. Sein Name Mose (altägypt. [des Gottes ...] »Sohn«) ist ägyptischer Herkunft. Da ein Gebot des Pharao besteht, alle neugeborenen semitischen Jungen zu töten, wird Mose in einem Schilfkörbchen auf dem Nil ausgesetzt und als Findelkind von einer Tochter des Pharao geborgen. Der am Königshof erzogene Mose muß später wegen eines patriotischen Mordes nach Midian zum Hirtenvolk der Midianiter fliehen. Hier heiratet er Zippora, die Tochter des Priesters Jethro (Jitro).

Als Mose eines Tages die Schafe seines Schwiegervaters hütet, ereignet sich am Berge Horeb (Sinai), der ein sakrales Zentrum der in der gleichnamigen Wüste lebenden Nomadenstämme ist, eine Theophanie. Das Phänomen des brennenden, aber nicht verbrennenden Dornstrauchs erregt die Verwunderung des Mose und gibt den Anstoß für das entscheidende Gotteserlebnis. Hier in der Wüste offenbart der Lokalgott Jahwe seinen Namen: »Ich werde dasein, als der ich dasein werde« (Ex 3,14; nach M.Buber) und beruft Mose zu seinem Propheten, um die Israeliten aus der ägyptischen Knechtschaft zu befreien.

Nach dieser Berufung kehrt Mose aus Midian nach Ägypten zurück, um zusammen mit seinem Bruder Aaron vom Pharao die Freilassung der Israeliten zu erreichen. Da der Pharao das Volk nicht ziehen lassen will, kommen 10 verschiedene Plagen (Ex 7–12) über das Land Ägypten, deren letzte der Tod aller Erstgeburt von Mensch und Vieh für die Ägypter bedeutet und die für die Israeliten mit der erstmaligen Feier des Passahfestes verbunden ist, das von da an zur Erinnerung an die Befreiung aus ägyptischer Knechtschaft jährlich gefeiert wird. Unter dem Eindruck der letzten der 10 ägyptischen Plagen läßt der Pharao schließlich die Israeliten auswandern, wobei Jahwe als Wolken- und Feuersäule dem wandernden Volk voranzieht. Als der Pharao seine Zustimmung widerruft und dem ausziehenden Volk mit Heeresmacht nacheilt, können die Israeliten das Rote Meer trockenen Fußes durchschreiten, während die Ägypter in den Fluten umkommen. In diesem Ereignis sehen die Israeliten eine Bestätigung der Macht Jahwes und seines Mittlers Mose.

Auf ihren nomadischen Wanderungen durch die Wüste gelangen die Israeliten schließlich zum Sinai, dem Berge Jahwes. Hier ereignet sich die entscheidende (Sinai-)Offenbarung Jahwes, und hier schließt Jahwe einen Bund mit dem Volk Israel, dem erwählten Gottesvolk, wodurch im eigentlichen Sinn die israelitische Volksreligion gestiftet wird. Inhalt der (Sinai-)Offenbarung ist die Verfassung des Bundes, das Gesetz (u.a. Dekalog: S. 260). Der Bundesschluß findet seinen sichtbaren Ausdruck in den Gesetzestafeln, für die auf Anordnung Jahwes eine (Bundes-)Lade geschaffen wird, die von nun an den sakralen Mittelpunkt bildet und während des weiteren Wüstenzuges dem wandernden Volk vorausgetragen wird. Als nach vierzigjähriger Wüstenwanderung die Grenze zum »Gelobten Land« Kanaan erreicht ist, zeigt Jahwe dem Mose, der als Mittler zwischen Gott und Volk ständigen Umgang mit Jahwe hat, vom Berge Nebo aus das Land Kanaan. Mose selbst jedoch soll den Jordan nicht mehr überschreiten, da seine Lebenszeit mit 120 Jahren abgelaufen ist. Er stirbt in Moab und wird im Tal gegenüber von Beth Peor (Bet-Pegor) begraben. Niemand kennt sein Grab.

Um 1200 v.Chr. wandern unter Führung Josuas (Joschua), des Nachfolgers von Mose, Teile der israelitischen Stämme in das weniger dicht besiedelte Kulturland Palästina (Landnahme) ein, wo sie sich mit anderen, dort (seit 1500) eingewanderten israelitischen Stämmen verbinden. Aufgrund gemeinsamer Herkunft und Gottesverehrung schließen sich die Israeliten um 1200 zwecks Schutzes eines zentralen Heiligtums zu einem sakralen *Zwölfstämmeverband* (Amphiktyonie) zusammen, wobei charismatische Anführer, die *Richter,* in der Zeit von 1200 bis 1000 v.Chr. über Dienst und Recht des Gottes Jahwe wachen. Als im 11.Jh. die Macht der benachbarten Philister an der Küste im Westen und der Ammoniter im Ostjordanland immer größer wird, kommt es angesichts drohender Gefahren zu einer ersten Staatenbildung und zur Einführung des Königtums in Israel. König *David* (um 1006–966) vereinigt Juda und Israel zu einem Großreich und macht Jerusalem zur politischen und sakralen Hauptstadt. Durch die Überführung der Bundeslade bindet er die sakralen Traditionen der israelitischen Stämme an Jerusalem (Zion). Ihm werden zahlreiche Dichtungen von Psalmen zugeschrieben. Sein Sohn und Nachfolger *Salomo* (um 966–926) baut Jerusalem aus und errichtet nördlich von der »Stadt Davids« einen umfangreichen Palastkomplex mit einem königlichen Heiligtum (Jahwe-Tempel), dem salomonischen bzw. 1.Tempel. Sprichwörtlich sind Salomos Prachtentfaltung und seine

1

2

3
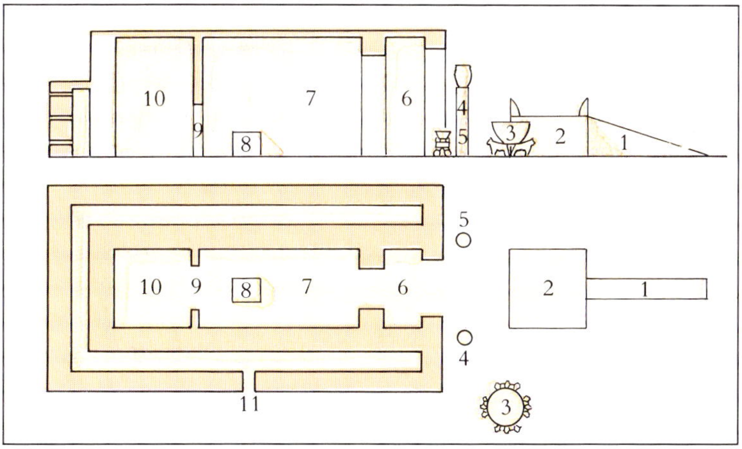

1 *Marc Chagall,* Moses *erhält seine Berufung beim brennenden Dornbusch, 1966.*

2 König Jehu *von Israel huldigt Salmanassar III, Schwarzer Obelisk, 829 v. Chr. London, Britisches Mus.*

3 Israelitische Tempelbauform *(Jerusalem: Tempel Salomos)*

1. *Rampe*
2. *Brandopferaltar*
3. *Ehernes Meer*
4. *Jachin*
5. *Boas*
6. *Vorhalle*
7. *Heiliges (hekal)*
8. *Rauchopferaltar*
9. *Vorhang des Tempels*
10. *Allerheiligstes (debir)*
11. *Eingang zu den Kammern*

Förderung von Wissenschaft und Kunst. Er gilt als Verfasser der biblischen Bücher: Sprüche, Prediger, Hoheslied und Psalmen.

Nach dem Tode Salomos bricht das Großreich auseinander, und es entstehen die beiden Kleinstaaten, das Südreich Juda (925–587) mit der Hauptstadt Jerusalem und das Nordreich Israel (926–722) mit den Hauptstädten Sichem, dann Thirza (Tirza) und Pniel (Penuel) und später Samaria.

Als im *Nordreich Israel* (926–722) zur Zeit des Königs *Ahab* (871–852), des Sohnes und Nachfolgers von Omri, der mit der phönikischen Prinzessin Isebel verheiratet ist, phönikische Gottheiten in Israel verehrt werden, tritt der Prophet *Elia* (Elija) als Führer einer jahwistischen Gegenbewegung gegen die Dynastie Omri auf. Unter dem König *Jehu* (845–818) muß Israel im Jahre 842 an die Assyrer Tribut entrichten, ebenso unter König *Menahem* (747–738), der im Jahre 738 an den Assyrer Tiglatpileser III. (745–726) Tribut zahlt. Über die zunehmende Störung des sozialen Gleichgewichts, ja die Ausbeutung der Armen, entrüsten sich die Propheten Hosea und Amos und prophezeien den Untergang des Reiches Israel. Nachdem der Assyrer Salmanassar V. (726–722) nach dreijähriger Belagerung die Hauptstadt Samaria 722 erobert und zerstört hat, wird Israel assyrische Provinz (→assyrische Religion), und es beginnt für zahlreiche Bewohner des Nordreiches Israel das assyrische Exil in Medien und Mesopotamien. Die im Land zurückgebliebene Bevölkerung vermischt sich mit den fremden Neusiedlern (»Samariter«).

Im *Südreich Juda* (925–587) kommt es unter *Athalja* (Atalja; 845–839) zur Einführung des Baalkultes. Z.Zt. des Königs *Azarja* (Asarja; 787–736) tritt der Prophet *Jesaja* (743 berufen) auf und erteilt auch politische Ratschläge. Als König *Josia* (Joschija; 639–609) im Jahre 621 das alte Gesetzbuch im Tempelgebäude auffindet, kommt es zu einer politischen und kultischen Restauration, der »deuteronomistischen Reform«, und es werden der reine Jahwedienst im Tempel wiederhergestellt und alle anderen Heiligtümer zerstört. Des Propheten *Jeremia* (627 berufen) Ankündigung des bevorstehenden Endes durch die Babylonier wird nicht ernst genommen, bis der Babylonier Nebukadnezar II. (605–562) im Jahre 598 Jerusalem belagert. König *Jojachin* (598–597) ergibt sich und kann so die Stadt vor der Zerstörung bewahren, aber die Oberschicht wird mit ihm nach Babylon deportiert. Zur Zeit des Königs *Zidkija* (597–587) wird Jerusalem erneut durch Nebukadnezar II. bedrängt, nach 1½ Jahren Belagerung 587 erobert und mitsamt dem Tempel zerstört. Juda wird babylonische Provinz (→babylonische Religion), und nochmals werden große Teile der Bevölkerung deportiert, was für viele Bewohner des Südreiches das Babylonische Exil (586–538) bedeutet.

In seiner Geschichte sieht Israel immer wieder die Führung durch seinen Gott als das Primäre seiner Existenz, und so wird der Gott Israels aufs engste mit der Geschichte Israels verbunden. Er ist der Befreier aus ägyptischer Knechtschaft und der eigentliche Führer während des Wüstenzugs, der sich auf dem Sinai offenbart. Er ist auch der Gott der Patriarchen und der Schöpfer der ganzen Welt. Sein eigentlicher und zugleich am häufigsten gebrauchter Name ist *Jahwe* (Jahve), der in der Erzählung vom brennenden Dornbusch (Ex 3,14) gedeutet wird als »Ich werde dasein, als der ich dasein werde« (nach M. Buber; Septuaginta: »Ich bin, der ich bin«). Dieser Eigenname wird als *Tetragramm* (griech. »vier Zeichen«) mit den vier hebräischen Konsonanten *J H W H* für *JAHWEH* geschrieben. Der heute z.T. übliche Name Jehova ist im Mittelalter aufgrund einer fälschlichen Lesung des Namens Jahwe entstanden. Ursprünglich gilt Jahwe als ein Naturgott nichtisraelitischer Stämme (u.a. der Keniter), dessen Wandlung zum Gott der Geschichte Israels sich während der Zeit des Propheten Mose vollzieht. Ein anderer Gottesname ist *Elohim,* ein Plural vom seltener gebrauchten *El* (»Gott«), der eine allgemeine Gottesbezeichnung der Semiten ist. In Verbindung mit *El* wird öfter die Bezeichnung *Schaddaj* (»der Allmächtige«) als *El Schaddaj* (Gen 28,3) gebraucht. Ein häufiger Beiname des Gottesnamens Jahwe ist *Zebaoth* (hebr. »Heerscharen«).

Die später im Pentateuch (→S. 261) zusammengefaßten Überlieferungen der Vorgeschichte Israels sind Zeugnisse des völkischen Selbstbewußtseins, die vom Standpunkt des gesamten Zwölfstämmeverbandes aus geformt, aber ursprünglich die Erfahrungen nur einzelner, verschiedener Stammesteile sind. Unter diesen Überlieferungen ist die bedeutendste die Herausführung einer Stammesgruppe aus Ägypten, die *Exodus-Traditionen* (Ex 1–15), die das Urbekenntnis Israels bilden und fundamentale Bedeutung für Israels Erwählungsglauben haben. Die *Sinai-Traditionen* (Ex 19–34), die von der Gottesbegegnung einer Stammesgruppe am Gottes-Berg in der Wüste und von einem Bundesschluß zwischen Jahwe und Israel erzählen, werden für den Stammesverband zur Festlegende eines regelmäßig gefeierten Festes der Bundeserneuerung. Ebenfalls der Unterstreichung des Erwählungsglaubens dienen die *Erzväter-Traditionen* (Gen 12–50), in deren Mittelpunkt die Verheißung von Landbesitz und zahlreicher Nachkommenschaft für die Offenbarungsempfänger und Kultstifter einzelner Stammesgruppen stehen. Was man von den Vorfahren erzählt, gilt nach der Landnahme der jetzt seßhaft gewordenen ehemaligen Halbnomaden nicht mehr als Sondergeschichte einzelner Stammesteile, sondern entweder als gemeinsame Erfahrung des ganzen auserwählten Volkes Israel unter Führung eines einzelnen Helden (Mose, Josua) oder als Geschichte der Ahnherren (Abraham, Isaak, Jakob), die im Schicksal ihrer Nachkommen fortwirkt.

Kernstück des am Sinai offenbarten Gesetzes ist der *Dekalog* (griech. »Zehnwort« = die Zehn Gebote), dessen Text auf zwei steinernen Gesetzestafeln steht (Ex 20, 1–17), die in der Bundeslade aufbewahrt werden.

Die israelitischen Stämme, die sich um gemeinsame Jahwetraditionen scharen, wissen sich im gemeinsamen Jahwekult miteinander verbunden. Hauptbestandteil des Gottesdienstes sind die Opfer (*korban* = »Darbringung«), die als blutige Tieropfer (Rinder, Schafe, Ziegen, Tau-

> Ich bin Jahwe, dein Gott...
> Du sollst keine anderen Götter haben neben mir.
> Du sollst dir kein Gottesbild machen...
> Du sollst den Namen Jahwes, deines Gottes, nicht zum Meineid aussprechen.
> Denke an den Tag des Sabbats...
> Ehre deinen Vater und deine Mutter...
> Du sollst nicht töten.
> Du sollst nicht ehebrechen.
> Du sollst nicht stehlen.
> Du sollst gegen deinen Nächsten nicht aussagen als Zeuge der Lüge.
> Du sollst nicht begehren das Haus deines Nächsten...

ben) und unblutige, pflanzliche Speise- und Trankopfer (Getreide, Mehl, ungesäuerte Brote, Öl, Weihrauch) täglich oder am Sabbat oder an den Festtagen dargebracht werden. Zu den im Kult dargebrachten Speiseopfern gehören die Schaubrote (*lechem ha-panim:* »Brot des Angesichts«), d.h. 12 ohne Sauerteig bereitete Weizenbrotfladen, die an jedem Sabbat »vor das Angesicht Jahwes« auf einem besonderen Altar im Heiligtum aufgeschichtet und nach Ablauf einer Woche erneuert werden.

Der heute auch im christlichen Gottesdienst gesprochene *Aaronitische Segen* (Num 6,24–26) ist ein dreigliedriger Segensspruch, den der Levit Aaron, ein Urenkel Levis und älterer Bruder des Mose, und dessen priesterliche Nachkommen über Israel sprechen:

> Der Herr segne dich und behüte dich!
> Der Herr lasse sein Angesicht leuchten über dir und sei dir gnädig!
> Der Herr erhebe sein Angesicht über dich und gebe dir Frieden!

Leviten sind die Priester und Tempeldiener aus dem Stamm Levi, des dritten Sohnes von Jakob und Lea. Zu ihrer Funktion gehören kultische Unterweisung, Opferdienste und Orakel. Während sie in der Königszeit noch die alleinigen Träger des Priesteramtes am Jahweheiligtum sind, werden sie seit der Kultuszentralisation des Königs Josia (622 v. Chr.) zugunsten des Kultusvorrechts der Zadok, einer Jerusalemer Priesterfamilie, zu niederem Tempelpersonal degradiert.

Kultstätten in Israel sind u.a. Bet-El, Dan, Schilo und Sichem vor und neben dem Zentralheiligtum in Jerusalem. Der salomonische Tempel (hebr. *bet ha-mikdasch* = »Heiligtum«) ist ein in drei Teile gegliederter, rechteckiger Bau (35 × 10 m), vor dem sich der Brandopferaltar, das »Eherne Meer« und die beiden Säulen Jachin und Boas befinden. An die *Vorhalle* des Tempels schließt sich das *Heilige (kodesch* bzw. *hekal) an,* in dem der Rauchopferaltar, der Tisch für die Schaubrote und zwei fünfarmige Leuchter stehen. Das fensterlose Allerheiligste (*kodesch ha-kodaschim* bzw. *debir)* ist Aufbewahrungsort der Bundeslade, einer vergoldeten Truhe aus Akazienholz, in der die zwei Gesetzestafeln aufbewahrt sind und die als Symbol von Jahwes ständiger Anwesenheit im Tempel gilt.

Der Tradition nach ist Mose der Verfasser der *5 Mosebücher,* des *Pentateuchs* (griech. »fünfteilige Buchrolle«; hebr. *Tora Mosche* = »Lehre des Mose«). Das Buch *Genesis* (griech. »Entstehung«), das mit der Weltschöpfung beginnt, enthält die Erzählungen von Paradies und Sündenfall, von Sintflut und Turmbau zu Babel. In diesem Buch steht auch die Erzählung von Josef, dem Sohn des Erzvaters Jakob und der Erzmutter Rahel, der von seinen Brüdern nach Ägypten verkauft wird und am Hof des Pharaos als Deuter der Träume zu großer Macht gelangt. Diese Novelle (Gen 37–47) zählt zur Weltliteratur und ist von allen biblischen Stoffen am häufigsten nachgestaltet worden. Das Buch *Exodus* (griech./lat. »Auszug«) bietet die Geschichte des Volkes Israel vom Auszug aus Ägypten bis zu den Ereignissen am Sinai. *Levitikus* (lat. »Levitenbuch«) enthält levitisch-kultische Anweisungen. Die Redensart »die Leviten lesen«, die »eine Strafpredigt halten« bedeutet, bezieht sich auf die christliche Lesung des Buches Levitikus. *Numeri* (lat. »Zählungen«) bringt die Volkszählungen in der Wüste bis zur Eroberung des Ostjordanlandes. Das *Deuteronomium* (griech./lat. »Zweitgesetz«) ist in Form einer Rede des Mose die Wiederholung des mosaischen Gesetzes und der Wüstenwanderung.

Die heutige Bibelwissenschaft sieht in den 5 Mosebüchern das Ergebnis einer Vereinigung von Texten aus unterschiedlichen Zeiten, und sie unterscheidet hauptsächlich 4 Quellenschichten, deren älteste etwa aus dem 9./8. Jh. v. Chr. stammt und wohl im Südreich Juda entstanden ist. Da in ihr (bis Ex 3) der Gottesname Jahwe verwendet wird, bezeichnet man diese Quellenschrift als *Jahwisten.* Der *Elohist,* eine nach 900 v. Chr. im Nordreich Israel entstandene und den Gottesnamen Elohim (bis Ex 3,15) verwendende Schrift, wird mit dem Jahwisten nach dem Ende des Nordreiches (722 v. Chr.) zu einem Text (Jehowisten) vereinigt. Um die Mitte des 7. Jh. v. Chr. entsteht das *Deuteronomium,* das irgendwie mit der Auffindung des Gesetzbuches unter dem König Josia (621 v. Chr.) verbunden ist. Aus der Zeit des Babylonischen Exils (6. Jh. v. Chr.) stammt die *Priesterschrift.* Dieser den Priesterkreisen entstammende Kodex will die gesetzliche und vor allem kultische Ordnung auf Mose zurückführen.

Als ältestes Textstück der israelitischen Literatur gilt das *Lied der Debora* (Ri. 5,2–31), einer Richterin und Prophetin Israels (um 1100 v. Chr.) und Anführerin im Kampf gegen die Kanaanäer.

Zeittafel

Vor der christlichen Zeitrechnung

13. Jh. Mose der Prophet
ca. 1220 Israel-Stele des Pharaos Merenptah (1224–1214)
ca. 1120 Deboralied
ca. 1006–966 König David
ab 961 Tempelbau Salomos (966–926)
9./8. Jh. Jahwistisches Erzählwerk
nach 900 Elohistisches Erzählwerk
722 Zerstörung Samarias und Ende des Nordreiches
621 Deuteronomistische Reform des Josia (639–609)
587 Zerstörung Jerusalems und des salomonischen Tempels; Ende des Südreiches; Babylonisches Exil (586–538)

Literaturauswahl

Lehmann, J.: Moses, der Mann aus Ägypten. Religionsstifter, Gesetzgeber, Staatsgründer. Hamburg 1983
Neher, A.: Moses. Reinbek 1984
Noth, M.: Geschichte Israels. Göttingen [9]1981
Noth, M.: Überlieferungsgeschichte des Pentateuch. Stuttgart [3]1966
Ringgren, H.: I. R. Stuttgart [2]1982
Sellin, E.: Mose und seine Bedeutung für die israelitisch-jüdische Religionsgeschichte. Leipzig 1922

IVI-ATUA

Die I.-a. ist eine von der Prophetin *Angata* 1914 kurzfristig ausgelöste religiöse Bewegung unter den Osterinsulanern, die nach dem Namen der einheimischen Priester der Osterinsel, I.-a. (»Geschlecht der Götter«), benannt ist.

Die I.-a., die den Geist des alten Osterinselpriestertums wiederaufleben lassen will, zählt zu den neu entstandenen Stammesreligionen in Ozeanien.

Die Osterinsel, östlichste der polynesischen Inseln des Pazifischen Ozeans, wird 1125 durch Polynesier besiedelt, die dort bereits eine melanesische Bevölkerung antreffen, von der säulenförmige, bis 12 m hohe Megalithstatuen aus Tuff und mächtige Terrassenbauten erhalten sind. Am 6. April (Ostersonntag) 1722 entdeckt der Holländer *Roggeveen* diese Tropeninsel und benennt sie nach dem Tag der Entdeckung. Um 1750 geht die alte Kultur unter. 1862 rauben Peruaner auf der Osterinsel Arbeitssklaven, und die polynesische Bevölkerung nimmt zusätzlich infolge der durch die Heimkehrer eingeschleppten Seuchen ab. Seit 1888 gehört die Insel zu Chile.

Im Jahr 1914 erscheint Gott der Prophetin *Angata* im Traum und offenbart ihr, daß die alte Kultur der Insel wieder erstehen und der Geist des alten Priestertums wieder aufleben soll. Da die Insel allein den Eingeborenen gehören darf, sollen die Insulaner den Besitz der chilenischen Fremdherren einfach übernehmen. Dies könne ohne Gefahr geschehen, da Gott es nicht zulassen werde, daß seinen Insulanern ein Leid geschehe.

Diese Botschaft der Prophetin Angata findet unter den Inselbewohnern begeisterte Zustimmung und führt schließlich zum kriegerischen Aufstand gegen die Chilenen. Als die hochbetagte Prophetin im Verlauf dieser Ereignisse stirbt, fällt die Bewegung in sich zusammen, so daß ein zur Bekämpfung des Aufstandes entsandtes chilenisches Kriegsschiff wieder abdrehen kann.

JAINISMUS

Nach dem Ehrentitel ihres Stifters bzw. Neubegründers Jina (ca. 539–467 v. Chr.) werden die Anhänger dieser Religion Jainas (sanskr.) genannt.

Die →Weltreligion des J. (=Jinismus) zählt heute 3,7 Millionen Anhänger, die fast ausschließlich in Gujarat (Indien) leben. Sie gehören meist gebildeten Kreisen an und haben eine über ihren zahlenmäßigen Anteil – 0,5% der indischen Gesamtbevölkerung – weit hinausgehende Bedeutung.

Ihr Stifter und Neubegründer Vardhamāna (»Wachsender«), später *Mahāvīra* (sanskr. »großer Held«) genannt, wird als Sohn des Siddhārta (aus dem Kriegeradel) und der Trishalā um das Jahr 539 v. Chr. in Kundagrāwa (heute Basukund) in Bihar geboren. Im Alter von 28 Jahren verläßt er seine Frau und die gemeinsame Tochter, um das Wanderleben eines nackten Asketen zu führen. Nachdem er als 30jähriger die vollkommene Einsicht in *samsāra* und Heilsweg gewonnen hat, wird er *Jina* (sanskr. »Sieger«), der Weltüberwinder, genannt. Mit diesem Ehrentitel werden große Autoritäten in der indischen Religionsgeschichte ausgezeichnet. Jina sammelt Jünger um sich und zieht 42 Jahre lang als Wanderprediger umher. Er verkündet eine Lehre, die auf die des Pārshvanātha (8. Jh. v. Chr.), des 23. *Tirthankara* (sanskr. »Furtbereiter«) zurückgreift. Mahāvīra selbst gilt als letzter der insgesamt 24 Tirthankaras des Jainismus, die durch den Kreislauf des Lebens eine Furt *(tirtha)* gefunden haben. Mahāvīra, ein älterer Zeitgenosse Buddhas, stirbt mit 72 Jahren um das Jahr 467 v. Chr. in Pāvāpuri.

Der J., der unter Königen Anhänger findet – Chandragupta (322–298 v. Chr.), der Begründer der Maurya-Dynastie, tritt gegen Ende seines Lebens in ein Jaina-Kloster ein –, verbreitet sich vom Osten (Bihar) aus über den mittleren Süden bis zum Westen Indiens mit Gujarat als heute noch bestehendes Zentrum des J.

Infolge eines Streits über die mönchische Lebensweise, vor allem über ihre Bekleidung, spaltet sich Ende des 1. Jh. n. Chr. die Jaina-Gemeinde in zwei Richtungen. Die konservativen *Digambaras* (sanskr. »Luftgekleidete«) sind eine Schulrichtung, deren Mönche nach dem Vorbild ihres Stifters Vardhamāna völlig unbekleidet leben, so daß die Luft ihre einzige Bekleidung ist. Sie sind deshalb meist nur in der Einöde anzutreffen. Sie verbieten die Schmückung der nackt dargestellten Figuren und vertreten die Lehrmeinung, daß Frauen nicht erlösungsfähig seien, also das *nirvāna* nicht erlangen können.

Die *Shvetāmbaras* (sanskr. »Weißgekleidete«) sind die andere große Schulrichtung der Mönche, die im Gegensatz zu den Digambaras Kleidung tragen. Ein Zweig der Weißgekleideten, die *Sthānakvāsi*, sind eine neuere Gruppe, die die Jina-Bilder und deren Verehrung ablehnt. Zu nennen wären noch die *Ājīvikas* (»die der richtigen Lebensführung Obliegenden«), die von Gosāla, einem Zeitgenossen Mahāvīras, gegründet werden.

Nach jainistischer Lehre ist die Welt ewig, und nur strenge Askese – vor allem der durch Fasten eintretende Hungertod – vermag das Wiedervergeltungsgesetz *(karman)* aufzuheben und die ewigen Seelen aus den Fesseln der Materie zu befreien. Der Erlöste *(siddha)* besitzt unendliches Wissen, Kraft und Wonne in der über allen Götterhimmeln gelegenen Stätte Isatprāgbhārā, zu der die Übermenschen *Tirthankaras* den Weg gewiesen haben.

Die Ethik der Jainas kennt fünf Gebote: Lebensschonung, Wahrhaftigkeit, Achtung fremden Eigentums, sexuelle Enthaltsamkeit und Besitzlosigkeit. Für Mönche und Nonnen sind diese fünf Gebote streng verbindlich. Für Laien beiderlei Geschlechts bestehen Erleichterungen im 4. und 5. Gebot, so die Erlaubnis der Ehe und des Erwerbs. Erstes und oberstes ethisches Prinzip ist das Gebot, Leben unter allen Umständen zu schonen, weshalb Strenggläubige mit einem Besen den Weg vor sich her kehren und ein Mundtuch tragen, um keine Lebewesen – auch nicht unabsichtlich – zu töten.

Das Mönchtum ist sehr geschätzt, unter denen die *Ācāryas* (sanskr. »Lehrer, Verkünder«) eine besondere Stellung einnehmen. Zwischen der Ordensgemeinde (Mönche und Nonnen) und Laiengemeinde, *shravaka* (»Hörer[in]«), besteht ein enger Zusammenhang. Nur Laien üben den Kultus der Tirthankaras aus, deren Figuren geschmückt werden und denen die Hymnen gelten. Der Kult vollzieht sich durch Darbringung von Blumen, Früchten u.ä. in den Jaina-Tempeln.

Diese Tempel sind an Orten gebaut, wo ein Jaina oder Tirthankara geboren, erleuchtet oder ins *nirvāna* eingegangen ist. Es gibt die Tempelstädte von Sátrunjaya und Girnar, sowie von Abu und Sametsikhava, die die Gipfel der vier heiligen Berge bekrönen. Dabei handelt es sich um eine Ansammlung von Tempeln, die von einer wehrhaften Mauer umgeben sind und stadtähnlich aussehen. Die dazugehörigen Pilgerstädte liegen jeweils am Fuß der Berge. Heilig sind die Berge als Orte mythischen Geschehens. Auf dem heiligen Berg Girnar ist Neminātha, der 22. Tirthankara ins *nirvāna* eingegangen, und auf dem heiligen Berg Sametsikhava war es Pārsvanātha, der 23. Tirthankara. Auf den heiligen Bergen werden jeweils vier Tempel in einen kultischen Zusammenhang gebracht und als Abbilder der vier großen Pilgerorte angesehen. Ein Beispiel sind die Tempel auf dem 1300 m hohen Abu-Berg in Rajasthan. Die Tempel, wie z.B. der Tejahpāla-Tempel, haben im Hauptbau eine Cella *(mulagabbāra)* mit dem Kultbild eines Tirthankara, eine größere quadratische Vorhalle *(gudhamandapa)*. Es schließen sich an die Säulenhalle *(navcoki)* und die Halle für rituelle Tänze. Der Innenraum ist umschlossen von einem Kranz mit 52 Nischen. In jeder von ihnen sitzt ein Tirthankara, der nur durch die Sockelinschrift identifizierbar ist.

Zu nennen sind noch die *bastis,* in denen einer der 24 Tirthankaras verehrt wird, und die *bettus,* die von einem Umgang umgebenen Innenhöfe, in denen überlebensgroße, nackte und aufrecht stehende Asketen verehrt werden.

1 ***Jainistische Tempelbauform***
(Mount Abu/Indien: Vimala-Shah-Tempel)
1. *rangamandapa (Halle für rituelle Tänze)*
2. *navcoki (Säulenhalle)*
3. *gudhamandapa (größere quadratische Vorhalle)*
4. *garba-griha (Cella) mit dem Kultbild eines Tirthankaras*
5. *Kranz von 52 Nischen für die anderen Tirthankaras*

2 Jaina-Tempel, *13. Jh. Rānakpur/Indien*

3 Vimala Shah-Tempel, *Inneres mit Wandelgang, 1031. Berg Abu/Indien*

4 *Illustration aus dem* Kalpa-sūtra, *15. Jh. London, Victoria & Albert Mus.*

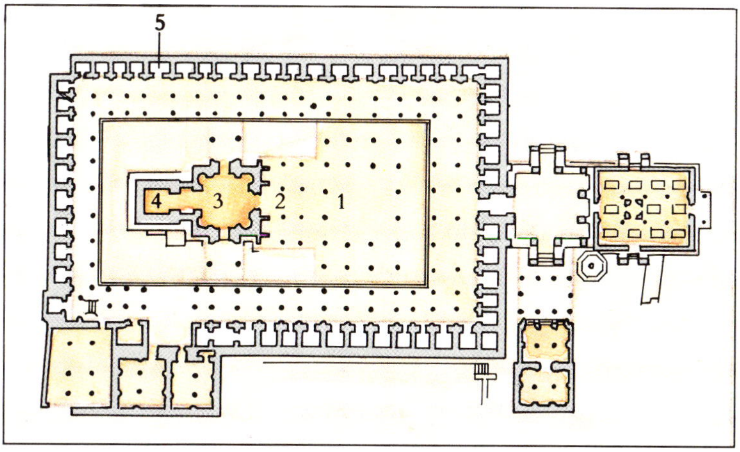

1

2

3

4

Die auf dem Konzil von Valabhī (Mitte des 5. Jh. n. Chr.) zusammengestellte kanonische Literatur des Shvetāmbaras wird *Siddhānta* (»Lehrbuch«) oder *Āgama* genannt; sie stammt in ihren ältesten Teilen aus dem 3.–2. Jh. v. Chr. Im Zentrum der insgesamt 45 Texte stehen die 12 *angas* (»Hauptglieder«) mit einer Sammlung von Parabeln des Mahāvīra und 12 *upāngas* (»Nebenglieder«). Die Digámbaras haben anstelle eines Kanons alte Versprodukte, u. a. das *Kundakunda* (3. Jh. n. Chr.). Bedeutende jainistische Schriftsteller waren Haribhadra (8. Jh.) und Hemacanda (1088–1172).

Die rigorose Befolgung des Gebots, alles Lebendige zu schonen *(ahimsa)*, hat im Laufe der Jahrhunderte bis heute Auswirkungen auf das Erwerbsleben der Jainas. Da nicht nur die greifbar lebendigen Wesen (Menschen, Tiere, Pflanzen), sondern auch die Partikel der Elemente wie Erde, Luft und Wasser als belebt gelten, ist den Anhängern des J. eine Reihe von beruflichen Tätigkeiten verboten, und so haben sie meist akademische und kaufmännische Berufe.

Viele Jainas haben es als Kauf- und Bankleute im Handel zu großem Wohlstand gebracht. Die als besonders freigebig bekannten Jainas bilden heute eine einflußreiche gesellschaftliche Gruppe in Indien.

Zeittafel

Vor der christlichen Zeitrechnung

539–467 Mahāvīra, 24. Tirthankara und Neubegründer des J.

ca. 300 Kodifizierung der heiligen Texte

Nach der christlichen Zeitrechnung

1031 Errichtung des Vimala-Shah-Tempels auf dem Berg Abu

1949 Gründung der Jaina-Weltmission

Literaturauswahl

Bollée, W. B.: Die Jainas und die anderen Weltanschauungen vor der Zeitwende. Wiesbaden 1977

Kirfel, W.: Symbolik des Hinduismus und des Jinismus. Stuttgart 1959

JAPANISCHE RELIGIONEN

»J. R.« ist eine Sammelbezeichnung für die (autochthonen) in Japan (jap. *Nihon* bzw. *Nippon* = »Sonnenaufgangsland«) selbst entstandenen und für die (allochthonen) von außen nach Japan gelangten, jedoch dort im japanischen Sinn weiterentwickelten Religionen.

Die älteste Religion Japans ist die →Ainu-Religion der Urbevölkerung Japans, die noch auf der Insel Hokkaidō anzutreffen ist. Mit der Geschichte des japanischen Volkes, als deren Anfangsdatum der 11. Februar 660 v. Chr. gilt, an dem der Mikado Jimmu Tenno als Nachkomme der Sonnengöttin Amaterasu-O-Mikami den Grund zu dem bis heute lebenden Kaiserhaus legt, ist der →Shintoismus eng verbunden. Der im Jahr 552 n. Chr. von Japan übernommene chinesische →Buddhismus in der Form des Mahāyāna hat hier seine japanische Prägung erfahren, so daß eigene japanische buddhistische Schulrichtungen entstanden sind. Buddhismus und Shintoismus bilden z. T. abwechselnd die beiden Hauptreligionen in der Geschichte Japans. Zum ersteren bekennen sich heute ca. 60% aller Japaner.

Zu den buddhistischen Schulrichtungen in Japan gehören die Hosso-shū (gegr. 653), Shingon-shū (gegr. 805), Tendai-shū (gegr. 805). Aus letzterer geht die Nichiren-shū (gegr. 1253) hervor, die die Mutterschule für die drei →Lotos-Sūtra-Religionen wird. Weiter gehören zu den japanischen Schulen die Jōdo-shū (gegr. 1175), aus der die Shin-shū (gegr. 1224) entsteht, und die Zen-shū (gegr. 1191), aus der die Rinzai-shū (gegr. 1202), Sōtō-shū (gegr. 1228) und Obaku-shū (gegr. 1654) hervorgehen.

Japan hat die meisten Stiftungen von →neuen Religionen aufzuweisen. Zu ihnen gehören u. a. die bereits erwähnten Lotos-Sūtra-Religionen und die aus dem synkretistischen Umfeld von Buddhismus und Shintoismus erwachsenen →Tenrikyō (gegr. 1838), →Seichō-no-Je (gegr. 1930) und PL-Kyōdan (gegr. 1926/46).

Hierher gehören auch die als neoshintoistisch anzusehenden →Kurozumikyō (gegr. 1814), →Konkōkyō (gegr. 1859) und →Ōmotokyō (gegr. 1892), aus der wiederum →Ananaikyō (gegr. 1934) und →Sekai Kyūsei-kyō (gegr. Anfang 20. Jh.) hervorgehen.

Besonders zu erwähnen ist auch →Odoru Shūkyō (gegr. 1944).

22% aller Japaner gehören als Mitglieder diesen japanischen →neuen Religionen an.

Literaturauswahl

Bairy, M. A.: Japans neue Religionen in der Nachkriegszeit.
Bonn 1959

Bunce, W. C.: Religions in Japan. Buddhism, Shinto, Christianity. Tokio 1955

Gerlitz, P.: Gott erwacht in Japan. Freiburg 1977

Gundert, W.: Japanische Religionsgeschichte. Stuttgart [2]1943

Hammitzsch, H.: Die Religionen Japans. Stuttgart 1985

Köpping, K. P.: Religiöse Bewegungen im modernen Japan als Problem des Kulturwandels. Köln 1972

Offner, C. B./van Straelen, H.: Modern Japanese Religions.
Leiden 1963

Thomsen, H.: The New Religions of Japan. Rutland-Vermont-Tokio [2]1969

Das J. ist eine Bezeichnung des jüdischen Volkes und/oder der jüdischen Religionsgemeinschaft. Die *Juden* bilden eine religiöse und zugleich ethnische Gemeinschaft, die sich nach traditionellem Selbstverständnis als Nachkommen der biblischen Patriarchen Abraham, Isaak und Jakob versteht. Das Wort *jehudi* (hebr.) bezeichnet ursprünglich nur den Angehörigen des israelitischen Stammes Juda (1 Chr 4,18), später auch den Einwohner des gleichnamigen Südreiches (2 Kön 16,6) und der Provinz Judäa (Neh 3,33). Weil Juda und Judäa in nachexilischer Zeit (→S. 266) eine führende Stellung im Volk Israel einnehmen, wird das Wort »Juden« als Bezeichnung des gesamten Volkes gebraucht.

Religionsgeschichtlich beginnt das J. mit dem Ende des Reiches Juda (587 v.Chr.), mit der Zeit des Babylonischen Exils (→S. 265), und stellt die zweite Entwicklungsphase der israelitisch-jüdischen Geschichte dar, die die Traditionen der ersten Phase (→israelitische Religion) fortführt.

Das J. gehört zu den →semitischen und den →vorderasiatischen Religionen, und es wird zu den →Weltreligionen gerechnet.

Heutige Verbreitung

Die *Gesamtzahl* der Juden beträgt heute 17615000, d.h. 0,3% der Weltbevölkerung. Hiervon leben 39,5% in Nordamerika, 31,3% in Asien und 12,6% in der GUS. *Verbreitet* ist das J. heute in 125 Ländern, darunter als Religion der Mehrheit nur in Israel und in allen übrigen Ländern als Religion der Minderheit. In den USA z.B. leben 38,8% aller Juden, bilden hier aber nur 3,2% der Bevölkerung, und in der GUS stellen die 17,8% aller Juden lediglich 1,2% der Bevölkerung. Von den ca. 1,5 Millionen Juden in Europa leben 590000 in Frankreich und 460000 in Großbritannien.

Ein neuer Anfang

Nachdem der babylonische König Nebukadnezar II. (605–562) im Jahre 587 das Südreich Juda mit der Hauptstadt Jerusalem erobert und zerstört hat, ordnet er die Deportation des Königs Zidkija samt der führenden jüdischen Bevölkerungsschicht nach Babylonien an. Damit beginnt für zwei Stämme Judas ein 50jähriges *Babylonisches Exil* (587–538 v.Chr.). Während dieser *Babylonischen Gefangenschaft* gelingt es den deportierten Juden, nicht nur ihre israelitischen Traditionen zu bewahren, sondern auch Voraussetzungen für eine Religion des J. zu schaffen. In Babylonien entstehen große Teile der Bibel (u.a. Priesterschrift). Seit dieser Exilszeit erhalten die Schrift der Bibel und deren Auslegung durch die Schriftgelehrten zentrale Bedeutung. Sabbatheiligung und Beschneidungsgebot, Reinheits- und Speisevorschriften werden für das Selbstverständnis des J. wichtig. Zudem hat das Bekanntwerden mit dem →Zoroastrismus in Persien Rückwirkungen auf jüdisches Denken (Gut und Böse, Gott und Teufel, Weltgericht und Totenauferstehung). Seit dem 6./5. Jh. v.Chr. sind der Glaube und die Erwartung an das Erscheinen eines Messias feststellbar.

Nach dem Sturz des neubabylonischen Reiches (539) durch die Perser wird Palästina eine persische Provinz (539–332). Der Perserkönig Kyros II. (559–529) gibt den Juden 538 die Erlaubnis, nach Jerusalem zurückzukehren und den zerstörten

JUDEN

Erdteile	Anhänger	% aller Juden
1. Nordamerika	6 952 000	39,5
2. Asien	5 484 000	31,1
3. GUS	2 220 000	12,6
4. Europa	1 465 000	8,3
5. Lateinamerika	1 071 000	6,1
6. Afrika	327 000	1,9
7. Ozeanien	96 000	0,5
	17 615 000	100

JUDEN

125 Länder	Anhänger	Mehrheit d. Landes	% aller Juden
1. USA	6830000	–	38,8
2. Israel	3830000	Mehrh.	21,7
3. GUS	3140000	–	17,8
4. Frankreich	590000	–	3,4
5. Argentinien	545000	–	3,1
6. Großbritannien	460000	–	2,6
7. Kanada	330000	–	1,9
8. Brasilien	200000	–	1,1
9. Südafrika	155000	–	0,9
10.–125. Land	1535000	–	8,7
	17615000	Mehrh. (1 ×)	100

Tempel wieder aufzubauen. Führer der Heimkehrer aus dem Exil ist *Serubbabel* (babylon. »Nachkomme von Babylon«), ein Enkel des Königs Jojachin von Juda; er ist vom Perserkönig mit umfassenden Vollmachten ausgestattet und zum Repatriierungskommissar und Statthalter Judas ernannt. Unter ihm werden im Jahre 520 die Bauarbeiten am Tempel in Jerusalem wieder aufgenommen, so daß 515 der 2. Tempel vollendet und eingeweiht werden kann. Von den Propheten Haggai und Sacharja wird Serubbabel zum Messias ausgerufen.

Der aus jüdisch-priesterlichem Geschlecht stammende »Schreiber« für jüdische Religionsangelegenheiten *Esra* (hebr. »Hilfe«) aus der Gruppe der nach Babylonien Deportierten läßt sich 458 vom Perserkönig mit dem Sonderauftrag nach Jerusalem entsenden, das »Gottesgesetz« für die Jerusalemer Kultgemeinde verbindlich zu machen. Er kommt an der Spitze einer größeren Zahl jüdischer Rückwanderer mit einem neuen Gesetzbuch nach Jerusalem. Mit der Einführung dieses *Priesterkodex* durch Esra ist die Grundlage geschaffen, auf der unter hoherpriesterlicher Führung sich die neugegründete theokratische Gemeinde entwickelt. Durch das Babylonische Exil ist das Verständnis von der »Erwählung der Wenigen aus den Vielen« bestätigt worden, und Esra, der Träger der religiös-geistigen Erneuerung, wird zum Begründer des eigentlichen J. Die Geschichte der Restauration erzählt das Buch Esra.

Bei seinem Bemühen, das Gesetz durchzuführen, wird Esra von *Nehemia* (hebr. »Jahwe hat getröstet«) unterstützt. Der im Exil in Babylon geborene Jude und Mundschenk des Perserkönigs läßt sich 445 von Artaxerxes I. beauftragen, als Statthalter der Provinz Juda die Stadtmauern Jerusalems wiederaufzubauen. Dieser persische Wiederaufbaukommissar macht sich zudem verdient um die Stabilisierung der inneren Ordnung, wie Sabbatruhe, Tempelsteuer, Mischehenverbot und Schuldenerlaß. Das Buch Nehemia erzählt seine Geschichte.

Religionsparteien und Bewegungen – Richtungen und Denominationen

Nach Samaria, einer Landschaft Mittelpalästinas, und der ehemaligen Hauptstadt

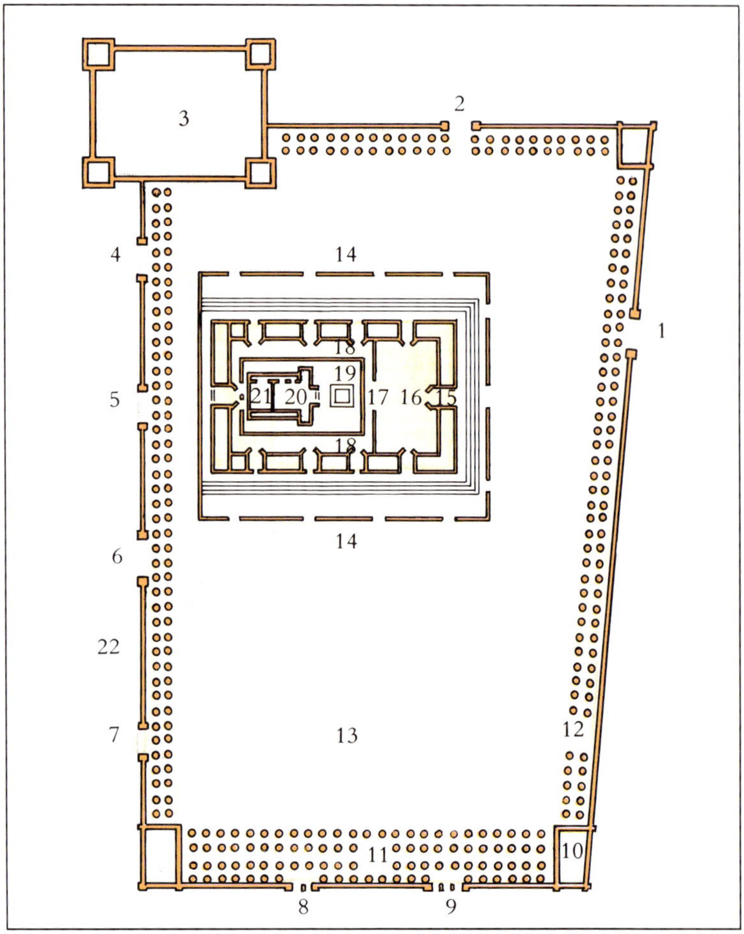

Jüdischer Kultbezirk *(Jerusalem: 2. bzw. herodianischer Tempel)*

1. *Susan-Tor*
2. *Schaftor*
3. *Burgfestung Antonia*
4. *Tor der Wache*
5. *Eisen-Tor*
6. *Ketten-Tor*
7. *Maghrebinisches Tor*
8. *Zweifaches Tor*
9. *Dreifaches Tor*
10. *»Zinne des Tempels«*
11. *Königliche Halle*
12. *Halle Salomos*
13. *Vorhof der Nichtjuden*
14. *steinerne Balustrade*
15. *Schönes Tor*
16. *Vorhof der Frauen*
17. *Nikanor-Tor*
18. *Vorhof der Männer*
19. *Vorhof der Priester mit Brandopferaltar*
20. *Heiliges (hekal) mit Rauchopferaltar*
21. *Allerheiligstes (debir)*
22. *heutige »Klagemauer«*

des israelitischen Nordreiches (→israelitische Religion) sind die *Samaritaner* (bei Luther: Samariter) benannt. Sie bilden eine palästinensische Mischbevölkerung, die seit 722 v. Chr. aus den bei der Deportation durch die Assyrer im Nordreich verbliebenen Israeliten und assyrischen Kolonisten entstanden ist. Da viele von den letzteren aus der babylonischen Landschaft Kutha kommen, werden die Samaritaner von jüdischen Rabbinen auch *Kuthäer* genannt. Die Samaritaner selbst halten an der Selbstbezeichnung »Israeliten« fest. Als sich nach dem Babylonischen Exil die jüdische Gemeinde in Jerusalem unter Esra und Nehemia konstituiert und die Samaritaner sich am Wiederaufbau des Tempels beteiligen wollen, lehnen die jüdischen Reformatoren jede Verbindung mit dem »Mischvolk« ab. Nach 332 v. Chr. trennen sich die Samaritaner endgültig vom Jerusalemer Tempel und entwickeln sich zu einer vom J. selbständigen Richtung. Bis heute hat sich eine kleine Gemeinde von ca. 340 Samaritanern erhalten, die in Sichem (heute: Nablus) angesiedelt ist.

Die *Sadduzäer* (hebr. Zadduqim) sind Anhänger einer Religionspartei (ca. 200 v.–70 n. Chr.), deren Name vermutlich auf den von König Salomo – neben Ebjatar (Abjatar) – eingesetzten Zadoq (Zadok) zurückgeht, das Haupt der jerusalemischen Priesterschaft. Ihre Partei, die zur Zeit der Makkabäer als Gegenbewegung gegen die Pharisäer entsteht, ist eine Standespartei der höheren Priesterschaft, vorwiegend aristokratisch und konservativ. Bis zum Jahre 70 n. Chr. stellt sie die Hohenpriester und hat eine gewichtige Stimme im Hohen Rat.

Als verbindlich gilt den Sadduzäern allein das schriftliche Gesetz (Tora), wobei sie die mündliche Lehre (Halacha) der Pharisäer verwerfen. Sie lehren die Alleinverantwortlichkeit des Menschen für sein Schicksal. Als konservative Altgläubige lehnen sie alle seit dem 2. Jh. v. Chr. einsetzenden Entwicklungen der jüdischen Religion, insbesondere in der Eschatologie und Anthropologie, ab. In Fragen der Rechtsprechung gelten sie als sehr streng.

Eine Gruppe innerhalb der sadduzäischen

1 

2 

 3

1 Jerusalem, *eine drei Weltreligionen heilige Stadt mit Tempelberg, Felsendom und Grabeskirche (im Hintergrund)*

2 *Römisches Heer mit* jüdischen Tempelschätzen, *Marmor (Durchgang des Titusbogens), um 190. Rom, Forum Romanum*

3 Klagemauer *an der Ostseite des ehemaligen Tempelplatzes. Jerusalem*

Partei bilden die *Boëthosäer,* Angehörige der Familie des Alexandriners Boëthos, die allein 8 Hohepriester stellen.

Die *Essener* bzw. *Essäer* (aram. »die Reinen, die Frommen«) bilden eine um 150 v. Chr. im Widerstand gegen die wachsende Hellenisierung des Judentums aus den Asidäern hervorgegangene, asketische und z. T. ordensähnliche Gemeinschaft. Ihr Hauptverbreitungsgebiet ist Palästina, wobei der nur in Ägypten (Alexandria) verbreitete Orden der *Therapeuten* (griech. »Heiler, [Gott-]Verehrer«) eine Schwesterbewegung darstellt.

Gründer dieser Gemeinschaft, die sich von der gesetzlosen, unreinen Jerusalemer Tempelpriesterschaft losgesagt hat und den Anspruch erhebt, allein das wahre Volk Gottes, die »Gemeinde des neuen Bundes« zu sein, ist ein Priester mit dem Ehrentitel »Lehrer der Gerechtigkeit«, dessen Gegenspieler ein Hasmonäer-Hoherpriester in Jerusalem ist, der als »Frevelpriester« bezeichnet wird.

In *Chirbet Qumrān* am Nordwestufer des Toten Meeres hat diese Gemeinschaft ihr Stammkloster für die ehelosen Mitglieder, während die verheirateten in Zelten um Qumrān leben. Im jüdisch-römischen Krieg (66–70 n. Chr.), an dem sich die Essener beteiligen, wird ihr Kloster von den Römern (68 n. Chr.) zerstört.

Die Heilsgemeinde der Essener erwartet drei eschatologische Heilbringer: einen prophetischen Gesetzgeber, einen Messias Aarons (als gesalbten Hohenpriester) und einen Messias Israels (als gesalbten König).

Zwei Riten stehen im Mittelpunkt des täglichen Gemeindelebens: die Waschungen, die Vergebung der Sünden vermitteln, und gemeinsame Mahlzeiten nach vorherigem Tauchbad. Bei dem Mahl, das sakramentalen Charakter hat und aus Brot und Obstsaft besteht, werden besondere Gewänder getragen. Man sitzt nach strenger Rangordnung, präsidiert von einem Priester. Der Speisesaal ist nach Jerusalem ausgerichtet.

Mit der essenischen Gemeinschaft haben Johannes der Täufer, Jesus von Nazaret und das Urchristentum in nächster zeitlicher und örtlicher Nachbarschaft gelebt. Nach der Zerstörung des Ordenszentrums in Qumrān scheinen Reste der Essener-Bewegung im Judenchristentum Anschluß gefunden und auf deren Ausprägung eingewirkt zu haben, was die Parallelen zu den Ebioniten, Nazoräern und Elkesaiten erklärt.

Die *Damaskusgruppe* bzw. *En-Feshcha-Gruppe* (»Totes-Meer-Gruppe«) geht auf eine Bewegung der Chassidäer zur Zeit der Makkabäerkämpfe zurück. Unter ihnen tritt nach der Mitte des 2. Jh. v. Chr. ein »Lehrer der Gerechtigkeit« auf, der den »Neuen Bund« stiftet. Nach dessen natürlichem Tod werden seine Anhänger vom hasmonäischen König Jannai verfolgt, und sie müssen nach *Damaskus* auswandern. Hier erwartet die »Gemeinde des Neuen Bundes« die Wiederkunft des »Lehrers der Gerechtigkeit«, verbunden mit dem Auftreten eines »Messias«. Um die Zeitenwende nach Palästina zurückgekehrt, leben die Anhänger in einem Kloster in unmittelbarer Nähe von En Feshcha. Der Aufbau ihrer Gemeinde gleicht dem der Essener, und die judenchristlichen Ebioniten (2./3. Jh.) zeigen theologische Verwandtschaft mit der Damaskusgruppe.

Die *Pharisäer* sind eine religiös-politische Partei, die wahrscheinlich aus den in der Makkabäerzeit für die Glaubensfreiheit eintretenden Asidäern (Chassidäer = »die Frommen«) hervorgegangen sind. Da sie von ihrer puritanischen Einstellung her die Forderung strikter Trennung von den Sündern erheben, werden sie wohl von ihren Gegnern *peruschim* (hebr. »die Abgesonderten«) genannt, während sie selbst sich als *haberim* (»Genossen«) bezeichnen. Mit den Essenern (→ S. 268) und der Damaskusgruppe (→S. 268) haben die Pharisäer einmal der Gruppe der Frommen angehört und gemeinsam mit diesen und den Makkabäern gegen den Hellenismus gekämpft. Aber während die Essener sich schon um die Mitte des 2. Jh. v. Chr. von den Makkabäern lossagen, distanzieren sich die Pharisäer erst in den zwanziger Jahren desselben Jahrhunderts von den jetzt vorwiegend profanpolitische Ziele verfolgenden Makkabäern. Da die Pharisäer ohne Anwendung von Gewalt gegenüber den römischen Unterdrückern den Zeitpunkt der eschatologischen Wende erwarten, spaltet sich nach dem Tod Herodes' d. Gr. die politisch radikalere Gruppe der Zeloten (→ S. 268) ab, die die Römerherrschaft gewaltsam beenden will.

Der Pharisäismus hat den Geist des Judentums über die politischen Katastrophen von 70 und 135 n. Chr. gerettet. Während alle anderen religiös-politischen Parteien untergehen, übernehmen die Pharisäer die Führung des Judentums und werden zum Vorläufer des Rabbinismus, der Mischna- und Talmudlehrer. Zahlreiche Pharisäer sind als Schriftgelehrte und Tannaiten im Talmud namentlich genannt. Durch ihre strenge und geduldige Gesetzeserfüllung hoffen sie das Kommen des »Königtums Gottes« herbeizuführen.

Die Qumrān-Essener und Jesus von Nazaret greifen die Pharisäer wegen ihrer zu großen Kompromißbereitschaft als »Heuchler« an. Noch heute wird der Begriff »Pharisäer« im Sinne von Heuchler, selbstgerechter Mensch und Scheinheiliger gebraucht.

Wahrscheinlich im Jahre 6/7 n. Chr., als der römische Census durch Quirinus eingeführt wird, gründet Judas der Galiläer die Partei der *Zeloten* (griech. »Eiferer«; hebr. Kanaim), eine gesetzestreue, aber nationalistische und zugleich antirömische Religionspartei. Die Zeloten spalten sich von den Pharisäern ab, da sie davon überzeugt sind, daß Israel auf seine messianische Zeit nicht nur ergeben hoffen darf, sondern zu deren Herbeiführung selbst das Schwert ergreifen muß. Eine besonders radikale Gruppe der den Aufstand gegen die römische Fremdherrschaft betreibenden Zeloten bilden die *Sikarier* (lat. »Dolchmänner, Meuchelmörder«).

Die Zeloten leben zunächst in der Wüste

von Überfällen, weshalb Josephus sie als »Räuber« bezeichnet. Zwischen zwei Zeloten muß der Galiläer Jesus aus Nazaret um 30 n.Chr. am Kreuz den Tod eines Aufrührers gegen die römische Staatsgewalt sterben.

Als die Zeloten 66 n.Chr. schließlich zum offenen Aufstand gegen die Römer rufen, entfesseln sie den jüdisch-römischen Krieg (66–70). Ihr bedeutendster Führer ist Johannes von Gischala, der den Widerstand zunächst in Galiläa organisiert und dann in Jerusalem ein strenges Regiment errichtet, bis der Tempel und die Stadt im Jahre 70 von den Römern zerstört werden. Damit ist auch das Ende der Zeloten gekommen. Lediglich eine Gruppe von ihnen kann sich bis 73 n.Chr. in der Festung Masada behaupten.

Mit *Rabbinismus* bezeichnet man die traditionelle Gestalt und Lehrform des Judentums, das diese durch die *Rabbinen* erhalten hat. Die Entwicklung verläuft von der Zeit Esras, seitdem die Tora zur alleinigen Grundlage jüdischen Glaubens und Lebens wird, über die Schriftgelehrten *(soferim),* die Talmudlehrer der Tannaiten, Amoräer und Saboräer sowie die Gaonen bis zu den Rabbinen im engeren Sinn (vom Mittelalter bis heute).

Rabbaniten bzw. *Talmudisten* heißen diejenigen Juden, die außer der Bibel auch den Talmud anerkennen und im Gegensatz zu den antitalmudischen Karäern stehen, die nur die Bibel als Glaubensgrundlage haben.

Kabbala (hebr. »empfangen« [durch Überlieferung]) bzw. *Kabbalismus* ist eine zusammenfassende Bezeichnung für verschiedene mystische Richtungen. Die seit dem 13. Jh. übliche Bezeichnung soll ausdrücken, daß auch die Mystik – ebenso wie die Tora – ein Teil der Tradition und damit göttlichen Ursprungs ist. Neben die Exegese des Midrasch tritt die Kabbala als zweite und tiefste Deutung der Bibel, um mit Hilfe von Buchstabendeutung und Zahlenmystik in jedem Satz und Zeichen der Bibel einen verborgenen Sinn aufzudecken. Ziele der Kabbalisten sind die Erkenntnis des letzten Geheimnisses, das mystische Einssein mit Gott und der irdische Messianismus.

Die Kabbala entsteht in der Provence zwischen 1150 und 1250, breitet sich von dort nach Spanien aus und wird Ende des 16. Jh. zu einer weithin anerkannten Volksbewegung. Die sephardischen Juden bewahren die Lehren der Kabbala. Zentrum ist seit 1550 Safed in Obergaliläa, wo einer ihrer einflußreichsten Vertreter, der aus Deutschland stammende Isaak Lurias (1534–72), wirkt.

Auf der Lurianischen Kabbala beruhen der Chassidismus wie auch die messianischen Bewegungen des Sabbatianismus und der Frankisten.

Der *Chassidismus* (von hebr. *chassidim* = »die Frommen«) ist die jüngste der religiös-mystischen Bewegungen, gegründet um 1750 in Miedzyborz (Ukraine) von dem Rabbi Israel ben Elieser (1698–1760) – genannt Baal Schēm tōb (hebr. »Herr des guten Namens«) – und vornehmlich im südlichen Bereich des osteuropäischen Judentums (Polen, Sowjetunion, Rumänien, Ungarn) verbreitet. Der als Gegenbewegung gegen die Nüchternheit des Talmudismus entstandene und in der Kabbala wurzelnde Chassidismus strebt nach einer Vertiefung der »Frömmigkeit«.

Baal Schēm tōb sagt:

> Das Entscheidende ist nicht, daß Gott ist, sondern daß alles, was ist, Gott innewohnt.

Die Freude ist ein Charakteristikum des chassidischen Lebens.

Alles, was Freude schaffen kann, erhält daher religiösen Wert. Ihre Vollendung findet die Freude in der Ekstase, in der die völlige Einigung mit Gott erlebt wird. Der Fromme *(Chassid)* eines jeden Standes kann auf diese Weise die Stufe eines Gerechten *(Zaddik)* erreichen. M. Buber sagt: »Der wahre Zaddik ist eine Tora. Aber er ist es gerade, weil die Tora sich in ihm verkörpert.« Der Zaddik leitet die Gemeinden des Chassidismus. M. Buber (1878–1965) und M. Chagall (1887–1985) sind bedeutende Interpreten des Chassidismus.

Zu den messianischen Bewegungen gehören der *Sabbatianismus* und die *Frankisten.*

Der von *Sabbatai Z(e)wi* (1626–76) 1648 gegründete *Sabbatianismus* ist die größte messianische Bewegung in der Geschichte der jüdischen Diaspora.

Dieser Messiasprätendent aus Smyrna, dem heutigen Izmir, tritt nach kabbalistischen und talmudischen Studien 1648 erstmals als Messias auf und verkündet den baldigen Anbruch der Heilszeit. 1651 wird er von seinem Lehrer in den Bann getan, 1666 vom türkischen Sultan eingekerkert, tritt noch im selben Jahr, um der Todesstrafe zu entgehen, zum Islam über und nimmt den Namen Mehmed Effendi an. Sein späterer Prophet Natan von Gaza (1644–80) deutet diesen Übertritt kabbalistisch als notwendige letzte Bedingung für die Erlösung aus der »Hülle« der Sünde. Sabbatai Z(e)wi stirbt 1676 in Albanien. In Saloniki wird von seinen Anhängern 1683 die jüdisch-islamische Gruppe der *Dönmeh* (türkisch »Abtrünnige«) gegründet, die heute noch in Saloniki besteht.

Die andere bedeutende messianische Bewegung bilden die *Frankisten* des polnischen Messiasanwärters *Jakob Frank* (um 1726–91), der zunächst Sabbatianer ist und in Saloniki unter dem Einfluß der sabbatianischen Dönmeh den Islam annimmt. Dann erklärt er sich selbst als Inkarnation des Messias, wie es vor ihm David, Elias, Jesus, Muhammad und Sabbatai Z(e)wi gewesen seien. Seit 1755 tritt er in Polen auf, wird in den rabbinischen Bann getan, tritt 1759 mit vielen seiner Anhänger in Warschau zum katholischen Christentum über, wird jedoch zwischen 1760 und 1782 als Häretiker gefangengehalten. Seine Aussprüche sind im »Buch der Worte des Herrn« gesammelt.

Im J. der Gegenwart gibt es 4 Hauptrichtungen unterschiedlicher Herkunft:

Hauptrichtungen	Anhänger	% aller Juden
Aschkenasim	14 796 000	84
Orientalen	1 761 000	10
Sephardim	705 000	4
Karäer	18 000	0,1
Sonstige	335 000	1,9
	17 615 000	100

1

2

Die *Karäer* (hebr. *beni mikra* = »Söhne der Schrift«) bzw. *Karaiten* sind eine von *Anan ben David* im Jahr 750 in Persien gegründete jüdische Reformbewegung, deren Anhänger sich ursprünglich nach ihrem Stifter als *Ananiten* bezeichnen. Die heute ca. 18 000 Karäer leben hauptsächlich in der Sowjetunion (Eupatoria/Krim), in der Türkei und in Israel.

Bei ihrem Bezug auf die Bibel als einzige Autorität für Glauben und Leben und bei ihrer gleichzeitigen Verwerfung der mündlichen, im Talmud fixierten Überlieferung stützen sie sich auf die 70 n. Chr. untergegangenen Sadduzäer. Mit den Qumrān-Essenern weisen sie Ähnlichkeiten hinsichtlich Reinheitsvorschriften, Kalender und Begräbnis auf.

Noch in den ersten beiden Jahrhunderten seit der Gründung der Bewegung der Karäer sind die Beziehungen zwischen diesen und den orthodoxen Juden freundlich, bis Gaon Saadia († 942) die Karäer aus der Gemeinschaft der Juden ausstoßen will. Die drei Hauptgebete des orthodoxen Judentums *(Schemone esre, Kaddisch, Schema)* lehnen die Karäer ab und verwenden statt dessen hauptsächlich die Psalmen als Gebetstexte.

Die *Falascha* (amharisch »Emigranten, Vertriebene«), die sich selbst *Bieta Israel* (»Haus Israel«) nennen, sind eine jüdische Bevölkerungsgruppe in Äthiopien, die dort noch vor der Zerstörung des 2. Tempels eingewandert ist. Ihre Zahl beträgt heute 20 000, von denen ca. 10 000 im Jahre 1984 wegen des in Äthiopien herrschenden Hungers in der aufsehenerregenden »Operation Mose« über eine Luftbrücke nach Israel eingeflogen wurden. Da die Falascha die biblischen Reinheitsgesetze streng befolgen, leben sie meist in Flußnähe. Sie beachten 7 Gebetszeiten täglich. Beim Passahfest opfern sie noch ein Passahlamm. Nachexilische Feste des Judentums kennen sie nicht, wie ihnen auch die rabbinische Literatur und der Talmud unbekannt geblieben sind, da sie nur die Bibel, und zwar in der äthiopischen Übersetzung der Septuaginta, kennen.

Wegen der für orthodoxe Rabbinen zweifelhaften jüdischen Abkunft der Falascha hat es im Staat Israel von seiten der äthiopischen Juden Proteste gegen Rassendiskriminierung gegeben.

Die *Aschkenasim* sind die von mittel- und osteuropäischer Tradition und Kultur bestimmten Juden. Der Name stammt von dem in der biblischen Völkertafel (Gen 10,3) genannten *Aschkenas,* der eine – von Palästina aus gesehen – nördliche Landschaft bewohnt. Diese Bezeichnung wird auf die mittel- und osteuropäischen Juden übertragen, deren Umgangssprache das *Jiddische* (»Judendeutsch«), eine Mischsprache aus germanischen und slawischen sowie hebräischen und aramäischen Elementen, ist und die einen besonderen Ritus haben. In religionsgesetzlichen Fragen halten sie sich an die Glossen des Rabbi Moses Isserle. Ihre Zahl wird mit 14 990 000 angegeben.

Seit den Geonim (geistige Führer des J. in nachtalmudischer Zeit; 7.–11. Jh.) bezeichnen jüdische Schriftsteller Deutschland mit dem Begriff Aschkenasim, und jüdische Familien, die seit dem 12. Jh. aus Deutschland nach Südeuropa oder in den Orient auswandern, führen als Abstammungsnamen den Zusatz Aschkenasim. Im 15. und 16. Jh. wandern viele Aschkenasim von Deutschland in die slawischen und baltischen Länder aus und gehen im 19. Jh. in die USA. Im heutigen Staat Israel gibt es einen aschkenasischen Oberrabbiner.

Sephardim werden die von süd- und westeuropäischer Tradition und Kultur bestimmten Juden genannt. Der Name ist abgeleitet von Sephar (Sefar; Gen 10,30) bzw. Sepharad (Sefarad; Obd 20), einer unbekannten Landschaft mit Exulanten, die mit der Iberischen Halbinsel identifiziert wird. Die Sprache dieser spanischen und portugiesischen Juden sowie ihrer Nachkommen ist das *Spaniolische* bzw. *Judäospanische,* ein archaisches Kastilisch mit hebräischen Elementen; sie pflegen einen besonderen Ritus und ein eigenes Brauchtum. In religionsgesetzlichen Fragen halten sie sich an den »Schulchan Aruch« des Josef Karo. Ihre Zahl beträgt heute 714 000, d. h. 10% aller Juden. Heute werden fälschlich alle orientalischen Juden als Sephardim bezeichnet.

Die sephardischen Juden waren einst der

3

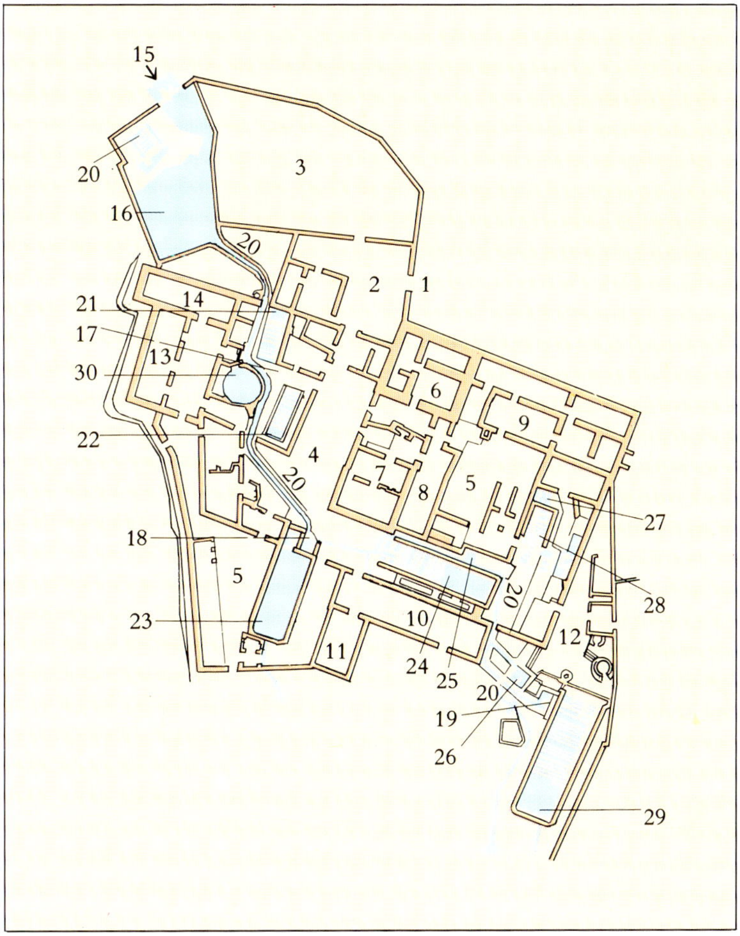

4

1 Todesdämonin Lilith *(nach dem Talmud)*

2 Dekalog *auf den Bundestafeln, Bibelhandschrift von Solsona, 1385. London, Britisches Mus.*

3 Einöde von Qumrān *mit Höhlen, in denen alte Bibelhandschriften gefunden wurden. Nähe Totes Meer.*

4 ***Jüdische Klosteranlage*** *(Chirbet Qumrān/Israel)*
1. Haupteingang
2.–5. Höfe
6. Turm
7. Versammlungssaal
8. Skriptorium
9. Küche
10. Refektorium und Kapitelsaal
11. Anrichte und Geschirr-Raum
12. Töpferwerkstatt mit Brennofen
13. und 14. Speicher
15. Einmündung der Wasserleitung
16.–19. Klär-Becken
20. Kanalnetz
21.–29. Wasserbecken und Bäder
30. Zisterne

kulturell und wirtschaftlich am stärksten entwickelte Zweig des J. Vor ihrer Vertreibung von der Iberischen Halbinsel im Jahre 1492 machten die Sephardim etwa die Hälfte aller Juden aus. Im 15./16. Jh. emigrieren sie in verschiedene europäische Länder, nach Nordafrika, in den Nahen Osten und nach Amerika. Zentren sind u. a. Livorno, Saloniki, London, Amsterdam und Hamburg. In Israel gibt es neben dem aschkenasischen auch einen sephardischen Oberrabbiner. Seit 1950 erscheinen in Tel Aviv zwei judäospanische Wochenzeitschriften: »La Verdad« und »El Tiempo«.

Das amerikanische Judentum der Gegenwart kennt 3 offizielle Denominationen:
1. das *orthodoxe, gesetzestreue Judentum,* das in der *Agudath-Israel* vereint ist und seine Zentren in Jerusalem, New York und London hat. Da für orthodoxe Juden die Tora die wörtliche Offenbarungsurkunde Jahwes und der Talmud die Niederschrift einer zusammen mit der Tora von Gott gegebenen und mündlich überlieferten Offenbarung ist, gilt das Zeremonialgesetz als unabänderlich.
2. das *liberal-reformierte Judentum* bildet die *World Union for Progressive Judaism* und hat sein Zentrum seit 1960 in New York. Da für das Reformjudentum der Talmud den Versuch einer jeden Zeit widerspiegelt, die Lehren der Bibel zeitgemäß auszulegen, wird eine Verbindlichkeit des Zeremonialgesetzes abgelehnt.
3. Zwischen Orthodoxen und Reformierten steht das *konservative Judentum,* das

durch die *United Synagogue of America* vertreten wird.

Jahwe und Tora

Für das Judentum ist die →israelitische Religion normativ für den Glauben an Jahwe als den einen und alleinigen Gott, den allmächtigen Schöpfer des Himmels und der Erde. Das Bekenntnis der Juden zu Gottes Ewigkeit und Einzigkeit bilden die biblischen Worte (Dtn 6,4): »Höre, Israel, der Ewige ist unser Gott, der Ewige ist einzig.« Dieses Bekenntnis *Schma Jisrael* (hebr. »Höre, Israel«) soll von jedem erwachsenen Juden täglich morgens und abends gesprochen werden.

Der Glaube an die Einzigkeit Gottes prägt auch die 13 Artikel des von Maimonides (1135–1204) formulierten Glaubensbekenntnisses, das in das jüdische Gebetbuch aufgenommen ist:

1. Ich glaube mit voller Überzeugung,
daß der Schöpfer, gepriesen sei sein Name,
jegliche Kreatur schafft und lenkt
und daß er allein der Urheber alles dessen ist,
was geschah, geschieht und geschehen wird.
2. Ich glaube mit voller Überzeugung,
daß der Schöpfer, gepriesen sei sein Name,
einzig ist und daß es keine Einheit seinesgleichen gibt,
in keinerlei Hinsicht, und daß er allein unser Gott war, ist und sein wird.
11. Ich glaube mit voller Überzeugung,
daß der Schöpfer,
gepriesen sei sein Name,
Gutes erweist denen, die seine Gebote beachten,
und diejenigen bestraft, die seine Gebote übertreten.
12. Ich glaube mit voller Überzeugung
an das Erscheinen des Messias,
und wenn er auch säumt,
so harre ich doch täglich seiner Ankunft.
13. Ich glaube mit voller Überzeugung,
daß einst zu seiner Zeit, wenn es dem Schöpfer,
gepriesen sei sein Name und erhaben sein Gedenken
immer und ewig, wohl gefällt,
die Toten auferstehen werden.

Der belohnende und bestrafende Gott setzt die Freiheit des Menschen voraus, Gutes oder Böses zu tun. Moses Mendelssohn sagt: »Unter allen Vorschriften und Verordnungen des mosaischen Gesetzes lautet kein einziges: du sollst glauben, sondern alle heißen: du sollst tun.« Jüdischer Glaube konkretisiert sich in der Erfüllung des Gesetzes. Das mosaische Gesetz umfaßt sowohl die biblische (pentateuchische) »schriftliche Lehre« vom Sinai wie auch die nachbiblische (talmudisch-rabbinische) »mündliche Lehre« mit ihren 613 *Geboten (tarjag mizwot),* von denen 248 *»Du sollst«-Gebote (mizwot asseh)* und 365 *»Du sollst nicht«-Verbote (mizwot lo taasseh)* sind.

Zu den 248 Geboten zählen u.a. Reinheitsgesetze und Speisegesetze, soziale und ethische Gesetze sowie Ehegesetze.

Zu den 365 Verboten gehören u.a. Speiseverbote, verbotene Mischungen, Boden-, Sozial- und Sklavengesetze sowie Ehe- und Sexualvorschriften.

Die Unterscheidung zwischen *rein und unrein* treffen die *Reinheitsgesetze*. Sie schreiben u.a. eine *Händewaschung* (hebr. *netilat jadajim*) vor dem Morgengebet, vor und nach der Mahlzeit vor. Kultische Waschungen machen die Unreinen wieder rein. Zur Erfüllung der Reinheitsgesetze gibt es in der Gemeinde die *mikwe* (hebr. »Wassersammlung, Bassin«), ein rituelles Tauchbad, das nur »lebendes« (= quellendes) Flußwasser oder in Gruben gesammeltes Regenwasser enthält und mindestens 3 Kubikellen (= 800 Liter) umfaßt. Dieses Kultbad ist für Frauen vor der Hochzeit, nach der Geburt oder allmonatlich nach der Menstruation vorgeschrieben (Lev 15,5; Num 19,19; Dtn 23,12). Die *mikwe* in Speyer stammt aus der Zeit um 1200.

Koscher (jiddisch aus hebr. *kaschejr* = »rein«) ist das nach dem Zeremonialgesetz für den Gebrauch Erlaubte, insbesondere die »einwandfreien« Speisen. Da die *Speisegesetze* eine strenge Trennung von Fleisch- und Milchspeisen verlangen (Ex 23,19), wird in einem Haushalt orthodoxer Juden für beide Speisearten je ein gesondertes Geschirr (Kochtöpfe, Teller, Tassen, Gabeln, Messer) verwendet. Es besteht ein Verbot, das Fleisch bestimmter Tiere (u.a. Schweine, Krebse) zu essen oder Blut zu genießen, und die nach dem Gesetz (Lev 11; Dtn 14) zum Verzehr freigegebenen Tiere (Paarhufer und Geflügel) dürfen nur nach ritueller Schlachtung (»Schächtvorschriften«) und nach vollständiger Ausblutung verwendet werden, denn das Blut gilt als Träger des Lebens.

Beim Wechsel von Fleischgerichten zu Milchprodukten ist ein zeitlicher Zwischenraum von mindestens 5 Stunden und in umgekehrter Reihenfolge von 2 Stunden vorgeschrieben.

Ein Kernstück der Gesetzesethik ist das Sabbatgebot. Der *Sabbat* (hebr. *schabbat* = »Ruhe«) ist der 7. Tag der Woche, ein Tag der Heiligung und der Ruhe. In der Bibel wird er verschieden begründet: einmal mit sozialer Rücksicht (Ex 23,12), dann als Bundeszeichen (Ex 31,12–17), ferner mit dem Gedenken an Israels Befreiung aus ägyptischer Sklaverei (Dtn 5,15) sowie mit der Erinnerung an Jahwes Ausruhen nach erfolgter Weltschöpfung (Ex 20,8–11; 31,16), da er am 7. Tag ruhte und ihn dadurch heiligte (Gen 2,2f.). Schon zur Zeit des Babylonischen Exils wird der Sabbat – nachdem der Opferkult im Tempel aufgehoben ist – neben der Beschneidung ein wesentlicher Ritus des J. und ist dies bis heute geblieben. Dieser unter dem vollen Ruhegebot stehende 7. Tag der Woche bildet die Grundlage aller jüdischen Feste. Charakteristisch für den Sabbat sind die absolute Arbeitsruhe, die Gottesdienste und die religiöse Hausfeier.

Die Sabbatfeier beginnt am Freitagabend, dem Rüsttag (*erew* = [Vor-]»Abend«), bei Sonnenuntergang, 45 Minuten vor dem Einsetzen der Nacht, mit dem »Empfang des Sabbats«. Die Hausfrau zündet die Lichter an und spricht den Segensspruch über die Kerzen. Nach der Heimkehr aus der Synagoge weiht der Hausherr den Sabbat durch den Segensspruch *(kiddusch)* über Wein und Brot. Drei Mahlzeiten werden am Sabbat eingenommen, reichhaltiger als an den Werktagen, und sie werden bereits am Freitag gekocht. Dem Sabbatausgang am Samstagabend gilt der Unterscheidungssegen *(hawdala)*.

Sabbatweg ist die mit dem Ausgehverbot am Sabbat (Ex 16,29) noch zu vereinbarende Wegstrecke, die nach der Mischna 2000 Ellen (ca. 1 km) betragen darf. Eine Entweihung des Sabbats gilt als Todsünde (Num 15,32 ff.).

Lebens-, Jahres- und Tageskreis

Nach der überlieferten Halāchā (→S. 277) gilt als *Jude* (hebr. *jehudi*), »wer von einer jüdischen Mutter geboren wurde oder nach orthodoxem Ritus zum Judentum übergetreten ist«. Im heutigen Staat Israel ist diese überlieferte Regel die Rechtsgrundlage für eine jüdische Nationalität (im Unterschied zur israelitischen Staatsbürgerschaft), die der Oberste Gerichtshof in Israel um den Zusatz »und sich nicht zu einer anderen Religion bekennt« ergänzt hat.

Ein Nichtjude, der zum Judentum durch die Annahme des mosaischen Gesetzes, insbesondere durch die Beschneidung (→S. 273), übertritt, wird *Proselyt* (griech. »Hinzugekommener«) genannt. Ein bedeutender Proselyt ist u.a. der Bibelübersetzer Aquila. Heute bezeichnet Proselyt einen Neubekehrten im allgemeinen. Im Gegensatz zur Aufnahme eines neuen Mitgliedes in die jüdische Gemeinschaft steht *cherem* (»Bann«), die Ausstoßung eines Abtrünnigen und Ketzers aus der jüdischen Gemeinde, die von der Gemeinde selbst oder einer Rabbinensynode beschlossen wird. Geschichtliche Beispiele bieten dafür Uriel Acosta (um 1585–1640), Baruch Spinoza (1632–77) und Sabbatai Z(e)wi (1626–76). Die *cherem*-Drohung (»Wenn jemand sagt … der sei im Bann«) dient zur Bekräftigung neuer Gesetze.

Ein Grundgebot des Judentums ist die *Beschneidung* (hebr. *mila*), die am 8. Tag nach der Geburt eines Jungen vorgenommen wird. Sie ist Symbol und Ritus der Aufnahme in den von Gott mit Abraham geschlossenen Bund (Gen 17,10 ff.) und ist mit der Namengebung verbunden.

Bar-mizwa (hebr. »Sohn des Gebotes«) wird der Junge genannt, der das 13. Lebensjahr vollendet und damit gebotspflichtig wird, in die Gemeinde als vollgültiges Mitglied aufgenommen wird und religiöse Verantwortung übernimmt. In Reformgemeinden werden auch Mädchen mit 12 Jahren (*bat-mizwa* = »Tochter des Gebotes«) gebotspflichtig.

Als göttliches Gebot gilt die Eheschließung. Die *kidduschin* (Heiligung) erfolgt unter der *chuppa* (hebr. »Trauhimmel«), einem auf vier Stangen ruhenden Tragzelt, und geschieht durch Überreichung des Traurings, wobei der Bräutigam der Braut den Ring ansteckt.

Im jüdischen Festkalender gibt es »freudige Feste«, »ernste Feste«, »freudige Gedenktage« und »traurige Gedenktage«.

Zu den »freudigen Festen« gehören die drei Wallfahrtsfeste *Pesach* (Pascha, Passah), *Schawuot* und *Sukkot*, die an die drei wichtigsten Stationen der Volkwerdung Israels (Befreiung aus ägyptischer Knechtschaft, Berufung zum heiligen Volk am Sinai, Wüstenwanderung unter Gottes Führung) anknüpfen und zur Zeit des Tempels in Jerusalem gefeiert worden sind.

Zu den »ernsten Festen« zählen als hohe Feiertage das Neujahrsfest, *Rosch ha-Schana*, und das Versöhnungsfest, *Jom Kippur*; sie sind durch die *Zehn Tage der Umkehr* miteinander verbunden.

Als »freudige Gedenktage« werden *Chanukka* (Fest der Tempelweihe) und *Purim* (Fest zur Erinnerung an die Errettung der Juden aus der Hand Hamans) begangen.

Es gibt 5 »traurige Gedenktage« vor allem zur Erinnerung an die erste Tempelzerstörung (587 v. Chr.) und an die zweite (70 n. Chr.), die zugleich mit Fasten verbunden sind. Es handelt sich dabei um den 3. Tischri, 10. Tebet, 13. Adar, 17. Tammuz und 9. Ab.

Zu wiederkehrenden festen Gebetszeiten, morgens, mittags und abends, wird im Haus und in der Synagoge gebetet, ebenso zu bestimmten Gelegenheiten, wie vor und nach den Mahlzeiten, bei Geburt, Beschneidung, Hochzeit, Krankheit, Tod und auf Reisen.

Grundform des Gebets ist das *Baraka*, auch *Beracha* (hebr. »Segen, Lobpreisung«), eine Segensform für verschiedene Anlässe:

> Gepriesen seist du, Ewiger, unser Gott,
> König der Welt.

Eine andere Form des Gebets ist das *Sch(e)ma* (hebr. »Höre [Israel]«), ein nach seinem Anfangswort benanntes Bekenntnis der jüdischen Gemeinde zu Gottes Einzigkeit, das aus drei Abschnitten des Pentateuchs besteht:

> Höre, Israel,
> ER ist unser Gott,
> ER ist EINER …
> So liebe denn IHN,
> deinen Gott,
> mit all deinem Herzen,
> mit all deiner Seele,
> mit all deiner Macht.

Jeder erwachsene männliche Jude ist verpflichtet, dieses Gebet täglich morgens und abends zu rezitieren. Jesus nennt das *Sch(e)ma* neben dem Bibeltext (Lev 18,19) das höchste Gebot (Mk 12,19).

Das *Sch(e)mone esre* (hebr. »achtzehn [Segenswünsche]«), das »Achtzehngebet«, bildet mit dem *Sch(e)ma* den Grundstock des jüdischen Gottesdienstes. Es ist das älteste jüdische Gemeindegebet noch aus vormakkabäischer Zeit und wird *Tephilla* (hebr. »Gebet«) schlechthin genannt.

Der Inhalt des *Sch(e)mone esre* betrifft seelische, materielle und nationale Anliegen, wie z. B. Auferweckung der Toten, Sammlung der Zerstreuten, Kommen des Messias, Wiederaufbau Jerusalems.

Mit dem Anfang des *Kaddisch* (aram. »Heiliges«), einem Gebet im täglichen

Gottesdienst, das noch vor der zweiten Tempelzerstörung mit dem Ausblick auf das messianische Reich als Abschluß haggadischer Schriftauslegung dient, sind die ersten drei Bitten des christlichen Vaterunsers (Mt 6,9 f.) identisch.

Das Gebet erfordert vielfach eine besondere Kleidung, z.B. die Bedeckung des Hauptes der Männer, und beim Morgengebet das Tragen des *tallit* (hebr. »Gebetsmantel«) im Hinblick auf Dtn 22,12. Beim Gemeindegebet ist der Vorbeter immer damit bekleidet. Der *tallit* ist ein rechteckiges, meist weißes Umschlagtuch aus Wolle oder Seide mit Quasten, den sog. Schaufäden *(zizit)*, an den vier Ecken zum Umschlagen.

Jeder männliche, gesetzestreue Jude über 13 Jahre legt beim werktäglichen Morgengebet (nicht am Sabbat und Festtag) die *tefillin* (hebr. »Gebetsriemen«) an. Unter Bezug auf Ex 13,9/16 und Dtn 6,8 und 11,18 enthalten die mit Lederriemen teils am linken Oberarm (gegenüber dem Herzen) und teils mitten auf der Stirn befestigten würfelförmigen schwarzen Lederkapseln 4 Tora-Texte, die auf Pergamentröllchen geschrieben sind (Ex 13,1–10, 11–16; Dtn 6,4–9 und 11,13–21). Diese Gebetsriemen sollen Denkzeichen an die Beobachtung der Gebote Gottes sein. Größten Wert legen die Pharisäer (Mt 23,5) auf das Tragen dieser Gebetsriemen.

Synagogen

Die *Synagoge* (griech. »Versammlung, Versammlungsort, Bethaus«; hebr. *beth ha-knesseth*) bezeichnet das dem Gebets- und Lesegottesdienst dienende Gebäude. *Judenschule* ist die auf M. Luther zurückgehende Bezeichnung.

Die Synagoge ist erstmalig unter dem Ägypterkönig Ptolemaios III. (246–221 v. Chr.) inschriftlich bezeugt. Nach der Zerstörung des Jerusalemer Tempels (70 n. Chr.) wird sie alleiniges Zentrum der jüdischen Gemeinden. In Galiläa, der Nordprovinz Palästinas, gibt es noch zahlreiche Synagogenruinen. Eine der am besten erhaltenen ist die in Kapernaum (Kafarnaum), heute Kefar Nahum, aus dem 3./4. Jh. n. Chr. Ihre nach Jerusalem orientierte Front hat 3 Eingänge. Im Inneren des Langhauses befinden sich an den Wänden Bänke für die Männer, und ein turmartiger Anbau umgibt die Treppe, die zur Frauenempore führt, die oberhalb des Säulenumgangs liegt. Die palästinensischen Synagogen des 2.–6. Jh. sind im griechisch-römischen Stil erbaut, die Synagogenarchitektur in Westeuropa spiegelt die Stile europäischer Architektur wider. Die Synagoge in Worms, 1034 erbaut, 1938 zerstört und 1959/61 wieder aufgebaut, ist die älteste in romanischer Form. In Deutschland werden in der Nacht des 9. November 1938 (»Reichskristallnacht«) insgesamt 267 Synagogen von den Nationalsozialisten in Brand gesteckt. Die Altneuschul in Prag (1270) bietet das Beispiel einer gotischen Synagoge. Vom Stil der Moscheen beeinflußt sind die spanischen in Córdoba und Toledo. In Osteuropa ist ein eigener Stil entwickelt, z.B. in Lemberg (Polen); hier bevorzugt man die Holzbauweise. Ein Beispiel moderner Architektur ist die Synagoge der Hebräischen Universität in Jerusalem (1957).

Ausgerichtet sind die Synagogen meist mit (Gebets-)Richtung *(misrach)* auf den Tempelplatz von Jerusalem (Dan 6,11). Die mitteleuropäischen Synagogen sind deshalb geostet. Um rituelle Waschungen zu erleichtern, sind die Gebäude oft an Gewässern angelegt.

Der *Eingang* zum Gebetsraum der Synagoge führt meistens einige Stufen tiefer – gemäß Psalm 130,1: »Aus der Tiefe rufe ich dich, Herr«. In der *Vorhalle*, bevor man den Hauptraum betritt, steht ein Gerät für eine Waschgelegenheit. Zur Innenausstattung gehört der Tora-Schrein *(aron ha-kodesch)*, ein Wandschrank, der in einer Nische an der Ostseite an erhöhtem Platz eingebaut ist und die Tora-Rollen enthält. Der Tora-Schrein – Nachbildung der Bundeslade des 1. Tempels – ist durch den Vorhang, *parochet*, geschmückt, der den Tora-Schrein als das »Allerheiligste« des Tempels zur Gemeinde hin abschließt. Vor dem Vorhang brennt gemäß Lev 24,2–3 das immerwährende Licht *(ner tamid)* meist in einem an Ketten hängenden Gefäß. Zur Seite des Tora-Schreins steht der achtarmige Leuchter, *Menora*, für das Tempelweihfest Chanukka. Davor, meist auf der Südseite des Tora-Schreins und an dessen unterster Stufe, befindet sich das Lesepult (*omed*, eigentlich *amud* = »Pfeiler«) des Vorbeters. Für die Tora-Vorlesung steht – unter Bezugnahme auf Dtn 31,11 »Du sollst die Tora vorlesen in der Mitte der Kinder Israels« – in der Mitte der Synagoge ein *almenor* (arab. *al-minbar* = Moscheenkanzel), auch *bima* oder *bema* (»Tribüne«) genannt, am erhöhten, abgesonderten und umgrenzten Platz. Diese um höchstens 6 Stufen erhöhte Estrade, oft mit einem Überbau versehen, steht in den aschkenasischen Synagogen meistens

1 Grabdenkmal des Zacharias *unterhalb des Tempelberges, Monolith, 1. Jh. v. Chr. Jerusalem, Kidrontal*

2 Grabmal des Rabbi Löw, *1609. Prag, alter jüdischer Friedhof*

3 *Marc Chagall,* Rabbi mit Tora-Rolle, *um 1930. Amsterdam, Stedelijk-Mus.*

4 Synagogenbau-Grundschema
1. Eingang zur Synagoge
2. Vorraum mit Becken für rituelle Waschungen
3. Aufgang zur Frauenempore
4. Hauptraum
5. almenor (Kanzel für Toralesung)
6. omed (Vorbeterpult)
7. aron ha-kodesch (Schrein für Tora-Rolle)
8. Eingang zum mikwe (rituelles Tauchbad)

5 *Ältestes hebräisches Bibeltextfragment (1 Sam 23, 9–16), Qumrān, 225/200 v. Chr.*

6 Synagoge von Kapernaum *(heute Kefar Nahum), 3./4. Jh.*

7 Bibelhandschrift, *illuminiert, 15. Jh. Berlin, Staatsbibliothek*

1

2

3

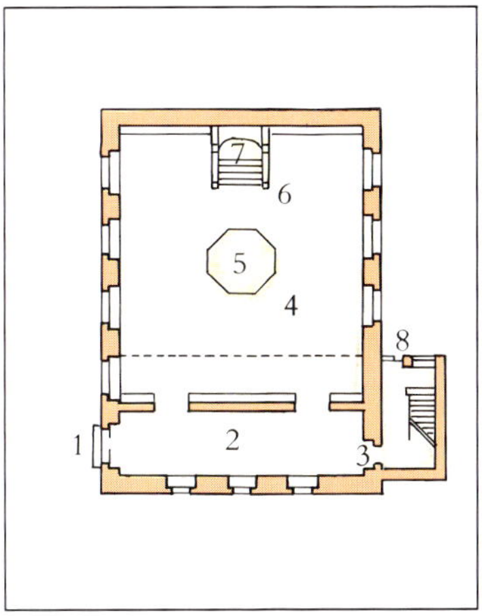

4

5

6

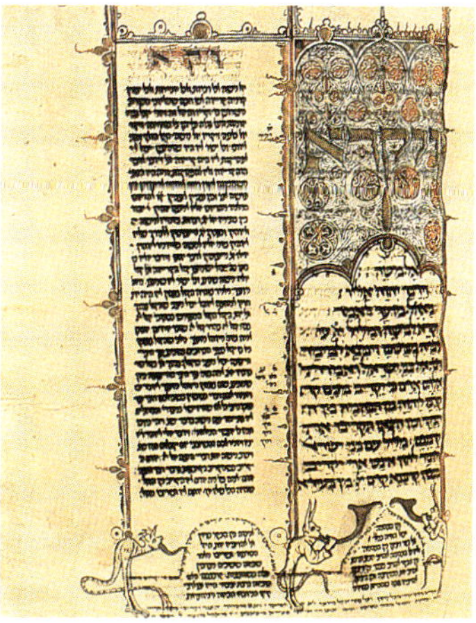

7

in der Raummitte und ist in den sephardischen Synagogen an die Westwand gerückt.

Der Hauptraum ist spätestens seit dem 3. Jh. n. Chr. wie die hellenistischen Basiliken durch 2 Säulenreihen in 3 Schiffe geteilt. Während es in orthodoxen und konservativen Synagogen eine Frauenempore gibt oder einen durch Gitter oder Vorhänge abgegrenzten Raum, die »Frauenschul« *(esrath nashim)*, nehmen in den liberalen Synagogen Europas Männer und Frauen in zwei getrennten Schiffen des Hauptraumes Platz. In den Synagogen des amerikanischen Reformjudentums ist die Trennung der Geschlechter in der Zwischenzeit aufgehoben.

Der Synagoge angegliedert sind im allgemeinen das talmudische Lehrhaus *(beth ha-midrasch)* mit der Bibliothek und ein Badehaus für das rituelle Tauchbad *(mikwe)*. Die im Kult unbrauchbar gewordenen Tora-Rollen, die religiösen Dokumente und Kultgeräte werden in der *geniza* (pers. Lehnwort im Aram.: »Aufbewahrungs-, Verbergungsort«) aufbewahrt. In der *geniza* von Fostal (Kairo) werden 1763 ca. 100 000 Fragmente zur jüdischen Geschichte und Literatur entdeckt, u.a. das hebräische Original des Buches Sirach und die Damaskusschrift. Im Hof der Synagoge werden bei Trauungen die *chuppa* und zum Sukkothfest die Laubhütte der Gemeinde aufgestellt. Auf der Rückseite mehrerer Synagogen befindet sich ein steinerner Ehrensessel, der »Lehrstuhl des Mose« (Mt 23,2). In den USA umfaßt das »Jewish Center« alle Einrichtungen der Gemeinde.

Während die Synagogenbauten der ersten Jahrhunderte n. Chr. u.a. zum Vorbild christlicher Basiliken dienen, werden die Synagogengemeinden von den Christen – in Anlehnung an Röm 9–11 – als »Israel dem Fleische nach« aufgefaßt, wohingegen die christliche Kirche selbst sich als »Israel dem Geiste nach« versteht.

Religiöses Schrifttum

Das religiöse Schrifttum der Juden umfaßt einen Zeitraum von 3 Jahrtausenden mit 3 Hauptepochen und Haupttypen:

1. *Biblische Literatur* (ca. 1000 v.–100 n. Chr.). Zu ihr gehören die Bibel und die Apokryphen. Die hebräische *Bibel* (griech. »Bücher«; hebr. *Tenach*), die die Christen (gemäß 2 Kor 3,14) als *Altes Testament* (= Alter Bund) bezeichnen, ist in die drei Teile Tora, Nebiim und Ketubim gegliedert und umfaßt insgesamt 24 Bücher, die seit 90 n. Chr. den biblischen Kanon (griech. »Norm«) bilden, d.h. im Gegensatz zu den Apokryphen und Pseudepigraphen als verbindlich anerkannt sind.

Die *Tora* (hebr. »Weisung«; griech. *Pentateuch* = »fünfteiliges Buch«) umfaßt die fünf Bücher Mose mit den Bezeichnungen: *Bereschit* (Genesis), *Schemot* (Exodus), *Wajikra* (Levitikus), *Bemidbar* (Numeri) und *Dewarim* (Deuteronomium) (→israelitische Religion). Zu den *Nebiim* (Propheten) zählen die »ersten Propheten« (nebiim rischonim) mit *Josua*, *Schofetim* (Richter), *Samuel* I und II, *Melachim* (Könige) I und II sowie die »letzten Propheten« (nebiim acharonim) mit *Jesaja*, *Jeremia*, *Ezechiel* und *Tre Assar* (12 kleine Propheten).

Die *Ketubim* (hebr.; griech. *Hagiographen* = »heilige Schriften«) bilden die 3. und letzte Abteilung der Bibel. Sie umfassen die *Tehillim* (Psalmen) – eines der größten Poesiebücher der Menschheit –, *Mischle* (Sprüche), *Hiob*, *Schir ha Schirim* (Hoheslied), *Ruth*, *Echa* (Klagelieder), *Kohelet*, *Esther*, *Daniel*, *Esra-Nehemia* und *Diwre ha-Jamim* (Chronik) I und II. Die fünf Bücher von Hoheslied bis Esther heißen zusammen *Megillot* (hebr. »Rollen«). Letztere Schrift ist die einzige, die neben der Tora in Form einer Rolle niedergeschrieben wurde. Der Name ist dann auf die vier anderen Bücher übertragen worden. Sie werden an den 5 Hauptfesttagen (Pesach, Wochenfest, Gedenktag der Zerstörung Jerusalems [9. Aw], Laubhüttenfest und Purim) im Gottesdienst verlesen.

Die Übersetzung der hebräischen Bibel in die im synagogalen Gottesdienst verwendete aramäische Landessprache heißt *Targum* (hebr. »Übersetzung«).

Septuaginta (lat. »siebzig«), meist LXX zitiert, ist die Bezeichnung der Bibelübersetzung in das vom alexandrinischen Judentum gesprochene Griechische. Diese im 2. Jh. v. Chr. abgeschlossene griechische Übersetzung hat das Christentum übernommen und als Altes Testament mit dem griechischen Neuen Testament zur christlichen Bibel vereinigt.

Die hebräische Bibel hat auch außerhalb des Judentums großen Einfluß auf die Denkweise und Kunst vieler Völker genommen. In Verbindung mit dem Neuen Testament der Christen ist die hebräische Bibel das meistverbreitete Buch der Welt.

2. *Talmud-Midrasch-Literatur* (bis 800 n. Chr.). Im Gegensatz zur »schriftlichen Lehre« *(tora schebi-chtaw)* steht die »mündliche Lehre« *(tora schebeal-pe)*, die als »nachbiblische« Lehre des Gesetzes in Mischna und Talmud aufgeschrieben ist.

Der *Talmud* (hebr. *lamad* = »Lernen, Lehre, Belehrung«) ist nach der Bibel das Hauptwerk der jüdischen Literatur. Es ist eine umfangreiche Sammlung jüdischen Traditionsgutes vom 1. Jh. v. Chr. bis zum 5. Jh. n. Chr. Auf ca. 5900 Folioseiten mit 2,5 Millionen Wörtern kommen ca. 2500 Autoren mit selbst entgegengesetzten Ansichten zu Wort.

Der Talmud besteht aus 2 Sammlungen, der älteren Mischna und der jüngeren Gemara. Manchmal wird auch die Gemara allein als Talmud bezeichnet.

Die *Mischna* (hebr. »Wiederholung, wiederholt Gelerntes«) bildet den Kern der »mündlichen Lehre«, der überlieferten Gesetzeslehre und Gesetzesauslegung, und den Grundstock des Talmuds. Im Unterschied zum Midrasch, der den Stoff nach exegetischen Gesichtspunkten (Bibelstellen) ordnet, ist die Mischna nach systematisch-sachlichen Erwägungen aufgebaut. Sie umfaßt 6 *sedarim* (hebr. »Ordnungen«), deren Hauptinhalt durch kurze Überschriften charakterisiert wird: *seraim* (»Saaten«) mit Satzungen für den Landbau, *moëd* (»Feste«) mit Geboten für die Feiertage, *naschim* (»Frauen«) mit Ehegesetzen, *nasikim* (»Schäden«) mit Zivil- und Kriminalrecht, *kodaschim* (»heilige Dinge«) mit Speisegesetzen und Kultvorschriften, *teharot* (»Reinheit«) mit Reinheitsgesetzen.

Jede dieser 6 Ordnungen umfaßt 7/12 Traktate *(massechet)*. Die insgesamt 63 Traktate sind in 525 Kapitel *(perek)* und diese in einzelne Lehrsätze *(mischna/halacha)* gegliedert. Besondere Beachtung verdienen die Traktate *Abot* (»Sprüche der Väter«), *Berakot* (»Segenssprüche«) und *Sabbat*.

Die Mischna-Lehrer, die *Tannaiten*, umfassen 5 bzw. 6 Generationen mit insgesamt 150 Autoritäten. Der Erstdruck der Mischna mit dem Kommentar des Maimonides erfolgt 1492 in Neapel bei Soncino.

Die *Gemārā* (hebr. »Erlerntes, Vollendetes«) sind diejenigen Stücke des Talmuds, die sich an die Mischna anschließen und diese erläutern. Es gibt eine zweifache Gemara: eine kürzere und ältere, in Palästina redigierte, und eine umfassendere, im allgemeinen jüngere, aus Babylonien stammende. Daher spricht man – je nachdem, ob zur Mischna die babylonische oder palästinensische Gemara hinzugefügt wurde – von einem babylonischen oder palästinensischen bzw. jerusalemischen Talmud.

Die Tradenten der Gemara sind die *Amoräer* (»Sprechende«), die über den Mischna-Stoff Diskutierenden. Die »palästinensische« Gemara, um 360 n.Chr. abgeschlossen, umfaßt 5 Amoräer Generationen, die »babylonische«, um 500 n.Chr. vollendet, umfaßt 7 Amoräer-Generationen. Der babylonische Talmud repräsentiert den Talmud schlechthin.

Dem Inhalt nach unterscheidet man 2 Gattungen des talmudischen Stoffes, die gesetzlichen Teile, die *Halāchā*, und die mehr erzählenden Teile, die *Haggādā*.

Die »mündliche Lehre«, die schon durch die Sadduzäer abgelehnt wurde, wird später auch von den Karäern und den Antitalmudisten zurückgewiesen. Im Laufe der Geschichte haben »christenfeindliche« Äußerungen im Talmud scharfe Reaktionen der christlichen Kirche hervorgerufen, die von Talmud-Disputationen, -Konfiskationen, kirchlicher Zensur der Talmud-Handschriften und Talmud-Drucke bis zu Talmud-Verbrennungen führen. In der 2. Hälfte des 16. Jh. werden nicht weniger als sechsmal die Scheiterhaufen für den Talmud errichtet.

Die nicht in die Sammlung der Mischna aufgenommenen mündlich tradierten Lehrsätze sind in die Sammlung der *Barajtha* (»außerhalb Befindliches«) und der *Tosephta* (»Dazugefügtes«) aufgenommen.

3. Zur *rabbinischen Literatur* (bis 1800 n.Chr.) gehören u.a. die Schriften der *Kabbala* und der *Chassidim*.

Zeittafel

Vor der christlichen Zeitrechnung

3761 Beginn der jüdischen Zeitrechnung (»von der Schöpfung der Welt an«)
538 Kyros II. von Persien erlaubt den Juden die Rückkehr aus dem Babylonischen Exil
6./5. Jh. Priesterschrift
515 Einweihung des 2. Tempels in Jerusalem
3. Jh. Entstehung der Septuaginta
167–141 Makkabäer-Aufstand nach der Schändung des Tempels durch Antiochus IV. Epiphanes (175–164)
40–37 Makkabäer-Aufstand gegen die Herrschaft der Römer
40/37–4 Herodes d. Gr., Erbauer des herodianischen Tempels
7/4 v.–30 n. Chr. Jesus (hebr. Jehoschua, Jeschua) von Nazaret

Nach der christlichen Zeitrechnung

66–70 Jüdischer Aufstand gegen Rom
70 Titus erobert Jerusalem und läßt den Tempel zerstören
132–135 Aufstand der Juden gegen die Römer unter Bar Kochba. Zerstörung Jerusalems durch Kaiser Hadrian und Ende des jüdischen Nationalstaates
ca. 500 Redaktion des babylonischen Talmuds
seit ca. 700 Im Gefolge der islamischen Eroberungszüge breiten sich die Juden über den Orient, über Nordafrika und Teile Europas aus
1034 Synagoge in Worms
1100–1500 Im Gefolge der christlichen Kreuzzüge wächst der religiöse Fanatismus gegen Andersgläubige (Judenverfolgungen im Abendland)
1135–1204 Maimonides, Vermittler des arabisch-islamischen Wissens von der griechischen Philosophie an das christliche Abendland
1200–1600 Kabbala
ab 1720 Mit der Aufklärung schwinden die religiös motivierten Vorbehalte der Christen gegen die Juden
1729–86 Moses Mendelssohn wirkt für die Emanzipation der Juden
seit ca. 1750 Chassidismus
1881–83 Nach Pogromen (russ. »Verwüstung«) im zaristischen Rußland und in Rumänien erste große Einwanderungswelle der Juden nach Palästina
1896 Erscheinen des Buches »Der Judenstaat« von Theodor Herzl (1860–1904), dem Begründer des Zionismus (seit 1897)
1935 Die Nürnberger Gesetze nehmen den Juden im Deutschen Reich die Bürgerrechte
1938 In der »Reichskristallnacht« werden fast alle Synagogen im Deutschen Reich in Brand gesteckt
1941–45 In den Vernichtungslagern der Nationalsozialisten werden ca. 6 Millionen Juden umgebracht
1947 Beschluß der Vereinten Nationen über die Teilung Palästinas in einen arabischen und einen jüdischen Staat
1948 Die Gründung des Staates Israel und die nachfolgende siebte große Einwanderungswelle der Juden nach Palästina führen zum 1. Israelisch-Arabischen Krieg
1949–52 Chaim Weizmann (1874–1952) erster Staatspräsident Israels
1973 4. Israelisch-Arabischer Krieg (»Jom-Kippur-Krieg«)

1979 Friedensvertrag zwischen Ägypten und Israel
1984 Über eine Luftbrücke werden ca. 10 000 Falascha aus Äthiopien nach Israel eingeflogen
1985 das Jahr 5746 jüdischer Zeitrechnung (ab 16. September)

Literaturauswahl

Der Babylonische Talmud. Übertragen v. L. Goldschmidt, 12 Bde. Berlin 1981

Baeck, L.: Das Wesen des J. Köln [6]1960

Gaster, T.H.: Festivals of the Jewish Year. New York 1953

Hölscher, G.: Geschichte der israelitischen und jüdischen Religion. Gießen 1922

Kirche und Synagoge. Handbuch zur Geschichte von Juden und Christen. Hrsg. v. K. H. Rengstorf u. S. v. Kortzfleisch. 2 Bde. Stuttgart 1968/1970

Latour, A.: Israel – Gelobtes Land. Idee und Gründung eines Staates. Frankfurt 1968

Philo-Lexikon. Handbuch des jüdischen Wissens. Nachdruck Königstein [3]1982

Scholem, G.: Die jüdische Mystik in ihren Hauptströmungen. Frankfurt [2]1967

Die Schrift, verdeutscht v. M. Buber u. F. Rosenzweig. Köln u. Olten [3]1968

Schubert, K.: Die jüdischen Religionsparteien in neutestamentlicher Zeit. Stuttgart 1970

Wischnitzer, R.: The Architecture of the European Synagogue. Philadelphia 1964

Zimmels, H. J.: Ashkenazim and Sephardim. London 1958

JUGENDRELIGIONEN

»J.« ist eine zu Anfang der 70er Jahre entstandene Bezeichnung für eine Reihe weltanschaulich-religiöser Gruppen und Bewegungen, die seit 1954 in Asien und Amerika entstehen und ihre Anhänger vorwiegend unter jungen Erwachsenen, vor allem aus dem Mittelstand, im Alter zwischen 18 und 40 Jahren finden. Andere Namen für diese neuen Bewegungen sind *Jugendsekten* oder *Psychogruppen* und *Psychokulte* oder *neue religiöse Bewegungen* oder *neue Weltanschauungsgemeinschaften*. In den USA werden sie *destructive cults* (»destruktive Kulte«) genannt.

Die J. stellen die jüngsten weltanschaulich-religiösen Bewegungen unter den →neuen Religionen dar. Zu ihnen gehören nach Meinung vieler die 1954 in Korea entstandene →Vereinigungskirche, die in Indien aus dem Hinduismus hervorgegangenen →Ananda Marga (gegr. 1955), →Divine Light Mission (gegr. 1960) und →Hare-Krishna-Bewegung (gegr. 1966) sowie die als Psychogruppen bezeichneten →Transzendentale Meditation (gegr. 1958) und die →Bhagwan-Shree-Rajneesh-Bewegung (gegr. 1966). Amerikanischen Ursprungs sind die →Scientology Church (gegr. 1954), →Eckankar (gegr. 1964) und die aus dem →Christentum hervorgegangenen →Kinder Gottes (gegr. 1969). Der deutschen Bundesregierung ist vom Kölner Verwaltungsgericht untersagt, die Bhagwan-Bewegung als »Jugendreligion, destruktiven Kult oder Psychosekte« zu bezeichnen. Ähnlich hat das Oberverwaltungsgericht in Münster der Bundesregierung verboten, die Transzendentale Meditation »Jugendreligion, Jugendsekte oder Psychosekte« zu nennen.

Die seit Anfang der 70er Jahre auch in Deutschland aktiv in Erscheinung tretenden Anhänger dieser Bewegungen erregen zunehmend Aufsehen in Form von Zustimmung wie auch Ablehnung. Als Reaktion auf das Anwachsen der Mitgliederzahlen in diesen Bewegungen entstehen in vielen westlichen Ländern *Elterninitiativen* als Zusammenschlüsse von Eltern, die betroffen darüber sind, daß ihre Söhne oder Töchter diesen Bewegungen beitreten.

In Deutschland konstituiert sich 1975 in München als erste Gruppe die *Elterninitiative zur Hilfe gegen seelische Abhängigkeit und religiösen Extremismus (EI) e. V.* Es folgen u.a. Initiativen in Nordrhein-Westfalen (1976) und Niedersachsen (1979). Die meisten dieser Initiativen sind in dem 1977 gegründeten Dachverband *Aktion für geistige und psychische Freiheit – Arbeitsgemeinschaft der Elterninitiativen e. V.* mit Sitz in Bonn zusammengefaßt. Diese Aktion will die Öffentlichkeit aufklären, die Interessen der Betroffenen vertreten und Erfahrungsaustausch mit gleichartigen Initiativen im Ausland pflegen. Als grundsätzlich rechtswidrig hat das Kölner Verwaltungsgericht der Bundesregierung eine weitere finanzielle Förderung dieser *Aktion* untersagt (Az.: 14 k 5208-84).

Im Jahre 1980 schließen sich die europäischen Elterninitiativen in Paris zum *International Committee Concerned with New Totalitarian Ideological and Religious Organisations* (engl. »Internationales Komitee, befaßt mit neuen totalitären ideologischen und religiösen Organisationen«) zusammen.

Als Reaktion auf die zahlreichen Elterninitiativen gründen die Vertreter der J. ihrerseits eigene Verbände, bei denen Eltern von Mitgliedern ihrer Bewegung beteiligt sind, so z. B. die Kinder Gottes, die *Thankful Parents of the Children of God/THANK-COG* (engl. »Dankbare Eltern der Kinder Gottes«) oder der deutsche Zweig der Vereinigungskirche, der 1976 die *Elterngemeinschaft der Vereinigungskirche e. V.* gründet, die dann ihrerseits auch Mitglied der Mun-eigenen *International Parents Association/IPA* (engl. »Internationaler Elternverband«) ist. 1977 tritt die Scientology Church mit ihrem *Elternverband Deutscher Scientology-Kirchen* an die Öffentlichkeit.

Charakteristisch für fast alle J. sind die für Außenstehende auffallenden Veränderungen bei den Anhängern gegenüber dem vorherigen Lebensabschnitt.

Mit dem Eintritt in eine der J. wird meistens die Verbindung zur eigenen Familie aufgegeben und der Arbeitsplatz verlassen, da das neue Mitglied oft in eine Wohngemeinschaft *(ashram, center, home)* übersiedelt, um in einer Gütergemeinschaft ein intensives Gruppenleben führen zu können. Die Anhänger verstehen sich als erwählter Kreis der *Margiis, Neo-Sannyasins, Premies,* der *Gottgeweihten* oder der *Heiligen Geschwister.*

In den nicht gerade warmherzigen Gesellschaftssystemen der Gegenwart bieten die J. Gemeinschaftsmodelle an, die dem individuellen Bedürfnis zahlreicher junger Menschen nach Geborgenheit weit entgegenkommen.

Zum Zeichen der geänderten Identität erfolgt oft die Annahme eines neuen »Ordens«-Namens, das Anlegen einer neuen »Ordens«-Kleidung und evtl. die Übernahme einer neuen Haartracht.

Die starke persönliche Ausrichtung der Mitglieder auf eine zentrale Führergestalt, den Gründer bzw. dessen Nachfolger oder Beauftragten *(Bhagwan, Guru, Mahārishi,* Meister oder Heiliger Vater), erfordert von den Anhängern die unbedingte Gefolgschaft in Fragen des Lebens und der Lehre.

Bhagwan Shree Rajneesh, *Stifter der →Bhagwan-Shree-Rajneesh-Bewegung*

In der öffentlichen Auseinandersetzung mit den J. und Psychogruppen spielt die Frage der *Deprogrammierung* eine große Rolle, die sich gegenüber einer vorausgegangenen »Programmierung« der Mitglieder einer Jugendreligion und Psychogruppe (mit Therapie- und Meditationsprogrammen) nach dem Austritt aus einer solchen Gruppe ergibt. In einer Deprogrammierung soll die »programmierte« Grundlage, die in den sozialen Bezügen, im äußeren Lebensvollzug und im Denken geschaffen worden ist, wieder rückgängig gemacht werden.

Literaturauswahl

Fuchs, E.: Die himmlischen Verführer. Jugendsekten. München 1979

Haack, F.W.: Die neuen Jugendreligionen. München [22]1983

Hauth, R.: Jugendsekten und Psychogruppen von A–Z. Gütersloh [2]1983

Juristische Probleme im Zusammenhang mit den sogenannten neuen J. Hrsg. von P.A. Engstfeld u.a. München 1981

Müller-Küppers, M./Specht, F. (Hrsg.): Neue J. Göttingen 1979

Schöll, A.: Handbuch J. Informationen – Analysen – Alternativen. Gießen 1981

Schreiner, L./Miltenberger, M. (Hrsg.): Christus und die Gurus. Asiatische religiöse Gruppen im Westen. Berlin 1980

KANAANÄER-RELIGIONEN

»K.-R.« ist eine zusammenfassende Bezeichnung für die Religionen der nichtaramäischen Nordwestsemiten, die das Land *Kanaan,* Gebiete Syriens und Palästinas, des heutigen Libanon und Israel, bewohnen und als *Kanaaniter* bzw. *Kanaanäer* bezeichnet werden.

Die K.-R., die die →phönikische, die →punische und die →ugaritische Religion, die Religion der Hebräer (→israelitische Religion) und die →moabitische Religion umfassen, gehören zu den →semitischen und den →vorderasiatischen Religionen.

Die Bewohner Kanaans, die der westlichen Welt und den orientalischen Völkern die alphabetische Schrift bringen, werden von der Völkertafel (Gen 10,6.15–20) zu den Hamiten gerechnet. Sie stehen zunächst unter babylonischer, später unter hethitischer und schließlich unter ägyptischer Herrschaft (seit der 18. Dynastie). Aus dieser Zeit stammen die Amarnatexte, die u.a. den Briefwechsel der kanaanäischen und syrischen Statthalter mit dem König von Ägypten enthalten. Ab 1400 v.Chr. beginnt für die Kanaanäer die assyrische Herrschaft. Als vom 12. Jh. an die kanaanäischen Fürsten freie Hand gewinnen, dringen erobernde Völker nach Kanaan ein, zu denen auch die Hebräer gehören. Zu dieser Zeit sind berühmte Königsstädte Kanaans Ai, Arad und Megiddo, und als Kultstätte ist Beerscheba bekannt.

Die Religion der in Kanaan ansässigen Bevölkerung ist eine Bauernreligion, mit der sich die einwandernden Israeliten auseinandersetzen. Die kanaanäischen Mythen enthalten vor allem Anspielungen auf Regen und Dürre, die zu Leben und Tod, Gesundheit und Krankheit eines Gottes oder Helden in Beziehung gesetzt werden.

Das Haupt der Gottheiten ist *El,* der Vater der Götter und Menschen sowie Schöpfer des Himmels und der Erde. Der Name »El« des obersten Gottes in Kanaan wird später zu einem Beinamen des israelitischen Gottes »Jahwe«. Als Gattin Els gilt die Göttin *Ashera* (Aschera), die ihm 70 Gottheiten gebiert.

Eine der Hauptgottheiten in Kanaan ist *Baal* (»Herr«), der im Donner spricht und Regen sendet. Er heißt auch *Adon* oder *Melek.* Der jerusalemische Priesterkönig Melkisedek (Melchisedek) führt den ka-

naanäischen Gottesnamen Melek. Zu nennen sind noch die Gottheiten *Anath* und *Astarte*. Sie alle werden verehrt, um Trokkenheit, Unfruchtbarkeit und Hungersnöte von dem Land Kanaan abzuwenden.
Das religiöse Leben gipfelt in Acker- und Weinbaufesten, wie sie in der Bibel (Ri 9,27 und 1 Kön 18,28) erzählt werden. Auf den Höhen stehen Tempel und Altäre für die Götter. Im altkanaanäischen Tempel von Geser befindet sich ein Altar, der aus dem Felsen gehauen ist und auf dem sich oben eine ovale Öffnung für das Opfer befindet. Um den Altar ist eine Rinne zum Abfluß des Opferblutes gegraben. Zum Opfer werden Haustiere und Vögel dargebracht, Bau- und Erstgeburtsopfer sind üblich.
Neben den Altären sind heilige Malsteine aufgestellt, die als Sitz der Gottheiten gelten und große Verehrung genießen. Im Aramäischen und Phönizischen wie auch in der hebräischen Bibel heißen sie *masseba* bzw. *mazzeben* (»das Aufgerichtete«).
Die Religion der Kanaanäer steht der israelitischen Religion sehr nahe. Motive, die sich in den kanaanäischen Religionen finden, werden in biblischen Erzählungen aufgegriffen. Sie stammen zweifellos aus der frühen mündlichen, gemeinsamen Tradition der semitischen Stämme und Völker.

Literaturauswahl

Albright, W.F.: Yahweh and the Gods of Canaan. London 1968
Cook, S.A.: The Religion of Ancient Palestine in the Light of Archeology. London 1930
Cross, F.M.: Canaanite Myth and Hebrew Epic. Cambridge 1973
Driver, G.R.: Canaanite Myths and Legends. Edinburgh 1978
Dussaud, R.: Les origines Cananéennes du sacrifice israélite. Paris 1921
Gibson, J.C.L.: Canaanite Myths and Legends. Edinburgh [2]1978
Gordon, C.H.: Canaanite Mythology. New York 1961
Jirku, A.: Der Mythus der Kanaanäer. Bonn 1966

KAONI-BEWEGUNG

Die K.-B. ist eine von dem hawaiischen Propheten *Kaoni* im Jahre 1868 auf den Hawaii-Inseln initiierte und nach ihm benannte religiöse Bewegung, die eine Neuentwicklung aus den polynesischen Stammesreligionen darstellt und zu den →neuen Religionen Ozeaniens gezählt wird.
Die bereits im Jahr 750 von den Polynesiern besiedelten Hawaii-Inseln im Stillen Ozean werden 1778 von *Cook* entdeckt. Die zahlreichen Schiffe aus Europa und Amerika, die danach dort häufig anlegen, verursachen einen Niedergang der einheimischen Kultur und Religion. Nachdem 1795 die Inselgruppe unter Kamehameha zu einem Königreich vereinigt wird, treffen 1819 die ersten ev.-christlichen und 1827 die ersten kath.-christlichen Missionare ein, letztere im Zusammenhang mit einem französischen Kolonisationsplan. Sie werden 1831 und 1837 vertrieben, kehren aber 1839 nach französischer Flottenintervention auf Dauer ins Land zurück. Eine Pockenepidemie im Jahre 1858 und die Einschleppung der Lepra fordern viele Opfer unter der einheimischen Bevölkerung.
In diesen Jahren tritt der Prophet *Kaoni* auf und verkündet das unmittelbar bevorstehende Ende der Welt, das für seine Anhänger das Paradies bedeuten wird. Daraufhin legen viele die Arbeit auf den Plantagen der Kolonisatoren nieder, was dazu führt, daß ab 1860 (bis 1878) eine große Zahl Chinesen ins Land geholt wird. 1868 kommt es zu einem blutigen Aufstand der Anhänger des Propheten Kaoni gegen die Staatsgewalt. Die dabei von den Kaoni-Anhängern begangenen Grausamkeiten veranlassen die staatliche Macht, dem Aufstand ein rasches Ende zu bereiten.

KELTISCHE RELIGION

Die k.R. ist die Religion einer indogermanischen Völkergruppe, die um 300 v.Chr. in Europa verbreitet ist und als »Inselkelten« das heutige Irland, Schottland, England und Wales sowie als »Festlandkelten« Teile des heutigen Frankreich, der Iberischen Halbinsel, Italiens, der Alpenländer, des Balkans und der Türkei (Galatien) bewohnen.
Die *Religion der Altkelten* gehört zu den →europäischen und den →indogermanischen Religionen.
Seit Beginn des 6. vorchristlichen Jh. breiten sich die Kelten von Mitteleuropa über den Kontinent aus. Um 550 v.Chr. dringen Kelten in die Pyrenäenhalbinsel ein, um 387/86 v.Chr. plündern sie Rom und stecken es in Brand, und im 3. Jh. v.Chr. siedeln keltische Galater in Kleinasien. Aber seit 300 v.Chr. werden die Kelten zunächst von dem Karthager Hasdrubal in Spanien, dann von den Römern in Norditalien (193 v.Chr.) und schließlich durch Caesar (100–44 v.Chr.) in den Jahren 58–51 v.Chr. in Helvetien und Gallien zurückgedrängt. Im Osten und Norden werden die Kelten von den Germanen verdrängt und im Süden und Westen – mit Ausnahme der Bretonen – romanisiert. Die christianisierten Kelten sprechen

noch heute ihre keltischen Sprachen: das Irische in Irland, das Gälische in Schottland, das Kymrische oder Welsche in Wales und das Bretonische in der Bretagne.
Die männlichen und weiblichen Gottheiten der Altkelten sind Vegetations-, Kriegs- und Schutzgottheiten.
Charakteristisch für diesen Zusammenhang sind die Gottheiten mit drei Gesichtern oder drei Köpfen oder als drei identische Figuren. *Aes side* (kelt. »Leute des Sidhügels«) werden die Götter genannt, die auch nach der Christianisierung nicht verschwunden sind, sondern auf Hügeln oder Anhöhen weiterleben.

Gottheiten der Inselkelten

Als Erd- und Fruchtbarkeitsgöttin sowie als Mutter der Götter gilt *Dana* bzw. *Ana*. Ihre Nachkommen sind die *Tuatha Dé Danann* (kelt. »Leute der Dana«).
Dagda (kelt. »guter Gott«) mit dem Beinamen *Eochaid Oll-athair* (»Großer Vater, Allvater«) ist ein Erdgott, der über Korn und Milch Gewalt hat. Als Nährvater besitzt er einen Kessel, der unerschöpfliche Speisen enthält, und er verfügt über Bäume, die immer Frucht tragen.
Brigit oder *Brig* bzw. *Briganti* (»Erhabene, Strahlende, Machtvolle«) ist Schutzpatronin und Göttin der Dichtkunst, des Wahrsagens, der Seherkunst, der Heilkunst und des kunstvollen Schmiedehandwerks. Die Römer setzen sie der Victoria gleich. Noch heute erfreut sich überall im keltischen Sprachraum die gleichnamige heilige Brigitte des Christentums großer Verehrung.
Sohn der Brigit ist der Kulturgott *Ogma* – in Gallien *Ogmios* –, der Gott der Barden-Beredsamkeit und der Erfinder der Ogham-Schrift, eines seit dem 4. Jh. n. Chr. benutzten Systems von Strichen und Punkten.
Zu einer Dreiergruppe göttlicher Handwerker gehören *Goibniu* (»großer Schmied«), Gottheit der Schmiedekunst, *Luchta* bzw. *Luchtaine,* auch *Luchtine,* Schutzgott des Zimmerhandwerks, und *Creidne,* Gott der Kupferschmiede.
Als Kriegsgöttinnen gelten *Morrigan* (»große Göttin, Gespenstergöttin«), *Nemaiu* (»Panik, Raserei«) und *Badb Catha* (»Aaskrähe«).

Gottheiten der Festlandkelten

Der Gewittergott *Taranis* (»Donnerer«) hat viele Beinamen, und seine Embleme sind das Rad und der Blitzstrahl. Er wird dem römischen Jupiter gleichgesetzt.
Herr aller lebenden Wesen ist *Cernunnos* (*cernu* = *cornu* = »Gehörnter«), ein mit Hirschgeweih dargestellter Fruchtbarkeitsgott. Auf dem Kessel von Gundestrup ist er von Tieren umgeben, und auf dem bei Reims aufgefundenen Altar schüttet er einen Sack Körner aus und füttert Stier und Hirsch.
Am weitesten verbreitet ist der Kult des *Belenus* (*bel* = »hell, licht«), eines »Lichtgottes«, dem römischen Apollo gleich, dessen Partnerin *Belisama* (*bel* = »licht« und *sama* = »ähnlich«) als Göttin des Lichtes und des Feuers von den Römern mit der Minerva verglichen wird.
Die meist als Dreiheit dargestellten *Matronen* sind Vegetations- und Muttergottheiten, die an Flußläufen im Rhein-Donau-Gebiet verehrt werden. Die singularische Bezeichnung *Matrona* lebt im Flußnamen *Marne* fort. Die Matronen werden mit Früchten auf dem Schoß oder mit einem Füllhorn dargestellt.
Mit Füllhorn oder einem Korb mit Früchten erscheint auch *Epona* (*epos* = *equus* = »große Stute«), die Pferdegöttin und Schutzgöttin der Reiter.
Lugus – in Irland *Lug* – (»Leuchtender«) ist Schutzherr der Kunstfertigkeit, Erfinder aller Künste, mit dem Beinamen *Samildánach* (»der in vielen Künsten Erfahrene«). Sein Name – meist verbunden mit dem keltischen Wort *dun* (»befestigter Ort«) – ist in einigen Städtenamen noch heute erhalten. Auf das gallische *Lug(u)-dunon* (»Lugus-Festung«) gehen die Ortsnamen Lyon, London, Laon, Leiden und Liegnitz zurück.
Schutzgott der Gelehrsamkeit ist *Ogmios,* der dem irischen Ogma entspricht. Handelsgott sowie Himmels-, Sonnen- und Feuergott ist *Esus* (»Meister«?), der viele Beinamen hat. Auf einer Altarseite aus Notre-Dame (Paris) ist er als bärtiger Mann in kurzem Rock dargestellt, der mit einem Beil einen Baum fällt. Seine Partnerin ist die Göttin des Himmels *Rosmerta*. Als Gesundheitsgöttin gilt *Damona* und als Heilgott *Grannus*.
Ein Kriegsgott ist der Stammesgott *Teutates* (aus *teutā* = »Volk, Stamm«) mit vielen Beinamen, dem römischen Mars gleichgesetzt, und eine Kriegsgöttin ist *Nemetona*.
Bestimmte Tiere und Pflanzen gelten als heilig, so Pferde, Hirsche, Bären, Stiere und Krähen. Der Stier wird oft dreiköpfig dargestellt. Der Rabe gilt als Vogel der Weissagung und des Krieges. Der Eber ist Symbol für Wildheit. In dem keltischen See-Untier *Afanc* hat das heutige Ungeheuer von Loch Ness seinen Vorläufer.
In der Mantik und im Totenkult haben Eiche und Eibe als heilige Bäume große Bedeutung. Das Jenseits ist eine Welt ohne Tod und ohne Winter. In Wales heißt es *Annwn* (»Nichtwelt«). Das paradiesische Jenseits *Avalon* (irisch: Emain ablach) ist eine Insel der Seligen (lat.: insula avallonis), wo Licht und Farben, Musik und Reigentanz, Mahlgenuß und Geschlechterliebe die Verstorbenen erwartet.
Das Jahr, das in die Winterhälfte *geimredh* und die Sommerhälfte *samradh* eingeteilt ist, beginnt im November mit einem der vier Hauptfeste, dem *samain,* am 1. November. Verbunden mit Tieropfern wird das neue Feuer entzündet. Die anderen Hauptfeste sind *imbole* am 1. Februar, *beltine* (*bel* = »hell« und *tine* = »Feuer«) am 1. Mai, bei dem das Vieh zwischen Freudenfeuern hindurch auf die Frühlingsweiden getrieben wird, und *lugnasad* (»Lugs Hochzeit«) am 1. August, ein Erntedankfest.
Im Mittelpunkt des Kultes stehen Opfer von Tieren, Gold und Silber, aber auch z. T. Menschenopfer. Für Opfer, Mahlfeier und Weissagung spielt der sakrale Kessel eine große Rolle. Als Ritualzentren haben

1 Cernunnos *mit Hirschgeweih, Silberkessel aus Gundestrup, 1. Jh. v. bis 3. Jh. n. Chr.*

2 Kultwagen *mit Kesselträgerin, Bronze, 7. Jh. v. Chr. Graz, Steiermärkisches Landesmuseum Joanneum*

bestimmte Landschaftsformen wie Haine, Waldlichtungen, Hügelkuppen und weite Wasserflächen Bedeutung.

Der Kult wird meistens unter offenem Himmel, vor allem im heiligen Hain *nemeton,* an Opferstellen und an Altären vollzogen.

Seit römischer Zeit bauen die Festlandkelten auch Tempel, die häufig rechteckige oder runde Gestalt haben.

Die Funktion der *Druiden* (irisch *drui* = »intensiv Sehende«), einer Priesterklasse, ist es, den Gottesdienst zu feiern, Opfer darzubringen, Gericht zu halten, Strafen und Belohnungen auszusprechen und die Jugend zu unterrichten. Nach Plinius sammeln die Druiden, weiß gekleidet, in einer Mondnacht mit einer goldenen Sichel von den Eichen die wunderkräftigen Misteln. Ein weibliches Priestertum mit stark visionär-prophetischem Charakter bilden die *dryades.* Lokale Führer der Gemeinden, die Gebete anstimmen und singen, sind die *gutuatri* (von *gutu* = »Stimme«), die »Sprecher« mit den Göttern. *Filid* (irisch; lat.: *vates*) sind die aus Vogel- und Opferschau Wahrsagenden, und *banfathi* heißen die Prophetinnen.

Literaturauswahl

Benning, M.C.: Alt-Irische Mysterien und ihre Spiegelung in der keltischen Mythologie. Stuttgart [2]1978

Duval, P.-M.: Les dieux de la Gaule. Paris 1957

Hartmann, H.: Der Totenkult in Irland. Heidelberg 1952

Herder Lexikon. Germanische und keltische Mythologie. Bearb. v. D. Coenen u. O. Holzapfel. Freiburg 1982

Pigott, S.: The Druids. London 1974

Thevenot, E.: Divinités et sanctuaires de la Gaule. Paris 1968

Vries, J. de: Kelt. Religion. Stuttgart 1961

Young, E.: Keltische Mythologie. Stuttgart [2]1977

KIMBANGUISMUS

Der K. ist die von *Simon Kimbangu* (1889–1951) im Jahre 1921 in Belgisch-Kongo (heute Zaïre) ins Leben gerufene und nach dem Familiennamen ihres Gründers benannte Bewegung, die auch – nach seinem Ehrentitel *Gounza* (Suaheli »Messias«) bzw. *Ngunza* (»Prophet«) – als *Gounzismus* bzw. *Ngunzismus* bezeichnet wird.

Die Anhänger des Kimbangu sind heute in der *Église du Christ sur la terre par le prophète Simon Kimbangu* (franz. »Kirche Christi auf Erden durch den Propheten Simon Kimbangu«) zusammengefaßt. Sie zählt fast 2 000 000 Vollmitglieder und weitere 30 000 Anhänger, ist in 10 Ländern verbreitet und Mitglied des Ökumenischen Rates der Kirchen. Als heilige Stadt und Verwaltungszentrum gilt NKamba-Jerusalem. Diese aus dem baptistischen →Christentum hervorgegangene messianische Bewegung zählt zu den →neuen Religionen Äquatorialafrikas. *Simon Kimbangu* wird am 24. September 1889 als Kind einer Baptistenfamilie in NKamba im mittleren Kongo (ehemals Belgisch-Kongo) geboren. Früh verliert er seine Eltern und wird von seiner Großmutter Kinsembo erzogen. Von den Baptisten erhält er eine Ausbildung zum Katechisten für die Baptistenmission. Er heiratet *Mwilu Marie,* die später nach seiner Verhaftung die Bewegung leitet.

Seit 1918 hat Kimbangu Auditionen und Visionen Christi, in denen er zum Krankenheiler berufen wird. Von April bis September 1921 kann er als *Ngunza* (»Prophet, Verkünder«) öffentlich wirken. Mit der Bibel in der Hand predigt er Buße und Abkehr vom Fetischismus. Der Zulauf derer, die von ihren Krankheiten geheilt werden wollen, ist groß. Die Blinden werden zu der Quelle in NKamba gesandt, die bis zum heutigen Tag die heilige Quelle ist, in der die Gläubigen baden und um geistlichen Segen oder um Heilung bitten. Es entsteht eine gewaltige Erweckungsbewegung, die sich über den ganzen Kongo ausbreitet. Als die christlichen Kirchen immer leerer werden, weckt dies das Mißtrauen der christlichen Missionare und der Kolonialbeamten. Jetzt werden Kimbangu und seine Anhänger der politischen Subversion und der Feindschaft gegen die Europäer beschuldigt. Am 24. September 1921, nur 6 Monate nach der ersten von ihm bewirkten Heilung, wird er in NKamba festgenommen und wegen »Fremdenhaß« und »Aufruhr« zu 120 Peitschenhieben und zum Tode verurteilt. Durch eine Eingabe an Albert I., den König von Belgien (1909–34), wird das Todesurteil in eine lebenslange Haftstrafe umgewandelt. Kimbangu wird ins Gefängnis nach Elisabethville (heute Lubumbashi/Zaïre) gebracht und stirbt hier nach 30jähriger Gefangenschaft am 10. Oktober 1951.

Die von Kimbangu ins Leben gerufene Bewegung muß bis 1957 im Untergrund weiterarbeiten und bleibt Verfolgungen ausgesetzt, bis sie im Dezember 1959 in beiden Kongostaaten als offizielle Religion anerkannt wird. Zu diesem Zeitpunkt zählt sie bereits 1 000 000 Mitglieder. 1960 erhält die Kolonie Belgisch-Kongo die Unabhängigkeit.

Simon Kimbangu gilt als der große Prophet des Kongo und als Erlöser der schwarzen Rasse, so wie Mose, Buddha, Jesus und Muhammad andere Rassen erlöst haben. Er wird von seinen Anhängern als Märtyrer und *Gounza* (Suaheli »Messias«), ja als »Gott der Schwarzen« verehrt. Man erwartet, daß er von den Toten aufersteht und in der Zukunft leibhaftig wiederkehren wird. Bildhaften Ausdruck finden diese Vorstellungen in den Hoheitstiteln »Gefäß des Segens«, »Schwert der Herrschaft«, »Hilfe im Kampf« und »Leiter zum Himmel«.

Der K. achtet auf einen strengen Sittenkodex. Er verwirft Alkohol, Tabak und Tanz und fordert die Beachtung der Zehn Gebote sowie der Monogamie. Er hat ein großes Netzwerk sozialer und schulischer Tätigkeiten aufgebaut.

Die Bewegung, die hierarchisch aufgebaut ist, wird von den 3 Söhnen Kimbangus und von Räten geleitet. Geistiges Oberhaupt ist Joseph Diangieda, sein jüngster Sohn.

Literaturauswahl

Andersson, E.: Messianic Popular Movements in the Lower Congo. Uppsala 1958

Martin, M.-L.: Kirche ohne Weiße. Simon Kimbangu und seine Millionen-Kirche im Kongo. Basel 1971

KINDER GOTTES

Die *Children of God/COG* (engl. »Kinder Gottes«) sind eine Erweckungsbewegung, die 1969 von dem US-Amerikaner *David Berg* (*1919) in Huntington Beach/CA (USA) gegründet und seitdem geleitet wird. Der Stifter hat den Ehrentitel »Mose«, abgekürzt »MO«, angenommen und wird oft *David Mose* genannt. 1978 benennt Berg die Bewegung der K. G. um in *Family of Love* (engl. »Familie der Liebe«). Namen der »Filialorganisationen« sind: *Goldene Saat* und *Poor Boy Club*.

Diese Bewegung, die ihren Hauptsitz in Montreal (Kanada) hat, verfügt über 1600 Heime (*homes,* S. 285) in ca. 70 Ländern und zählt ca. 70 000 Mitglieder. In der BR Deutschland haben die ca. 3000 Anhänger ihr Zentrum in Düsseldorf.

Jesus-Revolution ist die Selbstbezeichnung der K. G. für ihre weltweiten Aktivitäten. Von den verschiedenen Gruppierungen der Jesus-Revolution bilden die K. G. – im Gegensatz zu der *Jesus-People-Bewegung* – die extremere Gruppe. Diese in Nordamerika aus dem →Christentum erwachsene →neue Religion wird den →Jugendreligionen zugerechnet.

Der Stifter *David Berg* wird am 18. Februar 1919 in Oakland/CA (USA) als Sohn einer Evangelisten-Predigerfamilie, die der »Christian Church« angehört, geboren. David Berg ist selbst zunächst einige Zeit Evangelist der »Christian and Missionary Alliance«, bis er nach einem Streit mit seiner Kirchenbehörde 1949 dem institutionalisierten Christentum unabänderlich den Rücken kehrt.

Berg steigt aus dem versteinerten System der traditionellen Kirchen aus, weil diese nach seiner Meinung ihre eigene Religion pflegen, anstatt Gott die Ehre zu geben und Jesus nachzufolgen. Dieses »Aussteigen aus dem System« bringt David Berg mit anderen Aussteigern, den Hippies und Gammlern, den Freaks und Rauschgiftabhängigen, an der kalifornischen Küste zusammen. Für die wie »Schafe ohne Hirten« aus Gesellschaft und Kirche, aus Politik und Wirtschaft Ausgestoßenen fühlt sich David Berg berufen, Hirte zu sein. Berg, der schon 1952 die »Berufung Ezechiels« erfahren und 1962 eine »Botschaft von Jeremia« sowie 1965 eine »Prophezeiung zum Weltende« erhalten hat, predigt in den Jahren 1966/67 den Jugendlichen der Hasch- und Hippie-Szene in Kalifornien und ruft sie auf, sich der neuen, von ihm begonnenen *Jesus-Revolution* anzuschließen. Seine ersten Anhänger nennen sich »Revolutionäre für Jesus«. Diese Gruppe stößt 1968 zu den *Teens for Christ* (engl. »Teenager für Christus«), die sich täglich im Light-Club in Huntington Beach, südlich von Los Angeles, treffen. Als David Berg 1969 eine göttliche Offenbarung erhält, wonach Kalifornien durch ein Erdbeben ins Meer stürzen und er die K.G. durch die Wüste führen solle, wie es einst Mose getan habe, schließen sich *David Mose* 150 seiner Anhänger an und lassen sich von ihrem »MO« aus Kalifornien durch die Wüste führen. Nach einer monatelangen »Glaubensfahrt« in Wohnwagen quer durch die USA und Kanada (5000 km) gelangen sie schließlich zu der ihnen von dem baptistischen Fernseh-Evangelisten *Fred Jordan* angebotenen Ranch in Texas, von der aus sie die Wiederkunft Christi erwarten. Als 1971 die ca. 500 Mitglieder zählenden K.G. die Ranch räumen müssen, entwikkelt David Mose den Plan einer *Welt-Kolonisation* und gründet seitdem *Kolonien,* die über die ganze Welt verteilt sind. Anfang der 70er Jahre verläßt David Mose seine 1944 geheiratete Ehefrau *Jane Miller,* mit der er vier Kinder hat, zugunsten eines jungen Mädchens mit Namen *Maria.* David Mose Berg und seine neue Frau Maria lassen sich jetzt *MO & Maria* nennen. In seinem ersten MO-Brief (→S. 285) »Die alte Kirche und die neue Kirche« rechtfertigt David Mose diesen Schritt damit, daß seine frühere Ehefrau die »alte« Kirche repräsentiere und ein Hindernis darstelle für die »neue« Kirche, die seine jetzige Frau repräsentiere. Bergs Tochter *Faith* (*1949) und ihr Bruder *Jonathan* (*1950) treten im Herbst 1971 in Herne/Westfalen auf einem »Jesus-Festival« auf. Erstere versteht sich als »Gotteskind aus Hollywood«, das missionierend umherreist als »lebende Fackel, bereit für Jesus zu brennen und zu sterben«. Die K.G. sind nach ihrem Selbstverständnis »revolutionäre christliche Nomaden, welche die hoffnungslos ältere Generation und das Kirchenvolk links liegen lassen und der neuen Generation einen neuen Glauben bringen«. Missionierend fahren sie in ihren »Prophetenbussen« von Ort zu Ort.

1972 gründen in den USA 60 Eltern, die nicht damit einverstanden sind, daß ihre Kinder Mitglieder der K.G. sind, das *Parents Committee to Free our Sons and Daughters from the Children of God* (FREECOG; engl. »Elternkomitee zur Befreiung unserer Söhne und Töchter von den Kindern Gottes«), und 1975 wird in der BR Deutschland eine *Elterninitiative zur Hilfe gegen seelische Abhängigkeit und religiösen Extremismus* gegründet.

David Mose, der 1977 auf Teneriffa zuletzt gesehen wurde, lebt heute in selbstgewählter Isolation und leitet seine Bewegung durch die MO-Briefe. Die meisten heutigen Anhänger dieser Bewegung haben ihren Stifter noch nie gesehen. Als im Frühjahr 1979 die öffentliche Meinung in der BR Deutschland über die K.G. auf dem Tiefpunkt angelangt ist, befiehlt David Berg seinen deutschen Anhängern, die Kolonien und Heime aufzulösen und in den Untergrund zu gehen.

Das Hauptziel der Bewegung K.G. ist – angesichts des bevorstehenden Weltendes –, sich in dieser allerletzten Endzeit vor dem sicheren Untergang durch die »Revolution der K.G.« retten zu lassen. Da das »System« dieser Welt, wozu Familien, Kirchen, Schulen, Gesellschaft und Staat gehören, vom Teufel beherrscht ist, gibt es nur eine Lösung: »Steig aus dem System aus! Hau ab zu den K.G.!« Und da Jesus 1993 wiederkommen wird, lautet die Maxime: »Leb für Jesus!« Der Stifter David Berg ist als *David Mose* der von Gott gesandte »König und Prophet« für die Jetztzeit. Er selbst sagt von sich: »Ich bin der Wassermann – dies ist mein Zeitalter! Ich bin der Wasserträger! Jesus sagte mir das, weil ich das Wasser, das Leben dieser Generation bringe.«

Wer sich den K.G. anschließt, legt seinen bisherigen bürgerlichen »System«-Namen ab und wählt dafür einen neuen »Bibel«-Namen, z.B. Josua oder Ester. *Adult babes* (engl. »erwachsene, unerfahrene Menschen«) werden diejenigen jungen Leute genannt, die erst weniger als 6 Monate Mitglieder sind, und die länger als 6 Monate, aber weniger als 1 Jahr Mitglieder sind, heißen *adult disciples* (engl. »erwachsene Jünger«). Die Bezeichnung für diejenigen, die länger als 1 Jahr Mitglied sind und sich für Führerschaftsaufgaben vorbereiten, lautet *adult leadership trainees* (engl. »erwachsene Anwärter auf Führerschaft«). Die Abtrünnigen werden *backslider* (engl. »Zurückfallende«) genannt.

Die Praxis des *forsake all* (engl. »alles verlassen, alles aufgeben«) verlangt von allen Mitgliedern, die bisherigen sozialen Bindungen aufzulösen, Beruf, Eltern, Freunde, Schule u.a. aufzugeben und allen Besitz und das ganze Vermögen der Gruppe zu überlassen, um in der Gütergemeinschaft »zurückzukehren zu der Wahrheit, der Liebe, dem Frieden und der Schönheit unserer Vorfahren ... dem einfachen Leben des wahren Glücks im Glauben an Gott und in der Liebe zu den Mitmenschen«.

Zu den Hauptpflichten der Jesus-Jünger gehört auch *witnessing* (engl. »Zeugnis geben«), die besondere Missionsmethode, bei der auf der Straße Leute angesprochen und neue Mitglieder geworben werden. Eine besondere Form dabei ist *litnessing* (engl. aus: *literature* und *witnessing*), d.h. die Verteilung von Literatur, insbesondere von MO-Briefen, möglichst gegen Spenden. Wer dabei sein Soll erfüllt (700 Stück pro Mitglied und Woche) ist ein *shiner* (engl. »Glänzer«), wer nicht, gilt als *shamer* (engl. »Schämer«). *Flirty fishing* heißt die Missionsmethode, bei der die Mitglieder mit ihrem Körper neue Jesus-Anhänger »fischen«, d.h. werben sollen. Von den missionierenden weiblichen Mitgliedern wird erwartet, daß sie »Köder für Jesus« sind. Im Handbuch für »Flirty fishers« fordert David Berg von seinen weiblichen Anhängern: »Keine BHs, durchsichtige Blusen. Zeigt ihnen, was ihr habt – das ist der Köder ... Sie sollen ausflippen und sich in euch verlieben.« Und in einem der MO-Briefe steht der Appell: »Komm her,

Ma – verbrenn Deinen BH!« Da es beim Handeln immer auf die Einstellung ankommt, ist alles, was »im Geist« getan wird, gut, und was »im Fleisch« getan wird, böse.

In den *homes* (engl. »Heime«), den bis Januar 1978 *Kolonien* genannten Ortsgruppen, pflegen die Mitglieder ein intensives Gemeinschaftsleben. Die sich als »Geschwister« verstehenden Anhänger versprechen dem einzelnen Liebe und Geborgenheit in der »Familie der Liebe«. Die Wohn- und Lebensgemeinschaften bestehen in der Regel aus 12 »Jüngern« und »Jüngerinnen« mit ihren Kindern und stehen unter der Leitung eines »Kolonie-Hirten«. Jedes neu aufgenommene Mitglied erhält einen neuen biblischen Namen (z.B. Elias, Philippus). Von den Mitgliedern wird strenger Gehorsam gefordert. Ein Anhänger in Form eines *Jochs* wird als Symbol der Unterordnung an einer Kette um den Hals getragen. An der Spitze der hierarchischen Struktur folgt unmittelbar nach Jesus der »MO-Prophet und König« David Berg, der sich seit einiger Zeit *Father David* nennen läßt. Ihm folgen in absteigenden 7 Stufen: die *Premierminister,* von denen es seit 1975 sechs gibt: für Nordwesteuropa, Nordosteuropa, Südeuropa – Asien – Afrika, Nordamerika, Lateinamerika und den Pazifik-Raum. Dann kommen die *Minister, Erzbischöfe, Bischöfe, Regional-Hirten, Distrikt-Hirten* und *Kolonie-Hirten.* Letztere leiten einen örtlichen Stützpunkt *(home)* und werden heute *home servant* (engl. »Heim-Diener«) genannt, die früher nach der alten Bezeichnung »Kolonie« auch »Kolonie-Hirten« hießen. Die Leiterin eines örtlichen Stützpunktes heißt *handmaiden.*

Neben der *Bibel,* die nach Auswahlplan gelesen wird, stehen die vom Stifter verfaßten *MO-Briefe* mit Aussagen über politische Geschehnisse, apokalyptische Prophezeiungen, Lebensführung und organisatorische Leitung.

Seit seinem Rückzug aus der Öffentlichkeit leitet und schult der Stifter David Mose seine Anhänger durch die MO-Briefe, die gemäß einem gestaffelten System, dessen Code als Buchstabenkombination am Kopf jedes Briefes erscheint, für unterschiedliche Adressaten und Organisationsstufen bestimmt sind. Die *General Publications/GP* sind zum Verteilen und Verkauf an alle auf der Straße gedacht, die *Disciples and Friends Only/DFO* nur für Mitglieder und Freunde, die *Disciples and Friends/DO* nur für Mitglieder und Freunde, die länger als drei Monate Mitglieder sind, die *Leaders, Trainees, read to ALL/LTA* nur für Leiter und Führerschaftsanwärter, die daraus ausgewählte Texte allen Mitgliedern vorlesen, die *Leaders and Trainees Only/LTO* nur für Leiter und Führerschaftsanwärter selbst bestimmt, die *Leaders Only/LO* nur für die Leiter.

Ein eigener *MO-Brief-Index* aller bisher in den MO-Briefen behandelten Themen soll das »tägliche Studium der Briefe des Herrn« somit erleichtern und intensivieren.

Diese mehrblättrigen Hefte sind heute durchweg mit Comic-Zeichnungen illustriert. In den Hunderten von MO-Briefen wird seit 1973 eine zunehmend sexualisierende Tendenz erkennbar, wenn es dort u.a. heißt: »Wir haben einen sexy Gott und einen sexy Glauben und einen sexy Leiter und sexy Anhänger. Wenn du also keinen Sex magst, steig lieber aus!«

Literaturauswahl

Hauth, R.: K.G. Weg und Irrweg einer Jugendsekte. München [5]1979

KONFUZIANISMUS

Der K. ist die auf den chinesischen Philosophen und Staatsmann *K'ung-[fu-]tse* (551–479 v.Chr.) zurückgehende sozialethische Lehre und religionsphilosophische Schule, die nach dessen latinisierter Namensform *(Konfuzius)* benannt ist. Die Chinesen selbst bezeichnen die *konfuzianistische Religion,* die aus der alten chinesischen Volksreligion des →Universismus hervorgegangen ist und diesen wieder entscheidend beeinflußt hat, als *ju-chiao* (chin. »Lehre der Gelehrten«).

Die *Religion der Konfuzianer* wird zu den →chinesischen Religionen gerechnet. In Südkorea, wo der K. als *Yu-kyo* bezeichnet wird, leben heute 4 980 000 nicht-chinesische *Konfuzianer,* die 13,3% der Bevölkerung des Landes ausmachen.

K'ung-[fu-]tse (chin. »[erhabener] Meister Kung«) bzw. *K'ung Fu Tzu* (eigentlich K'ung Ch'iu mit dem Beinamen Chung-ni) wird 551 v.Chr. als 2.Sohn des 70jährigen K'ung Ch'iu Liang-he (†548) und dessen 2.Ehefrau Ching-tsai (†525) aus der Familie Yen in Chou im Fürstentum Lu, im heutigen Chü-fou (K'üo-li) bei der Stadt Yen-chou, Provinz Shantung, geboren. In Chou ist sein Vater Burgvogt, der als entfernter Nachkomme der – von den Chou (ca. 1027–249 v.Chr.) abgelösten – Shang-Dynastie (ca. 1523–1027 v.Chr.) zu den verarmten Adligen gehört, die als Klasse der Ju (»Schwächlinge«) an den Höfen der Feudalherren meistens als Zeremonienmeister fungieren. K'ung-tse, dessen Name von Jesuitenmissionaren des 17./18. Jh. n.Chr. zu *Konfuzius* latinisiert wird, durchlebt nach dem frühen Tod seines Vaters eine entbehrungsvolle Jugendzeit. Mit 19 Jahren heiratet K'ung-tse im Jahre 532, und ein Jahr später wird sein einziger Sohn Bo-yü geboren. K'ung-tse arbeitet zunächst im Dienst des Adelsgeschlechts der Ch'i als Aufseher der Getreidespeicher, der öffentlichen Felder und Herden. Dann wird er mit 22 Jahren Lehrer und sammelt Schüler aller Stände um sich, die er in Schreiben, Arithmetik, Rhe-

1

3

2

1 *Konfuzianische* Tugenden, *szenisch dargestellt. Taiwan*

2 Tempel *der volkommenen Verwirklichung, Hauptgebäude der K'ung-tse-Tempelanlage. Chü-fou/China*

3 *Konfuzianische* Gelehrte *beim Vergleichen klassischer Schriften, Seidenrolle. Boston, Mus. of Fine Art*

4 Grab des K'ung-tse *mit einer 1443 errichteten Stele. Chü-fou/China*

5 Lehrender K'ung-tse *auf einer Estrade, Seide. Taiwan*

6 K'ung-tse als Hofbeamter, *Steingravierung, Reproduktion eines Gemäldes von Wu Daozi (ca. 720–760)*

torik und Ritenkunde, später auch in Geschichte, Literatur, Politik und Ethik unterrichtet. Im Jahr 518 unternimmt K'ung-tse eine Reise nach Lo Yang, in die Hauptstadt des südchinesischen Reiches Chou, wo er in den Archiven forscht. Hier kommt es zu einer Begegnung zwischen K'ung-tse und dem kaiserlichen Archivar Lao-tse, die Chuang-tse in seinem Werk »Das wahre Buch vom südlichen Blütenland« (XXVI, 5) erzählt. K'ung-tse kehrt als angesehener Weiser nach Lu zurück.

Als 517 in seinem Heimatstaat Lu Unruhen ausbrechen, flieht K'ung-tse mit seinem Landesherrn Chau in den Nachbarstaat Ch'i. Nach 2 Jahren kehrt er aus dem Exil zurück und sammelt erneut einen Schülerkreis um sich, eine Art Akademie, in der sich theoretische Belehrung und praktische Übung abwechseln. Da K'ung-tse davon überzeugt ist, in einer Zeit des durch die Machtkämpfe der Feudalherren verursachten politischen Niedergangs und sittlichen Verfalls zu leben, will er die Gesellschaft neu gestalten, indem er die Menschen *li* (»rechtes Verhalten«) lehrt. Dabei sucht er durch Rückbesinnung auf das geistige Erbe und die Sitten der Vergangenheit die Normen für das Handeln in der Gegenwart abzuleiten. In seiner Ethik vertritt er die patriarchalische Sippenordnung der Feudalzeit.

50jährig übernimmt K'ung-tse im Jahr 501 das Amt des Stadtgouverneurs von Chung-du, wird 499 Minister für öffentliche Angelegenheiten und 498 Justizminister in seinem Heimatstaat Lu. Aber bereits nach 4 Jahren öffentlicher Tätigkeit fällt er durch Intrigen des Fürsten von Ch'i bei seinem Fürsten in Ungnade und muß 497 seine Ämter niederlegen und seine Heimatstadt verlassen. Jetzt beginnt für K'ung-tse eine unruhige Zeit, während der er 14 Jahre lang (497–483), begleitet

4

5

von seinen Schülern, China durchwandert. Erst 483 kehrt er in seine Heimat Lu zurück, führt ein zurückgezogenes Leben und widmet sich dem Studium der Riten, der Geschichte, der Musik und der Literatur. Er gründet die Schule der »Schriftgelehrten« und redigiert die alten chinesischen Klassiker (→Universismus), von denen ihm zugeschrieben werden: »Buch der Annalen«, »Buch der Lieder«, »Buch der Wandlungen«, »Buch der Riten« (verloren), »Buch der Musik« (verloren) und »Frühlings- und Herbstannalen«. Mit der Herausgabe dieser Werke beabsichtigt K'ung-tse, den Regierenden seiner Zeit die Verhältnisse des chinesischen Altertums als vorbildhaft für die Gegenwart hinzustellen. Im Jahr 482 sterben sein Sohn Bo-yü und sein Lieblingsschüler Yen Hui. Als K'ung-tse 73jährig im Jahr 479 in Chü-fou stirbt, wird er im Grabhain seiner Familie beigesetzt, wo sein Grab bis heute erhalten ist.

Des **alten K.** originellster Philosoph ist *Mēng-tse* (372–289) bzw. *Mēng-tzu* (eigentlich *Mēngk'o* = »Meister Meng«), auch *Mongdsi,* latinisiert *Menzius*. Er bildet den K. dialektisch weiter, und die Form seiner Werke ist die des Dialogs. Für diesen optimistischen Moralisten ist der Mensch von Natur aus gut. Die Güte der menschlichen Natur bedarf nur der Belehrung, um wirksam zu werden.

6

> Ich liebe das Leben und liebe die Gerechtigkeit;
> aber wenn ich nicht
> beides bewahren kann, so würde ich das Leben aufgeben und an der Gerechtigkeit festhalten.

Die Schriften des Mēng-tse gehören zu den »4 klassischen Büchern« Chinas.
Ein anderer Vertreter des alten K. ist *Hsün-tse* (um 312–238 v.Chr.) bzw. *Hsün Tzu*. Für diesen pessimistischen Moralisten ist der Mensch grundsätzlich schlecht. Er kann erst durch Bildung und moralische Erziehung gut werden.
Der Begründer des **Neokonfuzianismus** ist *Chu Tun-i* (1017–73) mit seinem Werk *T'ai-chi t'u-chuo* (»Erklärung zur Skizze des Urprinzips«). Zur Zeit der Sung-Dynastie (960–1280) ist der führende Vertreter des Neokonfuzianismus und dessen Vollender *Tschu Hi* (1130–1200), der als der größte chines. Systematiker und Vater der konfuzianischen Orthodoxie gilt.
Zur Richtung des **»höheren« K.** zählen *K'ang Yo-wei* (1858–1927), der den K. religiös und *Liang Ch'i-ch'ao* (1873–1929), der den K. sozialistisch-republikanisch umdeutet.

Konfuzianische Ethik

K'ung-tse weiß als Politiker, daß die Reform des Gemeinwesens nur über die Reformierung der Familie und des einzelnen möglich ist. Er sagt deshalb: Die Männer des Altertums, »die ihr Staatswesen ordnen wollten, regelten zunächst ihr Hauswesen; die ihr Hauswesen regeln wollten, bildeten zuerst ihre Persönlichkeit aus; die ihre Persönlichkeit ausbilden wollten, läuterten zuvor ihre Herzen; die ihre Herzen läutern wollten, machten zuerst ihr Denken wahrhaftig; die ihr Denken wahrhaftig machen wollten, vervollkommneten zuvor ihr Wissen.« Für K'ung-tse ist die Tugend lernbar. Da der Mensch von Natur aus weder gut noch schlecht ist, kann er sich zum Weisen wie zum Toren entwikkeln. Das Wissen vermag den Menschen tugendhaft zu machen.
K'ung-tse teilt die Menschen in 3 Gruppen ein: 1. die Vollkommenen *(sheng)*, die Weisen und Mustermenschen, die die höchste Stufe der Vollkommenheit erreicht haben, wie z.B. die altchinesischen Kaiser, 2. die Edlen *(chün-tse)* und 3. die Gemeinen oder die Masse. Ziel konfuzianischer Ethik ist der Edle. Von einem Edlen, einem »gentleman«, wird erwartet, daß er *li*, d.h. Taktgefühl, Schicklichkeit in allen Lebenslagen zeigt. *Li* ist die »ordnende Kraft« und meint korrekte Form, gutes Benehmen, Höflichkeit, Schicklichkeit und Ordnung. *Li* umfaßt Anstand, Sitte, Zeremonien und Riten, sie ist die gestaltende Kraft der Ordnung in Staat und Familie und hat ihre klassische Ausprägung im *Li-chi* (→Universismus) erfahren. Durch das vorgegebene Ordnungselement des *li* wird das gesamte Sein bestimmt, und es kehrt auch in der Natur des Menschen, *hsing*, wieder. Aus diesem Grund wird die Lehre auch als *Hsing-li-Lehre* bezeichnet.
Aus dem *li* ergeben sich die Tugenden *te*, die oft in der Fünfzahl geordnet sind, den »5 Ewigen«, den Kräften des Sittlichen. Zu ihnen zählen *jēn* (Menschlichkeit), *yi* (Rechtschaffenheit), *li* (Schicklichkeit), *chih* (Wissensdrang) und *hsin* (Aufrichtigkeit). Letztere ist Grundlage der Moral. Sie ist das Ergebnis gänzlichen Gleichgewichts und vollkommener Harmonie.
Für das rechte pflichtmäßige Verhalten innerhalb der Gesellschaft kommen 5 auf Gegenseitigkeit basierende Grundverhältnisse in Betracht. Es sind die »5 Beziehungen« zwischen Herrscher und Staatsdiener, Vater und Sohn, älterem und jüngerem Bruder, Freund und Freund sowie Ehemann und Ehefrau. Ein Schlüsselbegriff ist *hsiao* (chin. »Pietät«), der die zwischenmenschlichen Beziehungen in Staat und Familie bestimmen soll. Pietät äußert sich in der Hochschätzung der Tradition und Riten, der Höhergestellten und Eltern. Sie dauert über den Tod hinaus, umfaßt also Lebende und Verstorbene (Ahnenkult). Die Pietät gilt als »die Wurzel aller Tugenden«.
Für die »5 Grundverhältnisse« gilt die auch in anderen Religionen bekannte Maxime:

> Was ihr wollt, das man euch nicht tut,
> das tut auch anderen nicht.

Neben dem *li*, dem Prinzip der Schicklichkeit, spielt bei K'ung-tse die *Musik* als Ordnungs- und Ausdrucksmittel der Gefühle eine Hauptrolle. Die klassisch-konfuzianische Musik mit ihren besonderen Instrumenten, u.a. Lithophon, hat sich in Korea als einzigem Land Ostasiens erhalten.

Literatur-Tempel und kanonische Literatur

Zu den Zeiten, als der K. Staatsdoktrin in China ist, hat jede Stadt, die Zentrum einer Unterabteilung im Verwaltungsgefüge des chinesischen Reiches ist, einen *K'ung-tse-Tempel*, in dem die Beamten an regelmäßigen Zeremonien zu Ehren des K'ung-tse teilnehmen müssen. Die Tempelhallen, in denen K'ung-tse und seinen Schülern zeremonielle Ehrung zuteil wird, heißen *wen-miao* (»Literatur-Tempel«). In ihnen ist eine einfache Tafel mit seinem Namen und seinem Titel angebracht, vor der die beauftragten Beamten der Zivilverwaltung ihre rituellen Kniebeugen vornehmen. Diesem Tempel ist oft ein Bibliothekssaal angeschlossen, in dem die »Literatur-Funktionäre« über die klassischen Texte diskutieren. Berühmte K'ung-tse-Tempel stehen in *Chü-fou* (Shantung), dem Geburts- und Sterbeort des K'ung-tse, und in *Tainfu* (Shantung). Letzterer besteht aus einem Vorhof, einem Ehrenhof, dem Haupthof mit der Haupthalle des Tempels, einem Querhof und einem Hinterhof mit Wohn- und Schulgebäuden.
Trotz der offiziellen Abschaffung des K'ung-tse-Kultes (1912) genießt K'ung-tse bis zum heutigen Tag in China höchste Verehrung, da er die chinesische Kultur entscheidend geprägt hat.

Zu den 9 kanonischen Schriften des K. gehören außer den 5 *ching* (→Universismus) die 4 klassischen *shu* (»Bücher«). In letzteren ist die Lehre des K'ung-tse niedergelegt.
Das von den Schülern des K'ung-tse aufgezeichnete *Lun-yü* (chin. »ausgewählte Gespräche [des Meisters]«) gilt seit der Han-Dynastie (206 v.–220 n. Chr.) als kanonischer Text. Diese Sammlung enthält in 20 Kapiteln mit 497 kurzen Abschnitten die Aussprüche des K'ung-tse, in der Regel in Form von Antworten auf Fragen seiner Schüler meist ethischen Inhalts.
Das *Ta-hsio* (chin. »große Lehre«) ist ein kurzer philosophischer Traktat über die Lehre des K'ung-tse, der möglicherweise von Tsze-Tsze (5. Jh. v. Chr.), einem Enkel des K'ung-tse, verfaßt und in das *Li-chi* aufgenommen ist. Nach ihm gilt als Grundlage des geordneten Staatswesens die Selbstkultur des einzelnen, die aber nur durch das Wissen erreicht wird, das seinerseits auf dem Eindringen in die Natur der Dinge beruht.
Ein vielleicht ebenfalls von Tsze-Tsze verfaßter Traktat ist *Chung yung* (chin. »Maß und Mitte, rechte Mitte«), das gleichfalls in das *Li-chi* aufgenommen ist. Nach ihm meint die Mitte das innere Gleichgewicht des Gemüts, in dem die Affekte gleichsam in latentem Zustand ruhen. In der Verbindung von innerem Gleichgewicht und äußerer Harmonie ist die sittliche und physische Weltordnung begründet.
Als 4. Buch der *shu* gelten die sieben Schriften des *Mēng-tse* (→S. 287), für den das (moralische) Weltgesetz *t'ien-tao* (»Weg des Himmels«) als Maßstab für die rechte Lebensführung des einzelnen im Familien- und Staatsverband zugrunde gelegt werden soll.

Zeittafel

Vor der christlichen Zeitrechnung
2256–2208 Kaiser Shun, der »Musterherrscher« des K.
551–479 K'ung-tse
372–289 Mēng-tse
213 Verbrennung aller konfuzianistischen Bücher
178 Aufstellung des 1. K'ung-tse-Bildes in einem Tempel
140–87 Kaiser Wu-ti erklärt den K. zur Staatsdoktrin

Nach der christlichen Zeitrechnung
555 Kaiserliche Anordnung, in jeder Präfekturstadt einen K'ung-tse-Tempel zu errichten
953 Erster Blockdruck der konfuzianistischen Schriften
1130–1200 Chu-Hsi, Begründer des Neokonfuzianismus
1671 »Heiliges Edikt« zugunsten des K. als Staatsdoktrin
17./18. Jh. Ritenstreit u. a. um die Erlaubtheit der K'ung-tse-Ehrung
1858–1927 K'ang Yo-wei, Vertreter des »höheren« K.
1912–49 Republik China
seit 1949 Volksrepublik China

Literaturauswahl

Chang, Chia-sēn: The Development of Neo-Confucian Thought. New York 1957
Ch'i-Yün Chang: A Life of Confucius. Taipeh 1954
Creel, H. G.: Chinese Thought from Confucius to Mao Tse-tung. Chicago 1953
Creel, H. G.: Confucius, the Man and the Myth. London 1951
Do-Dingh, P.: Konfuzius in Selbstzeugnissen und Bilddokumenten. Reinbek 1981
Hoffmann, R.: Der Untergang des konfuzianischen China. Vom Mandschureich zur Volksrepublik. Wiesbaden 1980
Kungfutse: Gespräche (Lun Yü), Hrsg. und übersetzt v. R. Wilhelm. Köln 1982
Opitz, P. J. (Hrsg.): Chinesisches Altertum und konfuzianische Klassik. München 1968
Shirley-Price, L.: Confucius and Christ. London 1951
Shryock, J. K.: The Origin and Development of the State Cult of Confucius. London u. New York 1932
Staiger, B.: Das Konfuzius-Bild im kommunistischen China. Wiesbaden 1969
Wilhelm, R.: Kung-Tse. Leben und Werk. Stuttgart ²1950
Yang Yo Sub: Vollkommenheit nach paulinischem und konfuzianischem Verständnis. St. Ottilien 1984

KONKŌKYŌ

Die K. (jap. »Gold-Glanz-Lehre«) ist eine Gründung des Japaners *Bunjiro Kawate* (1814–1883) aus dem Jahr 1859. Sie zählt heute 581 000 Anhänger in Japan, China, Korea, auf Taiwan und in den USA. Die Gesamtzahl ihrer Kirchen beträgt über 1600, die ihrer Priester ca. 3700. Das Hauptheiligtum liegt in Konkō, dem ehemaligen Wohnort des Stifters. Die aus dem →Shintoismus hervorgegangene Bewegung gehört zu den →neuen Religionen Japans.

Der Stifter *Bunjiro Kawate* wird am 16. August 1814 geboren. Er arbeitet zunächst als einfacher Bauer in Konkō/Präfektur Okayama (Japan) und heiratet mit 23 Jahren die 18jährige *Toseko Furukawa*, die später den Ehrentitel *Isshidaijin* (»Gottes Lieblingstochter«) erhält. Beide haben zusammen 8 Kinder.
Der shintoistische Metallgott *Konjin* bzw. *Kane-no-kami* offenbart sich Bunjiro Kawate am 21. Oktober 1859 und beruft ihn: »Zahlreich sind in der Welt die Menschen, die in Not und Elend leben. Willst du sie nicht durch meine Gnadenvermittlung erlösen? Das rechte Dasein des einen hängt vom rechten Dasein des anderen ab.« Daraufhin gibt Kawate, wie ihm Gott nahelegt, seinen Beruf als Bauer auf und beschreitet den »Weg der Vermittlung«. Diese Offenbarung, der weitere folgen, vermittelt er seiner Umgebung als »Kunde« von Gott. Seinen Anhängern verkündet er, daß er als *Ikigami* (»fleischgewordener Gott«) der Mittler zwischen Gott, den

er jetzt *Tenchi-Kane-no-Kami* (»Metallgott des Himmels und der Erde«) nennt, und den erlösungsbedürftigen Menschen sei. Sein Haus wandelt er in einen Tempel um, den er zeit seines Lebens nicht mehr verläßt, um den »ununterbrochenen Dienst im Angesicht seiner Gottheit« zu versehen. Im 70. Lebensjahr stirbt Kawate am 10. Oktober 1883.

Kawates Nachfolger wird sein Sohn *Kaneyoshi* († 1893) als »Erzabt« mit dem geistlichen Namen *Iyekuni Konkō,* und ihm folgt ein Enkel des Stifters, *Setsutane Konkō.* Die offizielle staatliche Anerkennung in Japan findet diese Religion am 16. Juni 1900.

Der unter dem Namen *Tenchi-Kane-no-Kami* (»Metallgott des Himmels und der Erde«) monotheistisch verehrte Gott *Konjin* ist der höchste *Kami* und zugleich »Ursprung des Universums«.

Kretische Palastanlage *(Knossos/ Griechenland: Labyrinth)*

1. *Südlicher Zugang*
2. *Westlicher Zugang*
3. *Nördlicher Zugang*
4. *Östlicher Zugang*
5. *Zentralhof*
6. *Saal der Doppelaxt (labrys)*
7. *Heiligtum der Doppelaxt*
8. *Haus des Hochaltars*
9. *Thronsaal*
10. *Innenheiligtum*
11. *Heiligtumsschatzkammer*
12. *Dreiteilige Kultzone*
13. *Prozessionsgang*
14. *und 15. Altar*

1 *Minoischer* Palast von Knossos, *Treppenanlage, um 1550 v. Chr. Kreta*

2 *Minoische* Göttin der Schlangen, *Knossos, Heraklion, Mus.*

3 *Minoischer* Prinz *(Priester-König) Fresko, um 1550 v. Chr. Heraklion, Mus.*

4 *Mykenische* Totenmaske, *Goldblech, 1580/50 v. Chr. Athen, National-Mus.*

Durch die Gnade dieses Gottes wird der Mensch erlöst, und die Welt kann in Frieden und Wohlstand leben. Es gibt den inneren Frieden im Leben und im Tod und die Harmonie in Familie und Gesellschaft, weil es so »etwas wie eine Nicht-Beziehung unter der Sonne nicht geben kann«. Die Religion muß sich auf das Alltagsleben auswirken und das »gute Leben« bringen. Von großer Bedeutung dabei ist die Gestalt des irdischen Mittlers *(toritsugi),* der als *Ikigami* (»fleischgewordener Gott«) Gottes Willen den Menschen verkündet und umgekehrt der Menschen Bitten vor Gott trägt. Als *1. toritsugi* erhält der Stifter von seinen Anhängern posthum den Ehrennamen *Ikigami Konkō Daijin* (»fleischgewordener großer Gott des Goldglanzes«).

Der Mensch ist aufgerufen, seine gottgegebene Natur zu veredeln. Gegenüber anderen Religionen ist Toleranz geboten, da Gott selbst tolerant ist. *»Tenchi-Kane-no-kami* verleumdet keine anderen Sekten. Der Glaube soll weit, nicht eng sein.«

Aus der Gotteskindschaft aller Menschen wird die Liebe zu den Mitmenschen gefolgert:

> Da alle Menschen Kinder Gottes sind, gibt es keine Fremden unter seiner Sonne.

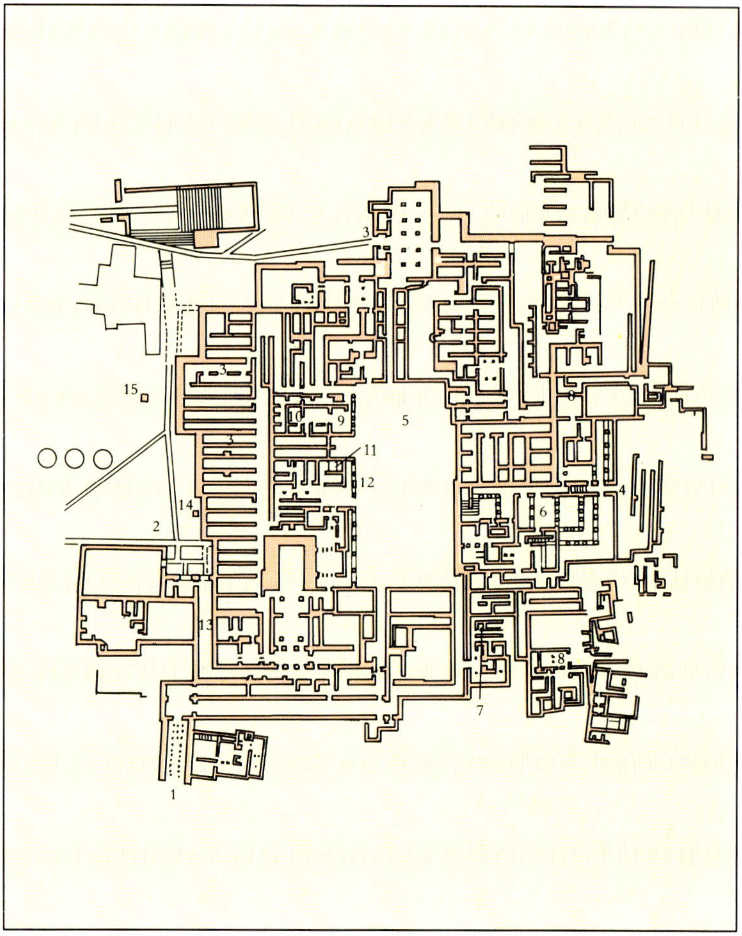

Als ethische Ideale gelten Harmonie im häuslichen Leben, Pietät der Kinder gegenüber ihren Eltern und Eifer bei der Berufsarbeit. Die Anhänger dieser Religion sind besonders im kulturellen und erzieherischen Bereich (Schule, Krankenhaus, Gefängnisseelsorge) tätig.

Der Nachfolger des Stifters wird aus dem Kreis seiner Blutsverwandten gewählt und trägt den Titel *Daikjōshu* (»Erzabt«). Seine Hauptaufgabe ist eine tägliche 12stündige Meditation vor dem Altar im Hauptheiligtum von Konkō im Sinne der Mittlerschaft.

In der als *Konkōkyō Kyōten* betitelten heiligen Schrift der K. sind die Offenbarungen des Gründers enthalten.

Literaturauswahl

Roth, W.: K. Die Lehre vom Konkō. Tokio 1932

KOREANISCHE RELIGIONEN

»K. R.« ist eine Sammelbezeichnung für die (autochthonen) in Korea selbst, der gebirgigen Halbinsel in Ostasien, sowie für die (allochthonen) von außen nach Korea gelangten, jedoch dort im koreanischen Sinn geprägten Religionen.

Die Religionen des der mongolischen Rasse angehörenden koreanischen Volkes umfassen →alte Religionen und →neue Religionen.

Tan-kun bzw. *Tan'gun* (korean. »Fürst des Sandelbaumes«) gilt als göttlicher Ahnherr

1

2

3

4

des koreanischen Volkes und Begründer des koreanischen Reiches (2333 v. Chr.), das von ihm *chonson-kuk* (»Land der Morgenfrische«) genannt wird. Als Nachkommen dieses Enkels des Himmelsgottes *Hananim* verstehen sich die Koreaner.

Am Anfang ihrer Geschichte steht die *altkoreanische Volksreligion,* die dann vom →Konfuzianismus, der bereits in vorchristlicher Zeit nach Korea gekommen ist, überlagert wird und lange Zeit das gesamte öffentliche Leben beherrscht. Während der *Wang-Dynastie* (916–1365) erhalten die Mönche des →Buddhismus gegenüber der konfuzianischen Beamtenschaft entscheidenden Einfluß. 1040 erfolgt in Korea eine Gesamtausgabe (6500 Bde.) des buddhistischen *Tripitaka* in Blockdruck – die Platten sind im Kloster Häinsa erhalten –, von der sich ein Exemplar in der Staatsbibliothek von Tokio befindet.

Während der *Yi-, I-, Li- und Ri-Dynastie* (1392–1910) gelangt der Konfuzianismus erneut zur Vorherrschaft, der später als Neokonfuzianismus begeisterte Aufnahme unter den koreanischen Gelehrten findet. Heute gibt es ca. 5 Millionen Konfuzianer in der Republik Südkorea.

Das seit 1784 in Korea missionierende →Christentum wird etwas abwertend als *Sohak* (korean. »westliche Lehre«) bezeichnet. Seit Mitte des 19. Jh. zeichnet sich Korea durch Stiftungen von →neuen Religionen aus, die teilweise wieder auf altkoreanische Glaubensvorstellungen zurückgreifen. Zu ihnen gehören u.a. →Tonghak (gegr. 1860/61), eine Gegenbewegung gegen das »westliche« Christentum, ferner →Tankunkyo (gegr. Anfang des 20. Jh.) und die zu den →Jugendreligionen gerechnete →Vereinigungskirche (gegr. 1954).

Für die **altkoreanische Volksreligion,** die zu den →asiatischen Stammesreligionen gehört, heißt der oberste Himmelsgott *Hananim.* Er führt die Weltregierung und überwacht das Ethos der Menschen, indem er die Guten belohnt und die Bösen bestraft. Sein Sohn *Ung* kommt in der Nähe des *Paek tu san,* des höchsten Berges Koreas (2744 m), auf die Erde und zeugt mit einer Menschenfrau den *Tan'gun.* Noch heute wird Hananim zur Bekräftigung einer Aussage angerufen, und im Frühjahr und Herbst werden ihm Tieropfer dargebracht.

Der Sonnengott *Palk* verkörpert das lichte und gute Prinzip, während *Kud,* der Gott der Finsternis, für das dunkle und böse steht. Die z. T. namenlosen Geister werden durch Pfosten oder Steinsäulen *(son-tol)* symbolisiert. Wenn im Frühjahr die Reisfelder bestellt werden, müssen die Erdgeister durch heute als sehr beachtenswert geltende Gesänge besänftigt werden.

Als »Tag der Öffnung des Himmels« wird der jährliche Nationalfeiertag begangen zur Erinnerung an den Mythos von Ung, dem Sohn des Himmelsgottes. Im Ahnenkult erhalten alle Vorfahren bis zum fünften Grad Opferspeisen.

Aus der Zeit vor dem Großreich Silla (668–985 n. Chr.) sind kunstgeschichtlich beachtenswert die Pagoden von Silla (660) und Paektsche (662). In der Umgebung von Kyong-gju, der alten Silla-Residenz, sind Bauten, u.a. der Tempel von Pulguksa (8. Jh.), als älteste Bauwerke Ostasiens, erhalten. Die ältesten Bronzeglocken (8. Jh.) erreichen eine Höhe von 4 Metern und finden sich in Korea.

Literaturauswahl

Clark, C.A.: Religions of Old Korea. New York 1932

Eulsun Youn: Le Confucianisme en Corée. Paris 1939

Lee, Jung Y: Korean Shamanistic Rituals, Berlin 1981

Vos, F.: Die Religionen Koreas. Stuttgart 1977

KRETISCH-MYKENISCHE RELIGION

»K.-m. R.« ist eine zusammenfassende Bezeichnung für die Religion der nicht indogermanischen Kreter und für die der indogermanischen Mykener (ca. 2000–1100 v. Chr.).

Erstere ist nach der Urbevölkerung auf der Insel Kreta im östlichen Mittelmeer benannt, deren kulturelle Epoche von ca. 2600 bis ca. 1425 v. Chr. dauert. Da Kreta während dieser Zeit Kulturmittelpunkt für die Landschaften um das Ägäische Meer bildet, wird die **kretische Religion** auch als *ägäische Religion* bezeichnet. Eine weitere Bezeichnung ist die nach dem sagenhaften König Minos in Knossos auf Kreta, dem Sohn des Zeus und der Europa, so daß man auch von einer *minoischen Religion* spricht.

In der *mittelminoischen Periode* (ca. 2000–1570 v. Chr.), während der der »ältere« Palast in Knossos gebaut wird, verehrt man vorrangig Göttinnen, an ihrer Spitze eine *Mutter- und Erdgöttin,* Herrin der Tiere und Schlangengöttin.

Eine bekannte Darstellung ist die des *Stiermenschen* (Minotaurus), die auf eine kultische Stierverehrung hinweist. Die Doppelaxt *(labrys),* das Hauptsymbol der *kretischen Religion,* ist ein vergöttlichtes Kultgerät für die rituelle Tötung.

Ekstatische Kulte werden in Naturheiligtümern und heiligen Höhlen zelebriert. Bekannt ist die Hauptkultgrotte von Psychro auf Kreta.

In der *spätminoischen Periode* (1570–1425 v. Chr.) wird der »jüngere« Palast von Knossos (»Labyrinth«) mit seiner fast unübersehbaren und verwirrenden Zahl unregelmäßiger Gebäude errichtet, die einen großen Innenhof umgeben und dem alten minoischen Labyrinth zu gleichen scheinen. In den Palastbauten gibt es jetzt kleine Kapellen, die als Fortbildung der früheren Höhlenkultorte anzusehen sind.

Es gibt verschiedene Gräberformen: Kammergräber, aus dem Felsen gehauen, und Kuppelgräber in runder Form. Um 1425 wird der Palast von Knossos durch Mykener zerstört.

Die **mykenische Religion** ist nach der im nordöstlichen Peloponnes (Argolis) auf einer Bergkuppe gelegenen Burg *Mykene* benannt, dem Machtzentrum der Achäer (1400–1150 v.Chr.), und Hauptträger der mykenischen Kultur. Den späteren Griechen wird diese Epoche (ca. 1180 Zerstörung Trojas) zum Heldenzeitalter, von der Homers Dichtungen (→homerische Religion) Zeugnis geben.

Während der *mittelmykenischen Zeit* (15.Jh. v.Chr.) werden die minoischen Kuppelgräber für den Ahnenkult der Herrenschicht übernommen. In der *spätmykenischen Zeit* (1400–1150) entstehen die Burgbauten von Mykene und Tiryns, deren Hauptraum das *Megaron,* der Männersaal, ein rechteckiger, von Säulen umgebener Raum mit einem kreisrunden Herd in der Mitte, ist. Berühmt ist das *Löwentor* von Mykene: Zwei Löwinnen stehen hoch aufgerichtet mit den Vordertatzen auf dem Unterbau einer glatten Säule und bewachen den Eingang der Königsburg.

Die Grabungen namentlich Heinrich Schliemanns in Troja, Mykene und Tiryns haben *Idole* (Figuren meist weiblichen Geschlechts als Kultgegenstände) zutage gebracht. Bekannt sind vor allem die *Violin-Idole,* bei denen nur die Brust- und Beckenregion übertrieben ausgeformt sind.

Der ausgeprägte Jenseitsglaube wird durch großangelegte Grabbauten unterstrichen. Bekannt sind aus dieser Zeit Schacht- und Kuppelgräber, letztere mit einem großen Kuppelraum als Grab- und Opferstätte, z.B. das Atreusgrab in Mykene.

Die mykenische Burg wird 1150 im Verlauf der dorischen Wanderung zerstört.

Literaturauswahl

Nilsson, M.P.: The Minoan-Mycenaean Religion. Lund ²1950

Picard, C.: Les religions préhelléniques. Paris 1948.

KUROZUMIKYŌ

Diese Religionsgemeinschaft geht auf ein persönliches, religiöses Erlebnis des Japaners *Munetado Kurozumi* (1780–1850) im Jahre 1814 zurück und wird seit dem 23.Oktober 1876 nach dem Namen ihres Stifters benannt.

Diese aus dem →Shintoismus hervorgegangene Bewegung gehört zu den ältesten der →neuen Religionen Japans.

In der Präfektur Okayama liegt das Hauptverbreitungsgebiet der ca. 766000 Anhänger, die den höheren und mittleren Schichten entstammen. In der gleichnamigen Hauptstadt hat die Zentrale für die 500 Gemeinden ihren Sitz.

Am 21.Dezember 1780 wird *Munetado Kurozumi* als dritter Sohn eines Shinto-Priesters aus der Klasse der Samurai geboren. Da der priesterliche Dienst am Imamura-Schrein bei Okayama seit Generationen in der Familie liegt, soll Munetado Kurozumi die Nachfolge seines Vaters anantreten. Im Jahre 1800 faßt der 19jährige den Entschluß, *kami* (»oben, das Obere, der Höherstehende«) zu werden. Er pilgert im Alter von 23 Jahren (1803) erstmals zum Heiligtum der Göttin Amaterasu nach Ise. Als der Stifter zwischen dem 32. und 34.Lebensjahr (1812/14) hoffnungslos an Tuberkulose erkrankt ist und eines Morgens, am 22.Dezember 1814, auf der Veranda seines Hauses, das Gesicht zur aufgehenden Sonne gewendet, der Sonnengöttin Amaterasu seine Verehrung darbringt, fühlt er plötzlich die Strahlen der Sonne in seinen Körper dringen und den Geist der göttlichen Sonne von ihm Besitz ergreifen. »Wie der Tau vor der aufgehenden Sonne entschwindet, so verschwindet plötzlich seine Krankheit.« Der mit Amaterasu, der Quelle allen Lebens, eins gewordene Kurozumi, der *kami*-Charakter erlangt hat, hört eine himmlische Stimme, die ihn beauftragt, fortan den »großen Weg der Göttin Amaterasu« anderen Menschen zu verkünden. In den Jahren 1824, 1831, 1833, 1835 und 1845 unternimmt er weitere Pilgerfahrten nach Ise. 1846 findet diese »neue Religion« offizielle staatliche Anerkennung. Der Stifter stirbt am 7.April 1850 im Alter von 70 Jahren.

Die Sonnengöttin *Amaterasu,* die der Stifter nahezu monotheistisch verehrt, nimmt eine alle »achthundert Myriaden kami« *(yao-yoruzuno-kami)* überragende Stellung ein. »Diese acht Millionen Götter des Shintoismus verkörpern in ihren Individualitäten nur die göttliche Natur von Amaterasu, und sie existieren nicht getrennt von ihr.«

Ziel des Menschen ist es, mit Amaterasu eins zu werden. Wenn der Mensch mit dem Geist der Sonnengottheit vereint ist, schwinden alle Krankheiten.

> Wenn das Herz der göttlichen Amaterasu und das Herz des Menschen eins werden, so ist das wirklich ewiges Leben.

Da der Stifter mit *Amaterasu-O-mi-kami* schon zu Lebzeiten eins geworden ist, wird er als ein *ikigami,* ein lebender *kami* betrachtet, der *oya* (»Ursprung, Mutter«) genannt wird. Zwei Schreine sind seiner Verehrung geweiht. Japan gilt als auserwähltes Land des Sonnenursprungs. »Glücklich der Mensch, welcher im Reich der aufgehenden Sonne geboren ist und weiß, daß er am Ursprung der Sonne lebt!«

Die Anhänger dieser Religion wollen eine umfassende Bruderschaft aller Menschen verwirklichen. Ethisches Vorbild für die

Mitglieder der *Religion der Aufrichtigkeit* ist *makoto* (»Aufrichtigkeit«), die zugleich das Wesen der Göttin Amaterasu ist. Die 7 *Gebote* des täglichen Lebens lauten:

1. Hüte dich vor Unglauben, vor allem da du im Land der großen Götter geboren bist.
2. Werde nicht zornig und kümmere dich nicht um Lappalien.
3. Sei nicht stolz und sich nicht auf andere herab.
4. Laß das Unrecht anderer nicht dein eigenes Unrecht vermehren.
5. Sei nicht träge, wenn es dir gut-geht.
6. Sei aufrichtig im Denken, da du dich der Religion der Aufrichtigkeit angeschlossen hast.
7. Sei täglich dankbar.

Wie der Stifter selbst unternehmen auch seine Anhänger Wallfahrten zum Schrein der Sonnengöttin in Ise. Am 17. und 18. April wird das *Fest des Stifters* feierlich begangen.
Täglich wird im Kult der Ritus des Einatmens von Sonnenkraft vollzogen. Um zur Quelle des Lebens vorzudringen, hilft das Gebet. Ca. 4000 Priester versehen den kultischen Dienst.

Literaturauswahl

Hepner, C. W.: The Kurozumi Sect of Shintō. Tokyo 1935
Kurozumikyō, o. J. (Okayama 1957)

LAPPEN-RELIGION

Die *Religion der Lappen* gehört zu den →arktischen und zu den →finno-ugrischen Religionen. Die L.-R., die sich weit in die Geschichte zurückverfolgen läßt, besteht bis ins 19. Jh. als eigenständige Religion.
Die Zahl der Lappen (Eigenbezeichnung: *samek;* Einzahl: *sabme*), ein halbnomadisches, ursprünglich nur Jagd und Fischfang betreibendes Volk von Rentierzüchtern, das die europäischen arktischen Zonen in Norwegen, Schweden, Finnland und auf der Halbinsel Kola (UdSSR) bewohnt, beträgt heute noch 35 000.
Höchster Gott der Altlappen ist *Tiermes,* ein Regen- und Gewittergott. Dieser »Wolkenherrscher« und »Gewitteralte« hat Macht über Leben und Tod. Dem Mythos nach fährt er auf einer weißen Wolke durch die Luft und trägt in einem Ranzen seine Blitze, die er Pfeilen gleich auf die Erde schleudert. Im Laufe der Geschichte differenziert sich dieser Gott in zwei Gestalten: in die des *Veraldenolmai,* des obersten Weltengotts, und in die des *Horagalles,* des Gewittergottes. *Bieggolmai* (»Windmann«) ist der Gott des Meeres und der Fische.
Das glückliche Reich der Toten im Innern der Berge heißt *Saivaimo,* während das düstere Totenheim, in dem die Göttin *Jabmeakka* als »Totenalte« herrscht, *Jabmeaio* genannt wird.
Mittelpunkt des Kultes bildet ein *Bärenfest,* durch das dem erlegten Bären dafür gedankt wird, daß er seinen Jäger nicht verletzt hat. Bei dem Festmahl wird die Rolle des Bären von Frauen und Männern mimisch dargestellt, und den Abschluß des Festes bildet die Bestattung von Kopf, Skelett, Fortpflanzungsorganen und Schwanz des Bären.
Der *Schamane (noid* bzw. *noaide)* bedient sich der Schamanentrommel zum Zwecke der Exaltation, die im Dienst der Krankenheilung steht. Während dieser Ekstase kann der Schamane verschiedene Gestalten annehmen, sich an entfernte Orte begeben und die Schamanenbegleiterin *(noaidekadze)* herbeirufen.
Götter und Schutzgeister sieht man in den *seidas* (Objekte der Verehrung, wie Steine, Holzfiguren u. a.) real gegenwärtig. Es gibt *Stein-seidas* in der offenen Landschaft an den Wanderwegen der Rentiere und *Fisch-seidas* an Felsklippen im Wasser der Seen. An den *seidas* auf dem Lande werden Rentiere und an denen der Seen Fische geopfert.

Literaturauswahl

Karsten, R.: The Religion of the Samek; ancient Beliefs and Cults of the Scandinavian and Finnish Lapps. Leiden 1955

LETTISCHE RELIGION

Die l. R. ist die vorchristliche Religion der Altletten, der Bewohner Lettlands, einer Landschaft im Baltikum (→baltische Religionen).
Die seit dem 9. Jh. ansässigen lettischen Stämme, die zu den baltischen Völkern gehören, geraten Anfang des 13. Jh. in Livland und Kurland unter deutsche Herrschaft.
Für die Altletten ist der Himmelsgott *Dievs* (lett.), der Schöpfer von Welt und Menschen, zugleich ein himmlischer Bauernhofbesitzer und Viehzüchter. Auf seinen Reisen zur Erde besucht er abends die Bauern auf ihren Höfen. Er fördert die Fruchtbarkeit der Felder und sorgt für das Vieh. Nach der Christianisierung wird sein Name zur Bezeichnung des Gottes der Christen.
Pĕrkons (lett. »Gewitter«) ist ein Donnergott. Als Blitzeschleuderer und Regen-

spender ist er ein Gott der Fruchtbarkeit. Er gilt auch als Hüter von Moral und Recht. In lettischen Volksliedern freit er die Tochter der Sonne.
Fast alle lettischen Gottheiten sind weiblich. Die Muttergottheiten gelten als Numina der Felder und Wälder. Schicksalsgöttin und »Glücksmutter« ist *Laima* oder *Laima māte*. Sie erhält Opfer von Tieren und segnet dafür die Felder und das Vieh der Menschen.
Saule, die Sonnengöttin, ist Jungfrau bzw. Mutter vieler Töchter. *Zemes māte* ist die Muttergöttin der Erde.
Die Opfer werden an Steinen und unter Bäumen dargebracht, wobei Eichen den Männern und Linden den Frauen zugeordnet sind. Im 18. Jh. werden die letzten heiligen Haine in Lettland abgeholzt. Die Religion der Letten ist bis in die jüngste Zeit in den *dainas*, den lettischen Volksliedern, lebendig geblieben.

Literaturauswahl

Balys, J.: Lettische Mythologie. Riga 1926
Biezais, H.: Die Hauptgöttinnen der alten Letten. Diss. Uppsala 1955
Biezais, H.: Die himmlische Götterfamilie der alten Letten. Uppsala 1972
Biezais, H.: Die Gottesgestalt der lettischen Volksreligion. Stockholm-Göteborg-Uppsala 1961
Mannhardt, W.: Letto-preußische Götterlehre. Riga 1936

LITAUISCHE RELIGION

Die l. R. ist die vorchristliche Religion der Altlitauer, der Bewohner Litauens, einer Landschaft im Baltikum (→baltische Religionen).
Die Christianisierung der litauischen Stämme, die mit Esten und Letten zu den baltischen Völkern gehören, erfolgt im 13./15. Jh.
Zu den Göttern der Altlitauer zählen *Diẽvas* (lit.), der Himmelsgott, und *Menùles*, der Mondgott. *Perkūnas* (lit.), der Gewitter- und Donnergott, hat eine beherrschende Stellung. Ihm ist die Eiche (lat. quercus) heilig, von der er seinen Namen hat. In den heiligen Wäldern brennt ihm zu Ehren das ewige Feuer.
Einer der bedeutendsten Hausgötter ist *Dimstipatis* (»Hofherr«), der Herr von Herd und Rauch, dem Hühner geopfert werden.
Von den Göttinnen sind zu nennen: *Sáule*, die Sonnengöttin, und *Lima*, die Schicksalsgöttin. Als Erdgöttin wird *Zemyna* bzw. *Zemina* verehrt, die Tochter von Sáule, der Sonnengöttin, und von Menùles, dem Mondgott. Ihr zu Ehren wird das tägliche Abendgebet verrichtet, das mit dem Küssen des Erdbodens abschließt. *Zverine* ist eine Hundegöttin, der morgens und abends, um Fruchtbarkeit zu erbitten, geopfert wird. *Gabijá* ist die Göttin des Feuers und *Medeine* eine Hasen- und Waldgöttin. Die Totengeister heißen *Veles*.
Der Kult wird im heiligen Hain *Alka* vollzogen, bei dem Tiere, aber auch Menschen, namentlich Gefangene, zum Opfer dargebracht werden. Als besonders verehrungswürdig gelten Eiche und Linde. Während der Hauptpriester *Kriwe* das heilige Feuer unterhält, fungieren andere Priester als *burvis* (Zauberer) und *zimlemis* (Wahrsager).

Literaturauswahl

Biezais, H.: Die Religionsquellen der baltischen Völker und die Ergebnisse der bisherigen Forschung. Uppsala 1954

LORBER-GESELLSCHAFT

»L.-G.« ist die seit 1949 übliche Bezeichnung für eine 1880 gegründete religiöse Bewegung, die auf die Offenbarungen des Österreichers *Jakob Lorber* (1800–64) zurückgeht und seit 1924 den Namen *Neu-Salems-Gesellschaft* bzw. *Neulichtfreunde* hat. Auf internationaler Ebene sind die Mitglieder zur *Lorber-Tatgemeinschaft* zusammengeschlossen. Vertreten ist die L.-G. in Österreich, Frankreich und Brasilien sowie in der Bundesrepublik Deutschland – an ca. 25 Orten – und in der Schweiz.
Diese aus dem →Christentum hervorgegangene Gesellschaft gehört zu den neuen religiösen Bewegungen in Europa.
Der theosophische Mystiker *Jakob Lorber*, am 22. Juli 1800 in Alt-Kanischa (Steiermark) bei Marburg a. d. Drau (Österreich) als Sohn eines Kapellmeisters geboren, arbeitet zunächst als Musiklehrer in Graz. Auf ihn haben die Schriften des protestantischen Mystikers J. Böhme (1575–1624) und des Theosophen E. Swedenborg (1688–1772) großen Einfluß. Am Morgen des 15. März 1840, Lorber ist 39 Jahre alt, vernimmt er eine innere Stimme, die ihn auffordert: »Stehe auf, nimm deinen Griffel und schreibe!« Daraufhin schreibt er in Graz die Offenbarungen, die er von jetzt an fortlaufend empfängt, in den 25 Bänden *Neusalems-Schriften* nieder. Unter ihnen ist das 10bändige »Große Evangelium des Johannes«. Am 24. August 1864 stirbt Jakob Lorber in Graz. Die L.-G., zwischen 1939 und 1945 von der Geheimen Staatspolizei in Deutschland verboten, lebt nach 1945 wieder auf.
Für die L.-G. ist Gott, der unendliche

Geist, in seinem Wesen *Liebe* (Vater), *Weisheit* (Sohn) und *Wille* (Geist). Er erfüllt als vollkommene Urkraft den Weltenraum. Aus sich sondert er eine Welt freier Urgeister, von denen Luzifer sich gegen die göttliche Ordnung auflehnt, so daß der »Urnebel der Materie« entsteht.

Bei der Rückführung Luzifers zum göttlichen Licht hat der Mensch, in dem der göttliche Urfunke lebt, die Aufgabe, das »Reichsgrundgesetz Christi«, d.h. das Doppelgebot der Gottes- und Nächstenliebe, zu erfüllen. Charakteristisch ist die tätige Nächstenliebe. Zu den Forderungen gehört die Errichtung von karitativen Anstalten. Für die Anhänger bestehen detaillierte Speisegebote mit Empfehlung von Hülsenfrüchten, Brot und Honig. Erlaubt ist die »Geistes- oder Herrenehe«.

Die Freunde der L.-G. sind in örtlichen, losen *Geschwisterkreisen* zusammengeschlossen, wobei ein Austritt aus der bisherigen Konfession von den Lorber-Anhängern nicht verlangt wird. Die Mitglieder versammeln sich in *Gebetssälen,* da der Bau von Kirchen abgelehnt wird.

Die Schriften des Stifters Jakob Lorber gelten als *Neuoffenbarungen,* die die Evangelien weiterführen und der Bibel ebenbürtig, wenn nicht überlegen sind. Für die Verbreitung der *Lorber-Schriften* ist bereits 1851 ein eigener Verlag in Bietigheim (Württemberg) entstanden, der sich seit 1937 »Lorber Verlag« nennt. Die Gesamtauflage der Bücher Jakob Lorbers beträgt über 1 000 000.

Literaturauswahl

Deml, F.: Christliche Einweihung. Bietigheim 1968

Lorber, J.: Die Haushaltung Gottes. 3 Bde. Bietigheim-Bissingen (1840/44) ⁵1981

Lutz, W.: Die Grundfragen des Lebens. In der Schau des Offenbarungswerkes Jakob Lorbers. 3 Bde. Bietigheim-Bissingen ³1979

LORENZIANER

»L.« heißen die Mitglieder einer nach *Emil Hermann Lorenz* (1864–1929) benannten Gemeinschaft, die sich 1914 in Marterbüschel (sächsisches Erzgebirge) konstituiert und von 1922 an die *Gemeinschaft in Christo Jesu* nennt. Die aus Gruppen um die sächsischen Bußprediger Gottlieb Heinrich Reichelt (1837–78) und Oswald Ferdinand Schneider (1835–1908) hervorgegangene Bewegung zählt ca. 5000 im sächsischen Raum beheimatete Anhänger, deren Zentralheiligtum die »Eliasburg« in Marterbüschel im Erzgebirge (DDR) ist.

Diese dem →Christentum nahestehende Gemeinschaft wird zu den neuen religiösen Bewegungen in Europa gerechnet.

Der im Jahr 1864 geborene Stifter ist zunächst Besitzer einer kleinen Tintenlöscherfabrik im erzgebirgischen Marterbüschel. Seine prophetische Berufung erlebt er im Jahre 1884, und er sieht sich vom Geist des Jüngers Johannes geführt. Seit 1914 tritt er mit seiner öffentlichen Verkündigung in Erscheinung.

Nach der eschatologisch-chiliastischen Lehre dieser Gemeinschaft ist aus der *göttlichen Trias* Vater, Sohn und Luzifer letzterer wegen Überheblichkeit ausgestoßen, und seitdem herrscht ein Kampf zwischen Gott, der »Allmacht«, und Satan, der »Vielmacht«.

Beide sind die einander entgegengesetzten Mächte des Guten und Bösen, und beide sind im Menschen wirksam: Gottes Geist im menschlichen Gewissen und Satan im Fleisch mit »direktem Sitz« in der Galle. Für die Frommen gibt es 3 Erlösungsstufen: 1. die Befreiung vom geistlichen Tod als »Erlösung« durch Jesus, den Sohn Gottes, 2. das Leben in dem durch Emil Hermann Lorenz angebrochenen Tausendjährigen Reich als »Vollendung«, 3. der Eingang in die Ewigkeit als »Veredelung«. Am Ende des Erlösungswegs wird die göttliche Trias von Gott Vater, Gott Sohn (mit den »Berufenen« und den »Auserwählten«) und dem Heiligen Geist (der gesamten geretteten Menschheit anstelle Luzifers) gebildet.

In dem Stifter Lorenz ist der Geist des wiederkehrenden Propheten Elias erschienen. Er ist der endzeitliche Vollender der durch Jesus nur eingeleiteten Erlösung, und er sammelt die letzten 5000 der insgesamt 144 000 Auserwählten (vgl. Offb 14,1), deren Entrückung unmittelbar bevorsteht.

Für die Lorenz-Anhänger gibt es eine *Einsegnung* zu der Gemeinschaft und eine *Versiegelung,* durch die man unter die 144 000 Auserwählten eingereiht wird. Geleitet wird die Gemeinschaft von einem kleinen Rat, den *Wächtern.* Es gibt Ober-, Bezirks-, Orts- und Jugendwächter. Die Versammlungsstätten für den Gottesdienst heißen *Bethanien.*

Die Offenbarungen des Stifters, die in den *Pergamenten* niedergelegt sind, haben eine der Bibel ebenbürtige Autorität.

Literaturauswahl

Kleemann, S.: Die Lorenzianer. Dresden 1926

Lorenz, E.H.: Pergamente, o. J.

LOTOS-SŪTRA-RELIGIONEN

»L.-S.-R.« ist die zusammenfassende Bezeichnung für drei in Japan zwischen 1925 und 1946 aus dem Mahāyāna-Buddhismus hervorgegangene →neue Religionen, die nach dem *Lotos-Sūtra,* unter dessen Bezugnahme sie die ethischen und sozialen Probleme der Welt lösen wollen, benannt sind.

Alle drei Neureligionen sind aus der von dem Japaner *Nichiren* (1222–82) mit dem Beinamen *Risshō Daishi* im Jahr 1253 gegründeten und nach ihm benannten *Nichiren-shū* (jap. »Sonne-Lotos«) entstanden, die sich auf das *Saddharma-pundarika* (sanskr. [sūtra] »vom Lotos des guten Gesetzes«) stützt und in der Lotos-Lehre den Kern für die Religion sieht.

Zu den drei L.-S.-R. gehören die *Reiyū-kai,* die *Risshō-kōsei-kai* und die *Sōka-gakkai* (→Buddhismus).

Die **Reiyū-kai** (jap. »Gesellschaft der Seelenfreunde«) wird im Jahr 1925 von den Japanern *Jasukitchi Kotani* (1884–1924) und *Kakutaro Kubo* (1892–1944) gestiftet.

Die **Risshō-kōsei-kai** (jap. »Gesellschaft für Aufrichtung von Recht und mitmenschlichen Beziehungen«) ist eine Gründung der Japanerin *Myōkō Naganuma* (1889–1957) und dem Japaner *Nikkyō Niwano* (*1906) vom 5. März 1938. Ihr Zentrum liegt in Suginami bei Tokio mit dem 26 446 m² großen und 50 000 Menschen fassenden *daiseidō* (»große Kathedrale, großes Heiligtum«), erbaut in den Jahren 1956-61.

Die **Sōka-gakkai** (jap. »Gesellschaft zur Schaffung von Werten«) ist von den beiden Japanern *Tsunesaburō Makiguchi* (1871–1944) und *Jòsei Toda* (1900–58) in den Jahren 1937/1946 gegründet worden, und *Daisaku Ikeda* (*1928) ist seit 1960 ihr 3. Präsident. Die »große Vorlesungshalle des Lotos-Hauptquartiers« liegt in Taiseki-ji in der Nähe des Berges Fuji.

Gemeinsam ist allen drei L.-S.-R. nicht nur, daß sie ihren Altmeister Nichiren hoch verehren und dessen Todestag am 12. Oktober jährlich festlich begehen, sondern vor allem, daß sie ein großes karitatives Engagement zeigen. Für die *Sōka-gakkai* soll jeder seine irdischen Pflichten in Welt und Gesellschaft erfüllen, damit eine glückliche menschliche Gesellschaft geschaffen wird.

Da die jedem Menschen innewohnende Buddha-Natur durch Pflege harmonischer mitmenschlicher Beziehungen zum vollen Bewußtsein gebracht werden kann, versammelt die *Risshō-kōsei-kai* täglich 10 000 ihrer Mitglieder in der großen »Übungshalle« mit dem Ziel, den »Bodhisattva-Weg zu beschreiten, auf daß jeder sein Leben für die Mitmenschen zur Errettung der Welt hingibt«. Das soziale Engagement dieser Bewegung zeigt sich deutlich im Bau der vielen verschiedenen Kindergärten, Schulen, Waisenhäuser, Krankenhäuser und Altenheime. Die Alten werden von ihnen besonders geschätzt und geehrt, da sie »im Angesicht des Todes leben«. Sie sind der vollen Überzeugung:

> Wo sich die Alten einer Bewegung
> anvertrauen,
> wirken Kräfte, die den Tod überdauern.

Die Hauptschrift dieser drei L.-S.-R. ist das um 280 n. Chr. entstandene *Saddharma-pundarika,* nach dem Buddha nur scheinbar ins *nirvāna* eingegangen ist, weil er sich lediglich aus Mitleid mit den Törichten dieser Welt als hingeschieden ausgebe. In Wirklichkeit habe er nie aufgehört zu existieren.

In diesem Mahāyana-*Sūtra* steht u.a. das berühmte buddhistische *Gleichnis vom guten Vater,* das Ähnlichkeiten mit dem in der Bibel überlieferten christlichen *Gleichnis vom barmherzigen Vater* und seinem verlorenen Sohn besitzt.

Literaturauswahl

Fujiwara, H.: I denounce Sōka Gakkai. Tokio 1970

Kohler, W.: Die Lotus-Lehre und die modernen Religionen in Japan. Zürich 1962

MAMBU-BEWEGUNG

Die M.-B. ist eine nach ihrem Stifter *Jeremiah Mambu* (* ca. 1907) benannte und seit 1937 im Norden Neuguineas entstandene Religion, die zu den →Cargo-Kulten gerechnet wird.

Die Konfrontation der melanesischen Eingeborenen auf Neuguinea mit zivilisatorischen Erzeugnissen der weißen Kolonisatoren führt zu dieser zu den →neuen Religionen Ozeaniens zählenden Bewegung.

Neuguinea, die zweitgrößte Insel der Erde, nördlich von Australien gelegen, wird 1526 von dem Spanier *Antonio d'Abreu* entdeckt. 1828 nehmen Niederländer die Westhälfte der Insel (seit 1969 zu Indonesien gehörig) und 1883 Engländer den südöstlichen Teil der Insel (Papua-Distrikt; seit 1901 Territorium Australiens) in Besitz. Die Deutschen fügen 1884 den nordöstlichen Teil der Insel (1921 Mandatsgebiet, seit 1946 Treuhandgebiet Australiens) unter dem Namen *Kaiser-Wilhelm-Land* als Schutzgebiet ihren überseeischen Besitzungen hinzu. In diesem nordöstlichen Teil von Neuguinea spielt in den Jahren 1937/38 – in der Zeit der australischen Mandatsverwaltung – die M.-B. eine politisch bedeutsame Rolle.

Der Stifter *Jeremiah Mambu* arbeitet zunächst als Kontraktarbeiter in Rabaul auf der Insel Neubritannien und wird nach seiner Rückkehr kath. Missionshelfer, da seit 1895 hier kath.-christliche Missionare arbeiten.

Als etwa 30jähriger tritt Mambu im Jahr 1937 mit der Verkündigung einer neuen Lehre hervor.

Während seiner folgenden Predigertätigkeit an der Nordküste Neuguineas und vor allem im Hinterland gewinnt er innerhalb kurzer Zeit eine ständig wachsende Anhängerschaft, und er wird von diesen als *blak-felo king* (Pidgin-Engl. »schwarzer König«) bezeichnet und verehrt.

Mambu kritisiert in seiner Botschaft die gegenwärtige Ausbeutung der Eingeborenen durch die Weißen, und er verheißt seinen Landsleuten das baldige Ende dieses Zustandes aufgrund der bevorstehenden Ankunft von Schiffen der Ahnen. Mit dem überlieferten Ahnenglauben verbindet der Prophet seine neue Lehre. Die Ahnen, die im Innern des Vulkans der Insel Manam, aber auch in den fernen Ländern der Weißen wohnen, stellen zwar jetzt schon die wertvollen Zivilisationsgüter für ihre Nachkommen her und verladen sie zusammen mit Lebensmitteln auf große Schiffe, die als *cargo* (engl. »Frachtgut, Ladung«) nach Neuguinea gesandt werden. Aber immer dann, wenn diese Schiffe ankommen, stehlen die Weißen die nicht für sie bestimmten Schiffsladungen, so daß die Eingeborenen leer ausgehen. Es wird eine Zeit kommen, in der die Beraubung durch die Weißen ein Ende findet und die Eingeborenen eine Überfülle an Gütern genießen werden. Dann wird das Arbeiten überflüssig sein. Als Angeld auf diese bevorstehende Heilszeit verteilt der Prophet Mambu gelegentlich kostenlos Fische und Reis an seine Anhänger, die von den Ahnen mit Flugzeugen geliefert worden sind.

Voraussetzung für den Anbruch der Heilszeit sind das Aufbrauchen sämtlicher Vorräte und das sofortige Niederlegen jeglicher Arbeiten für die weiße Mandatsmacht. Als dann Mambu noch seine Anhänger auffordert, die Steuerzahlung an die Weißen einzustellen und statt dessen an ihn selbst Abgaben zu entrichten, schreitet die australische Mandatsverwaltung im März 1938 gegen die M.-B. ein. Mambu selbst wird verhaftet, wegen revolutionärer Umtriebe in Madang eingesperrt und dann strafdeportiert.

Das Ritual der Aufnahme in die M.-B. besteht in einer Art Taufe, bei der die einheimische Kleidung abgelegt und begraben wird und neue, europäische Kleidungsstücke angelegt werden.

Literaturauswahl

Burridge, K. O. L.: Mambu. London 1960

Fugmann, W.: Mambu Jeremiah. Ein Kirchenführer aus Papua-Neuguinea. Neuendettelsau 1977

Steinhauer, F.: Melanesische Cargo-Kulte. München 1971

MANDÄER-RELIGION

Als *Mandäer* bezeichnet man die Anhänger des *Mandäismus,* für den *mandā* (aramäisch »Wissen, Erkenntnis, Gnosis«) ein Zentralbegriff aller religiösen Anschauungen und Lehren ist. Innerhalb dieser dem →Gnostizismus verwandten Religionsgemeinschaft, deren Entstehungszeit vermutlich bis ins 1. Jh. n. Chr. zurückreicht, lautet die Selbstbezeichnung für die Laien *Mandājē* (ostaramäisch »Wissende«) und für die Priester *Nazoräer* (*nasoraje* = »Observanten«). Die früher übliche Bezeichnung *Johanneschristen* bzw. *Johannesjünger* (die Mandäer berufen sich auf Johannes den Täufer als ihren vornehmsten Lehrer) wurde von den Mandäern selbst nie gebraucht. Die arabischen Nachbarn nennen die Mandäer wegen ihres Taufritus *subba* (»Taucher«).

Die am Schatt el Arab beim Persischen Golf beheimateten *Mandäer* zählen heute 35 000 Anhänger, von denen 25 000 im Irak und 6000 im Iran leben. Ihre Religion gehört zu den →semitischen und den →vorderasiatischen Religionen.

Die gnostisch dualistische Lehre der Mandäer zeigt verwandte Züge zum →Manichäismus – der Tradition nach soll der Vater des Mani, des Begründers des Manichäismus, dem Mandäismus angehört haben.

Die höchste Ganzheit ohne Form, das Absolute, heißt der »Lichtkönig« oder der »große Mana«, und er hat seinen Sitz über dem Reich der Finsternis. Der makrokosmische Widerstreit zwischen der Lichtwelt und dem materiellen Bereich der Finsternis findet seine Entsprechung im menschlichen Mikrokosmos. Die Seele des Menschen, die aus der himmlischen Lichtwelt stammt, aber jetzt auf Erden in die materielle Finsternis verbannt ist, erlangt Erlösung von diesem dualistischen Zustand durch Wissensoffenbarung. Letztere bringt der Erlöser *Mandā d'Haijē* (»Gnosis des Lebens«), der von der höchsten Gottheit, dem »ersten Leben«, auf die Erde herabgesandt wird, um »seinen Freunden zum Sieg zu verhelfen«. Wesentliches Erlösungsmittel bilden 2 Fundamentalriten: *masbūta* und *masiqtā.*

Da die Flüsse von den Bergen kommen, deren Spitzen bis in die himmlische Lichtheimat reichen, ist die im fließenden Wasser möglichst oft vorgenommene Taufe *(masbūta)* heilsnotwendig. Nach dem im Jordan taufenden Johannes dem Täufer wird das Taufwasser »Jordan« *(yardna)* genannt.

Das Sakrament der Toten- oder Seelen-

messe *(masiqtā)* ermöglicht der Seele nach dem Tode das Aufsteigen in die Welt des Lichtes.
Dieses Sakrament der Wiedergeburt wird symbolisch als eine »Heilige Hochzeit« gefeiert, wobei Traubenwasser (als Samen erklärt) in einen Weinkelch (Mutterleib genannt) gegossen wird, so daß nach symbolischen 9 Monaten die Seele wiedergeboren und getauft wird.
Dieses von den Priestern unter Ausschluß der Laien vollzogene Sakrament wird in einem fensterlosen Kulthaus, der *bit manda* (»Haus der Erkenntnis«) gefeiert. Es liegt stets in einer Einfriedung bzw. einem Garten, in dem sich auch ein Teich mit fließendem Wasser befinden muß *(yardna)*.
Von den im 7./8. Jh. kanonisierten heiligen Schriften ist die umfangreichste das *Ginzā* (mandäisch »der Schatz«), das auch *Sidrā rabbā* (»Großes Buch«) genannt wird. Eine Sammlung von Ritualen, Gebeten und Hymnen wird *Qolastā* (»Lobpreisung«) genannt. Die Texte sind im Mandäischen, einem ostaramäischen Dialekt, geschrieben.

Literaturauswahl

Brandt, W.: Die Mandäer, ihre Religion und ihre Geschichte. Nachdruck. Vaduz 1984
Brandt, W.: Die mandäische Religion. Nachdruck Maarssen 1973
Drower, E. S.: The Mandeans of Iraq and Iran, their Cults, Customs, Magic, Legends and Folklore. Oxford 1937. Nachdruck 1962
Gese, H./Höfner, M./Rudolph, K.: Die Religionen Altassyriens, Altarabiens und der Mandäer. Stuttgart u.a. 1970
Lidzbarski, M.: Ginza. Der Schatz oder Das Große Buch der Mandäer. Göttingen u. Leipzig 1925
Rudolph, K.: Die Mandäer. 2 Bde. Göttingen 1960/61
Rudolph, K.: Theogonie, Kosmogonie und Anthropogonie in den mandäischen Schriften. Göttingen 1965
Wiedengren, G. (Hrsg.): Der Mandäismus. Darmstadt 1982

MANICHÄISMUS

Der M. ist die von dem Perser *Mani* (216–277) im Jahre 240 gegründete und nach ihrem Stifter benannte Religion, deren Anhänger *Manichäer* heißen.
Diese bis ins 14. Jh. von Spanien bis China weltweit verbreitete Religion, die auf der Grundlage des →Gnostizismus Elemente des →Zoroastrismus, des →Buddhismus und des →Christentums vereinigt, wird zu den →iranischen Religionen gerechnet.
Der Stifter *Mani* (= Manes, Manichäus) wird am 14. April 216 als Sohn des Pātik aus arsakidischem Geschlecht und der Maryam aus parthischem Königshaus in Mardinu (Babylonien) geboren. Er wächst in Seleukia in Kreisen, die der →Mandäer-Religion nahestehen, auf. Mit 12 und 24 Jahren erhält er 2 Offenbarungen des »Königs der Lichtparadiese«, die ihm der Engel *at-Taum* (»Gefährte«) überbringt. Von da an sieht sich Mani als »Prophet Babyloniens«, und er beginnt, seine Lehre auf ausgedehnten Reisen, die ihn bis nach Indien führen, zu verkünden. In der Nachfolgereihe des Zoroaster im Iran, des Buddha im Orient und des Jesus im Okzident ist Mani in Babel, d.h. in der Mitte der Erde, von diesen drei Gebieten (Iran, Orient und Okzident) umgeben, der Verkünder der abschließenden Offenbarung für die ganze Welt und das »Siegel der Propheten«.
Die Sassanidenkönige Shāpūr I. (243–273) und dessen Nachfolger Hormizd I. (273–274) fördern den M., während Bahrām I. (274–277), der eine Renaissance des →Zoroastrismus unterstützt, den Stifter Mani vor Gericht stellt und ins Gefängnis bringt. Hier in Gundeshapur stirbt Mani nach 26tägiger Haft am 26. Februar 277 im Alter von 60 Jahren.
Schon bald nach dem Tod des Stifters breitet sich der M. weltweit aus, in Mesopotamien, Syrien, Ägypten, Nordafrika (Karthago), ja westwärts bis nach Spanien und ostwärts bis nach China. Das 4. Jh. bedeutet den Höhepunkt seiner Ausbreitung im Römischen Reich. Eine Zeitlang, von 376–384, ist Augustinus (354–430) Anhänger des M., gegen den er sich später als Christ in den antimanichäischen Schriften wendet. Seit dem 7. Jh. (bis zum 14. Jh.) breitet sich der M. in China aus und ist 763–814 im zentralasiatischen Reich der Uiguren (Mongolei) sogar Staatsreligion.
Der M. ist aber auch Verfolgungen ausgesetzt. Schon Diokletian erläßt am 31. März 297 gegen die Manichäer in Ägypten ein Edikt, und seit 382 steht das Bekenntnis zum M. im Westen unter Todesstrafe. Im 10. Jh. muß der Sitz der obersten Leitung des M. von Babylon nach Samarkand verlegt werden.
Nach der Lehre des Mani stehen am Uranfang der Einbruch des »Königs der Finsternis« in das Reich des »Königs der Lichtparadiese« und der Raub von Lichtelementen. Seitdem bieten Welt und Menschen eine Vermischung der beiden Prinzipien von Licht und Finsternis, von Geist und Materie *(hyle)*, von Gut und Böse. Erlösung bedeutet eine radikale Trennung der beiden konträren Prinzipien und die Rückführung in den ursprünglichen Zustand der Trennung und Reinheit. Im Kampf um Erlösung sendet und beruft der »Lichtkönig« verschiedene Boten. Mit der Entsendung des letzten werden die letzten Dinge eingeleitet, die mit einem reinigenden Weltbrand verbunden sind. Die mit Mani beginnende Endzeit dauert 1468 (13 x 100 + 13 x 13-1) Jahre.
Die Erlösung aus der Finsternis hin zum Licht kann dann geschehen, wenn der Mensch die Zusammenhänge der dualistischen Weltordnung erkennt, so daß sich die Lichtelemente aus den materiellen Leibern befreien und die Seelen sich beim Tod mit der himmlischen Lichtwelt wie-

dervereinigen können. Von den Anhängern der Manichäer, die sich in »Erwählte« *(electi)* und »Hörer« *(auditores)* gliedern, kehren die »Erwählten« durch Sonne und Mond sogleich zum Licht zurück, während die »Hörer« erst durch Wiederverkörperung in den Leib des »Erwählten« dieses Ziel erreichen können. Die Nicht-Manichäer verfallen der Finsternis.

Das Erlösungsziel ist nur über ein Leben in strenger Askese zu erreichen. Die »Erwählten«, die als Bettelmönche ohne festen Wohnsitz leben, müssen aufgrund ihrer dreifachen Versiegelung (auf Hand, Mund und Schoß) die in den »drei Siegeln« zusammengefaßten Gebote halten. Das Siegel des Mundes verbietet ihnen den Genuß von Fleisch, Blut und Wein. Das Siegel der Hände verbietet jede gegen das Prinzip des Lichtes gerichtete Handlung, und das Siegel des Schoßes gebietet ihnen geschlechtliche Enthaltsamkeit.

Die »Hörer« müssen als Laien für den Unterhalt der »Erwählten« aufkommen und sind zudem zur Befolgung von 10 Geboten verpflichtet.

Im Mittelpunkt des Kultes steht ein heiliges Mahl, bei dem die »Erwählten« das Mysterium der Lichtläuterung vollziehen. Weizenbrot in Form von Sonnenkuchen und Mondhörnchen werden zusammen mit Gurken und grünen Melonen eingenommen, damit das in ihnen eingefangene Sonnenlicht befreit und durch Aufstoßen zum Himmel gesandt wird.

Das *bēma*-Fest (griech. *bema* = »Thron, Rednerbühne, Richterstuhl«) wird als jährlicher Erinnerungstag an die Passion und die sich daran unmittelbar anschließende Himmelfahrt des Mani gefeiert. Weil Mani dabei als Lehrer der Gemeinde im Geiste selbst anwesend ist, wird für ihn ein Thronsessel aufgebaut, zu dem 5 Stufen führen.

In der fünfstufigen Hierarchie des Manichäismus bilden die »Hörer« die 5. Klasse, ihnen gehen voran die »Erwählten«, die sich in »Lehrer« (Diakone und Bischöfe), »Älteste« und »Gerechte« gliedern. An der Spitze der Manichäer-Religion steht als Nachfolger des Mani der »Erzlenker«, der Imām von Samarkand.

Seit Anfang des 20. Jh. sind die Originalabschriften des Manichäismus, *Manichaica,* wieder bekannt. Sie sind z.T. von Mani selbst verfaßt, wie das *Shābuhragān,* z.T. stammen sie von seinen Schülern, wie z.B. die *Kephalaia,* eine Sammlung von Gesprächen des Meisters mit seinen Schülern. Andere Werke sind das *Psalmenbuch,* die *Homilien* mit einem Bericht von Manis Passion und *Khwastwaneft* (»Bekenntnis«).

Die Vorstellungen des Mani sind durch Jahrhunderte hindurch lebendig geblieben und zeigen sich u.a. bei den Paulizianern, Bogomilen und Katharern.

Literaturauswahl

Decret, F.: Mani et la tradition manichéenne. Paris 1974
Klima, O.: Manis Zeit und Leben. Prag 1962
Puech, H.C.: Le Manichéisme, son fondateur, sa doctrine. Paris 1949
Runciman, S.: The Medieval Manichee. Cambridge 1947
Widengren, G.: Mani und der Manichäismus. Stuttgart 1961
Widengren, G. (Hrsg.): Der Manichäismus. Darmstadt 1977

MAORI-RELIGION

Die M.-R. ist die Religion der polynesischen Urbevölkerung auf Neuseeland. Sie gehört zu den →polynesischen und zu den →ozeanischen Religionen.

Von den heute ca. 168 000 Maoris unter 3,2 Millionen Einwohnern Neuseelands gehören noch ca. 31 000 ihrer alten Stammesreligion an, während die anderen meist Mitglieder der christlichen Kirchen geworden sind.

Es gibt heute 2 spezifische Richtungen in der *Religion der Maori: Ringatu* und *Ratana.* Erstere, nach 1860 von *Te Kooti* gestiftet, zählt ca. 5000 Anhänger.

Ratana ist eine nach 1920 gegründete, bedeutende sozial-politische Bewegung, die ca. 26 000 Mitglieder hat. Ihr Gründer vollbringt wunderbare Heilungen und redet als Gottes Mund zu den Maori.

Beide Richtungen der M.-R. stellen eine »Mischreligion« aus Elementen der alten Stammesreligion der Maori und dem Christentum dar.

Die 1642 von dem Holländer Tasman entdeckte und von ihm benannte Insel Neuseeland nimmt 1769 James Cook für England in Besitz. Die nach 1840, als Neuseeland britische Kolonie geworden ist, in den europäischen Hungerjahren einsetzende Einwanderung macht die Maori zu einer Minderheit. Zusätzlich werden sie durch eingeschleppte Krankheiten stark dezimiert. Von 1840 an kommt es unter den Maori zu einer prophetisch-messianischen Bewegung, die 1860 zum Aufstand gegen die christlichen Kolonisten führt und 1860–71 in die Maorikriege (Rassenfrage) mündet. Aus diesem Aufstand geht die →Pai-Marire (gegr. 1864) hervor. Andere prophetische Bewegungen sind die des Propheten Te Whiti und des Te Tohu.

In der *Religion der Maori* ist *Io,* auch *Kio* und *Kiho* (»Kern, Mark, innerstes Wesen«), der oberste Gott und Stammvater aller Götter, Welten und Dinge. Sein Name darf nur flüsternd ausgesprochen werden. Aus dem am Anfang stehenden Nichts *(te kore)* kommen die Nacht und die Dämmerung, das Tageslicht, der männliche Himmel *Rangi* und die weibliche Erde *Papa.* Der letzten beiden Kinder trennen den Himmel von der Erde. Sie bilden die ca. 12 ranghöheren Götter *Atua.* Zu ihnen gehören: *Tangaroa,* der Herr über Meer und Fische sowie Ahnherr der Häuptlingsgeschlechter, *Tane*

(»Mensch«), der Herr über Wälder, Bäume und Insekten, ferner *Tu* (»Stehender«) als Herr über den Krieg und *Rongo* (=Longo) als Herr über den Frieden und die Kulturpflanzen, *Haumia,* der Herr über die Wildpflanzen und *Tawhiri,* der Herr über Winde und Naturgewalten.

Die *Aitu* bilden die rangniederen Lokalgottheiten, wie *Hina,* als Göttin des Mondes, und *Atea,* als Göttin des Raumes.

Alle Elemente der Natur, eingeschlossen der Mensch, sind Brüder und können daher um Hilfe gerufen werden.

Charakteristisch ist die Achtung vor allem, was als *tabu* (polynes.: *tapu*), als heilig, gilt. Fast jeder Gegenstand kann *tabu* werden, wenn er mit der Welt des Übernatürlichen in Berührung kommt. Bei Priestern und Häuptlingen ist das *tabu* so stark, daß man selbst ihrem Schatten ausweichen muß. Das Gegenteil von *tabu* ist *noa.* Zwischen beiden besteht eine fest gegründete Dualität.

Jemand mit *tabu* hat eine gewisse Macht *(mana)* über das Schicksal, wie z.B. der Priester und Häuptling. Die Priester (*tohunga* = »Meister« bzw. *tohungapure* = »Meister der Verehrung«) sind Hüter des *mana* der Gruppe. Die meisten bedeutsamen Vorgänge wie Feldbestellung, Jagd, Hausbau, Krieg und Krankenheilung stehen unter ihrer Leitung.

Die Maori-Dorfgemeinschaft besteht aus den Personen mit Häuptlingsrang, den *rangatira* (z.B. die Priester), dem *ariki* (Oberhäuptling) und dem Gros der Dorfbewohner sowie einer kleinen Gruppe von kriegsgefangenen Arbeitssklaven.

Die Priesterausbildungshäuser heißen *whare kura* (»rotes Haus«), und die größeren Versammlungshäuser der Maori *whare runanga.* Auf dem Platz vor dem Versammlungshaus, der *marae* genannt wird, pflegt man die Totenfeier *(tangi)* abzuhalten.

Literaturauswahl

Phillipps, W.J.: Maori Life and Custom. Rutland 1974

Prytz Johansen, J.: The Maori and his Religion (Diss.). Kopenhagen 1954

MAU-MAU

Die M.-M. (»die Verborgenen«) ist eine seit 1950 existierende national-religiöse Bewegung des Volks der Kikuyu (Bantuneger) in Kenia (Ostafrika), deren Kern ein Männerbund ist, und die unter Anknüpfung an altafr. Traditionen ihre Ziele unter allen Umständen, selbst durch Terroraktionen, durchzusetzen sucht.

Die M.-M. mit ca. 1000000 Mitgliedern gehört zu den neuen religiösen Bewegungen Ostafrikas.

Der Kampf der Kikuyus, des bedeutendsten Stammes im heutigen Kenia, um Gleichberechtigung und koloniale Emanzipation erreicht im *M.-M.-Aufstand* der Jahre 1952–56, der ca. 11000 Todesopfer unter Eingeborenen und Europäern fordert, einen Höhepunkt. Ihr Ziel, die weißen Kolonisatoren gewaltsam aus ihrem Land zu vertreiben, wird 1955/56 militärisch unterdrückt, und es kommt zu Massenverhaftungen durch die britische Polizei. Dabei wird der einflußreichste Führer der Farbigen, *Jomo Kenyatta* (1891–1978), ein christlicher Kikuyu, als angeblicher Führer von M.-M. von Oktober 1952 bis August 1961 in Haft genommen – tatsächlicher Führer ist jedoch *Dedan Kimathi.* Als Kenia 1963 die Unabhängigkeit erhält, wird Kenyatta Premierminister und 1964 Staatspräsident.

Die Aufnahme in die *M.-M.-Bewegung* erfolgt in einer nächtlichen Initiationsfeier, die mit einem Tieropfer verbunden ist und bei der ein Eid geleistet wird: »Möge ich durch diesen meinen Eid getötet werden, wenn ich irgend etwas tue, um diese Organisation dem Feinde zu verraten.«

Bei den *M.-M.-Feiern* wird *Yomo Kenyatta* als Vorbild und göttliche Erscheinung verehrt.

Im unabhängig gewordenen Kenia wird die *M.-M.-Bewegung* von Schriftstellern des Landes in zahlreichen Autobiographien, Romanen und Theaterstücken dargestellt.

Literaturauswahl

Buijtenhuijs, R.: Le Mouvement M.-M. Une révolte paysanne et anti-coloniale en Afrique noire. Berlin 1971

Kariuki, J.M.: M.-M. detainee. Harmondsworth 1963

Leaky, L.S.: M.-M. und die Kikuyus. München 1953

MAYA-RELIGION

Die M.-R. ist die Religion des mittelamerikanischen Indianervolkes der *Maya,* das zwischen 317 und 1441 n.Chr. seine Wohngebiete im heutigen Guatemala, in Honduras und El Salvador sowie in den heutigen mexikanischen Staaten Chiapas, Tabasco, Campeche und Yucatán hat. Die Religion der Maya gehört zu den →indianischen und den →amerikanischen Religionen.

Das Nebeneinander der Maya-Stadtstaaten Tikal, Copán, Palenque, Uaxactún u.a. wird *Altes Reich* (317–987 n.Chr.) genannt. Als dann der Hauptteil der Maya nach dem nördlichen Yucatán auswandert,

Trickster-Gott Maui, *Wandverkleidung. Whakarewarewa* (→Maori-Religion)

führt dies zum *Neuen Reich* (987–1441 n.Chr.), dessen wichtigste Städte Chichén Itzá, Mayapán und Uxmal sind, die sich in der Liga von Mayapán (1007–1204) vereinigen. Als die Spanier die Wohngebiete der Maya 1523–41 erobern, ist die Maya-Kultur teilweise schon verfallen.

Die Maya-Kultur, die die größte unter allen Indianerkulturen Nord-, Mittel- und Südamerikas darstellt, zeichnet sich aus durch historische Chronologie, Astronomie und Mathematik (Zahlenordnung mit Nullwerten), durch Städtebau und Bilderschrift. Letztere ist bis heute erst teilweise entziffert.

Als Schöpfer des Himmels und der Erde wird in Yucatán *Hunabku* (Maya *hunab* = »eins« und *ku* = »Gott«) verehrt. Er ist der Vater anderer Götter.

Als Hauptgott gilt *Itzamná* (Maya »Haus des Herabtropfens [des Himmels]«), ein Sonnen- und Himmelsgott, auf den die gesamte Kultur, Heilkunde, Bodenbebauung, aber auch die Schrift und der Kalender zurückgeführt werden. Dieser Sohn des Hunabku und Gatte der Ixchel ist Vater der *Bacabs* (Maya »Söhne«). In der Erscheinungsform der Mittagssonne lautet sein Beiname *Kinich Ahau* (»sonnenge-

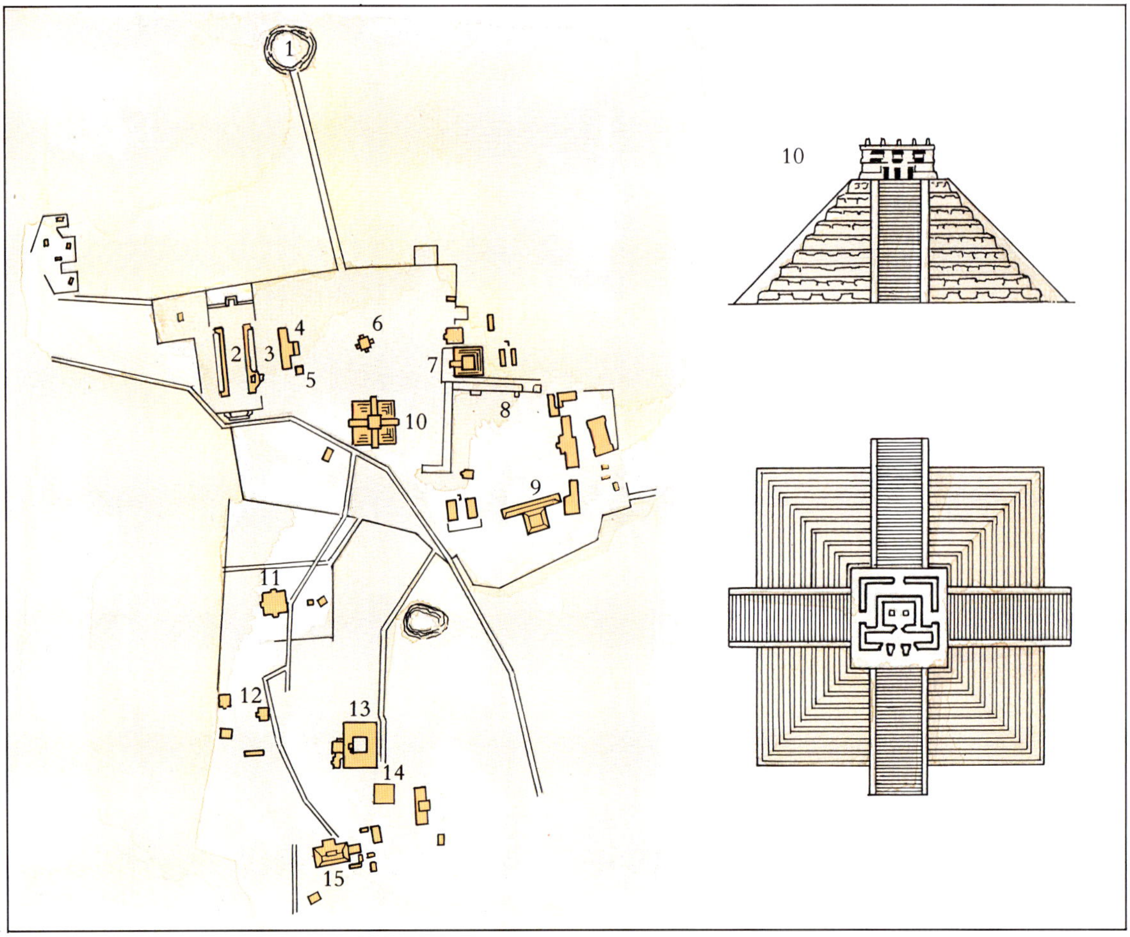

1

2

1 Kultbezirk in México *(Chichén-Itzá/Mexiko: Kultzentrum des Chac)*

1. Opferzentrum
2. Ballspielplatz
3. Jaguartempel
4. Tzompantli (Terrasse des Schädelgerüsts)
5. Adlertempel
6. Morgensterntempel
7. Tempel der Krieger
8. Tausend-Säulen-Komplex
9. Markthalle
10. Kukulcan-Tempel (»El Castillo«)
11. Grab des Hohenpriesters
12. Chichanchob-Tempel
13. Observatorium (»El Caracol«)
14. Wandtafeltempel
15. Haus der Nonnen

2 Pyramide des Kukulcan *(El Castillo), 1000–1200. Chichén-Itzá*

3 Chac *als Kultgefäß, Keramik, 850–1400. México, Anthropolog. Mus.*

4 Maisgott *aus Copan, Trachyt, 771. Washington, Dumbarton Oaks Collection*

5 Maisgöttin

6 Priester *in einem Schlangenrachen, 600–900. México. Anthropol. Mus.*

7 Sonnentempel, *642. Palenque, Chiapas*

3

4

5

6

7

sichtiger Herr«). Auf Yucatán heißt er auch *Yaxcocahmut* (»grüner Leuchtkäfer«).
Ixchel (Maya »ausgestreckt liegende Frau«) ist Erd- und Mondgöttin, aber auch Gottheit der Fruchtbarkeit und der Geburten. Sie gilt als Gattin des Itzamná.
Schutzpatron der Priester ist *Kukulcan* bzw. *Kukumatz* (Maya »grüne Federschlange«), ein Himmels- und Schöpfergott, dem der Kukulcan-Tempel in Chichén Itzá geweiht ist.
In den erhaltenen Bilderhandschriften findet sich der Regengott *Chac* (Maya »Donner«) am häufigsten. Er wird mit Fackeln in den Händen, den Sinnbildern der Blitze, dargestellt. Der Brunnen von Chichén Itzá ist ihm geweiht.
Hurakan (Maya »Einbein«) ist Donner- und Sturmgott, aber auch Gott der Fruchtbarkeit. Von Hurakan, dessen Beiname auch *ug ux cah* (»Herr des Himmels«) ist, leiten Orkan und Hurrikan ab.
Maisgott ist *Yumkaax* (Maya »Herr des Waldes«), *Ah Bolom Tzacab* ist Gott des Bodenbaus.
Zu nennen sind auch die Erd- und Erdbebengötter *Zipakna* und *Kabrakan* (Maya »Zweibein, Erdbeben«). Über das Reich der Toten *(metnal)* in der Unterwelt herrscht *Hunahau* (Maya »Häuptling«), dargestellt als Skelett. Göttin der Selbstmörder ist *Ixtab* (Maya »Herrin des Seils«), die die sich selbst Erhängenden direkt ins Paradies eingehen läßt.
Im Weltbild der Maya wird zwischen 9 Sphären des Himmels, der »Welt darüber«, und 9 der Unterwelt, der »Welt darunter«, unterschieden. Die oberste himmlische Sphäre wird vom Schöpferpaar bewohnt.
Vor der Erschaffung der Menschen durch die Götter ist die Lebenswelt gebildet und gestaltet worden. Der Erschaffung der heutigen Menschen aus Maiskolben sind 2 fehlgeschlagene Versuche mit Ton und Holz vorausgegangen. Das Datum des 10. August 3214 v. Chr., von dem die Kalenderberechnung der Maya ausgeht, bedeutet vielleicht das der Erschaffung der Welt.
Der *Maya-Kalender* ist das seinerzeit am weitesten entwickelte Kalendersystem. Die Maya kennen einen *Ritualkalender* mit 260 Tagen, die mit Hilfe von 13 Zahlen und 20 Zeichen bezeichnet werden, einen *Sonnenkalender* mit 365 Tagen, der eingeteilt ist in 18 Monate zu 20 Tagen mit 5 zusätzlichen Tagen, ferner einen *Mondhalbjahrkalender* von 177 Tagen und einen *Venuskalender* mit 584 Tagen.
Zur Vorbereitung auf wichtige Rituale werden von den Teilnehmern Fasten, sexuelle Enthaltsamkeit und ein Sündenbekenntnis gefordert. Eine bedeutende Rolle spielen im Kult die Opfer, bei denen eigenes Blut oder das anderer Lebewesen dargebracht wird. Neben den weniger häufigen Menschenopfern werden Tiere, und hier vor allem Vögel und Hunde, zum Opfer dargebracht, aber auch Naturprodukte wie Mais, Früchte und Blumen sind Opfergaben.
An der Spitze der sozialen Ordnung steht die Priesterschaft *Ah kin* (Maya »der von der Sonne«) mit dem *Ahaucan* (»Schlangenfürst«) als Oberhaupt. Als ranghöchste Priester gelten die auf dem Gebiet der Schriftkunde und Himmelsbeobachtung, der sakralen Baukunst und der Medizin wissenschaftlich arbeitenden. Ihnen folgen die Opferpriester.
Sakralen Charakter hat das *Ballspiel,* das den Kreislauf der Sonne beeinflussen soll. Prototyp dieses Spiels ist ein im *Popol Vuh* (→S. 304) erzähltes kultisches Ballspiel, das die Heroenbrüder *Hun Hunahpu* (Maya »Eins Blume«) und *Vucub Hunahpu* (Maya »Sieben Blume«) in der Unterwelt gegen die Todesgötter *Hun Came* (Maya »Eins Tod«) und *Vucub Came* (»Sieben Tod«) verlieren. Bei dem sakralen Ballspiel der Maya auf mauerumschlossenen, heiligen Ballspielplätzen muß der Ball Steinringe im Mauerwerk passieren.
Die zentralen Bauten der Mayastädte sind die *Tempelpyramiden*. Die selten mehr als 3 Räume umfassenden Tempelgebäude stehen auf bis zu 60 m hohen, künstlich angelegten *Stufenpyramiden,* die den gestuften Himmel symbolisieren. Die Stufenpyramiden haben an der Vorderseite eine breite, steile Treppe. Vor dem Bau stehen rechteckige, bis zu 4 m hohe Stelen, und vor diesen Stelen befinden sich oft runde, flache Steinaltäre.
In Uaxactún befindet sich eine Stufenpyramide von 8 m Höhe, das älteste der sakralen Bauwerke der Maya (3. Jh. n. Chr.). Die größte und vermutlich älteste aller städtischen Siedlungen des Alten Reiches ist Tikal mit der Pyramide »Tempel 2« von 70 m Höhe. Chichén Itzá (Maya »am Brunnen der Itzá«) ist das Kultzentrum und die Stadt des Regengottes Chac. Hier befindet sich der im Norden der Stadt gelegene, dem Regengott Chac geweihte »heilige Brunnen« *zenotes* mit einem Durchmesser von 60 m, 20 m tief bis zum Spiegel des Wassers, das weitere 20 m tief ist.
Wegen der Bücherverbrennungen durch den katholischen Bischof Lauda (1524–79) sind heute nur noch 3 *Bilderhandschriften* der Maya erhalten. Das *Popol Vuh* (Maya »Buch der Matte«, d.h. Herrschaft) erzählt die Geschichte der Quiché-Indianer; es wird 1721 von dem Dominikaner F. Ximenez als »Historia del origen del los Indios de ésta provincia de Guatemala« (»Geschichte vom Ursprung der Indios in dieser Provinz Guatemala«) veröffentlicht.
Die Bücher von *Chilam Balam* (Maya »Jaguar-Wahrsage-Priester«) enthalten in heute lateinischer Schrift die Überlieferung der Tutul-Xiuh-Familie von Mani, die »Annalen der Xahila-Familie«, jene der Quiché und Kakchiquel.

Zeittafel

3. Jh. Uaxactún: älteste Tempelpyramide
317–987 Altes Reich der Maya
771 Copan: Maisgott
1000–1441 Neues Reich der Maya
1000–1200 Errichtung des Kultzentrums von Chichén Itzá mit der Tempelpyramide des Kukulcan.

Literaturauswahl

Anders, F.: Das Pantheon der Maya. Graz 1963

Cordan, W.: Das Buch des Rates. Popol Vuh. Düsseldorf u. Köln 1962
Hartung, H.: Die Zeremonialzentren der Maya. Graz 1971
Helfrich, K.: Menschenopfer und Tötungsrituale im Kult der Maya. Berlin 1973
Makemon, M.W.: The Book of the Jaguar Priest. New York 1951
Maler, T.: Bauten der Maya. Berlin 1971
Schellhas, P.: Die Göttergestalten der Mayahandschriften. Berlin ²1904
Schultze, L. (Hrsg.): Popol Vuh. Das heilige Buch der Quiché-Indianer von Guatemala. Stuttgart 1944

MAZDAKISMUS

Der M. ist die von dem Iranier *Mazdak* bzw. *Masdak* (†529 n. Chr.) um 500 n. Chr. in Persien gegründete und nach ihrem Stifter benannte sozialistisch-religiöse Bewegung, deren Anhänger *Mazdakiten* genannt werden.

Diese Reformbewegung, die den Dualismus des →Manichäismus mit sozialreformerischen Vorstellungen, die sich gegen den Adel richten, verbindet, gehört zu den →iranischen Religionen.

Für den Iranier *Mazdak,* Sohn des Bāmdāl, bedeutet Religion allgemeine Bruderliebe, mit der die von Gott gewollte, aber von bösen Geistern verhinderte gleichmäßige Verteilung der Lebensgüter unter der Männerwelt verwirklicht wird. Aus diesem Grunde wird eine allgemeine Güter- und Weibergemeinschaft postuliert.

Unter der Herrschaft des Sassanidenkönigs *Kavadh I.* (488–531) gewinnt diese Bewegung zunächst beachtliche Bedeutung, da sie vom König unterstützt wird. Aber unter dem Druck der zoroastrischen Geistlichkeit und der weltlichen Aristokratie des Landes wandelt sich der König vom anfänglichen Förderer – was ihn vorübergehend (497–501) die Herrschaft kostet – zum späteren Gegner des M. Als es im Zuge der sozialreformerischen Vorstellungen zu Unruhen, Plünderungen, Auflösung der Familien u. ä. kommt, lädt der König den Stifter und dessen Anhänger vorgeblich zu einem Religionsgespräch an seinen Hof nach Ktesiphon. Dann läßt er Mazdak und seine Begleiter töten (529).

Wenn auch mit dem Ende des M. der Zoroastrismus sich im Sassanidenreich endgültig durchgesetzt hat, so leben doch die Vorstellungen des Mazdak in späteren religiösen Bewegungen in Persien weiter, so z. B. in der Bewegung mit dem Namen *Xurramdīnām* (»fröhliche Religion«).

Nach der Lehre des M. umgeben in der Welt des Lichtes 4 »Kräfte«, der Verstand, die Intelligenz, das Gedächtnis und die Freude, den Thron des Lichtgottes und lenken die Geschichte der Welt durch 7 Wesire und 12 geistige Wesen.

Dieser Welt des Lichtes und der Gerechtigkeit steht die Welt der Finsternis und Ungerechtigkeit mit den *Dēvs* als bösen Geistern gegenüber. Die 5 *Dēvs* verkörpern Mangel, Neid und Gier, aber auch Zorn und Rache. Aufgrund dieser *Dēvs* besitzt jeder Mann seine eigene Frau und sein Privateigentum, so daß die gute Religion in der Welt geschwächt ist. Denn in den privaten Gütern sind Neid, Gier und Mangel, aber auch Zorn und Rache begründet. Sollen diese überwunden werden, so müssen Frauen und Vermögen in Gemeineigentum überführt werden. Frauen- und Gütergemeinschaft sind durch eine tiefgreifende Sozialreform zu verwirklichen.

Literaturauswahl

Christensen, A.: Le règne du roi Kawādh I. et le communisme mazdakite. Kopenhagen 1925
Klima, O.: Mazdak. Prag 1957

MEGALITH-RELIGION

Die M.-R. ist eine über die ganze Welt verbreitete Religion in der Jungsteinzeit (4000–2000 v. Chr.), die durch die zu Kultanlagen und Grabbauten verwendeten *Megalithen* (griech. »große Steine«) bezeugt und nach diesen benannt ist.

Die M.-R. gehört zu den →urgeschichtlichen Religionen. Ihre Verbreitung reicht von Irland und Großbritannien über Skandinavien, Norddeutschland, die Rheingegenden, Niederlande, über Seine-Gebiet, Bretagne, Rhonetal, den Bereich nördlich und südlich des West- und Ostteils der Pyrenäen, über Portugal, Andalusien, Nordafrika, die Mittelmeerinseln, Anatolien, Kaukasus, Arabien, Iran, Indien, China, Korea, Japan bis hin zum andinen Südamerika und zur Osterinsel.

Charakteristisch für die M.-R. ist der Kult für die Toten, an deren Fortleben man glaubt. Da alles Gedeihen von Mensch, Tier und Feldfrucht von den Ahnen abhängt, sind die Toten mächtiger, als die Lebenden je waren. Die Gräber als Wohnungen der Toten sind unvergleichlich dauerhafter und prächtiger als die Behausungen der Lebenden.

Für den Totenkult scheint das Wasser eine große Bedeutung gehabt zu haben, da die *Megalithgräber* meist in der Nähe von Gewässern liegen. Außer der Libation ist das Totenopfer zweifacher Art. Bei der (meistens Kollektiv-)Bestattung werden dem Verstorbenen Gebrauchs- und Verbrauchsgüter mit ins Grab gegeben. Beim nachfolgenden Totenkult werden die Gü-

1

2

3

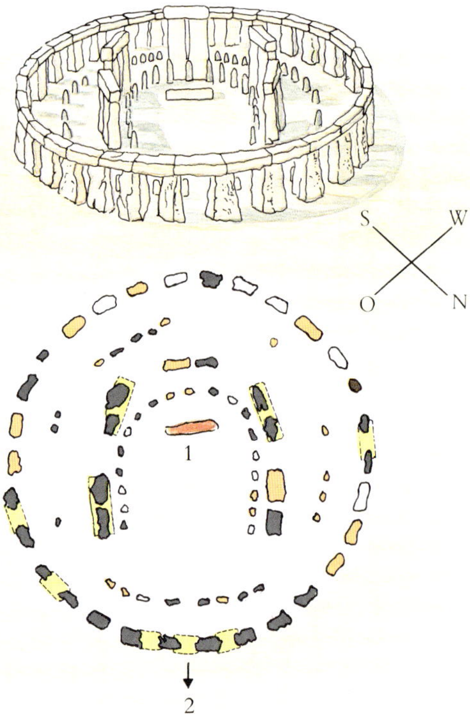

Megalithischer Kultbezirk *(Architravbau »Stonehenge« bei Salisbury/England)*

stehende Steine	*vermißte Steine*	*1. Altar-Stein*
umgefallene Steine	*Oberschwellen*	*2. Sonnenstein*

1 Dolmen *von Kercadoret (Bretagne)*

2 Hünengrab *(22,55 m lang – 2,28 m hoch – 4,05 m breit) 23 Trag- und 2 Schlußsteine. Borger/Niederlande*

3 Menhir *de Champ-Dolent, 9 m hoch. Dol-de (Bretagne)*

ter verbrannt, damit diese als Schatten dem Toten ins Totenland folgen können. Zeugnis für den Glauben an das Weiterleben der Toten sind die Megalithgräber, die als Dolmen, Ganggräber, Galeriegräber, Steinkisten und Kuppelgräber gebaut werden.

Der *Dolmen* (kelt. »Steintisch«) ist ein Steinkammergrab, das meistens aus 4 bis 6 senkrecht aufgestellten Tragsteinen und 1–2 darüberliegenden Decksteinen errichtet und wie ein Tisch zusammengestellt ist, so daß eine rechteckige oder quadratische Plattenkammer entsteht. Diese auf dem gewachsenen Boden errichtete Steinkammer wird dann zu einem Erdhügel aufgeschüttet. Oft haben die Dolmen eingetiefte Schalen zur Wasseraufnahme (Libationsopfer) und Rinnen als Zuleitung.

Die *Ganggräber* sind zumeist in die Erde versenkt und haben einen langen, von Steinplatten überdeckten Gang (z.B. in Mané Kerioned bei Carnac). Das *Hünenbett,* eine megalithische Terrasse, ist eine Erdaufschüttung von langrechteckiger Form mit einem exzentrisch gelegenen Grab und einer Kultstätte oben. Das *Steinkistengrab* besteht aus meist gespaltenen Steinplatten. Ferner sind die *Kuppelgräber* zu nennen (z.B. in Mykene).

Ein anderes Kennzeichen der M.-R. sind die Steinsetzungen der *Menhire* (kelt.) – senkrecht hoch aufgerichtete Steinsäulen bis zu 20 m Höhe, mit einer Steinpackung in der Erde verankert, teils allein, teils in Gruppen zu Steinalleen (200 1500 m Länge) angeordnet (z.B. in Carnac). Oft stehen sie auf dem Hügel über oder an den Eingängen megalithischer Grabkammern, oft auch in Verbindung mit Steinkreisen (→Cromlechs). Am Fuß eines Menhirs befindet sich häufig eine Grube für Opfer. Es gibt Menhire mit weiblichen Brüsten oder mit darin ausskulptierten Phalli, daneben auch deutlich als richtige Phalli gestaltete.

Die Setzungen von aufrecht gestellten Steinen in Kreisform sind die *Cromlechs* (kelt.) bzw. *Kromlechs,* daher auch Steinkreise genannt. Diese Steinkreise von oft riesiger Ausdehnung stehen häufig in Verbindung mit Megalithgräbern. Sie sind aber auch Kult- und Versammlungsstätten. Der bekannteste und größte Steinkreis mit einem Durchmesser von 88 m findet sich in Stonehenge (engl. »hängender Stein«) bei Salisbury. Dieser sakrale Bau vom Ende der Steinzeit besteht von außen nach innen aus einem Rundgraben (114 m Durchmesser), einem 1. Ring von 30 durch Decksteine verbundenen, ca. 4 m hohen Steinpfeilern, einem 2. Ring von ca. 49 aufrecht stehenden kleineren Steinblöcken, einem 1. Hufeisen aus 5 großen Trilithen (zu dritt in einer Linie stehende Steine) und einem 2. Hufeisen aus kleinen Steinen. Die Mitte bildet der »Altarstein«.

In der verlängerten Längsachse des Hufeisens, etwa in nordöstlicher Richtung, verläuft eine Straße, über die am Tag der Sommersonnenwende (21. Juni) die aufgehende Sonne und am Tag der Wintersonnenwende (21. Dezember) die untergehende Sonne auf den »Altarstein« fällt. Möglicherweise ist Stonehenge ein Sonnenheiligtum.

Zur Zeit der M.-R. finden sich öfter Symbole und stilisierte Figuren von Himmel und Sonne, die auf einen Himmelskult hinweisen. Außerdem treten mit Beginn dieser Zeit neben das bisher bestimmende Lebenssymbol der Mutter mehr und mehr phallische Symbole. Letztere sind mehr dem Himmel, erstere mehr der Erde zugeordnet.

Literaturauswahl

Daniel, G.: Megalithic Builders of Western Europe. New York ²1963

Müller, R.: Der Himmel über dem Menschen der Steinzeit. Astronomie und Mathematik in den Bauten der Megalithkulturen. Berlin 1970

Reden, S.: Die Megalith-Kulturen. Zeugnisse einer verschollenen Ur-Religion. Köln 1978

Teichmann, F.: Die Megalithkultur. Stuttgart 1983 (= Der Mensch und sein Tempel. Bd. 3)

MELANESISCHE RELIGIONEN

Die m. R. umfassen die autochthonen Religionen der Einwohner Melanesiens (griech. »schwarze Inseln«), der Inselgruppen im südwestlichen Stillen Ozean. Die zu den Australiden gehörenden Melanesiden haben die ozeanische Pygmäen-Urbevölkerung der Papuaner überlagert und sich z. T. mit ihr vermischt. Die Melanesier bewohnen die Inselgruppen zwischen Neuguinea im Westen und den Fidschiinseln im Osten, den Inseln Papua-Neuguineas im Norden und Neukaledoniens im Süden. Sie umfassen u. a. das Bismarckarchipel, die Salomonen und Neuen Hebriden (heute Vanuatu).

In Melanesien bilden die Anhänger der m. R., die unter den →ozeanischen Religionen noch am zahlreichsten vertreten sind, nur noch eine Minderheit unter den ca. 1,6 Millionen zählenden Bewohnern, die zum großen Teil Christen sind. Auf Papua-Neuguinea sind es noch ca. 75 000, d. h. 2,5%, unter 96% Christen, auf den Salomonen ca. 9000, d. h. 4%, unter 95% Christen und auf den Neuen Hebriden ca. 5000, d. h. 5%, unter 94% Christen.

Die zu Melanesien gehörenden Inselgruppen, die zumeist zwischen 1526 und 1774 von Europäern entdeckt und bald darauf zu Kolonien erklärt wurden, sind heute für die →Cargo-Kulte bekannt. Diese neureligiösen Freiheits- und Heilsbewegungen sind aus der geistigen Auseinandersetzung der eingeborenen Bevölkerung mit den europäischen Kolonialmächten entstanden, deren Wohlstand und Zivilisationsgüter als *cargo* (engl. »Frachtgut, Ladung«) besonders begehrenswert erscheinen. Hier handelt es sich vor allem um die →Tuka-Bewegung auf den Fidschiinseln (gegr. 1873), die →Mambu-Bewegung auf Neuguinea (gegr. 1937) und die →Paliau-Bewegung auf den Admiralitätsinseln (gegr. 1946).

Melanesische Stammesreligionen

Ein Grundbegriff in den Religionen Melanesiens wie in denen Polynesiens ist *mana,* das sich in jeder Art Kraft und Fähigkeit offenbart, die der Mensch für sich selbst erwirkt oder zum eigenen Vorteil anwendet; *mana* ist das wichtigste Motiv für die *Kopfjagd* und den *Kannibalismus,* wobei man durch rituelles Verzehren von Fleischteilen getöteter Menschen oder durch Trinken von deren Blut sich auch deren Kräfte anzueignen sucht.
Charakteristisch für Melanesien ist ein im *mana*-Glauben gegründeter *Schädelkult.* Die von Ahnen oder als Trophäen von Kopfjagden stammenden Schädel werden in »Geisterhäusern« aufbewahrt. In Neuguinea heißen die aus Holz oder Stein gefertigten menschlichen Figuren, in deren ausgehöhltem Kopf ein Ahnenschädel aufbewahrt und verehrt wird, *korware.*
Gegenüber Göttern und Geistern kommt den *Ahnen* eine vorrangige Bedeutung zu. Die Beziehungen zwischen den Geistern verstorbener Ahnen und lebenden Menschen sind das Wichtigste, da die Zugehörigkeit zu einer Familie und Sippe dem einzelnen Menschen erst seine Identität gibt. Im Dienst dieser Beziehungen stehen alle Rituale bei Geburt, Volljährigkeit, Hochzeit und Tod.
Mit den Ahnen identifizieren sich die Kultteilnehmer durch das Anlegen der Ahnen-*Maske (matua).* Die sorgfältig aufbewahrte Totenmaske garantiert die ständige Gegenwart des zum Ahnen gewordenen Toten, der durch den Mund der Maske spricht. Durch heilige Musikinstrumente werden im Kult die Stimmen der Ahnengeister dargestellt und durch Maskentänze vergegenwärtigt.
Eine große Bedeutung haben die *Männer-Geheimbünde,* deren bekanntester der *Dukduk-Bund* in Neubritannien ist. Frauen werden von diesen Männerbünden ferngehalten, seitdem die Männer dahintergekommen sind, daß die heiligen Instrumente und Geräte früher einmal in den Händen der Frauen gewesen sind und deren Geheimnis gebildet haben.
An heiligen Plätzen werden bestimmte Geistwesen als *Gruppen-Totem* lokalisiert und Riten zur Vermehrung der Nahrungspflanzen vollzogen. *Totem* symbolisiert das Leben in seinen genetischen Ursprüngen. Die *Männer-Geheimbünde* sind konzentriert um ein Kultzentrum, das *Männerhaus,* in dem die gegenüber Frauen geheimgehaltenen Rituale zelebriert werden.
Bei den *Kanaken* (hawaiisch »Mensch«) Neukaledoniens ist das Dorf entlang der großen Zeremonienallee (10 bis 60 m lang und 5 bis 12 m breit) angeordnet, die dem männlichen Clan gehört und in deren Achsenlage das große *Männerhaus (pilù)* erhöht liegt, das oben eine Totem-Skulptur trägt.
Bei den *Fidschianern* spielt sich der alljährliche Totenkult auf einem rechteckigen Platz ab, der von senkrecht aufgestellten Platten *(mara),* mit Steinaltären *(nanga)* im Inneren, umgeben ist. Im Zentrum ihrer Siedlung befindet sich eine Einebnung mit dem Kulthaus *(mbure).*

Literaturauswahl

Lawrence, P./Meggitt, M. J. (Hrsg.): Gods, Ghosts and Men in Melanesia. Oxford 1965
Newermann, H., u. a.: Die Religionen der Südsee und Australiens. Stuttgart u. a. 1968
Poignant, R.: Ozeanische Mythologie ... Melanesien ... Wiesbaden 1968
Schlesier, E.: Die melanesischen Geheimkulte. Göttingen u. a. 1958

MESOPOTAMISCHE RELIGIONEN

»M. R.« ist eine zusammenfassende Bezeichnung für die in der vorderasiatischen Region zwischen den Flüssen Euphrat und Tigris entstandenen, verschiedenen Religionen. Dieses Zweistromland, das ägyptisch *Naharina,* sumerisch *Subir,* babylonisch *Subartu* und aramäisch *Aram-Naharajim* (»Aram der beiden Ströme«) heißt, wird seit hellenistischer Zeit *Mesopotamien* (griech. und Septuaginta »[Land] zwischen den Flüssen«) genannt. Die m. R. gehören zu den →vorderasiatischen Religionen. Diese Großlandschaft zwischen den Flüssen Euphrat und Tigris verdankt ihre Bedeutung der durch Überschwemmungen und künstliche Bewässerung bedingten Fruchtbarkeit ihres Bodens als Voraussetzung der Seßhaftigkeit des Menschen. Schon im 4. Jtd. v. Chr. gibt es hier Ackerbau und Kunsthandwerk. Mit der potamischen Kultur in Mesopotamien an Euphrat und Tigris beginnt – gleichzeitig mit den Flußkulturen in Ägypten am Nil, in Indien am Indus und in China am Hoangho – die frühgeschichtliche Zeit. Da in den Flußoasen die Aufgaben, denen sich die Bewohner gegenübergestellt sehen, gemeinsam gelöst werden müssen, entsteht durch Arbeitsteilung und Aufgliederung in verschiedene, gegeneinander abgegrenzte Berufsfelder (Handwerk, Technik, Verwaltung, Verteidigung, Kult) eine differenzierte und zugleich hierarchisch gegliederte Gesellschaft (Herrscher, Priester, Krieger, Beamte, Handwerker, Händler, Bauern, Sklaven), deren Zentrum die Stadt ist. In Mesopotamien übt die Macht in dieser Stadt ein Priesterkönig aus, der Stellvertreter des Gottes ist, dem diese Stadt gehört, wobei die Religion als Stadt- und Staatsreligion die Herrschaft des Stadtfürsten stützt. So entsteht ein gemeinsames Denken und Empfinden der dem Priesterfürsten Untergebenen.

Zu den wichtigsten Aufgaben gehören die Vorbereitungsarbeiten für die Bewässerung und die Schutzarbeiten zum Zweck der Lenkung der Überschwemmung bzw. Abwehr der Flut durch Bau von Gräben und Kanälen, Staubecken und Dämmen. Um 3000 v. Chr. muß es eine »Sintflut« (»große Flut«) – vermutlich durch mehrere katastrophale Überschwemmungen und Dammbrüche hervorgerufen – gegeben haben. Die Erinnerung daran ist im Gilgamesch-Epos (→sumerische Religion) und in der Sintflut-Erzählung der Bibel (→israelitische Religion) sprachlich formuliert.

Das Zweistromland Mesopotamien wird schon in frühgeschichtlicher Zeit zum Schmelztiegel für zahlreiche Völker verschiedener Herkunft und Kultur. Seit 3200 v. Chr. siedeln die Sumerer im Süden des Landes, nach 3000 v. Chr. dringen von Süden her semitische Stämme ein, ab 2000 die Kanaanäer und ab 1400 die Aramäer. Andere Völker wie Kassiten, Elamiter, Hethiter und Churriter üben zeitweise starken Einfluß auf das Land aus. Charakteristisch für die Stadtkulturen ist, daß sie darauf drängen, ihre Territorien zu erweitern und aus dem Stadtstaat ein Weltreich entstehen zu lassen.

Zu den autochthonen m. R. gehören die →sumerische, →akkadische, →babylonische und →assyrische Religion.

Die von den nichtsemitischen Sumerern verehrten kosmischen und astralen Gottheiten sowie die der Vegetation werden von den nachfolgenden semitischen Akkadern, Babyloniern und Assyrern übernommen und assimiliert.

Funktionen	sumerisch	(babylonisch/assyrisch) akkadisch
Himmelsgott	An	Anu
Luft- und Erdgott	Enlil	Ellil
Gewässergott	Enki	Ea
Mondgott	Nanna	Sin
Sonnengott	Utu	Shamash
Venussterngöttin	Inanna	Ishtar
Vegetationsgott	Dumuzi	Tammuz
Vegetationsgott	Nergal	Nergal
Vegetationsgöttin	Ereshkigal	Ereshkigal
Vegetationsgott	Ningirsu	Ninurta
Vegetationsgöttin	Baba	Gula

Die Venussterngöttin *Inanna* wird seit den Akkadern zur *Ishtar* (Ischtar), im kanaanäischen Syrien zur *Anat,* in der Bibel zur *Ashera* bzw. *Ashtoreth* (Astharoth), bei den Moabitern zur *Ashtar,* bei den Aramäern zur *'Attr-Antā* und bei den Phöniziern zur *Astarte.* Wegen Ishtars überragender Bedeutung wird ihr Name als Appellativus für die »Göttin« schlechthin gebraucht. Ein in Mesopotamien verbreiteter Mythos erzählt ihre Fahrt in die Unterwelt, über die ihre Schwester Ereshkigal herrscht (→S. 309).

Als das Wissen um die Dualität des Weiblichen und Männlichen zunimmt, wird der bisher nur das Prinzip der Mutterschaft verkörpernden, ehelosen Göttin schließlich ein junger Gott als ihr Sohn bzw. Gemahl zugesellt. Während die Königin mit der Erde als dem diesseitigen Lebensprinzip gleichgesetzt wird, identifiziert man den König mit dem Himmel als Quelle transzendenter Lebenskraft.

In Eridu und Uruk werden während der Jungsteinzeit die ersten Sakralbauten errichtet. Aus Uruk stammt die erste beschriebene Tontafel (mit Tempelabrechnung). Tontafelarchive gibt es u. a. in Nippur (um 1800 v. Chr.), in Mari (um 1700), in Assur (um 1100) und in Ninive (um 650 v. Chr.). Sie sind heute eine wahre Fundgrube religiöser und kultischer Texte. Für die sumerische, babylonische und kanaanäische Religionsgeschichte bilden die *Mari-Texte* (ca. 20 000 Tontafeln aus dem 18. Jh. v. Chr.) wichtige Zeugnisse u. a. für das Auftreten von Propheten an Kultheiligtümern. Berühmt sind die in Keilschrift aufgezeichneten alten Mythen von Mesopotamien, deren bekanntester der Mythos von der Flut (Gilgamesch-Epos), der Adapa-Mythos und der *Ishtar-Mythos* sind.

Letzterer erzählt von der »Höllenfahrt« der Ishtar in das »Land ohne Wiederkehr«, in dem ihre Schwester Ereshkigal als Göttin der Unterwelt herrscht. Beim Durchschreiten der 7 Tore der Unterwelt wird der Göttin Ishtar bei jedem der Tore ein Teil ihres Geschmeides und ihrer Gewandung abgenommen (1. Krone und Obergewand, 2. Ohrgehänge, 3. Halskette, 4. Brustschmuck, 5. Edelsteingürtel, 6. Spangen von Händen und Füßen, 7. Untergewand). Schließlich wird sie nackt – wie jeder Sterbliche – vor Ereshkigal gebracht, die sie mit den »60 Qualen« an jedem Körperteil foltert. Da während ihres Aufenthaltes in der Unterwelt jede Zeugung und Entstehung neuen Lebens in der Oberwelt unterbleibt, sendet Gott Ea einen Boten hinab ins Totenreich, um Ereshkigal durch Flötenspiel zur Freilassung der gefangenen Ishtar zu veranlassen. Daraufhin kann Ishtar – von den Schatten der Verstorbenen begleitet – die Unterwelt durch die 7 Tore wieder verlassen, erhält jeweils Kleidung und Schmuck wieder und kehrt in die Oberwelt zurück, womit sich Wachstum und Leben auf der Erde wieder einstellen.

Die mythologische Literatur Mesopotamiens – mit ihren Parallelen zur antiken und biblischen Überlieferung – ist in der damaligen Welt weit verbreitet. Nach der Bibel stammen die Erzväter aus Ur und Harran in Mesopotamien.

Der *Babel-Bibel-Streit,* der 1902 durch den Assyrologen F. Delitzsch (1850–1922) ausgelöst wird und bei dem es um die Frage der Abhängigkeit biblischer Erzählungen (Schöpfung, Sintflut) und Gesetze (Hammurabi) von sumerischen und babylonischen Vorbildern geht, hat ergeben, daß die Bibel zahlreiche Grundmotive aus Mesopotamien aufgenommen und im israelitisch-jüdischen Geist umgeformt hat.

Literaturauswahl

Bergerhof, K.: Mesopotamien und das Volk Gottes. Neukirchen 1983

Heinrich, E.: Die Tempel und Heiligtümer im alten Mesopotamien. Typologie, Morphologie und Geschichte. Berlin 1982

La divination en Mésopotamie ancienne et dans les régions voisines. Paris 1966

Saggs, H. W. F.: Mesopotamien. Assyrer, Babylonier, Sumerer. Zürich u. München 1966

MEXIKANISCHE RELIGIONEN

»M. R.« im weiteren Sinn ist eine zusammenfassende Bezeichnung für alle autochthonen Religionen der in Altmexiko beheimateten Indianerstämme. Im engeren Sinn kann damit auch die →aztekische Religion allein gemeint sein. Die m. R. gehören zu den →indianischen Religionen.

Mit der Eroberung des Aztekenreiches durch den Spanier Hernando Cortés (1485–1547) in den Jahren 1519–21 beginnt die Christianisierung der Indianerstämme Mexikos. Heute gehören 95% der Mexikaner dem →Christentum an.

Die **Olmeken** leben zwischen 1200 und 100 v. Chr. an der Golfküste Mexikos. Ihre Religion scheint um den *Jaguar* zu kreisen, der in verschiedenen Formen auftritt. Bekannt sind ihr Kultbezirk in *La Venta* und ihre riesigen Plastiken, die nur kurze Gliedmaßen und Kindergesichter haben (Jaguarreligion). Aus ihrer Grundkultur entsteht die von Teotihuacán.

Die **Teotihuacaner** sind ein nach ihrem kulturellen Mittelpunkt Teotihuacán (azt. »Ort, wo man Gott wird«), einer Stätte nordöstlich von Mexiko City beim heutigen San Juan Teotihuacán, benanntes Indianervolk, das theokratisch regiert wird, seine Könige in Teotihuacán bestattet und im Tode vergöttlicht. Die teotihuacanische Periode (3.–9. Jh. n. Chr.) trägt friedfertigen Charakter. Die Teotihuacaner verehren einen Regengott, in dessen Reich ihre Verstorbenen eingehen, und daneben einen Feuergott. Von ihren beiden Tempelpyramiden bedeckt die fünfstufige »Sonnenpyramide« eine Grundfläche von 222 × 225 m und ist 63 m hoch, während die »Mondpyramide« bei einer Grundfläche von 120 × 150 m eine Höhe von 43 m aufweist.

Um 800 n. Chr. wandern die **Tolteken** in Mexiko ein und sind von 800–1200 n. Chr. das politisch und geistig führende Indianervolk auf dem mexikanischen Hochland, so daß in der späteren Aztekenzeit jede Völkergruppe voraztekischer Kultur mit »Tolteken« bezeichnet wird. Um 856 n. Chr. gründen die Tolteken ihre sagenhafte Hauptstadt *Tollan* (»Stadt bei den Binsen«), heute *Tula*. Hier herrscht 977–999 n. Chr. der Priesterkönig *Ce Acatl,* der später unter die Götter der Azteken (→aztekische Religion) aufgenommen und mit dem Gott *Quetzalcoatl* (azt. »grüne Federschlange«) identifiziert wird. Dieser Name wird bei den späteren Azteken (13.–16. Jh.) auch Hohepriestertitel. Der als religiöser Verkünder wirkende Priesterkönig ist gegen die sakralen Menschenopfer und gerät deswegen mit deren Verfechtern und zugleich Anhängern des Gottes *Tezcatlipoca* in Auseinandersetzungen, so daß er die Hauptstadt Tollan verläßt und in das Land der Morgenröte auswandert. Die einstige Rückkehr dieses Priesterkönigs nach Mexiko ist in aztekischer Zeit allgemeine Hoffnung und wird zum tragischen Glauben, als man in dem spanischen Konquistador Cortés anfangs den wiedergekehrten Toltekenherrscher und Priesterkönig Quetzalcoatl zu sehen meint. Die beiden bedeutendsten Pyramiden der Tolteken sind der von den Spaniern als »Castillo« bezeichnete Kukulcan-Tempel in Chichén Itzá und der »Tempel des Morgensterns« in Tula. Der Windgott *Quetzalcoatl* verkörpert als Morgensterngott den nächtlichen Himmelsozean. Dieser oft als »Federschlange« dargestellte Gott trägt den Beinamen *Johualli Eecatl* (azt. »Nacht und Wind«). In der »gefiederten Schlange« sehen die Tolteken das Himmelssymbol, in Jaguar und Adler ein Kriegersymbol und im Jaguarthron den Sitz des Sonnengottes.

Auf die Tolteken folgen die **Azteken** (→aztekische Religion). Zu den mexikanischen Indianerstämmen gehören ferner die **Mixteken,** die **Otomi** und die **Chichimeken.** Die von den Chichimeken getragene Völkerwanderung, bei der sie bis nach Tenayuca in Mexiko vordringen, bewirkt den Untergang des Toltekenreiches. Der Stammesgott der Chichimeken heißt *Mixcoatl* (azt. »Wolkenschlange«); er steht mit dem Polarstern in Verbindung.

Für die **Totonaken** an der Küste nördlich von Veracruz, deren spätere Hauptstadt Cempoala aus Terrassen zwischen Gärten auf einer Fläche von 21 ha angelegt ist, bilden ihre Hauptgötter eine Trinität, bestehend aus dem Sonnengott, der Maisgöttin und deren beider Sohn. Von ihrem Vegetationsritus hat sich bis heute das säkularisierte *Fliegerspiel* erhalten, bei dem Tänzer in Vogelkostümen einen hohen Pfahl mit einem oberen Drehkreuz ersteigen. An den von diesem Drehkreuz herabhängenden Seilen lassen sich die Tänzer langsam zur Erde herab. In Cempoala liegt auf 4300 m^2 ein großer Kultbezirk mit einer Stufenpyramide (mit langgestreckten Sakrarien) als Haupttempel. Auch in der Tempelstadt *El Tajin* (»Blitz«) steht eine gewaltige siebenstufige Pyramide.

Zur Gruppe der Maya (→Maya-Religion) gehören die **Huaxteken,** die eine Erdgöttin und einen Windgott verehren. Ihre Tempelpyramiden haben einen kreisrunden Grundriß.

Die **Zapoteken** gründen im 14. Jh. ein theokratisches Reich mit der Hauptstadt Zaachila. Sie begrüßen die eindringenden Spanier als Befreier, da sie seit längerem im Kampf mit den ihr Land erobernden Azteken stehen. Oberstes Götterpaar ist für die Zapoteken eine elterliche Gottheit. Ferner verehren sie den Regengott *Cocijo Pitao* und den Maisgott *Pitao Cozobi*. Die Bilderschrift der Zapoteken überliefert den ältesten bekannt gewordenen Kalender, nach dem ein Jahr aus 260 Tagen besteht, unterteilt in 4 Abschnitte von je 65 Tagen, die wiederum in je 5 Unterabschnitte mit je 13 Tagen gegliedert sind. Bekannt ist auch der *Uija-tao* (»großer Seher«), der abgeschlossen von der Außenwelt in der Einsamkeit eines Säulenpalastes in Mitlan lebt und dem theokratisch regierenden König göttliche Weisungen erteilt.

1

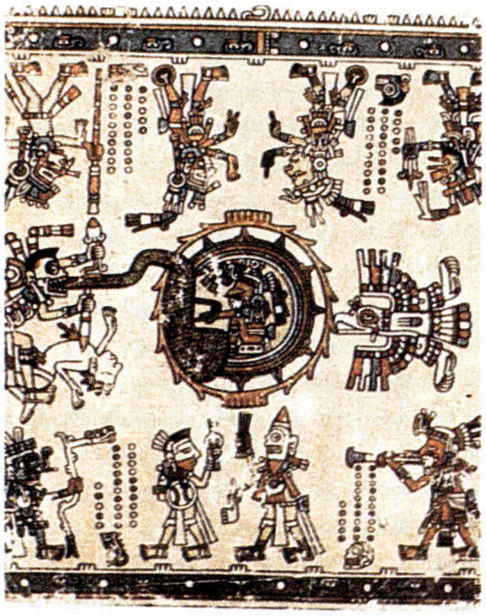
2

3

4

1 *Melanesische* Maske. *25 cm hoch.*

2 *Toltekischer* Codex Laud *(Zeremonialgesetz), Titelseite, 14. Jh. Oxford*

3 Mithras, *einen Stier tötend, Wandmalerei, 2,83 m hoch und 3,49 m breit, um 170. S. Maria Capua Vetere, Mithräum*

4 ***Mithräumbau-Grundschema***
(Carnutum bei Wien/Österreich)
1. Eingang
2. Mittelgang
3. und 4. Sitz- und Liegebänke für die Mysten
5. Kultbild des Mithras

Die kriegerischen **Tarasken** in Westmexiko verehren den Himmels- und Sonnengott *Curicáveri* (»der große Brenner«) mit einem Feuerkult. Außerdem haben sie den Morgensterngott *Urendequa vécara* (»der vorangeht«) und die Erdgöttin *Xaratanga*. Beim Tod des Priesterkönigs wird dessen gesamtes Gefolge sakral getötet. Ihr Oberpriester heißt *petamuti* (»Verkünder«), die anderen Priester nennen sich *cúritiecha* (»Brenner«). Die Tempelterrasse in Tzintzuntzan (»Ort der Kolibris«) besitzt eine Plattform in den Maßen 250 x 200 m.

Literaturauswahl

Biedermann, H.: Altmexikos heilige Bücher. Graz 1971
Burland, C.A.: The Gods of Mexico. London 1967
Burland, C./Forman, W.: Gefiederte Schlange und Rauchender Spiegel. Götter und Schicksalsglaube im alten Mexiko. Freiburg 1977
Gann, T.: Götter und Menschen im alten Mexiko. Leipzig 1938
Krickeberg, W.: Pre-Columbian Mexican Religions. London 1968
Lanczkowski, G.: Götter und Menschen im alten Mexiko. Heitersheim 1984
Nicholson, J.: Mexikanische Mythologie. Wiesbaden 1967
Rasmussen, J.N.: Bruder Jakob der Däne OFM als Verteidiger der religiösen Gleichberechtigung der Indianer in Mexiko im XV. Jahrhundert. Stuttgart 1974
Séjourné, L.: El universo de Quetzalcoatl. Mexico u. Buenos Aires 1962
Tompkins, P.: Die Wiege der Sonne. Die Geheimnisse der mexikanischen Pyramiden. Bern u. München 1977

MIKRONESISCHE STAMMESRELIGIONEN

Die m.S. umfassen die autochthonen Religionen der Eingeborenen Mikronesiens (griech. »kleine Inseln«), der Inselgruppen im nordwestlichen Ozeanien mit den Karolinen, Marianen und Palauinseln, den Marshall- und Gilbertinseln sowie Nauru. Ihre Bewohner bestehen im wesentlichen aus polynesischen, melanesischen und indonesischen Bevölkerungsgruppen, unter denen die mongoliden Mikronesier vorherrschend sind. In der pazifischen Inselwelt Mikronesiens leben nur noch ca. 1500 Anhänger von Stammesreligionen. Sie bilden mit 1,3% nur eine Minderheit der heutigen gesamten mikronesischen Bevölkerung, deren Mehrheit die Christen mit ca. 98% stellen. Die m.S. gehören zu den →ozeanischen Religionen.

Schon im Jahr 1521 wird die Insel Guam in Westmikronesien von Fernão de Magalhães (Magellan) entdeckt, so daß Spanien die älteste Kolonialmacht Mikronesiens wird; später folgen Deutschland, Japan, die USA und England. Die mikronesischen Ureinwohner, durch die spanischen Eroberungskämpfe dezimiert, stehen infolge von Kolonisation und christlicher Missionierung seit Jahrhunderten unter europäischem Einfluß.

In den Mythen stehen frühzeitliche *Heroen* im Mittelpunkt. Vor allem sind es die Schutzherren der Seefahrt *Pälülop* und sein Sohn *Aluluei*, die den Insulanern die für die Seefahrt wichtige Navigationslehre vermittelt haben. Die 2 herausragenden Gestalten eines vor allem auf den Karolinen verbreiteten Mythos sind Zwillingsbrüder, der schöne und gütige *Luk* und der häßliche und heimtückische *Olofat*, ein »Trickster«, der die Welt durch seine Streiche und Ränke zu verändern sucht. Die Hauptfiguren des Mythos auf den Gilbertinseln sind *Nareau der Ältere* und *Nareau der Jüngere*, von denen der letztere eine »Trickster«-Gestalt ist.

Götter treten hinter den Ahnen zurück, von denen die *Siedlerahnen* die höchste Verehrung genießen. Sie sind die Führer der einstigen Einwanderungsgruppen.

Mit der Ahnenverehrung hängt die häufig geübte Sitte der *Bootsbestattung* zusammen. Man läßt die Toten in Booten auf dem Meer treiben, oder man fährt sie aufs Meer hinaus, um sie hier zu bestatten, so daß ihnen die Rückkehr ins Land der Ahnen erleichtert wird. Mittler zwischen Lebenden und Ahnen sind die Familien- oder Sippenältesten.

Auf den Karolinen und den Marshallinseln steht an der Basis der Gesellschaftsordnung eine meist matrilineare Sippenorganisation (Mutterrecht). Mit der Sippenorganisation hängen Vorstellungen des Totemismus zusammen. Die Abstammung vom Totem begründet unilineare Sozialverwandtschaft und Exogamie der Sippe, die sich nach ihrem Totem benennt.

Für Mikronesien beachtenswert sind an den Giebelwänden und Balken der *Männerhäuser* die Bildergeschichten.

Literaturauswahl

Böhme, H.H.: Der Ahnenkult in Mikronesien. Würzburg 1937
Poignant, R.: Ozeanische Mythologie. Polynesien, Mikronesien ... Wiesbaden 1968
Schlesier, E.: Die Erscheinungsformen des Männerhauses und das Klubwesen in Mikronesien. Den Haag 1953

MITHRAS-MYSTERIENKULT

Die *Mithras-Mysterien* sind eine Soldatenreligion, zu der nur Männer zugelassen werden, und die benannt ist nach dem Gott *Mithras* (»Vertrag«), einem indoiranischen Gott des Rechts und der staatlichen Ordnung sowie Herrn von Männerbünden im Iran. Die Missionare dieses →Mysterienkultes sind zunächst orientalische Soldaten im Dienst des römischen Heeres, Kaufleute und Sklaven. Im Jahr 67 v. Chr. kommt der Mithras-Kult aus dem Iran nach Italien und breitet sich von der römischen Donau-Garnison bis nach Germanien aus, dem Land mit der größten Zahl an Mithräen (→S. 313). Vom Rhein aus dringt dieser Kult nach Gallien und Britannien, auch in die Schweiz und nach Spanien vor. Im ganzen Römischen Reich ist er verbreitet – mit Ausnahme der griechischen Gebiete.

Hinter den Mithras-Mysterien stehen die Mächte des Guten und des Bösen, Ahura Mazda und Ahra Mainyu. Mithras, dem Bereich des Lichts zugehörig, fängt den von Ormazd geschaffenen, wilden Ur-Stier, tötet ihn, so daß aus dem sterbenden Tier alle Pflanzen und Tiere entstehen können, und segnet so im Blut des Stieres die gesamte Menschheit. Durch diese Erlösungstat wird Mithras zum Mittler und Heilsbringer.

Bei der Geburt des Menschen steigt eine unsterbliche Seele durch die Planetensphären hinab und wird dabei mehr und mehr verunreinigt. Während der (Probe-)Zeit des irdischen Lebens hat die Seele die Möglichkeit, durch moralisches Handeln und Weisheit sich von der Unreinheit zu befreien. Beim Tod des Menschen findet dann ein Kampf zwischen den Geistern des Lichts und der Finsternis um die Seele statt, und Mithras tritt auf die Seite seiner Eingeweihten, so daß deren Seelen zur Höhe aufsteigen können.

Für den Mysten des Mithras-Kultes bestehen 7 Weihestufen, auf denen er zur vollen Bruderschaft aufsteigt:

1. der Rabe (corax)
2. der Verborgene (kryphios)
3. der Soldat (miles)
4. der Löwe (leo)
5. der Perser (perses) als zuerst erwähltes Volk
6. der Sonnenläufer (heliodromos)
7. der Vater (pater) als religiöser Führer

Zur Einweihung in jeden der 7 Grade gehören Gedulds- und Mutproben. Erst im Anschluß an die ersten 3 »Dienergrade« dürfen die Inhaber der letzten 4 »Teilnehmergrade« den Mysterien beiwohnen.

Im Mittelpunkt des Kultes steht die Tötung eines Stieres, kultische Vergegenwärtigung des Mythos vom stiertötenden Mithras. Die Kulträume, *Mithräen,* sind kleine Krypten, auch »Höhlen« genannt. Ein Mithräum ist ein meist unterirdischer, verhältnismäßig kleiner, langgestreckter Raum, der zu beiden Seiten von Steinbänken für die Kultteilnehmer eingegrenzt und von einer Apsis mit dem Altar abgeschlossen wird. Im Zentrum befindet sich eine Darstellung des den Stier tötenden Mithras. Neben dem Stiertöter stehen meist zwei Genien, die *Dadophoren:* einer mit aufstehender, der andere mit abstehender Fackel. Die löwenköpfige Statue der Mithräen bedeutet die Zeit, *Zervan,* da die Mithras-Theologie vom Zervanismus ausgeht.

In Kleinasien wird Mithras erstmals mit der phrygischen Mütze abgebildet. Der Löwe ist das Symbol des Feuers, der Mischkessel das des Wassers und die Schlange das der Erde.

Literaturauswahl

Cumont, F.: Die Mysterien des Mithras. Leipzig [3]1923

Schütze, A.: Mithras-Mysterien und Urchristentum. Stuttgart 1972

MOABITISCHE RELIGION

Die m. R. ist die Religion des im Gebirgsland *Moab* zwischen der Ostküste des Toten Meeres und der syrisch-arabischen Wüste beheimateten nordwestsemitischen Volkes der *Moabiter,* deren Hauptstadt Dībān ist.

Die *Religion der Moabiter* gehört zu den →Kanaanäer-Religionen und damit zugleich auch zu den →semitischen und den →vorderasiatischen Religionen.

Die Moabiter liegen mit den verwandten Israeliten verschiedentlich in Fehde (Gen 19,30 ff.). Der Seher Bileam wird nach Moab gebracht, um Israel zu fluchen (Num 22). Seit David sind die Moabiter von Israel abhängig, werden aber durch ihren König Mesha (Mescha; vgl. 2 Kön 3,4 ff.) befreit. Berühmt ist die im Jahr 1868 in Dībān entdeckte Siegesstele des Königs Mesha (um 830 v. Chr.), die heute im Louvre in Paris aufbewahrt wird.

Oberster Nationalgott der Moabiter ist *Kemosh* bzw. *Kamosh* (Kamosch), den die Inschrift auf der Siegesstele des Mesha nennt:

Ich bin Mesha, der Sohn des Kemoshmelek,
der König von Moab aus Dībān …
und ich habe hergerichtet dies Heiligtum
dem Kemosh in Kirchah für die Rettung des Mesha.
Denn er rettete mich von allen den Königen
und ließ mich meine Lust sehen an allen meinen Feinden …
Und zurück brachte es Kemosh in meinen Tagen …
Und Kemosh sprach zu mir: Geh, nimm Nebo Israel ab! …
Denn Ashtar Kemosh hatte ich es geweiht.

Der Gott *Kemosh* ist gleich dem Gott Israels zornig auf sein Land und liefert es deshalb den Feinden aus, um es dann wieder zu befreien. Der König Mesha läßt diesen

»Moabiter-Stein« in einem Tempel zu Ehren des Kemosh und zur Erinnerung an den Sieg in Dībān aufstellen.

Weitere Gottheiten der Moabiter sind *Astarte* und *Beelphegor* (Baal-Pegor; Num 25, 3.5).

Literaturauswahl

Smend, R./Socin, A.: Die Inschrift des Königs Mesa von Moab. Tübingen 1886

MONGOLISCHE RELIGION

Die m. R. ist die autochthone, vorlamaistische Religion des altmongolischen Volkes bis zur 2. Hälfte des 16. Jh. n. Chr., als in der Mongolei der →Buddhismus in Form des Lamaismus endgültig übernommen wird. Jedoch sind bis heute Elemente der altmongolischen Volksreligion lebendig geblieben. Die in Innerasien beheimateten Mongolen gehören zur Gruppe des mongoliden Rassenkreises.

Wo in der grenzenlosen Weite der Steppe der Himmel die einzige Orientierungsmöglichkeit ist, dreht sich das Weltall um den Polarstern als »Achse der Welt«. Unter ihm hat der mongolische Weltherrscher seinen Sitz und hier befindet sich der »Nabel« der Welt. Aus einem solchen Weltbild leiten die Mongolen ihre Aufgabe ab, alle Völker der »vier Ecken«, d. h. der 4 Himmelsgegenden, zu unterwerfen und zu befrieden.

Die größte Gestalt der mongolischen Geschichte ist der Mongolenherrscher *Dschingis Chan* (mongol. »ozeanischer Chan«) (1155/67–1227) und Begründer des mongolischen Weltreiches, der sein Herrschertum vom Himmelsgott *Tengri* ableitet. Dschingis Chan, der »vom Schicksal Gesandte«, wird nach seinem Tod selbst zum »Gewaltigen der Himmel« und vornehmsten der Ahnengottheiten; seine einstige Rückkehr und die Wiederaufrichtung seines Reiches werden erwartet. Sein Heiligtum der »Acht weißen Zelte« befindet sich im Ordus-Bogen. In der 2. Hälfte des 13. Jh. erreicht das Weltreich der Mongolen seinen Gipfel der Macht, als es sich vom Ostchinesischen Meer bis nach Polen und vom Himalaja bis nach Sibirien erstreckt.

Vor dem weiten Horizont der Steppe ist der Blick der altmongolischen Reiternomaden zum Himmel gerichtet, von dem der Regen für die Weiden der Herden kommt. Im Himmel ist der Sitz des Himmelsvaters *Tengri* bzw. *Tängi* (mongol. »Himmel«), der auch als *erketü Tengri* (»mächtiger Himmel«), *möngke Tengri* (»ewiger Himmel«) und *köke möngke Tengri* (»blauer, ewiger Himmel«) angerufen und als Reiter mit Fahne dargestellt wird.

Dieser oberste Himmelsgott steht an der Spitze von 99 Himmlischen, von denen 44 der östlichen und 55 der westlichen Seite zugerechnet werden. Manchmal kommen noch 3 Himmlische der nördlichen Seite hinzu. Den 99 Himmlischen entsprechen 77 Erdmütter, die zuweilen durch die eine Gestalt der Erdmutter *Etügen* repräsentiert sind. *Chagan ebügen* (der »weiße Alte«), der Gott der Herden und der Fruchtbarkeit, wird als ein weißhaariger und weißgekleideter Greis dargestellt. Neben Reitergöttern, den Schutzgottheiten reitender Helden, gibt es häusliche Schutzgottheiten, sogenannte häusliche »Filzgötter«, da sie aus Filz bestehen. Im Eingang der Zelte sind *Ongons* als Hausidole aufgestellt, denen man Milch opfert.

Die Verbindung zu den Göttern stellt durch das Opfer die *Schamanen-Priesterschaft* her, die sowohl aus Schamanen *(böge)* als auch Schamaninnen *(idughan)* besteht. In der Ekstase leiten die Schamanen bzw. Schamaninnen die Seelen der Verstorbenen ins Jenseits.

Am *obō*, dem Steinhaufen und Kultplatz, wo sich die Ortsgeister sammeln, erbitten die Wandernden und Reisenden den Schutz der Geister.

Literaturauswahl

Haslund-Christensen, H.Z.: Menschen und Götter in der Mongolei. Stuttgart 1939

Percheron, M.: Dieux et démons, lamas et sorciers de Mongolie. Paris 1953

Tucci, G./Heissig, W.: Die Religionen Tibets und der Mongolei. Stuttgart u. a. 1970

MORMONENTUM

Das M. wird am 6. April 1830 von *Joseph (Joe) Smith* (1805–44) in Fayette/NY als Glaubensgemeinschaft begründet. Ihre Mitglieder bezeichnen sich selbst seit 1838 als *Church of Jesus Christ of Latter-Day Saints* (engl. »Kirche Jesu Christi der Heiligen der letzten Tage«) und lehnen die – im Anschluß an das für sie grundlegende *Book of Mormon* (→S. 316) gewählte – Bezeichnung *Mormonen* ab.

Zum M. bekennen sich insgesamt 4 476 000 Mitglieder in 51 Ländern. Ein Fünftel von ihnen lebt außerhalb der USA, u. a. in Großbritannien, Italien, Frankreich, Belgien, in der Schweiz und in der BR Deutschland. Das Zentrum bildet die Hauptstadt Salt Lake City im Bundesstaat Utah (USA) mit dem aus weißem Granit erbauten Haupttempel.

Diese auf christlicher, insbesondere alttestamentlicher Grundlage entstandene Religionsgemeinschaft zählt zu den →neuen Religionen Nordamerikas.

Der prophetische Stifter *Joseph (Joe) Smith* wird am 23. Dezember 1805 als viertes von zehn Kindern der presbyterianischen Farmerfamilie Joseph und Lucy Mack Smith im Dorf Sharon/VT (USA) geboren. Im Jahr 1820 hat der 15jährige, der im Gegensatz zu seiner Familie noch ohne kirchliche Bindung ist, seine erste Erscheinung von Gott, der ihn ermahnt, sich keiner der bestehenden Religionsgemeinschaften anzuschließen, da sie alle »ein Greuel in seinen Augen seien«. In der Nacht des 21. September 1823 hat Smith die dreimalige Vision des Engels *Moroni,* der ihm von einem auf goldenen Platten geschriebenen Buch erzählt, das von den früheren Einwohnern Amerikas und der Predigt des auferstandenen Christus in Amerika berichtet und das in einer Truhe auf dem Berg Cumorah beim Dorf Manchester/NY vergraben sei. 4 Jahre später, am 22. September 1827, hat er eine große Vision, während der ihm der Engel diese Goldplatten übergibt. Mit Hilfe von 2 Kristallen, *Urim* und *Thummim,* vermag der »Analphabet« Smith die Texte in »reformägyptischer« Schrift zu entziffern und zu übersetzen. Das seinen drei Schreibern, dem Farmer *Martin Harris,* dem Lehrer *Oliver Cowdery* und dem Bauern *David Whitmer,* von ihm in englischer Sprache diktierte Werk erscheint Anfang 1830 als *The Book of Mormon* (engl. »Das Buch Mormon«). Am 6. April 1830 wird mit 4 Mitgliedern der Familie Smith und 2 weiteren Personen die neue Religionsgemeinschaft in Fayette/NY gegründet. Der Stifter Smith, der als Verkünder einer neuen Offenbarung auftritt, wird bald darauf wegen Abhaltung einer Versammlung eingesperrt. Später wandert er mit 2000 seiner Anhänger nach Ohio aus, wo er sich 1831 in Kirtland/OH niederläßt. Dann geht er 1838 nach Four West und 1839 nach Nauvoo/IL. Joseph Smith, der jetzt einige Jahre seine Gemeinde leitet, läßt sich 1844 als Präsidentschaftskandidat der USA aufstellen. Er wird jedoch wegen

Moabiterstein, *Siegesstele des Königs Mesha, um 830 v. Chr. Paris, Louvre*

Haupttempel der Mormonen, 1853/59. Salt Lake City, UTAH, USA

verschiedener Delikte in Untersuchungshaft genommen und ins Gefängnis von Carthago/IL gebracht. Zum Prozeß kommt es nicht mehr, da aufgebrachte Volksmassen am 27. Juni 1844 das Gefängnis stürmen und den Stifter Joseph Smith zusammen mit seinem Bruder Hyram erschießen.

Nach der Ermordung des Stifters wird *Brigham Young* (1801–77) sein Nachfolger in der Leitung der Mormonen und ihr 1. Präsident. Mit 15 000 Anhängern bricht er am 1. März 1846 zu einem 1700 km langen, beschwerlichen Marsch in den menschenleeren Westen auf und erreicht nach verschiedenen fehlgeschlagenen Ansiedlungsversuchen am 24. Juli 1847 die Gegend des Großen Salzsees, wo die Mormonen unter großer Opferbereitschaft ihren Staat Utah mit der Hauptstadt Salt Lake City aufbauen und das unwirtliche Land in einen blühenden Garten verwandeln. Der 24. Juli wird als heiliger *Pioniertag* alljährlich gefeiert.

Die heute bekanntesten Mormonenmissionare sind die in Utah aufgewachsenen sieben Mitglieder der Popgruppe *The Osmonds* (Marie, Alan, Wayne, Merrill, Jimmy, Jay und Donny).

Im Laufe der Zeit bilden sich verschiedene Gruppierungen im Mormonentum. Aus Protest gegen die Einführung der Vielehe kommt es 1852 zu einer Abspaltung, aus der die *Reorganized Church of Jesus Christ of Latter-Day Saints* (engl. »Reorganisierte Kirche Jesu Christi der Heiligen der letzten Tage«) mit Hauptsitz in Independence/MO hervorgeht, deren Leitung später der Sohn und dann der Enkel des Stifters Smith übernehmen. Weitere Abspaltungen von den Mormonen sind u.a. *The Church of Christ/Temple Lot* und *The Church of Jesus Christ* aus dem Jahr 1862.

Als Lehrgrundlage gelten die am 1. März 1841 angenommenen *13 Glaubensartikel.* Danach stellen der Vater-Gott *Elohim,* sein Sohn *Jahve-Christus* und der *Heilige Geist* gleichsam 3 Götter mit gleichem Wirken dar. Aus der Gottesebenbildlichkeit des Menschen wird auf eine potentielle Wesensgleichheit von Gott und Mensch geschlossen. Gott ist zwar heute im Zustand seiner höchsten Entwicklung, aber einst war Gott nur das, was der Mensch heute ist. Der Geist des Menschen inkarniert sich aus seinem präexistenten Dasein in einen Erdenleib, um sich hier durch Erkenntnis der Wahrheit zu einer fortschreitenden, stufenweisen Höherentwicklung bis hin zur göttlichen Wesenheit, zu Söhnen und Töchtern Gottes, fortzubilden.

> Wie der Mensch ist, war Gott einst; wie Gott ist, kann der Mensch einst werden.

Mit diesem Fortschrittsglauben ist ein Chiliasmus verbunden, nach dem in der Endzeit Jesus Christus, der zu seinen Lebzeiten mit Maria, Martha und Maria Magdalena polygam verheiratet ist, auf der Spitze des Mormonentempels in Salt Lake City den Mormonen erscheinen und mit ihnen nach der 1. Auferstehung ein 1000jähriges Reich in Amerika errichten wird, in dem jeder 100 Jahre alt wird. Auf eine 2. Auferstehung folgt dann das Jüngste Gericht, bei dem die Mormonen die Vollendung zur Göttlichkeit erleben.
Der sich als Prophet, Apostel Jesu Christi und Ältester der Kirche verstehende Stifter, der sich zunächst entschieden für die Einehe ausspricht, geht 1836 polygame Beziehungen ein – die Zahl seiner Frauen wird zwischen 27 und 49 angegeben – und proklamiert 1843 »auf Befehl Gottes« die Vielehe. Sein erster Nachfolger Brigham Young hinterläßt bei seinem Tod (1874) 17 Ehefrauen und 56 Kinder. Diese *plural marriage* (engl. »Vielehe«) hat den Mormonen zahlreiche Auseinandersetzungen beschert, vor allem nachdem der Kongreß der USA im Jahr 1862 Gesetze gegen die Polygamie erlassen hat – bis der 3. Präsident der Mormonen *Wilford Woodruff* am 24. September 1890 ein offizielles Manifest gegen die Polygamie erläßt.
Heute leben die Mormonen nach einem hohen ethischen Standard. Sie verzichten auf Alkohol, Kaffee und Tee. Der Tabakgenuß und das übermäßige Fleischessen sind ihnen verboten, so daß sie vegetarische Kost bevorzugen. Sie fasten einmal im Monat. Der *Zehnt* gilt als göttliches Gebot, so daß jedes Mitglied bei Aufnahme in die Gemeinschaft 1/10 seines Vermögens und dann laufend 1/10 seiner Einkünfte abgibt. Viele junge Mormonen arbeiten 2 Jahre lang als unbezahlte Missionare im Ausland.
Im Kult praktizieren sie die *Glaubenstaufe* durch Untertauchen (ab 8. Lebensjahr). Auch an Verstorbenen wird die Taufe vollzogen, sofern deren Personalien bekannt sind. Aus diesem Grund existiert in Salt Lake City eine *Genealogische Gesellschaft,* mit deren Hilfe die Mormonen Ahnenforschung betreiben, um die Taufe für ihre verstorbenen Vorfahren stellvertretend an sich vollziehen zu lassen. Eine *Handauflegung* vermittelt die Gaben des Heiligen Geistes. Das sonntägliche *Abendmahl* mit Brot und Wasser wird zur Erinnerung an das Bündnis zwischen Mensch und Gott gefeiert. Für die *Eheschließung* gibt es zwei Formen: die Ehe für die Zeit (d.h. zwischen Lebenden) und die Ehe für die Ewigkeit (die himmlische Ehe eines Lebenden mit einem Verstorbenen). Letztere beruht auf dem Glauben, daß unverheiratete Frauen nicht erlöst werden können, was ein Grund für die zeitweilig praktizierte Polygamie war. Diese Ehe für die Ewigkeit kann nur von wenigen Amtsträgern und nur in acht besonders dafür zugelassenen Gotteshäusern »versiegelt« werden.
Der Staat Utah ist ein theokratisch geprägtes Gemeinwesen, an dessen Spitze der *1. Präsident* steht. Die in vielstufiger Hierarchie organisierten Amtsträger gehören entweder der höheren *Melchisedekischen Priesterschaft* (12 Apostel, Patriarchen oder Evangelisten, Hohepriester, Siebziger und Älteste) oder der niederen *Aaronitischen Priesterschaft* (Priester, Lehrer, Diakone) an. Diese hierarchische Amtsordnung macht die Mormonen zu der am straffsten organisierten Religionsgemeinschaft.
Jeder Mormone gehört zu einer *Ward* (Gemeinde), an deren Spitze ein Bischof steht, in der Diaspora ist es die *Branch* (Zweig). Mehrere Wards sind zu *Stakes* (Bezirke) bzw. *Pfähle-Zions* zusammengefaßt, die ein Präsident leitet. Mehrere Branches bilden einen *Distrikt* und mehrere Distrikte eine *Mission*. So sind die Mormonen in die beiden Gruppierungen der *Pfahlgemeinden* und der *Missionsgemeinden* gegliedert.
Im Mittelpunkt des Staates Utah steht die für alle Mormonen heilige Stadt *Salt Lake City* mit dem in den Jahren 1853/59 erbauten sechstürmigen *Tempel* aus hellem Granit mit einer Moroni-Statue auf dem höchsten Turm. Das zweite Heiligtum ist der *Tabernakel* aus dem Jahr 1867 mit 13 500 Sitzplätzen, eine 76 m lange, 45 m breite und 21 m hohe ovale Halle mit schildkrötenförmigem Dach. In diesem Heiligtum steht eine der besten Orgeln der Welt.
Außer der *Bibel* gibt es für die Mormonen noch drei heilige Schriften, von denen das *Buch Mormon* das bedeutendste ist und als abschließende Offenbarungsurkunde für Amerika gilt. Der Name des Buches ist gleichzeitig der einer im Buch erwähnten Person der amerikanischen Heilsgeschichte. Der »Entdecker« und »Übersetzer« Smith erklärt diesen Namen als eine Zusammensetzung aus *mor,* dem verkürzten englischen *more* (»mehr«) und dem »ägyptischen« *mon* (»gut«) [aus dem verkürzten ägyptischen Amon?]. Das Wort »mon« ist im Ägyptischen unbekannt. Dieses Buch, das erstmals zu Anfang des Jahres 1830 im Druck erscheint, umfaßt 15 Einzelschriften (Bücher) auf insgesamt 550 Seiten. Es schildert die Zeit von 600 v. Chr. bis 421 n. Chr. und berichtet, wie die ersten Siedler des Kontinents Amerika, die *Jarediten,* 590 v. Chr. von den als Kolonisten ins Land einwandernden *Israeliten* verdrängt werden. Letztere spalten sich in die gottesfürchtigen *Nephiten* und die widersetzlichen *Indianer,* die im Buch Mormon *Lamaniten* heißen. Letztere reiben in vielen Kämpfen die Nephiten fast ganz auf, und nur wenige können sich retten, unter ihnen *Mormon,* der letzte der Propheten des Alten Bundes, und sein Sohn *Moroni*. Beide schreiben das *Buch Mormon* auf Goldplatten, damit die später an die Stelle der Nephiten tretenden neuen Kolonisten Amerikas die Geschichte ihres Landes

kennenlernen. Moroni verbirgt dieses Buch 421 n.Chr. in einem Hügel, bis er es im Jahr 1827 n.Chr. Joseph Smith übergibt. Das Buch Mormon lehnt sich an die historischen und prophetischen Schriften des Alten Testaments an, und aus diesem sind ca. 400 Zitate wörtlich übernommen; auch die Bergpredigt aus dem Neuen Testament ist aufgenommen.
Die beiden anderen heiligen Schriften der Mormonen sind *The Pearl of Great Price* (engl. »Die köstliche Perle«) und *Doctrine and Covenants* (engl. »Lehren und Bündnisse«). Beide enthalten Prophezeiungen von Kirchenhäuptern der Mormonen.

Zeittafel

1830 The Book of Mormon (1. Aufl. Palmyra/NY); am 6.4. Stiftung des Mormonentums durch Joseph Smith (1805–44)
1847 am »Pioniertag« (24.7.) erreicht der Mormonentreck die Gegend am Großen Salzsee und Gründung von Salt Lake City am Jordan River
1853/59 Errichtung des Zentraltempels in Salt Lake City/UT
1890 Verbot der von dem Stifter eingeführten Vielehe durch den 3. Präsidenten der Mormonen, Woodruff
1896 Utah wird selbständiger Teilstaat der USA

Literaturauswahl

Andersen, E.: Ich war ein Mormone. Konstanz 1967
Haak, F. W.: Mormonen. München [5]1981
Howells, R. S.: Die Geschichte der Mormonen. Frankfurt [2]1963
Meyer, E.: Ursprung und Geschichte der Mormonen. Halle/Saale 1912. Nachdruck: Hildesheim 1970
Mullen, R.: Die Mormonen. Geschichte einer Glaubensbewegung. Weilheim 1968
Talmage, J. E.: Die Glaubensartikel. Frankfurt [5]1961
The Book of Mormon. 1. Aufl. Palmyra/NY 1830. Deutsch: Das Buch Mormon. Berlin/Basel/Frankfurt [13]1959
Twisselmann, H. J.: Die Mormonen im Schatten ihrer Geschichte. Witten 1977

MYSTERIENKULTE

Die M. umfassen verschiedene Kulte der griechischen, hellenistischen und römischen Antike, deren entscheidende Vorgänge als *Mysterium* (lat. von griech. *myein* = »die Augen bzw. Lippen schließen«) geheimzuhalten und nur *Mysten* (»Eingeweihte«) zugänglich sind, nachdem diese von *Mystagogen* (griech.-lat. »Führern«) in das *mysterion* (griech. »Geheimnis«) eingeführt worden sind.
Der Ursprung der *Mysterienkulte* reicht zurück in die vorgriechische Zeit. Der älteste bekannte Kult ist der von Eleusis (7. Jh. v. Chr.). Seit der Zeit des Hellenismus (ab 300 v. Chr.) dringen diese Kulte immer mehr nach Westen vor und verbreiten sich im römischen Imperium. Ihre Blütezeit – vor allem bei den unteren Bevölkerungsschichten – ist das 3. und 4. Jh. n. Chr.
Man kann zwei Klassen von *Mysterienkulten* unterscheiden: 1. diejenigen *griechischen Ursprungs,* wie z. B. der →Eleusinische und →Samothrakische, der →Dionysische und →Orphische Mysterienkult. 2. Die Kulte *orientalischen Ursprungs,* wie z. B. der kleinasiatische →Attis-und-Kybele-, der ägyptische →Isis-und-Osiris-, der syrische →Adonis- und der persische →Mithras-Mysterienkult.

In den Mysterien stehen meist die Schicksale göttlicher Partner – mit Ausnahme des nur für Männer bestimmten persischen Mithras-Kultes –, wie Mutter und Tochter, Mutter und Enkel, Vater und Sohn, Gatte und Gattin, Geliebte und Geliebter, im Mittelpunkt, von denen der eine dem anderen durch den Tod entrissen, später aber wieder aufgrund von Wiederauferstehung zurückgegeben wird.
Die Gottheiten der M. sind ursprünglich Vegetationsgottheiten, in deren Sterben und Wiederaufleben sich die alljährlich absterbende und wieder erneuernde Flora und Fauna widerspiegeln. Zwischen dem jährlichen Absterben der Vegetation und dem Tod der Menschen sieht man zunächst eine Analogie und in dem jährlichen Wiederaufleben der Vegetation die Bestätigung der menschlichen Sehnsucht nach einem Leben über den Tod hinaus. Der Unterschied zwischen dem einmaligen, geschichtlichen Leben des Menschen und dem periodischen, außergeschichtlichen Naturgeschehen wird in einem Verfahren mythischer Personifikationen (in Legende und Kult) überbrückt, so daß die Lebenskraft der Natur als allgebärende Mutter und die Vegetationsfrucht als deren Tochter, Sohn, Enkel, Gatte oder Geliebter erscheint. Aus dem persönlich gedachten Wiederaufleben der gestorbenen Gottheit schöpft der Myste Hoffnung auf sein Leben nach dem Tode.
Im Gegensatz zu anderen Kulten der Antike, die in der Hauptsache der Förderung äußerer Lebensbedingungen, wie Fruchtbarkeit der Äcker und Herden, dienen, betonen die *Mysterienkulte* die innerliche, persönliche Seite des Menschseins. Diese Kulte, die ein persönliches Verhältnis des Mysten zu seiner verehrten Gottheit voraussetzen, dienen der Beseligung des einzelnen Mysten und der Erlangung eines glückseligen Fortlebens im Jenseits. Sie stehen damit im Gegensatz zu den offiziellen Staatskulten, die vor allem auf das irdische Wohlergehen der staatlichen Gemeinschaft ausgerichtet sind. Der Kultvorgang mit einer umfangreichen Symbolik ist dramatisches »heiliges Geschehen« und Nachvollzug des Geschicks der sterbenden und auferstehenden Gottheit, an dem die Mysten Anteil erhalten, wie es ein Mysterienspruch formuliert:

> Getrost, ihr Mysten!
> Wie der Gott gerettet, so wächst für uns
> Errettung aus dem Leiden.

Literaturauswahl

Angus, S.: The Mystery Religions and Christianity. London ³1928
Ferguson, J.: An illustrated encyclopedie of mysticism and the mystery religions. New York 1977
Reitzenstein, R.: Die hellenistischen M. nach ihren Grundgedanken und Wirkungen. Leipzig ³1927. Nachdruck Stuttgart 1982
Uehli, E.: Mythos und Kunst der Griechen im Geiste der Mysterien. Dornach 1958

NABATÄER-RELIGION

Die N.-R. ist die Religion des seit 300 v.Chr. in Edom, nordöstlich des Roten Meeres, ansässigen Handelsvolkes der *Nabatäer.* Die *Religion der Nabatäer,* eines arabischen Volkes mit aramäischer Schriftsprache, gehört zu den →semitischen und zugleich auch zu den →vorderasiatischen Religionen.

Die Nabatäer haben seit 200 v.Chr. ein Reich mit hellenistischer Kultur, dessen Höhepunkt der Macht in der Zeit zwischen dem 1.vorchristlichen und dem 1.nachchristlichen Jahrhundert liegt und das sich mit *Petra* als Hauptstadt über das Ostjordanland bis Damaskus erstreckt. Unter dem römischen Kaiser Trajan (98–117) wird das Gebiet der Nabatäer im Jahre 106 n.Chr. zur römischen Provinz Arabia Petraea.

Bedeutende Götter der Nabatäer sind *Dusares* (»Herr der Landschaft«?), ein Sonnengott, dessen Fest in der Hauptstadt Petra am 25.Dezember gefeiert wird und den die Griechen fälschlicherweise mit Dionysos gleichsetzen, sowie *Allat* (von arab. *al-ilāt* = »die Göttin«).

Urnengrab-Fassade, *2./3. Jh. Petra/Jordanien*

Von der Bedeutung des einstigen Nabatäerreiches zeugen noch heute die Ruinen der Hauptstadt Petra (heute in Jordanien) mit großen Grabtempelfassaden, den Fassaden der Felsengräber, und würfelförmigen Steinaltären mit Stufenvorbauten.

Literaturauswahl

Cantineau, J.: Le Nabatéen. 2 Bde. Osnabrück 1978
Glueck, N.: Deities and Dolphins. The Story of the Nabateans. New York 1965
Kammerer, A.: Petra et la Nabatène. Paris 1929
Petra und das Königreich der Nabatäer. Lebensraum, Geschichte und Kultur eines arabischen Volkes der Antike. Hrsg. v. M. Lindner. München ³1980

NAZARETHA CHURCH

Die *Nazaretha Church* (engl. »Nazaret-Kirche«) wird von *Isaiah Mayekise Shembe* (1870–1935) im Jahr 1911 in Natal/Südafrika gegründet. Sie zählt heute ca. 80 000 *Nazariten,* wie die Mitglieder genannt werden – vorwiegend Afrikaner, aber auch Inder –, in Zululand, Swasiland, Natal und Transvaal, in Johannesburg und Pretoria, aber auch in Moçambique. Zentrum der Bewegung ist Ekuphakameni (»hoher Ort«) in der Nähe von Durban.

Diese aus dem baptistischen →Christentum hervorgegangene und als Reaktion auf die Apartheidpolitik der Kolonisatoren entstandene Religion zählt zu den neuen messianischen Bewegungen Südafrikas. Der einem Natal-Stamm (Zulu) angehörende Gründer *Shembe* wird 1870 im heutigen Oranjefreistaat geboren. Seit frühester Jugend erlebt er Auditionen und Visionen. Als Ehemann von 4 Frauen erhält er eines Tages während eines Gewitters den Auftrag: »Höre auf mit der Unmoral!« Daraufhin verläßt er seine Familie und zieht als predigender Asket durchs Land. Im Jahr 1906 läßt sich der inzwischen als Heiler bekannte Shembe in der *African Native Baptist Church* (engl. »Afrikanische Baptistenkirche«) taufen. Er wird Geistlicher, spendet die Taufe im Indischen Ozean bei Durban und wirkt als Exorzist und Heiler.

Nach Lehrstreitigkeiten mit seiner Baptisten-Kirchenleitung trennt er sich 1911 von dieser Kirche und begründet die *Ama-Nazaretha Church.* Der Stifter, der außer seinen ungewöhnlichen charismatischen Kräften eine ebenso ungewöhnliche dichterische und musikalische Begabung besitzt, zeigt großes Verständnis für die geistigen und seelischen Anliegen seiner Zulu-Stammesgenossen. Am 2.Mai 1935 stirbt er. Über seinem Grab in *Ekuphakameni* errichtet man ein Mausoleum.

Nach dem Tod des Stifters übernimmt

dessen zweiter und jüngster Sohn *John Galilee Shembe,* 1904 in Natal geboren, die Leitung der Gemeinschaft.

In den vom Stifter gedichteten und komponierten ca. 200 Liedern ist die ganze Lehre und Stimmung seiner Botschaft in einer den Zulus unmittelbar emotional zugänglichen Weise niedergelegt. Er besitzt die Himmelsschlüssel für das nur den Schwarzen zugängliche Paradies. Shembe als »Inhaber der Schlüssel« weist die Weißen am Himmelstor zurück, weil sie bereits in ihrem Erdenleben das Gute empfangen haben, und er öffnet das Himmelstor nur für die getreuen Schwarzen. Charakteristisch für das messianische Selbstverständnis und Sendungsbewußtsein ist der Glaube der Schwarzen an einen *schwarzen* Christus, der im Gegensatz zu dem *weißen* Christus der Kolonialherren steht. Die leibhaftige Vergegenwärtigung dieses schwarzen Christus ist der prophetische Stifter. »Jesus kam zuerst als weißer Mann. Jetzt aber ist er als schwarzer Mann gekommen, im Fleisch durch Shembe.« Shembe gilt als »Christus der Zulu«.

Im Januar eines jeden Jahres veranstalten die Anhänger eine Pilgerfahrt zu dem heiligen Berg *Nhlangakazi* in Natal. Im Juli wird in *Ekuphakameni* ein großes Fest gefeiert, bei dem Kranke und auch unfruchtbare Frauen durch Berührung mit dem heiligen schwarzen Schleier geheilt werden. Wöchentlich wird der *Sabbat* als heiliger Tag gefeiert.

Literaturauswahl

Becken, H. J.: Theologie der Heilung. Das Heilen in den Afrikanischen Unabhängigen Kirchen in Südafrika. Hermannsburg 1972

Sundkler, B. G. M.: Bantupropheten in Südafrika. Stuttgart 1964

NEUE RELIGIONEN

»N. R.« ist eine zusammenfassende Bezeichnung für die im Zeitraum seit dem Beginn der Neuzeit (ca. 1500 n. Chr.), insbesondere seit dem Beginn der Neueren Zeit (nach 1789), bis zur Gegenwart entstandenen Religionen – im Unterschied zu den →alten Religionen und zu den →urgeschichtlichen Religionen. Aus der jüngsten Gegenwart (seit 1954) stammen die →Jugendreligionen.

Asien hat die meisten Neustiftungen aufzuweisen, wobei Japan (→japanische Religionen) an der Spitze steht. Hier sind es →Kurozumikyō, →Tenrikyō, →Konkōkyō, →Ōmotokyō, →Sekai Kyūsei-kyō, →Lotos-Sūtra-Religionen, →PL-Kyōdan, →Seichō-no-Je, →Ananaikyō und →Odoru Shūkyō. Es folgt Indien (→indische Religionen) mit →Tana Bhagat und den Jugendreligionen: →Ananda Marga, →Transzendentale Meditation, →Divine Light Mission, →Hare-Krishna-Bewegung und →Bhagwan-Shree-Rajneesh-Bewegung. In Korea (→koreanische Religionen) sind es →Tonghak, →Tankunkyo und die zur Jugendreligion gerechnete →Vereinigungskirche. Von den →chinesischen Religionen sind es →T'ai-p'ing, in Vietnam der →Caodaïsmus und in Indonesien der →Samatismus. Aus Vorderasien kommen der im Iran entstandene →Babismus und der im Irak gestiftete →Baha'ismus, die jüngste der heutigen →Weltreligionen.

Mary Baker-Eddy, *Stifterin einer der neuen Religionen (→Christian Science)*

In **Nordamerika** sind die USA hinsichtlich Neustiftungen ein besonders reiches Land. Zu nennen sind: →Mormonentum, →Spiritismus und →Theosophische Gesellschaft, ferner →Christian Science, als →indianische Religionen der →Peyote-Kult und die →Ghost-Dance-Religion, ferner →Peace Mission, →Black Muslims, →Church of God, →Way International, →Eckankar und die Jugendreligionen →Scientology Church und →Kinder Gottes.

In **Lateinamerika** existieren die afroamerikanischen Kulte →Umbanda in Brasilien und →Voodoo auf Haiti.

In **Ozeanien** (→ozeanische Religionen) sind es von den →polynesischen Religionen die →Hapu-Religion, →Ivi-atua, →Sio-Vivi-Bewegung, →Pai-Marire und →Kaoni-Bewegung und von den →melanesischen Religionen die →Cargo-Kulte mit →Tuka-Bewegung, →Mambu-Bewegung und →Paliau-Bewegung.

Aus **Afrika** sind zu nennen in Südafrika die →Nazaretha Church, im Kongo der →Amicalismus und →Kimbanguismus, in Liberia die →Harris-Bewegung und in Ghana der →Nkrumahismus sowie in Kenia die →Mau-Mau.

Aus **Mitteleuropa** (→europäische Religionen) kommen die →Lorber-Gesellschaft, die →Deutschreligiöse Bewegung, die →Gralsbewegung und die →Lorenzianer.

Auffallend ist, daß eine Reihe n. R. Stiftungen von Frauen sind, so z. B. in Polynesien die Hapu-Religion und Ivi-atua, in Japan die Tenrikyō und Ōmotokyō, die

Risshō-kōsei-kai aus den Lotos-Sūtra-Religionen und Odoru Shūkyō. In den USA sind es die Theosophische Gesellschaft und Christian Science.

Charakteristisch für fast alle außereuropäischen n.R. ist die Rückbesinnung auf die Traditionen des Stammes oder Volkes. Sie sind z.T. hervorgegangen aus den alten Religionen des →Buddhismus und →Hinduismus, des →Shintoismus und des →Christentums, aber auch in Auseinandersetzung mit der von ihnen als Überfremdung empfundenen westlichen Zivilisation und Kultur. Wohin diese Strömungen führen werden, ist noch nicht abzusehen. Vielleicht liegt in einer von ihnen der Anfang einer neuen Weltreligion.

Zeittafel

Neuere Zeit:

1791 *Voodoo*

1814 *Kurozumikyō* des Kurozumi Munetado (1780–1850)

1825 *Hapu-Religion* der Hapu

1830 *Mormonentum* des Joseph Smith (1805–44)

1838 *Tenrikyō* der Miki Nakayama (1798–1887)

1844 *Babismus* des Mīrzā 'Alī Muhammad (1820–50)

1847 *T'ai-P'ing* des Hung Hsiu-Ch'üan (1813–64)

1848 *Spiritismus*

1859 *Konkōkyō* des Bunjiro Kawate (1814–83)

1860/61 *Tonghak* des Ch'ö Chye-u (1824–64)

1863 *Sio-Vivi-Bewegung* des Sio-Vivi

1863 *Baha'ismus* des Mīrzā Husain 'Alī Nūrī (1817–92)

1864 *Pai-Marire* des Te Ua

1868 *Kaoni-Bewegung* des Kaoni

seit **1870** *Cargo-Kulte*

1873 *Tuka-Bewegung* des Ndungumoi

1875 *Theosophische Gesellschaft* der Helena P. Blavatsky (1831–91)

1879 *Christian Science* der Mary Baker-Eddy (1821–1910)

1880 *Lorber-Gesellschaft* des Jakob Lorber (1800–64)

1885 *Peyote-Kult des John Wilson* (*1850)

1889 *Ghost-Dance-Religion* des Jack Wilson (ca. 1856–1932)

1892 *Ōmotokyō* der Nao Deguchi (1836–1918)

Ende 19. Jh. *Deutschreligiöse Bewegung*

Anfang 20. Jh. *Sekai Kyūsei-kyō* des Okada Mokichi (1882–1955); *Tana Bhagat; Tankunkyo* des Na Chol; *Samatismus* des Samat (†1920)

1910 *Harris-Bewegung* des William W. Harris (ca. 1850–1929)

1911 *Nazaretha Church* des Isaiah M. Shembe (1870–1935)

1912 *Peace Mission* des George Baker (ca. 1877–1965)

Neueste Zeit:

1914 *Ivi-atua* der Angata; *Lorenzianer* des Emil H. Lorenz (1864–1929)

nach 1918 *Amicalismus* des André Matswa (1899–1942)

1921 *Kimbanguismus* des Simon Kimbangu (1899–1951)

1925/46 *Lotos-Sūtra-Religionen*

1926 *Caodaïsmus* des Lē-Van-Trung (1876–1934)

1926/46 *PL-Kyōdan* des Tokuharu Miki (1871–1938)

1928 *Gralsbewegung* des Oskar E. Bernhardt (1875–1941)

1930 *Seichō-no-Je* des Masaharu Taniguchi (1893–1985)

1932 *Black Muslims* des Elijah Poole (1897–1975)

1934 *Church of God* (Armstrong) des H. W. Armstrong (*1893)

1934 *Ananaikyō* des Nakano Yonosuke

1937 *Mambu-Bewegung* des Jeremiah Mambu (* ca. 1907)

1941 *Umbanda*

1944 *Odoru Shūkyō* der Sayo Kitamura (*1900)

1945 *Nkrumahismus* des Kwame Nkrumah (1909–72)

1946 *Paliau-Bewegung* des Paliau (*1915)

1950 *Mau-Mau*

1953 *The Way International* des Victor P. Wierwille (1916–85)

seit 1954 *Jugendreligionen*

1954 *Scientology Church* des Lafayette R. Hubbard (1911–86)

1954 *Vereinigungskirche* des San Myung Mun (*1920)

1955 *Ananda Marga* des Prabhat Ranjan Sarkar (1921–90)

1958 *Transzendentale Meditation* des Mahesh Prasad Varma (*1918)

1960 *Divine Light Mission* des Shri Hans Ji; Maharaj Ji (†1966)

1964 *Eckankar* des Paul Twitchell (1908–71)

1966 *Hare-Krishna-Bewegung* des Abhay Charan De (1896–1977); *Bhagwan-Shree-Rajneesh-Bewegung* des Shree Rajneesh (1931–90)

1969 *Kinder Gottes* des David Berg (*1919)

Literaturauswahl

Benz, E.: Neue Religionen. Stuttgart 1971

Lancskowski, G.: Die neuen Religionen. Frankfurt/M. 1974

Reller, H. (Hrsg.): Handbuch religiöser Gemeinschaften ... Neureligionen. Gütersloh ²1979

NKRUMAHISMUS

Der N. ist eine national-religiöse Bewegung, die nach *Kwame Nkrumah* (1909–72), alias *Francis Nwia Kofie,* dem Gründer des Staates Ghana, benannt ist und dem sie religiöse Verehrung erweist. Der N. zählt zu den aus dem katholischen →Christentum hervorgegangenen neuen religiösen Bewegungen Westafrikas.

Kwame Nkrumah, am 21. September 1909 in Nkroful (Goldküste) geboren, erhält seine Ausbildung auf katholischen Missionsschulen in Elmina und Axim und

(1935–45) an der Negeruniversität Lincoln (USA). In der panafrikanischen Bewegung nach 1945 spielt Nkrumah eine wichtige Rolle. 1947 kehrt er an die Goldküste zurück und gründet 1949 die *Convention People's Party/CPP* (engl. »Konventions-Volkspartei«). Er fordert die Unabhängigkeit des Landes und kämpft dafür nach dem Vorbild der gewaltlosen Kampagne Mahatma Gandhis. Seit 1950 in Haft, wird er 1952 der erste Ministerpräsident der Kolonie Goldküste (Britisch-Afrika). Als Ghana 1957 im Rahmen des britischen Commonwealth als erster schwarzafrikanischer Staat die Unabhängigkeit erlangt, wird Nkrumah Premierminister, und als Ghana durch Volksabstimmung 1960 Republik wird, übernimmt er das Amt des Staatspräsidenten (1960–66). Den Lenin-Friedenspreis erhält er 1961. Mit Hilfe seiner eigenen, vom Marxismus beeinflußten Philosophie und Ideologie, die er *Consciencism* (engl. »Consciencismus«) nennt, will er die Entkolonialisierung erreichen und den Sozialismus zusammen mit der Einheit Afrikas verwirklichen. Den Kult um seine Person fördert er. Nach einem Armeeputsch seiner Generale im Jahr 1966 geht er ins Exil nach Guinea und stirbt am 27. April 1972 in Bukarest (Rumänien).

In der panafrikanischen Bewegung spielt der Kampf gegen den Kolonialismus eine entscheidende Rolle. Der panafrikanische Gedanke beinhaltet die rassische Gleichberechtigung, wie auch die Eigenständigkeit der afrikanischen religiösen Kultur und die Unabhängigkeit von den Einflüssen und der Herrschaft der weißen (europäischen und amerikanischen) Kolonialmächte. In Auseinandersetzung mit dem Christentum wird das eigene religiöse Erbe Afrikas gepflegt. In dieser Bewegung spielt Nkrumah als *Osayefo* (»Erlöser«) eine Rolle, der von sich sagt: »Ich bin der Messias Afrikas, betet mich an!«

Literaturauswahl

Bretton, H. L.: The Rise and Fall of Kwame Nkrumah. A Study of personal Rule in Africa. London 1966

Goetze, D.: Castro – Nkrumah – Sukarno. Eine vergleichende soziologische Untersuchung zur Strukturanalyse charismatischer politischer Führung. Berlin 1977

Nkrumah, K.: Schwarze Fanfare. Meine Lebensgeschichte. München 1958

Nkrumah, K.: Consciencismus. Philosophie und Ideologie zur Entkolonialisierung und Entwicklung mit besonderer Berücksichtigung der afrikanischen Revolution. Köln 1965

NUBISCHE RELIGION

Die n. R. ist die Religion der Bewohner Nubiens, einer Landschaft in Nordostafrika von Assuan bis Khartum und vom Roten Meer bis zu den Oasen westlich des Nils. Die *Religion der Altnubier* – vermutlich mit der der Altäthiopier gleichzusetzen – gehört zu den →alten Religionen in Afrika.

Um 2000 v. Chr. gründen nubische Herrscher in der Nähe des 3. Nilkataraktes die Hauptstadt des Reiches Kusch, das vorübergehend bis Assuan reicht. Im Zuge der Eroberung Nubiens durch die Ägypter zu Beginn des Neuen Reiches (1554–1080 v. Chr.) wird Kusch zerstört. 920 v. Chr. entsteht das Reich von Napata, dessen Herrscher Pi (= Pianchi) Ägypten erobert und dort die äthiopische, 25. Dynastie (ab 713 v. Chr.) begründet. Um 530 v. Chr. wird die Hauptstadt des Reiches der Nubier, das bis ins 4. Jh. n. Chr. besteht, nach Meroe verlegt. Im Jahr 577 n. Chr. wird Nubien offiziell christlich, als Kaiser Justinus II. (565–578) die Schließung des Isis-Tempels auf der Nilinsel Philae anordnet.

Als einheimischer Gott der Altnubier gilt *Dedun* bzw. *Dewen*. Zu den ägyptischen Göttern, die im Zuge der Ägyptisierung Nubiens übernommen werden, gehören z. B. der Kataraktengott *Chnum*, der Reichsgott *Amon* von Napata und *Isis* von der Insel Philae sowie die Göttin *Hathor*.

Die Ruinen der Tempel in Abu Simbel und von Kalabsha, südlich von Assuan, zeugen von der einstigen Bedeutung der n. R. Diese und zahlreiche andere durch den Bau des Assuanstaudammes (1960/70) vom Untergang bedrohten nubischen Bauwerke sind durch internationale Hilfe gerettet worden, u. a. auch der berühmte Amadatempel.

Die Rettung der Bauten auf der Nilinsel Philae ist noch im Gange.

Literaturauswahl

Hofmann, J.: Die Kulturen des Niltals von Aswan bis Sennar. Vom Mesolithikum bis zum Ende der christlichen Epoche. Hamburg 1967

Stock, H./Siegler, K. G.: Kalabsha, der große Tempel Nubiens und die Abenteuer seiner Rettung. Wiesbaden 1965

ODORU SHŪKYŌ

Die O. S. (jap. »Tanzreligion«) ist die Bezeichnung für die von der Japanerin *Sayo Kitamura* (*1900) im Jahre 1944 im Dorf Tabuse (Japan) gestiftete Religion, die sich offiziell *Tenshō-Kōtai-Jingū-Kyō* (jap. »Lehre des absoluten Gottes«) nennt.

Für die ca. 100 000 Anhänger befinden sich das »Hauptquartier für geistiges Training und das Gebäude des Königreiches Gottes« in Tabuse (Präfektur Yamaguchi). Die Bewegung gehört zu den aus dem →Shintoismus hervorgegangenen →neuen Religionen Japans.

Die Stifterin *Sayo Kitamura* wird am 1. Januar 1900 in Osato als Tochter des Bauern Chozo und der Ura Ekimto geboren. Sie wächst als viertes von neun Kindern in der Religion des Shintoismus auf und erlebt eine unbeschwerte Kindheit und Jugend. Im November 1920 wird sie 20jährig mit dem in Tabuse lebenden Bauern Seinoshin Kitamura verheiratet.

Die Geschichte ihrer Erwählung beginnt, als – die Stifterin ist 42 Jahre alt – am 22. Juli 1942 eine Feuersbrunst in Tabuse ausbricht und auch ihr Haus vernichtet. Die darauffolgende Zeit, in der sie lernt, dem Brandstifter zu vergeben, bereitet Sayo auf ihre Berufung vor. Am 4. Mai 1944 spricht Gott erstmals zu Sayo, und *Osayo,* so wird sie von Gott genannt, fühlt sich ganz von Gott in Besitz genommen, obwohl sie sich zunächst dagegen wehrt und sich dem zu entziehen versucht, indem sie dreimal beschließt, durch Selbstmord aus diesem Leben zu scheiden. Ende Januar 1945 fordert Gott sie auf, einen ekstatischen *Tanz* für die Rettung der Welt zu tanzen, und am 4. Februar singt Gott in ihrem Leib: »Ich brannte nieder den Ise-Schrein, der meine Behausung gewesen ist… Jetzt bin ich in den Leib Osayos gezogen… Ich verwende Osayos Leib für die Grundlegung, für die Schaffung eines himmlischen Landes. Schaut auf die Trümmer von Ise! … Ich werde die Priester von Ise bestrafen, denn sie beschaffen sich Nahrung und Geld dadurch, daß sie meinen Namen verkauften und die Leute täuschten.« Am 6. August desselben Jahres fällt auf Hiroshima die 1. Atombombe. Um Mitternacht vor dem 12. August 1945, als Sayo in weißen Gewändern vor dem Altar des Schreins schläft, hat sie eine Reihe von Visionen, und sie wird als »einzige Tochter des *Tenshō-Kōtai-Jingū,* des absoluten Gottes des Universums, adoptiert.«

Die Stifterin und Prophetin bestellt weiterhin ihre Felder und zieht predigend über Land, zu Fuß, mit dem Fahrrad oder reitend. Stets führt sie ihren Proviant mit der Begründung mit sich: »Es gibt keinen Gott, der Geld oder Gaben benötigt.« Deshalb lehnt sie es ab, von ihren Anhängern finanzielle Mittel entgegenzunehmen. Im März 1947 erlangt die O. S. ihre behördliche Registrierung und offizielle Anerkennung. 1952 unternimmt die Stifterin ihre 1. Auslands-Missionsreise nach Hawaii, 1954/56 reist sie über Hawaii in die USA, und 1961 unternimmt sie ihre 3. Auslandsreise wieder über Hawaii in die USA.

Tenshō-Kōtai-Jingū ist der »absolute Gott«, der allmächtige Gott des Universums und der Ursprung aller Gottheiten. Mit Tenshō-Kōtai-Jingū sind der Gott des Christentums und die Gottheit des Buddhismus identisch. Die männliche Gottheit *Kotai-Jin,* die am 27. November 1944 in den Leib der Stifterin hinabsteigt, und die weibliche Gottheit *Amaterasu Meokami,* die am 11. August 1945 nachfolgt, tun sich am 12. August 1945 zu einem Gott zusammen, um den Leib der Stifterin zu einem Tempel zu machen und so eine »Trinität« zu bilden.

Die Prophetin verkündet mit scharfen Worten, mit Witz und Humor das Ende der alten Welt und den Beginn einer neuen Zeit: »Seht auf die Vergangenheit. Alle professionellen Religionen sind mehr und mehr korrupt geworden. Sie haben Idole gebildet und Tempel und wundervolle Kathedralen gebaut, sie haben Geld und Eigentum vom Volk gesammelt… ohne ein geistliches Erwachen in ihnen selbst… wie können die Leute Religionen folgen, die nichts anzubieten haben außer Ideen und Einbildungen.« Weil Buddhismus und Christentum heute tote Religionen sind, die keine Macht mehr haben, die Seelen der Lebenden und der Toten zu erlösen, deshalb ist der allmächtige Gott des Universums noch einmal herabgestiegen, damit die neue Lehre des absoluten Gottes verkündet wird.

> »Alle anderen Religionen sind wie Sterne der Nacht, die angesichts der aufgehenden Sonne verblassen.«

Im Zentrum der Verkündigung steht die Botschaft vom baldigen Anbruch des himmlischen *Königreichs Gottes,* das die gegenwärtige Zeit des Niedergangs und der Katastrophe beenden wird und seinen Ausgang im Dorf Tabuse nimmt. Gottes Königsherrschaft ist nicht nur innerlich, sondern auch äußerlich sichtbar. Mit diesem Königreich kehrt Frieden in der ganzen Welt ein. Es ist ein Königreich der Aufrichtigkeit, in dem man keine Polizei braucht, um dem Recht Geltung zu verschaffen, in dem Ränge, Titel und Reichtümer unnötig, ja unerwünscht sind. Zwar sind Buddha und Christus ehemalige Propheten Gottes, aber heute hat derselbe Gott in der *Prophetin von Tabuse* Wohnung genommen und ihr dieselbe süße Stimme geschenkt, die seine Frau Amaterasu Meokami hat. Wegen ihrer hervorragenden Predigtgabe und ihrer charismatischen Begabung wird Sayo die »Prophetin von Tabuse« genannt, und ihr Ehrentitel heißt *O-gami-sama* (»großer Gott«). Sie sagt von sich: »Mein Leib ist der Tempel Gottes, und die göttliche Funkverbindung ist ständig eingeschaltet.« Der 4. Mai 1944, der Tag der 1. Offenbarung Gottes gegenüber der Prophetin Sayo, gilt den Anhängern der O. S. als Beginn einer neuen Zeitrechnung (Kalenderreform).

Voraussetzung für die Ausbreitung des Königreiches Gottes ist eine innere Umkehr. Da die wahre Religion darin besteht, frei zu werden vom Egoismus, müssen sich die Menschen von ihrem *ga* (jap. »Ich«) trennen. Dies ist der einzige Weg, den Himmel, die Welt des *muga* (jap. »Nicht-Ich«) zu finden. Die Freiheit von selbstischen Wünschen und Zielen wird durch die Ausrottung der 6 Wurzeln des Bösen erlangt, die da sind: Bedauern,

Wunsch, Haß, Bindung, Liebe und der Wunsch, geliebt zu werden. Außer dem Gebot, frei zu sein vom Egoismus, wird Demut gefordert. Der Mensch muß zu Einfachheit und Wahrheit finden. Offen zu sein für alle aufrichtigen Menschen, das ist der kürzeste Weg zu Gott. Diejenigen, die darum kämpfen, ihre Stellung zu verbessern und Vermögen zu erwerben, sind *Larven-Bettler,* weil sie wie die Larven auf Kosten der anderen zu leben versuchen. Die Worte sollen in Taten umgesetzt werden. »Überlegt euch jedes Wort und verwandelt es in Fleisch und Blut.«

Eine Gebetsformel dieser Religion lautet: *na-myō-hō-ren-ge-kyō* (jap. »Eine niedrige Frau verbindet Mensch und Gott mit der himmlischen Lehre« bzw. »Eine niedrige Frau verbindet in der Lehre das himmlische Gesetz mit dem Menschen«). Mit Hilfe des Gemeinschaftsgebets gelangen die Menschen zwar bis an das Tor des Königreiches Gottes, aber um eintreten zu können, bedarf es der kultischen Handlung des *muga no odoru* (jap. »Tanz des Nicht-Ich«). Nach diesem ekstatischen *Tanz* wird diese Religion inoffiziell als *Tanzreligion* bezeichnet.

Als Nachfolgerin in der Führung der Gemeinde gilt die Enkelin der Prophetin, die »göttliche Prinzessin«.
Die in Tabuse verlegte heilige Schrift dieser Bewegung, die in 4. Auflage erscheint, heißt *Seisho.*

Literaturauswahl

Anonym: Guidance to God's Kingdom. Tabuse 1956

Anonym: Key to Heaven. A Concise Explanation of God's Teaching. Tabuse 1960

Anonym: The Paradise of Tabuse. Tabuse 1953

Anonym: The Prophet of Tabuse. Tabuse 1954

ŌMOTOKYŌ

Die Ō. (jap. »Lehre von der Großen Grundlegung«) wird 1892 von der Japanerin *Nao Deguchi* (1836–1918) begründet. Nach 1945 erhält diese Bewegung den Namen *Aizen-en* (»Garten der Gottesliebe«) und seit 1952 *Ōmoto* (»Große Grundlegung«).
Für die ca. 800 000 Anhänger befindet sich das kultische Zentrum mit dem Grab der Stifterin in Ayabe bei Kyoto, während das missionarische Hauptquartier in Kameoka liegt. Die aus dem →Shintoismus hervorgegangene Bewegung zählt heute zu den bedeutendsten →neuen Religionen Japans.
Die Stifterin *Nao* wird am 16. September 1836 als Tochter der Kleinbauernfamilie *Kirimura Gorosaburo* in Fukuchiyama (Provinz Tamba) geboren, 1855 von der Deguchi-Familie in Ayabe adoptiert und 20jährig mit *Masagoro Deguchi,* einem Zimmermann, verheiratet, mit dem sie dann 11 Kinder hat. Von ihrem trunksüchtigen Ehemann verlassen, der dann 1887 stirbt, lebt sie mit den überlebenden 8 Kindern in erdrückender Armut vom Lumpensammeln.
In der Neujahrsnacht 1892 wird die 56jährige Witwe, deren bisheriges Leben von Armut und Enttäuschungen geprägt ist, im Traum in eine Paradieseswelt entrückt, erlebt eine Theophanie der höchsten Shinto-Gottheit und wird von dem »Großen Gott« völlig »in Besitz genommen«, der sich ihr offenbart: »Ich bin der Vater-Gott«. Von jetzt an weiß sie sich im Zustand der *kamigakari* (»Gottbesessenheit«) und in der Pflicht, auch gegen ihren Willen chiliastische Prophetien zu verkünden. »Große Ereignisse und merkwürdige Geschehnisse dieser Welt sind die Brücken und Wege für Gottes Kommen. Denkt darum an diese Geschehnisse dieser Welt und ihr werdet fähig sein, Gottes Plan zu erkennen und wirklich Buße zu tun.« Als sie eines Tages eine *Rhodea Japonica* (jap. *ōmoto* = »Große Grundlegung, Erste Ursache«) pflanzt, ruft sie: »Dies ist die *Große Grundlegung* der Welt. Die Lehre der ›Ersten Ursache‹ soll gepredigt werden.« Damit ist der Name für ihre Bewegung gegeben. Ihrem Wohnort Ayabe prophezeit sie, daß Feuersbrünste ausbrechen, falls nicht alle Unbußfertigen diesen heiligen Ort und Sitz der Gottheit verlassen. Als bald darauf in Ayabe wirklich Feuer ausbricht, wird Nao der Brandstiftung verdächtigt und in Haft genommen. Als dann der wirkliche Brandstifter ermittelt wird, ist ihre Unschuld erwiesen, jedoch wird Nao jetzt für geisteskrank erklärt und von Verwandten und Nachbarn zeitweilig in einen Raum eingesperrt. Hier beginnt sie ihre Offenbarungen mit einem Nagel in die Wand zu ritzen, die während der folgenden 26 Jahre – später ist Nao wieder in Freiheit – einige 1000 Schreibhefte füllen und in japanischer Hirogana-Silbenschrift gemalt sind. Im Oktober 1898 begegnet der Stifterin zum ersten Mal *Kisaburō Ueda* (1871–1948), den bisher die Frage beunruhigt hat: »Da alle bisherigen Religionen die Menschen nur aufs zukünftige Leben vertrösten, aber die gegenwärtige Welt nicht verändern, soll auch ich diese Welt wieder so verlassen, wie ich sie angetroffen habe?« Am 1. 1. 1900 heiratet Kisaburō Ueda die von der Stifterin zu ihrer Nachfolgerin bestimmte jüngste Tochter *Sumiko.* Der von der Familie Deguchi Adoptierte nimmt den neuen Namen *Onisaburō Deguchi* an und gibt der Bewegung ihre spätere organisatorische Form. Im Alter von 82 Jahren stirbt die Stifterin am 6. November 1918.
Sozialrevolutionärer Tendenzen verdächtigt, wird diese Bewegung 1921 in Japan verboten, Onisaburō Deguchi verhaftet und in Kioto wegen Übertretung des Pressegesetzes und wegen Majestätsbeleidigung zu lebenslanger Haft verurteilt, jedoch noch im selben Jahr wieder freige-

lassen. Am 3. März 1928 feiert man das große Fest der Welterneuerung; von diesem Zeitpunkt an soll die *Miroku-Welt* verwirklicht werden. Dies ist zugleich der Tag der Einwohnung des *Miroku-Butsu* in Onisaburō Deguchi. 1935 wird Deguchi erneut, diesmal zusammen mit seiner Frau, wegen Störung der öffentlichen Ordnung und Majestätsbeleidigung angeklagt und zu Gefängnis verurteilt. Ihre Zentrale in Ayabe und Kameoka wird gewaltsam zerstört. Im August 1942 wieder aus dem Gefängnis entlassen, stirbt Onisaburō Deguchi am 19. Januar 1948. In der Leitung der Gemeinschaft folgt ihm zunächst seine Witwe Sumiko (†1952), dann deren Tochter *Naohi Deguchi* und später *Eiji Deguchi,* ein von der Familie Deguchi adoptierter Philosoph, Religionsgeschichtler und Theologe. Seit 1952 ist das *Miroku-Heiligtum* in Ayabe wieder aufgebaut, und am 31. März 1958 wird das *Miroku-Fest* feierlich begangen.

»Gott ist der immanente Gott im Universum, und der Mensch ist der Verwalter dieser Welt.« Mit dem Metallgott *Konjin,* dem Wächter über die Nordostrichtung, aus der die Dämonen der Krankheiten und des Leidens kommen, weiß sich die Stifterin eins, und sie identifiziert ihn mit *Kunitokotachi,* dem »ewigen Geist des Landes«. Alle Kirchen dieser Welt sind nur Vorläufer der Ōmoto-Kirche. Ōmoto ist die letzte. Sie ist gegründet, um die *Wiederherstellung der Welt* zu vollenden. Diese Wiederherstellung ist ein Schlüsselbegriff. Die Erwartung eines kommenden Weltreiches des Friedens, des Heils und Glücks steht im Mittelpunkt. »Die große Welt wird in herrlicher Blüte erblühen, wie die Pflaumenblüte im frühen Frühling.« Das kommende Weltreich wird ein kaiserlicher Herrscher von Ayabe aus regieren, und in diesem Reich wird das Japanische als heilige Sprache gesprochen. Das Heilsziel ist, alle Menschen guten Willens aus allen Nationen, Rassen und Religionen zu sammeln und mit ihnen das ewige Friedensreich, die Welt des Miroku, zu verwirklichen. Mittler- und Heilsgestalt dabei ist *Susa-no-o,* ein Gott des →Shintoismus, bzw. der *Miroku-Butsu* (sanskr. »Buddha Maitreya«).

Die Offenbarungen der Stifterin sind in dem von ihr verfaßten, auf 10 000 Blättern geschriebenen *ōfudesaki* (jap. »mit der Spitze des Pinsels« [geschrieben]) niedergelegt, das ihr Schwiegersohn redigiert und herausgegeben hat, der selbst die *Reikai Monogatari* (jap. »Erzählungen aus der Geisterwelt«) verfaßt hat, ein Werk mit 81 Bänden apokalyptischen Inhalts. Beide Werke zusammen bilden den Kanon dieser Religion.

Literaturauswahl

Anonym: The Outline of Ōmoto. Kameoka 1958

Anonym: Partial Portraits of Master Onisaburō Deguchi. Kameoka 1957

Deguchi, N.: Scripture of Ōmoto. Kameoka 1957

Deguchi, N.: A Guide to God's Way. Kameoka 1957

Lins, U.: Die Ōmoto-Bewegung und der radikale Nationalismus in Japan. München 1976

Murai, T.: What is »Omoto«? Kameoka 1957

ORPHISCHER MYSTERIENKULT

Die *Orphik* ist die nach dem thrakischen Sänger Orpheus (griech. »verwaist«, d.h. einsam) benannte religiöse Bewegung der griechischen Antike und des Hellenismus, die einen Ausweg aus der menschlichen Vereinsamung und Verlorenheit aufzeigen will. Sie nimmt im 5./4. Jh. v. Chr. von Thrakien ihren Ausgang und breitet sich über Griechenland, Kreta, Süditalien und Kleinasien aus.

Die Orphik, deren Anhänger sich in losen Gemeinden zusammenschließen, gehört zu den →Mysterienkulten und ist ein Zweig des Dionysos-Kultes (→Dionysischer Mysterienkult). Ihr Hauptgott ist Dionysos.

Orpheus, ein Heros aus vorhomerischer Zeit, Sohn des Flußgottes Oiagros und der Muse Kalliope, ist Gatte der Eurydike. Dieser Sänger, dem Apollon die Kunst des Gesangs und des Leierspiels geschenkt hat, verzaubert durch seine Musik nicht nur Menschen, sondern wilde Tiere, Bäume und Felsen, ja er bewegt sogar Hades, den Herrscher der Unterwelt, in die er nach dem Tod seiner Gattin *Eurydike* hinabgestiegen ist, die Verstorbene freizugeben. Dies erreicht er unter der einzigen Bedingung, daß er sich nicht nach seiner geliebten Eurydike umschaut, bevor er die Oberwelt erreicht hat. Geführt vom Klang seiner Leier, folgt Eurydike dem Orpheus durch die Gänge der Unterwelt. Doch bevor beide in die Oberwelt gelangen, dreht Orpheus sich nach seiner Gemahlin um und verliert sie so für immer. Das Leierspiel, mit dem Orpheus einen universalen, magischen Zauber ausübt, wird ihm selbst zum Verhängnis. Weil er die thrakischen Ehemänner dazu gebracht hat, ihm zu folgen und ihre Familien zu verlassen, wird er von den thrakischen Frauen in Stücke gerissen. Sein Haupt mit der Leier gelangt über die Wellen des Meeres auf die Insel Lesbos, wo seine Sangeskunst fortlebt. Orpheus ist ein sterbender und auferstehender Gott.

Die Entstehungsgeschichte der Menschen reicht weit zurück bis zum Anfang der Zeiten. *Chronos* (griech. »Zeit«), der »nimmer alternde«, aus dem Dunkel entstandene Weltenurheber, erzeugt aus dem Äther das silberne Welt-Ei, aus dem der erste Dionysos (Phanes) hervorgeht, ein zweigeschlechtlicher Urgott der Liebe und des Lichts. Dieser erschafft eine Welt mit der Nyx (griech. »Nacht«) und der Gaia (griech. »Erde«). Letztere gebiert die für das Menschenschicksal bedeutsamen Titanen. Als Zeus den Phanes mitsamt seiner

Schöpfung verschlungen und eine neue Welt geschaffen hatte, zeugt er mit der Persephone den zweiten Dionysos (Zagreus), den die Titanen, die Söhne der Erde und zugleich Feinde des Zeus, auf Anstiftung der eifersüchtigen Hera, Zeus' Gattin, in Stücke reißen, und dessen rohes Fleisch sie verzehren. Zeus verschlingt das von Athene gerettete Herz des Zagreus und zeugt mit der Semele, einer Sterblichen, den dritten Dionysos (Lyseus), den künftigen Erlöser der Menschen. Die Titanen aber vernichtet Zeus mit seinem Donnerkeil durch Blitz, und aus der Asche ihrer verbrannten Leiber entstehen die Menschen. So kommt es, daß die Seele der Menschen – ein dionysisches Erbe – im Grab des titanisch-bösen Leibes gefangen ist. *Soma sema* (griech. »der Leib ein Grab«), dieses von Platon (»Kratylos«; 400 v.Chr.) geprägte Wortspiel, gibt die Auffassung der Orphiker treffend wieder, wonach die Seele des Menschen sich im Leib wie in einem Grab befindet.

Ziel des Menschen ist die Erlösung, d.h. die Befreiung des Dionysischen (Göttlichen, Himmlischen, Guten), das der Mensch in sich trägt, von allem Titanischen (Bösen, Irdischen). Diese dualistische Lehre befaßt sich hauptsächlich mit der Seele und ihrem jenseitigen Geschick. Aus dem Kreislauf der Seelenwanderung sich zu befreien, ist letztes Ziel der Mysten. Die Orphischen Mysterien weisen dazu einen Ausweg. Über die Wege der Reinheit und Entsagung, die Wege asketischer Übungen und tugendhaften Lebens durchläuft die Seele eine Reihe von Wiedergeburten (Seelenwanderung), deren Zahl und Art von der sittlichen Qualität des jeweils vorausgegangenen Lebens abhängen. *Kyklos tes geneseos* (griech. »Kreislauf der Geburten«) heißt diese Lehre von der Seelenwanderung. Es gibt eine Vergeltung nach dem Tode, wofür Lohn und Strafe, Himmel und Hölle kennzeichnende Begriffspaare sind. Die Bedeutung des Individuums in seinem Verhältnis zu Schuld und Vergeltung hat der Orphismus in tiefgehenden Ausdrucksformen gefaßt.

Die Ethik steht ganz im Dienst des Erlösungsvorgangs. Sie beschreibt einen genau geregelten, die ganze Lebensführung beanspruchenden *orphicus bios* (griech. »orphisches Leben«). Die Forderungen einer sittlichen Lebensführung umfassen Reinigungen und Enthaltsamkeit bei Fleisch, Eiern und Bohnen sowie Meidung wollener Kleidung.

In Gräbern auf Kreta, in Thessalien und Italien sind dünne Goldtafeln, sogenannte orphische Unterweltstäfelchen (*Totenpässe;* 4. Jh. v.Chr.–2. Jh. n.Chr.) gefunden worden mit Anweisungen, wie man sich in der Unterwelt am Scheideweg zurechtfinden kann, mit Versen von dem Anspruch der Seele, von den Göttern der Unterwelt angenommen zu werden.

Die Orph. Myst., die nicht an einen besonderen Kultort gebunden sind, werden in »heiligen Häusern« von Wanderpredigern *(Orpheoteletai)* vollzogen und sind reine »Lese-Mysterien«. Da die Wanderprediger der Orphik etwa seit dem 5. Jh. v.Chr. ihre Lehre aufschreiben, ist der Orphismus die erste *Buchreligion* der Welt geworden. Im Zusammenhang damit scheint das Wort »orthodox« (griech. »rechtgläubig«) im 5. Jh. v.Chr. in orph. Kreisen Athens entstanden zu sein. Die orphischen Schriften sind Euripides (480–406 v.Chr.), Aristophanes (445–385 v.Chr.), Platon (427–347 v.Chr.) und Aristoteles (384–322 v.Chr.) bekannt. Ersterer erzählt die Geschichte vom thrakischen Sänger Orpheus. Die alle Lebewesen bannende Wirkung dieses Sängers hat das Christentum gelegentlich in Analogie zu der die menschlichen Seelen unwiderstehlich bezwingenden Gewalt der Worte Christi gesetzt. Die frühchristl. Grabeskunst übernimmt daher das orphische Motiv und symbolisiert in den Katakombendarstellungen Christus geradezu durch das Bild Orpheus.

Literaturauswahl

Guthrie, W.K.C.: Orpheus and Greek religion. London 1952

OZEANISCHE RELIGIONEN

»O. R.« ist eine zusammenfassende Bezeichnung für die autochthonen Religionen der zur Rasse der Australiden gehörenden Ureinwohner Australiens (→australische Stammesreligionen), der Papuas von Neuguinea und der Melanesier (→melanesische Religionen) sowie für die Religionen der zu den Mongoliden zählenden Polynesier (→polynesische Religionen; →Maori-Religion) und Mikronesier (→mikronesische Stammesreligionen). Neben den vorgenannten →alten Religionen gibt es in Ozeanien zahlreiche →neue Religionen, z.B. in Melanesien die →Cargo-Kulte mit der →Tuka-Bewegung, →Mambu-Bewegung und →Paliau-Bewegung sowie in Polynesien die →Hapu-Religion, →Sio-Vivi-Bewegung, →Pai-Marire, →Kaoni-Bewegung und →Ivi-atua.

In Ozeanien leben noch ca. 86000 Anhänger von →Stammesreligionen. Sie stellen jedoch nur eine Minderheit von 0,3% der heutigen gesamten ozeanischen Bevölkerung dar im Gegensatz zu der Mehrheit von 84% Christen.

Durch Kreuzfahrten im Stillen Ozean werden vor allem durch Holländer und Engländer im 17./18. Jh. die Inseln und Schiffahrtswege des Pazifik für Europa bekannt. Der Holländer *Abel Tasman* entdeckt auf seinen Seereisen 1642–59 u.a. Tasmanien, Neuseeland und Nordwest-Neuguinea, *Roggeveen* findet 1721/22 die Osterinsel und Samoa, und *Bougainville* macht 1766–68 Entdeckungen in Polyne-

1

3

2

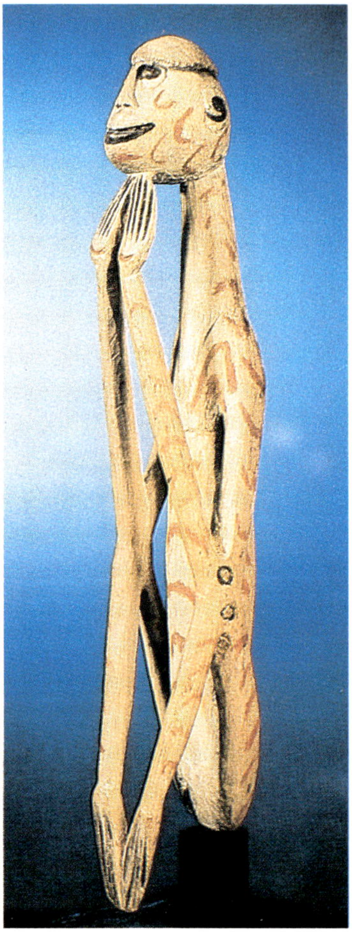
4

1 Orpheus *aus Ehnas, Kalkstein, 4. Jh. Kairo, Koptisches Mus.*

2 Niccolò da Urbino, Orpheus und Eurydike, *Majolika-Teller, um 1515/18, Venedig, Mus. Correr*

3 Christus *als* Orpheus, *Wandmalerei, 3. Jh. Rom, Domitilla-Katakombe*

4 Ozeanische Kultfigur, *Neuguinea, Holz, Berlin, Staatl. Mus.*

sien und Melanesien. Der Engländer *James Cook* erforscht 1768–79 auf seinen wissenschaftlichen Seereisen u. a. die Ostküste Australiens und Neukaledonien.
Die gesamte Inselwelt Ozeaniens wird dann Kolonialgebiet u. a. Englands, Frankreichs, der USA und Hollands. Aus dieser Herrschaft der Kolonisatoren, die meist Christen sind, entwickeln sich die heute noch virulenten Probleme der Zivilisation, Kultur und Religion für die einheimische Bevölkerung.

Literaturauswahl

Dixon, R. B.: Oceanic Mythology. New York 1964
Nevermann, H.: Götter der Südsee. Stuttgart 1947
Nevermann, H./Worms, E. A./Petri, H.: Die Religionen der Südsee und Australiens. Stuttgart 1968
Poignant, R.: Ozeanische Mythologie. Polynesien, Mikronesien, Melanesien, Australien. Wiesbaden 1968
Schubert, R.: Methodologische Untersuchungen an ozeanischem Mythenmaterial. Wiesbaden 1970

PAI-MARIRE

Die P.-M. (Maori »gute-friedliche« [Religion]) ist eine im Jahre 1864 auf Neuseeland von dem Maori-Propheten *Te Ua* gestiftete Religion, die auch unter dem volkstümlichen Namen *Hau-Hau-Bewegung* bekannt ist, weil ihre Anhänger den heiligen Ausruf »Pai-Marire, hau! Hau!« als Kampfruf benutzen. Die vom Nachfolger des Stifters, dem Maori *Te Kooti* (†1893), vorgenommene Neuformierung der P.-M. unter dem Namen *Ringa-tu* (»erhobene Hände«), die mit dieser Bezeichnung auf den Gebetsgestus der Maori Bezug nimmt, zählt heute auf Neuseeland über 5000 Anhänger (→Maori-Religion).
Diese Religionsbewegung, die eine Neuentwicklung aus polynesischen Stammesreligionen darstellt, zählt zu den →neuen Religionen Ozeaniens.
Der Maori *Te Ua,* als Priester der alten →Maori-Religion ausgebildet, konvertiert zum anglikanischen →Christentum, wird später zum Stifter und Oberpriester der P.-M., die in den Jahren zwischen 1862 und 1870 während der Freiheitsbewegung der Maori gegen die englische Kolonialherrschaft eine herausragende Bedeutung erlangt.
Die in den Kreis der polynesischen Inselkulturen gehörende Doppelinsel Neuseeland wird zuerst 1642 von dem holländischen Kapitän *Abel Tasman* entdeckt und benannt und dann 1769 von dem Engländer *James Cook* wieder entdeckt und für England in Besitz genommen. Der Kolonisierung Neuseelands durch die Europäer (1800–40) – in der Mehrzahl britische Einwanderer, Händler und anglikanische Missionare (seit 1814) – stehen die eingeborenen Maori-Stämme feindlich gegenüber. Nachdem 1840 Neuseeland britische Kronkolonie wird, drängen die jetzt einwandernden Europäer die Maori in die Minderheit und bestimmen den vorherrschenden Lebens- und Kulturstil. Die von Anfang an bestehenden wechselseitigen Spannungen zwischen Maori und Weißen wachsen, und es kommt zu kriegerischen Auseinandersetzungen, die mit Unterbrechungen Jahrzehnte (1845–70) andauern. In dieser Zeit (ab 1840) kommt es zu prophetisch-messianischen Bewegungen unter den Maoris. Der »Krieg der Rassen« wird ab 1862 von seiten der maorischen *Hau-Hau-Bewegung* mit besonderer Erbitterung geführt. Die kurz, fast bellend und wiederholt hervorgestoßene Silbe *hau* (»Wind«) soll mit dem Wind die Engel als Helfer herbeirufen, um die Anhänger der P.-M.-Bewegung in ihrem Kampf gegen die britischen Kolonisatoren zu unterstützen.
Nachdem *Te Ua* 1862 eine Vision des Engels Gabriel hat, gründet er 1864 die P.-M. Der Prophet behauptet, daß er zu dieser Gründung durch das Erlebnis motiviert worden ist, als er aus Reue für das in die Irre gegangene Maori-Volk sein Kind tötet – im Sinn einer »prophetischen Handlung«.
Der Stifter Te Ua verbindet in seiner Heilslehre alte Maori-Vorstellungen und -Zeremonien mit neu umgeformtem christlichem Glaubensgut.
So knüpft z. B. der mit *Jehova* bezeichnete neue Gottesbegriff an den einheimischen Hochgott *Tane* (»Mensch«) sachlich an, der Meister der Handwerkskunst, Gott des Lichtes und Waldes, aber auch direkter Vorfahr der Menschen ist. Die P.-M.-Anhänger verstehen sich als das zweite, von Jehova auserwählte Volk, das dazu berufen ist, alle Fremden aus dem Land zu vertreiben, um danach ein diesseitiges Zukunftsreich zu realisieren, in dem sich alle lebenden und verstorbenen Maori zu einer neuen, vom Europäertum befreiten Gemeinschaft der Einheimischen vereinigen können. Der Erzengel Gabriel wird das Volk der Maori im Kampf gegen die Briten unterstützen. Er wird mit Scharen von Engeln kommen, die Weißen vertreiben helfen und den Maori alle Kenntnisse der Engländer mitteilen. In dieser Bewegung hat der Stifter die Funktion des Messias. Damit die Zahl der Gläubigen sich vermehrt, fordert der Stifter von seinen Anhängern die polygame Ehe.

Im Mittelpunkt des religiösen Kultes, der täglich frühmorgens gefeiert wird, stehen Gesänge und Tänze der Gemeinde um einen heiligen Pfahl, an dessen Spitze drei mit weißen Kreuzen versehene Fahnen wehen.

Literaturauswahl

Babbage, S.B.: Hauhauism. Dunedin, New Zealand 1938

PALIAU-BEWEGUNG

Die P.-B. ist die von dem eingeborenen Melanesier *Paliau* auf Manus, der Hauptinsel der Admiralitätsinseln, 1946 gegründete und nach ihm benannte Religion, die zu den →Cargo-Kulten gerechnet wird.

Die Konfrontation der melanesischen Eingeborenen mit den zivilisatorischen Erzeugnissen der weißen Kolonialherren haben zu dieser →neuen Religion Ozeaniens geführt.

Die 1616 entdeckten Admiralitätsinseln, die zur Inselgruppe des Bismarckarchipels gehören, sind von 1885 bis 1918 deutsches Schutzgebiet (Kolonie: Deutsch-Neuguinea). Sie werden jedoch schon im September 1914 von Australien, das Deutschland den Krieg erklärt hat, besetzt. Als 1919 die deutschen Kolonien im Pazifik »C-Mandate« des Völkerbundes werden, kommt der Bismarckarchipel unter die Verwaltung der Besatzungsmacht Australien und ist seit 1946 australisches Treuhandgebiet Neuguinea.

Der Stifter *Paliau* prophezeit zugleich mit seinem Konkurrenten *Wapi* die baldige Ankunft der Schiffe der Ahnen und den Anbruch einer paradiesischen Zeit für die Eingeborenen. Um die Rückkehr der Ahnen zu beschleunigen, rufen beide Propheten zum Boykott der weißen Kolonialherren auf. Daraufhin legen die Eingeborenen die Arbeit nieder und erwarten stündlich die Ankunft der Schiffe. Als diese jedoch ausbleiben, wird einer der beiden Propheten, Wapi, als falscher Prophet von seinen Anhängern umgebracht.

Der überlebende Paliau verlagert daraufhin die Gewichtung in seiner Botschaft, da von jetzt an die messianische Verkündigung hinter dem Programm sozialer Reformen und soziologischer Erneuerungen zurücktritt. Als er dann später in englische Gefangenschaft gerät und das Reformprogramm der Regierung kennenlernt, predigt er soziale, landwirtschaftliche und kulturelle Reformen, die allerdings nur durch technische Schulung und hartes Arbeiten erreicht werden können.

PALMYRENISCHE RELIGION

Die p. R. ist die Religion des Stadtstaates von *Palmyra* (griech. und röm.; heute arab. Tadmōr), der Handels- und Karawanenstadt in einer Oase der syrischen Wüste in der Landschaft Palmyrene zwischen Damaskus und dem Mittellauf des Euphrat, in der Zeit vom 1. vorchristlichen bis zum 3. nachchristlichen Jahrhundert sowie des Palmyrenischen Reiches (260–273) mit Palmyra als Hauptstadt. Die *Religion von Palmyra,* einer der heute eindrucksvollsten Ruinenstädte der Welt, gehört zu den →vorderasiatischen und den →semitischen Religionen.

Die Blütezeit des mächtigen Stadtstaates fällt in die ersten drei nachchristlichen Jahrhunderte und erreicht ihren Höhepunkt, als der Stadtfürst Odenathus um 260 n. Chr. das Palmyrenische Reich gründet, das unter seiner Gattin und Nachfolgerin Zenobia (268–273) bis nach Kleinasien und Ägypten reicht. Selbst in Rom befindet sich im Tempel der syrischen Götter auf dem Janiculus eine Weiheinschrift an die palmyrenischen Götter.

Im Gegensatz zu Septimius Severus (193–211), der noch Syrien bevorzugt und Palmyra gefördert hat, unterwirft Aurelian (270–275) das Palmyrenische Reich der Kaiserin Zenobia (272) und zerstört 273 dessen Hauptstadt Palmyra.

Die wechselvolle Geschichte der Stadt Palmyra spiegeln ihre fast ausschließlich männlichen Gottheiten wider. Die ältesten Götter sind Vegetationsgötter, die seit dem 1. Jh. n. Chr. Aufgaben der Astralgötter übernehmen. Letztere werden gern triadisch zusammengefaßt, so der babylonische *Bēl* mit dem westsemitischen *Baalshamin* und dem Sonnengott *Yarhibōl.* Eine Trias lokaler Gottheiten, die unter sich die Funktionen und Zuständigkeiten teilen, bilden der autochthone *Bōl* (= Bēl), der Sonnengott *Yarhibōl* und der Mondgott *Aglibōl.*

Der babylonische *Bēl,* der den in Palmyra autochthonen Gott *Bōl* mit der Zeit verdrängt, ist oberster Gott. Die Ruinen seines gewaltigen Tempels (2./3. Jh. n. Chr.) bei Palmyra sind noch heute zu sehen.

Die Dyade der Götter *Aglibōl* und *Malakbēl* (»König ist Bēl«) – letzterer ist ein Gott des wiederkehrenden Frühlings – bildet ein Paar von Fruchtbarkeitsgöttern. In den aus nachchristlicher Zeit stammenden Inschriften von Palmyra ist der westsemitische *Baalshamin* (»Herr der Himmel«) der höchste Gott, Wettergott, Herrscher der Welten und zugleich ein barmherziger Gott. Männliche Schutzgötter, *Gad* (»Glück«) genannt, werden als Schützer von Personen und Orten verehrt und später der griechischen Göttin *Tyche* – trotz

des Geschlechtsunterschiedes – angeglichen. Andere Götter sind der phönikische *Baal-Hammon* und die arabischen Gottheiten *Allat* und *Manōt*.
Charakteristisch für den Kult sind die rituellen Göttermahlzeiten, bei denen die Priester im Anschluß an die Opferdarbringung präsidieren.
Für die von Priesterkollegien *(komrā)* oder Opfergemeinschaften organisierten Tischgemeinschaften von Priestern, Opfernden und Göttern gibt es eigene *tesserae,* d.h. »Zulassungsscheine«.
In den Tempeln befinden sich Stufen und Terrassentürme, auf denen die Opfer dargebracht werden. Das Areal des Haupttempels in Palmyra ist siebenmal so groß wie das des Kölner Domes.

Literaturauswahl

Février, J.G.: La religion des Palmyréniens. Paris 1931
Vicari, J.: Le sanctuaire de Baalshamin à Palmyre. 1969

PARSISMUS

Der P. im weiteren Sinne ist die auf die Verkündigung des altiranischen Propheten *Zarathushtra* (Zoroaster; ca. 630–553 v.Chr.) – von den Parsen *Zardusht* genannt – zurückgehende Religion. Mit P. im engeren Sinne, der *parsischen Religion,* bezeichnet man die zweite geschichtliche Entwicklungsphase in der zoroastrisch-parsischen Religionsgeschichte nach dem →Zoroastrismus, die mit dem 7. Jh. n. Chr. beginnt. Der P. ist die *Religion der Parsen,* die nach ihrem Ursprungsland, der altpersischen Landschaft *Parsa* (heute Fars) benannt werden.
Sowohl die im 8. Jh. n. Chr. aus Parsa (Persien/Iran) in den Nordwesten Indiens eingewanderten wie auch die im Iran bis heute verbliebenen Anhänger des Zarathushtra haben die Traditionen des Zoroastrismus fortgeführt und weiterentwikkelt. In Indien, wo ihr Zentrum in Bombay liegt, haben sie nach ihrer parsischen Heimat den Namen *Parsen* erhalten. Die oft gebrauchte Kennzeichnung der Parsen als *Feueranbeter* ist unzutreffend, da sie das Feuer als heilig und rein verehren, aber nicht anbeten.
Die Anzahl der Parsen, die sich heute auf 10 Länder verteilen, beträgt ca. 172000. Der weitaus größte Teil von ihnen lebt gegenwärtig in Gujarat und Bombay (Indien), während im eigentlichen Ursprungsland Persien (Iran) nur noch ca. 30000 in den Dörfern der Yazdi-Ebene zu finden sind. Hier werden sie von den Muslimen als *Geber* bezeichnet.
Nachdem im Jahre 642 n. Chr. muslimische Heere Persien erobert und dem Sassanidenreich ein Ende bereitet haben, verläßt mit der Zeit der größte Teil der Parsen sein Ursprungsland und wandert in das nordwestliche Indien ein, wo seit 717 n. Chr. die erste parsische Kolonie bezeugt ist. In der um 1600 verfaßten *Qissa-i Sanjan* (»Erzählung von Sanjan«) ist die Geschichte ihrer Auswanderung erzählt.
Die Glaubensvorstellungen der heutigen Parsen sind weitgehend die des →Zoroastrismus. Aufgrund ihrer dualistischen Kosmogonie sehen es die Parsen als ihre besondere Aufgabe an, die gute Schöpfung des *Ormazd* zu mehren und das verderbliche Wirken des bösen *Ahriman* einzudämmen. Aus dieser Aufgabe werden traditionsgemäß die besonderen religiösen Pflichten der Felderbestellung und Kinderzeugung abgeleitet.
Für alle entscheidenden Lebensphasen gibt es Rituale: Geburt, Pubertät, Hochzeit und Tod. 2 Rituale sind jedoch von besonderer Bedeutung: die *naujote*-(Initiations-)Zeremonie und das Begräbnis-Ritual.
Im Alter zwischen 8 und 13 Jahren werden die Kinder durch die *naujote*-Zeremonie in die Gemeinde der Parsen aufgenommen. Sie gilt als Eintritt in die Armee des Ormazd und als Beginn des Lebenskampfes gegen den bösen Ahriman. Dabei erhalten die Kinder ein heiliges Hemd und eine heilige Schnur. Das weiße Baumwollhemd *(sadre)* wird direkt auf der Haut getragen und ist Symbol der Reinheit der Religion.
Die heilige Baumwollschnur *(kushti)* besteht aus 72 Fäden, die die 72 Kapitel der *Yasna* (→S. 331) symbolisieren. Sie wird zum Zeichen moralischer Entschlossenheit wenigstens fünfmal am Tag aufgeknüpft und wieder zusammengeknotet.
In der Begräbniszeremonie kommt zum Ausdruck, daß der Tod das Werk Ahrimans und der Leichnam ein greifbares Beispiel für den Sieg des Bösen darstellt. Wenn ein Parse gestorben ist, wird sein Leichnam von weißgekleideten Trägern zum *dakhma* (»Turm des Schweigens«; →S. 331) getragen und dort nackt ausgesetzt, damit er von den Geiern aufgefressen werden kann. Eine Feuer- oder Erdbestattung ist nicht erlaubt, um nicht die Elemente der Luft, des Wassers und der Erde zu verunreinigen. Die übriggebliebenen Gebeine des Verstorbenen werden später in einer brunnenartigen Vertiefung beigesetzt. Wenn im Feuertempel das *haoma*-Opfer dargebracht wird, ist in der Zwischenzeit die Seele des Verstorbenen zur leuchtenden Cinvatbrücke (awest. »Windbrücke, Brücke des Scheiders«) gelangt. Am Anfang dieser Brücke hält *Mithra* ein förmliches, individuelles Totengericht *(ākā)* ab, wobei *Rashnu* mit einer unparteiischen Waage die guten und bösen Werke des Verstorbenen abwiegt. Danach dürfen die Gerichteten die Cinvatbrücke überschreiten. Für die Gerechten ist sie so breit wie eine Straße, die zum himmlischen Paradies führt. Für die Ungerechten ist sie so schmal wie eine Messerschneide, so daß sie in den Abgrund der

Palmyrenischer Triumphbogen *der großen Kolonnade, ca. 200. Palmyra/Syrien*

Hölle abstürzen. Diejenigen aber, bei denen sich Verdienst und Schuld des Lebens die Waage halten, gelangen in das Zwischenreich *hamēstakān*, das bis zum Weltgericht dauert.

Weltende und Weltgericht werden eingeleitet, indem Zeichen an Sonne und Mond geschehen, Erdbeben und Stürme die Welt erschüttern, zahlreiche Feinde erstehen und Angst und Qual sich unter den Menschen ausbreiten. Im letzten Jahrtausend wird eine Jungfrau im See *Kasava* baden und durch Zarathushtras Samen, der im See verborgen liegt, schwanger werden und einen Sohn gebären, den *Saoshyant* (awest. »Nutzenbringer, Förderer«). Durch diesen letzten Heiland und Erlöser geschieht das *frashokereti* (awest. »Wunderbarmachung«), die Wiederherstellung der Welt mit der Auferstehung der Toten. Dem allgemeinen Weltgericht mit der Scheidung der Gerechten von den Ungerechten folgt das Eingehen der »weißen Schafe« in den Himmel und der »schwarzen Schafe« in die Hölle. Nach dieser *Apokatastasis* ist die Welt vollkommen rein und nur von Mazdās Geist erfüllt.

Zarathushtras *Ethik* gipfelt in der Forderung nach einer prinzipiellen ethischen Wahlentscheidung zwischen Gut und Böse, *warja* (awest. »zu erwählen«). Das Verhalten ist bestimmt von den sittlichen Werten: gutes Denken *(humata)*, gutes Reden *(hūxta)* und gutes Tun *(hrvashta)*. Wer diese Werte pflegt, ist ein Gerechter *(asharam)*, wer nicht, ein Ungerechter *(anasharam)*. Friedfertigkeit, Gerechtigkeit, Wahrhaftigkeit aber auch Fleiß werden hoch geschätzt. Der Sinn für Barmherzigkeit und Wohltätigkeit zeigt sich in großzügigen Spenden und Vermächtnissen für die Armen innerhalb der eigenen Glaubensgenossen.

Die Übertretung der Gebote ist Sünde, deren Nachlassung in der Beichte *(paitita, patet)* vor dem Priester erfolgt. Das Sündenbekenntnis heißt *patet*. Die auferlegte Buße kann darin bestehen, z.B. ahrimanische (teuflische) Tiere wie Ameisen, Mükken und Skorpione zu töten, oder aber kulturfördernde Verpflichtungen zu übernehmen, z.B. sich am Brücken- und Kanalbau zu beteiligen oder Ackergeräte zu liefern. Zu den Sünden, die weder in diesem noch in jenem Leben vergeben werden *(anāperetha)*, die hier mit dem Tode, dort mit der Hölle bestraft werden, gehören u.a. die Verunreinigung der Elemente der Erde, der Luft oder des Wassers, z.B. durch Erdbestattung oder Leichenverbrennung.

Ein *Parse* ist man aufgrund der an arisches Blut gebundenen Abstammung von Parsen. Übertritte sind also ausgeschlossen. Eine religiös gültige Ehe ist nur zwischen Parsen möglich.

Der *Kult* besteht aus Opferzeremonien des *heiligen Feuers*, des *haoma*-Tranks *(parāhōm)* mit heiligen *barsom*-Zweigen und der Rezitation des *Yasna* unter ehrfürchtiger Anrufung der Yazatas und Fravashis. Das heilige Feuer – das Symbol Ormazds, des Lichtgottes – brennt im Allerheiligsten der *Feuertempel*.

Fünfmal täglich betritt der Priester das Feuergemach des Feuertempels und versieht den Feuerdienst unter Rezitation von Teilen des *Avesta* (→S. 331). Gut ist es, das Feuer mit guten und trockenen Hölzern zu schüren. Eine Sünde dagegen, es zu verunreinigen, etwa durch Menschenhand oder dessen Atem. Darum tragen die Priester während des Feuerdienstes eine Mundbinde *(paitidāna)*. Eine weitere Opferzeremonie ist das *haoma*, Opfergetränk und allheilende Arznei. Beim *haoma*-Opfer pflegt man die *barsom*-Zweige auszubreiten.

Das Glaubensbekenntnis und zugleich heiligste aller Gebete ist *Ahuna Warja* (awest.: Ahuna Vairya; der »beste Oberherr«), ein Bekenntnis zu Zarathushtra als dem von Ahura Mazdā zum Hirten und Bereiter eines künftigen Reiches eingesetzten Herrn:

> Der Wille des Herrn ist das Gesetz der Gerechtigkeit;
> der Lohn des Himmels für die Werke,
> die hier in der Welt für Mazdā
> geübt werden;
> das Reich schenkt Ahura demjenigen,
> der die Armen unterstützt.

Im täglichen Leben dominiert die weithin bestimmende Vorstellung von rituell Reinem und Unreinem. Eine Berührung mit einem unreinen Wesen oder Gegenstand macht langwierige Reinigungszeremonien erforderlich.

Für die Ausübung des Kultus gibt es einen eigenen Priesterstand. Die Priester, die aus gewissen Familien genommen werden, erhalten eine lange Ausbildung und heißen *āthravan*. Der Oberpriester, der mit sieben Unterpriestern den Gottesdienst versieht, heißt *zaotar* (»Gießer« und »Rufer«). Das Oberhaupt der *zoroastrischen* Hierarchie, *Zarathushtrōtema,* residierte früher in Ragha (Rajj bei Teheran) und rangierte nach dem Großkönig.

Zu den charakteristischen *Bauwerken* der Parsen gehören *dahr-i-mihr* (Feuertempel) und *dakhma* (»Turm des Schweigens«).

Die einzeln in der Landschaft stehenden *Feuertempel* (Feueraltäre) sind niedrige, turmartige Bauten mit einem flachen Dach. Im Allerheiligsten eines Feuertempels befindet sich das Feuergemach, *adaran,* das vollkommen finster (ohne Fenster und Lichteinfall von außen) sein muß und in dem auf einem quadratischen Stein in einem metallenen Gefäß das heilige Feuer *(ātar)* brennt. *Nicht-Parsen* ist der Anblick des heiligen Feuers, ja der Zutritt zu den Feuertempeln streng verboten.

Die *Türme des Schweigens (dakhmas),* turmartige Bauwerke, dienen der Luftbestattung; auf ihnen werden die Toten ausgesetzt. Die *dakhmas* sind zylinderförmig, ca. 4 m hoch und weisen eine nach innen abgeschrägte Dachfläche auf. In der Mitte befindet sich eine Höhlung, in die die Gebeine hineingegeben werden, nachdem Aasgeier ihr Werk am Leichnam getan haben.

In Bombay unterhalten die Parsen neben Türmen des Schweigens auf dem Malabar Hill viele Feuertempel. Im Iran ist ihnen seit einigen Jahrzehnten die Luftbestattung auf den Türmen des Schweigens aus hygienischen Gründen verboten, was für die Parsen große innere Konflikte mit sich bringt.

Das *Avesta* (Awesta, awest.; Apastāk, mittelpers. »Grundtexte, Wissen«), die heilige Schrift der Parsen, ist eines der großen Werke religiöser Poesie aller Zeiten. Es wurde zur Zeit der ersten Sassaniden (ab 226 n.Chr.) kodifiziert. Seine heutige Fassung – ¼ des ursprünglichen Textes – haben die nach Indien ausgewanderten Parsen gerettet.

Das Avesta ist nach den Erfordernissen der Liturgie angeordnet und besteht aus:

Yasna (»Opfer«), ein Ritual in 72 Kapiteln für die Darbringung des Feueropfers. 17 der 72 Kapitel bilden die *Gāthās* (»Gesänge«). Sie sind der älteste Teil des Avesta mit wahrscheinlich von Zarathushtra selbst verfaßten 16 Verspredigten.

Vīspered (awest. »alle Herren«), eine litaneiartige Liturgie.

Vidēvdat (Vendidād; awest. Gesetz »gegen die Dämonen gegeben«). Dieses einzige,

Feueraltäre, *3./5. Jh. Naghsch-e-Rostam/ Iran*

heute vollständig erhaltene Buch ist ein priesterliches Gesetzbuch mit Sündenkodex.

Yasht's (»Hymnen«) ist die älteste epische Überlieferung des Avesta, die in 21 fragmentarischen Hymnen von verschiedenen Gottheiten – angeordnet nach Tag und Monat – erzählen.

Khorda-Avesta (»kleine Avesta«), ein Privatgebetbuch für Laien u. a. mit dem Glaubensbekenntnis.

Neben dem Avesta gibt es noch *Zend* (Zand: »Erklärung«), eine Erläuterung priesterlicher Tradition. *Zend-Avesta* besagt also das kommentierte Avesta.

Die mittelpersischen *Pehlevi-Schriften* aus dem 3.–7. Jh. n. Chr. sind eine Art patristische Literatur des P. Zu ihnen gehören: der *Bundehesh* (»ursprüngliche Schöpfung«) und das *Dīnkard* (»fromme Werke«) mit einer legendarischen Zarathushtra-Biographie. *Ardā-i-Vīrāf:* eine visionäre Himmel-und-Höllenfahrt-Schilderung. *Dadistani-i-Denig* (»Kennzeichen des Glaubens«): ein Quodlibet mit 92 Fragen und Antworten. *Minokherd* (»Ansichten des weisen Geistes«): vertieft das Sittlichkeitsprinzip und erweitert die Tugendreihen. *Shayast-la-Shayast* (»man darf – man darf nicht«): Text mit Moralfragen. *Saddar:* 100 Kapitel mit religiösen Pflichten.

Zu erwähnen ist noch *Zerdust nāme,* ein neupersisches Buch aus dem Jahr 1278, das die legendarische Geschichte Zarathushtras erzählt.

Parsismus der Gegenwart

Die heute zumeist in Indien lebenden Parsen zeigen eine große Aufgeschlossenheit für die Probleme der Zivilisation. Sie sind sehr unternehmungsfreudig im Finanzwesen, in Handel und Industrie. Ein wichtiger Teil der Industrialisierung Indiens geht auf Parsengründungen zurück. An der Freiheitsbewegung Indiens haben sie tätigen Anteil gehabt, indem sie die Svaraj (Selbstregierung) aktiv unterstützt haben. Auffallend groß ist die Zahl ihrer Schulen und Spitäler.

In der westlichen Welt hat um 1900 der Schriftsetzer Otto Hanisch (1844–1936), der sich später Dr. Otoman Zar-Adusht Ha'nish nennt, unter Berufung auf Zarathushtra in Chicago *Mazdaznan* (pers. »guter Gedanke«) gegründet. Diese religiöse Heils- und Heiligungsbewegung versteht sich als eine Weltreligion in einem weltweiten Friedensreich, in dem die arische Rasse – unter Einschluß der Semiten – eine allen anderen überlegene Rolle spielen soll. Der »Schlüssel aller Weisheit« liegt in der systematischen Kontrolle einer rechten Atmung und vor allem in einer rechten Ernährung (fleischlose Kost, keine Rauschmittel). Die Mitglieder, die in Logen vereinigt sind, vollziehen religiöse Weihehandlungen wie zarathushtrischen Ehesegen, Kindersegnung und Liebesmahl.

Literaturauswahl

Avesta. Die heiligen Bücher der Parsen. Übersetzt v. F. Wolff. Berlin 1960

Duchesne-Guillemin, J.: Symbolik des Parsismus. Stuttgart 1961

Menant, D.: Les Parsis. Paris 1898

Modi, J. J.: The Religion, Ceremonies and Customs of the Parsees. Bombay ^{2}1937

PEACE MISSION

Die P.M. (engl. »Friedens-Mission«) bzw. *International Peace Mission* (engl. »Internationale Friedens-Mission«) ist eine im Jahr 1912 von dem farbigen US-Amerikaner (mit dem nicht sicher bekannten Familiennamen) *George Baker* (ca. 1877–1965) in den USA gegründete religiös-sozial-wirtschaftliche Gemeinschaft. Nach dem Ehrennamen des Stifters, *Father Divine* (engl. »Göttlicher Vater«), wird sie auch als *Father Divine's Peace Mission* (engl. »Father Divines Friedens-Mission«) bezeichnet.

Die *Diviniten* (engl. »Göttliche«), wie die Anhänger des Father Divine genannt werden, zählen mehrere Millionen – meist Farbige – in den USA, in Kanada, ehem. Britisch-Westindien, Panama und Hawaii. Kleinere weiße Gemeinden bestehen in Großbritannien, in der Schweiz und in der BR Deutschland. Der Hauptsitz dieser Gemeinschaft befindet sich in Philadelphia (USA). Die aus dem baptistischen →Christentum entstandene P.M. gehört zu den →neuen Religionen Nordamerikas.

Der Gründer der P.M. scheint mit dem um 1877 auf der Hutchinson-Insel im Sasamah-Fluß (Georgia/USA) geborenen Farbigen *George Baker* identisch zu sein, der 1899 in Baltimore baptistischer Laienprediger wird und seit 1912 als Wanderprediger mit 12 Jüngern die Südstaaten bereist. Als er 1915 nach New York kommt, ändert er in Brooklyn seinen Namen George Baker um in Major J. *Devine,* was der späteren Abwandlung in *Father Divine* entgegenkommt. Danach läßt er sich in Philadelphia nieder. Als er im Jahr 1931 unter der Anklage, er verleite seine Jünger zur Eigentumsübertragung an ihn, zu einem Jahr Gefängnis verurteilt wird und der Richter drei Tage nach dieser Urteilsverkündung an einem Herzschlag stirbt, sehen seine Anhänger in letzterem Ereignis ein »Gottesurteil«. Die zahlreichen Krankenheilungen durch den Gründer überzeugen die Anhänger vollends von der Heiligkeit ihres *Göttlichen Vaters,* so daß ein Kongreß der P.M. im Jahre 1936 einstimmig dogmatisiert: »Father Divine ist Gott«. Auf seinem Schloß in Woodmont/PA, dem Geschenk eines weißen Industriellen, stirbt Father Divine am 10. September 1965. Nach dem Tod des Stifters übernimmt seine zweite Frau *Edna Rose Ritchings,* eine weiße Kanadierin, die er im Alter von 21 Jahren noch als

70jähriger im Jahre 1946 geheiratet und mit der er nur eine »Bruder-Schwester-Ehe« geführt hat, die Leitung der Gemeinschaft als die *Mother Divine* (engl. »Göttliche Mutter«).

Die P.M. versteht sich als Keimzelle eines irdischen Idealreiches, eines *Königreiches Gottes auf Erden,* in dem rassische und soziale Gleichheit, Weltfrieden und wirtschaftlicher Wohlstand verwirklicht sind. Father Divine verkündet: »Diejenigen, die vom Himmel über den Wolken reden, lehren etwas, was nur in ihrer Einbildung existiert. Wie kann das Königreich auf Erden kommen, wenn der eingebildete Himmel im Wege steht? Räumt ihn daher weg, und der neue Himmel und die neue Erde können einziehen.«

Das 1936 aufgestellte *International Righteous Government* (engl. »Internationale gerechte Herrschaft«) gilt als Muster einer Verfassung für die erstrebte Verwirklichung dieses irdischen Königreiches. Ihre Ziele umfassen absolute religiöse und rassische Toleranz, Abrüstung und Verzicht auf Kriege, Abschaffung der Todesstrafe, Rückgabe aller gestohlenen oder gewaltsam angeeigneten Güter durch Einzelpersonen oder Staaten, Begrenzung des Profits und Ausbau der sozialen Fürsorge.

Father Divine, der die Identität mit George Baker bestreitet, beantwortet die entsprechende Frage: »Ehe Abraham war, bin ich.« Er versteht sich als Inkarnation Gottes »auf der Vaterstufe«, im Gegensatz zu Christus, dessen Menschwerdung nur »auf der Sohnesstufe« erfolgt ist. »Ich bin gekommen, die Menschheit zu erlösen, wie es geweissagt wurde vor Gründung der Welt.«

Mit Hilfe von Geldstiftungen baut Father Divine ein riesiges wirtschaftlich-soziales Werk auf mit *Kingdoms* (engl. »Königreiche«) und *Heavens* (engl. »Himmel«), d.h. komfortable Versammlungshäuser und preiswerte Rasthäuser und Hotels für seine Anhänger. Die im Besitz der P.M. befindlichen Farmen, Handwerksbetriebe, Gast- und Warenhäuser stehen ganz im Dienst ihrer Mitglieder, insbesondere der ärmsten unter ihnen.

Von den Mitgliedern wird strenge Askese, u.a. ein Leben in Keuschheit, verlangt, um das Elend in der Welt nicht noch durch Nachwuchs zu vergrößern. Rauchen, alkoholische Getränke und Stehlen sind ausdrücklich verboten.

Die Gottesdienste sind eine Art Liebesmahl mit opulenten Mahlzeiten, die unter der Devise »Freude für alle« Enthusiasmus verbreiten.

Literaturauswahl

Clark, E.T.: The Small Sects in America. Nashville 1937

Harris, S.: Father Divine. Garden City 1953

PEYOTE-KULT

Der P.-K., der seit 1885 im südlichen Texas aufkommt, auf die Indianerreservate der nördlichen USA übergreift und sich bis an die kanadische Grenze verbreitet, ist nach einem im Mittelpunkt der Kultfeier stehenden Rauschmittel benannt, das aus der *Peyotl* (azt.), einer mexikanischen Kakteenart, gewonnen wird. Nach *John Wilson,* genannt *Big Moon* (engl. »großer Mond«), dem Begründer des modernen *Peyotismus,* wird dieser Kult auch als *Big-Moon-Religion* bezeichnet. Er zahlt ca. 200000 Anhänger.

Der *Peyotismus,* in dem seit dem Ende des 19. Jh. die indianische Religiosität in Auseinandersetzung mit dem →Christentum wieder auflebt, ist eine panindianische Bewegung unter mehr als 50 Stämmen, die als →neue Religion Nordamerikas gilt.

Als der 40jährige *John Wilson* aus dem Stamm der Delawaren im Jahr 1890 anläßlich einer großen Feier der →Ghost-Dance-Religion bei Darlington im Staat Oklahoma, zu der er von Sitting Bull eingeladen ist, während des Peyote-Essens ein visionäres Erlebnis hat, wird er zum Begründer des neuen Peyotismus. Bei der Vision gelangt er ins himmlische Königreich, wo er Zeichen und Bilder sieht. Es werden ihm der Wohnort des Mondes, der Sonne, des Feuers und der Geistermächte gezeigt, die traditionell als Vorfahren und Älteste der Delawaren angesehen werden. Er erhält genaue Instruktionen zur Festlegung eines heiligen Bezirkes im Peyote-Zelt, und er erfährt Einzelheiten des Zeremoniells für den P.-K. Seit dieser Vision steht Wilsons Leben ganz im Dienst der Verkündigung seiner neuen Religion. Er steht im Ruf eines wundertätigen heiligen Propheten, und er heilt Kranke. Dazu ist er Hellseher, da er um seinen Hals ein mit roten Federn umgebenes Stierhorn trägt, mit dessen Hilfe er direkt mit dem höchsten Gott, dem *Großen Geist,* in Verbindung steht.

Zahlreiche andere Propheten haben diesen Kult bei den Huichol und anderen Indianerstämmen verbreitet. 1940 erlangt der P.-K. – nach vielfacher Verfolgung durch amerikanische Behörden – die amtliche Zusicherung der freien Religionsausübung. Zur Zeit der vorausgegangenen Unterdrückung haben die Anhänger des P.-K. die Anerkennung dadurch zu erreichen versucht, indem sie sich als christliche Kirche deklarierten. Zunächst 1914 unter dem Namen *Church of the First Born* (engl. »Kirche des Erstgeborenen«) und später im Jahr 1918 unter der Bezeichnung *Native American Church* (engl. »Eingeborene Amerikanische Kirche«) werden sie offiziell registriert. 1954 erhält die Peyote-Religion in Kanada die Körperschaftsrechte zuerkannt.

Die verschiedenen Formen des P.-K. gehen auf verschiedene visionäre Verkünder zurück. So verkündet z.B. der Delaware *Elchhaar* (= *Elkhair*) zusammen mit seinem Schüler *James Webber* einen mehr christlich geprägten Peyotismus, und der ehemalige Mormone *Jonathan Kishiway,* Stifter der *Church of the First Born,* sieht in der Peyote (→S. 334) ein Äquivalent zur christlichen Eucharistie.

Die Art zu leben wird *Peyote Road* (engl. »Peyote-Weg«) genannt und meint vor allem »brüderliche Liebe, Familiensorge und Meidung des Alkohols«.

Im Mittelpunkt des P.-K. steht die nächtliche Kultfeier, die meist in der Nacht von Samstag auf Sonntag begangen wird und bei der die Gläubigen in einem Kultzelt im Kreise um einen halbmondförmigen (Big Moon) Altar sitzen.

Der Höhepunkt der von einem Zeremonienmeister geleiteten und von Trommelschlägen begleiteten Feier ist das Essen der Peyote bzw. der Genuß des Peyote-Tranks. Die *Peyote* (azt. *Peyotl* = »Wurzel«) gehört zu der amerikanischen Kakteengattung *Echinocactus.* Sie enthält Meskalin, das eine Verlangsamung des Pulses und eine Erweiterung der Pupillen bewirkt und Euphorie erzeugt (Meskalinrausch) sowie besondere Farbenvisionen vermittelt.

Aus dem zerstampften Fleisch des Peyote-Kaktus haben bereits die Heilkundigen der Azteken im alten Mexiko einen Saft gewonnen, den sie mit Wasser mischten und als Schlaf- und Rauschmittel benutzten.

Schon das Aufsuchen und Sammeln dieser Peyote-Pflanze ist eine kultische Handlung, bei der die Teilnehmer die Gewänder bestimmter Götter tragen und der Leiter das Gewand des Gottes *Tatosi* angelegt hat. Bei den Huichol-Indianern ist Tatosi (utoaztekisch »unser Ahn«) ein als Hirsch dargestellter Gott, aus dessen Fußspuren die Peyote entsteht.

In den für die kultische Feier errichteten Peyote-Zelten, *tipi* genannt, stehen Altäre in Halbmondform *(Big Moon),* die in gleicher Weise wie der Titel des Stifters diesem Kult der *Big-Moon-Religion* ihren Namen gegeben haben.

Literaturauswahl

Gerber, P.: Die Peyote-Religion nordamerikanischer Indianer. Diss. Zürich 1975

La Barre, W.: The Peyote Cult. Hamden/CT. 1964

Myerhoff, B.: Der P.-K. Mythen und Riten der Huicholis. München 1980

Slotkin, J. S.: The Peyote Religion. Glencoe/IL.1956

PHÖNIKISCHE RELIGION

Die p. R. ist die Religion der alten *Phöniker,* die zunächst im syrisch-palästinensischen Raum leben und später einen schmalen Küstenstreifen vom Fluß Eleutheros (Nahr el-Kebir) im Norden bis zum Kap Karmel im Süden bewohnen.

Die *Religion der Phöniker,* deren Name sich auf den Purpurhandel (griech. phoinós = »Purpur«) bezieht, gehört zu den →Kanaanäer-Religionen und damit auch zu den →semitischen Religionen.

Von den Phönikern im eigentlichen Sinn kann man erst seit dem 12. Jh. v. Chr. sprechen.

Als im 13. Jh. infolge der Einfälle der Aramäer in Ostsyrien und der Hebräer in Palästina sowie der Seevölker vom Mittelmeer her die Phöniker ihr eigenes Hinterland verlieren, werden sie an der Küste auf ein Gebiet von Tyrus im Süden bis zur Gegend von Arwad im Norden zurückgedrängt, so daß sie sich nach 1080 v. Chr. dem Meer und der Seefahrt zuwenden. Als eines der großen, antiken Seefahrervölker sind die Phöniker, auch *Sidonier* genannt und in Nordafrika als *Punier* (→punische Religion) bekannt, in die Geschichte eingegangen.

Nach ihrer Hafenstadt Byblos, zu deren Haupteinfuhrartikeln ägyptischer Papyrus gehört, heißt im Griechischen das Buch *biblos,* woher die *Bibel* der Christen ihren Namen hat.

Phönikische Fruchtbarkeitsgöttin, *Alabaster, Madrid, Mus. Arqueológico*

Byblos, Sidon und Tyrus sind autonome Stadtstaaten. Von Sidon aus werden Handelskolonien auf Zypern (ca. 10. Jh. v. Chr.), Sizilien, Sardinien, in Nordafrika (Karthago im 9. Jh. v. Chr.) und in Spanien gegründet.

Im 8./7. Jh. v. Chr. müssen sich die Stadtfürsten von Sidon und Tyrus den Assyrern ergeben und 538 den Persern. 63 v. Chr. wird Phönikien von Pompejus dem Römischen Reich einverleibt.

Die Götter der Phöniker wandeln sich im Verlauf der Städtegründungen und der Entwicklung zur Seemacht von Naturgottheiten über Stadtgottheiten bis zu Seegottheiten; letzteres ist einzigartig unter den altsemitischen Religionen.

Milkat bzw. *Melkart* (phönikisch »König der Stadt«) ist ursprünglich ein Gott der wiedererstehenden Natur, dann der Hauptgott der Städte Tyrus und Karthago und schließlich ein Gott der Seefahrer, die ihn an Vorgebirgen verehren. Zwei Säulen sind für seine Tempel kennzeichnend.

Der gemeinsemitische *Baal* heißt als Lokalgott der Städte z. B. *Baal von Tyrus*

(= Milkat), *Baal von Sidon* und *Baal von Byblos*. Als *Baal-Hammon* wird er in Karthago verehrt. Die Göttin *Anath* bzw. *'Anāt* ist Schwester und Gattin des Gottes Baal. Schon um 2000 v.Chr. wird sie der Ishtar (Morgen- und Abendstern) gleichgesetzt und verschmilzt z.T. mit Astarte. Die Juden von Elephantine verbinden sie mit ihrem Gott Jahu.

Der Naturgott *Adonis* bzw. *Adōn* (»Herr«) hat seine Hauptheiligtümer im Ba'alat-Tempel in Byblos und auf der Insel Zypern. Ebenfalls ein Vegetationsgott ist *Eshmun*, der aus dem Tode aufersteht und zum Heilgott wird, da er Kranke zu neuem Leben erweckt. Als Schutzgott der Akropolis von Karthago wird er dann zum Stadtgott, wie er schon vorher Stadtgott von Sidon war.

Heilungsorakel gibt der in der Stadt Ekron verehrte *Beelzebub* (eigentlich *Baalzebūb* bzw. *Baal Sebul*), der Götterfürst. Durch Entstellung seiner ursprünglichen Namensform wird er im Alten Testament (2 Kön 1,2–16) im Sinn der Abwehr als »Herr der Fliegen« verspottet und zum Dämon degradiert. Im Neuen Testament ist er der oberste der Teufel (Mk 3,22). Die Redensart »Den Teufel durch Beelzebub austreiben« in dem Sinne »das Übel durch ein neues ersetzen« findet sich ebenfalls im Neuen Testament (Mt 12,24). In der Bibel auch erwähnt werden die Götter *Melek* und *Adrammelech*. Ersterer ist ein Sonnengott und wird in der Bibel als *Molek (Moloch)*, abscheulicher Götze, bezeichnet (Lev 18,21; 20,2–5). Von letzterem heißt es, daß ihm Menschen als Brandopfer dargebracht werden (2 Kön 17,31).

Von den Opfern, die in Tempeln dargebracht werden, ist *kalīl* als Vollopfer ein Bittopfer, *saw'at* und *shelem* sind Bitt- und Dankopfer.

Nach phönikischem Vorbild ist der Jerusalemer Tempel (→israelitische Religion) erbaut. Auch dieser hat zwei Säulen »Jachim« und »Boas« (1 Kön 7,21), wie sie für die Tempel des phönikischen Gottes Milkat charakteristisch sind.

Literaturauswahl

Clemen, C.: Die p.R. nach Philo von Byblos. Leipzig 1939

Gese, H., u.a.: Die Religionen Altsyriens, Altarabiens und der Mandäer. Stuttgart u.a. 1970

PHRYGISCHE RELIGION

Die p.R. ist die Religion der nach 1200 v.Chr. aus Europa (Thrakien) ausgewanderten indogermanischen *Phryger*, die in Innerkleinasien um 800 v.Chr. ein phrygisches Reich mit der Hauptstadt Gordion gründen. Die antike Landschaft *Phrygien* liegt zwischen Mysien, Bithynien, Kappadokien und Pisidien.

Die p.R. gehört wie auch der von Phrygien ausgehende →Attis-und-Kybele-Mysterienkult zu den →indogermanischen und zugleich zu den →vorderasiatischen Religionen.

Der altphrygische König Gordios I. ist Gründer der Hauptstadt Gordion und Vater des goldreichen Königs Midas, des größten Herrschers des phrygischen Reiches, der auch aus der griechischen Sage bekannt ist. Seit 546 v.Chr. steht Phrygien unter persischer und seit Alexander d.Gr. (336–323) unter makedonischer Herrschaft. Im Mai 334 siegt Alexander am Granikos über die kleinasiatischen Satrapen und erobert Phrygien, wo er in der Hauptstadt Gordion den »Gordischen Knoten«, einen vom phrygischen König Gordios geknüpften Knoten, der sich an einem dem Zeus geweihten Wagen befindet (»wer ihn löst, wird Asien beherrschen«), mit einem Schwerthieb löst. In den Jahren 133/129 v.Chr. kommt Phrygien zur römischen Provinz Asia.

Unter den Gottheiten Phrygiens ragt heraus die als Erd- und Naturgöttin verehrte »Große Mutter« (lat. »Magna Mater«) *Kybele*, die Spenderin des Lebens und der Fruchtbarkeit. Ihre Priester sind die *Korybanten*, die *Kureten* und die *Galli*. Letztere, die nach dem Fluß Gallos in Phrygien benannt sind, der bei Pessinus, der Hauptkultstätte der Kybele, vorbeifließt, weihen sich der Göttin durch Selbstentmannung.

Männlicher Gegenpart der Göttin ist der Natur- und Frühlingsgott *Attis*, ein sterbender und auferstehender Gott. Der Attis-und-Kybele-Mysterienkult, in dem der Mythos von den beiden Gottheiten kultisch vollzogen wird, findet zur Zeit des Hellenismus weite Verbreitung.

Ein anderer bedeutender Kult ist der des Gottes *Sabazios*, eines Gottes des Ackerbaus und des Lebens, der den Frauen bei der Entbindung beisteht. Berühmt sind die *Votivhände* (jeweils die rechte Hand mit 3 ausgestreckten und 2 gekrümmt eingezogenen Fingern – ein Symbol für die seinen Verehrern entgegengestreckte rechte, segnende Hand), die als Dank für eine glückliche Entbindung gestiftet werden. Sabazios wird dem griechischen Dionysos gleichgesetzt.

Ein sehr volkstümlicher Gott ist *Men*, der Mondgott und Herrscher über Himmel und Unterwelt.

Die *phrygische Mütze*, eine kegelförmige Zipfelmütze mit oft nach vorn gezogener Spitze, gilt als Urbild der Freiheitsmütze.

Der Enthusiasmus der altphrygischen Religion klingt noch in der in Phrygien entstandenen (2. Jh. n.Chr.) apokalyptischen Bewegung des Montanismus nach.

Literaturauswahl

Hepding, H.: Attis, sein Mythus und sein Kult. Gießen 1903

Schepelern, W.: Der Montanismus und die phrygischen Kulte. Tübingen 1929

PL-KYŌDAN

Die *P[erfect] L[iberty]-Kyōdan* (aus engl. »vollkommene Freiheit« und jap. »Orden«) wird zuerst von dem Japaner *Tokuharu Miki* (1871–1938) im Jahre 1926 unter der Bezeichnung *Hito no Michi Kyōdan* (jap. »Weg-des-Menschen-Orden«) in Ise (Japan) gegründet. Nach einer Zeit des staatlichen Verbots (1937–45) erfolgt im Jahre 1946 durch seinen Sohn *Tokuchika Miki* (*1900) die Neugründung unter der neuen Bezeichnung *Perfect Liberty Association* (engl. »Vereinigung der vollkommenen Freiheit«). Ihre volkstümliche Bezeichnung lautet etwas abwertend *Golf-Religion* (→S. 337).

Die PL-K. zählt insgesamt 2500000 Anhänger auch außerhalb Japans, z. B. in Australien, Thailand, Vietnam, USA, Argentinien, Brasilien und Paraguay. Ihr Zentrum »Eternal Headquarters« (engl. »ewiges Hauptquartier«) liegt seit 1955 in der Präfektur Osaka (Japan).

Diese Bewegung wird zu den aus dem →Buddhismus und →Shintoismus hervorgegangenen →neuen Religionen Japans gerechnet.

Der *Founder 1* (engl. »1. Stifter«), *Tokuharu Miki,* wird am 27. Januar 1871 als zweiter Sohn des Mälzers *Sadagoro Miki* und der *Kane* in Tōjin geboren. Vom 10. Lebensjahr an erhält er in verschiedenen Zen-Klöstern der Ōbaku-Richtung die Ausbildung eines buddhistischen Mönchs. Er bekommt den Mönchsnamen *Chōgen,* wird ein Meister des Zen, und ihm als Oberpriester unterstehen 7 Tempel. Mit seiner ersten Frau *Osamu* eröffnet er eine Schule. Als ihnen im Jahre 1900 am 8. April, dem Geburtstag Buddhas, der erste Sohn geboren wird und diese Geburt im »Lichte der aufgehenden Sonne« geschieht, geben sie ihm den Namen *Akisada* (jap. »rechter Sonnenkönig«); später wird er *Tokuchika* genannt. Um verschiedene Tempel des Zen-Buddhismus finanziell zu unterstützen, zieht Miki mit seiner Familie als Pilger und Bettelmönch durchs Land. 1912 trifft er in Osaka zufällig mit *Tokumitsu Kanada* (1863–1919) zusammen, der aus der buddhistischen Shingon-Schule kommt, die die Gegensätze zwischen Buddhismus und Shintoismus zu überwinden sucht, und der jetzt als Stifter einer eigenen Schule, der *Tokumitsukyō* (jap. »Tokumitsu-Lehre«) gilt. Einerseits wird Tokuharu durch den Heiler Tokumitsu von seinem asthmatischen Husten geheilt, andererseits erkennt letzterer in ersterem den Nachfolger und Vollender seiner eigenen religiösen Ideen. 1916 wird Tokuharu zusammen mit seinem Sohn Tokuchika Schüler des Tokumitsu. Nachdem Tokuharu Miki in den Jahren 1923/24/25 Offenbarungskenntnisse erhalten hat, fährt er am 24. Oktober 1926 mit 47 Anhängern zum kaiserlichen Shinto-Heiligtum in Ise, erweist dem Schrein der Sonnengöttin Amaterasu seine Reverenz und begründet eine neue religiöse Gemeinschaft. Die neue Religion, die sich zunächst *Jindō Tokumitsu Daikyōkai* (jap. »Großkirche Tokumitsu des Weges des Menschen«) nennt, erhält 1931 den Namen *Hito no Michi Kyōdan* (jap. »Weg-des-Menschen-Orden«).

Nachdem Tokuharu am 27. September 1936 die Leitung der Gemeinde in die Hände seines ältesten Sohnes Tokuchika gelegt hat, wird seine Religion am 28. April 1937 behördlich offiziell aufgelöst, und der Stifter kommt wegen »Blasphemie und Majestätsbeleidigung« ins Gefängnis. Noch im August desselben Jahres wird er wieder freigelassen und stirbt als 67jähriger am 6. Juli 1938.

Nach dem Ende des 2. Weltkrieges erfolgt auf Drängen der treu gebliebenen Anhänger durch den am 9. Oktober 1945 aus dem Gefängnis entlassenen Sohn und Erben des 1. Stifters am 29. September 1946 die Neugründung der Gemeinschaft. Tokuchika Miki, der *Founder 2* (engl. »2. Stifter«), gibt der Neugründung ihren heutigen neuen Namen PL.-K.

Für diese Religion ist Gott *(kami)* die eine Macht des Kosmos, und sein Name ist *Mi-oya-ōkami* (jap. »großer Geist des Ursprungs«). Weil Mensch und Gott wesensmäßig gleich sind, ist der Mensch Gottes Kind *(kami to).* Die Sonne ist Wesensoffenbarung des Göttlichen, und seiner Selbstverwirklichung dient die den Menschen auferlegte künstlerische Gestaltung einer harmonischen Welt. Die Welt, in der wir leben, ist Gottes Werk. Die ganze Schöpfung ist dem Menschen als »Material« der Lebenskunst von Gott zur Verfügung gestellt. Da Gott alles umgreift – Gut und Böse, Schönheit und Häßlichkeit, Wahres und Falsches, Glück und Unglück –, ist es die Bestimmung des Menschen, als Manifestation dieses Gottes den Willen Gottes zu seinem Ziel zu führen, d. h. Böses in Gutes, Häßlichkeit in Schönheit, Falsches in Wahres und Unglück in Glück umzuwandeln. Die Menschen sollen Gottes Werk in sich aufnehmen, es in den ihnen gegebenen Lebensverhältnissen schöpferisch wirkend gestalten und auf diese Weise sich selbst ausdrücken. Das ist künstlerisches Leben, das dem göttlichen Gesetz folgt, das auf Harmonie des Ganzen, auf Entwicklung in Richtung auf das Wahre, Gute und Schöne abzielt.

Die Lehre der PL-K. zielt auf einen neuen Lebensstil ihrer Anhänger. Sie will die Lebenskunst erläutern und zur Lebensfreude anleiten. Da alle Menschen nach einem Lebensweg suchen, sagt ihnen die PL-K.:

wozu	der Mensch bestimmt ist: Kunst zu schaffen,
woher	das Unglück kommt: vom egoistischen Menschen, der nicht dazu bereit ist, die Lebenskunst zu üben,
worin	die Kunst des Lebens besteht: Lebe strahlend wie die Sonne! Lebe in vollkommener Freiheit!
wohin	das Kunstschaffen führt: Wer Kunst schafft, ist glücklich,
was	das Leben ist: Leben ist Kunst.

Dieser letzte Grundsatz, *Jinsei wa geijitsu de aru* (jap. »Leben ist Kunst«), steht im Zentrum der Lehre. Von dem Augenblick an, da der Mensch dieses künstlerische Leben lebt, erkennt er den Sinn und die Bedeutung des Daseins.

Jeder Mensch drückt frei und unabhängig seine Individualität aus, und Ausdruck der vollkommenen Freiheit des Menschen sind Sport und Spiel, Malen, Dichten und Modellieren. Wegen der von dieser Religion besonders geförderten Anlage von *Golfplätzen* für alle Schichten der Bevölkerung wird diese Bewegung etwas abwertend als *Golf-Religion* bezeichnet.

Gesamtziel der Bewegung ist der Weltfriede, die Schaffung einer Welt, »in der die gesamte Menschheit sich frei füreinander und miteinander ausdrückt, künstlerisch gestaltet und diese künstlerische Gestaltung in Gegenseitigkeit hochschätzt und so in Freundschaft zusammenlebt«.

Der ethische Zentralbegriff heißt *shikiri*, die tägliche »Kampfentscheidung«, eine Entscheidung einerseits als Abkehr von einem egoistischen Dasein und andererseits als täglich neue Hinwendung zum Altruismus. »Statt zu sagen: Der Kaufmann verkauft – müssen wir sagen: Ich bin begnadet, daß ich für alle Menschen verkaufen kann.« Zur rechten Lebensart gehört daher der Grundsatz, nicht isoliert für sich, sondern für alle Menschen zu leben.

> Das ist gut für mich,
> was für die anderen gut ist.

Das gemeinsame Wort *toku* (jap. »Tugend«) verbindet die Ehrennamen der beiden Stifter, *Tokuharu* (»Tugend-Erster«) und *Tokuchika* (»Tugend-Naher«), mit dem des »Vorläufers« *Tokumitsu* (»Tugend-Licht«).

Literaturauswahl

Anonym: The PL-order, Perfect Liberty. Tondabayashi 1951

Kohler, W.: Der PL-K., Ostasien 6. Zürich 1961/62

Mazukasa, Tomio: Shinjitsu ni ikiru michi. PL no nyū-mon sho. 1957

PL-Kyōdan Kyōgakubu: Kyōso shōden. Tondabayashi 1957.

Yamashima, Jiro: An Essay of the Way of Life. 1950

POLYNESISCHE RELIGIONEN

Die p. R. umfassen die autochthonen Religionen der Eingeborenen Polynesiens (griech. »viele Inseln«), der Inselgruppen im östlichen Ozeanien. Zu den Polynesiern, mongoliden Polynesiden, gehören u.a. die *Maori* auf Neuseeland (→Maori-Religion), die *Tahitianer* auf den Gesellschaftsinseln, die *Tonganer*, die *Samoaner*, die *Osterinsulaner* und die *Hawaiianer*.

In Polynesien bilden die Anhänger der polynesischen Stammesreligionen, die zu den →ozeanischen Religionen gezählt werden, nur noch 0,2% der insgesamt ca. 1,4 Millionen zählenden Einwohner, von denen die Mehrzahl Christen sind.

Die *Polynesier*, aus dem sagenhaften Hawaiki nach Samoa und Tonga und von hier aus etwa im 8. Jh. auf die Gesellschaftsinseln eingewandert, besiedeln Ostpolynesien bis zur Osterinsel (1350 kommen die Maori nach Neuseeland). Sie werden im 17./18. Jh. von den Europäern auf deren Seereisen entdeckt und später von ihnen, vor allem von Engländern und Franzosen, kolonialisiert. Seit dem 18. Jh. erfolgt eine starke europäische Einflußnahme, und im 19. Jh. kommen neben Händlern auch christliche Missionare, die europäischen Lebensformen in Polynesien den Weg bahnen.

In Polynesien gibt es heute außer den Stammesreligionen als →alte Religionen (Maori-Religion) zahlreiche aus den alten Stammesreligionen erwachsene und in Auseinandersetzung mit der europäischen Zivilisation und der christlichen Religion und Kultur entstandene →neue Religionen, z. B. →Pai-Marire auf Neuseeland, die →Hapu-Religion und die →Kaoni-Bewegung auf Hawaii, →Ivi-atua auf der Osterinsel und die →Sio-Vivi-Bewegung auf Samoa.

Die in der Religionswissenschaft eingeführten Wechselbegriffe von *mana* und *tabu* finden sich am ausgeprägtesten in Polynesien. Das *mana* (ursprünglich polynes., dann melanes. = »außerordentlich wirksam«) bezeichnet eine in Tieren und Menschen, aber auch in Gegenständen vorhandene außergewöhnliche Kraft und Macht, die sowohl zum Guten wie zum Bösen aktivierbar ist. Alles, was über die gewöhnliche Kraft der Menschen oder den gewöhnlichen Gang der Dinge hinausgeht, wird durch *mana* bewirkt. Es bewirkt Krankheit und Gesundheit, langes Leben und vorzeitigen Tod, regelt Wetter und Regen, Fruchtbarkeit und Dürre, erweist Schuld oder Unschuld eines Angeklagten. Gift und Beschwörung werden erst wirksam durch *mana*. Wesen und Dinge, die »*mana*haltig«, mächtig, sind, werden durch *tabu* geschützt, da der Mißbrauch des *mana* gefährlich ist.

Der polynesische Begriff *tabu* oder *tapu* entstammt dem Tongadialekt, in dem *ta* »gemerkt« bedeutet und *bu* als Suffix die Intensität ausdrückt. Das Wort *tabu* heißt also »sehr gemerkt«, »viel gemerkt«, »unbedingt gemerkt«, »intensiv gemerkt«. Es umfaßt Verbote, die mit dem *mana* zusammenhängen, Meidungsgebote, die das Berühren von Gegenständen oder Personen oder das Betreten von Bereichen, kurz alles, was »*mana*haltig« ist, untersagen. Die Tabu-Vorschriften sind für das persönliche und soziale Leben der Stämme oft die Grundlage der gesamten sozialen Ordnung.

Im Gegensatz zu dem sakralen Meidungsbegriff *tabu* steht das Wart *noa*, mit dem

Polynesischer Kultbezirk *(marae); (Mahaiatea/Tahiti: »Pyramide«) 1. Altar*

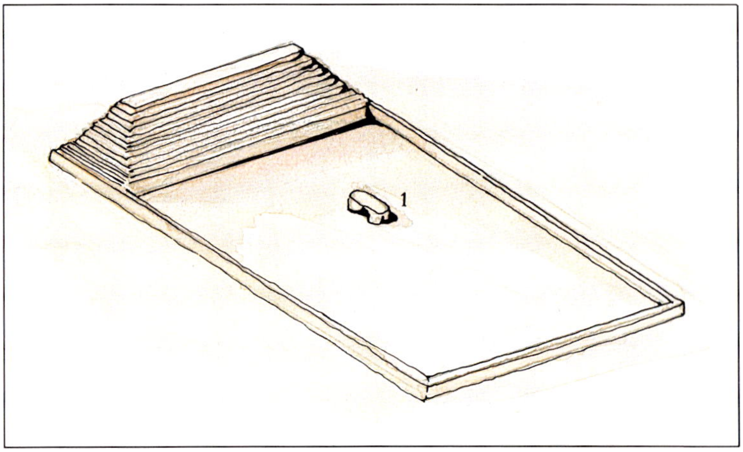

der sakral indifferente Bereich, das Alltägliche und frei zu Gebrauchende, bezeichnet wird.

Die Stätte, an der der Kult gefeiert wird, heißt *marae,* auch *malae* oder *meae,* und ist der Versammlungs- und Festplatz des Dorfes. Er ist ein gepflasterter, meist rechteckiger, von einer bis zu 3–4 m hohen Steinmauer umgebener Platz, an den meist ein Pyramidenstumpf von oft zyklopischen Ausmaßen an eine der Schmalseiten stößt. Ein Überbau von Statuen, Monolithen und Masten krönt die Pyramide. Den heiligsten, durch Tabu-Vorschriften geschützten Mittelpunkt bildet der aus Stein errichtete *ahu* (»Altar«), der an der Schmalseite des Platzes steht. Der berühmteste *marae* ist Taputapuatea in Opoa (Raiatea) mit der bekannten Priesterschule. Andere Beispiele gibt es auf Tahiti, Samoa und Mahaiatea. Der *marae* ist Sitz der religiösen Zeremonien und zugleich politisches und soziales Zentrum der Stammesgruppe.

Charakteristisch für Polynesien ist der *Ahnenkult,* dessen Zeugen die monumentalen Steinfiguren der Osterinsel und der Marquesasinseln, die sog. Skelettfiguren der Osterinsel und die Tiki-Monolithfiguren Neuseelands und des Marquesasinselarchipels sind. Auf der Osterinsel sind die Steinplattformen zu Bestattungszwekken *(ahu)* entlang der Inselküste errichtet, und auf weiträumigen, mit bearbeiteten Steinen bedeckten Flächen (bis zu 80 x 30 m) sind bis an die 15 Statuen aneinandergereiht, die mit dem Rücken zum Ozean gewandt sind. Heute noch existieren 460 menschliche Oberkörper darstellende (3 bis 16 m hohe) Trachytstatuen *(moai),* möglicherweise Häuptlinge und Priester, die zu Schutzgottheiten geworden sind.

Literaturauswahl

Fischer, H.: Studien über Seelenvorstellungen in Ozeanien. München 1965

Grey, G.: Polynesian Mythology. Christchurch 1956

Nevermann, H.: Götter der Südsee. Stuttgart 1947

Nevermann, H./Worms, E. A./Petrie, H.: Die Religionen der Südsee und Australiens. Stuttgart u. a. 1968

Poignant, R.: Ozeanische Mythologie. Polynesien ... Wiesbaden 1968

PREUSSISCHE RELIGION

Die p. R. ist die vorchristliche Religion der Altpreußen (= Prusai bzw. Prussen), eines im 17. Jh. sprachlich ausgestorbenen baltischen Volksstammes mit Wohnsitzen zwischen der unteren Weichsel und der Memel.

Die p. R. wird zu den →baltischen Religionen gerechnet.

Der Christianisierung durch Adalbert von Prag († 997) setzen die Altpreußen hartnäckigen, jahrhundertelangen Widerstand entgegen, bis sie 1231–83 durch den Deutschen Orden unter Hermann von Salza unterworfen werden.

Für die Altpreußen ist die ganze Welt, sind die Gestirne und Tiere, aber auch Donner und Blitz göttlich. Ihr Himmelsgott ist *Deiws* oder *Deivas* (altpreußisch), und *Menins* heißt ihr Mondgott. *Percunis* ist der Donner- und Gewittergott, *Potrimpus* der Wassergott. Als Herr der Finsternis und der Hölle gilt *Picullus.* Ein Gott der Fruchtbarkeit, der Erde und der Ernte ist *Kurke* oder *Curche.* Die Schicksalsgöttin heißt *Laima.*

Die Altpreußen glauben an ein Leben über den Tod hinaus. Wer in diesem Leben edel oder unedel, reich oder arm, mächtig oder machtlos ist, wird im anderen Leben dasselbe erleben. Diese Überzeugung wird durch den Totenkult bestätigt. Aus diesem Grund werden beim Tod eines Edlen dessen Waffen und Pferde, Sklaven und Dienerinnen, Kleider, Jagdhunde und Raubvögel und noch vieles mehr, was zum Jagd- und Kriegswesen gehört, bei der Leichenfeier verbrannt. Auch mit dem Unedlen wird das verbrannt, was zu seinen Diensten gehört.

Literaturauswahl

Harmjanz, H.: Volkskunde und Siedlungsgeschichte Altpreußens. Berlin [2]1942

Mannhardt, W.: Letto-preußische Götterlehre. Riga 1936

PUNISCHE RELIGION

Unter p.R. versteht man die im Reich der Karthager eigenständig weiterentwickelte Religion der aus dem phönikischen Mutterland (→phönikische Religion) kommenden Punier (lat. *Poeni* = »Phöniker«) von der Zeit der Gründung ihrer Hauptstadt Karthago 814 v.Chr. bis zu deren Zerstörung im Jahre 146 v.Chr. Nach ihrer Hauptstadt Karthago werden die Punier auch Karthager genannt, und ihre Religion wird als *karthagische Religion* bezeichnet.

Die *Religion der Punier* gehört zu den Altreligionen in Afrika und – über ihre Vorfahren, die Phöniker – zu den →Kanaanäer-Religionen und damit zugleich zu den →semitischen Religionen und →vorderasiatischen Religionen.

Nachdem die nordafrikanische Stadt Karthago als »Neustadt« von den Phönikern aus Tyrus 814 v.Chr. gegründet worden ist, entwickelt sie sich zur bedeutendsten Handelsstadt des Altertums und zu einer großen Seemacht. Zur Zeit ihrer größten Ausdehnung erstreckt sich ihr Landgebiet im Osten bis zur Großen Syrte und im Westen bis an den Atlantik. Karthago wird zur gefährlichsten Konkurrentin Roms.

Um die Vormachtstellung im westlichen Mittelmeer geht es in den 3 Punischen Kriegen (1. Punischer Krieg [264–241 v.Chr.], 2. Punischer Krieg [218–201 v.Chr.], 3. Punischer Krieg [149–146 v.Chr.]) zwischen den Römern und Karthagern, bis im Jahre 146 Scipio Aemilianus die Stadt Karthago erobert und vollständig zerstört. Das Gebiet der Punier wird der römischen Provinz Africa einverleibt.

Die Götter der Punier werden von dem berühmtesten Karthager, Hannibal (»Baal ist gnädig«), in dem Eid aufgezählt, mit dem er 215 v.Chr. seinen Vertrag mit Philipp V. von Makedonien besiegelt. In der »interpretatio graeca« (»griechische Deutung«) sind die Götter der Punier mit griechischen Namen (u.a. Zeus und Hera) von dem Historiker Polybios überliefert.

An der Spitze der Götter steht *Baal-Chammon* (»Baal der Hitze«?). Die Namensähnlichkeit dieses punischen Gottes *Chammon* mit dem ägyptischen Gott *Amun* hat zu der synkretistischen Orakelgottheit *Ammon* der Oase Siwa geführt. In der »interpretatio graeca« wird Chammon dem Zeus gleichgesetzt. Eine Göttin nordafrikanischen Ursprungs ist *Tanit* bzw. *Tinnit,* eine jungfräuliche Göttin und Muttergöttin zugleich. Ähre, Granatapfel und Traube sind ihre Attribute. Der auf Stelen erscheinende Kreis über einem Dreieck, dessen obere Hälfte oft von der Mondsichel umgeben ist, weist auf Tanit als Mondgöttin hin (gr. Deutung: →Hera).

Andere Götter aus dem phönikischen Heimatland sind u.a. *Melkart* und *Eshmun,* die den Übergang vom Vegetations- zum Stadtgott verdeutlichen. In Karthago sind Kinderopfer als *holokautoma* (griech. »Brandopfer«) üblich, wobei die Kinder auf die Hände der Götterstatue Baal-Chammons gelegt werden, bevor sie von diesen hinab in eine Feuergrube fallen. Nach dem Geschichtsschreiber Diodor (20, 14) werden bei der Belagerung Karthagos durch Agathokles 200 Jungen aus den vornehmsten Familien zum Opfer dargebracht. Anstelle der Brandopfer von Menschenkindern sind auch Tiere als Ersatzopfer möglich.

Literaturauswahl

Charles-Picard, G.: Les religions de l'Afrique antique. Paris 1954

RELIGIONS- UND KONFESSIONSLOSE

Als R.- u. K. bzw. als *Nichtreligiöse (Irreligiöse)* und *Nichtkonfessionelle* werden diejenigen bezeichnet, die keiner Religion und Konfession angehören und – im Gegensatz zu den →Atheisten – mit ihren Weltanschauungen allen bestehenden Religionsgemeinschaften indifferent oder gar ablehnend gegenüberstehen wie z.B. die Freireligiösen.

Ihre Gesamtzahl – fast so groß wie die der Muslime – beträgt heute fast 884 Millionen, d.h. 16,4% der Weltbevölkerung. Von ihnen leben 79,2% in Asien und 9,5% in der GUS.

RELIGIONS- UND KONFESSIONSLOSE (R.- u. K.)		
Erdteile	Anhänger	% aller R.- u. K.
1. Asien	700 523 000	79,2
2. GUS	84 477 000	9,5
3. Europa	52 289 000	5,9
4. Nordamerika	25 265 000	2,9
5. Lateinamerika	16 828 000	1,9
6. Ozeanien	3 246 000	0,4
7. Afrika	1 840 000	0,2
	884 468 000	100

R.- u. K. gibt es in 220 Ländern. In China bilden sie 59,2%, Albanien 55,4% und in Nordkorea 52,1% der Bevölkerung. Aber auch in Kuba sind sie mit 48,7%, in der Mongolei mit 44,1% und in Uruguay mit 31,7% vertreten.

Die meisten R.- u. K. Europas leben in Italien und Frankreich gefolgt von einer großen Anzahl in Großbritannien und in den Niederlanden.

Literaturauswahl

Barrett, D. B. (Hrsg.): World Christian Encyclopaedia. New York 1982

Heer, F./Kahl, J./Deschner, K.H.: Warum ich Christ/Atheist/Agnostiker bin. Köln 1977

Schlötermann, H.: Freie Religion – unser Glaube. Mannheim 1962

RELIGIONS- UND KONFESSIONSLOSE (R.- u. K.)

220 Länder	Anzahl	Mehrheit des Landes	% aller R.- u. K.
1. China	663 400 000	Mehrh.	75,0
2. GUS	84 477 000	–	9,6
3. USA	16 990 000	–	1,9
4. Japan	12 970 000	–	1,5
5. Nordkorea	11 946 000	Mehrh.	1,3
6. Vietnam	9 262 000	–	1,0
7. Italien	7 820 000	–	0,9
8. Frankreich	6 910 000	–	0,8
9. Kuba	5 160 000	–	0,6
10. Großbritannien	5 050 000	–	0,6
11. Niederlande	4 870 000	–	0,5
12. Mexiko	2 560 000	–	0,3
13.–220. Land	53 053 000	Mehrh. (2 ×)	6,0
	884 468 000	Mehrh. (4 ×)	100

RÖMISCHE RELIGION

Die Römer haben das Wort *religio* (= Religion) gebildet, das in alle neueren Sprachen eingegangen ist. Cicero leitet den Begriff Religion von »relegere« (lat. »wieder lesen, wieder durchgehen, wieder erwägen«) ab, dessen Antinym das Verb »neglegere« (lat. »vernachlässigen«) ist. »Religio« meint also das Achthaben auf den Willen der Götter im Gegensatz zur »neglegentia« als Vernachlässigung des göttlichen Willens. Mit dieser Etymologie trifft Cicero genau die römische Vorstellung von Religion als einer Sache, die man unter keinen Umständen vernachlässigen darf, der man vielmehr peinlich genau nachkommen muß.

Die auf die Einwohner der Stadt Rom und später auf die Angehörigen des Römischen Reiches bezogene Religion weist eine mehr als tausendjährige Geschichte auf. Der Stadtstaat Rom wird als »res publica populi Romani Quiritium« (*populus Romanus* Quiritesque = das römische Volk und die Bürger) bezeichnet, wobei der Name Roms vom etruskischen »Gens Ruma« abgeleitet ist. Eine dingliche Auffassung des Stadtstaates als »res publica« (lat. »öffentliche Sache«) schafft den Zusammenhalt des römischen Volkes. Roms Bürgerschaft ist nicht an eine gleiche blutsmäßige Abstammung der Bürger gebunden, sondern befähigt zur Aufnahme Fremder. So ist die Assimilierung von Nicht-Römern und damit die Romanisierung Italiens, des westlichen Mittelmeergebietes und Nordwesteuropas von Anfang an gegeben. Das *Imperium Romanum* (lat. »Römisches Reich«) – die Befehlsgewalt des römischen Volkes über andere Gemeinden und Völker – umfaßt zur Zeit seiner größten Ausdehnung unter Kaiser Trajan im Jahre 116 n. Chr. alle Länder des weiteren Mittelmeerraumes, greift weit in den europäischen Kontinent hinein, bezieht England ein und reicht im Osten bis zum Persischen Golf und zum Kaspischen Meer. Zeugnis vom großen Selbst- und Sendungsbewußtsein des römischen Volkes gibt die von ihm neugeschaffene Gottheit der *Dea Roma,* der Göttin Rom. Dieser weiblichen Personifikation der Stadt Rom wird kultische Verehrung zuteil, und ihr zu Ehren werden Tempel gebaut, wie z. B. der im Jahr 121 n. Chr. geweihte Doppeltempel der Venus und Roma, der größte römische Tempel.

Die r. R. gehört zu den →indogermanischen und →europäischen Religionen.

DAS PANTHEON

Heimische Götter und Göttinnen

Zu den Indigitamentengöttern (lat. *dii indigetes* = »heimische Götter«) gehört an erster Stelle die oberste Götterdreiheit Jupiter, Mars und Quirinus, deren Kult in die Königszeit zurückreicht.

Von ihnen steht *Jupiter* (Diupiter, Deus pater = »Gott Vater«) als großer Gott des Himmelslichtes an der Spitze des römischen Pantheons. In ihm sehen die Römer den guten, fürsorglichen Vater im Himmel, wie sein Name besagt. Nach Jupiter ist ein Wochentag (ital. Giovedi, franz. Jeudi) benannt. Seine umfassende Bedeutung wird durch seine zahlreichen Beinamen unterstrichen. Als *Lucetius* ist er der Bringer des himmlischen Lichts, als *Fulgur* schleudert er Blitze und als *Pluvius* schickt er Regen, als *Tonans* ist er der Donnerer. Jupiter ist ferner Gott der sittlichen Ordnung, des Rechts und der Treue. Da er die Grenzen bewacht und garantiert, wird er *Terminus* genannt. Als Gott der Verträge, *Jupiter Latiaris* oder *Latialis,* ist er das Oberhaupt des Latinerbundes, in dem Rom die Vorherrschaft gewinnt. Da er die Übertretung der Ordnung bestraft, heißt er auch der »schlagende« Jupiter, *Feretrius.* Sein höchster Titel ist Jupiter *O(ptimus) M(aximus).* Der »Beste und Größte« ist wegen seiner alles überragenden Hoheit und Macht die höchste Gottheit des römischen Staatskults. Als solcher steht er zur Zeit der Republik an der Spitze der kapitolinischen Trias, Jupiter O M, Juno Regina und Minerva, mit dem Heiligtum auf dem Kapitol.

Der Tempel des Jupiter Capitolinus mit den drei nebeneinander angeordneten Kapellen für die Göttertrias, einer der ältesten in Rom erbauten Tempel, wird im ersten Jahr der Republik (509 v. Chr.) durch den Konsul M. Horatius eingeweiht. In diesem religiösen Zentrum Roms bewahrt man den Staatsschatz (634 000 Pfund Gold) auf, in einem Kellergelaß die Sibyllinischen Bücher. Auch die Plastik der berühmten Wölfin wird hier zunächst aufgestellt.

Priester des Jupiter ist der *flamen Dialis* (→S. 350).

Mars, der zusammen mit Jupiter und Quirinus an der Spitze des altrömischen Staatskultes steht, ist ein Kraft- und Schutzgott, Herr über Leben und Tod. Als mythischer Vater der Zwillinge Romulus und Remus durch die Mutter und Vestalin Rhea Silvia ist er der Ahnherr des römischen Volkes, und als Voranschreiter *(gravidus)* in den Schlachten steht er bei den Römern in hohem Ansehen. Von seiner beherrschenden Stellung zeugt der ihm geweihte und nach ihm benannte erste Monat des römischen Jahres, *Martius* (lat. »März«). Nach ihm ist ein Wochentag (ital. Martedi, franz. Mardi) benannt. Mars ist der Empfänger der *suovetaurilia*-Opfer (→S. 348), und seine Priester, die *Salii* (→S. 351), verehren ihn mit Waffentänzen. Sein Emblem, der heilige Speer, wird im Vesta-Tempel aufbewahrt. Der von Augustus im Kampf gegen die Mörder Caesars gelobte und im Jahre 2 v. Chr. auf dem Forum Augusti geweihte Tempel galt dem rächenden Kriegsgott Mars Ultor. Hier wurden neben Caesars Schwert vor allem die den Parthern abgenommenen Feldzeichen und Karyatiden vom Zelt Alexanders d. Gr. aufbewahrt.

Quirinus, ursprünglich wohl Stammesgott der Sabiner, die den Quirinal-Hügel bewohnten, ist Beschützer der Bauern. Später wird er als Kriegsgott mit dem Mars gleichgesetzt oder auch mit Romulus identifiziert. Zusammen mit Jupiter und Mars gehört er zur archaischen Götterdreiheit der r. R.

Juno, eine Göttin etruskischer Herkunft, bildet den weiblichen Aspekt der Gottesidee (jovino, diovino). Ihr berühmtester Kult ist der als Juno *Sospita* (»Retterin«). Als Juno *Lucina* ist sie die »ans Licht bringende« Geburtshelferin, als Juno *Moneta* ist sie Mahnerin und Beraterin. Die Juno *Curitis* ist mit Lanze und Schild bewaffnet. Als Juno *Regina* steht sie zusammen mit Jupiter und Minerva seit dem 6. Jh. an der Spitze des römischen Pantheons und wird als Mutter und Himmelskönigin sowie Patronin der Frauen, Ehe und Familie hochverehrt. An jedem Monatsersten werden ihr zu Ehren Opfer dargebracht. Der Monat *Juni* ist ihr geweiht.

Janus (lat. *ianua* = »Tür«), einer der ältesten Götter urrömischer Herkunft, ist ein nach der (Haus-)Tür benannter Schutzgeist, da durch die Tür allerlei Unheil ins Haus gelangen kann. Aus dem Schutzgeist des Hauseingangs wird später ein Familiengott, der wie die Göttin Vesta in den Staatskult aufgenommen wird, wo dann aus dem Gott des Haus-Eingangs der Gott aller Anfänge wird. Nicht nur der Monat *Januar* erhält so von ihm seinen Namen, sondern auch der Janiculus-Hügel in Rom erinnert an diesen Gott. Dargestellt wird der Kopf des Janus mit einem Doppelgesicht, das nach vorwärts und rückwärts gerichtet ist. Da Janus der Zeitengott und Gott des Sonnenlaufs ist, bedeutet das Doppelgesicht möglicherweise den Sonnenauf- und -untergang. Dem doppelgesichtigen Janus ist in Rom ein Doppel-Torbogen auf dem Forum gewidmet, den Kaiser Augustus als »index pacis bellique« in Friedenszeiten geschlossen und in Kriegszeiten offen halten ließ. Mit dem Januskopf auf der Vorderseite und dem Bug eines Schiffes auf der Rückseite gibt es ab 300 v. Chr. Kupferschwergeld *(aes grave)* als Zahlungsmittel.

Vesta ist die Göttin des häuslichen Herdfeuers wie auch des in ihrem Tempel auf dem Forum Romanum gehüteten Staatsfeuers. Sie ist wie Minerva und Diana eine jungfräuliche Göttin. Mittelpunkt und Kultplatz des römischen Hauses ist das Feuer im Herd, an dem man vor jeder Mahlzeit opfert. Den Mittelpunkt des von 20 korinthischen Säulen umschlossenen Rundtempels, dessen Grundmauern heute noch stehen, bildet der Herd mit dem ewigen Feuer. Am Neujahrstag wird das Herdfeuer des römischen Hauses mit einer Fackel neu entzündet, die vom Vesta-Tempel gebracht wurde. Dieser Tempel darf von keinem Mann betreten werden, mit Ausnahme des *pontifex maximus;* aber auch diesem ist der Zutritt zum Innersten des Heiligtums nicht gestattet, wo das hochheilige trojanische Palladium als schützendes Kleinod der Stadt Rom aufbewahrt wird. Es ist ein von der Göttin Athene geschnitztes Bild ihrer Gespielin Pallas, das in Troja vom Himmel gefallen und von Aeneas nach Italien gebracht worden war. Im Jahre 394 n. Chr. wird das hier aufbewahrte Palladium – im Zuge des Verbotes der r. R. – von der letzten Vestalin, einer Priesterin der Vesta, vernichtet.

Volcanus (Vulcanus) ist Gott des verheerenden Feuers und als solcher Beschützer vor Feuergefahr. In Rom sind ihm mehrere Tempel geweiht. Kaiser Domitian stiftet zur Erinnerung an den Brand Roms unter Nero dem Volcanus einen Altar. Die *Volcanalia* (→S. 346), ein Fest zu Ehren des Volcanus, werden am 23. August gefeiert.

Saturnus (Saëturnus; lat. *serere* = »säen«) ist Gott des Ackerbaus und Schutzherr der jungen Aussaat. Mit Saturnus, dem mythischen König von Latium, verbindet sich die Vorstellung vom Herrscher eines goldenen Zeitalters, der die Menschen den Ackerbau lehrt. Der Tempel des Gottes auf dem Forum Romanum ist eines der ältesten römischen Bauwerke (497 v. Chr.) und der meistverehrte Tempel Roms. Weil hier später der Staatsschatz aufbewahrt ist, wird er auch »aerarium« genannt. Von ihm sind heute noch 8 Granitsäulen erhalten. Er ist der Mittelpunkt der vom 17. Dezember an über mehrere Tage gefeierten *Saturnalia* (→S. 346), eines alten Wintersonnenwendfestes. Nach ihm ist ein Wochentag (engl. Saturday) benannt.

Neben den vorgenannten Staatsgöttern werden kollektive Gottheiten der privaten Sphäre verehrt, wie die Laren, Penaten und die Manen.

Die *Laren* sind ursprünglich auf dem Land die Beschützer der Fluren *(lares compitales)*, dann die Haus- und Herdgötter in der Stadt *(lares familiares)*. Den *lares compitales* wird an ihrem Fest, den *Compitalia*, an Kreuzwegen (lat. *compita*) von den Eigentümern der daran angrenzenden Grundstücke geopfert. Den *lares familiares* werden zusammen mit den ihnen verwandten Penaten am häuslichen Herd täglich Speise- und Trankopfer dargebracht. An den Haupttagen *(Kalenden, Nonen, Iden)* und bei Familienfesten öffnet man das *lararium* (Laren-Schrein) und schmückt die Bilder der Laren mit Blumen.

Die *Penaten* (lat. *penus* = »Vorratskammer«) sind die Schutzgottheiten der häuslichen Vorratskammer und der Wirtschaft. Am Herd des Hauses werden die *penates familiares* und am Herd des Vestatempels die *penates publici* verehrt.

Seit der Kaiserzeit werden die *Manen*, die Seelen der Verstorbenen, auch als *dii manes* (»Manengötter«) kultisch verehrt, um sie günstig zu stimmen. Von diesem Namen ist das Wort *Manismus*, als Toten- und Ahnenkult, abgeleitet.

Fremde Götter und Göttinnen

Zu den »fremden« Göttern und Göttinnen, den »novensides«, *italischer* Herkunft gehört *Minerva*. Als Göttin der gewerblichen Fähigkeiten ist sie die Beschützerin der Handwerker und der Künste, aber auch Göttin der Weisheit und der Ärzte. Minerva, wie Diana und Vesta eine jungfräuliche Gottheit, ist Friedensgöttin, jedoch nicht zugleich Kriegsgöttin wie Athene. Mit Jupiter und Juno zusammen bildet sie zur Zeit der Republik die kapitolinische Trias. Kaiser Nerva (96–98 n. Chr.) weiht im Jahre 98 n. Chr. den mitten auf dem von ihm und seinem Vorgänger Domitian errichteten Nerva-Forum (Forum Transitorium) stehenden Tempel der Göttin Minerva, deren Verehrung im ganzen Römischen Reich verbreitet ist. Ihr Kult wird durch den der Maria, der Mutter Jesu, abgelöst, wie der Name der in Rom (1280) erbauten Kirche »Maria sopra Minervam« bezeugt.

Die Göttin *Diana* bildet wie Juno den weiblichen Aspekt der Gottesidee (Divana). Sie ist Göttin des Lichts, insbesondere des Mondlichts, und Göttin der Jagd. Wie Vesta und Minerva ist sie jungfräulich und wird von den römischen Jungfrauen in ihrem Tempel auf dem Aventin hoch verehrt.

Fortuna ist die Göttin des Schicksals, des Zufalls und des Glücks. Der Fortuna *Virgo* weihen die Bräute nach der Eheschließung ihre Mädchenkleider und den Schmuck; der Fortuna *Muliebris* ist ein Tempel geweiht, den nur Frauen betreten, die in monogamer Ehe leben.

Den Dioskuren (griech. »Söhne des Zeus«), den Zwillingen *Castor* und *Pollux*, ist ein Tempel, der Dioskurentempel auf dem Forum Romanum, aus dem Jahre 484 v. Chr. geweiht. Der später von Kaiser Tiberius neu gestaltete korinthische Peripterostempel, in dem auch Senatssitzungen stattfanden, ist einer der berühmtesten Tempel Roms.

Als Göttin der Schönheit und der Liebe wird *Venus* verehrt, ursprünglich eine Garten- und Frühlingsgöttin. Sie ist die mythische Mutter des Aeneas, und Amor ist ihr Sohn. In Rom sind ihr 17 Tempel und Kapellen geweiht. Der Tempel der Venus *Verticordia* wird im Jahre 114 v. Chr. zur Sühne für den Bruch des Keuschheitsgelübdes dreier Vestalinnen errichtet. Den Tempel der Venus *Genetrix* (»Mutter Venus«), der Stammutter des Aeneas und damit des julischen Hauses, erbaut im Jahre 46 v. Chr. Julius Caesar inmitten des von ihm angelegten Forum Julii. Im Innern befinden sich eine perlenbesetzte Statue der Göttin Venus und ein vergoldetes Standbild der Kleopatra. Der Kult lebt in der süditalienischen Verehrung der Santa Venere fort. Nach der Göttin Venus ist ein Wochentag (ital. Venerdi, franz. Vendredi) benannt.

Zu den »fremden« Gottheiten *griechischer* Herkunft (→griechische Religion) gehören: *Apollo* (griech. Apollon) und *Ceres* (griech. Demeter), das Götterpaar *Liber* und *Libera* (griech. Dionysos und Persephone) und *Mercurius* (griech. Hermes). Nach Mercurius ist ein Wochentag (ital. Mercoledi, franz. Mercredi) benannt.

Die Göttin *Salus* (lat. »Heil, Wohlbefinden, Gesundheit«) ist die Garantin des Staatswohls. Als *Salus populi Romani* (»Heil des römischen Volkes«) wird sie angerufen, dazu als *Salus Augusta* in der Kaiserzeit verehrt. In späterer Zeit erfolgt ihre Identifizierung mit der griechischen Hygieia, der Göttin der Gesundheit.

Weiter sind hier zu nennen: *Dispater* (griech. Pluton/Hades) und *Proserpina* (griech. Persephone) und das Geschwisterpaar *Sol* (griech. Helios) und *Luna* (griech. Selene), denen auf dem Aventin ein Tempel geweiht ist. Nach Luna ist ein Wochentag (ital. Lunedi, franz. Lundi) benannt.

Fremde Gottheiten *ägyptischer* Herkunft sind die Göttin *Isis*, die unter Kaiser Claudius (37–41 n. Chr.) öffentliche Verehrung mit einem Tempel (etwa 38 n. Chr.) auf dem Marsfeld genießt, in dem Vespasian und Titus im Jahre 71 n. Chr., nach dem Jüdischen Krieg, vor ihrem Einzug in Rom übernachten (→Isis-und-Osiris-Mysterienkult). Ebenfalls aus Ägypten kommt der Kult des *Serapis*, dem Kaiser Caracalla

(211–217 n. Chr.) auf dem Quirinal-Hügel einen prächtigen Tempel erbaut.

Der *Atargatis-Kult* ist benannt nach der syrischen Fruchtbarkeits- und Muttergottheit *Atargatis* (griech. Derketo), deren Gemahl Adad (Hadad), der Wettergott, ist. Hauptort ihres orgiastischen Kultes ist das antike Hierapolis (Nordsyrien). In ihrem Dienst stehen die *Galli,* Priester, die sich selbst entmannt haben und in weiblicher Kleidung und mit weiblichem Schmuck auftreten, sowie weibliche Prostituierte. In Rom ist sie als die »syrische Göttin« (Dea Syria) bekannt, wo unter Kaiser Alexander Severus (222–235 n. Chr.) der Dea Syria ein Tempel (trans Tiberim) geweiht wird.

Der syrische *Sol Invictus* Elagabal (lat. »unbesiegte Sonne« Elagabal) ist zeitweise der höchste Gott des Römischen Reiches, dessen Kult der römische Kaiser gleichen Namens, Elagabal (218–222 n. Chr.), der vor seiner Inthronisierung Priester des Sonnengottes Elagabal in Emesa gewesen ist, in Rom einführt. Kaiser Aurelian (270–275 n. Chr.) weiht dem Sol Invictus in Rom einen Tempel und legt im Jahre 274 n. Chr. den »Geburtstag der unbesieg-

1

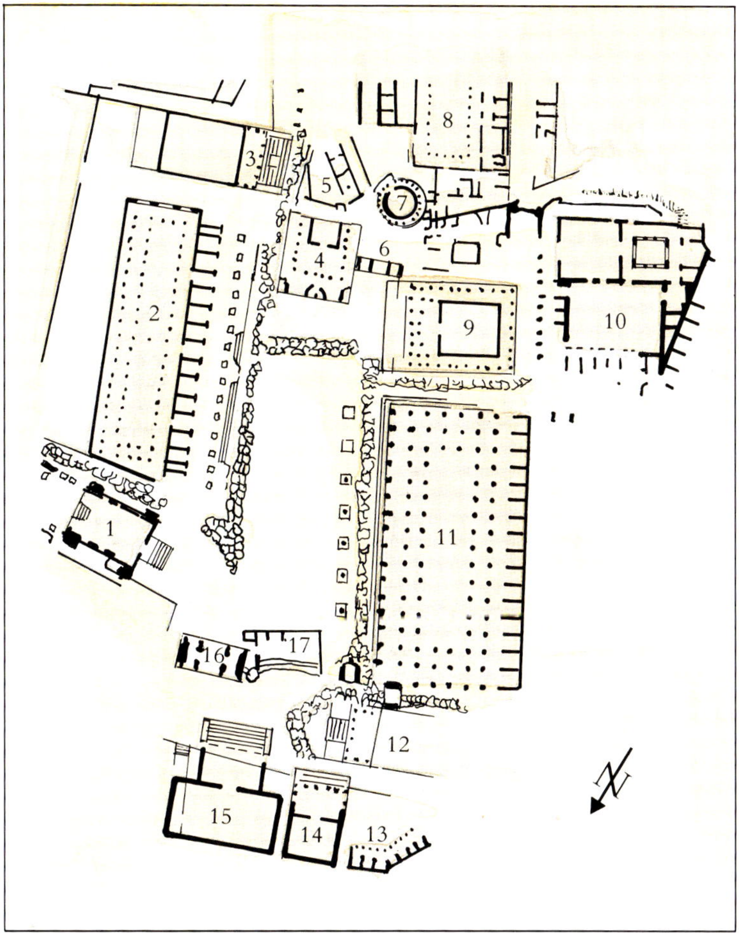

2

1 Forum Romanum. *Rom*

2 **Römischer Kultbezirk** *(Rom/Italien: Forum Romanum)*

1. *Curia*
2. *Basilica Aemilia*
3. *Tempel des Antoninus und der Faustina*
4. *Tempel des Divus Julius (Caesar)*
5. *Regia*
6. *Augustusbogen*
7. *Vesta-Tempel*
8. *Haus der Vestalinnen*
9. *Tempel des Castor und Pollux*
10. *Vestibül der Domus Augustana*
11. *Basilica Julia*
12. *Tempel des Saturn*
13. *Porticus Deorum Consentium*
14. *Tempel des Divus Vespasianus*
15. *Tempel der Concordia*
16. *Septimius-Severus-Triumphbogen*
17. *Rostra*

ten Sonne« *(natalis Solis invicti)* auf den 25. Dezember, ein Datum, das später die lateinischen Christen als Festtag der Geburt Christi übernehmen.

Zwölfgöttersystem

Nachdem ursprünglich eine Götterdreiheit an der Spitze des römischen Pantheons steht – Jupiter, Mars und Quirinus, die im 6. Jh. v. Chr. durch Jupiter, Juno und Minerva ersetzt werden –, faßt man im Jahre 217 v. Chr. aufgrund eines sibyllinischen Orakelspruchs und unter griechischem Einfluß sechs Hauptgötterpaare zu einem Zwölfgöttersystem zusammen: Jupiter und Juno, Neptun und Minerva, Mars und Venus, Apollo und Diana, Volcanus und Vesta, Mercurius und Ceres. Am Fuß des Capitols erinnert ein Portikus (lat. »Säulenhalle«) an die 12 Götter. Außer den größeren Göttern, *dii maiores,* gibt es eine große Anzahl kleiner Götter, *dii minores,* u. a. auch »Augenblicksgötter«, *dii indigitamentorum,* wie z. B. der *Aius Locutius* (lat. »Sprecher«), dem ein Altar an der Stelle errichtet wird, wo man beim Herannahen der Gallier (391 v. Chr.) eine warnende Stimme vernommen hatte. Zu den Kleingöttern zählt *Pax* (lat. »Friede«), die Göttin des Friedens, der von Augustus im Jahre 9 v. Chr. auf dem Marsfeld ein Altar *(ara pacis)* und von Vespasian im Jahre 75 n. Chr. auf dem von ihm errichteten Forum pacis (»Friedensforum«) ein Tempel geweiht wird. In diesem Heiligtum bewahrt man die berühmten Kunstwerke aus dem »Goldenen Haus« des Nero und die von Titus aus Jerusalem mitgebrachten Tempelschätze auf.

Der Göttin *Concordia* (lat. »Eintracht«) wird gegen Ende des Ständekampfes, im Jahre 367 v. Chr., zum Zeichen der Versöhnung zwischen Patriziern und Plebejern auf dem Forum Romanum ein Tempel geweiht. Dieser Tempel enthält eine Sammlung von Kunstschätzen und dient häufig dem Senat als Sitzungssaal.

Andere Kleingötter bzw. Kleingöttinnen sind: *Victoria* (lat. »Sieg«), Göttin des Sieges, und *Hymen* bzw. Hymenaeus, der Hochzeitsgott, sowie *Naenia,* die Göttin der Totenklage.

Kaiserkult

In der Kaiserzeit kommt die Verehrung des Herrschers auf, der den Staat verkörpert. Ausgangspunkt dafür ist die Verehrung der römischen Gottheit *Genius* (lat. *gignere* = »zeugen, hervorbringen, gründen«). Ursprünglich ist der Genius die dem Mann innewohnende göttliche Zeugungskraft – im Gegensatz zur weiblichen Gebärfähigkeit (Juno). Die Verehrung des männlichen Genius entwickelt sich später zu einer Vorform des Herrscherkultes. Durch Senatsbeschluß im Jahre 29 v. Chr. wird festgelegt, daß dem *Genius Augusti,* dem Genius des Augustus (31 v.–14 n. Chr.), bei allen öffentlichen und privaten Mahlzeiten eine Weihespende darzubringen sei. Es wird nun üblich, beim Genius des Kaisers auch zu schwören. Während in Rom und Italien die göttliche Verehrung der Kaiser erst nach seinem Tod aufgrund eines Senatsbeschlusses zugelassen wird, findet in den Provinzen des Römischen Reiches die Verehrung des Imperators schon zu seinen Lebzeiten statt. Die *Apotheose* (griech. »Vergottung«), die Erhebung römischer Kaiser oder ihrer Angehörigen zu göttlicher Würde, beginnt mit Julius Caesar. Oktavian, der spätere Kaiser Augustus, läßt im Jahre 29 v. Chr. zu Ehren des Julius Caesar († 44 v. Chr.) den Tempel Divi Julii (»des göttlichen Julius«) am Ort seiner Einäscherung auf dem Forum Romanum erbauen. Der »Welterheiland« Augustus selbst, dem schon zu Lebzeiten außerhalb Roms göttliche Verehrung zuteil wird, erhält nach seinem Tod auf dem Palatin in Rom den Tempel Divi Augusti. Sowohl Vespasian (69–79) und Titus (79–81) wie auch Trajan (98–117) werden von ihren Nachfolgern Tempel errichtet, ersteren auf dem Forum Romanum im Jahre 81 und letzterem auf dem Forum Trajanum in den Jahren 117/138. Der Divus Hadrian (117–138) erhält von seinem Nachfolger Antoninus Pius (138–161) im Jahre 145 auf dem Marsfeld einen Tempel. Der Tempel »Divus Antoninus et Diva Faustina« (an der *sacra via*), von dem heute noch 10 Säulen erhalten sind, wird dem Kaiser Antoninus Pius (138–161) und dessen Gemahlin bald nach 141 geweiht. Dem Divus Marcus Aurelius (161–180), der stoische »Philosoph auf dem Kaiserthron«, wird von seinem Nachfolger Commodus (180–192) auf dem Marsfeld ein Tempel errichtet. Noch heute zeugen die Reste eines kleinen Rundtempels zu Ehren des „Divus Romulus« (an der *sacra via*) davon, daß Maxentius seinem als Kind verstorbenen und dann unter die Götter erhobenen Sohn Romulus nach 307 ein Heiligtum errichten läßt.

Seit dem letzten Soldatenkaiser Diokletian (284–305) wird es allgemein üblich, die Kaiser schon zu ihren Lebzeiten als *divus,* göttlich, zu verehren; man betet zu ihrem Genius und opfert vor ihren Statuen. Der Aufstieg des Kaisers zur göttlichen Welt, der Einzug des neuen Caesarengottes in den römischen Staatsgötterhimmel, wird dadurch symbolisiert, daß man von der Spitze des Scheiterhaufens, auf dem der *divus imperator* verbrannt wird, einen Adler, den Vogel Jupiters, gen Himmel auffliegen läßt. Siehe z. B. die Apotheose des Kaisers Titus in der Wölbung des Titusbogens.

Sittliche Ordnung

Der römische Staat ist seit republikanischer Zeit ein Rechtsstaat, in dem an die Stelle des Königs *(rex)* das Gesetz *(lex)* getreten ist. Auf dem Gebiet des Rechts liegt die größte Leistung des römischen Volkes. Römisches Recht ist von den anderen europäischen Völkern übernommen worden und hat bis heute seine Bedeutung. Da das Recht zur göttlichen Ordnung gehört, ist die Pflege des Rechts zuerst den Priestern anvertraut. Das *ius divinum* (lat. »göttliches Recht«) gibt die Richtlinien für das Verhalten der römischen Bürger zu ihren Göttern. Ein harmonisches Friedensverhältnis zwischen Göttern und römischen Bürgern wird als *pax deum* bezeichnet. Die gesamte sittliche Ordnung steht unter dem Schutz der Götter, insbesondere Jupiters. Somit ist ein Verstoß gegen diese Ordnung ein Frevel gegen die Götter und zieht deren Fluch auf den Frevler herab. Jedoch kann Frevel wiedergutgemacht werden *(expiatio)*. Die Hilfe der Gottheiten muß sich der Mensch, dessen Leben durch das Schicksal *(fatum)* bestimmt ist, verdienen – gemäß dem Grundsatz *do, ut des* (»ich gebe, damit du gibst«). Das Leben des römischen Bürgers, in dessen Denken und Handeln der Staat die wichtigste Stelle einnimmt, wird durch die beiden Lebenssphären *res publica* (»Staat«) und *»res privata«* (»Sache des Einzelnen«) geprägt, wobei letztere sich immer der ersteren unterzuordnen hat.

Wertmaßstäbe des römischen Bürgers sind: Ruhm *(gloria)*, Tugend *(virtus)*, Freiheit *(libertas)*, Ehrfurcht und Frömmigkeit *(pietas)*, Treue und Zuverlässigkeit *(fides)*, öffentliches Ansehen *(dignitas)* und das Eintreten für die Macht und Größe des römischen Volkes *(maiestas populi Romani)*. Das Wohl des römischen Volkes ist oberstes Gesetz *(salus populi Romani suprema lex)*. Der Schlüsselbegriff der römischen Ethik ist die *Pietät* (lat. *pietas*). Gemeint ist zunächst die Tugend der Eltern- und Kindesliebe, später wird sie auf die Haltung gegenüber der Gemeinschaft und dem römischen Staat erweitert. Im sakralen Bereich umfaßt sie das rechte Verhalten des Menschen gegenüber den Göttern.

Schwere Vergehen sind u.a. Auflehnung gegen die Götter, Bruder- und Elternhaß, Betrug, Geiz, Treulosigkeit und Verrat.

An der Spitze der Familie steht der Hausvater *(pater familias)* mit unbeschränkter Herrschaftsgewalt *(patria potestas)* über Ehefrau *(mater familias)*, Kinder *(liberi)* und Sklaven *(servi)*. Die Wahrung der häuslichen Zucht *(disciplina)* erreicht der Hausvater durch Autorität. Bedächtigkeit *(diligentia)*, Strenge *(severitas)* und Selbstbeherrschung *(continentia)* sollen sein Handeln bestimmen. Die jüngere Generation wird nach dem Beispiel der älteren *(mos maiorum)* erzogen. Kennzeichnend für das Verhältnis der Jugend zu den Erwachsenen sind Bescheidenheit *(modestia)*, Ehrfurcht *(reverentia)*, Gehorsam *(obsequium)*, Schamhaftigkeit *(verecundia)* und Keuschheit *(pudicitia)*.

Die häusliche Zucht *(disciplina domestica)* ist Grundlage der militärischen Disziplin *(disciplina militaria)* und damit der Macht und Größe des römischen Staates.

Rituale des Lebenskreises

Am Vortag der Hochzeit weiht die Braut ihre Mädchentracht der Venus oder den Laren. Der Hochzeitstag selbst beginnt mit *Auspizien* (→S. 349); sind sie günstig, erklären die Brautleute ihren Ehewillen und reichen einander die Hand. Am Tag nach der Hochzeit opfert die junge Ehefrau erstmals im Haus ihres Ehemannes. Von der immer streng monogamen, legalen *Eheschließung* gibt es verschiedene Formen:

1. Die feierliche Art der *confarreatio* – benannt nach »farreum libum«, einem während der Zeremonien an den Genius der Ehe dargebrachten Weizenkuchen – wird zugleich religiös geschlossen. Der Ehevertrag wird vor dem *pontifex maximus*, dem *flamen Dialis* (Jupiterpriester) und vor zehn Zeugen abgeschlossen. Die auf diese Weise geschlossene Ehe gilt in alter Zeit als unauflöslich, in der Kaiserzeit hingegen als auflösbar.
2. Bei der *coemptio* – einem Scheinkauf als Ablösung des einstigen Brautkaufs – wird das Eheversprechen ohne sakrales Element vor fünf Zeugen abgelegt, und die künftigen Eheleute fragen einander, ob sie bereit sind, *pater familias* und *mater familias* zu werden.
3. Die Eheschließung durch *usus* (lat. »Praxis«) ist dann gültig, wenn nach einer freien Willenserklärung beider Partner die Frau ein Jahr lang im Haus des Mannes wohnt; ihre Abwesenheit während drei aufeinanderfolgender Nächte macht die Ehe hingegen nichtig.
4. Bei der Ehe *sine in manum conventione* geben die beiden Partner und ihre Väter eine einfache Willenserklärung ab. Die Frau bleibt in der *potestas* ihres Vaters und wird infolgedessen nicht *mater familias*, sondern nur *uxor* (»Gattin«). Eine auf diese Weise geschlossene Ehe kann von jedem Partner ohne große Formalitäten aufgelöst werden.

Die *Verstorbenen* werden unmittelbar nach ihrem Ableben auf einem Totenbett aufgebahrt, das von Kandelabern und Blumengebinden umgeben wird. Dann wird der Leichnam von den Angehörigen beigesetzt oder verbrannt. Die Römer kennen zu Anfang nur die Erdbestattung ihrer Toten. Unter etruskischem und griechischem Einfluß kommt die Verbrennung der Leichen auf, deren Asche man in Urnen sammelt, die in Nischen beigesetzt werden. Wegen der Ähnlichkeit mit einem Taubenschlag werden die Urnenfriedhöfe *columbaria* genannt. An der Bestattungsstätte legt man einige Gegenstände nieder, die der Verstorbene während seiner weiteren Existenz benötigen könnte: für Männer Waffen und Werkzeuge, für Frauen Schmuck und Toilettenartikel und für Kinder Spielsachen.

Die Nekropolen, Begräbnisstätten, liegen abseits von den Wohnsiedlungen längs der Landstraßen. Die berühmteste ist die an der *Via Appia Antica*, der im Jahre 312 v.Chr. vom Zensor Appius Claudius Caecus erbauten, von Rom nach Capua führenden, ersten gepflasterten Landstraße mit einem schnurgeraden Verlauf.

Rituale des Jahreskreises

Der Festkalender der Römer umfaßt außer privaten Festen der Familie, Stände und Verbände die Staatsfeste mit fixen oder jährlich wechselnden Terminen. Gegen Ende der augusteischen Zeit gibt es jährlich 132 Staatsfeste, davon 45 mit fixem Datum und 87 bewegliche Feste. Der Fest- und Amtskalender wird von den *pontifices* (→S. 349) geführt, und seit dem Jahre 304 v.Chr. werden in Rom Verzeichnisse mit den *dies fasti* regelmäßig veröffentlicht. Die *dies fasti* (lat. *fas* = »Recht«) sind die von den *pontifices* aufgezeichneten (erlaubten) Tage, an denen das göttliche Recht eine profane Tätigkeit, die Erledigung öffentlicher Angelegenheiten, erlaubt und vor allem an den *dies comitiales* die römischen Volksversammlungen zuläßt. Im Gegensatz dazu sind die *dies nefasti* Tage, an denen weder Gerichtsverhandlungen noch Volksversammlungen stattfinden dürfen. Zudem ruht an 49 von 233 Werktagen das politische Leben; dann ist wohl die Gerichtspflege gestattet, aber die Volksversammlungen sind verboten.

Das *saeculum* (lat. *serere*=»säen, Menschensaat, Menschenalter, Geschlechterfolge«) hat für die römische Zeitrechnung, insbesondere zur Zeit des Kaisers Augustus, große Bedeutung, da man den Anbruch des Friedenszeitalters erhofft. Dem griechischen *Aion* (»Weltzeitalter«) vergleichbar, besteht das Weltenjahr aus 10 *saecula* von jeweils ca. 100 Jahren Dauer. *Säkularfeiern* finden alle 100 Jahre statt und sind mit den *ludi saeculares* (lat. »Säkularspielen«) verbunden. Sie dienen dem Zweck, die Schuld zurückliegender Jahre abzutragen und ein neu anbrechendes Zeitalter zu begrüßen. Erstmals werden sie während des 1. Punischen Krieges (264–241 v. Chr.) im Jahre 249 v. Chr. begangen und nach dem 3. Punischen Krieg (149–146 v. Chr.) im Jahre 146 v. Chr. wiederholt. Der römische Dichter Quintus Horatius Flaccus (65–8 v. Chr.) ist Verfasser des auf die im Jahre 17 v. Chr. unter Kaiser Augustus begangene Säkularfeier gedichteten »Carmen saeculare«. Dieses am letzten Festtag von einem Doppelchor von 27 Jungen und 27 Mädchen gesungene Lied läßt die verschiedenen religiösen Momente des Säkularfestes nochmals an dem Geist der Zuhörer vorüberziehen.

Von den Festen zu Ehren der Götter und Göttinnen sind zu nennen: die *Feriae Marti,* Fest des Mars; sie eröffnen am 1. März das römische Jahr. Zudem wird alle fünf Jahre das *Lustrum* gefeiert, an dem um den Altar des Mars auf dem Marsfeld ein Umgang zur Entsühnung stattfindet und nach dessen Abschluß die mitgeführten Tiere geopfert werden.

Zu Ehren des Götterpaares Liber und Libera werden am 17. März die *Liberalia* gefeiert, an dem die erwachsenen Söhne die *toga libera,* das männliche Gewand, überreicht bekommen. Am 19. April werden zu Ehren der Erdgöttin Ceres, die vor allem von den Plebejern verehrt wird, die *Cerealia* begangen. Füchse mit brennenden Fackeln an den Schwänzen werden über die Felder gejagt, um den Sonnenbrand und Getreidekrankheiten zu vertreiben, die von den brennenden Fackeln symbolisiert werden.

Die *Parilia* sind ein am 21. April begangenes Tempelweihfest, das die Hirten zu Ehren des Pales, des Beschützers von Hirten und Herden, feiern. Es ist der Tag, an dem das Vieh aus den Ställen auf die Sommerweide getrieben wird und Herden und Hirten zur Reinigung über Reisig- und Strohfeuer springen müssen.

Die im Mai veranstalteten *Ambarvalien* sind ein altrömisches Fest der Ackerweihe. Es besteht aus einem dreimaligen rituellen Flurumgang der *Arvalischen Brüder* (→S. 351), verbunden mit einem Opfer von Schwein, Schaf und Stier (*suovetaurilia,* →S. 348) zu Ehren des Mars.

Die *Vestalia,* das Fest der Göttin Vesta, werden am 9. Juni vor allem von Bäckern und Müllern gefeiert, deren Gewerbe vom Herdfeuer abhängig ist. Sie gehören zum ältesten Festkalender der Römer.

Die *Consualia* sind ein Fest zu Ehren des Consus, des Schutzgottes der eingebrachten Ernte, das am 21. August nach Beendigung des Ausdreschens der Kornernte und am 15. Dezember nach Abschluß der Winteraussaat mit Bekränzung der Zugtiere begangen wird. Dabei werden Pferde-, Esel- und Maultierrennen im Circus maximus veranstaltet, um die Tiere durch schnelle Bewegung von dem ihnen anhaftenden Unsegen zu befreien.

Zu Ehren des Volcanus, des Gottes des Feuers, werden am 23. August die *Volcanalia* gefeiert, bei denen Fische ins Feuer geworfen werden, um dem Gott eine seinem Element unzugängliche Opfergabe darzubringen.

Die größten Feste und Prozessionen werden zu Ehren des Hauptgottes und Göttervaters Jupiter veranstaltet; sie stellen auch die Höhepunkte im Leben der römischen Bürger dar. Es sind die am 13. bzw. 15. eines jeden Monats gefeierten *Feriae Iovi,* die im Dezember noch zusätzlich am 23. begangen werden.

Zu Ehren des Saturn, des Schutzgottes der jungen Aussaat, werden die *Saturnalia* zunächst nur am 17. Dezember gefeiert. Später dauern die Festtage drei Tage und schließlich eine ganze Woche. Dieses Weihefest der Wintersaat und der Wintersonnenwende ist eines der ältesten und volkstümlichsten Feste im römischen Jahr. Man beschenkt sich mit Kerzen und kleinen Aufmerksamkeiten. Während der Feste sind alle Standesunterschiede aufgehoben, ja die soziale Rangordnung ist umgekehrt, so daß die Herren ihre Sklaven bedienen. Im Anschluß an ein Opfer am Tempel des Saturn wird auf Staatskosten ein allgemeines Mahl gehalten, bei dem eine fröhliche Stimmung aufkommt, die

Röm. Gottheiten und göttl. Herrscher (1–7):

1 Roma, *»Dea Barberini«, Wandmalerei, 307–314. Rom, Röm. Nationalmus.*

2 Neptuns und Amphitrites Triumph, *Fußbodenmosaik, 3,80 × 2,00 m, 3. Jh. Paris, Louvre*

3 Victoria, *Bronze, 1,95 m hoch, 70/80. Brescia, Mus. Civico Romano*

4 *Divus* Augustus *als Feldherr, Marmor, ca. 20 v. Chr. Rom, Vatikan*

5 *Divus* Marc Aurel, *Reiterstandbild, Bronze, ca. 170. Rom, Capitol*

6 *Kaiser* Commodus als Herkules, *Marmor, 1,18 m hoch, ca. 190. Rom, Konservatorenpalast*

7 *Divus* Antinoos *aus Bithynien, Marmor, Delphi, Mus.*

während der folgenden Tage in karnevalartiges Treiben übergeht.

Die *Dies parentales* sind ein zum Jahresabschluß (13.–21. Februar) neun Tage lang gefeiertes Fest, das dem sakralen Andenken der verstorbenen Eltern *(di parentes)* und Verwandten gilt. Der letzte Tag der Parentalia, der 21. Februar, heißt *Feralia*. Am Tag nach Beendigung des neuntägigen Totenfestes, am 22. Februar, wird das Familienfest der *Cara cognatio* (lat. »liebe Verwandtschaft«) oder *Caristia* gefeiert, ein Fest, das von allen Familienmitgliedern mit einem festlichen Mahl begangen wird und bei dem sich zerstrittene Familienmitglieder wieder versöhnen.

1

Das vielleicht älteste Staatsfest der Römer sind die *Lupercalia*, die am 15. Februar zu Ehren des Faunus gefeiert werden. Der Herrschergott über die Fauna wird als *Lupercus* (lat. *lupus arcere* = »Wolf abwehren«) zum Zweck der magischen Abwehr der Wölfe von den Herden und der Siedlung der Hirten angerufen. Kultort ist die am westlichen Fuß des Palatins gelegene Grotte des Faunus, *lupercal* (lat. »Wolfshöhle«), in der die Zwillinge Romulus und Remus von der Wölfin gesäugt worden sind. Nach der Darbringung eines Bockopfers findet ein Umlauf um den Palatin statt, an dem sich die *Luperci*, die Priester des Faunus, beteiligen.

2

3

4

5

6

7

Der römische Dichter P. *Ovidius* Naso gibt in seinem Werk »Fasti« eine poetische Erläuterung des römischen Festkalenders.

Rituale des Tageskreises

In den Anfängen beruht das Wohl des römischen Volkes auf den Erträgen der Arbeit von Bauern, für die Agrar- und Vegetationskulte (Consus und Ops, Ceres und Liber, Faunus und Fauna u.a.) besonders wichtig sind. Hinzu kommen Kulte, die den Erfolg der kriegerischen Selbstbehauptung Roms sichern (Mars und Quirinus). Als neue Bedürfnisse aus Handel und Handwerk entstehen, kommen auch neue Kulte (Mercurius) auf. Das Reformwerk des Augustus wird zum Ausgangspunkt des Kaiserkultes *(Divi imperatores),* und das Zusammentreffen der römischen Heere mit der Welt des Orients läßt orientalische Kulte (Mysterienreligionen) im Römischen Reich heimisch werden. So wird z.B. der Kult der kappadokischen Mā-Bellona, deren Priester die *bellonarii* sind, von den Soldaten Sullas und Pompejus' nach Rom gebracht.

Gegenüber fremden Kulten sind die Römer sehr tolerant. Die Einführung neuer Kulte geschieht mit Hilfe der *interpretatio romana* (lat. »römische Deutung«). Sie benennt Gestalten und Vorgänge fremder Religionen und Gottheiten mit den Namen eigener, römischer Götter; z.B. wird der Kult der Kybele aus Phrygien unter dem Namen *Magna Mater* (lat. »Große Mutter«) von den Römern übernommen. Diese Art der Umbenennung des Fremdreligiösen unter Verwendung bekannter Begriffe erleichtert den Römern die Aneignung. Eine andere Form der Neuaufnahme fremder Götter erfolgt durch die *evocatio* (lat. »Herausrufen«). Es ist der Kriegsbrauch, aus einer belagerten feindlichen Stadt deren Schutzgötter durch Herausrufen feierlich zur Übersiedlung nach Rom einzuladen und dort ihren Kultplatz einnehmen zu lassen, um dadurch die Belagerten dem Schutz ihrer Götter zu entziehen. Die von den Göttern verlassene Stadt wird dann feierlich den Unterirdischen geweiht. Der Geschichtsschreiber *Livius* (59 v. – 17 n.Chr.) berichtet, daß im Jahre 396 v.Chr. der römische Feldherr Camillus vor der Erstürmung der etruskischen Stadt Veji deren Göttin Uni aufgefordert habe, ihren bisherigen Tempel zu verlassen und nach Rom überzusiedeln.

Die r. R. ist insbesondere bei der Ausführung kultischer Vorschriften von strenger Observanz. Wichtigste Kulthandlung ist das *sacrificium* (lat. »Hingabe«), die Hingabe, das Opfer einer Sache oder Person an die Gottheit. Bei den blutigen Opfern bringt man den Himmelsgöttern weiße und den Unterweltsgöttern schwarze Tiere dar. Die Tiere werden ohne Anwendung von Gewalt zum Altar geführt, wo die Schlachtung der *victimarius* übernimmt. Als Gott der Treue wird dem Jupiter bei der *confarreatio* (»Eheschließung«) ein Lamm geopfert. Zu Ehren des Mars werden *suovetaurilia* (lat. *sus* = »Schwein«, *ovis* = »Schaf«, *taurus* = »Stier«) als Opfer dargebracht, nachdem diese drei Tiere vorher um die Feldmark herumgeführt worden sind.

Die unblutigen Opfer bestehen u.a. aus Backwerk, Früchten, Getreide, Milch und Wein. Ein Gelöbnisopfer in Zeiten der Not ist *ver sacrum* (lat. »heiliger Frühling«), wobei dem Jupiter die Erstlinge eines Frühlings gelobt und geopfert werden. Ein Opfer besonderer Art ist das *lectisternium*. Bei diesen zeremoniellen Mahlzeiten werden den Göttern Polster hergerichtet, auf die man ihre Bilder legt, und den als anwesend gedachten Göttern Speisen dargebracht. Eine solche Götterbewirtung geschieht zum ersten Mal im Jahr 399 v.Chr. auf Weisung der Sibyllinischen Bücher. *Libation* (lat. *libare* = »ausgießen«) ist die kultische Darbringung von Flüssigkeit (Honig, Milch, Öl, Wasser, Wein) für Götter und Verstorbene. Sie dient zur Ergänzung von blutigen Opfern und als Erdopfer. Für Totenspenden sind in den Bestattungsanlagen Eingußöffnungen für Flüssigkeit vorgesehen.

Gebete begleiten die Kulthandlung und werden nach festgelegten Formularen gesprochen. Sie sind nur wirksam, wenn sie genau wörtlich gesprochen werden. Morgens, abends, bei Tisch und bei allen wichtigen Angelegenheiten pflegt der Römer zu beten. Der Feldherr spricht öffentliche Gebete vor und nach dem Feldzug. Die Anrede der Götter im Gebet ist *sancte* (»Heiliger«), *venerabilis* (»Ehrwürdiger«), *aeterne* (»Ewiger«), *bone* (»Guter«), *optime* (»Bester«), *magne* (»Großer«), *potens* (»Mächtiger«), *omnipotens* (»Allmächtiger«) und *pulcher* (»Herrlicher«). Jupiter wird meist als *Diespiter* und *Lucetius* (»Himmels-« und »Lichtgott«) angerufen.

Supplikationen sind öffentliche Bittgänge aller erwachsenen Männer und Frauen, letztere mit gelöstem Haar und erstere mit Kränzen auf dem Haupt und Lorbeerzweigen in den Händen. Diese Bittgänge sind mit einem Besuch sämtlicher Tempel Roms verbunden, um allen Göttern durch Gebet und Opfer zu huldigen. Später sind es Bitt- und Dankfeste (mit Ehrung siegreicher Feldherren), die auf Anordnung der Konsuln bzw. des Senats begangen werden.

Zur Zeit der Republik werden von den Konsuln regelmäßig zu Anfang eines neuen Jahres *vota* (lat. »Gelübde«) für das Staatswohl abgelegt und gleichzeitig die alten des vorangegangenen Jahres erfüllt. In der Kaiserzeit entsprechen die jährlichen Gelübde für das Wohl des Kaisers diesem Brauch. Gelübde werden vor allem vor einem Feldzug geleistet, deren Erfüllung – die Darbringung der gelobten Beute – das Wichtigste beim Triumph des siegreichen Feldherrn ist. Die Gelübde lassen die Vorsicht der Römer erkennen, erst nach der Erfüllung einer Bitte durch die Götter ein Versprechen einzulösen und nicht vorher die Gaben umsonst darzubringen.

Der *Eid* wird heilig gehalten und gilt als Unterpfand der Treue und Wahrheit in allen Bereichen des bürgerlichen Lebens. Er wird als Bekenntnis des Glaubens an die göttliche Allwissenheit und Gerechtigkeit betrachtet. Auf Meineid steht ursprünglich die Todesstrafe. Der älteste und heiligste Eid der Römer ist der von den Priestern des Jupiter unter dessen Namensanrufung gesprochene und mit dem Schleudern seines Symbols, des Donnersteins, bekräftigte Eid. Die Eidesformel lautet:

> So ich die Wahrheit sage,
> möge mir Gott helfen.
> So ich aber nicht mit lauterer Treue geschworen habe, so soll mich Diespiter ohne allen Nachteil für Stadt und Burg – wie ich hier diesen Stein von mir schleudere – aus meiner Heimat mit allem Hab und Gut nach menschlichem und göttlichem Recht herausschleudern.

Der Fahneneid *(sacramentum)* ist ein besonderer magisch-religiöser Weiheakt, der später bei Tertullian den Namen für das christliche Sakrament der Taufe abgibt.
Mit Hilfe der *Auspizien* (lat. *avis-spicium* = »Vogelschau«) vergewissern sich die Römer des Einverständnisses der Götter für geplante Unternehmungen. Die Beobachtung des Vogelflugs auf Begleitumstände, Richtung und Schnelligkeit oder auch das Verhalten der Hühner beim Fressen – günstiges Zeichen ist, wenn diese sich gierig über ihr Futter stürzen – ist Aufgabe der Auguren (→S. 350).
Ein *prodigium* (lat. »Vorhergesagtes, unheilverheißendes Vorzeichen«) wird als Äußerung des Unwillens der Götter und als Anzeichen einer Gefahr für den Staat angesehen. Diesem außergewöhnlichen Ereignis begegnet man mit *remedia* (lat. »Hilfsmaßnahmen«), die man aus den Orakelbüchern der Sibyllen erfragt, um die Götter umzustimmen.

Kultdiener

Ursprünglich übt der *pater familias* (lat. »Vater der Familie«) allein das Priestertum aus. Das Oberhaupt der Familie vertritt die Familie nach außen und pflegt die kultische Beziehung zu den für seine Familie bedeutenden Hausgöttern, den Penaten und Laren. Sein Genius ist auch der der Familie.

Während die privaten Kulte *(sacra privata pro gentibus)* der Familie vom Hausvater vollzogen werden, obliegen die staatlichen Kulte *(sacra publica pro populo Romano)* einem beamteten Priesterstand. Zu den Priesterkollegien gehören an erster Stelle die *sacerdotes* oder *pontifices* (lat. »Brückenbauer«), deren Kollegium ursprünglich aus 6 und später zur Zeit Caesars aus 16 Mitgliedern besteht und sich selbst durch Kooptation ergänzt. Dieses Priesterkollegium ist zunächst nur Patriziern zugänglich, erst seit etwa 300 v. Chr. müssen mindestens 50% von ihnen Plebejer sein. Die *pontifices* bilden die oberste Kultbehörde Roms. Sie sind verantwortlich für die Beachtung der religiösen Gesetze und kultischen Vorschriften. Sie treffen Entscheidungen über Fragen des sakralen Rechts und bestimmen den Festkalender. Sie legen das Zeremoniell für die Gottesdienste fest und formulieren die Texte der öffentlichen Gebete und Gelübde. Sie überwachen die Amtsführung der anderen Priester und legen Strafen für Religionsvergehen fest.
Das Kollegium der *pontifices,* das nach Abschaffung des altrömischen Königtums alle dessen priesterlichen Funktionen übernommen hatte, steht unter dem Vorsitz des *pontifex maximus* (lat. »größter Brükkenbauer, Wegebereiter«), der aus ihrem Kreis hervorgeht. Anfänglich wird der *pontifex maximus* vom König, in der Republik zunächst von den *pontifices,* bald vom Volk und in der Kaiserzeit vom Senat auf Lebenszeit bestellt. Sein Titel zeigt, daß die ursprüngliche Funktion dieses Priesters darin besteht, vor dem Bau einer Brücke das Numen des Flusses zu versöhnen. Als Vorsteher des altrömischen Priesterkollegiums ist er der eigentliche Nachfolger des Königs, soweit dieser Priester war, und hat seine Amtswohnung in der »Regia« am Forum. Schon Caesar nimmt den Titel *pontifex maximus* an, wie nach ihm Augustus im Jahre 12 v. Chr., und die darauffolgenden Kaiser behalten ihn bei bis zum weströmischen Kaiser Gratian (375–383 n. Chr.), der 378 Amt und Titel niederlegt. Im 5. Jh. übernehmen Bischöfe und vor allem Papst Leo I. (440–461), der »heimliche weströmische Kaiser«, diesen Titel. Seit der Renaissance ist dieser Ehrentitel *pontifex maximus* (ital. Sommo Pontifice) neben dem des »Vicarius Christi« allgemeines Vorrecht des Papstes.
Dem Kollegium der *pontifices* im weiteren Sinn gehört der *rex sacrorum,* auch *rex sacrificulus* (lat. »Kult-, Opferkönig«), an, der als Priester in republikanischer Zeit die kultischen Aufgaben des früheren Königs *(rex)* wahrzunehmen hat.
Die kultischen Aufgaben der Königin *(regina)* als Priesterin der Vesta gehen in republikanischer Zeit auf das Kollegium der *Vestalinnen* über. Ursprünglich ist die Königin die einzige Vestalin, so wie der König der einzige Priester des Janus ist. Später gibt es zwei, dann vier und zuletzt sechs Vestalinnen, die aus vornehmen Familien stammen und sich zu einem dreißigjährigen Dienst verpflichten. Die zur Vestalin bestimmte Jungfrau muß 10 Jahre alt sein und 10 Jahre lang den Dienst der Vesta erlernen, bevor sie ihn 10 Jahre lang ausübt. Danach lehrt sie andere den Vesta-Dienst während weiterer 10 Jahre.
In dem neben dem Vesta-Tempel auf dem Forum gelegenen *atrium Vestae,* dem einzigen antiken »Nonnenkloster«, führen die Vestalinnen unter Leitung der *virgo Vestalis maxima* (lat. »oberste Vestalische Jungfrau«), einer Art Äbtissin, ein klösterliches Leben. Sie sind mit einem langen weißen Gewand bekleidet und tragen um das Haupt die priesterliche Stirnbinde *(vitta),* dazu während der Opferhandlung einen dichten Schleier. Aufgabe der Vestalinnen ist es, vom Quell der Nymphe Carmenen im Hain der Egeria das Wasser für die heilige Kulthandlung zu holen, für Rom, Staat und Volk zu beten und an bestimmten Tagen am Staatsherd Speiseopfer darzubringen. Als Dienerinnen der Vesta, der Göttin des Feuers, ist es vor allem ihre Aufgabe, das heilige Feuer, das Staatsfeuer, im Tempel der Vesta zu hüten. Wenn es erlischt, so wird dies als ein großes Unglück angesehen, und das Feuer muß an den Strahlen der Sonne neu ent-

1

2

zündet werden. Die schuldige Vestalin wird hierfür vom *pontifex maximus* mit Geißelhieben gezüchtigt. Die Vestalinnen sind hoch angesehen und genießen besondere Ehrenrechte, die erst von Kaiser Gratian (375–383 n. Chr.) aufgehoben werden. Wenn die Vestalinnen bei feierlichen Anlässen ihr Haus verlassen, werden ihnen in der Stadt von einem *lictor* die *fasces* vorangetragen. Begegnet ihnen auf dem Weg ein Verbrecher, den man zur Hinrichtung abführt, so wird diesem das Leben geschenkt. Im Theater haben sie Ehrenplätze wie die höchsten Staatsbeamten. Ihre Zeugenaussage gilt ohne Eidesleistung. Wer sie beleidigt, wird mit dem Tod bestraft. Die den Ehrentitel *virgines sanctae* (lat. »heilige Jungfrauen«) führenden Vestalinnen haben die besondere Verpflichtung zum zölibatären Leben. Bei Verletzung des Keuschheitsgelübdes werden sie zur Strafe bei lebendigem Leib eingemauert. Erst nach der dreißigjährigen Amtszeit ist ihnen die Ehe erlaubt.

Schon in monarchischer Zeit gab es die *flamines* (lat. »Anbläser«). Die Ämter der drei großen *flamines (flamines maiores)*, die jeweils einem der Götter Jupiter, Mars und Quirinus zugeordnet sind, bleiben den Patriziern vorbehalten.

1. Der *flamen Dialis*, der Jupiter-Priester, nimmt in Rom die vornehmste Stelle ein. Er genießt Privilegien, wie die Begleitung eines *lictors*, die *sella curulis* (Amtssessel der höheren Magistrate) und die *toga praetexta* (purpurverbrämte Toga), hat aber auch besondere Verpflichtungen, sich vor Verunreinigung zu bewahren, nicht über Nacht außerhalb der Stadt zu weilen, kein Pferd zu besteigen und keinen Eid abzulegen. Dieses Amt ist von 87 bis 11 v. Chr. unbesetzt. Stirbt die Gattin, die *flaminica*, so muß der *flamen Dialis* auf sein Amt verzichten. Die *flaminica*, Priesterin der Juno, verwirklicht gewissermaßen das Wesen der Göttin Juno. Als Gattin des *flamen Dialis* muß ihre Ehe in der Form der *confarreatio* (→S. 345) geschlossen sein. Auch ihr Leben ist durch Tabuvorschriften geregelt; so muß sie stets als Braut gekleidet auftreten mit Purpurschleier und Kranz aus Granatblüten. An bestimmten Festtagen ist ihr der Umgang mit ihrem Gatten untersagt. Zu den *flamines maiores* gehören noch:

2. der *flamen Martialis* und 3. der *flamen Quirinalis*.

Von den *flamines minores* (lat. »mindere *flamines*«) gibt es zwölf, die im Dienst anderer, untergeordneter Gottheiten stehen.

Da jede amtliche Handlung der Zustimmung der Gottheit bedarf, wird deren Wille aus Zeichen gedeutet. Die *Auguren* (lat. *augures* = »Weissager, Seher«) sind ein Kollegium von 15 Priestern, die die gött-

3

1 Inseln der Seligen, *Wandgemälde, ca. 220. Rom, (unter der Kirche) SS. Giovanni e Paolo*

2 Via Appia Antica, *Gräberstraße, 312 v. Chr. Rom*

3 Mausoleum *des Divus Hadrian, 139 n. Chr. seit dem Mittelalter »Engelsburg«. Rom*

4 *Prozession der kaiserlichen Familie, Marmorfries der* Ara Pacis, *13–9 v. Chr. Florenz*

5 *Haus der* Vestalinnen. *Rom, Forum Romanum (Nr. 8)*

4

5

lichen Ratschlüsse von heiliger Stätte aus zu ermitteln suchen, entweder aus der Beobachtung des Vogelflugs *(auspicia caelestia)* oder aus dem Gang oder Verhalten der Tiere *(auspicia terrestria)*. Vor jeder bedeutenden Staatshandlung müssen die Auguren ihr Amt ausüben und diese Staatshandlung »inaugurieren«. Ihr Abzeichen ist der Krummstab *(lituus)*, der einst wohl Zauberstab war. Neben den Auguren gibt es *haruspices*, ein von den Etruskern übernommenes Kollegium aus 60 Sehern, das aus den Eingeweiden (Leberschau) geopferter Tiere den Willen der Götter ermittelt.

Die *quindecim viri sacris faciundis*, ein Kollegium von 15 Männern, ist mit der Obhut und Auslegung der Sibyllinischen Bücher beauftragt. Die Sibyllinischen Orakel enthalten Ankündigungen von Schrekkensereignissen, und durch die Befragung der Bücher wird versucht, die notwendigen Beschwichtigungsmaßnahmen zu ermitteln. Um Mißbrauch auszuschließen, darf die Befragung der Sibyllinischen Bücher nur auf Beschluß des Senats geschehen. Mit Anweisungen Sibyllinischer Orakel begründet das Kollegium bedeutsame Änderungen im Kult, so im Jahre 493 v.Chr. die eleusinische Dreiheit Ceres, Liber und Libera.

Neben Priestern und Priesterinnen gibt es religiöse Bruderschaften, die sich an bestimmten Tagen zum Kult versammeln. Zu ihnen zählen die *Luperci* (lat. »Wolfsgilde«). Sie sind ein Priesterkollegium im Dienst des Faunus, des Gottes der tierischen Fruchtbarkeit. An den *Lupercalia* (→S.347) am 15. Februar nehmen sie im Anschluß an ein Bockopfer, nur mit den Häuten geopferter Böcke bekleidet, an einem Umlauf um den Palatin teil und schlagen die ihnen begegnenden Frauen mit Riemen aus dem Fell geopferter Bökke, um Fruchtbarkeit zu vermitteln. Die *Salii* (lat. »Springer«) stehen als Mitglieder eines ursprünglich aus 12, später aus 24 Priestern bestehenden Kollegiums im Dienst des Kriegsgottes Mars (auch des Quirinus). Sie tragen militärische Tracht. Zu Kriegsbeginn und Kriegsende, im März und Oktober, haben ihr Tanz und Gesang die Funktion, das Heer und die Waffen zu reinigen. Die *Arvalen* oder *fratres arvales* (lat. »Arvalische Brüder, Saatfeldbrüder«) sind ein Priesterkollegium, das den Mars, die Dea Dia und die Laren verehrt. Bei den Ambarvalien im Mai singen sie das »carmen arvale«, das älteste erhaltene römische Literaturdenkmal. Die *Fetialen* (lat. »Kriegsherolde«) sind ein zwanzigköpfiges Priesterkollegium, das dem Jupiter geweiht ist. Es überwacht die Normen für den völkerrechtlichen Verkehr, schließt in streng rituellen Formen Bündnisse und gibt Kriegserklärungen ab.

Kultstätten und Tempel

Der häusliche Gottesdienst findet im kleinen Haustempel *lararium* statt, der den Laren und Penaten geweiht ist. Hier wird das heilige Herdfeuer ständig unterhalten und auch der Totenkult der Manen zelebriert.

Die öffentliche Götterverehrung findet zur Zeit der altitalienischen Baukunst in heiligen Hainen statt, in denen zunächst aus frisch herausgegrabenen Rasenstücken, später aus Stein, eine *ara* (lat. »Opfertisch, Altar«) errichtet wird. Nur vereinzelt gibt es schon Rundtempel, die jedoch noch eine geringe Bedeutung haben.

Die italisch-römische Baukunst dient – im Gegensatz zur griechischen Baukunst, in deren Mittelpunkt der Tempel für die Götter steht – rein praktischen Bedürfnissen. Gleichberechtigt stehen profane und religiöse Bauwerke nebeneinander und zeichnen sich durch Monumentalität und kompositionelle Geschlossenheit aus, wofür die Foren (lat. »Marktplätze«) Beispiele bieten. Jede Stadt hat ihr *Forum*, das in der Nähe des Schnittpunktes eines Achsenkreuzes zweier Hauptstraßen, des *cardo* (S-N-Achse) und *decumanus* (W-O-Achse) liegt.

Der Marktplatz – ein großer, offener, mit Säulengängen eingefaßter Platz – ist Mittelpunkt des öffentlichen und staatlichen Lebens, wie das Beispiel des *Forum Roma-*

num zeigt. Hier befindet sich das *comitium,* wo die Volksversammlungen stattfinden, mit der *rostra* (lat. »Schiffsschnabel«), einer Rednertribüne, die aus Teilen erbeuteter Galeeren aus der Seeschlacht gegen die Latiner im Jahre 338 v.Chr. besteht. Hier stehen die *curia,* in der der Senat seine Ratssitzungen abhält, die *Basiliken,* die sowohl als Markt- wie als Gerichtshallen dienen, und der *carcer,* das Staatsgefängnis. Hier befinden sich die bedeutendsten Staatstempel Roms, die *regia* als Residenz des *pontifex maximus* mit dem Archiv der Annalen und das *atrium Vestae* als Klostergebäude für die Vestalinnen. Hier stehen auch die *Triumphbogen* für die siegreichen Imperatoren, denen zu Ehren an der *via sacra* Triumphzüge stattfanden. Ein goldener Meilenstein *(milliarium aureum)* zeigt die Entfernung von Rom zu den wichtigsten Städten des Römischen Imperiums an.

Die Tempel stehen entweder isoliert oder im Zentrum eines *heiligen Bezirks,* an dessen Eingang ein Torbau liegt. Von einer Mauer umgeben, befinden sich an der Innenseite des Tempelbezirks manchmal Kammern oder Säulenhallen. Ein Beispiel dafür ist der Tempelbezirk des Jupiter Heliopolitanus in Baalbek (Syrien). Der Tempelbezirk einer römischen Stadt wird in Anlehnung an den Haupttempelbezirk Roms »Kapitol« genannt.

Aus dem griechischen »Körperstil« – der griechische Tempel ist eine gewaltige Rundplastik – entwickelt sich in Rom der »Raumstil«, bei dem die Fassade und der Innenraum Hauptträger der künstlerischen Gestaltung sind. Während der griechische Tempel allseitig orientiert ist, steht der römische Tempel – nach etruskischem Vorbild – auf einem hohen Unterbau (Podium), und dieser *Podiumtempel* ist nur an der Eingangsfrontseite über eine Stufenanlage zugänglich. Aus diesem Grund ist nur die Eingangshalle eines *Rechtecktempels* durch eine Säulenvorhalle stark betont. Der römische Tempel umfaßt neben einer offenen *Vorhalle* das geschlossene Heiligtum *(cella),* das Zentrum des römischen Tempels, mit einer Tür, die meist an der Ostseite liegt. Im Innern der *cella,* gegenüber der Tür, steht das Götterbild. Die *cella* ist ganz oder teilweise von einem Säulengang *(Peristyl)* umgeben.

Römische Tempel haben meist die Grundrißformen des griechischen Peripteros, d.h. eines Tempels, dessen *cella* von einem *pteron* (griech.; lat. *peristylum*) umgeben ist. Ein Beispiel bietet der Castor-und-Pollux-Tempel auf dem Forum Romanum.

Eine Sonderform des Rechtecktempels ist der *Doppeltempel,* der die zwei verschiedenen Gottheiten geweihten Tempel durch deren unmittelbare Nebeneinanderreihung verbindet. Beim Beispiel des Venus-und-Roma-Tempels in Rom sind die Apsiden der beiden *cellae* Kopf an Kopf angeordnet.

Der römische *Rundtempel* wird meist von einem Säulenkranz umgeben. Das Pantheon (griech. *pantes theoi* = »alle Götter«), ursprünglich für die »sieben Planetengötter« errichtet und ein Rundtempel ohne Säulenkranz, ist der erste große Zentralbau auf römischem Boden und heute das einzige vollständig erhaltene Bauwerk des antiken Rom.

Die Baustile der Römer lehnen sich an die der Griechen an, jedoch mit einigen Abweichungen. Sehr beliebt ist in Rom die korinthische Ordnung wegen ihres Reichtums an verzierenden Elementen, so daß fast sämtliche Tempel der Kaiserzeit in korinthischem Stil errichtet sind. Das Gebälk der römischen Tempel zeichnet sich durch großen Reichtum an Einzelelementen (Perlstab, Eierstab, Zahnschnitt, Blattwelle) aus.

Plastiken

Erstes repräsentatives Beispiel des historischen *Reliefs,* das seine Vorbilder in den im Triumphzug mitgeführten, gemalten Schaubildern hat, die später im Tempel oder im Haus des Triumphators aufbewahrt werden, ist der am 9. Januar des Jahres 9 v.Chr. geweihte Friedensaltar *(ara pacis)* des Augustus. Andere Beispiele bieten die Triumphbogen und die Triumphsäulen. Die *Triumphbogen* sind, wie ihr Name sagt, dazu bestimmt, den Triumph von siegreich heimkehrenden Feldherren und Cäsaren zu verherrlichen. Diese Monumente sind Straßentore mit einem, drei oder vier Durchgängen. Letztere stehen nach dem Vorbild des »Janus quadrifons« in Rom vor allem in Nordafrika. Auf den Reliefs der Triumphbogen sind die Taten der Helden dargestellt.

Ein Beispiel bietet der im Jahre 81 n.Chr. an der höchsten Stelle der via sacra am Forum Romanum errichtete *Titusbogen*. Dieser eintorige Bogendurchgang erinnert an den Sieg des Titus über die Juden (70 n.Chr.). Die Innenreliefs auf der einen Seite zeigen den Triumphzug der römischen Soldaten mit Beutestücken aus dem herodianischen Tempel, auf der anderen Seite das kaiserliche Viergespann, von der Göttin Roma geführt, und die Krönung des Kaisers durch die Siegesgöttin, am Gewölbe die Apotheose des Titus, wie er auf Adlerflügeln in den Himmel getragen wird.

Die *Triumphsäulen* sind hohe Ehrensäulen zum Andenken an die Regierung eines Kaisers, meist über dessen Einäscherungsplatz errichtet. Oft ist die Aschenurne im Sockel eingemauert. Das Innere der aus 20 bis 30 Trommeln errichteten Säulen ist hohl und enthält eine Wendeltreppe mit 190 bis 200 Stufen, auf denen man zur oberen Plattform mit dem Standbild des Kaisers gelangt. Außen befindet sich ein spiralenförmig gewundener Fries mit fortlaufender Folge von Schlachtendarstellungen.

Beispiele sind die 42 m hohe *Trajanssäule* in Rom aus dem Jahre 113 n.Chr. zur Erinnerung an die siegreichen Feldzüge Trajans (98–117) gegen die Daker (101–102, 105) mit einem 200 m langen Reliefband von über 2500 Figuren. Das Standbild des Kaisers wird 663 entfernt und 1587 durch eine Statue des christlichen Apostels Petrus ersetzt. Durch eine Plastik des Apostels Paulus ersetzt wird im Jahre 1589 die im 7. Jh. entfernte Kolossalstatue des Kaisers Mark Aurel (161–180 n. Chr.) auf der ihm zu Ehren im Jahre 176 n. Chr. errichteten Säule mit Darstellungen aus dem 1. Markomannenkrieg (167–175).

Im Gegensatz zur Idealisierung und Heroisierung in der griechischen *Porträtkunst* zeichnet sich das römische Porträt durch genaue Wiedergabe der Züge des Antlitzes aus.

Beispiele der dekorativen *Wandmalerei* finden sich in Pompeji.

Schriften

Eine Art heiliger Schriften sind die *Sibyllinischen Bücher,* Ratschlüsse der Götter für Städte und Reiche. Die aus Kyme in Kleinasien nach Cumae (bei Neapel) in Kampanien eingewanderte Prophetin *Sibylle* soll diese Sammlung von Sibyllenorakeln dem römischen König Tarquinius Priscus Superbus verkauft haben. Die im Keller des 509 v. Chr. auf dem Kapitol erbauten Tempels zu Ehren des Jupiter Optimus Maximus aufbewahrten Sibyllinischen Bücher werden beim Brand des Tempels im Jahre 83 v. Chr. vernichtet. Im Jahre 76 v. Chr. läßt dann der Senat durch eine Gesandtschaft eine neue Sammlung mit ca. 1000 Versen Sibyllinischer Weissagungen in Kleinasien erwerben. Kaiser Augustus läßt die wiederum auf dem Kapitol verwahrten Schriften in den von ihm im Jahre 28 v. Chr. geweihten Apollo-Tempel auf den Palatin bringen und dort aufbewahren, bis der weströmische Feldherr vandalischer Herkunft *Stilicho* (†408), der eigentliche Herrscher Westroms unter Kaiser Honorius, diese als »Rückhalt des Heidentums« zu Beginn des 5. Jh. n. Chr. verbrennen läßt. Die heute teilweise erhaltenen Sibyllinischen Bücher sind jüdischer und christlicher Herkunft und datieren aus der Zeit zwischen dem 2. Jh. v. Chr. und dem 2. Jh. n. Chr. Sie sollen mit der Autorität der alten Sibylle für den jüdischen bzw. christlichen Glauben werben.

Marcus Tullius *Cicero* (106–43 v. Chr.) ist römischer Politiker und Philosoph, der auf Betreiben des Antonius geächtet und ermordet wird. Er hat als Eklektiker die griechische Philosophie in selbständiger Auswahl und Verarbeitung in das römische Denken eingeführt. Als Skeptiker und Schüler des Poseidonios vertritt er die Theologie und Ethik der Stoa. Obwohl selbst Augur, steht er der Volksreligion nüchtern und rational gegenüber.

In seinen tiefdurchdachten Schriften »Über die Natur der Götter«, »Über Divination«, »Über das höchste Gut« und »Die Pflichten« beschäftigt er sich mit Fragen der Religion und Ethik. In den »Tuskulanen« schreibt er über die Unsterblichkeit und in den »Gesetzen« legalisiert er den Staatskult. Die Existenz einer Vorsehung und einer sittlichen Weltordnung, aus der die Gesetze des Staates Würde und Kraft erhalten, hält er als eine »lex naturalis« für gesichert. Der Verlust der »pietas« müßte eine Verwirrung und große Konfusion des Lebens zur Folge haben. Ciceros religions- und theologiegeschichtliche Nachwirkungen auf die christlichen Apologeten (Minucius Felix) bis hin zu Ambrosius und Hieronymus sind groß. Die Lektüre seines »Hortensius« leitet die Wende im Leben des Augustinus ein. Auf die Denkweise des Humanismus (Petrarca, Erasmus) haben seine Schriften eingewirkt, ebenso wie seine Moralphilosophie auf die europäische Aufklärung (Friedrich d. Gr.) gewirkt hat.

Publius *Vergilius* Maro (70–19 v. Chr.) sucht als Dichter, gefördert von Augustus und Maecenas, die augusteische religiöse Restauration mit den Idealen der römischen Vorzeit zu verbinden. Im römischen Nationalepos »Aeneis« besingt er die göttliche Bedeutung Roms. Er preist die Taten des Aeneas, des Stammvaters des julischen Hauses, der auf Geheiß seiner Mutter Aphrodite das zerstörte Troja verläßt und sich nach vielen Irrfahrten in Latium ansiedelt. Aufgrund göttlicher Gunst und menschlicher Treue wird die zukünftige Bedeutung Roms besungen. Die *4. Ekloge* Vergils hat große religionsgeschichtliche Bedeutung erhalten. In ihr verkündet Vergil das Ende des eisernen und das Nahen eines goldenen Zeitalters, das sich in der Geburt eines göttlichen Knaben ankündigt. Dieser dichterische Ausdruck der augusteischen Heilands-Erwartung wird später vom Christentum als messianische Weissagung interpretiert. Für den christlichen Dante ist der Römer Vergil einer seiner Jenseitsführer in der »Göttlichen Komödie«.

Publius *Ovidius* Naso (43 v.–17 n. Chr.) schreibt als römischer Dichter die für die Religionsgeschichte wichtigen 15 Bücher »Metamorphosen« (»Verwandlungen«) mit Sagen von der Bildung der Welt, die eine Quelle der klassischen Mythologie darstellen.

Der Historiker Titus *Livius* (59 v.–17 n. Chr.) beschreibt in den 142 Büchern seines Werkes »Ab urbe condita« (»Von der Gründung der Stadt [Rom] an«) den Verlauf der Geschichte Roms, die er mit dem Trojanischen Krieg beginnt, dank der »virtus Romana« (»römische Tugend«) und der göttlichen Vorsehung.

Lucius Annaeus *Seneca* (4 v.–65 n. Chr.), römischer Staatsmann, Dichter und Philosoph, wird der Erzieher Neros und stirbt auf dessen Anordnung (wegen angeblicher Beteiligung an der pisonischen Verschwörung) durch Selbstmord.

Seine moralpädagogischen Abhandlungen zeigen eine starke Wendung des Stoikers Seneca zum Religiösen und dessen Erscheinungen. Die Unsittlichkeit der römischen Gesellschaft bekämpft er erbittert und stellt das Eherecht auf die ethische Gleichheit von Mann und Frau ab. Seine religiöse Ethik wird von christlichen Kreisen hochgeschätzt, so daß ein apokrypher Briefwechsel zwischen ihm und dem christlichen Apostel Paulus (8 Briefe von Seneca, 6 Briefe von Paulus) entstehen kann, zumal manche Fragen des Römerbriefs von Paulus den Problemen Senecas auffallend ähnlich sind. Senecas älterer Bruder M. Annaeus Novatus, Adoptivsohn des L. Junius Gallio und nach ihm umbenannt, ist der in der Apostelgeschichte (Apg 18,12) und in der Gallio-Inschrift erwähnte Prokonsul Gallio.

1

2 

 3

1 ***Römische Tempelbauformen:***

A. Podiumtempel *(Rom/Italien: Fortuna-Virilis-Tempel)*
1. Unterbau (Podium)
2. Freitreppe an der Frontseite
3. Tempelvorhalle
4. Cella

B. Zentralbau *(Rom/Italien: Pantheon)*
1. Portikus
2. Zentralgebäude (Rotunde)

C. Doppeltempel *(Rom/Italien: Venus- und Roma-Tempel)*
1. Cella für die Göttin Venus
2. Cella für die Göttin Roma

D. Tempelkomplex *(Baalbek/Syrien: Heiligtum des Jupiter Heliopolitanus)*
1. Torbau
2. Vorhof
3. Altarhof
4. Reinigungsbecken
5. Brandopferaltäre
6. Cella des Jupitertempels
7. Cella des Bacchustempels

2 Pantheon, *Kuppeldurchmesser 43,30 m, 27 v. Chr errichtet und 118/119–125/128 n. Chr. erneuert. Rom*

3 Jupitertempel *mit 6 von ursprünglich 54 Säulen, ca. 60. Baalbeek/Syrien*

4 Heiligtum der Sibylle. *Cumae/Neapel*

 4

Zeittafel

Vor der christlichen Zeitrechnung

753 Gründung Roms durch Romulus und Beginn der römischen Zeitrechnung (nach Varro)
ca. 750 Beginn der griechischen Kolonisation in Unteritalien und Ostsizilien
ca. 700 Erwerb der Sibyllinischen Bücher
510 Beginn der Republik
509 Einweihung des Jupiter-Tempels auf dem Kapitol
494–300 Ständekampf zwischen Patriziern und Plebejern
um 450 Zwölftafelgesetzgebung
367 Einweihung des Concordia-Tempels auf dem Forum
312 Bau der Via Appia durch Appius Claudius
197 Rom beherrscht Griechenland
106–43 Marcus Tullius Cicero
88–27 Zeit der Bürgerkriege
83 Brand des Jupiter-Tempels und Vernichtung der Sibyllinischen Bücher
76 Neuerwerbung von Sibyllinischen Büchern aus Kleinasien
60 1. Triumvirat: Pompejus, Crassus, Caesar
44 Ermordung des Diktators Caesar (100–44)
43 2. Triumvirat: Oktavian, Antonius, Lepidus
31 Beginn der Kaiserzeit, Oktavian, der

spätere Kaiser Augustus, ist Alleinherrscher (31 v.–14 n.Chr.)
9 Einweihung des Friedensaltars auf dem Marsfeld

Nach der christlichen Zeitrechnung
64 Brand Roms
70 Eroberung Jerusalems durch Titus (79–81) während der Regierungszeit Vespasians (69–79)
81 Errichtung des Titusbogens an der Via sacra
1. Jh. Bau der »Maison Carrée« in Nîmes
ca. 120 Bau des Pantheons
132–135 Aufstand des Bar Kochba und Eroberung Jerusalems durch Hadrian (117–138)
139 Bau des Mausoleums für Hadrian
2. Jh. Bau des Tempelbezirks Jupiter Heliopolitanus in Baalbek
249/251 Erneuerung der r. R. durch Decius und zugleich erste allgemeine Christenverfolgung
303 Christenverfolgungsedikt des Diokletian
313 Toleranzedikt von Mailand und Abschaffung des Staatskultes durch Konstantin (306–337)
330 Verlegung der kaiserlichen Residenz von Rom nach Byzanz
391 Erklärung des Christentums zur Staatsreligion und Verbot aller »heidnischen« Kulte durch Theodosius I. (345-395)
395 Teilung des Römischen Reiches in Ostrom und Westrom
404 Ravenna wird Hauptstadt des Weströmischen Reiches
Anfang 5. Jh. Der Reichsverwalter Stilicho (†408) läßt die Sibyllinischen Bücher als »Rückhalt des Heidentums« verbrennen
476 Absetzung des letzten weströmischen Kaisers Romulus Augustulus durch Odoaker und Ende des Weströmischen Kaiserreiches

Literaturauswahl

Altheim, F.: Römische Religionsgeschichte. 2 Bde. (1931–33), Berlin [2]1956
Brelich, A.: Die geheime Schutzgottheit von Rom. Zürich 1949
Brelich, A.: Vesta. Zürich 1949
Fietz, W.: Römische Sagen. Geschichten und Geschichte aus der Frühzeit Roms. Frankfurt/M. 1980
Fowler, W. W.: The Roman Festivals of the Period of the Republic. London 1900
Grant, F. C.: Ancient Roman Religion. New York 1957
Grant, M.: Mythen der Griechen und Römer. Zürich 1964
Latte, K.: Römische Religionsgeschichte. München 1976
Ogilivie, R. M.: The Romans and their gods. London 1969
Perowne, S.: Roman Mythology. London 1969
Pfister, F.: Religion der Griechen und Römer. Leipzig 1930
Rose, H. J.: Ancient Roman Religion. London 1948
Wagenvoort, H.: Studies in Roman Literature, Culture and Religion. Leiden 1956
Wissowa, G.: Religion und Kultus der Römer. München [2]1912

SAMATISMUS

Der S. ist die nach ihrem Gründer *Samat* (†1920) benannte national-religiöse Bewegung Indonesiens, die eine Weiterführung des durch den Javaner *Samin von Rembang* 1890 gegründeten und nach ihm benannten *Saminismus* darstellt.
Nachdem Samin im Jahre 1890 eine *Samanitische Bruderschaft* gegründet hat und 1907 von der Kolonialregierung von Niederländisch-Indien deportiert wurde, stiftet Samat, ein verwandter Samins, den S.
Schon seit Anfang des 18. Jh. sind in Niederländisch-Indien *Ratu-Adel*-Prätendenten (*Ratu Adel* = »gerechter König«), Heilsbringer, aufgetreten, deren bedeutendster *Dipanagara II. von Djokjakarta* ist. Da die Wiederherstellung von Javas Unabhängigkeit und Größe erstrebt wird, müssen der europäische Einfluß ausgeschaltet und ein »heiliger Krieg« gegen die holländischen Kolonialherren (1825–30) ausgetragen werden. Nach Erlangung der indonesischen Selbständigkeit (1945/49) wirken die Ideen des S. weiter, als *Achmed Sukarno* (1901–70) am 1. Juli 1945 zur geistigen Grundlage des neuen Staates die *Pantja Sila* (»fünf Grundsätze«) erklärt: Nationalismus (kein muslimischer Glaubensstaat), Demokratie, Glaube an Gott (nicht Allāh), Humanismus und soziale Gerechtigkeit.
Im Zentrum dieser Religion steht die Errichtung eines Reiches des Friedens, des Glücks und des Wohlstands auf den indonesischen Inseln. Überreiche Reisernten werden die Periode des glücklichen Daseins einleiten. Als Heilsbringer wird der *Ratu Adel* erwartet, der bereits um das Jahr 1930 aus dem Westen eintreffen sollte. Zum ethischen Programm gehört die Überführung des Landbesitzes in Gemeineigentum.

Literaturauswahl

Drewes, G. W. J.: Drie Javaansche Goeroe's. Leiden 1925
Vollenhoven, C. van: Het Adatrecht van Nederlandsch Indie. Leiden 1931

SAMOTHRAKISCHER MYSTERIENKULT

Die *Samothrakischen Mysterien* sind nach der Insel Samothrake in der nördlichen Ägäis benannt, einer Zufluchtsstätte für politisch Verfolgte. Dieser →Mysterienkult geht auf die Zeit um 700 v.Chr. zurück und hält sich ungefähr ein Jahrtausend. Zu den Eingeweihten gehören Herodot (5. Jh. v.Chr.) und die Eltern Alexanders d.Gr., König Philipp II. von Makedonien (359–336 v.Chr.) und seine Gemahlin Olympia, eine epirotische Prinzessin, die sich bei den Einweihungszeremonien auf Samothrake kennengelernt hatten. Die erste Initiation eines Römers erfolgt im Jahr 149 v.Chr.

In den Mysterien von Samothrake, einer der Seefahrt besonders verbundenen Kultstätte, werden die *Kabiren,* »Große Götter«, als Patrone der Schiffahrt verehrt. Dieses männliche Götterpaar, Kabiros und sein Sohn bzw. Zwillingsbruder, steht im Mittelpunkt eines phallischen Kultes.

Von zwei Einweihungsgraden ist der erste der des *Mysten,* des nur verbal in die Mysterien Eingeweihten, und der zweite der des *Epopten,* der das Recht der Schau des sakralen Mysterienspiels hat. Die Eingeweihten erhalten eine purpurne Schärpe, die sie gegen Seestürme gefeit macht, und einen Ring aus Magneteisen, der als Symbol für ständigen Kontakt mit den Göttern gilt.

Das Vorhandensein ithyphallischer Statuen (mit erigiertem männlichem Glied) und dreieckiger weiblicher Schamsymbole läßt darauf schließen, daß der Kult in Samothrake mit Leben, Fruchtbarkeit und Wiedergeburt zu neuem Dasein zu tun hat.

Literaturauswahl

Cole, S.: The Samothracian Mysteries. High Wycombe 1975

SCHAMANISMUS

Der S. ist weniger eine eigenständige Religion als vielmehr eine einem magischen Weltbild verhaftete religiöse Praxis, die innerhalb verschiedener Religionen der Vergangenheit wie auch der Gegenwart anzutreffen ist und ihren Namen von den *Schamanen* herleitet, die in ihnen eine zentrale Stellung einnehmen.

Den S. gibt es in den →urgeschichtlichen Religionen, den →Stammesreligionen Afrikas, Asiens und Ozeaniens, bei den Indianern Nordamerikas, in den →arktischen Religionen und in Religionen Zentral- und Ostasiens. Von den heute noch über 10 Millionen *Schamanisten* leben über 90% in den beiden Ländern Korea, die übrigen vor allem in der Mongolei und in der GUS (Sibirien). Aber auch im Derwischtum der islamisierten Türken und im tantrischen Buddhismus der lamaistischen Tibeter ist der S. heute lebendig.

Zentrale Gestalt des S. ist der *Schamane* (tungusisch: *shaman;* chin.: *sha-men;* mandschurisch: *samarambi* = »tobendes Um-sich-Schlagen«; sanskr.: *shramana* = »sich abmühen«), der bei den Jakuten und Burjäten *Bö* heißt.

Der Schamane, der eine frühe Form des Propheten und Priesters darstellt, hat die Funktion, mit dem Jenseits in Kontakt zu treten, übersinnliche Erkenntnisse zu gewinnen, von guten Geistern Beistand und Hilfe zu erlangen und die bösen Geister zu bannen. Sein Wunderwirken erstreckt sich auf Krankenheilungen, Jagd- und Regenzauber. Mit dem Jenseits tritt er in Verbindung, indem er entweder seine Seele zu den Geistern aussendet oder von ihnen besessen wird. Mit Hilfe einer Handtrommel, der Schamanentrommel, und eines mit Glöckchen und klirrendem Metall behängten Gewandes, durch Musik und Tanz sowie mit Hilfe von Rauschmitteln versetzt sich der Schamane in Ekstase. Zu seiner inneren Erfahrung während des Trancezustandes gehört das Hinwandern der eigenen Seele ins Jenseitsland, die Seelen- oder Himmelsreise, bei der er in den Besitz außerordentlicher medizinischer und divinatorischer Fähigkeiten gelangt. Häufig fühlt er sich dabei als Vogel und trägt dann dessen »Kostüm«, oder er glaubt mittels eines mit der Spitze zur Erde hängenden Baumes oder eines Pferdes zum Himmel emporzusteigen.

Der Schamane ist männlichen aber auch weiblichen Geschlechts, doch tritt er oft in Frauenkleidung auf, weil der kultische Geschlechtswandel im S. eine große Rolle spielt.

Literaturauswahl

Eliade, M.: S. und archaische Ekstasetechnik. Zürich u. Stuttgart 1957
Findeisen, H.: Der S. Stuttgart 1957
Findeisen, H.: Sibirisches Schamanentum und Magie. Augsburg 1958
Hermanns, M.: Schamanen – Pseudoschamanen, Erlöser und Heilbringer. 3 Bde. Stuttgart 1970
Hoffmann, H.: Symbolik der tibetischen Religionen und des S. Stuttgart 1967
Karsten, R.: The Religion of the Samek. Leiden 1955
Lommel, A.: Schamanen und Medizinmänner. Magie und Mystik früher Kulturen. München [2]1980
Nioradze, G.: Der S. bei den sibirischen Völkern. Stuttgart 1925

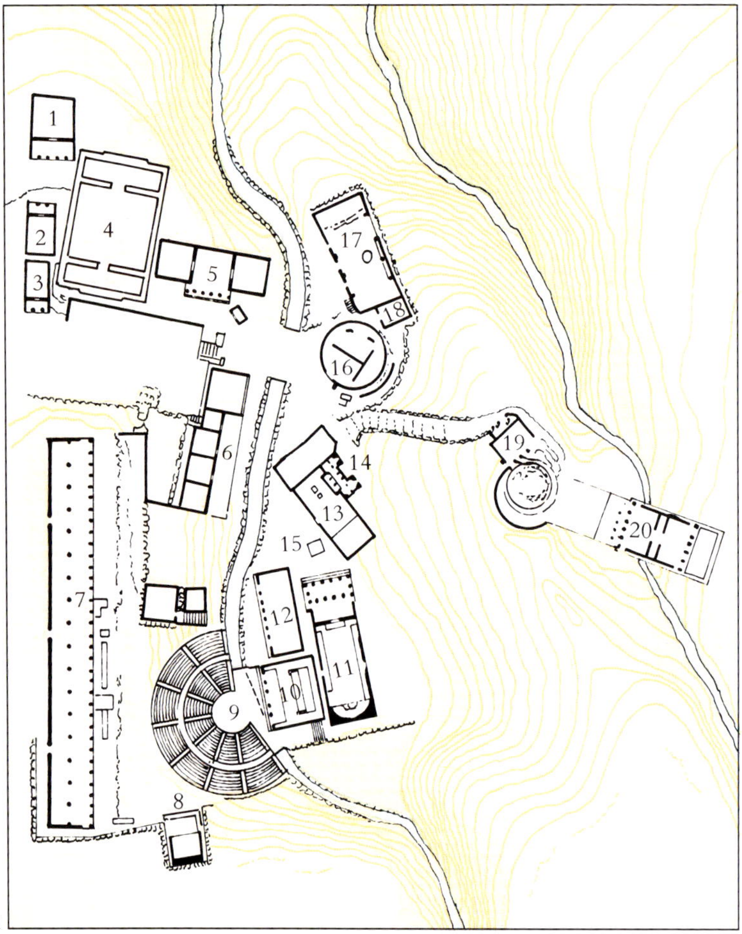

1

1 Samothrakischer Kultbezirk
(Samothrake/Griechenland: Heiligtum der Kabiren)
1.–4. Gästehäuser (?)
5. Gebäude der Milesierin, den Kabiren geweiht
6. Festbauten u. a. für rituelle Mahlgemeinschaften
7. Stoa (Portikus)
8. Nische der Göttin Nike (von Samothrake) mit Quelle
9. Theater
10. Altarhof
11. Hieron für die Einweihung der Mysten (2. Stufe)
12. Halle der Weihegeschenke
13. Temenos
14. Hekate-Altar
15. Altar
16. Arsinoeion (Rotunde)
17. Anaktoron für die Einweihung der Mysten (1. Stufe)
18. Sakristei
19. Prostylos
20. Propylon

2 Halle für die Weihegeschenke *(Nr. 12) im Kultbezirk, 6. Jh. v. Chr. Samothrake/Griechenland*

3 Nike von Samothrake, *Marmor, 3,28 m hoch, ca. 190 v. Chr. Paris. Louvre*

2

3

»S.C.« (engl. »Kirche der Lehre vom Wissen«) ist die Selbstbezeichnung der von dem US-Amerikaner *Lafayette* [L] *Ronald* [Ron] *Hubbard/L. R. H.* (1911–86) gegründeten und 1954 offiziell in Kalifornien registrierten *Scientology-Bewegung.* Die Namen ihrer »Filialorganisationen« sind u.a.: *Advanced Organization Saint Hill United Kingdom/AOSHUK* (engl. »Fortgeschrittene Organisation Saint Hill Vereinigtes Königreich«), *Dianetics, College für angewandte Philosophie, Hubbard Association of Scientologists International/HASI* (engl. »Internationale Hubbard-Vereinigung von Scientologen«), *Hubbard Communications Office/HCO* (engl. »Hubbard-Kommunikationsbüro«), *Hubbard Scientology Organization/HSO, Kommission für Verstöße der Psychiatrie gegen Menschenrechte e. V., Kommission zum Schutz des Bürgers gegen Datenmißbrauch, Kommission für Polizeireform, Narconon e. V.* (aus: »narcosis – non«), *Sea Organization/Sea-Org* (engl. »See-Organisation«), *Vereinigung zur Humanisierung religiös-ideologischer Konflikte, Union für Humanität gegenüber Religionen und Minderheiten* und *Zentrum für individuelles und effektives Lernen e. V./ZIEL.*

Die Weltzentrale und das Hauptquartier dieser Bewegung für die ca. 20 Millionen *Scientologen,* wie ihre Anhänger sich nennen, befindet sich in Saint Hill Manor, bei East Grinstead/Sussex (GB). Seit 1970 gibt es die *Scientology Kirche Deutschland e. V.* mit ihrem Zentrum in München und ca. 70000 Anhängern. Die *Scientology-Kirche* wird oft den →Jugendreligionen zugerechnet.

Der Gründer *Ron Hubbard* wird am 13. März 1911 in Tilden/NE (USA) als Sohn eines Matrosen der US-Marine geboren. Im Alter zwischen 14 und 18 Jahren (1925–29) zieht Ron als Weltreisender und Abenteurer durch Ostasien, sucht in Nordchina und Indien von Mönchen die geistige Bestimmung der Menschheit zu erfahren und beschäftigt sich in Polynesien mit der Religion der Eingeborenen. Nach Amerika zurückgekehrt, studiert er 1930–32 an der Fakultät für Ingenieurwissenschaften der George-Washington-Universität in Washington D.C. Kernphysik und Mathematik. In den 30er Jahren schreibt er Science-fiction-Romane. Nach dem Eintritt der USA in den 2. Weltkrieg dient er in der US-Navy als Marineoffizier, kommt 1941 auf die Philippinen, von wo aus er zeitweise eine Korvette befehligt, die zur U-Boot-Jagd im Pazifik eingesetzt ist, und wird im Frühjahr 1942 verwundet. Infolge der Verwundung ist Ron am Ende des Krieges 1945 gelähmt (durch Verletzungen an Hüfte und Rücken) und erblindet (durch verletzte Sehnerven). Innerhalb von weniger als 2 Jahren heilt er sich selbst aufgrund der von ihm entdeckten Prinzipien der *Dianetics* (→S. 360). Zu dieser Zeit (1947) läßt sich Hubbard von seiner Frau *Margaret Louise Grubb* (⋆1907), mit der er 2 Kinder hat (Sohn Lafayette Ron und Tochter Katherine May), scheiden.

Nachdem Hubbard 1948 einen »ersten formellen Bericht von seinen Entdeckungen über den Verstand und das Leben« gegeben hat, veröffentlicht er 1950 sein psychotherapeutisches Standardwerk *Dianetics: The Modern Science of Mental Health* (engl. »Dianetik: Die moderne Wissenschaft von der geistigen Gesundheit«), das längere Zeit ein Bestseller in den USA ist. Jetzt entstehen überall in den USA *Dianetic-Gruppen,* und der Autor selbst eröffnet *Institutes of Dianetics.* Im Mai 1951 reicht Hubbards zweite Frau *Sarah Northrup,* mit der er eine Tochter, Alexis, hat, die Scheidung mit der Begründung ein, daß ihr Mann hoffnungslos geisteskrank (paranoid/schizophren) sei. Als die Vertreter der wissenschaftlichen Schulmedizin die Schließung der nach ihrer Meinung unwissenschaftlich arbeitenden Institutes of Dianetics erreichen, wandelt Hubbard im Februar 1954 diese Institutes of Dianetics in die *Church of Scientology* um, die sich jetzt weltweit verbreitet. 1958 übersiedelt der Stifter nach Großbritannien, wo er im Frühjahr 1959 das Schloß Saint Hill Manor/Sussex als persönliche Residenz erwirbt und zum Zentrum seiner Bewegung ausbaut. Am 1. März 1966 wird hier das *Guardian Office* (engl. »Sicherheitsbüro«) gegründet, das den »weltlichen und sozialreformerischen Arm« der S.C. darstellt. Dieses in 6 Abteilungen für Service, Information, Public Relations, Legal Questions, Finance und Social coordination gegliederte Guardian Office ist nur dem Gründer Ron und dessen dritter Frau *Mary Sue* als dem »Controller World-Wide« verantwortlich. Seit dem 1. September 1966 gehört Hubbard der Leitung nicht mehr offiziell an, um sich ganz seiner Forschungsarbeit widmen zu können. Dafür spielen Hubbards dritte Frau, die den Titel *Commodore Staff Guardian* führt und mit der er vier Kinder hat, und ihrer beider Tochter *Diana* jetzt eine bedeutende Rolle in der S.C.

Aufgrund gewisser Vorfälle in und um Saint Hill Manor verbietet das britische Parlament im August 1968 sowohl dem Gründer Hubbard wie auch allen ausländischen Scientologen die Einreise nach Großbritannien. Daraufhin verlegt der Stifter seine Zentrale auf eine Flotte, die ständig auf hoher See operiert und von der aus seine neugegründete Elitetruppe, die sogenannte *Sea-Organization/Sea-Org* (engl. »See-Organisation«), die Leitung der S.C. übernimmt. Im Dezember 1979 wird Mary Sue Hubbard – nachdem im Juli 1977 in der amerikanischen Scientology-Zentrale in Los Angeles durch FBI-Beamte eine Hausdurchsuchung stattgefunden hat – von einem Gericht in Washington (Prozeß Nr. 78/401) als Hauptverantwortliche für verschiedene in den 70er Jahren begangene und dem Guardian Office zugeschriebene Verbrechen zu 5 Jahren Zuchthaus verurteilt. *Jane*

Kember, die Chefin des Guardian Office, kann sich durch Flucht ins Ausland einer Bestrafung entziehen.

Am 14. Februar 1978 verurteilt die 13. Pariser Strafkammer den Stifter Ron Hubbard und drei andere führende französische Anhänger wegen Betruges zu Gefängnis- und Geldstrafen. Im Sommer 1980 hebt das britische Parlament das Einreiseverbot für ausländische Scientologen auf. Ron Hubbard, der mehrere Jahre nicht mehr in der Öffentlichkeit gesehen worden war, stirbt am 24. Januar 1986 auf seiner Ranch in San Luis Obispo bei Los Angeles. Sein Nachfolger ist Herber Jentzsch.

Die Scientologen sind der Überzeugung, daß »Scientology die lebenswichtigste Bewegung unserer Zeit« sei, geschaffen aus dem Weisheitsgut der ganzen Welt – den Veden des →Hinduismus, den Lehren eines Buddha und dem Wissen der Lamaklöster Chinas (→Buddhismus) sowie Bestandteilen des →Christentums und den Philosophien eines Kant, Nietzsche und Schopenhauer –, verbunden mit mathematischen Erkenntnissen der Griechen und Araber, aber auch mit Bestandteilen der Technologien westlicher und östlicher Zivilisation.

Der Schlüsselbegriff in der S.C. heißt *Dianetics* (griech. aus: *dia* = »durch« und *nous* = »Sinn, Verstand«), und soll eine »Wissenschaft von der geistigen Gesundheit« sein, die die Ursache aller Krankheiten und sozialen Störungen in den *Engrammen* (→S. 360) sieht und zugleich die Technik des *Auditing* (→S. 361) anbietet, um diese Ursache zu beseitigen.

Die Menschen lassen sich in ihren Aktivitäten von *8 Dynamiken* bestimmen, nämlich von der Selbst-, Sex-, Gruppen-, Menschheits-, Tier-, Universal-, Spiritual- und Unendlichkeits-Dynamik. Diese 8 Dynamiken symbolisiert das *Scientology-Kreuz,* das aus zwei verschiedenen, übereinander liegenden Kreuzen besteht und im ganzen 8 Balken-Enden aufweist. Der vertikale Balken steht für das Streben nach höherer Spiritualität und der horizontale für die Notwendigkeit, Krankheit, Kriminalität und Krieg in dieser Welt abzubauen.

Der Gründer Hubbard unterscheidet beim Menschen zwischen dessen *Thetan* (»Geist«), *Body* (»Körper«) und *Mind* (»Verstand«). Ersterer ist eine Art Geistwesen, das sich seiner »Bewußtheit« voll bewußt ist, den ganzen Menschen kontrolliert, unsterblich und zur Wiedergeburt fähig ist. Mit Hilfe der reinen Energie *(Theta)* schaffen und verändern die Thetanen das physikalische Universum, das *MEST* abgekürzt wird, wobei die Buchstaben *M* für *Matter* (»Materie«), *E* für *Energy* (»Energie«), *S* für *Space* (»Raum«) und *T* für *Time* (»Zeit«) stehen. Die Thetanen lassen an die Welt der Science-fiction erinnern.

Bei der Zeugung eines Menschen kommt der Thetan in den Körper *(Body),* um diesen beim Tod des Menschen wieder zu verlassen. Dann zieht er sich in den Bereich »zwischen den Leben« zurück, bis er wieder in den Körper eines Menschen hineingeschossen wird, bevor es zur Geburt kommt.

Der Verstand *(Mind)* hat einen positiven und einen negativen Aspekt. Die positive Hälfte des menschlichen Denkens bildet der *Analytical Mind* (engl. »analytischer Verstand«). Dieser bewußtmachende Verstand denkt logisch, zeichnet 25 Bilder pro Sekunde auf, wozu er 52 Wahrnehmungen benutzt. In der *Standard-Gedächtnis-Bank* werden alle bei Bewußtsein wahrgenommenen Daten gespeichert und dem analytischen Verstand wieder zur Verfügung gestellt, der den Menschen dazu bewegt, normal zu handeln. Besäße der Mensch nur diesen Verstand, so würde es niemals Fehler oder Krankheiten geben, was die Folge seines *Reactive Mind* (engl. »reaktiver Verstand«) ist. Wenn Schocksituationen, Verletzungen und Schmerzen zum Ausschalten des Bewußtseins führen, registriert das Unterbewußtsein alle unangenehmen und bösen Bilder, Eindrücke, Erlebnisse, Gefühle und Vorgänge. In der *reaktiven Bank* werden diese dann wie auf einem Tonband als *Engramme* gespeichert. Das *Engramm* (griech. – neulat. »Einprägung«) ist für die S.C. das negative Erlebnis während eines Augenblicks, das der »reaktive Verstand« aufnimmt und in der reaktiven Bank speichert. Tritt ein ähnlicher Augenblick später wieder ein, so wird dieses Engramm »restimuliert« und bestimmt z.B. als Angst das augenblickliche Denken und Verhalten des Menschen. Jeder Mensch soll ca. 200 bis 300 solcher Engramme haben, die die verschiedenen psychosomatischen Krankheiten und die *Aberration* (lat. »Abweichung«) verursachen. Letztere ist eine Sammelbezeichnung für das durch den reaktiven Verstand verursachte Abweichen von der Normalität und Rationalität (Verdrängungen, Neurosen, Psychosen, Zwangsvorstellungen).

Das *Hauptziel* der Scientologen ist es, die Welt *clear* (engl. »klar, frei«) zu machen, alle ihre Bewohner zu »klären«, d.h. eine Welt zu schaffen ohne Krieg, Verbrechen und Geisteskrankheiten, frei von Psychosen, Neurosen, Zwängen und Verdrängungen, eine Welt mit absoluter geistiger Freiheit. Sie wollen Intelligenz und Fähigkeiten steigern und dadurch das Bewußtsein von Unsterblichkeit erzeugen. Jeder Scientologe will ein *Clear* werden, ein »geklärter Mensch«, in neuer, totaler Freiheit, mit kreativer Vitalität, großer Gedächtniskraft und mit einem Intelligenzquotienten von über 135. Der Weg zum *Clear* führt aber über 7 Stadien, wozu ebenso viele *Kurse* (→S. 361) notwendig sind, von denen jeder teurer ist als der vorausgegangene. Der Anfänger, der noch am Beginn des Weges steht, ist der *Pre-Clear,* ein »Ungeklärter«, weil er noch Engramme in sich trägt und deshalb die von der S.C. angebotenen Therapiekurse des Auditing angefangen hat und über 7 *Release-Grade* (engl. »Befreiungsgrade«) zum Clear aufsteigen will. Im Januar 1981 soll es weltweit 31 939 Clears gegeben haben. Aber auch ein Clear soll nicht auf dieser einmal erreichten Stufe stehen bleiben, sondern die dann folgenden *OT-Stufen*

(Operating Thetan) ersteigen. Ein *Operating Thetan* (engl. »Thetan in voller Aktion«) existiert außerhalb des physikalischen Universums ohne Körper. Zu den Graden des *Operating Thetan 1–8* verhilft ein besonderes Kurssystem (Stufen OT I bis OT VIII), das in Saint Hill Manor zu ca. 47 000 DM angeboten wird.

Die Methode des *Auditing* (von lat. *audire* = »hören«) wird als »Therapie« bzw. »geistliche Beratung« verstanden. Alle Dinge, die ein Mensch während seines Lebens bewußt oder unbewußt erlebt, werden auf der *Zeit-Spur* wie auf einem Tonband aufgezeichnet. Die positiven Erlebnisse und Eindrücke heißen *Facsimile* und die negativen *Engramme*. Während des Auditing sollen die auf der Zeitspur gespeicherten Erlebnisse zunächst aufgespürt werden. Im Gegensatz zur Zeit-Spur, die nur die irdischen Erlebnisse eines Menschen festhält, sind auf der *Ganz-Spur* alle Ereignisse von Anbeginn des Universums bis zur Gegenwart aufgezeichnet. In vielen Auditings hilft der *Auditor* dem Pre-Clear in einer Art psychoanalytischer Beichte, seine Engramme zu entdecken. Das erste Engramm auf der Zeit-Spur heißt *Basic-Basic*. Mit Hilfe des *Hubbard-E(lektro)Meters* – einer Art Lügendetektor – geht der Auditor auf der Zeit-Spur des Pre-Clear zurück. Die Beantwortung gezielter Fragen bestätigt der Auditor stets mit »gut« oder »danke«. Wenn der Ort eines Engramms gefunden ist, wird der Pre-Clear aufgefordert, das betreffende Bild oder Erlebnis »zurückzurufen«. Diese Psychotechnik des Rückrufens soll negative Bilder und Eindrücke vor dem geistigen Auge des Auditierten wieder erstehen lassen, um sie dann zu löschen. Die bestimmte Anweisung, die der Auditor dem Pre-Clear erteilt und vom letzteren befolgt werden muß, heißt *Auditing Command* (engl. »Auditing-Befehl«); *Withhold* (engl. »zurückhalten«) meint die Zurückhaltung des Pre-Clears, dem Auditor Auskunft zu geben.

Die Ethik wird als »höchst-vernünftiges Verhalten im Hinblick auf bestmögliches ›Überleben‹ für das Individuum, die Gruppe und die ganze Menschheit« verstanden. Der Stifter Ron Hubbard hat für seine Anhänger einen aus 15 Punkten bestehenden *Ehrenkodex aufgestellt:*

1. Verlaß nie einen Gefährten in Not, in Gefahr oder in Schwierigkeiten.
2. Zieh nie eine Zugehörigkeit zurück, zu der du dich verpflichtet hast.
3. Verlaß nie eine Gruppe, die zu unterstützen du dich verpflichtet hast.
4. Setze dich nie selbst herab, oder stelle deine Kraft oder Fähigkeit nie gering dar.
5. Mach dich nie abhängig von Lob, Anerkennung oder Mitleid.
6. Mach nie Zugeständnisse, die deine eigene Realität verletzen.
7. Laß nie zu, daß deine Affinität verunedelt wird.
8. Gib oder empfange keine Kommunikation, die du nicht zu geben oder zu empfangen wünschst.
9. Deine Selbstbestimmung und deine Ehre sind wichtiger als das Leben, das du im Augenblick lebst.
10. Deine Integrität dir selbst gegenüber ist wichtiger als dein Körper.
11. Bedaure nie, was gestern war. Leben ist heute in dir, und du gestaltest dir deine Zukunft.
12. Fürchte nie, einen anderen zu verletzen in einer Sache, die gerecht ist.
13. Sehne dich nicht danach, geliebt oder bewundert zu werden.
14. Sei dein eigener Ratgeber, halte dich an deine eigene Meinung und triff deine eigenen Entscheidungen.
15. Bleib deinen eigenen Zielen treu.

Die Buchstabenkombination des *ARC-Dreiecks* steht für zwischenmenschliche Beziehungen unter den Mitgliedern. Der Buchstabe *A* steht für *Affinity* (= Affinität), *R* für *Reality* (= Realität) und *C* für *Communication* (= Kommunikation). Wenn aufgrund der Beziehungen dieser drei Begriffe zueinander, die als Dreieck beschrieben werden, nur eine »Ecke« verwirklicht wird, so beeinflußt dies positiv auch die anderen beiden Ecken. Umgekehrt kann schon einer der drei Punkte zum Bruch des ganzen Dreiecks führen. Die Grundlage des Verhältnisses zwischen einem Pre-Clear und dem Auditor während eines Auditings soll durch dieses ARC-Dreieck bestimmt sein.

Eine andere Buchstabenkombination bildet das *KRC-Dreieck*, bei dem der Buchstabe *K* für *Knowledge* (= Wissen), *R* für *Responsibility* (= Verantwortung) und *C* für *Control* (= Kontrolle) steht.

Im *Scientology-Symbol*, das aus dem Buchstaben *S* (= Scientology) und zwei Dreiecken besteht, stellt das obere das *KRC-Dreieck* und das untere das *ARC-Dreieck* dar.

Durch Einteilung in *Ethik-Zustände* werden Leistungen und Verfehlungen belohnt und bestraft, indem die Löhne erhöht oder gemindert, Kredite und Auszeichnungen gegeben oder zurückgenommen werden und evtl. »Wiedergutmachungsarbeiten« abgeleistet werden müssen. Eigene *Ethik-Beamte* sind als Funktionäre dafür verantwortlich, daß Scientologen die Ethik beachten. Fragwürdig erscheinende Mitglieder heißen *Potential Trouble Source/PTS* (engl. »mögliche Quelle für Schwierigkeiten«). Als solche werden *freeloaders* (engl. »Schnorrer«) betrachtet, ehemalige Scientologen, die einen 5-Jahres-Vertrag als Stabmitglieder abgeschlossen haben und dann ferngeblieben sind. Ein Scientologe, der Kontakte zu einer *Suppressive Person/SP* (engl. »unterdrückerische Person«) unterhält, wird ebenfalls als PTS angesehen.

Die S. C. versteht sich als »der Welt größte Organisation für seelische Gesundung« und bietet daher ein entsprechend großes, »ausgefeiltes« *Kurssystem*, das Lehrgänge mit Auditings, Kursen und Training umfaßt. Alles beginnt meistens mit einem ersten kostenlosen *Persönlichkeitstest*, zu dem Passanten auf der Straße eingeladen werden. Dabei wird in der *franchise* (engl. »Bürgerrecht«), einer Ortsgruppe, auch »Mission« genannt, ein Bogen mit 200 Fragen ausgefüllt und dessen Beantwortungsergebnis in ein Auswertungsraster eingetragen, so daß eine bestimmte Standardkurve entsteht, die dem »Getesteten« bescheinigt, daß er Schwierigkeiten im kommunikativen Bereich hat. Zu deren Behebung wird dann sogleich ein *Kommunikationskurs* angeboten, der allerdings etwas kostet. Diesem Grundkurs werden dann weitere Kurse gemäß einem Stufensystem folgen, wobei die Kosten für diese Lehrgänge, die eine Mischung aus Psychoanalyse, programmatischer Lebensphilosophie und östlicher Religion darstellen, gestaffelt sind, so daß jeder nachfolgende Kurs teurer wird als der jeweils vorausgegangene.

Von den Scientology-Geistlichen, die für diese Kurse verantwortlich zeichnen, ist an erster Stelle der *Auditor* zu nennen, der die Auditings durchführt. Er selbst ist als »qualifizierter« Auditor auf die Auditiertechniken trainiert. Auf den Umgang mit Pre-Clears und auf die Aufgaben des Auditors werden Scientologen durch die 4 *Training-Routines/TRs* vorbereitet. Der *Case Supervisor* (engl. »Fall-Überwacher«) ist ein »hochqualifizierter« Auditor, der den nur »qualifizierten« Auditor beim Auditing überwachen und bei Bedarf dessen Techniken korrigieren soll. Die im Außendienst tätigen Mitglieder sind die *Field Staff Members* (engl. »Feld-Stab-Mitglieder«). Sie sind die Missionare, die neue Mitglieder werben und Leute auf der Straße zu einem Persönlichkeitstest einladen. Die ranghöchste Position in der Hierarchie der S.C. nimmt der *Guardian World-Wide* im Sicherheitsbüro der Weltzentrale Saint Hill Manor ein, wo auch alle höheren Scientology-Grade und -Kurse absolviert werden.

Die vom Guardian World-Wide sowie dem Gründer Ron Hubbard und seiner Frau herausgegebenen offiziellen Direktiven werden *Guardian Program Orders/GPO* genannt. Andere Anweisungen sind die vom Gründer verfaßten und vom Hubbard-Kommunikationsbüro (HCO) verbreiteten *HCO Bulletins,* die mit roter Farbe auf weißem Papier gedruckt und seit der ersten Ausgabe (Juli 1956) noch alle in Kraft sind, es sei denn, daß sie speziell aufgehoben wurden. Die *HCO Policy Letters* sind ebenfalls vom Gründer Hubbard verfaßt und werden von seinem Kommunikationsbüro verbreitet. Diese dauerhaft gültigen Veröffentlichungen bieten das Know-how für die Leitung und Tätigkeiten der *Scientology-Kirche* und sind in grüner Farbe auf weißem Papier gedruckt.

Literaturauswahl

Haack, F. W.: Scientology-Magie des 20. Jahrhunderts. München 1982

Hubbard, L. R.: Dianetik: Die moderne Wissenschaft der geistigen Gesundheit. Handbuch des dianetischen Verfahrens. Kopenhagen 1978

Hubbard, L. R.: Die Wissenschaft des Überlebens. Vorhersage menschlichen Verhaltens. Kopenhagen 1983

SEICHŌ-NO-JE

Die S.-n.-J. (jap. »Haus des Wachstums«) wird 1930 von dem Japaner *Masaharu Taniguchi* (1893–1985) gegründet und zählt heute 3 000 000 Anhänger, meist aus dem Mittelstand.

Diese Bewegung wird zu den aus dem →Shintoismus und →Buddhismus hervorgegangenen →neuen Religionen Japans gerechnet.

Masaharu Taniguchi wird am 26. November 1893 in Kobe als Sohn armer Eltern geboren. Zunächst studiert er in Tokio an der Waseda-Universität englische Literatur und beschäftigt sich mit westlicher Ethik und u. a. mit dem deutschen Philosophen Schopenhauer und dem englischen Dichter Oscar Wilde. Sein Lebensstil ist geprägt von einer Rebellion gegen die traditionelle, konservative Gesellschaft Japans. Von seinen eigenen Angehörigen schließlich allein gelassen und fast völlig verwahrlost, sucht er Abenteuer mit Prostituierten. Als er sich dann mit buddhistischer Literatur beschäftigt und die Zeitschrift der →Ōmotokyō liest, macht er eine Bekehrung durch. Im Herbst 1917 tritt er in den Dienst der Ōmoto-Bewegung und heiratet *Emori Teruko,* eine Mitarbeiterin im Ōmoto-Hauptquartier. Er wird Redakteur an Onisaburos Zeitschrift »Shinrei-kai« (»Die Welt des Geistes«) und nennt sich jetzt »St. Franziskus«. Zusammen mit der Ōmoto-Bewegung hofft er auf die »neue Welt« und lebt in ständiger apokalyptischer Erwartung. Als das für den 3. März bzw. 5. Mai erwartete Weltende ausbleibt, verläßt Taniguchi am 19. Oktober 1924 enttäuscht das Ōmoto-Zentrum Ayabe. Jetzt beschäftigt ihn immer mehr die Frage des Weltregiments Gottes. Während des Kanto-Erdbebens fliehen er und seine schwangere Frau aus der brennenden Stadt nach Tako-oka, dem Elternhaus seiner Frau. Nachdem er →Christian Science studiert hat, gründet er 1930 eine eigene Zeitschrift, deren 1. Nummer im März 1930 den Titel *Seichō-no-Je* (jap. »Haus des Wachstums«) trägt. Er beginnt seinen ersten Artikel mit den Worten: »Hier stehe ich, ich kann nicht anders« und fordert seine Leser auf: »Macht eine Bewegung und regiert das Lebensglück!« Im Juli desselben Jahres beginnt sich diese Bewegung zu formieren. Zusammen mit 10 Abonnenten seiner Zeitschrift gründet Taniguchi die neue Religion S.-n.-J. 1932 beginnt er mit seinem Hauptwerk *Seimei no jissō* (jap. »Die Wahrheit über das Leben«), das bis heute 20 Bände mit einer Auflage von 800 000 Exemplaren umfaßt. Seit dem Sommer 1934 lebt er in Tokio. Am 1. Juli 1949 wird seine Bewegung als neue Religion offiziell anerkannt. Im August 1960 findet die Einweihung eines neuen Haupttempels in Kioto statt.

Der Stifter, der als armer Bauernsohn die sozialen und religiösen Mißstände seiner Zeit erlebt, macht die Erneuerung der Gesellschaft zu seinem Programm, die allerdings die Erneuerung des Menschen zur Voraussetzung hat.

Im Gesetz des Kosmos sieht er den lebendigen Gott, ja das Leben selbst. Es gibt nur das eine wahre Wesen: *Jisso;* alle übrigen Dinge sind lediglich Produkte menschlichen Denkens. Für den Shintoisten ist dieses wahre Wesen *kami,* für den Buddhisten ist es *Buddha* oder *Amida* und für den Christen ist dies *Christus.* Buddha und Christus sind nichts anderes als Verwirklichungen dieses Lebens, und alle Religionen sind Emanationen dieses einen universalen Gottes.

Die S.-n.-J. als nichtkonfessionelle Bewegung der Wahrheit will zeigen, wie die Menschheit glücklich werden und wie sie sich befreien kann aus den Banden der Umstände, wie sie frei werden kann von aller Krankheit, Armut und Not.

Die Ursache menschlicher Krisis sieht der Stifter darin, daß die Menschheit vergessen hat, daß sie zusammengehört. Den Weg zur Befreiung und gleichzeitig zur Verwirklichung des Willens Gottes *(kami)* sieht der Stifter in der Überwindung aller Gegensätze zwischen den Nationen und Rassen. Gemäß den für die Mitglieder seiner Bewegung verfaßten *13 Artikeln* spielt bei dieser Befreiung die japanische Nation und Rasse eine besondere Rolle. Das japanische Denken ist universal und hat das absolute kosmische Sein zum Mittelpunkt. Die japanische Rasse hat die Missionsaufgabe, den göttlichen Willen zu repräsentieren. Japan als Mittler zwischen Ost und West soll als Nation die Wahrheit für die Welt verwirklichen. Dabei geht es vor allem um zwei Dinge: 1. Japan soll zu einer Nation der Wahrheit werden. 2. Die gesamte Gesellschaft Japans soll wissen, daß jeder Gottes Kind *(kami no ko)* ist.

Der Stifter, der die Menschheit am Rande der Krise »als ein kleines Boot im Sturm der Meereswellen« sieht, glaubt sich selbst beauftragt, die Menschheit zu retten. Wenn auch das Feuer sehr klein ist, so will er doch den Weg erleuchten, den die Menschheit gehen muß. Dieses Feuer des Wachstums *(seichō),* das er emporhebt, ist das Licht der frohen Botschaft für die ganze Menschheit.

Falsch wäre es, auf die *Herrschaft Gottes* außerhalb unserer selbst zu hoffen. Wer das Königreich Gottes in sich selbst verwirklicht, ist ein »wirklicher Mensch«, ein »Gott-Mensch«. Dabei gilt es, die Verantwortung nicht auf andere abzuschieben, sondern bei sich selbst anzufangen und selbst aktiv zu werden.

> Wenn man betet, antworten Himmel und Erde.
> Wenn ich mich bewege, bewegt sich der Kosmos.

Der Stifter versteht es, in seiner Lehre shintoistisches und buddhistisches, europäisch idealistisches und psychoanalytisches Denken mit Ergebnissen der Naturwissenschaft aus Physik, Chemie und Biologie sowie mit Psychologie und Parapsychologie zu verbinden und in seinen zahlreichen Publikationen für den menschlichen Alltag zu konkretisieren.

Taniguchi hat das heilige Sūtra *Sei-kyō* geschrieben, dessen Rezitation uns mit der wahren Wirklichkeit, dem Gesetz des Kosmos *(dharma)* verbindet. Das Sūtra wirkt wie ein »Dharma-Regen des süßen Himmelstaus« *(Kanrō no Hō),* so daß Streit und Haß überwunden werden, Unglückliche glücklich werden und Kranke genesen.

Literaturauswahl

Seichō-no-Je Hombu, Kōmyōka undo Yōkō. Tokio [2]1959

Taniguchi, M.: Divine Education and Spiritual Training of Mankind. Tokio 1956

Taniguchi, M.: You can help yourself. Tokio 1961

SEKAI KYŪSEI-KYŌ

Die S. K.-k. (»Religion des Welt-Messianismus«) ist eine Stiftung des Japaners *Okada Mokichi* (1882–1955), und entstand, nachdem er sich von der Ōmotokyō getrennt hat. Sie gehört zu den →neuen Religionen Japans.

Der Name der Gottheit in dieser Religion ist *Miroku,* auch *Komyo Nyorai* (»Buddha des Lichts«) genannt. Da die Kennzeichen seines Königreiches Gesundheit, Reichtum und Friede sind, steht im Mittelpunkt dieser Religionslehre die Errichtung des »Königreiches«, d. h. die Verwandlung dieser Welt in ein irdisches Paradies, aus dem Krankheit, Armut und Krieg verbannt sind.

Der charismatische Stifter selbst ist begabt mit den Wunder wirkenden Kräften von *Kannon,* dem Bodhisattva der Barmherzigkeit, die in einer kleinen Perle in seinem Körper enthalten sind. Sie strahlen ein Licht aus, durch das Krankheiten bewirkende Bakterien getötet werden.

Weil der Stifter die Kranken heilen und auch die Ernten fruchtbarer machen kann, d. h. Reichtum bringt, wird er *Hikari-San* (»Mann des Lichtes«) genannt. Selbst auf Papierstücke kann er seine Heilkräfte übertragen, nachdem er das Schriftzeichen für »Licht« darauf gemalt hat.

SEMITISCHE RELIGIONEN

»S.R.« ist eine zusammenfassende Bezeichnung für die Religionen derjenigen Völkergruppe, die nach *Sem,* dem ältesten Sohn Noahs (Gen 5,31) und Ahnherrn der Semiten (Gen 10,21–31) benannt ist und zu der aufgrund der Völkertafel (Gen 20,21 ff.) eine weitverzweigte Familie von Völkern gehört.

Zu den *Religionen der Semiten* zählen von den →mesopotamischen Religionen die →akkadische, →assyrische und →babylonische Religion, ferner die →Aramäer-, →Mandäer-, →syrische und →israelitische Religion, dazu die →Kanaanäer-Religionen mit der →phönikischen, →punischen, →ugaritischen und →moabitischen Religion sowie schließlich die →arabischen Religionen, die →Nabatäer- und die →palmyrenische Religion.

Um 3000 v.Chr. sind wahrscheinlich aus der arabischen Halbinsel die Semiten nach Mesopotamien, Syrien und Palästina eingewandert. Um 2350 v.Chr. unterwirft der Semit Sargon I. (2350–2300), König von Akkad, den Sumererfürsten Lugalzaggesi und begründet die 1. semitische Dynastie in einem Großreich, das bis zum pers. Randgebirge reichte. Noch vor 700 v.Chr. stoßen Semiten von Südarabien aus nach dem gegenüberliegenden afrikanischen Festland (Abessinien) vor.

In den semitischen Sprachen ist das gemeinsame Wort für Gott *il, El,* dessen längere Variante *ilāh* ist. Das gleiche Wort wird dann bei den einzelnen semitischen Völkern Eigenname für den Gott schlechthin, für den einzigen Gott, so bei den Hebräern *El* und bei den Muslimen *Allāh* (aus »ilāh« mit dem bestimmten Artikel »al«).

Zu den »kosmischen Gottheiten« der Semiten gehören Sonne und Mond, Erde und Meer. Jede Stadt in Mesopotamien hat ihre eigene »Stadtgottheit«, deren Tempel das Zentrum des Stadtlebens bildet. Manchmal ist der Stadtgott die Verkörperung der kosmischen Gottheit, so z.B. der Mondgott in Ur oder *Enlil* in Nippur. Fast jeder Kleinstaat hat in Kanaan seinen »Nationalgott«, von denen der verbreitetste *Baal* ist, ein kosmischer Gott, der sich den lokalen Gegebenheiten anpaßt. So wird in dem Ort »N.« der *»Baal* von N.« verehrt. Nomadische und halbnomadische Stämme haben ihre eigene »Stammesgottheit«, so z.B. den »Gott *Abrahams*«, den »Gott *Isaaks*« und den »Gott *Jakobs*«.

In frühester Zeit erwartet die Menschen jenseits der Todesgrenze nur ein ödes Dasein in der düsteren Unterwelt. Erst im Anschluß an die Aufeinanderfolge der Weltreiche kommt die Vorstellung von einer leiblichen Auferstehung und von einer künftigen Belohnung oder Bestrafung auf.

Die gebräuchlichsten Weisen der Religionspraxis bilden Rituale, Opfer und Gebet, wobei je nach Rang und Funktion in Klassen organisierte Priester den Vorsitz haben.

Aus der Welt der s.R. sind die heute noch existierende Mandäer-Religion und 4 der insgesamt 9 heutigen →Weltreligionen, wie →Judentum, →Christentum und →Islam (→alte Religionen) sowie als Neureligion der →Baha'ismus hervorgegangen.

Literaturauswahl

Hooke, S.H.: The Origins of Early Semitic Ritual. London 1938

Moscati, S.: Geschichte und Kultur der semitischen Völker. Einsiedeln-Zürich-Köln 1961

Robertson-Smith, W.: Lectures on the Religions of the Semites. London [3]1927

Smith, W.: Die Religion der Semiten. Freiburg 1927

SHINTOISMUS

S. bzw. *Shintō* ist eine chinesisch-japanische Bezeichnung für die ursprünglich namenlose nationale Religion der Japaner, deren Kaiser Tennō (jap. »Himmelsherrscher«) seit 660 v.Chr. mit der Götterwelt genealogisch verbunden ist. Der Name *Shintō* (sinojap. *tō* = »Weg«, *shin* = der »Götter«) kommt erst auf, als diese autochthone →japanische Religion aus Gegensätzlichkeit und Abgrenzung zu dem seit 552 n.Chr. in Japan eingeführten (allochthonen) →Buddhismus, dem *Butsudō* (sinojap. »Pfad Buddhas«), unterschieden wird. Der rein japanische Name des *Shintō* ist *Kami no michi* (jap. »Weg der Kami [Götter]«).

Der nur in Japan verbreitete S., dessen Hauptzentren in Ise und Izumo liegen, zählt heute ca. 3 Millionen Anhänger, d.h. ca. 3% der japanischen Bevölkerung. Wegen der Doppelzugehörigkeit vieler Japaner zu Buddhismus und S. wird die Zahl der *Shintoisten* häufig viel höher angegeben.

Als Begründer des japanischen Reiches (660 v.Chr.) und 1. Mikado (jap. *mi* = »erhaben«, *kado* = »Pforte«) sowie 1. Tennō gilt der Enkel der Sonnengöttin Amaterasu Jimmu-Tennō. Der Titel »Tennō« (jap. *ten* = »Himmel«, *o* = »Herrscher«) der japanischen Kaiser weist auf ihre göttliche Abstammung hin.

Die Epoche des Shintō als allein geltender Staatsreligion endet, als der 29. Mikado Kimmei-Tennō (540–571) im Jahre 552 den Buddhismus in Japan einführt. Seit dieser Zeit stehen beide Religionen in Auseinandersetzung oder leben in Symbiose miteinander. Seit der Nara-Periode

(710–782) verschmelzen S. und Buddhismus, deren religiöse Mischform man als *Zoku-Shintō* (»volkstümlicher Shintō«) bezeichnet. Der Bonze Gyogi (*678 n.Chr.) lehrt, daß die shintoistischen *kami* (→S.365) mit den buddhistischen *hotoke* (Buddhas und Bodhisattvas) identisch seien. Jetzt begründen Saicho (= Dengyo Daishi; †882) den *Sanno-Shintō,* eine Verbindung von Shintō und Tendai-shū (→Buddhismus), und Kūkai (=Kobo Daishi; 774–835) den *Ryobu-Shintō* (»Shintō beider Richtungen«), eine Verbindung von Shintō und buddhistischer Shingon-shū (→Buddhismus), nach der die buddhistischen Gottheiten Erscheinungen der shintoistischen *kami* sind.
Während des Kamakura-Shogunats (1192–1333) bleibt der Tennō – oft ein Kind oder Mönch – zwar nominell Herrscher, aber die eigentliche Regierungsgewalt liegt beim Shogun und seinen Vasallen. Auch das Tokugawa-Shogunat (1603–1868) versucht in strenger Absperrung von der Außenwelt seine Macht u.a. mit politischer Entmachtung des nur als religiöses Oberhaupt zu verehrenden Tennō zu sichern, bis dann um 1700 eine nationale Shintō-Bewegung entsteht, die das Shogunat abwerten und die Tennō-Verehrung aufwerten will. Zu dieser Zeit versuchen große Theologen wie Mabuchi (1697–1769), Motoori (1730–1801) und Hirata (1776–1843) den »reinen Shintō« wiederherzustellen. Unter Meiji-Tennō (1867–1912) wird die »Erneuerung des kaiserlichen Regiments« vollzogen und das von Hirata entworfene Konzept des Staats-Shintō von der kaiserlichen Regierung angenommen. Durch die Unterscheidung von »Staats-S.« und »Sekten-S.« wird ersterer durch das Edikt von 1868 als Staatsreligion eingeführt und damit gerechtfertigt, daß der Sekten-S. als Religion und der Staats-S. als zivile Äußerung des Respekts vor dem Tennō und seinen Ahnen zu verstehen sind. Der Tennō übersiedelt jetzt in die Stadt Jedo (Edo), die 1869 den Namen Tokio (»Hauptstadt des Ostens«) erhält. 1871 wird dann aufgrund eines kaiserlichen Edikts der S. vom Buddhismus wieder streng geschieden, so daß ersterer *Jui-itsu-Shintō* (»ausschließlicher Shintō«) heißt. In den Jahren von 1913–45 übt das Shūkyō-Kyoku als staatliches Religionsamt die staatliche Kontrolle über alle nicht-shintoistischen Religionen aus.
Die enge Verbindung von Shintō und staatlicher Macht endet nach der Kapitulation Japans (1945), als der japanische Kaiser Hirohito (*1901), der am 24. Dezember 1926 als 124. Tennō zum Kaiser gekrönt worden ist, am 1. Januar 1946 öffentlich widerruft, daß er ein »gegenwärtiger *kami*« sei und seine Beziehung zum japanischen Volk aus der japanischen Mythologie abgeleitet werden müsse. Seit der Verfassung Japans von 1947 hat der Tennō nur noch eine repräsentative Funktion im Staat, und der Staats-Shintō ist als Staatsreligion offiziell abgeschafft. An Stelle des Staats-Shintō gibt es heute den »Schrein-Shintō«.
Der S. umfaßt heute die beiden großen Richtungen des »Schrein-Shintō« und des »Volks-Shintō«. Die Zahlenverhältnisse ihrer Anhänger betragen 80% zu 20%. Der »Schrein-Shintō« verfügt heute über ca. 80000 Schreine in Japan, an denen ca. 22000 Priester und Priesterinnen tätig sind. Der »Sekten-Shintō« umfaßt 145 verschiedene Richtungen, die sich z.T. heute als selbständige Religionsgemeinschaften verstehen. Dazu gehören u.a. Izumo-Taisha-kyō, →Konkōkyō, →Kurozumikyō, Mitake-kyō, Shinri-kyō, →Tenrikyō und Shintō Taikyō (=Shintō Hon Kyoku), der sich die Verbreitung des alten Shintō zur Aufgabe gemacht hat.
Ein Schlüsselbegriff ist *kami* (»oben, das Obere, der Höherstehende«) im Sinn von »höherer Wesenheit«. *Kami-Charakter* hat alles, was religiös verehrungswürdig erscheint: die Gottheiten des Himmels und der Erde, Geister, Tiere, Pflanzen, Berge, Seen, kurz alles, was außerordentlich ist. Auch der Tennō, der japanische Kaiser, gilt als *kami*. Wegen der großen Zahl von *kami-Wesenheiten,* man spricht von 8 Millionen *kami* (yao-yorozu-no-kami), nennen die Japaner ihr Land *Shinkoku* (»Land des Shin [kami]«). Die *kami-Erfülltheit* Lebender wird als *kami-gakari* bezeichnet.
Über die Entstehung Japans erzählt der Mythos: Einst stehen das Geschwisterpaar *Izanagi* (»der Umwerbende«) als Himmelsvater und *Izanami* (»die Umworbene«) als Erdmutter auf der Schwebebrücke des Himmels und rühren mit dem Juwelenspeer so lange in der ursprünglichen Salzflut, bis sich diese verdickt. Als sie dann ihren Speer herausziehen, entsteht aus den herabfallenden Tropfen die erste Insel Japans. Auf diese steigen sie herab und bringen durch Zeugung weitere Inseln und insgesamt 40 Gottheiten hervor. Vor Futami, einem in der Nähe des Ise-Schreins gelegenen Strand, erheben sich 2 Felsen aus dem Meer, die als *Myōto-iwa* (»Hochzeitsfelsen«) des göttlichen Urpaares bekannt sind. Jedes Jahr am 5. Januar wird das diese beiden Felsen miteinander verbindende Strohseil erneuert. Nach der Erzeugung der Welt und aller Naturerscheinungen trennt sich das Götterpaar; der Himmelsvater steigt hinauf in den Himmel und die Erdmutter hinab in die Unterwelt, womit das Weltzeitalter beginnt. Izanagi, der Himmelsvater, übergibt die Herrschaft über den Himmel der Sonnengöttin *Amaterasu,* die über die Nacht dem Mondgott *Tsuki-yomi* und die über das Meer dem Sturmgott *Susa-no-o.*
Amaterasu (jap. »die am Himmel Leuchtende«) ist die hochverehrte Sonnengöttin. Als einmal ihr Bruder, der Sturmgott Susa-no-o, die von ihr auf der Erde angelegten Wassergräben und Reisfelder zerstört, zieht sich die Sonnengöttin tief gekränkt in ihre »himmlische Felsenhöhle« zurück, so daß auf der Erde ewige Nacht einkehrt. Den darüber traurigen Göttern gelingt es nur durch eine List und mit Hilfe eines Spiegels, die Sonnengöttin aus ihrem selbstgewählten Versteck herauszulocken, so daß die ewige Nacht auf der Erde ihr Ende findet.
Die auf die Erde gebrachten Gegenstände der Sonnengöttin, Spiegel, Schwert und

1

2

3

4

5

1 Fujiyama, *heiliger sowie höchster Berg und Vulkan Japans*

2 Sonnengöttin Amaterasu, *19. Jh.*

3 Hirohito, *japanischer Kaiser (1926–89) und 124. Tennō.*

4 Ryōbu-Shintō-Priester Myōe *(1173–1232), Hängerolle, 58,6 × 146 cm, 13. Jh. Kiōto, Kōzanji*

5 Heian-Schrein, *794–1185 und 1895 erneuert. Kiōto*

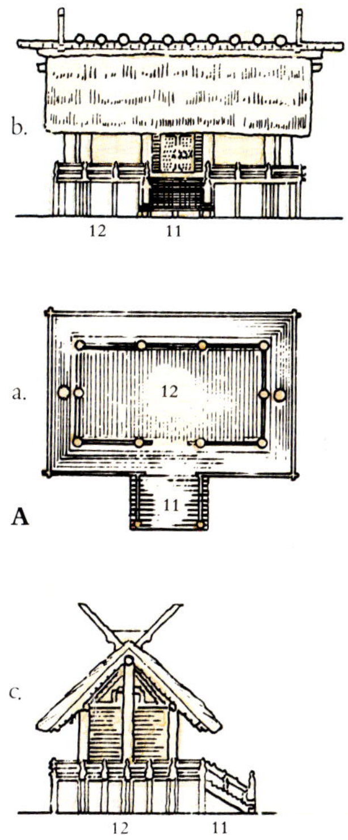

Schreinbau-Grundschema und Kultbezirk des Shintoismus:

A. Schreinbau-Grundschema *(Ise Jingu/Japan: Ise-Hauptschrein)*
a. Grundriß b. Aufriß c. Seitenansicht des honden (Nr. 12)

B. Schreinbezirk *(Ise Jingu/Japan: Kotai Jingu)*
1. *südliches Wachthaus*
2. *shijoden*
3. *ishi-tsubo (Sitze der amtierenden Shintō-Priester)*
4. *nakanoe torii*
5. *erste Einfriedung (itagaki)*
6. *zweite Einfriedung (tono tamagaki)*
7. *dritte Einfriedung (uchi tamagaki)*
8. *vierte Einfriedung (mizugaki)*
9. *Tor Bangaki*
10. *Schutzdach vor dem Schreineingang*
11. *Treppenaufgang*
12. *Haupthalle des Schreins (honden)*
13. *westliches Schatzhaus*
14. *östliches Schatzhaus*
15. *Tempel des Okitama no Kami*
16. *nördliches Wachthaus*

C. Schreinbezirk in einer Meeresbucht *(Itsukushima/Japan: Itsukushima-Schrein)*
1. *torii*
2. *Plattform für Sakraltänze*
3. *Nō-Bühne*
4. *haiden (Kulthalle)*
5. *ai-no-mo (überdachter Verbindungsgang)*
6. *honden (Haupthalle)*

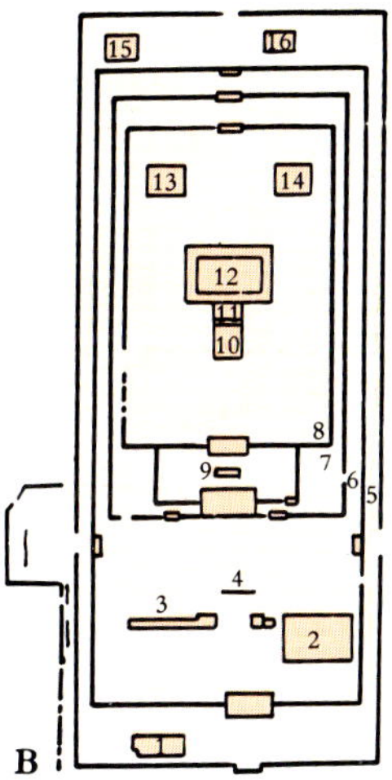

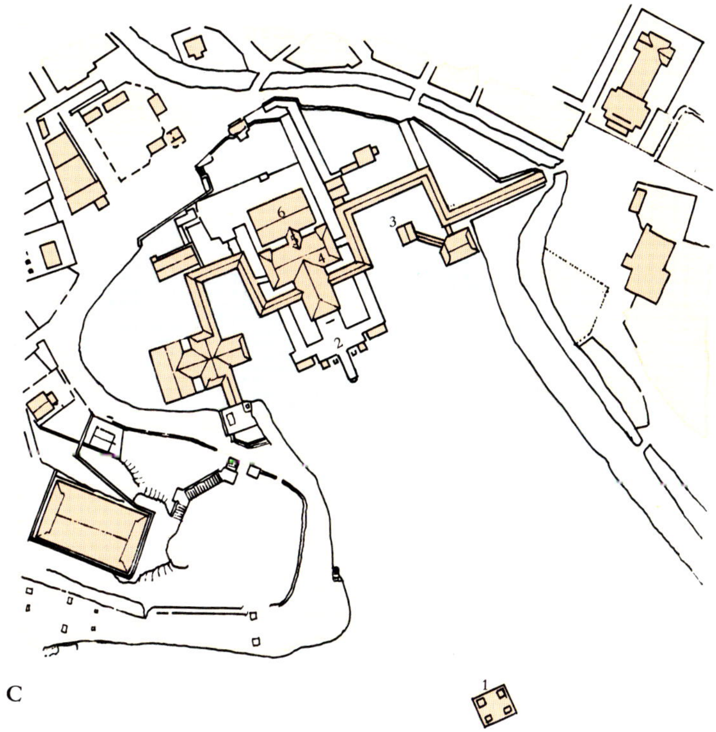

Juwel, sind heute noch die Hauptembleme des Shintō und fehlen in kaum einem Schrein. Auch das Strohseil *(shime nava),* mit dem die Götter die Höhle hinter Amaterasu versperrt haben, nachdem die Sonnengöttin herausgelockt war, ist ein Zubehör im Shintō-Schrein.

Die Sonnengöttin Amaterasu hat ihren Enkel *Ninigi* zum Herrscher über die 8 Inseln Japans bestellt, der damit der göttliche Ahnherr des bis heute bestehenden japanischen Kaiserhauses ist, dessen jeweiliges Oberhaupt Tennō (»Himmelsherrscher«) genannt wird.

Stammbaum des japanischen Kaiserhauses

Sonnengöttin: *Amaterasu*
|
Oshiho-mimi
|
Ninigi ⚭ Konohana-sakuya-hime
|
Yamasachi ⚭ Toyotama
|
Amatsu ⚭ Tamayori
|
Jimmu [1.]-Tennō (660 v. Chr.)
⋮
Akihito [125.]-Tennō (ab 1989)

Andere bekannte Gottheiten im Shintō sind der Reisgott *Inari,* vor dessen Schreinen Fuchsfiguren stehen. Der Fuchs gilt als Bote des Inari und Beschützer der Reisfelder. *Kami-Musubi* wird als Herr der Geburten und des Werdens verehrt. *Kane-no-kami,* auch *Konjin* genannt, ist der Metallgott, der im Zorn den Menschen Leid und Tod schickt. Der auf den Bergen wohnende Regengott *Taka-Okami* wird drachengestaltig dargestellt. Der ehemalige, friedvolle Kaiser Ojin (270–312) wird als Kriegsgott *Hachiman* verehrt. Die *kami* des Tokugawa-Shoguns Jeyasu (1542–1616) und seines Enkels Jemitsu erfahren in der prächtigen Tempelanlage in Nikkō ihre Verehrung. Die *kami aller im Krieg Gefallenen* werden im Yasukuni-Schrein in Tokio verehrt.

Lokale Schutzgottheiten gibt es für Dörfer, Städte und Bezirke. An ihre Schreine werden neugeborene Jungen am 31. und Mädchen am 33. Tag nach der Geburt gebracht, um dort ihrem Schutz unterstellt zu werden und den Namen zu erhalten.

Das japanische Wort für sterben heißt *shinuru* (*shi* = »Wind, Atem«, *inuru* = »Weggehen«) und meint, daß die Seele beim Tod den Leib verläßt. Die Verstorbenen aus dem Volk weilen tief in der Unterwelt im *yomi-no-kuni* (»Land der Nacht«), wo die Göttin Izanami, die erste der Verstorbenen, herrscht. Der Kaiser hingegen und die Angehörigen des Kaiserhauses kehren als Nachkommen der Sonnengöttin Amaterasu nach dem Tod in die Himmelswelt zurück.

Die altjapanische Ethik ist im Ritualgebet *norito* (→S. 369) zusammengefaßt. Als Verbote werden u. a. genannt das Durchbrechen von Reisfelderdämmen oder das Verstopfen der Wassergräben in den Reisfeldern. Im Zusammenhang mit der Ahnenverehrung und dem Sippenbewußtsein werden Gehorsam, Treue und Ehrlichkeit besonders geschätzt. Zum Ideal des *bushidō* (»Weg des bushi«) bzw. des Samurai gehören Pflichttreue, Selbstbeherrschung, ja Todesverachtung, wenn es um die Landesinteressen geht.

Der Shintō kennt zahlreiche Feste. Am Anfang des Jahres wird das *Erntebittfest* gefeiert, am 11. Februar das *Erinnerungsfest an die Thronbesteigung* des 1. Tennō und am 3. April der *Gedenktag des Todes* von Kaiser Jimmu. Das *Fest der großen Reinigung* findet am 30. Juni und am 31. Dezember eines jeden Jahres statt, das *Fest des Kostens des neuen Reises* am 17. Oktober. Das Jahr über werden Wallfahrten zu den heiligen Bergen unternommen, deren beliebteste die Besteigung des Fujiyama, des höchsten Berges Japans, ist. Das Hauptfest eines Schreines heißt *matsuri.*

Zum formellen Besuch eines Schreines gehören drei Handlungen: 1. der Akt der rituellen Reinigung *(harai),* 2. die Darbringung der Opfergabe *(shinsen),* 3. die Rezitation des rituellen Gebets *(norito)* und das symbolische Festmahl *(naorai)* mit dem *kami* des Schreins, wozu von dem Priester *(kannushi)* oder der *miko* ein paar Tropfen Reiswein *(miki)* gereicht werden.

Der Erlangung ritueller Reinheit dient die Reinigungszeremonie *harahi* (jap. »Wegwerfung«), eine Besprengung mit Salzwasser, wodurch die kultische Unreinheit *(kegare)* aufgehoben wird. Die Opfergaben bestehen aus Nahrungsmitteln wie Reiskuchen oder Reiswein *(sake),* aus Bekleidungsstoffen und Zweigen des Kirschbaums *(sakaki).*

Die auf sehr alte Traditionen zurückgehenden kultischen *Kagura-Tänze* sind pantomimische Darstellungen der alten Göttermythen. Die ca. 35 verschiedenen Tänze werden von »erlauchten Kindern« *(miko)* oder »Gotteskindern« *(kanko),* d. h. Mädchen im Alter von 10–12 Jahren, meist Töchter von Priestern, aufgeführt.

Die Amtskleidung der Priester besteht aus einem losen weißen Gewand und einer schwarzen Taftmütze *(eboshi)* und einem Zepter *(shaku)* als Würdezeichen. Zu den Aufgaben der Priester und Priesterinnen gehört es, das tägliche Morgen- und Abendspeiseopfer darzubringen und an den Festen *(matsuri)* die Gebete *(norito)* zu rezitieren sowie bei Hochzeit und Bestattung zu fungieren.

Die oft besonders reizvoll in die Landschaft eingefügten ca. 80 000 Schreine liegen stets am Wasser, um den Besuchern vor dem Betreten des Schreins die rituelle Reinigung zu ermöglichen. Die Schreine, als *mija* bzw. *miya* (»vornehmer Ort«) oder *jinga* (sinojap. »Gottesschrein«) bezeichnet, stehen innerhalb eines Schreinbezirks, dessen Eingang ein oder mehrere *torii* (»Vogelsitz«) bilden. Diese rot angestrichenen Portale bestehen aus 2 hölzernen, senkrecht stehenden Pfosten mit 2 darüberliegenden Querbalken, die beiderseits überstehen. Laternen aus Stein oder Bronze flankieren das Portal.

Der Schrein selbst ist meist klein und im Stil des altjapanischen Holzhauses erbaut. Er besteht aus 2 hintereinander liegenden Bauten, der vorderen und größeren Kulthalle *(haiden)* und der hinteren und kleineren Haupthalle *(honden)*, die auch *shinden* (»Kami-Haus«) heißt. Beide Gebäude sind oft durch einen überdeckten Gang *(ai-no-mo)* verbunden. Erstere Halle dient der Gebetsrezitation und Opferdarbringung der Gläubigen. Letztere darf kein Laie betreten, da sich in ihr die Wohnung des *kami* befindet und hier das Emblem der Gottheit, sein *shintai* (sinojap. »Gottesleib«), aufbewahrt wird. Japanisch heißt er *mitama-shiro* (»Substrat, Stellvertreter«) und ist körperlicher Repräsentant der Gottheit. Das *shintai* im Heiligtum von Ise ist der Metallspiegel der Sonnengöttin Amaterasu.

Es gibt 3 Haupttypen von Schreinen: 1. die rein lokalen Schreine, in denen der *kami* des Ortes *(ujigami)* weilt, 2. die für bestimmte Personen und Anliegen im ganzen Land zu findenden Schreine, z.B. Inari-, Toshugu- und Tenmangu-Schreine und 3. Nationalschreine, z.B. der Ise- und Izumo- sowie Meji-Schrein. Der Yasukuni-Schrein in Tokio ist eine Sondererscheinung und dient der Ehrung aller im Krieg gefallenen Japaner.

Jede Shintō-Familie hat in ihrer Wohnung ein *kami-dana*, einen Göttersims, auf dem mehrere kleine Schreine *(miya)* stehen und vor denen Speisen und Kirschbaumzweige *(sasaki)* als Opfer dargebracht werden.

Wichtige Quellenwerke für den S. sind die im 8. Jh. im *Kojiki* und *Nihongi* kodifizierten heiligen Texte. Das *Kojiki* ist das älteste japanische Geschichtswerk und älteste japanische Sprachdenkmal zugleich. Der von der Kaiserin Gemmyo-Tennō (708–714) dazu beauftragte Gelehrte *Ō no Yasumaru* sammelt die alten Traditionen Japans und legt im Jahr 712 das dreibändige Werk *Kojiki* (jap. »Geschichte der Begebenheiten im Altertum«) vor, in dem die auf das Götterzeitalter folgende Geschichte Japans bis zum Tod der Kaiserin Suiko (628 n.Chr.) behandelt wird. Im Jahr 720 legt dann der Prinz Toneri (676–735) das von ihm und mehreren Gelehrten im Auftrag der Kaiserin Gensho-Tennō verfaßte *Nihongi* (jap. »Annalen Japans«) vor, das in 30 Büchern die erste offizielle Reichsgeschichte Japans von der mythischen Vorzeit bis 697 n.Chr. behandelt. Das *Kojiki* und *Nihongi* zusammen werden oft *Kigi* genannt.

Als Nachtrag zum *Nihongi* gilt das von Imbe Hironari im Jahr 808 verfaßte *Kogo shūi* (jap. »Gesammelte Reste alter Geschichte«), eine für den Shintō ebenfalls wichtige Quellenschrift.

Wichtig sind auch das *Kujiki* (jap. »Geschichte der Begebenheiten in der Urzeit«), ein 620 n.Chr. von dem Prinzen Shotokutaishi verfaßtes Werk, und ferner das *Engishiki* (jap. »Regulative aus der Periode Engi«), ein 50 Bücher umfassendes Zeremonialbuch aus der Periode des Engi (901–923), von Fudjiwara Tokihira und Fudjiwara Tadahira zusammengestellt und 927 veröffentlicht. Es enthält in den Büchern 1–10 das Rituale des Shintō, und im 8. Buch stehen die 27 in poetischer Prosa abgefaßten Ritualgebete *(norito)*, die heute zu den ältesten japanischen Sprachdenkmälern gehören.

Zeittafel

Vor der christlichen Zeitrechnung

660 Jimmu [1.]-Tennō begründet das japanische Reich

Nach der christlichen Zeitrechnung

710–782 Nara-Periode. Beginn einer Verschmelzung von S. und Buddhismus

685 Ise-Schrein. Einführung des periodischen Neubaus

712 *Kojiki* von Ōno Yasumaru herausgegeben

717 Izumu-Schrein, ältester Schrein; heutiger Bau aus der Mitte des 18. Jh.

720 *Nihongi* vollendet

927 *Engishiki* zusammengestellt

18. Jh. Entstehung der nationalen Neo-Shintō-Bewegung

1868 S. wird Staatsreligion

1946 Hirohito, Kaiser (ab 1926) und 124. Tennō, erklärt, daß er kein gegenwärtiger kami sei. Ende des Staats-Shintō

Literaturauswahl

Aston, W.G.: Shinto. The Way of the Gods. Nachdruck Tokio 1968

Flozenz, K.: Die historischen Quellen der Shinto-Religion. Göttingen 1919

Holtom, D.C.: Modern Japan and Shinto Nationalism. A Study of present-day Trends in Japanese Religion. Chicago 1947

Martin, J.M.: Le Shintoisme. Religion national du Japon. 2 Bde. Hongkong 1924/27

Numazawa, F.K.: Die Weltanfänge in der japanischen Mythologie. Fribourg 1946

Okano, H.: Die Stellung der Frau im Shintō. Wiesbaden 1976

Ono, S.: Shinto. The Kami Way. Tokio 1962

Schiller, E.: Shinto, die Volksreligion Japans. Berlin ²1947

Schurhammer, G.: Shintō. Bonn u. Leipzig 1923

Spae, J.J.: Shinto man. Tokio 1972

Watanabe, Y.: Shinto Art: Ise and Izumo Shrines. New York u. Tokio 1974

Zum Verhältnis von Staat und Shinto im heutigen Japan. Wiesbaden 1981

SIBIRIER-RELIGION

Die S.-R. ist die Religion der Bewohner Sibiriens, des russischen Teils Nordasiens, der ca. ⅓ des asiatischen Festlandes umfaßt. Sibirien ist das Land zwischen dem Uralgebirge im Westen und den Wasserscheidengebirgen westlich des Stillen Ozeans im Osten. Die Grenze zum Süden bilden die nördlichen zentralasiatischen Randgebirge.

Ethnologisch unterscheidet man die *Paläosibirier,* d.h. die nach Norden und Nordosten abgedrängten Stämme der Urbevölkerung Sibiriens, und die *Neosibirier,* d.h. die aus Zentralasien vorgedrungenen finnisch-türkischen, uralaltaischen Völker. Als *Sibirjaken* werden die Völker Sibiriens bezeichnet, wie z.B. die Nenzen, Mansen, Keten, Jakuten und Ewenken. Die *Sibiriden* sind eine zu den Mongoliden gehörende Menschenrasse.

Die S.-R., die dem →Schamanismus verwandt ist, gehört zu den →arktischen Religionen und zu den →asiatischen Stammesreligionen.

Die Gottesnamen und die Bezeichnungen der guten und bösen Geister sind bei den einzelnen Völkern verschieden. Für die Nenzen (=Samojeden) ist *Num* (»Himmel«) ein höchstes Wesen mit uranischen Zügen. Wie die Bezeichnung *Numbann* unterstreicht, ist der Regenbogen der Saum an seinem Mantel. Die Geister heißen *Tadebejos* und halten sich im Wasser, in der Luft und Erde, ja überall auf.

Bei den Mansen (=Wogulen) heißt der Hochgott *Numi-tārem* und bei den Chanten (=Ostjaken) *Numtūrem* bzw. *Tuurum.*

Die Keten (=Jenissejer) nennen ihren Hochgott *Es* (»Himmel«) bzw. *Esdrum.* Nach dem Mythos nähern sich einmal im Jahr, am längsten Tag im Frühling, die Erde und die Sterne seiner Wohnung, und dann gibt der Gott Es ihnen Glückwünsche mit auf ihre Reise. Manchmal erteilt er ihnen auch Befehle, die während eines ganzen Jahres Geltung haben.

Ursprüngliche Gattin des Himmelsgottes Es ist *Hosadam* (»Mutter«), eine Erdgöttin, die den Menschen Kälte und Dunkelheit, Krankheit und Tod schickt. Der Mythos berichtet: Als sie einmal mit *Hyš* (»Großvater«), dem Mondgott, Ehebruch begeht, wird sie von ihrem betrogenen Gatten auf die Erde gestürzt, wo sie jetzt alleine auf der »toten Insel« im Eismeer wohnt, unweit der Mündung des Jenissei, wo nach sibirischem Glauben die Wasser der Oberwelt in die der Unterwelt fließen.

Außerdem verehren die Jenissejer das Götterpaar *Koi* und *Imlja,* das im Innern der Erde wohnt und viele Nachkommen hat.

Bei den Ewenken (=Tungusen) heißt der Hochgott *Buga* (»Himmel«) bzw. *Boa.* Er ist Schöpfer und Lenker der Welt. Ihre Schutzgeister nennen sie *Schowokoi* oder *Hargi.* Bei den Jakuten heißt Gott *Tangara* und bei den Korjaken *Naininen* (»Weltall«).

Die Tschuktschen verehren als höchsten Gott *Aenen,* der in einem unzugänglichen Himmel wohnt. Die 22 *vairgit* (»Wesen«) sind Repräsentanten der verschiedenen Himmelsrichtungen und Himmelserscheinungen, unter denen Sonne, Mond und Polarstern die erste Stelle einnehmen.

Nach dem Weltbild der Sibirier gibt es einen Weltenbaum bzw. eine Weltachse, an deren Spitze sich der Himmel dreht. Als sichtbare Abbilder dieser Welt- und Himmelssäule werden Holzpfähle errichtet und verehrt.

Große Bedeutung haben die *Schamanen* mit ihrer Schamanentrommel, auf der Himmel und Erde abgebildet sind und die ihnen Trancezustände und Seelenreisen ermöglicht, um zwischen Menschen und jenseitiger Welt zu vermitteln. Am »Schamanenbaum« kann der Schamane von einem Ast zum anderen und von »einem Himmel zum anderen« emporsteigen.

Literaturauswahl

Harva, U.: Die religiösen Vorstellungen der altaischen Völker. Helsinki 1938

Karjalainen, K.F.: Die Religion der Jugra-Völker (Ostjaken und Wogulen) ... Helsinki 1921

Paulson, I., u.a.: Die Religionen Nordeurasiens und der amerikanischen Arktis. Stuttgart 1962

SIKHISMUS

Die Anhänger dieser vom Guru (»Lehrer, Meister«) Nanāk (1469–1538) um das Jahr 1500 in Panjāb begründeten Bruderschaft werden *Sikhs* (sanskr. »Schüler, Jünger«) genannt. Seit der Zeit des letzten Gurus Govind Singh trägt jeder Sikh als Zeichen der aufgehobenen Kastenzugehörigkeit den Nachnamen *Singh* (»Löwe«) und wird mit *Sardar* (»Prinz«) angeredet.

Die →Weltreligion des S. ist in 20 Ländern verbreitet. Die Zahl der Sikhs beträgt heute 18460000. In Indien leben allein 16300000, d.h. 88% aller Sikhs, jedoch bilden sie nur 2% der indischen Gesamtbevölkerung. In Großbritannien gibt es 210000 Sikhs.

Ihr Stifter und erster Guru *Nanāk* wurde 1469 in Talwandi im Rawi(Lahore)-Distrikt geboren. Er war ein Schüler des islamischen Webers Kabir (1440–1518), dem er in seiner Lehre verwandt blieb. Im S. wollte er Hinduismus und Islam miteinander verbinden und Hindus und Muslime auf der Basis eines bildlosen

Monotheismus einen. Nanāk bestimmte vor seinem Tode (1538 in Kartarpur) seinen Nachfolger.
Es gab bisher insgesamt *10 Gurus* der Sikh-Bruderschaft. Die Gurus werden als unmittelbare Vermittler zwischen Gott und Menschen angesehen und hoch verehrt. Der 5. Guru, Arjan Mal, erklärte die Guruwürde für erblich, während der 10. und letzte Guru, Govind Singh, keinen Nachfolger mehr ernannte, sondern sagte: »Wer den Guru zu sehen wünscht, suche im Ādi Granth.« (Ādi Granth →S. 371).
Die sich als Bruderschaft verstehende Religionsgemeinschaft wurde durch den 4. Guru, Rāmdās, in eine mächtige, militärisch-politische Theokratie bzw. in einen theokratischen Militärstaat umgewandelt und als *khālsā* (sanskr. »die Reine« [Gemeinde]) verstanden.
Bei den Sikhs gibt es mehrere Richtungen, so die *Keshdhāri,* getaufte und strenggläubige Anhänger des Gurus Govind Singh, sowie die *Sahjdhāri,* die die Taufe ablehnen und sich weigern, sich der kriegerischen *Khālsā* anzuschließen. Ferner sind zu nennen die *Udāsis* (»die Weltentsagenden«), die *Nirmalas* (»Die Fleckenlosen«) und die *Akalis* (»die Zeitlosen«).
Bezüglich der Gotteslehre vertreten die Sikhs einen strengen Monotheismus im Sinn eines Panentheismus. Den unsichtbaren Gott nennen sie *Hari, Brahm* oder *Paramēsur.* Der Kosmos mit seiner Vielheit von Weltsystemen und die endlichen Wesen sind nur Erscheinungen des Höchsten. Sie glauben an eine Vergeltungskausalität *(karman),* an die Wanderung der Seelen, deren Anzahl sie auf 400 000 begrenzen, und an ein *nirban* (= *nirvāna*).
Der Mensch hat die Möglichkeit, sich durch ein sittliches Leben zu läutern, indem er u. a. den Egoismus überwindet und vor allem die *radšo* (»Leidenschaft«) besiegt. Alkohol, Tabak und Würfelspiel sind untersagt ebenso wie der Genuß von Rindfleisch und das Fleisch der Lebewesen, die nicht von einem Sikh geschlachtet worden sind.
Die Aufnahme der Mitglieder in die *khālsā,* die reine Gemeinde, erfolgt durch eine eigene »Taufweihe« *(pāhul),* zu der 5 Sikhs versammelt sein müssen. Mit besonderer Feierlichkeit wird die *karah prasad,* die kultische Mahlzeit, abgehalten. Schriftlesungen und Riten bei Geburts-, Heirats- und Sterbefeierlichkeiten werden von *granthis,* den Schriftgelehrten, vorgenommen.

Goldener Tempel, *Zentralheiligtum des Sikhismus, 1577. Amritsar/Indien*

Äußeres Kennzeichen der Mitglieder der reinen Gemeinde ist ein charakteristischer Turban. Hinzukommen die fünf *kakkars: kes* (das niemals geschorene Haar von Bart und Haupt), *kangha* (ein Holzkamm), *kirpan* (ein Dolch, um den das Haupthaar gewickelt und geknotet wird), *kaccha* (kurze Kniehosen) und *kara* (ein eisernes Armband). Obgleich man schon früh gegen die Sitte der Witwenverbrennung angegangen ist, werden noch zusammen mit der Leiche des Ranjit Singh (1780–1839), des Königs von Panjāb, im Jahr 1839 elf Frauen verbrannt.
Kultmittelpunkt ist das Hauptheiligtum, der vom 4. Guru Rāmdās im Jahr 1577 errichtete *Goldene Tempel* von Amritsar, wo ein Prachtexemplar des *Ādi Granth* aufbewahrt wird. Daneben haben die Sikhs andere *dharm-salas* (»Religionshallen«), in denen der *Granth* vorgelesen und erklärt wird. Seit dem Tode des 10. und letzten Gurus wird die religiöse Autorität im Granth gesehen. Der *Granth* (sanskr. *grantha* = »Buch«) ist die heilige Schrift der Sikhs. Aus großer Wertschätzung fügen sie das arabische Wort *Sāhib* (»Herr«) hinzu und nennen ihn *Granth Sāhib* (»Herr Buch«). Der erste Teil ist der *Ādi Granth* (»ursprüngliches Buch«), hauptsächlich von dem 5. Guru, Arjan Mal, im Jahre 1604 kompiliert. Der zweite Teil ist der *Dasam Granth* (»Buch des zehnten Königs«). Er stammt vom 10. Guru und wird nicht von allen Sikhs anerkannt. Die Vorleser des *Granth* heißen *granthis.* Der *Granth* besteht aus 3384 Lobeshymnen auf den alleinigen Gott.
Von den Sikhs, deren Bruderschaft ursprünglich den Hinduismus mit dem Islam vereinen wollte, lebt heute ein großer Teil in Gegnerschaft zu Hindus und Muslimen. Die nordindische Großmacht der Sikhs (seit 1800) wird in zwei Feldzügen und in der Schlacht bei Gujarāt (1849) von der englischen Kolonialmacht unterworfen. Nach der Teilung Indiens im Jahr 1947 müssen 40% der Sikhs ihre an Pakistan gefallene Heimat auf Drängen der Muslime räumen. So befinden sich heute viele Sikhs in erbitterter Feindschaft gegen die Muslime, deren Mogulkaiser einst den 5., 8. und 9. Guru haben hinrichten lassen. Zudem stehen sie in blutigen Auseinan-

dersetzungen mit den Hindus, um im nordindischen Unionsstaat Panjāb, in dem die meisten Sikhs beheimatet sind, größere Autonomie gegenüber der Zentralregierung, ja die politische Unabhängigkeit zu erlangen.

Zeittafel

1469–1538 Nanāk, Stifter und erster Guru der Sikhs

1577 Errichtung des Goldenen Tempels von Amritsar

1604 Der *Ādi Granth* wird vom 5. Guru, Arjan Mal, kompiliert

1849 Das Sikh-Königreich Panjāb unter britischer Herrschaft

1947 Nach der Teilung Indiens müssen 40% der Sikhs ihre an Pakistan gefallene Heimat verlassen

1984 Erstürmung des Goldenen Tempels durch ind. Regierungstruppen und Ermordung J. Gandhis durch ihre Sikh-Leibgarde.

Literaturauswahl

Ādi Granth or the Holy Scripture of the Sikhs. Osnabrück 1974 (Neudruck der Ausgabe von 1877)

Singh, Mohan: Mystik und Yoga der Sikh-Meister. Bern [2]1983

Trumpp, E.: Die Religion der Sikhs. Leipzig 1881

SIO-VIVI-BEWEGUNG

Die S.-V.-B. ist eine von dem Propheten *Sio-Vivi* im Jahre 1863 auf Samoa ins Leben gerufene und nach ihm benannte religiöse Bewegung, die nach dem im Zentrum seiner Verkündigung stehenden Heilbringer *Sisu Alaisa* auch als *Sisu Alaisa Expectation* (engl. »Sisu-Alaisa-Erwartung«) bezeichnet wird.

Sie ist eine Neuentwicklung aus den polynesischen Stammesreligionen und zählt zu den →neuen Religionen Ozeaniens.

Die im Jahr 1722 von dem Holländer Jacob Roggeveen entdeckte Samoa-Inselgruppe im Stillen Ozean wird seit 1830 von christlichen Methodisten aus London missioniert, und nach 1850 errichten deutsche Handelshäuser hier ihre Niederlassungen. Da tritt im Jahr 1863 der Samoaner *Sio-Vivi* im Namen seines Hochgottes *Tangaloa,* des obersten Herrn und Schöpfers der Welt, mit einer prophetischen Botschaft an die Öffentlichkeit, in der er alte polynesische Traditionen mit christlichen Vorstellungen verbindet. In seiner Tätigkeit wird er von einer heilkundigen Prophetin unterstützt.

Sio-Vivi verkündet das nahe Ende der Welt und die bevorstehende Ankunft eines Heilsbringers mit Namen *Sisu Alaisa,* der zugleich der Sohn des Hochgottes ist. Auf den Wellen des Meeres wird er die Küsten der Inseln erreichen und den Anhängern des Sio-Vivi alle denkbaren Güter mitbringen und alles neu und besser machen.

Als Reaktion auf diese Botschaft stellen viele Samoaner ihre gewohnten Arbeiten ein, da der mühevolle Erwerb der bisherigen Güter jetzt überflüssig erscheint.

SKYTHISCHE RELIGION

Die s. R. ist die Religion eines indogermanischen Reitervolkes, das aus dem östlichen Steppenraum Turkestans nach Westen und Süden vordringt, um sich zunächst nördlich des Schwarzen Meeres anzusiedeln, und das um 600–300 v. Chr. seine größte Glanzzeit erlebt.

Die *Religion der skythischen Pferdenomaden,* die sich selbst als *Skoloten* bezeichnen, gehört zu den →indogermanischen Religionen.

Die Skythen stoßen später weiter über den Tyras (Dnjestr) in den Balkanraum bis an die untere Donau, in die Ebene Pannoniens und in den Raum der Karpaten vor, und sie unternehmen einen Vorstoß in die heutige Mark Brandenburg. Sie erreichen Ostdeutschland, Bayern und Norditalien.

Durch ihre Eroberungen öffnen sie die Verbindungswege zwischen Ost und West, so daß sich mit den wirtschaftlichen Beziehungen auch religiöse Vorstellungen und deren künstlerische Darstellungen (»Tier-Stil«: Hirsche, Steinböcke, katzenartige Raubtiere, Pferde, Vögel und Fische mit mythischer Bedeutung) über die offenen Steppen verbreiten. Die Straße nach China bildet die Hauptverbindung zwischen östlichen und westlichen Ideen.

Die wichtigsten Götter sind der Himmelsgott *Papeus* und seine Gattin, die Erdgöttin *Apia.* Hinzu kommen der Sonnengott *Oetosyrus* und die Mondgöttin *Artimpaasa.* Als große Göttin wird *Tabiti* verehrt.

Unter riesigen Hügelgräbern *(kurgane)* werden die Fürsten in einer hölzernen Kammer beigesetzt. Die bedeutendsten *kurgane* liegen in Südrußland, in Sibirien und in der Nordmongolei, wo im dauergefrorenen Boden die wertvollen Grabbeigaben konserviert wurden. Anläßlich der Bestattung eines Fürsten werden dessen Frauen, Gefolge und Pferde getötet und mitbestattet. Zudem erhält der Verstorbene reiche Grabbeigaben (Rüstung und Wagen sowie prachtvolle Gegenstände aus Gold [Schmuck und Gefäße]).

Den Göttern werden Tieropfer, meist Pferde, dargebracht. Speziell dem Kriegsgott, dargestellt durch ein eisernes Schwert über einem Stapel Unterholz, werden Pferde und Kühe geopfert, aber auch Kriegsgefangene.

Schamanen fungieren mit Hilfe von Rutenbündeln und Bastfäden als Wahrsager. Wenn ihre Voraussagen nicht eintreffen, werden sie getötet.

Literaturauswahl

Rolle, R.: Totenkult der Skythen. Berlin 1979

SLAWISCHE RELIGION

Die s. R. ist die autochthone vorchristliche Religion der Altslawen (bis zum 12. Jh. n. Chr.), die die Gebiete zwischen der Ostsee, der Adria und dem Schwarzen Meer bewohnen, die sich im Westen bis zur Elbe und im Osten bis Nowgorod und Kiew erstrecken. Die *Religion der Slawen* gehört zu den →europäischen und den →indogermanischen Religionen.

Die Urheimat der indogermanischen Slawen (*Slovene* von *slovo* = »Wort«) ist das Gebiet nördlich der Karpaten zwischen Weichsel und Dnjepr. Ab 600 n. Chr. siedeln slawische Völker östlich der Elbe in den von den Germanen während der Völkerwanderung verlassenen Gebieten.

Die Christianisierung der Slawen beginnt im 6. Jh. bei den Kroaten, Ende des 9. Jh. werden die Tschechen und Slowaken, Serben und Bulgaren missioniert. 864/65 wird in Bulgarien die erste autokephale Kirche der Orthodoxie errichtet. Russen und Polen werden im 10. Jh. missioniert. 966 läßt sich Herzog Miesko von Polen taufen, und 983 wird im Slawenaufstand (Havelberg, Brandenburg) die christliche Mission vernichtet. Im 11./12. Jh. werden die Wenden christianisiert. Während die Westslawen zum größen Teil der lateinischen Kirche angehören, vertreten die Ost- und Südslawen mehr die byzantinische Richtung des Christentums.

Die über weite Gebiete verbreiteten Slawenstämme gliedern sich in die *Ostslawen* mit Russen, Ukrainern und Belorussen (Weißrussen), die *Westslawen* mit Polen, Sorben, Tschechen, Slowaken und die *Südslawen* mit Slowenen, Kroaten, Serben, Makedoniern und Bulgaren.

Das gemeinslawische Wort für »Gott« ist *bog* (slaw. »Spende, Reichtum, Spender«), das mit dem iranischen *bogu* und dem indischen *bhaga* verwandt ist.

Zu den Göttern der *Ostslawen* gehört *Perun* (»Schläger, Donnerer«), ein Himmels-, Blitz-, Donner- und Gewittergott, der bei den Russen auch als Schwurgott angerufen wird und dem die Eiche heilig ist. Diesem in Nowgorod und Kiew verehrten Gott weiht Fürst Vladimir im Jahr 985 in Kiew eine hölzerne Statue mit silbernem Kopf und goldenem Schnurrbart, die er dann nach seiner christlichen Taufe im Jahre 988 in den Dnjepr werfen läßt.

Volos bzw. *Veles* ist ein Boden- und Viehgott, Herr der Weiden und Beschützer des gehörnten Viehs, dazu Herrscher des Totenreichs, der ebenfalls als Schwurgott angerufen wird. Später christlich umgedeutet wird er zum hl. Vlas (= Blasius).

Svarog ist Gott des irdischen Feuers, ein Himmels- und Donnergott, der »Knisterer«. Er gilt als Vater des Svarožič und Dazbog. Dem Feuergott *Svarožič* (»Sohn des Svarog«) ist ein Tempel in Rethra auf dem Schloßberg bei Feldberg in Mecklenburg geweiht.

Dazbog (aus: *daz* = »gib!, spende!« und *bog* = »Habe«) ist Gott des himmlischen Feuers und Sonnengott. Im *Igorlied* (→S. 374) wird das russische Volk als »Dazbogs Enkel« bezeichnet.

Andere ostslawische Gottheiten sind der Windgott *Stribog* und der Jagd- und Krankheitsgott *Chors* (»der Abgekommene«).

Die *westslawischen* Götter sind mehr kriegerisch. Als Allwissende werden sie oft mehrköpfig dargestellt. Im Tempel des Kriegsgottes *Jarovit* wird ein Schild aufbewahrt, der bei Ausbruch eines Krieges mitgetragen wird, um den Sieg zu garantieren.

Radigost oder *Riedegost* (»der Gastfreundliche«) hat als Hauptgott der Oderslawen seinen Tempel in Rethra, auf der »Akropolis des Nordens«.

Kriegerischer Gott der Ostseeslawen ist *Triglav* (»Dreikopf«), der im Tempel von Stettin dreiköpfig dargestellt ist und dessen Augen mit einer Binde verbunden sind, damit Triglav nicht die Untaten der Menschen sehen muß.

Der kriegerische *Svantovit* (»kräftiger Herr«) reitet auf einem Schimmel, und sein vierköpfiges Kultbild wird im Holztempel von Arkona auf Rügen verehrt. Ihm muß ⅓ aller Kriegsbeute zum Opfer dargebracht werden. Im Jahre 1168 läßt der Dänenkönig Waldemar d. Gr. (1157–82) im Zuge der Christianisierung dieses Kultbild zerstören.

Fünfköpfig und waffenlos wird *Porevit* dargestellt. Dagegen hat *Rugievit,* der Kriegsgott von Rügen, einen Kopf mit sieben Gesichtern und trägt sieben Schwerter an seinem Gürtel. Ihm gehören 10% aller Kriegsbeute.

Zu nennen sind noch *Rod* (»Geburt, Geschlecht«), ein Sippen- und Schicksalsgott, und die *Roždanice* (aus *rodu* = »Frucht«), Fruchtbarkeits- und Schicksalsgöttinnen, die über die Geburt der Menschen wachen und das Geschick der Neugeborenen bestimmen.

Verbreitet ist der Geisterglaube. *Bēs* (»Widerwärtiges, Häßliches«) ist die Bezeichnung für ein dämonisches Wesen. Der *Vampir* ist ein blutsaugender Dämon, der lebenden Menschen das Blut aussaugt und auf diese Weise deren Tod bewirkt. Eine

Göttin mit Vogelkopf, *Dupljaja bei Vrsac, ca. 1500–1200 v. Chr.*

besondere Dämonin dieser Art heißt *Baba Jaga*.

Domovoj (von russ. *dom* = »Haus«) bzw. *Uboze* (poln.) und *Ludki* (wend.) sind Hausgeister, die Herd und Stall schützen.

Vilen sind die in Quellen und Flüssen lebenden elfenartigen, schönen Jungfrauen, die gut zu ihren Freunden, aber böse zu ihren Feinden sind. Als Wasserdämonen gelten die *Rusalken*. Sie haben für Antonin Dvořaks (1841–1904) bekannte Oper »Rusalka« (1901) die Motive geliefert.

Der Aufenthaltsort der Guten im Jenseits heißt *nav* (»Toter«) und ist zugleich der Wohnort des Sonnengottes, während die Bösen im *peklo* (»Pech«) weilen müssen.

Hauptpflicht beim Todesfall ist die Totenwache *(bdyn)* verbunden mit der Totenklage. Nachdem die Leiche auf dem Scheiterhaufen *(krada)* oder auf einem Schlitten verbrannt ist, werden die Überreste in der Urne *(žal)* unter einem Grabhügel *(mogyla)* beigesetzt. Als Grabbeigaben sind Speise und Trank üblich. Nach der Beisetzung gibt es kultische Kampfspiele *(trizna)* und die Totenmahlzeit *(strava)*.

Der Kultus besteht aus Gebet *(modla)* und Opfer *(obet* und *žir-ta)*. Als Opfergaben gelten Lebensmittel und Tieropfer, darunter Hähne, Ziegen, Bären und Stiere.

Die Funktion der Priester (*žiric* = »Opferer«) bei den Elb- und Ostslawen besteht in der Darbringung von Opfern und Erteilung von Orakeln.

Der Kult wird wie bei vielen vorchristlichen Religionen entweder in heiligen Hainen oder in Tempeln vollzogen, wobei der altslawische Tempel durch einen quadratischen Grundriß mit vier Stützen gekennzeichnet ist, die verhüllt sind und das Götterbild bergen.

Ein bekanntes Epos ist das *Igorlied*, ein anonymes Prosagedicht aus dem Jahr 1187. In ihm wird der Feldzug des Fürsten Igor Swjatoslawjewitsch von Nowgorod-Sewersk gegen die Polowzer erzählt. In diesem Lied werden die Russen als Enkel des Gottes Dazbog und die Winde als Enkel Stribogs genannt.

Literaturauswahl

Das heidnische und christliche Slawentum. 2 Bde. Wiesbaden 1969/70

Franz, L.: Falsche Slavengötter. Brünn u. München [2]1943

Jakobsen, R.: Slavic Mythology. New York 1956

Lange, E.R.: Sterben und Begräbnis im Volksglauben zwischen Weichsel und Memel. Würzburg 1955

Lettenbauer, W.: Der Baumkult bei den Slaven. Neuried 1981

Mansikka, V.J.: Die Religion der Ostslaven. Helsinki 1922

Palm, T.: Wendische Kultstätten. Diss. Lund 1937

Unbegaun, B.O.: La religion des anciens Slaves. Paris 1948

Wienecke, E.: Untersuchungen zur Religion der Westslawen. Leipzig 1940

SPIRITISMUS

Der neuzeitliche S. (von lat. *spiritus* = »Geist«) ist eine im Jahre 1848 von den USA ausgegangene und heute weit verbreitete Bewegung der Geisterbefragung, die wegen der zentralen Bedeutung eines *Mediums* (lat. »Mitte«) in den spiritistischen Sitzungen, *Séancen*, auch als *Medionismus* bezeichnet wird. Der moderne S. erhebt als Glaubensbewegung den An-

spruch einer »experimentellen Religion«, weil »nachweislich« die Geister verstorbener Menschen durch die Vermittlung eines Mediums mit den Lebenden in Verbindung kommen können.
Die Zahl der Anhänger des modernen S., die in ihm ihre eigene Konfession (»Quasireligion«) sehen und im Weltverband der *Spiritisten* zusammengefaßt sind, beträgt 6700000 in 28 Ländern der Erde. In Südamerika, wo 99,7% aller Spiritisten leben, spielt der S. eine besondere Rolle, und sein Schwerpunkt liegt hier in Brasilien, wo allein 4677000, d.h. über ⅔ aller Spiritisten, zu Hause sind.
Der brasilianische S. besteht aus den beiden Hauptrichtungen, dem afroamerikanischen (→Umbanda) und dem *kardecistischen* S. Ersterer stellt eine Verbindung von katholischem →Christentum mit afrikanischem und/oder amerikanischem Animismus dar, bzw. es handelt sich um afroamerikanische, synkretistische Kulte mit christlichen Elementen. Die *Kardecisten* bilden eine spiritistische Gemeinschaft in Brasilien mit kirchenähnlicher Organisationsform, die nach *Allan Kardec* (Pseudonym für L.D.Rivail; 1804–69) benannt ist. Beide Richtungen haben eine ungefähr gleich große Anhängerschaft mit mehreren Millionen Mitgliedern.
Der moderne S., der als Reaktion auf den Materialismus und Rationalismus entstanden ist, kann zu den neuen religiösen Bewegungen gerechnet werden.
Der S. ist aber nicht nur eine eigene »Konfession« seit 1848, sondern spiritistische Elemente sind auch integrierende Bestandteile in vielen Religionsgemeinschaften, wie die Geschichte der Religionen ausweist, angefangen mit den →urgeschichtlichen Religionen, der →assyrischen, →babylonischen, →ägyptischen, →aztekischen, →Inka-Religion, den →mexikanischen, →chinesischen, →indischen, →tibetischen und →Mysterienreligionen, dem →Taoismus, →Gnostizismus, kabbalistischen →Judentum bis zu den heutigen verschiedenen →Stammesreligionen, dem →Caodaïsmus, den →Lorenzianern, der →Lorber-Gesellschaft und der →Theosophischen Gesellschaft.
Der neuzeitliche S. als Massenbewegung nimmt von Amerika seinen Ausgang. Der Hellseher *Andrew Jackson Davis* in New York, der seit 1843 visionäre »Beeindrukkungen durch Geister« hat, veröffentlicht 1847 sein aus Geisterdiktaten entstandenes Buch *Principles of Nature, her Divine Revelations and a Voice to Mankind,* das weite Verbreitung findet. Als dann 1848 die methodistischen Farmerstöchter *Leah* und *Katie Fox* in Hydesville/NY das Phänomen von Klopfgeistern erleben, breitet sich die Methode der Geisterbefragung – von jetzt an »S.« genannt – schnell über die ganze Welt aus. Zunächst faßt er in Frankreich Fuß, wo um 1850 »Geisterkundgebungen« im Kreis der *Mesmeriten* von *L. D. Rivail* (Pseudonym: *Allan Kardec*) in *Le livre des esprits* (Paris 1856) gesammelt und zur Grundlage einer spiritistischen Bewegung, der *Kardecisten,* gemacht werden. Besonders starken Auftrieb erhält der S., als *D. D. Home* im Jahre 1860 von Amerika nach England übersiedelt. Jetzt entstehen hier zahlreiche spiritistische Zirkel, Gesellschaften und Zeitschriften. 1882 wird die *Society for Psychical Research* (engl. »Gesellschaft für psychische Forschung«) gegründet. Nachdem bereits 1856 die römische Kongregation der Inquisition den katholischen Christen das Zitieren von Verstorbenen für unerlaubt erklärt hat, verbietet 1917 das Heilige Offizium in Rom jede Teilnahme an spiritistischen Sitzungen. 1920 wird in Paris das *Institut Métapsychique International* ins Leben gerufen. Da die Zahl der Christen, die mit dem S. sympathisieren, groß ist, wird 1931 in England die *Christian Spiritual League* gegründet, die durch eine »Weltgebetsgemeinschaft« in allen Erdteilen Fernheilungen vermittelt. Vom Weltverband der Spiritisten werden regelmäßig Weltkongresse veranstaltet.
Im Gegensatz zu Okkultismus und Parapsychologie, die die Ergebnisse ihrer wissenschaftlichen Beschäftigung mit der übersinnlichen Welt offenlassen, gibt der Spiritismus den »okkulten« Phänomenen von vornherein eine bestimmte Deutung. Die Deutung des Übersinnlichen macht den S. zu einer »Konfession«. Die in den okkulten Erscheinungen sich äußernden *spirits* (engl. »Geister«) sind jenseitige Mächte und Geister von Verstorbenen, die als Bewohner der jenseitigen Welt ein größeres Wissen haben als die Menschen im Diesseits und die bereit sind, dieses Wissen über ein *Medium* den Menschen mitzuteilen. Die Mitteilungen der Geister haben als »Botschaften von drüben« gleichsam den Rang von Offenbarungen, die eine umfassende Weltanschauung bieten.
Diese Weltanschauung gibt hoffnungsvolle Auskünfte, »welche die quälenden Rätsel des menschlichen Daseins in einer Vernunft und Gemüt befriedigenden Weise lösen«, d.h. sie stellt der Angst vor dem Tode die Gewißheit des Fortlebens über den Tod hinaus entgegen. Sie gibt angesichts der Trauer um die Verstorbenen die Versicherung eines freudigen Wiedersehens mit ihnen, und sie eröffnet angesichts der Angst vor Sündenstrafen und Gericht die Aussicht auf eine durch Selbstvervollkommnung erreichbare Seligkeit.
Die wichtigsten und meistdiskutierten Felder dieser Weltanschauung sind das Jenseits, der Tod und die Gesetze, die das Schicksal der Lebenden und Toten bestimmen. Ihre Äußerungen sind Ratschläge für eine Lebensführung und Lebensorientierung der Lebenden. Die Verbindung der Lebenden mit den Geistern Verstorbener wird in spiritistischen Sitzungen durch die Vermittlung eines Mediums hergestellt. Dieses Medium besitzt außergewöhnliche Fähigkeiten im Sinne von außersinnlicher Wahrnehmungsfähigkeit, wie Hellsehen und *Telepathie* (griech. »Fernempfindung«), und psychischer, nicht mechanischer Einwirkungsmöglichkeit auf materielle Vorgänge wie *Psychokinese* (griech.), *Telekinese* (griech. »Fernbewegung«), *Levitation* (lat. »Aufhebung«) oder *Materialisation* (neulat. »Verkörperlichung«).

Literaturauswahl

Arrighi, G. M.: Spiriti e spiritismo moderno, Turin 1954

Horkel, W.: Botschaft von drüben. Hamburg [3]1961

Kardec, A.: Das Buch der Geister. Die Grundsätze der spiritistischen Lehre. Leipzig [2]1903

Kloppenburg, B.: O Espiritismo no Brasil. Petropolis 1960

Mattiesen, E.: Das persönliche Überleben des Todes. 3 Bde. Berlin [2]1962

Seligmann, K.: Das Weltreich der Magie. 5000 Jahre Geheime Kunst. Stuttgart 1958

Spirits, Shamans and Stars. Perspectives from South America. Hrsg. von D. L. Browman u. A. Ronald. Berlin 1980

Tenhaeff, W. H. C.: Het Spiritisme. Den Haag [2]1952

STAMMESRELIGIONEN

Als *Stammesreligion* bezeichnet man die Religion der Menschen mit gemeinsamer Abstammung und mit Gemeinsamkeiten in Kultur, Brauchtum, Sitte und Sprache, die zudem in einem bestimmten Siedlungsgebiet, dem Stammesterritorium, leben. Der abwertende Begriff *Primitivreligionen* wie auch die Bezeichnung *Naturreligionen* bzw. *Religionen kulturarmer Völker* bzw. *der Naturvölker* im Gegensatz zu den sogenannten Kulturvölkern sind unberechtigt.

Die Gesamtzahl der Mitglieder heutiger S. beträgt 93 996 000, d. h. 1,7 % der Weltbevölkerung in 98 Ländern. Von ihnen leben 72,9 % in Afrika und 26 % in Asien.

STAMMESRELIGIONEN (S.)			
Erdteile	Anhänger	% des Erdteils	% aller S.-Anhänger
1. Afrika	68 484 000	10,4	72,9
2. Asien	24 487 000	0,8	26,0
3. Lateinamerika	918 000	0,2	1,0
4. Ozeanien	66 000	0,3	0,1
5. Nordamerika	40 000	–	–
6. Europa	1 000	–	–
	93 996 000	–	100

Der *Stamm* bildet die kleinste ethnische Einheit der gleichen Rasse. Bei der gegenwärtigen Menschheit, der Spezies »Homo sapiens«, gibt es drei Großrassen: die *Mongoliden*, die *Europiden* und die *Negriden* mit den beiden Zwischen- bzw. Nebenformen der *Australiden* und *Pygmiden*, jeweils mit einer verschiedenen Anzahl von Teilgruppen.

Zum **Mongoliden-Rassenkreis,** der wegen des Gelbtons der Haut auch als »gelbe Rasse« bezeichnet wird und heute die größte, in Asien beheimatete Rassengruppe der Menschheit ist, gehören neben den Asiaten (→asiatische Stammesreligionen) die Mikronesier (→mikronesische Stammesreligionen) und Polynesier (→polynesische Religionen). Zu letzteren zählen die Maori (→Maori-Religion) auf Neuseeland. Von den Arktikern (→arktische Religionen) sind zu nennen die Eskimiden (→Eskimo-Religion) und die Sibiriden (→Sibirier-Religion).

Hierher gehören auch die Indianiden (→indianische Religionen) in Nord-, Mittel- und Südamerika.

Die **Australiden** sind die Eingeborenen Australiens (→australische Stammesreligionen), die in urgeschichtlicher Zeit vom asiatischen Festland eingewandert sind und heute eine der urtümlichsten noch lebenden Menschenrassen darstellen. Zum australoiden Rassenkreis gehören auch die Melanesier (→melanesische Religionen) und die Ainus (→Ainu-Religion).

Der **negride Rassenkreis,** der wegen des Kennzeichens der dunklen Hautfarbe auch »schwarze Rasse« genannt wird, umfaßt die Negervölker, die südlich des Saharagürtels leben, u. a. die Bantuniden und Sudaniden (→afrikanische Stammesreligionen). Hierher gehören auch die afroamerikanischen Negriden.

Die **Pygmiden** sind eine Sammelbezeichnung für kleinwüchsige Menschengruppen in Afrika, die Pygmäen (→afrikanische Stammesreligionen), und in Südostasien und Melanesien, die Negritos (→melanesische Religionen).

Die Stammesreligionen der **Europiden,** der in Europa beheimateten Menschenrasse, die wegen der hellen Hautfarbe auch als »weiße Rasse« bezeichnet wird, umfassen die Religionen der Stämme Alteuropas (→europäische Religionen) und Altvorderasiens (→vorderasiatische Religionen) sowie des Indoirans (→Indoiranische Religion).

Durch ihre gemeinsame Bezogenheit auf ein bestimmtes Weltbild wie durch Kult und Heiligtümer wird die Solidarität der *Stammesmitglieder* in der *Stammesgemeinschaft* gestärkt.

Die Stammesgemeinschaft, die von einem Häuptling und/oder von der Ratsversammlung geleitet wird, gliedert sich in verschiedene Untergruppen, wie Familien, Sippen, Clans, Lokalgruppen, Dörfer, Geheimbünde, Altersklassen, Männergemeinschaften und Kultgenossenschaften. Mehrere Stämme bilden ein Volk.

Literaturauswahl

Dupré, W.: Religion in primitive cultures: a study in ethnophilosophy. The Hague 1975

Herrmann, F.: Symbolik in den Religionen der Naturvölker. Stuttgart 1961
Howells, W.: The heathens. Primitive Men and his Religions. New York 1950
Jensen, A.E.: Mythos und Kult bei den Naturvölkern. Wiesbaden [2]1960
Lowie, R.: Primitive Religion. London 1960
Nilson, M.P.: Primitive Religion. Tübingen [2]1923
Radin, P.: Gott und Mensch in der primitiven Welt. Zürich 1953

SUMERISCHE RELIGION

Die s. R. ist die Religion einer vorsemitischen Bevölkerung, die in der Zeit zwischen 3000 und 1950 v.Chr. das südliche Mesopotamien am Unterlauf der damals noch getrennt in den Persischen Golf mündenden Flüsse Euphrat und Tigris bewohnt. Die Sumerer nennen ihr Land *Kiengira.* Sie sind die Träger der ältesten Stadtkultur des Zweistromlandes und werden die Vorläufer und Lehrer der semitischen Akkader (→akkadische Religion).

Die *Religion der Sumerer* gehört zu den →mesopotamischen und den →vorderasiatischen Religionen.

Um 3000–2800 v.Chr. siedeln die Sumerer im Süden Mesopotamiens (= Land »zwischen den Flüssen«) und gründen und organisieren Stadtstaaten. An der Spitze eines jeden theokratisch regierten Stadtstaates steht ein Priesterfürst *(ensi)* bzw. ein Sakralkönig (*lugal* = »großer Mensch«), der in seiner Person die Funktionen eines Herrschers, Richters, Oberpriesters und Feldherrn vereinigt und fast mythisch verehrt wird. Die bedeutendsten Stadtstaaten sind Kish, Mari, Uruk und Ur, und Kultzentren bilden dazu die Orte Lagash, Larsa, Umma und Nippur.

Der 12. sagenhafte König der 1.Dynastie von *Kish* »nach der Sintflut« heißt *Etana,* der »Hirte, der zum Himmel gefahren ist«. Auf Siegelzylindern ist er mehrfach abgebildet, wie er auf einem Adler zum Himmel fliegt, um für seine kinderlose Gattin »das Kraut des Gebärens« vom Himmel herunterzuholen. Er aber stürzt in dem Augenblick, da er das Ziel erreicht, mitsamt dem Adler in die Tiefe. Unter dem König *Mesilim* von Kish (um 2600–2550 v.Chr.) wird die Einheit von Staat und Religion aufgegeben zugunsten der Teilung von politischer Macht (Palast) und religiöser Funktion (Tempel).

Aus der 1. Dynastie von *Uruk* werden einige Könige vergöttlicht, so *Lugalbanda* (»der starke König«), ihr 3.König mit dem Titel »Hirte« *(sipar),* der 1200 Jahre über Uruk herrscht. Dem Mythos nach ist er Kosmokrator, nachdem er den Sturmvogel *Imdugud,* der mit den »Schicksalstafeln« den Göttern die Verfügung über die Weltherrschaft geraubt hat, besiegt.

Dumuzi (sumer. »rechtmäßiger Sohn«) ist 4.König von Uruk mit dem Titel »Fischer«, der später zum Vegetationsgott *Tamūzu* (babylon.) bzw. *Tammuz* (hebr.) der Westsemiten aufsteigt. Nach dem Mythos stirbt er jedes Jahr in der Hitze des Hochsommers (Juni/Juli) und muß in die Unterwelt hinabsteigen. Jedoch folgt ihm jedesmal die Göttin Inanna, die die wieder auflebende Vegetation symbolisiert, nach und rettet ihn für die Oberwelt, so daß neues Leben erwacht.

5. König von Uruk ist *Gilgamesch,* der »Herr von Kullab« und Held des Gilgamesch-Epos (→S.380).

Aus der Dynastie von *Lagash* ist der Priesterfürst *Gudea* (2050–2000) der bekannteste wegen der von ihm erhaltenen Statuen.

Der Stadtstaat *Ur* (heute al-Mukajjar) erlebt während seiner 3.Dynastie (2065–1950) seine höchste Blütezeit. »Ur in Chaldäa«, wo der Mondgott seinen Hauptkultort hat und sich die besterhaltenen Ruinen von *zikkurats* in Mesopotamien befinden, ist die Heimatstadt *Abrahams,* des Stammvaters der Israeliten (Gen 11, 28–31).

Ursprünglich verehrt jeder Stadtstaat seine eigene Hauptgottheit mit ihren Nebengottheiten. Der politische Sieg eines Stadtstaates über den anderen bedeutet zugleich, daß der Kult und die Götter des Besiegten vom Sieger übernommen werden, so daß schließlich die Gesamtzahl der Gottheiten 3600, das Quadrat der Grundzahl ihres Sexagesimalsystems (60 × 60), beträgt. Diese Götter werden dann nach unterschiedlichen Qualitäten und Funktionen differenziert und analog zu menschlichen Verwandtschaftsbeziehungen in ein genealogisches Schema gebracht, so daß die Gottheiten wie der irdische Fürst und König einen großen Hofstaat haben und von niederen Göttern umgeben sind. Innerhalb dieser funktionellen Differenzierung steht eine »kosmische« Trinität an der Spitze der Gottheiten.

Deren höchster Gott ist *An* (sumer. »oben, Himmel«), der Himmelsgott und König der Götter, Gatte der Ki (»Erde«) und Vater des Enlil und der Inanna. Sein Kultzentrum ist die Stadt Uruk. Das Schriftzeichen seines Namens, ein Stern, ist zugleich Wortzeichen und Determinativ für Gott allgemein, *dingir* (sumer. »Gott«).

Gott des Luftraums und der Stürme, der Katastrophen und der Sintflut ist *Enlil* (sumer. »Herr Sturm«). Er gilt als Sohn von An und Ki, und auf ihn wird die Trennung von An und Ki, von Himmel und Erde, zurückgeführt. Er ist Gatte der Ninlil (»Herrin Sturm«) und Vater von Nanna und Ningirsu. Enlil erwählt die Fürsten zu Hirten des Landes und der vier Weltgegenden. Sein Hauptkultort ist die Stadt Nippur mit dem Tempel Ekur (sumer. »Berghaus«), der symbolische Weltberg und Sitz der großen Götter.

1 *Priesterfürst* Gudea von Lagash, *Diorit, ca. 2000 v. Chr. Paris, Louvre*

2 Göttin mit Wassergefäß, *Mari, 1,42 m, 18. Jh. v. Chr. Aleppo. National-Mus.*

3 Mosaik-Standarte *aus Ur, Festmahl und Aufzug der Opfertiere, ca. 2660 v. Chr. London, Britisches Mus.*

4 Dame von Warka, *Maske (einer Hohenpriesterin), Alabaster, 22 cm hoch, ca. 2700 v. Chr. Bagdad, Irak-Mus.*

5 Nanna-Zikkurat, *2050–1985 v. Chr. Ur/Irak*

1

2

Enki (»Herr des Unten, der Tiefe«) ist Gott des unterirdischen Süßwasserozeans und der Quellen, die der Erde Fruchtbarkeit bringen, dazu Gott der Weisheit, der Künste und der Magie. Er gilt als Gatte der Erd- und Muttergöttin Ninki bzw. Ninhursag (sumer. »Herrin des Gebirges«) bzw. Ninmah (»erhöhte Herrin«). Enkis Hauptkultort ist die Stadt Eridu mit dem Heiligtum Eengurra. Sein Tempel ist der älteste bisher ausgegrabene Tempel, ein quadratisches Bauwerk von 4 m Seitenlänge mit einer rechteckigen Nische für die Statue bzw. das Emblem des Gottes, vor der ein Altartisch steht.

Neben der genannten »kosmischen« Trinität gibt es eine »astrale« Dreiheit. Zu ihr gehört als oberster Astralgott der Mondgott *Nanna*. Er gilt als Sohn des Enlil, als Gatte der Ningal (sumer. »große Herrin«) und Vater des Utu und der Inanna (im Gegensatz zur vorgenannten Vaterschaft des An). Täglich überquert er in seinem sichelförmigen Boot den Nachthimmel und teilt das Jahr in Monate von 30 Tagen ein. Einer seiner Kultorte ist die Stadt Ur mit dem Heiligtum Ekishnugal. Hier ist ihm der berühmte Stufentempel geweiht.

Als Sonnengott fungiert *Utu,* der gleichzeitig Wahrer des Rechts und Richtergott ist. Er gilt als Sohn des Nanna und der Ningal. Täglich zieht er in seinem Wagen über den Taghimmel und zerstreut die Dunkelheit. Auf seiner nächtlichen Reise durch die Unterwelt ist er der große Richtergott. Sein Attribut ist ein in eine Scheibe eingeschriebener mehrstrahliger Stern. Zu seinen Kultorten gehören die Städte Larsa und Sippar, wo seine Tempel jeweils den Namen Ebabbar (»leuchtendes Haus«) tragen.

> O Utu, Herr des Landes Sumer,
> der Menschen Vater!
> Wenn zur Ruhe du gehst,
> so schläft mit dir die Welt.
> Und wenn du, Jüngling Utu, aufstehst,
> erwacht mit dir das Land vom Schlaf.
> Bist du nicht da,
> so sucht kein Vogel sein Korn,
> noch wandelt recht der Mensch.
> Dem, der allein des Weges zieht,
> gehst brüderlich du an seiner Seite!

Göttin des Planeten Venus, des Abend- und Morgensterns, ist die Himmelskönigin *Inanna* (»Herrin des Himmels«), eine Göttin der Erdfruchtbarkeit und der Liebe. Sie gilt als Tochter des Nanna (wie auch des vorgenannten An) und Schwester des Utu sowie als Gattin des An. Ihr Hauptkultort ist die Stadt Uruk mit dem Hauptheiligtum Eanna (»Haus des Himmels«).

Ein Jagd- und Kriegsgott sowie Orkangott ist *Ninurta* (sumer. »Herr der Erde«). Er ist ein »gewaltiger Herr« und »gewaltiger Jäger vor dem Herrn« (Gen 10,8 f.). Auf ihn geht wahrscheinlich die Gestalt des biblischen Nimrod zurück (Mi 5,5). Ein anderer Kriegsgott und Sturmgott ist *Ningirsu* (sumer. »Herr von Girsu«), dessen Gattin Baba die Muttergöttin und Stadtgöttin von Lagash ist.

Nergal ist Gott der sengenden Sommersonne, der einen Teil des Jahres in der Unterwelt verbringt. Seine Gattin ist *Ereshkigal* (sumer. »Herrin der großen Erde« [Unterwelt]), die Göttin der Unterwelt und Schwester der Inanna. Im Totenreich, dem »Land ohne Wiederkehr«, ist sie von 600 *Anunnaki,* Geistern der Tiefe, umgeben. Ihr Bote ist *Namtar* (sumer.

3

4

5

»das, was abgeschnitten ist«), ein Schicksalsgott, der den Menschen den Tod bringt.

Die Funktionen der Opferpriester und -priesterinnen betreffen vornehmlich die Darbringung pflanzlicher und tierischer Opfer, die in alter Zeit in ritueller Nacktheit vollzogen wird. Dazu gibt es Orakel- und Beschwörungspriester.

Die sakrale Baukunst kennt als Wahrzeichen einer Stadt den innerhalb eines Tempelbezirks in die Höhe strebenden *Tempelturm*, der wegen seiner stufenförmigen Bauweise – mehrere aufeinandergesetzte und durch Treppen miteinander verbundene Stockwerke – *zikkurat* (akkad. »Stufenturm«) genannt wird. Die besterhaltene *zikkurat* ist die 2050–1985 v. Chr. von Urnammu erbaute und um 550 v. Chr. wiederhergestellte in der Stadt Ur. Auf der Spitze dieses Stufenturms ist ein dem Nanna geweihtes Heiligtum.

Neben den Tempeltürmen gibt es die gewöhnlichen Tempel zu ebener Erde, deren Grundrisse eine um einen Hof gelagerte Gruppe von schmalen Räumen mit der querliegenden, rechteckigen Haupthalle zeigen. Die Tempel liegen inmitten eines Bezirks für den Stadtgott, dem alles Land als Gottesland gehört. So ist der Tempel religiöses, politisches und wirtschaftliches Zentrum.

In der früh- und spätsumerischen Zeit (3000–2250) entstehen männliche und weibliche Weihestatuetten aus Stein. In der neusumerischen Kunst (2050–1900) ist das Hauptthema des Reliefs und der Glyptik die Einführungsszene, in der ein Beter vor seinen Gott tritt oder von einem zweiten eingeführt wird. Die an den Längswänden der Kulträume im Tempel aufgestellten Beterstatuetten sollen als Abbilder die Stifterpersonen vertreten und das ununterbrochene Gebet vor der Gottheit sicherstellen.

Das Werden und Vergehen in der Natur wird meist durch Kampfszenen dargestellt, wobei Stiere und Schafe als Lebenssymbole von Adlern und Löwen als Todessymbolen überfallen werden. Der »gute Hirt« Dumuzi tritt als Schützer des Lebens und der Herden den Todesboten entgegen.

Um den Beginn des 3. vorchristlichen Jdt. entsteht das *Rollsiegel* als Amtssiegel zum Versiegeln der Vorratskrüge im Tempelbezirk – oft mit Dumuzi-Motiven.

Im Dienst der Tempelverwaltung steht die dafür erfundene Schrift. Die um 3000 v.Chr. entstandene Schrift der Sumerer ist die älteste der Menschheit. Aus der anfänglichen Bilderschrift wird die Keilschrift entwickelt, so benannt nach der Zusammensetzung der Schriftzeichen aus keilförmigen Strichen, die meist auf Tontafeln eingeritzt sind. Jedes der ca. 600 Zeichen kann entweder als Silbe (syllabisch) oder als Wort (ideographisch) gelesen werden. Diese aus der Bilderschrift entwickelte Keilschrift wird später allmählich von der einfacheren Alphabetschrift verdrängt. Die Tontafeln mit literarischem Inhalt werden in Archiven und Schulen, *e-dubbai* (sumer. »Tontafelheime«), aufbewahrt. Sie bilden heute Fundgruben religiöser und kultischer Texte.

Alle aufgrund der von den Sumerern erfundenen Schrift erhaltenen mythischen Dichtungen Mesopotamiens sind – mit Ausnahme des babylonischen Weltschöpfungs-Epos – sumerischer Herkunft. Das bedeutendste Werk ist das *Gilgamesch-Epos,* die älteste Heldendichtung der Weltliteratur (um 1900 v.Chr.). Teile dieses Epos sind außer in akkadischer auch in babylonischer (Ende 13.Jh. v.Chr.), in assyrischer (650 v.Chr.), hethitischer und churritischer (14.Jh. v.Chr.) Schriftsprache vorhanden, was für seine weite Verbreitung spricht.

Dieses in 12 Gesängen auf ebenso vielen Tontafeln mit über 3000 Versen erhaltene Epos kreist um die beiden Grundgedanken von Freundschaft der Helden und vom Streben nach Unsterblichkeit. Dem Helden Gilgamesch, König von Uruk, steht sein Gegenspieler, »Knecht« und Hirte Enkidu gegenüber. Auf ihrem abenteuerlichen Zug zum Zedernberg töten sie den Riesen Chumbaba, und nach der Heimkehr kränken sie Inanna bzw. Ishtar, die Stadtgöttin von Uruk, zutiefst, indem sie den Himmelsstier töten. Die Göttin rächt sich, indem sie Enkidu sterben läßt. Jetzt zieht Gilgamesch, von Todesangst erfaßt, über die ganze Erde und sucht das ewige Leben. Auf der Insel der Seligen trifft er den weisen Utnapischtim (»der Hochgescheite«), den einzigen Sterblichen, der Unsterblichkeit erlangt hat. Dieser erzählt Gilgamesch die berühmte Geschichte von der Flut (Sintflut), mit der die Götter alles Leben auf der Erde vernichten wollten und aus der er errettet wurde. Gilgamesch holt das Lebenskraut vom Grunde des Meeres, aber eine Schlange raubt es ihm. So wird er belehrt, daß ewiges Leben den Göttern vorbehalten ist und die Menschen sich weiterhin in das unabänderliche Geschick des menschlichen Todes ergeben müssen. Das Gilgamesch-Epos ist geprägt von einem tragisch-pessimistischen Grundzug.

> Gilgamesch, wohin läufst du?
> Das Leben, das du suchst,
> wirst du nicht finden!
> Als die Götter die Menschheit erschufen,
> teilten den Tod sie der Menschheit zu,
> nahmen das Leben für sich in die Hand.

Thema und Einzelmotive des Gilgamesch-Epos kehren in Variationen in der Weltliteratur wieder. So bietet z.B. die Erzählung im 11.Gesang in vielen Einzelheiten (Rettung in einer Arche und Aussendung von Vögeln) ein Gegenstück zur biblischen Sintflut-Erzählung (Gen 6–9).

Das zuerst von den Sumerern praktizierte Sexagesimalsystem (lat. *sexagesimus* = »der sechzigste«), das auf der Zahl 60 aufbaut, wird heute noch bei der Winkeleinteilung in (360) Grad und Zeiteinteilung in (60) Minuten und (60) Sekunden angewendet.

Zeittafel

Vor der christlichen Zeitrechnung

3000–2350 *Altsumerische Zeit*

2700 »Weißer Tempel« und (1.) Anu-*zikkurat* in Uruk

ca. 2700 Rollsiegel mit Dumuzi-Motiven

2065–1950 *Neusumerische Zeit*

2050–1985 Nanna-*zikkurat* in Ur von Urnammu erbaut

2050–2000 Priesterfürst Gudea von Lagash

um 1900 Liederzyklus des Gilgamesch-Epos (1.Fassung)

Literaturauswahl

Falkenstein, A./Soden, W. v.: Sumerische und akkadische Hymnen und Gebete. Zürich u. Stuttgart 1953

Heidel, A.: The Gilgamesh Epic and Old Testament Parallels. Chicago 1963

Jean, C.F.: La religion Sumérienne d'après les documents sumériens antérieurs à la dynastie d'Isin. Paris 1931

Keiser, H.: Tempel und Türme in Sumer. Archäologen auf der Spur von Gilgamesch. Freiburg 1977

Kramer, S.N.: Sumerian Mythology. New York [2]1961

Pettinato, G.: Das altorientalische Menschenbild und die sumerischen und akkadischen Schöpfungsmythen. Heidelberg 1971

Schott, A./Soden, W. v.: Das Gilgamesch-Epos. Stuttgart 1958

SYRISCHE RELIGION

Die s. R. ist die vorislamische Religion der nordwestsemitischen Altsyrer, die die Gebiete östl. und nördl. von Phönikien bis zum Euphrat bewohnen. Die *Religion der Altsyrer* gehört zu den →semit. und zu den →vorderasiat. Religionen.

Die Lage Syriens als Durchgangsland bringt dem Land einen ständigen Wechsel der Herrschaften und hat auch eine völkische Vermischung der Bewohner zur Folge.

Den Persern (ab 559 v.Chr.) folgt Alexander d.Gr., der Syrien im Winter 332/331 v.Chr. unterwirft. Ihm folgen die Ptolemäer und Seleukiden, bis Syrien infolge der Neuordnung des Ostens durch Pompejus 64 v.Chr. römische Provinz wird. Im Jahr 395 n.Chr. übernehmen die christlichen Byzantiner die Herrschaft, und seit 636 weicht das →Christentum dem →Islam, dem heute 87% der Bevölkerung anhängen und der Staatsreligion ist.

Die Altsyrer verehren vorwiegend Natur- und Vegetationsgötter. Der Vegetationsgott *Adonis* gehört zum Typus des sterbenden und auferstehenden Gottes, der zur Zeit des Hellenismus Mittelpunkt des nach ihm benannten →Adonis-Mysterienkultes wird.

Eine Muttergöttin und Förderin des vegetativen Lebens ist *Atargatis,* deren Hauptkultort in Hierapolis (Nordsyrien) liegt. Ihr zu Ehren werden Prozessionen veranstaltet, bei denen in ihrem Tempel Wasseropfer dargebracht werden. Zur Zeit des Hellenismus ist sie in Rom als »Dea Syria« (röm. »syrische Göttin«) bekannt. Sie gilt als Gemahlin des Adad.

Der Sturm-, Wetter- und Regengott *Hadad* (= Adad) ist Hauptgott von Damaskus. Als Herr des Überflusses und der Fruchtbarkeit kann er auch Verderben und Dürre bringen. Sein Beiname ist *Ramman,* so daß er oft *Hadad-Rimmon* genannt wird (vgl. Sach 12,11).

Mit Hadad verwandt ist *Baal* (syr. »Herr«), ein Naturgott und Herr der Erdscholle, die er durch Grundwasser und durch Regen fruchtbar macht. Später wird er zum Gewittergott in Gestalt eines brüllenden Stieres und schließlich Himmels- und Sonnengott. Während das Absterben der Vegetation zur Zeit der sommerlichen Dürre als »Tod des Baal« betrauert wird, werden die wiedereinsetzenden Regenfälle als »Baals Wiedergeburt« gefeiert.

Orgiastische Züge weist der Kult des *Baal Markod* (»Herr des Tanzes«) auf. Baals Partnerin ist die Göttin *Baalath* (syr. »Herrin«). Baal wird Hauptrivale des Gottes der →israelitischen Religion, deren Propheten Elia (Elija) und Hosea leidenschaftlich gegen ihn auftreten.

Ein weiterer syrischer Vegetationsgott ist *Eshmun,* der aus dem Tode wiederauferstehen kann, und, da er auch die Kranken gesund machen kann, als Heilgott verehrt wird.

Literaturauswahl

Baudissin, W. W. Graf v.: Adonis und Esmun. Eine Untersuchung zur Geschichte des Glaubens an Auferstehungsgötter und an Heilgötter. Leipzig 1911

Gese, H./Höfner, M./Rudolph, K.: Die Religionen Altsyriens, Altarabiens und der Mandäer. Stuttgart u.a. 1970

Hörig, M.: Dea Syria. Studien zur religiösen Tradition der Fruchtbarkeitsgötter in Vorderasien. Neukirchen 1970

Klengel, H.: Geschichte und Kultur Altsyriens. Leipzig 1967

T'AI-P'ING

Die T.-p. (chin. »großer Friede, allgemeine Gerechtigkeit«) ist die von dem Chinesen *Hung Hsiu-Ch'üan* (1813–64) im Jahre 1847 in Kanton ins Leben gerufene religiöse Bewegung. Diese aus dem →Konfuzianismus und dem →Christentum hervorgegangene Religion gehört zu den →neuen Religionen des kontinentalen Ostasien.

Hung Hsiu-Ch'üan, Dorfschullehrer vom Stamm der Hakka in der Kanton-Provinz, lernt durch einen protestantisch-christlichen Missionar das Christentum kennen und weiß sich 1837 durch eine Vision vom »Himmel« zum Herrscher der chinesischen Welt berufen. Der »Alte im Himmel« befiehlt, daß alle Menschen ihm huldigen und alle Schätze ihm zufließen sollen. Obwohl seit 1850 eine Ketzerverfolgung durch die chinesische Regierung einsetzt, ruft Hung Hsiu-Ch'üan am 1. Januar 1851 das »Himmlische Reich des großen Friedens« *(T'ai-p'ing T'ien-kuo)* aus, und er selbst nimmt den Titel *T'ien wang* (»himmlischer König«) an. Damit beginnt der *T'ai-p'ing-Aufstand* (1851–64), einer der blutigsten Bürgerkriege der Geschichte. Mit der Eroberung von Nanking am 10. März 1853, das unter dem Namen *T'ien-ching* (»Himmels-Hauptstadt«) das Zentrum der Bewegung wird, und der Ausdehnung der Herrschaft über die südchinesischen Provinzen erreicht diese Bewegung ihren Höhepunkt, und ihr Machtbereich umfaßt zeitweise 13% Süd- und Mittelchinas. Am 19. Juli 1864 gelingt den kaiserlichen Truppen, unterstützt durch britische und französische Kanonenboote, die Rückeroberung von Nanking. Mit Hilfe christlicher Europäer wird diese stärkste, wenn auch nicht rein christliche Bewegung im Blut erstickt. Über 20 Millionen Menschen verlieren dabei ihr Leben, Mittel- und Nordchina werden z.T. völlig verwüstet. Nachdem der Gründer die Aussichtslosigkeit seiner Situation erkannt hat, wählt er – noch bevor seine Residenzstadt Nanking am 19. Juli 1864 in die Hände der kaiserlichen Eroberer fällt – am 1. Juni 1864 den Freitod. In den folgenden Jahren löst der Revolutionsversuch der T.-p. weitere geistige und soziale Bewegungen aus und beeinflußt sowohl die 1880 in Korea gegründete →Tonghak wie auch die Revolution des Jahres 1911.

Die T.-p.-Bewegung bekennt sich in einer streng monotheistischen Weise zum »Alten im Himmel« *(T'ien Kung).* Ihr Ziel ist die Errichtung eines theokratischen

Staates, genannt *T'ai-p'ing T'ien-kuo* (»Himmlisches Reich des großen Friedens«), der auf die Traditionen der Ming-Dynastie (1368–1644) zurückgreift; dabei soll die herrschende Mandschu-Dynastie (1644–1912) vernichtet werden. In diesem angestrebten irdischen Idealstaat knüpft das religiöse Programm an die vorkonfuzianische Zeit an und sieht das Heil im sozialen und politischen Bereich. Nach dem Ideal der allgemeinen Brüderlichkeit verlangen die sozialen Maßnahmen eine Landreform mit Überführung des Grundbesitzes in Gemeineigentum. Erlösergestalt ist Jesus Christus, der Sohn Gottes, und als »jüngerer Bruder Jesu Christi« versteht sich der Stifter. In der Ethik gelten die Zehn Gebote, von denen das 5. die klassische konfuzianische Form hat. Die Forderung nach unbedingter Wahrhaftigkeit nimmt eine vorrangige Stellung ein. Eine Gleichstellung der Frau wird gefordert, und aus der Gemeinschaft wird derjenige ausgestoßen, der gegen das Verbot des Opiumgenusses verstößt.

Im kultischen Bereich gibt es eine Art sakramentaler Taufe und ein sakramentales Teetrinken. Als wöchentlicher Feiertag gilt der *Sabbat*. Die Ahnen werden gemäß chinesischen Traditionen verehrt. Als heilige Schrift gilt die Bibel des Christentums.

Literaturauswahl

Die Taiping-Revolution. Von einem Autorenkollektiv. Stuttgart 1978

Oehler, W.: Die Taiping-Bewegung. Gütersloh 1923

Powers Boardman, E.: Christian Influence upon the Ideology of the Taiping Rebellion 1851–1864. Madison 1952

Shih, V.: The T.-p. Ideology. Seattle 1967

Tēng-Ssu-Yü: New Light on the History of the Taiping Rebellion. Cambridge/MA 1950

TANA BHAGAT

Die T. B. ist eine national-religiöse Bewegung unter der dravidischsprachigen eingeborenen Bevölkerung in Bihar (Indien), die nach dem von ihr oft verwendeten Gebetswort *tana* (»durchhalten«) und nach den sie leitenden *bhagats* (»Propheten«) benannt ist.

Während des 1. Weltkriegs erreicht diese Bewegung ihren Höhepunkt, bis die britischen Kolonialbehörden angesichts einer drohenden, offenen Revolte seitens der T. B. eingreifen, die nächtlichen Gebetsversammlungen verbieten, die Gläubigen versprengen und einige Propheten ins Gefängnis werfen.

Die Anhänger dieser Bewegung erwarten den Anbruch eines goldenen Zeitalters. Auf eine 7 Tage und 7 Nächte währende Periode völliger Finsternis soll eine ebenso lange Zeit strahlenden Lichts folgen, während der ein *Himmlisches Reich* auf Erden errichtet wird. Dann werden die Anhänger Lebensmittel im Überfluß haben und sich an einem einzigen Tag die Kenntnisse der gesamten höheren Bildung aneignen. Der Anbruch dieses paradiesischen Zeitalters wird durch die Ankunft eines Gottes oder göttlichen Boten eingeleitet. Für den letzteren ist häufig Wilhelm II., Deutscher Kaiser und König von Preußen (1888–1918), gehalten und in Gebeten und Gesängen als »deutscher Baba« und »Geist aus der Höhe« angerufen worden.

Literaturauswahl

Fuchs, S.: Rebellious Prophets. A Study of Messianic Movements in Indian Religions. London 1965

TANKUNKYO

Die T. (korean. »Lehre von Tankun«) ist die von dem Koreaner *Na Chol* Anfang des 20. Jh. gegründete Religion. Nach der Annexion Koreas durch die Japaner im Jahr 1910 nimmt diese Gemeinschaft vorübergehend den Namen *Täjongkyo* (korean. »Lehre des großen Ahnengottes«) an. Die Religionsgemeinschaft, deren Zentrale sich heute in Seoul befindet und die in Südkorea ca. 114 000 Anhänger zählt, wird zu den →neuen Religionen des kontinentalen Ostasien gerechnet.

Religiöses Fundament dieser nationalistisch-koreanischen Bewegung ist der Glaube an *Tankun* (korean. »Sandelbaum-Fürst«), den Enkel des Himmelsgottes *Hananim*. Der unter einem Sandelbaum auf dem Berg Paektusan sitzende mythische Begründer des koreanischen Reiches (2333 v. Chr.) hat einst die Ureinwohner Koreas den Hausbau und die Kochkunst gelehrt und ihnen gezeigt, wie man Bäume fällt und Felder bestellt. Er gilt als Gründer der Hauptstadt seines Reiches, dem er den Namen *Chonson-Kuk* (korean. »Land der Morgenfrische«) gibt. Alle Koreaner sind Tankuns Kinder.

Vor einer Namenstafel Tankuns, die an der Nordwand der Häuser angebracht ist, wird das Gebet gesprochen, und zur Erinnerung an die wundersame Gründung des koreanischen Reiches durch Tankun im Jahr 2333 v. Chr. wird in der Mitte eines jeden Monats ein »kleines« und am 13. Oktober eines jeden Jahres ein »großes« religiöses Fest gefeiert.

TANTRISMUS

Der T. (sanskr. *tan* = »sich ausdehnen«) ist eine um 500 n. Chr. in Indien entstandene religiöse Bewegung, deren heilige Schriften die *Tantras* (sanskr. »Fäden, Gewebe«) sind, die zur »Ausdehnung« eines allumfassenden Wissens mystische Weltanschauung mit traditionellem magischen Ritual verbinden.
Seit dem 6. Jh. n. Chr. dringen tantrische Anschauungen und Rituale in verschiedene indische Religionen und deren Schulrichtungen ein, so daß es *Tantristen* im Shivaismus und Shaktismus (→Hinduismus), im →Jainismus und im (Mahāyāna-) →Buddhismus gibt, in dessen tibetischer Richtung, dem Lamaismus, er eine bedeutende Rolle spielt. Man spricht deshalb von einem hinduistischen und einem buddhistischen T.
Nach der Lehre des T. steht alles in der Welt in mystischer Verbindung zueinander, weil es die Einheit von Geist und Materie, von Mikrokosmos und Makrokosmos, von Einzelseele und Universalseele, von eigenem Selbst *(jiv-atman)* und universalem Selbst *(param-atman)* gibt. Das letztere als das höchste Selbst liegt allem zugrunde.
Dieses Absolute und ungeteilte Eine, dieses transzendent Göttliche und Ewige, das sich zunächst in einer androgynen (männlich-weiblichen), d.h. zweigeschlechtli-

Volkstaoistische Gottheiten (1–3):
1 *Göttin* Hsi-Wang-Mu, *Porzellan, 18. Jh.*
2 *Gott* Shou-Lao, *Porzellan, 18. Jh.*
3 Acht Unsterbliche, *Farbholzschnitt*
4 *Weise mit* Yin-Yang-Symbol, *Schale*

1

2

3

4

chen Erscheinungsform manifestiert, teilt sich zum Zweck der Schöpfung und Hervorbringung des Lebens in ein männlich statisches und ein weiblich kinetisches Prinzip. Urgeist *(purusha)* und Urmaterie *(prakriti),* Shiva und Shakti, bilden die beiden polaren Aspekte des ursprünglich göttlich Einen, deren Symbole *lingam* für Phallus und *yoni* für Mutterschoß sind. Beide Prinzipien zeugen die Welt und das vielfältige Leben durch sexuelle Vereinigung.

Die Wieder-Vereinigung der Geschlechter bringt nicht nur neues Leben hervor, sondern hat auch die Bedeutung, die Polarität der Geschlechter aufzuheben und zum ungeteilten, einen Urprinzip, wie es vor der Schöpfung bestand, zurückzuführen.

Die Erlösung von den dualen Fesseln, die den Menschen von der höchsten glückseligen Einheit fernhalten, verläuft über den Weg der Rituale für Weihehandlungen und Meditationen. Die im Mittelpunkt des T. stehenden esoterischen Riten bedienen sich magisch-symbolischer Hilfsmittel. Die symbolträchtige Gestensprache der Handhaltungen, *mudrās,* soll übernatürliche Potenzen wachrufen. Die *nyasas,* das Berühren bestimmter Körperteile, symbolisieren das Eingehen des Göttlichen in den Körper des Tantristen. *Mudrās* und *nyasas* werden begleitet von *bijas* (Keimsilben) und von den aus diesen energiegeladenen Keimsilben zusammengesetzten *mantras.* Letztere sind mystische Formeln, die durch wiederholtes Aussprechen übersinnliche Kräfte verleihen. Im T. erhält jeder Schüler von seinem Guru das nur für ihn bestimmte *mantra.* Das bekannteste *mantra* ist der beim Ausatmen entstehende Urlaut »A-U-M« (= OM), der zugleich das Absolute bedeutet.

Der Meditation dienen als Hilfsmittel auch magische Diagramme. Die *mandalas* sind Diagramme in Form von Kreisen oder Vielecken, die das Weltbild symbolisch darstellen.

Die *yantras,* deren wirksamstes das *shriyantra* ist, sind symbolische Darstellungen der Shakti, die sich – ausgehend vom ungeteilten absoluten Einen – zur vielfältigen Natur entfaltet. Mit Hilfe der *yantras* wird das Bild der Gottheit wachgerufen, mit der sich der Meditierende identifizieren kann. Auf diese Weise wird der Weg zur Vereinigung von *jiv-atman* und *param-atman* frei.

Ein besonderes Hilfsmittel ist die sogenannte »tantrische *puja*«, eine erotische Meditationsform. Der bei dieser *puja* vollzogene sakrale Beischlaf wird, von der Grundidee der Schöpfung als Zeugungsakt her, mit dem Nachvollzug des Urschöpfungsaktes begründet. Der Körper wird als Instrument der Offenbarung übernatürlicher kosmischer Kräfte gesehen. Zur Beherrschung dieser Mächte und letztlich zur Vereinigung mit dem transzendenten Einen und Absoluten sollen die dabei vollzogenen Riten führen.

Die heiligen Schriften, *Tantras,* sind in Form von Dialogen verfaßt, die zwischen der männlichen Gottheit und seiner weiblichen Shakti stattfinden. Sie bieten mystische Vorschriften, Zeremonien, magische Formeln und philosophische Spekulationen.

Literaturauswahl

Agehananda Bharati: The Tantric Tradition. London 1965

Chakravarti, C.: The Tantras, Studies on their Religion and Literature. Kalkutta 1963

Dasgupta, S.: An Introduction to Tantric Buddhism. Kalkutta 1950

Goudrian, R./Gupta, S.: Hindu Tantric and Sakta Literature. Wiesbaden 1981

Rajneesh, Bhagwan S.: Tantra: Religion & Sex. Meinhard-Schwebda 1984

Tantra in Tibet. Das geheime Mantra des Tsonka-pa. Einleitung v. Dalai Lama. Köln [2]1983

TAOISMUS

Der T. ist die auf den chinesischen Philosophen *Li* (ca. 604–517 v.Chr.) mit dem Ehrennamen *Lao-tse* (chin. »alter Meister«) zurückgeführte philosophische Schule und religiöse Richtung, in denen der Begriff des *tao* (chin. »Weg«) im Mittelpunkt steht. Von den Chinesen selbst wird die taoistische Religion, die aus der alten chinesischen Volksreligion des →Universismus hervorgegangen ist und diese hinwiederum entscheidend geprägt hat, als *Tao-chiao* (chin. »Lehre des Tao«) bezeichnet.

Die Religion der *Taoisten* wird zu den →chinesischen Religionen gerechnet.

Als Geburtsjahr des *Lao-tse (Lao-tzu, Lao Zi, Lau-tsi, Lau-Dsi)* werden die Jahre 1316, 1291, 786, zwischen 606 und 585, 604 oder 584 v.Chr. genannt. Als Geburts- oder Herkunftsort des Philosophen gilt das Dorf Ch'ü-jen im Kreis Ku – ein Ort in der Nähe der heutigen Kreisstadt Lu-i im östlichen Honan. Nach neuerer taoistischer Überlieferung soll dieses Dorf identisch sein mit dem etwa 10 km östlich von Lu-i gelegenen Ort T'ai-ch'in-Kung.

Nach der legendarisch gestalteten Lebensgeschichte des Lao-tse geht seine Mutter mit dem von einem Sonnenstrahl Gezeugten 81 Jahre schwanger, bevor sie ihn aus ihrer linken Achselhöhle unter einem Pflaumenbaum gebiert. Der vaterlos Gezeugte mit dem Vornamen Er bzw. Erl nimmt als Familiennamen die Bezeichnung des Baumes, Li (»Pflaume«), an, unter dem er zur Welt gekommen ist.

Als Lao-tse kaiserlicher Archivar in Lo-Yang, der Hauptstadt des südchinesischen Reiches Chou ist, kommt es der Überlieferung nach im Jahr 518 zu einem Zusammentreffen mit seinem Zeitgenossen K'ung-tse, wovon Chuang-tse in seinem Werk »Das wahre Buch vom südlichen Blütenland« (XXVI, 5) erzählt.

Lao-tse, dessen Sohn Tsong später General

im Reich Wei wird, lebt in einer Zeit ständiger kriegerischer Auseinandersetzungen, großer Nöte und politischen und moralischen Verfalls, was seine heftige Kulturkritik hervorruft und ihn ein zurückgezogenes Leben führen läßt.

Schließlich zieht sich Lao-tse ganz aus dem öffentlichen Leben zurück, gibt sein Amt als Staatsarchivar auf und verläßt die Hauptstadt in westlicher Richtung. Als er auf einem schwarzen Büffel reitend am Grenzpaß Han-Gu anlangt, bittet der Paßwächter Yin-Hi ihn darum, wenigstens seine weise Lehre zurückzulassen, bevor er das Land für immer verlasse. Daraufhin schreibt Lao-tse ein Werk von etwas über 5000 Schriftzeichen nieder und übergibt es als *Tao-tē-king* (→S. 388) dem Grenzwächter. Dann entfernt sich Lao-tse und entschwindet von da an aus dem Gesichtskreis der Menschen. Niemand weiß, wo er geblieben ist. Da für viele Taoisten ihr Stifter Lao-tse nach Westen, dem »Reich der seligen Ruhe«, entschwunden ist und ewiges Leben erlangt hat, wird für ihn kein Todesjahr, sondern nur das Geburtsjahr angegeben. Andere nennen als Todesjahr 522, 517 bzw. 500 v. Chr.

Die wechselvolle Geschichte des T., die durch offizielle staatliche Begünstigung wie auch Ablehnung gekennzeichnet ist, unterteilt man in die Zeit des älteren und späteren T.

Zum *älteren T.* gehört die Schule des *Lieh-tse* (440–370 v. Chr.), latinisiert *Licius*, dessen Werk in 8 Büchern die Kosmologie und Ethik des frühen T. in Gleichnissen erläutert. Der in Meng bei Kuei-te-fu (Ost-Honan) geborene *Chuang-tse* (399–295) bzw. *Tschuang-tse* gilt als Hauptvertreter des philosophischen T. Sein Werk *Nan-hua-tschen-ching* (»Das wahre Buch vom südlichen Blütenland«) stellt in 33 Kapiteln die Seins- und Sittenlehre des frühen T. am vollständigsten dar. Weitere Vertreter des älteren T. sind *Wēn-tse* (3. Jh. v. Chr.) und *Han Fei-tse* († 233 v. Chr.), der zwischen T. und Konfuzianismus zu vermitteln sucht.

Zum *späteren T.* gehört *Huai-nan-tse* (164–122 v. Chr.) mit seinem Werk *Hung-lieh-chieh*, der als »Vater des Volks-Taoismus« gilt. Zum eigentlichen Gründer der taoistischen Gemeinde wird dann *Chang Tao-ling* (★ 34 n. Chr.), dessen taoistisches »Papsttum« unter dem Titel »t'ien-shih« (»himmlischer Meister«) in der Familie Chang erblich ist und bis in die Gegenwart fortlebt. 1965 wird die »Nationale Taoistische Gesellschaft der Republik China« in Taipeh (Taiwan) gegründet.

Auf den beiden Begriffen *tao* und *tē* sind die Metaphysik und die daraus gefolgerte Ethik des Lao-tse aufgebaut. *Tao* ist ein undefinierbares Absolutes. Das *Tao-tē-king* beginnt mit dem Satz

> *Tao,* kann es ausgesprochen werden,
> ist nicht das ewige *tao.*
> Sein Name, kann er genannt werden,
> ist nicht der ewige Name.
> Das Namenlose ist Urgrund
> des Himmels und der Erde.

Das taoistische Urprinzip der Welt ist eine ewig ruhende Potenz, die allen Erscheinungen zugrunde liegt. Das *tao* allein beharrt und wandelt sich nicht. Alles dreht sich um das *tao* (XXV).

> Des Menschen Richtmaß ist die Erde,
> der Erde Richtmaß ist der Himmel,
> des Himmels Richtmaß ist *tao,*
> *taos* Richtmaß ist sein Selbst.

Aus dem *tao* geht alles hervor. »Man kann es ansehen als der Welt Mutter«. Das *tao* erzeugt die 10 000 Wesen, seine Kraft nährt sie, sein Wesen gestaltet sie, und sein Wirken vollendet sie.

Das *tao* ist aber nicht nur Urgrund alles Seienden, sondern auch Quelle der Einheit, in der letztlich alle Widersprüche und Unterschiede der Existenz sich auflösen lassen. Da in der Vereinigung mit dem *tao* alle Probleme des Daseins gelöst werden, ist das Ziel die Anpassung des menschlichen Verhaltens an das *tao*. Die Wirksamkeit des *tao* in der Schaffung, Entfaltung und Erhaltung aller Dinge ist für die Menschen die ethische Norm für ihre Lebensführung. In der Nachahmung der Wirkungsweise des *tao* besteht das *tē* (chin. »Tugend«) des Menschen. *Tē* ist der individuelle Anteil am *tao*, das Gelebtwerden des Individuums durch das absolute *tao*. Derjenige hat *tē*, der im *wu-wei* (chin. »Nicht-Handeln«) verharrt. Denn das Wirken des *tao* ist *wu-wei*, das Nichteingreifen in das Geschehen. Darin liegt seine sieghafte Kraft (XLIII).

> Der Welt Allerweichstes überwindet
> der Welt Allerhärtestes.
> Das Nicht-Seiende durchdringt
> das Zwischenraumlose.
> Daraus erkenne ich den Wert des
> Nicht-Tuns.

Das Aufgeben aller strebenden Vielgeschäftigkeit bedeutet ins Ethische übersetzt: Bescheidenheit und Selbstlosigkeit, Demut und Milde, Duldsamkeit und Friedfertigkeit. Diese Ethik führt zu der Maxime, wonach Ungerechtigkeit nicht durch Gerechtigkeit, sondern durch Güte überwunden wird (IL).

> Zu den Guten bin ich gut,
> Zu den Nicht-Guten bin ich auch gut,
> so werden sie alle gut.

Wu-wei (chin. »Nicht-Tun«) meint ein Nicht-Dazwischentreten, ein Handeln innerhalb der Grenzen des Natürlichen und Ursprünglichen der kosmischen Ordnung, ohne diese zu stören oder gar zu zerstören. *Wu-wei* meint, daß der Mensch ohne alles äußere, leidenschaftliche, geschäftige, selbstsüchtige Handeln sich dem natürlichen Gang des *tao* selbstlos, wunschlos und leidenschaftslos überläßt. Denn durch Sichangleichen an die Natur entspricht der Mensch seiner Bestimmung und gelangt zur Vollendung.

Volks-Taoismus

An der Spitze der Gottheiten im Volks-T.

1

1 *Chü-jan (10. Jh. n. Chr.),* Auf der Suche nach dem TAO *im Herbst in den Bergen, 77,2 × 156,2 cm. Taipeh, National-Mus.*
2 Taoistische Landschaft, *618–907. Taipeh, National-Mus.*
3 *Tschiao Putschih (= Wutschiu),* Lao-tse auf einem Wasserbüffel reitend, *11./12. Jh. Taipeh, National-Mus.*

4 Taoistische Tempelbauform und Klosteranlage

A. **Tempel** *(Phu-Chuog/Vietnam)*
1. *Pavillon*
2. *Bassin*
3. *Terrasse*
4. *Hof*

2

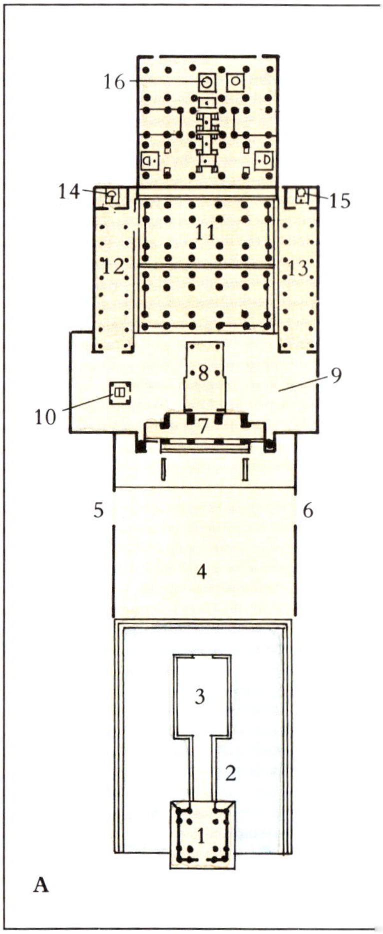

4

5. und 6. *Durchgänge*
7. *Portikus*
8. *Pavillon*
9. *Hof*
10. *Stele*
11. *äußerer Tempel*
12. und 13. *Säulengänge*
14. und 15. *Altäre*
16. *Allerheiligstes*

B. ***Klosteranlage*** *(Yung-Lo-Chien/ China: Yongle Gong)*
1. *Eingangs-Tor*
2. *Lung-hutien-Tor*
3. *San-ch'ing-tien-Halle*
4. *Ch'ung-yang-tien-Halle*
5. *Ch'ong-yang-tien-Halle*

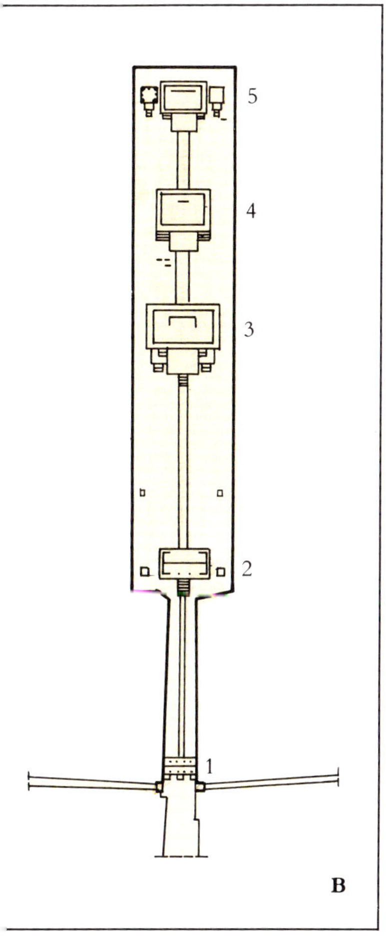

3

befindet sich eine *trimurti* (sanskr. »Dreigestalt«), über der der Jaspisgott steht. *Yü-huang* bzw. *Yü Huang-ti* oder auch *Yü-ti* ist oberster Himmelsherr und Schöpfer der Menschheit. Er gilt als Vater von 9 Töchtern, u.a. von *Hsi Wang Mu*. Im Jahr 1008 identifiziert der Kaiser Cheng Tsung den Gott *Yü-huang* mit dem Gott *Shang-ti* (chin. »erhabener Edelsteinkaiser«) und gibt ihm im Jahr 1015 den Titel »Urheber des Alls, der menschlichen Schicksale, der Riten« und »Großer Herrscher«. Als des Gottes Stellvertreter auf Erden gilt der taoistische »Papst«. 5 göttliche *Herrscher der »5 Bergspitzen«* unterstützen diesen Himmelsgott bei seiner Weltregierung, so der grüne Herr des Ostens *(T'ai-shan)*, der weiße Herr des Westens, der rote Herr des Südens, der schwarze Herr des Nordens und der gelbe Herr der Mitte. Unter dem obersten Himmelsgott stehen die Götter der 28 Mondstationen, der 60 Zyklengestirne, der 129 Glück bzw. Unglück bringenden Sterne, die Götter der 5 Elemente und die Geister der Naturerscheinungen in der Tier- und Pflanzenwelt.

Die »8 Unsterblichen«, *Pa-hsien*, sind taoistische Heilige, die während der Zeit der Sung-Dynastie (960–1279) gelebt und durch die Befolgung des *tao* Unsterblichkeit erlangt haben.

Die im T. erstrebte Verlängerung des Lebens und Unsterblichkeit des Leibes werden durch die Mittel der Meditation, Diätetik, Alchimie, Gymnastik und sexuellen Praxis angestrebt. Die Lehre vom *wu-wei* führt für viele Taoisten zum Einsiedlertum. Die taoistischen Klosterregeln umfassen 12 Gebote, u.a. keinem Lebewesen Gewalt antun, nicht stehlen, nicht lügen, nicht Unzucht treiben, kein Fleisch essen und keinen Wein trinken.

Die Tao-Priester *tao-shi* (»Tao-Gelehrte«) leiten in ihrer schwarzen Amtstracht die Tempelgottesdienste und bringen die Opfer *(tsiao)* dar.

Die außerhalb von Klöstern lebenden taoistischen Priester und Mönche sind von *Chang Tao-ling* (* 34 n.Chr.) in einem Verband organisiert worden, dessen jeweiliges Oberhaupt (*t'ien-shih* = »himmlischer Meister« bzw. *tschēn-jen* = »wahrhaftiger Mensch«) als Inkarnation des ehemaligen Gründers gilt.

Dieser »himmlische Meister«, auch taoistischer »Papst« genannt, setzt die Kultgötter ein oder ab und gibt ihnen am Ersten eines jeden Monats Audienzen. Von 1016 bis 1930 lebte der »himmlische Meister« auf dem Lunghu-shan (»Drachen-Tiger-Berg«) in der Provinz Kiangsi (Südchina). Das dem Gründer bei einer Erscheinung von Lao-tse überreichte Zauberschwert und der Zauberspiegel zum Bändigen der Geister sind an dessen Nachfolger übergegangen. Seit 1970 leitet Chang Yüan-hsien als 64. »Himmelsmeister« die taoistische Gemeinde und residiert auf Taiwan.

Das bekannteste taoistische Kloster ist Po-yün-kuan (»Kloster der weißen Wolke«) bei Peking.

Die Schriften des Volks-T. über Opfer, Tempel, Exorzismus, Geomantik und Mystik sind in Anlehnung an das buddhistische Tripitaka (→Buddhismus) zu der kanonischen Sammlung *Tao-ts'ang* vereinigt. Dieser von *Lu Hsiu-ching* (406–477) festgelegte Kanon umfaßt 1228 Werke, die 1444–47 erstmals im Druck erscheinen.

In der Literatur und in der Kunst, aber auch in den Wissenschaften der Physik und Chemie, der Pharmakologie und Mineralogie, der Botanik, Zoologie und Medizin sieht der T. einen Ausdruck des Lebensrhythmus des *tao*. Dies ist der Grund, warum in den genannten Gebieten der taoistische Einfluß auf die Kultur Chinas während der vergangenen Jahrhunderte sehr groß gewesen ist.

Die von der taoistischen Lehre beeinflußte chinesische Kunst erreicht einen Höhepunkt in der Landschaftsmalerei, bei der das absolute *tao* durch das Zusammenwirken der kosmischen Prinzipien von *Yin* und *Yang* dargestellt wird und wobei die Wasserflächen oder Wasserläufe für das weibliche *Yin* und die Felsen der Berge für das männliche *Yang* stehen.

Tao-tē-king

Das *Tao-tē-king* (chin. »Buch von *tao* und *tē*«) bzw. *Tao-tē-ching*, das nach traditioneller Auffassung dem Lao-tse zugeschrieben wird, stammt aus der Zeit um 300 v.Chr. Dieses Werk besteht aus 2 Teilen mit insgesamt 81 kurzen, z.T. gereimten Kapiteln mit ca. 5000 Schriftzeichen. Die Sinnsprüche der 1. Hälfte (Kapitel 1–37) gelten der Erfassung des *tao*, das in immer neuen Denkansätzen umkreist wird. Das Denken, das sich dem letztlich unerkennbaren absoluten *tao* zu nähern versucht, muß aus diesem Grund antithetisch vorgehen, was seinen sprachlichen Niederschlag oft im Paradoxon findet. Der 2. Teil (Kapitel 38–81) beschreibt die Wirksamkeit und die Kraft des *tao* als die des *tē*. Es steht im Schnittpunkt von philosophischer Spruchweisheit und literarischem Aphorismus. Dieses meistübersetzte Buch der chinesischen Literatur gehört zu den am schwersten verständlichen Werken der Weltliteratur. Das *Tao-tē-king* hat großen Einfluß auf das europäische Denken, u.a. bei Schelling.

Zeittafel

Vor der christlichen Zeitrechnung

ca. 1050–256 Chou-Dynastie
772–481 Zeit von »Frühling und Herbst«
ca. 604–517 Lao-tse
Älterer Taoismus
440–370 Lieh-tse
403–249 Zeit der streitenden Reiche
399–295 Chuang-tse
um 300 Entstehung des Tao-tē-king
206 v.–220 n.Chr. Han-Dynastie

Nach der christlichen Zeitrechnung
Späterer Taoismus
34 Chang Tao-ling geboren, der »himmlische Meister«
122 Huai-nan-tse gestorben, der Vater des »Volks-Taoismus«
618–907 T'ang-Dynastie begünstigt T.
12./13. Jh. Lung-shan: taoistischer Grottentempel
1912–49 Republik China
seit 1949 Volksrepublik China

1965 Gründung der »Nationalen Taoistischen Gesellschaft der Republik China« in Taipeh (Taiwan).

Literaturauswahl

Béky, G.: Die Welt des Tao. Freiburg i. Br. 1972

Ching-Schun Jang: Der altchinesische Philosoph Laudse und seine Lehre. Berlin 1955

Cooper, J. C.: Der Weg des Tao. München 1981

Hwang Wen L.: Das große Tao-Kochbuch. Rezepte für Leib und Seele. München 1981

Kaltenmark, M.: Lao-tzu und der T. Frankfurt 1981

Lao-tse: Tao-te-king. Das Buch vom Sinn und Leben. Übersetzt und kommentiert v. R. Wilhelm. Köln 1985

Lee, Joo-Dong: Taoistische Weltanschauung im Werke Franz Kafkas. Frankfurt 1985

Rawson, P./Legeza, L.: Tao. Die Philosophie von Sein und Werden. München 1982

Seidel, A.: La divinisation de Lao tseu dans le Taoisme des Han. Paris 1969

Watts, A.: Der Lauf des Wassers. Eine Einführung in den T. München ²1978

Wilhelm, R.: Lao-Tse und der T. Stuttgart ²1948

TENRIKYŌ

Die T. (jap. »himmlische Vernunftlehre«) wird von der Japanerin *Miki Nakayama* (1798–1887) am 12. Dezember 1838 gestiftet und gehört heute zu den bedeutendsten, aus →Buddhismus und →Shintoismus hervorgegangenen →neuen Religionen Japans.

Sie zählt 5 000 000 Anhänger vor allem in Japan und ca. 5200 Missionsstationen außerhalb Japans (in Korea, auf Formosa, in den USA und in Brasilien). Das organisatorische Zentrum dieser Religionsgemeinschaft, die über 15 000 Tempel mit mehr als 100 000 Priestern verfügt, ist Tenri City (jap. Tenri Shi) in der Präfektur Nara, auch Oyasato (»Wohnsitz der Elterngottheit«) genannt.

Die Stifterin (jap. *kyō-so*) *Miki Nakayama* wird am 2. Juni 1798 in dem Dorf Sanmaiden (Provinz Yamato) als älteste Tochter der Bauernfamilie *Maegawa,* die dem Amida-Buddhismus angehört, geboren. Für 3 Jahre besucht sie die Schule in einem Tempel der Jōdo-shū. Von Jugend an ist sie außerordentlich wohltätig. Obwohl sie in ein Kloster eintreten will, wird sie von ihren Eltern bereits im 13. Lebensjahr (1812), wie damals üblich, verheiratet: mit dem Bauern *Zenbei Nakayama.* Sie wohnt bei den Schwiegereltern im Dorf Shoyashiki und schenkt 5 Kindern das Leben. Im Alter von 41 Jahren, am 12. Dezember 1838, hat sie als Medium in einem Heilungsritual ein religiöses Erlebnis, bei dem *Tennō Shōgun* (jap. »General des Himmels«) in sie hinabsteigt und sich ihr offenbart: »Ich bin der Schöpfer, der wahre und wirkliche Gott ... Jetzt bin ich in dieser Welt als Person erschienen, um alle Menschen zu retten. Ich will Miki als meinen lebendigen Tempel nehmen, als Mittlerin zwischen dem elterlichen Gott und den Menschen.«

Nach diesem Offenbarungserlebnis steht ihr Entschluß fest, ihr ganzes Hab und Gut an die Armen zu verteilen und ein bescheidenes Leben zu führen, was während der folgenden 10 Jahre zu andauernden Spannungen und Auseinandersetzungen in der eigenen Familie führt. Die immer wiederkehrenden Versuche ihres Mannes, den »bösen Dämon aus ihr mit dem Familienschwert in der Hand austreiben« zu wollen, belasten Miki so sehr, daß sie sich mehrmals mit Selbstmordabsichten trägt. Als ihr Mann 66jährig (1863) stirbt, lebt sie von nun an mit den zwei ihr lebenslang treu ergebenen Kindern, mit *Shūji,* ihrem ältesten Sohn, und *Kokan,* ihrer jüngsten Tochter, in sehr bescheidenen Verhältnissen. Auf die erste Offenbarung folgen weitere, und sie wird bekannt durch wunderbare Krankenheilungen und Geburtshilfe, die als *obiyayurushi* (»schmerzlose Geburt«) bezeichnet wird. Blinden öffnen sich die Augen, und Wahnsinnige kommen wieder ganz zu sich. Als die Zahl ihrer Anhänger immer mehr zunimmt, werden zugleich Verleumdungen und Verfolgungen heftiger. Zu Beginn der *Meiji-Ära* (1868–1912) wird Miki 1875 für 3 Tage erstmals in Haft genommen und danach noch über 40mal verhaftet, weil ihr Wirken und ihre Lehre die staatlichen Behörden beunruhigen. 1885 wird ihre Religion als »Shintō-Sekte« offiziell anerkannt. Im 90. Lebensjahr, am 26. Januar 1887, »verbirgt sie ihr irdisches Selbst« und stirbt mit dem Kopf nach Norden und dem Gesicht nach Westen gewandt, wie es Brauch im Amida-Buddhismus ist. Dort, wo sie begraben ist, steht heute ihr Heiligtum und bildet das Zentrum der Stadt Tenri-Shi.

Der für die Missionierung von Ausländern gedachte Katechismus behandelt in seinem 1. Teil die Verehrung des *Oyagami* (»Eltern-*kami*«) und zeigt im 2. Teil den göttlichen Weg auf zur Rettung der Menschheit durch die Verbreitung von Freude und Frieden in der Welt.

Gott ist für die Menschen-Kinder das urelterliche Wesen *Oya-gami,* ihr Vater und ihre Mutter zugleich. Diese Elterngottheit wird unter dem Namen *Tenri-Ō-no-Mikoto* (»Königliche Gottheit der himmlischen Vernunft«) verehrt. Die Wirkungen dieser Gottheit werden mit den Namen von 10 ursprünglich shintoistischen Gottheiten bezeichnet. Gott, der sich sukzessive geoffenbart hat, nennt sich zuerst *kami* (»Gott«), dann *Tsuki-Hi* (»Mond-Sonne«) und zuletzt *Oya* (»Eltern«). Im ganzen »sprechen« noch 8 *kami* durch Miki, als letzte *Izanagi* und *Izanami,* die alle Tsuki-His Werkzeuge sind.

Der menschliche Körper ist Gottes Leihgabe. Wenn wir sterben, geben wir ihn Gott zurück und kommen mit einem neuen, von ihm geliehenen Körper in diese Welt zurück (Wiedergeburt). Nur die

Seele gehört uns. Darum sollen wir sie »reinigen«.

Heilsziel ist das *yōkigurashi*, das »frohe Leben«, die »Lebensfreude« und Veränderung der Welt. Die Glieder dieser Bewegung werden Missionare der Lebensfreude, *yōboku* (»Balken«), genannt, weil sie zu Balken des Gebäudes einer neuen, besseren und freudigen Welt werden. Die Missionare sind so motiviert, daß ihre Freude darüber, selbst gerettet zu sein, ihren Ausdruck in der Tat der Rettung anderer findet.

Von der vergöttlichten prophetischen Stifterin sagt Gott selbst im *Ōfudesaki* (→S. 390):

> Ich habe mir ihren Mund geborgt,
> während ich ihr mein Herz lieh.

In der Stadt Tenri-Shi lebt die Seele der Stifterin für ewig in ihrem Tempel und beschützt alle Menschen in Elternliebe, um sie schließlich zu erlösen.

Die »Reinigung des menschlichen Herzens« vom Staub *(hokori)* erfolgt durch Handeln (*hinokishin* = »tägliches Schenken«), d.h. durch Schenken der menschlichen Arbeit, einer Art religiösen Arbeitsdienstes aus freudiger Dankbarkeit. Aus solcher religiöser Gemeinschaftsarbeit ist die Stadt *Tenri-Shi* entstanden. Die heute blühende Stadt ist das ehemalige kleine Dorf Tambaichi, wo die Stifterin gelebt hat. Hier gibt es weiträumige Tempelanlagen, Kranken- und Waisenhäuser, Schulen und eine Universität. Zur Zeit der großen Festtage halten sich über eine halbe Million Pilger in der Stadt auf. Besonders heilig gilt der innere Bezirk des Haupttempels *Jiba* (»Stätte«), wo die Einwohnung der Gottheit in der Stifterin geschah und wo diese im ewigen Leben verweilt. *Tenri-Ō-no-Mikoto,* die Stifterin und Jiba sind in Wahrheit eins. Dieser Ort der Einwohnung Gottes ist die Wiege der Menschheit. Hier ist eine mit einem Gefäß gekrönte heilige Säule errichtet *(kanrōdai),* um die herum der Kulttanz stattfindet und wo der göttliche Tau *(kanro)* empfangen wird.

Die von der Stifterin selbst konzipierten Kultfeiern sind von Motiven der Freude getragen. Die heute viel bewunderten rhythmischen Tanzgottesdienste beginnen mit einer Prozession. Auf das Gebet *(saibun)* folgt der *kagura* oder *tsutome,* ein kultischer Tanz, der von je fünf maskierten Frauen und Männern zelebriert wird, die den Akt der Schöpfung darstellen. Der *teodori,* ein zweiter Tanz mit Handbewegungen, wird von Gesang und Instrumentalmusik begleitet. Den Abschluß bildet die Predigt.

Die geistliche und organisatorische Führung liegt in den Händen des *Shimbashira* (»Hauptsäule des Hauses«). Heute ist es *Zenye Nakayama,* ein Ururenkel der Stifterin und ältester Sohn von Shōzen Nakayama († 1967), einem Urenkel von Miki.

Der Kanon der T. entsteht, als 1869/82 Gottes Stimme der Miki befiehlt: »Pinsel, Pinsel, ergreife den Pinsel!« und sie den Pinsel ergreift. Aber der Pinsel bewegt sich von selbst. Nach 13 Jahren sind 17 Bände mit 1711 poetischen Offenbarungen niedergeschrieben. Sie heißen *Ōfudesaki* (das mit »des Pinsels Spitze« geschriebene Buch). Neben diesem in einfacher japanischer Silbenschrift *kata-kana* verfaßten Hauptwerk gehören noch zu den klassischen Schriften der *Mikagura-uta* (»Lied für den Tanz«) aus den Jahren 1866/82 und der *»Alte Bericht über das Meer von Schlamm«*.

Literaturauswahl

Anonym: The doctrine of T. Tenri City 1954. (deutsch 1959)

Anonym: Oyasato. Die Lehre der T. Tenrikyō Kyōkai Honbu. o.J. (1960)

Anonym: A Short History of T. Tenri ³1960

Laube, J.: Oyagami, die heutige Lehre der T. von Gott. Marburg 1976

Nakayama, Shozen: The Various Forms of Verbal Evolutions in T. Doctrine. Tenri City 1961

Straelen, H. van: The Religion of Divine Wisdom. Japan's most powerful religious movement. Kioto ²1957

THEOSOPHISCHE GESELLSCHAFT

Die *Allgemeine T. G.* ist die von der Russin *Helena Petrovna Blavatsky* (1831–91) und dem Amerikaner *Henry Steel Olcott* (1832–1907) am 17. November 1875 in New York gegründete Bewegung, die unter Bezugnahme auf spiritistische Experimente und indische (buddhistische und hinduistische) Glaubensvorstellungen die Lehren der *Theosophie* (griech. »Gottesweisheit«) vertritt – wie schon u.a. die Gnostiker (→Gnostizismus), Manichäer (→Manichäismus) und Kabbalisten (→Judentum). Die *Theosophen* selbst verstehen ihre Gesellschaft nicht als eine Religion, sondern als eine Gottes- und Weltenschau.

Für die 33 000 Mitglieder in 55 Ländern, die in über 1000 Zweiggruppen organisiert sind, befindet sich der Hauptsitz der Gesellschaft seit 1882 in Adyar bei Madras (Indien).

Die Gründerin *Helena Petrovna* wird am 30. Juli 1831 als Tochter des russischen Obersten *Peter Hahn* in Jekaterinoslaw (Dnjepropetrowsk), Südrußland, geboren. Mit 17 Jahren heiratet sie 1848 den russischen General *N. B. Blavatsky,* trennt sich aber schon nach 3 Monaten von ihm und geht nach Amerika. Nach Aufenthalten in Rußland, Indien, Tibet und in Kairo lebt sie seit 1873 – jetzt als amerikanische Staatsbürgerin – in New York, wo sie 1875 zusammen mit *H. Steel Olcott* die T. G. gründet. Nach der Wiederverheiratung (zweite Ehe mit dem Armenier *Michael Bettalay*) und der Veröffentlichung ihres Hauptwerkes *Isis unveiled* (engl. »Die entschleierte Isis«) im Jahr 1877 geht sie 1879 nach Indien, wo sie seit 1882 als Sekretärin der T.G., deren 1. Präsident Olcott ist, das Hauptquartier in Adyar einrichtet. 1885 kommt sie nach Würzburg und Elberfeld und gründet 1888 den deutschen Zweig der Gesellschaft. 1888 erscheint ihr Werk *Secret Doctrine* (engl. »Geheimlehre«), das sich auf ein geheimnisvolles »Buch des Dzyan« bezieht. Die Gründerin stirbt am 8. Mai 1891 in London.

Nachdem zu Lebzeiten von Helena Petrovna Blavatsky und H. Steel Olcott stärker buddhistische Motive und auch spiritistische Experimente im Mittelpunkt der Bewegung standen, zumal die Stifterin selbst als ein gutes Medium galt, treten unter der 2. Präsidentschaft der Engländerin *Annie Besant* (1847–1933) mehr hinduistische Motive in den Vordergrund. Als die vom anglikanischen Christentum zum Hinduismus übergetretene Annie Besant den 15jährigen Hinduknaben *Krishnamurti* (*1897) als den »Stern des Ostens« ausrufen läßt, der zum Heil der Menschheit aufgegangen sei, trennt sich *Rudolf Steiner* (1861–1925), der seit 1902 den deutschen Zweig der Gesellschaft als Generalsekretär von Berlin aus leitet, von der T.G. und gründet 1913 die *Allgemeine Anthroposophische Gesellschaft in Deutschland.*

Von der römisch-kath. Kirche wird die T.G. 1919 als mit dem katholischen Glauben unvereinbar verurteilt. In Deutschland ist diese Gesellschaft von 1935 bis 1945, in den kommunistischen Staaten und in Spanien bis heute verboten.

1975 findet die Hundertjahrfeier der T.G. statt, deren Ziel es ist, die in allen Religionen, Philosophien und Weltanschauungen zerstreuten theosophischen Wahrheiten zu sammeln und bewußt zu machen. »There is no Religion higher than Truth« (engl. »Keine Religion ist höher als die Wahrheit«) lautet der Leitspruch auf dem Titelblatt der Zeitschrift *Adyar.* Konkret heißt dies: 1. Bildung eines Kerns der universalen Bruderschaft der Menschheit ohne Unterschied der Rasse, Kaste und Farbe, des Glaubens und Geschlechts, 2. Studium der vergleichenden Religionsgeschichte, Philosophie und Naturwissenschaft und 3. Erforschung der unerklärten Naturkräfte und der im Menschen verborgenen Kräfte.

Das unaussprechlich göttliche Absolute entfaltet sich selbst in 3 Phasen: im *1. Logos,* der Wurzel alles *Seins,* im *2. Logos,* dem *Nicht-Sein* und Prinzip des Dualismus und im *3. Logos,* dem Weltgeist und *Bewußtsein des Seins.* Vom letzteren gehen 7 *Groß-Logoi* aus, die 7 × 7 weitere *Logoi* aus sich hervorgehen lassen, und jeder von ihnen regiert Millionen von Sonnensystemen, von denen ein jedes von einem Sonnenlogos beherrscht wird. Auf *Atlantis* befindet sich nach einer kosmischen Katastrophe noch der Rest der Menschheit. Von den 7 nachatlantischen Kulturen stehen nach der indischen, persischen, babylonisch-ägyptischen, griechisch-römischen und germanischen noch die 6. und 7. aus.

Siebenfach ist auch die Leiblichkeit des Menschen mit physischem, vitalem, Astral- sowie geistigem, höherem geistigem, buddhistischem und nirvāna-Leib. Die Menschenseele befindet sich in einem beständigen Prozeß der Wiederkehr, in fortgesetzten (mindestens 800) Wiederverkörperungen, wobei das *karman* (→Hinduismus) das Wesen der jeweils neuen Existenz bestimmt. Der Mensch, in dessen Astralleib das Böse durch einen ausgestoßenen Sonnengeist eingeimpft worden ist, erlangt die Befreiung, indem er auf dem Astralweg höheren Ebenen entgegenschreitet.

Gemäß der Mahātma-Lehre gilt Jesus als großer Meister der Menschheit, der neben anderen großen Gestalten der Religionsgeschichte zur Bruderschaft der großen Meister der Weisheit und des Mitleids gehört, die der Menschheit zur Wahrheit verhelfen.

Organisatorisch sind die örtlichen Zweiggruppen der T.G. in nationalen Gesellschaften zusammengefaßt. Die europäischen Nationalgesellschaften sind in der Europäischen Föderation vereinigt und halten alle 3 Jahre ihren Kongreß ab, während die internationale Generalversammlung, *Convention,* jährlich in Indien stattfindet.

Literaturauswahl

Bichlmayr, G.: Christentum, Theosophie und Anthroposophie. Wien 1955

Blavatsky, H.P.: The Secret Doctrine. 3 Bde. London 1888

Fischer, H.R.: 100 Jahre »T.G.«. Ein geschichtlicher Überblick. München 1976

Frohnmeyer, L.J.: Die theosophische Bewegung. Stuttgart 1923

Guénon, R.: Le théosophisme; histoire d'une pseudo-religion. Paris 1921

Jinarājadāsa, C.: The Golden Book of the Theosophical Society. Adyar 1925

Ransome, J.M.: A Short History of the Theosophical Society. Adyar 1938

TIBETISCHE RELIGIONEN

»T.R.« ist eine Sammelbezeichnung für die (autochthone) in Tibet selbst entstandene →Bon-Religion, die heute noch in Osttibet anzutreffen ist, sowie für den (allochthonen) von außen nach Tibet eingeführten →Buddhismus, der hier zum *Lamaismus* weiterentwickelt worden ist und heute die Hauptreligion des Landes bildet.

Die *Tibeter* sind ein zu den Mongoliden gehörendes Volk in Zentralasien. In *Tibet,* dem größten Hochland der Erde zwischen den osttibetischen Randketten, dem Himalaja im Süden, dem Hochgebirgsland Kaschmir im Westen und Kunlun im

Norden, treffen die Handelsstraßen aus Indien, China und der Mongolei zusammen. Hauptstadt ist das 3630 m hoch gelegene Lhasa.

Um den politischen Einfluß der Bon-Religion, die die ursprüngliche Form der tibetischen Nationalreligion darstellt, zurückzudrängen, führt König Srong-btsan-sgam-po (609–650) im Jahre 632 den Buddhismus ein, der unter König Khri-sron-lde-btsan (742–797) zur Staatsreligion erhoben wird. Anfang des 8. Jh. kommt aus Indien der buddhistische Mönch und Missionar Padmasambhava nach Tibet, verbindet Vorstellungen des Buddhismus mit der einheimischen Bon-Religion und begründet somit den Lamaismus, die tibetische Form des Buddhismus.

Aus der Schule *rNin-ma-pa* (gegr. ca. 800) gehen die lamaistischen Richtungen der »Rotmützen« und der »Gelbmützen« hervor. Zur ersteren gehören die *bKa'-brgyud-pa* (gegr. ca. 1100) und die *Sa-skya-pa* (gegr. 1100), zur letzteren zählt die *bKa'-gdams-pa* (gegr. 1038), aus der die von Tsong-Khapa (1357–1419) gegründete Schule *dGe-lugs-pa* (»Schule der Tugend«), eine unter dem Namen »Schule der Gelbmützen« bzw. »Gelbe Kirche« bekannte Richtung, hervorgegangen ist. Sie hat die politische und religiöse Oberhand in Tibet, bis 1950 Tibet von China besetzt und dann einverleibt wird.

Literaturauswahl

Dalai Lama: Mein Leben und mein Volk. Die Tragödie Tibets. München u. Zürich 1964
Hermanns, M.: Mythen und Mysterien der Tibeter. Essen 1983
Hermanns, M.: Schamanen – Pseudoschamanen, Erlöser und Heilbringer. 3 Bde. Stuttgart 1970
Hoffmann, H.: Die Religionen Tibets. Freiburg u. München 1956
Hoffmann, H.: Symbolik der tibetischen Religionen und des Schamanismus. Stuttgart 1967
Lalon, M.: Les religions du Tibet. Paris 1957
Tucci, G./Heissig, W.: Die Religionen Tibets und der Mongolei. Stuttgart u.a. 1970

TONGHAK

Die T. (korean. »östliche Lehre«), auch *Tōgaku* (jap. »östliche Lehre«) genannt, wird 1860/61 von dem Koreaner *Ch'ö Chye-u* (1824–64) gestiftet. Im Jahre 1906 erhält sie unter dem 3. Leiter *Son Pyong-hui* (1861–1919) den neuen Namen *Chondokyo* (korean. »Lehre vom himmlischen Tao«; jap. *Tendōkyō*). Diese Religionsgemeinschaft zählt heute über 1 000 000 Anhänger mit ca. 1000 hauptamtlichen Geistlichen. Diese aus →Konfuzianismus, →Taoismus und →Buddhismus hervorgegangene Religion gehört zu den →neuen Religionen des kontinentalen Ostasien.

Der Stifter *Ch'ö Chye-u* wird 1824 als Sohn eines koreanischen Gelehrten in Kyongju, der Hauptstadt des ehemaligen Reiches Silla, geboren. Seine Familie kann ihre Ahnenreihe bis in die Zeit der Silla-Dynastie (57 v. Chr.–668 n. Chr.) zurückführen. Schon mit 16 Jahren ist er Vollwaise.

Da keine der traditionellen »drei Lehren« Ostasiens (Konfuzianismus, Taoismus, Buddhismus) sein religiöses Bedürfnis zufriedenstellt, begibt sich der 18jährige auf eine längere Wanderschaft, um den neuen religiösen Sinn zu finden. Schließlich erhält er im 32. Lebensjahr (1855) eine Offenbarung, bei der ein himmlischer Bote bzw. geheimnisvoller Greis ihm in der Nähe des »Diamantberges« die himmlische Schrift *Chonso* übergibt und ihm eine religiöse Formel übermittelt, deren 1. Hälfte das Geheimnis des Stifters und seiner Nachfolger bleiben soll, während die 2. Hälfte für die öffentliche Verkündigung bestimmt ist: »Hänge Gott an, dem Herrn der Welt, vergiß ihn nicht, alles ist durch ihn gemacht.« Während seines 35. Lebensjahres hat er eine Audition, bei der ihm Gott offenbart: »Ich bin kein Gott des Zornes und der Rache, sondern dein Vater.« In weiteren Offenbarungserlebnissen erhält er den Auftrag zur Verkündigung. So sammelt er 1860/61 in Südkorea seine ersten Anhänger und gibt dieser Bewegung den programmatischen Namen T. (korean. »östliche Lehre«) im Gegensatz zur »westlichen Lehre«, insbesondere zu dem seit 1784 in Korea missionierenden kath. Christentum, das damals in Korea als *Sohak* (korean. »westliche Lehre«) bezeichnet wird.

Als die zunehmende Zahl seiner Anhänger das Mißtrauen der Repräsentanten der seinerzeit in Korea herrschenden konfuzianischen Staatsreligion erregt, wird der Stifter unter dem Vorwand, »Propagandist« einer ausländischen (»christlichen«) Religion zu sein, angeklagt, ins Gefängnis von Taegu geworfen und nach grausamen Folterungen im März 1864 enthauptet.

Der 1894 ausbrechende offene Aufstand der Anhänger gegen die regierende Staatsgewalt ist mit ein Anlaß zum Ausbruch des chinesisch-japanischen Krieges (1894/95), der zur Unabhängigkeit Koreas führt. Auch der vom Stifter noch vor dessen Tod zu seinem Nachfolger und Führer der T.-Gemeinde bestimmte *Ch'ö Si-hyong* (1827–98) wird als »Rebell« in Wonju gefangengenommen und in Seoul im Jahre 1898 gehängt.

Als es unter dessen Nachfolger und 3. Leiter der Gemeinde, *Son Pyong-hui* (1861–1919), zu Zerwürfnissen zwischen nationalkoreanischen und japanophilen Mitgliedern kommt, baut dieser seine Gemeinde zu einer Organisation mit kirchenähnlichem Charakter aus und ändert 1906 ihren Namen in *Chondokyo* (korean. »Lehre vom himmlischen Tao«) um. Unter dem Eindruck der Ideen und Ideale des amerikanischen Präsidenten Robert Woodrow Wilson (Präsident: 1913–21) proklamiert Son Pyong-hui als Führer der bestorganisierten Bewegung seines Landes mit über 3 Millionen Mitgliedern im März 1919 die Unabhängigkeit Koreas. Daraufhin wird er ins Gefängnis geworfen, wo er noch im selben Jahr stirbt. Diese Religion, die sich seit 1945 ungehindert entfalten kann, stellt heute im religiösen Leben Südkoreas einen bedeutenden Faktor dar. Seit April 1967 ist *Ch'ö Toksin*, ein ehemaliger General und Botschafter Südkoreas in Bonn, der Leiter dieser Gemeinschaft.

Der altkoreanische Himmelsgott *Hananim* wird monotheistisch verehrt. Er ist Herr des Himmels und Beherrscher des Universums. Als Herrscher der Welt belohnt er die Guten und bestraft die Bösen. In der Ethik verbindet man die konfuzianischen Ideale der Menschlichkeit und Gerechtigkeit mit der taoistischen Begierdelosigkeit und dem buddhistischen Erbarmen. Der Besuch des sonntäglichen Gottesdienstes mit Predigt, Gebet und Gesang ist verpflichtend, dazu ein täglicher Abendgottesdienst in den Familien, bei dem eine Wasserspende und ein Reisopfer dargebracht werden.

Als Offenbarungsbuch gilt das dem Stifter von einem Greis übermittelte *Chonso* (korean. »Himmlische Schrift«).

TRANSZENDENTALE MEDITATION

Am 31. Dezember 1958 eröffnet der Inder *Mahesh Prasad Varma* mit dem Mönchsnamen *Mahārishi Mahesh Yogi* (*1918) in Reshikesh/Madras (Indien) eine Yogaschule unter dem Namen *Spiritual Regeneration Movement/SRM* (engl. »Geistige Erneuerungsbewegung«), um die von ihm entwickelte Psychotechnik einer transzendentalen (lat.-mittellat. »überschreitend«) Meditation zu verbreiten. Damit nimmt die heute unter dem Namen *Transzendentale Meditation/TM* bekannte Gesellschaft ihren Anfang. Der ursprüngliche Name *SRM* ist jetzt nur noch die Bezeichnung für eine Unterorganisation dieser Weltplan-Bewegung.

Die Namen der »Filialorganisationen«, an deren Spitze das *World Plan Executive Council/WPEC* (engl. »Weltplan-Exekutivrat«) steht, sind u.a.: *Academy for the Science of Creative Intelligence/ASCI* (engl. »Akademie für die Wissenschaft der kreativen Intelligenz«), *Forschungsring der schöpferischen Intelligenz e. V./FRSI, Institut für natürliches Recht und für Ordnung, International Foundation for the Science of Creative Intelligence/IFSCI* (engl. »Internationale Stiftung für die Wissenschaft der kreativen Intelligenz«), *International Meditation Society/IMS* (engl. »Internationale Meditationsgesellschaft«), *Maharishi European Research University/MERU* (engl. »Europäische Maharishi-Forschungs-Universität«), *Maharishi International University/MIU, Residenzen des Zeitalters der Erleuchtung, Students International Meditation Society e. V./SIMS* (engl. »Internationale Meditationsgesellschaft für Studenten«), *Stiftungsfonds für die Wissenschaft der kreativen Intelligenz e. V./ SKWI, Spiritual Regeneration Movement/ SRM* (engl. »Geistige Erneuerungsbewegung«), *Verein zur Förderung der Wissenschaft von der schöpferischen Intelligenz, Weltplan-Center e. V., Weltregierung für das Zeitalter der Erleuchtung* und *World Youth Meditation Society/WYMS.*

Weltzentrale für die ca. 2 Millionen Anhänger (Kursteilnehmer und Meditanten), die vor allem in Europa und Amerika leben, ist Seelisberg am Vierwaldstätter See (Schweiz). Hier ist Anfang der 70er Jahre das europäische Zentrum eröffnet und 1975 die *Maharishi European Research University/MERU* gegründet worden. Am selben Ort befindet sich auch das *World Plan Executive Council/WPEC,* eine Leitstelle für die ca. 70 nationalen Weltplanräte. Für die ca. 60000 Anhänger in der BRD befindet sich die Deutsche Weltplan- und TM-Zentrale in der »Waldakademie« Schledehausen bei Bissendorf/Osnabrück.

Diese religiöse Bewegung Indiens, die eine Technik und Methode bieten will, die mit jeder Religion harmonieren kann und sich als die »ewige Wahrheit« am Grund aller Religionen versteht, wird häufig zu den aus dem →Hinduismus hervorgegangenen →Jugendreligionen gerechnet. Das Oberverwaltungsgericht in Münster verlangt von der zu weltanschaulich-religiöser Neutralität verpflichteten deutschen Bundesregierung, die Pauschaläußerungen zu unterlassen, TM sei eine der „sogenannten neuen Jugendreligionen, Jugendsekten oder Psychosekten" (Az: 5A 1125/84). Obwohl die TM-Bewegung nach eigenem Selbstverständnis keine Religion sein will, hat das höchste Gericht des US-Bundesstaates New Jersey nach einem zweijährigen Prozeß entschieden, daß TM eine Religion ist.

Der Begründer der TM und Führer der gleichnamigen Bewegung, *Mahesh Prasad Varma,* wird am 12. Januar 1918 als drittes von vier Kindern eines Forstbeamten in Jabalpur/Madhya Pradesh (Indien) geboren. Seine Familie gehört der Kshatriya-Kaste des Hinduismus an. 1942 schließt er sein Physikstudium an der Universität in Allahabad ab, arbeitet danach in einer Fabrik und zieht sich 1946 mit seinem Lehrer und Guru *Swami Brahmananda Saraswati* (1868–1953), dem *Guru Dev,* für 12 Jahre in die Einsamkeit des Himalaja zurück und wird von seinem Lehrer in die heilige Tradition des Shankara (→Hinduismus) eingeführt. Noch kurz vor dem Tod des Guru Dev beauftragt dieser seinen Lieblingsschüler, eine einfache Methode der Meditation zu entwickeln, um »den Völkern der Welt Frieden zu bringen«. Nach dem Tod des Guru Dev zieht sich Varma für 2 Jahre nach Uttar Kashi in ein Tal des Himalaja (»Tal der Heiligen«)

zurück und entwickelt hier seine Psychotechnik der TM. Im Jahr 1958 beginnt »Seine Heiligkeit« *Mahārishi* (sanskr. »großer Seher«) *Mahesh Yogi,* seine beim Studium der Veden (→Vedismus) erkannte neue Lehre in Madras zu verkünden, und gründet in der am Ganges und am Fuß des Himalaja gelegenen Pilgerstadt Rishikesh/Madras seine *Geistige Erneuerungsbewegung.* Um auf der Grundlage eines Neunjahresplans für diese Bewegung zu werben, reist der Stifter schon Anfang 1959 nach Amerika und läßt am 7. Juli 1959 in San Francisco seine Stiftung als Verein registrieren. 1960 kommt er nach Europa und erregt in London weltweites Aufsehen, als sich 1967 die Beatles seiner Bewegung anschließen. George Harrison, der durch die Beschäftigung mit der indischen Musik den Stifter der TM kennengelernt hat, bewegt John Lennon, Paul McCartney und Ringo Starr dazu, sich zusammen mit ihm in die TM von dem Guru Mahesh in einem Dorf bei Wales einweihen zu lassen. Als es um diese Bewegung in Europa stiller wird, kehrt der Stifter nach Indien zurück und entwirft hier in Rishikesh den Plan, in der ganzen Welt Zentren für TM-Lehrer aufzubauen, aus denen dann TM-Universitäten entstehen sollen.

Seinen *Weltplan,* »die uralten Probleme der Menschheit noch in dieser Generation zu lösen«, gibt er 1972 bekannt, und am 12. Januar 1975 ruft er in der Schweiz das »Zeitalter der Erleuchtung« für die ganze Welt aus, weil über eine Milliarde Menschen bereits im Wirkungsbereich von *Weltplan-Centern* leben. Die am 12. Januar 1976 in Seelisberg (Schweiz) gegründete *Weltregierung im Zeitalter der Erleuchtung* soll mit ihren Aktivitäten das »Weltbewußtsein« anheben, eine »ideale Gesellschaft« gründen (*Mahārishi-Effekt;* →S. 395) und jeder Nation Unbesiegbarkeit verleihen. Die Verfassung dieser Weltregierung schließt die Verfassungen aller Staaten, die Schriften aller Religionen, alle Werke der Wissenschaften und Künste, der Literatur und Kultur mit ein. Nachdem er 1977 das *TM-Siddhi-Programm* (→S. 395) verkündet hat, residiert der Stifter heute in einem von den Rothschilds erbauten Palast in Buckinghamshire (Großbritannien), von dem aus er die *Weltregierung im Zeitalter der Erleuchtung* leitet.

In seinem Heimatland Indien stößt Varma mit seiner TM auf starke Kritik, weil er indische Traditionen verwässert habe, um sie in der westlichen Hemisphäre gewinnträchtig zu verkaufen.

Hauptziel dieser Bewegung ist die Errichtung einer Weltregierung, die die Welt im »Weltzeitalter der Erleuchtung« durch TM lenkt. TM versteht sich als Initiative, die alle universalen Erwartungen der Menschheit in sich vereint. Dazu offeriert sie eine Psychotechnik zur Entspannung und höheren Bewußtheit.

TM verspricht Befreiung vom Streß und von allen psychosomatischen Krankheiten, insbesondere aber von Drogenabhängigkeit. Das Wort *Streß* ist eines der Schlüsselbegriffe, unter dem die bei jeder Schädigung des Organismus auftretenden Alarmreaktionen verstanden werden, wie Reizbarkeit, innere Unruhe, Angst, Depressionen, Neurosen, Schlafstörungen, Herzbeschwerden, Asthma, Allergien u. a. Dagegen bietet TM eine Entspannungstechnik an, durch die die Verspannungen im Muskelsystem nicht nur gelöst, sondern auch ganz neue Erfahrungen von innerer Ruhe und Gelassenheit, größerem Bewußtsein, schöpferischer Intelligenz, ja Unsterblichkeit gemacht werden.

In Anlehnung an hinduistische Vorstellungen hat der Stifter eine Art *Bewußtseinshierarchie* entwickelt, die aus 7 verschiedenen Bewußtseinszuständen besteht: Tiefschlaf, Träumen, Wachen, ruhevolle Wachheit mit dem Gefühl »Ich bin«, kosmisches Bewußtsein, verfeinertes kosmisches Bewußtsein und schließlich Einheitsbewußtsein. Die in jedem Menschen vorhandene, unveränderliche Quelle von *schöpferischer Intelligenz,* die die grundlegende Eigenschaft der Existenz ist, kann von jedem auf leichte Weise im täglichen Leben genutzt werden. Wie die Quelle der schöpferischen Intelligenz erreicht werden kann, erklärt das *Blasendiagramm:*

Wie eine Luftblase am Grunde eines Teiches entsteht und sich während ihres Aufsteigens vergrößert – jedoch erst, wenn sie die Oberfläche erreicht, groß genug wird, um wahrgenommen zu werden –, so entsteht der Gedanke in der tiefsten Schicht des Unterbewußtseins und steigt von dort aus durch alle Schichten des Unterbewußtseins auf, um die bewußte Ebene des Geistes zu erreichen, wo er als Gedanke dann wahrgenommen werden kann.

Wer also bei der TM-Meditation sich gleichsam in die große Luftblase des Gedankens setzt und mit ihr von der Oberfläche des Bewußtseins durch alle Schichten des Unterbewußtseins bis auf die Ebene des Grundes hinabtaucht, nimmt nicht nur diesen gesamten Bereich in sein waches Bewußtsein auf, sondern hat auch gleichzeitig die »Quelle der Intelligenz, Energie und Freude«, das »schöpferische Bewußtsein« erreicht. Da man beim Hinabtauchen die Linie zwischen dem Bewußten und dem Unterbewußten »transzendiert«, d. h. überschreitet, wird diese Technik als TM bezeichnet. »Bewußtsein – der Sitz allen Wissens, der Bereich aller Möglichkeiten« heißt der Leitsatz der *MERU* (Maharishi European Research University). Die Summe der Einzelbewußtseinszustände aller Menschen bildet das *Weltbewußtsein.* TM eröffnet dem Meditierenden eine »unbegrenzte« Wahrnehmungsfähigkeit, wobei transzendentales Bewußtsein die erste Stufe ist, der weitere 4 Bewußtseinsstufen folgen. Mit TM stößt der Meditierende zum absoluten Sein vor, zum transzendentalen Urgrund, zum Brahmā-Bewußtsein (→Hinduismus) und damit zum Ursprung des Denkens überhaupt.

TM vertritt die absolute Theorie der *Unsterblichkeit,* d. h. derjenige, der regelmäßig TM ausübt, kann »den Alterungsprozeß umkehren«, wonach z. B. Mitglieder im 45. Lebensjahr, wenn sie vorher 7 Jahre regelmäßig TM praktiziert haben, ihr biologisches Alter um 15 Jahre verringern, so daß sie biologisch nur 30 Jahre alt sind und somit 15 Jahre länger leben können.

Meditationsalter ist der von den Anhängern in Jahren und Monaten gemessene Zeitraum, in dem die TM-Technik schon praktiziert wird. Hinter dem *Mahārishi-Effekt* steht die Überzeugung, daß, wenn schon 1% aller Menschen die vom *Mahārishi* entwickelte Psychotechnik praktiziert, die ideale Welt-Gesellschaft entsteht.

Der Lehrer und Meister dieser Psychotechnik *Varma* versteht sich als den vorläufigen Endpunkt einer langen Traditionskette von »heiligen Meistern«. Diese reicht von den ersten Lehrern der Veden (→Vedismus), die uraltes menschliches Wissen durch Jahrtausende in großer Reinheit gelehrt und gelebt haben, bis hin zu *Shankara* (788–820 n.Chr.), dem bedeutendsten Vertreter der hinduistischen Einheitsphilosophie, des *Advaita(»Nicht-Zweiheit«)-Vedanta.* Der von Shankara gegründete Mönchsorden *Dasanami Sannyasi* soll diese Lehre und den Weg zum »kosmischen Bewußtsein« durch eine lange Reihe von Gurus weitergegeben haben bis zum Jahr 1941, als *Guru Dev* (»göttlicher Lehrer«) *Brahmananda Saraswati,* der Lehrer Varmas, im Alter von 72 Jahren an diese Traditionskette der »heiligen Meister« anknüpft und die »heilige Shankara-Tradition« fortführt. *Swami Saraswati* (1868–1953) selbst wird während des *Kumbla-Mela-Festes* (→Hinduismus) im Alter von 34 Jahren in den Orden seines Meisters *Swami Krishnananda* aufgenommen. Aus diesem Grund sind die Lehre der »schöpferischen Intelligenz« und die Praxis der TM an die Traditionskette aller vorausgegangenen Meister angebunden und reichen sogar bis zu den Göttern *Brahmā, Vishnu* und *Shiva* zurück.

Auf vielfache Kritik stoßen der Verzicht des Stifters und Yogi-Meisters auf asketische Forderungen an seine Jünger und sein eigener aufwendiger und luxuriöser Lebensstil, den er so begründet: »Wenn wir Askese üben, hemmen wir nur den geistigen Fortschritt, denn das Leben ist ebenso materiell wie geistig.«

Weltplan-Center/WPC bzw. *Center* ist die Bezeichnung für die Ortsgruppe bzw. den lokalen Stützpunkt der Bewegung. Jedes Center ist numerierter Bestandteil eines weltweiten Netzes von Stützpunkten. Die Organisationsform dieser Bewegung sind die *Kurse,* an denen die Meditanten gegen Gebühren teilnehmen. Zum Erlernen der TM-Psychotechnik liegt ein *Siebenstufenplan* vor. Dieser beginnt mit dem *Einführungsvortrag* als Werbeveranstaltung, darauf folgen der *Vorbereitungsvortrag* und das *persönliche Gespräch.* Der 4. Kurs, die *persönliche Einführung,* bildet das eigentliche religiöse Kernstück. Im Verlauf dieser rituellen Initiationsfeier wird dem Initianden von seinem TM-Lehrer ein entsprechend seiner Altersstufe ausgewähltes und nur für ihn allein wirksames *mantra* übergeben.

Täglich am Morgen und am Abend soll 15 bis 20 Minuten lang die Meditation geübt werden, indem das *mantra* ständig leise wiederholt wird. Mit Hilfe dieser Klangsilbe soll er in die Tiefen des Geistes eintauchen und schließlich die Ebene des reinen Bewußtseins erreichen (→Blasendiagramm S. 394). Die Stufen 5 bis 7 des Siebenstufenplans werden *Checking-Seminare* (engl. »Überprüfungs-Seminare«) genannt, weil es sich um verschiedenartige Überprüfungen der Meditationspraxis des Eingeführten handelt.

Von den Gegnern der TM wird die vereinfachte Auswahl der Yogapraxis und dabei vor allem die Vernachlässigung der integrierenden Kontrolle des Atems kritisiert.

Da nach Überzeugung dieser Bewegung die gesamte Welt-Gesellschaft eine ideale Gesellschaft wird, wenn nur 1% der Menschheit die Technik der TM ausübt, ist am 8. Januar 1972 ein *Weltplan* für die damals 3,6 Milliarden Menschen der Erde konzipiert worden, um das Wissen von der Wissenschaft der kreativen Intelligenz mitzuteilen. Danach sollen in 3600 Weltplan-Centers je 1000 TM-Lehrer ausgebildet werden, so daß auf 1000 Menschen 1 TM-Lehrer kommt.

TM-Lehrer sind Funktionäre mit der besonderen Aufgabe, Interessenten in die TM-Technik einzuführen (Siebenstufenplan).

Die Ausbildung zum TM-Lehrer erfolgt jeweils im *Teacher Training Course/TTC* (engl. »Lehrer-Trainingskursus«), der durch ein Treffen mit dem Stifter Varma abschließt, bei dem die Kandidaten dem »heiligen Meister« gegenüber eine Loyalitätserklärung abgeben und von ihm die TM-*mantras* erfahren. Für bestätigte TM-Lehrer und andere Funktionäre gibt es die *Advanced Training Resource/ATR* (engl. »Fortgeschrittene Trainings-Quelle«). Um die Siddhi-Fähigkeiten zu erlernen und auszuüben, werden *Siddhi-Kurse* angeboten. Unter *Siddhis* (sanskr. »Glück, Vollendung«) werden meist supranaturale Fähigkeiten verstanden, so im psychischen Bereich (Wissen um Vergangenheit und Zukunft; intuitive Allwissenheit), im physischen Bereich (Unsichtbarwerden, Fliegen und Bewegen durch die Kraft der Gedanken) und im ökologischen Bereich (Beherrschen der Elemente). Drei Photos von »schwebenden« Siddhas sollen dies bestätigen. Im Jahr 1979 soll es über 10 000 *Siddhas,* d.h. Siddhi-Ausübende, gegeben haben.

Gouverneure beaufsichtigen ein Weltplan-Center und sind für das TM-Bewußtsein in der bestimmten Region verantwortlich. Es handelt sich hier um bewährte TM-Lehrer, die einen (20 000 DM kostenden) Gouverneurs-Kurs und einen Siddhi-Kurs absolviert haben. Gouverneure dürfen weiße Anzüge tragen.

Ein Beispiel für das ausgeprägte hierarchische Bewußtsein der TM-Bewegung sind die *Hundertacht,* eine von Varma selbst geschaffene Elite von 108 Mitgliedern. Sie wirken als *Welt-Gouverneure, Welt-Minister* und bilden den *World Plan Executive Council* (engl. »Weltplanverwaltungsrat«).

Weltminister stehen an der Spitze der 10 *Weltministerien* der Weltregierung, deren 1. das *Ministerium für Bewußtseinsentwicklung* und deren 10. das für *Gesundheit und Unsterblichkeit* ist.

Literaturauswahl

Haack, F. W.: T.M. München [5]1980

Heidelberb, R.: T.M. in der geburtshilflichen Psychoprophylaxe. Eine retrospektive Untersuchung an 108 TM-Geburten und 231 Kontrollen. Nienburg 1981

Mahārishi Mahesh Yogi: Verwirklichung der Idealen Gesellschaft. Bad Bellingen 1978

Mahārishi Mahesh Yogi: Die Wissenschaft vom Sein und die Kunst des Lebens. Stuttgart 1969

TUKA-BEWEGUNG

Die T.-B. ist ein im Jahre 1873 auf den Fidschiinseln entstandener Kult, der auf die prophetische Verkündigung des Insulaners *Ndungumoi* zurückgeht und nach dem im Mittelpunkt dieses Kultes stehenden, *tuka* (»Unsterblichkeit«) verleihenden Wasser benannt ist.

Die zu den →Cargo-Kulten gehörende T.-B., die vorwiegend aus melanesischen Traditionen entstanden ist, zählt zu den →neuen Religionen Ozeaniens.

Auf den Fidschiinseln, wo eine melanesisch-polynesische Mischbevölkerung lebt, treffen von alters her polynesische Einflüsse auf melanesisches Erbe. Diese Inselgruppe im Pazifik, nördlich von Neuseeland gelegen, wird 1643 von *Tasman* entdeckt und 1874 britische Kronkolonie.

Als der Stifter *Ndungumoi*, der einer alten Priesterschaft der Fidschiinsulaner entstammt, Visionen hat, in denen er den alten Göttern der Fidschiinseln begegnet, identifiziert er sich mit *Ndengei*, dem Hochgott der Inselbevölkerung, und nennt sich *Navosavakandua* (der Mann, »der nur einmal spricht«). So heißt der oberste Richter auf den Fidschiinseln, dessen Urteile als einmalig und endgültig gelten.

Gemäß der prophetischen Verkündigung des Stifters werden die einst nach einer Sintflut gegen Westen gereisten göttlichen Zwillinge und Neffen des Hochgottes Ndengei, der selbst in einer Höhle der Insel Vitilevu lebt, bald zurückkehren und eine neue Weltperiode einleiten. Bei der bevorstehenden totalen Welterneuerung werden die weißen Kolonisatoren vertrieben werden, und den Einheimischen werden deren gesamte Zivilisationsgüter zufallen. Dann wird für die Insulaner ein Zeitalter der Freiheit und des Glücks anbrechen.

Mit dieser prophetischen Botschaft gewinnt der Stifter rasch eine erstaunlich große, halbmilitärisch organisierte Anhängerschaft unter den Insulanern. Als er im Jahre 1885 ein genaues Datum für die Rückkehr der Ahnen, die bei der Errichtung des paradiesischen Reiches helfen werden, nennt, wird der Stifter von der Kolonialregierung verhaftet, zur Zwangsarbeit verurteilt und dann verbannt. Er stirbt kurz vor der verfügten Rückkehr aus der Verbannung.

Für die Anhänger der T.-B. ist ihr Stifter nicht gestorben, vielmehr stehen seine Nachfolger in der Leitung der Gemeinschaft mit dem weiterlebenden Stifter in mystischer Verbindung.

Bei der Aufnahme in die T.-B., die einen straff organisierten Zusammenschluß ihrer Anhänger verlangt, erwirbt das neue Mitglied von den Gesandten des prophetischen Stifters eine Flasche, deren Wasserinhalt der Quelle des Lebens entstammt, die *tuka* (»Unsterblichkeit«) verleiht.

Die vom Stifter eingeführten *Kulttänze* bezwecken die beschleunigte Rückkehr der Ahnen, von denen dann die den eingeborenen Insulanern fehlenden Güter, die die weißen Kolonisatoren jetzt in Fülle besitzen, bald auf einem Schiff herbeigeschafft werden.

UGARITISCHE RELIGION

Die u. R. ist die nach den Einwohnern von *Ugarit* benannte Religion, einer alten Handelsstadt an der Ostküste des Mittelmeeres nördlich von Latakia, die beim heutigen Ras Shamra (Syrien) liegt.

Die *Religion des nordwestsemitischen Ugarit* gehört zu den →Kanaanäer-Religionen und damit zugleich zu den →semitischen und den →vorderasiatischen Religionen.

Als Handelsstadt sowie religiöses und politisches Zentrum eines kanaanäischen Königreiches erlebt Ugarit besonders zwischen 1500 und 1000 v. Chr. seine Blütezeit. Die selbständigen Kleinkönige von Ugarit (16./15. Jh. v. Chr.) werden um 1360 v. Chr. von den Hethitern unterworfen, und beim Ansturm der Seevölker wird Ugarit zerstört.

An der Spitze der Götter steht als weiser und gütiger Gott der »Vater der Jahre«, *El*. Sein Name ist der Appellativ für Gott schlechthin. El ist Vater der Götter und Menschen, der Schöpfer aller geschaffenen Dinge. Seine Gattin ist *Asherah*, die Muttergöttin, und seine Tochter heißt *Anat*, deren Bruder *Baal* ist.

Der jugendliche Vegetationsgott *Baal* (»Herr, Meister«) herrscht über den jahreszeitlich wiederkehrenden Regen. Nach

1 Kön 18 flehen seine Priester ihn an, die Dürrezeit zu beenden. Baals Gegenpart ist *Mōt,* der Gott der heißen Jahreszeit, der Ernte, aber auch der Dürre und des Todes. Nach dem Mythos entführt Mōt alljährlich Baal in die Unterwelt, so daß auf der Erde die Zeit der Dürre anbricht. Wenn Anat, die Schwester Baals, als Göttin der Lebenskraft dessen Tod beklagt, ihre Brust zerfleischt und den Bruder sucht, findet sie ihn in der Unterwelt wieder und befreit ihn. Dann beginnt die neue Zeit des Blühens und der Fruchtbarkeit.

Als Gott des primordialen und tellurischen Meeres, der stehenden Wasser – im Gegensatz zum fließenden Wasser des Regens –, gilt *Yam* bzw. *Jam* (»Meer«).

Die seit 1929 währenden Ausgrabungen von Ugarit haben bedeutende Funde aus dem 15. Jh. v. Chr. zutage gebracht, u. a. ist im Königspalast das Archiv der Könige von Ugarit gefunden worden. Religionsgeschichtlich sind die mythologischen und kultischen Texte von Ugarit für das Verständnis der →israelitischen Religion von großer Bedeutung. Z. B. sind einige Verse im Buch der Psalmen fast wörtliche Übersetzungen ugaritischer Gedichte.

Literaturauswahl

Aistleitner, J.: Die mythologischen und kultischen Texte aus Ras Schamra. Budapest 1959

Eissfeldt, O.: El im ugaritischen Pantheon. Berlin 1951

Heltzer, M.: Goods, Prices and the Organization of Trade in Ugarit. Wiesbaden 1978

Kapelrud, A. S.: Baal in the Ras Shamra Texts. Kopenhagen 1952

Obermann, J.: Ugaritic Mythology. A Study of the leading Motifs. New Haven u. London 1948

UMBANDA

U. ist eine →neue Religion afroamerikanischen Ursprungs in Brasilien, deren Anhängerschaft das rassisch bunte Bild Südamerikas widerspiegelt. Nach der Bantu-Etymologie ist das Wort U. bzw. *Quimbanda* (brasil.) zusammengesetzt aus dem auf Heilkunst verweisenden Präfix *u* und dem Substantiv *mbanda,* das zu *ki-mbanda* (»Hoherpriester, Medizinmann«) gehört. Die brasilianisch-portugiesische Deutung durch *um* (»eins«) und *banda* (»Fahne, Religion«) im Sinn eines Anspruchs auf Universalreligion ist abwegig und tendenziös.

Zu dieser am schnellsten wachsenden Religion im bevölkerungsreichsten Land Lateinamerikas, deren organisiertes Auftreten seit 1941 feststellbar ist, bekennen sich ca. 6 000 000 *Umbandisten* in ca. 100 000 Gemeindezentren. Der *Umbandismus* heißt in Brasilien die »vierte Religion« nach Katholizismus, Protestantismus und Spiritismus. Die U. gehört zu den *Macumba-Kulten.* Mit dem Begriff *Macumba* wird im afrikanischen Moçambique und auf Madagaskar ein Baum bezeichnet, unter dem religiöse Versammlungen abgehalten werden.

Der *U.-Kult,* der in früheren Zeiten von der Regierung verboten war, dann toleriert wurde und jetzt anerkannt ist, muß heute nicht mehr als Geheimkult, sondern kann in aller Öffentlichkeit zelebriert werden. Afrikanische Negersklaven, die in das durch *Cabral* im Jahre 1500 von Portugal in Besitz genommene und zur Kolonie erklärte Brasilien gebracht wurden, haben zwar im Laufe der Jahrhunderte die Sprache ihrer Kolonialherren und formell auch deren kath.-christliche Religion angenommen, aber im geheimen haben sie ihr afrikanisches Erbe gepflegt und weiterentwickelt. Im Jahr 1888 wird die Negersklaverei in Brasilien entschädigungslos aufgehoben, und Hunderttausende der Schwarzen strömen im Zuge der großen Binnenwanderungen von den Zuckerrohr- und Tabakplantagen in die Städte, wo heute über 40% der Bevölkerung leben.

In dieser →neuen Religion brasilianischer Prägung verschmelzen die Überlieferungen der beiden Strukturtypen afrikanischer Religiosität – der auf *Yoruba-Traditionen* beruhende Priester-Typ *Candomblé* und der auf *Bantu-Traditionen* beruhende Heiler-Typ *Macumba* – mit katholisch-christlichen und einheimisch-indianischen Elementen zu einem neuen System. So werden z. B. westafrikanische Gottheiten, die meistens die im Volksstamm der *Yoruba* gebräuchlichen Namen tragen, mit biblischen Gestalten und katholisch-christlichen Heiligen zuweilen zusätzlich mit alten indianischen Numina identifiziert.

Die Götter und Geister werden in die beiden Klassen der gütigen *Orixá* bzw. *Orichsas* und der bösen *Exú* bzw. *Eschus* eingeteilt. Inbegriff des Guten, Schöpfer, Himmelsherr und Erhalter ist *Olorun,* dem alle guten Geister unterstehen, die sich hierarchisch in 7 Linien mit jeweils 7 Untergruppen gliedern. Olorun ist gleich Gottvater im Christentum, so wie *Oxalá* bzw. *Oschala* Jesus Christus gleichgesetzt wird. Durch die Kraft des *Ifas,* dem Heiligen Geist gleich, kann der Mensch mit den guten Geistern in Verbindung treten. *Nha-San* ist eine Göttin des Windes und des Sturmes, der hl. Barbara ähnlich, so wie der Gott *Ogún* als Kriegsgott dem Drachentöter St. Georg gleichgesetzt wird. *Omulú,* der auf Friedhöfen verehrte Heilgott, hat seine Entsprechung im biblischen Lazarus bzw. hl. Rochus. *Oxocé,* der Jagdgott, und *Xangó,* der Gewittergott, haben ihre Parallelen in den hll. Sebastian bzw. Hieronymus.

Yemanjá, die Meeresgöttin, ist die Herrin der Schiffbrüchigen, deren Hauptfest am 2. Februar als Feier »Unserer Lieben Frau von den Seefahrern« begangen wird. Diese Umbanda-Göttin ist der christlichen Jungfrau Maria und schwarzen Schutzpatronin Brasiliens, Nossa Senhora de Apa-

1

2

1 Baal *mit dem Blitzstrahl, Ugarit, Kalkstein, 17./15. Jh. v. Chr. Paris, Louvre*

2 Große Göttin *Ugarit, Elfenbein, 13. Jh. v. Chr. Paris, Louvre*

recida, gleichgesetzt und zugleich der indianischen Flußgöttin Jára verwandt.
Der mit dem biblischen Satan gleichgesetzte *Exú-Rei* (»Exú-König«) ist das Haupt der bösen Geister, der gezwungen wird, seine bösen Taten rückgängig zu machen.
Da das Heil nicht nur ein jenseitiges Gut, sondern auch ein Heilsein hier und jetzt einschließt, wird eine Heilung von irdischen Nöten und Leiden intendiert und verwirklicht. Oberstes Gebot ist die Liebe als »das Gesetz Umbandas«. In der Nähe der Hauptstadt Brasilia wohnen Umbandisten in genossenschaftlichen Siedlungen und leben in Gütergemeinschaft. Der U. gehören in Brasilien eine Reihe sozialer Einrichtungen, aber auch Verlage und Rundfunkanstalten.
Im Mittelpunkt der U. steht der Kult, dessen reich entwickelte Zeremonien der Heiligung menschlicher Lebensstadien, wie Geburt, Hochzeit und Tod, dienen, aber auch als Naturrituale in Bergen und Wäldern, an Wasserfällen und Stränden vollzogen werden. Ein charakteristisches Gebet lautet:

> Wir rufen zu *Yemanjá* und zu *Nha-San*
> um die Reinigung unserer Gefühle, indem
> sie alle Unreinheiten durch die heiligen
> Wellen der Meere, durch die sakrosankten
> Wasser der Flüsse und durch den göttlichen
> Hauch des Windes hinwegtragen.
> Wir rufen zu *Xangó,*
> daß er uns einen Lichtstrahl und einen Funken seiner unmeßbaren Kraft sende, damit
> wir die stürmische Furie unserer inneren
> Einstellungen dämpfen,
> Wir rufen zu *Ogún* . . .
> Wir rufen zu *Oxocé* . . .
> Wir rufen zu *Omulú* . . .

Der Kult umfaßt neben Gebet, Gesang und Tanz auch die Darbringung verschiedener Opfergaben wie Blumen, Speisen, Reliquien, *despacho* (portug. »Absendung«). Die Kulthandlungen werden von dem mit *babalaó* (»Gottesvater, Heiligenvater«) betitelten Priester geleitet.

Die hierarchisch gegliederte einzelne *U.-Gemeinde* weist folgende Stufen auf: *Ganga Alufa* (»Präsident«), *Alufa, Embanda, Babalorischa* (»Kultleiter«), *Ogan* (»Hilfspriester«), *Filhas* und *Filhos de santo* (»Medien«), *Sambas, Cambones* (»Diener«) und schließlich die innere und äußere Kultgemeinde. An der Spitze der *U.-Religionsgemeinschaft* steht ein *Supremo Conselho Sacerdotal Afro-Brasileiro* (»Höchster afro-brasilianischer Priesterrat«).

Die Kultsitzungen finden in dem *terreiro* (portug. »Hof, Gelände«) statt.

Literaturauswahl

Bastide, R.: Les religions africaines au Brésil. Paris 1960

Figge, H.H.: Geisterkult, Besessenheit und Magie in der U.-Religion Brasiliens. Freiburg 1973

Fischer, U.: Zur Liturgie des U.-Kultes. Leiden 1970

Gerbert, M.: Religionen in Brasilien. Berlin 1970

Weingärtner, L.: U. Synkretistische Kulte in Brasilien. Erlangen 1969

UNGARISCHE RELIGION

Die u. R. ist die vorchristliche Religion der Magyaren (Madjaren; ungar. *magyar* = »Ungar«) zwischen 896–997 n. Chr., die im heutigen Ungarn (ungar. *Magyarország*) das mittlere Donautiefland und dessen Randgebiete bewohnen.

Die *Religion der Altungarn* gehört zu den →finno-ugrischen und zu den →europäischen Religionen.

Unter Führung ihres 1. Großfürsten, Árpád (896–907), wandern 7 Magyarenstämme (Steppennomaden) aus der Gegend zwischen Ural und Wolga in die Tiefebene an der Theiß und mittleren Donau ein. Sie vermischen sich mit den hier lebenden Völkern und gründen das Ungarische Reich. Zu ihrem steppennomadischen Kreis verlieren sie die Verbindung und gehen neue Bindungen mit der Kultur im Westen ein. Árpáds Enkel, der Großfürst Géza bzw. Geisa (972–997), festigt die Gewalt der Fürsten und fördert die Christianisierung seines Volkes. Er selbst läßt sich und seinen Sohn Wojk christlich taufen, der dann als König Stephan I. (997–1038) die christliche Königsgewalt begründet. Von Papst Silvester II. erhält er den Titel einer apostolischen Majestät und die Stephanskrone.

Im Götterglauben und Kult der Altungarn wird ihre innerasiatische Herkunft sichtbar. Ihr Hochgott ist *Magyar Isten* (»Gott der Ungarn«), der ein besonders enges Verhältnis zu seinem ungarischen Volk hat. Er führt es auf der Wanderung und treibt es mit Hilfe der Flügelschläge seiner großen Adler an, die Karpaten zu überschreiten und von den heutigen Wohngebieten Besitz zu ergreifen. Repräsentant dieses Himmelsgottes sind auf Erden die Herrscher und Fürsten der Ungarn, deren bedeutendster *Almos* ist, der Vater des Großfürsten Árpád. Um sein Herrschaftscharisma auf sein Herrschergeschlecht und Sieben-Stämme-Volk zu übertragen, läßt er sich rituell töten, nachdem er die Herrschaft an seinen Sohn Árpád übergeben hat.

Mit *Czabe,* dem jüngsten Sohn Attilas (441–453 n.Chr.), verbinden die Altungarn die Vorstellung, daß dieser in einer fernen Zukunft zurückkehren werde, um sein Reich in Ungarn wiederaufzurichten.

Die Verbindung zwischen der Himmelswelt und der diesseitigen Welt der Menschen schafft der *Schamane,* der, wie auch das ihn beratende Pferd des Schamanen, *táltos* heißt.

Höhepunkt seiner Amtsfunktion bildet der *Schamanenkampf,* bei dem zwei Schamanen in der Verkleidung eines weißen und eines schwarzen Stiers das lichte Prinzip einerseits und das dunkle Prinzip andererseits vertreten.

Literaturauswahl

Deér, J.: Heidnisches und Christliches von der altungarischen Monarchie. Szeged 1934. Nachdruck Darmstadt 1969

Thierry, A.: Attila et ses successeurs. Pest 1864

Vernadsky, G./Ferdinandy, M. de: Studien zur ungarischen Frühgeschichte. München 1957

UNIVERSISMUS

Der U. ist seit J.J.M. de Groot (1854–1921) die wissenschaftliche Bezeichnung für die gemeinsame Religion des chinesischen Volkes, die aus der altchinesischen Reichsreligion hervorgegangen ist, im Laufe von fast 4000 Jahren zu verschiedenen Formen (→Taoismus, →Konfuzianismus, chinesischer →Buddhismus) geführt und diese z.T. wieder integriert hat. Die Verbindung der drei Religionen von Taoismus, Konfuzianismus und Buddhismus heißt *Ta-chiao* (chin. »große Lehre«) im Gegensatz zu *Siao-chiao* (chin. »kleine Lehre«) des Islam. U. meint eine am *Universum* (lat. »Weltall«) orientierte Denk- und Lebensweise, durch die das individuelle menschliche Leben mit dem das Universum bestimmenden Weltgesetz in

Harmonie (griech.-lat. »Übereinstimmung«) gebracht wird. Für die *Universisten* bilden Himmel, Erde und Mensch die drei Komponenten des zu einer Einheit zusammengefaßten Welt-Ganzen, und die Harmonie aller Erscheinungen von Makrokosmos und Mikrokosmos umfaßt alle Bereiche des Kosmischen, Ethischen und Rituellen.

Der U. zählt zu den →chinesischen Religionen und zu den →Weltreligionen.

Die Gesamtzahl der *Universisten* beträgt heute 183646000, d.h. 3,4% der Weltbevölkerung. Von ihnen leben 99,9% in Asien.

Verbreitet ist der U. in 56 Ländern. In Singapur bilden die Universisten 53,9%, auf Taiwan 48,5%, in Hongkong 47,4% und in Macao 54,4% der Bevölkerung.

In Europa leben 28000 Universisten in Frankreich und 13000 in den Niederlanden.

UNIVERSISTEN		
Erdteile	Anhänger	% aller Universisten
1. Asien	183 361 000	99,9
2. Nordamerika	121 000	
3. Lateinamerika	71 000	
4. Europa	60 000	0,1
5. Ozeanien	20 000	
6. Afrika	12 000	
7. GUS	1 000	
	183 646 000	100

UNIVERSISTEN			
56 Länder	Anzahl	Mehrheit d. Landes	% aller Universisten
1. China (VR)	165 200 000	–	90,0
2. China (Taiwan)	9 810 000	–	5,3
3. Hongkong	2 240 000	–	1,2
4. Malaysia	2 070 000	–	1,1
5. Singapur	1 364 000	Mehrh.	0,8
6.–56. Land	2 964 000	Mehrh. (1 ×)	1,6
	183 646 000	Mehrh. (2 ×)	100

Die chinesische Sprache hat kein eigenes Wort für den Begriff der Religion. Die beiden dafür in Frage kommenden Worte sind *chiao* und *li*, wobei *li* im Sinn seines Schriftzeichens den mit Altar und Opfergefäß zusammenhängenden »Brauch« bedeutet, während *chiao* die »Lehre« meint. Sowohl im Makrokosmos von Himmel und Erde wie im Mikrokosmos des Lebens herrscht ein Dualismus der polaren Kräfte von *yang* und *yin*.

Yang wirkt im äußeren Bereich und symbolisiert das Männliche, Aktive und Zeugende, das Trockene, Helle und Warme. Ihm entsprechen die rote Farbe, die ungerade Zahl, die Sonne, der Himmel und der Süden, weshalb sich sein Wachstum und Sieg im Sommer einstellen. In der Symbolik des *I-ching* (→S. 403) wird das *yang* mittels einer durchgehenden Linie dargestellt.

Yin wirkt im inneren Bereich und symbolisiert das Weibliche, Passive und Empfangende, das Feuchte, Dunkle und Kalte. Ihm entsprechen die schwarze Farbe, die gerade Zahl, der Mond, die Erde und der Norden, weshalb sich Wachstum und Sieg des *yin* im Winter einstellen. In der Symbolik des *I-ching* wird das *yin* mittels einer unterbrochenen Linie dargestellt.

Yin und *yang* sind zwei Kräfte, die einander ergänzen und zugleich widerstreiten, sich wechselseitig ablösen oder in einem Zyklus zusammenwirken. Sie bilden somit ein Paar, das den Grund für die Zweiteilung aller Dinge abgibt.

Die beiden polaren Kräfte des *yin* und *yang* bilden gemeinsam das übergeordnete *tao* (chin. »Weg«). Dieses ewige, universistische Prinzip umgreift die Ordnung des Kosmos, der staatlichen und ethischen Sphäre und des Kultus.

Der Grund für die mögliche *Harmonie* von Makrokosmos und Mikrokosmos liegt darin, daß die großen Erscheinungen des Weltalls, die Elemente, die Planeten und die Himmelsrichtungen, die Jahreszeiten usw. mit denen des Menschenlebens korrespondieren.

Die fünf Elemente *wu xing* stehen als Grundkräfte in ständiger Reaktion zueinander und lösen die Prozesse der Natur aus.

Das Weltall ist erfüllt von zahlreichen Gottheiten. Die guten Wesenheiten (*shen* oder *shin*) entspringen dem *yang* und die bösen (*kuei* oder *kwei*) dem *yin*. Die Gottheiten werden nach Art einer Beamtenhierarchie in Klassen eingeteilt und dürfen nur von den ihnen gemäßen Inhabern bestimmter Ämter verehrt werden. Nur der Kaiser verehrt den obersten Himmelsgott *Shang-ti* (chin. »Herrscher in der Höhe«), dessen Palast im Zentrum des Himmels steht, auf dem großen Bären, auf der höchsten der 9 Himmelsstufen, deren Zugang vom Himmelswolf Sirius bewacht wird. Er belohnt die Tugendhaften und bestraft die Schuldigen. Wenn die Tugend in einer Dynastie erschöpft ist, entzieht Shang-ti dem Herrscherhaus das Mandat des Himmels *(t'ien-ming)* und übergibt es einem Würdigen. In der Chou-Dynastie (ca. 1000–256 v.Chr.) wird *t'ien* (chin. »Himmel«) mit Shang-ti identifiziert, der von da an *Huang-t'ien Shang-ti* (»der erhabene Himmel, der Herrscher in der Höhe«) heißt. Alljährlich (bis zum Jahr 1913)

Elemente	Holz	Feuer	Erde	Metall	Wasser
Himmelsgegenden	Osten	Süden	Zentrum	Westen	Norden
Planeten	Jupiter	Mars	Saturn	Venus	Merkur
Atmosphär. Erscheinungen	Regen	Wärme	Wind	Klarheit	Kälte
Jahreszeiten	Frühling	Sommer	0	Herbst	Winter
Tageszeiten	Morgen	Mittag	0	Abend	Nacht
Farben	Grün	Rot	Gelb	Weiß	Schwarz
Organe	Galle	Lunge	Herz	Leber	Niere
Sinne	Geruch	Gesicht	Gefühl	Geschmack	Gehör
Geschmack	sauer	bitter	süß	scharf	salzig
Tugenden	Liebe	Sitte	Treue	Gerechtigkeit	Weisheit

am Tag der Wintersonnenwende opfert der Kaiser dem Himmelsgott Shang-ti im größten Heiligtum des Reiches, im *t'ien-t'an* im Süden von Peking, auf dem Altar des Himmelsrunds. Als Beauftragter der höchsten Gottheit wird der Kaiser als *t'ien-tse* (chin. »Sohn des Himmels«) betitelt. Da er als oberster Priester die Verbindung von Himmel und Erde herstellt, bringt er der Erdgottheit *Hou-t'u* am Tag der Sommersonnenwende auf der quadratischen Altarterrasse im Norden von Peking das Staatsopfer dar. Dem Reichsgott Hou-t'u sind alle Gottheiten der Lehensstaaten und Gaue untergeordnet, denen die hohen Beamten in den Provinzen die Staatsopfer darbringen. Den Gottheiten von lokaler Bedeutung darf das Volk seine Opfer darbringen.

Da die *geistigen Mächte* alle Teile des Kosmos beherrschen, fordert der Kultus ihre Verehrung. Zu ihnen gehören die *sechs Verehrungswürdigen*. Neben Himmel und Erde sind es diejenigen Mächte, die die 4 Himmelsgegenden repräsentieren. Als die *sieben Regenten* gelten neben Sonne *(ji)* und Mond *(yüeh)* die fünf Planeten *(ch'en)*, von denen jeder einem der 5 Elemente entspricht (z.B. Jupiter dem Holz). Die *Geister der Berge* herrschen auf 4 Bergen, die als den 4 Himmelsgegenden entsprechend gedacht sind, wobei seit der Chou-Dynastie ein fünfter das Zentrum bildet. Die *Geister der Ströme* entsprechen den 4 Strömen, wobei *Ho-po* als Graf des Gelben Flusses gilt, dem bis zum Ende der Chou-Dynastie alljährlich ein Mädchen geopfert wird, indem es als seine Braut den Fluten des Flusses übergeben wird. Von den *fünf Schutzgeistern des Hauses* werden der Herd- und Türgeist hoch verehrt.

Das Glück des Menschen besteht darin, daß *jén-tao* (»Weg des Menschen«) im Einklang mit *t'ien-tao* (»Weg des Himmels«) steht. Seit der Hsia-Zeit (2201–1766 v.Chr.) gibt es ethisch-religiöse Grundpflichten, die der Himmel jedem Menschen vorschreibt. Sie beziehen sich auf 5 soziale Beziehungsverhältnisse:

1. Vater und Sohn sollen sich gegenseitig lieben.
2. Zwischen Herrscher und Untertanen muß Gerechtigkeit walten.
3. Mann und Frau schulden einander besondere Pflichten der Sitte.
4. Die Jüngeren müssen gegenüber Älteren Pietät zeigen.
5. Freunde sollen einander treu sein.

Es gibt 5 Arten von Riten: 1. die Riten glücklicher Vorbedeutung mit Opfern und Gaben für die Ahnengeister, 2. Begräbnisriten, 3. militärische Riten, 4. Riten der Gastfreundschaft für Besuche und Gesandtschaften, 5. freudige Riten für Hochzeiten und Feste.

Der Verehrung der Vorfahren, die den Nachfahren durch das bestehende Band der Pietät verbunden bleiben, kommt große Bedeutung zu. Den Ahnengeistern wird in jeder Familie geopfert. Ahnentafeln aus Holz, auf denen die Namen und Titel der Verstorbenen zusammen mit den Daten ihrer Geburt und ihres Todes verzeichnet sind, werden in einer Nische des Hauses aufbewahrt, vor der man am 1. und 15. Tag eines jeden Monats opfert und an Festtagen Speiseopfer darbringt.

Zum Ahnen wird die Seele des Verstorbenen, wenn – nach Abschluß der Trauerzeit – ihre Ahnentafel in die Ahnenhalle gebracht wird. Mit der Ankunft jedes neuen Ahnen sinkt die Bedeutung desjenigen aus der vorangehenden Generation. *Shen* heißen die gütigen Ahnengeister, die mit den ihnen dargebrachten Ehrungen der Nachfahren zufrieden sind, wohingegen *Kuei* die bösen Ahnengeister sind, die von ihren Nachfahren vernachlässigt werden.

Von den Festen sind zu nennen: das *Drachenbootfest* mit Wettfahrten drachenförmiger Boote, das *Laternenfest*, ein Lichterfest, und das *Neujahrsfest*, dessen Hauptteil die Ahnenverehrung um Mitternacht ist.

T'ien-t'an (chin. »Opfergelände des Himmels«) ist der Himmelstempel, eine Anlage mit einer Fläche von 273 Hektar im Süden von Peking (1420 n.Chr.). Hier befindet sich der Altar des Himmelsrunds (1530 n.Chr.) auf einer dreistufigen Steinterrasse mit Treppen in die 4 Himmelsrichtungen. Auf der obersten Terrasse steht im Norden die gegen Süden gerichtete Tafel des *Shang-ti* und daneben in Reihen die Tafeln der kaiserlichen Ahnen. Auf der 2. Terrasse befinden sich die Tafeln, die andere Gottheiten (Sonne, Mond) nennen.

Nach einer frühen Kosmologie rotiert das runde Himmelsgewölbe um seine Achse über der quadratischen, vom Meer umgebenen Erde. Die Himmelsachse, die durch den Polarstern geht, verweist auf China, das deshalb von den Chinesen *ch'ung kuo* (»Reich der Mitte«) genannt wird, während die westliche Bezeichnung China sich aus dem Namen der *Ch'in-Dynastie* (265–420 n.Chr.) ableitet.

Was von den Schriften des chinesischen Altertums erhalten ist, verdanken wir fast

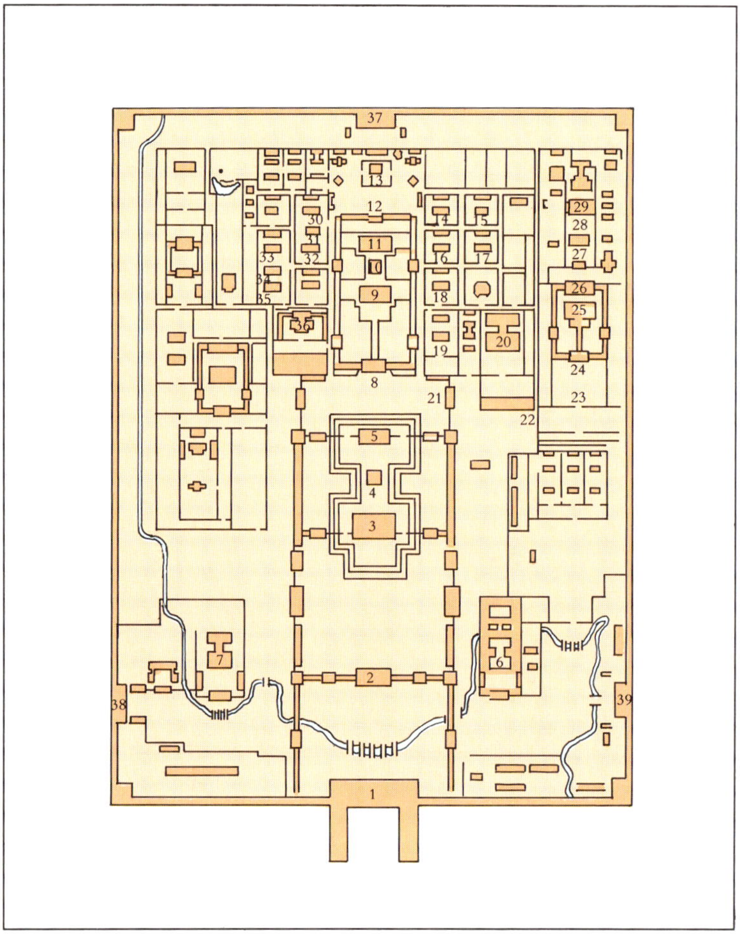

1

1 Universistische Palastanlage
(Peking/China: Gugong, Kaiserpalast)

1. *Wumen (Mittagstor)*
2. *Taihe Men (Tor der Höchsten Harmonie)*
3. *Taihe Dian (Halle der Höchsten Harmonie)*
4. *Zhonghe Dian (Halle der Vollkommenen Harmonie)*
5. *Baohe Dian (Halle der Erhaltung der Harmonie)*
6. *Wenhua Dian (Halle der Literarischen Blüte)*
7. *Wuying Dian (Halle der Militärischen Tapferkeit)*
8. *Qianqing Men (Tor der Göttlichen Reinheit)*
9. *Qiang Gong (Palast der Göttlichen Reinheit)*
10. *Jiaotai Dian (Halle der Berührung von Himmel und Erde)*
11. *Kunning Gong (Palast der Irdischen Ruhe)*
12. *Kunning Men (Tor der Irdischen Ruhe)*
13. *Qinan Dian (Halle des Kaiserlichen Friedens)*

14.–19. Paläste
20. Halle Fengxian Dian
21.–24. Tore
25. Halle Huangji Dian
26. Palast Ningshou Gong
27. Tor Yangxing Men
28. und 29. Hallen

2

3

30. Palast Chuxiu Gong
31. Halle Tihe Dian
32.–33. Paläste
34.–36. Hallen
37. Tor Shenwu Men
38. Tor Xihua Men
39. Tor Donghua Men

2 Yin-Yang *Symbol, eingerahmt von 8 Trigrammen. London, Wellcome Mus.*

3 Kaiserlicher Himmelstempel, *1420 n. Chr. und 1896 restauriert. Peking*

ausschließlich der Sammel- und Redaktionstätigkeit des K'ung-tse (551–479; →Konfuzianismus). *Wu-ching* (chin. »5 Bücher«) ist die zusammenfassende Bezeichnung für die kanonischen Schriften der chinesischen Reichsreligion.
I-ching (»Buch der Wandlungen«), auch *I-King, I-ging* und *Yi-King,* ist ein Orakelbuch, das im 7./2. Jh. v. Chr. in der Zeit der Chou-Dynastie (ca. 1050–256 v. Chr.) aus der Praxis der Orakelpriester hervorgegangen ist. Als Schihoang-ti im Jahre 213 v. Chr. alle konfuzianischen Bücher verbrennen läßt, nimmt er das *I-ching* davon aus. In diesem Orakelbuch dreht sich alles um Gegensätze, die in *yin* und *yang* ihren Ausdruck finden. Die Grundlage bilden 64 Hexagramme, die auf 8 (× 8) Trigramme zurückgehen und aus jeweils 6 übereinander stehenden durchgehenden Linien *(yang)* oder unterbrochenen Linien *(yin)* bestehen. Diesen Hexagrammen werden in späterer Zeit Sinnsprüche und Anmerkungen zu den einzelnen Linien beigegeben, dazu schließlich 10 Kommentare.
Das *Shu-ching* (»Buch der Urkunden«) bzw. *Shu-king* ist ein Geschichtsbuch und enthält Aufzeichnungen über die Zeit von 2357 bis 627 v. Chr. Diese Art Fürstenspiegel mit Reden und Anweisungen der Regierenden an ihre Nachfolger hat 4 Teile: Annalen des Yu und der 3 Dynastien Hsia, Chang und Chou.
Das *Shi-ching* (»Buch der Lieder«) bzw. *Shi-king* enthält die älteste Poesie Chinas. Die anonym im 8./6. Jh. v. Chr. entstandenen 305 Lieder sind Hymnen der alten Zeit mit Texten für Opfergesänge. Gewöhnlich teilt man die Lieder in 3 Gruppen ein: *Feng,* lyrische Volkslieder, *Ya,* Kunstlieder und *Sung,* Opferlieder. Diese Lieder besingen Freude und Not des Volkes, Liebe und Hochzeit, Ernte und Leben der Bauern, Schmerz der Trennung und Glück der Vereinigung sowie Hoffeste und Ahnenfeiern. Die Lieder bestehen in der Regel aus Zeilen von je 4 Wörtern, wobei die Anzahl der Strophen und Reime unterschiedlich ist.
Li-chi (»Aufzeichnungen über Sitten«) bzw. *Li-Ki* ist ein zwischen dem 3. und 1. Jh. v. Chr. entstandenes Sammelwerk, das 6 universistisch-konfuzianische Traktate über Riten, Kalender, Musik und Staatsethik enthält.
Ch'un Ch'iu (»Frühling und Herbst«) bzw.

1 Urgeschichtliche Venus von Willendorf, *Kalkstein, 10,5 cm hoch, ca. 20 000 v. Chr. Wien Naturhistorisches Mus.*

2 Große Halle *in der Höhle von Lascaux mit urgesch. Höhlenmalereien*

3 Liegender Wisent, *urgesch. Deckenfresko, 1,85 m lang. Altamira bei Santillana del Mar, Santander*

1

2

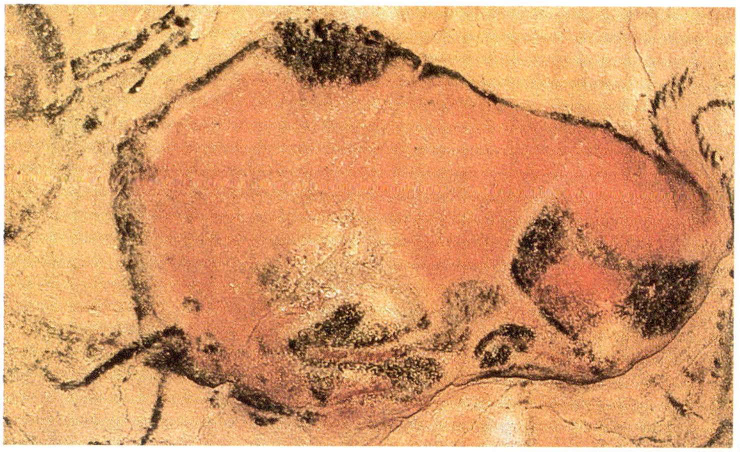
3

Tsch'un-tsiu ist eine Art Handbuch der Staatsethik, das über die Zeit zwischen 722 und 481 v. Chr. berichtet. Diese Frühlings- und Herbstannalen aus dem Herzogtum Lu sind die Hauptquelle für die geläufigen religiösen Vorstellungen der Zeit.

Zeittafel

Vor der christlichen Zeitrechnung
1027–771 Die ersten Könige
8./6. Jh. *Shi-ching* (»Buch der Lieder«)
7./2. Jh. *I-ching* (»Buch der Wandlungen«)
206 v.–220 n. Chr. Han-Dynastie
140–87 v. Chr. Kaiser Wu-ti

Nach der christlichen Zeitrechnung
1368–1644 Ming-Dynastie
1420 Peking: Residenz und Himmelstempel
1627 Peking: Verbotene Stadt mit 3 Kulthallen
1644–1911 Ch'ing- (Mandschu-)Dynastie
1900/01 Boxeraufstand
1912–49 Republik China
seit 1949 Volksrepublik China

Literaturauswahl

Colegrave, S.: Yin und Yang. Die Kräfte des Weiblichen und des Männlichen. Spannung und Ausgleich zwischen den beiden Polen des Seins. München 1980
Eichhorn, W.: Die Religionen Chinas. Stuttgart 1973
Groot, J. J. M. de: U. Die Grundlage der Religion und Ethik, des Staatswesens und der Wissenschaften Chinas. Berlin 1918
I Ging. Das Buch der Wandlungen, übersetzt u. erläutert v. R. Wilhelm. Köln 1981
Koester, H.: Symbolik des chinesischen U. Stuttgart 1958
Krause, F. E. A.: Ju-Tao-Fo. Die religiösen und philosophischen Systeme Ostasiens. München 1924

URGESCHICHTLICHE RELIGIONEN

»U. R.« ist die zusammenfassende Bezeichnung für diejenigen Religionen, die in urgeschichtlicher Zeit, d. h. von den ersten Anfängen der Menschheit in der Altsteinzeit bis zum Beginn der Frühgeschichte (ca. 3000 v. Chr.), entstanden sind. Die u. R. bilden die erste Phase in der Religionsgeschichte der Menschheit vor den →alten Religionen, von denen die ersten in frühgeschichtlicher Zeit entstehen. Die abwertende Bezeichnung als »vorgeschichtliche Religionen« bzw. »prähistorische Religionen«, weil sie keine schriftlich überlieferte Geschichte aufzuweisen haben, ist unberechtigt.

Zu den u. R. gehören sowohl einige der zu jener Zeit schon entstandenen und heute noch existierenden →Stammesreligionen (u. a. →asiatische, →australische und →afrikanische sowie →mikronesische Stammesreligionen) und von den →arktischen Religionen die →Ainu-, →Sibirier- und →Eskimo-Religion sowie der →Schamanismus wie auch die jetzt ausgestorbenen und nur noch durch Bodendenkmäler (Grabanlagen, Höhlen) und Funde belegten ältesten Religionen der Menschheit (u. a. →Megalith-Religion).

Die älteste Epoche der Menschheitsgeschichte ist die *Altsteinzeit*. Seit dem unteren Pleistozän (Eiszeitalter) datieren die frühesten Menschenfunde (China, Südafrika): die Australopithecinen oder Prähominiden. Im mittleren Pleistozän entfalten sich allmählich die Menschen zu den Pithecanthropi oder Archanthropinen, die Träger der frühen menschlichen Kulturen sind und bereits mit dem Feuer hantieren (China). Seit dieser Zeit treten auch die Neandertaler (Paläanthropinen) auf. Im oberen Pleistozän entwickelt sich die Präsapiens-Gruppe (Neanthropinen), auf die in der letzten (4.) Eiszeit (120 000–10 000 v. Chr.) der *Homo sapiens*, der jetztzeitliche Menschentyp, folgt. Am Ende des Pleistozäns bilden sich die menschlichen Großrassen: Mongolide, Australide, Negride und Europide.

Der *Homo sapiens der Steinzeit* – einer Kulturstufe, benannt nach dem wichtigsten Rohstoff, dem spaltbaren Stein, der durch Zuschläge bewußt geformt wird, um mit ihm als Werkzeug Knochen und Holz zu bearbeiten und ihn als Waffe zu gebrauchen – lebt als Wildbeuter (Sammler und Jäger) in Horden und wohnt in Höhlen oder unter Felsdächern. Sein Denken und Handeln konzentriert sich auf die beiden Brennpunkte von *Leben* (einschließlich Überleben aufgrund von Nahrungsbeschaffung) und *Tod*.

Den Lebens- und Fruchtbarkeitsaspekt drücken eine Anzahl steinzeitlicher *Frauenstatuetten* mit stark betonten Mutterattributen (Brüsten, Hüften, Gesäß und Schamteil) aus. Ein Beispiel ist die »Venus von Willendorf«. Als die Mutter der Horde wird die Frau als die eigentliche Quelle des Lebens angesehen, bevor man den männlichen Partner als Mitzeugenden erkennt. Diese Vorstellung kommt auch in den Kaurimuscheln zum Ausdruck, die dank ihrer Form ein Symbol jener Pforte sind, durch die das Kind als neuer Mensch in die Welt eintritt. Dieses Symbol des weiblichen Prinzips wird als Fruchtbarkeitsamulett verwendet.

Da das Überleben der Menschen von der stets schwierigen Nahrungsbeschaffung abhängt, gibt es eine Vielzahl an Bildmotiven mit Jagdzauber und Riten, die auf die Fruchtbarkeit der Tier- und Pflanzenwelt bezogen sind. Ein Beispiel für diese vom Jagdzauber geprägte Religion ist in der Höhle von Niaux das Bild eines mit Speermalen in der Herzgegend dargestellten verwundeten Wisents, das eine magische Wirkung auf das zu erjagende Wild ausüben soll. Bei den Höhlenbärenjägern der Alpenregion findet man den Brauch einer pietätvollen Deponierung des unzerbrochenen Bärenschädels und der Markknochen, um vermutlich das geschätzte Hirn und Mark dem göttlichen Jagdglückspender zu opfern.

Die rätselhafteste und beunruhigendste Erscheinung im Leben der Menschen ist seit den Anfängen der Menschheitsgeschichte zweifellos der Tod, auf den naturgemäß als früheste Zeugnisse der Religion die Bestattungsbräuche bezogen sind. In der Altsteinzeit wird der Leichnam vielfach in ein Grab gelegt, roter Ocker in Pulverform und Grabbeigaben in Form von Nahrung, Werkzeugen und Schmuck werden dem Toten mitgegeben. Der Okker soll das Blut als lebenspendende Kraft symbolisieren.

Höhlen dienen oft als Kultstätten. Die an den Wänden zahlreicher Höhlen entdeckten gravierten und gemalten, z.T. naturalistischen Bilder von Tieren dienen dem Jagdglück- und Vermehrungszauber. Den Höhepunkt der Höhlenkunst (ca. 120 Fundstellen) bilden die 1879 entdeckte Höhle von Altamira (Nordspanien) und die 1940 gefundene Höhle von Lascaux (Südfrankreich).

Die Übergangsperiode zwischen der Alt- und der Jungsteinzeit bildet die *Mittelsteinzeit,* während der eine Arbeitsteilung zwischen den Geschlechtern erfolgt: Für den Bedarf an pflanzlicher Nahrung (wildwachsende Getreidearten und Wasserpflanzen) sind die Frauen zuständig, während für die fleischliche Nahrung die Männer sorgen. Am Ende dieser Epoche liegen die Anfänge des Ackerbaus und der Viehzucht. In Europa tritt in der Mittelsteinzeit der Kult der Ahnen- und Totengeister in den Vordergrund, mit denen man über *Ahnenschemen,* die an Felswände oder auf kleine Steine gemalt sind, in Kontakt treten will.

Am Ende der *Jungsteinzeit* findet der Übergang zum Bauerntum durch Vereinigung von Ackerbau und Viehzucht statt. Die entstehenden Großfamilien siedeln in Dörfern und später in von Mauern umgebenen Städten. Mit der Entstehung und Ausbildung der städtischen Hochkulturen in den Flußoasen – in Ägypten am Nil (→ägyptische Religion), in Mesopotamien an Euphrat und Tigris (→mesopotamische Religionen), in Indien am Indus (→indische Religionen) und in China am Hoangho (→chinesische Religionen) – beginnt die frühgeschichtliche Zeit des Altertums.

Die Sorge für die Toten ist ein besonderes Kennzeichen für alle Kulturen der Jungsteinzeit. Man glaubt an deren Fortleben und ihre Bedeutung für die Lebenden. Die Leichname werden verbrannt oder in der Erde bestattet, nachdem man diese umschnürt hat. Zeugen dieser Kultur sind vor allem die mächtigen Megalith-Anlagen (→Megalith-Religion).

Zeittafel

Vor der christlichen Zeitrechnung

600 000–10 000 Altsteinzeit (Paläolithikum; Pleistozän)

600 000–100 000 Ältere Altsteinzeit (unteres Pleistozän)

100 000–50 000 Mittlere Altsteinzeit (mittleres Pleistozän)

50 000–10 000 Jüngere Altsteinzeit (oberes Pleistozän)

ab 25 000 »Venus«-Statuetten, u.a. »Venus von Willendorf«

15 000–11 000 Höhlenmalerei in Südfrankreich: Dordogne (Lascaux) und Ariège (Niaux, Les Trois-Frères, Montespan) und in Nordspanien: Altamira

10 000–4000 Mittelsteinzeit

4000–2 000 Jungsteinzeit; Megalith-Kultur

ab 3000 Beginn der frühgeschichtlichen Zeit in den Flußoasen

2000–1700 Stonehenge

Literaturauswahl

Bergounioux, F.M./Goetz, J.: Die Religionen der vorgeschichtlichen und primitiven Völker. Aschaffenburg 1960

Gallwitz, H.: Religion und Magie in der Altsteinzeit.
Berlin u. Friedenau 1960

Götz, F.: Der primitive Mensch und seine Religion. Gütersloh [3]1963

James, E.O.: Religionen der Vorzeit. Köln 1960

Leroi-Gourhan, A.: Les religions de la préhistoire. Paris 1964

Maringer, J.: Vorgeschichtliche Religion. Religionen im steinzeitlichen Europa. München 1956

Maringer, J.: De Godsdienst der Praehistorie. Roermond 1952

Rust, A.: Das urreligiöse Verhalten und das Opferbrauchtum des eiszeitlichen Homo sapiens. Neumünster 1974

Siegmund, G.: Der Glaube des Urmenschen. Bern u. München 1964

VEDISMUS

Unter V. versteht man die durch die vier *Veden* (sanskr. »Wissen«; →S. 410) literarisch bezeugte indische Religion der arischen Einwanderer (1500–900 v.Chr.). Die in den Schriften der *Veden* überlieferten heiligen Formeln, Lieder und Sprüche unterstreichen den Primat des »Wissens« in der vedischen Religion, die die Grundlage des nachfolgenden →Brahmanismus und des späteren →Hinduismus bildet. Über die nordwestlichen Gebirgspässe des indischen Subkontinents dringen zwischen 1800 und 1600 v.Chr. indoiranische Völker, die in viele Stämme geteilt sind und ein Nomaden- und Hirtenleben führen, in die Landschaft des Indus ein. Sie gehören zu den Stämmen der indogermanischen Völkerwanderung, die im Verlauf des 2. Jtd. v.Chr. aus Südrußland und Zentralasien in den Vorderen Orient einwandern. Die kriegerischen Hirtennomaden zerstören die dortige hohe Stadtkultur der seßhaften Dravidas und drängen diese teilweise nach Südindien ab. Sie besiedeln zunächst den Panjāb, das Fünfstromland, und später den größten Teil von Nordindien, den sie »Bharatavarsha« nennen. Die

Einwanderer, die von heller Hautfarbe sind, bezeichnen sich selbst als »Arier« (*arya* = »Gastfreie, Edle«) im Unterschied zu der unterworfenen, dunkelhäutigen Bevölkerung, die zu Leibeigenen und Sklaven (*dasya, dasa*) gemacht werden. Die spätere Kastenbezeichnung (*varna* = »Farbe«) nimmt Bezug auf die Unterscheidung zwischen den hellhäutigen Eroberern und den dunkelhäutigen Unterworfenen.

Weltschöpfung

Gemäß dem »Weltschöpfungslied« im *Rigveda* (X, 129) steht am Anfang der Welt weder Sein (*sat*) noch Nichtsein (*asat*), sondern nur das »Eine« (*ekam*), ungeteilte Ganze und Absolute, das auch als Goldembryo (goldenes Dotter, Weltenei), Gold- oder Urkeim bezeichnet wird. Dieses »entstand«, d.h. manifestierte sich durch die Macht der Askese (*tapas*) und zeugte die Begierde (*kama*), den ersten Keim des Bewußtseins. Dadurch wurde das Nichtsein, das transzendente Absolute, vom Sein – dessen Manifestation – geschieden. Die Macht der Begierde entfaltete aufgrund der ihr innewohnenden Kräfte die uns bekannte Welt der Erscheinungen, Formen und Namen. Mit der Weltschöpfung, die durch Gestalten (*Vishvakarman*), Zaubermacht (*maya*), Askese (*tapas*) bzw. Begierde (*kama*) entstand, werden eine Reihe von Göttern in Verbindung gebracht.

Das am Anfang stehende »Eine« stellt man sich nach dem bekannten Schöpfungshymnus des *Rigveda* (X, 90) als Ur-androgyn (Mann/Frau), d.h. zweigeschlechtlich vor. Dieses spaltet sich in ein männliches und ein weibliches Prinzip und zeugt einen Sohn, Purusha. Aus diesem, der als Opfer dargebracht und zerstückelt wird, entsteht die ganze Welt mit ihrem Kastensystem (→S. 409).

Nach dem Weltbild der vedischen Religion besteht das Universum aus den 3 Bereichen: Himmel, Luftraum und Erde. Letztere bildet ein Quadrat bzw. eine Scheibe, die von Wasser umflossen ist.

Devas und Asuras

Da nach vedischem Glauben die Welt voller Wesen, Mächte und Kräfte ist, die den menschlichen Interessen günstig oder feindlich sein können, stellt das Pantheon des V. den Versuch dar, das ganze Naturgeschehen zu durchschauen, Wesen und Tätigkeiten der vielen überirdischen Mächte in ihrer Eigenart und ihren Zusammenhängen zu erfassen und so zu einem »Modus vivendi« mit ihnen zu finden. Die vedische Götterwelt besteht deshalb vorwiegend aus personifizierten Naturkräften, Zaubermächten und ethisch-sozialen Begriffen. Im *Rigveda* gibt es 33 Gottheiten, und zwar je 11 in den 3 Bereichen des Universums. Die Götter des Himmels, des Luftraums und der Erde teilen sich in 2 Götterklassen, die der Devas, angeführt von Indra, und der Asuras mit Varuna an der Spitze.

Die *Devas* (sanskr. *deva* = »Gott«) sind z.T. reine Naturgottheiten: *Dyaus Pitar* (sanskr. »Vater Himmel«) ist Gott des Himmels. Seine Gattin ist *Pṛthivī Mātar* (sanskr. »Mutter Erde«). Beide zusammen bilden ein Urgötterpaar, das Himmel und Erde verkörpert. Zugleich sind sie die Eltern von mehreren Göttern, wie z.B. von Ushas, Indra, Agni und Surya. Mit Stier und Kuh identifiziert werden sie als Götter der Fruchtbarkeit verehrt.

Ushas (sanskr. »Morgenröte«), die Göttin der Morgenröte, schließt mit ihrem Strahl das Himmelstor auf. Sie ist die bedeutendste Göttin des vedischen Pantheons. Als Himmelstochter des Urgötterpaares ist sie Schwester des Sonnengottes Surya. In Begleitung der zwei Ashvins erscheint sie in der Morgenfrühe auf ihrem Wagen, der von sieben Kühen, die die sieben Wochentage symbolisieren, gezogen wird. In ca. 20 Hymnen des *Rigveda* wird sie als liebliche Tänzerin mit bloßen Brüsten und als Bringerin des täglichen Lichts gepriesen.

Surya (sanskr. »Sonne«) ist der Gott der Sonne, dessen Strahlen die Finsternis wie ein Fell abschütteln. Dieser Sohn des Urgötterpaares ist Vater des Soma. Mit seinen Brüdern Indra und Agni bildet er eine frühe Göttertrinität. Sein goldener Wagen wird von sieben Stuten gezogen, die die sieben Wochentage symbolisieren.

Vayu oder Vata (sanskr. »Wind«) ist der Gott des Windes, der als erster der Götter zum Somaopfer eingeladen wird. Zusammen mit Surya und Agni bildet er eine der ersten Götterdreiheiten.

Parjanya (sanskr. »Gewitterguß«) ist der Gott des Regens und Gewitters, der »den geöffneten Schlauch nach unten kehrt«. Er bringt Pflanzen hervor und ernährt sie.

Savitri oder Savitar (sanskr. »Antreiber«) treibt als Ansporn und Erreger die lebenden Wesen zu ihren Tätigkeiten an. Als Tätigkeitsgott, der auch die Sonne in Bewegung setzt, ist er später zum Gott der auf- und untergehenden Sonne geworden. An die Schöpfermacht der aufgehenden Sonne ist der berühmte Vers aus dem *Rigveda* (III), die Savitri-Strophe, gerichtet, die als Morgengebet von den Hindus gesprochen wird.

Zu den Deva-Gottheiten, die außer ihrer Naturpersonifikation noch eine Anthropomorphisierung im Sinne der Vertreter alter sozialer Klassen erfuhren, gehören:

Indra, der Gewittergott, der im vedischen Pantheon an der Spitze der Devas steht, während er im späteren Hinduismus nur noch das Oberhaupt der *lokapālas* ist. Nachdem Indra seinen Vater Dyaus getötet hat, wird er oberster Gott der drei Welten. Seine Gattin ist Indrani, eine der Matrikas. Indra gilt als gewaltiger Esser und Trinker und als Manifestation von strotzender Vitalität und Energie. Trinkfreudig liebt er den *soma*-Trank, den er nach dem *Rigveda* braute und von dem er dreißig Seen in einem einzigen Zug austrank. Dieser Gott von gewaltiger Kraft gilt als Hauptgott der Krieger- und Herrscherklasse. Sein Beiname ist *Vitrahan* (sanskr. »der Vitra-Töter«), weil er den Wolkendrachen Vitra getötet und die von diesem eingeschlossenen Wasserströme befreit hat. Dieser Mythos spiegelt das Bild von der Entfesselung des Regens durch die

Gewitter nach der für Indien so bedrohlichen Dürreperiode wider. Kennzeichen Indras ist die eherne, tausendzackige, immer treffsichere Wurfkeule *vajra* (sanskr. »Donnerkeil, Diamant«), mit der er nicht nur den Dämon Vitra, sondern alle Widersacher tötet. In mehr als einem Viertel der ca. 1000 Hymnen des *Rigveda* wird Indra gepriesen.

1 Surya, *begleitet von Ushas und Pratushyas, vertreibt die Dunkelheit, 13. Jh. London, Victoria & Albert Mus.*

2 Akbar-Schule, Indra, *umgeben von Apsaras, Razmana-Handschrift, 1598*

1

2

Das Gefolge Indras bilden die *Maruts.* Als Sturmgötter »brüllen sie wie Löwen« und »knicken, was fest ist«. Mit Streitäxten, Donnerkeilen und Lanzen bewaffnet, fahren sie auf ihren Streitwagen singend durch die Lüfte. Ihr Kommen, das von Donner und Regen begleitet ist, bringt den für Indien wichtigen Monsun. Die Maruts, Söhne Rudras und der Kuh Prishni, werden als Vertreter der Kriegerbünde verehrt.

Einer der ältesten und bedeutendsten vedischen Götter ist *Agni* (sanskr. »Feuer«), der Gott des Feuers. Als kosmisches Prinzip kommt Agni in den 3 Welten vor: am Himmel geht er jeden Morgen als feurige Sonne auf, in den Lüften erscheint er als Blitz, wenn er in den Gewitterwolken entflammt wird, und auf der Erde wird er täglich geboren, wenn die Menschen das Feuer am Feuerstein entzünden. Agni ist Mittler zwischen den Menschen und den Göttern, weil er einerseits die Opfergaben mit dem Rauch des Opferfeuers in den Himmel trägt und andererseits die Götterbotschaft mit dem Blitz auf die Erde bringt. Der Gott des Opferfeuers wird als Vertreter der Priesterklasse verehrt. Ungefähr 200 Hymnen des *Rigveda* sind an ihn gerichtet. Seine beiden Köpfe symbolisieren das Opfer- und das Herdfeuer. Eine der frühen Triaden bildet – entsprechend den 3 Bereichen des Universums – Agni (Erde) mit seinen beiden Brüdern Surya (Himmel) und Indra (Luftraum).

Soma ist der Rauschtrank und gleichzeitig die personifizierte Gottheit des Soma-Opfertranks, der im vedischen Ritual die wichtigste Rolle spielt. Da beim rituellen Soma-Pressen der austretende Saft mit dem Regen verglichen wird und der Mond als Wasserverteiler gilt, wird Soma zugleich der Gott des Mondes und damit Sohn des Sonnengottes Surya.

Die beiden *Ashvins* (sanskr. »Pferdebesitzer«; auch *Nāsatyas,* d.h. »Nüstern Tragende«, genannt) sind Zwillingsgötter. Bei Sonnenaufgang erscheinen sie am Himmel und unternehmen täglich auf ihrem goldenen, von Pferden gezogenen Wagen eine Himmelsrundreise. Sie gelten als Beschützer der Ackerbau- und Viehzüchterklasse.

Rudra [-Shiva] (sanskr. »Brüller, Heuler«) ist Gott des Sturmes und der Zerstörung. Dieser furchterregende, in Bergen und Wäldern wohnende Gott verbreitet durch seine Pfeile Angst und Schrecken. Aber obgleich man vor seinen Geschossen, die Menschen und Tieren Krankheit und Tod bringen, zittert, kann man von ihm auch die besten Arzneien erbitten, die er in seinen Händen trägt. Rudra werden als verderbenbringendem Gott Blut, rohes Fleisch und ungebackener Kuchen geopfert; als heilbringender Gott ist er der bedeutendste Arzt und wird als Shiva, der Freundliche, verehrt.

Vishnu, Erhalter des Himmels und der Erde, setzt als Gott die Zeit in Bewegung und durchmißt den Raum. Er ist ein Zwerg, der zum Riesen heranwächst und mit 3 Schritten – Symbol für Aufgang, Höchststand und Untergang der Sonne – den Himmelsraum durchmißt. Im Ritual ahmt der Opferpriester diese 3 Vishnu-Schritte nach, um alle 3 Bereiche des Universums, Himmel, Luftraum und Erde, zu erfüllen. Vishnu, der im *Rigveda* nur in wenigen Hymnen erwähnt ist, wird im späteren Hinduismus, wie auch Rudra-Shiva, zu einem Hauptgott. Vishnus Zwergengestalt im V. wird im Hinduismus zu einer seiner zehn *avataras* (»Herabstiege«).

Die *Asuras* bilden neben den Devas die andere Götterklasse. Sie sind im Besitz der schöpferischen Kraft *(māyā),* einer von der Opfergabe und vom Ritual unabhängigen Macht, wodurch sie sich von den Deva-Göttern unterscheiden. Im Gegensatz zu den naturalistischen Devas sind die Asuras Götter mit ethisch-sozialer Funktion. Für den späteren Brahmanismus werden diese vom Opfer unabhängigen Götter und Vertreter der Herrscherklasse von minderer Bedeutung, ja der nachfolgende Hinduismus deklassiert sie zu Dämonen, die von der Hölle aus fortwährend Krieg gegen die Götter führen. Der sinkenden Macht der Asuras mit Varuna an der Spitze korrespondiert die Aufwertung der Devas mit Indra als Anführer. Zu den Asuras zählen vor allem die *Adityas,* eine Gruppe von sechs, sieben, acht oder zwölf Göttern, die von der Göttin Aditi abstammen.

Die Göttin *Aditi* (sanskr. »Freiheit, Ungebundenheit«) ist eine als »Große Mutter« verehrte altindische Göttin. Sie gilt als Personifizierung der Freiheit von Schuld und Vergehen. Als Gattin des Kashyapa ist sie die Mutter der Adityas, von denen Varuna, Mitra und Aryaman am bekanntesten sind. In den Veden ist Vishnu ihr Gatte oder Sohn. Sie, deren Schoß als Nabel der Welt gilt, ist die Göttin des endlosen Raums und Erhalterin der Erde. Unter dem Symbol der Kuh wird sie verehrt.

Varuna (sanskr. »Wahrheitswort«) ist als allwissender Gott der Hüter des Rechts und der Wahrheit, ein Gott, der für die Ordnung steht und jedes Chaos besiegt. Er gilt als erster der zwölf Adityas, der Söhne der Göttin Aditi, und als einziger vedischer Gott, der den Titel Herrscher *(Samrāj)* führt. Mit seinem Bruder Mitra hütet er *rita* (→S. 409), die Wahrheit und das Recht. Kein Vergehen bleibt dem allwissenden Richter verborgen: »Wer über den Himmel hinaus sich schliche bis ans jenseitige Ende der Welt, der würde nicht dem König Varuna entgehen.« Im Unterschied zu Mitra, der mit dem hellen Tag in Verbindung gebracht wird, symbolisiert Varuna das Dunkle der Nacht und gilt als streng und furchterregend. Im späteren Hinduismus wird er zum *Lokapāla* (»Welthüter«) degradiert.

In den vedischen Hymnen wird Varuna fast nur gemeinsam mit *Mitra* (sanskr. »Vertrag«) angerufen. Letzterer ist Hüter der Rechtsordnung und der sozialen Einrichtungen sowie Beschützer von Verträgen und Bündnissen, ein gütiges Gegenstück zu Varuna. Zusammen mit Varuna und Mitra bildet *Aryaman* (sanskr. »Gastvertrag«), der Gott der Ehestiftung und des Gastrechts, die älteste vedische Triade.

Zu den Göttern der theologischen Spekulation gehören *Prājapati* (sanskr. »Herr der Geschöpfe«) und *Vāc* (sanskr. »Rede«), die Göttin der Stimme. Ersterer ist entweder ein zweigeschlechtlicher Gott der Zeugung, oder er paart sich mit dem weiblichen Prinzip Vāc.

An Göttern von geringerer Bedeutung sind noch zu nennen: *Yama,* ein Gott der Toten und Herrscher über das Totenreich. Yama und seine Zwillingsschwester *Yami,* beide Kinder des Sonnenheros Vivasvat bzw. des Sonnengotts Surya, zeugen das Menschengeschlecht. Nach den *Veden* ist Yama der Urmensch und erste Sterbliche und zugleich derjenige, der den nachfolgenden Verstorbenen den Weg ins Reich der Väter weist.

Die *Apsaras* (sanskr. »Wasserwandlerinnen«) sind Geister, die als Nymphen in Gewässern leben. Als himmlische Wesen sind sie gepaart mit den *Gandharvas,* den Geistern der Wolken und zugleich Musikanten der Götter.

Welt- und Menschenbild

Nach dem Mythos vom Urmenschen *Purusha* als dem Einen und transzendenten Absoluten erschafft dieses Urwesen aus sich selbst sein weibliches Ebenbild *Vāc* (»Rede«) – im Gegensatz zu der vorher erwähnten theologischen Spekulation über Prājapati und Vāc. Beide zeugen einen Sohn, der ebenfalls *Purusha* heißt. Dieser Sohn wird als Opfer dargebracht und geschlachtet. Aus den Opferstücken entstehen die Dinge: Götter, Menschen (im Gegensatz zum vorgenannten Mythos von Yama und Yami), Tiere, Himmel und Erde. Auch Vāc wird zerstückelt, und aus ihr entstehen die »Namen«, d.h. die unterschiedlichen Merkmale der Dinge. Jedoch werden sowohl vom Sohn Purusha wie von seiner Mutter Vāc nur je ¼ der Opferstücke umgebildet, während ¾ von ihnen als Unsterbliches im Himmel bleiben.

In diesem Mythos ist die vedische Philosophie zusammengefaßt, wonach nur das Eine, Transzendente, Unbegreifliche das absolut Wahre ist, während das Empirische und die Vielfalt nur eine Zerstückelung des Urprinzips darstellen. Endziel des Weltprozesses und allen Geschehens muß die Wiedervereinigung der Teile und die Rückkehr der Vielfalt zum ursprünglich Einen sein.

Über den Tod hinaus kennt der V. einen Himmel, wo Yama König ist und die Frommen am Ort der Seligkeit nach Herzenslust schmausen und zechen können.

Die *Pitaras* (sanskr. »Väter«) gelten als Totengeister. Sie sind als erste auf dem Weg des Totengottes Yama zu ihrem Wohnort im dritten Himmel gelangt. Zu ihnen steigt die Seele der Verstorbenen auf dem »Väterweg« durch Rauch, Nacht, dunkle Monats- und Jahreshälften hinauf.

Hinter dem Weltganzen waltet als Summe aller Satzungen und Gebote *rita* (sanskr. »Wahrheit, Recht«), ein unpersönliches Weltgesetz. Dieses unveränderliche Gesetz der Welt und der Menschen, das auch die Götter erfüllen müssen, bestimmt den Lauf der Sonne, des Mondes und der Gestirne, den Verlauf der Jahreszeiten und den Weg der Wasserströme. Es betrifft die kosmische und ethische, aber auch rituelle Rechtsordnung.

In der vedischen Gesellschaftsordnung wird der Gegensatz zwischen den eingewanderten, hellfarbigen arischen Eroberern und den unterworfenen, dunkelhäutigen Ureinwohnern durch eine Einteilung der Menschen in 4 Kasten (*varna* = »Farbe, Gruppe«) festgeschrieben. Zu der bestehenden Ständegliederung der Arier in den Wehrstand der Krieger *(kshatriyas),* den Lehrstand der Priester *(brāhmanas)* und den Nährstand der Bürger *(vaishyas)* kommt jetzt die Gruppe der unterworfenen Dravidas als besitzlose Tagelöhner *(shudras)* hinzu. In dem berühmten »Purusha-Lied« von der Zerstückelung des Urmenschen wird diese Kastenordnung mythologisch begründet:

> Zum brāhmana wurde Purushas Mund,
> seine Arme zum kshatriya sind gemacht,
> seine Schenkel zum vaishya wurden.
> Der shudra stammt aus seinen Füßen.

Opferrituale

Das Beziehungsverhältnis von Veda-Gläubigen und Deva-Göttern ist ein wechselseitiges. Einerseits vermögen die Devas aufgrund ihrer Macht, den Menschen zu Nachkommen, Reichtum, Vieh und Sieg zu verhelfen, andererseits brauchen die Götter die Opfergaben der Gläubigen und das in den Lobeshymnen enthaltene *brāhman,* das ihnen Kraft verleiht.

Die Opfer *(yajna)* sind fast ausschließlich Bitt- und Sühnopfer. Zu denen mit Gastmahlstruktur werden die Götter meistens gruppenweise eingeladen. Die Opfer, die man auf Opferbänken darbringt, sind entweder unblutig (Milch, Schmelzbutter, Honig, Gerste, Reis) oder blutig (Rind, Pferd, Schaf, Ziege).

Zu den bekanntesten Opferritualen gehört das *soma* als Trankopfer. *Soma,* der ausgepreßte Saft einer (vom Himmel stammenden) Pflanze ist ein berauschender Opfertrank. Dieses Lebenselixier, von Menschen und Göttern getrunken, verbindet die Menschen mit der Götterwelt und verleiht Unsterblichkeit. *Soma* ist die wichtigste, mit der Zeit sogar vergöttlichte Opfergabe, bei deren Darbringung 17 Priester beteiligt sind. Dem *soma*-Opfer gelten die meisten Lieder des *Rigveda*.

Der *ashvamedha* (sanskr. »Roßvermischung«) ist das Roßopfer eines siegreichen Herrschers. Es besteht in der Erstikkung eines Hengstes und der anschließenden *hieros gamos,* der symbolisch vollzogenen Hochzeit der Lieblingsfrau des Herrschers mit dem getöteten Hengst. Das *ashvamedha* ist das prachtvollste aller Opfer, in dessen Mittelpunkt die Opferung eines Pferdes steht und Hunderte anderer Tiere zusätzlich getötet werden. Das Roßopfer erfordert ein ganzes Jahr der Vorbereitung und ein weiteres der Nachbereitung.

Während der Privatkult vom Hausherrn versehen wird, erfordert das öffentliche Opfer mit seinen drei Feuern auf einem Grasteppich und unter der Beachtung eines Rituals eine hierarchische Priesterklasse, die als Opferpriester, Sänger und Rezitatoren die Götter einladen, zum Opfermahl Platz zu nehmen. Der *agnidhra* fungiert als Feueranzünder und Schürer des Opferfeuers. Der *hotar* (»Rufer«) rezitiert Strophen aus dem *Rigveda* (→S. 410), und der *udgātar* (»Sänger«) trägt Gesänge aus dem *Sāmaveda* (→S. 410) vor. Aufgabe des *adhvaryu* ist es, den Altar für die Opferhandlung vorzubereiten, das Ritual zu vollziehen und während der Opferhandlung Sprüche aus dem *Yajurveda* (→S. 410) vorzutragen. Der *brāhman*, der als Oberpriester an der Spitze der Hierarchie steht, spricht beim Opfer die Zaubersprüche aus dem *Atharvaveda* (→S. 410).

Während die *grihya*-(Haus-)Riten vom Familienoberhaupt am häuslichen Herd vollzogen werden, finden die vom Priester praktizierten *thrauta*-(Priester-)Riten am Opferplatz unter freiem Himmel statt, da der vedische Kult keine Tempel kennt. Der Opferkult wird auf einem abgesteckten Rasenstück vollzogen. Feueraltäre in Form eines Vogels mit ausgebreiteten Schwingen erinnern an die geflügelte Sonnenscheibe, kreisförmige oder halbkreisförmige Feueraltäre symbolisieren Sonne und Mond. Während die Opferaltäre die Beziehung zum Himmel herstellen sollen, symbolisieren die zur Niederlegung des Opfers dienenden Opfergruben *(vedi)*, die mit Opferstreu *(barhis)* bestreut werden, die Erde.

Vedische Schriften

Der V. spiegelt sich in den überaus reichen vedischen Schriften. Der *Veda* (sanskr. »Wissen«) bzw. die *Veden* sind eine Sammelbezeichnung für die ältesten Texte der arischen Inder. Das »Wissen« bezieht sich auf die Kenntnis der übermenschlichen Mächte und der Methoden, diese zu beeinflussen. Die *Veden* sind von inspirierten Weisen und Sängern *(rishis)* »geschaut« und überliefert worden. Sie sind die eindrucksvollsten Urkunden vom Primat des Wissens in der Religion.

Die ältesten Teile sind ungefähr ab 1500 v. Chr. entstanden, und der größte Teil des *Veda* ist um 600 v. Chr. abgeschlossen. Abgefaßt sind die *Veden* im alten vedischen Sanskrit, der ältesten arischen Sprache Indiens. Das Studium des *Veda* war nur den drei oberen Gesellschaftsklassen (Krieger, Priester sowie freie Bauern und Handwerker) erlaubt.

Der *Veda* gliedert sich in 4 *Samhitas* (»Sammlungen«) von Heldenliedern, Zaubersprüchen und Opfergesängen. Jede dieser 4 Sammlungen ist auswendig zu lernender Wissensbesitz einer der 4 beim feierlichen Opfer beteiligten Priesterklassen *(hotar, udgātar, adhvaryu, brāhman):*

Der *Rigveda* (sanskr. »Wissen um die Liederverse«) ist das älteste und bedeutendste Sprachdenkmal der indischen Literatur und zwischen 1500 und 1200 v. Chr. entstanden. Diese Sammlung enthält 10 Bücher (*mandalas* = »Kreise«) mit 1028 Hymnen *(suktas)*, die vor allem an Indra, Agni, Surya, Ushas und Varuna gerichtet sind. Dem *Rigveda* werden die Strophen *(rics)* entnommen, die der *hotar*-Priester beim Opfer rezitiert.

Der *Sāmaveda* (sanskr. »Wissen um die Melodien«) ist ein Liedertextbuch mit 1808 Gesängen, von denen alle außer 75 bereits im *Rigveda* vorkommen. Aus dem *Sāmaveda* trägt der *udgātar*-Priester die Gesänge *(sāmans)* vor, mit denen er das Opfer begleitet.

Den *Yajurveda* (sanskr. »Wissen um die Opferformeln«) gibt es in zwei Fassungen, als schwarzen und als weißen. Der weiße zählt 44 und der schwarze 40 Kapitel mit 651 bzw. 303 Unterabteilungen und 2198 bzw. 1975 Stücken zu 50 Worten. Aus dem *Yajurveda* entnimmt der *adhvaryu*-Priester die Sprüche *(yajus)*, die er während des Opfers zu sprechen hat. Der *Yajurveda* enthält die älteste indische Prosa.

Der *Atharvaveda* (sanskr. »Wissen um die Zauberformeln«) enthält in 20 Büchern mit 731 Gesängen und ca. 600 Strophen die Entsühnungsformeln, Beschwörungen, Segenssprüche, Verfluchungen, Heirats- und Bestattungsformeln. Aus dem *Atharvaveda*, auch *Brahmaveda* genannt, rezitiert der *brāhman*-Priester die Zaubersprüche *(atharvans)*.

Zeittafel

Vor der christlichen Zeitrechnung

1800–1600 Einfall der Arier nach Nordindien (Industal)

1500–1000 Frühvedische Zeit

ab 1500 Entstehung der ältesten Teile des *Veda*

1500–1200 *Rigveda* – älteste heilige Schrift in Sanskrit

ab 1000 Kampf der arischen Stämme gegeneinander; Verlegung der Wohnsitze bis in das Gangesgebiet

1000–600 Spätvedische Zeit

600 Abschluß des *Veda*

Literaturauswahl

Geldner, K.F.: Rigveda deutsch. 4 Bde. Cambridge (MA) und Wiesbaden. 1951–57

Gonda, J.: Die Religionen Indiens. 1. Veda und älterer Hinduismus. Stuttgart ²1979

Hillebrandt, A.: Vedische Mythologie. 3 Bde. Breslau 1927/29

Oldenberg, H.: Die Religion des Veda. Die Religion des Alten Indien. Essen 1983

Schult, A.: Die Weisheit der Veden und Upanishaden im Lichte der West-Ost-Probleme. Bietigheim 1962

VEREINIGUNGSKIRCHE

Diese zunächst unter ihrem ursprünglichen Namen *Tong-Il kyo* (korean. »Vereinigungs-Lehre«) auftretende Religionsgemeinschaft wird 1954 von dem Koreaner *San Myung Mun* (*1920) in Seoul (Südkorea) gegründet und noch heute von ihm

San Myung Mun *(= Moon) mit seiner Frau* Hak-Ja Han

geleitet. Die auch als *Mun-Kirche* bezeichnete Religion führt bis 1975 in Deutschland den Namen *Gesellschaft zur Vereinigung des Weltchristentums/GVW,* was etwa ihrer englischen Bezeichnung *Holy Spirit Association for the Unification of World Christianity/HSA-UWC* (»Heilig-Geist-Gesellschaft...«) entspricht. In Amerika nennt sie sich *Unification Church* (engl. »Vereinigungskirche«), und in England ist ihr Name *Unified Family* (engl. »Vereinigte Familie«). Andere Namen sind: *Neue Aktivität, Neue Mitte* und *Neuerrichtung des »Reiches Gottes auf Erden«.* (→S. 413): Heavenly Deception.)

Von den ca. 100 »Filialorganisationen« der *Mun-Kinder* bzw. *Munies,* wie die Gefolgsleute des Stifters Mun umgangssprachlich genannt werden, seien erwähnt: *Collegiate Association for the Research of Principles/C. A. R. P.* (engl. »Akademische Vereinigung zum Studium der göttlichen Prinzipien«), *Freedom Leadership Foundation/FLF* (engl. »Freiheits-Führerschaft-Stiftung«), *International Conference on the Unity of the Sciences/ICUS* (engl. »Internationale Konferenz zur Vereinigung der Wissenschaften«), *International Cultural Foundation/ICF* (engl. »Internationale kulturelle Stiftung«), *International Federation for Victory over Communism/IFVC* (engl. »Internationaler Verband zum Sieg über den Kommunismus«), *International Federation for Worldpeace and Unification/IFWU* (engl. »Internationale Föderation für Weltfrieden und Vereinigung«), *International One World Crusade/IOWC* (engl »Internationaler Eine-Welt-Kreuzzug«), *International Parents Association/IPA* (engl. »Internationaler Elternverband«), *New Ecumenical Research Association/NEW ERA* (engl. »Neue ökumenische Forschungsvereinigung«) und *Professors World Peace Academy/PWPA* (engl. »Professoren-Akademie für den Weltfrieden«).

Der Hauptsitz für die über 2 Millionen *Munies* in 120 Ländern ist Irvington/N. Y. (USA). In Korea leben allein 350000 Mitglieder. Für die ca. 6000 Anhänger in der BRD ist seit 1973 das Trainings-Zentrum in Neumühle bei Camberg im Taunus. Diese →neue Religion Koreas wird oft den →Jugendreligionen zugerechnet.

Der Stifter *Mun,* auch Moon genannt, wird am 6. Januar 1920 (nach dem Mondkalender; am 25. Februar 1920 westlicher Zeitrechnung) in Shang-sa-ri, Chongju, Provinz Pyungan Buk-do (heute: Nordkorea) als 5. von 8 Kindern geboren. Seinen Geburtsnamen *Yong (= »Drache«) Myung Mun* ändert er 1946 in *San Myung Mun* (Sun Myung Moon) um. Als er 10 Jahre alt ist, tritt seine Familie zum presbyterianischen Christentum über. Im Jahre 1936 erscheint dem 16jährigen Mun, als er auf einem Berg seiner Heimat betet, am Ostermorgen Jesus Christus und beauftragt ihn, seine (Jesu) unvollendet gebliebene Mission zu Ende zu führen und das vollkommene Reich Gottes auf Erden zu errichten. Während der folgenden 9 Jahre, in denen Mun u.a. Elektrotechnik in Tokio (Japan) studiert, hat er Offenbarungen von Gott, Jesus, Mose und Buddha, die später die Grundlagen für seine neue Lehre bilden. Seit dem Jahr 1945, als ihm sein Hauptwerk, die *Göttlichen Prinzipien* (→S. 413), geoffenbart wird, predigt er in Pyongyang (Pjongjang), der späteren Hauptstadt Nordkoreas, seine neue Lehre. Anfang 1946 tritt Mun in den geheimnisvollen »Israel-Orden« ein. Aus der presbyterianischen Kirche wird er 1948 wegen »sektiererischer Umtriebe« ausgeschlossen. Aus dem Arbeitslager Tong Nee in Heung Nam, zu dem er wegen heute nicht mehr eindeutig feststellbarer Vergehen für 5 Jahre verurteilt war, wird er nach 3jähriger Haft und Folter zu Beginn des Koreakrieges (1950/53) am 14. Oktober 1950 von UN-Truppen befreit. Seitdem ist Mun ein erklärter Gegner des Kommunismus. Er geht im Dezember 1950 nach Pusan (Südkorea) und 1954 nach Seoul, wo er beginnt, die ihm geoffenbarte »Neue Wahrheit« der »Göttlichen Prinzipien« zu predigen und seine neue Kirche als »Holy Spirit Association ...« zu organisieren. Zu dieser V. gehören Christen, Buddhisten, Shintoisten und Konfuzianer.

1955 trennt Mun sich von seiner ersten Frau *Choe Sung Kil,* mit der er seit 1940 verheiratet ist. Mun, Vater von 8 Kindern, heiratet nach vorangegangenen drei Ehen am 15. April 1960 (seine offiziell zweite Frau) die damals 18jährige *Hak-Ja Han* (*1942). Diese Heirat des 40jährigen Mun mit dem 18jährigen Teenager, seinerzeit ein gewisser Schock für seine Anhängerschaft, wird jetzt als die in der Johannesapokalypse (19,6-10) prophezeite *Heilige Hochzeit* des Lammes bezeichnet, durch die zum ersten Mal in der Heilsgeschichte eine sündenlose und vollkommene Familie auf Erden gegründet wird. Mun stellt jetzt mit seiner Frau Han das »Wahre Elternpaar« des Universums dar.

Seit Anfang der 60er Jahre unternimmt Mun mehrere Welt-Missionsreisen. Am 1. Januar 1972 erscheint Gott dem Stifter erneut und beauftragt ihn, die Welt für die Wiederkunft des Messias vorzubereiten. Noch im Januar 1972 verlegt Mun seinen ständigen Wohnsitz von Korea nach Irvington/NY (USA), von wo aus er als Stifter seine Kirche leitet und zugleich als einer der reichsten Manager der Welt sein Wirtschaftsimperium führt. Im »Fraser-Report«, dem im Auftrag des Auswärtigen Ausschusses im amerikanischen Repräsentantenhaus angefertigten und von Donald M. Fraser, einem Mitglied dieses Hauses, im Sommer 1978 vorgelegten Untersuchungsbericht über die koreanisch-amerikanischen Beziehungen, werden u.a. die engen Kontakte Muns zu Agenten des koreanischen Geheimdienstes KCIA, Muns Waffenfabrik (M16-Gewehre und Handgranaten) in Korea und seine Verstöße gegen US-Gesetze (Devisen- und Einwanderungsbestimmungen) beleuchtet. Weil der Stifter Mun seine Zinseinnahmen von mehr als 150000 Dollar nicht versteuert hatte, muß er 1984 in New York eine 18monatige Gefängnisstrafe antreten. Er wird jedoch am 20. August 1985 – bereits nach 13 Monaten – wegen guter Führung vorzeitig aus der Haft entlassen.

Muns Lehre von Gott, Welt und Mensch ist von einem Dualismus bestimmt. In Gott ist die »universale Ursprungsenergie« in männlich und weiblich polarisiert. Das *Geben und Nehmen* zwischen ihnen bildet die Grundlage seiner ewigen Existenz. In Gottes Wesen sind männliche und weibliche Charakterzüge vorhanden. Auch der Kosmos ist durch diesen komplementären, nicht antithetischen, Dualismus gekennzeichnet: männliche und weibliche Pflanzen und Tiere, positiv und negativ, Protonen und Elektronen, Selbstlaute und Mitlaute, Subjekt und Objekt, schwarz und weiß, innen und außen. Nichts existiert in sich selbst als Subjekt oder Objekt allein, sondern nur in einer Subjekt-Objekt-Beziehung.

Dualistisch existiert auch der Mensch in den beiden Formen von männlich und weiblich. Jeder Mensch besteht aus unsichtbarem, innerem Wesen (Subjekt) und sichtbarem, äußerem Körper (Objekt). Wenn ein Austausch von *Geben und Nehmen* zwischen zusammengehörenden Subjekt-Objekt-Paaren (Eltern–Kinder, Volk–Regierung, einzelner–Gesellschaft, Gott–Mensch) stattfindet, entstehen Harmonie und Vollkommenheit. Das Gegenteil davon ist der Sündenfall. Das erste Menschenpaar Adam und Eva sollte nach dem ursprünglichen Plan Gottes mit ihm eine *Trinität* bilden und vollkommene Kinder haben, um Gottes Reich zu errichten. Nachdem aber Luzifer die 15jährige Eva zur Unzucht verführt hat, ihr Blut deshalb »verunreinigt« und eine neue Trinität aus Satan, Adam und Eva entstanden ist, erwählt Gott Jesus als zweiten Adam, der eine heilige Familie gründen sollte, um damit den Grund für eine volle Erlösung der Menschen zu legen. Da aber Jesus gekreuzigt wird, bevor er heiraten kann, ist ein zweiter Messias notwendig, der als »Herr der Wiederkunft« kommen und eine vollkommene Frau heiraten wird. Beide werden mit Gott eine Trinität bilden und vollkommene Kinder haben.

Der *Messias* ist der »Herr der zweiten Wiederkunft«, und er soll gemäß Apokalypse (7,2-4) aus einer Nation des Ostens kommen. Da die Koreaner die Nachfahren der (verlorenen) 10 Stämme Israels sind (→israelitische Religion), soll der zweite Messias aus ihrem Land kommen, ja er ist bereits 1920 geboren. Dies ist das Geburtsjahr des Stifters Mun.

Korea wird nach der Wiedervereinigung von Nord- und Südkorea als auserwählte Nation das »dritte Israel« Gottes sein, nach Judentum und Christentum, da letzteres sich bereits im Stadium des sichtbaren Verfalls befindet. Von Korea aus wird sich die Herrschaft des Reiches Gottes über die ganze Erde ausbreiten, und Koreanisch wird die einheitliche Sprache in diesem künftigen Reich sein.

Die Aufgabe des von Gott gesandten Messias ist es, die *drei Segnungen* (→S. 413) vollständig zu erfüllen, d.h. Einssein mit Gott, Gründung einer sündenlosen und vollkommenen Familie sowie Errichtung des Reiches Gottes auf Erden.

Da die erste Familie (Adam und Eva) durch den Messias symbolisch wiederhergestellt werden muß, haben dies Mun, seine Frau und seine Kinder getan, deren Familie auf Gott gegründet ist.

Den Segen, den das erwählte Messias-Ehepaar bei seiner *Heiligen Hochzeit* von Gott empfangen hat, gibt es in der Personifikation der *Wahren Eltern* an die Mitglieder der *Vereinigten Familie* weiter. Mun ist der *Wahre Vater,* und der Offenbarer der »Göttlichen Prinzipien« sagt: »Der Tag ist nicht mehr fern, wo mein Wort das Gesetz dieser Welt sein wird.«

Vor dem Hintergrund der dualistischen Weltsicht werden die Menschen eingeteilt in Gute und Böse, Antikommunisten und Kommunisten usw.

Für Mun ist das politische System des Kommunismus das Haupthindernis bei der Errichtung des Reiches Gottes auf Erden, und, um dessen Einfluß entgegenzutreten, gründet er antikommunistische Organisationen wie z.B. die *International Federation for Victory over Communism*. Im Kampf gegen den Kommunismus soll die Welt auf der Grundlage der »Göttlichen Prinzipien« wiederhergestellt (d.h. erlöst) werden. Für diese Erlösung gilt die Lehre von der *Grundlage der vier Positionen:* ursprüngliche Einheit, Subjekt und Objekt als Ergebnis der Aufspaltung in die beiden Pole, Wiederherstellung der Einheit als Ziel, Mittel für den Weg zur Dreieinigkeit mit Gott.

Als harte ethische Forderungen Gottes an die Menschen werden die *drei Segnungen* (Genesis 1,28) verstanden:

> 1. Seid fruchtbar,
> 2. und mehret euch, und füllet die Erde,
> 3. und machet sie euch untertan!

Die erste Segnung fordert die persönliche Vollkommenheit. Gemäß der zweiten Segnung haben die Ehen und Familien eine zentrale Bedeutung. Mitglieder der V. schlagen dem Ehekandidaten fünf mögliche Ehepartner vor, unter denen die Gruppenführer die letzte Entscheidung treffen. Seit 1961 gibt es *Massenhochzeiten* von Mun-Kindern, bei denen Mun und seine Frau mit goldener Krone amtieren. Im Oktober 1982 findet die bisher größte Massenhochzeit der Welt statt, als San Myung Mun bei einer Massentrauung in der Stadthalle von Seoul 5837 Paare segnet. Gemäß der dritten Segnung will die V. in Industrie und Handel neue Maßstäbe in der Welt setzen und dadurch die Wiederherstellung (Erlösung) des öffentlichen Lebens erreichen. Dem Gründer Mun untersteht ein weitverzweigtes Wirtschaftsimperium, das ca. 100 Firmen umfaßt und von IL-WHA-Pharma, der Ginseng-Tee-Fabrik in Seoul, über Waffenproduktion bis zum 1962 gegründeten koreanischen Nationalballett »The Little Angels« (engl. »Die kleinen Engel«) reicht.

Wer Mitglied der *Mun-Religion* werden will, wird zu Wochenendseminaren oder zu längeren Kursen eingeladen und schließt sich später einem *Center,* einer Ortsgruppe von 3–15 Mitgliedern, an, muß Beruf, Familie und Privatbesitz aufgeben und lebt in Gütergemeinschaft mit den anderen Mun-Geschwistern zusammen.

Sonntags wird ein *Weihe-Gottesdienst* abgehalten, bei dem sich die Mun-Kinder u.a. vor ihren *Wahren Eltern,* Mun und seiner Frau, dreimal verbeugen. Dazu gehört auch das erneuerte »Gelöbnis«, durch das sich jedes Mitglied der V. neu verpflichtet.

Heilige Orte sind geweihte Gelände, auf denen die Mitglieder beten und in Kontakt zur »geistigen Welt« treten. Sie symbolisieren den wiederhergestellten Garten Eden, das Paradies. Zur Einrichtung ständiger Heiliger Orte ist *Heilige Erde* und *Heiliges Gestein* aus Korea notwendig. Vorübergehende Heilige Orte werden mit Hilfe von *Heiligem Salz* angelegt. Jeder *Munie* trägt dieses Heilige Salz bei sich, mit dem er Essen, Kleidung und Autos bestreut und dadurch »reinigt« und »Gott weiht«. Dieses Heilige Salz wird auch in Räume und Häuser gestreut, bevor Mitglieder diese benutzen oder beziehen, wenn sie einmal außerhalb ihres Centers nächtigen müssen.

Die V. gliedert sich in *Familien,* Wohn- und Lebensgemeinschaften, deren Mitglieder sich als *Geschwister* verstehen. Mit dem Begriff der Familie wird die grundlegende Organisationsform dieser Religion bezeichnet.

Neben den aktiven Mitgliedern, die zur Familie gehören, gibt es die fördernden Mitglieder. Nach der Strategie des *Home Church System* (engl. »Haus-Kirche-System«) sind einzelne Mun-Missionare für Missionsgebiete, die aus 360 *homes* (engl. »Häuser, Familien«) bestehen, zuständig. Neben diesem *Home-Church-Programm* gibt es seit 1980 die *40-Tage-Aktion,* bei der mehrere 100 Mitglieder für 40 Tage in kleine Städte und Dörfer gehen und dort unentgeltlich ihre Hilfe anbieten, um für ihre Religion indirekt zu werben. Ein internationales *Trainingslager* befindet sich nahe Barrytown/NY (USA). In diesem Schulungslager mit der Bezeichnung *Unification Theological Seminary/UTS* (engl. »Vereinigtes theologisches Seminar«) werden in zweijährigen Studiengängen Funktionäre ausgebildet und *120-Tage-Kurse* für Hauptamtliche durchgeführt.

Heavenly Deception (engl. »himmlische Täuschung«) heißt die gegenüber Außenstehenden verfolgte Strategie der Verschleierung im Hinblick auf die Bezeichnung dieser V. mit ihren vielen Namen, die »Messias«-Funktion des Stifters und ihre Missionen und Sammlungen.

Die dem 25jährigen Mun geoffenbarten *Göttlichen Prinzipien,* von *Yee Hye Wen,* einem Mitarbeiter Muns, 1957 niedergeschrieben, bilden das theologische Lehrbuch der V. Entsprechend dem gestuften Prozeß von Werden, Wachsen und Reifen besteht für den geistlich-theologischen Bereich ein Dreischritt der Entwicklung von »Gestaltung – Wachstum – Vollendung«.

Demnach entspricht das Alte Testament der »Gestaltungsstufe«, das Neue Testament der »Wachstumsstufe«. Die *Göttlichen Prinzipien* bilden als »Erfülltes Testament« die »Vollendungsstufe«. Seit der Zeit des Mose gilt das mosaische Gesetz des Alten Testaments als Wahrheit, seit der Zeit Jesu das Evangelium Jesu des Neuen Testaments. In diesen unseren »letzten Tagen« liegt die »Neue Wahrheit« des »Erfüllten Testaments« in Form der *Göttlichen Prinzipien* des San Myung Mun vor. Die *Göttlichen Prinzipien* gelten als letzte Offenbarung Gottes.

Ergänzt werden diese Offenbarungen durch die laufenden Proklamationen des Stifters, der »die Gegenwart Gottes in den Herzen der Menschen zur Realität« macht. Seine Reden beginnen mit den Worten: »Der Meister spricht ...« Gemeinsam mit diesen *»Master Speaks« -Protokollen* (engl. »Der Meister spricht«) bildet das *120 Day Manual* (engl. »120-Tage-Handbuch«) aus dem Jahr 1975 eine Kommentierung der Prinzipienlehre. Seit 1978 ist *Neue Hoffnung* mit dem Untertitel »Magazin für die Vereinigung der Welt« der Titel der Monatsschrift für die BR Deutschland.

Literaturauswahl

Gesellschaft zur Vereinigung des Weltchristentums (Hrsg.): Die Göttlichen Prinzipien. Studienführer. Essen [5]1972

Hauth, R.: V., ›tong-il kyo‹ im Angriff. München [6]1980

Moritzen, N.P.: S.M. Mun's V. In Lehre und Praxis. Erlangen 1981

Sontag, F.: Sun Myung Moon und die V. Krefeld 1981

VOODOO

»V.« ist ein vor allem auf Haiti verbreiteter Kult, zu dem sich die Neger dieser Inselrepublik als Nachkommen der von der Guineaküste Afrikas nach Mittelamerika deportierten schwarzen Sklaven in überwiegendem Maße bekennen. Der Name V. (auch *Vodu, Vodoo, Vodou, Vaudou, Vaudoux, Wodu*) ist abgeleitet von einem in den Mundarten des Ewe-Stammes (östliches Togo, Dahomey) existierenden Wort *vodu* (= *wudu* = »Numen, Genius, Schutzgeist«), mit dem eine Gottheit oder ein Geistwesen bezeichnet wird. Die Ableitung des Wortes von *veau d'or* (franz. [Tanz um das] »Goldene Kalb«) ist abwertende Spekulation und Verketzerung wie auch eine Ableitung von *vaudois* (franz. »Waldenser«). Auf anderen karibischen Inseln ist der *V.-Kult* unter dem Namen *Santería* oder *Nañiguismo* bekannt. Der Kult, der wesentliche Elemente westafrikanischer Glaubensvorstellungen und Stammessitten mit Lehren und Riten des katholischen →Christentums verbindet – ein christlicher Missionar sagt: »Die 4 956 000 Haitianer sind zu 83% Katholiken und zu 100% *Voodooisten*« –, ist eine der →neuen Religionen Lateinamerikas.

Haiti, nach Kuba größte Insel der Großen Antillen, wird im Jahr 1492 von *Kolumbus* entdeckt. Anstelle der bis 1533 durch christliche Kolonisatoren fast völlig ausgerotteten indianischen Ureinwohner werden für Plantagenarbeiten ab 1570 Negersklaven aus Afrika eingeführt. 1697 und 1795 kommen der westliche und östliche Teil der Insel an Frankreich. Da die von den schwarzen Sklaven aus Afrika nach Amerika mitgebrachten religiösen Stammessitten das einzige sind, was ihnen von ihrer afrikanischen Heimat geblieben ist und diese Riten noch dazu in den Gesetzen des »Code noir« des Jahres 1685 durch die weißen Kolonialherren strikt verboten sind, wird der V.-Kult seit dieser Zeit vornehmlich an verborgenen Plätzen des Berglandes als Geheimkult praktiziert. In der Nacht des 14. August 1791 tritt dieser Kult jedoch schlagartig als machtpolitischer Faktor öffentlich in Erscheinung. Der schwarze Sklave und V.-Priester *Boukmann* gibt während der V.-Kultfeier das Signal zum Sklavenaufstand, und auf einmal gibt der Glaube an die Götter der afrikanischen Heimat und an die Macht des Kultes den schwarzen Haitianern die Kraft, zum Befreiungskampf gegen die französischen Kolonialtruppen anzutreten. 12 Jahre danach, im Jahre 1803, ist im blutigen Kampf die Unabhängigkeit errungen. Der Sklavenaufstand von 1791 wird heute als nationaler Gedenktag der *Voodooisten* begangen. Bald nach dem Sieg der schwarzen Afrikaner wird der Kult erneut in die Illegalität verwiesen – diesmal durch die einheimische, aber französischen Lebensstil pflegende Oberschicht, die dem afrikanischen Erbe fremd gegenübersteht. Doch im Jahre 1957 wird der schwarze Landarzt Dr. *François Duvalier* (1907–71) zum Staatspräsidenten gewählt; er unterstützt als Voodooist den V.-Kult. Der von den V.-Anhängern *Papa Doc* genannte nationalistische Negerführer, der sich selbst 1964 zum Präsidenten auf Lebenszeit ernannt hat, mobilisiert die schwarzen Massen der Armen für eine neue Revolution gegen die Ausbeuter der Mulatten-Oligarchie, und es kommt zum Rassenbürgerkrieg zwischen Schwarzen und Braunen. Da der Präsident den V.-Kult als »Religion der Befreiung« sieht, erhebt er mehrere V.-Riten zur Landesreligion, obwohl das katholische Christentum offiziell als Staatsreligion gilt. Vom Vatikan wird er exkommuniziert. 1971 folgt *Jean-Claude Duvalier*, genannt *Baby Doc*, als Präsident auf Lebenszeit seinem verstorbenen Vater. Von ihm stammt der

1 

 2

Ausspruch: »Piti tig cé tig« (kreolisch-franz. »Das Junge eines Tigers ist auch ein Tiger«). Am 7. Februar 1986 verläßt Duvalier mit seiner Familie nach monatelangen Unruhen den Inselstaat.

Die Gottheiten, die afrikanischer Herkunft und z.T. mit Gestalten der christlichen Heilsgeschichte vermischt sind, werden appellativ mit *loa* oder *orixa* bezeichnet, gelegentlich auch mit *anges* (franz. »Engel«) oder *saints* (franz. »Heilige«), und an ihrer Spitze steht *Bon Dieu* (franz. »Guter Gott«).

Agwe ist der göttliche Herr der Meere und alles dessen, was in oder auf ihm lebt, so u.a. der Fische, Meerespflanzen und Boote. Er ist der Schutzherr der Fischer und Seefahrer, und sein Symbol und Kultinstrument ist das Muschelhorn, mit dem der Seemann den günstigen Wind für seine Fahrt herbeiruft. Mit dem Muschelhorn werden zur Zeit der Sklavenaufstände die Schwarzen gegen die Weißen gerufen.

Azaka-Tonnerre oder *Donner-Azaka* ist als Gott des Blitzes und Donners der Schutzherr der Bauern; sein Symbol ist das Korbgefäß.

Ayida-Weddo ist die Herrin der »Himmelsschlange«, d.h. des Regenbogens, und die Gattin Damballahs.

Damballah bzw. *Dambala* lebt als Gott der Fruchtbarkeit und Gatte Ayida-Weddos auf Bäumen in Quellennähe. Da dieser Gott schlangengestaltig dargestellt wird, hat man die Voodooisten früher als Schlangenanbeter bezeichnet.

Göttin der Fruchtbarkeit, des Reichtums und der Liebe ist *Erzulie* bzw. *Ezili*.

Die *Guede* bzw. *Ghede* bilden eine Familie von ca. 30 Todesgöttern. Zu ihnen gehören *Baron Samedi* (franz. *samedi* = »Sonnabend«), *Baron la Croix* (franz. *croix* = »Kreuz«) und *Maman Brigitte*. An ihrer Spitze steht *Baron Cimetière* (franz. *cimetière* = »Friedhof«). Die Todesgötter werden als Leichenbestatter mit schwarzen Zylindern und Gehröcken sowie dunkler Brille dargestellt. Am Fest der Toten tanzen sie die *banda*, den wohl flagrantesten Sexualtanz der Welt.

Der bei jeder Kultfeier als erster angerufene *loa* ist *Legba* bzw. *Papa Legba*. Er übersetzt die Gebete der Menschen in die Sprache der Götter und gilt deshalb als Mittler zwischen *loas* und Menschen. Da er die *barrière* (franz. »Schranke«), die die Welt der *loas* von der der Menschen trennt, bewacht, kann kein anderer *loa* ohne Legbas Erlaubnis zu den Gläubigen kommen und umgekehrt. Sein Symbol ist das *Legba-Kreuz*, dessen senkrechter Balken die obere himmlische mit der unteren irdischen Welt verbindet und den Weg der Götter zur Erde darstellt. Sein Fuß steht in Afrika. Der waagerechte Balken hingegen symbolisiert die irdische Lebenswelt der Menschen. Da im Schnittpunkt beider Balken die göttliche und menschliche Sphäre aufeinandertreffen, ist es Legbas besondere Aufgabe, über diesen Ort der Kommunikation zwischen *loas* und Menschen zu wachen. Er wird angerufen:

> Atibon Legba, öffne die Schranke für mich
> ...
> Papa Legba, öffne die Schranke,
> auf daß ich eintreten kann.
> Wenn ich zurückkehre, werde ich die
> loas grüßen. Voodoo Legba, öffne die
> Schranke
> für mich, auf daß ich zurückkehren kann.
> Wenn ich zurückkehre, werde ich den loas
> danken.

In der Gestalt eines Baumes wird *Loco*, der Gott der Heilkunde und der Pflanzenwelt, verehrt, und *Ogun* bzw. *Ogoun* ist als *Ogun Ferraille* (»Eisen-Ogun«) der Gott des Eisens und Feuers, und *Ogun Badagri* (»Kriegs-Ogun«) ist der Gott des Krieges. *Zaka* wird als friedlicher Bauerngott und Gott der Landwirtschaft verehrt.

Die wesentlichen Elemente des vielfältigen Rituals sind westafrikanischer Herkunft. Für die den Göttern dargebrachten *Tieropfer* sieht das Tötungsritual vor, daß ein zum Opfer ausersehenes Tier (Hahn, Schwein, Stier) indirekt um sein Einverständnis gefragt wird. Wenn nämlich das Opfertier die ihm vor der sakralen Tötung gereichten Speisen annimmt, bedeutet dies das Einverständnis des Tiers mit seiner Opferung. Wenn es aber die Annahme

3

1 *André Pierre, Liebesgöttin* Erzulie.

2 *André Pierre, Götter des Todes* (Guede)

3 *Gerard Valcin,* Kultfeier *unter dem heiligen Baum, 1963.*

der Speise verweigert, wird das betreffende Tier sofort durch ein anderes ersetzt.

Eine zentrale Stellung im Kult nehmen die rituellen *Tänze* ein, die eine enge Verbindung von Menschen und Göttern herstellen.

Nachdem der Priester mit der Kürbisrassel das Zeichen für den Einsatz des Trommelorchesters gegeben hat, wird durch die Trommelklänge und Gesänge die Spannung der Tänzer mit der Zeit bis zum Höhepunkt des Kultes gesteigert. Dann werden die Tänzer von der Gottheit ergriffen, ja gleichsam »geritten« (franz. *chevauché*), so daß der betreffende Tänzer sich in der Art bewegt, die als typisch für die »reitende« Gottheit gilt. So kriecht z.B. der von Dambala Ergriffene in Schlangenwindungen auf dem Boden, und der von Agwe Gerittene ahmt die Bewegungen eines Ruderers nach.

Das *Priestertum* ist nach seinen Funktionen hierarchisch gegliedert, wobei die Frauen gleichberechtigt sind. Dem *oungan* als dem gewöhnlichen Priester entspricht *mambo,* die gewöhnliche Priesterin. Dem ranghöchsten Großpriester *papaloa* (»Gottvater«) entspricht die Großpriesterin *mamaloa* (»Göttinmutter«). Der für das kultische Tanzritual verantwortliche Priester ist der *la place*.

Die Rituale werden in speziellen Kulträumen, den *ounfo,* gefeiert, und diese Kultbauten unterschieden sich äußerlich nur wenig von den größeren haitianischen Bauernhäusern.

Literaturauswahl

Chesi, G.: V. Afrikas geheime Macht. Wörgl ²1980
Dark, J.: V. in London. Bergisch-Gladbach 1984
Haskins, J.: V. and Hoodoo. Their Tradition and Craft as Revealed by Actual Practitioners. New York 1978
Kerboull, J.: La Vandou. Magie ou religion? Paris 1977
Métroux, A.: V. in Haiti. London 1959
Métroux, A.: Le Vaudou haïtien. Paris 1958
Métroux, A.: Haïti, la terre, les hommes, les dieux. Neuchâtel 1957
Straass, F.: Im Lande der lebenden Toten. Der geheimnisvolle Vodu-Kult auf Haiti. München 1972

VORDERASIATISCHE RELIGIONEN

»V.R.« ist eine zusammenfassende Bezeichnung für die Religionen der rassisch, völkisch und sprachlich unterschiedlichen Stämme und Völker in Vorderasien, dem südwestlichen Teil Asiens zwischen Mittelmeer, Kaspischem, Schwarzem, Rotem Meer und Persischem Golf. Die Region *Vorderasien,* auch *Naher Osten* genannt, ist der für die Religionsgeschichte fruchtbarste Teil der Erde, und zwar angefangen von der ur- und frühgeschichtlichen Zeit bis in die Gegenwart.

Die v.R. umfassen →sumerische, →hethitische, →Churriter-, →elamische und →phrygische Religion, →Gnostizismus, →iranische Religionen, →Zoroastrismus und →Parsismus, →skythische, →Nabatäer- und →palmyrenische Religion, →Manichäismus und →Mazdakismus.

Von den in Vorderasien entstandenen →Mysterienreligionen sind zu nennen der →Attis-und-Kybele-, der →Adonis- und der →Mithras-Mysterienkult.

Hierher gehören vor allem die →semitischen Religionen, und zwar von den Ostsemiten die →akkadische, →assyrische und →babylonische Religion; von den Nordwestsemiten die →Aramäer-, →Mandäer-, →syrische und →israelitische Religion; ferner die →Kanaanäer-Religionen mit der →phönikischen, →punischen, →ugaritischen und →moabitischen Religion, dazu das →Judentum.

Das in Vorderasien entstandene →Christentum bildet heute hier in seinem Ursprungsland – ähnlich dem Buddhismus – nur noch eine Minderheit.

Von den Religionen der Südsemiten gehören hierher die →arabischen Religionen, von denen der →Islam heute die vorherrschende Stellung in ganz Vorderasien einnimmt.

Alle vorgenannten Religionen gehören heute als →alte Religionen der Vergangenheit an – mit Ausnahme von Parsismus, Judentum, Mandäer-Religion, Christentum und Islam –, und als →neue Religionen sind in Vorderasien lediglich der →Babismus und der →Baha'ismus entstanden. Aber zu den 4 der insgesamt 9 heutigen →Weltreligionen, die ihren Entstehungsraum in Vorderasien haben – das Judentum (seit 597/87 v.Chr.), das Christentum (seit ca. 30 n.Chr.), der Islam (seit 622 n.Chr.) und der Baha'ismus (seit 1863 n.Chr.) –, bekennen sich ca. 50% der heutigen Erdbevölkerung.

Literaturauswahl

Frankfort, H. (Hrsg.): The Problem of Similarity in ancient Near Eastern Religions. Oxford 1951
Gray, J.: Mythologie des Nahen Ostens. Wiesbaden 1975
Haussig, H.W. (Hrsg.): Götter und Mythen im Vorderen Orient. Stuttgart ²1983
James, E.O.: Myth and Ritual in the ancient Near East. London 1958
Ringgren, H.: Die Religionen des Alten Orients. Göttingen 1979
Semper, M.: Rassen und Religionen im alten Vorderasien. Heidelberg 1930

THE WAY INTERNATIONAL

T.W.I. (engl. »Der Weg International«) wird 1953 in den USA von dem Amerikaner *Victor Paul Wierwille* (1916–85) als religiöse Erweckungsbewegung ins Leben gerufen. In der BR Deutschland nennt sich diese Bewegung *Der Weg – Gesellschaft für biblische Forschung, Unterweisung und Gemeinschaft.*

Das internationale Hauptquartier für die 60 000 Anhänger, die z.T. aus dem universitären Bereich kommen, ist die Farm des Stifters bei *New Knoxville/OH* (USA).

Diese aus dem →Christentum hervorgegangene Erweckungsbewegung zählt zu den →neuen Religionen Nordamerikas.

Der 1916 in Ohio (USA) geborene Stifter *Victor Paul Wierwille* erhält vom Pike's Peak Theological Seminary den Magistergrad und den Doktortitel. Dann ist er einige Zeit ordinierter Geistlicher der Evangelical Episcopal and Reformed Church, aus der er wegen abweichender theologischer Lehren und nach Auseinandersetzungen mit seiner Kirchenleitung 1958 endgültig austritt.

Schon 1942 hat er eine Offenbarung, bei der Gott ihm Antwort gibt auf seine langjährige Frage nach dem »Schlüssel zum kraftvollen und siegreichen Leben«. Wenn er die Botschaft Gottes weitergebe, dann werde Gott ihn das Wort lehren, »wie es seit dem 1. Jahrhundert nicht mehr bekannt gewesen sei«. Wierwille wendet sich seitdem in einer eigenen Rundfunksendung, der *Chimes Hour Youth Caravan,* die später ab 1955 in *The Way* umbenannt wird, an einen größeren Hörerkreis, und seit 1953 beginnt er seine neue Erweckungslehre zu verbreiten. Zu diesem Zweck führt er Bibelkurse unter der Bezeichnung *Power for Abundant Living/PFAL* (engl. »Kraft zum Leben in Fülle«) ein, die heute die Grundlage der Bewegung T.W.I. bilden.

Der Stifter Wierwille lehrt seine Anhänger die von ihm wiederentdeckte wahre Lehre der Apostel, so daß sie sich am biblischen Idealbild der Urgemeinde orientieren können. Bei seinen Anhängern gilt Wierwille als der größte Bibellehrer seit Paulus, da er bisher nicht erkannte Inhalte des Wortes Gottes offenlegt. Wierwille stirbt am 20. Mai 1985.

Die Bewegung T.W.I. verspricht ihren Anhängern, daß sie alles bekommen werden, was sie wünschen, und daß alle ihre Probleme gelöst werden, nachdem sie vollkommen unterrichtet sind. Um dieses Ziel zu erreichen, müssen die Mitglieder jedoch die vom Stifter entwickelten Bibel-Kurse *Power for Abundant Living/PFAL* belegen, an denen sie gegen eine Gebühr von 100–150 Dollar teilnehmen können. Der dreiwöchige biblische Grundkurs bewirkt, daß der rechte Glaube Krankheiten fernhält und Wohlstand beschert. Auf den Grundkurs folgen ein Aufbaukurs und dann ein Kurs für Fortgeschrittene. Die Absolventen des letzteren Kurses können sich als *Word over the World-Ambassador/WOW* (engl. »Wort-über-die-Welt-Botschafter«) hauptamtlich zur Verfügung stellen. Sie müssen dann täglich mindestens 8 Stunden für T.W.I. arbeiten und können die Bibelkurse »Kraft zum Leben in Fülle« durchführen. In einem 3jährigen Trainingskurs *The Way Corps* werden die Führungskräfte ausgebildet, die an Hand eines Formulars täglich eine »Analyse der ausgekauften Zeit« vornehmen.

Die Organisationsstruktur ist hierarchisch und wird mit einem Baum verglichen, wobei der Stifter Wierwille und seine engsten Mitarbeiter im Zentrum der Bewegung als Wurzel, die internationale Einrichtung von T.W.I. als Stamm, die Mitglieder einer Nation oder eines Staates als Ast, mehrere Gruppen in einem Ort oder in einer Stadt als Zweig, die einzelne Gruppe als Zweiglein und schließlich das einzelne Mitglied als Blatt beschrieben werden.

Die Bewegung T.W.I. verfügt über eigene Farmen, Colleges und Immobilien. Im eigenen Verlag wird u.a. *The Way Magazine – For People who love God and His Word* (engl. »Magazin Der Weg – für Leute, die Gott und sein Wort lieben«) mit einer Auflage von 10 000 Exemplaren herausgegeben.

Literaturauswahl

Whiteside, E.: The Way: Living in Love. New Knoxville/OH, 1972

WELTRELIGIONEN

Als W. sind diejenigen Religionen anzusehen, die sich im Hinblick auf den universellen Geltungsanspruch ihrer Lehre und vor allem auf die überregionale Verbreitung in den Ländern der Erde und/oder auf ihren hohen prozentualen Anteil an der Weltbevölkerung von den anderen Religionen unterscheiden, die sich nur auf bestimmte Regionen und/oder einzelne Stämme oder Völker beziehen. Hierbei ist eine Wertung der W. als der sogenannten »Hoch- oder Kulturreligionen« im Gegensatz zu den sogenannten »primitiven Religionen« nicht gerechtfertigt.

In der Gegenwart gibt es 9 W., deren Mitglieder zusammen 94% aller Anhänger der gegenwärtigen Religionen ausmachen und 73,6% der Weltbevölkerung bilden.

Diese 9 W. sind ausnahmslos in Asien entstanden. Es handelt sich um den in China beheimateten →Universismus (seit 6. Jh.

Victor Paul Wierwille, *der Stifter von The →Way International*

RELIGIONEN DER WELT				Stand: 1991
Namen	Anhänger	Verbreitet in Ländern	% aller Religions-anhänger	% d. Welt-bevölkerung
1. Christentum	1 783 660 000	254	41,8	33,1
2. Islam	950 726 000	172	22,3	17,7
3. Hinduismus	719 269 000	88	16,9	13,4
4. Buddhismus	309 127 000	86	7,3	5,7
5. Universismus	183 646 000	56	4,3	3,4
6. Sikhismus	18 460 000	20	0,4	0,3
7. Judentum	17 615 000	125	0,4	0,3
8. Baha'ismus	5 402 000	205	0,1	0,1
9. Jainismus	3 724 000	10	0,1	0,1
andere Religionen	272 424	–	6,4	5,0
alle Religionen	4 264 052 000	254	100	79,1

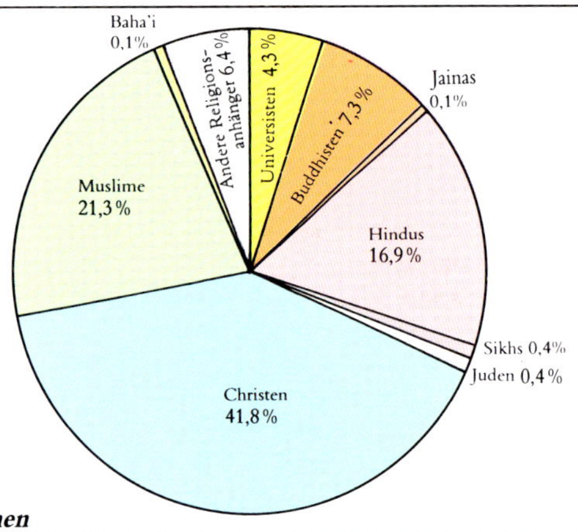

Diagramm der Weltreligionen

v. Chr.) und um die im heutigen Indien entstandenen Religionen des →Buddhismus (seit 6. Jh. v. Chr.), des →Jainismus (seit 6. Jh. v. Chr.), des →Hinduismus (ab 400 v. Chr.) und des →Sikhismus (ca. 1500 n. Chr.). Ihren Entstehungsraum in Vorderasien haben das →Judentum (seit 597/87 v. Chr.), das →Christentum (seit ca. 30 n. Chr.), der →Islam (seit 622 n. Chr.) und der →Baha'ismus (seit 1863 n. Chr.). Mit Ausnahme des Baha'ismus, der zu den Neureligionen gezählt wird, gehören alle anderen den Altreligionen an, von denen der chinesische Universismus, Buddhismus und Jainismus sowie das Judentum in ihrer Entstehungsgeschichte bis auf das 6. Jh. v. Chr. zurückgehen, ja, wenn man deren Vorgängerreligionen miteinbezieht – z. B. für Asien den →Brahmanismus (und →Vedismus) und für Vorderasien die →israelitische Religion – bis an die Jahrtausendwende vorchristlicher Zeit zurückreichen.

Wie das weiße Sonnenlicht aus einer Reihe bunter Farben zusammengesetzt ist, deren Grundfarben Gelb, Rot Blau und Grün zusammen mit ihren Zwischenfarben einen stetigen, in sich zurücklaufenden Farbtonkreis bilden, so bildet die gesamte religiöse Menschheit der Gegenwart gleichsam ein buntes Kreisdiagramm, in dem die großen Weltreligionen die Hauptfarben darstellen.

Literaturauswahl

Brunner, E. (Hrsg.): Die fünf großen W. Hinduismus – Buddhismus – Islam – Judentum – Christentum. Freiburg [11]1984 (Herder B. 488)

Glasenapp, H. v.: Die fünf W. Köln 1982

Die Großen Religionen der Welt. Christentum – Judentum – Islam – Buddhismus – Chinesischer Universismus – Hinduismus. Redaktion Life. München 1981 (Knaurs Große Kulturen in Farbe)

Die großen Religionen der Welt. 10 Bde. Herrsching 1980/81

Handbuch Welt-Religionen. Hrsg. v. R. P. Beaver u. a. Wuppertal 1983

Hasenfuß, J.: W. als sozial-kulturelle Gestaltungsmächte. Eine religionssoziologische Studie. Würzburg 1955

Mensching, G.: Volksreligion und Weltreligion. Leipzig 1938

Rajneesh, Bhagwan S.: Die sieben W. Hrsg. v. A. Siddhartha. 3 Bde. Meinhard-Schwebda 1984

Spiegelberg, F.: Die lebenden W. Frankfurt 1977

Zierer, O.: Die großen W. 5 Bde. Salzburg 1980/82

ZOROASTRISMUS

Der Z. im weiteren Sinne ist die von dem altiranischen Priester und Propheten *Zoroaster* (ca. 630–553 v. Chr.) begründete und nach ihrem Stifter benannte Religion.

Mit Z. im engeren Sinne – auch *zoroastrische Religion* genannt – bezeichnet man die erste der beiden geschichtlichen Entwicklungsphasen in der zoroastrisch-parsischen Religionsgeschichte vom Beginn der Achämeniden-Zeit (ca. 559 v. Chr.) bis zur Eroberung des Iran durch die Araber (642 n. Chr.), also vor dem Parsismus.

Eine andere Bezeichnung für den Z. – seit Friedrich Nietzsche sind *Zarathustrismus* und *Zarathustra* im Abendland eingebürgerte Namensformen – ist zur Zeit des achämenidischen Weltreiches (ca. 559–330 v. Chr.) *Mazdaismus* (vom Gottesnamen Ahura Mazdā [→S. 420] abgeleitet).

Der Z., dessen Anhänger *Zoroastrier* heißen, gehört zu den →iranischen und den →vorderasiatischen Religionen. In abgewandelter Form lebt er bis heute im →Parsismus fort.

Zoroaster bzw. *Zoroastres* (griech; latinisiert: *Zarathustra;* altiran.: *Zarathushtra* [»der Kamelreiche«]), von den Parsen *Zardusht* genannt, mit dem Familiennamen Spitāma (»weiß«), wird als 3. von 5 Söhnen um 630 v. Chr. im antiken Baktrien, dem heutigen Balch (Afghanistan), geboren. Sein Vater heißt Pourushaspa bzw. Porusha-spa (der »Pferdereiche«), seine Mutter Dughdhōvā. Zarathushtra wird zum Priester *(zaotar)* ausgebildet, steht aber schon bald dem altiranischen Mithra-Kult mit seinen blutigen Stieropfern kritisch gegenüber. Nach einer längeren Zeit des Einsiedlertums erhält Zarathushtra als 30jähriger in Vision und Audition durch den Engel Vohu Manah die prophetische Sendung des Ahura Mazdā. Als Prophet und Reformator verkündigt er nun die Botschaft des höchsten Gottes Ahura Mazdā und wendet sich gegen die kultischen Massenopfer von Rindern. Da er von einer Seele des Rindes, »geusch urwan«, überzeugt ist, tritt er nachdrücklich für dessen Schutz ein. Zarathushtra, eine der größten Prophetengestalten der alten Welt, durchlebt innere und äußere Kämpfe, er erfährt Zweifel und Gewißheit, er klagt über Mißerfolge, und er lobt seine Schüler. Nach 10jähriger, fast vergeblicher

1

2

3

4
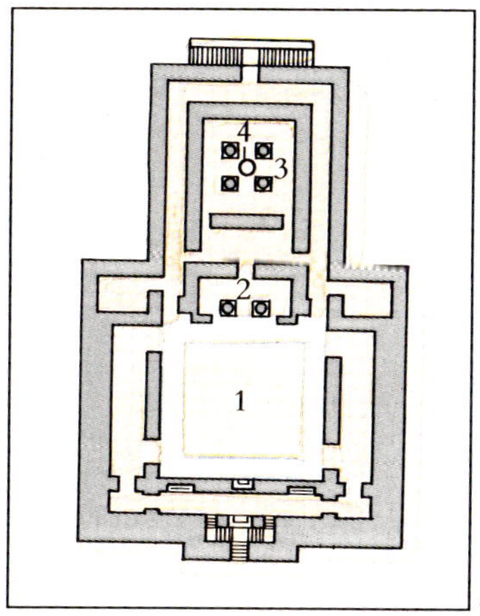

1 Geflügelter Stier *vom Palast in Susa, glasierte Ziegel, ca. 400 v. Chr. Paris, Louvre*

2 Grabmal von Kyros II., *d. Gr., (559–529 v. Chr.). Pasargadai/Iran*

3 Felsengrabmal des Darius I. *(521–486 v. Chr.). Naghsch-e-Rostam/Iran*

4 Zoroastrische Tempelbauform
(Susa/Iran: Feuertempel)
1. Großer Hof für die Kultteilnehmer
2. Prostas
3. Cella als atashgāh (Feuerraum)
4. Feueraltar

Predigt in seiner Heimat Baktrien, nach einem Zerwürfnis mit seinen engsten Angehörigen und angefeindet von der alten Priesterschaft, bleibt ihm nur noch die Flucht nach Westen in das benachbarte Königreich Chorasmie (heute Chorāssān) im Iran (um 590 v. Chr.). Zwei Jahre später – als er 42 Jahre alt ist – erlangt er die Protektion des Königs Vishtāspa (griech. Hystaspes), der zum Z. übergetreten war, und er heiratet in dritter Ehe Hwow, Tochter Jāmāspas. Vielleicht ist Kyros II., d. Gr., der später den *Zarathustrismus* als Staatsreligion für das achämenidische Weltreich übernimmt, von Zarathushtra selbst zu diesem Glauben bekehrt worden. Zarathushtra stirbt 77jährig im Jahre 553 v. Chr. in Keschmar (Chorāssān), Iran.

Nach Zarathushtras Tod setzen vor allem sein Sohn Spitāma und seine jüngste Tochter Pourutshistā sein Werk fort. Der Zeit der Förderung des Z. durch die Achämeniden (559–330 v. Chr.) setzt Alexander d. Gr. (356–323 v. Chr.) mit der Verfolgung der Zoroastrier und Verbrennung des *Avesta*-Urtextes (→Parsismus: S. 331) ein vorläufiges Ende. Erst unter der Herrschaft der Sassaniden (226–651 n. Chr.) wird der Z., jetzt in der Form des *Zervanismus,* wieder Staatsreligion, und die Priesterschaft gewinnt großen Einfluß. Diese Schulrichtung des persischen Monismus stellt *Zervan akarana* (»die unerschaffene Zeit«) als eine den »Zwillingen« *Ahura Mazdā* und *Angrā Mainyu* (Ahriman) übergeordnete Größe hin, um dadurch den zoroastrischen Dualismus überwinden zu können. Nach dem Sieg der Araber bei Kadisia (636 n. Chr.) und Nihavand (642 n. Chr.) löst der Islam den Z. als Staatsreligion ab. Da die Zoroastrier als »Schriftbesitzer« jetzt nur noch toleriert werden, wandern sie im 8. Jh. nach Indien aus, wo sie sich in Bombay und Umgebung niederlassen und von den Hindus freie Kultusausübung gewährt erhalten. Seit dieser Zeit spricht man vom →Parsismus.

Ahura (»Herr«) *Mazdā* (»allwissend«, awest.; mittelpers. *Ormazd* [»der weise Herr«] oder nur Mazdā) ist nach Zarathushtra der höchste und gute Gott, der Schöpfer des Himmels und der Erde, der Welt der Wahrheit und des Lichts, der Geister und der Menschen. Als Wächter der sittlichen Ordnung belohnt er das Gute und bestraft das Böse. Er ist der endzeitliche Richter und wirkt alles durch den »Heiligen Geist« *Spenta Mainyu,* dessen Vater er ist. In seinem Reich *Chshatra* regiert das Recht *(urta).*

Zarathushtra hat sein Bekenntnis zu Ahura Mazdā in Frageform gefaßt:

> Dies frage ich Dich, recht tue es mir kund, Herr!
> Wer ist der Erzeuger, der Urvater des göttlichen Rechts?
> Wer setzte die Bahn fest der Sonne und den Sternen?
> Wer ist's, durch den der Mond bald zunimmt und bald schwindet?
> Dies eben, Allweiser, und anderes noch möchte ich erfahren.
> Dies frage ich Dich, recht tue es mir kund, Herr!
> Wer hält die Erde unten, wie auch die Himmelsgewölbe, daß sie nicht stürzen?
> Wer die Gewässer und die Pflanzen? Wer schirrt dem Winde und den Wolken das Rennzwiegespann vor?
> Wer ist, Allweiser, der Schöpfer des Guten Sinnes?
> Dies frage ich Dich, recht tue es mir kund, Herr!
> Welcher Meister schuf die Lichter und die Finsternisse?
> Welcher Meister schuf Schlaf und Wachen?
> Wer ist es, durch den Morgen, Mittag und Abend sind, den Verständigen an seine Pflicht zu mahnen?

Ahura Mazdā erschafft die sechs *Amesha Spentas* (awest. »unsterbliche Heilige«), die ihn umgeben – den Erzengeln vergleichbar –, und durch die er regiert, zur Linken die männlichen, zur Rechten die weiblichen. Ihre Namen leben in dem während des 4. Jh. v. Chr. eingeführten zoroastrischen Kalender weiter, der heute Staatskalender des Iran ist. Diese Personifikationen von Eigenschaften Ahura Mazdās werden später zu Schutzgottheiten des (Herden-)Viehs, des Feuers, der Metalle, der Erde, des Wassers und der Pflanzen. Die Amesha Spentas symbolisieren alles, was Leben schafft und fördert. Auf diese Weise ist der Z. wie kaum eine andere Religion kulturfördernd geworden.

Geister niederer Ordnung sind die *Yazata* (= Jasata; awest. »Verehrungswürdige«), den Engeln vergleichbar. Sie sind z. T. degradierte göttliche Wesen aus altiranischer Zeit. Ihre höchste Gottheit ist Mithra. Die Schutzgeister *Fravurti* (Fravashi; awest. »Bekenntnis«) bilden die dritte Klasse von Geistern. Sie sind der persönliche Schutzgeist eines jeden Menschen, der sich nach dessen Tod mit seiner Seele vereinigt und so unsterblich wird.

Dem guten Geist steht entgegen der »Böse Geist«, *Ako Mainyu* (awest. Angrā Mainyu; mittelpers. *Ahriman* = »böser Geist«). Als Prinzip des Bösen ist er die Ursache alles Schlechten und Unreinen, ein Mörder und Schädiger, der Erreger von 9999 Krankheiten. Sein Reich ist ein Reich der Finsternis. Er ist von einem Heer böser Geister umgeben, die er geschaffen hat. Das sind die *Daivas* (*Devas* = »Dämonen, Teufel«), gleichsam sechs Erzdämonen: Aka Manah, Saura, Indra, Zairitsha, Taurvī und Naonhaithya. Es gibt männliche und weibliche böse Geister. Die Anhänger des weiblichen Dämons Druds (Drug; awest. »Lüge, Trug«) heißen *Drugwan.* Der Dämon der Begierde und des Zorns ist *Aēshma* (awest.). Im Buch Tobias (3,8) ist aus ihm Asmodi (Aschmodai) geworden, der nacheinander 7 Freier der Sara in der Brautnacht tötet, bis Tobias ihn unter Anleitung des Engels Raphael vertreibt. Andere böse, weibliche Geister sind die *Pairikas* (neupers. Peris).

Die von Gott geschaffene Welt besteht 12 000 Jahre. Vor 9000 Jahren haben zwei Geister, Zwillinge aus Ahura Mazdā, eine fundamentale Entscheidung getroffen. Der Heilige Geist (Spenta Mainyu) wählt das Gute, die Wahrheit, das Licht, und der Böse Geist (Angrā Mainyu; später Ahriman) wählt das Böse, die Lüge, die Finsternis. Seitdem ist die Welt in die beiden Lager gespalten, zwischen denen auch jeder Mensch sich entscheiden muß. Die ganze Weltgeschichte ist die Geschichte des Kampfes zwischen Ahriman und Ahura Mazdā, der mit Ahrimans völliger Vernichtung enden wird. Dieser Kampf der beiden Mächte bildet den Kern der Lehre Zarathushtras.

Der erste erschaffene, eingeschlechtliche *Urmensch* Gayo Maratan (Gayōmard = »der Lebende, Sterbliche«) wird von Ahriman verführt. Aus dem Samen des verstorbenen Urmenschen entsteht das erste Menschenpaar, Māshya und Māshyai, von dem alle Menschen abstammen. In der Urzeit gibt es Heilige, deren berühmtester der Urmensch *Yima* (awest.) ist. Er lebt als guter Hirt in einem urzeitlichen Paradies und steht in vertrautem Umgang mit Ahura Mazdā. Vor dem »Sündenfall« Yimas gibt es für Menschen und Tiere im »paradiesischen Urzustand« weder Alter noch Tod. Als Yima die Sünde der Lüge begeht, wird er sterblich und durch den Schlangendämon Azhi Dahēka von seiner Herrschaft vertrieben. Ahura Mazdā kündigt Yima eine »Sintflut« an und befiehlt ihm, den Samen der Menschen, Tiere und Pflanzen sowie das Feuer in den »Paradiesesgarten mit Arche« zu bringen, die Tor und Fenster hat.

Des Menschen bleibende Aufgabe ist es, beim Kampf zwischen dem guten und bösen Prinzip sich für eines von beiden zu entscheiden und durch ein Leben in Gerechtigkeit *(urta)* dem Reich des Guten zum Sieg zu verhelfen. Den *urta*-Anhängern wird Ahura Mazdā das Reich schenken, wohingegen die Anhänger der Lüge *(Druds)* das Leid erfahren.

Charakteristische Bauwerke des Z. sind die *Feuertempel*. Zur Zeit der Achämeniden (559–300 v. Chr.) sind sie turmartige Gebäude und heißen *ka'be*. Die zoroastrischen Feuertempel der sassanidischen Epoche (226–651 n. Chr.) heißen *ateschgāh*. Hinzu kommt zur Sassanidenzeit *tschahār-tāgh*, ein »Vier-Bogen-Bau« mit quadratischem Grundriß und in das Quadrat einbeschriebener Kuppel – ebenfalls ein zoroastrischer Kultbau, in dem das heilige Feuer verehrt wird.

Zarathushtras Name lebt in verballhornter Form in dem des Zauberers Sarastro in Mozarts Oper »Die Zauberflöte« (1791) fort.

Der Philosoph Nietzsche (1844–1900), für den Zarathushtra »wahrhafter sei als sonst ein Denker«, hat eines seiner sprachgewaltigen Werke betitelt: »Also sprach Zarathustra – Ein Buch für Alle und Keinen« (Chemnitz u. Leipzig 1883/85). Dieser »Zarathustra« hat in seiner Umdeutung als Widerschrist außer dem Namen nichts mit dem großen Propheten und dem Z. gemein.

Nach Nietzsches philosophischer Dichtung entsteht im Jahr 1896 die gleichnamige Tondichtung (op. 30) von Richard Strauss (1864–1949).

Zeittafel

Vor der christlichen Zeitrechnung

ca. 630–553 Zoroaster, Stifter des Z.

559–330 Achämenidenkönige fördern den Z. (Staatsreligion)

521/486 Unter Darius I. Errichtung des Feuertempels *(ka'be)* in Naghsch-e-Rostam

404–359 Artaxerxes II. errichtet ein Monument zu Ehren des Ahura Mazdā

330–323 Alexander d. Gr. erobert das Achämenidenreich; Verfolgung der Zoroastrier und Verbrennung des *Avesta*-Urtextes

Nach der christlichen Zeitrechnung

226–651 Unter den Sassaniden Erneuerung des Z. in der Form des Zervanismus (Staatsreligion) und Errichtung von Feuertempeln *(ateschgāh)* und »Vier-Bogen-Bauten« *(tschahār-tāgh)*

3. Jh. Kodifizierung von 21 Büchern *(nask)*, u. a. das *Vidēvdāt* (priesterliches Gesetzbuch mit Sündenkodex)

309–380 Sapur II.; Verfolgung der Christen in der byzantinischen Reichskirche

438–457 Yazdagird II. zwingt die christlichen Armenier zur Annahme des Z.

488–531 Unter Kawadh I. sozialistisch-religiöse Reform des Mazdak mit Forderung nach Güter- und Weibergemeinschaft

614 Entführung der Kreuzesreliquie aus Jerusalem

628 Frieden mit dem oströmischen Kaiser Herakleios (610–641) und Rückgabe der Kreuzesreliquie

636/642 Ablösung des Z. als Staatsreligion durch den Islam

8. Jh. Ausweichen der Zoroastrier vor den Muslimen und Auswanderung nach Indien. Beginn des →Parsismus

Literaturauswahl

Bartholomae, Ch.: Zarathustras Leben und Lehre. Heidelberg 1924

Bemmelen, D. v.: Zarathustra. Stuttgart 1975

Boyce, M.: Zoroastrians, their religious Beliefs and Practices. London 1978

Duchesne-Guillemin, J.: Zoroastre. Paris 1948

Duchesne-Guillemin, J.: Symbols and Values in Zoroastrism, their survival and renewal. New York 1966

Hampel, J.: Medizin der Zoroastrier im vorislamischen Iran. Husum 1982

Hinz, W.: Zarathustra. Stuttgart 1961

Humbach, H.: Die Gathas des Zarathustra. 2 Bde. Heidelberg 1959

König, F.: Zarathustras Jenseitsvorstellungen und das Alte Testament. Wien 1964

Modi, J. J.: A Catechism of the Zoroastrian Religion. Bombay 1962

Mosig-Walburg, K.: Die frühen sassanidischen Könige als Vertreter und Förderer der zarathustrischen Religion. Frankfurt 1982

Schlereth, B. (Hrsg.): Zarathustra. Darmstadt 1970

Zölzer, F.: Leben und Lehre Zarathustras nach den Gathas. Würzburg 1979

REGISTER

I. Religionen, Kirchen und Kulte, weltanschaulich-religiöse Bewegungen und Gesellschaften sowie religionsphilosophische Schulen

II. Religionsstifter/innen sowie maßgebende Persönlichkeiten zu Beginn einer religiösen Bewegung

ABKÜRZUNGEN

ägypt.	ägyptisch
akkad.	akkadisch
amer.	amerikanisch
annamit.	annamitisch
arab.	arabisch
aram.	aramäisch
assyr.	assyrisch
äthiop.	äthiopisch
awest.	awestisch
Az.	Aktenzeichen
azt.	aztekisch
babylon.	babylonisch
Bd., Bde.	Band, Bände
brasil.	brasilianisch
bzw.	beziehungsweise
ceylon.	ceylonesisch
chin.	chinesisch
dän.	dänisch
d. Gr.	der Große
d. h.	das heißt
Diss.	Dissertation
dt.	deutsch
engl.	englisch
ev.	evangelisch
franz.	französisch
gegr.	gegründet
german.	germanisch
got.	gotisch
griech.	griechisch
hebr.	hebräisch
holländ.	holländisch
hrsg.	herausgegeben
Hrsg.	Herausgeber
ind.	indisch
iran.	iranisch
isländ.	isländisch
ital.	italienisch
jap.	japanisch
Jh.	Jahrhundert
Jtd.	Jahrtausend
kath.	katholisch
kelt.	keltisch
korean.	koreanisch
lat.	lateinisch
lett.	lettisch
lit.	litauisch
luth.	lutherisch
melanes.	melanesisch
mlat.	mittellateinisch
mongol.	mongolisch
Mus.	Museum
n. Chr.	nach Christus
niederl.	niederländisch
nord.	nordisch
o. J.	ohne Jahr
pers.	persisch
poln.	polnisch
polynes.	polynesisch
portug.	portugiesisch
preuß.	preußisch
russ.	russisch
sanskr.	sanskritisch
schwed.	schwedisch
semit.	semitisch
singhal.	singhalesisch
slaw.	slawisch
span.	spanisch
sumer.	sumerisch
syr.	syrisch
tib.	tibetisch
türk.	türkisch
ungar.	ungarisch
vgl.	vergleiche
v. Chr.	vor Christus
z. T.	zum Teil

BILDARCHIVE

Bahā'ī International Community, Haifa
Prof. Dr. Gerhard J. Bellinger,
The First Church of Christ (Scientist),
Dalai Lama,
dpa, Frankfurt/M. (135, 242, 279, 366)
Dipl.-Ing. Peter Engelking,
Keystone Pressedienst GmbH, Hamburg (315)
Ökumenischer Rat der Kirchen (ÖRK),
Vereinigungskirche, Frankfurt
The Way International, New Knoxville/OH

MUSEEN UND BIBLIOTHEKEN

Museum of Aleppo, Aleppo
Stedelijk Museum, Amsterdam
Nationalmuseum, Athinai
Acropolis Museum, Athinai
The Iraq Museum, Baghdad
Staatliche Museen Preußischer Kulturbesitz, Berlin
Staatsbibliothek Preußischer Kulturbesitz, Berlin
Staatliche Museen zu Berlin, Berlin/DDR
Museum of Fine Arts, Boston/MA
Museo Romano, Brescia
Egyptian Museum, Cairo
Coptic Museum, Cairo
Indian Museum, Calcutta
Archaeological Museum, Delphi
Galleria degli Uffizi, Firenze
Musée Historique de la Réformation, Genève
Steiermärkisches Landesmuseum Joanneum, Graz
Central Archaeological Museum, Gwalior/Madhya Pradesh
Archaeological Museum, Iraklion
Topkapi Saray Museum, Istanbul
National Museum of Pakistan, Karachi
Nationalmuseet, København
Museo »Oro del Peru« y Armas Antiguas, Lima
Free Public Museum, Liverpool
British Museum, London
Victoria and Albert Museum, London
Welcome Institute of the History of Medicine, London
Government Museum and National Art Gallery, Madras
Museo Arqueológico Nacional, Madrid
John Rylands Library, Manchester
Museo Nacional de Antropologia, México
State Tretyakow Gallery, Moskva
Alte Pinakothek, München
Staatliche Antikensammlungen, München
Bayerische Staatsbibliothek, München
Treasure Hall of the Todaiji Temple, Nara
Yakushiji Temple, Nara
Museo Nazionale, Napoli
National Museum of India, Delhi
Metropolitan Museum of Art, New York/NY
Archaeological Museum, Olympia
Musée du Louvre, Paris
Musée Guimet, Paris
Bibliothèque nationale, Paris
Museo Arqueologico y Galerias de Arte del Banco Central del Ecuador, Quito
Museo Nazionale, Reggio di Calabria
National Museum (Thjódminjasafu), Reykjavik
Museo Capitolino, Roma
Palazzo dei Conservatori, Roma
Antiquarium Palatino, Roma
Museo Nazionale Romano, Roma
Villa di Papa Giulio, Roma
National Palace Museum, Taipei
Museo Archeologico, Tarquinia
Museum, Thivä
Archaeological Museum, Thessaloniki
Musei Vaticani, Città del Vaticano
Museo Correr, Venezia
Dumbartin Oaks Collection, Washington/DC
Free Gallery of Art, Washington/DC
Naturhistorisches Museum, Wien